Wichtige Steuerrichtlinien

NWB-TEXTAUSGABE

Wichtige Steuerrichtlinien

Ergänzungsband zur Textausgabe Wichtige Steuergesetze

Richtlinien in Auszügen zur
Abgabenordnung · Einkommensteuer · Lohnsteuer
Körperschaftsteuer · Gewerbesteuer · Umsatzsteuer

Herausgegeben vom
Studienwerk der Steuerberater in Nordrhein-Westfalen e. V.
Bearbeiter: StB Dipl.-Finw. F. Borrosch
unter Mitarbeit von Dipl.-Finw. R. Walkenhorst

18. Auflage

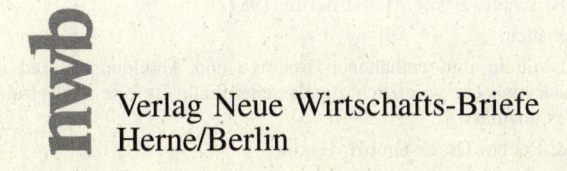

nwb
Verlag Neue Wirtschafts-Briefe
Herne/Berlin

Quellenverzeichnis

I. Anwendungserlaß zur Abgabenordnung (AEAO)

i. d. Fassung der Bekanntmachung vom 15. 7. 1998 (BStBl I S. 630), geändert durch BMF-Schreiben vom 14. 2. 2000 (BStBl I S. 190), vom 27. 9. 2000 (BStBl I S. 1232) und vom 22. 12. 2000 (BStBl I S. 1549)

II. Einkommensteuer-Richtlinien 1999 (EStR)

i. d. Fassung der Bekanntmachung vom 14. 12. 1999 (BStBl I Sondernummer 3/1999)

mit **amtlichen Bearbeitungshinweisen**

i. d. Fassung des Amtlichen Einkommensteuer-Handbuchs 2000

III. Lohnsteuer-Richtlinien 2001 (LStR)

i. d. Fassung der LStÄR vom 18. 10. 2000 (BStBl I S. 1422)

mit **amtlichen Bearbeitungshinweisen**

i. d. Fassung des Amtlichen Lohnsteuer-Handbuchs 2001

IV. Körperschaftsteuer-Richtlinien 1995 (KStR)

i. d. Fassung der Bekanntmachung vom 15. 12. 1995 (BStBl I Sondernummer 1/1996)

V. Gewerbesteuer-Richtlinien 1998 (GewStR)

i. d. Fassung der Bekanntmachung vom 21. 12. 1998 (BStBl I Sondernummer 2/1998)

VI. Umsatzsteuer-Richtlinien 2000 (UStR)

i. d. Fassung der Bekanntmachung vom 10. 12. 1999 (BStBl I Sondernummer 2/1999)

Die Deutsche Bibliothek — CIP-Einheitsaufnahme

Wichtige Steuerrichtlinien : Richtlinien in Auszügen zur Abgabenordnung, Einkommensteuer, Lohnsteuer, Körperschaftsteuer, Gewerbesteuer, Umsatzsteuer / hrsg. vom Studienwerk der Steuerberater in Nordrhein-Westfalen e. V. Bearb.: F. Borrosch unter Mitarb. von R. Walkenhorst. – 18. Aufl. – Herne ; Berlin : Verl. Neue Wirtschafts-Briefe, 2001
(Wichtige Steuergesetze ; Erg.-Bd.)
(NWB-Textausgabe)
ISBN 3-482-46658-0

ISBN 3-482-46658-0 — 18. Auflage 2001

© Verlag Neue Wirtschafts-Briefe, Herne/Berlin, 1981

Alle Rechte vorbehalten.

Dieses Buch und alle in ihm enthaltenen Beiträge und Abbildungen sind urheberrechtlich geschützt. Mit Ausnahme der gesetzlich zugelassenen Fälle ist eine Verwertung ohne Einwilligung des Verlages unzulässig.

Druck: Griebsch & Rochol Druck GmbH, Hamm

Vorwort

Die Textausgabe „Wichtige Steuerrichtlinien" enthält **Auszüge** des Anwendungserlasses zur Abgabenordnung (AEAO) und Auszüge der Einkommensteuer-, Lohnsteuer-, Körperschaftsteuer-, Gewerbesteuer- und der Umsatzsteuer-Richtlinien. Ausgewählt wurden Vorschriften, die für die Ausbildung und für die praktische Arbeit im steuerberatenden Beruf besonders wichtig sind und deshalb häufig gebraucht werden.

Der Anwendungserlaß und die Richtlinien, herausgegeben vom Bundesminister der Finanzen, behandeln Zweifelsfragen und Anwendungsfragen von allgemeiner Bedeutung, um eine einheitliche Anwendung des Steuerrechts durch die Behörden der Finanzverwaltung sicherzustellen. Sie geben außerdem zur Vermeidung unbilliger Härten und aus Gründen der Verwaltungsvereinfachung Anweisungen an die Finanzämter, wie in bestimmten Fällen verfahren werden soll. Die höchstrichterliche Rechtsprechung ist, soweit gefestigt, eingearbeitet.

Die Behörden der Finanzverwaltung sind bei ihren Entscheidungen an den Anwendungserlaß und an die Richtlinien gebunden. Der Anwendungserlaß und die Richtlinien bilden somit für die steuer- und wirtschaftsberatenden Berufe eine wichtige Orientierungshilfe für ihre praktische Arbeit.

Änderungen der Rechtslage durch Gesetzesänderungen oder Änderung der Rechtsprechung sind teilweise zum Text vermerkt. Die maßgebenden Quellen der ausgewählten Texte sind auf der Seite gegenüber aufgeführt.

Die vorliegende 18. Auflage entspricht dem Stand April 2001 und enthält unter anderem den zuletzt durch BMF-Schreiben vom 22. 12. 2000 geänderten Anwendungserlaß zur Abgabenordnung, die Einkommensteuer-Richtlinien mit den neuen amtlichen Hinweisen für den Veranlagungszeitraum 2000 sowie die geänderten Lohnsteuer-Richtlinien mit den aktuellen amtlichen Hinweisen 2001.

Den Volltext des Anwendungserlasses zur Abgabenordnung und der Richtlinien enthält das umfassende Loseblattwerk Amtliche Steuerrichtlinien (Verlags-Nr. 4022), eine Textausgabe mit weiterführenden Erläuterungen und Hinweisen mit ca. 2 300 Seiten in 2 Spezialordnern.

Im Rahmen der „NWB-Textausgaben" sind ferner folgende Ausgaben erschienen:

1. NWB-Handausgabe Deutsche Steuergesetze (Verlags-Nr. 4962)
2. Wichtige Steuergesetze (Verlags-Nr. 6911)
3. Wichtige Wirtschaftsgesetze (Verlags-Nr. 4710)
4. Wichtige Wirtschaftsverwaltungs- und Gewerbegesetze (Verlags-Nr. 4999)
5. Wichtige Gesetze des Wirtschaftsprivatrechts (Verlags-Nr. 4768)
6. Wichtige Mietgesetze (Verlags-Nr. 4912)
7. Wichtige Umweltgesetze (Verlags-Nr. 4286)
8. Wichtige Arbeitsgesetze (Verlags-Nr. 5067)

Für Anregungen und Hinweise sind wir verbunden.

Herne/Münster, im April 2001

Verlag und Studienwerk
der Steuerberater
in NRW e. V.

Inhaltsübersicht

Seite

Den einzelnen Richtlinien ist ein ausführliches Inhaltsverzeichnis vorangestellt.

Vorwort	5
I. Anwendungserlaß zur Abgabenordnung in Auszügen	7
II. Einkommensteuer-Richtlinien mit amtlichen Bearbeitungshinweisen in Auszügen	115
III. Lohnsteuer-Richtlinien mit amtlichen Bearbeitungshinweisen in Auszügen	423
IV. Körperschaftsteuer-Richtlinien in Auszügen	523
V. Gewerbesteuer-Richtlinien in Auszügen	551
VI. Umsatzsteuer-Richtlinien in Auszügen	569
Stichwortverzeichnis	725

I. Anwendungserlaß zur Abgabenordnung (AEAO) in Auszügen
Inhaltsverzeichnis

		Seite
Vor §§ 8, 9 AO	Wohnsitz, gewöhnlicher Aufenthalt	10
Zu § 8 AO	Wohnsitz	10
Zu § 9 AO	Gewöhnlicher Aufenthalt	11
Zu § 15 AO	Angehörige	12
Zu § 16 AO	Sachliche Zuständigkeit	13
Zu § 18 AO	Gesonderte Feststellung	14
Zu § 19 AO	Steuern vom Einkommen und Vermögen natürlicher Personen	14
Zu § 24 AO	Ersatzzuständigkeit	15
Zu § 30 AO	Steuergeheimnis	15
Zu § 30a AO	Schutz von Bankkunden	17
Zu § 33 AO	Steuerpflichtiger	18
Zu § 85 AO	Besteuerungsgrundsätze	18
Zu § 87 AO	Amtssprache	19
Zu § 88 AO	Untersuchungsgrundsatz	19
Zu § 91 AO	Anhörung Beteiligter	20
Zu § 95 AO	Versicherung an Eides Statt	20
Zu § 99 AO	Betreten von Grundstücken und Räumen	21
Zu § 101 AO	Auskunfts- und Eidesverweigerungsrecht der Angehörigen	21
Zu § 104 AO	Verweigerung der Erstattung eines Gutachtens und der Vorlage von Urkunden	21
Zu § 108 AO	Fristen und Termine	22
Zu § 110 AO	Wiedereinsetzung in den vorigen Stand	23
Zu § 121 AO	Begründung des Verwaltungsaktes	23
Zu § 122 AO	Bekanntgabe des Verwaltungsaktes	23
Zu § 124 AO	Wirksamkeit des Verwaltungsaktes	48
Zu § 125 AO	Nichtigkeit des Verwaltungsaktes	49
Zu § 129 AO	Offenbare Unrichtigkeit beim Erlaß eines Verwaltungsaktes	49
Vor §§ 130, 131 AO	Rücknahme und Widerruf von Verwaltungsakten	49
Zu § 130 AO	Rücknahme eines rechtswidrigen Verwaltungsaktes	50
Zu § 131 AO	Widerruf eines rechtmäßigen Verwaltungsaktes	51
Zu § 140 AO	Buchführungs- und Aufzeichnungspflichten nach anderen Gesetzen	52
Zu § 141 AO	Buchführungspflicht bestimmter Steuerpflichtiger	52
Zu § 152 AO	Verspätungszuschlag	53
Zu § 160 AO	Benennung von Gläubigern und Zahlungsempfängern	54
Zu § 162 AO	Schätzung von Besteuerungsgrundlagen	56
Zu § 164 AO	Steuerfestsetzung unter Vorbehalt der Nachprüfung	56
Zu § 165 AO	Vorläufige Steuerfestsetzung, Aussetzung der Steuerfestsetzung	57

Inhaltsverzeichnis Abgabenordnung

Zu § 167 AO	Steueranmeldung, Verwendung von Steuerzeichen oder Steuerstempeln	58
Zu § 168 AO	Wirkung einer Steueranmeldung	59
Vor §§ 169 bis 171 AO	Festsetzungsverjährung	60
Zu § 169 AO	Festsetzungsfrist	61
Zu § 170 AO	Beginn der Festsetzungsfrist	62
Zu § 171 AO	Ablaufhemmung	62
Vor §§ 172 bis 177 AO	Bestandskraft	63
Zu § 172 AO	Aufhebung und Änderung von Steuerbescheiden	65
Zu § 173 AO	Aufhebung oder Änderung von Steuerbescheiden wegen neuer Tatsachen oder Beweismittel	66
Zu § 174 AO	Widerstreitende Steuerfestsetzungen	69
Zu § 175 AO	Aufhebung oder Änderung von Steuerbescheiden in sonstigen Fällen	70
Zu § 176 AO	Vertrauensschutz bei der Aufhebung und Änderung von Steuerbescheiden	71
Zu § 177 AO	Berichtigung von materiellen Fehlern	72
Zu § 179 AO	Feststellung von Besteuerungsgrundlagen	73
Zu § 180 AO	Gesonderte Feststellung von Besteuerungsgrundlagen	75
Zu § 181 AO	Verfahrensvorschriften für die gesonderte Feststellung, Feststellungsfrist, Erklärungspflicht	76
Zu § 182 AO	Wirkung der gesonderten Feststellung	76
Zu § 218 AO	Verwirklichung von Ansprüchen aus dem Steuerschuldverhältnis	78
Zu § 224 AO	Leistungsort, Tag der Zahlung	78
Zu § 228 AO	Gegenstand der Verjährung, Verjährungsfrist	78
Zu § 229 AO	Beginn der Verjährung	79
Zu § 231 AO	Unterbrechung der Verjährung	79
Zu § 233a AO	Verzinsung von Steuernachforderungen und Steuererstattungen	79
Zu § 234 AO	Stundungszinsen	91
Zu § 236 AO	Prozeßzinsen auf Erstattungsbeträge	94
Zu § 237 AO	Zinsen bei Aussetzung der Vollziehung	95
Zu § 238 AO	Höhe und Berechnung der Zinsen	96
Zu § 240 AO	Säumniszuschläge	97
Vor § 347 AO	Außergerichtliches Rechtsbehelfsverfahren	100
Zu § 347 AO	Statthaftigkeit des Einspruchs	100
Zu § 350 AO	Beschwer	101
Zu § 351 AO	Bindungswirkung anderer Verwaltungsakte	102
Zu § 355 AO	Einspruchsfrist	103
Zu § 357 AO	Einlegung des Einspruchs	103
Zu § 361 AO	Aussetzung der Vollziehung	104
Zu § 362 AO	Rücknahme des Einspruchs	113
Zu § 363 AO	Aussetzung und Ruhen des Verfahrens	113
Zu § 364 AO	Mitteilung der Besteuerungsunterlagen	114

9 Abgabenordnung

Einfügung d. Schriftl.:

Der Gang des Besteuerungsverfahrens nach der AO

```
                    Steuerermittlungsverfahren, §§ 78 ff.
                    /                              \
        Amtsermittlungs-                    Mitwirkungspflich-
        grundsatz, § 88                     ten, §§ 90 ff.

                    Steuerfestsetzungsverfahren, §§ 155 ff.

                    Bekanntgabeverfahren, §§ 122 ff.
                    /                              \
        Rechtsbehelfs-                      Berichtigungs-
        verfahren                           verfahren,
                                            § 129, §§ 164 ff.
```

außergerichtlich: §§ 347 ff.,
gerichtlich: FGO

```
                    Steuererhebungsverfahren, §§ 218 ff.

                    Vollstreckungsverfahren, §§ 249 ff.
```

| Steueraufsichts-
verfahren,
§§ 193 ff. | Haftungs-
verfahren,
§§ 69 ff., §§ 191 ff. | Steuerstraf-
verfahren,
§§ 369 ff. |

Aufbau der Finanzverwaltung

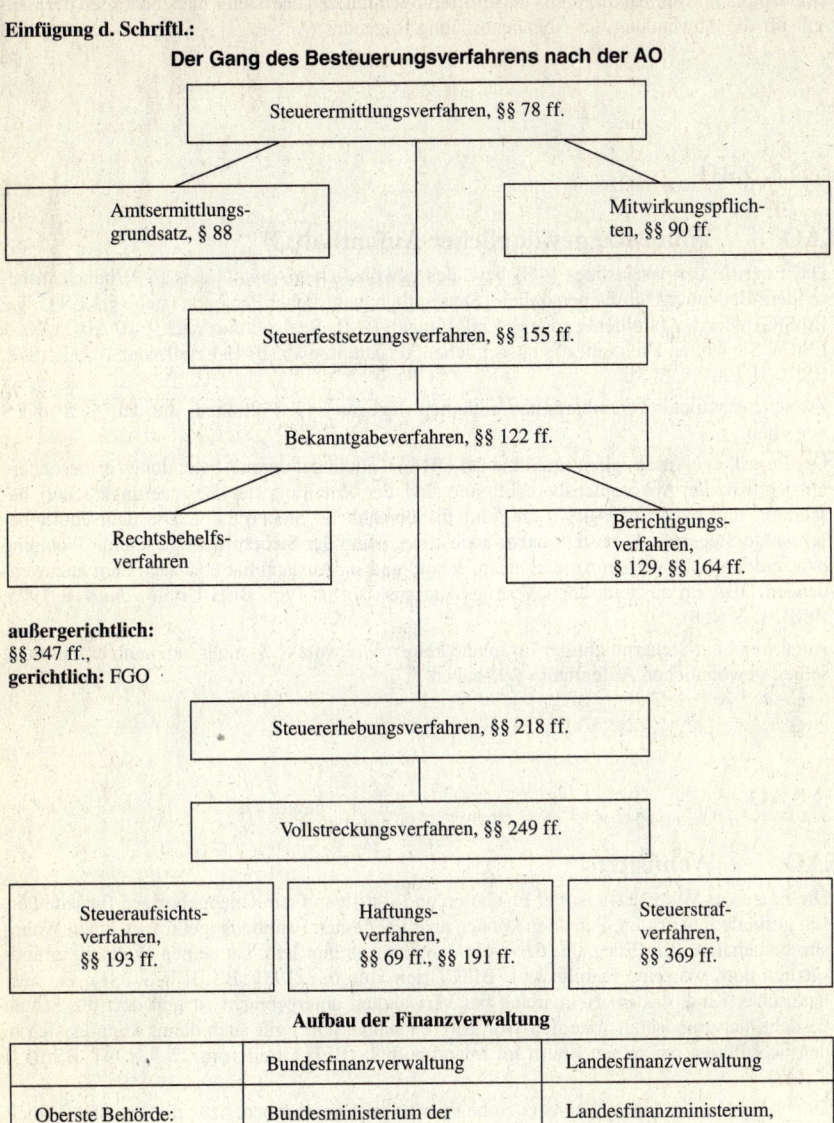

	Bundesfinanzverwaltung	Landesfinanzverwaltung
Oberste Behörde:	Bundesministerium der Finanzen (BMF)	Landesfinanzministerium, Finanzsenator
Mittelbehörde:	Oberfinanzdirektion	Oberfinanzdirektion
Örtliche Behörde:	Hauptzollamt	Finanzamt

Unter Bezugnahme auf das Ergebnis der Erörterungen mit den obersten Finanzbehörden der Länder gilt für die Anwendung der Abgabenordnung folgendes:
...

Vor §§ 8, 9 AO

AEAO   Wohnsitz, gewöhnlicher Aufenthalt:

1. Die Begriffe des Wohnsitzes (§ 8) bzw. des gewöhnlichen Aufenthaltes (§ 9) haben insbesondere Bedeutung für die persönliche Steuerpflicht natürlicher Personen (siehe § 1 EStG, § 2 ErbStG) oder für familienbezogene Entlastungen (z. B. Realsplitting nach § 10 Abs. 1 Nr. 1 EStG). Sie stellen allein auf die tatsächlichen Verhältnisse ab (BFH-Urteil vom 10. 11. 1978, BStBl II 1979 S. 335).

   Zwischenstaatliche Vereinbarungen enthalten dagegen z. T. Fiktionen, die den §§ 8 und 9 vorgehen ...

   Der Begriff der Ansässigkeit im Sinne der DBA ist allein auf deren Anwendung (insbesondere hinsichtlich der Abkommensberechtigung und der Zuteilung der Besteuerungsrechte) beschränkt und hat keine Auswirkung auf die persönliche Steuerpflicht. Die deutsche unbeschränkte Steuerpflicht besteht daher auch dann, wenn der Steuerpflichtige je eine Wohnung bzw. einen gewöhnlichen Aufenthalt im Inland und im Ausland hat und nach dem anzuwendenden DBA im ausländischen Vertragsstaat ansässig ist (vgl. BFH-Urteil vom 4. 6. 1975, BStBl II S. 708).

2. Auch wenn ein Steuerpflichtiger im Inland keinen Wohnsitz (§ 8) mehr hat, kann er hier noch seinen gewöhnlichen Aufenthalt (§ 9) haben.

Zu § 8 AO

AEAO   Wohnsitz:

1. Die Frage des Wohnsitzes ist bei Ehegatten und sonstigen Familienangehörigen für jede Person gesondert zu prüfen. Personen können aber über einen Familienangehörigen einen Wohnsitz beibehalten. Ein Ehegatte, der nicht dauernd getrennt lebt, hat seinen Wohnsitz grundsätzlich dort, wo seine Familie lebt (BFH-Urteil vom 6. 2. 1985, BStBl II S. 331). Ein ausländisches Kind, das im Heimatland bei Verwandten untergebracht ist und dort die Schule besucht, hat grundsätzlich keinen Wohnsitz im Inland. Dies gilt auch dann, wenn es sich in den Schulferien bei seinen Eltern im Inland aufhält (BFH-Urteil vom 22. 4. 1994, BStBl II S. 447).

2. Die bloße Absicht, einen Wohnsitz zu begründen oder aufzugeben, bzw. die An- und Abmeldung bei der Ordnungsbehörde entfalten allein keine unmittelbare steuerliche Wirkung (BFH-Urteil vom 14. 11. 1969, BStBl II 1970 S. 153). I. d. R. stimmen der bürgerlich-rechtliche, aufgrund einer Willenserklärung des Steuerpflichtigen von ihm selbst bestimmte Wohnsitz und der steuerlich maßgebende Wohnsitz überein. Deshalb können die An- und Abmeldung bei der Ordnungsbehörde im allgemeinen als Indizien dafür angesehen werden, daß der Steuerpflichtige seinen Wohnsitz unter der von ihm angegebenen Anschrift begründet bzw. aufgegeben hat.

3. Mit Wohnung sind die objektiv zum Wohnen geeigneten Wohnräume gemeint. Es genügt eine bescheidene Bleibe. Nicht erforderlich ist eine abgeschlossene Wohnung mit Küche und separater Waschgelegenheit im Sinne des Bewertungsrechts.

4. Der Steuerpflichtige muß die Wohnung innehaben, d. h. er muß tatsächlich über sie verfügen können und sie als Bleibe nicht nur vorübergehend benutzen (BFH-Urteile vom 24. 4. 1964, BStBl III S. 462, und 6. 3. 1968, BStBl II 1968 S. 439). Es genügt, daß die Wohnung z. B. über Jahre hinweg jährlich regelmäßig zweimal zu bestimmten Zeiten über einige Wochen benutzt wird (BFH-Urteil vom 23. 11. 1988, BStBl II 1989 S. 182). Anhaltspunkte dafür können die Ausstattung und Einrichtung sein; nicht erforderlich ist, daß sich der Steuerpflichtige während einer Mindestanzahl von Tagen oder Wochen im Jahr in der Wohnung aufhält (BFH-Urteil vom 19. 3. 1997, BStBl II S. 447). Wer eine Wohnung von vornherein in der Absicht nimmt, sie nur vorübergehend (weniger als sechs Monate) beizubehalten und zu benutzen, begründet dort keinen Wohnsitz (BFH-Urteil vom 30. 8. 1989, BStBl II S. 956). Auch gelegentliches Übernachten auf einem inländischen Betriebsgelände, in einem Büro u. ä. (sog. Schlafstelle) kann dort keinen Wohnsitz begründen (BFH-Urteil vom 6. 2. 1985, BStBl II S. 331). Wer sich – auch in regelmäßigen Abständen – in der Wohnung eines Angehörigen oder eines Bekannten aufhält, begründet dort ebenfalls keinen Wohnsitz (BFH-Urteil vom 24. 10. 1969, BStBl II 1970 S. 109), sofern es nicht wie im Fall einer Familienwohnung oder der Wohnung einer Wohngemeinschaft gleichzeitig die eigene Wohnung ist.

5. Wer einen Wohnsitz im Ausland begründet und seine Wohnung im Inland beibehält, hat auch im Inland einen Wohnsitz im Sinne von § 8 (BFH-Urteil vom 4. 6. 1975, BStBl II S. 708). Bei einem ins Ausland versetzten Arbeitnehmer ist ein inländischer Wohnsitz widerlegbar zu vermuten, wenn er seine Wohnung im Inland beibehält, deren Benutzung ihm möglich ist und die nach ihrer Ausstattung jederzeit als Bleibe dienen kann (BFH-Urteil vom 17. 5. 1995, BStBl II 1996 S. 2). Das Innehaben der inländischen Wohnung kann nach den Umständen des Einzelfalles auch dann anzunehmen sein, wenn der Steuerpflichtige sie während eines Auslandsaufenthalts kurzfristig (bis zu sechs Monaten) vermietet oder untervermietet, um sie alsbald nach Rückkehr im Inland wieder zu benutzen. Zur Zuständigkeit in diesen Fällen siehe § 19 Abs. 1 Satz 2.

6. Ein Wohnsitz im Sinne von § 8 besteht nicht mehr, wenn die inländische Wohnung/die inländischen Wohnungen aufgegeben wird/werden. Das ist z. B. der Fall bei Kündigung und Auflösung einer Mietwohnung, bei nicht nur kurzfristiger Vermietung der Wohnung im eigenen Haus bzw. der Eigentumswohnung. Wird die inländische Wohnung zur bloßen Vermögensverwaltung zurückgelassen, endet der Wohnsitz mit dem Wegzug. Bloße Vermögensverwaltung liegt z. B. vor, wenn ein ins Ausland versetzter Steuerpflichtiger bzw. ein im Ausland lebender Steuerpflichtiger seine Wohnung/sein Haus verkaufen oder langfristig vermieten will und dies in absehbarer Zeit auch tatsächlich verwirklicht. Eine zwischenzeitliche kurze Rückkehr (zur Beaufsichtigung und Verwaltung der zurückgelassenen Wohnung) führt nicht dazu, daß die zurückgelassene Wohnung dadurch zum inländischen Wohnsitz wird.

Zu § 9 AO

AEAO   Gewöhnlicher Aufenthalt:

1. Sofern nicht die besonderen Voraussetzungen des § 9 Satz 3 vorliegen, wird an den inländischen Aufenthalt während eines zusammenhängenden Zeitraums von mehr als sechs Monaten die unwiderlegbare Vermutung für das Vorhandensein eines gewöhnlichen Aufenthalts geknüpft. Der Begriff „gewöhnlich" ist gleichbedeutend mit „dauernd". „Dauernd" erfordert keine ununterbrochene Anwesenheit, sondern ist im Sinne „nicht nur vorübergehend" zu ver-

stehen (BFH-Urteil vom 30. 8. 1989, BStBl II S. 956). Bei Unterbrechungen der Anwesenheit kommt es darauf an, ob noch ein einheitlicher Aufenthalt oder mehrere getrennte Aufenthalte anzunehmen sind. Ein einheitlicher Aufenthalt ist gegeben, wenn der Aufenthalt nach den Verhältnissen fortgesetzt werden sollte und die Unterbrechung nur kurzfristig ist. Als kurzfristige Unterbrechung kommen in Betracht Familienheimfahrten, Jahresurlaub, längerer Heimaturlaub, Kur und Erholung, aber auch geschäftliche Reisen. Der Tatbestand des gewöhnlichen Aufenthalts kann bei einem weniger als sechs Monate dauernden Aufenthalt verwirklicht werden, wenn Inlandsaufenthalte nacheinander folgen, die sachlich miteinander verbunden sind, und der Steuerpflichtige von vornherein beabsichtigt, nicht nur vorübergehend im Inland zu verweilen (BFH-Urteile vom 27. 7. 1962, BStBl III S. 429, und vom 3. 8. 1977, BStBl II 1978 S. 118).

2. ...

3. ...

4. Der gewöhnliche Aufenthalt im Inland ist aufgegeben, wenn der Steuerpflichtige zusammenhängend mehr als sechs Monate im Ausland lebt, es sei denn, daß besondere Umstände darauf schließen lassen, daß die Beziehungen zum Inland bestehen bleiben. ...

Zu § 15 AO

AEAO   Angehörige:

1. Dem Angehörigenbegriff kommt überwiegend verfahrensrechtliche Bedeutung zu. Für das materielle Recht können die Einzelsteuergesetze abweichende Regelungen treffen.

2. § 15 Abs. 1 Nr. 1 (Verlobte) setzt ein wirksames Eheversprechen voraus.

3. Zu den Geschwistern i. S. des § 15 Abs. 1 Nr. 4 gehören auch die Halbgeschwister. Das sind die Geschwister, die einen Elternteil gemeinsam haben; darunter fallen jedoch nicht die mit in eine Ehe gebrachten Kinder, die keinen Elternteil gemeinsam haben.

4. Das Angehörigenverhältnis i. S. des § 15 Abs. 1 Nr. 5 besteht lediglich zu den Kindern der Geschwister (Neffen oder Nichten), nicht jedoch zwischen den Kindern der Geschwister untereinander (z. B. Vettern).

5. Die Ehegatten mehrerer Geschwister sind im Verhältnis zueinander keine Angehörigen i. S. des § 15 Abs. 1 Nr. 6. Dasselbe gilt für die Geschwister der Ehegatten.

6. Für die Annahme eines Pflegeverhältnisses gem. § 15 Abs. 1 Nr. 8 ist nicht erforderlich, daß das Kind außerhalb der Pflege und Obhut seiner leiblichen Eltern steht. Ein Pflegeverhältnis kann z. B. auch zwischen einem Mann und einem Kind begründet werden, wenn der Mann mit der leiblichen Mutter des Kindes und diesem in häuslicher Gemeinschaft lebt. Die Unterhaltsgewährung ist nicht Merkmal dieses Pflegekinderbegriffes. Soweit Bestimmungen in Einzelsteuergesetzen auch daran anknüpfen, müssen dort besondere Regelungen getroffen sein.

7. Durch die Annahme als Kind erhält ein Kind die volle rechtliche Stellung eines ehelichen Kindes des oder der Annehmenden. Damit wird auch die Angehörigeneigenschaft zwischen dem Kind und den Angehörigen des oder der Annehmenden nach Maßgabe des § 15 Abs. 1 begründet. Dieser Grundsatz gilt entsprechend bei ähnlichen familienrechtlichen Rechtsbeziehungen ausländischen Rechts (Adoption).

8. Für die in § 15 Abs. 2 genannten Personen bleibt die Angehörigeneigenschaft auch dann bestehen, wenn die Beziehung, die ursprünglich die Angehörigeneigenschaft begründete, nicht mehr besteht; lediglich bei Verlobten erlischt die Angehörigeneigenschaft mit Aufhebung des Verlöbnisses.

Einfügung d. Schriftl.: Graphische Darstellung des Angehörigenbegriffs

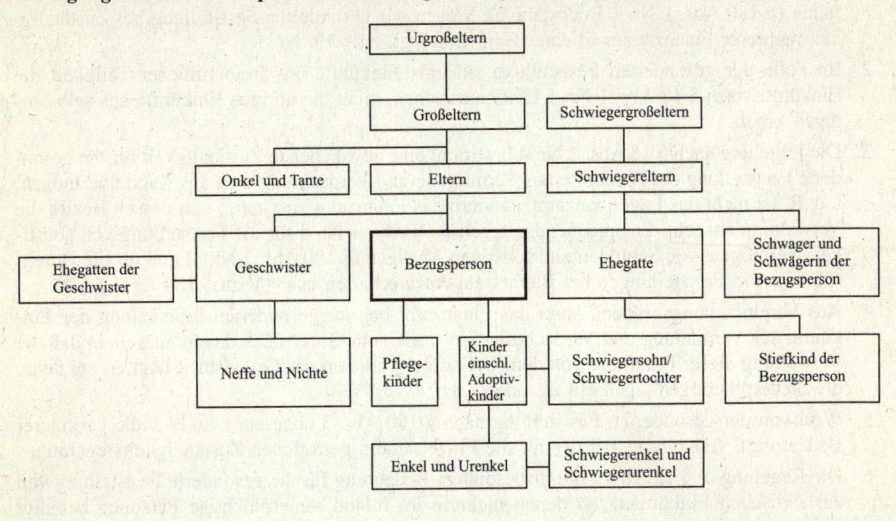

```
                         ┌──────────────┐
                         │ Urgroßeltern │
                         └──────┬───────┘
                  ┌─────────────┴──────────────┐
            ┌─────────────┐              ┌──────────────────┐
            │ Großeltern  │              │ Schwiegergroßeltern │
            └──────┬──────┘              └────────┬─────────┘
        ┌─────────┴───────┐                       │
  ┌──────────────┐  ┌──────────┐          ┌──────────────┐
  │ Onkel u.Tante│  │  Eltern  │          │ Schwiegereltern │
  └──────┬───────┘  └────┬─────┘          └──────┬───────┘
  ┌────────────┐  ┌──────────┐  ┌──────────────┐  ┌──────────┐  ┌──────────────────┐
  │Ehegatten d.│  │Geschwister│ │ Bezugsperson │  │ Ehegatte │  │Schwager/Schwägerin│
  │Geschwister │  │          │  │              │  │          │  │der Bezugsperson  │
  └────────────┘  └────┬─────┘  └──────┬───────┘  └──────────┘  └──────────────────┘
              ┌──────────────┐  ┌──────────┐ ┌────────────┐ ┌─────────────────┐ ┌──────────────┐
              │Neffe u.Nichte│  │Pflege-   │ │Kinder einschl.│Schwiegersohn/ │ │Stiefkind der │
              │              │  │kinder    │ │Adoptivkinder│ │Schwiegertochter│ │Bezugsperson  │
              └──────────────┘  └──────────┘ └────────────┘ └─────────────────┘ └──────────────┘
                                     ┌──────────────┐ ┌────────────────────┐
                                     │Enkel u.Urenkel│ │Schwiegerenkel und │
                                     │              │ │Schwiegerurenkel   │
                                     └──────────────┘ └────────────────────┘
```

Zu § 16 AO

AEAO **Sachliche Zuständigkeit:**

1. Die sachliche Zuständigkeit betrifft den einer Behörde dem Gegenstand und der Art nach durch Gesetz zugewiesenen Aufgabenbereich. ...

2. Im Rahmen des föderativen Aufbaus der Bundesrepublik ist die verbandsmäßige Zuständigkeit als besondere Art der sachlichen Zuständigkeit zu beachten. Nach der Rechtsprechung des BFH ist jedoch bei den nicht gebietsgebundenen Steuern (z. B. ESt) die Verwaltungskompetenz nicht auf die Finanzämter des verbandsmäßig zuständigen Bundeslandes beschränkt. Das Wohnsitzfinanzamt ist für die Besteuerung nach dem Einkommen auch für Besteuerungszeiträume zuständig, in denen der Steuerpflichtige in einem anderen Bundesland wohnte (BFH-Urteile vom 29. 10. 1970, BStBl II 1971 S. 151, und vom 23. 11. 1972, BStBl II 1973 S. 198).

3. Wegen der Rücknahme eines Verwaltungsaktes einer sachlich unzuständigen Behörde wird auf § 130 Abs. 2 Nr. 1 hingewiesen.

Zu § 18 AO

AEAO   Gesonderte Feststellung:

1. Die Zuständigkeitsvorschriften des § 18 Abs. 1 Nrn. 1 bis 3 gelten für die Feststellung von Einheitswerten und Einkünften aus Land- und Forstwirtschaft, aus Gewerbebetrieb oder aus freiberuflicher Tätigkeit. Bei den Einkünften gilt dies sowohl in den Fällen der Beteiligung mehrerer Personen (§ 180 Abs. 1 Nr. 2 Buchstabe a) wie auch in den Fällen, in denen der Betriebsort, Ort der Geschäftsleitung bzw. Ort der Tätigkeit und der Wohnsitz auseinanderfallen (§ 180 Abs. 1 Nr. 2 Buchstabe b). Wegen der gesonderten Feststellung bei Zuständigkeit mehrerer Finanzämter in einer Gemeinde vgl. zu § 19, Nr. 3.
2. Im Falle der gesonderten Feststellung sind als Einkünfte aus freiberuflicher Tätigkeit die Einkünfte nach § 18 Abs. 1 Nr. 1 EStG anzusehen, nicht die übrigen Einkünfte aus selbständiger Arbeit.
3. Die Regelung nach § 18 Abs. 1 Nr. 4 bestimmt eine abweichende Zuständigkeit für die gesonderte Feststellung der Einkünfte aus Vermietung und Verpachtung oder aus Kapitalvermögen; i. d. R. ist nicht das Lagefinanzamt, sondern das Finanzamt zuständig, von dessen Bezirk die Verwaltung ausgeht. Entsprechendes regelt § 18 Abs. 1 Nr. 4 für die Feststellung von sonstigem Vermögen, von Schulden und sonstigen Abzügen (§ 180 Abs. 1 Nr. 3) und für die Durchführung von Feststellungen bei Bauherrengemeinschaften usw. (V zu § 180 Abs. 2 AO).
4. Aus Vereinfachungsgründen kann das Finanzamt bei der gesonderten Feststellung der Einkünfte aus Vermietung und Verpachtung aus nur einem Grundstück davon ausgehen, daß die Verwaltung dieser Einkünfte von dem Ort ausgeht, in dem das Grundstück liegt, es sei denn, die Steuerpflichtigen legen etwas anderes dar.
5. Wird von der gesonderten Feststellung nach § 180 Abs. 3 abgesehen (z. B. Fälle geringerer Bedeutung), verbleibt es bei der für die Einzelsteuern getroffenen Zuständigkeitsregelung.
6. Die Regelung in § 18 Abs. 2 hat insbesondere Bedeutung für die gesonderte Feststellung von ausländischen Einkünften, an denen mehrere im Inland steuerpflichtige Personen beteiligt sind. Auf § 25 wird hingewiesen.

Zu § 19 AO

AEAO   Steuern vom Einkommen und Vermögen natürlicher Personen:

1. Bei verheirateten, nicht dauernd getrennt lebenden Steuerpflichtigen ist bei mehrfachem Wohnsitz im Inland das Finanzamt des Aufenthalts der Familie für die Besteuerung nach dem Einkommen und Vermögen zuständig. Insoweit sind für die Bestimmung der örtlichen Zuständigkeit die Kinder in die Betrachtung einzubeziehen.
2. Nach § 19 Abs. 3 ist das Lage-, Betriebs- oder Tätigkeitsfinanzamt auch für die persönlichen Steuern vom Einkommen und Vermögen zuständig, wenn ein Steuerpflichtiger in einer Gemeinde (Stadt) mit mehreren Finanzämtern einen land- und forstwirtschaftlichen oder gewerblichen Betrieb unterhält, bzw. eine freiberufliche Tätigkeit ausübt. In diesen Fällen ist keine gesonderte Feststellung durchzuführen (§ 180 Abs. 1 Nr. 2 Buchstabe b).
3. Wenn der Steuerpflichtige außerhalb des Bezirks seines Wohnsitzfinanzamtes, aber in den Bezirken mehrerer Finanzämter derselben Wohnsitzgemeinde, Einkünfte aus Land- und Forstwirtschaft, Gewerbebetrieb oder freiberuflicher Tätigkeit erzielt, so können nach § 19 Abs. 3 mehrere Finanzämter zuständig sein. In diesen Fällen ist nach § 25 zu verfahren. Gesonderte

Feststellungen sind nur von den Finanzämtern vorzunehmen, die den Steuerpflichtigen nicht zur Einkommensteuer und Vermögensteuer veranlagen (§ 180 Abs. 1 Nr. 2 Buchstabe b).

4. ...

Zu § 24 AO

AEAO   Ersatzzuständigkeit:

1. Für den Fall, daß sich die Zuständigkeit nicht aus den anderen Vorschriften ableiten läßt, ist die Finanzbehörde zuständig, in deren Bezirk objektiv ein Anlaß für eine Amtshandlung besteht. Abgesehen von der Zuständigkeit für Maßnahmen zur Aufdeckung unbekannter Steuerfälle (§ 208 Abs. 1 Nr. 3) ist hiernach auch die Zuständigkeit für den Erlaß von Haftungsbescheiden (§§ 191, 192) zu bestimmen. Wegen des Sachzusammenhangs ist mithin in der Regel das Finanzamt des Steuerpflichtigen gleichzeitig für die Heranziehung des Haftenden örtlich zuständig.
2. Kann die örtliche Zuständigkeit nicht sofort einwandfrei geklärt werden, ist bei unaufschiebbaren Maßnahmen die Zuständigkeit auf § 29 zu stützen.

Zu § 30 AO

AEAO   Steuergeheimnis:

1. Das Steuergeheimnis haben Amtsträger und die in § 30 Abs. 3 genannten Personen zu wahren.
2. Amtsträger sind die in § 7 abschließend aufgeführten Personen.
3. Den Amtsträgern sind nach § 30 Abs. 3 gleichgestellt unter anderem die für den öffentlichen Dienst besonders Verpflichteten. Nach § 11 Abs. 1 Nr. 4 StGB ist dies, wer, ohne Amtsträger zu sein, bei einer Behörde oder bei einer sonstigen Stelle, die Aufgaben der öffentlichen Verwaltung wahrnimmt, oder bei einem Verband oder sonstigen Zusammenschluß, Betrieb oder Unternehmen, die für eine Behörde oder für eine sonstige Stelle Aufgaben der öffentlichen Verwaltung ausführen, beschäftigt oder für sie tätig und auf die gewissenhafte Erfüllung seiner Obliegenheiten auf Grund eines Gesetzes förmlich verpflichtet ist. Rechtsgrundlage für die Verpflichtung ist das Verpflichtungsgesetz vom 2. 3. 1974 (BStBl I S. 380). Für eine Verpflichtung kommen z. B. Schreib- und Registraturkräfte, ferner Mitarbeiter in Rechenzentren sowie Unternehmer und deren Mitarbeiter, die Hilfstätigkeiten für die öffentliche Verwaltung erbringen (z. B. Datenerfassung, Versendung von Erklärungsvordrucken) in Betracht.
4. Sachverständige stehen Amtsträgern nur dann gleich, wenn sie von einer Behörde oder einem Gericht hinzugezogen werden.
5. Durch das Steuergeheimnis wird alles geschützt, was dem Amtsträger oder einer ihm gleichgestellten Person in einem der in § 30 Abs. 2 Nr. 1 Buchstabe a bis c genannten Verfahren über den Steuerpflichtigen oder andere Personen bekanntgeworden ist. Geschützt werden auch auskunftspflichtige Dritte sowie Gewährspersonen, die den Finanzbehörden Angaben über steuerliche Verhältnisse anderer machen; § 30 Abs. 5 bleibt unberührt.
6. Die Absätze 4 und 5 des § 30 erlauben die Offenbarung der in § 30 Abs. 2 geschützten Verhältnisse, Betriebs- und Geschäftsgeheimnisse, nicht aber die Verwertung von Betriebs- und Geschäftsgeheimnissen. Die Finanzbehörde ist, sofern eine der in § 30 Abs. 4 und 5 genann-

ten Voraussetzungen vorliegt, zur Offenbarung befugt, jedoch nicht verpflichtet. Bei der Entscheidung, ob dem Steuergeheimnis unterliegende Verhältnisse offenbart werden sollen, ist zu berücksichtigen, daß das Steuergeheimnis auch dazu dient, die Beteiligten am Besteuerungsverfahren zu wahrheitsgemäßen Angaben zu veranlassen. Ist die Befugnis zur Offenbarung gegeben und besteht gleichzeitig eine Verpflichtung zur Auskunft, z. B. auf Grund des § 161 StPO, so ist die Finanzbehörde zur Auskunftserteilung verpflichtet. Gleiches gilt auch für Mitteilungen auf Grund des erstmals für den Veranlagungszeitraum 1996 anzuwendenden § 4 Abs. 5 Nr. 10 Satz 2 EStG; unberührt bleibt die Befugnis zur Mitteilung von Korruptionsdelikten nach § 30 Abs. 4 Nr. 5.

7. § 30 Abs. 4 Nr. 1 läßt eine Offenbarung zur Durchführung eines steuerlichen Verfahrens oder eines Steuerstraf- oder Bußgeldverfahrens zu. Es genügt, daß das Offenbaren für die Einleitung oder den Fortgang dieses Verfahrens nützlich sein könnte. Die Zulässigkeit ist nicht auf die Mitteilung von Tatsachen zwischen Finanzbehörden beschränkt (z. B. Mitteilungen zwischen Zollbehörden und Steuerbehörden, zwischen Finanzämtern und übergeordneten Finanzbehörden). Zulässig ist auch die Mitteilung an andere Behörden, soweit sie unmittelbar der Durchführung eines der oben genannten Verfahren dient, z. B. Mitteilungen an die Wirtschaftsbehörden im Bescheinigungsverfahren nach § 6b EStG.[1]

8. Auf § 30 Abs. 4 Nr. 2 kann eine Offenbarung nur gestützt werden, wenn die Befugnis zum Offenbaren in einem Gesetz ausdrücklich enthalten ist. Eine Bestimmung über die allgemeine Pflicht zur Amtshilfe genügt nicht. Die Befugnis kann in der AO selbst (z. B. § 31), in anderen Steuergesetzen oder in außersteuerlichen Vorschriften enthalten sein. ...

9. Gem. § 30 Abs. 4 Nr. 4 Buchstabe a dürfen im Steuerstrafverfahren oder Steuerordnungswidrigkeitsverfahren gewonnene Erkenntnisse über außersteuerliche Straftaten an Gerichte und Strafverfolgungsbehörden für Zwecke der Strafverfolgung weitergeleitet werden. Die Finanzbehörden können daher z. B. die Staatsanwaltschaft auch über sog. Zufallsfunde unterrichten. Voraussetzung ist jedoch stets, daß die Erkenntnisse im Steuerstraf- oder Bußgeldverfahren selbst gewonnen wurden. Kenntnisse, die bereits vorher in einem anderen Verfahren (z. B. Veranlagungs-, Außenprüfungs- oder Vollstreckungsverfahren) erlangt wurden, dürfen den Strafverfolgungsbehörden gegenüber nicht offenbart werden. Sind die Tatsachen von dem Steuerpflichtigen (§ 33) selbst oder der für ihn handelnden Person (§ 200 Abs. 1) der Finanzbehörde mitgeteilt worden, ist die Weitergabe zur Strafverfolgung wegen nichtsteuerlicher Straftaten nur zulässig, wenn der Steuerpflichtige zum Zeitpunkt der Abgabe der Mitteilung an die Finanzbehörde die Einleitung des steuerlichen Straf- oder Bußgeldverfahrens gekannt hat, es sei denn, einer der in § 30 Abs. 4 Nr. 5 oder Abs. 5 geregelten Fälle läge vor.

10. Gem. § 30 Abs. 4 Nr. 4 Buchstabe b ist eine Offenbarung von Kenntnissen zur Durchführung eines Strafverfahrens wegen einer nichtsteuerlichen Straftat uneingeschränkt zulässig, wenn die Tatsachen der Finanzbehörde ohne Bestehen einer steuerlichen Verpflichtung oder unter Verzicht auf ein Auskunftsverweigerungsrecht bekanntgeworden sind. Tatsachen sind der Finanzbehörde ohne Bestehen einer steuerlichen Verpflichtung bekanntgeworden, wenn die Auskunftsperson nicht zuvor durch die Finanzbehörde zur Erteilung einer Auskunft aufgefordert worden ist. Ein Verzicht auf ein Auskunftsverweigerungsrecht (vgl. §§ 101 ff.) kann nur angenommen werden, wenn dem Berechtigten sein Auskunftsverweigerungsrecht bekannt war; dies setzt in den Fällen des § 101 eine Belehrung voraus.

11. Die Unterrichtung der Strafverfolgungsbehörden über vorsätzlich falsche Angaben des Betroffenen gem. § 30 Abs. 5 darf nur erfolgen, wenn nach Auffassung der Finanzbehörde durch

---

Anm. d. Schriftl.:

[1] § 30 Abs. 4 Nr. 1 berechtigt zum Versand von Kontrollmitteilungen innerhalb der Steuerverwaltung.

die falschen Angaben ein Straftatbestand verwirklicht worden ist; die Durchführung eines Strafverfahrens wegen dieser Tat ist nicht Voraussetzung für die Zulässigkeit der Offenbarung.

12. Eine Offenbarung ist gem. § 30 Abs. 4 Nr. 5 zulässig, soweit für sie ein zwingendes öffentliches Interesse besteht. § 30 Abs. 4 Nr. 5 enthält eine beispielhafte Aufzählung von Fällen, in denen ein zwingendes öffentliches Interesse zu bejahen ist. Bei anderen Sachverhalten ist ein zwingendes öffentliches Interesse nur gegeben, wenn sie in ihrer Bedeutung einem der in § 30 Abs. 4 Nr. 5 erwähnten Fälle vergleichbar sind. So können die Gewerbebehörden für Zwecke eines Gewerbeuntersagungsverfahrens über die Verletzung steuerlicher Pflichten unterrichtet werden, die mit der Ausübung des Gewerbes, das untersagt werden soll, im Zusammenhang stehen (BFH-Urteil vom 10. 2. 1987, BStBl II S. 545). Den für die Verfolgung der Geldwäsche (§ 261 StGB) zuständigen Behörden können Anhaltspunkte für das Vorliegen einer derartigen Straftat mitgeteilt werden. Bei Anfragen haben diese Behörden darzulegen, aus welchen Umständen sich Anhaltspunkte für das Vorliegen eines Geldwäschedeliktes ergeben.

13. Verbrechen i. S. von § 30 Abs. 4 Nr. 5 Buchstabe a sind alle Straftaten, die im Mindestmaß mit Freiheitsstrafe von einem Jahr oder darüber bedroht sind (§ 12 Abs. 1 StGB). Als vorsätzliche schwere Vergehen gegen Leib und Leben oder gegen den Staat und seine Einrichtungen kommen nur solche Vergehen in Betracht, die eine schwerwiegende Rechtsverletzung darstellen und dementsprechend mit Freiheitsstrafe bedroht sind.

14. Unter den Begriff der Wirtschaftsstraftat i. S. des § 30 Abs. 4 Nr. 5 Buchstabe b fallen Straftaten nicht schon deswegen, weil sie nach § 74c des Gerichtsverfassungsgesetzes zur Zuständigkeit des Landgerichts gehören. Es ist vielmehr in jedem Einzelfall unter Abwägung der Interessen zu prüfen, ob die besonderen Voraussetzungen des § 30 Abs. 4 Nr. 5 Buchstabe b gegeben sind.

15. Eine Offenbarung zur Richtigstellung in der Öffentlichkeit verbreiteter unwahrer Tatsachen gem. § 30 Abs. 4 Nr. 5 Buchstabe c kommt nur im Ausnahmefall in Betracht. Derartige Fälle sind der obersten Finanzbehörde unter eingehender Darlegung des Sachverhalts zur Entscheidung vorzulegen.

Zu § 30a AO

AEAO   Schutz von Bankkunden:

1. § 30a Abs. 3 gilt nur für Guthabenkonten oder Depots, bei deren Errichtung eine Identitätsprüfung nach § 154 Abs. 2 vorgenommen worden ist. Guthabenkonten oder Depots, bei deren Errichtung keine Identitätsprüfung nach § 154 Abs. 2 vorgenommen worden ist, dürfen anläßlich der Außenprüfung bei einem Kreditinstitut zwecks Nachprüfung der ordnungsgemäßen Versteuerung festgestellt oder abgeschrieben werden. Für die Ausschreibung von Kontrollmitteilungen gilt in diesen Fällen § 194 Abs. 3.

    Zufallserkenntnisse, die den Verdacht einer Steuerverkürzung im Einzelfall begründen, können auch hinsichtlich solcher Guthabenkonten oder Depots, bei deren Errichtung eine Identitätsprüfung vorgenommen worden ist, dem zuständigen Finanzamt mitgeteilt werden.

    § 194 Abs. 3 bleibt hinsichtlich der Kreditkonten, der Eigenkonten und der Konten pro Diverse durch § 30a Abs. 3 ebenfalls unberührt.

    Im übrigen steht § 30a Abs. 3 einer Außenprüfung nach § 50b EStG bei den Kreditinstituten nicht entgegen.

2. Für Auskunftsersuchen an Kreditinstitute gelten §§ 93 und 208. Ermittlungen „ins Blaue hinein" sind unzulässig (vgl. BFH-Urteil vom 23. 10. 1990, BStBl II 1991 S. 277 [278]). Auskünfte können bei hinreichendem Anlaß verlangt werden (BFH-Urteile vom 29. 10. 1986,

BStBl II 1988 S. 359, und vom 24. 3. 1987, BStBl II S. 484). Unter dieser Voraussetzung sind auch Auskunftsersuchen, die sich auf eine Vielzahl von Einzelfällen beziehen (Sammelauskunftsersuchen), zulässig (vgl. BFH-Urteil vom 24. 10. 1989, BStBl II S. 198).

Hingegen sind Sammelauskunftsersuchen über Bestände von Konten einschließlich Depotkonten sowie über Gutschriften von Kapitalerträgen nach § 30a Abs. 2 unzulässig.

3. Die Anzeigepflicht der Kreditinstitute nach § 33 ErbStG und die Auswertung der Anzeigen auch für Einkommensteuerzwecke bleiben durch § 30a Abs. 2 unberührt (BFH-Beschluß vom 2. 4. 1992, BStBl II S. 616).
4. Bei Ermittlungen im Steuerstrafverfahren und im Bußgeldverfahren wegen Steuerordnungswidrigkeiten findet § 30a keine Anwendung.

Zu § 33 AO

AEAO   Steuerpflichtiger:

1. Zu den Pflichten, die nach § 33 Abs. 1 den Steuerpflichtigen auferlegt werden, gehören: Eine Steuer als Steuerschuldner, Haftender oder für Rechnung eines anderen (§ 43) zu entrichten, die Verpflichtung zur Abgabe einer Steuererklärung (§ 149), zur Mitwirkung und Auskunft in eigener Steuersache (§§ 90, 93, 200), zur Führung von Büchern und Aufzeichnungen (§§ 140 ff.), zur ordnungsgemäßen Kontenführung (§ 154) oder zur Sicherheitsleistung (§ 241).
2. Nicht unter den Begriff des Steuerpflichtigen fällt (§ 33 Abs. 2), wer in einer für ihn fremden Steuersache tätig wird oder werden soll. Das sind neben Bevollmächtigten und Beiständen (§§ 80, 123, 183) diejenigen, die Auskunft zu erteilen (§ 93), Urkunden (§ 97) oder Wertsachen (§ 100) vorzulegen, Sachverständigengutachten zu erstatten (§ 96) oder das Betreten von Grundstücken oder Räumen zu gestatten (§ 99) oder Steuern aufgrund vertraglicher Verpflichtung zu entrichten haben (§ 192).
3. Unter Steuergesetzen sind alle Gesetze zu verstehen, die steuerrechtliche Vorschriften enthalten, auch wenn diese nur einen Teil des Gesetzes umfassen.

Zu § 85 AO

AEAO   Besteuerungsgrundsätze:

1. Das Gesetz unterscheidet nicht zwischen dem Steuerermittlungsverfahren, das der Festsetzung der Steuer gegenüber einem bestimmten Steuerpflichtigen dient und dem Steueraufsichtsverfahren, in dem die Finanzbehörden gegenüber allen Steuerpflichtigen darüber wachen, daß die Steuern nicht zu Unrecht verkürzt werden. Die Finanzbehörden können sich sowohl bei Ermittlungen, die sich gegen einen bestimmten Steuerpflichtigen richten, als auch bei der Erforschung unbekannter Steuerfälle der Beweismittel des § 92 bedienen. Sie können mit der Aufdeckung und Ermittlung unbekannter Steuerfälle auch die Steuerfahndung beauftragen (§ 208 Abs. 1 Nr. 3).
2. Die Finanzbehörde kann nach pflichtgemäßem Ermessen „betriebsnahe Veranlagungen" durchführen.
3. Die betriebsnahen Veranlagungen gehören zum Steuerfestsetzungsverfahren, wenn sie ohne Prüfungsanordnung mit Einverständnis des Steuerpflichtigen an Ort und Stelle durchgeführt werden; es gelten die allgemeinen Verfahrensvorschriften über Besteuerungsgrundsätze und

Beweismittel (§§ 85, 88 und 90 ff.). Eine betriebsnahe Veranlagung bewirkt keine Ablaufhemmung nach § 171 Abs. 4 (BFH-Urteil vom 6. 7. 1999 – VIII R 17/97 –).
4. Der gesetzliche Auftrag „sicherzustellen", daß Steuern nicht verkürzt werden usw., weist auf die Befugnis zu Maßnahmen außerhalb eines konkreten Besteuerungsverfahrens hin. So sind den Finanzbehörden allgemeine Hinweise an die Öffentlichkeit oder ähnliche vorbeugende Maßnahmen gegenüber einzelnen zur Erfüllung des gesetzlichen Auftrags gestattet. Auf der Grundlage des § 85 können auch im Wege der Amtshilfe andere Behörden ersucht werden, Aufträge nur gegen Vorlage steuerlicher Unbedenklichkeitsbescheinigungen zu erteilen; wegen der allgemeinen Mitteilungspflichten (Kontrollmitteilungen) von Behörden und Rundfunkanstalten Hinweis auf die Mitteilungsverordnung.

Zu § 87 AO

AEAO   Amtssprache:

1. Bei Eingaben in fremder Sprache soll die Finanzbehörde zunächst prüfen, ob eine zur Bearbeitung ausreichende Übersetzung durch eigene Bedienstete oder im Wege der Amtshilfe ohne Schwierigkeiten beschafft werden kann. Übersetzungen sind nur im Rahmen des Notwendigen, nicht aus Prinzip anzufordern. Die Finanzbehörde kann auch Schriftstücke in fremder Sprache entgegennehmen und in einer fremden Sprache verhandeln, wenn der Amtsträger über entsprechende Sprachkenntnisse verfügt. Anträge, die ein Verwaltungsverfahren auslösen, und fristwahrende Eingaben sollen in ihren wesentlichen Teilen in deutscher Sprache aktenkundig gemacht werden. Verwaltungsakte sind grundsätzlich in deutscher Sprache bekanntzugeben.
2. Wegen der Führung von Büchern in einer fremden Sprache Hinweis auf § 146 Abs. 3.

Zu § 88 AO

AEAO   Untersuchungsgrundsatz:

1. Die Finanzbehörden haben alle notwendigen Maßnahmen zu ergreifen, um die entscheidungserheblichen Tatsachen aufzuklären. Sie bestimmen Art und Umfang der Ermittlungen nach den Umständen des Einzelfalles. Der Grundsatz der Verhältnismäßigkeit ist zu beachten. Die Ermittlungshandlungen dürfen danach zu dem angestrebten Erfolg nicht erkennbar außer Verhältnis stehen. Sie sollen so gewählt werden, daß damit unter Berücksichtigung der Verhältnisse des Einzelfalles ein möglichst geringer Eingriff in die Rechtssphäre des Beteiligten oder Dritter verbunden ist. Der Gewährung rechtlichen Gehörs kommt besondere Bedeutung zu. Trotz des in § 85 festgelegten Legalitätsprinzips können bei den Entscheidungen der Finanzbehörden Erwägungen einbezogen werden, die im Ergebnis Zweckmäßigkeitserwägungen gleichzustellen sind (BVerfG vom 20. 6. 1973, BStBl II S. 720). Für die Anforderungen, die an die Aufklärungspflicht der Finanzbehörden zu stellen sind, darf die Erwägung eine Rolle spielen, daß die Aufklärung einen nicht mehr vertretbaren Zeitaufwand erfordert. Dabei kann auf das Verhältnis zwischen voraussichtlichem Arbeitsaufwand und steuerlichem Erfolg abgestellt werden. Die Finanzämter dürfen auch berücksichtigen, in welchem Maße sie durch ein zu erwartendes finanzgerichtliches Verfahren belastet werden, sofern sie bei vorhandenen tatsächlichen oder rechtlichen Zweifeln dem Begehren des Steuerpflichtigen nicht entsprechen und zu seinem Nachteil entscheiden. In Fällen erschwerter Sachverhaltsermittlung dient es

unter bestimmten Voraussetzungen der Effektivität der Besteuerung und allgemein dem Rechtsfrieden, wenn sich die Beteiligten über die Annahme eines bestimmten Sachverhalts und über eine bestimmte Sachbehandlung einigen können (BFH-Urteil vom 11. 12. 1984, BStBl II 1985 S. 354).

...

Zu § 91 AO

AEAO   Anhörung Beteiligter:

1. Im Besteuerungsverfahren äußert sich der Beteiligte zu den für die Entscheidung erheblichen Tatsachen regelmäßig in der Steuererklärung. Will die Finanzbehörde von dem erklärten Sachverhalt zuungunsten des Beteiligten wesentlich abweichen, so muß sie den Beteiligten hiervon vor Erlaß des Steuerbescheides oder sonstigen Verwaltungsaktes unterrichten. Der persönlichen (ggf. fernmündlichen) Kontaktaufnahme mit dem Steuerpflichtigen kommt hierbei besondere Bedeutung zu. Sind die steuerlichen Auswirkungen der Abweichung nur gering, so genügt es, die Abweichung im Steuerbescheid zu erläutern.

2. Eine versehentlich unterbliebene Anhörung der Beteiligten kann nach Erlaß des Steuerbescheides nachgeholt und die Fehlerhaftigkeit des Bescheides dadurch geheilt werden (§ 126 Abs. 1 Nr. 3).

3. Ist die erforderliche Anhörung eines Beteiligten unterblieben und dadurch die rechtzeitige Anfechtung des Verwaltungsaktes versäumt worden, so ist Wiedereinsetzung in den vorigen Stand zu gewähren (§ 126 Abs. 3 i. V. m. § 110). Die unterlassene Anhörung ist im allgemeinen nur dann für die Versäumung der Einspruchsfrist ursächlich, wenn die notwendigen Erläuterungen auch im Verwaltungsakt selbst unterblieben sind (BFH-Urteil vom 13. 12. 1984, BStBl II 1985 S. 601).

4. Ein Recht auf Akteneinsicht im Steuerfestsetzungsverfahren wird den Beteiligten nicht eingeräumt. Im Einzelfall kann jedoch nach Ermessen der Finanzbehörde Akteneinsicht gewährt werden. Hierbei ist sicherzustellen, daß Verhältnisse eines anderen nicht unbefugt offenbart werden. Die Gewährung einer beantragten Akteneinsicht kann insbesondere nach einem Beraterwechsel zweckmäßig sein. Die Ablehnung eines Antrags auf Akteneinsicht ist mit dem Einspruch (§ 347) anfechtbar.

5. Wegen des zwingenden öffentlichen Interesses (§ 91 Abs. 3) Hinweis auf § 30 Abs. 4 Nr. 5 und § 106, deren Grundsätze entsprechend anzuwenden sind.

Zu § 95 AO

AEAO   Versicherung an Eides Statt:

Aus der Weigerung eines Steuerpflichtigen, eine Tatsachenbehauptung durch eidesstattliche Versicherung zu bekräftigen, können für ihn nachteilige Folgerungen gezogen werden. Im übrigen wird auf § 162 hingewiesen.

Zu § 99 AO

AEAO   **Betreten von Grundstücken und Räumen:**

Es dürfen auch Grundstücke, Räume usw. betreten werden, die nicht dem Steuerpflichtigen gehören, sondern im Eigentum oder Besitz einer anderen Person stehen. Von der Besichtigung „betroffene" Personen sind alle, die an dem Grundstück usw. entweder Besitzrechte haben, sie tatsächlich nutzen oder eine sonstige tatsächliche Verfügungsbefugnis haben. Wohnräume dürfen im Besteuerungsverfahren nicht gegen den Willen des Inhabers betreten werden (siehe aber § 210 Abs. 2 und § 287).

Zu § 101 AO

AEAO   **Auskunfts- und Eidesverweigerungsrecht der Angehörigen:**

1. Der Beteiligte (Steuerpflichtige) selbst hat kein Auskunftsverweigerungsrecht; § 393 Abs. 1 ist zu beachten.
2. Ist die nach § 101 Abs. 1 Satz 2 erforderliche Belehrung unterblieben, dürfen die auf der Aussage des Angehörigen beruhenden Kenntnisse nicht verwertet werden (BFH-Urteil vom 31. 10. 1990, BStBl II 1991 S. 204), es sei denn, der Angehörige stimmt nachträglich zu oder wiederholt nach Belehrung seine Aussage (vgl. auch BFH-Urteil vom 7. 11. 1986, BStBl II S. 435).

Zu § 104 AO

AEAO   **Verweigerung der Erstattung eines Gutachtens und der Vorlage von Urkunden:**

Trotz ihres Auskunftsverweigerungsrechts sind die Angehörigen der steuerberatenden Berufe verpflichtet, alle Urkunden und Wertsachen, insbesondere Geschäftsbücher und sonstige Aufzeichnungen, die sie für den Steuerpflichtigen aufbewahren oder führen, auf Verlangen der Finanzbehörde unter den gleichen Voraussetzungen vorzulegen wie der Steuerpflichtige selbst.

Zu § 108 AO — Abgabenordnung

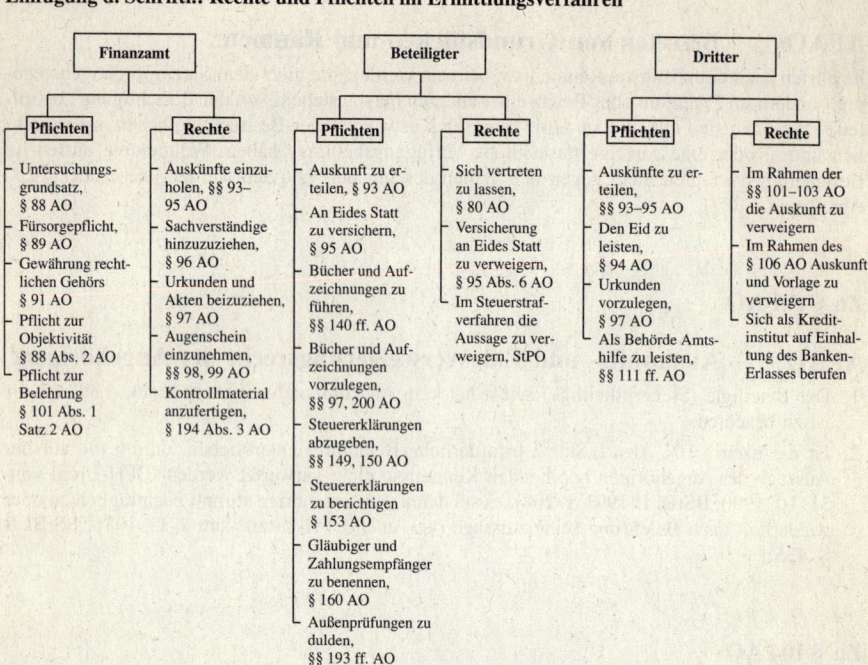

Einfügung d. Schriftl.: Rechte und Pflichten im Ermittlungsverfahren

Finanzamt		Beteiligter		Dritter	
Pflichten	**Rechte**	**Pflichten**	**Rechte**	**Pflichten**	**Rechte**
Untersuchungsgrundsatz, § 88 AO	Auskünfte einzuholen, §§ 93–95 AO	Auskunft zu erteilen, § 93 AO	Sich vertreten zu lassen, § 80 AO	Auskünfte zu erteilen, §§ 93–95 AO	Im Rahmen der §§ 101–103 AO die Auskunft zu verweigern
Fürsorgepflicht, § 89 AO	Sachverständige hinzuzuziehen, § 96 AO	An Eides Statt zu versichern, § 95 AO	Versicherung an Eides Statt zu verweigern, § 95 Abs. 6 AO	Den Eid zu leisten, § 94 AO	Im Rahmen des § 106 AO Auskunft und Vorlage zu verweigern
Gewährung rechtlichen Gehörs § 91 AO	Urkunden und Akten beizuziehen, § 97 AO	Bücher und Aufzeichnungen zu führen, §§ 140 ff. AO	Im Steuerstrafverfahren die Aussage zu verweigern, StPO	Urkunden vorzulegen, § 97 AO	Sich als Kreditinstitut auf Einhaltung des Banken-Erlasses berufen
Pflicht zur Objektivität § 88 Abs. 2 AO	Augenschein einzunehmen, §§ 98, 99 AO	Bücher und Aufzeichnungen vorzulegen, §§ 97, 200 AO		Als Behörde Amtshilfe zu leisten, §§ 111 ff. AO	
Pflicht zur Belehrung § 101 Abs. 1 Satz 2 AO	Kontrollmaterial anzufertigen, § 194 Abs. 3 AO	Steuererklärungen abzugeben, §§ 149, 150 AO			
		Steuererklärungen zu berichtigen § 153 AO			
		Gläubiger und Zahlungsempfänger zu benennen, § 160 AO			
		Außenprüfungen zu dulden, §§ 193 ff. AO			

Zu § 108 AO

AEAO Fristen und Termine:

1. Fristen sind abgegrenzte, bestimmbare Zeiträume, vor deren Ablauf eine Handlung oder ein Ereignis wirksam werden muß, um fristgerecht zu sein. Termine sind bestimmte Zeitpunkte, an denen etwas geschehen soll oder zu denen eine Wirkung eintritt. „Fälligkeitstermine" geben das Ende einer Frist an.[1]

2. Bei der Dreitage-Regelung bzw. der Monats-Regelung (§§ 122, 123) handelt es sich nicht um eine Frist i. S. des § 108. § 108 Abs. 3 ist daher nicht anzuwenden (vgl. BFH-Urteil vom 5. 3. 1986, BStBl II S. 462).

Anm. d. Schriftl.:

[1] Gleichlautende Erlasse der obersten Finanzbehörden der Länder vom 3. 1. 2000 über Steuererklärungsfristen, BStBl 2000 I S. 86.

Zu § 110 AO

AEAO Wiedereinsetzung in den vorigen Stand:

1. Zur Wiedereinsetzung in den vorigen Stand nach unterlassener Anhörung eines Beteiligten bzw. wegen fehlender Begründung des Verwaltungsaktes (§ 126 Abs. 3) vgl. zu § 91, Nr. 3 und zu § 121, Nr. 3.
2. Abweichend von § 110 Abs. 2 beträgt im finanzgerichtlichen Verfahren die Frist für den Antrag auf Wiedereinsetzung und die Nachholung der versäumten Rechtshandlung zwei Wochen (§ 56 Abs. 2 FGO).
3. Soweit das Gesetz eine Fristverlängerung vorsieht (§ 109 Abs. 1), kommt nicht Wiedereinsetzung, sondern rückwirkende Fristverlängerung in Betracht.

Zu § 121 AO

AEAO Begründung des Verwaltungsaktes:

1. Die Vorschrift gilt für alle Verwaltungsakte einschließlich der Steuerbescheide.
2. Besteht eine Pflicht, den Verwaltungsakt zu begründen, so muß die Begründung nur den Umfang haben, der erforderlich ist, damit der Adressat des Verwaltungsaktes die Gründe für die Entscheidung der Finanzbehörde verstehen kann. Die Begründung von Ermessensentscheidungen soll erkennen lassen, daß die Finanzbehörde ihr Ermessen ausgeübt hat und von welchen Gesichtspunkten sie bei ihrer Entscheidung ausgegangen ist.
3. Das Fehlen der vorgeschriebenen Begründung macht den Verwaltungsakt fehlerhaft. Dieser Mangel kann nach § 126 Abs. 1 und 2 geheilt werden oder gem. § 127 unbeachtlich sein. Wurde wegen der fehlenden Begründung die rechtzeitige Anfechtung des Verwaltungsaktes versäumt, so ist auf Antrag Wiedereinsetzung in den vorigen Stand zu gewähren (§ 126 Abs. 3 i. V. m. § 110; vgl. auch zu § 91, Nr. 3).

Zu § 122 AO

AEAO Bekanntgabe des Verwaltungsaktes:

1. **Allgemeines**
1.1 **Bekanntgabe von Verwaltungsakten**
1.1.1 Voraussetzung für die **Wirksamkeit** eines Verwaltungsaktes ist, daß er inhaltlich hinreichend bestimmt ist (§ 119 Abs. 1) und daß er demjenigen, für den er bestimmt ist oder der von ihm betroffen wird, bekanntgegeben wird (§ 124 Abs. 1). Deshalb ist beim Erlaß eines schriftlichen Verwaltungsaktes (Verfügung und Ausfertigung) festzulegen,
   - an wen er sich richtet (Nr. 1.3 – Inhaltsadressat),
   - wem er bekanntgegeben werden soll (Nr. 1.4 – Bekanntgabeadressat),
   - welcher Person er zu übermitteln ist (Nr. 1.5 – Empfänger) und
   - ob eine besondere Form der Bekanntgabe erforderlich oder zweckmäßig ist (Nr. 1.8).
1.1.2 Verfahrensrechtlich ist zu unterscheiden zwischen dem Rechtsbegriff der **Bekanntgabe** als Wirksamkeitsvoraussetzung, den Formen der Bekanntgabe (mündliche, schriftliche oder öffentliche Bekanntgabe oder Bekanntgabe in anderer Weise) und den technischen

Vorgängen bei der Übermittlung des Inhalts eines Verwaltungsaktes. Die Bekanntgabe setzt den Bekanntgabewillen des für den Erlaß des Verwaltungsaktes zuständigen Bediensteten voraus (BFH-Urteile vom 27. 6. 1986, BStBl II S. 832, und vom 24. 11. 1988, BStBl II 1989 S. 344). Zur Aufgabe des Bekanntgabewillens vgl. zu § 124, Nr. 1.

1.1.3 Mit dem Rechtsbegriff „Bekanntgabe" nicht gleichbedeutend sind die Bezeichnungen für die **technischen Vorgänge** bei der Übermittlung eines verfügten Verwaltungsaktes (z. B. „Aufgabe zur Post", „Zusendung", „Zustellung", „ortsübliche Bekanntmachung", „Zugang"), auch wenn diese Begriffe zugleich eine gewisse rechtliche Bedeutung haben. Die technischen Vorgänge bedürfen, soweit das Gesetz daran Rechtsfolgen knüpft, einer Dokumentation, um nachweisen zu können, daß, wann und wie die Bekanntgabe erfolgt ist.

1.2 Steuerbescheide

1.2.1 Schriftliche Steuerfestsetzungen sind nur dann eine Grundlage für die Verwirklichung von Ansprüchen aus dem Steuerschuldverhältnis, wenn sie gem. § 122 Abs. 1 Satz 1 als Steuerbescheid demjenigen Beteiligten bekanntgegeben worden sind, für den sie bestimmt sind oder den von ihnen betroffen wird. Die folgenden Grundsätze regeln, wie der Steuerschuldner als Inhaltsadressat und ggf. der Bekanntgabeadressat und der Empfänger zu bezeichnen sind und wie der Bescheid zu übermitteln ist.

1.2.2 Die Grundsätze über die Bekanntgabe von Steuerbescheiden gelten für andere schriftlich bekanntzugebende Verwaltungsakte (z. B. Haftungsbescheide, Prüfungsanordnungen, Androhungen und Festsetzungen eines Zwangsgeldes) entsprechend (vgl. Nr. 1.8.1). ...

1.3 Bezeichnung des Inhaltsadressaten

1.3.1 Der Inhaltsadressat muß im Bescheid so eindeutig bezeichnet werden, daß Zweifel über seine Identität nicht bestehen. Inhaltsadressat eines Steuerbescheides ist der Steuerschuldner.

1.3.2 Im allgemeinen wird eine natürliche Person als Inhaltsadressat durch Vornamen und Familiennamen genügend bezeichnet. Nur bei **Verwechslungsmöglichkeiten**, insbesondere bei häufiger vorkommenden Namen, sind weitere Angaben erforderlich (z. B. Wohnungsanschrift, Geburtsdatum, Berufsbezeichnung, Namenszusätze wie „senior" oder „junior"). Bei juristischen Personen und Handelsgesellschaften ergibt sich der zutreffende „Name" aus Gesetz, Satzung, Register oder ähnlichen Quellen (bei Handelsgesellschaften Firma gemäß § 17 HGB); wegen der Bezeichnung von Ehegatten vgl. 2.1.2, wegen der Bezeichnung der nichtrechtsfähigen Personenvereinigungen vgl. Nrn. 2.4, 2.4.1.2.

1.4 Bezeichnung des Bekanntgabeadressaten

1.4.1 Die Person, der ein Verwaltungsakt bekanntzugeben ist, wird als Bekanntgabeadressat bezeichnet. Bei Steuerfestsetzungen ist dies in der Regel der Steuerschuldner als Inhaltsadressat, weil der Steuerbescheid seinem Inhalt nach für ihn bestimmt ist oder er von ihm betroffen wird (§ 122 Abs. 1 Satz 1).

1.4.2 Als Bekanntgabeadressat kommen jedoch auch **Dritte** in Betracht, wenn sie für den Inhaltsadressaten (Steuerschuldner) steuerliche Pflichten zu erfüllen haben. Dabei handelt es sich in erster Linie um Fälle, in denen die Bekanntgabe an den Steuerschuldner nicht möglich oder nicht zulässig ist (§ 79).

Die Bekanntgabe ist insbesondere an folgende Dritte erforderlich:

a) Eltern (§ 1629 BGB), Vormund (§ 1793 BGB), Pfleger (§§ 1909 ff. BGB) als gesetzliche Vertreter natürlicher Personen (§ 34 Abs. 1),

- b) Geschäftsführer von nichtrechtsfähigen Personenvereinigungen (z. B. Vorstände nichtrechtsfähiger Vereine, § 54 BGB),
- c) Geschäftsführer von Vermögensmassen (z. B. nichtrechtsfähige Stiftungen, §§ 86, 26 BGB),
- d) Vermögensverwalter i. S. von § 34 Abs. 3 (z. B. Insolvenzverwalter, Zwangsverwalter, gerichtlich bestellte Liquidatoren, Nachlaßverwalter),
- e) Verfügungsberechtigte i. S. von § 35,
- f) für das Besteuerungsverfahren bestellte Vertreter i. S. von § 81.

1.4.3 Ist der Bekanntgabeadressat nicht mit dem Inhaltsadressaten identisch (vgl. Nr. 1.4.2), so ist er zusätzlich zum Inhaltsadressaten anzugeben. Hinsichtlich der eindeutigen Bezeichnung gelten dieselben Grundsätze wie für die Bezeichnung des Inhaltsadressaten (vgl. Nr. 1.3.2). Das Vertretungsverhältnis (vgl. Nr. 1.4.2) ist im Bescheid anzugeben (vgl. Nr. 1.6).

1.5 Bezeichnung des Empfängers

1.5.1 Als Empfänger wird derjenige bezeichnet, dem der schriftliche Verwaltungsakt tatsächlich zugehen soll, damit er durch Bekanntgabe wirksam wird. In der Regel ist der Inhaltsadressat nicht nur Bekanntgabeadressat, sondern auch „Empfänger" des Verwaltungsaktes.

1.5.2 Es können jedoch auch andere Personen Empfänger sein, wenn für sie eine **schriftliche Empfangsvollmacht** des Bekanntgabeadressaten vorliegt oder wenn die Finanzbehörde nach ihrem Ermessen den Verwaltungsakt einem Bevollmächtigten übermitteln will (vgl. Nr. 1.7).

Beispiel:
Die gesetzlichen Vertreter (Bekanntgabeadressaten) eines Minderjährigen (Steuerschuldner und damit Inhaltsadressat) haben einen Dritten (Empfänger) bevollmächtigt.

Inhaltsadressat (Steuerschuldner):
Hans Huber

Bekanntgabeadressaten:
Herrn Anton Huber, Frau Maria Huber
als gesetzliche Vertreter des Hans Huber, Moltkestraße 5, 12203 Berlin

Empfänger (Anschriftenfeld):
Herrn
Steuerberater
Anton Schulz
Postfach 11 48
80335 München

Darstellung im Bescheid:
(Die Angaben in Klammern werden im Bescheid nicht ausgedruckt. Dies gilt auch für die übrigen Beispiele).

Anschriftenfeld (Empfänger):
Herrn
Steuerberater
Anton Schulz
Postfach 11 48
80335 München

Bescheidkopf:
Für
Herrn Anton Huber und Frau Maria Huber (Bekanntgabeadressaten) als gesetzliche Vertreter des Hans Huber (Steuerschuldner und Inhaltsadressat), Moltkestraße 5, 12203 Berlin

Zu § 122 AO **Abgabenordnung**

1.5.3 Eine schriftliche Empfangsvollmacht ist auch erforderlich, wenn der Verwaltungsakt **nur** namentlich benannten Geschäftsführern oder anderen Personen (z. B. dem Steuerabteilungsleiter) zugehen soll.

Beispiel:

Anschriftenfeld (Empfänger):
Herrn
Steuerabteilungsleiter
Fritz Schulz
i. Hs. der Meyer-GmbH
Postfach 10 01
50859 Köln

Bescheidkopf:
Für die Meyer GmbH (Inhalts- und Bekanntgabeadressat)

1.5.4 Zur Bekanntgabe nach § 122 Abs. 6 vgl. Nr. 2.1.3, zur Bekanntgabe an einen **gemeinsamen Empfangsbevollmächtigten** i. S. von § 183 Abs. 1 vgl. Nr. 2.5.2.

1.6 Anschriftenfeld

Der Empfänger ist im Anschriftenfeld des Steuerbescheids mit seinem Namen und **postalischer Anschrift** zu bezeichnen. Es reicht nicht aus, den Empfänger nur auf dem Briefumschlag und in den Steuerakten anzugeben, weil sonst die ordnungsmäßige Bekanntgabe nicht einwandfrei nachgewiesen werden kann. Sind Inhaltsadressat (Steuerschuldner), Bekanntgabeadressat und Empfänger nicht dieselbe Person, muß jeder im Steuerbescheid benannt werden: Der Empfänger ist im Anschriftenfeld anzugeben, der Inhalts- und ggf. der Bekanntgabeadressat sowie das Vertretungsverhältnis müssen an anderer Stelle des Steuerbescheides aufgeführt werden (vgl. z. B. bei Bekanntgabe an Minderjährige Nr. 2.2.2).

1.7 Übermittlung an Bevollmächtigte

1.7.1 Der einem Angehörigen der steuerberatenden Berufe erteilte Auftrag zur Erstellung und Einreichung der Steuererklärungen schließt in der Regel seine Bestellung als Empfangsbevollmächtigter nicht ein (BFH-Urteil vom 30. 7. 1980, BStBl II 1981 S. 3). Aus der **Mitwirkung eines Steuerberaters** bei der Steuererklärung folgt daher nicht, daß die Finanzbehörde einen Steuerbescheid dem Steuerberater zu übermitteln hat. Dasselbe gilt in bezug auf die anderen zur Hilfe in Steuersachen befugten Personen und Vereinigungen (§§ 3, 4 StBerG).

1.7.2 Es liegt im Ermessen des Finanzamts, ob es einen Verwaltungsakt an den Steuerpflichtigen selbst oder an dessen Bevollmächtigten bekanntgibt (§ 122 Abs. 1 Satz 3). Die von der Rechtsprechung (BFH-Urteile vom 11. 8. 1954, BStBl III S. 327, vom 13. 4. 1965, BStBl III S. 389, vom 15. 10. 1963, BStBl III S. 600, und vom 9. 4. 1963, BStBl III S. 388) aufgestellten Grundsätze zu § 8 Abs. 1 Satz 1 VwZG, die sich mit der zutreffenden Ermessensausübung befassen, gelten weiter (BFH-Urteil vom 22. 7. 1987, BFH/NV 1988 S. 274).

1.7.3 Zur Ausübung des sich aus § 122 Abs. 1 Satz 3 ergebenden Ermessens zur Bekanntgabe des Steuerbescheids an einen Bevollmächtigten gilt folgendes:

Hat der Steuerpflichtige dem Finanzamt ausdrücklich mitgeteilt, daß er seinen Vertreter auch zur Entgegennahme von Steuerbescheiden ermächtigt, sind diese grundsätzlich dem Bevollmächtigten bekanntzugeben. Nur dann, wenn im Einzelfall besondere Gründe gegen die Bekanntgabe des Steuerbescheids an den Bevollmächtigten sprechen, kann der Steuerbescheid unmittelbar dem Steuerpflichtigen bekanntgegeben werden. Derartige besondere Gründe können auch technischer Natur sein.

Fehlt es an einer ausdrücklichen Benennung eines Empfangsbevollmächtigten, hat das Finanzamt aber bisher Verwaltungsakte dem Vertreter des Steuerpflichtigen übermittelt, so darf es sich nicht in Widerspruch zu seinem bisherigen Verhalten setzen und sich bei gleichliegenden Verhältnissen ohne ersichtlichen Grund an den Steuerpflichtigen selbst wenden (vgl. BFH-Urteile vom 11. 8. 1954, BStBl III S. 327, und vom 13. 4. 1965, BStBl III S. 389). In diesen Fällen ist jedoch eine schriftliche Vollmacht nachzufordern.

Die im Einkommensteuererklärungsvordruck erteilte Empfangsvollmacht gilt nur für Bescheide des betreffenden Veranlagungszeitraums. Dagegen entfallen die im Erklärungsvordruck zur gesonderten und einheitlichen Feststellung erteilte Empfangsvollmacht nicht lediglich Wirkung für das Verfahren des entsprechenden Feststellungszeitraums, sondern ist solange zu beachten, bis sie durch Widerruf entfällt (Urteil des FG Brandenburg vom 17. 9. 1997, EFG 1998 S. 5).

Ein während eines Klageverfahrens ergehender Änderungsbescheid ist i. d. R. dem Prozeßbevollmächtigten bekanntzugeben (BFH-Urteile vom 5. 5. 1994, BStBl II S. 806, und vom 29. 10. 1997, BStBl II 1998 S. 266).

1.7.4 Wird ein Verwaltungsakt dem betroffenen Steuerpflichtigen bekanntgegeben und hierdurch eine von ihm erteilte Bekanntgabevollmacht zugunsten seines Bevollmächtigten ohne besondere Gründe nicht beachtet, wird der Bekanntgabemangel durch die Weiterleitung des Verwaltungsaktes an den Bevollmächtigten geheilt. Die Frist für einen außergerichtlichen Rechtsbehelf beginnt in dem Zeitpunkt, in dem der Bevollmächtigte den Verwaltungsakt nachweislich erhalten hat (BFH-Urteil vom 8. 12. 1988, BStBl II 1989 S. 346).

1.7.5 ...

1.7.6 Hat der Steuerpflichtige einen Bevollmächtigten benannt, bleibt die Vollmacht so lange wirksam, bis der Finanzbehörde ein Widerruf zugeht (§ 80 Abs. 1). Die Wirksamkeit einer Vollmacht ist nur dann auf einen Besteuerungszeitraum oder einen einzelnen Bearbeitungsvorgang begrenzt, wenn dies ausdrücklich in der Vollmacht erwähnt ist oder sich aus den äußeren Umständen ergibt (z. B. bei Einzelsteuerfestsetzungen); vgl. aber auch Nr. 1.7.3.

1.7.7 Wendet sich die Finanzbehörde aus besonderem Grund an den Beteiligten selbst (z. B. um ihn um Auskünfte zu bitten, die nur er selbst als Wissensträger geben kann, oder um die Vornahme von Handlungen zu erzwingen), so soll der Bevollmächtigte unterrichtet werden (§ 80 Abs. 3 Satz 3).

1.8 Form der Bekanntgabe

Schriftliche Verwaltungsakte, insbesondere Steuerbescheide, sind grundsätzlich durch die Post zu übermitteln (vgl. Nr. 1.8.2), sofern der Empfänger im Inland wohnt oder soweit der ausländische Staat mit der Postübermittlung einverstanden ist (vgl. Nr. 1.8.4). Eine förmliche Zustellung ist nur erforderlich, wenn dies gesetzlich vorgeschrieben ist oder die Finanzbehörde von sich aus die Zustellung anordnet (vgl. Nr. 1.8.3). Die Zustellung erfolgt nach den Vorschriften des Verwaltungszustellungsgesetzes (vgl. Nr. 3.1).

1.8.1 **Schriftform**

Grundsätzlich ist die **schriftliche Bekanntgabe** eines Verwaltungsaktes nur erforderlich, wenn das Gesetz sie ausdrücklich vorsieht (für Steuerbescheide, § 157; für die Aufhebung des Vorbehalts der Nachprüfung, § 164 Abs. 3; für Haftungs- und Duldungsbescheide, § 191 Abs. 1; für Prüfungsanordnungen, § 196; für verbindliche Zusagen, § 205 Abs. 1; für Pfändungsverfügungen, § 309 Abs. 2; für Androhung von Zwangsmitteln, § 332 Abs. 1; für Einspruchsentscheidungen, § 366). Im übrigen reicht die **mündliche Bekanntgabe** eines steuerlichen Verwaltungsaktes aus (z. B. bei Fristverlängerungen, Billigkeitsmaßnahmen, Stundungen). Aus Gründen der Rechtssicherheit sollen Verwaltungsakte aber im allgemeinen schriftlich erteilt werden. Ein mündlicher Verwaltungsakt ist ggf. schriftlich zu bestätigen (§ 119 Abs. 2).

1.8.2 **Übermittlung durch die Post**

Der in § 122 Abs. 2[1] verwendete Begriff der „Post" ist nicht auf die Deutsche Post AG (als Nachfolgeunternehmen der Deutschen Bundespost) beschränkt, sondern umfaßt alle Unternehmen, soweit sie Postdienstleistungen erbringen. Wird ein schriftlicher Verwaltungsakt durch die Post übermittelt, so hängt die Wirksamkeit der Bekanntgabe nicht davon ab, daß der Tag der Aufgabe des Verwaltungsaktes zur Post in den Akten vermerkt wird. Um den Bekanntgabezeitpunkt berechnen zu können und im Hinblick auf die Regelung in § 169 Abs. 1 Satz 3 Nr. 1 ist jedoch der Tag der Aufgabe zur Post in geeigneter Weise festzuhalten. § 108 Abs. 3 ist nicht anwendbar.

Die Bekanntgabe von Verwaltungsakten durch Telefax ist keine Übermittlung durch die Post. Die Zugangsvermutung gemäß § 122 Abs. 2 gilt daher nicht. Der durch Telefax übermittelte Verwaltungsakt ist grundsätzlich erst dann wirksam bekanntgegeben, wenn er vom empfangenden Telefaxgerät vollständig ausgedruckt wurde (BFH-Urteil vom 8. 7. 1998, BStBl II 1999 S. 48).

1.8.3 **Förmliche Bekanntgabe (Zustellung)**

Zuzustellen sind:
- die Ladung zu dem Termin zur Abgabe der eidesstattlichen Versicherung (§ 284 Abs. 6),
- die Pfändungsverfügung (§ 309 Abs. 2),
- die Arrestanordnung (§ 324 Abs. 2, § 326 Abs. 4).

Darüber hinaus kann die Finanzbehörde die Zustellung anordnen (§ 122 Abs. 5).

Wegen der Einzelheiten zum Zustellungsverfahren vgl. Nr. 3; wegen der Zustellung von Einspruchsentscheidungen vgl. zu § 366, Nr. 2.

1.8.4 **Bekanntgabe an Empfänger im Ausland**

An Empfänger (einschließlich der Bevollmächtigten; BFH-Urteil vom 1. 2. 2000, BStBl II S. 334) in Belgien, Dänemark, Finnland, Frankreich, Großbritannien, Irland, Italien, Kanada, Luxemburg, Niederlande, Norwegen, Österreich, Portugal, Schweden, Spanien und den USA können Steuerverwaltungsakte durch einfachen Brief bekanntgegeben werden, weil diese Staaten damit einverstanden sind.

Ansonsten muß nach § 123 AO, § 14 VwZG oder § 15 VwZG verfahren werden, wenn ein Verwaltungsakt an einen Empfänger im Ausland bekanntzugeben ist.

Welche der bestehenden Möglichkeiten einer Auslandsbekanntgabe gewählt wird, liegt im pflichtgemäßen Ermessen (§ 5) der Finanzbehörde. Die Auswahl ist u. a. abhängig von den gesetzlichen Erfordernissen (z. B. Zustellung, vgl. Nr. 1.8.3) und von dem Erfordernis, im Einzelfall einen einwandfreien Nachweis des Zugangs des amtlichen Schreibens zu erhalten.

2. **Bekanntgabe von Bescheiden**

2.1 **Bekanntgabe von Bescheiden an Ehegatten**

2.1.1 **Allgemeines**

Ehegatten sind im Fall der ESt- oder VSt-Zusammenveranlagung stets Gesamtschuldner

---

[1] **Anm. d. Schriftl.:**
Die Vermutung der Bekanntgabe nach 3 Tagen gilt auch bei Absprache eines Rechtsanwalts mit dem Postzusteller über Nichtauslieferung an Samstagen (BFH-Urteil vom 9. 12. 1999 – BStBl 2000 II S. 175).

(§ 44). Gemäß § 155 Abs. 3 Satz 1 kann daher gegen sie ein zusammengefaßter Steuerbescheid erlassen werden. Dabei handelt es sich formal um die Zusammenfassung zweier Bescheide zu einer – nur äußerlich gemeinsamen – Festsetzung. Dies gilt auch für die Festsetzung von Verspätungszuschlägen gegenüber zusammenveranlagten Ehegatten (BFH-Urteil vom 28. 8. 1987, BStBl II S. 836).

Bei anderen Steuerarten sind gegenüber Ehegatten zusammengefaßte Steuerbescheide nur zulässig, wenn tatsächlich Gesamtschuldnerschaft vorliegt. Gesamtschuldnerschaft liegt nicht vor, wenn es sich lediglich um gleichgeartete Steuervorgänge handelt. So liegen z. B. für die Grunderwerbsteuer zwei Steuerfälle vor, wenn Ehegatten gemeinschaftlich ein Grundstück erwerben. An jeden Ehegatten ist für den auf ihn entfallenden Steuerbetrag ein gesonderter Steuerbescheid zu erteilen (BFH-Urteil vom 12. 10. 1994, BStBl II 1995 S. 174).

Leben Eheleute in einer konfessions- oder einer glaubensverschiedenen Ehe, darf ein Kirchensteuerbescheid nur an den kirchensteuerpflichtigen Ehegatten gerichtet werden (BFH-Urteil vom 29. 6. 1994, BStBl II 1995 S. 510).

2.1.2 **Bekanntgabe nach § 122 Abs. 7**

Bei Zusammenveranlagung von Ehegatten reicht es für die wirksame Bekanntgabe an beide Ehegatten aus, wenn ihnen eine Ausfertigung des Steuerbescheides an die gemeinsame Anschrift übermittelt wird. Ebenso genügt es, wenn der Steuerbescheid in das Postfach eines Ehegatten eingelegt wird (BFH-Urteil vom 13. 10. 1994, BStBl II 1995 S. 484).

Es handelt sich nicht um eine Bekanntgabe an einen der Ehegatten mit Wirkung für und gegen den anderen (vgl. hierzu Nr. 2.1.3). Beide Ehegatten sind Empfänger des Steuerbescheides und daher im Anschriftenfeld aufzuführen. Diese vereinfachte Bekanntgabe ist auch dann möglich, wenn eine gemeinsam abzugebende Erklärung nicht eingereicht worden ist (z. B. bei Schätzung von Besteuerungsgrundlagen).

Beispiel für die Bekanntgabe eines Bescheides an Eheleute, die eine gemeinsame Anschrift haben und zusammen zu veranlagen sind:

Anschriftenfeld:

Herrn Adam Meier	oder	Herrn und Frau
Frau Eva Meier		Adam u. Eva Meier
Hauptstraße 100		Hauptstraße 100
67433 Neustadt		67433 Neustadt

Die Angabe von besonderen Namensteilen eines der Eheleute (z. B. eines akademischen Grades oder eines Geburtsnamens) ist namensrechtlich geboten (vgl. aber Nr. 4.2.3).

Beispiel:
Herrn Adam Meier
Frau Dr. Eva Schulze-Meier.

2.1.3 **Bekanntgabe nach § 122 Abs. 6**

Nach dieser Vorschrift ist die Übermittlung des Steuerbescheides an einen der Ehegatten zugleich mit Wirkung für und gegen den anderen Ehegatten zulässig, soweit die Ehegatten einverstanden sind.

Eine Bekanntgabe nach dieser Vorschrift kommt insbesondere in den Fällen in Betracht, in denen die Bekanntgabe nicht nach § 122 Abs. 7 erfolgen kann, weil die Ehegatten keine gemeinsame Anschrift haben.

Im Bescheidkopf ist darauf hinzuweisen, daß der Verwaltungsakt an den einen Ehegatten zugleich mit Wirkung für und gegen den anderen Ehegatten ergeht.

Beispiel für die Bekanntgabe an einen der Ehegatten mit Einverständnis beider:

Anschriftenfeld
Herrn Adam Meier
Hauptstraße 100
67433 Neustadt

Bescheidkopf
Dieser Bescheid ergeht an Sie zugleich mit Wirkung für und gegen ihre Ehefrau Eva Meier.

2.1.4 **Einzelbekanntgabe**

Einzelbekanntgabe ist insbesondere erforderlich, wenn
- keine gemeinsame Anschrift besteht und kein Einverständnis zur Bekanntgabe nach § 122 Abs. 6 vorliegt,
- bekannt ist, daß zwischen den Ehegatten ernstliche Meinungsverschiedenheiten bestehen (z. B. bei offenbarer Interessenkollision der Eheleute, bei getrenntlebenden oder geschiedenen Ehegatten),
- dies nach § 122 Abs. 7 Satz 2 beantragt worden ist.

Bei Einzelbekanntgabe ist der Empfänger in dem jeweiligen Anschriftenfeld mit seinem Vor- und Familiennamen genau zu bezeichnen. Dies gilt auch bei förmlichen Zustellungen (vgl. Nr. 3.2). Dabei ist darauf zu achten, daß nicht versehentlich eine nur für einen Ehegatten geltende Postanschrift (z. B. Firma oder Praxis) verwandt wird, sondern für jeden Ehegatten seine persönliche Anschrift. Auch die kassenmäßige Abrechnung und ggf. das Leistungsgebot sind doppelt zu erteilen.

Beispiel für die Bekanntgabe an den Ehemann:

Anschriftenfeld (Empfänger und Bekanntgabeadressat):
Herrn
Adam Meier
Hauptstraße 100
67433 Neustadt

Bescheidkopf (Inhaltsadressaten):
Für
Herrn Adam Meier und Frau Eva Meier

In jede Bescheidausfertigung ist als **Erläuterung** aufzunehmen:

„Ihrem Ehegatten wurde ein Bescheid gleichen Inhalts erteilt. Sie schulden die nach diesem Bescheid zu entrichtenden Beträge gemeinsam mit Ihrem Ehegatten (§ 44 AO)."

Satz 2 des Erläuterungstextes ist nur in Bescheide mit Leistungsgebot aufzunehmen.

2.1.5 **Sonderfälle**

Betreiben beide Ehegatten gemeinsam einen Gewerbebetrieb oder sind sie gemeinsam Unternehmer i. S. des Umsatzsteuergesetzes, so gelten für Bescheide über Betriebsteuern die Grundsätze von Nrn. 2.4 und 2.5. Sind Ehegatten z. B. Miteigentümer eines Grundstücks oder eines selbständigen Wirtschaftsguts, für das ein Einheitswert festgestellt wird, so ist nach Nr. 2.5.4 zu verfahren.

Betreibt nur ein Ehegatte ein Gewerbe (oder eine Praxis als Freiberufler usw.), so ist nur dieser Inhaltsadressat für Verwaltungsakte, die ausschließlich den Geschäftsbetrieb betreffen.

2.2 **Bekanntgabe an gesetzliche Vertreter natürlicher Personen**

2.2.1 Ist ein **Inhaltsadressat** (Steuerschuldner) bei Bekanntgabe des Bescheides **geschäftsunfähig oder beschränkt geschäftsfähig**, so ist Bekanntgabeadressat der gesetzliche Vertreter (Ausnahme vgl. Nr. 2.2.3). Das Vertretungsverhältnis muß aus dem Bescheid hervorgehen (BFH-Beschluß vom 14. 5. 1968, BStBl II S. 503). Der Inhaltsadressat (Steuerschuldner) ist dabei in der Regel durch Angabe seines Vor- und Familiennamens eindeutig genug bezeichnet (vgl. Nr. 1.3.2). Das Vertretungsverhältnis ist ausreichend gekennzeichnet, wenn Name und Anschrift des Vertreters genannt werden und angegeben wird, daß ihm der Bescheid „als gesetzlicher Vertreter" für den Inhaltsadressaten (Steuerschuldner) bekanntgegeben wird. Ist der gesetzliche Vertreter nicht gleichzeitig auch der Empfänger, so braucht er in der Regel nur mit seinem Vor- und Familiennamen bezeichnet zu werden.

2.2.2 Soweit nicht ausnahmsweise die gesetzliche Vertretung nur einem Elternteil zusteht, sind die Eltern Bekanntgabeadressaten des Steuerbescheides für ihr **minderjähriges Kind**. Die Bekanntgabe an einen von beiden reicht jedoch aus, um den Verwaltungsakt wirksam werden zu lassen. Für die Zustellung von Verwaltungsakten ist es gemäß § 7 Abs. 3 VwZG ausreichend, wenn der Verwaltungsakt einem von beiden Ehegatten zugestellt wird (BFH-Beschluß vom 19. 6. 1974, BStBl II S. 640 und BFH-Urteil vom 22. 10. 1976, BStBl II S. 762). Diese vom BFH für die förmliche Zustellung von Verwaltungsakten aufgestellten Grundsätze sind auch bei der Bekanntgabe mit einfachem Brief anzuwenden.

Wenn die Eltern bereits beide als Empfänger des Steuerbescheides im Anschriftenfeld aufgeführt sind, kann darauf verzichtet werden, sie im Text des Bescheides noch einmal mit vollem Namen und in voller Anschrift als Bekanntgabeadressaten zu bezeichnen.

Beispiel:
Den Eltern Anton und Maria Huber steht gesetzlich gemeinsam die Vertretung für den minderjährigen Steuerschuldner Hans Huber zu.
Sie sind die Bekanntgabeadressaten für den Steuerbescheid an Hans Huber.
Der Steuerbescheid ist zu übermitteln an:

Anschriftenfeld (Empfänger):
Herrn Anton Huber
Frau Maria Huber
Moltkestraße 5
12203 Berlin

Bescheidkopf:
Als gesetzliche Vertreter (Bekanntgabeadressaten) von Hans Huber (Steuerschuldner und Inhaltsadressat)
Bei Empfangsvollmacht vgl. das Beispiel bei Nr. 1.5.2.

2.2.3 Ermächtigt der gesetzliche Vertreter mit Genehmigung des Vormundschaftsgerichts den **Minderjährigen** zum selbständigen **Betrieb eines Erwerbsgeschäfts**, so ist der Minderjährige für diejenigen Rechtsgeschäfte unbeschränkt geschäftsfähig, die der Geschäftsbetrieb mit sich bringt (§ 112 BGB). Steuerbescheide, die ausschließlich diesen Geschäftsbetrieb betreffen, sind daher nur dem Minderjährigen bekanntzugeben (vgl. Nr. 1.4 – Bekanntgabeadressat –). Das gleiche gilt bei einer Veranlagung nach § 46 EStG, wenn das Einkommen ausschließlich aus Einkünften aus nichtselbständiger Arbeit besteht und der gesetzliche Vertreter den Minderjährigen zur Eingehung des Dienstverhältnisses ermächtigt hat (§ 113 BGB). Von der Ermächtigung kann im Regelfall ausgegangen werden.

Hat der Minderjährige noch weitere Einkünfte oder Vermögenswerte und werden diese in die Festsetzung einbezogen, so kann der Steuerbescheid nicht durch Bekanntgabe gegenüber dem minderjährigen Steuerschuldner wirksam werden. Bekanntgabeadressat des Bescheides ist der gesetzliche Vertreter.

2.3 Bescheide an Ehegatten mit Kindern oder Alleinstehende mit Kindern
2.3.1 Allgemeines
Sofern Ehegatten mit ihren Kindern oder Alleinstehende mit ihren Kindern Gesamtschuldner sind, gelten für die Bekanntgabe von Bescheiden an diese Personen die

Nrn. 2.1 und 2.2 entsprechend. Insbesondere kann auch nach § 122 Abs. 7 (gleichzeitige Bekanntgabe; vgl. hierzu Nr. 2.1.2) und § 122 Abs. 6 (einverständliche Bekanntgabe an einen der Beteiligten; vgl. hierzu Nr. 2.1.3) bekanntgegeben werden. Hierbei sind die nachfolgenden Besonderheiten zu beachten.

2.3.2 ...

2.3.3 ...

2.4 Personengesellschaften (Gemeinschaften)

Zu den Personengesellschaften (Gemeinschaften) zählen die Handelsgesellschaften (vgl. Nr. 2.4.1.1) und die nichtrechtsfähigen Personenvereinigungen (vgl. Nr. 2.4.1.2).

Zu den nichtrechtsfähigen Personenvereinigungen gehören insbesondere die nicht eingetragenen Vereine, Gesellschaften bürgerlichen Rechts, Partnerschaftsgesellschaften, Arbeitsgemeinschaften, Erbengemeinschaften (vgl. Nr. 2.12.6) und Bruchteilsgemeinschaften. Sie haben formal keinen eigenen Namen und keine gesetzliche Vertretung und werden deshalb als Inhaltsadressat (Steuerschuldner) grundsätzlich durch die Angabe aller Mitglieder der Personenvereinigung (Gesellschaft) charakterisiert (BFH-Urteil vom 17. 3. 1970, BStBl II S. 598; zur Erbengemeinschaft BFH-Urteil vom 29. 11. 1972, BStBl II 1973 S. 372).

Ist die Bezeichnung der Mitglieder der nichtrechtsfähigen Personenvereinigung durch die Aufzählung aller Namen im Kopf des Bescheides aus technischen Gründen nicht möglich, kann so verfahren werden, daß neben einer Kurzbezeichnung im Bescheidkopf (Beispiel: „Erbengemeinschaft Max Meier", „Bruchteilsgemeinschaft Goethestraße 100", „GbR Peter Müller u. a.", „Kegelclub Alle Neune") die einzelnen Mitglieder in den Bescheiderläuterungen oder in einer Anlage zum Bescheid aufgeführt werden. Die Verweisung auf sonstige Unterlagen (z. B. Steuererklärung, Grundbuch, Bp-Bericht) reicht nicht aus (BFH-Urteil vom 28. 3. 1979, BStBl II S. 718).

Es ist zu unterscheiden zwischen Bescheiden, die sich an die **Gesellschaft** richten, und Bescheiden, die sich an die **Gesellschafter** richten.

2.4.1 **Bescheide an die Gesellschaft (Gemeinschaft)**

Steuerbescheide und Steuermeßbescheide sind an die Gesellschaft zu richten, wenn die Gesellschaft selbst Steuerschuldner ist. Dies gilt z. B. für

a) die Umsatzsteuer (§ 13 Abs. 2 UStG),

b) die Gewerbesteuer einschließlich der Festsetzung des Meßbetrags und der Zerlegung (§ 5 Abs. 1 Satz 3 GewStG),

c) die Kraftfahrzeugsteuer, wenn das Fahrzeug für die Gesellschaft zum Verkehr zugelassen ist (§ 7 KraftStG; BFH-Urteil vom 24. 7. 1963, HFR 1964 S. 20),

d) die pauschale Lohnsteuer (§ 40 Abs. 3, § 40a Abs. 4 und § 40b Abs. 3 EStG),

e) die Festsetzung des Grundsteuermeßbetrags, wenn der Gesellschaft der Steuergegenstand zugerechnet worden ist (§ 10 Abs. 1 GrStG),

f) die Grunderwerbsteuer, soweit Gesamthandseigentum der Personengesellschaft besteht (insbesondere bei GbR, OHG, KG und ungeteilter Erbengemeinschaft; BFH-Urteile vom 28. 4. 1965, BStBl III S. 422, vom 27. 10. 1970, BStBl II 1971 S. 278, vom 29. 11. 1972, BStBl II 1973 S. 370, vom 11. 2. 1987, BStBl II S. 325, und vom 12. 12. 1996, BStBl II 1997 S. 299),

g) die Körperschaftsteuer bei körperschaftsteuerpflichtigen nichtrechtsfähigen Personenvereinigungen

und entsprechend für

h) Haftungsbescheide für Steuerabzugsbeträge.

Da eine typisch oder atypisch stille Gesellschaft nicht selbst Steuerschuldnerin ist, sind Steuerbescheide und Steuermeßbescheide an den Inhaber des Handelsgeschäfts zu richten (BFH-Urteil vom 12. 11. 1985, BStBl II 1986 S. 311; A 35 Abs. 2 GewStR 1998). Entsprechendes gilt bei einer verdeckten Mitunternehmerschaft (BFH-Urteil vom 16. 12. 1997, BStBl II 1998 S. 480).

Eine Europäische Wirtschaftliche Interessenvereinigung (EWIV) kann selbst Steuerschuldnerin sein. Dies gilt jedoch nicht für die Gewerbesteuer. Schuldner der Gewerbesteuer sind die Mitglieder der Vereinigung (§ 5 Abs. 1 Satz 4 GewStG), bei einer Bruchteilsgemeinschaft die Gemeinschafter; an diese sind Gewerbesteuermeßbescheide und Gewerbesteuerbescheide zu richten.

2.4.1.1 Handelsgesellschaften

Bei Handelsgesellschaften (OHG, KG, EWIV) sind Steuerbescheide der Gesellschaft unter ihrer Firma bekanntzugeben, wenn sie Steuerschuldner und damit Inhaltsadressat ist. Die Handelsgesellschaft kann im Wirtschaftsleben mit ihrer Firma eindeutig bezeichnet werden; bei Zweifeln über die zutreffende Bezeichnung ist das Handelsregister maßgebend. Ist eine Handelsgesellschaft Steuerschuldner und damit Inhaltsadressat, genügt deshalb zur Bezeichnung des Inhaltsadressaten die Angabe der Firma im Steuerbescheid (BFH-Urteil vom 16. 12. 1997, BStBl II 1998 S. 480). Ein zusätzlicher Hinweis auf Vertretungsbefugnisse oder einzelne Gesellschafter (z. B. „zu Händen des Geschäftsführers Meier") ist zur Kennzeichnung des Inhaltsadressaten nicht erforderlich; wegen der Bekanntgabe an namentlich benannte Geschäftsführer usw. vgl. Nrn. 1.5.2 und 1.5.3.

Beispiel:

Ein Umsatzsteuerbescheid für die Firma Schmitz & Söhne KG muß folgende Angaben enthalten:

Steuerschuldner und Inhaltsadressat (zugleich Bekanntgabeadressat und Empfänger):
Firma
Schmitz & Söhne KG
Postfach 11 47
50853 Köln

Zur Bekanntgabe von Feststellungsbescheiden vgl. Nr. 2.5.

2.4.1.2 Nichtrechtsfähige Personenvereinigungen

Bei Steuerbescheiden, die an Personenvereinigungen gerichtet werden, die nicht Handelsgesellschaften sind, ist die Identität des Inhaltsadressaten (Steuerschuldners) ebenfalls durch Angabe des geschäftsüblichen Namens, unter dem sie am Rechtsverkehr teilnehmen, ausreichend gekennzeichnet (BFH-Urteile vom 21. 5. 1971, BStBl II S. 540, und vom 11. 2. 1987, BStBl II S. 325). Ein solcher Bescheid reicht nach § 267 zur Vollstreckung in das Vermögen der Personenvereinigung aus.

Beispiel:

Ein Umsatzsteuerbescheid für die Brennstoffhandlung Josef Müller Erben GbR muß folgende Angaben enthalten:

Steuerschuldner und Inhaltsadressat (zugleich Bekanntgabeadressat und Empfänger):
Brennstoffhandlung
Josef Müller Erben GbR
Postfach 11 11
54290 Trier

Hat die nichtrechtsfähige Personenvereinigung keine Geschäftsadresse, ist als Empfänger eine natürliche Person anzugeben (vgl. Nr. 2.4.1.3).

Ein Umsatzsteuerbescheid hat sich bei **Arbeitsgemeinschaften** (ARGE) an diese als eine umsatzsteuerlich rechtsfähige Personenvereinigung (Unternehmer) zu richten. Es ist ausreichend und zweckmäßig, wenn der Bescheid der geschäftsführenden Firma als der Bevollmächtigten übermittelt wird (BFH-Urteil vom 21. 5. 1971, BStBl II S. 540).

Beispiel:

Anschriftenfeld (Empfänger):
Firma
Rheinische Betonbau GmbH & Co. KG
Postfach 90 11
50890 Köln

Bescheidkopf:
Für
ARGE Rheinbrücke Bonn (Inhalts- und Bekanntgabeadressat)

2.4.1.3 Soweit bei Steuerbescheiden an Personenvereinigungen kein geschäftsüblicher Name vorhanden ist, sind die Bescheide an alle Mitglieder (Gemeinschafter, Gesellschafter) zu richten.

Die Bescheide werden durch Bekanntgabe an ein vertretungsberechtigtes Mitglied gegenüber der Personenvereinigung wirksam. Bei mehreren vertretungsberechtigten Mitgliedern reicht die Bekanntgabe an eines von ihnen (BFH-Urteile vom 11. 2. 1987, BStBl II S. 325, vom 27. 4. 1993, BStBl II 1994 S. 3, und vom 8. 11. 1995, BStBl II 1996 S. 256). Es genügt, wenn dem Bekanntgabeadressaten eine Ausfertigung des Steuerbescheides zugeht. Ausfertigungen für alle Mitglieder sind in der Regel nicht erforderlich.

Als Bekanntgabeadressat kommen vor allem der von den Mitgliedern bestellte Geschäftsführer (§ 34 Abs. 1) oder die als Verfügungsberechtigter auftretende Person (§ 35) in Betracht. Hat eine nichtrechtsfähige Personenvereinigung keinen Geschäftsführer, kann der Bescheid einem der Mitglieder nach Wahl des Finanzamts bekanntgegeben werden (§ 34 Abs. 2). In den Bescheid ist folgender Erläuterungstext aufzunehmen: „Der Bescheid ergeht an Sie als Mitglied der Gemeinschaft/Gesellschaft mit Wirkung für und gegen die Gemeinschaft/Gesellschaft".

Im Bescheid ist zum Ausdruck zu bringen, daß er dieser Person als Vertreter der Personenvereinigung bzw. ihrer Mitglieder zugeht (§§ 34, 35). Der Bekanntgabeadressat muß sich dabei aus dem Bescheid selbst ergeben, die Angabe auf dem Briefumschlag der Postsendung reicht nicht aus (BFH-Urteil vom 8. 2. 1974, BStBl II S. 367).

Zur Bezeichnung des Schuldners als Inhaltsadressaten vgl. Nr. 2.4.

Beispiel:

Bekanntgabeadressat:

a) Herrn Peter Meier
als Geschäftsführer der Erbengemeinschaft Max Meier

b) Herrn Emil Krause
für die Bruchteilsgemeinschaft
Goethestraße 100

c) Herrn Karl Huber
für die Grundstücksgemeinschaft
Karl und Maria Huber

d) Herrn Hans Schmidt
als Vorsitzender des
Kegelclubs „Alle Neune"

Ist für die Mitglieder einer Personenvereinigung kein gemeinsamer Bekanntgabeadressat vorhanden oder wird von der Bestimmung eines Bekanntgabeadressaten abgesehen, so ist jedem der Mitglieder eine Ausfertigung des Steuerbescheides bekanntzugeben. Soll auch in das Vermögen einzelner Mitglieder vollstreckt werden, vgl. A 33 VollstrA.

2.4.2 **Bescheide an Gesellschafter (Mitglieder)**

Steuerbescheide und Feststellungsbescheide sind an die Gesellschafter (Mitglieder, Gemeinschaften) zu richten, wenn die einzelnen Beteiligten unmittelbar aus dem Steuerschuldverhältnis in Anspruch genommen werden sollen oder ihnen der Gegenstand der Feststellung zugerechnet wird (vgl. Nrn. 2.5 und 2.6).

2.5 **Bescheide über gesonderte und einheitliche Feststellungen**

2.5.1 Bescheide über gesonderte und einheitliche Feststellungen richten sich nicht an die Personengesellschaft als solche, sondern an die einzelnen Gesellschafter (Mitglieder), die den Gegenstand der Feststellung (z. B. Vermögenswerte als Einheitswert oder Einkünfte) anteilig zu versteuern haben und denen er deshalb insbesondere bei Feststellungen nach § 180 Abs. 1 Nr. 1, Nr. 2 Buchstabe a und Abs. 2 zuzurechnen ist (§ 179 Abs. 2).

Es genügt in der Regel, wenn im Bescheidkopf die Personengesellschaft als solche bezeichnet wird (Sammelbezeichnung) und sich alle Gesellschafter eindeutig als Betroffene (Inhaltsadressaten) aus dem für die Verteilung der Besteuerungsgrundlagen vorgesehenen Teil des Bescheids ergeben (BFH-Urteil vom 7. 4. 1987, BStBl II S. 766). Aus einem kombinierten positiv-negativen Feststellungsbescheid muß eindeutig hervorgehen, welchen Beteiligten Besteuerungsgrundlagen zugerechnet werden und für welche Beteiligte eine Feststellung abgelehnt wird (BFH-Urteil vom 7. 4. 1987, a. a. O.).

Der einheitliche Feststellungsbescheid erlangt volle Wirksamkeit, wenn er allen Feststellungsbeteiligten bekanntgegeben wird. Mit seiner Bekanntgabe an einzelne Feststellungsbeteiligte entfaltet er nur diesen gegenüber Wirksamkeit (BFH-Urteile vom 7. 4. 1987, BStBl II S. 766, vom 25. 11. 1987, BStBl 1988 II S. 410, und vom 23. 6. 1988, BStBl II S. 979). Eine unterlassene oder unwirksame Bekanntgabe gegenüber einzelnen Feststellungsbeteiligten kann noch im Klageverfahren nachgeholt werden (vgl. BFH-Urteil vom 19. 5. 1983, BStBl 1984 II S. 15). Der Bescheid ist diesen mit unverändertem Inhalt bekanntzugeben (vgl. Nr. 4.7.1).

2.5.2 **Gemeinsame Empfangsbevollmächtigte**

Alle Feststellungsbeteiligten sollen einen **gemeinsamen Empfangsbevollmächtigten** bestellen, der ermächtigt ist, den an sämtliche Gesellschafter (Gemeinschafter) gerichteten Feststellungsbescheid, sonstige Verwaltungsakte und das Feststellungsverfahren betreffende Mitteilungen in Empfang zu nehmen (§ 183 Abs. 1 Satz 1). Das Finanzamt kann aber im Einzelfall zulassen, daß ein gemeinsamer Empfangsbevollmächtigter nur durch einen Teil der Feststellungsbeteiligten bestellt wird. In diesem Fall ist der Feststellungsbescheid den übrigen Feststellungsbeteiligten einzeln bekanntzugeben.

Die Empfangsvollmacht nach § 183 Abs. 1 Satz 1 gilt fort auch bei Ausscheiden des Beteiligten aus der Gesellschaft oder bei ernstlichen Meinungsverschiedenheiten, bis sie gegenüber dem Finanzamt widerrufen wird (§ 183 Abs. 3).

Ist kein gemeinsamer Empfangsbevollmächtigter bestellt, so gilt ein zur Vertretung der Gesellschaft oder der Feststellungsbeteiligten oder ein zur Verwaltung des Gegenstandes der Feststellung Berechtigter, z. B. der vertraglich zur Vertretung berufene Geschäftsführer einer Personenhandelsgesellschaft, als Empfangsbevollmächtigter (§ 183 Abs. 1 Satz 2). Bei einer Gesellschaft des bürgerlichen Rechts ist nach § 183 Abs. 1 Satz 2 jeder Gesellschafter zur Vertretung der Feststellungsbeteiligten und damit zum Empfang von Feststellungsbescheiden berechtigt, sofern sich aus einem dem Finanzamt vorliegenden Gesellschaftsvertrag nichts anderes ergibt (BFH-Urteil vom 23. 6. 1988, BStBl II S. 979). Die Sonderregelung des § 183 Abs. 3 gilt in diesen Fällen nicht.

In der Liquidationsphase einer Personengesellschaft ist der Liquidator Empfangsbevollmächtigter i. S. d. § 183 Abs. 1 Satz 2. Nach Abschluß der gesellschaftsrechtlichen Liquidation (vgl. hierzu Nr. 2.7.1) kann von dieser Bekanntgabemöglichkeit nicht mehr Gebrauch gemacht werden (BFH-Urteil vom 26. 10. 1989, BStBl II 1990 S. 333).

Bei der Bekanntgabe an einen Empfangsbevollmächtigten ist nach § 183 Abs. 1 Satz 5 in dem Feststellungsbescheid stets darauf hinzuweisen, daß die Bekanntgabe mit Wirkung für und gegen alle Feststellungsbeteiligten erfolgt (BFH-Urteile vom 29. 8. 1982, BStBl 1983 II S. 23 und vom 23. 7. 1985, BStBl 1986 II S. 123).

Zur Zustellung an einen Empfangsbevollmächtigten vgl. Nr. 3.3.3.

2.5.3 Ist ein Empfangsbevollmächtigter i. S. der Nr. 2.5.2 nicht vorhanden, kann das Finanzamt die Beteiligten zur Benennung eines Empfangsbevollmächtigten auffordern. Die Aufforderung ist an jeden Beteiligten zu richten. Mit der Aufforderung ist gleichzeitig ein Beteiligter als Empfangsbevollmächtigter vorzuschlagen und darauf hinzuweisen, daß diesem künftig Verwaltungsakte mit Wirkung für und gegen alle Beteiligten bekanntgegeben werden, soweit nicht ein anderer Empfangsbevollmächtigter benannt wird (§ 183 Abs. 1 Satz 4). Die Sonderregelung des § 183 Abs. 3 gilt in diesen Fällen nicht.

Bei der Bekanntgabe des Feststellungsbescheids ist § 183 Abs. 1 Satz 5 zu beachten (vgl. Nr. 2.5.2 vorletzter Absatz).

2.5.4 . . .

2.5.5 **Ausnahmen von der Bekanntgabe an Empfangsbevollmächtigte**

Die in § 183 Abs. 1 zugelassene Vereinfachung darf nicht so weit gehen, daß der Steuerpflichtige in seinen Rechten eingeschränkt wird. Diese Art der Bekanntgabe ist daher gemäß § 183 Abs. 2 unzulässig, soweit

a) ein Gesellschafter (Gemeinschafter) im Zeitpunkt der Bekanntgabe des Feststellungsbescheides bereits ausgeschieden und dies dem für den Erlaß des Feststellungsbescheides zuständigen Finanzamt bekannt ist oder wegen einer entsprechenden Eintragung im Handelsregister als bekannt gelten muß (BFH-Urteil vom 14. 12. 1978, BStBl II 1979 S. 503);

b) die Zusendung eines Feststellungsbescheides an einen Erben erforderlich wird, der nicht in die Gesellschafterstellung des Rechtsvorgängers eintritt (BFH-Urteil vom 23. 5. 1973, BStBl II S. 746); vgl. auch Nr. 2.12;

c) die Gesellschaft (Gemeinschaft) im Zeitpunkt der Zusendung des Bescheides nicht mehr besteht (BFH-Urteil vom 30. 3. 1978, BStBl II S. 503);

d) über das Vermögen der Gesellschaft, aber nicht ihrer Gesellschafter, das Insolvenzverfahren eröffnet worden ist (vgl. Nr. 2.9 und BFH-Urteile vom 12. 12. 1978, BStBl II 1979, S. 440 und vom 21. 6. 1979, BStBl II S. 780);

e) zwischen den Gesellschaftern (Gemeinschaftern) erkennbar ernstliche Meinungsverschiedenheiten bestehen;

f) durch einen Bescheid das Bestehen oder Nichtbestehen einer Gesellschaft (Gemeinschaft) erstmals mit steuerlicher Wirkung festgestellt wird und die Gesellschafter noch keinen Empfangsbevollmächtigten i. S. des § 183 Abs. 1 benannt haben.

In den Fällen a) und b) ist auch dem ausgeschiedenen Gesellschafter (Gemeinschafter) bzw. dem Erben, in den übrigen Fällen jedem der Gesellschafter (Gemeinschafter) ein Bescheid bekanntzugeben.

In den Fällen a), c) und e) wirkt eine von den Beteiligten nach § 183 Abs. 1 Satz 1 **erteilte Vollmacht** bis zum Widerruf fort (§ 183 Abs. 3; vgl. BFH-Urteil vom

7. 2. 1995, BStBl II S. 357). Der Widerruf wird dem Finanzamt gegenüber erst mit seinem Zugang wirksam.

2.5.6 Soweit nach § 183 Abs. 2 Satz 1 Einzelbekanntgabe erforderlich wird, ist grundsätzlich ein verkürzter Feststellungsbescheid bekanntzugeben (§ 183 Abs. 2 Satz 2). Bei berechtigtem Interesse ist den Beteiligten allerdings der gesamte Inhalt des Feststellungsbescheides mitzuteilen (§ 183 Abs. 2 Satz 3).

2.6 Grundsteuermeßbescheide, Grunderwerbsteuerbescheide
...

2.7 Personengesellschaften (Gemeinschaften) in Liquidation
...

2.8 Bekanntgabe an juristische Personen

2.8.1 Der Steuerbescheid ist an die juristische Person zu richten und ihr bekanntzugeben. Die Angabe des gesetzlichen Vertreters als Bekanntgabeadressat ist nicht erforderlich (BFH-Beschluß vom 7. 8. 1970, BStBl II S. 814).
Beispiel:
Anschriftenfeld (Steuerschuldner als Inhaltsadressat, Bekanntgabeadressat und Empfänger):
Müller GmbH
Postfach 67 00
40210 Düsseldorf
(Angaben wie „z. H. des Geschäftsführers Müller" o. ä. sind nicht erforderlich.)
Zur Bekanntgabe an namentlich genannte Vertreter vgl. aber Nrn. 1.5.2 und 1.5.3.

2.8.2 **Bekanntgabe an juristische Personen des öffentlichen Rechts**
Die Grundsätze zu Nr. 2.8.1 gelten auch für die Bekanntgabe von Steuerbescheiden an Körperschaften des öffentlichen Rechts (BFH-Urteil vom 18. 8. 1988, BStBl II S. 932). Juristische Personen des öffentlichen Rechts sind wegen jedes einzelnen von ihnen unterhaltenen Betriebs gewerblicher Art oder mehrerer zusammengefaßter Betriebe gewerblicher Art Körperschaftsteuersubjekt (BFH-Urteile vom 13. 3. 1974, BStBl II S. 391, und vom 8. 11. 1989, BStBl 1990 II S. 242). Gegenstand der Gewerbesteuer ist gemäß § 2 Abs. 1 GewStG i. V. m. § 2 Abs. 1 GewStDV der einzelne Betrieb gewerblicher Art, sofern er einen Gewerbebetrieb im Sinne des Einkommensteuergesetzes darstellt; Steuerschuldner ist die juristische Person des öffentlichen Rechts (§ 5 Abs. 1 Sätze 1 und 2 GewStG). Im Gegensatz zur Umsatzsteuer sind daher für jeden Betrieb gewerblicher Art gesonderte Körperschaftsteuer- und Gewerbesteuer-(meß)bescheide erforderlich. Damit eine entsprechende Zuordnung erleichtert wird, ist es zweckmäßig, aber nicht erforderlich, im Anschriftenfeld der Körperschaftsteuer- und Gewerbesteuer(meß)bescheide einen Hinweis auf den jeweils betroffenen Betrieb gewerblicher Art anzubringen.
Beispiel:
Anschriftenfeld (Steuerschuldner als Inhaltsadressat, Bekanntgabeadressat und Empfänger):
Gemeinde Mainwiesen
– Friedhofsgärtnerei –
Postfach 12 34
61116 Mainwiesen
Der Hinweis auf den betroffenen Betrieb gewerblicher Art kann auch in den Erläuterungen zum Steuer(meß)bescheid angebracht werden.

2.8.3 **Juristische Personen in und nach Liquidation (Abwicklung)**
...

2.9 Bekanntgabe in Insolvenzfällen

2.9.1 Mit der Eröffnung des Insolvenzverfahrens (ggf. schon vorher bei Bestellung eines vorläufigen Insolvenzverwalters; vgl. Nr. 2.9.3) verliert der Steuerpflichtige (= Schuldner) die Befugnis, sein Vermögen zu verwalten und darüber zu verfügen (Ausnahme: Fälle der Eigenverwaltung; vgl. Nr. 2.9.6). Die Insolvenzmasse erfaßt das gesamte Vermögen, das dem Schuldner zur Zeit der Eröffnung des Verfahrens gehört und das er während des Verfahrens erlangt (§ 35 InsO). Die Verwaltungs- und Verfügungsrechte werden durch den Insolvenzverwalter ausgeübt (§ 80 InsO), der im Rahmen seiner Tätigkeit auch die steuerlichen Pflichten des Schuldners zu erfüllen hat (§ 34 Abs. 3 AO). Die Insolvenzmasse betreffende Verwaltungsakte können daher nicht mehr durch Bekanntgabe an den Steuerpflichtigen (Inhaltsadressaten) wirksam werden.

Während des Insolvenzverfahrens dürfen hinsichtlich der Insolvenzforderungen Verwaltungsakte über die Festsetzung von Ansprüchen aus dem Steuerschuldverhältnis nicht mehr ergehen. Zur Geltendmachung derartiger Ansprüche vgl. Nrn. 5 und 6 des BMF-Schreibens vom 17. 12. 1998, BStBl I S. 1500. Bescheide, die einen Erstattungsanspruch zugunsten der Insolvenzmasse festsetzen, können bekanntgegeben werden. Durch die Eröffnung des Insolvenzverfahrens wird der Erlaß von Steuermeß- und Feststellungsbescheiden gehindert, soweit diese ausschließlich Besteuerungsgrundlagen feststellen, auf deren Grundlage Insolvenzforderungen anzumelden sind. In Gewerbesteuerfällen teilt die Festsetzungsstelle der Finanzbehörde der steuerberechtigten Körperschaft (z. B. Gemeinde) den berechneten Meßbetrag formlos für Zwecke der Anmeldung im Insolvenzverfahren mit.

2.9.2 In diesen Fällen ist Bekanntgabeadressat aller die Insolvenzmasse betreffenden Verwaltungsakte der Insolvenzverwalter. Das gilt insbesondere für die Bekanntgabe von

- Verwaltungsakten nach § 251 Abs. 3 AO (ggf. neben einer Bekanntgabe an den widersprechenden Gläubiger, § 179 Abs. 1 InsO),
- Verwaltungsakten nach § 218 Abs. 2 AO,
- Steuerbescheiden wegen Steueransprüchen, die nach der Verfahrenseröffnung entstanden und damit sonstige Masseverbindlichkeiten sind,
- Steuerbescheiden wegen Steueransprüchen, die aufgrund einer neuen beruflichen oder gewerblichen Tätigkeit des Insolvenzschuldners entstanden sind (sog. Neuerwerb, § 35 InsO),
- Einheitswertbescheiden (§ 179 i. V. m. § 180 Abs. 1 Nr. 1 AO) und Grundsteuermeßbescheiden (§ 184 AO),
- Gewerbesteuermeßbescheiden (§ 184 AO) und Zerlegungsbescheiden (§ 188 AO) nach einem Widerspruch gegen die Anmeldung von Gewerbesteuerforderungen durch die erhebungsberechtigte Körperschaft (BFH-Urteil vom 2. 7. 1997, BStBl II 1998 S. 428),
- Prüfungsanordnungen (vgl. zu § 197).

2.9.3 Hat das Gericht nach § 21 Abs. 2 Nr. 1 InsO zur Sicherung der Masse die vorläufige Verwaltung angeordnet und nach § 21 Abs. 2 Nr. 2 InsO ein allgemeines Verfügungsverbot erlassen, sind o. a. Verwaltungsakte ab diesem Zeitpunkt nur noch an den vom Gericht bestellten vorläufigen Insolvenzverwalter bekanntzugeben. Auf diesen geht nach § 22 Abs. 1 InsO die Verwaltungs- und Verfügungsbefugnis über. Als Vermögensverwalter nach § 34 Abs. 3 AO hat der vorläufige Insolvenzverwalter ebenso wie der Insolvenzverwalter im eröffneten Verfahren die steuerlichen Pflichten des Schuldners zu erfüllen.

Ist vom Insolvenzgericht eine vorläufige Verwaltung angeordnet, aber kein allgemeines Verfügungsverbot erlassen, sind Verwaltungsakte bis zur Eröffnung des Insolvenzverfahrens weiterhin dem Schuldner bekanntzugeben (§ 22 Abs. 2 InsO).

| 2.9.4 | **Beispiele** für Bescheiderläuterungen: |

„Der Bescheid ergeht an Sie als Verwalter/vorläufiger Verwalter im Insolvenzverfahren/Verfahren über den Antrag auf Eröffnung des Insolvenzverfahrens über das Vermögen des Schuldners . . ." Die Erläuterung ist, soweit erforderlich, zur Klarstellung zu ergänzen:

„Die Steuerfestsetzung betrifft die Festsetzung der Umsatzsteuer als sonstige Masseverbindlichkeit."

„Die Festsetzung des Gewerbesteuermeßbetrags dient der erhebungsberechtigten Körperschaft als Grundlage zur Verfolgung des Widerspruchs gegen die Anmeldung der Gewerbesteuerforderung zur Tabelle."

2.9.5 Der Insolvenzverwalter ist nicht Bekanntgabeadressat für
- Feststellungsbescheide nach §§ 179 ff. AO bei Personengesellschaften, wenn über das Vermögen der Gesellschaft, aber nicht ihrer Gesellschafter das Insolvenzverfahren eröffnet worden ist (BFH-Urteile vom 13. 7. 1967, BStBl III S. 790, vom 12. 12. 1978, BStBl II 1979 S. 440 und vom 21. 6. 1979, BStBl II S. 780). Ist auch über das Vermögen eines Gesellschafters das Insolvenzverfahren eröffnet worden, muß der für den betreffenden Gesellschafter bestimmte Bescheid dessen Insolvenzverwalter bekanntgegeben werden,
- Verwaltungsakte an den Schuldner, die sein insolvenzfreies Vermögen betreffen (z. B. Kraftfahrzeugsteuerbescheid für ein vom Verwalter freigegebenes Kraftfahrzeug).

2.9.6 Hat das Gericht in dem Beschluß über die Eröffnung des Insolvenzverfahrens die Eigenverwaltung angeordnet (§ 270 InsO), kann der Schuldner weiterhin sein Vermögen verwalten und über dieses verfügen. In diesen Fällen sind Verwaltungsakte an den Schuldner bekanntzugeben.

2.9.7 Soweit sich bei natürlichen Personen ein Restschuldbefreiungsverfahren anschließt (§§ 286 ff. InsO), sind Verwaltungsakte wieder dem Schuldner bekanntzugeben. Der hier zu bestellende Treuhänder hat keine Befugnis, das Vermögen des Schuldners zu verwalten und über dieses zu verfügen (vgl. § 291 Abs. 2, § 292 InsO).

2.9.8 Auf Konkurs-, Vergleichs- und Gesamtvollstreckungsverfahren, die vor dem 1. 1. 1999 beantragt worden sind, und deren Wirkungen sind weiter die bisherigen gesetzlichen Vorschriften und die Regelungen der Tzn. 2.10 und 2.11 des „Bekanntgabeerlasses" (BMF-Schreiben vom 8. 4. 1991, BStBl I S. 398, zuletzt geändert durch BMF-Schreiben vom 13. 12. 1995, BStBl I S. 796) anzuwenden (Art. 97 § 11a EGAO).

2.10 Verbraucherinsolvenzverfahren

. . .

2.11 Zwangsverwaltung

. . .

2.12 Gesamtrechtsnachfolge (z. B. Erbfolge)

2.12.1 Bescheide, die bereits vor Eintritt der Gesamtrechtsnachfolge an den Rechtsvorgänger gerichtet und ihm zugegangen waren, wirken auch gegen den Gesamtrechtsnachfolger (§ 45). Er kann nur innerhalb der für den Rechtsvorgänger maßgeblichen Rechtsbehelfsfrist Einspruch einlegen. § 353 schreibt dies für Bescheide mit dinglicher Wirkung ausdrücklich auch vor, soweit es sich um Einzelrechtsnachfolge handelt. Die Regelung in § 166, wonach unanfechtbare Steuerfestsetzungen auch gegenüber einem Gesamtrechtsnachfolger gelten, bedeutet nicht, daß gegenüber einem Gesamtrechtsnachfolger die Bekanntgabe zu wiederholen ist oder daß eine neue Rechtsbehelfsfrist läuft. Hat der Rechtsvorgänger zwar den Steuertatbestand verwirklicht, wurde ihm aber der

Bescheid vor Eintritt der Rechtsnachfolge nicht mehr bekanntgegeben, so ist der Bescheid an den Gesamtrechtsnachfolger zu richten (BFH-Urteil vom 16. 1. 1974, BStBl II S. 388).

2.12.2 Bei Gesamtrechtsnachfolge (z. B. Erbfolge, Verschmelzung von Gesellschaften, Anwachsung des Anteils am Gesellschaftsvermögen bei Ausscheiden eines Gesellschafters gemäß § 738 BGB; BFH-Urteile vom 28. 4. 1965, BStBl III S. 422 und vom 18. 9. 1980, BStBl II 1981 S. 293) geht die Steuerschuld des Rechtsvorgängers auf den Rechtsnachfolger über (§ 45 Abs. 1). In den Bescheidkopf ist der Hinweis aufzunehmen, daß der Steuerschuldner als Gesamtrechtsnachfolger des Rechtsvorgängers in Anspruch genommen wird. Entsprechendes gilt, wenn der Steuerschuldner zugleich aufgrund eines eigenen Steuerschuldverhältnisses und als Gesamtrechtsnachfolger in Anspruch genommen wird.

Beispiel:
Der Ehemann ist 1998 verstorben. Die Ehefrau ist Alleinerbin. Für den Veranlagungszeitraum 1997 soll ein zusammengefaßter ESt-Bescheid bekanntgegeben werden.
Anschriftenfeld (Steuerschuldner als Inhaltsadressat, Bekanntgabeadressat und Empfänger):
Frau
Eva Meier
Hauptstraße 100
67433 Neustadt
Bescheidkopf:
Dieser Steuerbescheid ergeht an Sie zugleich als Alleinerbin nach ihrem Ehemann.

Beispiel:
Die Meier-OHG mit den Gesellschaftern Max und Emil Meier ist durch Austritt des Gesellschafters Emil Meier aus der OHG und gleichzeitige Übernahme des Gesamthandsvermögens durch Max Meier ohne Liquidation erloschen (vollbeendet). Nach dem Ausscheiden des vorletzten Gesellschafters soll ein Umsatzsteuerbescheid für einen Zeitraum vor dem Ausscheiden für die erloschene OHG ergehen.
Anschriftenfeld (Steuerschuldner als Inhaltsadressat, Bekanntgabeadressat und Empfänger):
Herrn
Max Meier
Hauptstraße 101
67433 Neustadt
Bescheidkopf:
Dieser Bescheid ergeht an Sie als Gesamtrechtsnachfolger der Meier-OHG.

Beispiel:
Die A-GmbH ist unter Auflösung ohne Abwicklung auf die B-GmbH verschmolzen worden.
Anschriftenfeld (Steuerschuldner als Inhaltsadressat, Bekanntgabeadressat und Empfänger):
B-GmbH
Hauptstraße 101
67433 Neustadt
Bescheidkopf:
Dieser Bescheid ergeht an Sie als Gesamtrechtsnachfolgerin der A-GmbH.

2.12.3 **Mehrere Gesamtrechtsnachfolger**

Das Finanzamt kann gegen Gesamtrechtsnachfolger (z. B. mehrere Erben) Einzelbescheide nach § 155 Abs. 1 oder einen nach § 155 Abs. 3 zusammengefaßten Steuerbescheid erlassen (BFH-Urteile vom 24. 11. 1967, BStBl II 1968 S. 163 und vom 28. 3. 1973, BStBl II S. 544). Grundsätzlich ist ein zusammengefaßter Bescheid zu erlassen, der an die Gesamtrechtsnachfolger als Gesamtschuldner zu richten und jedem von ihnen bekanntzugeben ist, soweit nicht nach § 122 Abs. 6 (vgl. hierzu Nr. 2.1.3) verfahren werden kann (§ 122 Abs. 1 und BFH-Urteil vom 24. 3. 1970, BStBl II S. 501). Sämtliche Gesamtrechtsnachfolger müssen als Inhaltsadressaten namentlich angeführt werden; eine Bezeichnung „Erbengemeinschaft nach ..." reicht nicht aus (BFH-Beschluß vom 29. 7. 1998, BFH/NV S. 1455).

Es ist unschädlich, nur einen oder mehrere aus einer größeren Zahl von Gesamtrechtsnachfolgern auszuwählen, weil es nicht zwingend erforderlich ist, einen Steuerbescheid an alle Gesamtrechtsnachfolger zu richten (vgl. auch Nr. 4.4.5). Betrifft der zusammengefaßte Bescheid Eheleute, Eheleute mit Kindern oder Alleinstehende mit Kindern, kann auch von der Sonderregelung des § 122 Abs. 7 (vgl. hierzu Nr. 2.1.2) Gebrauch gemacht werden.

2.12.4 **Beispiele:**

1.1 Der Steuerschuldner Adam Meier ist im Jahr 1998 verstorben.

Erben sind seine Kinder Konrad, Ludwig und Martha Meier zu gleichen Teilen. Die Steuerbescheide für das Jahr 1997 (ESt, USt, GewSt) können erst im Jahr 1999, d. h. nach dem Tode des Adam Meier ergehen.

Die Erben Konrad, Ludwig und Martha Meier sind durch Gesamtrechtsnachfolge Steuerschuldner (Inhaltsadressaten) geworden (§ 45 Abs. 1); sie haben jeder für sich für die gesamte Steuerschuld einzustehen (§ 45 Abs. 2, § 44 Abs. 1).

Gegen die Miterben können zusammengefaßte Bescheide nach § 155 Abs. 3 ergehen. Jedem Erben ist eine Ausfertigung des zusammengefaßten Bescheides an die Wohnanschrift zu übermitteln. Die Bekanntgabe an einen Erben mit Wirkung für und gegen alle anderen Erben ist in diesem Fall nur unter den Voraussetzungen des § 122 Abs. 6 ... möglich. Der Bescheid wird gegenüber dem Erben, dem er bekanntgegeben wurde, auch wirksam, wenn er dem oder den anderen Miterben nicht bekanntgegeben wurde. Um eine Zwangsvollstreckung in den ungeteilten Nachlaß zu ermöglichen, ist aber die Bekanntgabe des Bescheides an jeden einzelnen Miterben notwendig (§ 265 AO i. V. m. § 747 ZPO).

Anschriftenfeld (jeweils in gesonderten Ausfertigungen):

Herrn
Konrad Meier
Sternstraße 15
53111 Bonn

Herrn
Ludwig Meier
Königstraße 200
40212 Düsseldorf

Frau
Martha Meier
Sophienstraße 3
80333 München

Bescheidkopf:

Für Konrad, Ludwig und Martha Meier als Miterben nach Adam Meier. Den anderen Miterben wurde ein Bescheid gleichen Inhalts erteilt. Die Erben sind Gesamtschuldner (§ 44 AO).

...

2.12.5 Zur Bekanntgabe von Bescheiden bei unbekannten Erben vgl. Nr. 2.13.1.3.

2.12.6   Ist eine Erbengemeinschaft Unternehmer oder selbständiger Rechtsträger, so ist ein Steuerbescheid (z. B. über Umsatzsteuer oder Grunderwerbsteuer) an sie als Erbengemeinschaft zu richten (vgl. auch Nrn. 2.4 und 2.4.1.2). Hat die Erbengemeinschaft keinen Namen und keinen gesetzlichen Vertreter, muß sie zur zweifelsfreien Identifizierung der Gemeinschaft und ihrer Gemeinschafter grundsätzlich durch den Namen des Erblassers und der einzelnen Miterben charakterisiert werden (BFH-Urteil vom 29. 11. 1972, BStBl II 1973 S. 372).

2.12.7   **Vollstreckung in den Nachlaß**

. . .

2.12.8   **Spaltung**

. . .

2.13   Testamentsvollstreckung, Nachlaßverwaltung, Nachlaßpflegschaft

2.13.1   Der Testamentsvollstrecker ist nicht Vertreter der Erben, sondern Träger eines durch letztwillige Verfügung des Erblassers begründeten Amts, dessen Inhalt durch die letztwillige Verfügung bestimmt wird (§§ 2202, 2197 ff. BGB). Soweit die Verwaltungsbefugnis des Testamentsvollstreckers reicht, ist dem Erben die Verfügungsbefugnis entzogen (§ 2211 BGB). Der Testamentsvollstrecker kann den Erben nicht persönlich verpflichten und hat auch nicht dessen persönliche Pflichten gegenüber den Finanzbehörden zu erfüllen (BFH-Urteil vom 16. 4. 1980, BStBl II S. 605).

2.13.1.1   Hat der Erblasser selbst noch den Steuertatbestand verwirklicht, ist aber gegen ihn kein Steuerbescheid mehr ergangen, so ist der Steuerbescheid an den Erben als Inhaltsadressaten zu richten und diesem bekanntzugeben (vgl. Beispiele zu Nr. 2.12.4; BFH-Urteile vom 15. 2. 1978, BStBl II S. 491 und vom 8. 3. 1979, BStBl II S. 501), es sei denn, der Testamentsvollstrecker ist zugleich Empfangsbevollmächtigter des Erben. Ist der Testamentsvollstrecker im Rahmen seiner Verwaltung des gesamten Nachlaßvermögens nach § 2213 Abs. 1 BGB zur Erfüllung von Nachlaßverbindlichkeiten verpflichtet und soll er zur Erfüllung der Steuerschuld aus dem von ihm verwalteten Nachlaß herangezogen werden, kann der Steuerbescheid – auch – an ihn gerichtet werden (BFH-Urteil vom 30. 9. 1987, BStBl II 1988 S. 120). Geschieht dies nicht, ist er durch Übersendung einer Ausfertigung des dem Erben oder dem Nachlaßpfleger bekanntgegebenen Steuerbescheides in Kenntnis zu setzen. Ggf. ist er durch Duldungsbescheid (§ 191 Abs. 1) in Anspruch zu nehmen. Seine persönliche Haftung nach § 69 i. V. m. § 34 Abs. 3 bleibt davon unberührt.

2.13.1.2   Betrifft die Steuerpflicht Tatbestände nach dem Erbfall, so ist der Erbe Steuerschuldner auch für Steuertatbestände, die das Nachlaßvermögen betreffen. Steuerbescheide über Einkünfte, die dem Erben aus dem Nachlaßvermögen zufließen, sind dem Erben als Inhaltsadressaten und nicht dem Testamentsvollstrecker bekanntzugeben (BFH-Urteil vom 7. 10. 1970, BStBl II 1971 S. 119; BFH-Beschluß vom 29. 11. 1995, BStBl II 1996 S. 322). Dies gilt auch, wenn der Testamentsvollstrecker ein Unternehmen im eigenen Namen weiterführt (BFH-Urteil vom 16. 2. 1977, BStBl II S. 481, für GewSt-Meßbescheide). Steht dem Testamentsvollstrecker nach § 2213 Abs. 1 BGB die Verwaltung des gesamten Nachlasses zu, sind die drei letzten Sätze der Nr. 2.13.1.1 entsprechend anzuwenden.

2.13.1.3   Sind der oder die Erben (noch) unbekannt, so ist der Steuerbescheid, gleichgültig ob der Steuertatbestand vom Erblasser selbst noch verwirklicht worden ist oder erst nach Eintritt des Erbfalls, einem zu bestellenden Nachlaßpfleger als gesetzlichem Vertreter bekanntzugeben. Die Vertretungsbefugnis des Nachlaßpflegers endet auch dann erst mit Aufhebung der Nachlaßpflegschaft durch das Nachlaßgericht, wenn die Erben zwischenzeitlich bekannt wurden (BFH-Urteil vom 30. 3. 1982, BStBl II S. 687).

Der Testamentsvollstrecker ist nicht bereits kraft Amtes Vertreter des unbekannten Erben, kann aber dazu bestellt werden (vgl. Nr. 2.13.2).

2.13.2 Der **Nachlaßpfleger** ist gesetzlicher Vertreter des künftigen Erben, falls dieser noch unbekannt ist oder die Annahme der Erbschaft noch ungewiß ist. Er wird von Amts wegen oder auf Antrag eines Nachlaßgläubigers vom Nachlaßgericht bestellt (siehe §§ 1960, 1961 BGB, § 81 AO). Nr. 2.2 ist entsprechend anzuwenden.

2.13.3 Nachlaßverwaltung ist die Nachlaßpflegschaft zum Zwecke der Befriedigung der Nachlaßgläubiger (§ 1975 BGB). Die Stellung des Nachlaßverwalters ist derjenigen des Testamentsvollstreckers vergleichbar. Nr. 2.13.1.1 und 2.13.1.2 sind daher entsprechend anzuwenden (BFH-Urteil vom 5. 6. 1991, BStBl II S. 820).

2.13.4 **Erbschaftsteuerbescheide**
...

2.14 Haftende

2.14.1 Der Steuerschuldner und der Haftende sind nach § 44 Abs. 1 zwar Gesamtschuldner, diese Bestimmung führt aber nicht zu einer völligen Gleichstellung. Der Steuerbescheid ist an den Steuerschuldner zu richten.

Über die Haftung ist durch selbständigen Haftungsbescheid zu entscheiden (§ 191) und der Haftende durch Zahlungsaufforderung in Anspruch zu nehmen (§ 219). Beide Maßnahmen können auch getrennt voneinander ausgeführt werden. Die Zusendung einer Ausfertigung des **Steuerbescheides** reicht zur Inanspruchnahme des Haftenden nicht aus.

2.14.2 Der Haftungsbescheid muß eindeutig erkennen lassen, gegen wen sich der Haftungsanspruch richtet.

Beispiele für Lohnsteuerhaftungsbescheide bei Inanspruchnahme:

a) des Arbeitgebers:
Haftungsschuldner als
Inhaltsadressat,
Bekanntgabeadressat
und Empfänger:

Meier GmbH
Sophienstraße 2a
80333 München

(jeweils mit Angabe des Haftungsgrundes
in der Erläuterung)

b) des Geschäftsführers des Arbeitgebers:
Haftungsschuldner als
Inhaltsadressat,
Bekanntgabeadressat
und Empfänger:

Herrn
Josef Meier
(Geschäftsführer der Meier-GmbH)
Hansastraße 100
81373 München

(jeweils mit Angabe des Haftungsgrundes
in der Erläuterung)

Bei der Inanspruchnahme des Geschäftsführers als Haftungsschuldner für Steuerschulden der von ihm vertretenen juristischen Person oder nichtrechtsfähigen Personenvereinigung ist darauf zu achten, daß die **persönliche Inanspruchnahme** in der Adressierung und auch sonst im Bescheid eindeutig zum Ausdruck kommt. Als postalische Anschrift ist im Haftungsbescheid in der Regel die von der Firmenanschrift abweichende Wohnanschrift des Geschäftsführers zu verwenden. Wird ein Haftungsbescheid an den Geschäftsführer mit PZU (vgl. Nr. 3.1.1) ausnahmsweise unter der Firmenanschrift zugestellt, ist im Kopf des Vordrucks „Zustellungsurkunde" in roter Schrift oder durch rotes Unterstreichen zu vermerken: „Keine Ersatzzustellung".

2.14.3 Sollen wegen desselben Anspruchs mehrere Haftungsschuldner herangezogen werden, kann in entsprechender Anwendung des § 155 Abs. 3 ein zusammengefaßter Haftungsbescheid erlassen werden. Für jeden Haftungsschuldner ist jedoch ein gesonderter Bescheid auszufertigen und bekanntzugeben, um ihm gegenüber Wirksamkeit zu erlangen. Dies gilt auch dann, wenn der zusammengefaßte Haftungsbescheid gegen Ehegatten gerichtet ist (BFH-Beschluß vom 22. 10. 1975, BStBl II 1976 S. 136).

Bei der Inanspruchnahme von mehreren Haftungsschuldnern wegen desselben Anspruchs sind im Haftungsbescheid alle als Haftungsschuldner herangezogenen Personen zu benennen. Eine fehlende Angabe der übrigen Haftungsschuldner führt aber nicht ohne weiteres zur Unwirksamkeit der Haftungsbescheide (BFH-Urteil vom 5. 11. 1980, BStBl II 1981 S. 176), sondern kann im Rahmen des § 126 nachgeholt werden. Die einzelnen Haftungsschuldner werden durch die gemeinsame Inanspruchnahme zu Gesamtschuldnern (§ 44); die Erfüllung durch einen der Gesamtschuldner wirkt auch für die übrigen.

3. Besonderheiten des Zustellungsverfahrens

3.1 Zustellungsarten

Nach dem VwZG gibt es die Zustellung durch die Post mit Postzustellungsurkunde..., die Zustellung durch die Post mittels eingeschriebenen Briefes..., die Zustellung durch die Behörde gegen Empfangsbekenntnis..., die Zustellung durch die Behörde an andere Behörden usw. mittels Vorlegens der Urschrift (§ 6 VwZG), die Zustellung im Ausland (§ 14 VwZG), die öffentliche Zustellung (§ 15 VwZG). Kommen mehrere Formen der Zustellung in Betracht, soll die kostengünstigste gewählt werden, sofern nicht besondere Umstände (z. B. Zweifel an der Annahmebereitschaft des Empfängers) für eine Zustellung mit Postzustellungsurkunde sprechen.

Anweisungen zum Zustellungsverfahren enthalten die im Abschnitt V B der Amtlichen Handausgabe „Abgabenordnung AO 1977" abgedruckten Allgemeinen Verwaltungsvorschriften zum Verwaltungszustellungsgesetz vom 13. 12. 1966 (BStBl I S. 969), geändert durch Allgemeine Verwaltungsvorschrift vom 27. 4. 1973 (BStBl I S. 220).

3.1.1 Zustellung mit Postzustellungsurkunde (PZU)

...

3.1.2 Zustellung mittels eingeschriebenen Briefes

...

3.1.3 Zustellung gegen Empfangsbekenntnis

...

3.2 Zustellung an mehrere Beteiligte

...

3.3 Zustellung an Bevollmächtigte

...

3.4 Zustellung an Ehegatten

...

4. Folgen von Verfahrens- und Formfehlern

4.1 Unwirksamkeit des Verwaltungsaktes wegen inhaltlicher Mängel

Fehlen in einem Verwaltungsakt unverzichtbare wesentliche Bestandteile (siehe zum Steuerbescheid § 157 Abs. 1 Satz 2), die dazu führen, daß dieser inhaltlich nicht hinreichend bestimmt ist (§ 119 Abs. 1), so ist ein solcher Verwaltungsakt gemäß § 125 Abs. 1 nichtig und damit unwirksam (§ 124 Abs. 3). Eine Heilung derartiger Fehler ist nicht möglich, vielmehr ist ein neuer Verwaltungsakt zu erlassen (BFH-Urteil vom 17. 7. 1986, BStBl II S. 834).

4.1.1 Wird der Steuerschuldner (Inhaltsadressat) im Steuerbescheid gar nicht, falsch oder so ungenau bezeichnet, daß Verwechslungen möglich sind, ist der Verwaltungsakt wegen inhaltlicher Unbestimmtheit nichtig und damit unwirksam. Eine Heilung im weiteren Verfahren gegen den tatsächlichen Schuldner ist nicht möglich, es muß ein neuer Steuererbescheid mit richtiger Bezeichnung des Steuerschuldners (Inhaltsadressaten) verfügt und bekanntgegeben werden (BFH-Urteil vom 17. 3. 1970, BStBl II S. 598).

Ist dagegen im Steuerbescheid eine falsche Person eindeutig und zweifelsfrei als Steuerschuldner (Inhaltsadressat) angegeben und wurde der Bescheid dieser Person bekanntgegeben, so ist der Bescheid nicht nichtig, sondern rechtswidrig und damit lediglich anfechtbar (BFH-Beschluß vom 17. 11. 1987, BFH/NV 1988 S. 682).

4.1.2 Konnte im Fall einer Gesamtrechtsnachfolge ein Steuerbescheid dem Rechtsvorgänger (Erblasser) nicht mehr rechtswirksam bekanntgegeben werden, ist der Bescheid an den Gesamtrechtsnachfolger als Steuerschuldner (Inhaltsadressaten) zu richten. Ein gleichwohl an den Rechtsvorgänger gerichteter Bescheid ist unwirksam (BFH-Urteil vom 24. 3. 1970, BStBl II S. 501, vgl. Nr. 2.12.1).

4.1.3 Ein Verwaltungsakt, der dem Inhaltsadressaten selbst bekanntgegeben wird, obwohl eine andere Person der zutreffende Bekanntgabeadressat ist (vgl. Nr. 1.4.3), ist unwirksam (BFH-Beschluß vom 14. 5. 1968, BStBl II S. 503). Eine Heilung ist nicht möglich; vielmehr ist ein neuer Verwaltungsakt mit Bezeichnung des zutreffenden Bekanntgabeadressaten (vgl. Nr. 1.4.3) zu erlassen. Zu den Folgen einer nur fehlerhaften Bezeichnung des Bekanntgabeadressaten vgl. Nr. 4.2.3.

4.2 Wirksamkeit des Verwaltungsaktes trotz inhaltlicher Mängel

4.2.1 Wird der richtige Steuerschuldner (Inhaltsadressat) lediglich ungenau bezeichnet, ohne daß Zweifel an der Identität bestehen (z. B. falsche Bezeichnung der Rechtsform einer Gesellschaft OHG statt KG, GbR statt OHG o. ä.), so liegt kein Fall der inhaltlichen Unbestimmtheit vor. Der Steuerbescheid ist daher nicht unwirksam; die falsche Bezeichnung kann berichtigt werden (BFH-Urteile vom 26. 6. 1974, BStBl II S. 724 und vom 26. 9. 1974, BStBl II 1975 S. 311; BFH-Beschluß vom 18. 3. 1998, BFH/NV S. 1255).

4.2.2 Ist in einem Feststellungsbescheid ein Beteiligter falsch bezeichnet, weil Rechtsnachfolge eingetreten ist, kann dies durch besonderen Bescheid gegenüber den Betroffenen berichtigt werden (§ 182 Abs. 3).

4.2.3 Die fehlerhafte Bezeichnung des Bekanntgabeadressaten macht den Bescheid nicht in jedem Fall unwirksam, die Bekanntgabe kann aber fehlerhaft sein. Die aus einer formell fehlerhaften Bezeichnung herrührenden Mängel können geheilt werden, wenn der von der Finanzbehörde zutreffend bestimmte, aber fehlerhaft bezeichnete Bekanntgabeadressat tatsächlich vom Inhalt des Bescheides Kenntnis erhält.

Beispiel:
Der gesetzliche Vertreter (Bekanntgabeadressat) eines Minderjährigen (Steuerschuldner und Inhaltsadressat) wird irrtümlich als Adam Meier bezeichnet, obwohl es sich um Alfred Meier handelt, dem der Verwaltungsakt auch tatsächlich zugeht.

Aus Gründen der Rechtssicherheit soll im Zweifel die Bekanntgabe des Verwaltungsaktes unter richtiger Angabe des Bekanntgabeadressaten wiederholt werden.

4.2.4 **Geringfügige Abweichungen bei der Bezeichnung** des Inhaltsadressaten, des Bekanntgabeadressaten oder des Empfängers, die – insbesondere bei ausländischen Namen – auf technischen Schwierigkeiten, Lesefehlern usw. beruhen, machen den Bescheid weder unwirksam noch anfechtbar. Dies gilt auch, wenn bei einer juristischen Person ein unwesentlicher Namensbestandteil weggelassen oder abgekürzt wird oder eine allgemein übliche Kurzformel eines eingetragenen Namens verwendet wird. Bei einem Verstoß gegen das Namensrecht (z. B. Abkürzung überlanger Namen, Übersehen von Adelsprädikaten oder akademischen Graden) wird der Steuerbescheid dennoch durch Bekanntgabe wirksam, wenn der Steuerschuldner (Inhaltsadressat) durch die verwendeten Angaben unverwechselbar bezeichnet wird.

4.3 Unwirksamkeit des Verwaltungsaktes wegen eines Bekanntgabemangels

Ein Verwaltungsakt wird erst mit ordnungsmäßiger Bekanntgabe wirksam (§ 122 Abs. 1, § 124). Zur Heilung von Bekanntgabemängeln vgl. Nr. 4.4.4; zu Mängeln bei der förmlichen Zustellung vgl. Nr. 4.5.

Wird ein inhaltlich richtiger Verwaltungsakt einem auf der Postsendung unrichtig ausgewiesenen Empfänger übermittelt (z. B. Briefumschläge werden vertauscht), ist der Verwaltungsakt weder gegenüber dem richtigen noch gegenüber dem falschen Empfänger wirksam.

Beispiel:

Das FA erläßt einen für Herrn Konrad Meier, Sternstraße 15, 53111 Bonn, bestimmten Einkommensteuerbescheid. Der Bescheid weist im Anschriftenfeld die vorstehende Adresse aus, wird aber in einen Briefumschlag eingelegt, der an Herrn Ludwig Meier, Königstraße 200, 40212 Düsseldorf, adressiert ist.

Der Bescheid ist nicht wegen fehlender inhaltlicher Bestimmtheit nichtig, weil aus ihm eindeutig hervorgeht, wer Steuerschuldner (Inhaltsadressat) ist. Er wurde jedoch nicht dem Beteiligten, für den er bestimmt ist, bekanntgegeben und ist damit nicht wirksam. Die Unwirksamkeit des Bescheids kann unter entsprechender Anwendung des § 125 Abs. 5 förmlich festgestellt werden. Gegenüber dem richtigen Bekanntgabeadressaten/Empfänger wird er erst wirksam, wenn die Bekanntgabe an diesen nachgeholt wird. Dies gilt selbst dann, wenn der falsche Empfänger die Ausfertigung des Verwaltungsaktes an den richtigen Empfänger (Bekanntgabeadressaten) weitergeleitet hat, da in diesem Fall die Bekanntgabe nicht auf einer Handlung der Finanzbehörde beruht.

4.4 Wirksame Bekanntgabe

4.4.1 **Fehler beim technischen Ablauf** der Übermittlung des Verwaltungsaktes und Verletzungen von Formvorschriften können unbeachtlich sein (§ 127), wenn der Betroffene den für ihn bestimmten Verwaltungsakt tatsächlich zur Kenntnis genommen hat (vgl. Nrn. 4.2.3 und 4.3). Andererseits kann eine Bekanntgabe im Rechtssinne unter bestimmten Voraussetzungen auch wirksam sein, wenn der Betroffene selbst den Verwaltungsakt tatsächlich nicht erhalten, zur Kenntnis genommen oder verstanden hat. Das Gesetz fingiert in diesen Fällen die Bekanntgabe (z. B. bei Übermittlung an einen für den Betroffenen handelnden Bekanntgabeadressaten). Zu den Folgen der Nichtbeachtung einer Empfangsvollmacht vgl. zu Nr. 1.7.4.

4.4.2 Ein Feststellungsbescheid, der im Anschriftenfeld eine im Zeitpunkt seines Erlasses bereits erloschene Personengesellschaft benennt, ist wirksam bekanntgegeben, wenn aus dem Gesamtinhalt des Bescheides erkennbar ist, für welche Personen und in welcher Höhe Besteuerungsgrundlagen festgestellt werden, und dieser Bescheid diesen Personen auch übermittelt wird (BFH-Urteil vom 27. 4. 1978, BStBl II 1979 S. 89).

4.4.3 Solange das Ausscheiden eines Gesellschafters im Handelsregister nicht eingetragen und dem Finanzamt auch sonst nicht bekannt geworden ist, ist die Bekanntgabe des Feststellungsbescheides an einen Empfangsbevollmächtigten i. S. des § 183 auch dem ausgeschiedenen Gesellschafter gegenüber wirksam erfolgt (BFH-Urteile vom 3. 11. 1959, BStBl III 1960 S. 96 und vom 14. 12. 1978, BStBl II 1979 S. 503; vgl. Nr. 2.5.5 und Nr. 4.2.2).

4.4.4 **Heilung von Bekanntgabemängeln**

Bekanntgabemängel können unter den Voraussetzungen des entsprechend anwendbaren § 9 VwZG (vgl. hierzu Nr. 4.5.1) geheilt werden (BFH-Urteil vom 29. 10. 1997, BStBl II 1998 S. 266).

Ein Verwaltungsakt kann trotz unrichtig angegebener Anschrift wirksam sein, wenn der Bekanntgabeadressat die Sendung tatsächlich erhält (BFH-Urteil vom 1. 2. 1990, BFH/NV 1991 S. 2, für den Fall der Angabe einer unzutreffenden Hausnummer).

Wird dem Bekanntgabeadressaten eines Verwaltungsakts die Einspruchsentscheidung ordnungsgemäß bekanntgegeben, so kommt es auf Bekanntgabemängel des ursprünglichen Bescheides grundsätzlich nicht mehr an (BFH-Urteile vom 28. 10. 1988, BStBl II 1989 S. 257 und vom 16. 5. 1990, BStBl II S. 942). Der Fehler bei der Bekanntgabe wird jedoch nicht geheilt, wenn der Einspruch in der Einspruchsentscheidung als unzulässig verworfen wird (BFH-Urteil vom 25. 1. 1994, BStBl II S. 603).

4.4.5 **Zusammengefaßte Steuerbescheide**

Zusammengefaßte Steuerbescheide (§ 155 Abs. 3) können **gegenüber mehreren Beteiligten** zu verschiedenen Zeitpunkten bekanntgegeben werden. Eine unterlassene oder unwirksame Bekanntgabe kann jederzeit nachgeholt werden (BFH-Urteil vom 25. 5. 1976, BStBl II S. 606); der Ablauf der Festsetzungsfrist ist zu beachten. Die Wirksamkeit eines Steuerbescheides gegenüber einem Beteiligten wird nicht dadurch berührt, daß dieser Bescheid gegenüber einem anderen Beteiligten unwirksam ist. Zur Bekanntgabe an Ehegatten vgl. Nr. 2.1.

4.5 Fehler bei förmlichen Zustellungen

4.5.1 Nach § 9 Abs. 1 VwZG gilt ein Schriftstück, dessen formgerechte Zustellung (Nr. 1.8.3) nicht nachgewiesen werden kann oder das unter Verletzung zwingender Zustellungsvorschriften zugegangen ist, als in dem Zeitpunkt zugestellt, in dem es der Empfangsberechtigte nachweisbar erhalten hat. Trotz einer solchen fehlerhaften Zustellung wird der Verwaltungsakt durch Bekanntgabe wirksam; es werden jedoch die in § 9 Abs. 2 VwZG erwähnten Klage-, Revisions-, Berufungs- oder Rechtsmittelbegründungsfristen nicht in Lauf gesetzt (BFH-Urteil vom 2. 7. 1998, BStBl II 1999 S. 28). Der Bescheid kann innerhalb der Verjährungsfrist noch mit der Sprungklage angefochten werden (§ 9 Abs. 2 VwZG), auch wenn ein Einspruch im Hinblick auf § 9 Abs. 1 VwZG i. V. m. § 355 AO nicht mehr zulässig wäre (BFH-Beschluß vom 22. 11. 1976, BStBl II 1977 S. 247).

4.5.2 Zwingende Zustellungsvorschriften sind insbesondere bei der Zustellung durch die Post mit Zustellungsurkunde zu beachten. Es müssen sowohl die Zustellungsart (z. B. Ersatzzustellung) als auch der Zustellungsort (Wohnung, Geschäftsraum) richtig durch den Postbediensteten beurkundet werden (BFH-Urteil vom 10. 10. 1978, BStBl II 1979 S. 209). Die Geschäftsnummer (vgl. Nr. 3.1.1.2) muß sowohl auf dem Briefumschlag als auch auf der PZU angegeben sein (BFH-Urteil vom 24. 11. 1977, BStBl II 1978 S. 467). Zur Zustellung an mehrere Beteiligte vgl. Nrn. 3.2 und 3.4.

4.5.3 Eine wegen Formmangels unwirksame, von der Finanzbehörde angeordnete Zustellung eines Steuerbescheides kann nicht in eine wirksame „schlichte" Bekanntgabe im Sinne des § 122 Abs. 1 umgedeutet werden (BFH-Urteile vom 25. 1. 1994, BStBl II S. 603 und vom 8. 6. 1995, BStBl II S. 681).

4.6 Fehlerhafte Bekanntgabe von Grundlagenbescheiden

Da ein Folgebescheid gemäß § 155 Abs. 2 vor Erlaß eines notwendigen Grundlagenbescheides ergehen kann, ist die Unwirksamkeit der Bekanntgabe eines Grundlagenbescheides für den bereits vorliegenden Folgebescheid ohne Bedeutung. Erst wenn der Grundlagenbescheid wirksam bekanntgegeben worden ist, sind daraus für den Folgebescheid Folgerungen zu ziehen (§ 175 Abs. 1 Satz 1 Nr. 1).

Zu § 124 AO

4.7 Bekanntgabe von gesonderten und einheitlichen Feststellungen an einzelne Beteiligte

4.7.1 Ein Verwaltungsakt, der an mehrere Beteiligte gerichtet ist (z. B. gesonderte und einheitliche Feststellung), aber nicht allen Beteiligten bekanntgegeben wird, ist dadurch nicht unwirksam. Mit der Bekanntgabe an einzelne Beteiligte ist der Verwaltungsakt als entstanden anzusehen; er hat gegenüber diesen Beteiligten Wirksamkeit erlangt und kann insgesamt nicht mehr frei, sondern nur bei Vorliegen der gesetzlichen Änderungsvorschriften geändert werden (BFH-Urteile vom 31. 5. 1978, BStBl II S. 600 und vom 25. 11. 1987, BStBl II 1988 S. 410). Zur Nachholung der Bekanntgabe an die übrigen Beteiligten vgl. Nr. 2.5.1.

4.7.2 Die einzelnen Gesellschafter sind nicht in ihren Rechten verletzt, wenn ein gesonderter und einheitlicher Feststellungsbescheid anderen Gesellschaftern nicht oder nicht ordnungsgemäß bekanntgegeben worden ist (BFH-Urteil vom 12. 12. 1978, BStBl II 1979 S. 440).

Zu § 124 AO

AEAO   Wirksamkeit des Verwaltungsaktes:

1. Der Verwaltungsakt wird mit dem Inhalt wirksam, mit dem er bekanntgegeben wird. Maßgebend ist nicht die Aktenverfügung der Finanzbehörde, sondern die Fassung, die dem Beteiligten zugegangen ist.

   Eine wirksame Bekanntgabe setzt den Bekanntgabewillen des für den Erlaß des Verwaltungsaktes zuständigen Bediensteten voraus (BFH-Urteil vom 27. 6. 1986, BStBl II S. 832). Der bei abschließender Zeichnung der Aktenverfügung vorhandene Bekanntgabewille kann aufgegeben werden. Zur Unwirksamkeit der Bekanntgabe und damit des Verwaltungsakts führt die Aufgabe des Bekanntgabewillens jedoch nur dann, wenn diese klar und eindeutig dokumentiert und bereits erfolgt ist, wenn der Verwaltungsakt den Herrschaftsbereich der Finanzbehörde verlassen hat (BFH-Urteile vom 24. 11. 1988, BStBl II 1989 S. 344 und vom 12. 8. 1996, BStBl II S. 627). Der Empfänger des Verwaltungsaktes ist unverzüglich über die Aufgabe des Bekanntgabewillens zu unterrichten.

   Bei der Auslegung des Verwaltungsaktes kommt es gem. dem entsprechend anzuwendenden § 133 BGB nicht darauf an, was die Behörde mit ihren Erklärungen gewollt hat, sondern darauf, wie der Betroffene nach den ihm bekannten Umständen den materiellen Gehalt der Erklärungen unter Berücksichtigung von Treu und Glauben verstehen konnte. Im Zweifel ist das den Steuerpflichtigen weniger belastende Auslegungsergebnis vorzuziehen (BFH-Urteil vom 27. 11. 1996, BStBl II 1997 S. 791).

2. Weicht der bekanntgegebene Verwaltungsakt von der Aktenverfügung ab, so liegt i. d. R. ein Schreib- oder Übertragungsfehler vor, der gem. § 129 berichtigt werden kann. Sind die Voraussetzungen des § 129 nicht gegeben, hat die Finanzbehörde alle Möglichkeiten einer Rücknahme, des Widerrufs, der Aufhebung oder Änderung des Verwaltungsaktes zu prüfen.

3. Bis zur Bekanntgabe wird der Verwaltungsakt nicht wirksam. Er kann daher bis zu diesem Zeitpunkt rückgängig gemacht oder abgeändert werden.

Zu § 125 AO

AEAO   Nichtigkeit des Verwaltungsaktes:

1. Der nichtige Verwaltungsakt entfaltet keine Rechtswirkungen; aus ihm darf nicht vollstreckt werden.
2. Fehler bei der Anwendung des materiellen Rechts führen i. d. R. nicht zur Nichtigkeit, sondern nur zur Rechtswidrigkeit des Verwaltungsaktes.
3. Der Betroffene kann die Nichtigkeit des Verwaltungsaktes jederzeit auch noch nach Ablauf der Rechtsbehelfsfristen geltend machen. Der Antrag auf Feststellung der Nichtigkeit (§ 125 Abs. 5) ist nicht fristgebunden.

Zu § 129 AO

AEAO   Offenbare Unrichtigkeit[1] beim Erlaß eines Verwaltungsaktes:

1. Die Berichtigung zugunsten und zuungunsten des Steuerpflichtigen ist
   – bei Steuerfestsetzungen und Zinsbescheiden nur innerhalb der Festsetzungsfrist (§ 169 Abs. 1 Satz 2),
   – bei Aufteilungsbescheiden nur bis zur Beendigung der Vollstreckung (§ 280),
   – bei Verwaltungsakten, die sich auf Zahlungsansprüche richten, bis zum Ablauf der Zahlungsverjährung (§ 228),
   – bei anderen Verwaltungsakten zeitlich unbeschränkt
   zulässig. Auf die besondere Ablaufhemmung nach § 171 Abs. 2 wird hingewiesen. Zur Korrektur von Haftungs- und Duldungsbescheiden vgl. zu § 191.
2. Bei einer Berichtigung nach § 129 können im Wege pflichtgemäßer Ermessensausübung materielle Fehler berichtigt werden (vgl. BFH-Urteil vom 8. 3. 1989, BStBl II S. 531). Die Regelungen zu § 177 sind sinngemäß anzuwenden. Zur Anfechtungsbeschränkung siehe zu § 351, Nr. 3.

Vor §§ 130, 131 AO

AEAO   Rücknahme und Widerruf von Verwaltungsakten:

1. Die §§ 130 bis 133 gelten für Rücknahme oder Widerruf von Verwaltungsakten nur, soweit keine Sonderregelungen bestehen (Hinweis auf §§ 172 ff. für Steuerbescheide; §§ 206, 207 für verbindliche Zusagen; § 280 für Aufteilungsbescheide). Dabei bestehen hinsichtlich der Bestandskraft unanfechtbarer Verwaltungsakte Unterschiede zwischen begünstigenden Verwaltungsakten und nicht begünstigenden Verwaltungsakten.
2. Begünstigende Verwaltungsakte sind insbesondere
   – Gewährung von Entschädigungen (§ 107),

---

[1] Anm. d. Schriftl.:
Zur Frage, unter welchen Voraussetzungen eine Doppelerfassung von Werbungskosten keine offenbare Unrichtigkeit darstellt, wird auf die Ausführungen des BFH in dem Urteil vom 16. 3. 2000 – BStBl 2000 II S. 372 verwiesen.

- Fristverlängerungen (§ 109),
  - Gewährung von Buchführungserleichterungen (§ 148),
  - Billigkeitsmaßnahmen (§§ 163, 227, 234 Abs. 2),
  - Verlegung des Beginns einer Außenprüfung (§ 197 Abs. 2),
  - Stundungen (§ 222),
  - Einstellung oder Beschränkung der Vollstreckung (§§ 257, 258),
  - Aussetzung der Vollziehung (§ 361 AO, § 69 Abs. 2 FGO).
3. Nicht begünstigende Verwaltungsakte sind insbesondere
  - Ablehnung beantragter begünstigender Verwaltungsakte,
  - Festsetzung von steuerlichen Nebenleistungen (§ 3 Abs. 3, § 218 Abs. 1),
  - Ablehnung einer Erstattung von Nebenleistungen (§ 37 Abs. 2, § 218 Abs. 2),
  - Auskunftsersuchen (§§ 93 ff.),
  - Aufforderung zur Buchführung (§ 141 Abs. 2),
  - Haftungsbescheide (§ 191),
  - Duldungsbescheide (§ 191),
  - Prüfungsanordnungen (§ 196),
  - Anforderung von Säumniszuschlägen (§ 240),
  - Pfändungen (§ 281).
4. . . .

Zu § 130 AO

AEAO   Rücknahme eines rechtswidrigen Verwaltungsaktes:

1. Ein Verwaltungsakt ist rechtswidrig, wenn er ganz oder teilweise gegen zwingende gesetzliche Vorschriften (§ 4) verstößt, ermessensfehlerhaft ist (vgl. zu § 5) oder eine Rechtsgrundlage überhaupt fehlt. Besonders schwerwiegende Fehler haben die Nichtigkeit und damit die Unwirksamkeit zur Folge (§ 125 i. V. m. § 124 Abs. 3). Liegt kein Fall der Nichtigkeit vor, so wird der rechtswidrige Verwaltungsakt zunächst wirksam.
2. Die Finanzbehörde entscheidet im Rahmen ihres Ermessens, ob sie eine Überprüfung eines rechtswidrigen, unanfechtbaren Verwaltungsaktes vornehmen soll. Die Finanzbehörde braucht nicht in die Überprüfung einzutreten, wenn der Steuerpflichtige nach Ablauf der Einspruchsfrist die Rechtswidrigkeit lediglich behauptet und Gründe, aus denen sich schlüssig die Rechtswidrigkeit des belastenden Verwaltungsaktes ergibt, nicht näher bezeichnet (vgl. BFH-Urteil vom 9. 3. 1989, BStBl II S. 749, 751). Ist die Fehlerhaftigkeit eines Verwaltungsaktes festgestellt, so ist zunächst die mögliche Nichtigkeit (§ 125), danach die Möglichkeit der Berichtigung offenbarer Unrichtigkeiten (§ 129), danach die Möglichkeit der Heilung von Verfahrens- und Formfehlern (§§ 126, 127), danach die Möglichkeit der Umdeutung (§ 128) und danach die Rücknahme zu prüfen.
3. Nicht begünstigende rechtswidrige Verwaltungsakte können jederzeit zurückgenommen werden, auch wenn die Einspruchsfrist abgelaufen ist. Eine teilweise Rücknahme ist zulässig.
   Beispiel:
   Ein Verspätungszuschlag ist mit einem Betrag festgesetzt worden, der mehr als 10 v. H. der festgesetzten Steuer ausmacht (Verstoß gegen § 152 Abs. 2). Die Festsetzung kann insoweit zurückgenommen werden, wie sie 10 v. H. übersteigt; sie bleibt im übrigen bestehen.

4. Die Rücknahme eines begünstigenden rechtswidrigen Verwaltungsaktes ist nur unter Einschränkungen möglich (§ 130 Abs. 2 und 3). Unter einer Begünstigung i. S. dieser Vorschriften ist jede Rechtswirkung zu verstehen, an deren Aufrechterhaltung der vom Verwaltungsakt Betroffene ein schutzwürdiges Interesse hat (BFH-Urteil vom 16. 10. 1986, BStBl II 1987 S. 405). Sofern die Rücknahme zulässig und wirksam ist, kann die Finanzbehörde aufgrund des veränderten Sachverhalts oder der veränderten Rechtslage einen neuen Verwaltungsakt erlassen, der für den Beteiligten weniger vorteilhaft ist.

Beispiele:
a) Ein Verspätungszuschlag ist unter Abweichung von der sonst beim Finanzamt üblichen Anwendung der Grundsätze des § 152 auf 1 000 DM festgesetzt worden. Eine Überprüfung des Falles ergibt, daß eine Festsetzung in Höhe von 2 000 DM richtig gewesen wäre. Die Rücknahme der Festsetzung, verbunden mit einer neuen höheren Festsetzung, ist rechtlich zulässig, wenn die niedrige Festsetzung auf unrichtigen oder unvollständigen Angaben des Steuerpflichtigen beruhte (§ 130 Abs. 2 Nr. 3).

b) Der Steuerpflichtige hat durch arglistige Täuschung über seine Vermögens- und Liquiditätslage eine Stundung ohne Sicherheitsleistung erwirkt. Die Finanzbehörde kann die Stundungsverfügung mit Wirkung für die Vergangenheit zurücknehmen (§ 130 Abs. 2 Nr. 2), für die Vergangenheit Säumniszuschläge anfordern und eine in die Zukunft wirkende neue Stundung von einer Sicherheitsleistung abhängig machen.

Zu § 131 AO

AEAO   **Widerruf eines rechtmäßigen Verwaltungsaktes:**

1. Ein Verwaltungsakt ist rechtmäßig, wenn er zum Zeitpunkt des Wirksamwerdens (Bekanntgabe) dem Gesetz (§ 4) entspricht. Ändert sich der Sachverhalt durch nachträglich eingetretene Tatsachen oder läßt das Gesetz in derselben Sache unterschiedliche Verwaltungsakte zu (Ermessensentscheidungen), so kann der rechtmäßige Verwaltungsakt unter bestimmten Voraussetzungen mit Wirkung für die Zukunft widerrufen werden.

2. Die Widerrufsmöglichkeit wegen nachträglicher Veränderung der Sachlage nach § 131 Abs. 2 Nr. 3 ist bei Verwaltungsakten mit Dauerwirkung von Bedeutung. Die Vorschrift betrifft nur die Änderung tatsächlicher, nicht rechtlicher Verhältnisse. Das öffentliche Interesse i. S. dieser Vorschrift ist immer dann gefährdet, wenn bei einem Festhalten an der getroffenen Entscheidung der Betroffene gegenüber anderen Steuerpflichtigen bevorzugt würde.

3. Ein Steuererlaß kann nicht widerrufen werden. Die nachträgliche Verbesserung der Liquiditäts- oder Vermögenslage ist unbeachtlich. Für die Rücknahme gilt § 130 Abs. 2 und 3.

4. Ein rechtmäßiger begünstigender Verwaltungsakt darf jederzeit um einen weiteren rechtmäßigen Verwaltungsakt ergänzt werden.

Beispiele:
a) Verlängerung oder Erhöhung einer Stundung,
b) weitere Fristverlängerung,
c) Gewährung ergänzender Buchführungserleichterungen,
d) Erhöhung des zu erlassenden Steuerbetrages.

5. Dementsprechend bedarf es bei demselben Sachverhalt nicht des Widerrufs, wenn zu einem nicht begünstigenden rechtmäßigen Verwaltungsakt lediglich ein weiterer rechtmäßiger Verwaltungsakt hinzutritt.

Beispiele:
a) Wegen einer Steuerschuld von 5 000 DM sind Wertpapiere im Werte von 3 000 DM gepfändet worden. Es wird eine weitere Pfändung über 2 000 DM verfügt.

b) Die Prüfungsanordnung für eine Außenprüfung umfaßt den Prüfungszeitraum 1993 bis 1995. Die Prüfungsanordnung wird auf den Besteuerungszeitraum 1996 ausgedehnt.

c) Zur Klärung eines steuerlich bedeutsamen Sachverhalts wird das Kreditinstitut X um Auskunft über die Kontenstände des Steuerpflichtigen gebeten. Im Zuge der Ermittlungen wird auch die Angabe aller baren Einzahlungen über 10 000 DM verlangt.

Zu § 140 AO

AEAO   Buchführungs- und Aufzeichnungspflichten[1] nach anderen Gesetzen:

Durch die Vorschrift werden die sog. außersteuerlichen Buchführungs- und Aufzeichnungsvorschriften, die auch für die Besteuerung von Bedeutung sind, für das Steuerrecht nutzbar gemacht. In Betracht kommen einmal die allgemeinen Buchführungs- und Aufzeichnungsvorschriften des Handels-, Gesellschafts- und Genossenschaftsrechts. Zum anderen fallen hierunter die Buchführungs- und Aufzeichnungspflichten für bestimmte Betriebe und Berufe, die sich aus einer Vielzahl von Gesetzen und Verordnungen ergeben. Verstöße gegen außersteuerliche Buchführungs- und Aufzeichnungspflichten stehen den Verstößen gegen steuerrechtliche Buchführungs- und Aufzeichnungsvorschriften gleich. Hinweis auf § 162 Abs. 2 (Schätzung), § 379 Abs. 1 (Steuergefährdung).

Zu § 141 AO

AEAO   Buchführungspflicht bestimmter Steuerpflichtiger:

1. Die Vorschrift findet nur Anwendung, wenn sich nicht bereits eine Buchführungspflicht nach § 140 ergibt. Unter die Vorschrift fallen gewerbliche Unternehmer sowie Land- und Forstwirte, nicht jedoch Freiberufler. Gewerbliche Unternehmer sind solche Unternehmer, die einen Gewerbebetrieb i. S. des § 15 Abs. 2 oder 3 EStG bzw. des § 2 oder 3 GewStG ausüben.
...

2. Die Finanzbehörde kann die Feststellung i. S. des § 141 Abs. 1 im Rahmen eines Steuer- oder Feststellungsbescheides oder durch einen selbständigen feststellenden Verwaltungsakt treffen. Die Feststellung kann aber auch mit der Mitteilung über den Beginn der Buchführungspflicht nach § 141 Abs. 2 verbunden werden und bildet dann mit ihr einen einheitlichen Verwaltungsakt (BFH-Urteil vom 23. 6. 1983, BStBl II S. 768).

3. Die Buchführungsgrenzen beziehen sich grundsätzlich auf den einzelnen Betrieb (zum Begriff vgl. BFH-Urteil vom 13. 10. 1988, BStBl II 1989 S. 7), auch wenn der Steuerpflichtige mehrere Betriebe der gleichen Einkunftsart hat. Eine Ausnahme gilt für steuerbegünstigte Körperschaften, bei denen mehrere steuerpflichtige wirtschaftliche Geschäftsbetriebe als ein Betrieb zu behandeln sind (§ 64 Abs. 2). In den maßgebenden Umsatz (§ 141 Abs. 1 Nr. 1) sind auch die nicht steuerbaren Auslandsumsätze einzubeziehen. Sie sind ggf. zu schätzen;

---

[1] **Anm. d. Schriftl.:**
Sind die Buchführungsunterlagen mit Hilfe eines Datenverarbeitungssystems erstellt worden, hat die Finanzbehörde im Rahmen einer Außenprüfung das Recht, Einsicht in die gespeicherten Daten zu nehmen und das Datenverarbeitungssystem zur Prüfung der Unterlagen zu nutzen. Die diesbezügliche Änderung des § 147 Abs. 6 AO ist im Rahmen des Steuersenkungsgesetzes vom 23. 10. 2000 (BGBl 2000 I S. 1433) erfolgt. Sie gilt ab dem 1. 1. 2002.

§ 162 gilt entsprechend. Da die Gewinngrenze für die land- und forstwirtschaftlichen Betriebe (§ 141 Abs. 1 Nr. 5) auf das Kalenderjahr abstellt, werden bei einem vom Kalenderjahr abweichenden Wirtschaftsjahr die zeitanteiligen Gewinne aus zwei Wirtschaftsjahren angesetzt. Für die Bestimmung der Buchführungsgrenzen nach § 141 Abs. 1 Nr. 3 sind die Einzelertragswerte der im Einheitswert erfaßten Nebenbetriebe bei der Ermittlung des Wirtschaftswertes der selbstbewirtschafteten Flächen nicht anzusetzen (BFH-Urteil vom 6. 7. 1989, BStBl II 1990 S. 606).

4. Die Finanzbehörde hat den Steuerpflichtigen auf den Beginn der Buchführungspflicht hinzuweisen. Diese Mitteilung kann in einem Steuer- oder Feststellungsbescheid oder in einem gesonderten Verwaltungsakt ergehen; sie soll dem Steuerpflichtigen mindestens einen Monat vor Beginn des Wirtschaftsjahres bekanntgegeben werden, von dessen Beginn ab die Buchführungsverpflichtung zu erfüllen ist. Zur Bekanntgabe der Mitteilung über den Beginn der Buchführungspflicht bei ungeklärter Unternehmereigenschaft der Ehegatten als Miteigentümer der Nutzflächen eines landwirtschaftlichen Betriebs Hinweis auf BFH-Urteile vom 23. 1. 1986, BStBl II S. 539 und vom 26. 11. 1987, BStBl II 1988 S. 238. Werden die Buchführungsgrenzen nicht mehr überschritten, so wird der Wegfall der Buchführungspflicht dann nicht wirksam, wenn die Finanzbehörde vor dem Erlöschen der Verpflichtung wiederum das Bestehen der Buchführungspflicht feststellt. Beim einmaligen Überschreiten der Buchführungsgrenze soll auf Antrag nach § 148 Befreiung von der Buchführungspflicht bewilligt werden, wenn nicht zu erwarten ist, daß die Grenze auch später überschritten wird.

5. Die Buchführungspflicht geht nach § 141 Abs. 3 kraft Gesetzes über. ...

Zu § 152 AO

AEAO Verspätungszuschlag:

1. Der Verspätungszuschlag wird gegen den Erklärungspflichtigen festgesetzt. Wird die Steuererklärung von einem gesetzlichen Vertreter oder einer sonstigen Person im Sinne der §§ 34, 35 abgegeben, so ist der Verspätungszuschlag gleichwohl grundsätzlich gegen den Steuerschuldner festzusetzen (vgl. BFH-Urteil vom 18. 4. 1991, BStBl II S. 675). Eine Festsetzung gegen den Vertreter kommt nur in Ausnahmefällen (z. B. leichtere Beitreibbarkeit des Verspätungszuschlags gegen den Vertreter) in Betracht.

2. Das Versäumnis ist regelmäßig dann nicht entschuldbar, wenn die Steuererklärung wiederholt nicht oder wiederholt nicht fristgemäß abgegeben wurde oder eine von der Finanzbehörde antragsgemäß bewilligte Fristverlängerung (§ 109) nicht eingehalten wurde.

3. Der Verspätungszuschlag ist eine Nebenleistung (§ 3 Abs. 3). Er entsteht mit der Bekanntgabe seiner Festsetzung (§ 124 Abs. 1) und wird mit Ablauf der vom Finanzamt gesetzten Frist fällig (§ 220 Abs. 2). I. d. R. ist dies die Zahlungsfrist für die Steuer (Ausnahme vgl. Nr. 6). Wegen der Verjährung des Verspätungszuschlages wird auf § 228 hingewiesen, wegen der Rücknahme und des Widerrufs auf §§ 130, 131, wegen der Haftung für Verspätungszuschläge auf §§ 69 ff.

4. Ein Verspätungszuschlag kann auch bei verspäteter Abgabe oder bei Nichtabgabe von Erklärungen zur gesonderten Feststellung (§ 180) festgesetzt werden. In diesem Fall sind bei der Bemessung des Verspätungszuschlages die steuerlichen Auswirkungen nach den Grundsätzen zu schätzen, die die Rechtsprechung zur Bemessung des Streitwerts entwickelt hat. Der Verspätungszuschlag ist abweichend von Nummer 1 Satz 3 gegen denjenigen festzusetzen, der nach § 181 Abs. 2 AO, § 3 Abs. 1 der V zu § 180 Abs. 2 AO die Erklärung zur gesonderten Feststellung abzugeben hat. Bei mehreren Feststellungsbeteiligten ist es grundsätzlich ermes-

Zu § 160 AO   **Abgabenordnung**

sensfehlerfrei, ihn gegen den Erklärungspflichtigen festzusetzen, der gegenüber dem Finanzamt bei der Erledigung der steuerlichen Angelegenheiten für die Gemeinschaft bzw. die Beteiligten auftritt (vgl. BFH-Urteil vom 21. 5. 1987, BStBl II S. 764).

5. Nach der Neufassung des § 152 Abs. 2 Satz 1 durch das Steuerbereinigungsgesetz 1999 vom 22. 12. 1999 (BGBl I S. 2601) darf der Verspätungszuschlag höchstens 50 000 DM (bisher: 10 000 DM) betragen (zur erstmaligen Anwendung der Neufassung siehe Art. 97 § 8 Abs. 2 EGAO). Ein Verspätungszuschlag in Höhe von mehr als 10 000 DM ist nur festzusetzen, wenn mit einem Verspätungszuschlag in Höhe von bis zu 10 000 DM ein durch die verspätete Abgabe der Steuererklärung (Steueranmeldung) entstandener Zinsvorteil nicht ausreichend abgeschöpft werden kann.

6. Bei verspäteter Abgabe einer Steueranmeldung (§ 168) ist der Verspätungszuschlag durch besonderen Verwaltungsakt festzusetzen. Einer besonderen schriftlichen Begründung bedarf es hierbei i. d. R. nicht (§ 121 Abs. 2 Nr. 2). Unabhängig von der Fälligkeit der Steuer ist in diesen Fällen jedoch eine Zahlungsfrist für den Verspätungszuschlag einzuräumen (§ 220 Abs. 2).

7. Von der Festsetzung eines Verspätungszuschlags ist bei einer bis zu fünf Tage verspäteten Abgabe der monatlich oder vierteljährlich abzugebenden Umsatzsteuer-Voranmeldungen und der monatlich, vierteljährlich oder jährlich abzugebenden Lohnsteuer-Anmeldungen grundsätzlich abzusehen (Abgabe-Schonfrist). Dies gilt jedoch nicht in Mißbrauchsfällen. Ein Mißbrauch liegt insbesondere vor, wenn der Steuerpflichtige die angemeldete Steuer nicht gleichzeitig mit der Abgabe der Anmeldung entrichtet, sondern die Zahlung bewußt verzögert. Es reicht aber aus, daß der Steuerpflichtige die angemeldete Steuer mittels eines der Steueranmeldung beigefügten Schecks leistet, gleichzeitig mit der Abgabe der Steueranmeldung zur Zahlung anweist (z. B. Überweisungsauftrag) oder eine Einzugsermächtigung erteilt hat. Fällt der letzte Tag der Abgabe-Schonfrist auf einen Sonntag, einen allgemeinen Feiertag oder auf einen Sonnabend, so tritt an seine Stelle der nächste Werktag, der kein Sonnabend ist. Zur Zahlungs-Schonfrist vgl. zu 240, Nr. 1.

Beispiele:

a) Der Steuerpflichtige gibt die am 10. 1. fällige Umsatzsteuer-Voranmeldung am 15. 1. ab. Der Steueranmeldung ist ein Scheck über die angemeldete Steuer beigefügt. Es ist kein Verspätungszuschlag festzusetzen. Säumniszuschläge sind nicht entstanden (§ 240 Abs. 1 Satz 3).

b) Der Steuerpflichtige gibt die am 10. 1. fällige Umsatzsteuer-Voranmeldung am 14. 1. ab. Die angemeldete Steuer entrichtet er mittels eines am 15. 1. bei der Finanzbehörde eingegangenen Schecks. Ein Verspätungszuschlag kann festgesetzt werden, weil die Zahlung nicht zugleich mit der Anmeldung erfolgte. Da für Scheckzahlungen keine Zahlungs-Schonfrist gewährt wird (§ 240 Abs. 3 Satz 2), sind zugleich Säumniszuschläge verwirkt.

8. Bei der Bemessung des Verspätungszuschlags ist ggf. zu berücksichtigen, daß die aus der verspäteten Abgabe der Steuererklärung gezogenen Zinsvorteile (§ 152 Abs. 2 Satz 2) bereits durch die Verzinsung nach § 233a teilweise ausgeglichen werden. Dies gilt jedoch nur für die Verzinsungszeiträume des § 233a Abs. 2.

Zu § 160 AO

AEAO   **Benennung von Gläubigern und Zahlungsempfängern:**

1. Es steht im pflichtgemäßen Ermessen des Finanzamts, ob es sich den Gläubiger von Schulden oder den Empfänger von Ausgaben vom Steuerpflichtigen benennen läßt (BFH-Urteil vom 25. 11. 1986, BStBl II 1987 S. 286). Liegen Anhaltspunkte für straf- oder bußgeldbewehrte Bestechungshandlungen vor, so ist die Benennung des Gläubigers oder des Empfängers stets

zu verlangen. Das Benennungsverlangen ist eine nicht selbständig anfechtbare Vorbereitungshandlung (BFH-Urteil vom 20. 4. 1988, BStBl II S. 927).

Bei der Anwendung des § 160 ist nach pflichtgemäßem Ermessen zunächst zu entscheiden, ob ein Benennungsverlangen geboten ist; danach ist zu prüfen, ob und in welcher Höhe der Abzug der Ausgaben zu versagen ist. Ist sowohl streitig, ob der Höhe nach Betriebsausgaben vorliegen, als auch, ob die fehlende Benennung der Zahlungsempfänger dem Abzug entgegensteht, so ist zunächst die Höhe der Betriebsausgaben zu ermitteln oder ggf. zu schätzen. Sodann ist zu prüfen, ob und inwieweit die fehlende Benennung der Zahlungsempfänger dem Abzug der Betriebsausgaben entgegensteht. Die bei der Anwendung des § 160 zu treffenden Ermessensentscheidungen können eine unterlassene Schätzung nicht ersetzen (BFH-Urteil vom 24. 6. 1997, BStBl II 1998 S. 51).

2. Wegen der Stellung von Personen, die auf Grund ihres Berufes zur Auskunftsverweigerung berechtigt sind, siehe Satz 1 zu § 159.

3. Unterläßt der Steuerpflichtige es trotz Aufforderung durch die Finanzbehörde, den Gläubiger der Schuld oder den Empfänger der Ausgabe genau zu benennen, so ist die Schuld bzw. die Ausgabe regelmäßig nicht anzuerkennen. Werden Leistungen über eine Domizilgesellschaft (Briefkastenfirma) abgerechnet, so ist zunächst zu prüfen, ob der Steuerpflichtige überhaupt eine Leistung von objektiv feststellbarem wirtschaftlichen Wert erhalten hat oder ob lediglich ein Scheingeschäft vorliegt. Bei Leistungen an Domizilgesellschaften ist der Empfängernachweis nur erbracht, wenn die hinter der Gesellschaft stehenden Personen benannt werden (BFH-Beschluß vom 25. 8. 1986, BStBl II 1987 S. 481). Das sind die Personen, die anstelle der inaktiven Domizilgesellschaften bei wirtschaftlicher Betrachtungsweise eine Leistung gegenüber dem Steuerpflichtigen erbracht haben und denen damit auch die Gegenleistung zusteht. ...

4. Bei Zahlungen an ausländische Empfänger soll das Finanzamt – soweit keine Anhaltspunkte für eine straf- oder bußgeldbewehrte Bestechungshandlung vorliegen – auf den Empfängernachweis verzichten, wenn feststeht, daß die Zahlung im Rahmen eines üblichen Handelsgeschäfts erfolgte, der Geldbetrag ins Ausland abgeflossen ist und der Empfänger nicht der deutschen Steuerpflicht unterliegt. Hierzu ist der Empfänger in dem Umfang zu bezeichnen, daß dessen Steuerpflicht im Inland mit hinreichender Sicherheit ausgeschlossen werden kann. Die bloße Möglichkeit einer im Inland nicht bestehenden Steuerpflicht reicht nicht aus (BFH-Urteil vom 13. 3. 1985, BStBl II 1986 S. 318). In geeigneten Fällen ist eine Erklärung der mit dem Geschäft betrauten Personen sowie des verantwortlichen Organs des Unternehmens zu verlangen, daß ihnen keine Umstände bekannt sind, die für einen Rückfluß der Zuwendung an einen inländischen Empfänger sprechen. Die Zulässigkeit der Mitteilung von Erkenntnissen deutscher Finanzbehörden im Rahmen des § 117 bleibt hiervon unberührt.

Zu § 162 AO

AEAO **Schätzung von Besteuerungsgrundlagen:** [1]

1. Bei der Schätzung der Besteuerungsgrundlagen in den Fällen des § 155 Abs. 2 handelt es sich um eine vorläufige Maßnahme des Wohnsitzfinanzamtes, der ein Grundlagenbescheid nachfolgen muß (BFH-Urteil vom 26. 7. 1983, BStBl II 1984 S. 290).
2. Wegen der Pflicht zur Abgabe einer Steuererklärung trotz Schätzung siehe § 149 Abs. 1 Satz 4.
3. Wegen der nur eingeschränkten Offenlegung der Verhältnisse von Vergleichsbetrieben usw. Hinweis auf BMF-Schreiben vom 7. 4. 1986 (BStBl I S. 128).
4. Werden die Besteuerungsgrundlagen wegen Nichtabgabe der Steuererklärung geschätzt, ist die Steuer unter Nachprüfungsvorbehalt (§ 164) festzusetzen, wenn der Fall für eine eventuelle spätere Überprüfung offengehalten werden soll. Dies gilt z. B., wenn eine den Schätzungszeitraum umfassende Außenprüfung vorgesehen ist oder zu erwarten ist, daß der Steuerpflichtige nach Erlaß des Bescheids die Steuererklärung nachreicht.

    Die unter Nachprüfungsvorbehalt stehende Steuerfestsetzung ist – sofern der Steuerpflichtige keinen Einspruch eingelegt bzw. keinen Änderungsantrag gestellt hat und auch keine Außenprüfung vorgesehen ist – bei der Veranlagung für das Folgejahr zu überprüfen. Dabei sind auch die in einem eventuellen Vollstreckungsverfahren gewonnenen Erkenntnisse zu berücksichtigen. Der Nachprüfungsvorbehalt ist danach grundsätzlich aufzuheben, auch wenn die Steuerfestsetzung nicht zu ändern ist.
    ...
5. ...

Zu § 164 AO

AEAO **Steuerfestsetzung unter Vorbehalt der Nachprüfung:**

1. Der Vorbehalt der Nachprüfung ist eine Nebenbestimmung i. S. des § 120, die im Steuerbescheid anzugeben ist. Im Gegensatz zur vorläufigen Steuerfestsetzung hat der Vorbehalt keine Auswirkung auf den Ablauf der Festsetzungsfrist. Wegen der Wirkung einer Steueranmeldung als Vorbehaltsfestsetzung siehe § 168.
2. Der Vorbehalt der Nachprüfung ist zulässig bei allen Festsetzungen, für die die Vorschriften über das Steuerfestsetzungsverfahren gelten (z. B. bei Steuervergütungen, Zulagen, Prämien, gesonderten Feststellungen, Steuermeßbeträgen, Zinsen; vgl. zu § 155). Zum Nachprüfungsvorbehalt in Schätzungsfällen vgl. zu § 162, Nr. 4.
3. Solange ein Steuerfall nicht abschließend geprüft ist, kann die spätere Überprüfung vorbehalten bleiben und die Steuer auf Grund der Angaben des Steuerpflichtigen oder auf Grund vorläufiger Überprüfung (vgl. BFH-Urteil vom 4. 8. 1983, BStBl II 1984 S. 6) unter Vorbehalt der Nachprüfung festgesetzt werden. Der Vorbehalt der Nachprüfung erfaßt die Festsetzung

---

Anm. d. Schriftl.:

[1] Ein wegen unterlassener Abgabe einer Steuererklärung ergangener Schätzungsbescheid erfordert grundsätzlich keine über die Wertangaben hinausgehende Begründung der Besteuerungsgrundlagen (BFH-Urteil vom 11. 2. 1999 – BStBl 1999 II S. 382).

insgesamt; eine Beschränkung auf Einzelpunkte oder Besteuerungsgrundlagen ist nicht zulässig. Eine Begründung dafür, daß die Festsetzung unter Vorbehalt erfolgt, ist nicht erforderlich.
4. Solange der Vorbehalt wirksam ist, bleibt der gesamte Steuerfall „offen", die Steuerfestsetzung kann jederzeit – also auch nach Eintritt der Unanfechtbarkeit – und dem Umfang nach uneingeschränkt von Amts wegen oder auch auf Antrag des Steuerpflichtigen aufgehoben oder geändert werden. Die Grundsätze des Vertrauensschutzes nach § 176 sind aber zu beachten.
5. Der Steuerpflichtige hat keinen Anspruch auf unverzügliche Entscheidung über seinen Antrag. Die Entscheidung kann bis zur abschließenden Prüfung des Steuerfalles – an Amtsstelle oder im Wege einer Außenprüfung – hinausgeschoben werden. Sie hat jedoch in angemessener Zeit zu erfolgen. Wegen des Ablaufs der Festsetzungsfrist bei Antragstellung Hinweis auf § 171 Abs. 3.
6. Wird eine Steuerfestsetzung unter Vorbehalt der Nachprüfung geändert, so ist in dem neuen Steuerbescheid zu vermerken, ob dieser weiterhin unter Vorbehalt der Nachprüfung steht oder ob der Vorbehalt aufgehoben wird. Fehlt ein derartiger Vermerk, bleibt der Vorbehalt bestehen (BFH-Urteil vom 14. 9. 1993, BStBl II 1995 S. 2); dies gilt nicht, wenn die zu ändernde Festsetzung kraft Gesetzes unter Nachprüfungsvorbehalt steht (BFH-Urteil vom 2. 12. 1999, BStBl II 2000 S. 284). Für die Aufhebung des Vorbehalts gelten die Formvorschriften für Steuerbescheide; sie muß schriftlich ergehen und mit einer Rechtsbehelfsbelehrung versehen sein (§ 157 Abs. 1 Sätze 1 und 3). Die Aufhebung des Nachprüfungsvorbehalts ist auch ohne abschließende Prüfung des Steuerfalles zulässig (BFH-Urteil vom 28. 5. 1998, BStBl II S. 502) und bedarf regelmäßig keiner Begründung (BFH-Urteil vom 10. 7. 1996, BStBl II 1997 S. 5). Nach der Bekanntgabe der Aufhebung des Vorbehalts kann die Aufhebung oder Änderung einer Steuerfestsetzung nicht mehr auf § 164 Abs. 2 gestützt werden; §§ 172 ff. bleiben unberührt.
7. Wird der Vorbehalt nicht ausdrücklich aufgehoben, entfällt der Vorbehalt mit Ablauf der allgemeinen Festsetzungsfrist (§ 169 Abs. 2 Satz 1). Die Verlängerung der Festsetzungsfrist für hinterzogene oder leichtfertig verkürzte Steuern (§ 169 Abs. 2 Satz 2) verlängert nicht die Wirksamkeit des Vorbehalts, es ergeben sich aber Auswirkungen auf die Ablaufhemmung nach § 171 Abs. 1 bis 6, 9 und 11 bis 14.
8. Wegen des Einspruchs gegen eine Vorbehaltsfestsetzung vgl. zu § 367, Nr. 5.

Zu § 165 AO

AEAO   **Vorläufige Steuerfestsetzung, Aussetzung der Steuerfestsetzung:** [1]

1. Eine vorläufige Steuerfestsetzung nach § 165 Abs. 1 Satz 1 ist nur zulässig, soweit ungewiß ist, ob der Tatbestand verwirklicht ist, an den das Gesetz die Leistungspflicht knüpft; Zweifel bei der Auslegung des Steuergesetzes reichen nicht aus. Eine Steuerfestsetzung kann demgemäß nach § 165 Abs. 1 Satz 1 nur im Hinblick auf ungewisse Tatsachen, nicht im Hinblick auf die steuerrechtliche Beurteilung von Tatsachen für vorläufig erklärt werden (BFH-Urteil vom 25. 4. 1985, BStBl II S. 648). Vorläufige Steuerfestsetzungen nach § 165 Abs. 1 Satz 1 sind insbesondere dann vorzunehmen, wenn eine Steuerfestsetzung unter Vorbehalt der Nachprüfung nicht zweckmäßig ist, z. B. weil keine Nachprüfung des gesamten Steuerfalles mehr zu erwarten ist oder weil sie aus Rechtsgründen nicht möglich ist (z. B. bei fortbestehender Ungewißheit nach einer Außenprüfung).

Anm. d. Schriftl.:

[1] Zur vorläufigen Steuerfestsetzung im Hinblick auf anhängige Musterverfahren siehe BMF-Schreiben vom 10. 2. 2000 – BStBl 2000 I S. 309 und vom 23. 3. 2000 – BStBl 2000 I S. 438.

2. Die Tatsache, daß ein Doppelbesteuerungsabkommen nach seinem Inkrafttreten voraussichtlich rückwirkend anzuwenden sein wird, rechtfertigt eine vorläufige Steuerfestsetzung nach § 165 Abs. 1 Satz 2 Nr. 1, um dem Steuerpflichtigen die Vorteile des Doppelbesteuerungsabkommens zu sichern.
3. Eine vorläufige Steuerfestsetzung nach § 165 Abs. 1 Satz 2 Nr. 2 setzt voraus, daß die Entscheidung des Bundesverfassungsgerichts bereits ergangen ist und die gesetzliche Neuregelung noch aussteht.
4. Verfassungsrechtliche Zweifel an einem der Steuerfestsetzung zugrunde zu legenden Steuergesetz rechtfertigen nur dann eine vorläufige Steuerfestsetzung nach § 165 Abs. 1 Satz 2 Nr. 3, wenn dieselbe Frage bereits Gegenstand eines Musterverfahrens bei dem Europäischen Gerichtshof, dem Bundesverfassungsgericht oder einem obersten Bundesgericht ist. Die Entscheidung, die Steuer vorläufig festzusetzen, steht auch in diesem Fall im Ermessen der Finanzbehörde.
Zum Rechtsschutzbedürfnis für einen Einspruch gegen eine hinsichtlich des strittigen Punktes bereits vorläufige Steuerfestsetzung vgl. zu § 350, Nr. 6.
5. Die Vorläufigkeit ist auf die ungewissen Voraussetzungen zu beschränken und zu begründen. Die Begründung kann nachgeholt werden (§ 126 Abs. 1 Nr. 2). Wird eine vorläufige Steuerfestsetzung geändert, so ist in dem neuen Steuerbescheid zu vermerken, ob und inwieweit dieser weiterhin vorläufig ist oder für endgültig erklärt wird. Durch einen Vorläufigkeitsvermerk im Änderungsbescheid wird der Umfang der Vorläufigkeit neu bestimmt (BFH-Urteil vom 19. 10. 1999, BStBl II 2000 S. 282).
6. Die vorläufige Steuerfestsetzung kann jederzeit für endgültig erklärt werden. Die Vorläufigkeit bleibt bis dahin bestehen; für den Ablauf der Festsetzungsfrist gilt § 171 Abs. 8. Wird die vorläufige Steuerfestsetzung nach Beseitigung der Ungewißheit geändert (§ 165 Abs. 2 Satz 2), sind im Rahmen des Änderungsbetrages auch solche Fehler zu berichtigen, die nicht mit dem Grund der Vorläufigkeit zusammenhängen (BFH-Urteil vom 2. 3. 2000, BStBl II S. 332).
7. In den Fällen des § 165 Abs. 1 Satz 2 ist eine Endgültigkeitserklärung nicht erforderlich, wenn sich die Steuerfestsetzung letztlich als zutreffend erweist und der Steuerpflichtige keine Entscheidung beantragt. Die Vorläufigkeit entfällt in diesem Fall mit Ablauf der – ggf. nach § 171 Abs. 8 Satz 2 verlängerten – Festsetzungsfrist.

Zu § 167 AO

AEAO   Steueranmeldung, Verwendung von Steuerzeichen oder Steuerstemplern:

1. Die Selbstberechnung der Steuer (§ 150 Abs. 1 Satz 2) durch Steueranmeldung ist gesetzlich insbesondere vorgeschrieben für die Umsatzsteuer (Voranmeldung und Jahreserklärung – § 18 UStG), die Lohnsteuer (§ 41a EStG), die Kapitalertragsteuer (§ 45a EStG), den Steuerabzug nach § 50a EStG, die Versicherungsteuer (§ 8 VersStG), die Wettsteuer (§ 18 RennwLottAB) und für die Feuerschutzsteuer (§ 8 FeuerSchStG). Die Steueranmeldung ist Steuererklärung i. S. des § 150. Wegen der Wirkung einer Steueranmeldung siehe § 168.
2. ...
3. Das Anerkenntnis des zum Steuerabzug Verpflichteten, insbesondere des Arbeitgebers hinsichtlich der Lohnsteuer, steht einer Steueranmeldung und damit einer Steuerfestsetzung unter Vorbehalt der Nachprüfung gleich (§ 167 Abs. 1 Satz 3, § 168 Satz 1). ...

4. Steueranmeldungen sind bei dem für die Besteuerung zuständigen Finanzamt abzugeben. Es treten aber keine Verspätungsfolgen ein, wenn der Steuerpflichtige die Steueranmeldung und den Scheck fristgemäß bei dem für die Steuererhebung zuständigen Finanzamt einreicht.

Zu § 168 AO

AEAO **Wirkung einer Steueranmeldung:**

1. Eine Steueranmeldung, die nicht zu einer Herabsetzung der bisher zu entrichtenden Steuer oder zu einer Steuervergütung führt, hat mit ihrem Eingang bei der Finanzbehörde die Wirkung einer Steuerfestsetzung unter Vorbehalt der Nachprüfung. Wegen der daraus sich ergebenden Folgen vgl. zu § 164.

   Die fällige Steuer ist ohne besonderes Leistungsgebot nach Eingang der Anmeldung vollstreckbar (§ 249 Abs. 1, § 254 Abs. 1 Satz 4).

2. Eine erstmalige Steueranmeldung, die zu einer Steuervergütung führt (z. B. Vorsteuerüberschuß), wirkt erst dann als Steuerfestsetzung unter Vorbehalt der Nachprüfung, wenn dem Steuerpflichtigen die Zustimmung der Finanzbehörde bekannt wird (§ 168 Satz 2; BFH-Urteil vom 28. 2. 1996, BStBl II S. 660). Bis dahin ist sie als Antrag auf Steuerfestsetzung (§ 155 Abs. 1 und 6) anzusehen.

3. Auch eine berichtigte Steueranmeldung, die zu einer Herabsetzung der bisher angemeldeten Steuer (Mindersoll) oder zu einer Erhöhung der bisher angemeldeten Steuervergütung führt, wirkt erst dann als Steuerfestsetzung unter Vorbehalt der Nachprüfung, wenn dem Steuerpflichtigen die Zustimmung der Finanzbehörde bekannt wird. Bis dahin ist sie als Antrag auf Änderung der Steuerfestsetzung nach § 164 Abs. 2 Satz 2 zu behandeln. Wegen der Änderung einer nicht mehr unter dem Vorbehalt der Nachprüfung stehenden Steuerfestsetzung vgl. Nr. 12.

4. Die kassenmäßige Sollstellung eines Rotbetrags ist keine Zustimmung zur Anmeldung i. S. des § 168 Satz 2; sie darf dem Anmeldenden nicht mitgeteilt werden. Wird der Steuerpflichtige schriftlich über die Zustimmung unterrichtet (z. B. zusammen mit einer Abrechnungsmitteilung), ist grundsätzlich davon auszugehen, daß ihm die Zustimmung am dritten Tag nach Aufgabe zur Post bekannt geworden ist. Zur Fälligkeit der Erstattung vgl. zu § 220.

5. Die Abgabe einer berichtigten Anmeldung mit Mindersoll hat keine Auswirkungen auf den Zeitpunkt der Fälligkeit des ursprünglich angemeldeten Betrages. Ebenso bleiben auf der Grundlage der ursprünglichen Steueranmeldung entstandene Säumniszuschläge unberührt (§ 240 Abs. 1 Satz 4).

6. Will die Finanzbehörde von der angemeldeten Steuer abweichen, so ist eine Steuerfestsetzung vorzunehmen und darüber ein Steuerbescheid zu erteilen. Die abweichende Festsetzung kann unter dem Vorbehalt der Nachprüfung oder unter den Voraussetzungen des § 165 vorläufig vorgenommen werden.

7. Nach § 18 Abs. 2 UStG ist die für einen Voranmeldungszeitraum errechnete Umsatzsteuer eine Vorauszahlung. Wird eine abweichende USt-Festsetzung durchgeführt, steht diese als Vorauszahlungsbescheid nach § 164 Abs. 1 Satz 2 kraft Gesetzes unter Vorbehalt der Nachprüfung. Dies gilt nicht bei einer von einer USt-Jahreserklärung abweichenden Festsetzung; in diesen Fällen muß die Steuerfestsetzung unter Vorbehalt der Nachprüfung besonders angeordnet und im Bescheid vermerkt werden (BFH-Urteil vom 2. 12. 1999, BStBl II 2000 S. 284).

8. Ergibt sich durch die anderweitige Festsetzung eine höhere Zahllast als angemeldet, ist für den nachzuzahlenden Differenzbetrag eine Zahlungsfrist einzuräumen (§ 220 Abs. 2). Auf

§ 18 Abs. 4 UStG wird hingewiesen. Liegt der abweichenden Festsetzung eine Steueranmeldung mit Steuervergütung oder Mindersoll zugrunde, so ist Fälligkeitstag des gesamten Erstattungsbetrags der Tag der Bekanntgabe der anderweitigen Festsetzung (§ 220 Abs. 2).

9. Aus Vereinfachungsgründen kann bei Steueranmeldungen, die zu einer Steuervergütung oder zu einem Mindersoll führen, die Zustimmung allgemein erteilt werden. Auch in diesem Fall stehen die Anmeldungen erst dann einer Steuerfestsetzung unter Vorbehalt der Nachprüfung gleich, wenn dem Steuerpflichtigen die Zustimmung bekannt wird. Wird der Steuerpflichtige schriftlich über die Zustimmung unterrichtet (z. B. zusammen mit einer Abrechnungsmitteilung), ist grundsätzlich davon auszugehen, daß ihm die Zustimmung am dritten Tage nach Aufgabe zur Post bekannt geworden ist.

10. In den Fällen, in denen keine allgemeine Zustimmung erteilt wird, ist über die Zustimmung oder Festsetzung alsbald zu entscheiden. Auf die Bearbeitung in angemessener Zeit bzw. auf die rechtzeitige Mitteilung von Hinderungsgründen ist angesichts § 347 Abs. 1 Satz 2 besonders zu achten.

11. Wird die Zustimmung zur Steueranmeldung nicht erteilt, so ist der Antrag des Steuerpflichtigen auf Steuerfestsetzung (vgl. Nr. 2) bzw. auf Änderung der Steuerfestsetzung nach § 164 Abs. 2 Satz 2 (vgl. Nr. 3) durch Bescheid abzulehnen (§ 155 Abs. 1 Satz 3).

12. Führt die berichtigte Anmeldung zu einer höheren Steuer oder zu einem geringeren Vergütungsbetrag, gilt folgendes:

– Steht die bisherige Steuerfestsetzung noch unter dem Vorbehalt der Nachprüfung, bedarf es keiner Zustimmung der Finanzbehörde; die berichtigte Steueranmeldung steht bereits mit ihrem Eingang bei der Finanzbehörde einer nach § 164 Abs. 2 geänderten Steuerfestsetzung unter Vorbehalt der Nachprüfung gleich.

– Steht die bisherige Steuerfestsetzung nicht oder nicht mehr unter dem Vorbehalt der Nachprüfung, ist ein nach § 172 Abs. 1 Satz 1 Nr. 2 Buchstabe a geänderter Bescheid zu erteilen.

Zu prüfen ist, ob die berichtigte Anmeldung eine Selbstanzeige (§ 371) ist. Wegen der Verlängerung der Festsetzungsfrist Hinweis auf § 171 Abs. 9.

13. Eine Steueranmeldung, die – ggf. nach Zustimmung – einer Steuerfestsetzung unter dem Vorbehalt der Nachprüfung gleichsteht, kann mit dem Einspruch angefochten werden (§ 347 Abs. 1 Satz 1). Wegen des Beginns der Einspruchsfrist wird auf § 355 Abs. 1 Satz 2, wegen des Beginns der Zahlungsverjährung auf § 229 hingewiesen.

Vor §§ 169 bis 171 AO

AEAO Festsetzungsverjährung:

1. Durch Verjährung erlöschen allgemein Ansprüche aus dem Steuerschuldverhältnis (§ 47). Das Gesetz unterscheidet zwischen der Festsetzungsverjährung (§§ 169 bis 171) und der Zahlungsverjährung (§§ 228 bis 232).

2. Die Finanzbehörde darf die Festsetzung von Steuern, von Erstattungs- oder Vergütungsansprüchen nur vornehmen, soweit die Festsetzungsfrist noch nicht abgelaufen ist. Dies gilt auch für Änderungen oder Aufhebungen von Steuerfestsetzungen sowie Berichtigungen wegen offenbarer Unrichtigkeit, gleichgültig ob zugunsten oder zuungunsten des Steuerpflichtigen. Mit Ablauf der Festsetzungsfrist sind Ansprüche des Steuergläubigers, aber auch Ansprüche des Erstattungsberechtigten erloschen. Zur Berichtigung (teil-)verjährter Steueran-

sprüche im Zusammenhang mit einer Aufhebung, Änderung oder Berichtigung der Steuerfestsetzung wegen offenbarer Unrichtigkeit vgl. zu § 177, Nr. 1.
3. Eine Festsetzung usw., die erst nach Eintritt der Festsetzungsverjährung erfolgt, ist nicht nichtig (§ 125 Abs. 1), sondern nur anfechtbar, erwächst also ggf. in Bestandskraft; der Bescheid ist auch vollstreckbar.
4. Die Festsetzungsverjährung schließt Ermittlungshandlungen der Finanzbehörde im Einzelfall (§§ 88, 92 ff., 193 ff., 208 Abs. 1 Nr. 2) nicht aus (vgl. BFH-Urteil vom 23. 7. 1985, BStBl II 1986 S. 433).
5. Die Bestimmungen über die Festsetzungsverjährung gelten sinngemäß auch für die Festsetzung von Steuermeßbeträgen (§ 184 Abs. 1) und für die gesonderte Feststellung von Besteuerungsgrundlagen (§ 181 Abs. 1) sowie bei allen Festsetzungen, für die die Vorschriften über das Steuerfestsetzungsverfahren anzuwenden sind (siehe § 155). Auf steuerliche Nebenleistungen (§ 3 Abs. 3) finden sie nur Anwendung, wenn dies besonders vorgeschrieben ist (§ 1 Abs. 3 Satz 2), wie z. B. bei Zinsen (§ 239). Für die Kosten der Vollstreckung gilt die besondere Regelung des § 346. Für Verspätungszuschläge (§ 152) fehlt dagegen eine entsprechende Bestimmung (vgl. zu § 169, Nr. 5). Säumniszuschläge (§ 240) entstehen kraft Gesetzes, sie unterliegen allein der Zahlungsverjährung (§§ 228 ff.).

Zu § 169 AO

AEAO Festsetzungsfrist:

1. Die Festsetzungsfrist ist gewahrt, wenn der Steuerbescheid vor Ablauf der Frist den Bereich der für die Steuerfestsetzung zuständigen Finanzbehörde verlassen hat und die Finanzbehörde alle Voraussetzungen eingehalten hat, die für den Erlaß eines wirksamen Steuerbescheids vorgeschrieben sind (vgl. BFH-Urteil vom 31. 10. 1989, BStBl II 1990 S. 518). Auf den Zeitpunkt der Bekanntgabe des vor Ablauf der Festsetzungsfrist abgesandten Steuerbescheides kommt es nicht an, wenn er nach dem Inhalt der Steuerakten hätte wirksam werden können und später dem Steuerpflichtigen auch tatsächlich zugeht (ggf. ist die Bekanntgabe nachzuholen); vgl. BFH-Urteil vom 22. 7. 1999, BStBl II S. 749. Dagegen wahrt die Absendung eines durch Verschulden des Finanzamtes falsch adressierten Steuerbescheids auch dann nicht die Festsetzungsfrist, wenn dieser Bescheid dem Steuerpflichtigen nach Ablauf der Festsetzungsfrist auf einem nicht vorgesehenen Weg zugeht (Hinweis auf BFH-Urteil vom 30. 10. 1996, BStBl II 1997 S. 11).

    Zu den für die Steuerfestsetzung zuständigen Finanzbehörden sind auch die für die Finanzbehörden arbeitenden Rechenzentren (§§ 2 und 17 FVG) zu zählen, wenn sie die Absendung an den Steuerpflichtigen vornehmen.

    Bei Steuermeßbescheiden wird die Frist allein durch die Absendung der Mitteilungen an die Gemeinde (§ 184 Abs. 3) nicht gewahrt. Die fristgerechte Absendung der Meßbescheide ist Aufgabe der Gemeinden, die insoweit für die Finanzbehörden handeln.
2. Zur Frage der Feststellung, ob Steuern hinterzogen worden sind, vgl. zu § 71. Entsprechendes gilt bezüglich leichtfertig verkürzter Steuern.
3. Wegen der Frist für die gesonderte Feststellung von Besteuerungsgrundlagen (Feststellungsfrist) Hinweis auf § 181 Abs. 3. Für den Erlaß von Haftungsbescheiden wird auf § 191 Abs. 3 hingewiesen.
4. Bei Zinsen und Kosten der Vollstreckung beträgt die Festsetzungsfrist jeweils ein Jahr (§§ 239 und 346).

5. Verspätungszuschläge unterliegen nicht der Festsetzungsverjährung (vgl. vor §§ 169 bis 171, Nr. 2). Von der erstmaligen Festsetzung eines Verspätungszuschlags ist jedoch grundsätzlich abzusehen, wenn die Festsetzungsfrist für die Steuer abgelaufen ist (vgl. zu § 152, Nr. 3). Wird aber ein bereits vor Ablauf der für die Steuer geltenden Festsetzungsfrist festgesetzter Verspätungszuschlag nur aus formellen Gründen oder aufgrund einer fehlerhaften Ermessensausübung bezüglich seiner Höhe aufgehoben, ist die Festsetzung eines Verspätungszuschlags auch nach Ablauf der für die Steuer geltenden Festsetzungsfrist zulässig.

Zu § 170 AO

AEAO   Beginn der Festsetzungsfrist:

1. Für den Beginn der Festsetzungsfrist kommt es darauf an, wann die Steuer (§ 37) entstanden ist. Der Zeitpunkt der Entstehung der Ansprüche aus dem Steuerschuldverhältnis ist in § 38 und in den Einzelsteuergesetzen (vgl. zu § 38, Nr. 1) geregelt. Die Anlaufhemmung (§ 170 Abs. 2 bis 6) schiebt den Beginn der Festsetzungsfrist hinaus.
2. Wegen des Beginns der Frist für die gesonderte Feststellung von Einheitswerten Hinweis auf § 181 Abs. 3 und 4. Für Haftungsbescheide gilt § 191 Abs. 3. Bei Zinsen und Kosten der Vollstreckung ergibt sich der Beginn der Festsetzungsfrist aus § 239 Abs. 1 Satz 2 bzw. § 346 Abs. 2 Satz 2. Hinsichtlich der Verspätungszuschläge vgl. zu § 169, Nr. 5.
3. Die Anlaufhemmung nach § 170 Abs. 2 gilt für sämtliche Besitz- und Verkehrsteuern, für die auf Grund allgemeiner gesetzlicher Vorschrift (z. B. § 181 Abs. 2; § 25 Abs. 2 EStG; § 14a GewStG; § 49 KStG; § 18 UStG; § 31 ErbStG) oder auf Grund einer Aufforderung der Finanzbehörde (§ 149 Abs. 1 Satz 2) eine Steuererklärung oder eine Steueranmeldung einzureichen oder eine Anzeige zu erstatten ist; gesetzliche Vorschrift ist auch eine Rechtsverordnung (§ 4). Eine Berichtigungsanzeige nach § 153 Abs. 1 löst allerdings keine Anlaufhemmung aus (vgl. BFH-Urteil vom 22. 1. 1997, BStBl II S. 266).

Zu § 171 AO

AEAO   Ablaufhemmung: [1]

1. Die Ablaufhemmung schiebt das Ende der Festsetzungsfrist hinaus. Die Festsetzungsfrist endet in diesen Fällen meist nicht – wie im Normalfall – am Ende, sondern im Laufe eines Kalenderjahres. Wegen der Fristberechnung Hinweis auf § 108.
2. Der Ablauf der Festsetzungsfrist wird durch den Beginn der Außenprüfung (vgl. zu § 198 Nrn. 1 und 2) hinausgeschoben (§ 171 Abs. 4). Die Ablaufhemmung tritt nicht ein, wenn die zugrunde liegende Prüfungsanordnung unwirksam ist (BFH-Urteil vom 16. 5. 1990, BStBl II S. 942). Eine Außenprüfung hemmt den Ablauf der Festsetzungsfrist nur für Steuern, auf die sich die Prüfungsanordnung erstreckt (BFH-Urteil vom 18. 7. 1991, BStBl II S. 824). Wird

---

Anm. d. Schriftl.:
[1] Der BFH hat im Urteil vom 8. 7. 1998 – BStBl 1999 II S. 123 seine Rechtsauffassung bestätigt, daß eine Erhöhung der festgesetzten Steuer im Rahmen der Einspruchsentscheidung („Verböserung") nach Ablauf der Festsetzungsfrist regelmäßig unzulässig ist. Das entgegenstehende BMF-Schreiben vom 25. 6. 1997 (BStBl 1997 I S. 641) wurde mit BMF-Schreiben vom 11. 1. 1999 (BStBl 1999 I S. 268) aufgehoben. § 171 AO wurde durch das Steuerbereinigungsgesetz 1999 vom 22. 12. 1999 – BGBl 1999 I S. 2601 geändert.

die Außenprüfung später auf bisher nicht einbezogene Steuern ausgedehnt, ist die Ablaufhemmung nur wirksam, soweit vor Ablauf der Festsetzungsfrist eine Prüfungsanordnung erlassen (vgl. zu § 196, Nr. 5) und mit der Außenprüfung auch insoweit ernsthaft begonnen wird (BFH-Urteil vom 2. 2. 1994, BStBl II S. 377). Der Ablauf der Festsetzungsfrist wird auch gehemmt, wenn die Prüfungsanordnung entweder angefochten und die Vollziehung ausgesetzt oder auf Antrag des Steuerpflichtigen der Beginn der Außenprüfung verschoben wurde (BFH-Urteile vom 18. 10. 1988, BStBl II 1989 S. 76 und vom 25. 1. 1989, BStBl II S. 483).

3. Bei einer vorläufigen Steuerfestsetzung nach § 165 Abs. 1 Satz 1 endet die Festsetzungsfrist nicht vor Ablauf eines Jahres, nachdem die Finanzbehörde von der Beseitigung der Ungewißheit Kenntnis erhalten hat (§ 171 Abs. 8 Satz 1). Bei einer vorläufigen Steuerfestsetzung nach § 165 Abs. 1 Satz 2 endet die Festsetzungsfrist nicht vor Ablauf von zwei Jahren, nachdem die Finanzbehörde von der Beseitigung der Ungewißheit Kenntnis erlangt hat (§ 171 Abs. 8 Satz 2). Die Ablaufhemmung beschränkt sich dabei nur auf den für vorläufig erklärten Teil der Steuerfestsetzung.

4. Der Ablauf der Festsetzungsfrist eines Folgebescheides wird im Ausmaß der Bindungswirkung des Grundlagenbescheides bis zum Ablauf von zwei Jahren nach Bekanntgabe dieses Bescheides hinausgeschoben (§ 171 Abs. 10 Satz 1).[1] Diese Festsetzungsfrist läuft nach § 171 Abs. 10 Satz 2 allerdings nicht ab, solange der Ablauf der Festsetzungsfrist des von der Bindungswirkung des Grundlagenbescheides nicht erfaßten Teils der Steuer auf Grund einer Außenprüfung nach § 171 Abs. 4 gehemmt ist. Diese Regelung ermöglicht es, die Anpassung des Folgebescheides an einen Grundlagenbescheid (§ 175 Abs. 1 Satz 1 Nr. 1) und die Auswertung der Ergebnisse der Außenprüfung zusammenzufassen.

Da die Festsetzungsverjährung auch für die gesonderte Feststellung von Besteuerungsgrundlagen gilt (vgl. vor §§ 169 bis 171, Nr. 2), ist für die Entscheidung, ob eine gesonderte Feststellung durchgeführt oder geändert werden kann, die Frage der Verjährung der von der Feststellung abhängigen Steuern nicht zu prüfen. Ist die Feststellungsfrist bereits abgelaufen, die Steuerfestsetzung in einem Folgebescheid aber noch zulässig, so gilt § 181 Abs. 5.

5. § 171 Abs. 14 verlängert die Festsetzungsfrist bis zum Ablauf der Zahlungsverjährung für die Erstattung von rechtsgrundlos gezahlten Steuern. Die Finanzbehörde kann daher Steuerfestsetzungen, die wegen Bekanntgabemängeln unwirksam waren, noch innerhalb der Zahlungsverjährungsfrist (§§ 228, 229) nachholen.

Vor §§ 172 bis 177 AO

AEAO Bestandskraft:

1. Die §§ 172 ff. regeln die Durchbrechung der materiellen Bestandskraft (Verbindlichkeit einer Verwaltungsentscheidung). Sie ist von der formellen Bestandskraft (Unanfechtbarkeit) zu unterscheiden. Diese liegt vor, soweit ein Verwaltungsakt nicht oder nicht mehr mit Rechtsbehelfen angefochten werden kann. Unanfechtbarkeit bedeutet nicht Unabänderbarkeit. Dementsprechend können auch Steuerfestsetzungen unter dem Vorbehalt der Nachprüfung unanfechtbar werden (vgl. BFH-Urteil vom 19. 12. 1985, BStBl II 1986 S. 420).

---

[1] **Anm. d. Schriftl.:**
Eine Einspruchsentscheidung, durch die der Einspruch gegen einen Bescheid über die gesonderte und einheitliche Feststellung von Einkünften aus Vermietung und Verpachtung als unbegründet zurückgewiesen wird, ist kein Grundlagenbescheid i. S. des § 171 Abs. 10 AO (BFH-Urteil vom 30. 11. 1999 – BStBl 2000 II S. 173).

2. Die Vorschriften über die materielle Bestandskraft gelten für Steuerfestsetzungen i. S. des § 155 sowie für alle Festsetzungen, für die die Vorschriften über das Steuerfestsetzungsverfahren anzuwenden sind. Keine Anwendung finden sie bei der Rücknahme eines rechtswidrigen und dem Widerruf eines rechtmäßigen begünstigenden oder nicht begünstigenden sonstigen Verwaltungsaktes (vgl. zu §§ 130, 131).

3. Die materielle Bestandskraft wird nur durchbrochen, soweit es das Gesetz zuläßt. Die Zulässigkeit ergibt sich nicht nur aus der AO selbst (z. B. §§ 129, 132, 164, 165, 172 bis 175a), sondern auch aus anderen Steuergesetzen (z. B. § 10d Abs. 1 EStG; § 35b GewStG; §§ 24 und 24a BewG; § 20 GrStG).

4. Steuerfestsetzungen unter Vorbehalt der Nachprüfung sowie Vorauszahlungsbescheide (§ 164 Abs. 1 Satz 2) und Steueranmeldungen (§ 150 Abs. 1 Satz 2, § 168), die kraft Gesetzes unter Vorbehalt der Nachprüfung stehen, sind unabhängig von der formellen Bestandskraft nach § 164 Abs. 2 dem Umfang nach uneingeschränkt änderbar, solange der Vorbehalt nicht aufgehoben worden oder entfallen ist; § 176 bleibt unberührt.

5. Wegen der Berichtigung offenbarer Unrichtigkeiten Hinweis auf § 129.

6. Zeitlich ist die Aufhebung, Änderung oder Berichtigung einer Steuerfestsetzung nur innerhalb der Festsetzungsfrist zulässig (§ 169).

7. Bei Änderung oder Berichtigung von Steuerfestsetzungen sind die Vorschriften der Kleinbetragsverordnung zu beachten. Danach unterbleibt i. d. R. eine Änderung oder Berichtigung zum Nachteil des Steuerpflichtigen, wenn die Abweichung von der bisherigen Festsetzung nicht mindestens 20 DM beträgt.

8. Ein steuerliches Wahlrecht liegt vor, wenn ein Steuergesetz für einen bestimmten Tatbestand – ausnahmsweise – mehr als eine Rechtsfolge vorsieht und es dem Steuerpflichtigen überlassen bleibt, sich für eine dieser Rechtsfolgen zu entscheiden. Übt der Steuerpflichtige dieses Wahlrecht nicht oder nicht wirksam aus, tritt die vom Gesetzgeber als Regelfall vorgesehene Rechtsfolge ein.

Die Ausübung des Wahlrechts („Antrag") ist eine empfangsbedürftige Willenserklärung. Soweit im Gesetz keine besondere Form (z. B. Schriftform oder amtlicher Vordruck; vgl. § 13a Abs. 2 Satz 3, § 36b Abs. 3 Satz 2 EStG, § 4a Abs. 1 UStG) vorgeschrieben ist, kann das Wahlrecht auch durch schlüssiges Verhalten ausgeübt werden (vgl. BFH-Urteil vom 11. 12. 1997, BStBl II 1998 S. 420).

Setzt die Ausübung des Wahlrechts die Zustimmung des Finanzamtes oder Dritter (vgl. § 10 Abs. 1 Nr. 1 EStG) voraus, treten die Rechtswirkungen der vom Steuerpflichtigen getroffenen Wahl erst mit dieser Zustimmungserklärung ein. Dies gilt entsprechend, wenn das Wahlrecht von mehreren Steuerpflichtigen einheitlich ausgeübt werden muß (vgl. z. B. § 33a Abs. 2 Satz 6, § 33b Abs. 5 Satz 3 EStG).

Soweit das Gesetz im Einzelfall keine bestimmte Frist (vgl. z. B. § 5a Abs. 3, § 36b Abs. 4, § 46 Abs. 2 Nr. 8, § 50 Abs. 5 Nr. 3 Satz 4 EStG; § 23 Abs. 3 Satz 1 UStG) zur Ausübung des Wahlrechtes („Antragsfrist") vorsieht, kann das Wahlrecht grundsätzlich bis zum Ablauf der Festsetzungsfrist ausgeübt werden. Die Bestandskraft des Steuerbescheides, in dem sich das Wahlrecht auswirkt, schränkt allerdings die Wahlrechtsausübung ein (s. u.).

Umfang und Zeitpunkt des Eintritts der Bindungswirkung der Wahlrechtsausübung richten sich danach, ob der Gesetzgeber diesbezüglich ausdrückliche Regelungen getroffen hat (vgl. z. B. § 23 Abs. 3 Satz 1 UStG: Antrag bis zur Unanfechtbarkeit der Steuerfestsetzung; siehe dazu Nr. 1). Sieht das Gesetz einen unwiderruflichen Antrag vor (vgl. z. B. § 5a Abs. 1, § 10 Abs. 1 Nr. 1 Satz 2, § 34 Abs. 1 Satz 1 EStG), wird die Willenserklärung bereits mit ihrem Zugang beim Finanzamt wirksam und kann von diesem Zeitpunkt an nicht mehr zurückgenommen oder widerrufen werden (vgl. BFH-Urteil vom 17. 1. 1995, BStBl II S. 410); Ausnahme: Anfechtung nach §§ 119 ff. BGB. Anderenfalls richtet sich die Bindungswirkung der ausgeübten Wahl nach der Bestandskraft des Verwaltungsaktes, in dem sie sich ausgewirkt hat.

Nach Eintritt der Unanfechtbarkeit der Steuerfestsetzung können Wahlrechte grundsätzlich nur noch ausgeübt oder widerrufen werden, soweit die Steuerfestsetzung nach §§ 129, 164, 165, 172 ff. oder nach entsprechenden Regelungen in den Einzelsteuergesetzen (vgl. dazu Nr. 3) korrigiert werden kann (vgl. BFH-Urteile vom 21. 7. 1989, BStBl II S. 960, und vom 13. 2. 1997, BFH/NV 1997 S. 635); dabei sind §§ 177 und 351 Abs. 1 zu beachten (Ausnahme: unbeschränkte erneute Ausübung des Veranlagungswahlrechts nach § 26 EStG anläßlich einer Änderung der Einkommensteuerfestsetzung; vgl. BFH-Urteil vom 19. 5. 1999, BStBl II S. 762, und H 174 (EStH). Die steuerrechtliche Wirkung von Wahlrechten, die nur bis zur Bestandskraft der Steuerfestsetzung ausgeübt werden können, kann nach Eintritt dieses Zeitpunktes nicht nach § 172 Abs. 1 Nr. 2 Buchst. a beseitigt werden (vgl. BFH-Urteil vom 18. 12. 1973, BStBl II 1974 S. 319). Die Wahlrechtsausübung kann auch nicht durch einen Austausch gegen bisher nicht berücksichtigte Besteuerungsgrundlagen rückgängig gemacht werden; infolge der Bestandskraft der Steuerfestsetzung ist der Steuerpflichtige an seine Wahl gebunden (vgl. BFH-Urteil vom 25. 2. 1992, BStBl II S. 621).

Die nachträgliche Ausübung eines Wahlrechts oder der Widerruf eines bereits ausgeübten Wahlrechts ist auch keine neue Tatsache i. S. des § 173, sondern Verfahrenshandlung (vgl. BFH-Urteil vom 25. 2. 1992, a. a. O.). Sie ist ausnahmsweise rückwirkendes Ereignis i. S. des § 175 Abs. 1 Satz 1 Nr. 2, wenn sie selbst Merkmal des gesetzlichen Tatbestands ist (vgl. BFH-Urteil vom 12. 7. 1989, BStBl II S. 957, zum durch die Zustimmungserklärung des Empfängers qualifizierten Antrag nach § 10 Abs. 1 Nr. 1 Satz 1 EStG). Zur Änderung von Steuerfestsetzungen nach § 175 Abs. 1 Satz 1 Nr. 1 bei nachträglichem Antrag auf Anwendung des § 33b EStG vgl. BFH-Urteil vom 13. 12. 1985 (BStBl II 1986 S. 245) und H 194 EStH.

Zu § 172 AO

AEAO   Aufhebung und Änderung von Steuerbescheiden:

1. Die Vorschrift gilt nur für Steuerbescheide, nicht für Haftungs-, Duldungs- und Aufteilungsbescheide (vgl. vor §§ 130, 131).

2. Ist innerhalb der Einspruchsfrist ein Antrag auf schlichte Änderung gestellt worden, kann der Steuerbescheid zugunsten des Steuerpflichtigen noch geändert werden, nachdem die Einspruchsfrist bereits abgelaufen ist. Anträge auf schlichte Änderung, die nicht schriftlich gestellt werden, sind aktenkundig zu machen. Ein schlichter Änderungsantrag kann nach Ablauf der Einspruchsfrist nicht erweitert werden (zur Erweiterung eines Einspruchsantrags siehe zu § 367, Nr. 3). Umgekehrt ist auch das Finanzamt an das Vorbringen und die Anträge des Steuerpflichtigen gebunden; es kann die Steuerfestsetzung nicht in vollem Umfang erneut überprüfen und ggf. verbösern. Materielle Fehler der Steuerfestsetzung können aber ggf. über § 177 berichtigt werden. Außerdem ist bei einem schlichten Änderungsantrag keine Aussetzung der Vollziehung möglich; es kann aber ggf. gestundet werden. Die bloße Mitteilung des Steuerpflichtigen über Tatsachen, die sich zu seinen Ungunsten auswirken (§ 153), ist nicht als Antrag (§ 172 Abs. 1 Satz 1 Nr. 2 Buchstabe a) anzusehen.

3. § 172 Abs. 1 Satz 2 bestimmt, daß auch ein durch Einspruchsentscheidung bestätigter oder geänderter Verwaltungsakt nach den Vorschriften der §§ 129, 164, 165, 172 ff. sowie nach entsprechenden Korrekturnormen in den Einzelsteuergesetzen (vgl. vor §§ 172–177, Nr. 3)

korrigiert werden darf. Gleiches gilt für einen im Einspruchsverfahren ergehenden Abhilfebescheid (z. B. nach § 172 Abs. 1 Satz 1 Nr. 2 Buchstabe a).
4. Nach § 172 Abs. 1 Satz 3 1. Halbsatz (eingefügt durch das Steuerbereinigungsgesetz 1999 vom 22. 12. 1999, BGBl I S. 2601) ist eine schlichte Änderung auch dann möglich, wenn der zu ändernde Bescheid bereits durch Einspruchsentscheidung bestätigt oder geändert worden ist. Der Änderungsantrag muß vor Ablauf der Klagefrist gestellt worden sein, nach Ablauf dieser Frist ist er unzulässig. Die Wirkungen einer nach § 364b Abs. 2 gesetzten Ausschlußfrist dürfen allerdings durch eine schlichte Änderung nicht unterlaufen werden (§ 172 Abs. 1 Satz 3 2. Halbsatz).
5. Zum Einspruchsverfahren gegen Entscheidungen über die schlichte Änderung vgl. zu § 347, Nr. 2.

Zu § 173 AO

AEAO **Aufhebung oder Änderung von Steuerbescheiden wegen neuer Tatsachen oder Beweismittel:**

1. Tatsache i. S. des § 173 Abs. 1 ist alles, was Merkmal oder Teilstück eines steuergesetzlichen Tatbestandes sein kann, also Zustände, Vorgänge, Beziehungen, Eigenschaften materieller oder immaterieller Art (vgl. BFH-Urteil vom 1. 10. 1993, BStBl II 1994 S. 346). Zu den Tatsachen gehören auch innere Tatsachen (z. B. die Absicht, Einkünfte bzw. Gewinne zu erzielen), die nur anhand äußerer Merkmale (Hilfstatsachen) festgestellt werden können (vgl. BFH-Urteil vom 6. 12. 1994, BStBl II 1995 S. 192). Schätzungen sind als solche keine Tatsache, sondern nur die Schätzungsgrundlagen. Dagegen sind vorgreifliche Rechtsverhältnisse aus nichtsteuerlichen Rechtsgebieten Tatsachen i. S. des § 173. Keine Tatsache i. S. des § 173 Abs. 1 sind Rechtsnormen und Schlußfolgerungen aller Art, insbesondere steuerrechtliche Bewertungen (vgl. BFH-Urteil vom 27. 10. 1992, BStBl II 1993 S. 569). Entscheidungen des BVerfG zur Verfassungswidrigkeit einer Rechtsnorm sowie nachträgliche Gesetzesänderungen sind ebensowenig Tatsache i. S. des § 173 Abs. 1 wie die (ggf. anderweitige) Ausübung steuerlicher Wahlrechte oder die Nachholung eines Antrags. Ein Antrag kann allerdings nachgeholt werden, soweit die für seine Ausübung relevanten Tatsachen als solche nachträglich bekannt werden.

    Beweismittel ist jedes Erkenntnismittel, das für die Aufklärung eines steuergesetzlichen Sachverhalts geeignet ist (siehe § 92). Es muß geeignet sein, das Vorliegen oder Nichtvorliegen von Tatsachen zu beweisen (BFH-Urteil vom 20. 12. 1988, BStBl II 1989 S. 585).

    Eine Änderung ist nur soweit zulässig, wie sich die neuen Tatsachen oder Beweismittel auswirken. Sonstige Fehler können nur im Rahmen des § 177 berücksichtigt werden.

2. Tatsachen oder Beweismittel werden „nachträglich" bekannt, wenn sie einem für die Steuerfestsetzung zuständigen Beamten (BFH-Urteil vom 9. 11. 1984, BStBl 1985 II S. 191, und vom 20. 6. 1985, BStBl II S. 492) bekannt werden, nachdem die Willensbildung über die Steuerfestsetzung abgeschlossen worden ist (Abzeichnung der Verfügung); vgl. BFH-Urteil vom 18. 3. 1987, BStBl II S. 416. Auf die Bekanntgabe gegenüber dem Steuerpflichtigen kommt es nicht an. Dem Steuerpflichtigen ist das Datum der Unterzeichnung der Verfügung auf Verlangen mitzuteilen. Wird im automatisierten Verfahren nach der Zeichnung des Eingabewertbogens noch eine materiell-rechtliche Kontrolle der gesamten Steuerfestsetzung vorgenommen, sind alle bis dahin bekanntgewordenen Tatsachen zu berücksichtigen. Um eine solche Kontrolle handelt es sich nicht, wenn z. B. der maschinell ausgedruckte Steuerbescheid

lediglich in die V-Liste eingetragen oder der Finanzkasse zur Abrechnung zugeleitet wird oder nur offenbare Unrichtigkeiten berichtigt werden (z. B. Berichtigung der Anschrift, Ergänzung der Steuernummer).

Einmal bekanntgewordene Tatsachen werden durch den Wechsel in der Zuständigkeit der Finanzbehörde oder durch Wechsel des Bearbeiters nicht wieder unbekannt, wenn der zunächst zuständige Bearbeiter die Tatsachen aktenkundig gemacht hat. Im Rahmen des § 173 Abs. 1 Nr. 2 kann allerdings eine Tatsache nicht als bekannt gelten, die der zuständige Bearbeiter lediglich hätte kennen können oder kennen müssen; das Finanzamt kann sich nicht zum Nachteil des Steuerpflichtigen auf sein eigenes Versäumnis oder Verschulden berufen (vgl. BFH-Urteil vom 26. 11. 1996, BStBl II 1997 S. 422).

3. Der auch im Steuerrecht geltende Grundsatz von Treu und Glauben verbietet es dem Finanzamt, unter Berufung auf das nachträgliche Bekanntwerden steuererhöhender Tatsachen oder Beweismittel eine Steuerfestsetzung nach § 173 Abs. 1 Nr. 1 zu ändern, wenn die Tatsachen oder Beweismittel dem Finanzamt bei ordnungsgemäßer Erfüllung seiner Ermittlungspflicht nicht verborgen geblieben wären, sofern der Steuerpflichtige seinerseits seiner Mitwirkungspflicht voll genügt hat. Haben sowohl der Steuerpflichtige als auch das Finanzamt es versäumt, den Sachverhalt aufzuklären, so trifft i. d. R. die Verantwortlichkeit den Steuerpflichtigen mit der Folge, daß der Steuerbescheid geändert werden kann. Eine Änderung scheidet dagegen aus, wenn der Verstoß des Finanzamts deutlich überwiegt (BFH-Urteil vom 27. 10. 1992, BStBl 1993 II S. 569).

4. Als grobes Verschulden, das grundsätzlich eine Änderung wegen nachträglich bekanntgewordener steuermindernder Tatsachen oder Beweismittel ausschließt, hat der Steuerpflichtige Vorsatz und grobe Fahrlässigkeit zu vertreten. Grobe Fahrlässigkeit ist anzunehmen, wenn er die ihm nach seinen persönlichen Verhältnissen zumutbare Sorgfalt in ungewöhnlichem Maße und in nicht entschuldbarer Weise verletzt (BFH-Urteil vom 3. 2. 1983, BStBl II S. 324, und vom 28. 3. 1985, BStBl 1986 II S. 120). Ein grobes Verschulden kann im allgemeinen angenommen werden, wenn der Steuerpflichtige trotz Aufforderung eine Steuererklärung nicht abgegeben hat (BFH-Urteil vom 28. 3. 1985, BStBl 1986 II S. 120), allgemeine Grundsätze der Buchführung (§§ 145 bis 147) verletzt oder ausdrückliche Hinweise in ihm zugegangenen Vordrucken, Merkblättern oder sonstigen Mitteilungen der Finanzbehörde nicht beachtet (BFH-Urteile vom 29. 6. 1984, BStBl II S. 693, und vom 9. 8. 1991, BStBl 1992 II S. 65). Die Unkenntnis steuerrechtlicher Bestimmungen allein kann den Vorwurf groben Verschuldens nicht begründen (BFH-Urteil vom 22. 5. 1992, BStBl 1993 II S. 80).

Bei einer Zusammenveranlagung muß sich jeder Ehegatte das grobe Verschulden des anderen Ehegatten zurechnen lassen (vgl. BFH-Urteil vom 24. 7. 1996, BStBl II 1997 S. 115). Ein grobes Verschulden seines steuerlichen Beraters hat der Steuerpflichtige in gleicher Weise zu vertreten wie das Verschulden seines Bevollmächtigten (BFH-Urteile vom 3. 2. 1983, BStBl II S. 324, vom 28. 6. 1983, BStBl 1984 II S. 2, und vom 25. 11. 1983, BStBl 1984 II S. 256).

5. Das Verschulden des Steuerpflichtigen ist nach § 173 Abs. 1 Nr. 2 Satz 2 unbeachtlich, wenn die Tatsachen oder Beweismittel, die zu einer niedrigeren Steuer führen, in einem unmittelbaren oder mittelbaren Zusammenhang mit neuen Tatsachen oder Beweismitteln stehen, die zu einer höheren Steuer führen. Stehen die steuermindernden Tatsachen mit steuererhöhenden Tatsachen im Zusammenhang, sind die steuermindernden Tatsachen nicht nur bis zur steuerlichen Auswirkung der steuererhöhenden Tatsachen, sondern uneingeschränkt zu berücksichtigen (BFH-Urteil vom 2. 8. 1983, BStBl II 1984 S. 4). Ein derartiger Zusammenhang ist gegeben, wenn eine zur höheren Besteuerung führende Tatsache die zur Steuerermäßigung führende Tatsache ursächlich bedingt, so daß der steuererhöhende Vorgang nicht ohne den steuermindernden Vorgang denkbar ist (BFH-Urteile vom 28. 3. 1985, BStBl 1986 II S. 120, und vom 8. 8. 1991, BStBl 1992 II S. 12). Ein rein zeitliches Zusammentreffen von

steuererhöhenden und steuermindernden Tatsachen reicht nicht aus (BFH-Urteil vom 28. 3. 1985, BStBl II 1986 S. 120).

Wird dem Finanzamt nachträglich bekannt, daß der Steuerpflichtige nicht erklärte Einkünfte einer bestimmten Einkunftsart erzielt hat, so stellt die Höhe dieser Einkünfte die für die Anwendung des § 173 Abs. 1 Nr. 1 oder Nr. 2 relevante Tatsache dar (BFH-Urteil vom 1. 10. 1993, BStBl II 1994 S. 346). Dies gilt auch dann, wenn das Finanzamt die Einkünfte zunächst geschätzt hat (BFH-Urteil vom 24. 4. 1991, BStBl II S. 606). Eine Aufspaltung dieser Einkünfte in steuererhöhende Einnahmen oder Vermögensmehrungen einerseits und steuermindernde Ausgaben oder Vermögensminderungen andererseits im Hinblick auf § 173 Abs. 1 Nr. 2 Satz 2 ist nicht zulässig.

Bei der Umsatzsteuer sind Tatsachen, die eine Erhöhung der Umsatzsteuer begründen, und Tatsachen, die eine höhere Vorsteuer begründen, getrennt zu beurteilen. Ein Zusammenhang zwischen nachträglich bekanntgewordenen Umsätzen und nachträglich bekanntgewordenen Leistungen an den Unternehmer i. S. von § 173 Abs. 1 Nr. 2 Satz 2 besteht nur insoweit, als die Eingangsleistungen zur Ausführung der nachträglich bekanntgewordenen Umsätze verwendet wurden (BFH-Urteil vom 8. 8. 1991, BStBl II 1992 S. 12). Dies gilt allerdings nur, soweit diese Umsätze zum Vorsteuerabzug berechtigen; soweit die nachträglich bekanntgewordenen Vorsteuerbeträge hingegen mit nachträglich bekanntgewordenen steuerfreien oder nichtsteuerbaren Umsätzen in Zusammenhang stehen, sind die Voraussetzungen des § 173 Abs. 1 Nr. 2 Satz 2 nicht erfüllt. Hat das Finanzamt bei einer Schätzung der Umsatzsteuer davon abgesehen, die Steuer auf der Grundlage des Ansatzes einer Vielzahl einzelner Umsätze mit jeweils genau bezifferter Bemessungsgrundlage zu ermitteln, können die nachträglich bekanntgewordenen Vorsteuerbeträge im Schätzungsweg entsprechend dem Verhältnis der nachträglich erklärten und der ursprünglich vom Finanzamt geschätzten steuerpflichtigen Umsätze berücksichtigt werden, es sei denn, es liegen Anhaltspunkte dafür vor, daß weniger oder mehr Vorsteuerbeträge im Zusammenhang mit den nachträglich bekanntgewordenen Umsätzen stehen, als sich nach dieser Aufteilung ergibt (vgl. BFH-Urteil vom 19. 10. 1995, BStBl II 1996 S. 149).

6. Ein Steuerbescheid darf wegen nachträglich bekanntgewordener Tatsachen oder Beweismittel zugunsten des Steuerpflichtigen nicht aufgehoben oder geändert werden, wenn die Finanzbehörde bei ursprünglicher Kenntnis der Tatsachen oder Beweismittel nicht anders entschieden hätte (BFH-Beschluß vom 23. 11. 1987, BStBl II 1988 S. 180). Die Vorschrift des § 173 hat nicht den Sinn, dem Steuerpflichtigen das Risiko eines Rechtsbehelfsverfahrens dadurch abzunehmen, daß ihm gestattet wird, sich auf Tatsachen gegenüber der Finanzbehörde erst dann zu berufen, wenn etwa durch eine spätere Änderung der Rechtsprechung eine Rechtslage eintritt, die eine bisher nicht vorgetragene Tatsache nunmehr als relevant erscheinen läßt. Wie die Finanzbehörde bei Kenntnis bestimmter Tatsachen und Beweismittel einen Sachverhalt in ihrem ursprünglichen Bescheid gewürdigt hätte, ist im Einzelfall auf Grund des Gesetzes, wie es nach der damaligen Rechtsprechung des BFH auszulegen war, und der die Finanzbehörden bindenden Verwaltungsanweisungen zu beurteilen, die im Zeitpunkt des ursprünglichen Bescheiderlasses gegolten haben. Subjektive Fehler der Finanzbehörden, wie sie sowohl in rechtlicher als auch in tatsächlicher Hinsicht denkbar sein mögen, sind unbeachtlich (BFH-Urteil vom 11. 5. 1988, BStBl II S. 715).

7. Die im Hinblick auf die Änderungssperre nach § 173 Abs. 2 zu beurteilende Frage, ob die objektiven und subjektiven Tatbestandsmerkmale einer Steuerhinterziehung (§ 370) oder leichtfertigen Steuerverkürzung (§ 378) vorliegen, ist von der für die Veranlagung zuständigen Stelle im Benehmen mit der für Straf- und Bußgeldsachen zuständigen Stelle zu entscheiden. Für eine Änderung ist nicht Voraussetzung, daß eine Bestrafung oder Ahndung mit Bußgeld erfolgte. Eine Änderung der Steuerfestsetzung ist deshalb auch bei Selbstanzeige (§ 371), Eintritt der Verfolgungsverjährung (§ 384) oder sonstigen Prozeßhindernissen mög-

lich. Die Änderungssperre wird auch dann durchbrochen, wenn der Adressat des Steuerbescheides selbst nicht Täter oder Teilnehmer der Steuerhinterziehung oder leichtfertigen Verkürzung ist (vgl. BFH-Urteil vom 14. 12. 1994, BStBl II 1995 S. 293).

Außenprüfung im Sinne des § 173 Abs. 2 ist auch eine abgekürzte Prüfung nach § 203. Im Falle der Beschränkung der Außenprüfung auf bestimmte Sachverhalte (§ 194 Abs. 1 Satz 2) umfaßt die Änderungssperre nur den in der Prüfungsanordnung genannten Teil der Besteuerungsgrundlagen.

Eine Steuerfahndungsprüfung nach § 208 Abs. 1 bewirkt keine Änderungssperre i. S. d. § 173 Abs. 2 (BFH-Urteil vom 11. 12. 1997, BStBl II 1998 S. 367).

Zu § 174 AO

AEAO   Widerstreitende Steuerfestsetzungen:

1. Die Vorschrift eröffnet die Möglichkeit, Vorteile und Nachteile auszugleichen, die sich durch Steuerfestsetzungen ergeben haben, die inhaltlich einander widersprechen. Sie bietet insoweit die gesetzliche Grundlage für die Änderung einer oder beider Festsetzungen (§ 172 Abs. 1 Satz 1 Nr. 2 Buchstabe d).

2. Nach § 174 Abs. 1 ist ein Steuerbescheid aufzuheben oder zu ändern, wenn ein bestimmter Sachverhalt mehrfach zuungunsten eines oder mehrerer Steuerpflichtiger berücksichtigt worden ist, obwohl er nur einmal hätte berücksichtigt werden dürfen. Hierbei kann es sich um Fälle handeln, in denen z. B. dieselbe Einnahme irrtümlich verschiedenen Steuerpflichtigen, verschiedenen Steuern oder verschiedenen Besteuerungszeiträumen zugeordnet worden ist. Auch die Fälle, in denen mehrere Finanzämter gegen denselben Steuerpflichtigen für dieselbe Steuer und denselben Besteuerungszeitraum Steuerbescheide erlassen haben, fallen hierunter.

3. Der fehlerhafte Steuerbescheid ist in den Fällen des § 174 Abs. 1 nur auf Antrag aufzuheben oder zu ändern. Hat der Steuerpflichtige fälschlich nur einen Antrag auf Änderung des rechtmäßigen Steuerbescheides gestellt, ist der Antrag allgemein als Antrag auf Beseitigung der widerstreitenden Festsetzung zu behandeln. Die Antragsfrist (§ 174 Abs. 1 Satz 2) ist eine gesetzliche Frist i. S. des § 110. Über den fristgerecht gestellten Antrag kann auch noch nach Ablauf der Jahresfrist entschieden werden.

4. § 174 Abs. 2 regelt in entsprechender Anwendung des § 174 Abs. 1 die Fälle, daß ein bestimmter Sachverhalt mehrfach zugunsten eines oder mehrerer Steuerpflichtiger berücksichtigt worden ist. Die Änderung des fehlerhaften Steuerbescheides ist von Amts wegen vorzunehmen. Eine Änderung nach § 174 Abs. 2 ist nicht auf den Fall der irrtümlichen Doppelberücksichtigung eines bestimmten Sachverhaltes beschränkt, sie kommt auch bei bewußt herbeigeführten widerstreitenden Steuerfestsetzungen in Betracht (vgl. BFH-Urteil vom 6. 9. 1995, BStBl II 1996 S. 148).

   Unter den Begriff des Antrages oder einer Erklärung des Steuerpflichtigen i. S. dieser Vorschrift fallen auch formlose Mitteilungen und Auskünfte außerhalb des Steuererklärungsvordrucks (vgl. BFH-Urteil vom 13. 11. 1996, BStBl II 1997 S. 170) sowie für den Beteiligten von Dritten abgegebene Erklärungen (z. B. im Rahmen des § 80 Abs. 1 und 4, § 200 Abs. 1).

5. § 174 Abs. 3 erfaßt die Fälle, in denen bei einer Steuerfestsetzung ein bestimmter Sachverhalt in der erkennbaren Annahme nicht berücksichtigt worden ist, daß der Sachverhalt nur Bedeutung für eine andere Steuer, einen anderen Besteuerungszeitraum oder einen anderen Steuerpflichtigen habe.

Zu § 175 AO

Beispiel:
Die Finanzbehörde hat bei der Festsetzung der Einkommensteuer am 31. 12. entstandene Aufwendungen nicht zum Abzug als Sonderausgaben zugelassen, weil sie der Auffassung war, daß die Sonderausgaben erst im nächsten Veranlagungszeitraum abzugsfähig seien (§ 11 Abs. 1 Satz 2 EStG). Stellt sich die Annahme später als unrichtig heraus, so kann die Steuerfestsetzung, bei der die Berücksichtigung des Sachverhaltes unterblieben ist, insoweit trotz etwa eingetretener Bestandskraft noch geändert werden, zeitlich jedoch nur bis zum Ablauf der für die andere Steuerfestsetzung laufenden Festsetzungsfrist.

6. § 174 Abs. 4 ergänzt die Regelung des § 174 Abs. 3 um die Fälle, in denen eine Steuerfestsetzung auf Antrag oder im Rechtsbehelfsverfahren zugunsten des Steuerpflichtigen geändert worden ist. Der Änderung nach § 174 Abs. 4 steht nicht entgegen, daß der gleiche Sachverhalt sowohl in dem zugunsten des Steuerpflichtigen geänderten Steuerbescheid als auch in dem zu ändernden Bescheid steuerlich zu berücksichtigen ist (vgl. BFH-Urteil vom 18. 2. 1997, BStBl II S. 647).

Beispiele:
a) Die Finanzbehörde hat einen Veräußerungsgewinn bei der Festsetzung der Einkommensteuer erfaßt. Der Steuerpflichtige macht im Rechtsbehelfsverfahren mit Erfolg geltend, daß der Veräußerungsgewinn erst im folgenden Veranlagungszeitraum zu berücksichtigen sei. Unter den Voraussetzungen des § 174 Abs. 4 kann die Erfassung des Veräußerungsgewinns im folgenden Veranlagungszeitraum nachgeholt werden, auch wenn die hierfür maßgebliche Steuerfestsetzung bereits unanfechtbar geworden ist oder die Festsetzungsfrist bereits abgelaufen war.

b) Der Steuerpflichtige erreicht wegen eines in einem Veranlagungszeitraum erzielten Einnahmeüberschusses eine geänderte Beurteilung der Einkünfteerzielungsabsicht und damit die Berücksichtigung des Werbungskostenüberschusses in den angefochtenen Steuerbescheiden. Das Finanzamt kann den bisher unberücksichtigt gebliebenen Einnahmeüberschuß nachträglich durch Änderung des für diesen Veranlagungszeitraum bestandskräftig gewordenen Steuerbescheides nach § 174 Abs. 4 erfassen (vgl. BFH-Urteil vom 18. 2. 1997, a. a. O.).

7. Die sich aus § 174 Abs. 4 ergebenden Folgerungen sind auch gegenüber einem Dritten zu ziehen, wenn der Dritte schon bisher an den Verfahren beteiligt war. Die Finanzbehörde hat die Hinzuziehung oder Beiladung eines in Betracht kommenden Dritten rechtzeitig vorzunehmen oder zu veranlassen. Zum Begriff des „Dritten" vgl. BFH-Urteil vom 8. 2. 1995, BStBl II S. 764.

Zu § 175 AO

AEAO Aufhebung oder Änderung von Steuerbescheiden in sonstigen Fällen:

1. Grundlagenbescheide i. S. des § 175 Abs. 1 Satz 1 Nr. 1 sind Feststellungsbescheide, Steuermeßbescheide oder sonstige für eine Steuerfestsetzung bindende Verwaltungsakte (§ 171 Abs. 10). Auch Verwaltungsakte von Behörden, die keine Finanzbehörden sind, können Grundlagenbescheide sein (z. B. der Anerkennungsbescheid nach §§ 83, 93 II. WoBauG; Bescheinigungen der zuständigen Behörde über eine Körperbehinderung). Diese außersteuerlichen Grundlagenbescheide sind auch dann bindend, wenn sie auf Grund der für sie maßgebenden Verfahrensvorschriften nach Ablauf der für steuerliche Grundlagenbescheide geltenden Festsetzungsfrist (§§ 169 ff.) ergehen. Der Folgebescheid ist auch dann zu ändern, wenn der Grundlagenbescheid erst nach Erlaß des Folgebescheides ergeht oder bereits bei Erlaß eines früheren Steuerbescheides hätte berücksichtigt werden müssen (BFH-Urteil vom 9. 8. 1983, BStBl II 1984 S. 86; siehe auch § 155 Abs. 2 und § 162 Abs. 3).

2. Stellt der Steuerpflichtige den erforderlichen, aber nicht fristgebundenen Antrag für eine Steuervergünstigung, deren Voraussetzungen durch einen anderen Verwaltungsakt i. S. des § 171

Abs. 10 nachzuweisen sind, erst nach Unanfechtbarkeit des Steuerbescheides, so steht das einer Änderung nach § 175 Abs. 1 Satz 1 Nr. 1 nicht entgegen (BFH-Urteil vom 13. 12. 1985, BStBl II 1986 S. 245).

3. Ob ein Ereignis steuerliche Rückwirkung i. S. von § 175 Abs. 1 Satz 1 Nr. 2 hat,[1] beurteilt sich nach dem jeweils anzuwendenden Steuergesetz (BFH-Urteil vom 26. 7. 1984, BStBl II S. 786). Wegen des Wegfalls von Voraussetzungen für eine Steuervergünstigung siehe § 175 Abs. 2.

4. Bei Nichtigkeitserklärungen eines Gesetzes durch das BVerfG ist eine Aufhebung oder Änderung bestandskräftiger Steuerbescheide nicht zulässig (Hinweis auf § 79 BVerfGG).

Zu § 176 AO

AEAO **Vertrauensschutz bei der Aufhebung und Änderung von Steuerbescheiden:**

1. Die Vorschrift schützt das Vertrauen des Steuerpflichtigen in die Gültigkeit einer Rechtsnorm. Die Richtigkeit der Rechtsprechung eines obersten Gerichtshofs des Bundes und die Übereinstimmung einer allgemeinen Verwaltungsvorschrift (z. B. EStR) mit der Rechtslage wird zu seinen Gunsten unterstellt, soweit die Steuerfestsetzung darauf beruhte.

2. Bei Änderung der Steuerfestsetzung ist so vorzugehen, als hätte die frühere für den Steuerpflichtigen günstige Rechtsauffassung nach wie vor Gültigkeit. Ist z. B. eine Steuer unter Vorbehalt der Nachprüfung festgesetzt worden (§ 164), so muß eine dem Steuerpflichtigen günstige Rechtsprechung des BFH, die bei der Vorbehaltsfestsetzung berücksichtigt worden war, auch dann weiter angewendet werden, wenn der BFH seine Rechtsprechung zum Nachteil des Steuerpflichtigen geändert hat.

3. Hat der Steuerpflichtige die bisherige Rechtsprechung seinen Steuererklärungen stillschweigend und für das Finanzamt nicht erkennbar zugrunde gelegt, gilt der Vertrauensschutz nur, wenn davon ausgegangen werden kann, daß die Finanzbehörde mit der Anwendung der Rechtsprechung einverstanden gewesen wäre. Das Einverständnis ist immer dann zu unterstellen, wenn die Entscheidung im Bundessteuerblatt veröffentlicht worden war und keine Verwaltungsanweisung vorlag, die Rechtsprechung des BFH über den entschiedenen Einzelfall hinaus nicht anzuwenden.

4. ...

---

[1] **Anm. d. Schriftl.:**
Wird ein für das Betriebsvermögen am Schluß des Wirtschaftsjahrs maßgebender Wertansatz korrigiert, der sich auf die Höhe des Gewinns eines Folgejahres auswirkt, so stellt dies ein rückwirkendes Ereignis für die Besteuerung des Folgejahres dar (BFH-Urteil vom 19. 8. 1999 – BStBl 2000 II S. 18).

Zu § 177 AO

AEAO   **Berichtigung von materiellen Fehlern:**

1. Materieller Fehler ist jede objektive Unrichtigkeit eines Steuerbescheids. Materiell fehlerhaft ist ein Bescheid nicht nur, wenn bei Erlaß des Steuerbescheids geltendes Recht unrichtig angewendet wurde, sondern auch dann, wenn der Steuerfestsetzung ein Sachverhalt zugrunde gelegt worden ist, der sich nachträglich als unrichtig erweist. Bei der Steuerfestsetzung nicht berücksichtigte Tatsachen sind deshalb, sofern sie zu keiner Änderung nach § 173 führen, nach § 177 zu berücksichtigen (BFH-Urteil vom 5. 8. 1986, BStBl II 1987 S. 297, 299). Auf ein Verschulden kommt es ebensowenig an wie darauf, daß der Steueranspruch insoweit verjährt ist (BFH-Urteil vom 18. 12. 1991, BStBl II 1992 S. 504). Eine Berichtigung eines materiellen Fehlers nach § 177 ist deshalb auch dann zulässig und geboten, wenn eine isolierte Änderung dieses Fehlers oder seine Berichtigung nach § 129 wegen Ablaufs der Festsetzungsfrist nicht möglich wäre.

2. Die Möglichkeit der Berichtigung materieller Fehler ist bei jeder Aufhebung oder Änderung eines Steuerbescheids zu prüfen. Materielle Fehler sind zu berichtigen, soweit die Voraussetzungen für die Aufhebung oder Änderung eines Steuerbescheids zuungunsten (§ 177 Abs. 1) oder zugunsten des Steuerpflichtigen (§ 177 Abs. 2) vorliegen; die Voraussetzungen des § 177 Abs. 1 und 2 können auch nebeneinander vorliegen. Materielle Fehler dürfen nur innerhalb des Änderungsrahmens berichtigt, d. h. gegengerechnet werden. Liegen sowohl die Voraussetzungen für Änderungen zugunsten des Steuerpflichtigen als auch solche zu dessen Ungunsten vor, sind die oberen und unteren Grenzen der Fehlerberichtigung jeweils getrennt voneinander zu ermitteln (BFH-Urteile vom 9. 6. 1993, BStBl II S. 822, und vom 14. 7. 1993, BStBl II 1994 S. 77). Eine Saldierung der Änderungstatbestände zuungunsten und zugunsten des Steuerpflichtigen ist deshalb nicht zulässig (Saldierungsverbot).

3. Änderungsobergrenze ist der Steuerbetrag, der sich als Summe der bisherigen Steuerfestsetzung und der steuerlichen Auswirkung aller selbständigen steuererhöhenden Änderungstatbestände ergibt. Änderungsuntergrenze ist der Steuerbetrag, der sich nach Abzug der steuerlichen Auswirkung aller selbständigen steuermindernden Änderungstatbestände von der bisherigen Steuerfestsetzung ergibt.

4. Die Auswirkungen materieller Fehler sind zu saldieren und dann, soweit der Änderungsrahmen reicht, zu berücksichtigen (Saldierungsgebot); vgl. BFH-Urteil vom 9. 6. 1993, BStBl II S. 822. Bei Änderungen zuungunsten des Steuerpflichtigen kann ein negativer (steuermindernder) Fehler-Saldo nur bis zur Änderungsuntergrenze berücksichtigt werden (§ 177 Abs. 1). Bei Änderungen zugunsten des Steuerpflichtigen kann ein positiver (steuererhöhender) Fehler-Saldo nur bis zur Änderungsobergrenze berücksichtigt werden (§ 177 Abs. 2).

   Beispiele:
   a) Es werden nachträglich Tatsachen bekannt, die zu einer um 10 000 DM höheren Steuer führen. Zugleich werden materielle Fehler, die sich bei der früheren Festsetzung in Höhe von 12 000 DM zugunsten des Steuerpflichtigen ausgewirkt haben, und materielle Fehler, die sich bei der früheren Festsetzung in Höhe von 17 000 DM zum Nachteil des Steuerpflichtigen ausgewirkt haben, festgestellt.
   Der Saldo der materiellen Fehler führt in Höhe von 5 000 DM zu einer Minderung der Nachforderung.

   b) Es werden nachträglich Tatsachen bekannt, die zu einer um 10 000 DM höheren Steuer führen. Außerdem ist ein geänderter Grundlagenbescheid zu berücksichtigen, der zu einer um 11 000 DM niedrigeren Steuer führt. Zugleich werden materielle Fehler festgestellt, die sich in Höhe von 17 000 DM zuungunsten und in Höhe von 12 000 DM zugunsten des Steuerpflichtigen ausgewirkt haben.
   Der Saldo der materiellen Fehler (5 000 DM zugunsten des Steuerpflichtigen) mindert die Änderung der Steuerfestsetzung zugunsten des Steuerpflichtigen auf Grund des geänderten Grundlagenbescheids (11 000 DM). Die Differenz von 6 000 DM ist mit der Nachforderung von 10 000 DM wegen nachträglich bekanntgewordener Tatsachen zu verrechnen, so daß im Ergebnis eine Änderung des Steuerbescheides in Höhe von 4 000 DM zuungunsten des Steuerpflichtigen vorzunehmen ist.

Abgabenordnung — Zu § 179 AO

5. Soweit ein Ausgleich materieller Fehler nach § 177 nicht möglich ist, bleibt der Steuerbescheid fehlerhaft. Hierin liegt keine sachliche Unbilligkeit, da die Folge vom Gesetzgeber gewollt ist.

6. Zur Berichtigung materieller Fehler bei einer Berichtigung offenbarer Unrichtigkeiten nach § 129 vgl. zu § 129, Nr. 2; zur Berichtigung materieller Fehler bei der Änderung einer vorläufigen Steuerfestsetzung nach § 165 Abs. 2 Satz 2 vgl. zu § 165, Nr. 6.

Einfügung d. Schriftl.:
Die Änderung von Steuerfestsetzungen
Von der Bekanntgabe des Steuerbescheides an sind Steuerpflichtiger und Finanzamt an den Inhalt des Bescheides gebunden. Die Änderung des Bescheides ist nur nach den Berichtigungsvorschriften der AO oder nach Vorschriften der Einzelsteuergesetze, z. B. § 10d EStG, § 35b GewStG möglich.

Änderungsmöglichkeiten für Steuerbescheide nach der AO

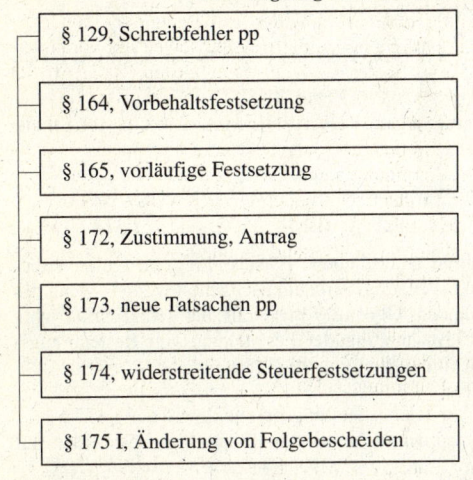

- § 129, Schreibfehler pp
- § 164, Vorbehaltsfestsetzung
- § 165, vorläufige Festsetzung
- § 172, Zustimmung, Antrag
- § 173, neue Tatsachen pp
- § 174, widerstreitende Steuerfestsetzungen
- § 175 I, Änderung von Folgebescheiden

Die Regelung des § 177 AO (Berichtigung von Rechtsfehlern) ist zu beachten.
Ohne einen besonderen Vermerk stehen kraft Gesetzes unter dem Vorbehalt der Nachprüfung:

1. Vorauszahlungsbescheide (§ 164 Abs. 1 AO)
2. Steueranmeldungen (§ 168 AO).

Zu § 179 AO

AEAO   Feststellung von Besteuerungsgrundlagen:

1. Abweichend von dem Grundsatz, daß die Besteuerungsgrundlagen einen unselbständigen Teil des Steuerbescheides bilden (§ 157 Abs. 2), sehen die §§ 179 ff. bzw. entsprechende Vorschriften der Einzelsteuergesetze (z. B. §§ 2a, 10b Abs. 1, § 10d Abs. 3, § 15a Abs. 4, § 39a Abs. 4 EStG; § 47 KStG, § 138 BewG, § 17 GrEStG) in bestimmten Fällen eine gesonderte Feststellung der Besteuerungsgrundlagen vor. Die gesonderte Feststellung ist zugleich einheitlich vorzunehmen, wenn die AO oder ein Einzelsteuergesetz (z. B. § 15a Abs. 4 Satz 6

EStG) dies besonders vorschreiben oder wenn der Gegenstand der Feststellung bei der Besteuerung mehreren Personen zuzurechnen ist (§ 179 Abs. 2 Satz 2 2. Alternative). Für das Feststellungsverfahren sind die Vorschriften über die Durchführung der Besteuerung sinngemäß anzuwenden (§ 181 Abs. 1).

2. Ein Ergänzungsbescheid (§ 179 Abs. 3) kann erlassen werden, wenn der Feststellungsbescheid lückenhaft ist. Unterblieben i. S. des § 179 Abs. 3 ist eine Feststellung nur dann, wenn sie im Feststellungsbescheid hätte getroffen werden müssen, tatsächlich aber – aus welchen Gründen auch immer – nicht getroffen worden ist. Inhaltliche Fehler in rechtlicher oder tatsächlicher Hinsicht können nicht in einem Ergänzungsbescheid korrigiert werden (BFH-Urteil vom 15. 6. 1994, BStBl II S. 819). Eine Feststellung ist nicht unterblieben und kann deshalb auch nicht nachgeholt werden, wenn sie im Feststellungsbescheid ausdrücklich abgelehnt worden ist.

Beispiele für zulässige Ergänzungsbescheide:

– Nachholung der Feststellung, ob und in welcher Höhe ein Freibetrag nach § 16 Abs. 4 EStG zu gewähren ist;

– Nachholung der Feststellung, wie der Gewinn zu verteilen ist (vgl. BFH-Urteil vom 13. 12. 1983, BStBl II 1984 S. 474);

– Nachholung des Hinweises über die Reichweite der Bekanntgabe gemäß § 183 Abs. 1 Satz 5 (BFH-Urteil vom 13. 7. 1994, BStBl II S. 885);

Dagegen kann die im Feststellungsverfahren unterbliebene Entscheidung, ob ein steuerbegünstigter Gewinn vorliegt, nicht in einem Ergänzungsbescheid nachgeholt werden, wenn das Finanzamt den Gewinn bisher als laufenden Gewinn festgestellt hat (BFH-Urteil vom 26. 11. 1975, BStBl II 1976 S. 304). Zur Nachholung der Feststellung von Besteuerungsgrundlagen bei gemeinschaftlich erzielten Einkünften vgl. zu § 180, Nr. 1.

3. Wegen der Anpassung der Folgebescheide an den Feststellungsbescheid wird auf § 175 Abs. 1 Satz 1 Nr. 1 hingewiesen, wegen der Einspruchsbefugnis bei Feststellungsbescheiden auf § 351 Abs. 2 und §§ 352, 353.

4. In den Fällen der atypischen stillen Unterbeteiligung am Anteil des Gesellschafters einer Personengesellschaft kann eine besondere gesonderte und einheitliche Feststellung vorgenommen werden (§ 179 Abs. 2 letzter Satz). Von dieser Möglichkeit ist wegen des Geheimhaltungsbedürfnisses der Betroffenen regelmäßig Gebrauch zu machen.
Die Berücksichtigung der Unterbeteiligung im Feststellungsverfahren für die Hauptgesellschaft ist nur mit Einverständnis aller Beteiligten – Hauptgesellschaft und deren Gesellschafter sowie der Unterbeteiligten – zulässig. Das Einverständnis der Beteiligten gilt als erteilt, wenn die Unterbeteiligung in der Feststellungserklärung für die Hauptgesellschaft geltend gemacht wird.
Die Regelung gilt für Treuhandverhältnisse, in denen der Treugeber über den Treuhänder Hauptgesellschafter der Personengesellschaft ist, entsprechend.
Die örtliche Zuständigkeit für die besondere gesonderte Feststellung richtet sich i. d. R. nach der Zuständigkeit für die Hauptgesellschaft.

5. Die Gewinnanteile des Unterbeteiligten bei einer typischen stillen Unterbeteiligung sind als Sonderbetriebsausgaben des Hauptbeteiligten im Feststellungsverfahren zu berücksichtigen (BFH-Urteil vom 9. 11. 1988, BStBl II 1989 S. 343). Eine Nachholung des Sonderbetriebsausgabenabzugs im Veranlagungsverfahren des Hauptbeteiligten ist nicht zulässig.

Zu § 180 AO

AEAO   Gesonderte Feststellung von Besteuerungsgrundlagen:

1. Die gesonderte Feststellung nach § 180 Abs. 1 Nr. 2 Buchstabe a umfaßt über die von den Feststellungsbeteiligten gemeinschaftlich erzielten Einkünfte hinaus alle weiteren Besteuerungsgrundlagen, die in rechtlichem, wirtschaftlichem oder tatsächlichem Zusammenhang mit diesen Einkünften stehen. Dies sind insbesondere Sonderbetriebseinnahmen und -ausgaben der Feststellungsbeteiligten. Darüber hinaus sind auch solche Aufwendungen gesondert festzustellen, die aus Mitteln der Gesellschaft oder Gemeinschaft geleistet werden und für die Besteuerung der Feststellungsbeteiligten, z. B. als Sonderausgaben, von Bedeutung sind. Soweit bei Erlaß des Feststellungsbescheids derartige Besteuerungsgrundlagen nicht berücksichtigt wurden, ist deren gesonderte Feststellung durch Ergänzungsbescheid (§ 179 Abs. 3) nachzuholen. Zum Verfahren bei der Geltendmachung von negativen Einkünften aus der Beteiligung an Verlustzuweisungsgesellschaften und vergleichbaren Modellen vgl. BMF-Schreiben vom 13. 7. 1992, BStBl I S. 404, und vom 28. 6. 1994, BStBl I S. 420.

2. Fallen der Wohnort und der Betriebs- bzw. Tätigkeitsort auseinander und liegen diese Orte im Bereich verschiedener Finanzämter, sind die Einkünfte des Steuerpflichtigen aus Land- und Forstwirtschaft, Gewerbebetrieb oder freiberuflicher Tätigkeit gesondert festzustellen (§ 180 Abs. 1 Nr. 2 Buchstabe b). Maßgebend sind die Verhältnisse zum Schluß des Gewinnermittlungszeitraums. Spätere Änderungen dieser Verhältnisse sind unbeachtlich. Bei einem vom Kalenderjahr abweichenden Wirtschaftsjahr oder einem Rumpfwirtschaftsjahr sind die Verhältnisse zum Schluß dieses Zeitraums maßgebend.

   Als Einkünfte aus freiberuflicher Tätigkeit sind die Einkünfte nach § 18 Abs. 1 Nr. 1 EStG anzusehen, nicht die übrigen Einkünfte aus selbständiger Arbeit. Zur Zuständigkeit, wenn Wohnung und Betrieb in einer Gemeinde (Großstadt) mit mehreren Finanzämtern liegen, vgl. zu § 19 Nrn. 2 und 3. Im übrigen ergibt sich die örtliche Zuständigkeit für gesonderte Feststellungen aus § 18.

3. Wegen der in § 180 Abs. 2 vorgesehenen Feststellungen wird auf die V zu § 180 Abs. 2 AO verwiesen. Auf Feststellungen nach § 180 Abs. 1 findet die V zu § 180 Abs. 2 AO keine Anwendung. Zur gesonderten Feststellung bei gleichen Sachverhalten nach der V zu § 180 Abs. 2 AO vgl. BMF-Schreiben vom 5. 12. 1990, BStBl I S. 764. Zum Verfahren bei der Geltendmachung von Vorsteuerbeträgen aus der Beteiligung an Gesamtobjekten vgl. BMF-Schreiben vom 24. 4. 1992, BStBl I S. 291. Zur gesonderten Feststellung der Steuerpflicht von Zinsen aus einer Lebensversicherung nach § 9 der V zu § 180 Abs. 2 AO vgl. BMF-Schreiben vom 27. 7. 1995, BStBl II S. 371.

4. Fälle von geringer Bedeutung, in denen eine gesonderte Feststellung entfällt (§ 180 Abs. 3 Nr. 2), sind beispielsweise bei Mieteinkünften von zusammenveranlagten Eheleuten (BFH-Urteil vom 20. 1. 1976, BStBl II S. 305) und bei dem gemeinschaftlich erzielten Gewinn von Landwirts-Eheleuten (BFH-Urteil vom 4. 7. 1985, BStBl II S. 576) gegeben, wenn die Einkünfte verhältnismäßig einfach zu ermitteln sind und die Aufteilung feststeht.

   Auch bei gesonderten Feststellungen nach § 180 Abs. 1 Nr. 2 Buchstabe b und Nr. 3 kann in Fällen von geringer Bedeutung auf die Durchführung eines gesonderten Gewinnfeststellungsverfahrens verzichtet werden (§ 180 Abs. 3 Satz 2). Ein Fall von geringer Bedeutung ist dabei insbesondere anzunehmen, wenn dasselbe Finanzamt für die Einkommensteuer-Veranlagung zuständig geworden ist (z. B. bei Verlegung des Wohnsitzes nach Ablauf des Feststellungszeitraumes in den Bezirk des Betriebsfinanzamtes).

5. Eine Feststellung ist auch zum Zweck der Ermittlung des anzuwendenden Steuersatzes im Falle eines bei der Steuerfestsetzung zu beachtenden Progressionsvorbehaltes und in den Fällen des § 2a EStG vorzunehmen (§ 180 Abs. 5 Nr. 1).

6. Soweit Einkünfte oder andere Besteuerungsgrundlagen nach § 180 Abs. 1 Nr. 2 AO oder nach der V zu § 180 Abs. 2 AO festzustellen sind, sind auch damit in Zusammenhang stehende Steuerabzugsbeträge und Körperschaftsteuer, die auf die Steuer der Feststellungsbeteiligten anzurechnen sind, gesondert festzustellen (§ 180 Abs. 5 Nr. 2). Steuerbescheinigungen sind deshalb nur dem für die gesonderte Feststellung zuständigen Finanzamt vorzulegen.
7. Zur Bindungswirkung der Feststellung nach § 180 Abs. 5 Nr. 2 und zur Korrektur der Folgebescheide vgl. § 182 Abs. 1 Satz 2.

Zu § 181 AO

AEAO   **Verfahrensvorschriften für die gesonderte Feststellung, Feststellungsfrist, Erklärungspflicht:**

1. Eine gesonderte und einheitliche Feststellung ist nach § 181 Abs. 5 Satz 1 grundsätzlich auch dann vorzunehmen, wenn bei einzelnen Feststellungsbeteiligten bereits die Festsetzungsfrist abgelaufen ist (vgl. BFH-Urteil vom 27. 8. 1997, BStBl II S. 750). In diesem Fall ist im Feststellungsbescheid auf seine eingeschränkte Wirkung hinzuweisen. Der Hinweis soll dem für den Erlaß des Folgebescheides zuständigen Finanzamt und dem Steuerpflichtigen deutlich machen, daß es sich um einen Feststellungsbescheid handelt, der nach Ablauf der Feststellungsfrist ergangen und deshalb nur noch für solche Steuerfestsetzungen bedeutsam ist, bei denen die Festsetzungsfrist noch nicht abgelaufen ist (vgl. BFH-Urteil vom 17. 8. 1989, BStBl II 1990 S. 411).
2. Die Anlaufhemmung der Feststellungsfrist für die gesonderte Feststellung von Einheitswerten nach § 181 Abs. 3 Satz 3 ist auch dann maßgeblich, wenn zugleich die Voraussetzungen der Anlaufhemmung nach § 181 Abs. 3 Satz 2 erfüllt sind.

Zu § 182 AO

AEAO   **Wirkung der gesonderten Feststellung:**

1. Ein Feststellungsbescheid über einen Einheitswert ist nur dann an den Rechtsnachfolger bekanntzugeben, wenn die Rechtsnachfolge eintritt, bevor der Bescheid dem Rechtsvorgänger bekanntgegeben worden ist. War der Bescheid bereits im Zeitpunkt der Rechtsnachfolge bekanntgegeben, wirkt der Bescheid auch gegenüber dem Rechtsnachfolger (dingliche Wirkung, § 182 Abs. 2). Der Rechtsnachfolger kann ihn in diesem Fall nach § 353 nur innerhalb der für den Rechtsvorgänger maßgebenden Einspruchsfrist anfechten.
2. § 182 Abs. 2 gilt nicht für Gewerbesteuermeßbescheide (§ 184 Abs. 1), wohl aber für Grundsteuermeßbescheide.
3. Eine Bindung des Haftungsschuldners an den Einheitswertbescheid ist nicht gegeben.
4. Die wegen Rechtsnachfolge fehlerhafte Bezeichnung eines Beteiligten kann nach § 182 Abs. 3 durch einen besonderen Bescheid richtiggestellt werden (Richtigstellungsbescheid). Der Regelungsgehalt des ursprünglichen Bescheides bleibt im übrigen unberührt. § 182 Abs. 3 gilt nicht für Feststellungen nach § 180 Abs. 1 Nr. 2 Buchstabe b (vgl. BFH-Urteil vom 12. 5. 1993, BStBl II 1994 S. 5.).

Abgabenordnung — Zu § 182 AO

Einfügung d. Schriftl.:

Besteuerungsgrundlagen

Die Feststellung der Besteuerungsgrundlagen bildet einen mit Rechtsbehelfen nicht anfechtbaren unselbständigen Teil des Steuerbescheids (§ 157 AO). Die Steuer wird auf der Grundlage eines einheitlichen Besteuerungsverfahrens durch Steuerbescheid festgesetzt (§ 155 ff. AO). Bestandskräftig wird nur der festgesetzte Steuerbetrag.

Grundlagenbescheide

Von dieser Regel gibt es Ausnahmen: Die Besteuerungsgrundlagen werden durch Feststellungsbescheid gesondert festgestellt, soweit dies in § 180 AO oder sonst in den Steuergesetzen bestimmt ist (§ 179 AO). Entscheidungen in einem Grundlagenbescheid können nur durch Einspruch gegen diesen und nicht gegen den Folgebescheid angegriffen werden (§ 351 Abs. 2 AO).

Übersicht: Bindungswirkung nach § 182 AO
Der Feststellungsbescheid hat als Grundlagenbescheid absolute Bindungswirkung für alle Folgebescheide

Feststellungsbescheid:	Folgebescheid:
Einheitswertbescheid Betriebsvermögen [2]	Vermögensteuer, [1] Einheitswert eines anderen Betriebsvermögens, [2] Gewerbekapitalsteuer [2]
Einheitswertbescheid Grundvermögen	Vermögensteuer, [1] Grundsteuermeßbescheid, Erbschaft- und Schenkungsteuer, [3]
Einheitswert Betriebsgrundstück	Einheitswert des Betriebsvermögens, [2] Grundsteuermeßbescheid, Erbschaft- und Schenkungsteuer, [3] Kürzung Gewerbesteuermeßbetrag
Gewinn-Feststellungsbescheid	Einkommensteuer, Körperschaftsteuer, andere Gewinnfeststellungen, nicht aber: GewSt-Meßbescheid
LSt-Eintragung	LSt-Anmeldung
Wert von Anteilen an Kapital-Gesellschaften	Vermögensteuer, [1] Einheitswert des Betriebsvermögens [2]
Einkommensteuerbescheid	Einkommensteuerbescheide, bei denen ein Verlustabzug berücksichtigt werden soll (§ 10d EStG) Prämienbescheide, Aufteilungsbescheide nach § 268 AO
Gewerbesteuer-Meßbescheid	Gewerbesteuerbescheid

Merke: Die Bindungswirkung, die § 182 AO vorschreibt, wird verfahrensrechtlich verwirklicht über die Berichtigungsvorschrift des § 175 Abs. 1 Nr. 1 in Verbindung mit der Ablaufhemmung des § 171 Abs. 10 AO.

Anm.:
[1] Bis einschließlich 1996.
[2] Bis einschließlich 1997.
[3] Bis einschließlich 1995.

Zu § 218 AO

AEAO   Verwirklichung von Ansprüchen aus dem Steuerschuldverhältnis:

1. Ansprüche aus dem Steuerschuldverhältnis (§ 37) werden durch Verwaltungsakt konkretisiert. Der – ggf. materiell-rechtlich unrichtige – Verwaltungsakt beeinflußt zwar nicht die materielle Höhe des Anspruchs aus dem Steuerschuldverhältnis; solange er jedoch besteht, legt er fest, ob und in welcher Höhe ein Anspruch durchgesetzt werden kann. Maßgebend ist allein der letzte Verwaltungsakt (z. B. der letzte Änderungsbescheid oder der letzte Abrechnungsbescheid). Der einheitliche Anspruch aus dem Steuerschuldverhältnis kann deshalb bei – ggf. mehrfacher – Änderung einer Festsetzung nicht in unterschiedliche Zahlungs- und Erstattungsansprüche aufgespalten werden (BFH-Urteil vom 6. 2. 1996, BStBl II 1997 S. 112).

   Der Verwaltungsakt wirkt konstitutiv, wenn es sich um steuerliche Nebenleistungen handelt, deren Festsetzung in das Ermessen der Finanzbehörde gestellt ist, z. B. beim Verspätungszuschlag (§ 152).

2. Bei Säumniszuschlägen bedarf es keines Leistungsgebotes, wenn sie zusammen mit der Steuer beigetrieben werden (§ 254 Abs. 2).

3. Über Streitigkeiten, die die Verwirklichung von Ansprüchen aus dem Steuerschuldverhältnis betreffen, entscheiden die Finanzbehörden durch Abrechnungsbescheid. Als Rechtsbehelf ist der Einspruch gegeben. Die Korrekturmöglichkeiten richten sich nach den §§ 129 bis 131.

   Eine Verfügung über die Anrechnung von Steuerabzugsbeträgen, Steuervorauszahlungen und anrechenbarer Körperschaftsteuer (Anrechnungsverfügung) ist ein Verwaltungsakt mit Bindungswirkung. Diese Bindungswirkung muß auch beim Erlaß eines Abrechnungsbescheids nach § 218 Abs. 2 beachtet werden. Deshalb kann im Rahmen eines Abrechnungsbescheides die Steueranrechnung zugunsten oder zuungunsten des Steuerpflichtigen nur dann korrigiert werden, wenn eine der Voraussetzungen der §§ 129 – 131 gegeben ist (vgl. BFH-Urteil vom 15. 4. 1997, BStBl II S. 787).

Zu § 224 AO

AEAO   Leistungsort, Tag der Zahlung:

1. § 224 Abs. 2 Nr. 3 stellt sicher, daß Verzögerungen bei der Einziehung auf Grund einer Einzugsermächtigung nicht zu Lasten des Steuerpflichtigen gehen.

2. Die Regelungen zum Tag der Zahlung (§ 224 Abs. 2 und 3) gelten nur bei wirksam geleisteten Zahlungen, d. h. wenn der geleistete Betrag den Empfänger erreicht hat.

Zu § 228 AO

AEAO   Gegenstand der Verjährung, Verjährungsfrist:

1. Die Zahlungsverjährung erstreckt sich auch auf Ansprüche des Steuerpflichtigen. Der einheitliche Anspruch aus dem Steuerschuldverhältnis (z. B. für die Steuer eines Veranlagungszeitraums) kann bei – ggf. mehrfach – geänderter Festsetzung nicht in unterschiedliche Zahlungs- und Erstattungsansprüche aufgespalten werden, die bezogen auf die jeweils ergange-

nen Verwaltungsakte unterschiedlichen Verjährungsfristen unterliegen (BFH-Urteil vom 6. 2. 1996, BStBl II 1997 S. 112).
2. Fällt das Ende der Verjährungsfrist auf einen Sonntag, einen gesetzlichen Feiertag oder einen Sonnabend, so endet die Verjährungsfrist erst mit dem Ablauf des nächstfolgenden Werktages (§ 108 Abs. 3).
3. Die Zahlungsverjährung führt zum Erlöschen des Anspruchs (§§ 47, 232).

Zu § 229 AO

AEAO   Beginn der Verjährung:

Die Zahlungsverjährung beginnt grundsätzlich mit Ablauf des Kalenderjahres, in dem der Anspruch erstmals fällig geworden ist. Wird durch eine Steueranmeldung oder Steuerfestsetzung erst die Voraussetzung für die Durchsetzung des Anspruchs geschaffen, so beginnt die Verjährung auch bei früherer Fälligkeit des Anspruchs (z. B. bei den sog. Fälligkeitssteuern) nicht vor Ablauf des Kalenderjahres, in dem die Steueranmeldung oder die Festsetzung, die Aufhebung oder Änderung der Festsetzung eines Anspruchs wirksam geworden ist. Dies gilt unabhängig davon, ob der Bescheid angefochten wird oder nicht.

Zu § 231 AO

AEAO   Unterbrechung der Verjährung:

1. Für die Unterbrechung genügt, daß das maßgebliche Schriftstück vor Ablauf der Verjährungsfrist die Finanzbehörde verlassen hat oder daß bei öffentlicher Zustellung bis zu diesem Zeitpunkt der Aushang erfolgt ist (§ 169 Abs. 1 Satz 3).
2. Zu den Unterbrechungstatbeständen gehört auch die schriftliche Geltendmachung eines Zahlungsanspruchs durch den Steuerpflichtigen.

Zu § 233a AO [1]

AEAO   Verzinsung von Steuernachforderungen und Steuererstattungen:

Allgemeines
1. Die Verzinsung nach § 233a (Vollverzinsung) soll im Interesse der Gleichmäßigkeit der Besteuerung und zur Vermeidung von Wettbewerbsverzerrungen einen Ausgleich dafür schaffen, daß die Steuern trotz gleichen gesetzlichen Entstehungszeitpunkts, aus welchen Gründen auch immer, zu unterschiedlichen Zeitpunkten festgesetzt und erhoben werden. Die Verzinsung ist gesetzlich vorgeschrieben; die Zinsfestsetzung steht nicht im Ermessen der Finanz-

---

Anm. d. Schriftl.:

[1] Durch das Steuerbereinigungsgesetz 1999 vom 22. 12. 1999 – BGBl 1999 I S. 2601 wurde bezüglich des Zinslaufendes die 4-Jahres-Regelung aufgehoben, d. h. der Zinslauf kann nunmehr auch mehr als 4 Jahre betragen. Dies gilt für alle Steuern, die nach dem 31. 12. 1993 entstehen.

behörde. Die Zinsen werden grundsätzlich im automatisierten Verfahren berechnet, festgesetzt und zum Soll gestellt. Die Zinsfestsetzung wird regelmäßig mit dem Steuerbescheid oder der Abrechnungsmitteilung verbunden.

Sachlicher und zeitlicher Geltungsbereich

2. Die Verzinsung ist beschränkt auf die Festsetzung der Einkommen-, Körperschaft-, Vermögen-, Umsatz- und Gewerbesteuer (§ 233a Abs. 1 Satz 1). Von der Verzinsung ausgenommen sind die übrigen Steuern und Abgaben sowie Steuervorauszahlungen und Steuerabzugsbeträge (§ 233a Abs. 1 Satz 2). Auch bei der Nachforderung von Abzugsteuern gegenüber dem Steuerschuldner, der Festsetzung der vom Arbeitgeber übernommenen Lohnsteuer sowie der Festsetzung der Umsatzsteuer im Abzugsverfahren erfolgt keine Verzinsung nach § 233a. Kirchensteuern werden nur verzinst, soweit die Landeskirchensteuergesetze dies vorsehen.

   Die Verzinsung gilt erstmals für Steuern, die nach dem 31. 12. 1988 (bzw. in dem in Artikel 3 des Einigungsvertrages genannten Gebiet nach dem 31. 12. 1990) entstehen (Art. 97 § 15 Abs. 4, Art. 97a § 2 Nr. 10 EGAO). Ein Erstattungsanspruch hinsichtlich einer früher entstandenen Steuer ist auch dann nicht nach § 233a zu verzinsen, wenn er auf einer nach diesem Zeitpunkt geleisteten Zahlung beruht.

Zinsschuldner/-gläubiger

3. Bei der Verzinsung von Steuernachzahlungen ist der Steuerschuldner auch Zinsschuldner. Schulden mehrere Personen die Steuer als Gesamtschuldner, sind sie auch Gesamtschuldner der Zinsen. Bei der Verzinsung von Erstattungsansprüchen ist grundsätzlich der Gläubiger des Erstattungsanspruchs Zinsgläubiger. Die Aufteilung der Zinsen nach §§ 268 ff. hat für die Zinsberechnung keine Bedeutung. Zur Abtretung eines Anspruchs auf Erstattungszinsen vgl. zu § 46, Nr. 1.

Zinslauf

4. Der Zinslauf beginnt im Regelfall 15 Monate nach Ablauf des Kalenderjahres, in dem die Steuer entstanden ist (Karenzzeit nach § 233a Abs. 2 Satz 1). Er endet mit Ablauf des Tages, an dem die Steuerfestsetzung wirksam wird (§ 233a Abs. 2 Satz 3). Sind Steuern zu verzinsen, die vor dem 1. 1. 1994 entstanden sind, endet der Zinslauf spätestens vier Jahre nach seinem Beginn (Art. 97 § 15 Abs. 8 EGAO).■ Der Zeitpunkt der Zahlung oder der Fälligkeit der Steuernachforderung oder der Steuererstattung ist grundsätzlich unbeachtlich.

5. Bei Steuerfestsetzungen durch Steuerbescheid endet der Zinslauf am Tag der Bekanntgabe des Steuerbescheids (§ 124 Abs. 1 Satz 1 i. V. m. § 122). Dies kann auch ein Sonnabend, ein Sonntag oder ein gesetzlicher Feiertag sein. Bei Umsatzsteuererklärungen mit einem Unterschiedsbetrag zuungunsten des Steuerpflichtigen endet der Zinslauf grundsätzlich am Tag des Eingangs der Steueranmeldung (§ 168 Satz 1). Bei zustimmungsbedürftigen Umsatzsteuererklärungen mit einem Unterschiedsbetrag zugunsten des Steuerpflichtigen endet der Zinslauf grundsätzlich mit Ablauf des Tages, an dem dem Steuerpflichtigen die Zustimmung der Finanzbehörde bekannt wird (vgl. zu § 168, Nrn. 3 und 4). Dies gilt auch in den Fällen, in denen die Zustimmung allgemein erteilt wird (vgl. zu § 168, Nr. 9).

6. Ein voller Zinsmonat (§ 238 Abs. 1 Satz 2) ist erreicht, wenn der Tag, an dem der Zinslauf endet, hinsichtlich seiner Zahl dem Tag entspricht, der dem Tag vorhergeht, an dem die Frist

---

■ **Anm. d. Schriftl.:**
Die Begrenzung des Zinslaufs auf 4 Jahre ab Ende der Karenzzeit gilt auch bei späterem Beginn der Berechnung von Erstattungszinsen (Urteil des BVerfG vom 28. 6. 2000 – BStBl 2000 II S. 509).

begann (BFH-Urteil vom 24. 7. 1996, BStBl II 1997 S. 6); Beginn der Zinslauf z. B. am 1. 4. und wurde die Steuerfestsetzung am 30. 4. bekanntgegeben, ist bereits ein voller Zinsmonat gegeben.

7. Behauptet der Steuerpflichtige, ihm sei der Steuerbescheid bzw. die erweiterte Abrechnungsmitteilung später als nach der Zugangsvermutung des § 122 Abs. 2 zugegangen, bleibt der ursprüngliche Bekanntgabetag für die Zinsberechnung maßgebend, wenn das Guthaben bereits erstattet wurde. Gleiches gilt, wenn der Steuerbescheid bzw. die Abrechnungsmitteilung nach einem erfolglosen Bekanntgabeversuch erneut abgesandt wird und das Guthaben bereits erstattet wurde. Wurde bei einer Änderung/Berichtigung einer Steuerfestsetzung vor ihrer Bekanntgabe ein Guthaben bereits erstattet, ist allerdings die Zinsfestsetzung im bekanntgegebenen Bescheid so durchzuführen, als ob das Guthaben noch nicht erstattet worden wäre.

...

10. Soweit die Steuerfestsetzung auf der erstmaligen Berücksichtigung eines rückwirkenden Ereignisses oder eines Verlustrücktrags beruht, beginnt der Zinslauf nach § 233a Abs. 2a erst 15 Monate nach Ablauf des Kalenderjahres, in dem das rückwirkende Ereignis eingetreten oder der Verlust entstanden ist. Die steuerlichen Auswirkungen eines Verlustrücktrages bzw. eines rückwirkenden Ereignisses werden daher bei der Berechnung von Zinsen nach § 233a erst ab einem vom Regelfall abweichenden späteren Zinslaufbeginn berücksichtigt. Soweit § 10d Abs. 1 EStG entsprechend gilt, ist auch § 233a Abs. 2a entsprechend anzuwenden (vgl. z. B. § 10b Abs. 1 EStG). Ob ein Ereignis steuerliche Rückwirkung hat, beurteilt sich nach dem jeweils anzuwendenden Steuergesetz (BFH-Urteil vom 26. 7. 1984, BStBl II S. 786). § 233a Abs. 2a ist auch dann anzuwenden, wenn ein rückwirkendes Ereignis bereits bei der erstmaligen Steuerfestsetzung berücksichtigt wird.

Nach dem BFH-Urteil vom 18. 5. 1999 (BStBl II S. 634) ist § 233a Abs. 2a bei einer auf einem Erstbeschluß beruhenden erstmaligen offenen Gewinnausschüttung nicht anzuwenden. Die Grundsätze dieses Urteils sind über den entschiedenen Einzelfall hinaus nur anzuwenden, wenn die Ausschüttung auf einem den gesellschaftsrechtlichen Vorschriften entsprechenden erstmaligen Gewinnverteilungsbeschluß für das vorangegangene Wirtschaftsjahr (§ 27 Abs. 3 Satz 1 KStG) beruht und die Gewinnausschüttung innerhalb von zwölf Monaten nach Ablauf des Veranlagungszeitraums erfolgt, in dem das Wirtschaftsjahr endet, für das die Ausschüttung erfolgt.

Der besondere Zinslauf nach § 233a Abs. 2a endet mit Ablauf des Tages, an dem die Steuerfestsetzung wirksam wird (§ 233a Abs. 2 Satz 3). Sind Steuern zu verzinsen, die vor dem 1. 1. 1994 entstanden sind, endet der besondere Zinslauf spätestens vier Jahre nach seinem Beginn (Art. 97 § 15 Abs. 8 EGAO). § 233a Abs. 2a ist erstmals anzuwenden, soweit die Verluste oder rückwirkenden Ereignisse nach dem 31. 12. 1995 entstanden bzw. eingetreten sind (Art. 97 § 15 Abs. 8 EGAO).

Grundsätze der Zinsberechnung

11. Die Zinsen betragen für jeden vollen Monat des Zinslaufs einhalb vom Hundert (§ 238 Abs. 1). Für die Berechnung wird der zu verzinsende Betrag jeder Steuerart auf volle hundert Deutsche Mark nach unten abgerundet (§ 238 Abs. 2). Dabei sind die zu verzinsenden Ansprüche zu trennen, wenn Steuerart, Zeitraum oder der Tag des Beginns des Zinslaufs voneinander abweichen (vgl. Nr. 2 zu § 238). Zinsen werden nur dann festgesetzt, wenn sie mindestens zwanzig Deutsche Mark betragen (§ 239 Abs. 2).

12. Für die Zinsberechnung gelten die Grundsätze der sog. Sollverzinsung. Berechnungsgrundlage ist der Unterschied zwischen dem festgesetzten Soll und dem vorher festgesetzten Soll (Vorsoll). Bei der Berechnung von Erstattungszinsen gelten allerdings Besonderheiten, wenn Steuerbeträge nicht oder nicht fristgerecht gezahlt wurden (§ 233a Abs. 3 Satz 3).

13. Es ist grundsätzlich unerheblich, ob das Vorsoll bei Fälligkeit getilgt worden ist. Ggf. treten insoweit besondere Zins- und Säumnisfolgen (z. B. Stundungszinsen, Säumniszuschläge) ein. Nachzahlungszinsen nach § 233a sind andererseits auch dann festzusetzen, wenn das Finanzamt vor Festsetzung der Steuer freiwillige Leistungen auf die Steuerschuld angenommen hat und hierdurch die festgesetzte Steuerschuld insgesamt erfüllt wird. Voraussetzung für die Verzinsung ist lediglich, daß die Steuerfestsetzung zu einem Unterschiedsbetrag nach § 233a Abs. 3 führt (§ 233a Abs. 1 Satz 1). Wegen des zeitanteiligen Erlasses von Nachzahlungszinsen in diesen Fällen vgl. Nr. 70.

Zinsberechnung bei der erstmaligen Steuerfestsetzung

14. Bei der erstmaligen Steuerfestsetzung (endgültige Steuerfestsetzung, vorläufige Steuerfestsetzung, Steuerfestsetzung unter Vorbehalt der Nachprüfung) ist Berechnungsgrundlage der Unterschied zwischen dem dabei festgesetzten Soll (festgesetzte Steuer abzüglich anzurechnender Steuerabzugsbeträge und anzurechnender Körperschaftsteuer) und dem Vorauszahlungssoll. Maßgebend sind die bis zum Beginn des Zinslaufs festgesetzten Vorauszahlungen (§ 233a Abs. 3 Satz 1). Einbehaltene Steuerabzugsbeträge sind unabhängig vom Zeitpunkt der Zahlung durch den Abzugsverpflichteten zu berücksichtigen.

15. Vorauszahlungen können noch innerhalb der gesetzlichen Fristen (z. B. § 37 Abs. 3 Satz 3 EStG) angepaßt werden. Leistet der Steuerpflichtige vor Ablauf der Karenzzeit eine freiwillige Vorauszahlung, ist dies als Antrag auf Anpassung der bisher festgesetzten Vorauszahlungen anzusehen. Diesem Antrag soll regelmäßig entsprochen werden. Eine nachträgliche Erhöhung der Vorauszahlungen zur Einkommen- und Körperschaftsteuer erfolgt jedoch nur dann, wenn der Erhöhungsbetrag mindestens 5 000 DM beträgt (§ 37 Abs. 5 EStG, § 49 Abs. 1 KStG; vgl. auch BFH-Urteil vom 5. 6. 1996, BStBl II S. 503).

16. Bei der Umsatzsteuer kann der Steuerpflichtige eine Anpassung der Vorauszahlungen durch die Abgabe einer berichtigten Voranmeldung (§ 153 Abs. 1) herbeiführen. Die berichtigte Voranmeldung steht einer geänderten Steuerfestsetzung unter Vorbehalt der Nachprüfung gleich und bedarf keiner Zustimmung der Finanzbehörde, wenn sie zu einer Erhöhung der bisher zu entrichtenden Steuer oder einem geringeren Erstattungsbetrag führt. . . . Eine nach Ablauf der Karenzzeit abgegebene (erstmalige oder berichtigte) Voranmeldung ist bei der Berechnung des Unterschiedsbetrages nach § 233a Abs. 3 Satz 1 nicht zu berücksichtigen. In diesem Fall soll aber unverzüglich eine Festsetzung der Jahressteuer unter Vorbehalt der Nachprüfung erfolgen.

17. Leistet der Steuerpflichtige nach Ablauf der Karenzzeit eine freiwillige Zahlung, soll bei Vorliegen der Steuererklärung unverzüglich eine Steuerfestsetzung erfolgen. Diese Steuerfestsetzung kann zur Beschleunigung auch durch eine personelle Festsetzung unter Vorbehalt der Nachprüfung erfolgen. In diesem Fall kann sich die Steuerfestsetzung auf die bisher festgesetzten Vorauszahlungen zuzüglich der freiwillig geleisteten Zahlung beschränken. Auf die Angabe der Besteuerungsgrundlagen kann dabei verzichtet werden.

18. Bei der freiwilligen Zahlung kann grundsätzlich unterstellt werden, daß die Zahlung ausschließlich auf die Hauptsteuer (Einkommen- bzw. Körperschaftsteuer) entfällt. Die Folgesteuern sind ggf. daneben festzusetzen und zu erheben.

19. Ergibt sich bei der ersten Steuerfestsetzung ein Unterschiedsbetrag zuungunsten des Steuerpflichtigen (Mehrsoll), werden Nachzahlungszinsen für die Zeit ab Beginn des Zinslaufs bis zur Wirksamkeit der Steuerfestsetzung berechnet (§ 233a Abs. 2 Satz 3).

20. **Beispiel 1:**

Einkommensteuer 1994	
Steuerfestsetzung vom 9. 12. 1996,	
bekanntgegeben am 12. 12. 1996	42 000 DM
abzüglich anzurechnende Steuerabzugsbeträge und anzurechnende Körperschaftsteuer	./. 2 000 DM
Soll:	40 000 DM
abzüglich festgesetzte Vorauszahlungen	./. 26 000 DM
Unterschiedsbetrag (Mehrsoll)	14 000 DM

Zu verzinsen sind 14 000 DM zuungunsten des Steuerpflichtigen, für die Zeit vom 1. 4. 1996 bis 12. 12. 1996 (8 volle Monate × 0,5 v. H. = 4 v. H.).

Festzusetzende Zinsen (Nachzahlungszinsen):   560 DM

21. Ergibt sich ein Unterschiedsbetrag zugunsten des Steuerpflichtigen (Mindersoll), ist dieser ebenfalls Grundlage der Zinsberechnung. Um Erstattungszinsen auf festgesetzte, aber nicht entrichtete Vorauszahlungen zu verhindern, ist nur der tatsächlich zu erstattende Betrag – und zwar für den Zeitraum zwischen der Zahlung der zu erstattenden Beträge und der Wirksamkeit der Steuerfestsetzung – zu verzinsen (§ 233a Abs. 2 Satz 3 und Abs. 3 Satz 3).

22. **Beispiel 2:**

Einkommensteuer 1994	
Steuerfestsetzung vom 9. 12. 1996,	
bekanntgegeben am 12. 12. 1996	2 000 DM
abzüglich anzurechnende Steuerabzugsbeträge und anzurechnende Körperschaftsteuer	./. 2 000 DM
Soll:	0 DM
abzüglich festgesetzte Vorauszahlungen	./. 26 000 DM
Unterschiedsbetrag (Mindersoll)	./. 26 000 DM

Da der Steuerpflichtige am 10. 6. 1996 10 000 DM gezahlt hat und darüber hinaus keine weiteren Zahlungen erfolgt sind, sind lediglich 10 000 DM zu erstatten.

Zu verzinsen sind 10 000 DM zugunsten des Steuerpflichtigen für die Zeit vom 10. 6. 1996 bis 12. 12. 1996 (6 volle Monate × 0,5 v. H. = 3 v. H.).

Festzusetzende Zinsen (Erstattungszinsen):   ./. 300 DM

23. Besteht der zu erstattende Betrag aus mehreren Einzahlungen, richtet sich der Zinsberechnungszeitraum nach der Einzahlung des jeweiligen Teilbetrags, wobei unterstellt wird, daß die Erstattung zuerst aus dem zuletzt gezahlten Betrag erfolgt.

24. Der Erstattungsbetrag ist für die Zinsberechnung auf volle hundert Deutsche Mark nach unten abzurunden (z. B. ist ein Erstattungsbetrag von 750 DM auf 700 DM abzurunden). Ist mehr als ein Betrag (mehrere Einzahlungen) zu verzinsen, so ist der durch die Rundung auf volle hundert Deutsche Mark sich ergebende Spitzenbetrag vom Teilbetrag mit dem ältesten Wertstellungstag abzuziehen.

25. Die Verzinsung des zu erstattenden Betrages erfolgt nur bis zur Höhe des Mindersolls. Freiwillig geleistete Zahlungen sollen zum Anlaß genommen werden, die bisher festgesetzten Vorauszahlungen anzupassen (vgl. Nrn. 15 und 16) oder die Jahressteuer unverzüglich festzusetzen (vgl. Nr. 17). Bis zur Festsetzung der Vorauszahlung oder der Jahressteuer sind sie aber zur Vermeidung von Mißbräuchen von der Verzinsung ausgeschlossen.

26. **Beispiel 3:**

Einkommensteuer 1994	
Steuerfestsetzung vom 19. 7. 1996,	
bekanntgegeben am 22. 7. 1996	28 000 DM

abzüglich anzurechnende Steuerabzugsbeträge und anzurechnende Körperschaftsteuer	./. 4 000 DM
Soll:	24 000 DM
abzüglich festgesetzter Vorauszahlungen	./. 26 000 DM
Unterschiedsbetrag (Mindersoll)	./. 2 000 DM

Der Steuerpflichtige hat die Vorauszahlungen jeweils bei Fälligkeit entrichtet, am 20. 6. 1996 zahlte er zusätzlich freiwillig 14 000 DM. Zu erstatten sind daher insgesamt 16 000 DM.
Zu verzinsen sind 2 000 DM zugunsten des Steuerpflichtigen für die Zeit vom 1. 4. 1996 bis 22. 7. 1996 (3 volle Monate × 0,5 v. H. = 1,5 v. H.).

Festzusetzende Zinsen (Erstattungszinsen):	./. 30 DM

27. Bei der Ermittlung freiwilliger (Über-)Zahlungen des Steuerpflichtigen, die bei der Berechnung der Erstattungszinsen außer Ansatz bleiben, sind die zuletzt eingegangenen, das Vorauszahlungssoll übersteigenden Zahlungen als freiwillig anzusehen.

28. Wenn bei der erstmaligen Steuerfestsetzung ein rückwirkendes Ereignis oder ein Verlustrücktrag berücksichtigt wurde, beginnt der Zinslauf insoweit erst 15 Monate nach Ablauf des Kalenderjahres, in dem dieses rückwirkende Ereignis eingetreten oder der Verlust entstanden ist (§ 233a Abs. 2a). Der Unterschiedsbetrag nach § 233a Abs. 3 Satz 1 ist deshalb in Teil-Unterschiedsbeträge aufzuteilen, soweit diese einen unterschiedlichen Zinslaufbeginn nach § 233a Abs. 2 und Abs. 2a haben (§ 233a Abs. 7 Satz 1 1. Halbsatz). Innerhalb dieser Teil-Unterschiedsbeträge sind Sollminderungen und Sollerhöhungen mit gleichem Zinslaufbeginn zu saldieren.

29. Die Teil-Unterschiedsbeträge sind in ihrer zeitlichen Reihenfolge, beginnend mit dem ältesten Zinslaufbeginn, zu ermitteln (§ 233a Abs. 7 Satz 1 2. Halbsatz). Dabei ist unerheblich, ob sich der einzelne Teil-Unterschiedsbetrag zugunsten oder zuungunsten des Steuerpflichtigen auswirkt.

Zunächst ist die fiktive Steuer zu ermitteln, die sich ohne Berücksichtigung rückwirkender Ereignisse und Verlustrückträge ergeben würde. Die Differenz zwischen dieser fiktiven Steuer, vermindert um anzurechnende Steuerabzugsbeträge und anzurechnende Körperschaftsteuer, und den festgesetzten Vorauszahlungen ist der erste für die Zinsberechnung maßgebliche Teil-Unterschiedsbetrag.

Im nächsten Schritt ist auf der Grundlage dieser fiktiven Steuerermittlung die fiktive Steuer zu berechnen, die sich unter Berücksichtigung der rückwirkenden Ereignisse oder Verlustrückträge mit dem ältesten Zinslaufbeginn ergeben würde. Die Differenz zwischen dieser und der zuvor ermittelten fiktiven Steuer, jeweils vermindert um anzuregende Steuerabzugsbeträge und anzurechnende Körperschaftsteuer, ist der für die Zinsberechnung maßgebliche zweite Teil-Unterschiedsbetrag. Dies gilt entsprechend für weitere Teil-Unterschiedsbeträge mit späterem Zinslaufbeginn.

30. **Beispiel 4:**
Einkommensteuer 1995

	zu versteuerndes Einkommen (z. v. E.)	Steuer
erstmalige Steuerfestsetzung	100 000 DM	30 743 DM
dabei wurden berücksichtigt:		
– rückwirkendes Ereignis aus 1996	+ 5 000 DM	
– Verlustrücktrag aus 1997	./. 15 000 DM	
abzüglich anzurechnende Steuerabzugsbeträge und anzurechnende Körperschaftsteuer		./. 0 DM
Soll:		30 743 DM
abzüglich festgesetzte Vorauszahlungen		./. 21 100 DM
Unterschiedsbetrag (Mehrsoll)		+ 9 643 DM

Ermittlung der Teil-Unterschiedsbeträge:

	z. v. E.	Steuer	
• Vorsoll (festgesetzte Vorauszahlungen)		21 100 DM	
• 1. Schattenveranlagung (Steuerfestsetzung ohne Berücksichtigung des rückwirkenden Ereignisses und des Verlustrücktrags)	110 000 DM	35 608 DM	
abzüglich anzurechnende Steuerbeträge		./. 0 DM	
fiktives Soll:		35 608 DM	
Erster Teil-Unterschiedsbetrag =			+ 14 508 DM
• 2. Schattenveranlagung (1. Schattenveranlagung + rückwirkendes Ereignis aus 1996)	115 000 DM	38 128 DM	
abzüglich anzurechnende Steuerbeträge		./. 0 DM	
fiktives Soll:		38 128 DM	
Zweiter Teil-Unterschiedsbetrag =			+ 2 520 DM
• 3. Schattenveranlagung (2. Schattenveranlagung + Verlustrücktrag aus 1997)	100 000 DM	30 743 DM	
abzüglich anzurechnende Steuerbeträge		./. 0 DM	
fiktives Soll:		30 743 DM	
Dritter Teil-Unterschiedsbetrag =			./. 7 385 DM
Summe der Teil-Unterschiedsbeträge:			+ 9 643 DM

31. Alle Teil-Unterschiedsbeträge sind jeweils gesondert auf volle 100 DM abzurunden, da der Zinslauf für die zu verzinsenden Beträge zu jeweils abweichenden Zeitpunkten beginnt (§ 238 Abs. 2).

32. Die auf die einzelnen Teil-Unterschiedsbeträge entfallenden Zinsen sind eigenständig und in ihrer zeitlichen Reihenfolge zu berechnen, beginnend mit den Zinsen auf den Teil-Unterschiedsbetrag mit dem ältesten Zinslaufbeginn (§ 233a Abs. 7 Satz 1 2. Halbsatz). Dabei ist für jeden Zinslauf bzw. Zinsberechnungszeitraum eigenständig zu prüfen, inwieweit jeweils volle Zinsmonate vorliegen.

...

40. Wenn bei der Zinsberechnung mehrere Teil-Unterschiedsbeträge zu berücksichtigen sind, sind Zinsen nur dann festzusetzen, wenn die Summe der auf die einzelnen Teil-Unterschiedsbeträge berechneten Zinsen mindestens 20 Deutsche Mark beträgt (§ 239 Abs. 2). Nach § 8 Abs. 1 KBV sind Zinsen auf volle DM zugunsten des Steuerpflichtigen abzurunden. Maßgebend sind die festzusetzenden Zinsen, d. h. die Summe der auf die einzelnen Teil-Unterschiedsbeträge berechneten Zinsen. ...

Zinsberechnung bei einer Korrektur der Steuerfestsetzung oder der Anrechnung von Steuerbeträgen

41. Falls anläßlich einer Steuerfestsetzung Zinsen festgesetzt wurden, löst die Aufhebung, Änderung oder Berichtigung dieser Steuerfestsetzung eine Änderung der bisherigen Zinsfestsetzung aus (§ 233a Abs. 5 Satz 1 1. Halbsatz). Dabei ist es gleichgültig, worauf die Aufhebung, Änderung oder Berichtigung beruht (z. B. auch Änderung durch Einspruchsentscheidung oder durch oder aufgrund der Entscheidung eines Finanzgerichts).

42. Soweit die Korrektur der Steuerfestsetzung auf der erstmaligen Berücksichtigung eines rückwirkenden Ereignisses oder eines Verlustrücktrags beruht, beginnt der Zinslauf nach § 233a Abs. 2a erst 15 Monate nach Ablauf des Kalenderjahres, in dem das rückwirkende Ereignis eingetreten oder der Verlust entstanden ist. Gleiches gilt, wenn ein bereits bei der vorangegangenen Steuerfestsetzung berücksichtigter Verlustrücktrag bzw. ein bereits bei der vorangegangenen Steuerfestsetzung berücksichtigtes rückwirkendes Ereignis unmittelbar Änderungen erfährt und der Steuerbescheid deshalb geändert wird.

Auf Grund der Anknüpfung der Verzinsung an die Soll-Differenz (vgl. Nr. 46) ist keine besondere Zinsberechnung i. S. d. § 233a Abs. 2a i. V. m. Abs. 7 vorzunehmen, wenn ein Steuerbescheid, in dem erstmals ein Verlustrücktrag bzw. ein rückwirkendes Ereignis berücksichtigt worden ist, später aus anderen Gründen (z. B. zur Berücksichtigung neuer Tatsachen i. S. d. § 173) geändert wird. Dabei ist es für die Verzinsung auch unerheblich, wenn sich die steuerlichen Auswirkungen des bereits in der vorherigen Steuerfestsetzung berücksichtigten Verlustrücktrags bzw. rückwirkenden Ereignisses auf Grund der erstmaligen oder abweichenden Berücksichtigung regulär zu verzinsender Besteuerungsgrundlagen rechnerisch verändern sollte (vgl. z. B. das Beispiel in A 78 Abs. 5 KStR 1995). Auch derartige materiell-rechtliche Folgeänderungen sind bei der Verzinsung dem maßgeblichen Änderungsgrund (z. B. den neuen Tatsachen i. S. d. § 173) zuzuordnen.

43. Materielle Fehler im Sinne des § 177 werden bei dem Änderungstatbestand berichtigt, dessen Anwendung die saldierende Berücksichtigung des materiellen Fehlers ermöglicht. Deshalb ist der Saldierungsbetrag bei der Ermittlung des Teil-Unterschiedsbetrags zu berücksichtigen, der diesem Änderungstatbestand zugrunde liegt. Beruht die Saldierung nach § 177 auf mehreren Änderungstatbeständen, die einen unterschiedlichen Zinslaufbeginn aufweisen, ist der Saldierungsbetrag den Änderungstatbeständen in chronologischer Reihenfolge zuzuordnen, beginnend mit dem Änderungstatbestand mit dem ältesten Zinslaufbeginn.

44. Ist bei der vorangegangenen Steuerfestsetzung eine Zinsfestsetzung unterblieben, weil z. B. bei Wirksamkeit der Steuerfestsetzung die Karenzzeit noch nicht abgelaufen war oder die Zinsen weniger als zwanzig Deutsche Mark betragen haben, ist bei der erstmaligen Zinsfestsetzung aus Anlaß der Aufhebung, Änderung oder Berichtigung der Steuerfestsetzung für die Berechnung der Zinsen ebenfalls der Unterschied zwischen dem neuen und dem früheren Soll maßgebend.

45. Den Fällen der Aufhebung, Änderung oder Berichtigung der Steuerfestsetzung sind die Fälle der Korrektur der Anrechnung von Steuerbeträgen (Steuerabzugsbeträge, anzurechnende Körperschaftsteuer) gleichgestellt (§ 233a Abs. 5 Satz 1 2. Halbsatz). Die Zinsfestsetzung ist auch dann anzupassen, wenn die Anrechnung von Steuerabzugsbeträgen oder von Körperschaftsteuer in einem Abrechnungsbescheid nach § 218 Abs. 2 Satz 1 von der vorangegangenen Anrechnung abweicht. Ist dem bisherigen Zinsbescheid ein unrichtiges Vorauszahlungssoll oder ein unrichtiger Wertstellungstag zugrunde gelegt worden, kann demgegenüber eine Korrektur des Zinsbescheides nicht nach § 233a Abs. 5, sondern nur nach den allgemeinen Vorschriften erfolgen (z. B. §§ 129, 172 ff.).

46. Grundlage für die Zinsberechnung ist der Unterschied zwischen dem neuen und dem früheren Soll (Unterschiedsbetrag nach § 233a Abs. 5 Satz 2). Dieser Unterschiedsbetrag ist in Teil-Unterschiedsbeträge aufzuteilen, soweit diese einen unterschiedlichen Zinslaufbeginn nach § 233a Abs. 2 und Abs. 2a haben (§ 233a Abs. 7 Satz 1 1. Halbsatz). Innerhalb dieser Teil-Unterschiedsbeträge sind Sollminderungen und Sollerhöhungen mit gleichem Zinslaufbeginn zu saldieren.

...

Verhältnis zu anderen steuerlichen Nebenleistungen

63. Zur Berücksichtigung der Verzinsung nach § 233a bei der Bemessung des Verspätungszuschlags vgl. zu § 152, Nr. 8.

64. Die Erhebung von Säumniszuschlägen (§ 240) bleibt durch § 233a unberührt, da die Vollverzinsung nur den Zeitraum bis zur Festsetzung der Steuer betrifft. Sollten sich in Fällen, in denen die Steuerfestsetzung zunächst zugunsten und sodann wieder zuungunsten des Steuerpflichtigen geändert wird, Überschneidungen ergeben, sind insoweit die Säumniszuschläge zur Hälfte zu erlassen.

65. Überschneidungen von Stundungszinsen und Nachzahlungszinsen nach § 233a können sich ergeben, wenn die Steuerfestsetzung nach Ablauf der Stundung zunächst zugunsten und später wieder zuungunsten des Steuerpflichtigen geändert wird (vgl. § 234 Abs. 1 Satz 2). Zur Vermeidung einer Doppelverzinsung werden Nachzahlungszinsen, die für denselben Zeitraum festgesetzt wurden, im Rahmen der Zinsfestsetzung auf Stundungszinsen angerechnet (§ 234 Abs. 3). Erfolgt die Zinsfestsetzung nach § 233a aber erst nach Festsetzung der Stundungszinsen, sind Nachzahlungszinsen insoweit nach § 227 zu erlassen, als sie für denselben Zeitraum wie die bereits erhobenen Stundungszinsen festgesetzt wurden.

66. Überschneidungen mit Hinterziehungszinsen (§ 235) sind möglich, etwa weil der Zinslauf mit Eintritt der Verkürzung und damit vor Festsetzung der Steuer beginnt. Zinsen nach § 233a, die für denselben Zeitraum festgesetzt wurden, sind im Rahmen der Zinsfestsetzung auf die Hinterziehungszinsen anzurechnen (§ 235 Abs. 4). Dies gilt ungeachtet der unterschiedlichen ertragsteuerlichen Behandlung beider Zinsarten. . . .

67. Prozeßzinsen auf Erstattungsbeträge (§ 236) werden ab Rechtshängigkeit bzw. ab dem Zahlungstag berechnet. Überschneidungen mit Erstattungszinsen nach § 233a sind daher möglich. Zur Vermeidung einer Doppelverzinsung werden Zinsen nach § 233a, die für denselben Zeitraum festgesetzt wurden, im Rahmen der Zinsfestsetzung auf die Prozeßzinsen angerechnet (§ 236 Abs. 4).

68. Überschneidungen mit Aussetzungszinsen (§ 237) sind im Regelfall nicht möglich, da Zinsen nach § 233a Abs. 1 bis 3 nur für den Zeitraum bis zur Festsetzung der Steuer, Aussetzungszinsen jedoch frühestens ab der Fälligkeit der Steuernachforderung entstehen können (vgl. zu § 237, Nr. 6). Überschneidungen können sich aber ergeben, wenn Aussetzungszinsen erhoben wurden, weil die Anfechtung einer Steuerfestsetzung erfolglos blieb, und die Steuerfestsetzung nach Abschluß des Rechtsbehelfsverfahrens (vgl. § 237 Abs. 5) zunächst zugunsten und sodann zuungunsten des Steuerpflichtigen geändert wird. Zur Vermeidung einer Doppelverzinsung werden Nachzahlungszinsen, die für denselben Zeitraum festgesetzt wurden, im Rahmen der Zinsfestsetzung auf Aussetzungszinsen angerechnet (§ 237 Abs. 4 i. V. m. § 234 Abs. 3). Erfolgt die Zinsfestsetzung nach § 233a aber erst nach Festsetzung der Aussetzungszinsen, sind Nachzahlungszinsen insoweit nach § 227 zu erlassen, als sie für denselben Zeitraum wie die bereits erhobenen Aussetzungszinsen festgesetzt wurden.

Billigkeitsmaßnahmen

69. **Allgemeines**
Billigkeitsmaßnahmen hinsichtlich der Zinsen kommen in Betracht, wenn solche auch hinsichtlich der zugrundeliegenden Steuer zu treffen sind. Daneben sind in besonders gelagerten Ausnahmefällen zinsspezifische Billigkeitsmaßnahmen möglich (BFH-Urteil vom 24. 7. 1996, BFH/NV 1997 S. 92).

69.1 Sinn und Zweck der Verzinsung ist nicht nur die Abschöpfung von Liquiditätsvorteilen auf Seiten des Steuerpflichtigen, die Verzinsung soll auch Liquiditätsnachteile auf seiten des Steuergläubigers ausgleichen. Als sachlicher Billigkeitsgrund i. S. der §§ 163, 227 reicht deshalb nicht bereits der Umstand aus, daß der Steuerpflichtige auf den Zeitpunkt der Steuerfestsetzung keinen Einfluß hatte oder daß eine Verzögerung der Steuerfestsetzung vom Finanzamt zu vertreten ist (vgl. BFH-Urteile vom 8. 9. 1993, BStBl II 1994 S. 81, vom 5. 6. 1996, BStBl II S. 503, vom 24. 7. 1996, BFH/NV 1997 S. 92 und vom 25. 11. 1997, BStBl II 1998 S. 550).

69.2 Bei der Verzinsung nach § 233a kommt es nicht auf eine konkrete Berechnung der tatsächlich eingetretenen Zinsvor- und nachteile an (BFH-Urteil vom 19. 3. 1997, BStBl II S. 446). Zu berücksichtigen ist auch, daß der Gesetzgeber die Vollverzinsung –

sowohl in Nachzahlungs- wie in Erstattungsfällen – bewußt verschuldensunabhängig ausgestaltet hat, um Streitigkeiten über die Ursachen einer späten Steuerfestsetzung zu vermeiden.

70. Einzelfragen

70.1 Leistungen vor Festsetzung der zu verzinsenden Steuer

70.1.1 Zinsen nach § 233a sind auch dann festzusetzen, wenn vor Festsetzung der Steuer freiwillige Leistungen erbracht werden. Nachzahlungszinsen sind aber aus sachlichen Billigkeitsgründen zu erfassen, soweit der Steuerpflichtige auf die sich aus der Steuerfestsetzung ergebende Steuerzahlungsforderung bereits vor Wirksamkeit der Steuerfestsetzung freiwillige Leistungen erbracht und das Finanzamt diese Leistungen angenommen und behalten hat.

70.1.2 Nachzahlungszinsen sind daher nur für den Zeitraum bis zum Eingang der freiwilligen Leistung zu erheben. Wurde die freiwillige Leistung erst nach Beginn des Zinslaufs erbracht oder war sie geringer als der zu verzinsende Unterschiedsbetrag, sind Nachzahlungszinsen aus Vereinfachungsgründen insoweit zu erlassen, wie die auf volle 100 DM abgerundete freiwillige Leistung für jeweils volle Monate vor Wirksamkeit der Steuerfestsetzung erbracht worden ist (fiktive Erstattungszinsen). Ein Zinserlaß scheidet dabei aus, wenn der zu erlassende Betrag weniger als 20 DM beträgt (§ 239 Abs. 2).

Beispiel 14 (Fortsetzung von Beispiel 1):
Der Steuerpflichtige hat am 26. 4. 1996 eine freiwillige Leistung i. H. v. 8 050 DM erbracht. Die zu erlassenden Nachzahlungszinsen berechnen sich wie folgt:

abgerundete freiwillige Leistung	8 000 DM
Beginn des fiktiven Zinslaufs:	26. 4. 1996
Ende des fiktiven Zinslaufs (= Wirksamkeit der Steuerfestsetzung):	12. 12. 1996
Zu erlassende Nachzahlungszinsen:	
8 000 DM × 7 volle Monate × 0,5 v. H. =	280 DM

Sofern sich bei der Abrechnung der Steuerfestsetzung unter Berücksichtigung der freiwilligen Leistungen eine Rückzahlung ergibt, sind hierfür keine Erstattungszinsen festzusetzen.

70.1.3 Wenn das Finanzamt dem Steuerpflichtigen fälschlicherweise Vorauszahlungen zurückgezahlt hat, sind Nachzahlungszinsen nur zu erlassen, soweit der Steuerpflichtige nicht nur das Finanzamt auf diesen Fehler aufmerksam gemacht, sondern auch die materiell ungerechtfertigte Steuererstattung unverzüglich an das Finanzamt zurücküberwiesen hat. Die Grundsätze des BFH-Urteils vom 25. 11. 1997, BStBl II 1998 S. 550, sind nicht über den entschiedenen Einzelfall hinaus anzuwenden.

70.2 Billigkeitsmaßnahmen bei der Verzinsung von Umsatzsteuer

70.2.1 Die Verzinsung nachträglich festgesetzter Umsatzsteuer beim leistenden Unternehmer ist nicht sachlich unbillig, wenn sich per Saldo ein Ausgleich der Steuerforderung mit den vom Leistungsempfänger abgezogenen Vorsteuerbeträgen ergibt (vgl. BFH-Urteile vom 20. 1. 1997, BStBl II S. 716, und vom 15. 4. 1999, BFH/NV S. 1392).

70.2.2 Eine Billigkeitsmaßnahme kommt daher auch dann nicht in Betracht, wenn Leistender und Leistungsempfänger einen umsatzsteuerlich relevanten Sachverhalt nicht bereits in den entsprechenden Voranmeldungen, sondern jeweils erst in den Jahresanmeldungen angeben, etwa wenn bei der steuerpflichtigen Übertragung eines Sozietätsanteils das Veräußerungsgeschäft sowohl vom Veräußerer als auch vom Erwerber erst in der Umsatzsteuer-Jahreserklärung und nicht bereits in der entsprechenden Umsatzsteuer-Voranmeldung erfaßt wird. Der Erwerber tritt bei einer solchen Fallgestaltung oftmals seinen Vorsteuererstattungsanspruch in voller Höhe an den Veräußerer ab. Der Veräußerer hat seine Verpflichtung, den Umsatz aus der Teilbetriebsveräußerung im zutreffenden Voranmeldungszeitraum zu berücksichtigen, verletzt, weshalb die nachträgliche

Erfassung in der Jahressteuerfestsetzung eine entsprechende Nachforderung und dementsprechend Nachforderungszinsen auslöst. Die Verzinsung nachträglich festgesetzter Umsatzsteuer beim Leistenden ist auch deshalb nicht unbillig, weil die zu verzinsende Umsatzsteuer für steuerbare und steuerpflichtige Leistungen unabhängig davon entsteht, ob der leistende Unternehmer sie in einer Rechnung gesondert ausweist oder beim Finanzamt voranmeldet (vgl. BFH-Urteil vom 20. 1. 1997, BStBl II S. 716). Unbeachtlich bleibt, daß auch der Erwerber bereits im Rahmen des Voranmeldungsverfahrens eine entsprechende Vorsteuervergütung hätte erlangen können. Unabhängig von der Abtretung des Erstattungsanspruchs an den Veräußerer kann der Erwerber gleichwohl in den Genuß von Erstattungszinsen nach § 233a gelangen.

70.2.3 Werden in einer Endrechnung oder der zugehörigen Zusammenstellung die vor der Leistung vereinnahmten Teilentgelte und die auf sie entfallenden Umsatzsteuerbeträge nicht abgesetzt oder angegeben, so hat der Unternehmer den gesamten in der Endrechnung ausgewiesenen Steuerbetrag an das Finanzamt abzuführen. Der Unternehmer schuldet die in der Endrechnung ausgewiesene Steuer, die auf die vor Ausführung der Leistung vereinnahmten Teilentgelte entfällt, nach § 14 Abs. 2 UStG. Erteilt der Unternehmer dem Leistungsempfänger nachträglich eine berichtigte Endrechnung, die den Anforderungen des § 14 Abs. 1 letzter Satz UStG genügt, so kann er die von ihm geschuldete Steuer in dem Besteuerungszeitraum berichtigen, in dem die berichtigte Endrechnung erteilt wird (vgl. Abschn. 187 Abs. 10 und 223 Abs. 8 UStR 2000). Hat der Unternehmer die aufgrund der fehlerhaften Endrechnung nach § 14 Abs. 2 UStG geschuldete Steuer nicht in seiner Umsatzsteuer-Voranmeldung berücksichtigt, kann die Nachforderung dieser Steuer im Rahmen der Steuerfestsetzung für das Kalenderjahr zur Festsetzung von Nachzahlungszinsen gemäß § 233a führen, wenn der Unternehmer die Endrechnung erst in einem auf das Kalenderjahr der ursprünglichen Rechnungserteilung folgenden Kalenderjahr berichtigt hat.

Die Erhebung von Nachzahlungszinsen ist in derartigen Fällen sachlich unbillig, weil die zu verzinsende Steuernachforderung lediglich darauf beruht, daß die Steuer nicht rückwirkend in dem Besteuerungszeitraum der ursprünglichen Rechnungserteilung berichtigt werden kann. Deshalb sind die in derartigen Fällen festgesetzten Nachzahlungszinsen zu erlassen, wenn der Unternehmer nach Aufdeckung seines Fehlers sogleich eine berichtigte Endrechnung erteilt.

70.2.4 Bei einer von den ursprünglichen Steuerfestsetzungen abweichenden zeitlichen Zuordnung eines Umsatzes durch das Finanzamt, die gleichzeitig zu einer Steuernachforderung und zu einer Steuererstattung führt, kann es sachlich unbillig sein, (in Wirklichkeit nicht vorhandene) Zinsvorteile abzuschöpfen (BFH-Urteil vom 11. 7. 1996, BStBl II 1997 S. 259). Soweit zweifelsfrei feststeht, daß der Steuerpflichtige durch die verspätete Steuerfestsetzung keinen Vorteil oder Nachteil hatte, kann durch die Verzinsung nach § 233a der sich aus der verspäteten Steuerfestsetzung ergebenden Steuernachforderung oder Steuererstattung kein Vorteil oder Nachteil ausgeglichen werden.

70.2.5 Im Fall einer vom Steuerpflichtigen fälschlicherweise angenommenen umsatzsteuerlichen Organschaft, in der er als vermeintlicher Organträger Voranmeldungen abgegeben hat und die gesamte Umsatzsteuer von „Organträger" und „Organgesellschaft" an das Finanzamt gezahlt hat, kommen Billigkeitsmaßnahmen nur in besonders gelagerten Ausnahmefällen in Betracht. Stellt das Finanzamt im Veranlagungsverfahren fest, daß keine umsatzsteuerliche Organschaft vorliegt und daher für die „Organschaft" eine eigenständige Steuerfestsetzung durchzuführen ist, führt dies bei der „Organgesellschaft" – wegen unterbliebener Voranmeldungen und Vorauszahlungen – zur Nachzahlung der kompletten Umsatzsteuer für das entsprechende Jahr; bei dem „Organträger" i. d. R. aber zu einer Umsatzsteuererstattung. Die „Organgesellschaft" muß daher Nachzahlungszinsen entrichten, während der „Organträger" Erstattungszinsen erhält. Da die

Verzinsung nach § 223a den Liquiditätsvorteil des Steuerschuldners und den Nachteil des Steuergläubigers der individuellen Steuerforderung ausgleichen soll, kann eine Billigkeitsmaßnahme in Betracht kommen, wenn und soweit dieser Schuldner keine Zinsvorteile hatte oder haben konnte.

70.2.6 Wird umgekehrt festgestellt, daß entgegen der ursprünglichen Annahme eine umsatzsteuerliche Organschaft vorliegt, so sind die zunächst bei der Organgesellschaft versteuerten Umsätze nunmehr in vollem Umfang dem Organträger zuzurechnen. Die USt-Festsetzung gegenüber der GmbH (Organgesellschaft) ist aufzuheben, so daß i. d. R. Erstattungszinsen festgesetzt werden. Sämtliche Umsätze sind dem Organträger zuzurechnen, so daß diesem gegenüber i. d. R. Nachzahlungszinsen festgesetzt werden. Entstehen auf Grund der Entscheidung, daß eine umsatzsteuerliche Organschaft vorliegt, insgesamt höhere Nachzahlungszinsen als Erstattungszinsen, können die übersteigenden Nachzahlungszinsen insoweit aus sachlichen Billigkeitsgründen erlassen werden, wenn und soweit der Schuldner keine Zinsvorteile hatte oder haben konnte.

70.3 **Gewinnverlagerungen**
Die allgemeinen Regelungen des § 233a sind auch bei der Verzinsung solcher Steuernachforderungen und Steuererstattungen zu beachten, die in engem sachlichen Zusammenhang zueinander stehen (z. B. bei Gewinnverlagerungen im Rahmen einer Außenprüfung). Führt eine Außenprüfung sowohl zu einer Steuernachforderung als auch zu einer Steuererstattung, so ist deshalb hinsichtlich der Verzinsung nach § 233a grundsätzlich auf die Steueransprüche der einzelnen Jahre abzustellen, ohne auf Wechselwirkungen mit den jeweiligen anderen Besteuerungszeiträumen einzugehen. Gewinnverlagerungen und Umsatzverlagerungen (vgl. Nr. 70.2.4) sind bei der Verzinsung nach § 233a nicht vergleichbar (vgl. BFH-Urteil vom 11. 7. 1996, BStBl II 1997 S. 259). Das BFH-Urteil vom 15. 10. 1998 (HFR 1999 S. 81) betrifft nur den Sonderfall der Verschiebung von Besteuerungsgrundlagen von einem zu verzinsenden Besteuerungszeitraum in einen noch nicht der Verzinsung nach § 233a unterliegenden Besteuerungszeitraum.

Rechtsbehelfe

71. Gegen die Zinsfestsetzung ist der Einspruch gegeben. Einwendungen gegen die zugrundeliegende Steuerfestsetzung oder Anrechnung von Steuerabzugsbeträgen und Körperschaftsteuer können jedoch nicht mit dem Einspruch gegen den Zinsbescheid geltend gemacht werden. Wird die Steuerfestsetzung oder die Anrechnung von Steuerabzugsbeträgen und Körperschaftsteuer geändert, sind etwaige Folgerungen für die Zinsfestsetzung nach § 233a Abs. 5 zu ziehen.

72. Gegen die Entscheidung über eine Billigkeitsmaßnahme ist ein gesonderter Einspruch gegeben, und zwar auch dann, wenn die Finanzbehörde die Billigkeitsentscheidung im Rahmen der Zinsfestsetzung getroffen hat (vgl. zu § 347, Nr. 4).

73. Wird der Zinsbescheid als solcher angefochten, kommt unter den Voraussetzungen des § 361 bzw. des § 69 FGO die Aussetzung der Vollziehung in Betracht. Wird mit dem Rechtsbehelf eine erstmalige oder eine höhere Festsetzung von Erstattungszinsen begehrt, ist mangels eines vollziehbaren Verwaltungsaktes eine Aussetzung der Vollziehung nicht möglich. Soweit die Vollziehung des zugrundeliegenden Steuerbescheides ausgesetzt wird, ist auch die Vollziehung des Zinsbescheides auszusetzen.

Berücksichtigung rückwirkender Ereignisse in Grundlagenbescheiden

74. § 233a Abs. 2a ist auch dann anzuwenden, wenn das rückwirkende Ereignis in einem für den Steuerbescheid verbindlichen Grundlagenbescheid berücksichtigt wurde. Im Grundlagenbescheid sind deshalb auch entsprechende Feststellungen über die Auswirkungen eines erstmals berücksichtigten rückwirkenden Ereignisses auf die festgestellten Besteuerungsgrundlagen und den Zeitpunkt des Eintritts des rückwirkenden Ereignisses

zu treffen. Gleiches gilt, wenn ein bereits bei der vorangegangenen Feststellung berücksichtigtes rückwirkendes Ereignis unmittelbar Änderungen erfährt und der Feststellungsbescheid deshalb geändert wird. Wird ein Feststellungsbescheid dagegen aus anderen Gründen (z. B. zur Berücksichtigung neuer Tatsachen i. S. d. § 173) geändert, sind auch dann keine Feststellungen zum früher bereits berücksichtigten rückwirkenden Ereignis zu treffen, wenn sich die steuerlichen Auswirkungen dieses rückwirkenden Ereignisses auf Grund der erstmaligen oder abweichenden Berücksichtigung normal zu verzinsender Besteuerungsgrundlagen rechnerisch verändert.

Dies gilt im Verhältnis zwischen Gewerbesteuermeßbescheid und Gewerbesteuerbescheid sowie in den Fällen des § 35b GewStG entsprechend.

Zu § 234 AO

AEAO   Stundungszinsen:

1. Stundungszinsen werden für die Dauer der gewährten Stundung erhoben. Ihre Höhe ändert sich nicht, wenn der Steuerpflichtige vor oder nach dem Zahlungstermin zahlt, der in der Stundungsverfügung festgelegt ist (Sollverzinsung).

   Eine vorzeitige Tilgung führt nicht automatisch zu einer Ermäßigung der Stundungszinsen. Soweit der gestundete Anspruch allerdings mehr als einen Monat vor Fälligkeit getilgt wird, kann auf bereits festgesetzte Stundungszinsen für den Zeitraum ab Eingang der Leistung auf Antrag verzichtet werden (§ 234 Abs. 2). Eine verspätete Zahlung löst zusätzlich Säumniszuschläge aus.

2. Wird die gestundete Steuerforderung vor Ablauf des Stundungszeitraums herabgesetzt, ist der Zinsbescheid nach § 175 Abs. 1 Satz 1 Nr. 2 entsprechend zu ändern. Eine Aufhebung, Änderung oder Berichtigung der Steuerfestsetzung nach Ablauf der Stundung hat keine Auswirkungen auf die Stundungszinsen (§ 234 Abs. 1 Satz 2). Werden Vorauszahlungen gestundet, sind Stundungszinsen nur im Hinblick auf eine Änderung der Vorauszahlungsfestsetzung, nicht aber im Hinblick auf die Festsetzung der Jahressteuer herabzusetzen.

3. Die Stundungszinsen werden regelmäßig zusammen mit der Stundungsverfügung durch schriftlichen Zinsbescheid festgesetzt.

   Sofern nicht besondere Umstände des Einzelfalls eine andere Regelung erfordern, sind die Stundungszinsen zusammen mit der letzten Rate zu erheben. Bei einer Aufhebung der Stundungsverfügung (Rücknahme oder Widerruf) sind auch die auf ihr beruhenden Zinsbescheide aufzuheben oder zu ändern; §§ 175 Abs. 1 Satz 1 Nr. 1, 171 Abs. 10 gelten gem. § 239 Abs. 1 Satz 1 entsprechend.

   Beispiel:
   Das Finanzamt hat am 10. 3. 1997 eine am 25. 2. 1997 fällige Einkommensteuerforderung von 3 600 DM ab Fälligkeit gestundet. Der Betrag ist in 12 gleichen Monatsraten von 300 DM, beginnend am 1. 4. 1997 zu zahlen. Die Zinsen von 117 DM sind zusammen mit der letzten Rate am 1. 3. 1998 zu erheben.

   Das Finanzamt erfährt im August 1997, daß eine wesentliche Besserung der Vermögensverhältnisse des Schuldners eingetreten ist. Es widerruft deshalb die Stundung nach § 131 Abs. 2 Nr. 3 und stellt den gesamten Restbetrag von 2 100 DM zum 1. 9. 1997 fällig.

   Der Zinsbescheid ist nach § 175 Abs. 1 Satz 1 Nr. 1 zu ändern. Die Zinsen in Höhe von insgesamt 85,50 DM sind zum 1. 9. 1997 zu erheben.

4. Der Zinslauf beginnt bei den Stundungszinsen an dem ersten Tag, für den die Stundung wirksam wird (§ 238 Abs. 1 Satz 2 i. V. mit § 234 Abs. 1). Bei einer Stundung ab Fälligkeit beginnt der Zinslauf am Tage nach Ablauf der ggf. nach § 108 Abs. 3 verlängerten Zahlungsfrist.

Beispiele:
1. Fälligkeitstag ist der 14. 3. 1997 (Freitag). Der Zinslauf beginnt am 15. 3. 1997 (Sonnabend).
2. Fälligkeitstag ist der 15. 3. 1997 (Sonnabend). Die Zahlungsfrist endet nach § 108 Abs. 3 erst am 17. 3. 1997 (Montag). Der Zinslauf beginnt am 18. 3. 1997 (Dienstag).

Wegen der Fälligkeit der Anmeldungssteuern vgl. zu § 240, Nr. 1 Satz 2.

5. Der Zinslauf endet mit Ablauf des letzten Tages, für den die Stundung ausgesprochen worden ist. Dieser Tag ist der Berechnung des Zinslaufs auch zugrunde zu legen, wenn er ein Sonnabend, ein Sonntag oder ein gesetzlicher Feiertag ist. Wegen der Berechnung siehe zu § 238, Nr. 1.

Beispiele:
1. Die Steuer ist bis zum 21. 3. 1997 (Freitag) gestundet. Der Zinslauf endet am 21. 3. 1997.
2. Die Steuer ist bis zum 22. 3. 1997 (Sonnabend) gestundet. Der Zinslauf endet am 22. 3. 1997. Eine erst am 24. 3. 1997 (Montag) geleistete Zahlung gilt aber auch noch als rechtzeitige Tilgung; Säumniszuschläge entstehen nicht.

6. Stundungszinsen sind nur für volle Monate zu zahlen; angefangene Monate bleiben außer Ansatz (§ 238 Abs. 1 Satz 2).

Beispiele:

Ende der ursprünglichen Zahlungsfrist	Beginn des Zinslaufs	Infolge Stundung hinausgeschobene Fälligkeit = Ende des Zinslaufs	Voller Monat
13. 3. 1997 (Do)	14. 3. 1997 (Fr)	13. 4. 1997 (So)	ja
13. 3. 1997 (Do)	14. 3. 1997 (Fr)	12. 4. 1997 (Sb)	nein
31. 1. 1997 (Fr)	1. 2. 1997 (Sa)	28. 2. 1997 (Fr)	ja

7. Zu verzinsen ist der jeweils gestundete Anspruch aus dem Steuerschuldverhältnis (§ 37) mit Ausnahme der Ansprüche auf steuerliche Nebenleistungen (§ 233 Satz 2). Die Zinsen sind für jeden Anspruch (Einzelforderung) besonders zu berechnen. Bei der Zinsberechnung sind die Ansprüche zu trennen, wenn Steuerart, Zeitraum (Teilzeitraum) oder der Tag des Beginns des Zinslaufs voneinander abweichen.

Beispiele:
1. Einkommensteuervorauszahlungen I/98 und II/98;
2. das Finanzamt hat am 3. 3. 1997 eine Einkommensteuerabschlußzahlung für 1995 von 4 920 DM festgesetzt; es berichtigt eine offenbare Unrichtigkeit und setzt am 1. 4. 1977 weitere 850 DM fest.

8. Die Kleinbetragsregelung des § 239 Abs. 2, wonach Zinsen unter 20 DM nicht erhoben werden, ist auf die für eine Einzelforderung berechneten Zinsen anzuwenden.

Beispiel:

Es werden ab Fälligkeit jeweils für einen Monat folgende Einzelforderungen gestundet		Zinsen	abgerundet (§ 8 Abs. 1 KBV)
Einkommensteuervorauszahlung	3 900,00 DM	19,50 DM	19,00 DM
Solidaritätszuschlag	200,00 DM	1,00 DM	1,00 DM
Umsatzsteuerabschlußzahlung	1 200,00 DM	6,00 DM	6,00 DM

Zinsen werden nicht festgesetzt, da sie für keine der Einzelforderungen 20 DM erreichen.

9. Bei Gewährung von Ratenzahlungen sind Stundungszinsen nach § 238 Abs. 2 wie folgt zu berechnen:
Der zu verzinsende Betrag jeder Steuerart ist auf volle hundert Deutsche Mark abzurunden. Ein sich durch die Abrundung ergebender Spitzenbetrag (Abrundungsrest) ist für Zwecke der Zinsberechnung bei der letzten Rate abzuziehen. Bei höheren Beträgen soll die Stundung in

Abgabenordnung Zu § 234 AO

der Regel so ausgesprochen werden, daß die Raten mit Ausnahme der letzten Rate auf durch hundert Deutsche Mark ohne Rest teilbare Beträge festgesetzt werden.
Beispiel:
1. Variante:

Ein Anspruch i. H. v. 4 215 DM wird in drei Monatsraten zu 1 400 DM, 1 400 DM und 1 415 DM gestundet.

Raten:		Zinsen:
1. Rate	1 400 DM	7 DM
2. Rate	1 400 DM	14 DM
3. Rate	1 415 DM*	21 DM
festzusetzende Zinsen		42 DM

* Die Zinsberechnung erfolgt von 1 415 DM ./. 15 DM = 1 400 DM

2. Variante:

Ein Anspruch i. H. v. 4 215 DM wird in drei gleichen Monatsraten zu jeweils 1 405 DM gestundet.

Raten:		Zinsen:
1. Rate	1 405 DM	7,02 DM
2. Rate	1 405 DM	14,05 DM
3. Rate	1 405 DM *	20,85 DM
Summe		41,92 DM
festzusetzende Zinsen (abgerundet nach § 8 Abs. 1 KBV)		41,00 DM

* Die Zinsberechnung erfolgt von 1 405 DM ./. 15 DM = 1 390 DM

10. Sollen mehrere Ansprüche in Raten gestundet werden, so ist bei der Festlegung der Raten möglichst zunächst die Tilgung der Ansprüche anzuordnen, für die keine Stundungszinsen erhoben werden. Sodann sind die Forderungen in der Reihenfolge ihrer Fälligkeit zu ordnen; bei gleichzeitig fällig gewordenen Forderungen soll die niedrigere Forderung zuerst getilgt werden. Dies gilt nicht, wenn die Sicherung der Ansprüche eine andere Tilgungsfolge erfordert.

Beispiel:

Das Finanzamt stundet die Einkommensteuervorauszahlung IV/96 i. H. v. 850 DM (erstmals fällig am 10. 12. 1996), die Einkommensteuervorauszahlung I/97 i. H. v. 650 DM (erstmals fällig am 10. 3. 1997), die Einkommensteuer-Abschlußzahlung für 1995 i. H. v. 11 150 DM (erstmals fällig 20. 5. 1997), die Umsatzsteuer-Abschlußzahlung für 1995 i. H. v. 7 800 DM (erstmals fällig am 20. 5. 1997) sowie Verspätungszuschläge i. H. v. 650 DM (erstmals fällig am 10. 6. 1997) in insgesamt drei Raten.

gestundeter Anspruch	fällig am	Betrag DM	1. Rate	Rest	2. Rate	Rest	3. Rate	Rest
ESt IV/96	10. 12. 96	850	850	0	—	—	—	—
ESt I/97	10. 3. 97	650	650	0	—	—	—	—
ESt 1995	20. 5. 97	11 150	0	11 150	0	11 150	11 150	0
USt 1995	20. 5. 97	7 800	800	7 000	3 000	4 000	4 000	0
Versp.-zuschlag	10. 6. 97	650	650	0	—	—	—	—

Zinsberechnung:

gestundeter Anspruch	fällig am	Zahlungstermin	Betrag DM	Zinsmonate	v. H.	Zinsen in DM
ESt IV/96	10. 12. 96	14. 7. 97	850	7	3,5	28,00
ESt I/97	10. 3. 97	14. 7. 97	650	4	2,0	entfällt *
ESt 1995	20. 5. 97	14. 9. 97	11 150	3	1,5	166,00 **
USt 1995	20. 5. 97	14. 7. 97	800	1	0,5	4,00
USt 1995	20. 5. 97	14. 8. 97	3 000	2	1,0	30,00
USt 1995	20. 5. 97	14. 9. 97	4 000	3	1,5	60,00

Versp.-zuschlag	10. 6. 97	14. 7. 97	650	0	—	—***
Summe						288,00

* = Kleinbetrag unter 20 DM (§ 239 Abs. 2).
** = 166,50 DM werden nach § 8 Abs. 1 KBV auf volle DM abgerundet.
*** = Ansprüche auf steuerliche Nebenleistungen werden nicht verzinst (§ 233 Satz 2).

11. Auf die Erhebung von Stundungszinsen kann gem. § 234 Abs. 2 im Einzelfall aus Billigkeitsgründen verzichtet werden. Ein solcher Verzicht kann z. B. in Betracht kommen bei Katastrophenfällen, bei länger dauernder Arbeitslosigkeit des Steuerschuldners, bei Liquiditätsschwierigkeiten allein infolge nachweislicher Forderungsausfälle im Konkurs-/Insolvenzverfahren und in ähnlichen Fällen, im Rahmen einer Sanierung, sofern allgemein ein Zinsmoratorium gewährt wird, sowie im Hinblick auf belegbare, demnächst fällig werdende Ansprüche des Steuerschuldners aus einem Steuerschuldverhältnis, soweit hierfür innerhalb des Stundungszeitraums keine Erstattungszinsen gem. § 233a anfallen. Auch wird eine Stundung in der Regel dann zinslos bewilligt werden können, wenn sie einem Steuerpflichtigen gewährt wird, der bisher seinen steuerlichen Pflichten, insbesondere seinen Zahlungspflichten, pünktlich nachgekommen ist und der in der Vergangenheit nicht wiederholt Stundungen in Anspruch genommen hat; in diesen Fällen kommt ein Verzicht auf Stundungszinsen i. d. R. nur in Betracht, wenn für einen Zeitraum von nicht mehr als drei Monaten gestundet wird und der insgesamt zu stundende Betrag 10 000 DM nicht übersteigt. Zum Rechtsbehelfsverfahren gegen die Entscheidung über eine Billigkeitsmaßnahme siehe zu § 347, Nr. 4.

12. Wird ein Anspruch auf Rückforderung von Arbeitnehmer-Sparzulage, Eigenheimzulage, Investitionszulage, Wohnungsbau-Prämie oder Bergmanns-Prämie gestundet, so sind – da die Vorschriften über die Steuervergütung entsprechend gelten – Stundungszinsen zu erheben (§ 234 i. V. m. § 37 Abs. 1).

Zu § 236 AO

AEAO   Prozeßzinsen auf Erstattungsbeträge:

1. Voraussetzung für die Zahlung von Erstattungszinsen an den Steuerpflichtigen ist, daß eine festgesetzte Steuer herabgesetzt oder eine Steuervergütung gewährt – oder erhöht – wird. Die Steuerherabsetzung oder die Gewährung (Erhöhung) der Steuervergütung muß erfolgt sein:
   a) durch eine rechtskräftige gerichtliche Entscheidung;
   b) auf Grund einer rechtskräftigen gerichtlichen Entscheidung, z. B. in den Fällen, in denen das Gericht nach § 100 Abs. 1 Satz 1, Abs. 2 Sätze 2 und 3 oder Abs. 3 FGO den angefochtenen Verwaltungsakt aufhebt und das Finanzamt die Steuer niedriger festsetzt oder eine (höhere) Steuervergütung gewährt;
   c) durch Aufhebung oder Änderung des angefochtenen Verwaltungsaktes sowie durch Erlaß des beantragten Verwaltungsaktes, wenn sich der Rechtsstreit bei Gericht dadurch rechtskräftig erledigt;
   d) durch einen sog. Folgebescheid nach § 175 Abs. 1 Satz 1 Nr. 1 oder § 35b GewStG in den Fällen, in denen sich der Rechtsstreit bei Gericht gegen den Grundlagenbescheid (z. B. Feststellungsbescheid, Steuermeßbescheid) durch oder auf Grund einer gerichtlichen Entscheidung (Buchstaben a und b) bzw. durch einen Verwaltungsakt (Buchstabe c) rechtskräftig erledigt.

   Ohne Bedeutung ist, aus welchen Gründen die Steuerherabsetzung oder die Gewährung (Erhöhung) der Steuervergütung erfolgt ist.

Wird ein ändernder oder ersetzender Verwaltungsakt nach § 68 FGO Gegenstand des Klageverfahrens, ist für die Verzinsung das Ergebnis des gegen den neuen Verwaltungsakt fortgeführten Klageverfahrens maßgebend. Dies gilt auch, wenn ein angefochtener Vorauszahlungsbescheid durch die Jahressteuerfestsetzung ersetzt wird (...). Durch die Überleitung auf den neuen Verfahrensgegenstand tritt noch keine Rechtsstreiterledigung im Sinne des § 236 Abs. 1 Satz 1 ein (BFH-Urteil vom 14. 7. 1993, BFH/NV 1994 S. 438).

2. Zu verzinsen ist nur der zuviel entrichtete Steuerbetrag oder die zuwenig gewährte Steuervergütung. Sofern also der Rechtsbehelf zwar zu einer Herabsetzung der Steuer oder zu einer Gewährung (Erhöhung) der Steuervergütung führt, nicht aber oder nicht in gleichem Umfang zu einer Steuererstattung oder Auszahlung einer Steuervergütung, kommt insoweit eine Verzinsung nicht in Betracht.

3. Der zu verzinsende Betrag ist auf volle hundert Deutsche Mark nach unten abzurunden. Hat der Steuerpflichtige die zu erstattende Steuerschuld in Raten entrichtet, wird die Abrundung nur einmal bei der Rate mit der kürzesten Laufzeit vorgenommen.

4. Der Anspruch auf Erstattungszinsen entsteht mit der Rechtskraft der gerichtlichen Entscheidung oder der Unanfechtbarkeit des geänderten Verwaltungsaktes. ...

5. Erstattungszinsen sind für die Zeit vom Tage der Rechtshängigkeit, frühestens jedoch vom Tag der Zahlung des Steuerbetrages an bis zum Tag der Auszahlung des zu verzinsenden Steuer- oder Steuervergütungsbetrages zu berechnen und zu zahlen. Rechtshängig ist die Streitsache erst mit dem Tag, an dem die Klage bei Gericht erhoben wird (§ 66 Abs. 1 i. V. mit § 64 Abs. 1 FGO). Wird die Klage zur Fristwahrung beim Finanzamt angebracht (§ 47 Abs. 2 FGO), ist die Streitsache mit dem Tage der Anbringung zwar anhängig, nicht aber rechtshängig. Auch in diesem Fall wird die Streitsache erst mit dem Eingang der Klage beim Gericht rechtshängig. Das gleiche gilt bei einer Sprungklage (§ 45 FGO). ... Wird ein ändernder oder ersetzender Verwaltungsakt nach § 68 FGO Gegenstand des Klageverfahrens, berührt dies nicht den Tag der Rechtshängigkeit der Streitsache.

6. Erstattungszinsen sind von Amts wegen zu zahlen. Es ist nicht erforderlich, daß der Steuerpflichtige einen Antrag stellt.

7. Die Zahlung von Erstattungszinsen entfällt, soweit durch Entscheidung des Gerichts einem Steuerpflichtigen die Kosten des Verfahrens nach § 137 Satz 1 FGO auferlegt worden sind, weil die Herabsetzung der Steuer oder die Gewährung (Erhöhung) der Steuervergütung auf Tatsachen beruhte, die dieser früher hätte geltend machen oder beweisen können und müssen (§ 236 Abs. 3).

8. Bei den Realsteuern obliegt die Festsetzung und Zahlung von Erstattungszinsen den Gemeinden. Diesen sind deshalb – soweit erforderlich – die zur Berechnung und Festsetzung der Zinsen notwendigen Daten mitzuteilen.

Zu § 237 AO

AEAO   Zinsen bei Aussetzung der Vollziehung:

1. Die Zinsregelung gilt sowohl für das außergerichtliche als auch für das gerichtliche Rechtsbehelfsverfahren.

2. Voraussetzung für die Erhebung von Aussetzungszinsen beim Steuerpflichtigen ist, daß die Vollziehung eines Steuerbescheides, eines Bescheides über die Rückforderung einer Steuervergütung oder – nach Aussetzung eines ESt-, KSt- oder Feststellungsbescheides – eines Gewerbesteuermeßbescheides oder Gewerbesteuerbescheides ausgesetzt worden ist. ...

Zu § 238 AO

3. Bei teilweiser Aussetzung der Vollziehung eines angefochtenen Verwaltungsaktes bezieht sich die Zinspflicht nur auf den ausgesetzten Steuerbetrag. [1]

4. Aussetzungszinsen sind zu erheben, soweit ein Einspruch oder eine Anfechtungsklage endgültig erfolglos geblieben ist. Ohne Bedeutung ist, aus welchen Gründen der Rechtsbehelf im Ergebnis erfolglos war (BFH-Urteil vom 27. 11. 1991, BStBl II 1992 S. 319). Aussetzungszinsen sind demnach zu erheben, wenn

   a) der Steuerpflichtige aufgrund einer bestandskräftigen Einspruchsentscheidung oder aufgrund eines rechtskräftigen gerichtlichen Urteils ganz oder teilweise unterlegen ist,

   b) das Einspruchsverfahren oder gerichtliche Verfahren nach der Rücknahme des Einspruchs, der Klage oder der Revision rechtskräftig abgeschlossen wird,

   c) der angefochtene Verwaltungsakt – ohne dem Rechtsbehelfsantrag voll zu entsprechen – geändert wird und sich der Rechtsstreit endgültig erledigt.

   Wird ein ändernder oder ersetzender Verwaltungsakt nach § 365 Abs. 3 AO oder nach § 68 FGO Gegenstand des Rechtsbehelfsverfahrens, ist für die Verzinsung das Ergebnis des gegen den neuen Verwaltungsakt fortgeführten Einspruchs- bzw. Klageverfahrens maßgebend. Dies gilt auch, wenn ein angefochtener Vorauszahlungsbescheid durch die Jahressteuerfestsetzung ersetzt wird (...).

5. Aussetzungszinsen sind nicht zu erheben, wenn die Fälligkeit des streitigen Steueranspruchs, z. B. auf Grund einer Stundung (§ 222), hinausgeschoben war oder Vollstreckungsaufschub (§ 258) gewährt wurde.

6. Aussetzungszinsen sind vom Tag des Eingangs des außergerichtlichen Rechtsbehelfs, frühestens vom Tag der Fälligkeit an, oder von der Rechtshängigkeit an bis zu dem Tag zu erheben, an dem die nach § 361 AO oder nach § 69 FGO gewährte Aussetzung der Vollziehung endet. Wird die Aussetzung der Vollziehung erst später gewährt, werden Zinsen erst vom Tag des Beginns der Vollziehungsaussetzung erhoben.

7. Bei den Realsteuern obliegt die Festsetzung und Erhebung der Aussetzungszinsen den Gemeinden. Diesen sind deshalb – soweit erforderlich – die für die Berechnung und Festsetzung der Zinsen notwendigen Daten mitzuteilen.

Zu § 238 AO

AEAO   Höhe und Berechnung der Zinsen:

1. Ein voller Zinsmonat (§ 238 Abs. 1 Satz 2) ist erreicht, wenn der Tag, an dem der Zinslauf endet, hinsichtlich seiner Zahl dem Tag entspricht, der dem Tag vorhergeht, an dem die Frist begann (BFH-Urteil vom 24. 7. 1996, BStBl II 1997 S. 6). Fällt das Ende des Zinslaufs auf einen Sonntag, einen gesetzlichen Feiertag oder einen Sonnabend, so tritt zwar für die Fälligkeit des geschuldeten Betrages anstelle dieses Tages der nächstfolgende Werktag (§ 108 Abs. 3), für die Berechnung des Zinslaufs und bei Prüfung der Frage, ob ein voller Monat vorliegt, sind jedoch Sonntage, gesetzliche Feiertage oder Sonnabende einzubeziehen.

Anm. d. Schriftl.:

[1] Hat das FA die Vollziehung des angefochtenen Bescheids in vollem Umfang ausgesetzt, obwohl nur ein Teil der sich aus dem Bescheid ergebenden Steuerforderung streitig war, so berechnen sich die Aussetzungszinsen nach dem geschuldeten und tatsächlich von der Vollziehung ausgesetzten Betrag, soweit nicht der Rechtsbehelf Erfolg hatte (BFH-Urteil vom 9. 12. 1998 – BStBl 1999 II S. 201).

2. Abzurunden ist jeweils der einzelne zu verzinsende Anspruch. Bei der Zinsberechnung sind die Ansprüche zu trennen, wenn Steuerart, Zeitraum (Teilzeitraum) oder der Tag des Beginns des Zinslaufs voneinander abweichen.

Zu § 240 AO

AEAO Säumniszuschläge:

1. Säumnis tritt ein, wenn die Steuer oder die zurückzuzahlende Steuervergütung nicht bis zum Ablauf des Fälligkeitstages entrichtet wird. Sofern – wie bei den Fälligkeitssteuern – die Steuer ohne Rücksicht auf die erforderliche Steuerfestsetzung oder Steueranmeldung fällig wird, tritt die Säumnis nicht ein, bevor die Steuer festgesetzt oder die Steueranmeldung abgegeben worden ist. Bei Fälligkeitssteuern ist daher wie folgt zu verfahren:

   a) Gibt der Steuerpflichtige seine Voranmeldung oder Anmeldung erst nach Ablauf des Fälligkeitstages ab, so sind Säumniszuschläge bei verspätet geleisteter Zahlung nicht vom Ablauf des im Einzelsteuergesetz bestimmten Fälligkeitstages an, sondern erst von dem auf den Tag des Eingangs der Voranmeldung oder Anmeldung folgenden Tag an (ggf. unter Gewährung der Zahlungs-Schonfrist nach § 240 Abs. 3) zu berechnen. Entsprechendes gilt für den Mehrbetrag, der sich ergibt, wenn der Steuerpflichtige seine Voranmeldung oder Anmeldung nachträglich berichtigt und sich dadurch die Steuer erhöht. Zur Abgabe-Schonfrist vgl. zu § 152, Nr. 7.

   b) Setzt das Finanzamt eine Steuer wegen Nichtabgabe der Voranmeldung oder Anmeldung fest, so sind Säumniszuschläge für verspätet geleistete Zahlung nicht vom Ablauf des im Einzelsteuergesetz bestimmten Fälligkeitstages an, sondern erst von dem Tag an (ggf. unter Gewährung der Zahlungs-Schonfrist nach § 240 Abs. 3) zu erheben, der auf den letzten Tag der vom Finanzamt gesetzten Zahlungsfrist folgt. Dieser Tag bleibt für die Berechnung der Säumniszuschläge auch dann maßgebend, wenn der Steuerpflichtige nach Ablauf der vom Finanzamt gesetzten Zahlungsfrist seine Voranmeldung oder Anmeldung abgibt. Entsprechendes gilt, wenn das Finanzamt eine auf einer Voranmeldung oder Anmeldung beruhende Steuerschuld höher festsetzt, als sie sich aus der Voranmeldung oder Anmeldung ergibt oder eine von ihm festgesetzte Steuer durch Korrektur der Steuerfestsetzung erhöht.

2. Im Falle der Aufhebung oder Änderung der Steuerfestsetzung oder ihrer Berichtigung nach § 129 bleiben die bis dahin verwirkten Säumniszuschläge bestehen (§ 240 Abs. 1 Satz 4). Das gilt auch, wenn die ursprüngliche, für die Bemessung der Säumniszuschläge maßgebende Steuer in einem Rechtsbehelfsverfahren herabgesetzt wird. Säumniszuschläge sind nicht zu entrichten, soweit sie sich auf Steuerbeträge beziehen, die durch (nachträgliche) Anrechnung von Lohn-, Kapitalertrag- oder Körperschaftsteuer entfallen sind, weil insoweit zu keiner Zeit eine rückständige Steuer im Sinne von § 240 Abs. 1 Satz 4 vorgelegen hat (BFH-Urteil vom 24. 3. 1992, BStBl II S. 956).

3. Der Säumniszuschlag ist von den Gesamtschuldnern nur in der Höhe anzufordern, in der er entstanden wäre, wenn die Säumnis nur bei einem Gesamtschuldner eingetreten wäre; der Ausgleich findet zwischen den Gesamtschuldnern nach bürgerlichem Recht statt.

4. Säumniszuschläge sind nicht zu entrichten, wenn Verspätungszuschläge, Zinsen, Säumniszuschläge, Zwangsgelder und Kosten (steuerliche Nebenleistungen) nicht rechtzeitig gezahlt werden.

5. Säumniszuschläge entstehen kraft Gesetzes allein durch Zeitablauf ohne Rücksicht auf ein Verschulden des Steuerpflichtigen (BFH-Urteil vom 17. 7. 1985, BStBl II 1986 S. 122). Sie

stellen in erster Linie ein Druckmittel zur Durchsetzung fälliger Steuerforderungen dar, sind aber auch eine Gegenleistung für das Hinausschieben der Zahlung und ein Ausgleich für den angefallenen Verwaltungsaufwand (BFH-Urteil vom 29. 8. 1991, BStBl II S. 906). Soweit diese Zielsetzung durch die verwirkten Säumniszuschläge nicht mehr erreicht werden kann, ist ihre Erhebung sachlich unbillig, so daß sie nach § 227 ganz oder teilweise erlassen werden können.

Im einzelnen kommt ein Erlaß in Betracht:

a) bei plötzlicher Erkrankung des Steuerpflichtigen, wenn er selbst dadurch an der pünktlichen Zahlung gehindert war und es dem Steuerpflichtigen seit seiner Erkrankung bis zum Ablauf der Zahlungsfrist nicht möglich war, einen Vertreter mit der Zahlung zu beauftragen;

b) bei einem bisher pünktlichen Steuerzahler, dem ein offenbares Versehen unterlaufen ist. Wer seine Steuern laufend unter Ausnutzung der Schonfrist des § 240 Abs. 3 zahlt, ist kein pünktlicher Steuerzahler (BFH-Urteil vom 15. 5. 1990, BStBl II S. 1007);

c) wenn einem Steuerpflichtigen die rechtzeitige Zahlung der Steuern wegen Zahlungsunfähigkeit und Überschuldung nicht mehr möglich war (BFH-Urteil vom 8. 3. 1984, BStBl II S. 415). Zu erlassen ist regelmäßig die Hälfte der verwirkten Säumniszuschläge (BFH-Urteil vom 16. 7. 1997, BStBl II 1998 S. 7);

d) bei einem Steuerpflichtigen, dessen wirtschaftliche Leistungsfähigkeit durch nach § 258 bewilligte oder sonst hingenommene Ratenzahlungen unstreitig bis an die äußerste Grenze ausgeschöpft worden ist. Zu erlassen ist regelmäßig die Hälfte der verwirkten Säumniszuschläge (BFH-Urteil vom 22. 6. 1990, BStBl II 1991 S. 864);

e) wenn die Voraussetzungen für einen Erlaß der Hauptschuld nach § 227 oder für eine zinslose Stundung der Steuerforderung nach § 222 im Säumniszeitraum vorliegen (BFH-Urteil vom 23. 5. 1985, BStBl II S. 489). Lagen nur die Voraussetzungen für eine verzinsliche Stundung der Hauptforderung vor, ist die Hälfte der verwirkten Säumniszuschläge zu erlassen;

f) in sonstigen Fällen sachlicher Unbilligkeit.

Die Möglichkeit eines weitergehenden Erlasses aus persönlichen Billigkeitsgründen bleibt unberührt. Zum Erlaß von Säumniszuschlägen bei einer Überschneidung mit Nachzahlungszinsen vgl. zu § 233a, Nr. 64.

6. In Stundungs- und Aussetzungsfällen sowie bei der Herabsetzung von Vorauszahlungen gilt folgendes:

a) **Stundung**

Wird eine Stundung vor Fälligkeit beantragt, aber erst nach Fälligkeit bewilligt, so ist die Stundung mit Wirkung vom Fälligkeitstag an auszusprechen. Die Schonfrist (§ 240 Abs. 3) ist vom neuen Fälligkeitstag an zu gewähren.

Wird eine Stundung vor Fälligkeit beantragt, aber erst nach Fälligkeit abgelehnt, so kann im allgemeinen eine Frist zur Zahlung der rückständigen Steuern bewilligt werden. Diese Zahlungsfrist soll eine Woche grundsätzlich nicht überschreiten. Die Schonfrist (§ 240 Abs. 3) ist vom Ende der Zahlungsfrist an zu gewähren. Bei Zahlung bis zum Ablauf der Schonfrist sind keine Säumniszuschläge zu erheben.

Wird eine Stundung nach Fälligkeit beantragt und bewilligt, so ist die Stundung vom Eingangstag des Antrags an auszusprechen, sofern nicht besondere Gründe eine Stundung schon vom Fälligkeitstag an rechtfertigen. Bereits entstandene Säumniszuschläge sind in die Stundungsverfügung einzubeziehen. Die Schonfrist (§ 240 Abs. 3) ist zu gewähren.

Wird eine Stundung nach Fälligkeit beantragt und abgelehnt, so verbleibt es bei dem ursprünglichen Fälligkeitstag, sofern nicht besondere Gründe eine Frist zur Zahlung der rückständigen Steuern rechtfertigen. Die Zahlungsfrist soll eine Woche grundsätzlich nicht überschreiten. Die Schonfrist (§ 240 Abs. 3) ist vom Ende der Zahlungsfrist an zu gewähren. Bei Zahlung bis zum Ablauf der Schonfrist sind keine Säumniszuschläge zu erheben.

Wird bei Bewilligung einer Stundung erst nach Ablauf der Schonfrist (§ 240 Abs. 3) gezahlt, sind Säumniszuschläge vom Ablauf des neuen Fälligkeitstages an zu berechnen. Wird im Falle der Ablehnung einer Stundung die eingeräumte Zahlungsfrist (zuzüglich der Schonfrist nach § 240 Abs. 3) nicht eingehalten, sind Säumniszuschläge vom Ablauf des ursprünglichen Fälligkeitstages an zu berechnen.

b) **Aussetzung der Vollziehung**

Wird ein rechtzeitig gestellter Antrag auf Aussetzung der Vollziehung nach Fälligkeit abgelehnt, so kann im allgemeinen eine Frist zur Zahlung der rückständigen Steuern bewilligt werden. Die Zahlungsfrist soll eine Woche grundsätzlich nicht überschreiten. Die Schonfrist (§ 240 Abs. 3) ist vom Ende der Zahlungsfrist an zu gewähren. Bei Zahlung bis zum Ablauf der Schonfrist sind keine Säumniszuschläge zu erheben.

c) **Herabsetzung von Vorauszahlungen**

Wird einem rechtzeitig gestellten Antrag auf Herabsetzung von Vorauszahlungen erst nach Fälligkeit entsprochen, sind Säumniszuschläge auf den Herabsetzungsbetrag nicht zu erheben.

Wird ein rechtzeitig gestellter Antrag auf Herabsetzung von Vorauszahlungen nach Fälligkeit abgelehnt, so kann im allgemeinen eine Frist zur Zahlung der rückständigen Steuern bewilligt werden. Die Zahlungsfrist soll eine Woche grundsätzlich nicht überschreiten. Die Schonfrist (§ 240 Abs. 3) ist vom Ende der Zahlungsfrist an zu gewähren. Bei Zahlung bis zum Ablauf der Schonfrist sind keine Säumniszuschläge zu erheben.

Wird einer der vorbezeichneten Anträge mit dem Ziel gestellt, sich der rechtzeitigen Zahlung der Steuer zu entziehen (Mißbrauchsfälle), ist keine Zahlungsfrist zu bewilligen.

7. Mit einem Verwaltungsakt nach § 258 verzichtet die Vollstreckungsbehörde auf Vollstreckungsmaßnahmen; an der Fälligkeit der Steuerschuld ändert sich dadurch jedoch nichts (s. auch BFH-Urteil vom 15. 3. 1979, BStBl II S. 429). Für die Dauer eines bekanntgegebenen Vollstreckungsaufschubs sind daher grundsätzlich Säumniszuschläge zu erheben; auf diese Rechtslage ist der Steuerpflichtige bei Bekanntgabe des Vollstreckungsaufschubs hinzuweisen (vgl. Abschnitt 7 Abs. 3 VollStrA). Die Möglichkeit, von der Erhebung von Säumniszuschlägen aus Billigkeitsgründen nach § 227 ganz oder teilweise abzusehen, bleibt unberührt (vgl. Nr. 5 Abs. 2).

8. Macht der Steuerpflichtige geltend, die Säumniszuschläge seien nicht oder nicht in der angeforderten Höhe entstanden, so ist sein Vorbringen – auch wenn es bspw. als „Erlaßantrag" bezeichnet ist – als Antrag auf Erteilung eines Bescheides nach § 218 Abs. 2 anzusehen, da nur in diesem Verfahren entschieden werden kann, ob und inwieweit Säumniszuschläge entstanden sind (vgl. BFH-Urteil vom 15. 3. 1979, BStBl II S. 429). Bestreitet der Steuerpflichtige nicht die Entstehung der Säumniszuschläge dem Grunde und der Höhe nach, sondern wendet er sich gegen deren Anforderung im engeren Sinne (Leistungsgebot, § 254), ist sein Vorbringen als Einspruch (§ 347) anzusehen. Das Vorbringen des Steuerpflichtigen ist als Erlaßantrag zu werten, wenn sachliche oder persönliche Billigkeitsgründe geltend gemacht werden.

Vor § 347 AO

AEAO   Außergerichtliches Rechtsbehelfsverfahren:

1. Das außergerichtliche Rechtsbehelfsverfahren nach der AO (Einspruchsverfahren) ist abzugrenzen
   - von den in der AO nicht geregelten, nichtförmlichen Rechtsbehelfen (Gegenvorstellung, Sachaufsichtsbeschwerde, Dienstaufsichtsbeschwerde),
   - von dem Antrag, einen Verwaltungsakt zu berichtigen, zurückzunehmen, zu widerrufen, aufzuheben oder zu ändern (Korrekturantrag; §§ 129 bis 132, 172 bis 177).

   Der förmliche Rechtsbehelf (Einspruch) unterscheidet sich von den Korrekturanträgen in folgenden Punkten:
   - Er hindert den Eintritt der formellen und materiellen Bestandskraft (zum Begriff der Bestandskraft vgl. Vor §§ 172 bis 177, Nr. 1);
   - er kann zur Verböserung führen (§ 367 Abs. 2 Satz 2); der Verböserungsgefahr kann der Steuerpflichtige aber durch rechtzeitige Rücknahme des Einspruchs entgehen;
   - er ermöglicht die Aussetzung der Vollziehung.

   In Zweifelsfällen ist ein Einspruch anzunehmen, da er die Rechte des Steuerpflichtigen umfassender wahrt als ein Korrekturantrag.

2. Das Einspruchsverfahren ist nicht kostenpflichtig. Steuerpflichtiger und Finanzbehörden haben jeweils ihre eigenen Aufwendungen zu tragen. Auf die Kostenerstattung nach § 139 FGO, auch für das außergerichtliche Vorverfahren, wird hingewiesen.

Zu § 347 AO

AEAO   Statthaftigkeit des Einspruchs:

1. Das Einspruchsverfahren ist nur eröffnet, wenn ein Verwaltungsakt (auch ein nichtiger Verwaltungsakt oder ein Scheinverwaltungsakt) angegriffen wird oder der Einspruchsführer sich gegen den Nichterlaß eines Verwaltungsaktes wendet. Verwaltungsakt ist z. B. auch die Ablehnung eines Realaktes (vgl. zu § 364) oder die Ablehnung der Erteilung einer verbindlichen Auskunft.

2. Der Einspruch ist auch gegeben, wenn ein Verwaltungsakt aufgehoben, geändert, zurückgenommen oder widerrufen oder ein Antrag auf Erlaß eines Verwaltungsaktes abgelehnt wird. Gleiches gilt, wenn die Finanzbehörde einen Verwaltungsakt wegen einer offenbaren Unrichtigkeit gem. § 129 berichtigt oder ablehnt, die beantragte Berichtigung eines Verwaltungsaktes durchzuführen (BFH-Urteil vom 13. 12. 1983, BStBl II 1984 S. 511). Gegen Entscheidungen über die schlichte Änderung (§ 172 Abs. 1 Satz 1 Nr. 2 Buchstabe a) ist ebenfalls der Einspruch gegeben (BFH-Urteil vom 27. 10. 1993, BStBl II 1994 S. 439).

3. Beantragt der Steuerpflichtige bei einer Steuerfestsetzung unter Vorbehalt der Nachprüfung (§ 164) oder bei einer vorläufigen Steuerfestsetzung (§ 165) die Aufhebung dieser Nebenbestimmungen, ist gegen den ablehnenden Bescheid der Einspruch gegeben. Wird der Vorbehalt nach § 164 aufgehoben, kann der Steuerpflichtige gegen die dann als Steuerfestsetzung ohne Vorbehalt der Nachprüfung wirkende Steuerfestsetzung uneingeschränkt Einspruch einlegen. Soweit eine vorläufige Steuerfestsetzung endgültig durchgeführt oder für endgültig erklärt wird, gilt dies nur, soweit die Vorläufigkeit reichte.

Gegen die Aufhebung des Nachprüfungsvorbehalts in der Einspruchsentscheidung ist die Klage, nicht ein erneuter Einspruch gegeben (BFH-Urteil vom 4. 8. 1983, BStBl II 1984 S. 85). Das gilt entsprechend, wenn in einer Einspruchsentscheidung die bisher vorläufige Steuerfestsetzung für endgültig erklärt wird.

4. Ist eine Steuerfestsetzung mit einer Billigkeitsmaßnahme verbunden (§ 163 Satz 3), ist gegen die Ermessensentscheidung über die Billigkeitsmaßnahme ein gesonderter Einspruch gegeben. Entsprechendes gilt für die mit einer Zinsfestsetzung verbundene Billigkeitsentscheidung nach § 234 Abs. 2 oder § 237 Abs. 4.

5. § 347 Abs. 1 Satz 1 Nr. 3 beschränkt in Verbindung mit § 348 Nr. 3 und 4 in Steuerberatungsangelegenheiten das Einspruchsverfahren auf Streitigkeiten über
   – die Ausübung (insbesondere die Zulässigkeit) der Hilfe in Steuersachen einschließlich der Rechtsverhältnisse der Lohnsteuerhilfevereine,
   – die Voraussetzungen für die Berufsausübung der Steuerberater und Steuerbevollmächtigten (mit Ausnahme der Entscheidungen der Zulassungs- und der Prüfungsausschüsse),
   – die Vollstreckung wegen Handlungen und Unterlassungen.

6. In anderen Angelegenheiten (§ 347 Abs. 1 Satz 1 Nr. 4) sind die Vorschriften über das Einspruchsverfahren z. B. für anwendbar erklärt worden durch:
   – Landesgesetze, die Steuern betreffen, die der Landesgesetzgebung unterliegen und durch Landesfinanzbehörden verwaltet werden,
   – Gesetze zur Durchführung der Verordnungen des Rates der Europäischen Gemeinschaft, soweit diese Gesetze die Anwendbarkeit der AO-Vorschriften vorsehen.
   Soweit Gesetze die für Steuervergütungen geltenden Vorschriften für entsprechend anwendbar erklären, ist das Einspruchsverfahren bereits nach § 347 Abs. 1 Satz 1 Nr. 1 eröffnet (z. B. EigZulG, InvZulG, WoPG und 5. VermBG).

Zu § 350 AO

AEAO   Beschwer:

1. Eine Beschwer ist nicht nur dann schlüssig geltend gemacht, wenn eine Rechtsverletzung oder Ermessenswidrigkeit gerügt wird, sondern auch dann, wenn der Einspruchsführer eine günstigere Ermessensentscheidung begehrt. Aus nicht gesondert festgestellten Besteuerungsgrundlagen (§ 157 Abs. 2) ergibt sich keine Beschwer.

2. Bei einer zu niedrigen Festsetzung kann eine Beschwer dann bestehen, wenn eine höhere Festsetzung, z. B. auf Grund des Bilanzzusammenhangs, sich in Folgejahren günstiger auswirkt (BFH-Urteil vom 27. 5. 1981, BStBl II 1982 S. 211) oder wenn durch die begehrte höhere Steuerfestsetzung die Anrechnung von Steuerabzugsbeträgen oder von Körperschaftsteuer ermöglicht wird und auf Grund dessen ein geringerer Betrag als bisher entrichtet werden muß (BFH-Urteil vom 8. 11. 1985, BStBl II 1986 S. 186 und BFH-Beschluß vom 3. 2. 1993, BStBl II S. 426).

3. Bei einer Festsetzung auf 0 DM besteht grundsätzlich keine Beschwer (BFH-Urteil vom 24. 1. 1975, BStBl II S. 382). Etwas anderes gilt, wenn eine Vergütung oder eine Steuerbefreiung wegen Gemeinnützigkeit (BFH-Urteil vom 13. 7. 1994, BStBl II 1995 S. 134) begehrt wird oder wenn die der Steuerfestsetzung zugrundeliegenden Besteuerungsgrundlagen außersteuerliche Bindungswirkung haben (BFH-Urteil vom 20. 12. 1994, BStBl II 1995 S. 537). Hinsichtlich der Körperschaftsteuer ist zu beachten, daß der Körperschaftsteuerbescheid nach Maßgabe des § 47 Abs. 2 KStG Grundlagenbescheid ist.

4. Wird durch Einspruch die Änderung eines Grundlagenbescheids begehrt, kommt es für die schlüssige Geltendmachung der Beschwer nicht auf die Auswirkungen in den Folgebescheiden an.
5. Beschwert sein kann nicht nur derjenige, für den ein Verwaltungsakt bestimmt ist, sondern auch derjenige, der von ihm betroffen ist.
6. Eine weitere, in der AO nicht ausdrücklich genannte Zulässigkeitsvoraussetzung ist das Vorliegen eines Rechtsschutzbedürfnisses, d. h. eines schutzwürdigen, berücksichtigungswerten Interesses an der begehrten Entscheidung im Einspruchsverfahren. Es fehlt beispielsweise, wenn der Steuerpflichtige das gleiche Ziel einfacher und billiger erlangen kann oder wenn sich das Einspruchsverfahren durch vollständige Abhilfe oder durch andere Ereignisse erledigt hat.

Die Möglichkeit, einen Antrag auf schlichte Änderung (§ 172 Abs. 1 Satz 1 Nr. 2 Buchstabe a) zu stellen, beseitigt nicht das Rechtsschutzbedürfnis für einen Einspruch, da dieser die Rechte des Steuerpflichtigen umfassender wahrt (vgl. Vor § 347, Nr. 1). Wendet sich der Steuerpflichtige gegen denselben Verwaltungsakt sowohl mit einem Einspruch als auch mit einem Antrag auf schlichte Änderung, ist nur das Einspruchsverfahren durchzuführen (BFH-Urteil vom 27. 9. 1994, BStBl II 1995 S. 353).

Wird mit dem Einspruch ausschließlich die angebliche Verfassungswidrigkeit einer Rechtsnorm gerügt, fehlt grundsätzlich das Rechtsschutzbedürfnis, wenn die Finanzbehörde den angefochtenen Verwaltungsakt spätestens im Einspruchsverfahren hinsichtlich des strittigen Punktes für vorläufig erklärt hat (BFH-Beschlüsse vom 10. 11. 1993, BStBl II 1994 S. 119, und vom 22. 3. 1996, BStBl II S. 506).

Zu § 351 AO

AEAO   **Bindungswirkung anderer Verwaltungsakte:**

1. Wird ein Bescheid angegriffen, der einen unanfechtbaren Bescheid geändert hat, ist die Sache nach § 367 Abs. 2 Satz 1 in vollem Umfang erneut zu prüfen. Geändert werden kann aber auf Grund der Anfechtung der Änderungsbescheid nur in dem Umfang, in dem er vom ursprünglichen Bescheid abweicht; diese Beschränkung bezieht sich z. B. beim Steuerbescheid auf den festgesetzten Steuerbetrag. Einwendungen, die bereits gegen die ursprüngliche Steuerfestsetzung vorgebracht werden konnten, können auch gegen den Änderungsbescheid vorgetragen werden. Ist z. B. im Änderungsbescheid eine höhere Steuer festgesetzt worden, kann die ursprünglich festgesetzte Steuer nicht unterschritten werden; ist dagegen im Änderungsbescheid eine niedrigere Steuer festgesetzt worden, kann der Steuerpflichtige nicht eine weitere Herabsetzung erreichen.

2. Etwas anderes gilt, soweit sich aus den Vorschriften über die Aufhebung oder die Änderung von Verwaltungsakten, z. B. wegen neuer Tatsachen, ein Rechtsanspruch auf Änderung des unanfechtbaren Bescheids ergibt.

   Beispiele:

   a) Ein Steuerbescheid wird nach § 173 Abs. 1 Nr. 1 zuungunsten des Steuerpflichtigen geändert. Der Steuerpflichtige kann mit dem Einspruch geltend machen, daß Tatsachen i. S. d. § 173 Abs. 1 Nr. 2 unberücksichtigt geblieben sind, die die Mehrsteuern im Ergebnis nicht nur ausgleichen, sondern sogar zu einer Erstattung führen.

   b) Ein Steuerbescheid wird nach § 173 Abs. 1 Nr. 2 zugunsten des Steuerpflichtigen geändert. Der Steuerpflichtige kann mit dem Einspruch geltend machen, daß Tatsachen i. S. dieser Vorschrift, die zu einer weitergehenden Erstattung führen, unberücksichtigt geblieben sind.

3. § 351 Abs. 1 gilt nach seinem Wortlaut nur für änderbare Bescheide, nicht hingegen für die sonstigen Verwaltungsakte, die den Vorschriften über die Rücknahme (§ 130) und den Widerruf (§ 131) unterliegen (BFH-Urteil vom 24. 7. 1984, BStBl II S. 791). § 351 Abs. 1 bleibt aber zu beachten, wenn ein änderbarer Verwaltungsakt nach § 129 berichtigt worden ist (vgl. zu § 129, Nr. 2).
4. Ein Einspruch gegen einen Folgebescheid, mit welchem nur Einwendungen gegen den Grundlagenbescheid geltend gemacht werden ist unbegründet, nicht unzulässig (BFH-Urteil vom 2. 9. 1987, BStBl II 1988 S. 142).

Zu § 355 AO

AEAO Einspruchsfrist:

1. Die Einspruchsfrist beträgt einen Monat. Sie beginnt im Fall des § 355 Abs. 1 Satz 1 mit Bekanntgabe (§ 122), im Fall des § 355 Abs. 1 Satz 2 erster Halbsatz mit Eingang der Steueranmeldung bei der Finanzbehörde und im Fall des § 355 Abs. 1 Satz 2 zweiter Halbsatz mit Bekanntwerden der formfreien Zustimmung des Finanzamts zu laufen. Wurde der Steuerpflichtige schriftlich über die Zustimmung unterrichtet (z. B. zusammen mit einer Abrechnungsmitteilung), ist grundsätzlich davon auszugehen, daß ihm die Zustimmung am dritten Tag nach Aufgabe der schriftlichen Mitteilung zur Post bekanntgeworden ist; zu diesem Zeitpunkt beginnt demnach auch erst die Einspruchsfrist zu laufen. Ist keine schriftliche Mitteilung ergangen, ist regelmäßig davon auszugehen, daß dem Steuerpflichtigen die Zustimmung frühestens mit der Zahlung (§ 224 Abs. 3) der Steuervergütung oder des Mindersolls bekanntgeworden ist.
2. Zur Wiedereinsetzung in den vorigen Stand nach unterlassener Anhörung eines Beteiligten bzw. wegen fehlender Begründung des Verwaltungsaktes (§ 126 Abs. 3 i. V. m. § 110) vgl. zu § 91, Nr. 3 und zu § 121, Nr. 3.

Zu § 357 AO

AEAO Einlegung des Einspruchs:

1. Die Schriftform für einen Einspruch (Absatz 1 Satz 1) ist auch bei einer Einlegung durch Telefax gewahrt (vgl. BFH-Beschluß vom 26. 3. 1991, BStBl II S. 463 zur Klageerhebung).
2. Nach § 357 Abs. 2 Satz 4 genügt die Einlegung des Einspruchs bei einer unzuständigen Behörde, sofern der Einspruch innerhalb der Einspruchsfrist einer der Behörden übermittelt wird, bei der er nach § 357 Abs. 2 Sätze 1 bis 3 angebracht werden kann; der Steuerpflichtige trägt jedoch das Risiko der rechtzeitigen Übermittlung.
3. Wird ein Einspruch bei einem Wechsel der örtlichen Zuständigkeit nach Erlaß eines Verwaltungsaktes entgegen § 357 Abs. 2 Satz 1 bereits bei der nach § 367 Abs. 1 Satz 2 zur Entscheidung berufenen anderen Finanzbehörde eingelegt, gilt auch in diesem Fall § 357 Abs. 2 Satz 4. Der Einspruch muß der alten Behörde innerhalb der Einspruchsfrist übermittelt werden, damit diese die Anwendung des § 26 Satz 2 prüfen kann; wird der Einspruch nicht rechtzeitig übermittelt, können die Voraussetzungen des § 110 gegeben sein.

Zu § 361 AO

AEAO Aussetzung der Vollziehung:

1 **Anwendungsbereich des § 361 und des § 69 Abs. 2 FGO/Abgrenzung zur gerichtlichen Vollziehungsaussetzung und zur Stundung**

1.1 § 361 regelt die Aussetzung der Vollziehung durch die Finanzbehörde während eines Einspruchsverfahrens. § 69 Abs. 2 FGO erlaubt es der Finanzbehörde, während eines Klageverfahrens die Vollziehung auszusetzen.

...

1.3 Demjenigen, der eine Verfassungsbeschwerde erhoben hat, kann für diesen Verfahrensabschnitt keine Aussetzung der Vollziehung gewährt werden (§ 32 BVerfGG, siehe BFH-Urteil vom 11. 2. 1987, BStBl II S. 320).

1.4 Liegen nebeneinander die gesetzlichen Voraussetzungen sowohl für eine Stundung als auch für eine Aussetzung der Vollziehung vor, wird im Regelfall auszusetzen sein.

2 **Voraussetzungen für eine Vollziehungsaussetzung**

2.1 Die zuständige Finanzbehörde (vgl. Nr. 3.3) soll auf Antrag die Vollziehung aussetzen, wenn ernstliche Zweifel an der Rechtmäßigkeit des angefochtenen Verwaltungsaktes bestehen oder wenn die Vollziehung für den Betroffenen eine unbillige, nicht durch überwiegende öffentliche Interessen gebotene Härte zur Folge hätte (§ 361 Abs. 2 Satz 2; § 69 Abs. 2 Satz 2 FGO). Die Finanzbehörde kann auch ohne Antrag die Vollziehung aussetzen (§ 361 Abs. 2 Satz 1; § 69 Abs. 2 Satz 1 FGO). Von dieser Möglichkeit ist insbesondere dann Gebrauch zu machen, wenn der Rechtsbehelf offensichtlich begründet ist, der Abhilfebescheid aber voraussichtlich nicht mehr vor Fälligkeit der geforderten Steuer ergehen kann.

2.2 Eine Vollziehungsaussetzung ist nur möglich, wenn der Verwaltungsakt, dessen Vollziehung ausgesetzt werden soll, angefochten und das Rechtsbehelfsverfahren noch nicht abgeschlossen ist (Ausnahme: Folgebescheide i. S. des § 361 Abs. 3 Satz 1 und des § 69 Abs. 2 Satz 4 FGO; vgl. Nr. 6). Eine Vollziehungsaussetzung kommt daher nicht in Betracht, wenn der Steuerpflichtige statt eines Rechtsbehelfs einen Änderungsantrag, z. B. nach § 164 Abs. 2 Satz 2 oder nach § 172 Abs. 1 Satz 1 Nr. 2 Buchstabe a, bei der Finanzbehörde einreicht.

2.3 Die Aussetzung der Vollziehung setzt Vollziehbarkeit des Verwaltungsaktes voraus.

2.3.1 Vollziehbar sind insbesondere

- die eine (positive) Steuer festsetzenden Steuerbescheide (siehe aber auch Nr. 4),
- Steuerbescheide über 0 DM, die einen vorhergehenden Steuerbescheid über einen negativen Betrag ändern (BFH-Beschluß vom 28. 11. 1974, BStBl II 1975 S. 239),
- Vorauszahlungsbescheide bis zum Erlaß des Jahressteuerbescheids (BFH-Beschluß vom 4. 6. 1981, BStBl II S. 767; vgl. Nr. 8.2.2),
- Bescheide, mit denen der Vorbehalt der Nachprüfung aufgehoben wird (BFH-Beschluß vom 1. 6. 1983, BStBl II S. 622),
- Verwaltungsakte nach § 218 Abs. 2, die eine Zahlungsschuld feststellen (BFH-Beschluß vom 10. 11. 1987, BStBl II 1988 S. 43),
- Mitteilungen nach § 141 Abs. 2 über die Verpflichtung zur Buchführung (BFH-Beschluß vom 6. 12. 1979, BStBl II 1980 S. 427),
- Leistungsgebote (BFH-Beschluß vom 31. 10. 1975, BStBl II 1976 S. 258),
- der Widerruf einer Stundung (BFH-Beschluß vom 8. 6. 1982, BStBl II S. 608),

- die völlige oder teilweise Ablehnung eines Antrags auf Eintragung eines Freibetrags auf der Lohnsteuerkarte (BFH-Beschlüsse vom 29. 4. 1992, BStBl II S. 752, und vom 17. 3. 1994, BStBl II S. 567),
- Außenprüfungsanordnungen ...

2.3.2 Nicht vollziehbar sind insbesondere
- erstmalige Steuerbescheide über 0 DM, auch wenn der Steuerpflichtige die Festsetzung einer negativen Steuer begehrt (BFH-Urteil vom 17. 12. 1981, BStBl II 1982 S. 149, BVerfG-Beschluß vom 23. 6. 1982, StRK FGO § 69 R 244),
- auf eine negative Steuerschuld lautende Steuerbescheide, wenn der Steuerpflichtige eine Erhöhung des negativen Betrags begehrt (BFH-Beschluß vom 28. 11. 1974, BStBl II 1975 S. 240),
- Verwaltungsakte, die den Erlaß oder die Korrektur eines Verwaltungsaktes ablehnen, z. B. Ablehnung eines Änderungsbescheids (BFH-Beschlüsse vom 24. 11. 1970, BStBl II 1971 S. 110, und vom 25. 3. 1971, BStBl II S. 334), Ablehnung der Herabsetzung bestandskräftig festgesetzter Vorauszahlungen (BFH-Beschluß vom 27. 3. 1991, BStBl II S. 643), Ablehnung einer Stundung (BFH-Beschluß vom 8. 6. 1982, BStBl II S. 608) oder eines Erlasses (BFH-Beschluß vom 24. 9. 1970, BStBl II S. 813),
- die Ablehnung einer Billigkeitsmaßnahme i. S. des § 163,
- die Ablehnung der Erteilung einer Freistellungsbescheinigung nach § 44a Abs. 5 EStG (BFH-Beschluß vom 27. 7. 1994, BStBl II S. 899) oder einer Freistellung vom Quellensteuerabzug nach § 50a Abs. 4 EStG (BFH-Beschluß vom 13. 4. 1994, BStBl II S. 835).

2.3.3 Zur Vollziehbarkeit von Feststellungsbescheiden siehe Nr. 5.1.

2.3.4 Vorläufiger Rechtsschutz gegen einen nicht vollziehbaren Verwaltungsakt kann nur durch eine einstweilige Anordnung nach § 114 FGO gewährt werden.

2.4 Bei der Entscheidung über Anträge auf Aussetzung der Vollziehung ist der gesetzliche Ermessensspielraum im Interesse der Steuerpflichtigen stets voll auszuschöpfen.

2.5 Zur Aussetzung berechtigende ernstliche Zweifel an der Rechtmäßigkeit des angefochtenen Verwaltungsaktes bestehen, wenn eine summarische Prüfung (vgl. Nr. 3.4) ergibt, daß neben den für die Rechtmäßigkeit sprechenden Umständen gewichtige gegen die Rechtmäßigkeit sprechende Gründe zutage treten, die Unentschiedenheit oder Unsicherheit in der Beurteilung der Rechtsfragen oder Unklarheit in der Beurteilung der Tatfragen bewirken. Dabei brauchen die für die Unrechtmäßigkeit des Verwaltungsaktes sprechenden Bedenken nicht zu überwiegen, d. h. ein Erfolg des Steuerpflichtigen muß nicht wahrscheinlicher sein als ein Mißerfolg (vgl. BFH-Beschlüsse vom 10. 2. 1967, BStBl III S. 182, und vom 28. 11. 1974, BStBl II 1975 S. 239).

...

2.5.2 Ernstliche Zweifel an der Rechtmäßigkeit des Verwaltungsaktes werden im allgemeinen zu bejahen sein,
- wenn die Behörde bewußt oder unbewußt von einer für den Antragsteller günstigen Rechtsprechung des BFH abgewichen ist (BFH-Beschluß vom 15. 2. 1967, BStBl III S. 256),
- wenn der BFH noch nicht zu der Rechtsfrage Stellung genommen hat und die Finanzgerichte unterschiedliche Rechtsauffassungen vertreten (BFH-Beschluß vom 10. 5. 1968, BStBl II S. 610),
- wenn die Gesetzeslage unklar ist, die streitige Rechtsfrage vom BFH noch nicht entschieden ist, im Schrifttum Bedenken gegen die Rechtsauslegung des Finanzamtes erhoben werden und die Finanzverwaltung die Zweifelsfrage in der Vergangenheit nicht ein-

Zu § 361 AO   **Abgabenordnung**

    heitlich beurteilt hat (BFH-Beschlüsse vom 22. 9. 1967, BStBl II 1968 S. 37, und vom 19. 8. 1987, BStBl II S. 830),

- wenn eine Rechtsfrage von zwei obersten Bundesgerichten oder zwei Senaten des BFH unterschiedlich entschieden worden ist (BFH-Beschlüsse vom 22. 11. 1968, BStBl II 1969 S. 145, und vom 21. 11. 1974, BStBl II 1975 S. 175) oder widersprüchliche Urteile desselben BFH-Senats vorliegen (BFH-Beschluß vom 5. 2. 1986, BStBl II S. 490).

2.5.3 Dagegen werden ernstliche Zweifel im allgemeinen zu verneinen sein,

- wenn der Verwaltungsakt der höchstrichterlichen Rechtsprechung entspricht (BFH-Beschlüsse vom 24. 2. 1967, BStBl III S. 341, und vom 11. 3. 1970, BStBl II S. 569), und zwar auch dann, wenn einzelne Finanzgerichte eine von der höchstrichterlichen Rechtsprechung abweichende Auffassung vertreten,
- wenn der Rechtsbehelf unzulässig ist (BFH-Beschlüsse vom 24. 11. 1970, BStBl II 1971 S. 110, und vom 25. 3. 1971, BStBl II S. 334).

...

2.5.5 Die Gefährdung des Steueranspruchs ist – wenn ernstliche Zweifel an der Rechtmäßigkeit des Verwaltungsaktes bestehen – für sich allein kein Grund, die Aussetzung der Vollziehung abzulehnen. Steuerausfälle können dadurch vermieden werden, daß die Aussetzung von einer Sicherheitsleistung abhängig gemacht wird (vgl. Nr. 9.2).

2.6 Eine Aussetzung der Vollziehung wegen unbilliger Härte kommt in Betracht, wenn bei sofortiger Vollziehung dem Betroffenen Nachteile drohen würden, die über die eigentliche Realisierung des Verwaltungsaktes hinausgehen, indem sie vom Betroffenen ein Tun, Dulden oder Unterlassen fordern, dessen nachteilige Folgen nicht mehr oder nur schwer rückgängig gemacht werden können oder existenzbedrohend sind. Eine Vollziehungsaussetzung wegen unbilliger Härte ist zu versagen, wenn der Rechtsbehelf offensichtlich keine Aussicht auf Erfolg hat (BFH-Beschlüsse vom 21. 12. 1967, BStBl II 1968 S. 84, und vom 19. 4. 1968, BStBl II S. 538).

2.7 Durch Aussetzung der Vollziehung darf die Entscheidung in der Hauptsache nicht vorweggenommen werden (BFH-Beschluß vom 22. 7. 1980, BStBl II S. 592).

3 Summarisches Verfahren/Vollstreckung bei anhängigem Vollziehungsaussetzungsantrag/Zuständigkeit

3.1 Über Anträge auf Aussetzung der Vollziehung ist unverzüglich zu entscheiden. Solange über einen entsprechenden bei der Finanzbehörde gestellten Antrag noch nicht entschieden ist, sollen Vollstreckungsmaßnahmen unterbleiben, es sei denn, der Antrag ist aussichtslos, bezweckt offensichtlich nur ein Hinausschieben der Vollstreckung oder es besteht Gefahr im Verzug.

...

4 Berechnung der auszusetzenden Steuer

Die Höhe der auszusetzenden Steuer ist in jedem Fall zu berechnen; eine pauschale Bestimmung (z. B. ausgesetzte Steuer = Abschlußzahlung) ist nicht vorzunehmen.

Bei Steuerbescheiden sind die Aussetzung und die Aufhebung der Vollziehung auf die festgesetzte Steuer, vermindert um die anzurechnenden Steuerabzugsbeträge, um die anzurechnende Körperschaftsteuer und um die festgesetzten Vorauszahlungen, beschränkt; dies gilt nicht, wenn die Aussetzung oder Aufhebung der Vollziehung zur Abwendung wesentlicher Nachteile nötig erscheint (§ 361 Abs. 2 Satz 4, § 69 Abs. 2 Satz 8 und Absatz 3 Satz 4 FGO;

zum Begriff „wesentliche Nachteile" vgl. Nr. 4.6.1). **[1]** Die gegenteilige Rechtsprechung des BFH (vgl. Beschluß des Großen Senats des BFH vom 3. 7. 1995, BStBl II S. 730, BFH-Beschluß vom 25. 10. 1995, BStBl II 1996 S. 316) ist überholt.

Vorauszahlungen sind auch dann „festgesetzt" im Sinne des § 361 Abs. 2 Satz 4, § 69 Abs. 2 Satz 8 FGO, wenn der Vorauszahlungsbescheid in der Vollziehung ausgesetzt war (BFH-Beschluß vom 24. 1. 2000, BStBl II S. 559; vgl. Nrn. 4.2, 4.4 und 8.2.2).

Steuerabzugsbeträge sind bei der Ermittlung der auszusetzenden Steuer auch dann zu berücksichtigen, wenn sie erst im Rechtsbehelfsverfahren geltend gemacht werden und die Abrechnung des angefochtenen Steuerbescheides zu korrigieren ist.

Wird ein Steuerbescheid zum Nachteil des Steuerpflichtigen geändert oder gemäß § 129 berichtigt, kann hinsichtlich des sich ergebenden Mehrbetrags die Aussetzung der Vollziehung unabhängig von den Beschränkungen des § 361 Abs. 2 Satz 4 AO bzw. des § 69 Abs. 2 Satz 8 FGO gewährt werden.

Es sind folgende Fälle zu unterscheiden (in den Beispielsfällen 4.1 bis 4.5 wird jeweils davon ausgegangen, daß ein Betrag von 5 000 DM streitbefangen ist und in dieser Höhe auch ernstliche Zweifel an der Rechtmäßigkeit der angefochtenen Steuerfestsetzung bestehen sowie kein Ausnahmefall des Vorliegens wesentlicher Nachteile – vgl. Nr. 4.6.1 – gegeben ist):

4.1 Die streitbefangene Steuer ist kleiner als die Abschlußzahlung

Beispiel 1:
festgesetzte Steuer	15 000 DM
festgesetzte und entrichtete Vorauszahlungen	8 000 DM
Abschlußzahlung	7 000 DM
streitbefangene Steuer	5 000 DM

Die Vollziehung ist in Höhe von 5 000 DM auszusetzen. Der Restbetrag in Höhe von 2 000 DM ist am Fälligkeitstag zu entrichten.

Beispiel 2:
festgesetzte Umsatzsteuer	0 DM
Summe der festgesetzten Umsatzsteuer-Vorauszahlungen	– 7 000 DM
Abschlußzahlung	7 000 DM
streitbefangene Steuer	5 000 DM

Die Vollziehung ist in Höhe von 5 000 DM auszusetzen. Der Restbetrag in Höhe von 2 000 DM ist am Fälligkeitstag zu entrichten.

Anm. d. Schriftl.:

[1] Die in § 361 Abs. 2 Satz 4 AO und in § 69 Abs. 2 Satz 8 FGO enthaltenen Beschränkungen der Möglichkeit, die Vollziehung eines Steuerbescheids auszusetzen oder aufzuheben, sind mit dem GG vereinbar (BFH-Beschluß vom 2. 11. 1999 – BStBl 2000 II S. 57).

4.2 Die streitbefangene Steuer ist kleiner als die Abschlußzahlung einschließlich nicht geleisteter Vorauszahlungen

Beispiel 1:

festgesetzte Steuer	15 000 DM
festgesetzte Vorauszahlungen	8 000 DM
entrichtete Vorauszahlungen	5 000 DM
rückständige Vorauszahlungen	3 000 DM
Steuerabzugsbeträge	4 000 DM
Abschlußzahlung (einschließlich der rückständigen Vorauszahlungebeträge, da nach § 36 Abs. 2 Nr. 1 EStG nur die entrichteten Vorauszahlungen anzurechnen sind)	6 000 DM
streitbefangene Steuer	5 000 DM

Die Vollziehung ist nur in Höhe von 3 000 DM auszusetzen [15 000 DM (festgesetzte Steuer) ./. 8 000 DM (festgesetzte Vorauszahlungen) ./. 4 000 DM (anzurechnende Steuerabzugsbeträge)]. Die rückständigen Vorauszahlungen in Höhe von 3 000 DM sind sofort zu entrichten.

Beispiel 2:

festgesetzte Steuer	15 000 DM
festgesetzte Vorauszahlungen	8 000 DM
Vollziehungsaussetzung des Vorauszahlungsbescheids in Höhe von	3 000 DM
entrichtete Vorauszahlungen	5 000 DM
Steuerabzugsbeträge	4 000 DM
Abschlußzahlung (einschließlich der in der Vollziehung ausgesetzten Vorauszahlungen)	6 000 DM
streitbefangene Steuer	5 000 DM

Die Vollziehung ist nur in Höhe von 3 000 DM auszusetzen (15 000 DM – festgesetzte Steuer – ./. 8 000 DM – festgesetzte Vorauszahlungen – ./. 4 000 DM – anzurechnende Steuerabzugsbeträge –). Die in der Vollziehung ausgesetzten Vorauszahlungen in Höhe von 3 000 DM sind innerhalb der von der Finanzbehörde zu setzenden Frist (vgl. Nr. 8.2.2) zu entrichten. Der Restbetrag der Abschlußzahlung (3 000 DM) muß nicht geleistet werden, solange die Aussetzung der Vollziehung wirksam ist.

4.3 Die streitbefangene Steuer ist größer als die Abschlußzahlung

Beispiel:

festgesetzte Steuer	15 000 DM
festgesetzte und entrichtete Vorauszahlungen	8 000 DM
Steuerabzugsbeträge	4 000 DM
Abschlußzahlung	3 000 DM
streitbefangene Steuer	5 000 DM

Die Vollziehung ist nur in Höhe von 3 000 DM auszusetzen [15 000 DM (festgesetzte Steuer) ./. 8 000 DM (festgesetzte Vorauszahlungen) ./. 4 000 DM (anzurechnende Steuerabzugsbeträge)]. Die Abschlußzahlung muß nicht geleistet werden, solange die Aussetzung der Vollziehung wirksam ist.

4.4 Die streitbefangene Steuer ist größer als die Abschlußzahlung einschließlich nicht geleisteter Vorauszahlungen

Beispiel 1:

festgesetzte Steuer	15 000 DM
festgesetzte Vorauszahlungen	8 000 DM
entrichtete Vorauszahlungen	5 000 DM
rückständige Vorauszahlungen	3 000 DM
Steuerabzugsbeträge	6 000 DM
Abschlußzahlung (einschließlich der rückständigen Vorauszahlungen)	4 000 DM
streitbefangene Steuer	5 000 DM

Die Vollziehung ist nur in Höhe von 1 000 DM auszusetzen [15 000 DM (festgesetzte Steuer) ./. 8 000 DM (festgesetzte Vorauszahlungen) ./. 6 000 DM (anzurechnende Steuerabzugsbeträge)]. Die rückständigen Vorauszahlungen in Höhe von 3 000 DM sind sofort zu entrichten.

Beispiel 2:

	festgesetzte Steuer	15 000 DM
	festgesetzte Vorauszahlungen	8 000 DM
	Vollziehungsaussetzung des Vorauszahlungsbescheids in Höhe von	3 000 DM
	entrichtete Vorauszahlungen	5 000 DM
	Steuerabzugsbeträge	6 000 DM
	Abschlußzahlung (einschließlich der in der Vollziehung ausgesetzten Vorauszahlungen)	4 000 DM
	streitbefangene Steuer	5 000 DM

Die Vollziehung ist nur in Höhe von 1 000 DM auszusetzen (15 000 DM – festgesetzte Steuer – ./. 8 000 DM – festgesetzte Vorauszahlungen – ./. 6 000 DM – anzurechnende Steuerabzugsbeträge –). Die in der Vollziehung ausgesetzten Vorauszahlungen in Höhe von 3 000 DM sind innerhalb der von der Finanzbehörde zu setzenden Frist (vgl. Nr. 8.2.2) zu entrichten. Der Restbetrag der Abschlußzahlung (1 000 DM) muß nicht geleistet werden, solange die Aussetzung der Vollziehung wirksam ist.

4.5 Die Steuerfestsetzung führt zu einer Erstattung

Beispiel 1:

	festgesetzte Steuer	15 000 DM
	festgesetzte und entrichtete Vorauszahlungen	12 000 DM
	Steuerabzugsbeträge	5 000 DM
	Erstattungsbetrag	2 000 DM
	streitbefangene Steuer	5 000 DM

Eine Aussetzung der Vollziehung ist nicht möglich [15 000 DM (festgesetzte Steuer) ./. 12 000 DM (festgesetzte Vorauszahlungen) ./. 5 000 DM (anzurechnende Steuerabzugsbeträge)].

Beispiel 2:

	Nach einem Erstbescheid gemäß Beispiel 1 ergeht ein Änderungsbescheid:	
	festgesetzte Steuer nunmehr	16 000 DM
	festgesetzte und entrichtete Vorauszahlungen	12 000 DM
	Steuerabzugsbeträge	5 000 DM
	neuer Erstattungsbetrag	1 000 DM
	Rückforderung der nach dem Erstbescheid geleisteten Erstattung (Leistungsgebot) in Höhe von	1 000 DM
	streitbefangene Steuer	5 000 DM

Der Änderungsbescheid kann in Höhe von 1 000 DM in der Vollziehung ausgesetzt werden.

Beispiel 3:

	Nach einem Erstbescheid gemäß Beispiel 1 ergeht ein Änderungsbescheid:	
	festgesetzte Steuer nunmehr	18 000 DM
	festgesetzte und entrichtete Vorauszahlungen	12 000 DM
	Steuerabzugsbeträge	5 000 DM
	Abschlußzahlung neu	1 000 DM
	Leistungsgebot über (Abschlußzahlung – 1 000 DM – zuzüglich der nach dem Erstbescheid geleisteten Erstattung – 2 000 DM –)	3 000 DM
	streitbefangene Steuer	5 000 DM

Der Änderungsbescheid kann in Höhe vn 3 000 DM in der Vollziehung ausgesetzt werden.

4.6 Sonderfälle

4.6.1 Die Beschränkung der Aussetzung bzw. Aufhebung der Vollziehung von Steuerbescheiden auf den Unterschiedsbetrag zwischen festgesetzter Steuer und Vorleistungen (festgesetzte Vorauszahlungen, anzurechnende Steuerabzugsbeträge, anzurechnende Körperschaftsteuer) gilt nicht, wenn die Aussetzung oder Aufhebung der Vollziehung zur Abwendung wesentlicher Nachteile nötig erscheint (vgl. Nr. 4 zweiter Absatz).

Für die Beurteilung, wann „wesentliche Nachteile" vorliegen, sind die von der BFH-Rechtsprechung zur einstweiligen Anordnung nach § 114 FGO entwickelten Grundsätze heranzuziehen. „Wesentliche Nachteile" liegen demnach nur dann vor, wenn durch die Versagung der Vollziehungsaussetzung bzw. Vollziehungsaufhebung unmittelbar und ausschließlich die wirtschaftliche oder persönliche Existenz des Steuerpflichtigen bedroht würde (BFH-Beschluß vom 12. 4. 1984, BStBl II S. 492).

...

5 Aussetzung der Vollziehung von Grundlagenbescheiden

5.1 Auch die Vollziehung von Grundlagenbescheiden (insbesondere Feststellungs- und Steuermeßbescheiden) kann unter den allgemeinen Voraussetzungen – Anhängigkeit eines Rechtsbehelfs (vgl. Nr. 2.2), vollziehbarer Verwaltungsakt (vgl. Nr. 2.3), ernstliche Zweifel (vgl. Nr. 2.5) oder unbillige Härte (vgl. Nr. 2.6) – ausgesetzt werden.

...

6 Aussetzung der Vollziehung von Folgebescheiden

Nach der Aussetzung der Vollziehung eines Grundlagenbescheids ist die Vollziehung der darauf beruhenden Folgebescheide von Amts wegen auszusetzen, und zwar auch dann, wenn die Folgebescheide nicht angefochten wurden (§ 361 Abs. 3 Satz 1, § 69 Abs. 2 Satz 4 FGO). ...

...

Ein Antrag auf Vollziehungsaussetzung eines Einkommensteuerbescheids, der mit Zweifeln an der Rechtmäßigkeit der Entscheidungen in einem wirksam ergangenen positiven oder negativen Gewinnfeststellungsbescheid begründet wird, ist mangels Rechtsschutzbedürfnisses unzulässig (BFH-Urteil vom 29. 10. 1987, BStBl II 1988 S. 240). Zulässig ist dagegen ein Antrag auf Vollziehungsaussetzung eines Folgebescheids, der mit ernstlichen Zweifeln an der wirksamen Bekanntgabe eines Grundlagenbescheids begründet wird (BFH-Beschluß vom 15. 4. 1988, BStBl II S. 660).

...

7 Aufhebung der Vollziehung durch das Finanzamt

7.1 Die Finanzbehörden sind befugt, im Rahmen eines Verfahrens nach § 361 oder nach § 69 Abs. 2 FGO auch die Aufhebung der Vollziehung anzuordnen (§ 361 Abs. 2 Satz 3, § 69 Abs. 2 Satz 7 FGO. Die Ausführungen in den Nrn. 2.1 bis 4.6 gelten entsprechend.

7.2 Die Aufhebung der Vollziehung bewirkt die Rückgängigmachung bereits durchgeführter Vollziehungsmaßnahmen. Dies gilt auch, soweit eine Steuer „freiwillig", d. h. abgesehen vom Leistungsgebot ohne besondere Einwirkungen des Finanzamts (wie Mahnung, Postnachnahme, Beitreibungsmaßnahmen), entrichtet worden ist (BFH-Beschluß vom 22. 7. 1977, BStBl II S. 838). Durch die Aufhebung der Vollziehung erhält der Rechtsbehelfsführer einen Erstattungsanspruch (§ 37 Abs. 2) in Höhe des Aufhebungsbetrags, da der rechtliche Grund für die Zahlung nachträglich weggefallen ist. Durch Aufhebung der Vollziehung kann aber grundsätzlich nicht die Erstattung von geleisteten Vorauszahlungsbeträgen, Steuerabzugsbeträgen oder anrechenbarer Körperschaftsteuer erreicht werden (vgl. Nr. 4 zweiter Absatz).

Beispiel:

festgesetzte Steuer	15 000 DM
festgesetzte und entrichtete Vorauszahlungen	5 000 DM
Steuerabzugsbeträge	7 000 DM
entrichtete Abschlußzahlung	3 000 DM

An der Rechtmäßigkeit der Steuerfestsetzung bestehen in Höhe von 5 000 DM ernstliche Zweifel; der Sonderfall des Vorliegens „wesentlicher Nachteile" ist nicht gegeben. Nach Aufhebung der Vollziehung ist ein Betrag in Höhe von 3 000 DM zu erstatten [15 000 DM (festgesetzte Steuer) ./. 5 000 DM (festgesetzte Vorauszahlungen) ./. 7 000 DM (anzurechnende Steuerabzugsbeträge)].

7.3 Wird die Vollziehung einer Steueranmeldung aufgehoben, dürfen die entrichteten Steuerbeträge nur an den Anmeldenden erstattet werden. Dies gilt auch, wenn – wie z. B. in den Fällen des Lohnsteuerabzugs nach § 38 EStG oder des Steuerabzugs nach § 50a Abs. 4 EStG – der Anmeldende lediglich Entrichtungspflichtiger, nicht aber Steuerschuldner ist (BFH-Beschluß vom 13. 8. 1997, BStBl II S. 700).

...

8 Dauer der Aussetzung/Aufhebung der Vollziehung

8.1 Beginn der Aussetzung/Aufhebung der Vollziehung

8.1.1 Wird der Antrag auf Aussetzung/Aufhebung der Vollziehung vor Fälligkeit der strittigen Steuerforderung bei der Finanzbehörde eingereicht und begründet, ist die Aussetzung/Aufhebung der Vollziehung im Regelfall ab Fälligkeitstag der strittigen Steuerbeträge auszusprechen; ... Ein späterer Zeitpunkt kommt in Betracht, wenn der Steuerpflichtige – z. B. in Schätzungsfällen – die Begründung des Rechtsbehelfs oder des Aussetzungsantrags unangemessen hinausgezögert hat und die Finanzbehörde deshalb vorher keine ernstlichen Zweifel an der Rechtmäßigkeit des angefochtenen Verwaltungsaktes zu haben brauchte (vgl. BFH-Beschluß vom 10. 12. 1986, BStBl II 1987 S. 389).

8.1.2 Wird die Aussetzung/Aufhebung der Vollziehung nach Fälligkeit der strittigen Steuerforderung beantragt und begründet, gilt Nr. 8.1.1 Satz 2 entsprechend.

8.1.3 Bei der Aussetzung/Aufhebung der Vollziehung von Grundlagenbescheiden (Nr. 5) ist als Beginn der Aussetzung/Aufhebung der Vollziehung der Tag der Bekanntgabe des Grundlagenbescheids zu bestimmen, wenn der Rechtsbehelf oder der Antrag auf Aussetzung/Aufhebung der Vollziehung vor Ablauf der Einspruchsfrist begründet wurde. Bei später eingehender Begründung gilt Nr. 8.1.1 Satz 2 entsprechend.

8.1.4 Trifft die Finanzbehörde keine Aussage über den Beginn der Aussetzung/Aufhebung der Vollziehung, wirkt die Aussetzung/Aufhebung der Vollziehung ab Bekanntgabe der Aussetzungs-/Aufhebungsverfügung (§ 124 Abs. 1 Satz 1).

8.1.5 Der Beginn der Aussetzung/Aufhebung der Vollziehung eines Folgebescheids (vgl. Nrn. 6 und 8.1.3) richtet sich nach dem Beginn der Aussetzung/Aufhebung der Vollziehung des Grundlagenbescheids (vgl. BFH-Beschluß vom 10. 12. 1986, BStBl II 1987 S. 389).

8.2 Ende der Aussetzung/Aufhebung der Vollziehung

8.2.1 Die Aussetzung/Aufhebung der Vollziehung ist grundsätzlich nur für eine Rechtsbehelfsstufe zu bewilligen (BFH-Beschluß vom 3. 1. 1978, BStBl II S. 157). Das Ende der Aussetzung/Aufhebung der Vollziehung ist in der Verfügung zu bestimmen. Soweit nicht eine datumsmäßige Befristung angebracht ist, sollte das Ende bei Entscheidungen über die Aussetzung/Aufhebung der Vollziehung während des außergerichtlichen oder gerichtlichen Rechtsbehelfsverfahrens auf einen Monat nach Bekanntgabe der Einspruchsentscheidung bzw. nach Verkündung oder Zustellung des Urteils oder einen Monat nach dem Eingang einer Erklärung über die Rücknahme des Rechtsbehelfs festgelegt werden. Einer Aufhebung der Aussetzungs-/Aufhebungsverfügung bedarf es in einem solchen Fall nicht.

8.2.2 Wird der in der Vollziehung ausgesetzte Verwaltungsakt geändert oder ersetzt, erledigt sich die bisher gewährte Aussetzung/Aufhebung der Vollziehung, ohne daß es einer Aufhebung der Vollziehungsaussetzungs-(-aufhebungs)verfügung bedarf. Für eine eventuelle Nachzahlung der bisher in der Vollziehung ausgesetzten Beträge kann dem Steuerpflichtigen in der Regel eine einmonatige Zahlungsfrist eingeräumt werden.

In den Fällen des § 365 Abs. 3 AO bzw. des § 68 FGO ist auf der Grundlage des neuen Verwaltungsaktes erneut über die Aussetzung bzw. Aufhebung der Vollziehung zu entscheiden. Dies gilt auch, wenn ein in der Vollziehung ausgesetzter Vorauszahlungsbescheid durch die Jahressteuerfestsetzung ersetzt wird (...).

9.2 Sicherheitsleistung

9.2.1 Die Finanzbehörde kann die Aussetzung oder Aufhebung der Vollziehung von einer Sicherheitsleistung abhängig machen (§ 361 Abs. 2 Satz 5; § 69 Abs. 2 Satz 3 FGO). Die Entscheidung hierüber ist nach pflichtgemäßem Ermessen zu treffen.

9.2.2 Die Anordnung der Sicherheitsleistung muß vom Grundsatz der Verhältnismäßigkeit bestimmt sein (BVerfG-Beschluß vom 24. 10. 1975, StRK FGO § 69 R 171). Sie ist geboten, wenn die wirtschaftliche Lage des Steuerpflichtigen die Steuerforderung als gefährdet erscheinen läßt (BFH-Beschlüsse vom 8. 3. 1967, BStBl III S. 294, und vom 22. 6. 1967, BStBl III S. 512). Die Anordnung einer Sicherheitsleistung ist zum Beispiel gerechtfertigt, wenn der Steuerbescheid nach erfolglosem Rechtsbehelf im Ausland vollstreckt werden müßte (BFH-Urteil vom 27. 8. 1970, BStBl II 1971 S. 1). Dies gilt auch, wenn in einem Mitgliedstaat der EG zu vollstrecken wäre, es sei denn, mit diesem Staat besteht ein Abkommen, welches eine Vollstreckung unter gleichen Bedingungen wie im Inland gewährleistet (BFH-Beschluß vom 3. 2. 1977, BStBl II S. 351; zur zwischenstaatlichen Vollstreckungshilfe siehe BMF-Merkblatt vom 14. 4. 1987, BStBl I S. 402). Eine Sicherheitsleistung ist unzumutbar, wenn die Zweifel an der Rechtmäßigkeit des Verwaltungsaktes so bedeutsam sind, daß mit großer Wahrscheinlichkeit seine Aufhebung zu erwarten ist (BFH-Beschluß vom 22. 12. 1969, BStBl II 1970 S. 127).

9.2.3 Kann ein Steuerpflichtiger trotz zumutbarer Anstrengung eine Sicherheit nicht leisten, darf eine Sicherheitsleistung bei Aussetzung/Aufhebung der Vollziehung wegen ernstlicher Zweifel an der Rechtmäßigkeit des angefochtenen Verwaltungsaktes nicht verlangt werden; Aussetzung/Aufhebung der Vollziehung wegen unbilliger Härte darf jedoch bei Gefährdung des Steueranspruchs nur gegen Sicherheitsleistung bewilligt werden (BFH-Beschluß vom 9. 4. 1968, BStBl II S. 456).

9.2.4 Zur Sicherheitsleistung bei der Aussetzung der Vollziehung von Grundlagenbescheiden siehe § 361 Abs. 3 Satz 3 und § 69 Abs. 2 Satz 6 FGO. Hiernach entscheiden über die Sicherheitsleistung die für den Erlaß der Folgebescheide zuständigen Finanzämter bzw. Gemeinden. Das für den Erlaß des Grundlagenbescheids zuständige Finanzamt darf jedoch anordnen, daß die Aussetzung der Vollziehung von keiner Sicherheitsleistung abhängig zu machen ist. Das kann z. B. der Fall sein, wenn der Rechtsbehelf wahrscheinlich erfolgreich sein wird.

9.2.5 Zu den möglichen Arten der Sicherheitsleistung siehe § 241.

9.2.6 Die Anordnung einer Sicherheitsleistung ist eine unselbständige Nebenbestimmung in Form einer aufschiebenden Bedingung; sie kann daher nicht selbständig, sondern nur zusammen mit der Entscheidung über die Aussetzung/Aufhebung der Vollziehung angefochten werden (BFH-Urteil vom 31. 10. 1973, BStBl II 1974 S. 118, und BFH-Beschluß vom 20. 6. 1979, BStBl II S. 666). Eine Aussetzung/Aufhebung der Vollziehung gegen Sicherheitsleistung wird erst wirksam, wenn sie geleistet worden ist. In dem Verwaltungsakt über die Aussetzung/Aufhebung der Vollziehung ist deshalb eine Frist für die Sicherheitsleistung zu setzen. Wird die Sicherheit innerhalb der Frist nicht erbracht, ist der Steuerpflichtige auf die Rechtsfolgen hinzuweisen und zur Zahlung aufzufordern.

10 Ablehnung der Vollziehungsaussetzung

Zur Erhebung von Säumniszuschlägen nach Ablehnung eines Antrags auf Vollziehungsaussetzung vgl. zu 240, Nr. 6 Buchstabe b.

...

11 **Rechtsbehelfe**

Gegen die völlige oder teilweise Ablehnung eines Antrags auf Aussetzung/Aufhebung der Vollziehung und gegen die Aussetzung/Aufhebung der Vollziehung gegen Sicherheitsleistung durch die Finanzbehörde ist der Einspruch gegeben. Das Gericht kann nur nach § 69 Abs. 3 FGO angerufen werden; eine Klagemöglichkeit gegen die Einspruchsentscheidung über die Ablehnung der Vollziehungsaussetzung ist nicht gegeben (§ 361 Abs. 5; § 69 Abs. 7 FGO).

12 **Aussetzungszinsen**

Wegen der Erhebung von Aussetzungszinsen siehe § 237.

Zu § 362 AO

AEAO   Rücknahme des Einspruchs:

1. Für die Rücknahme ist zum Schutze des Steuerpflichtigen die Schriftform vorgeschrieben. Die Rücknahme führt nur zum Verlust des eingelegten Einspruchs, nicht der Einspruchsmöglichkeit schlechthin. Der Einspruch kann innerhalb der Einspruchsfrist erneut erhoben werden.

2. Wird die Unwirksamkeit der Rücknahme innerhalb eines Jahres bei der für die Einlegung des Einspruchs zuständigen Finanzbehörde (§ 362 Abs. 1 Satz 2, § 357 Abs. 2) geltend gemacht (§ 362 Abs. 2 Satz 2, § 110 Abs. 3), so wird das ursprüngliche Einspruchsverfahren wieder aufgenommen. Es ist in der Sache zu entscheiden. Erachtet die Behörde die vorgetragenen Gründe für die Unwirksamkeit der Einspruchsrücknahme nicht für stichhaltig, wird der Einspruch als unzulässig verworfen.

Zu § 363 AO

AEAO   Aussetzung und Ruhen des Verfahrens:

1. Die nach § 363 Abs. 2 Satz 1 erforderliche Zustimmung des Einspruchsführers zur Verfahrensruhe aus Zweckmäßigkeitsgründen sollte aus Gründen der Klarheit immer in schriftlicher Form erteilt werden.

2. Sind die Voraussetzungen für eine Verfahrensaussetzung oder Verfahrensruhe erfüllt, kann auch über Fragen, die nicht Anlaß der Verfahrensaussetzung oder Verfahrensruhe sind, nicht entschieden werden. Dies gilt auch in den Fällen des § 363 Abs. 2 Satz 2 und 3. Der Erlaß von Abhilfebescheiden und von Änderungsbescheiden aus außerhalb des Einspruchsverfahrens liegenden Gründen (z. B. Folgeänderung gem. § 175 Abs. 1 Satz 1 Nr. 1) bleibt jedoch möglich.

3. Teilt die Finanzbehörde nach § 363 Abs. 2 Satz 4 die Fortsetzung eines ruhenden Einspruchsverfahrens mit, soll sie vor Erlaß einer Einspruchsentscheidung den Beteiligten Gelegenheit geben, sich erneut zu äußern. Eine Fortsetzung des Einspruchsverfahrens kommt in allen Fällen des § 363 Abs. 2 in Betracht (BFH-Urteil vom 6. 7. 1999, BFH/NV S. 1587).

Zu § 364 AO

AEAO   Mitteilung der Besteuerungsunterlagen:
Die Beteiligten haben nur einen Anspruch auf Mitteilung der Besteuerungsunterlagen, nicht jedoch einen Rechtsanspruch auf Akteneinsicht. Im Einzelfall kann jedoch nach Ermessen der Finanzbehörde Akteneinsicht gewährt werden. Hierbei ist sicherzustellen, daß Verhältnisse eines anderen nicht unbefugt offenbart werden. Die Gewährung einer beantragten Akteneinsicht kann insbesondere nach einem Beraterwechsel zweckmäßig sein. Die Ablehnung eines Antrags auf Akteneinsicht ist mit dem Einspruch anfechtbar. Für das finanzgerichtliche Verfahren gilt § 78 FGO.

Einfügung d. Schriftl.:

Das Rechtsbehelfsverfahren

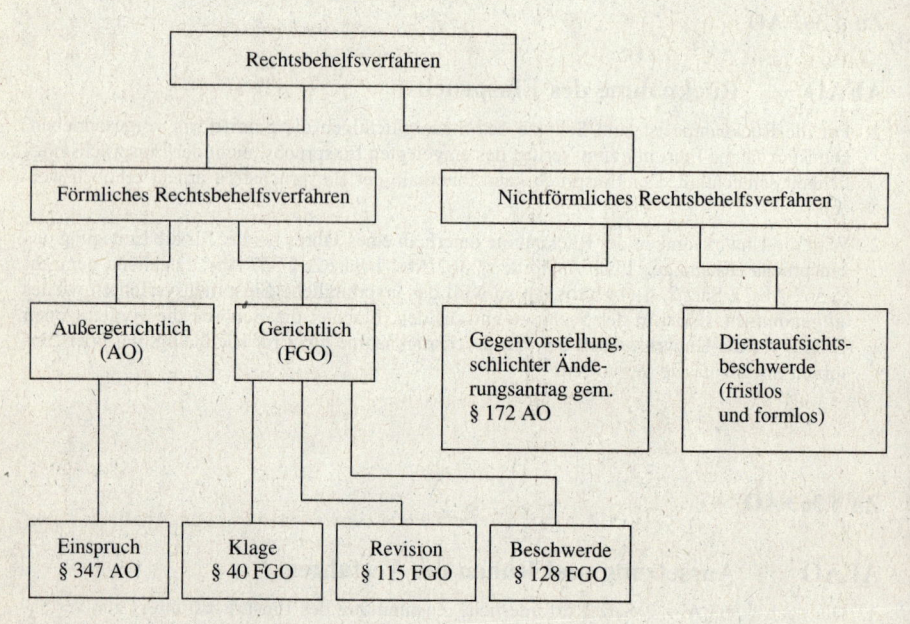

```
                        ┌─────────────────────────┐
                        │  Rechtsbehelfsverfahren  │
                        └────────────┬────────────┘
                     ┌───────────────┴───────────────┐
        ┌────────────┴────────────┐       ┌──────────┴──────────────────────┐
        │ Förmliches              │       │ Nichtförmliches                 │
        │ Rechtsbehelfsverfahren  │       │ Rechtsbehelfsverfahren          │
        └────────────┬────────────┘       └──────────┬──────────────────────┘
          ┌─────────┴─────────┐              ┌──────┴──────┐
   ┌──────┴──────┐    ┌───────┴──────┐  ┌────┴──────────┐  ┌─────────────────┐
   │ Außerge-    │    │ Gerichtlich  │  │ Gegenvor-     │  │ Dienstaufsichts-│
   │ richtlich   │    │ (FGO)        │  │ stellung,     │  │ beschwerde      │
   │ (AO)        │    │              │  │ schlichter    │  │ (fristlos       │
   │             │    │              │  │ Änderungs-    │  │ und formlos)    │
   │             │    │              │  │ antrag gem.   │  │                 │
   │             │    │              │  │ § 172 AO      │  │                 │
   └──────┬──────┘    └──┬────┬──────┘  └───────────────┘  └─────────────────┘
          │              │    │
   ┌──────┴──────┐  ┌────┴──┐ │  ┌────────────┐  ┌────────────┐
   │ Einspruch   │  │ Klage │ │  │ Revision   │  │ Beschwerde │
   │ § 347 AO    │  │ § 40  │ │  │ § 115 FGO  │  │ § 128 FGO  │
   │             │  │ FGO   │ │  │            │  │            │
   └─────────────┘  └───────┘ └──┴────────────┴──┴────────────┘
```

II. Einkommensteuer-Richtlinien 1999 (EStR) mit amtlichen Bearbeitungshinweisen 2000 in Auszügen

Inhaltsverzeichnis
Seite

Einführung 120

Zu § 1a EStG
R 1. Steuerpflicht 120

Zu § 2 EStG
R 3. Ermittlung des zu versteuernden Einkommens 121
R 4. Ermittlung der festzusetzenden Einkommensteuer 132

Zu § 4 EStG (§§ 6 – 8 EStDV)
R 12. Betriebsvermögensvergleich 133
R 13. Betriebsvermögen 134
R 14. Einlagen und Entnahmen 144
R 15. Bilanzberichtigung und Bilanzänderung 147
R 16. Einnahmenüberschußrechnung 150
R 17. Wechsel der Gewinnermittlungsart 153
R 18. Betriebseinnahmen und -ausgaben 154
R 19. Rechtsverhältnisse zwischen Angehörigen 158
R 20. Abziehbare Steuern 163
R 21. Geschenke, Bewirtung, andere die Lebensführung berührende Betriebsausgaben 164
R 22. Besondere Aufzeichnung 170
R 23. Kilometer-Pauschbetrag, nicht abziehbare Fahrtkosten, Reisekosten und Aufwendungen für doppelte Haushaltsführung 171
R 24. Abzugsverbot für Sanktionen sowie für Zuwendungen im Sinne des § 4 Abs. 5 Satz 1 Nr. 10 EStG 177

Zu § 4a EStG (§§ 8b und 8c EStDV)
R 25. Gewinnermittlung bei einem vom Kalenderjahr abweichenden Wirtschaftsjahr 178

Zu § 4b EStG
R 26. Direktversicherung 179

Zu § 5 EStG
R 28. Allgemeines zum Betriebsvermögensvergleich nach § 5 EStG 181
R 29. Ordnungsmäßige Buchführung 181
R 30. Bestandsaufnahme des Vorratsvermögens 184
R 31. Bestandsmäßige Erfassung des beweglichen Anlagevermögens 186
R 31a. Immaterielle Wirtschaftsgüter 188
R 31b. Rechnungsabgrenzungen 190
R 31c. Rückstellungen 191

Zu § 6 EStG (§§ 7 – 11d EStDV)
R 32. Anlagevermögen und Umlaufvermögen 199

Inhaltsverzeichnis   Einkommensteuer

R 32a.	Anschaffungskosten	201
R 33.	Herstellungskosten	202
R 33a.	Aufwendungen im Zusammenhang mit einem Grundstück	204
R 34.	Zuschüsse für Anlagegüter	211
R 35.	Übertragung stiller Reserven bei Ersatzbeschaffung	212
R 35a.	Teilwert	217
R 36.	Bewertung des Vorratsvermögens	219
R 36a.	Bewertung nach unterstellten Verbrauchs- und Veräußerungsfolgen	221
R 37.	Bewertung von Verbindlichkeiten	222
R 38.	Bewertung von Rückstellungen	224
R 39.	Bewertung von Entnahmen und Einlagen	225
R 40.	Bewertungsfreiheit für geringwertige Wirtschaftsgüter	226

Zu § 6b EStG (§ 9a EStDV)

R 41a.	Ermittlung des Gewinns aus der Veräußerung bestimmter Anlagegüter im Sinne des § 6b EStG	230
R 41b.	Übertragung aufgedeckter stiller Reserven und Rücklagenbildung nach § 6b EStG	230
R 41c.	Sechsjahresfrist im Sinne des § 6b Abs. 4 Nr. 2 EStG	233

Zu § 7 EStG (§§ 10, 10a, 11c, 11d und 15 EStDV)

R 42.	Abnutzbare Wirtschaftsgüter	234
R 42a.	Wirtschaftsgebäude, Mietwohnneubauten und andere Gebäude	237
R 43.	Bemessungsgrundlage für die AfA	239
R 44.	Höhe der AfA	243
R 44a.	Absetzung für Substanzverringerung	253

Zu § 7g EStG

R 82a.	Ansparabschreibungen	253
R 83.	Sonderabschreibungen zur Förderung kleiner und mittlerer Betriebe	254

Zu § 9 EStG

R 84.	Aufwendungen für Fahrten bei Einkünften aus Vermietung und Verpachtung	255

Zu § 9a EStG

R 85.	Pauschbeträge für Werbungskosten	255

Zu § 9b EStG

R 86.	Auswirkungen der Umsatzsteuer auf die Einkommensteuer	256

Zu § 10 EStG (§§ 29 und 30 EStDV)

R 86a.	Sonderausgaben (Allgemeines)	258
R 86b.	Unterhaltsleistungen an den geschiedenen oder dauernd getrennt lebenden Ehegatten	259
R 87.	Renten und dauernde Lasten	259
R 88.	Versicherungsbeiträge	260
R 89.	Nachversteuerung von Versicherungsbeiträgen	264
R 101.	Kirchensteuern	265
R 102.	Steuerberatungskosten	265
R 103.	Aufwendungen für die Berufsausbildung oder die Weiterbildung in einem nicht ausgeübten Beruf	266

R 103a.	Hauswirtschaftliches Beschäftigungsverhältnis	271
R 104.	Schulgeld	271

Zu § 10b EStG (§§ 48 bis 50 EStDV)

R 111.	Ausgaben zur Förderung mildtätiger, kirchlicher, religiöser und wissenschaftlicher Zwecke und der als besonders förderungswürdig anerkannten gemeinnützigen Zwecke im Sinne des § 10b Abs. 1 EStG	272
R 112.	Mitgliedsbeiträge und Spenden an politische Parteien	274

Zu § 10c EStG

R 114.	Berechnung der Vorsorgepauschale bei Ehegatten	275

Zu § 10d EStG

R 115.	Verlustabzug	278

Zu § 10e EStG

R 115a.	Steuerbegünstigung der zu eigenen Wohnzwecken genutzten Wohnung im eigenen Haus	293

Zu § 11 EStG

R 116.	Zufluß von Einnahmen und Abfluß von Ausgaben	318

Zu § 12 EStG

R 117.	Abgrenzung der Kosten der Lebensführung von den Betriebsausgaben und Werbungskosten .	321
R 117a.	Studienreisen, Fachkongresse	324
R 120.	Geldstrafen und ähnliche Rechtsnachteile	328
R 121.	Nichtabziehbare Steuern und Nebenleistungen	328
R 122.	Spenden	329
R 123.	Wiederkehrende Leistungen	329

Zu § 15 EStG

R 134.	Selbständigkeit	330
R 134a.	Nachhaltigkeit	331
R 134b.	Gewinnerzielungsabsicht	331
R 134c.	Beteiligung am allgemeinen wirtschaftlichen Verkehr	334
R 135.	Abgrenzung des Gewerbebetriebs von der Land- und Forstwirtschaft	335
R 136.	Abgrenzung des Gewerbebetriebs von der selbständigen Arbeit	337
R 137.	Abgrenzung des Gewerbebetriebs von der Vermögensverwaltung	344

Zu § 18 EStG

R 142.	Aufzeichnungspflicht und Buchführungspflicht von Angehörigen der freien Berufe	346
R 143.	Betriebsvermögen	346

Zu § 20 EStG

R 153.	Werbungskosten bei Einkünften aus Kapitalvermögen	348
R 154.	Einnahmen aus Kapitalvermögen	349
R 156.	Sparer-Freibetrag	351

Zu § 21 EStG (§§ 82a, 82b, 82g bis 82i EStDV)

R 157.	Erhaltungsaufwand und Herstellungsaufwand	351

Inhaltsverzeichnis   Einkommensteuer 118

R 161. Sonderfälle von Einnahmen und Werbungskosten 354
R 162. Verbilligt überlassene Wohnung 356
R 162a. Miet- und Pachtverträge zwischen Angehörigen und Partnern einer nichtehelichen Lebensgemeinschaft 357
R 163. Behandlung von Zuschüssen 358

Zu § 22 EStG (§ 55 EStDV)

R 165. Besteuerung von wiederkehrenden Bezügen mit Ausnahme der Leibrenten 360
R 166. Wiederkehrende Bezüge bei ausländischen Studenten und Schülern 360
R 167. Besteuerung von Leibrenten 361
R 168a. Besteuerung von Leistungen im Sinne des § 22 Nr. 3 EStG 364

Zu § 23 EStG

R 169. Private Veräußerungsgeschäfte 365

Zu § 24 EStG

R 170. Begriff der Entschädigung im Sinne des § 24 Nr. 1 EStG 366

Zu § 24a EStG

R 171a. Altersentlastungsbetrag 368

Zu § 25 EStG (§§ 56 und 60 EStDV)

R 172. Verfahren bei der getrennten Veranlagung von Ehegatten nach § 26a EStG 369

Zu § 26 EStG

R 174. Voraussetzungen für die Anwendung des § 26 EStG 369

Zu § 26a EStG (§§ 61 und 62d EStDV)

R 174a. Getrennte Veranlagung von Ehegatten nach § 26a EStG 372

Zu § 26b EStG

R 174b. Zusammenveranlagung von Ehegatten nach § 26b EStG 372

Zu § 32 EStG

R 176. Im ersten Grad mit dem Steuerpflichtigen verwandte Kinder 373
R 177. Pflegekinder 373
R 178. Allgemeines zur Berücksichtigung von Kindern 375
R 180. Kinder, die für einen Beruf ausgebildet werden 376
R 180a. Kinder, die sich in einer Übergangszeit von höchstens vier Monaten zwischen zwei Ausbildungsabschnitten befinden 378
R 180b. Kinder, die mangels Ausbildungsplatz ihre Berufsausbildung nicht beginnen oder fortsetzen können 379
R 180c. Kinder, die ein freiwilliges soziales oder ökologisches Jahr leisten 380
R 180d. Kinder, die wegen körperlicher, geistiger oder seelischer Behinderung außerstande sind, sich selbst zu unterhalten 380
R 180e. Einkünfte und Bezüge des Kindes 382
R 181. Höhe des Kinderfreibetrags in Sonderfällen 383
R 181a. Übertragung des Kinderfreibetrags 383
R 182. Haushaltsfreibetrag, Zuordnung von Kindern 385

Zu § 32a EStG

R 184a. Splitting-Verfahren bei verwitweten Personen (§ 32a Abs. 6 Nr. 1 EStG) 386
R 184b. Splitting-Verfahren bei Personen, deren Ehe im VZ aufgelöst worden ist (§ 32a Abs. 6 Nr. 2 EStG) 387

Zu § 33 EStG (§ 64 EStDV)

R 186. Außergewöhnliche Belastungen allgemeiner Art 387
R 187. Aufwendungen für existentiell notwendige Gegenstände 388
R 188. Aufwendungen wegen Pflegebedürftigkeit 388
R 189. Aufwendungen wegen Krankheit, Behinderung und Tod 389

Zu § 33a EStG

R 190. Aufwendungen für den Unterhalt und eine etwaige Berufsausbildung 399
R 191. Ausbildungsfreibeträge 404
R 192. Aufwendungen für eine Hilfe im Haushalt oder für vergleichbare Dienstleistungen (§ 33a Abs. 3 EStG) 407
R 192a. Zeitanteilige Ermäßigung nach § 33a Abs. 4 EStG 408

Zu § 33b EStG (§ 65 EStDV)

R 194. Pauschbeträge für Behinderte, Hinterbliebene und Pflegepersonen 411

Zu § 34 EStG

R 197. Umfang der steuerbegünstigten Einkünfte 414
R 198. Steuerberechnung unter Berücksichtigung der Tarifermäßigung 414
R 199. Besondere Voraussetzungen für die Anwendung des § 34 Abs. 1 EStG 417
R 200. Anwendung des § 34 Abs. 1 EStG auf Einkünfte aus der Vergütung für eine mehrjährige Tätigkeit (§ 34 Abs. 2 Nr. 4 EStG) 419

Zu § 34f EStG

R 213a. Steuerermäßigung nach § 34f EStG 421

Zu § 1a EStG

EStR   Einführung

(1) Die Einkommensteuer-Richtlinien 1999 sind Weisungen an die Finanzbehörden zur einheitlichen Anwendung des Einkommensteuerrechts, zur Vermeidung unbilliger Härten und zur Verwaltungsvereinfachung.
(2) ...
(3) Anordnungen, die mit den nachstehenden Richtlinien im Widerspruch stehen, sind nicht mehr anzuwenden.
(4) ...

Zu § 1a EStG

EStR   R 1.   Steuerpflicht

¹Unbeschränkt einkommensteuerpflichtig gemäß § 1 Abs. 2 EStG sind insbesondere von der Bundesrepublik Deutschland ins Ausland entsandte deutsche Staatsangehörige, die Mitglied einer diplomatischen Mission oder konsularischen Vertretung sind – einschließlich der zu ihrem Haushalt gehörenden Angehörigen –, soweit die Voraussetzungen des § 1 Abs. 2 EStG erfüllt sind. ²Für einen ausländischen Ehegatten gilt dies auch, wenn er die Staatsangehörigkeit des Empfangsstaates besitzt.

▶   **Hinweise   EStH   H 1.**

Allgemeines
Die unbeschränkte Einkommensteuerpflicht erstreckt sich auf sämtliche inländische und ausländische Einkünfte, soweit nicht für bestimmte Einkünfte abweichende Regelungen bestehen, z. B. in DBA oder in anderen zwischenstaatlichen Vereinbarungen.
...

Erweiterte unbeschränkte Steuerpflicht und unbeschränkte Steuerpflicht auf Antrag
– § 1 Abs. 2 bzw. § 1 Abs. 3 in Verbindung mit § 1a Abs. 2 EStG
  Im Ausland bei internationalen Organisationen beschäftigte Deutsche fallen nicht unter § 1 Abs. 2 oder § 1 Abs. 3 in Verbindung mit § 1a Abs. 2 EStG, da sie ihren Arbeitslohn nicht aus einer inländischen öffentlichen Kasse beziehen.
– BMF vom 8. 10. 1996 (BStBl I S. 1191) – Auszug –:
  Billigkeitsregelung in Fällen, in denen ein Steuerpflichtiger und sein nicht dauernd getrennt lebender Ehegatte zunächst unter den Voraussetzungen des § 1 Abs. 2 EStG unbeschränkt einkommensteuerpflichtig sind bzw. unter den Voraussetzungen des § 1 Abs. 3 in Verbindung mit § 1a Abs. 2 EStG auf Antrag als unbeschränkt steuerpflichtig behandelt werden,
  – der Steuerpflichtige dann aus dienstlichen Gründen in das Inland versetzt wird,
  – der nicht dauernd getrennt lebende Ehegatte aus persönlichen Gründen noch für kurze Zeit im Ausland verbleibt und
  – die Voraussetzungen des § 1a Abs. 1 EStG nicht erfüllt sind.
– BMF vom 27. 2. 1996 (BStBl I S. 115)
  Berücksichtigung ausländischer Verhältnisse, Ländergruppeneinteilung ab 1996
...

121 Einkommensteuer — Zu § 2 EStG

Gewöhnlicher Aufenthalt
> § 9 AO

Schiffe
Schiffe unter Bundesflagge rechnen auf hoher See zum Inland.
> BFH vom 12. 11. 1986 (BStBl 1987 II S. 377)

Unbeschränkte Steuerpflicht – auf Antrag – [1]
> BMF vom 30. 12. 1996 (BStBl I S. 1506)

Wechsel der Steuerpflicht
> § 2 Abs. 7 Satz 3 EStG

Wohnsitz [2]
> § 8 AO

Zu § 2 EStG

EStR   R 3. Ermittlung des zu versteuernden Einkommens [3]

Berechnungsschema

(1) Das zu versteuernde Einkommen ist wie folgt zu ermitteln:

1		Summen der positiven Einkünfte aus jeder Einkunftsart (§ 2 Abs. 3 Satz 2 EStG)
2	+	Hinzurechnungsbetrag (§ 52 Abs. 3 Satz 2 i. V. m. § 2a Abs. 3 Satz 3, Abs. 4 EStG i. d. F. vom 16. 4. 1997, BGBl I S. 821, § 2 Abs. 1 Satz 3, Abs. 2 Auslandsinvestitionsgesetz)
3	–	ausgleichsfähige negative Summen der Einkünfte (§ 2 Abs. 3 Sätze 3 bis 8 EStG)
4	=	Summe der Einkünfte (> Abs. 2)
5	–	Altersentlastungsbetrag (§ 24a EStG)
6	–	Freibetrag für Land- und Forstwirte (§ 13 Abs. 3 EStG)
7	=	Gesamtbetrag der Einkünfte (§ 2 Abs. 3 Satz 1 EStG)
8	–	Verlustabzug nach § 10d EStG i. d. F. des Steuerentlastungsgesetzes 1999/2000/2002 vom 24. 3. 1999, BGBl I S. 402
9	–	Sonderausgaben (§§ 10, 10b, 10c EStG)
10	–	außergewöhnliche Belastungen (§§ 33 bis 33c [4] EStG)
11	–	Steuerbegünstigung der zu Wohnzwecken genutzten Wohnungen, Gebäude und Baudenkmale sowie der schutzwürdigen Kulturgüter (§§ 10e bis 10i EStG, 52 Abs. 21 Satz 6 EStG i. d. F. vom 16. 4. 1997, BGBl I S. 821 und § 7 FördG)

Anm. d. Schriftl.:

[1] Vor dem Hintergrund der EuGH-Rechtsprechung im Fall „Schumacker" (EuGH vom 14. 2. 1995, DB 1995 S. 407) hat der Gesetzgeber die beschränkte Steuerpflicht in § 1 Abs. 3 und § 1a EStG neu geregelt. Der EuGH hatte zur Freizügigkeit der Arbeitnehmer (Art. 48 EG-Vertrag) im Fall „Schumacker" insbesondere gefordert, das Splittingverfahren auch auf beschränkt Stpfl. anzuwenden.

[2] Zuständigkeit für die Besteuerung > §§ 16–29 AO.

[3] Die Änderung des § 2 Abs. 3 EStG durch das StEntlG 1999 führt zu erheblichen Einschränkungen beim Ausgleich zwischen positiven und negativen Einkünften. Ziel der Änderung ist, trotz bestehender Verluste für eine gewisse Mindestbesteuerung zu sorgen. Ein Teil der Regelungen in § 2 Abs. 3 EStG muß im Zusammenhang mit den Änderungen beim Verlustabzug (§ 10d EStG) gesehen werden.

[4] § 33c EStG wurde durch das Gesetz zur Familienförderung ab VZ 2000 aufgehoben.

Zu § 2 EStG   **Einkommensteuer** 122

12	−	Verlustabzug nach § 10d EStG i. d. F. vom 16. 4. 1997, BGBl I S. 821 (§ 52 Abs. 25 Satz 1 EStG)
13	+	zuzurechnendes Einkommen gemäß § 15 Abs. 1 AStG
14	=	Einkommen (§ 2 Abs. 4 EStG)
15	−	Kinderfreibetrag (§§ 31, 32 Abs. 6 EStG)
16	−	Haushaltsfreibetrag (§ 32 Abs. 7 EStG)
17	−	Härteausgleich nach § 46 Abs. 3 EStG, § 70 EStDV
18	=	zu versteuerndes Einkommen (§ 2 Abs. 5 EStG). [1]

Summe der Einkünfte

(2) ¹Die Summe der Einkünfte nach § 2 Abs. 3 EStG ist grundsätzlich positiv oder mindestens 0 DM. ²Erzielt ein Steuerpflichtiger nur Einkünfte aus einer Einkunftsart und ist deren Summe negativ, ist auch die Summe der Einkünfte negativ, da in diesen Fällen die Summe der Einkünfte aus dieser Einkunftsart (§ 2 Abs. 3 Satz 2 EStG) mit der Summe der Einkünfte übereinstimmt und es auf die weiteren Berechnungsschritte in § 2 Abs. 3 EStG nicht ankommt. ³Ist die Summe der positiven Einkünfte nicht größer als 100 000 DM und ist die Summe der negativen Einkünfte höher als die Summe der positiven Einkünfte, greifen die weiteren Verlustverrechnungsschritte des § 2 Abs. 3 EStG nicht ein mit der Folge, daß eine negative Summe der Einkünfte vorliegt.

▶ **Hinweise   EStH   H 3.**

Beispiele zu R 3 Zeile 1 für die Berechnung der Summe der Einkünfte nach § 2 Abs. 3 Satz 2 ff. EStG

Beispiel 1:
Einzelveranlagter Steuerpflichtiger (Verlustverrechnungsvolumen wird nicht ausgeschöpft.)

	Spalte 1	*2*	*3*	*4*
1	**VZ 01**			
2	Einkünfte aus § 13		*50 000*	
3	§ 15		*250 000*	*− 180 000*
4	§ 18			*− 20 000*
5	§ 19		*120 000*	
6	§ 20		*75 000*	
7	§ 21			*− 130 000*
8	§ 22		*50 000*	
9	Zwischensumme		*545 000*	*− 330 000*
10	**Horizontaler Verlustausgleich**			
11	(innerh. ders. Eink.art, unbegrenzt) § 15 (Z. 3)		*− 180 000*	*180 000*
12	(250 000 − 180 000 = 70 000)			
13	Summe der positiven Einkünfte/Verluste		*365 000*	*− 150 000*
14				
15	**Vertikaler Verlustausgleich**			
16	(§ 2 Abs. 3 Satz 3 EStG)			

Anm. d. Schriftl.:
[1] Knüpfen außersteuerliche Rechtsnormen an die Begriffe wie z. B. „zu versteuerndes Einkommen" an, erhöhen sich für diesen Zweck diese Größen um die nach § 3 Nr. 40 EStG steuerfreien Einnahmen und mindern sich um die nach § 3c Abs. 2 EStG nicht abziehbaren Beträge.

123 Einkommensteuer   Zu § 2 EStG

	Spalte 1	2	3	4
17	Höchstbetragsberechnung:			
18	Summe der positiven Einkünfte	365 000		
19	unbeschränkter Ausgleich bis 100 000 DM	– 100 000		
20		265 000		
21	davon ½ (beschränkter Ausgleich) =	132 500		
22		100 000		
23	Höchstbetrag	232 500		
24	maximal verbliebenes Verlustvolumen (Z. 13)	– 150 000	– 150 000	150 000
25	Summe der Einkünfte (S. d. E.)		215 000	0
26				
27	nachrichtlich für Zwecke des Verlustabzugs:			
28	verhältnismäßige Aufteilung (§ 2 Abs. 3 Satz 4)			
29	(§ 10d i. V. m. § 2 Abs. 3 Satz 4)			
30	§ 13: 50 000/365 000 × 215 000		29 452	
31	§ 15: 70 000/365 000 × 215 000		41 233	
32	§ 19: 120 000/365 000 × 215 000		70 685	
33	§ 20: 75 000/365 000 × 215 000		44 178	
34	§ 22: 50 000/365 000 × 215 000		29 452	
35			215 000	

Beispiel 2:

Einzelveranlagter Steuerpflichtiger (Verlustverrechnungsvolumen wird ausgeschöpft; es verbleibt ein Verlustabzug.)

	Spalte 1	2	3	4
1	**VZ 01**			
2	Einkünfte aus § 13		50 000	
3	§ 15		50 000	– 1 000 000
4	§ 19		120 000	
5	§ 20		20 000	
6	§ 21			– 200 000
7	§ 22		150 000	
8	Zwischensumme		390 000	– 1 200 000
9	**Horizontaler Verlustausgleich**			
10	(innerh. ders. Eink.art, unbegrenzt) § 15 (Z. 3)		– 50 000	50 000
11	(– 1 000 000 + 50 000 = – 950 000)			
12	Summe der positiven Einkünfte/Se. d. Verluste		340 000	– 1 150 000
13				
14	**Vertikaler Verlustausgleich** (§ 2 Abs. 3 Satz 3)			
15	Höchstbetragsberechnung:			
16	Summe der positiven Einkünfte	340 000		
17	unbeschr. Ausgleich bis 100 000 DM	– 100 000		
18		240 000		
19	davon ½ (beschränkter Ausgleich) =	120 000		
20		100 000		
21	Höchstbetrag	220 000	– 220 000	220 000
22	S. d. E./Verbleibender Verlustabzug		120 000	– 930 000
23	nachrichtlich für Zwecke des Verlustabzugs:			
24	verhältnismäßige Aufteilung (§ 2 Abs. 3 Satz 4)			

Zu § 2 EStG   **Einkommensteuer**   124

	Spalte 1	2	3	4
25	(§ 10d i. V. m. § 2 Abs. 3 Satz 4)			
26	§ 13: 50 000/340 000 × 120 000		17 647	
27	§ 15: (– 950 000)/(– 1 150 000) × (– 930 000)			– 768 261
28	§ 19: 120 000/340 000 × 120 000		42 353	
29	§ 20: 20 000/340 000 × 120 000		7 059	
30	§ 21: (– 200 000)/(– 1 150 000) × (– 930 000)			– 161 739
31	§ 22: 150 000/340 000 × 120 000		52 941	
32			120 000	– 930 000

Beispiel 3:
Zusammenveranlagte Steuerpflichtige (Horizontaler Verlustausgleich beim Ehemann und zwischen den Ehegatten; Verlustverrechnungsvolumen wird nicht ausgeschöpft.)

			Ehemann		Ehefrau	
	Spalte 1	2	3	4	5	6
1	VZ 01					
2	Einkünfte aus § 13		20 000			
3	§ 15		200 000	– 120 000		– 50 000
4	§ 18					– 25 000
5	§ 19		120 000		45 000	
6	§ 20		25 000		5 000	
7	§ 21			– 130 000		– 20 000
8	§ 22		10 000			
9	Zwischensumme		375 000	– 250 000	50 000	– 95 000
10	**Horizontaler Verlustausgleich**					
11	**beim einzelnen Steuerpflichtigen**					
12	(innerh. ders. Eink.art, unbegr.) § 15		– 120 000	120 000		
13	(200 000 – 120 000 = 80 000)					
14	Summe der pos. Einkünfte/Verluste		255 000	– 130 000	50 000	– 95 000
15						
16	**Vertikaler Verlustausgleich beim**					
17	**einzelnen Stpfl.** (§ 2 Abs. 3 Satz 3)					
18	Höchstbetragsberechnung:					
19	Ehemann:					
20	Se. der positiven Einkünfte (Z. 14)	255 000				
21	unbeschr. Ausgl. bis 100 000 DM	– 100 000				
22		155 000				
23	davon ½ (beschränkter Ausgleich) =	77 500				
24		100 000				
25	Höchstbetrag Ehemann	177 500				
26	max. verbliebenes Verlustvolumen	– 130 000	– 130 000	130 000		
27	Ehefrau:					
28	Se. der positiven Einkünfte (Z. 14)	50 000				
29	unbeschr. Ausgl. bis 100 000 DM	– 50 000			– 50 000	50 000
30			125 000	0	0	– 45 000
31	*verhältnismäßige Aufteilung*					
32	(§ 2 Abs. 3 Satz 4 EStG)					
33	§ 13: 20 000/255 000 × 125 000		9 804			
34	§ 15: 80 000/255 000 × 125 000		39 215			
35	§ 15: (– 50 000)/(– 95 000) × (– 45 000)					– 23 684
36	§ 18: (– 25 000)/(– 95 000) × (– 45 000)					– 11 842

Einkommensteuer — Zu § 2 EStG

	Spalte 1	2	Ehemann 3	4	Ehefrau 5	6
37	§ 19: 120 000/255 000 × 125 000		58 824			
38	§ 20: 25 000/255 000 × 125 000		12 255			
39	§ 21: (− 20 000)/(− 95 000) × (− 45 000)					− 9 474
40	§ 22: 10 000/255 000 × 125 000		4 902			
41			125 000			− 45 000
42						
43	*Horizontaler Verlustausgleich*					
44	*zwischen den Ehegatten*					
45	(§ 2 Abs. 3 Satz 6, 1. Hs. EStG					
46	i. V. m. § 2 Abs. 3 Satz 2)					
47	Einkünfte aus § 15 (aus Z. 34, 35)		− 23 684			23 684
48	(39 215 − 23 684 = 15 531)					
49			101 316			− 21 316
50						
51	*Vertikaler Verlustausgleich*					
52	*zwischen den Ehegatten*					
53	(§ 2 Abs. 3 Satz 6, 1. Hs. i. V. m.					
54	Satz 3 bis 5 EStG)					
55	Se. der pos. Eink. Ehemann (Z. 14)	255 000				
56	abzgl. horiz. Verlustausgleich (Z. 47)	− 23 684				
57		231 316				
58	unbeschränkt abziehbar	− 100 000				
59		131 316				
60	davon ½ (beschränkter Ausgleich) =	65 658				
61		100 000				
62	Höchstbetrag Ehemann	165 658				
63	bereits vertikal ausgeglichen (Z. 26)	− 130 000				
64	Höchstbetrag für den verbleibenden					
65	Verlustausgleich	35 658				
66	max. vorhandenes Verlustvolumen	− 21 316	− 21 316		0	21 316
67	S. d. E.		80 000	0	0	0
68	nachrichtl. f. Zwecke d. Verlustabzugs:					
69	*verhältnismäßige Aufteilung*					
70	(§ 10d i. V. m. § 2 Abs. 3 Satz 4)					
71	§ 13: 9 804/101 316 × 80 000		7 741			
72	§ 15: 15 531/101 316 × 80 000		12 263			
73	§ 19: 58 824/101 316 × 80 000		46 448			
74	§ 20: 12 255/101 316 × 80 000		9 677			
75	§ 22: 4 902/101 316 × 80 000		3 871			
76			80 000			

Beispiel 4:
Zusammenveranlagte Steuerpflichtige (Horizontaler Verlustausgleich nur zwischen den Ehegatten; Verlustverrechnungsvolumen wird nicht ausgeschöpft.)

	Spalte 1	2	Ehemann 3	4	Ehefrau 5	6
1						
2	Einkünfte aus § 13		20 000			
3	§ 15		100 000			− 50 000

Zu § 2 EStG   **Einkommensteuer**   126

	Spalte 1	2	Ehemann 3	4	Ehefrau 5	6
4	§ 18					– 25 000
5	§ 19		120 000		45 000	
6	§ 20		25 000		5 000	
7	§ 21			– 30 000		– 20 000
8	§ 22		10 000			
9	Summe der pos. Einkünfte/Verluste		275 000	– 30 000	50 000	– 95 000
10						
11	*Vertikaler Verlustausgleich*					
12	*beim einzelnen Steuerpflichtigen*					
13	(§ 2 Abs. 3 Satz 3 EStG)					
14	unbeschr. Ausgl. bis 100 000 DM		– 30 000	30 000	– 50 000	50 000
15			245 000	0	0	– 45 000
16	*verhältnismäßige Aufteilung*					
17	(§ 2 Abs. 3 Satz 4 EStG)					
18	§ 13: 20 000/275 000 × 245 000		17 818			
19	§ 15: 100 000/275 000 × 245 000		89 091			
20	§ 15: (– 50 000)/(– 95 000) × (– 45 000)					– 23 684
21	§ 18: (– 25 000)/(– 95 000) × (– 45 000)					– 11 842
22	§ 19: 120 000/275 000 × 245 000		106 909			
23	§ 20: 25 000/275 000 × 245 000		22 273			
24	§ 21 (– 20 000)/(– 95 000) × (– 45 000)					– 9 474
25	§ 22: 10 000/275 000 × 245 000		8 909			
26			245 000	0	0	– 45 000
27						
28	*Horizontaler Verlustausgleich*					
29	*zwischen den Ehegatten*					
30	(§ 2 Abs. 3 Satz 6, 1. Hs. EStG					
31	i. V. m. § 2 Abs. 3 Satz 2 EStG)					
32	Einkünfte aus § 15 (aus Z. 19, 20)		– 23 684		23 684	
33	(89 091 – 23 684 = 65 407)					
34			221 316		– 21 316	
35	*Vertikaler Verlustausgleich*					
36	*zwischen den Ehegatten*					
37	(§ 2 Abs. 3 Satz 6, 1. Hs. i. V. m.					
38	Satz 3 bis 5 EStG)					
39	Se. der pos. Eink. Ehemann (Z. 9)	275 000				
40	abzgl. horiz. Verlustausgleich (Z. 32)	– 23 684				
41		251 316				
42	unbeschränkt abziehbar	– 100 000				
43		151 316				
44	davon ½ (beschränkter Ausgleich) =	75 658				
45		100 000				
46	Höchstbetrag Ehemann	175 658				
47	bereits vertikal ausgeglichen (Z. 14)	– 30 000				
48	verbleibender Höchstbetrag	145 658				
49	max. vorhandenes Verlustvolumen	– 21 316	– 21 316		21 316	
50	S. d. E.		200 000	0	0	0
51	nachrichtl. f. Zwecke d. Verlustabzugs:					
52	*verhältnismäßige Aufteilung*					

127 Einkommensteuer — Zu § 2 EStG

	Spalte 1	2	Ehemann 3	4	Ehefrau 5	6
53	(§ 10d i. V. m. § 2 Abs. 3 Satz 4)					
54	§ 13: 17 818/221 316 × 200 000		16 102			
55	§ 15: 65 407/221 316 × 200 000		59 107			
56	§ 19: 106 909/221 316 × 200 000		96 612			
57	§ 20: 22 273/221 316 × 200 000		20 128			
58	§ 22: 8 909/221 316 × 200 000		8 051			
59			200 000			

Beispiel 5:

Zusammenveranlagte Steuerpflichtige (Horizontaler Verlustausgleich nur zwischen den Ehegatten; Verlustverrechnungsvolumen wird ausgeschöpft; es verbleibt ein Verlustabzug.)

	Spalte 1	2	Ehemann 3	4	Ehefrau 5	6
1	**VZ 01**					
2	Einkünfte aus § 15		300 000			
3	§ 18				80 000	
4	§ 21			– 600 000	50 000	
5	§ 22					– 10 000
6	Summe der pos. Einkünfte/Verluste		300 000	– 600 000	130 000	– 10 000
7						
8	**Vertikaler Verlustausgleich**					
9	**beim einzelnen Steuerpflichtigen**					
10	**Ehemann:**					
11	(§ 2 Abs. 3 Satz 3 EStG)					
12	Se. der positiven Einkünfte (Z. 6)	300 000				
13	unbeschr. Ausgl. bis 100 000 DM	– 100 000				
14		200 000				
15	davon ½ (beschränkter Ausgleich) =	100 000				
16		100 000				
17	Höchstb. Ehemann (ausgeschöpft)	200 000	– 200 000	200 000		
18	**Ehefrau:**					
19	Se. der positiven Einkünfte (Z. 6)	130 000				
20	unbeschr Ausgl. bis 100 000 DM	– 100 000				
21	maximal vorhandenes Verlustaus-					
22	gleichsvolumen	– 10 000			– 10 000	10 000
23			100 000	– 400 000	120 000	0
24	*verhältnismäßige Aufteilung*					
25	(§ 2 Abs. 3 Satz 4 EStG)					
26	§ 15: 300 000/300 000 × 100 000		100 000			
27	§ 18: 80 000/130 000 × 120 000				73 846	
28	§ 21: (– 600 000)/(– 600 000) × (– 400 000)		– 400 000			
29	§ 21: 50 000/130 000 × 120 000				46 154	
30			100 000	– 400 000	120 000	0
31	**Horizontaler Verlustausgleich**					
32	**zwischen den Ehegatten**					
33	(§ 2 Abs. 3 Satz 6, 1. Hs. EStG					
34	i. V. m. § 2 Abs. 3 Satz 2 EStG)					
35	Einkünfte aus § 21 (Z. 28, 29)			46 154	– 46 154	

Zu § 2 EStG — Einkommensteuer 128

Spalte 1	2	Ehemann 3	4	Ehefrau 5	6
36		100 000	– 353 846	73 846	0
37 **Vertikaler Verlustausgleich**					
38 **zwischen den Ehegatten**					
39 (§ 2 Abs. 3 Satz 6, 1. Hs. i. V. m.					
40 Satz 3 bis 5 EStG)					
41 Se. der pos. Einkünfte Ehefrau (Z. 6)	130 000				
42 abzgl. horiz. ausgeglichen (Z. 35)	– 46 154				
43 Höchstbetrag Ehefrau, da < 100 000	83 846				
44 bereits abgezogen (Z. 22)	– 10 000				
45 verbleibender Höchstbetrag	73 846		73 846	– 73 846	
46		100 000	– 280 000	0	0
47 (§ 2 Abs. 3 Satz 6, 2. Hs. EStG, da					
48 unbeschränkte Ausgleichsmöglich-					
49 keit bis zu 100 000 bei der Ehefrau					
50 noch nicht ausgeschöpft ist; hori-					
51 zontaler Verlustausgleich aus Z. 35					
52 bleibt dabei außer Ansatz)					
53 Höchstbetragsberechnung:					
54 Se. der pos. Einkünfte Ehegatten	430 000				
55 abzgl. horizontaler Verlustausgleich	– 46 154				
56	383 846				
57 unbeschränkt abziehbar	– 200 000				
58	183 846				
59 davon ½ (beschränkter Ausgleich) =	91 923				
60	200 000				
61 Höchstbetrag Ehegatten	291 923				
62 bereits abgezogen (Z. 17, 22, 45)	– 283 846				
63 verbleibender Höchstbetrag	8 077				
64 Berechng. des Unterschiedsbetrags:					
65 unbeschränkt abziehbar	100 000				
66 abzgl. bereits vertikal ausgeglichen	– 10 000				
67 (Z. 22, 45)	– 73 846				
68 Unterschiedsbetrag	16 154				
69 max. verbl. Höchstbetrag (Z. 63)	– 8 077	– 8 077	8 077		
70 **S. d. E./verbleibender Verlustabzug**		91 923	– 271 923	0	0
71					
72 nachrichtl. f. Zwecke d. Verlustabzugs:					
73 **verhältnismäßige Aufteilung**					
74 (§ 10d i. V. m. § 2 Abs. 3 Satz 4)					
75 § 15		91 923			
76 § 21			– 271 923		
77		91 923	– 271 923		

Beispiel 6:

Zusammenveranlagte Steuerpflichtige (Horizontaler Verlustausgleich nur zwischen den Ehegatten; Verlustverrechnungsvolumen wird ausgeschöpft; es verbleibt ein Verlustabzug.)

129 Einkommensteuer — Zu § 2 EStG

			Ehemann		Ehefrau	
	Spalte 1	2	3	4	5	6
1	VZ 02					
2	Einkünfte aus § 15		300 000			
3	§ 18				280 000	
4	§ 21			– 600 000	50 000	
5	§ 22					– 10 000
6	Summe der pos. Einkünfte/Verluste		300 000	– 600 000	330 000	– 10 000
7						
8	**Vertikaler Verlustausgleich beim**					
9	**einzelnen Stpfl.** (§ 2 Abs. 3 Satz 3)					
10	Ehemann:					
11	Se. der positiven Einkünfte (Z. 6)	300 000				
12	unbeschr. Ausgleich bis 100 000 DM	– 100 000				
13		200 000				
14	davon ½ (beschränkter Ausgleich) =	100 000				
15		100 000				
16	Höchstb. Ehemann (ausgeschöpft)	200 000	– 200 000	200 000		
17	Ehefrau:					
18	Se. der positiven Einkünfte (Z. 6)	330 000				
19	unbeschr. Ausgleich bis 100 000 DM	– 100 000				
20	maximal vorhandenes Verlustaus-					
21	gleichsvolumen	– 10 000			– 10 000	10 000
22			100 000	– 400 000	320 000	0
23	**verhältnismäßige Aufteilung**					
24	(§ 2 Abs. 3 Satz 4 EStG)					
25	§ 15: 300 000/300 000 × 100 000		100 000			
26	§ 18: 280 000/330 000 × 320 000				271 515	
27	§ 21: (– 600 000)/(– 600 000) × (– 400 000)		– 400 000			
28	§ 21: 50 000/330 000 × 320 000				48 485	
29			100 000	– 400 000	320 000	0
30	**Horizontaler Verlustausgleich**					
31	**zwischen den Ehegatten**					
32	(§ 2 Abs. 3 Satz 6, 1. Hs. EStG					
33	i. V. m. § 2 Abs. 3 Satz 2 EStG)					
34	Einkünfte aus § 21 (Z. 27, 28)			48 485	– 48 485	
35			100 000	– 351 515	271 515	0
36	**Vertikaler Verlustausgleich**					
37	**zwischen den Ehegatten**					
38	(§ 2 Abs. 3 Satz 6, 1. Hs. i. V. m.					
39	Satz 3 bis 5 EStG)					
40	Se. der pos. Einkünfte Ehefrau (Z. 6)	330 000				
41	abzgl. horiz. ausgeglichen (Z. 34)	– 48.485				
42		281 515				
43	unbeschränkt abziehbar	– 100 000				
44		181 515				
45	davon ½ (beschränkter Ausgleich) =	90 758				
46		100 000				
47	Höchstbetrag Ehefrau	190 758				
48	bereits vertikal abgezogen (Z. 21)	– 10 000				

Zu § 2 EStG — **Einkommensteuer**

	Spalte 1	2	Ehemann 3	4	Ehefrau 5	6
49	verbleibender Höchstbetrag	180 758		180 758	– 180 758	
50	S. d. E./verbleibender Verlustabzug		100 000	– 170 757	90 757	0
51						
52	nachrichtl. f. Zwecke d. Verlustabzugs:					
53	*verhältnismäßige Aufteilung*					
54	(§ 10d i. V. m. § 2 Abs. 3 Satz 4)					
55	§ 15		100 000			
56	§ 18				90 757	
57	§ 21			– 170 757		
58			100 000	– 170 757	90 757	

Beispiel 7:

Zusammenveranlagte Steuerpflichtige (Verlustausgleich zwischen den Ehegatten nach § 2 Abs. 3 Satz 6 und 7; es verbleibt ein Verlustabzug.)

	Spalte 1	2	Ehemann 3	4	Ehefrau 5	6
1	VZ 01					
2	Einkünfte aus § 15		50 000			
3	§ 18				280 000	
4	§ 19				20 000	
5	§ 21			– 210 000		– 100 000
6	§ 22			– 40 000	50 000	
7	Summe der pos. Einkünfte/Verluste		50 000	– 250 000	350 000	– 100 000
8						
9	**Vertikaler Verlustausgleich beim**					
10	**einzelnen Stpfl.** *(§ 2 Abs. 3 Satz 3)*					
11	*Ehemann:*					
12	Se. der positiven Einkünfte (Z. 7)	50 000				
13	unbeschr. Ausgleich bis 100 000 DM	– 50 000	– 50 000	50 000		
14						
15	*Ehefrau:*					
16	Se. der positiven Einkünfte (Z. 7)	350 000				
17	unbeschr. Ausgleich bis 100 000 DM	– 100 000			– 100 000	100 000
18				0 – 200 000	250 000	0
19	*verhältnismäßige Aufteilung*					
20	*(§ 2 Abs. 3 Satz 4 EStG)*					
21	§ 18: 280 000/350 000 × 250 000				200 000	
22	§ 19: 20 000/350 000 × 250 000				14 286	
23	§ 21: (– 210 000)/(– 250 000) × (– 200 000)			– 168 000		
24	§ 22: (– 40 000)/(– 250 000) × (– 200 000)			– 32 000		
25	§ 22: 50 000/350 000 × 250 000				35 714	
26				0 – 200 000	250 000	0
27	**Horizontaler Verlustausgleich**					
28	**zwischen den Ehegatten**					
29	*(§ 2 Abs. 3 Satz 6, 1. Hs. EStG*					
30	*i. V. m. § 2 Abs. 3 Satz 2 EStG)*					
31	Einkünfte aus § 22 (Z. 24, 25)					
32	(35 714 – 32 000 = 3 714)			32 000	– 32 000	

131 Einkommensteuer — Zu § 2 EStG

	Spalte 1	2	Ehemann 3	Ehemann 4	Ehefrau 5	Ehefrau 6
33				0 – 168 000	218 000	0
34	**Vertikaler Verlustausgleich**					
35	**zwischen den Ehegatten**					
36	(§ 2 Abs. 3 Satz 6, 1. Hs. i. V. m.					
37	Satz 3 bis 5 EStG)					
38	Se. der pos. Einkünfte Ehefrau (Z. 7)	350 000				
39	abzgl. horiz. ausgeglichen (Z. 32)	– 32 000				
40		318 000				
41	unbeschränkt abziehbar	– 100 000				
42		218 000				
43	davon ½ (beschränkter Ausgleich) =	109 000				
44		100 000				
45	Höchstbetrag Ehefrau	209 000				
46	bereits vertikal ausgeglichen (Z. 17)	– 100 000				
47	verbleibender Höchstbetrag	109 000		109 000	– 109 000	
48				0 – 59 000	109 000	0
49	(§ 2 Abs. 3 Satz 7 EStG, da unbe-					
50	schränkte Ausgleichsmöglichkeit					
51	beim Ehemann noch nicht ausge-					
52	schöpft ist)					
53	Höchstbetragsberechnung:					
54	Se. d. pos. Eink. d. Ehegatten (Z. 7)	400 000				
55	abzgl. horiz. ausgeglichen (Z. 32)	– 32 000				
56		368 000				
57	unbeschränkt abziehbar	– 200 000				
58		168 000				
59	davon ½ (beschränkter Ausgleich) =	84 000				
60		200 000				
61	Höchstbetrag Ehegatten	284 000				
62	bereits vertikal ausgeglichen					
63	(Z. 13, 17, 47)	– 259 000				
64	verbleibender Höchstbetrag	25 000				
65	Berechng. d. Unterschiedsbetrags:					
66	unbeschränkt abziehbar	100 000				
67	abzgl. bereits vertikal ausgeglichen					
68	(Z. 13)	– 50 000				
69	Unterschiedsbetrag	50 000				
70	maximal verbl. Höchstbetrag	25 000		25 000	– 25 000	
71	**S. d. E./verbleibender Verlustabzug**			0 – 34 000	84 000	0
72	nachrichtl. f. Zwecke d. Verlustabzugs:					
73	**verhältnismäßige Aufteilung**					
74	§ 18: 200 000/218 000 × 84 000				77 064	
75	§ 19: 14 286/218 000 × 84 000				5 505	
76	§ 21			– 34 000		
77	§ 22: 3 714/218 000 × 84 000				1 431	
78				– 34 000	84 000	

...

Zu § 2 EStG   **Einkommensteuer**

Preisgelder

> BMF vom 5. 9. 1996 (BStBl I S. 1150)

...

EStR   **R 4. Ermittlung der festzusetzenden Einkommensteuer**

Die festzusetzende Einkommensteuer ist wie folgt zu ermitteln:

1   Steuerbetrag
    a) laut Grundtabelle/Splittingtabelle
       (§ 32a Abs. 1, 5, § 50 Abs. 3 EStG)
       oder
    b) nach dem bei Anwendung des Progressionsvorbehalts (§ 32b EStG) oder der Steuersatzbegrenzung sich ergebenden Steuersatz
2 + Steuer auf Grund Berechnung nach den §§ 34, 34b EStG
3 = tarifliche Einkommensteuer (§ 32a Abs. 1, 5 EStG)[1]
4 − Entlastungsbetrag nach § 32c EStG
5 − ausländische Steuern nach § 34c Abs. 1 und 6 EStG, § 12 AStG
6 − Steuerermäßigung bei Land- und Forstwirten nach § 34e EStG
7 − Steuerermäßigung nach § 7a FördG[2]
8 − Steuerermäßigung für Steuerpflichtige mit Kindern bei Inanspruchnahme erhöhter Absetzungen für Wohngebäude oder der Steuerbegünstigungen für eigengenutztes Wohneigentum (§ 34f Abs. 1, 2 EStG)
9 − Steuerermäßigung bei Mitgliedsbeiträgen und Spenden an politische Parteien und unabhängige Wählervereinigungen (§ 34g EStG)
10 − Steuerermäßigung nach § 34f Abs. 3 EStG
11 + Steuern nach § 34c Abs. 5 EStG
12 + Nachsteuer nach § 10 Abs. 5 EStG i. V. m. den §§ 30, 31 EStDV
13 + Zuschlag nach § 3 Abs. 4 Satz 2 Forstschäden-Ausgleichsgesetz
14 + Kindergeld oder vergleichbare Leistungen, soweit in den Fällen des § 31 EStG das Einkommen um einen Kinderfreibetrag gemindert wurde
15 = festzusetzende Einkommensteuer (§ 2 Abs. 6 EStG).

▶   **Hinweise**   **EStH**   **H 4.**

...

Zuordnung von Gewinnen bei abweichendem Wirtschaftsjahr

> § 4a Abs. 2 EStG

Anm. d. Schriftl.:

[1] Bezüglich der Steuerermäßigung bei Einkünften aus Gewerbebetrieb wird auf den durch das Steuersenkungsgesetz vom 23. 10. 2000, BGBl 2000 I S. 1433, eingefügten § 35 EStG verwiesen.

Amtl. Fn.:

[2] Letztmals für der VZ 1998 anzuwenden.

Zu § 4 EStG (§§ 6 – 8 EStDV)

EStR **R 12. Betriebsvermögensvergleich**

Betriebe der Land- und Forstwirtschaft

(1) ¹Bei einem Betrieb der Land- und Forstwirtschaft ist der Gewinn durch Betriebsvermögensvergleich nach § 4 Abs. 1 EStG zu ermitteln, wenn der Land- und Forstwirt nach den §§ 140, 141 AO verpflichtet ist, für diesen Betrieb Bücher zu führen und auf Grund jährlicher Bestandsaufnahmen Abschlüsse zu machen. ²Werden für den Betrieb freiwillig Bücher geführt und auf Grund jährlicher Bestandsaufnahmen Abschlüsse gemacht, ist der Gewinn durch Betriebsvermögensvergleich nach § 4 Abs. 1 EStG zu ermitteln, wenn der Antrag nach § 13a Abs. 2 EStG gestellt worden ist oder der Gewinn aus anderen Gründen nicht nach § 13a EStG zu ermitteln ist.

Gewerbliche Betriebe

(2) ¹Bei einem gewerblichen Betrieb, für den die Verpflichtung besteht, Bücher zu führen und auf Grund jährlicher Bestandsaufnahmen Abschlüsse zu machen oder für den freiwillig Bücher geführt und regelmäßig Abschlüsse gemacht werden, muß der Gewerbetreibende den Gewinn durch Betriebsvermögensvergleich nach § 5 EStG ermitteln. ². . . ³Werden für einen gewerblichen Betrieb, für den Buchführungspflicht besteht, keine Bücher geführt, oder ist die Buchführung nicht ordnungsmäßig (> R 29 Abs. 2), so ist der Gewinn nach § 5 EStG unter Berücksichtigung der Verhältnisse des Einzelfalles, unter Umständen unter Anwendung von Richtsätzen, zu schätzen. ⁴Das gleiche gilt, wenn für einen gewerblichen Betrieb freiwillig Bücher geführt und Abschlüsse gemacht werden, die Buchführung jedoch nicht ordnungsmäßig ist, es sei denn, der Gewinn wird nach § 4 Abs. 3 EStG ermittelt. ⁵Bei gewerblichen Betrieben, bei denen die Voraussetzungen der Sätze 1 bis 3 nicht vorliegen, kann der Gewinn durch Einnahmenüberschußrechnung nach § 4 Abs. 3 EStG ermittelt werden, wenn der Gewerbetreibende für diesen Betrieb die für diese Gewinnermittlungsart ausreichenden Aufzeichnungen hat (> R 16).

Personengesellschaften

(3) Absätze 1 und 2 gelten sinngemäß.

(4) u. (5) . . .

Hinweise **EStH** **H 12.**

Aufzeichnungs- und Buchführungspflichten

– von Angehörigen der freien Berufe

> H 142

. . .

Euro

Die Steuerbilanz sowie die Gewinn- und Verlustrechnung und beizufügende Anhänge, Lageberichte und Prüfungsberichte können wahlweise in DM oder Euro aufgestellt werden (> BMF vom 15. 12. 1998 – BStBl I S. 1625 und vom 15. 4. 1999 – BStBl I S. 437).

. . .

EStR   R 13. Betriebsvermögen

Allgemeines

(1) ¹Wirtschaftsgüter, die ausschließlich und unmittelbar für eigenbetriebliche Zwecke des Steuerpflichtigen genutzt werden oder dazu bestimmt sind, sind **notwendiges Betriebsvermögen**. ²Eigenbetrieblich genutzte Wirtschaftsgüter sind auch dann notwendiges Betriebsvermögen, wenn sie nicht in der Buchführung und in den Bilanzen ausgewiesen sind. ³Wirtschaftsgüter, die in einem gewissen objektiven Zusammenhang mit dem Betrieb stehen und ihn zu fördern bestimmt und geeignet sind, können bei Gewinnermittlung durch Betriebsvermögensvergleich (> R 12) als **gewillkürtes Betriebsvermögen** behandelt werden. ⁴Wirtschaftsgüter, die nicht Grundstücke oder Grundstücksteile sind und die zu mehr als 50 v. H. eigenbetrieblich genutzt werden, sind in vollem Umfang notwendiges Betriebsvermögen. ⁵Werden sie zu mehr als 90 v. H. privat genutzt, gehören sie in vollem Umfang zum notwendigen Privatvermögen. ⁶Bei einer betrieblichen Nutzung von mindestens 10 v. H. bis zu 50 v. H. ist bei Gewinnermittlung durch Betriebsvermögensvergleich ein Ausweis dieser Wirtschaftsgüter als gewillkürtes Betriebsvermögen in vollem Umfang möglich. ⁷Wird ein Wirtschaftsgut in mehreren Betrieben des Steuerpflichtigen genutzt, so ist die gesamte eigenbetriebliche Nutzung maßgebend.

▶   **Hinweise   EStH   H 13 (1).**

Beteiligungen

– *Anteil eines Steuerberaters an einer GmbH,* deren Betrieb der Steuerberatungspraxis wesensfremd ist, gehört auch dann nicht zum Betriebsvermögen, wenn er in der Absicht erworben wurde, das steuerliche Mandat der GmbH zu erlangen (> BFH vom 22. 1. 1981 – BStBl II S. 564), oder wenn die anderen Gesellschafter der GmbH Mandanten des Steuerberaters sind und der Beteiligung wirtschaftliches Eigengewicht beizumessen ist (> BFH vom 23. 5. 1985 – BStBl II S. 517).

...

Durchlaufende Posten

Durchlaufende Posten sind auch bei Betriebsvermögensvergleich grundsätzlich gewinneutral zu behandeln. Die Gewinneutralität ergibt sich durch Aktivierung bzw. Passivierung gleichhoher Wertzugänge und Wertabgänge. Bei Gewinnermittlung durch Betriebsvermögensvergleich setzt die Gewinneutralität nicht voraus, daß das Geschäft erkennbar in fremdem Namen und für fremde Rechnung getätigt wird. Die Gewinneutralität findet ihre Grenze in § 159 AO (> BFH vom 13. 8. 1997 – BStBl 1998 II S. 161).

Erwerb mit betrieblichen Mitteln

Ein Wirtschaftsgut gehört nicht schon allein deshalb zum notwendigen Betriebsvermögen, weil es mit betrieblichen Geldmitteln erworben wurde (> BFH vom 18. 12. 1996 – BStBl 1997 II S. 351).

Gewillkürtes Betriebsvermögen

– *Die Steuerpflichtigen* haben kein (freies) Wahlrecht, gewillkürtes Betriebsvermögen oder Privatvermögen zu bilden. Vielmehr muß für die Bildung gewillkürten Betriebsvermögens eine betriebliche Veranlassung gegeben sein. Die Wirtschaftsgüter müssen objektiv „betriebsdienlich" sein. Die Willkürung muss ihr auslösendes Moment im Betrieb haben. Deshalb muss der Steuerpflichtige darlegen, welche Beziehung das Wirtschaftsgut zum Betrieb hat und welche vernünftigen wirtschaftlichen Überlegungen ihn veranlaßt haben, das Wirtschaftsgut als Betriebsausgaben zu behandeln (BFH vom 24. 2. 2000 – BStBl II S. 297).

- *Die Zuordnung eines Wirtschaftsguts zum gewillkürten Betriebsvermögen bei Einlage muß unmißverständlich in einer Weise kundgemacht werden, daß ein sachverständiger Dritter ohne weitere Erklärung des Steuerpflichtigen die Zugehörigkeit zum Betriebsvermögen erkennen kann (> BFH vom 22. 9. 1993 – BStBl 1994 II S. 172).*
- *Die Einlage von Wirtschaftsgütern als gewillkürtes Betriebsvermögen ist nicht zulässig, wenn erkennbar ist, daß die betreffenden Wirtschaftsgüter dem Betrieb keinen Nutzen, sondern nur Verluste bringen werden (> BFH vom 19. 2. 1997 – BStBl II S. 399).*

Gewinnrealisierung bei Ausscheiden eines Nutzungsrechts
> BMF vom 5. 11. 1996 (BStBl I S. 1257)

Gewinnrealisierung bei Rücktrittsrecht
Gewinnrealisierung ist bei Übertragung des wirtschaftlichen Eigentums an einem Grundstück auch anzunehmen, wenn der Käufer am Bilanzstichtag des Veräußerungsjahres noch das Recht hat, unter bestimmten Voraussetzungen vom Kaufvertrag zurückzutreten (> BFH vom 25. 1. 1996 – BStBl 1997 II S. 382 und BMF vom 2. 6. 1997 – BStBl I S. 611).

Gold
- **Barrengold** *kommt als gewillkürtes Betriebsvermögen jedenfalls für solche gewerblichen Betriebe nicht in Betracht, die nach ihrer Art oder Kapitalausstattung kurzfristig auf Liquidität für geplante Investitionen angewiesen sind (> BFH vom 18. 12. 1996 – BStBl 1997 II S. 351).*
- **Zahngold**; *zum notwendigen Betriebsvermögen eines Zahnarztes gehört nicht nur das zu sofortiger betrieblicher Verwendung angeschaffte Zahngold, sondern auch das aus Goldabfällen stammende Altgold sowie in der Regel das zu Beistellungszwecken erworbene Dentalgold (> BFH vom 12. 3. 1992 – BStBl 1993 II S. 36); der Erwerb von* **Feingold** *ist nicht betrieblich veranlaßt (> BFH vom 17. 4. 1986 – BStBl II S. 607).*

Kreditgrundlage/Liquiditätsreserve
- *Wirtschaftsgüter, die weder zum notwendigen Betriebsvermögen noch zum notwendigen Privatvermögen gehören, können als gewillkürtes Betriebsvermögen berücksichtigt werden, wenn sie objektiv geeignet und vom Betriebsinhaber erkennbar dazu bestimmt sind, den Betrieb zu fördern. Förderungsmöglichkeiten in diesem Sinne bieten Wirtschaftsgüter insbesondere auch, wenn sie als* **Kreditgrundlage** *oder* **Liquiditätsreserve** *geeignet sind oder z. B.* **höhere Erträge** *bringen. In Betracht kommen neben Bargeld oder Bankguthaben vor allem risikofreie und leicht liquidierbare Wertpapiere (> BFH vom 18. 12. 1996 – BStBl 1997 II S. 351 und vom 19. 2. 1997 – BStBl II S. 399).*
- *Ein Wirtschaftsgut gehört nicht schon allein deshalb zum notwendigen Betriebsvermögen, weil es mit betrieblichen Mitteln erworben wurde oder der* **Sicherung betrieblicher Kredite** *dient (> BFH vom 13. 8. 1964 – BStBl III S. 502).*

Leasing
Voraussetzungen für die Zurechnung des Leasing-Gegenstandes beim Leasing-Geber
> BMF vom 19. 4. 1971 (BStBl I S. 264)
> BMF vom 21. 3. 1972 (BStBl I S. 188)
> BMF vom 22. 12. 1975
> BMF vom 23. 12. 1991 (BStBl 1992 I S. 13)

Lebensversicherungen
- *Ein Anspruch aus einer Versicherung gehört zum notwendigen Privatvermögen, soweit das versicherte Risiko privater Natur und mithin der Abschluß der Versicherung privat veranlaßt*

ist. Dies ist insbesondere der Fall, wenn die Versicherung von einem Unternehmen auf das Leben oder den Todesfall des (Mit-)Unternehmers oder eines nahen Angehörigen abgeschlossen wird (> BFH vom 14. 3. 1996 – BStBl 1997 II S. 343).

– Schließt ein Unternehmen einen Versicherungsvertrag auf das Leben oder den Tod eines fremden Dritten ab und ist Bezugsberechtigter nicht der Dritte, sondern das Unternehmen, so kann der Anspruch auf die Versicherungsleistung zum Betriebsvermögen gehören (> BFH vom 14. 3. 1996 – BStBl 1997 II S. 343).

– Ansprüche aus Lebensversicherungsverträgen, die zur Tilgung oder Sicherung betrieblicher Darlehen dienen oder zu dienen bestimmt sind, werden durch die Abtretung oder Beleihung oder durch eine Hinterlegung der Police nicht zu Betriebsvermögen. Eine von einer Personengesellschaft auf das Leben ihrer Gesellschafter abgeschlossene Lebensversicherung (Teilhaberversicherung) gehört auch dann nicht zum Betriebsvermögen, wenn die Versicherungsleistungen zur Abfindung der Hinterbliebenen im Falle des Todes eines Gesellschafters verwendet werden sollen (> BFH vom 6. 2. 1992 – BStBl II S. 653).

Nutzungsrechte/Nutzungsvorteile

– Unentgeltlich erworbene Nutzungsrechte/Nutzungsvorteile sind keine selbständigen Wirtschaftsgüter (> BFH vom 26. 10. 1987 – BStBl II 1988 S. 348).

– Zur Berücksichtigung von Eigenaufwand und Drittaufwand bei Grundstücken und Grundstücksteilen > H 18.

– > H 13 (7) Eigenaufwand für ein fremdes Wirtschaftsgut

– > H 41b

Pachterneuerungsanspruch

Der Verpächter eines Unternehmens hat den Anspruch auf Erhaltung und Erneuerung der Pachtgegenstände – Pachterneuerungsanspruch – in Höhe des jährlich zuwachsenden Teilanspruchs zu aktivieren (> BFH vom 17. 2. 1998 – BStBl II S. 505).

Schadensersatzforderung

Bestrittene Schadensersatzforderung auch nach Betriebsaufgabe noch Betriebsvermögen (> BFH vom 10. 2. 1994 – BStBl II S. 564).

Termin- und Optionsgeschäfte

Branchenuntypische Termin- und Optionsgeschäfte sind dem betrieblichen Bereich regelmäßig auch dann nicht zuzuordnen, wenn generell die Möglichkeit besteht, damit Gewinne zu erzielen. Branchenuntypische Termingeschäfte sind betrieblich veranlaßt, wenn sie der Absicherung unternehmensbedingter Kursrisiken dienen und nach Art, Inhalt und Zweck ein Zusammenhang mit dem Betrieb besteht, wobei das einzelne Termingeschäft nach den im Zeitpunkt des Vertragsabschlusses bekannten Umständen geeignet und dazu bestimmt sein muß, das Betriebskapital tatsächlich zu verstärken. Unbedingte Termingeschäfte und Optionsgeschäfte scheiden auch unter dem Gesichtspunkt einer betrieblichen Liquiditätsreserve im Falle branchenfremder Betätigungen als gewillkürtes Betriebsvermögen aus, da sie auf Grund ihres spekulativen Charakters in die Nähe von Spiel und Wette zu rücken sind (> BFH vom 19. 2. 1997 – BStBl II S. 399). Die Zuordnung von (Devisen-) Termingeschäften zum gewillkürten Betriebsvermögen setzt neben einem eindeutigen, nach außen manifestierten Widmungsakt des Unternehmers voraus, daß die Geschäfte im Zeitpunkt ihrer Widmung zu betrieblichen Zwecken objektiv geeignet sind, das Betriebskapital zu verstärken. Die objektive Eignung solcher Geschäfte zur Förderung des Betriebes ist bei branchenfremden Unternehmen nicht ohne weiteres ausgeschlossen, unterliegt aber wegen der hohen Risikoträchtigkeit der Geschäfte strengen Anforderungen (> BFH vom 20. 4. 1999 – BStBl II S. 466).

Unternehmensrückgabe nach dem Vermögensgesetz im Beitrittsgebiet (> BMF vom 10. 5. 1994 – BStBl I S. 286, 380).

Vorsteuer-Ansprüche können bereits zu einem Zeitpunkt aktiviert werden, in dem noch keine berichtigten Rechnungen vorliegen (> BFH vom 12. 5. 1993 – BStBl II S. 786).

Wertpapiere
– können gewillkürtes Betriebsvermögen eines Gewerbebetriebs sein, wenn nicht bereits bei ihrem Erwerb oder ihrer Einlage erkennbar ist, daß sie dem Betrieb keinen Nutzen, sondern nur Verluste bringen. Die Zurechnung von Wertpapieren zum gewillkürten Betriebsvermögen scheidet nicht allein deshalb aus, weil sie in spekulativer Absicht, mit Kredit erworben und Kursverluste billigend in Kauf genommen wurden (> BFH vom 19. 2. 1997 – BStBl II S. 399);
– werden durch ihre Verpfändung für Betriebskredite in der Regel nicht zum notwendigen Betriebsvermögen (> BFH vom 17. 3. 1966 – BStBl III S. 350).

Wertpapierfonds, Anspruch auf Ausschüttungen
Der Anspruch auf Ausschüttungen eines Wertpapierfonds ist zu aktivieren, sobald er nach den Vertragsbedingungen (§ 15 KAGG) entstanden ist (> BFH vom 18. 5. 1994 – BStBl 1995 II S. 54).

Wirtschaftsgut
– *Begriff*

Wirtschaftsgüter sind Sachen, Rechte oder tatsächliche Zustände, konkrete Möglichkeiten oder Vorteile für den Betrieb, deren Erlangung der Kaufmann sich etwas kosten läßt, die einer besonderen Bewertung zugänglich sind, in der Regel eine Nutzung für mehrere Wirtschaftsjahre erbringen und zumindest mit dem Betrieb übertragen werden können (> BFH vom 19. 6. 1997 – BStBl II S. 808).

– *Eingetauschte Wirtschaftsgüter*

Für notwendiges Betriebsvermögen eingetauschte Wirtschaftsgüter werden grundsätzlich zunächst (notwendiges) Betriebsvermögen (> BFH vom 18. 12. 1996 – BStBl 1997 II S. 351).
> H 41a (Entnahme, Tausch)

– *Leitungsanlagen* als selbständige Wirtschaftsgüter > BMF vom 30. 5. 1997 (BStBl I S. 567).

– *Verlustbringende Wirtschaftsgüter*

Wirtschaftsgüter, die bisher im Privatvermögen geführt wurden, dürfen nicht in das – gewillkürte – Betriebsvermögen aufgenommen werden, wenn damit lediglich der Zweck verfolgt wird, sich bereits abzeichnende Verluste aus dem Privatvermögen in den betrieblichen Bereich zu verlagern. Entsprechendes gilt, wenn beim Erwerb des Wirtschaftsgutes bereits erkennbar ist, daß der Erwerb dem Betrieb keinen Nutzen, sondern nur Verluste bringen kann (> BFH vom 19. 2. 1997 – BStBl II S. 399).

Der *Zeitpunkt der Aktivierung von Forderungen* bestimmt sich bei buchführenden Gewerbetreibenden nach den handelsrechtlichen Grundsätzen ordnungsmäßiger Buchführung (> BFH vom 12. 5. 1993 – BStBl II S. 786).

Betriebsvermögen bei Personengesellschaften

(2) ¹Das Betriebsvermögen im Sinne des Absatzes 1 umfaßt bei einer Personengesellschaft sowohl diejenigen Wirtschaftsgüter, die zum Gesamthandsvermögen der Mitunternehmer gehören, als auch diejenigen Wirtschaftsgüter, die einem, mehreren oder allen Mitunternehmern gehören (Sonderbetriebsvermögen). ²Wirtschaftsgüter, die einem, mehreren oder allen Mitunternehmern gehören und die nicht Gesamthandsvermögen der Mitunternehmer der Personengesellschaft sind, gehören zum **notwendigen Betriebsvermögen,** wenn sie entweder unmittelbar dem Betrieb der

Personengesellschaft dienen (Sonderbetriebsvermögen I) oder unmittelbar zur Begründung oder Stärkung der Beteiligung des Mitunternehmers an der Personengesellschaft eingesetzt werden sollen (Sonderbetriebsvermögen II). ³Solche Wirtschaftsgüter können zum **gewillkürten Betriebsvermögen** gehören, wenn sie objektiv geeignet und subjektiv dazu bestimmt sind, den Betrieb der Gesellschaft (Sonderbetriebsvermögen I) oder die Beteiligung des Gesellschafters (Sonderbetriebsvermögen II) zu fördern. ⁴Auch ein einzelner Gesellschafter kann gewillkürtes Sonderbetriebsvermögen bilden.

> **Hinweise** EStH H 13 (2).

Gebäudeteile, die selbständige Wirtschaftsgüter sind

(3) ¹Gebäudeteile, die nicht in einem einheitlichen Nutzungs- und Funktionszusammenhang mit dem Gebäude stehen, sind selbständige Wirtschaftsgüter. ²Ein Gebäudeteil ist selbständig, wenn er besonderen Zwecken dient, mithin in einem von der eigentlichen Gebäudenutzung verschiedenen Nutzungs- und Funktionszusammenhang steht. ³Selbständige Gebäudeteile in diesem Sinne sind:

1. Betriebsvorrichtungen (> R 42 Abs. 3);
2. Scheinbestandteile (> R 42 Abs. 4);
3. Ladeneinbauten, > Schaufensteranlagen, Gaststätteneinbauten, Schalterhallen von Kreditinstituten sowie ähnliche Einbauten, die einem schnellen Wandel des modischen Geschmacks unterliegen; als Herstellungskosten dieser Einbauten kommen nur Aufwendungen für Gebäudeteile in Betracht, die statisch für das gesamte Gebäude unwesentlich sind, z. B. Aufwendungen für Trennwände, Fassaden, Passagen sowie für die Beseitigung und Neuerrichtung von nichttragenden Wänden und Decken;
4. sonstige > Mietereinbauten;
5. sonstige selbständige Gebäudeteile (> Absatz 4).

> **Hinweise** EStH H 13 (3).

Zur Abgrenzung zwischen dem Gebäude und solchen Bestandteilen, die nicht der Gebäudenutzung selbst, sondern einem davon verschiedenen Zweck dienen > BFH vom 26. 11. 1973 (BStBl 1974 II S. 132).

Mietereinbauten

– > BMF vom 15. 1. 1976 (BStBl I S. 66); zur Höhe der AfA bei unbeweglichen Wirtschaftsgütern aber > H 42.

– *Mietereinbauten und -umbauten sind in der Bilanz des Mieters zu aktivieren, wenn es sich um gegenüber dem Gebäude selbständige Wirtschaftsgüter (verschiedener Nutzungs- und Funktionszusammenhang) handelt, für die der Mieter Herstellungskosten aufgewendet hat, die Wirtschaftsgüter seinem Betriebsvermögen zuzurechnen sind und die Nutzung durch den Mieter zur Einkünfteerzielung sich erfahrungsgemäß über einen Zeitraum von mehr als einem Jahr erstreckt (> BFH vom 15. 10. 1996 – BStBl 1997 II S. 533). Das gegenüber dem Gebäude selbständige, materielle Wirtschaftsgut kann beweglich oder unbeweglich sein. Ein bewegliches Wirtschaftsgut liegt vor, wenn der Mieter sachenrechtlicher Eigentümer ist (Scheinbestandteil, § 95 BGB) oder eine Betriebsvorrichtung (§ 68 Abs. 2 Nr. 2 BewG) des Mieters* besteht. *Dagegen handelt es sich bei dem besonderen Zwecken dienenden und daher in einem von der eigentlichen Gebäudenutzung verschiedenen Nutzungs- und Funktionszusammenhang stehenden Gebäudebestandteil um ein unbewegliches Wirtschaftsgut. Das gilt auch für einen Gebäudebestandteil, der im wirtschaftlichen Eigentum des Mieters steht (> BFH vom 11. 6. 1997 – BStBl II S. 774).*

– *Mietereinbauten als selbständige Wirtschaftsgüter beim Mieter auf Grund wirtschaftlichen Eigentums > BFH vom 28. 7. 1993 (BStBl 1994 II S. 164) und vom 11. 6. 1997 (BStBl II S. 774).*

Schaufensteranlage *und Beleuchtungsanlage zum Schaufenster sind auch bei Neubauten selbständige Gebäudeteile > BFH vom 29. 3. 1965 (BStBl III S. 291).*

Unterschiedliche Nutzungen und Funktionen eines Gebäudes

(4) ¹Wird ein Gebäude teils eigenbetrieblich, teils fremdbetrieblich, teils zu eigenen und teils zu fremden Wohnzwecken genutzt, so ist jeder der vier unterschiedlich genutzten Gebäudeteile ein besonderes Wirtschaftsgut, weil das Gebäude in verschiedenen Nutzungs- und Funktionszusammenhängen steht. ²Wohnräume, die wegen Vermietung an Arbeitnehmer des Steuerpflichtigen notwendiges Betriebsvermögen sind, gehören zu dem eigenbetrieblich genutzten Gebäudeteil. ³Die Vermietung zu hoheitlichen, zu gemeinnützigen oder zu Zwecken eines Berufsverbands gilt als fremdbetriebliche Nutzung. ⁴Wird ein Gebäude oder Gebäudeteil fremdbetrieblich genutzt, handelt es sich auch dann um ein einheitliches Wirtschaftsgut, wenn es verschiedenen Personen zu unterschiedlichen betrieblichen Nutzungen überlassen wird. ⁵Eine Altenteilerwohnung ist im Falle der Entnahme nach § 13 Abs. 4 EStG stets als besonderes Wirtschaftsgut anzusehen.

▶ **Hinweise** EStH H 13 (4).

…

Abgrenzung der selbständigen von den unselbständigen Gebäudeteilen

(5) ¹Ein Gebäudeteil ist unselbständig, wenn er der eigentlichen Nutzung als Gebäude dient. ²Unselbständige Gebäudeteile sind auch räumlich vom Gebäude getrennt errichtete Baulichkeiten, die in einem so engen Nutzungs- und Funktionszusammenhang mit dem Gebäude stehen, daß es ohne diese Baulichkeiten als unvollständig erscheint.

▶ **Hinweise** EStH H 13 (5).

Unselbständige Gebäudeteile sind z. B.:
– *Bäder und Duschen eines Hotels (> BFH vom 12. 8. 1982 – BStBl II S. 782),*
– *Fahrstuhl-, Heizungs-, Belüftungs- und Entlüftungsanlagen, ebenso die zur Beheizung einer Fabrikanlage verwendeten Lufterhitzer (> BFH vom 20. 3. 1975 – BStBl II S. 689),*
– *Rolltreppen eines Kaufhauses (> BFH vom 12. 1. 1983 – BStBl II S. 223),*
– *Sprinkler-(Feuerlösch-)Anlagen einer Fabrik oder eines Warenhauses (Gleichlautende Erlasse der obersten Finanzbehörden der Länder vom 31. 3. 1992 – BStBl I S. 342 – Tz. 34),*
– *Umzäunung oder Garage bei einem Wohngebäude (> BFH vom 15. 12. 1977 – BStBl 1978 II S. 210 und vom 28. 6. 1983 – BStBl 1984 II S. 196).*

Aufteilung der Anschaffungs- oder Herstellungskosten bei Gebäudeteilen

(6) ¹Die Anschaffungs- oder Herstellungskosten des gesamten Gebäudes sind auf die einzelnen Gebäudeteile aufzuteilen. ²Für die Aufteilung ist das Verhältnis der Nutzfläche eines Gebäudeteils zur Nutzfläche des ganzen Gebäudes maßgebend, es sei denn, die Aufteilung nach dem Verhältnis der Nutzflächen führt zu einem unangemessenen Ergebnis. ³Von einer solchen Aufteilung kann aus Vereinfachungsgründen abgesehen werden, wenn sie aus steuerlichen Gründen nicht erforderlich ist. ⁴Die Nutzfläche ist in sinngemäßer Anwendung der §§ 43 und 44 der Zweiten Berechnungsverordnung zu ermitteln.

Grundstücke und Grundstücksteile als notwendiges Betriebsvermögen

(7) ¹Grundstücke und Grundstücksteile, die ausschließlich und unmittelbar für eigenbetriebliche Zwecke des Steuerpflichtigen genutzt werden, gehören regelmäßig zum notwendigen Betriebsvermögen. ²Wird ein Teil eines Gebäudes eigenbetrieblich genutzt, so gehört der zum Gebäude gehörende Grund und Boden anteilig zum notwendigen Betriebsvermögen; in welchem Umfang der Grund und Boden anteilig zum Betriebsvermögen gehört, ist unter Berücksichtigung der Verhältnisse des Einzelfalles zu ermitteln.

Hinweise   EStH   H 13 (7).

Anteilige Zugehörigkeit des Grund und Bodens im Verhältnis der Zugehörigkeit des Gebäudes oder Gebäudeteils zum notwendigen Betriebsvermögen > BFH vom 27. 1. 1977 (BStBl II S. 388) und vom 12. 7. 1979 (BStBl 1980 II S. 5).

Eigenaufwand für ein fremdes Wirtschaftsgut
> H 18
– > H 41b (Nutzungsrecht)

Einfamilienhäuser, Zweifamilienhäuser, Eigentumswohnungen und Mietwohngrundstücke, die an Arbeitnehmer vermietet werden, sind notwendiges Betriebsvermögen des Arbeitgebers, wenn für die Vermietung gerade an Arbeitnehmer betriebliche Gründe maßgebend waren (> BFH vom 1. 12. 1976 – BStBl 1977 II S. 315).
. . .

Grundstück, das zur Rettung einer betrieblichen Forderung ersteigert wird, ist notwendiges Betriebsvermögen (> BFH vom 11. 11. 1987 – BStBl 1988 II S. 424).
. . .

Miteigentum
Gehört ein Grundstück nur teilweise dem Betriebsinhaber, so kann es nur insoweit Betriebsvermögen sein, als es dem Betriebsinhaber gehört; das gilt auch dann, wenn ein Grundstück Ehegatten gemeinsam gehört (> BFH vom 23. 11. 1995 – BStBl 1996 II S. 193).
. . .

Zeitpunkt der erstmaligen Zugehörigkeit zum Betriebsvermögen
Eigenbetrieblich genutzte Grundstücke und Grundstücksteile sind ab ihrer endgültigen Funktionszuweisung notwendiges Betriebsvermögen, auch wenn der konkrete Einsatz im Betrieb erst

in der Zukunft liegt; das gilt auch dann, wenn es an einer Willenserklärung des Steuerpflichtigen oder eines Ausweises in der Buchführung und in den Bilanzen fehlt (> BFH vom 6. 3. 1991 – BStBl II S. 829).

Grundstücksteile von untergeordnetem Wert

(8) ¹Eigenbetrieblich genutzte Grundstücksteile brauchen nicht als Betriebsvermögen behandelt zu werden, wenn ihr Wert nicht mehr als ein Fünftel des gemeinen Werts des gesamten Grundstücks und nicht mehr als 40 000 DM beträgt (§ 8 EStDV). ²Dabei ist auf den Wert des Gebäudeteils zuzüglich des dazugehörenden Grund und Bodens abzustellen. ³Bei der Prüfung, ob der Wert eines Grundstücksteils mehr als ein Fünftel des Werts des ganzen Grundstücks beträgt, ist in der Regel das Verhältnis der Nutzflächen zueinander zugrunde zu legen. ⁴Ein Grundstücksteil ist mehr als 40 000 DM wert, wenn der Teil des gemeinen Werts des ganzen Grundstücks, der nach dem Verhältnis der Nutzflächen zueinander auf den Grundstücksteil entfällt, 40 000 DM übersteigt. ⁵Führt der Ansatz der Nutzflächen zu einem unangemessenen Wertverhältnis der beiden Grundstücksteile, so ist bei ihrer Wertermittlung anstelle der Nutzflächen der Rauminhalt oder ein anderer im Einzelfall zu einem angemessenen Ergebnis führender Maßstab zugrunde zu legen. ⁶Beträgt der Wert eines eigenbetrieblich genutzten Grundstücksteils nicht mehr als ein Fünftel des gesamten Grundstückswerts und nicht mehr als 40 000 DM, so besteht ein Wahlrecht, den Grundstücksteil weiterhin als Betriebsvermögen zu behandeln oder zum Teilwert zu entnehmen.

▶ **Hinweise** EStH H 13 (8).

...

Grundstücke und Grundstücksteile als gewillkürtes Betriebsvermögen

(9) ¹Ermitteln Steuerpflichtige den Gewinn durch Betriebsvermögensvergleich, so können sie die Grundstücke oder Grundstücksteile, die nicht eigenbetrieblich genutzt werden und weder eigenen Wohnzwecken dienen, noch Dritten zu Wohnzwecken unentgeltlich überlassen sind, sondern z. B. zu Wohnzwecken oder zur gewerblichen Nutzung an Dritte vermietet sind, als **gewillkürtes Betriebsvermögen** behandeln, wenn die Grundstücke oder die Grundstücksteile in einem gewissen objektiven Zusammenhang mit dem Betrieb stehen und ihn zu fördern bestimmt und geeignet sind. ²Wegen dieser Voraussetzungen bestehen für den Ansatz von Wirtschaftsgütern als gewillkürtes Betriebsvermögen Einschränkungen, die sich nicht nur aus den Besonderheiten des einzelnen Betriebs, sondern auch aus der jeweiligen Einkunftsart ergeben können. ³Daher können Land- und Forstwirte Mietwohn- und Geschäftshäuser, die sie auf zugekauftem, bisher nicht zum Betriebsvermögen gehörenden Grund und Boden errichtet oder einschließlich Grund und Boden erworben haben, regelmäßig nicht als Betriebsvermögen behandeln. ⁴Dagegen kann ein Land- und Forstwirt, der sein bisher land- und forstwirtschaftlich genutztes Grundstück bebaut und das Gebäude an Betriebsfremde vermietet, dieses als gewillkürtes Betriebsvermögen behandeln, wenn dadurch das Gesamtbild der land- und forstwirtschaftlichen Tätigkeit nicht wesentlich verändert wird. ⁵In Grenzfällen hat der Steuerpflichtige darzutun, welche Beziehung das Grundstück oder der Grundstücksteil zu seinem Betrieb hat und welche vernünftigen wirtschaftlichen Überlegungen ihn veranlaßt haben, das Grundstück oder den Grundstücksteil als gewillkürtes Betriebsvermögen zu behandeln. ⁶Voraussetzung für die Behandlung von Grundstücken oder Grundstücksteilen als gewillkürtes Betriebsvermögen ist, daß sie auch in der Buchführung und in der Bilanz eindeutig als Betriebsvermögen ausgewiesen werden. ⁷Wird ein Gebäude oder ein Gebäudeteil als gewillkürtes Betriebsvermögen behandelt, so gehört auch der dazugehörende Grund und Boden zum Betriebsvermögen.

Hinweise   EStH   H 13 (9).

Beispiele für zulässigerweise gebildetes gewillkürtes Betriebsvermögen:
– Ein von einem freiberuflich Tätigen zur künftigen Betriebserweiterung erworbenes Grundstück kann gewillkürtes Betriebsvermögen sein (> BFH vom 15. 4. 1981 – BStBl II S. 618).
– Ein bilanzierender Gewerbetreibender kann in der Regel Grundstücke, die nicht zum notwendigen Privatvermögen gehören, z. B. Mietwohngrundstücke, als Betriebsvermögen behandeln, es sei denn, daß dadurch das Gesamtbild der gewerblichen Tätigkeit so verändert wird, daß es den Charakter einer Vermögensnutzung im nicht gewerblichen Bereich erhält (> BFH vom 10. 12. 1964 – BStBl 1965 III S. 377).

Besonderheiten bei **land- und forstwirtschaftlichen Betrieben** > BFH vom 19. 1. 1982 (BStBl II S. 526).

Darlegungspflicht der vernünftigen wirtschaftlichen Gründe für die Behandlung von Grundstücken und Grundstücksteilen als gewillkürtes Betriebsvermögen durch den Steuerpflichtigen > BFH vom 22. 11. 1960 (BStBl 1961 III S. 97) zum Fall eines Bäckermeisters und vom 1. 12. 1960 (BStBl 1961 III S. 154) zum Fall einer Rechtsanwalts- und Notarpraxis.

Gewillkürtes Sonderbetriebsvermögen von **Mitunternehmern einer Personengesellschaft** > H 13 (2)

Verlustbringende Grundstücke und Grundstücksteile
– > H 13 (1) Wirtschaftsgut
– Verlustbringende Wirtschaftsgüter

Einheitliche Behandlung des Grundstücks

(10) ¹Erfüllt ein Grundstück zu mehr als der Hälfte die Voraussetzungen für die Behandlung als Betriebsvermögen (> Absätze 7 und 9), so können auch solche Grundstücksteile, die zu fremden Wohnzwecken oder zu fremdbetrieblichen Zwecken vermietet sind, bei denen für sich betrachtet die Voraussetzungen des Absatzes 9 nicht vorliegen, als Betriebsvermögen behandelt werden. ²Dagegen können Grundstücksteile, die nicht nur vorübergehend eigenen Wohnzwecken dienen oder unentgeltlich zu Wohnzwecken an Dritte überlassen werden, nicht als Betriebsvermögen behandelt werden; > Ausnahmen gelten für Baudenkmale bei den Einkünften aus Land- und Forstwirtschaft (§ 13 Abs. 2 Nr. 2 und Abs. 4 EStG). ³Für die Wertermittlung der verschieden genutzten Grundstücksteile ist Absatz 8 entsprechend anzuwenden. ⁴Ist einem Betriebsinhaber nur ein Anteil an einem Grundstück zuzurechnen, so kann der Anteil als Betriebsvermögen behandelt werden, wenn er zu mehr als der Hälfte die Voraussetzungen für die Behandlung als Betriebsvermögen erfüllt und nicht eigenen Wohnzwecken dient oder unentgeltlich zu Wohnzwecken an Dritte überlassen wird. ⁵Sätze 1, 3 und 4 sind auf Anschaffungen, Herstellungen und Einlagen nach dem 31. 12. 1998 nicht mehr anzuwenden.

Grundstücke und Grundstücksteile im Gesamthandsvermögen einer Personengesellschaft

(11) ¹Gehört ein Grundstück zum **Gesamthandsvermögen** der Mitunternehmer einer Personengesellschaft, so gehört es grundsätzlich zum notwendigen Betriebsvermögen. ²Dies gilt auch dann, wenn bei der Einbringung des Grundstücks oder Grundstücksteils in das Betriebsvermögen der Personengesellschaft vereinbart worden ist, daß Gewinne und Verluste aus dem Grundstück oder Grundstücksteil ausschließlich dem einbringenden Gesellschafter zugerechnet werden. ³Dient ein im Gesamthandseigentum der Gesellschafter einer Personengesellschaft stehendes Grundstück teilweise der privaten Lebensführung eines, mehrerer oder aller Mitunternehmer der Gesellschaft, braucht der andere Grundstücksteil nicht als Betriebsvermögen behandelt zu wer-

den, wenn für diesen Grundstücksteil die Grenzen des § 8 EStDV nicht überschritten sind; Absatz 8 Satz 2 ff. ist entsprechend anzuwenden.

> **Hinweise** EStH H 13 (11).

Ausnahme bei privater Nutzung

Ein zum Gesamthandsvermögen gehörendes Wirtschaftsgut kann nicht Betriebsvermögen sein, wenn es ausschließlich oder fast ausschließlich der privaten Lebensführung eines, mehrerer oder aller Mitunternehmer der Gesellschaft dient. Deshalb ist z. B. ein zum Gesamthandsvermögen gehörendes Einfamilienhaus, das unentgeltlich von einem Gesellschafter nicht nur vorübergehend für eigene Wohnzwecke genutzt wird, steuerlich nicht Betriebsvermögen der Personengesellschaft. Dann handelt es sich um notwendiges Privatvermögen der Gesellschafter (> BFH vom 16. 3. 1983 – BStBl II S. 459).

> H 18 (Teilentgeltliche Überlassung)

(12) ...

> **Hinweise** EStH H 13 (12).

...

Keine Bindung an die Einheitsbewertung oder Bedarfsbewertung

(13) Für die einkommensteuerrechtliche Behandlung von Grundstücken und Grundstücksteilen als Betriebsvermögen kommt es nicht darauf an, wie ein Grundstück bei der Einheitsbewertung oder Bedarfsbewertung behandelt worden ist.

(14) ...

Verbindlichkeiten

(15) ¹Mit der Entnahme eines fremdfinanzierten Wirtschaftsguts des Anlagevermögens wird die zur Finanzierung des Wirtschaftsguts aufgenommene betriebliche Schuld zu einer privaten Schuld. ²Umgekehrt wird mit der Einlage eines fremdfinanzierten Wirtschaftsguts die zur Finanzierung des Wirtschaftsguts aufgenommene private Schuld zu einer betrieblichen Schuld. ³Wird ein betrieblich genutztes, fremdfinanziertes Wirtschaftsgut veräußert, oder scheidet es aus der Vermögenssphäre des Steuerpflichtigen aus, wird die zur Finanzierung des Wirtschaftsguts aufgenommene Schuld eine privat veranlaßte Schuld, soweit der Veräußerungserlös oder eine andere für das Ausscheiden des Wirtschaftsguts erhaltene Leistung entnommen wird.

> **Hinweise** EStH H 13 (15).

Ablösung einer Schuld

Wird eine Schuld zur Ablösung einer bereits bestehenden Schuld aufgenommen, rechnet die neue Schuld nur insoweit zum Betriebsvermögen, als die abgelöste Schuld betrieblich veranlaßt war (> BFH vom 15. 11. 1990 – BStBl 1991 II S. 226).

...

Gemischt genutztes Grundstück

Wird durch einheitlichen Kaufvertrag ein gemischt genutztes Grundstück erworben und die Kaufpreisschuld teils mit Fremd-, teils mit Eigenmitteln beglichen, so sind die Zinszahlungen nur im Verhältnis des betrieblich zum privat genutzten Anteil als Betriebsausgabe abziehbar. Keine vorrangige Tilgung des privat veranlaßten Teils (> BFH vom 7. 11. 1991 – BStBl 1992 II S. 141).

...

Umschuldung Privatschuld in Betriebsschuld

Werden Eigenmittel für betriebliche Zwecke und deshalb Fremdmittel für private Zwecke verwendet, so begründet die Fremdmittelaufnahme keine Betriebsschuld. Ein privates Darlehen kann nicht durch eine bloße wirtschaftliche Umschuldung in eine Betriebsschuld umgewandelt werden. Werden aber im Betrieb erzielte Einnahmen zur Tilgung eines privaten Darlehens entnommen und wird deshalb ein neues Darlehen zur Finanzierung von betrieblichen Aufwendungen aufgenommen, stellt das neue Darlehen eine Betriebsschuld dar (> BFH vom 8. 12. 1997 – BStBl 1998 II S. 193).

Betriebsvermögen bei der Einnahmenüberschußrechnung, bei Schätzung des Gewinns oder bei Gewinnermittlung nach § 13a Abs. 3 bis 6 EStG

(16) Ermitteln Steuerpflichtige den Gewinn nach § 4 Abs. 3 EStG, oder wird der Gewinn geschätzt (> R 12 Abs. 2) oder nach § 13a Abs. 3 bis 6 EStG ermittelt, kommt gewillkürtes Betriebsvermögen nur in den Fällen des Wechsels der Gewinnermittlungsart und der Nutzungsänderung in Betracht (> § 4 Abs. 1 Satz 3 und 4 EStG).

▶ **Hinweise**   EStH   H 13 (16).

...

EStR   **R 14. Einlagen und Entnahmen**

Einlagen

(1) **Gegenstand von Einlagen** können abnutzbare und nicht abnutzbare, materielle und immaterielle Wirtschaftsgüter aller Art sein, unabhängig davon, ob sie dem Anlage- oder dem Umlaufvermögen zuzuordnen sind.

▶ **Hinweise**   EStH   H 14 (1).

Banküberweisung

Eine Einlage ist bei Zahlung durch Banküberweisung erst geleistet, wenn die Gutschrift auf dem Empfängerkonto erfolgt ist (> BFH vom 11. 12. 1990 – BStBl 1992 II S. 232).

...

Gewillkürtes Betriebsvermögen

> H 13 (1)

...

Entnahmen, Ausscheiden aus dem Betrieb

(2) ¹Ein Wirtschaftsgut wird entnommen, wenn es aus dem betrieblichen oder beruflichen in den privaten oder einen anderen betriebs- oder berufsfremden Bereich übergeht. ²Eine Entnahme liegt nicht vor in Fällen einer Strukturänderung eines Betriebs mit der Folge, daß die Einkünfte aus dem Betrieb einer anderen Einkunftsart zuzurechnen sind (z. B. wenn ein land- und forstwirtschaftlicher Betrieb wegen Überschreitens der Grenzen des § 13 Abs. 1 Nr. 1 EStG zu einem Gewerbebetrieb wird oder wenn eine freiberufliche Praxis durch Übergang im Sinne des § 6 Abs. 3 EStG auf nicht qualifizierte Rechtsnachfolger zu einem Gewerbebetrieb wird).

Entnahmehandlung

(3) ¹Eine Entnahme erfordert regelmäßig eine Entnahmehandlung, die von einem Entnahmewillen getragen wird. ²Wirtschaftsgüter, die zur Zeit der Aufnahme in das Betriebsvermögen zulässigerweise zum Betriebsvermögen gerechnet worden sind, bleiben daher grundsätzlich so lange Betriebsvermögen, bis sie durch eine eindeutige, unmißverständliche – ausdrückliche oder schlüssige – > Entnahmehandlung des Steuerpflichtigen Privatvermögen werden. ³Bei buchführenden Steuerpflichtigen bietet die Buchung einen wesentlichen Anhalt, ob und wann ein Wirtschaftsgut entnommen worden ist. ⁴Eine Entnahme liegt auch ohne Entnahmeerklärung oder Entnahmebuchung vor, wenn der Steuerpflichtige die bisherige betriebliche oder berufliche Nutzung eines Wirtschaftsguts auf Dauer so ändert, daß es seine Beziehung zum Betrieb verliert und dadurch zu notwendigem Privatvermögen wird. ⁵Eine **Nutzungsänderung,** durch die das Wirtschaftsgut zwar seinen Charakter als notwendiges Betriebsvermögen verliert, jedoch nicht zu notwendigem Privatvermögen wird, ist ohne eindeutige Entnahmeerklärung des Steuerpflichtigen keine Entnahme des Wirtschaftsguts; das gilt auch bei Gewinnermittlung nach § 4 Abs. 3 und nach § 13a EStG (§ 4 Abs. 1 Satz 4 EStG) sowie bei Vollschätzung.

Gegenstand einer Entnahme

(4) Gegenstand einer Entnahme können alle Wirtschaftsgüter sein, die zum notwendigen oder gewillkürten Betriebsvermögen gehören, also auch immaterielle (Einzel-)Wirtschaftsgüter, z. B. ein Verlagswert, sowie Nutzungen und Leistungen, auch wenn sie in der Bilanz nicht angesetzt werden können.

Hinweise   EStH   H 14 (2–4).

...

Entnahmehandlung

Für die Eindeutigkeit einer Entnahmehandlung ist ein Verhalten des Steuerpflichtigen erforderlich, durch das die Verknüpfung des Wirtschaftsgutes mit dem Betriebsvermögen unmißverständlich gelöst wird. Es bedarf nicht stets einer buchmäßigen Darstellung der Entnahme. Es kann auch ein anderes schlüssiges Verhalten genügen, durch das die Verbindung des Wirtschaftsguts zum Betrieb gelöst wird (> BFH vom 9. 8. 1989 – BStBl 1990 II S. 128). Der Tatbestand der Entnahme ist auch erfüllt, wenn dem Steuerpflichtigen die an die Entnahme geknüpften Rechtsfolgen, insbesondere die Gewinnverwirklichung, nicht bewußt werden (> BFH vom 31. 1. 1985 – BStBl II S. 395).
> Personengesellschaften
> Schenkung

Erbauseinandersetzung und vorweggenommene Erbfolge
> BMF vom 11. 1. 1993 (BStBl I S. 62) und vom 13. 1. 1993 (BStBl I S. 80)
...

Zu § 4 EStG   Einkommensteuer 146

Gewinnrealisierung

Steuerpflichtiger Entnahmegewinn ist der gesamte Unterschiedsbetrag zwischen dem Entnahmewert (§ 6 Abs. 1 Nr. 4 EStG) und dem Buchwert des entnommenen Wirtschaftsguts im Zeitpunkt der Entnahme. Das gilt auch dann, wenn das Wirtschaftsgut vor der Entnahme auch privat genutzt und die private Nutzung als Entnahme behandelt worden ist (> BFH vom 24. 9. 1959 – BStBl III S. 466; > Entnahmegewinn, > Nutzungsentnahme). Zur Feststellung des Entnahmewerts von Nutzungen und Leistungen können die für die Bewertung von Sachbezügen entwickelten Grundsätze herangezogen werden (> BFH vom 22. 7. 1988 – BStBl II S. 995).

Gewinnverwendung zur Verlustdeckung der Schwester-KG ist Entnahme (> BFH vom 26. 1. 1995 – BStBl II S. 589).

Grundstücke oder Grundstücksteile

Wird auf einem bisher unbebauten Betriebsgrundstück ein zum Privatvermögen gehörendes Gebäude (z. B. ein auf Dauer zu eigenen Wohnzwecken bestimmtes Gebäude) errichtet, wird der Grund und Boden durch die Bebauung entnommen (> BFH vom 27. 1. 1977 – BStBl II S. 388 und vom 11. 3. 1980 – BStBl II S. 740). Eine **anteilige Entnahme** des Grund und Bodens liegt vor, wenn auf einem Betriebsgrundstück ein Gebäude errichtet wird, das teilweise Privatvermögen ist (> BFH vom 24. 11. 1982 – BStBl 1983 II S. 365). Ggf. bleibt der Entnahmegewinn außer Ansatz (> § 13 Abs. 5, § 15 Abs. 1 Satz 3 und § 18 Abs. 4 Satz 1 EStG).

> auch Personengesellschaften

Incentive-Reisen

> BMF vom 14. 10. 1996 – BStBl I S. 1192

Keine Entnahme des Grundstücks oder Grundstücksteils liegt ohne Hinzutreten weiterer Umstände in folgenden Fällen vor:

- *Erklärung von Einkünften aus Vermietung und Verpachtung,* ohne daß der Steuerpflichtige die naheliegenden steuerrechtlichen Folgerungen aus einer Entnahme zieht, wie Gewinnrealisierung nach § 6 Abs. 1 EStG, unabhängig davon, ob innerhalb oder außerhalb der Buchführung (> BFH vom 9. 8. 1989 – BStBl 1990 II S. 128).

- *Erbbaurecht* – Belastung eines Grundstücks mit einem entgeltlich eingeräumten Erbbaurecht (> BFH vom 10. 12. 1992 – BStBl 1993 II S. 342).

- *Gebäudeabriß,* wenn die betriebliche Nutzung der Freifläche möglich ist (> BFH vom 6. 11. 1991 – BStBl 1993 II S. 391).

- *Im Hinzuerwerb* eines im Privatvermögen verbleibenden Miteigentumsanteils an einem Grundstück im Wege der Erbfolge liegt keine Entnahme des zum gewillkürten Betriebsvermögen gehörenden Anteils (> BFH vom 8. 3. 1990 – BStBl 1994 II S. 559).

- *Landwirtschaftlich genutzte Grundstücke* – keine ertragreiche Bewirtschaftung mehr möglich (> BFH vom 12. 11. 1992 – BStBl 1993 II S. 430).

- *Nießbrauch* – ein Grundstück, das zum Sonderbetriebsvermögen des Gesellschafters einer GbR gehört, wird durch die Bestellung eines Nießbrauchs am Gesellschaftsanteil und am Grundstück grundsätzlich nicht entnommen (> BFH vom 1. 3. 1994 – BStBl 1995 II S. 241).

- *Nutzung* – nur vorübergehende Nutzung zu eigenen Wohnzwecken (> BFH vom 17. 1. 1974 – BStBl II S. 240).

- *Nutzungsrecht* – Belastung eines Grundstücks mit der Einräumung eines unentgeltlichen Nutzungsrechts und anschließende Anmietung vom Nutzungsberechtigten durch den Grundstückseigentümer (> BFH vom 11. 11. 1988 – BStBl 1989 II S. 872).

Nutzungsänderung

Bisher betrieblich genutzte und seitdem ungenutzte (freie) Grundstücksflächen, deren spätere betriebliche Nutzung möglich bleibt, verbleiben ohne eine von einem Entnahmewillen getragene Entnahmehandlung im Betriebsvermögen (> BFH vom 6. 11. 1991 – BStBl 1993 II S. 391).

Nutzungsentnahme

– Grundstücke oder Grundstücksteile > BFH vom 11. 11. 1988 (BStBl 1989 II S. 872) und > H 18 (Teilentgeltliche Überlassung).
– Betrieblicher Pkw bei Unfall auf Privatfahrt > BFH vom 24. 5. 1989 (BStBl 1990 II S. 8); > R 18 Abs. 1 Satz 3 bis 5.

...

Private Pkw-Nutzung

– Ertragsteuerliche Erfassung der Nutzung eines betrieblichen Kraftfahrzeugs zu Privatfahrten, zu Fahrten zwischen Wohnung und Betriebsstätte sowie zu Familienheimfahrten nach § 4 Abs. 5 Satz 1 Nr. 6 und § 6 Abs. 1 Nr. 4 Sätze 2 und 3 EStG (> BMF vom 12. 5. 1997 – BStBl I S. 562).
– Zerstörung eines betrieblichen Kraftfahrzeugs anläßlich einer Privatfahrt > BFH vom 24. 5. 1989 (BStBl 1990 II S. 8) und R 18 Abs. 1 Satz 3 bis 5.

Schenkung

– Bei der schenkweisen Übertragung eines Wirtschaftsguts fehlt es an einer > Entnahmehandlung, wenn der Steuerpflichtige wirtschaftlicher Eigentümer bleibt (> BFH vom 5. 5. 1983 – BStBl II S. 631).
– > Personengesellschaften

...

Wettbewerbsverbot

Wird der Gesellschafter einer Personengesellschaft oder der Gesellschafter-Geschäftsführer ihrer Komplementär-GmbH im Handelszweig der Personengesellschaft tätig, kann dadurch ein Schadensersatzanspruch der Gesellschaft wegen Verstoßes gegen das Wettbewerbsverbot entstehen. Verzichten die anderen Gesellschafter ohne betriebliche Veranlassung auf die Geltendmachung des Anspruchs, liegt eine Entnahme der Forderung vor. Ein Schadensersatzanspruch entsteht allerdings nicht, wenn die anderen Gesellschafter mit der Tätigkeit des Gesellschafters ausdrücklich oder stillschweigend einverstanden waren; zu einer Entnahme kommt es dann nicht (> BFH vom 23. 3. 1995 – BStBl II S. 637).

...

EStR R 15. Bilanzberichtigung und Bilanzänderung

Bilanzberichtigung

(1) ¹Ist ein Ansatz in der Bilanz unrichtig, so kann der Steuerpflichtige nach § 4 Abs. 2 Satz 1 EStG den Fehler durch eine entsprechende Mitteilung an das Finanzamt berichtigen (**Bilanzberichtigung**). ²Ein Ansatz in der Bilanz ist unrichtig, wenn er unzulässig ist, d. h., wenn er gegen zwingende Vorschriften des Einkommensteuerrechts oder des Handelsrechts oder gegen die einkommensteuerrechtlich zu beachtenden handelsrechtlichen Grundsätze ordnungsmäßiger Buchführung verstößt. ³Soweit eine Bilanzberichtigung nicht möglich ist, ist der falsche Bilanzansatz grundsätzlich in der Schlußbilanz des ersten Jahres, dessen Veranlagung geändert werden kann, erfolgswirksam richtigzustellen.

Bilanzänderung

(2) ¹Wenn steuerrechtlich, in den Fällen des § 5 EStG auch handelsrechtlich, verschiedene Ansätze für die Bewertung eines Wirtschaftsguts zulässig sind und der Steuerpflichtige demgemäß zwischen mehreren Wertansätzen wählen kann, so trifft er durch die Einreichung der Steuererklärung an das Finanzamt seine Entscheidung. ²Eine Änderung dieser Entscheidung zugunsten eines anderen zulässigen Ansatzes ist eine **Bilanzänderung.** ³Sie ist nach § 4 Abs. 2 Satz 2 EStG nicht zulässig. **❶**

Bilanzansatz

(3) ¹Als Bilanzansatz im Sinne der Absätze 1 und 2 gilt der Wertansatz für jedes einzelne bewertungsfähige Wirtschaftsgut. ²Auf die Zusammenfassung in der Bilanz kommt es nicht an.

Hinweise EStH H 15.

Berichtigung einer Bilanz, die einer bestandskräftigen Veranlagung zugrunde liegt

– *ist nur insoweit möglich, als die Veranlagung nach den Vorschriften der Abgabenordnung, insbesondere nach § 173 oder § 164 Abs. 1 AO, noch geändert werden kann oder die Bilanzberichtigung sich auf die Höhe der veranlagten Steuer nicht auswirken würde (> BFH vom 27. 3. 1962 – BStBl III S. 273).*

– *Die Berichtigung eines unrichtigen Bilanzansatzes in einer* **Anfangsbilanz** *ist nicht zulässig, wenn diese Bilanz der Veranlagung eines früheren Jahres als* **Schlußbilanz** *zugrunde gelegen hat, die nach den Vorschriften der AO nicht mehr geändert werden kann, oder wenn der sich bei einer Änderung dieser Veranlagung ergebende höhere Steueranspruch wegen Ablaufs der Festsetzungsfrist erloschen wäre (> BFH vom 29. 11. 1965 – BStBl 1966 III S. 142). Unter Durchbrechung des Bilanzzusammenhangs kann eine Berichtigung der Anfangsbilanz des ersten Jahres, bei dessen Veranlagung sich die Berichtigung auswirken kann, ausnahmsweise in Betracht kommen, wenn ein Steuerpflichtiger zur Erlangung beachtlicher ungerechtfertigter Steuervorteile bewußt einen Aktivposten zu hoch oder einen Passivposten zu niedrig angesetzt hat, ohne daß die Möglichkeit besteht, die Veranlagung des Jahres zu ändern, bei der sich der unrichtige Bilanzansatz ausgewirkt hat (> BFH vom 3. 7. 1956 – BStBl III S. 250).*

– *Bilanzberichtigende Einbuchung bei unterlassener Bilanzierung eines Wirtschaftsguts des notwendigen Betriebsvermögens mit dem Wert, mit dem das Wirtschaftsgut bei von Anfang an richtiger Bilanzierung zu Buche stehen würde (> BFH vom 12. 10. 1977 – BStBl 1978 II S. 191).*

– *Erfolgsneutrale Ausbuchung bei unterlassener Erfassung einer* **Entnahme** *(> BFH vom 21. 10. 1976 – BStBl 1977 II S. 148).*

– *Bei einer* **Personengesellschaft** *ist eine* **fehlerhafte Gewinnverteilung** *in der ersten noch änderbaren Schlußbilanz erfolgswirksam richtigzustellen (> Fehlerkorrektur, > BFH vom 11. 2. 1988 – BStBl II S. 825).*

– *Ausbuchung eines zu Unrecht bilanzierten Wirtschaftsguts des* **Privatvermögens** *mit dem Buchwert (> BFH vom 26. 2. 1976 – BStBl II S. 378).*

– *Eine beim* **Tausch** *unterbliebene Ausbuchung des hingetauschten Wirtschaftsguts und Einbuchung einer Forderung auf Lieferung des eingetauschten Wirtschaftsguts ist in der ersten noch*

Amtl. Fn.:

❶ Siehe aber § 4 Abs. 2 Satz 2 EStG (zur Anwendung > § 52 Abs. 9 EStG.

- *änderbaren Schlußbilanz erfolgswirksam nachzuholen (> BFH vom 14. 12. 1982 – BStBl 1983 II S. 303).*
- *Eine **Verbindlichkeit**, die gewinnwirksam zu Unrecht passiviert worden ist, ist grundsätzlich gewinnerhöhend aufzulösen (> BFH vom 22. 1. 1985 – BStBl II S. 308) und eine Verbindlichkeit, deren gewinnmindernde Passivierung der Steuerpflichtige nicht bewußt rechtswidrig oder willkürlich unterlassen hat, ist gewinnmindernd einzustellen (> BFH vom 2. 5. 1984 – BStBl II S. 695). Dies gilt auch dann, wenn der Betrieb inzwischen unentgeltlich, also unter Fortführung der Buchwerte, auf einen anderen übertragen wurde (> BFH vom 9. 6. 1964 – BStBl 1965 III S. 48) oder wenn der Betrieb zulässigerweise zum Buchwert in eine Personengesellschaft eingebracht wurde (> BFH vom 8. 12. 1988 – BStBl 1989 II S. 407).*

Bilanzänderung

> BMF vom 18. 5. 2000 (BStBl I S. 587)

Bilanzberichtigung

- *Eine Bilanzberichtigung bezieht sich auf den unrichtigen Ansatz von Wirtschaftsgütern (aktive und passive Wirtschaftsgüter einschließlich Rückstellungen) sowie Rechnungsabgrenzungsposten dem Grunde oder der Höhe nach. Eine Änderung des steuerlichen Gewinns ohne Auswirkung auf den Ansatz eines Wirtschaftsgutes oder eines Rechnungsabgrenzungspostens ist daher keine Bilanzberichtigung (> BMF vom 18. 5. 2000 – BStBl I S. 587).*
- *Eine Bilanzberichtigung nach § 4 Abs. 2 Satz 1 EStG darf nur der Steuerpflichtige selbst vornehmen. Hält das FA eine Bilanz für fehlerhaft, darf es diese Bilanz der Besteuerung nicht zugrunde legen und muß eine eigene Gewinnermittlung durch Betriebsvermögensvergleich mit ggf. auf der Grundlage der Bilanz abgeänderten Werten vornehmen (> BFH vom 4. 11. 1999 – BStBl 2000 II S. 129).*
- ***Absetzung für Abnutzung:** Sind in den Vorjahren im Hinblick auf eine zu niedrige Bemessungsgrundlage zu wenig AfA geltend gemacht worden, kann die letzte Anfangsbilanz gewinnneutral berichtigt werden, indem der richtige höhere Anfangswert gekürzt um die tatsächlich vorgenommenen Absetzungsbeträge in die Bilanz eingestellt wird (> BFH vom 29. 10. 1991 – BStBl 1992 II S. 512, 516). > H 44 (Unterlassene oder überhöhte AfA).*
- ***Nach Änderung der höchstrichterlichen Rechtsprechung:** Erfolgswirksame Bilanzberichtigung nach unrechtmäßiger Aktivierung sofort abzuziehender Betriebsausgaben (> BFH vom 12. 11. 1992 – BStBl 1993 II S. 392).*

Fehlerkorrektur, wenn zwischenzeitlich keine Gewinnfeststellung durchgeführt wurde > BFH vom 28. 1. 1992 (BStBl II S. 881).

*Nachträgliche Auflösung der negativen Kapitalkonten eines **Kommanditisten** aufgrund des Bilanzenzusammenhangs > BFH vom 10. 12. 1991 (BStBl 1992 II S. 650).*

Richtigstellung eines unrichtigen Bilanzansatzes

Ein unrichtiger Bilanzansatz ist in der ersten Schlußbilanz richtigzustellen, in der dies unter Beachtung der für den Eintritt der Bestandskraft und der Verjährung maßgebenden Vorschriften möglich ist, und zwar grundsätzlich erfolgswirksam. Anzusetzen ist der Wert, mit dem das Wirtschaftsgut bei von vornherein zutreffender bilanzieller Behandlung – also bei Beachtung sämtlicher Gewinnermittlungsvorschriften – in dieser Bilanz erscheinen würde (> BFH vom 10. 12. 1997 – BStBl 1998 II S. 377). Die Korrektur eines fehlerhaften Bilanzansatzes setzt voraus, daß noch ein Bilanzierungsfehler vorliegt (> BFH vom 11. 2. 1998 – BStBl II S. 503).

Zu § 4 EStG   **Einkommensteuer**   150

EStR   **R 16. Einnahmenüberschußrechnung**

Anwendungsbereich

(1) ¹Der Steuerpflichtige kann nach § 4 Abs. 3 EStG als Gewinn den Überschuß der Betriebseinnahmen über die Betriebsausgaben ansetzen, wenn er auf Grund gesetzlicher Vorschriften (> R 12 Abs. 1 und 2) nicht verpflichtet ist, Bücher zu führen und regelmäßig Abschlüsse zu machen, er dies auch nicht freiwillig tut, und sein Gewinn nicht nach Durchschnittssätzen (§ 13a EStG) zu ermitteln ist. ²Die Buchführung wegen der Eigenschaft des Betriebs als Testbetrieb für den Agrarbericht oder als Betrieb des EG-Informationsnetzes landwirtschaftlicher Buchführungen und die Auflagenbuchführung entsprechend den Richtlinien des Bundesministeriums für Ernährung, Landwirtschaft und Forsten schließen die Gewinnermittlung nach § 4 Abs. 3 EStG nicht aus. ³Der Gewinn eines Steuerpflichtigen ist nach den für diese Gewinnermittlungsart maßgebenden Grundsätzen zu ermitteln, wenn der Betrieb zwar die Voraussetzungen für die Gewinnermittlung nach § 13a EStG erfüllt, aber ein Antrag nach § 13a Abs. 2 EStG gestellt worden ist.

▶   **Hinweise**   **EStH**   **H 16 (1).**

...

Wahl der Gewinnermittlungsart

– *Die Entscheidung eines Steuerpflichtigen, seinen Gewinn durch Einnahmenüberschußrechnung nach § 4 Abs. 3 EStG zu ermitteln, muß sich nach außen dokumentiert haben. Das Sammeln z. B. der maßgebenden Einnahmebelege reicht hierfür aus (> BFH vom 13. 10. 1989 – BStBl 1990 II S. 287).*

– *Zeichnet ein nicht buchführungspflichtiger Steuerpflichtiger nur Einnahmen und Ausgaben auf, so kann er nicht verlangen, daß seiner Besteuerung ein nach § 4 Abs. 1 EStG geschätzter Gewinn zugrunde gelegt wird. Durch den Verzicht auf die Aufstellung einer Eröffnungsbilanz und auf die Einrichtung einer den jeweiligen Stand des Vermögens darstellenden Buchführung hat er die Gewinnermittlung durch Einnahmenüberschußrechnung nach § 4 Abs. 3 EStG gewählt (> BFH vom 2. 3. 1978 – BStBl II S. 431).*

– *Die Wahl der Gewinnermittlung durch Einnahmenüberschußrechnung nach § 4 Abs. 3 EStG kann nicht unterstellt werden, wenn der Steuerpflichtige bestreitet, betriebliche Einkünfte erzielt zu haben (> BFH vom 8. 3. 1989 – BStBl II S. 714).*

Zeitliche Erfassung von Betriebseinnahmen und -ausgaben

(2) ¹Bei der Gewinnermittlung nach § 4 Abs. 3 EStG sind die Betriebseinnahmen in dem Wirtschaftsjahr anzusetzen, in dem sie dem Steuerpflichtigen zugeflossen sind, und die Betriebsausgaben in dem Wirtschaftsjahr abzusetzen, in dem sie geleistet worden sind (§ 11 EStG). ²Das gilt auch für Vorschüsse, Teil- und Abschlagszahlungen. ³Hat ein Steuerpflichtiger Gelder in fremdem Namen und für fremde Rechnung verausgabt, ohne daß er entsprechende Gelder vereinnahmt, so kann er in dem Wirtschaftsjahr, in dem er nicht mehr mit einer Erstattung der verausgabten Gelder rechnen kann, eine Betriebsausgabe in Höhe des nicht erstatteten Betrags absetzen. ⁴Soweit der nicht erstattete Betrag in einem späteren Wirtschaftsjahr erstattet wird, ist er als Betriebseinnahme zu erfassen.

▶   **Hinweise**   **EStH**   **H 16 (2).**

...

Abnutzbare und nicht abnutzbare Anlagegüter

(3) ¹Zu den Betriebseinnahmen gehören auch die Einnahmen aus der Veräußerung von abnutzbaren und nicht abnutzbaren Anlagegütern sowie vereinnahmte Umsatzsteuerbeträge. ²Die Anschaffungs- oder Herstellungskosten für Anlagegüter, die der Abnutzung unterliegen, z. B. Einrichtungsgegenstände, Maschinen oder der Praxiswert der freien Berufe dürfen nur im Wege der AfA auf die Nutzungsdauer des Wirtschaftsguts verteilt werden, sofern nicht die Voraussetzungen des § 6 Abs. 2 EStG vorliegen. ³Neben den Vorschriften über die AfA und die Absetzung für Substanzverringerung gelten auch die Regelungen über erhöhte Absetzungen und über Sonderabschreibungen. ⁴Die Anschaffungs- oder Herstellungskosten oder der an deren Stelle tretende Wert sind bei nicht abnutzbaren Wirtschaftsgütern des Anlagevermögens, z. B. Grund und Boden, Genossenschaftsanteile, Wald einschließlich Erstaufforstung, erst zum Zeitpunkt ihrer Veräußerung oder Entnahme als Betriebsausgaben abzuziehen, soweit die Aufwendungen vor dem 1. 1. 1971 nicht bereits zum Zeitpunkt der Zahlung abgesetzt worden sind.

▶ **Hinweise** EStH H 16 (3).

...

Unterlassene AfA

Soweit Anschaffungs- oder Herstellungskosten für abnutzbare Wirtschaftsgüter des Anlagevermögens bis zur Veräußerung noch nicht im Wege der AfA berücksichtigt worden sind, sind sie grundsätzlich (Besonderheit: > R 16 Abs. 5) im Wirtschaftsjahr der Veräußerung als Betriebsausgaben abzusetzen, soweit die AfA nicht willkürlich unterlassen worden sind (> BFH vom 7. 10. 1971 – BStBl 1972 II S. 271).

Leibrenten

(4) ¹Erwirbt ein Steuerpflichtiger mit Gewinnermittlung nach § 4 Abs. 3 EStG ein Wirtschaftsgut des **Anlagevermögens** gegen eine Leibrente, so ergeben sich die Anschaffungskosten für dieses Wirtschaftsgut aus dem Barwert der Leibrentenverpflichtung. ²Die einzelnen Rentenzahlungen sind in Höhe ihres Zinsanteils Betriebsausgaben. ³Der Zinsanteil ergibt sich aus dem Unterschiedsbetrag zwischen den Rentenzahlungen einerseits und dem jährlichen Rückgang des Barwerts der Leibrentenverpflichtung andererseits. ⁴Aus Vereinfachungsgründen ist es nicht zu beanstanden, wenn die einzelnen Rentenzahlungen in voller Höhe mit dem Barwert der ursprünglichen Rentenverpflichtung verrechnet werden; sobald die Summe der Rentenzahlungen diesen Wert übersteigt, sind die darüber hinausgehenden Rentenzahlungen in vollem Umfang als Betriebsausgabe abzusetzen. ⁵Bei vorzeitigem Fortfall der Rentenverpflichtung ist der Betrag als Betriebseinnahme anzusetzen, der nach Abzug aller bis zum Fortfall geleisteten Rentenzahlungen von dem ursprünglichen Barwert verbleibt. ⁶Erwirbt ein Steuerpflichtiger mit Gewinnermittlung nach § 4 Abs. 3 EStG Wirtschaftsgüter des **Umlaufvermögens** gegen eine Leibrente, so stellen die Rentenzahlungen zum Zeitpunkt ihrer Verausgabung in voller Höhe Betriebsausgaben dar. ⁷Der Fortfall einer solchen Leibrentenverpflichtung führt nicht zu einer Betriebseinnahme.

▶ **Hinweise** EStH H 16 (4).

...

Raten

(5) ¹Veräußert der Steuerpflichtige Wirtschaftsgüter des Anlagevermögens gegen einen in Raten zu zahlenden Kaufpreis oder gegen eine Veräußerungsrente, so kann er abweichend von Abs. 3 Satz 4 in jedem Wirtschaftsjahr einen Teilbetrag der noch nicht als Betriebsausgaben berücksichtigten Anschaffungs- oder Herstellungskosten in Höhe der in demselben Wirtschaftsjahr zufließenden Kaufpreisraten oder Rentenzahlungen als Betriebsausgaben absetzen. ²Wird die Kaufpreisforderung uneinbringlich, so ist der noch nicht abgesetzte Betrag in dem Wirtschaftsjahr als Betriebsausgabe zu berücksichtigen, in dem der Verlust eintritt.

(6) ...

▶ **Hinweise**   **EStH**   **H 16 (6).**

...

Betriebsveräußerung oder -aufgabe

(7) ¹Veräußert ein Steuerpflichtiger, der den Gewinn nach § 4 Abs. 3 EStG ermittelt, den Betrieb, so ist der Steuerpflichtige so zu behandeln, als wäre er im Augenblick der Veräußerung zunächst zur Gewinnermittlung durch Betriebsvermögensvergleich nach § 4 Abs. 1 EStG übergegangen (> Wechsel der Gewinnermittlungsart). ²Dies gilt auch bei der Veräußerung eines Teilbetriebs oder eines Mitunternehmeranteils und bei der Aufgabe eines Betriebs sowie in den Fällen der Einbringung.

▶ **Hinweise**   **EStH**   **H 16 (7).**

Aufgabe- oder Veräußerungsbilanz

Keine Verpflichtung zur Aufstellung einer Aufgabe- oder Veräußerungsbilanz (> BFH vom 3. 7. 1991 – BStBl II S. 802, 805).

Einbringungsgewinn

Im Falle der Gewinnermittlung nach § 4 Abs. 3 EStG muß der Einbringungsgewinn auf der Grundlage einer Einbringungsbilanz und einer Eröffnungsbilanz der Gesellschaft ermittelt werden (> BFH vom 18. 10. 1999 – BStBl 2000 II S. 123).

Fehlende Schlußbilanz

Ist auf den Zeitpunkt der Betriebsveräußerung eine Schlußbilanz nicht erstellt worden, und hat dies nicht zur Erlangung ungerechtfertigter Steuervorteile geführt, sind in späteren Jahren gezahlte Betriebssteuern und andere Aufwendungen, die durch den veräußerten oder aufgegebenen Betrieb veranlaßt sind, nachträgliche Betriebsausgaben (> BFH vom 13. 5. 1980 – BStBl II S. 692).

...

Übergangsgewinn

Die wegen des Übergangs von der Einnahmenüberschußrechnung zur Gewinnermittlung durch Bestandsvergleich erforderlichen Hinzurechnungen und Abrechnungen sind nicht bei dem Veräußerungsgewinn, sondern bei dem laufenden Gewinn des Wirtschaftsjahrs vorzunehmen, in dem

153 Einkommensteuer — Zu § 4 EStG

die Veräußerung stattfindet (> BFH vom 23. 11 1961 – BStBl 1962 III S. 199); die dem Gewinn hinzuzurechnenden Beträge können nicht auf drei Jahre verteilt werden (> BFH vom 3. 8 1967 – BStBl III S. 755).

...

EStR   R 17. Wechsel der Gewinnermittlungsart

Wechsel zum Betriebsvermögensvergleich

(1) ¹Neben den Fällen des Übergangs von der Gewinnermittlung nach § 4 Abs. 3 EStG zur Gewinnermittlung nach § 4 Abs. 1 oder § 5 EStG ist eine > Gewinnberichtigung auch erforderlich, wenn nach einer Einnahmenüberschußrechnung im folgenden Jahr der Gewinn nach den Grundsätzen des § 4 Abs. 1 EStG geschätzt oder nach § 13a Abs. 3 bis 5 EStG ermittelt wird. ²Wenn der Gewinn eines Steuerpflichtigen, der bisher durch Einnahmenüberschußrechnung ermittelt wurde, durch Schätzung nach den Grundsätzen des § 4 Abs. 1 EStG festgestellt wird, ist die Gewinnberichtigung grundsätzlich in dem Jahr der Schätzung vorzunehmen. ³Die Gewinnberichtigung kommt deshalb beim Übergang zum Betriebsvermögensvergleich nicht in Betracht, wenn der Gewinn bereits in den Vorjahren griffweise oder nach dem Soll- oder Ist-Umsatz anhand von Richtsätzen geschätzt worden ist. ⁴Bei dem Übergang zur Gewinnermittlung durch Betriebsvermögensvergleich kann zur Vermeidung von Härten auf Antrag des Steuerpflichtigen der Übergangsgewinn (Saldo aus Zu- und Abrechnungen) gleichmäßig entweder auf das Jahr des Übergangs und das folgende Jahr oder auf das Jahr des Übergangs und die beiden folgenden Jahre **verteilt** werden. ⁵Wird der Betrieb vorher veräußert oder aufgegeben, so erhöhen die noch nicht berücksichtigten Beträge den laufenden Gewinn des letzten Wirtschaftsjahrs. ⁶Zum Anlagevermögen gehörende nicht abnutzbare Wirtschaftsgüter sind mit dem Wert nach § 4 Abs. 3 Satz 5 EStG anzusetzen.

Wechsel zur Einnahmenüberschußrechnung

(2) Beim Übergang von der Gewinnermittlung durch Betriebsvermögensvergleich (§ 4 Abs. 1 oder § 5 EStG) zur Gewinnermittlung nach § 4 Abs. 3 EStG sind die durch den Wechsel der Gewinnermittlungsart bedingten Hinzurechnungen und Abrechnungen im ersten Jahr nach dem Übergang zur Gewinnermittlung nach § 4 Abs. 3 EStG vorzunehmen.

▷ Hinweise   EStH   H 17.

Ansatz- oder Bewertungswahlrechte gelten beim Übergang zum Betriebsvermögensvergleich nach § 4 Abs. 1 oder § 5 EStG als nicht ausgeübt (> BFH zu § 13a EStG vom 14. 4. 1988 – BStBl II S. 672).

Bewertung von Wirtschaftsgütern

Die einzelnen Wirtschaftsgüter sind beim Übergang zum Betriebsvermögensvergleich nach § 4 Abs. 1 oder § 5 EStG mit den Werten anzusetzen, mit denen sie zu Buch stehen würden, wenn von Anfang an der Gewinn durch Betriebsvermögensvergleich ermittelt worden wäre (> BFH vom 23. 11. 1961 – BStBl 1962 III S. 199).

Gewinnberichtigungen beim Wechsel der Gewinnermittlungsart
– *Wechsel zum Betriebsvermögensvergleich*

 Der Übergang von der Gewinnermittlung nach § 4 Abs. 3 EStG zur Gewinnermittlung nach § 4 Abs. 1 oder § 5 EStG erfordert, daß Betriebsvorgänge, die bisher nicht berücksichtigt worden sind, beim ersten Betriebsvermögensvergleich berücksichtigt werden (> BFH vom 28. 5. 1968 – BStBl II S. 650 und vom 24. 1. 1985 – BStBl II S. 255).

– **Wechsel zur Einnahmenüberschußrechnung**
Soweit sich die Betriebsvorgänge, die den durch den Wechsel der Gewinnermittlungsart bedingten Korrekturen entsprechen, noch nicht im ersten Jahr nach dem Übergang zur Gewinnermittlung nach § 4 Abs. 3 EStG ausgewirkt haben, können die Korrekturen auf Antrag grundsätzlich in dem Jahr vorgenommen werden, in dem sich die Betriebsvorgänge auswirken (> BFH vom 17. 1. 1963 – BStBl III S. 228).

...

Unterbliebene Gewinnkorrekturen
Eine bei einem früheren Übergang vom Betriebsvermögensvergleich zur Einnahmenüberschußrechnung oder umgekehrt zu Unrecht unterbliebene Gewinnkorrektur darf bei der aus Anlaß eines erneuten Wechsels in der Gewinnermittlungsart erforderlich gewordenen Gewinnkorrektur nicht berücksichtigt werden, soweit der Fehler nicht mehr berichtigt werden kann (> BFH vom 23. 7. 1970 – BStBl II S. 745).

...

EStR R 18. Betriebseinnahmen und -ausgaben

Betriebseinnahmen und -ausgaben bei gemischtgenutzten Wirtschaftsgütern

(1) [1]Gehört ein Wirtschaftsgut zum Betriebsvermögen, so sind Aufwendungen einschließlich Absetzungen für Abnutzung, soweit sie der privaten Nutzung des Wirtschaftsguts zuzurechnen sind, keine Betriebsausgaben. [2]Gehört ein Wirtschaftsgut zum Privatvermögen, so sind die Aufwendungen einschließlich Absetzungen für Abnutzung, die durch die betriebliche Nutzung des Wirtschaftsguts entstehen, Betriebsausgaben. [3]Wird ein Wirtschaftsgut des Betriebsvermögens während seiner Nutzung zu privaten Zwecken des Steuerpflichtigen zerstört, so tritt bezüglich der stillen Reserven, die sich bis zu seiner Zerstörung gebildet haben, keine Gewinnrealisierung ein. [4]In Höhe des Restbuchwerts liegt eine Nutzungsentnahme vor. [5]Eine Schadensersatzforderung für das während der privaten Nutzung zerstörte Wirtschaftsgut ist als > Betriebseinnahme zu erfassen, wenn und soweit sie über den Restbuchwert hinausgeht.

Betriebseinnahmen und -ausgaben bei Grundstücken

(2) [1]Entgelte aus eigenbetrieblich genutzten Grundstücken oder Grundstücksteilen, z. B. Einnahmen aus der Vermietung von Sälen in Gastwirtschaften, sind > Betriebseinnahmen. [2]Das gleiche gilt für alle Entgelte, die für die Nutzung von Grundstücken oder Grundstücksteilen erzielt werden, die zum gewillkürten Betriebsvermögen gehören. [3]Aufwendungen für Grundstücke oder Grundstücksteile, die zum Betriebsvermögen gehören, sind vorbehaltlich des § 4 Abs. 5 Satz 1 Nr. 6b EStG stets Betriebsausgaben; dies gilt auch im Falle einer > teilentgeltlichen Überlassung aus außerbetrieblichen Gründen. [4]Aufwendungen für einen Grundstücksteil, der eigenbetrieblich genutzt wird, sind vorbehaltlich des § 4 Abs. 5 Satz 1 Nr. 6b EStG auch dann Betriebsausgaben, wenn der Grundstücksteil wegen seines untergeordneten Wertes (> § 8 EStDV, R 13 Abs. 8) nicht als Betriebsvermögen behandelt wird.

Bewirtungen

(3) Der Vorteil aus einer Bewirtung im Sinne des § 4 Abs. 5 Satz 1 Nr. 2 EStG ist aus Vereinfachungsgründen beim bewirteten Steuerpflichtigen nicht als Betriebseinnahme zu erfassen.

Hinweise   EStH   H 18.

Abgrenzung der Betriebsausgaben von den nicht abziehbaren Kosten der Lebensführung
> R 117 ff.
...

Betriebseinnahmen
– *Begriff* > BFH vom 22. 7. 1988 (BStBl II S. 995)
...

Drittaufwand
> BFH vom 23. 8. 1999 (BStBl II S. 782 ff.), BMF-Schreiben folgt.

Trägt ein Dritter Kosten, die durch die Einkünfteerzielung des Steuerpflichtigen veranlaßt sind, können sie als so genannter Drittaufwand nicht Betriebsausgaben oder Werbungskosten des Steuerpflichtigen sein. Bei Anschaffungs- oder Herstellungskosten liegt Drittaufwand vor, wenn ein Dritter sie trägt und das angeschaffte oder hergestellte Wirtschaftsgut vom Steuerpflichtigen zur Erzielung von Einkünften genutzt wird. Aufwendungen eines Dritten können allerdings im Falle der so genannten Abkürzung des Zahlungswegs als Aufwendungen des Steuerpflichtigen zu werten sein; Abkürzung des Zahlungswegs bedeutet die Zuwendung eines Geldbetrags an den Steuerpflichtigen in der Weise, daß der Zuwendende im Einvernehmen mit dem Steuerpflichtigen dessen Schuld tilgt, statt ihm den Geldbetrag unmittelbar zu geben, wenn also der Dritte für Rechnung des Steuerpflichtigen an dessen Gläubiger leistet (> BFH vom 23. 8. 1999 – BStBl II S. 782, 785). Schließt hingegen der Dritte im eigenen Namen einen Vertrag und leistet er selbst die geschuldeten Zahlungen – so genannter abgekürzter Vertragsweg –, sind die Aufwendungen als solche des Steuerpflichtigen nur abziehbar, wenn es sich um Geschäfte des täglichen Lebens handelt. Bei Dauerschuldverhältnissen führt eine Abkürzung des Vertragswegs dagegen nicht zu abziehbaren Aufwendungen des Steuerpflichtigen. Deshalb können Schuldzinsen, die ein Ehegatte auf seine Darlehensverbindlichkeit zahlt, vom anderen Ehegatten auch dann nicht als Betriebsausgaben oder Werbungskosten abgezogen werden, wenn die Darlehensbeträge zur Anschaffung von Wirtschaftsgütern zur Einkünfteerzielung verwendet wurden (> BFH vom 24. 2. 2000 – BStBl II S. 314). Bezahlt hingegen der andere Ehegatte die Zinsen aus eigenen Mitteln, bilden sie bei ihm abziehbare Betriebsausgaben oder Werbungskosten. Nehmen Ehegatten gemeinsam ein gesamtschuldnerisches Darlehen zur Finanzierung eines Wirtschaftsguts auf, das nur einen von ihnen gehört und von diesem zur Einkünfteerzielung genutzt wird, sind die Schuldzinsen in vollem Umfang bei den Einkünften des Eigentümer-Ehegatten als Betriebsausgaben oder Werbungskosten abziehbar (> BFH vom 2. 12. 1999 – BStBl 2000 II S. 310 und 312). Werden die laufenden Aufwendungen für ein Wirtschaftsgut, das dem nicht einkünfteerzielenden Ehegatten gehört, gemeinsam getragen, kann der das Wirtschaftsgut einkünfteerzielend nutzende (andere) Ehegatte nur die nutzungsorientierten Aufwendungen (z. B. bei einem Arbeitszimmer die anteiligen Energiekosten und die das Arbeitszimmer betreffenden Reparaturkosten) als Betriebsausgaben oder Werbungskosten geltend machen (> BFH vom 23. 8. 1999 – BStBl II S. 782, 786).

Eigenaufwand für ein fremdes Wirtschaftsgut
> BFH vom 30. 1. 1995 (BStBl II S. 281) und vom 23. 8. 1999 (BStBl II S. 774 und 778), BMF-Schreiben folgt.

– Trägt ein Steuerpflichtiger aus betrieblichem Anlaß die Anschaffungs- oder Herstellungskosten für ein Gebäude oder einen Gebäudeteil, die im Alleineigentum oder Miteigentum eines Dritten stehen, mit dessen Zustimmung und darf er den Eigentumsanteil des Dritten unentgeltlich nutzen, so hat er die durch die Baumaßnahme geschaffene Nutzungsmöglichkeit entsprechend seinem Miteigentumsanteil als Gebäude und, soweit sie auf den Eigentumsanteil des Dritten entfällt, als so genannte Nutzungsbefugnis an dem fremden Gebäude oder Gebäudeteil „wie ein materielles Wirtschaftsgut" mit den Anschaffungs- oder Herstellungskosten anzusetzen und nach den für Gebäude geltenden Regelungen abzuschreiben (> BFH vom 30. 1. 1995 – BStBl II S. 281).

- Ehegatten, die gemeinsam die Herstellungskosten des von ihnen bewohnten Hauses getragen haben und die darin jeweils einen Raum zur Einkünfteerzielung nutzen, können jeweils die auf diesen Raum entfallenden Herstellungskosten für die Dauer dieser Nutzung als Betriebsausgaben oder Werbungskosten (AfA) geltend machen. Hinsichtlich des jeweiligen Miteigentumsanteils an den von ihnen genutzten Räumen ergibt sich die AfA-Berechtigung der Ehegatten bereits aus der einkünfteerzielenden Nutzung ihres Eigentums. Soweit sich die den Ehegatten jeweils zuzurechnenden Herstellungskosten auf den Miteigentumsanteil des anderen an dem Raum beziehen, sind sie „wie ein materielles Wirtschaftsgut" zu behandeln und nach den Grundsätzen, die für die Herstellungskosten des Gebäudes im übrigen gelten, in Form von AfA als steuerlicher Aufwand abzuziehen. Die Bemessungsgrundlage für die auf den jeweiligen Raum entfallende AfA ist zu schätzen, soweit die Herstellungskosten nicht eindeutig dem Raum zugeordnet werden können. Maßstab ist das Verhältnis der Nutz- oder Wohnflächen (> BFH vom 23. 8. 1999 – BStBl II S. 774).

- Beteiligt sich ein Steuerpflichtiger (Ehegatte) finanziell an den Anschaffungs- oder Herstellungskosten eines Hauses, das dem anderen Ehegatten gehört, und nutzt er Räume dieses Gebäudes zur Einkünfteerzielung, kann er die auf diese Räume entfallenden eigenen Aufwendungen grundsätzlich als Betriebsausgaben oder Werbungskosten (AfA) abziehen. Bemessungsgrundlage der AfA sind die auf diese Räume entfallenden Anschaffungs- oder Herstellungskosten, soweit sie der Kostenbeteiligung des Steuerpflichtigen entsprechen (> BFH vom 23. 8. 1999 – BStBl II S. 778).

- Endet die Nutzungsbefugnis vor Ablauf der betriebsgewöhnlichen Nutzungsdauer des Gebäudes oder des Gebäudeteils (z. B. durch Veräußerung des Grundstücks, Entnahme oder Einbringung), so wird in Höhe des Unterschiedsbetrags zwischen dem Wert der Ausgleichsforderung gegenüber dem Eigentümer (§§ 951 und 812 BGB) in Höhe des Verkehrswerts des Gebäudes oder des Gebäudeteils und dem Restbuchwert der Nutzungsbefugnis ein Gewinn realisiert, der dem Nutzungsberechtigten zuzurechnen ist (> BFH vom 10. 3. 1999 – BStBl II S. 523).

...

Incentive-Reisen

> BMF vom 14. 10. 1996 (BStBl I S. 1192)

...

Nebenräume

Entscheidet sich ein Steuerpflichtiger, betrieblich oder beruflich genutzte Nebenräume in die Kostenberechnung einzubeziehen, so sind die Kosten nach dem Verhältnis des gesamten betrieblich oder beruflich genutzten Bereichs (= betrieblich oder beruflich genutzte Haupt- und Nebenräume) zu der Gesamtfläche (= Haupt- und Nebenräume) aufzuteilen (> BFH vom 21. 2. 1990 – BStBl II S. 578 und vom 5. 9. 1990 – BStBl 1991 II S. 389).

Nießbrauch

- Aufwendungen des Steuerpflichtigen im Zusammenhang mit dem betrieblich genutzten Grundstück oder Grundstücksteil sind Betriebsausgaben; hierzu gehören auch die abschreibbaren Anschaffungs- oder Herstellungskosten, die der Steuerpflichtige selbst getragen hat (> BFH vom 16. 12. 1988 – BStBl 1989 II S. 763 und vom 20. 9. 1989 – BStBl 1990 II S. 368).

– Der Vermächtnisnießbraucher ist nicht berechtigt, AfA auf Anschaffungs- oder Herstellungskosten des Erblassers in Anspruch zu nehmen (> BFH vom 28. 9. 1995 – BStBl 1996 II S. 440).
...

Schadensersatz als Betriebseinnahme
Bei Schadensersatzleistungen eines Steuerberaters oder seines Haftpflichtversicherers wegen vermeidbar zuviel entrichteter Steuern kommt es entscheidend darauf an, ob die Entrichtung der Steuer zu einer Betriebsausgabe führt oder in die außerbetriebliche Sphäre fällt. Schadensersatz wegen einer zu hohen Einkommensteuerfestsetzung ist daher beim Mandanten keine Betriebseinnahme. Schadensersatz wegen einer zu hohen Körperschaftsteuerfestsetzung ist beim Mandanten Betriebseinnahme (> BFH vom 18. 6. 1998 – BStBl II S. 621).

Schätzung von Betriebsausgaben
Von tatsächlich geleisteten Betriebsausgaben kann grundsätzlich nur ausgegangen werden, wenn deren betriebliche Veranlassung und Höhe nachgewiesen ist. Gelingt dieser Nachweis der Höhe nach nicht, obwohl offensichtlich Ausgaben angefallen sein müssen, sind die nicht feststellbaren Besteuerungsgrundlagen zu schätzen (§ 162 Abs. 2 Satz 2 AO). Die Schätzung muß insgesamt in sich schlüssig, wirtschaftlich vernünftig und möglich sein. Eine grobe, griffweise Schätzung kann diesen Anforderungen nur genügen, wenn keinerlei Möglichkeiten zur näheren Präzisierung der Schätzungsmethode, wie z. B. durch Anlehnung an die Richtsatzsammlung oder anhand von Erfahrungswerten der Finanzverwaltung bezüglich bestimmten Aufwandes, besteht. Die geltend gemachten Betriebsausgaben sind um angemessene Unsicherheitsabschläge zu kürzen. Nach der Schätzung ist zu prüfen, ob und inwieweit die fehlende Benennung der Zahlungsempfänger gemäß § 160 AO dem Abzug der geschätzten Ausgaben entgegensteht (> BFH vom 24. 6. 1997 – BStBl 1998 II S. 51).

Schuldzinsen [1]
– *Schuldzinsenabzug nach § 4 Abs. 4a EStG*
  > BMF vom 22. 5. 2000 (BStBl I S. 588)
– *Schuldzinsen aus der Finanzierung von*

  – *Pflichtteilsverbindlichkeiten*

  – *Vermächtnisschulden*

  – *Erbersatzverbindlichkeiten*

  – *Zugewinnausgleichsschulden*

  – *Abfindungsschulden nach der Höfeordnung*

  – *Abfindungsschulden im Zusammenhang mit der Vererbung eines Anteils an einer Personengesellschaft im Wege der qualifizierten Nachfolgeklausel oder im Wege der qualifizierten Eintrittsklausel*

dürfen nicht als Betriebsausgaben oder Werbungskosten abgezogen werden (> BMF vom 11. 8. 1994 – BStBl I S. 603).
...

Anm. d. Schriftl.:

[1] Durch § 4 Abs. 4a EStG sind für den Abzug von Schuldzinsen als Betriebsausgaben ab 1999 Einschränkungen eingeführt worden. Hierdurch wurde der bislang von der Rechtsprechung anerkannte Schuldzinsenabzug nach dem Zwei- oder Mehrkontenmodell abgeschafft.

Zu § 4 EStG   Einkommensteuer

Sponsoring
> BMF vom 18. 2. 1998 (BStBl I S. 212)

...

Veräußerung eines zum Betriebsvermögen gehörenden auch privat genutzten Wirtschaftsguts
Wird ein zum Betriebsvermögen gehörendes Wirtschaftsgut, das teilweise privat genutzt worden ist, veräußert, so ist der gesamte Veräußerungserlös Betriebseinnahme (> BFH vom 24. 9. 1959 – BStBl III S. 466).

Vorweggenommene Betriebsausgaben sind abziehbar bei ausreichend bestimmbarem Zusammenhang zwischen den Aufwendungen und der Einkunftsart, > BFH vom 15. 4. 1992 (BStBl II S. 819).

...

EStR   R 19. Rechtsverhältnisse zwischen Angehörigen

Arbeitsverhältnisse zwischen Ehegatten

(1) Arbeitsverhältnisse zwischen Ehegatten können steuerrechtlich nur anerkannt werden, wenn sie ernsthaft vereinbart und entsprechend der Vereinbarung tatsächlich durchgeführt werden.

Arbeitsverhältnisse mit Personengesellschaften

(2) [1]Für die einkommensteuerrechtliche Beurteilung des Arbeitsverhältnisses eines Ehegatten mit einer Personengesellschaft, die von dem anderen Ehegatten auf Grund seiner wirtschaftlichen Machtstellung beherrscht wird, z. B. in der Regel bei einer Beteiligung zu mehr als 50 v. H., gelten die Grundsätze für die steuerliche Anerkennung von Ehegattenarbeitsverhältnissen im allgemeinen entsprechend (Besonderheiten bei Personengesellschaften). [2]Beherrscht der Mitunternehmer-Ehegatte die Personengesellschaft nicht, so kann allgemein davon ausgegangen werden, daß der mitarbeitende Ehegatte in der Gesellschaft die gleiche Stellung wie ein fremder Arbeitnehmer hat und das Arbeitsverhältnis deshalb steuerrechtlich anzuerkennen ist.

Arbeitsverhältnisse zwischen Eltern und Kindern

(3) [1]Für die bürgerlich-rechtliche Wirksamkeit eines Arbeits- oder Ausbildungsvertrags mit einem minderjährigen Kind ist die Bestellung eines Ergänzungspflegers nicht erforderlich. [2] >Arbeitsverhältnisse mit Kindern unter 14 Jahren verstoßen jedoch gegen das Jugendarbeitsschutzgesetz; sie sind im allgemeinen nichtig und können deshalb auch steuerrechtlich nicht anerkannt werden. [3]Die Gewährung freier Wohnung und Verpflegung kann als Teil der Arbeitsvergütung zu behandeln sein, wenn die Leistungen auf arbeitsvertraglichen Vereinbarungen beruhen. [4]Bei einem voll im Betrieb mitarbeitenden Kind muß die Summe aus Barentlohnung und Sachleistung die sozialversicherungsrechtliche Freigrenze überschreiten, wobei eine Mindestbarentlohnung von monatlich 200 DM Voraussetzung für die steuerrechtliche Anerkennung des Arbeitsverhältnisses ist.

▶ **Hinweise   EStH   H 19.**

Arbeitsverhältnis mit Kindern
- > Ausbildungs- oder Fortbildungsaufwendungen
- > Aushilfstätigkeiten von Kindern

- *Beruht die Mitarbeit von Kindern im elterlichen Betrieb auf einem Ausbildungs- oder Arbeitsverhältnis, so gelten für dessen steuerrechtliche Anerkennung den Ehegatten-Arbeitsverhältnissen entsprechende Grundsätze (> BFH vom 10. 3. 1988 – BStBl II S. 877 und vom 29. 10. 1997 – BStBl 1988 II S. 149).*
- *Ein steuerrechtlich anzuerkennendes Arbeitsverhältnis bei Hilfeleistungen von Kindern im elterlichen Betrieb liegt nicht vor bei geringfügigen oder typischerweise privaten Verrichtungen (> BFH vom 9. 12. 1993 – BStBl 1994 II S. 298); > gelegentliche Hilfeleistung.*
- *> Unterhalt*

Arbeitsverhältnisse zwischen Ehegatten
- *Betriebliche Altersversorgung, Direktversicherung*
  > H 26 Arbeitnehmer-Ehegatten
- *Der steuerrechtlichen Anerkennung eines Arbeitsverhältnisses steht entgegen:*
  = Arbeitnehmer-Ehegatte hebt monatlich vom betrieblichen Bankkonto des Arbeitgeber-Ehegatten einen größeren Geldbetrag ab und teilt diesen selbst auf in das benötigte Haushaltsgeld und den ihm zustehenden monatlichen Arbeitslohn (> BFH vom 20. 4. 1989 – BStBl II S. 655).
  = Fehlen einer Vereinbarung über die Höhe des Arbeitslohns (> BFH vom 8. 3. 1962 – BStBl III S. 218).
  = Langzeitige Nichtauszahlung des vereinbarten Arbeitslohns zum üblichen Zahlungszeitpunkt; statt dessen z. B. jährliche Einmalzahlung (> BFH vom 14. 10. 1981 – BStBl 1982 II S. 119). Das gilt auch dann, wenn das Arbeitsverhältnis bereits seit mehreren Jahren ordnungsgemäß durchgeführt wurde und im Veranlagungsjahr Lohnsteuer und Sozialabgaben abgeführt wurden (> BFH vom 25. 7. 1991 – BStBl II S. 842).
  = Wechselseitige Verpflichtung zur Arbeitsleistung; ein Arbeitsvertrag ist nicht durchführbar, wenn sich Ehegatten, die beide einen Betrieb unterhalten, wechselseitig verpflichten, mit ihrer vollen Arbeitskraft jeweils im Betrieb des anderen tätig zu sein. Wechselseitige Teilzeitarbeitsverträge können jedoch anerkannt werden, wenn die Vertragsgestaltungen insgesamt einem > Fremdvergleich standhalten (> BFH vom 12. 10. 1988 – BStBl 1989 II S. 354).
- *Der steuerrechtlichen Anerkennung eines Arbeitsverhältnisses kann entgegenstehen:*
  = Arbeitslohnzahlung in Form von Schecks, die der Arbeitnehmer-Ehegatte regelmäßig auf das private Konto des Arbeitgeber-Ehegatten einzahlt (> BFH vom 28. 2. 1990 – BStBl II S. 548).
  = Überweisung des Arbeitsentgelts des Arbeitnehmer-Ehegatten auf ein Konto des Arbeitgeber-Ehegatten, über das dem Arbeitnehmer-Ehegatten nur ein Mitverfügungsrecht zusteht (BFH vom 24. 3. 1983 – BStBl II S. 663), oder auf ein Bankkonto des Gesellschafterehegatten, über das dem Arbeitnehmer-Ehegatten nur ein Mitverfügungsrecht zusteht (BFH vom 20. 10. 1983 – BStBl 1984 II S. 298).
- *Der steuerrechtlichen Anerkennung eines Arbeitsverhältnisses steht nicht entgegen:*
  = Darlehensgewährung des Arbeitnehmer-Ehegatten an den Arbeitgeber-Ehegatten in Höhe des Arbeitsentgelts ohne rechtliche Verpflichtung, nachdem dieses in die Verfügungsmacht des Arbeitnehmer-Ehegatten gelangt ist. Das gilt auch, wenn der Arbeitnehmer-Ehegatte jeweils im Fälligkeitszeitpunkt über den an ihn ausgezahlten Nettoarbeitslohn ausdrücklich dadurch verfügt, daß er den Auszahlungsanspruch in eine Darlehensforderung umwandelt (> BFH vom 17. 7. 1984 – BStBl 1986 II S. 48). Werden dagegen Arbeits- und Darlehensvereinbarungen von Ehegatten in einer Weise miteinander verknüpft, daß das Arbeitsentgelt ganz oder teilweise bereits als Darlehen behandelt wird, bevor es in die

Verfügungsmacht des Arbeitnehmer-Ehegatten gelangt ist, so ist zur Anerkennung des Arbeitsverhältnisses erforderlich, daß auch der Darlehensvertrag wie ein unter Fremden üblicher Vertrag mit eindeutigen Zins- und Rückzahlungsvereinbarungen abgeschlossen und durchgeführt wird (> BFH vom 23. 4. 1975 – BStBl II S. 579).

= Schenkung – Laufende Überweisung des Arbeitsentgelts auf ein Sparbuch des Arbeitnehmer-Ehegatten, von dem dieser ohne zeitlichen Zusammenhang mit den Lohnzahlungen größere Beträge abhebt und dem Arbeitgeber-Ehegatten schenkt (> BFH vom 4. 11. 1986 – BStBl 1987 II S. 336).

= Teilüberweisung des Arbeitsentgelts als vermögenswirksame Leistungen nach dem Vermögensbildungsgesetz auf Verlangen des Arbeitnehmer-Ehegatten auf ein Konto des Arbeitgeber-Ehegatten oder auf ein gemeinschaftliches Konto beider Ehegatten (> BFH vom 19. 9. 1975 – BStBl 1976 II S. 81).

= Überweisung des Arbeitsentgelts auf ein Bankkonto des Arbeitnehmer-Ehegatten, für das der Arbeitgeber-Ehegatte unbeschränkte Verfügungsvollmacht besitzt (> BFH vom 16. 1. 1974 – BStBl II S. 294).

= Vereinbartes Arbeitsentgelt ist unüblich niedrig, es sei denn, das Arbeitsentgelt ist so niedrig bemessen, daß es nicht mehr als Gegenleistung für eine begrenzte Tätigkeit des Arbeitnehmer-Ehegatten angesehen werden kann, weil ein rechtsgeschäftlicher Bindungswille fehlt (> BFH vom 22. 3. 1990 – BStBl II S. 776).

> Gehaltsumwandlung, -verzicht

= Zahlung des Arbeitsentgelts auf ein „Oder-Konto" bei im übrigen ernsthaft vereinbarten und tatsächlich durchgeführten Ehegatten-Arbeitsverhältnissen (BVerfG vom 7. 11. 1995 – BStBl 1996 II S. 34).

– **Direktversicherung**

> H 26 Arbeitnehmer-Ehegatten

– **Gehaltsumwandlung, -verzicht**

Begnügt sich der Arbeitnehmer-Ehegatte mit unangemessenen niedrigen Aktivbezügen, ist die Dienstleistung in einen entgeltlichen und einen unentgeltlichen Teil zu zerlegen. Betrieblich veranlaßt ist nur der entgeltliche Teil. Verzichtet der Arbeitnehmer-Ehegatte ganz auf sein Arbeitsentgelt, ist von einer in vollem Umfang privat veranlaßten familiären Mitarbeit auszugehen. Entsprechendes gilt, wenn ein Arbeitnehmer-Ehegatte ohne entsprechende Absicherung seines Anspruchs zugunsten eines erst viele Jahre später fällig werdenden Ruhegehalts auf seine Aktivbezüge verzichtet (> BFH vom 25. 7. 1995 – BStBl 1996 II S. 153).

> BMF vom 9. 1. 1986 (BStBl I S. 7).

– **Rückstellungen für Pensionsverpflichtungen**

= Bei einer Pensionszusage an den Arbeitnehmer-Ehegatten, die an die Stelle einer fehlenden Anwartschaft aus der gesetzlichen Rentenversicherung getreten ist, können sich die Rückstellungsbeträge grundsätzlich nicht gewinnmindernd auswirken, soweit die Aufwendungen die wirtschaftliche Funktion der Arbeitnehmerbeiträge haben. Fiktive Arbeitgeberbeiträge in der Zeit zwischen dem Beginn des steuerrechtlich anerkannten Arbeitsverhältnisses und der Erteilung der Pensionszusage können nicht als Betriebsausgaben berücksichtigt werden (> BFH vom 14. 7. 1989 – BStBl II S. 969).

= > H 41 (10).

– **Rückwirkung**

Rückwirkende Vereinbarungen sind steuerrechtlich nicht anzuerkennen (BFH vom 29. 11. 1988 – BStBl 1989 II S. 281).

- *Sonderzuwendungen*

  wie z. B. Weihnachts- und Urlaubsgelder, Sonderzulagen, Tantiemen können dann als Betriebsausgaben abgezogen werden, wenn sie vor Beginn des Leistungsaustauschs klar und eindeutig vereinbart worden sind und auch einem > Fremdvergleich standhalten (> BFH vom 26. 2. 1988 – BStBl II S. 606 und vom 10. 3. 1988 – BStBl II S. 877).

- *Unterarbeitsverhältnis*

  Ist ein Arbeitnehmer wegen anderer beruflicher Verpflichtungen nicht in der Lage, ein Aufgabengebiet in vollem Umfang selbst zu betreuen, kommt ein Ehegatten-Unterarbeitsverhältnis hierüber jedenfalls dann nicht in Betracht, wenn solche Tätigkeiten sonst ehrenamtlich von Dritten unentgeltlich übernommen werden (> BFH vom 22. 11. 1996 – BStBl 1997 II S. 187).

- *Zukunftssicherung*

  Voraussetzungen für die Anerkennung von Maßnahmen zur Zukunftssicherung bei Ehegatten-Arbeitsverhältnissen > H 41 Abs. 10 und H 26 (Arbeitnehmer-Ehegatten).

Ausbildungs- oder Fortbildungsaufwendungen für Kinder sind i. d. R. nicht abziehbare Lebenshaltungskosten. Aufwendungen für die Fortbildung von im Betrieb mitarbeitenden Kindern (z. B. für den Besuch einer Meisterfachschule) sind Betriebsausgaben, wenn die hierzu getroffenen Vereinbarungen klar und eindeutig sind und nach Inhalt und Durchführung dem zwischen Fremden Üblichen entsprechen, insbesondere auch Bindungsfristen und Rückzahlungsklauseln enthalten (> BFH vom 14. 12. 1990 – BStBl 1991 II S. 305). Dagegen sind Aufwendungen für den Meisterlehrgang eines nicht im Betrieb mitarbeitenden Kindes nicht allein deshalb Betriebsausgaben, weil sie eine spätere Unternehmensnachfolge vorbereiten sollen (> BFH vom 29. 10. 1997 – BStBl 1998 II S. 149).

Aushilfstätigkeiten von Kindern

Bei Verträgen über Aushilfstätigkeiten von Kindern ist der > Fremdvergleich im Einzelfall vorzunehmen (> BFH vom 9. 12. 1993 – BStBl 1994 II S. 298).

Darlehensverhältnisse zwischen Angehörigen

- > BMF vom 1. 12. 1992 (BStBl I S. 729) und vom 25. 5. 1993 (BStBl I S. 410).

...

- *Schenkungsbegründetes Darlehen* – Geht dem Darlehen eines minderjährigen Kindes an einen Elternteil eine Schenkung des anderen Elternteils voraus, und liegt diesen Rechtsgeschäften ein Gesamtplan der Eltern zur Schaffung von steuerlich abziehbaren Aufwendungen zugrunde (= sachliche Abhängigkeit), so kann hierin auch bei zeitlicher Unabhängigkeit zwischen Schenkung und Darlehen ein Mißbrauch von Gestaltungsmöglichkeiten des Rechts (§ 42 AO) liegen (> BFH vom 26. 3. 1996 – BStBl II S. 443).

...

Fremdvergleich

- Angehörigen steht es frei, ihre Rechtsverhältnisse untereinander so zu gestalten, daß sie steuerlich möglichst günstig sind. Die steuerrechtliche Anerkennung des Vereinbarten setzt voraus, daß die Verträge zivilrechtlich wirksam zustande gekommen sind, inhaltlich dem zwischen Fremden Üblichen entsprechen und so auch durchgeführt werden. Maßgebend für die Beurteilung ist die Gesamtheit der objektiven Gegebenheiten. Dabei kann einzelnen dieser Beweisanzeichen je nach Lage des Falles im Rahmen der Gesamtbetrachtung eine unterschiedliche Bedeutung zukommen. Dementsprechend schließt nicht jede Abweichung vom Üblichen notwendigerweise die steuerrechtliche Anerkennung des Vertragsverhältnisses aus. An den Nachweis, daß es sich um ein ernsthaftes Vertragsverhältnis handelt, sind um so strengere Anfor-

derungen zu stellen, je mehr die Umstände auf eine private Veranlassung des Rechtsverhältnisses hindeuten (> BFH vom 28. 1. 1997 – BStBl II S. 655).
...

Gelegentliche Hilfeleistung
Arbeitsverträge über gelegentliche Hilfeleistungen durch Angehörige sind steuerrechtlich nicht anzuerkennen, weil sie zwischen fremden Personen nicht vereinbart worden wären (> BFH vom 9. 12. 1993 – BStBl 1994 II S. 298).

Gesellschaftsverträge zwischen Angehörigen
> R 138a
> Umdeutung

Gewinnanteile aus geschenkter typisch stiller Beteiligung sind keine Betriebsausgaben, wenn eine Verlustbeteiligung ausgeschlossen ist (> BFH vom 21. 10. 1992 – BStBl 1993 II S. 289).
...

Mehrere Verträge
Bei der Prüfung, ob die Leistungsbeziehungen zwischen nahen Angehörigen dem > Fremdvergleich standhalten, sind mehrere zeitlich und sachlich zusammenhängende Verträge nicht isoliert, sondern in ihrer Gesamtheit zu würdigen (> BFH vom 13. 12. 1995 – BStBl 1996 II S. 180).
...

Minderjährige Kinder
– **Ergänzungspfleger** – Bei Verträgen zwischen Eltern und minderjährigen Kindern, die nicht Arbeitsverträge sind (> R 19 Abs. 3), ist ein Ergänzungspfleger zu bestellen, damit die Vereinbarungen bürgerlich-rechtlich wirksam zustande kommen und so eine klare Trennung bei der Verwaltung des Kindesvermögens und des elterlichen Vermögens gewährleistet ist (> BFH vom 23. 4. 1992 – BStBl II S. 1024 und BMF vom 24. 7. 1998 – BStBl I S. 914, Tz. 4).
...

Nichteheliche Lebensgemeinschaften
Die für die steuerrechtliche Beurteilung von Verträgen zwischen Ehegatten geltenden Grundsätze können nicht auf Verträge zwischen Partner einer nichtehelichen Lebensgemeinschaft übertragen werden (> BFH vom 14. 4. 1988 – BStBl II S. 670).
...

Rechtsfolgen bei fehlender Anerkennung
– Ist ein **Arbeitsverhältnis** steuerrechtlich nicht anzuerkennen, so sind Lohnzahlungen einschließlich einbehaltener und abgeführter Lohn- und Kirchensteuerbeträge, für den mitarbeitenden Ehegatten einbehaltene und abgeführte Sozialversicherungsbeiträge (Arbeitgeber- und Arbeitnehmeranteil) und vermögenswirksame Leistungen, die der Arbeitgeber-Ehegatte nach dem Vermögensbildungsgesetz erbringt, nicht als Betriebsausgaben abziehbar (> BFH vom 8. 2. 1983 – BStBl II S. 496 und vom 10. 4. 1990 – BStBl II S. 741).
– Zinsen aus einem ertragsteuerlich nicht anzuerkennenden Darlehen unter nahen Angehörigen sind keine Betriebsausgaben; beim Empfänger sind sie keine Einkünfte aus Kapitalvermögen (> BFH vom 2. 8. 1994 – BStBl 1995 II S. 264).

Scheidungsklausel
Erwirbt ein Ehegatte (A) mit vom anderen Ehegatten (B) geschenkten Mitteln ein Grundstück, welches für betriebliche Zwecke an B vermietet wird, begründet weder die Schenkung der Mittel,

die Vereinbarung zwischen den Ehegatten für den Fall der Beendigung des Güterstandes auf andere Weise als den Tod, das erworbene Grundstück auf den anderen Ehegatten zu übertragen (sog. Scheidungsklausel), noch die B eingeräumte Möglichkeit zu seinen Gunsten oder zugunsten eines Dritten eine Auflassungsvormerkung in das Grundbuch eintragen zu lassen, wirtschaftliches Eigentum des B (> BFH vom 4. 2. 1998 – BStBl II S. 542).

Schenkung
– > Arbeitsverhältnisse zwischen Ehegatten; – Der steuerrechtlichen Anerkennung eines Arbeitsverhältnisses steht nicht entgegen; = Schenkung
– > Darlehensverhältnisse zwischen Angehörigen; – Schenkungsbegründetes Darlehen

Sicherung des Darlehensanspruchs
– Bei einem Darlehen einer Personengesellschaft an ihren Gesellschafter kann nicht ein künftiger Gewinnanteil des Gesellschafters als Sicherheit angesehen werden. Unüblich ist auch die Unverzinslichkeit eines Darlehens (> BFH vom 9. 5. 1996 – BStBl II S. 642).
– Die fehlende verkehrsübliche Sicherung des Darlehensanspruchs wird bei langfristigen Darlehen zwischen nahen Angehörigen als Indiz für die außerbetriebliche Veranlassung des Darlehens gewertet, wobei als langfristig jedenfalls Darlehen mit einer Laufzeit von mehr als vier Jahren angesehen werden (> BFH vom 9. 5. 1996 – BStBl II S. 642). Eine langfristige Darlehensvereinbarung zwischen Eltern und Kindern kann trotz teilweise fehlender Sicherheiten steuerrechtlich anerkannt werden, wenn die Kinder bei Darlehensabschluß bereits volljährig sind, nicht mehr im Haushalt der Eltern leben und wirtschaftlich von den Eltern unabhängig sind (> BFH vom 18. 12. 1990 – BStBl 1991 II S. 911).

...

Umdeutung
Die steuerliche Beurteilung muß von dem ausgehen, was die Steuerpflichtigen rechtsgültig vereinbart haben, und zwar auch dann, wenn die Vereinbarung aus privater Veranlassung von dem abweicht, was unter fremden Dritten üblich ist. Haben die Beteiligten einen Gesellschaftsvertrag über eine Unterbeteiligung abgeschlossen und kann der Gesellschaftsvertrag wegen der nicht fremdüblichen Ausgestaltung zu Lasten der Unterbeteiligung steuerlich nicht anerkannt werden, kann an die Stelle des wirksam abgeschlossenen Gesellschaftsvertrags für die steuerliche Beurteilung **nicht** ein tatsächlich **nicht** existenter Vertrag über ein partiarisches Darlehen gesetzt werden (> BFH vom 6. 7. 1995 – BStBl 1996 II S. 269).

...

Wohnungsüberlassung an geschiedenen oder dauernd getrennt lebenden Ehegatten
> H 162a (Vermietung an Unterhaltsberechtigte)

EStR   R 20. Abziehbare Steuern

Zeitliche Erfassung
(1) Abziehbare Steuern (z. B. Kraftfahrzeugsteuer für Betriebsfahrzeuge), die für einen Zeitraum erhoben werden, der vom Wirtschaftsjahr abweicht, dürfen nur so weit den Gewinn eines Wirtschaftsjahres mindern, wie der Erhebungszeitraum in das Wirtschaftsjahr fällt (> zeitliche Erfassung der Gewerbesteuer).

Gewerbesteuer
(2) [1]Bei der Gewerbesteuer sind nicht nur die rückständigen Vorauszahlungen als Schuld in der Schlußbilanz zu berücksichtigen, sondern es ist entsprechend den Grundsätzen ordnungsmäßiger

Zu § 4 EStG Einkommensteuer

Buchführung auch für eine sich ergebende Abschlußzahlung eine Rückstellung in die Schlußbilanz einzustellen. ²Zur Errechnung der Rückstellung kann die Gewerbesteuer mit schätzungsweise fünf Sechsteln des Betrags der Gewerbesteuer angesetzt werden, der sich ohne Berücksichtigung der Gewerbesteuer als Betriebsausgabe ergeben würde. ³Diese Grundsätze gelten entsprechend für die Behandlung etwaiger Erstattungsansprüche an Gewerbesteuer.

▶ **Hinweise EStH H 20.**

Änderung von bestandskräftigen Veranlagungen

Mehrbeträge an abziehbaren Steuern, die sich durch eine Betriebsprüfung ergeben haben, sind für sich allein keine neuen Tatsachen im Sinne des § 173 Abs. 1 Nr. 2 AO, die eine Änderung der bestandskräftigen Veranlagungen der Jahre rechtfertigen würden, zu denen die > Mehrsteuern wirtschaftlich gehören (> BFH vom 10. 8. 1961 – BStBl III S. 534).

Gewerbesteuerrückstellung

Vermindert sich der Gewinn eines Wirtschaftsjahrs, weil das Betriebsvermögen der Schlußbilanz des Vorjahres heraufgesetzt und deshalb die Gewerbesteuerrückstellung erhöht worden ist, so ist eine zunächst zutreffend gebildete Gewerbesteuerrückstellung des Wirtschaftsjahrs entsprechend herabzusetzen (> BFH vom 10. 12. 1970 – BStBl 1971 II S. 199).

...

Rückstellung für künftige Steuernachforderungen

Die Behauptung des Steuerpflichtigen, daß erfahrungsgemäß bei einer Betriebsprüfung mit Steuernachforderungen zu rechnen ist, rechtfertigt nicht die Bildung einer Rückstellung (> BFH vom 13. 1. 1966 – BStBl III S. 189).

...

EStR R 21. Geschenke, Bewirtung, andere die Lebensführung berührende Betriebsausgaben

Allgemeines

(1) ¹Durch § 4 Abs. 5 Satz 1 Nr. 1 bis 7 in Verbindung mit Abs. 7 EStG wird der Abzug von betrieblich veranlaßten Aufwendungen, die die Lebensführung des Steuerpflichtigen oder anderer Personen berühren, eingeschränkt. ²Vor Anwendung dieser Vorschriften ist stets zu prüfen, ob die als Betriebsausgaben geltend gemachten Aufwendungen z. B. für Repräsentation, Bewirtung und Unterhaltung von Geschäftsfreunden, Reisen, Kraftfahrzeughaltung bereits zu den nicht abziehbaren Kosten der Lebensführung im Sinne des § 12 Nr. 1 EStG gehören (> Abgrenzung der Betriebsausgaben von den Lebenshaltungskosten). ³Die nach § 4 Abs. 5 und 7 EStG nicht abziehbaren Betriebsausgaben sind keine Entnahmen im Sinne des § 4 Abs. 1 Satz 2 EStG.

▶ **Hinweise EStH H 21 (1).**

Abgrenzung der Betriebsausgaben von den Lebenshaltungskosten

> R 117 ff.

...

Geschenke

(2) ¹Nach § 4 Abs. 5 Satz 1 Nr. 1 EStG dürfen Aufwendungen für betrieblich veranlaßte Geschenke (> Geschenk) an natürliche Personen, die nicht Arbeitnehmer des Steuerpflichtigen sind, oder an juristische Personen grundsätzlich nicht abgezogen werden. ²Personen, die zu dem Steuerpflichtigen auf Grund eines Werkvertrags oder eines Handelsvertretervertrags in ständiger Geschäftsbeziehung stehen, sind den Arbeitnehmern des Steuerpflichtigen **nicht** gleichgestellt. ³Entstehen die Aufwendungen für ein Geschenk in einem anderen Wirtschaftsjahr als dem, in dem der Gegenstand geschenkt wird, und haben sich die Aufwendungen in dem Wirtschaftsjahr, in dem sie gemacht wurden, gewinnmindernd ausgewirkt, so ist, wenn ein Abzug nach § 4 Abs. 5 Satz 1 Nr. 1 EStG ausgeschlossen ist, im Wirtschaftsjahr der Schenkung eine entsprechende Gewinnerhöhung vorzunehmen. ⁴Das Abzugsverbot greift nicht, wenn die zugewendeten Wirtschaftsgüter beim Empfänger ausschließlich betrieblich genutzt werden können.

(3) ¹Zu den Anschaffungs- oder Herstellungskosten eines Geschenks zählen auch die Kosten einer Kennzeichnung des Geschenks als Werbeträger sowie die Umsatzsteuer (> § 9b EStG), wenn der Abzug als > Vorsteuer ohne Berücksichtigung des § 15 Abs. 1a Nr. 1 UStG ausgeschlossen ist; Verpackungs- und Versandkosten gehören nicht dazu. ²Übersteigen die Anschaffungs- oder Herstellungskosten eines Geschenks an einen Empfänger oder, wenn an einen Empfänger im Wirtschaftsjahr mehrere Geschenke gegeben werden, die Anschaffungs- oder Herstellungskosten aller Geschenke an diesen Empfänger den Betrag von 75 DM, so entfällt der Abzug in vollem Umfang.

(4) ¹Ein > Geschenk setzt eine **unentgeltliche Zuwendung** an einen Dritten voraus. ²Die Unentgeltlichkeit ist nicht gegeben, wenn die Zuwendung als Entgelt für eine bestimmte Gegenleistung des Empfängers anzusehen ist. ³Sie wird jedoch nicht schon dadurch ausgeschlossen, daß mit der Zuwendung der Zweck verfolgt wird, Geschäftsbeziehungen zu sichern oder zu verbessern oder für ein Erzeugnis zu werben. ⁴Ein Geschenk im Sinne des § 4 Abs. 5 Satz 1 Nr. 1 EStG ist danach regelmäßig anzunehmen, wenn ein Steuerpflichtiger einem Geschäftsfreund oder dessen Beauftragten ohne rechtliche Verpflichtung und ohne zeitlichen oder sonstigen unmittelbaren Zusammenhang mit einer Leistung des Empfängers eine Bar- oder Sachzuwendung gibt. ⁵Keine Geschenke sind beispielsweise

1. Kränze und Blumen bei Beerdigungen,
2. Spargeschenkgutscheine der Kreditinstitute und darauf beruhende Gutschriften auf dem Sparkonto anläßlich der Eröffnung des Sparkontos oder weitere Einzahlungen,
3. Preise anläßlich eines Preisausschreibens oder einer Auslobung.

⁶Zu den Geschenken im Sinne des § 4 Abs. 5 Satz 1 Nr. 1 EStG rechnen ebenfalls nicht die Bewirtung, die damit verbundene Unterhaltung und die Beherbergung von Personen aus geschäftlichem Anlaß; > Absätze 5 ff.

> **Hinweise** EStH H 21 (2–4).

...

Geschenk

Ob eine Vermögenszuwendung unentgeltlich als Geschenk oder entgeltlich gemacht wird, entscheidet nach bürgerlichem Recht die hierüber zwischen den Beteiligten getroffene Vereinbarung. Ein Geschenk liegt nur vor, wenn beide Seiten über die Unentgeltlichkeit einig sind. Daher liegt schon dann kein Geschenk vor, wenn eine Seite von der Entgeltlichkeit der Zuwendung ausgeht (> BFH vom 23. 6. 1993 – BStBl II S. 806).

...

Zugaben
Zugaben im Sinne der ZugabeVO, die im geschäftlichen Verkehr neben einer Ware oder Leistung gewährt werden, sind keine Geschenke (> BMF vom 8. 5. 1995).

Bewirtung und Bewirtungsaufwendungen

(5) [1]Eine > **Bewirtung** im Sinne des § 4 Abs. 5 Satz 1 Nr. 2 EStG liegt vor, wenn Personen beköstigt werden. [2]Dies ist stets dann der Fall, wenn die Darreichung von Speisen und/oder Getränken eindeutig im Vordergrund steht. [3]**Bewirtungsaufwendungen** sind Aufwendungen für den Verzehr von Speisen, Getränken und sonstigen Genußmitteln. [4]Dazu können auch Aufwendungen gehören, die zwangsläufig im Zusammenhang mit der Bewirtung anfallen, wenn sie im Rahmen des insgesamt geforderten Preises von untergeordneter Bedeutung sind, wie z. B. Trinkgelder und Garderobengebühren. [5]Die Beurteilung der Art der Aufwendungen richtet sich grundsätzlich nach der Hauptleistung. [6]Werden dem bewirtenden Steuerpflichtigen die Bewirtungsaufwendungen im Rahmen eines Entgelts ersetzt (z. B. bei einer Seminargebühr oder einem Beförderungsentgelt), unterliegen diese Aufwendungen nicht der in § 4 Abs. 5 Satz 1 Nr. 2 EStG festgelegten Kürzung. [7]Dies gilt nur, wenn die Bewirtung in den Leistungsaustausch einbezogen ist. [8]Die nach § 15 Abs. 1a Nr. 1 UStG nichtabziehbare Vorsteuer unterliegt dem Abzugsverbot des § 12 Nr. 3 EStG.

[9]Keine Bewirtung liegt vor bei

1. Gewährung von Aufmerksamkeiten in geringem Umfang (wie Kaffee, Tee, Gebäck) z. B. anläßlich betrieblicher Besprechungen, wenn es sich hierbei um eine übliche Geste der Höflichkeit handelt; die Höhe der Aufwendungen ist dabei nicht ausschlaggebend.
2. Produkt-/Warenverkostungen z. B. im Herstellungsbetrieb, beim Kunden, beim (Zwischen-)Händler, bei Messeveranstaltungen; hier besteht ein unmittelbarer Zusammenhang mit dem Verkauf der Produkte oder Waren. Voraussetzung für den unbeschränkten Abzug ist, daß nur das zu veräußernde Produkt und ggf. Aufmerksamkeiten (z. B. Brot anläßlich einer Weinprobe) gereicht werden. [2]Diese Aufwendungen können als Werbeaufwand unbeschränkt als Betriebsausgaben abgezogen werden. [3]Entsprechendes gilt, wenn ein Dritter mit der Durchführung der Produkt-/Warenverkostung beauftragt war.

[10]Solche Aufwendungen können unbegrenzt als Betriebsausgaben abgezogen werden.

Betrieblicher und geschäftlicher Anlaß

(6) [1]Betrieblich veranlaßte Aufwendungen für die Bewirtung von Personen können geschäftlich oder nicht geschäftlich (> Absatz 7) bedingt sein. [2]Ein geschäftlicher Anlaß besteht insbesondere bei der Bewirtung von Personen, zu denen schon Geschäftsbeziehungen bestehen oder zu denen sie angebahnt werden sollen. [3]Auch die Bewirtung von Besuchern des Betriebs z. B. im Rahmen der Öffentlichkeitsarbeit ist geschäftlich veranlaßt. [4]Bei geschäftlichem Anlaß sind die Bewirtungsaufwendungen nach § 4 Abs. 5 Satz 1 Nr. 2 Satz 1 EStG nicht zum Abzug zugelassen, soweit sie 80 v. H. der angemessenen und nachgewiesenen Aufwendungen übersteigen. [5]Hierbei sind zunächst folgende Kosten auszuscheiden:

1. Teile der Bewirtungskosten, die privat veranlaßt sind (> Aufteilung von Bewirtungsaufwendungen);
2. Teile der Bewirtungsaufwendungen, die nach allgemeiner Verkehrsauffassung als unangemessen anzusehen sind (> Angemessenheit);
3. Bewirtungsaufwendungen, deren Höhe und betriebliche Veranlassung nicht nachgewiesen sind (> Abs. 8);
4. Bewirtungsaufwendungen, die wegen Verletzung der besonderen Aufzeichnungspflichten nicht abgezogen werden können (> § 4 Abs. 7 EStG, R 22);

5. Aufwendungen, die nach ihrer Art keine Bewirtungsaufwendungen sind (z. B. Kosten für eine Musikkapelle anläßlich einer Informations- oder Werbeveranstaltung und andere Nebenkosten), es sei denn, sie sind von untergeordneter Bedeutung (z. B. Trinkgelder – > Absatz 5); solche Aufwendungen sind in vollem Umfang abziehbar, wenn die übrigen Voraussetzungen vorliegen.

[6]Von den verbleibenden Aufwendungen dürfen nur 80 v. H. den Gewinn mindern. [7]Die Abzugsbegrenzung gilt bei der Bewirtung von Personen aus geschäftlichem Anlaß auch für den Teil der Aufwendungen, der auf den an der Bewirtung teilnehmenden Steuerpflichtigen oder dessen Arbeitnehmer entfällt. [8]Aufwendungen für die Bewirtung von Personen aus geschäftlichem Anlaß **in der Wohnung des Steuerpflichtigen** gehören regelmäßig nicht zu den Betriebsausgaben, sondern zu den Kosten der Lebensführung (§ 12 Nr. 1 EStG). [9]Bei Bewirtungen in einer betriebseigenen Kantine wird aus Vereinfachungsgründen zugelassen, daß die Aufwendungen nur aus den Sachkosten der verabreichten Speisen und Getränke sowie den Personalkosten ermittelt werden; es ist nicht zu beanstanden, wenn – im Wirtschaftsjahr einheitlich – je Bewirtung ein Betrag von 30 DM angesetzt wird, wenn dieser Ansatz nicht zu einer offenbar unzutreffenden Besteuerung führt. [10]Unter dem Begriff „betriebseigene Kantine" sind alle betriebsinternen Einrichtungen zu verstehen, die es den Arbeitnehmern des Unternehmens ermöglichen, Speisen und Getränke einzunehmen, und die für fremde Dritte nicht ohne weiteres zugänglich sind. [11]Auf die Bezeichnung der Einrichtung kommt es nicht an; zu Kantinen können deshalb auch Einrichtungen gehören, die im Betrieb als „Casino" oder „Restaurant" bezeichnet werden.

(7) [1]Nicht geschäftlich, sondern allgemein betrieblich veranlaßt ist ausschließlich die Bewirtung von Arbeitnehmern des bewirtenden Unternehmens. [2]Geschäftlich veranlaßt ist danach die Bewirtung von Arbeitnehmern von gesellschaftsrechtlich verbundenen Unternehmen (z. B. Mutter- oder Tochterunternehmen) und mit ihnen vergleichbaren Personen. [3]Nur in dem Maße, wie die Aufwendungen auf die nicht geschäftlich veranlaßte Bewirtung von Arbeitnehmern des bewirtenden Unternehmens entfallen, können sie unbegrenzt abgezogen werden. [4]Bei Betriebsfesten ist die Bewirtung von Angehörigen oder von Personen, die zu ihrer Gestaltung beitragen, unschädlich.

Nachweis

(8) [1]Der Nachweis der Höhe und der betrieblichen Veranlassung der Aufwendungen durch schriftliche Angaben zu Ort, Tag, Teilnehmer und Anlaß der Bewirtung sowie Höhe der Aufwendungen ist gesetzliches Tatbestandsmerkmal für den Abzug der Bewirtungsaufwendungen als Betriebsausgaben. [2]Bei Bewirtung in einer Gaststätte genügen neben der beizufügenden Rechnung Angaben zu dem Anlaß und den Teilnehmern der Bewirtung; auch hierbei handelt es sich um ein gesetzliches Tatbestandsmerkmal für den Abzug der Bewirtungsaufwendungen als Betriebsausgaben. [3]Aus der Rechnung müssen sich Name und Anschrift der Gaststätte sowie der Tag der Bewirtung ergeben. [4]Die Rechnung muß auch den Namen des bewirtenden Steuerpflichtigen enthalten; dies gilt nicht, wenn der Gesamtbetrag der Rechnung 200 DM nicht übersteigt. [5]Die schriftlichen Angaben können auf der Rechnung oder getrennt gemacht werden. [6]Erfolgen die Angaben getrennt von der Rechnung, müssen das Schriftstück über die Angaben und die Rechnung grundsätzlich zusammengefügt werden. [7]Ausnahmsweise genügt es, den Zusammenhang dadurch darzustellen, daß auf der Rechnung und dem Schriftstück über die Angaben Gegenseitigkeitshinweise angebracht werden, so daß Rechnung und Schriftstück jederzeit zusammengefügt werden können. [8]Die Rechnung muß den Anforderungen des § 14 UStG genügen und maschinell erstellt und registriert sein. [9]Die in Anspruch genommenen Leistungen sind nach Art, Umfang, Entgelt und Tag der Bewirtung in der Rechnung gesondert zu bezeichnen; die für den Vorsteuerabzug ausreichende Angabe „Speisen und Getränke" und die Angabe der für die Bewirtung in Rechnung gestellten Gesamtsumme sind für den Betriebsausgabenabzug nicht ausreichend.

Zu § 4 EStG   **Einkommensteuer**

(9) ¹Zur Bezeichnung der Teilnehmer der Bewirtung ist grundsätzlich die Angabe ihres Namens erforderlich. ²Auf die Angabe der Namen kann jedoch verzichtet werden, wenn ihre Feststellung dem Steuerpflichtigen nicht zugemutet werden kann. ³Das ist z. B. bei Bewirtungen anläßlich von Betriebsbesichtigungen durch eine größere Personenzahl und bei vergleichbaren Anlässen der Fall. ⁴In diesen Fällen sind die Zahl der Teilnehmer der Bewirtung sowie eine die Personengruppe kennzeichnende Sammelbezeichnung anzugeben. ⁵Die Angaben über den Anlaß der Bewirtung müssen den Zusammenhang mit einem geschäftlichen Vorgang oder einer Geschäftsbeziehung erkennen lassen.

> **Hinweise   EStH   H 21 (5–9).**

Angemessenheit

Die Angemessenheit ist vor allem nach den jeweiligen Branchenverhältnissen zu beurteilen (> BFH vom 14. 4. 1988 – BStBl II S. 771); > Abs. 12, > H 21 (12).

Anlaß der Bewirtung

Angaben wie „Arbeitsgespräch", „Infogespräch" oder „Hintergrundgespräch" als Anlaß der Bewirtung sind nicht ausreichend (> BFH vom 15. 1. 1998 – BStBl II S. 263).

Aufteilung von Bewirtungsaufwendungen in einen betrieblichen und einen privaten Teil > BFH vom 14. 4. 1988 (BStBl II S. 771).

Bewirtung im Sinne des § 4 Abs. 5 Satz 1 Nr. 2 EStG liegt nur vor, wenn die Darreichung von Speisen und/oder Getränken eindeutig im Vordergrund steht (> BFH vom 16. 2. 1990 – BStBl II S. 575). Nicht Bewirtungsaufwendungen sind daher Aufwendungen für die Darbietung anderer Leistungen (wie insbesondere Varieté, Striptease und ähnliches), wenn der insgesamt geforderte Preis in einem offensichtlichen Mißverhältnis zum Wert der verzehrten Speisen und/oder Getränke steht (> BFH vom 16. 2. 1990 – BStBl II S. 575); solche Aufwendungen sind insgesamt nach § 4 Abs. 5 Satz 1 Nr. 7 EStG zu beurteilen (> Absatz 12) und ggf. aufzuteilen. Die nach Aufteilung auf eine Bewirtung entfallenden Aufwendungen unterliegen sodann der Abzugsbegrenzung des § 4 Abs. 5 Satz 1 Nr. 2 EStG.

Bewirtung mehrerer Personen

Werden mehrere Personen bewirtet, so müssen grundsätzlich die Namen aller Teilnehmer der Bewirtung, ggf. auch des Steuerpflichtigen und seiner Arbeitnehmer angegeben werden (> BFH vom 25. 2. 1988 – BStBl II S. 581).

Bewirtung von Personen aus geschäftlichem Anlaß

– Keine Betriebseinnahme > R 18 Abs. 3

– Steuerliche Anerkennung der Aufwendungen als Betriebsausgaben nach R 21 Abs. 6 > BMF vom 21. 11. 1994 (BStBl I S. 855).

. . .

Nachholung von Angaben

Die zum Nachweis von Bewirtungsaufwendungen erforderlichen schriftlichen Angaben müssen zeitnah gemacht werden (> BFH vom 25. 3. 1988 – BStBl II S. 655). Die Namensangabe darf vom Rechnungsaussteller auf der Rechnung oder durch eine sie ergänzende Urkunde nachgeholt werden (> BFH vom 27. 6. 1990 – BStBl II S. 903 und vom 2. 10. 1990 – BStBl 1991 II S. 174).

Name des bewirtenden Steuerpflichtigen

Angabe ist Voraussetzung für den Nachweis der betrieblichen Veranlassung (> BFH vom 13. 7. 1994 – BStBl II S. 894).

Unterschrift

Das zum Nachweis der betrieblichen Veranlassung der Bewirtung vom Steuerpflichtigen erstellte Schriftstück ist von diesem zu unterschreiben (> BFH vom 15. 1. 1998 – BStBl II S. 263).

Unvollständige Angaben

Sind die Angaben lückenhaft, so können die Aufwendungen auch dann nicht abgezogen werden, wenn der Steuerpflichtige ihre Höhe und betriebliche Veranlassung in anderer Weise nachweist oder glaubhaft macht (> BFH vom 30. 1. 1986 – BStBl II S. 488).

Gästehäuser

(10) ¹Nach § 4 Abs. 5 Satz 1 Nr. 3 EStG können Aufwendungen für Einrichtungen, die der Bewirtung oder Beherbergung von Geschäftsfreunden dienen (Gästehäuser) und sich außerhalb des Orts des Betriebs des Steuerpflichtigen befinden, nicht abgezogen werden. ²Dagegen können Aufwendungen für Gästehäuser am Ort des Betriebs oder für die Unterbringung von Geschäftsfreunden in fremden Beherbergungsbetrieben, soweit sie ihrer Höhe nach angemessen sind (> Absatz 12), als Betriebsausgaben berücksichtigt werden. ³Als „Betrieb" gelten in diesem Sinne auch Zweigniederlassungen und Betriebsstätten mit einer gewissen Selbständigkeit, die üblicherweise von Geschäftsfreunden besucht werden.

(11) ¹Zu den nicht abziehbaren Aufwendungen für Gästehäuser im Sinne des § 4 Abs. 5 Satz 1 Nr. 3 EStG gehören sämtliche mit dem Gästehaus im Zusammenhang stehenden Ausgaben einschließlich der Absetzung für Abnutzung. ²Wird die Beherbergung und Bewirtung von Geschäftsfreunden in einem Gästehaus außerhalb des Orts des Betriebs gegen Entgelt vorgenommen, und erfordert das Gästehaus einen ständigen Zuschuß, so ist dieser Zuschuß nach § 4 Abs. 5 Satz 1 Nr. 3 EStG nicht abziehbar.

> **Hinweise** **EStH** **H 21 (10–11).**

...

Angemessenheit von Aufwendungen

(12) Als die Lebensführung berührende Aufwendungen, die auf ihre > Angemessenheit zu prüfen sind, kommen insbesondere in Betracht

1. die Kosten der Übernachtung anläßlich einer Geschäftsreise,
2. die Aufwendungen für die Unterhaltung und Beherbergung von Geschäftsfreunden, soweit der Abzug dieser Aufwendungen nicht schon nach den Absätzen 1, 10 und 11 ausgeschlossen ist,
3. die Aufwendungen für die Unterhaltung von Personenkraftwagen (> Kraftfahrzeug) und für die Nutzung eines Flugzeugs,
4. die Aufwendungen für die Ausstattung der Geschäftsräume, z. B. der Chefzimmer und Sitzungsräume.

Hinweise   EStH   H 21 (12).

Angemessenheit

Bei der Prüfung der Angemessenheit von Aufwendungen nach § 4 Abs. 5 Satz 1 Nr. 7 EStG ist darauf abzustellen, ob ein ordentlicher und gewissenhafter Unternehmer angesichts der erwarteten Vorteile die Aufwendungen ebenfalls auf sich genommen hätte. Neben der Größe des Unternehmens, der Höhe des längerfristigen Umsatzes und des Gewinns sind vor allem die Bedeutung des Repräsentationsaufwands für den Geschäftserfolg und seine Üblichkeit in vergleichbaren Betrieben als Beurteilungskriterien heranzuziehen (> BFH vom 20. 8. 1986 – BStBl II S. 904, vom 26. 1. 1988 – BStBl II S. 629 und vom 14. 4. 1988 – BStBl II S. 771).

...

Kraftfahrzeug

Die Anschaffungskosten eines als „unangemessen" anzusehenden Kraftfahrzeugs fallen als solche nicht unmittelbar unter das Abzugsverbot. Bei Zugehörigkeit des Fahrzeugs zum Betriebsvermögen sind sie vielmehr in vollem Umfang zu aktivieren. Zu den unter das Abzugsverbot des § 4 Abs. 5 Satz 1 Nr. 7 EStG fallenden Kraftfahrzeugaufwendungen gehört jedoch vor allem die AfA nach § 7 Abs. 1 EStG. Diese kann nur insoweit als Betriebsausgabe abgezogen werden, als sie auf den als „angemessen" anzusehenden Teil der Anschaffungskosten entfällt. Die übrigen Betriebskosten (Kfz-Steuer und Versicherung, Kraftstoff, Instandsetzungs-, Wartungs- und Pflegekosten, Garagenmiete usw.) werden in der Regel nicht als „unangemessen" i. S. des § 4 Abs. 5 Satz 1 Nr. 7 EStG anzusehen sein, da diese Aufwendungen auch für ein „angemessenes" Fahrzeug angefallen wären (> BFH vom 8. 10. 1987 – BStBl II S. 853).

EStR   R 22. Besondere Aufzeichnung

(1) ¹Das Erfordernis der besonderen Aufzeichnung ist erfüllt, wenn für jede der in § 4 Abs. 7 EStG bezeichneten Gruppen von Aufwendungen ein besonderes Konto oder eine besondere Spalte geführt wird. ²Es ist aber auch ausreichend, wenn für diese Aufwendungen zusammengenommen **ein** Konto oder **eine** Spalte geführt wird. ³In diesem Fall muß sich aus jeder Buchung oder Aufzeichnung die Art der Aufwendung ergeben. ⁴Das gilt auch dann, wenn verschiedene Aufwendungen bei einem Anlaß zusammentreffen, z. B. wenn im Rahmen einer Bewirtung von Personen aus geschäftlichem Anlaß Geschenke gegeben werden. ⁵Werden getrennte Konten für Aufwendungen für die Bewirtung von Personen aus geschäftlichem Anlaß und für Aufwendungen für die Bewirtung von Personen aus sonstigem betrieblichem Anlaß geführt, und hat sich der Steuerpflichtige bei der rechtlichen Würdigung der Zuordnung der jeweiligen Aufwendungen geirrt und sie versehentlich auf dem falschen Bewirtungskosten-Konto gebucht, handelt es sich dabei nicht um einen Verstoß gegen die besondere Aufzeichnungspflicht nach § 4 Abs. 7 EStG.[1] ⁶In diesem Fall kann die Buchung berichtigt werden.

(2) ¹Bei den Aufwendungen für Geschenke muß der Name des Empfängers aus der Buchung oder dem Buchungsbeleg zu ersehen sein. ²Aufwendungen für Geschenke gleicher Art können in einer Buchung zusammengefaßt werden (Sammelbuchung), wenn

1. die Namen der Empfänger der Geschenke aus einem Buchungsbeleg ersichtlich sind oder
2. im Hinblick auf die Art des zugewendeten Gegenstandes, z. B. Taschenkalender, Kugelschreiber und dgl., und wegen des geringen Werts des einzelnen Geschenks die Vermutung besteht,

---

Amtl. Fn.:

[1] > aber H 22 (Besondere Aufzeichnungen).

daß die Freigrenze von 75 DM bei dem einzelnen Empfänger im Wirtschaftsjahr nicht überschritten wird; eine Angabe der Namen der Empfänger ist in diesem Fall nicht erforderlich.

▶ **Hinweise** **EStH** **H 22.**

...

Verstoß gegen die besondere Aufzeichnungspflicht

Ein Verstoß gegen die besondere Aufzeichnungspflicht nach § 4 Abs. 7 EStG hat zur Folge, daß die nicht besonders aufgezeichneten Aufwendungen nicht abgezogen werden können (> BFH vom 22. 1. 1988 – BStBl II S. 535). Dies gilt nicht für eine Fehlbuchung, die sich nach dem Rechtsgedanken des § 129 Satz 1 AO als offenbare Unrichtigkeit darstellt (> BFH vom 19. 8. 1999 – BStBl 2000 II S. 203).

EStR **R 23. Kilometer-Pauschbetrag, nicht abziehbare Fahrtkosten, Reisekosten und Aufwendungen für doppelte Haushaltsführung**[1]

Aufwendungen für Fahrten zwischen Wohnung und Betrieb

(1) ¹Fahrten zwischen Wohnung und Betrieb sind die Fahrten bei Beginn und nach Beendigung der betrieblichen oder beruflichen Tätigkeit. ²Hierzu gehören auch die Familienheimfahrten anläßlich betrieblich veranlaßter doppelter Haushaltsführung nach Ablauf der Zweijahresfrist im Sinne des § 4 Abs. 5 Satz 1 Nr. 6a EStG; der Ermittlung des positiven Unterschiedsbetrags nach § 4 Abs. 5 Satz 1 Nr. 6 EStG bei Benutzung eines Kraftfahrzeugs sind hierbei 0,002 v. H. des inländischen Listenpreises für jeden Entfernungskilometer zugrunde zu legen. ³Die Regelungen in LStR 42 sind entsprechend anzuwenden. ⁴Werden an einem Tag aus betrieblichen oder beruflichen Gründen mehrere Fahrten zwischen Wohnung und Betrieb durchgeführt, so dürfen die Aufwendungen für jede Fahrt, soweit es sich nicht um Fahrten eines Behinderten im Sinne des § 9 Abs. 2 EStG handelt, nur mit dem Kilometer-Pauschbetrag berücksichtigt werden. ⁵Etwaige Mehraufwendungen, die anläßlich einer Fahrt zwischen Wohnung und Betrieb durch die Erledigung privater Angelegenheiten entstehen, sind der privaten Nutzung zuzuordnen. ⁶Von den Fahrten zwischen Wohnung und Betrieb sind die Fahrten zwischen > Betriebsstätten zu unterscheiden. ⁷Unter > Betriebsstätte ist im Zusammenhang mit Geschäftsreisen (Abs. 2), anders als in § 12 AO, die (von der Wohnung getrennte) > Betriebsstätte zu verstehen. ⁸Das ist der Ort, an dem oder von dem aus die betrieblichen Leistungen erbracht werden. ⁹⁻¹⁰...

Reisekosten

(2) ¹LStR 37 bis 40a sind sinngemäß anzuwenden. ²Der Ansatz pauschaler Kilometersätze ist nur für private Beförderungsmittel zulässig.

Anm. d. Schriftl.:

[1] Ab 1. 4. 1999 entfällt der Vorsteuerabzug aus Reisekosten des Unternehmers und seiner Arbeitnehmer (§ 15 Abs. 1a Nr. 2 u. 3 UStG). Betroffen von dieser Einschränkung sind folgende Reisekosten: Verpflegungskosten, Übernachtungskosten, Fahrtkosten für Fahrzeuge des Personals und Umzugskosten für einen Wohnungswechsel.

Zu § 4 EStG   **Einkommensteuer**   172

Aufwendungen wegen doppelter Haushaltsführung
(3) ¹Gründet ein Steuerpflichtiger aus betrieblichen Gründen einen doppelten Haushalt, sind die notwendigen Mehraufwendungen, die aus Anlaß der doppelten Haushaltsführung entstehen, Betriebsausgaben im Sinne des § 4 Abs. 4 EStG. ²Dabei sind die Abzugsbeschränkungen des § 4 Abs. 5 Satz 1 Nr. 6 und 6a EStG in Verbindung mit § 9 Abs. 1 Satz 3 Nr. 5 EStG zu beachten. ³LStR 43 ist entsprechend anzuwenden.

▶ **Hinweise**   **EStH**   **H 23.**

Abzug von Aufwendungen für Fahrten zwischen Wohnung und Arbeitsstätte und von Mehraufwendungen wegen doppelter Haushaltsführung bei Arbeitnehmern als Werbungskosten > R 42 und 43 LStR 2000, H 42 und 43 LStH 2000.

Behinderte
– Auch bei Steuerpflichtigen, die zu dem in § 9 Abs. 2 EStG bezeichneten Personenkreis gehören (bestimmte Behinderte), kann grundsätzlich nur eine Hin- und Rückfahrt für jeden Arbeitstag berücksichtigt werden (> BFH vom 2. 4. 1976 – BStBl II S. 452).
– Nachweis der Behinderung > § 65 EStDV, H 194 (Allgemeines und Nachweis).
...

Fahrten zwischen Betriebsstätten
Die Aufwendungen für Fahrten zwischen > Betriebsstätten können in vollem Umfang als Betriebsausgaben abgezogen werden, und zwar regelmäßig auch dann, wenn sich eine der > Betriebsstätten am Hauptwohnsitz des Unternehmers befindet (> BFH vom 31. 5. 1978 – BStBl II S. 564, vom 29. 3. 1979 – BStBl II S. 700 und vom 13. 7. 1989 – BStBl 1990 II S. 23).

Fahrten zwischen Wohnung und Betriebsstätten
– Fahrten zwischen Wohnung und Betrieb liegen vor, wenn die auswärtige > Betriebsstätte als Mittelpunkt der beruflichen Tätigkeit täglich oder fast täglich angefahren wird und der Betriebsstätte am Hauptwohnsitz nur untergeordnete Bedeutung beizumessen ist, oder wenn sich zwar in der Wohnung eine weitere Betriebsstätte befindet, dieser Teil der Wohnung von der übrigen Wohnung aber baulich nicht getrennt ist und keine in sich geschlossene Einheit bildet (> BFH vom 15. 7. 1986 – BStBl II S. 744 und vom 6. 2. 1992 – BStBl II S. 528) oder wenn sich in der Wohnung nur ein häusliches Arbeitszimmer befindet (> BFH vom 7. 12. 1988 – BStBl 1989 II S. 421).
– > BMF vom 12. 5. 1997 (BStBl I S. 562) Rn. 12
...

Miterledigung betrieblicher Angelegenheiten
Werden anläßlich einer Fahrt zwischen Wohnung und Betrieb oder umgekehrt andere betriebliche oder berufliche Angelegenheiten miterledigt, so können die dadurch bedingten Mehraufwendungen in voller Höhe als Betriebsausgaben abgezogen werden (> BFH vom 17. 2. 1977 – BStBl II S. 543).

Nutzung betrieblicher Kraftfahrzeuge zu Fahrten zwischen Wohnung und Betriebsstätte oder zu Familienheimfahrten
> BMF vom 12. 5. 1997 (BStBl I S. 562)
...

Einfügung d. Schriftl.:

Ertragsteuerliche Erfassung der Nutzung eines betrieblichen Kraftfahrzeugs zu Privatfahrten, zu Fahrten zwischen Wohnung und Betriebsstätte sowie zu Familienheimfahrten nach § 4 Abs. 5 Satz 1 Nr. 6 und § 6 Abs. 1 Nr. 4 Sätze 2 und 3 EStG

(BMF-Schreiben vom 12. 5. 1997 – BStBl I S. 562)

Im Einvernehmen mit den obersten Finanzbehörden der Länder gilt für die ertragsteuerliche Erfassung der Nutzung eines betrieblichen Kraftfahrzeugs zu Privatfahrten, zu Fahrten zwischen Wohnung und Betriebsstätte sowie zu Familienheimfahrten nach § 4 Abs. 5 Satz 1 Nr. 6 und § 6 Abs. 1 Nr. 4 Sätze 2 und 3 EStG folgendes:

I. Anwendungsbereich des § 4 Abs. 5 Satz 1 Nr. 6 und des § 6 Abs. 1 Nr. 4 Sätze 2 und 3 EStG

1. Betriebsvermögen

Die Anwendung von § 4 Abs. 5 Satz 1 Nr. 6 und des § 6 Abs. 1 Nr. 4 Sätze 2 und 3 EStG setzt voraus, daß ein Kraftfahrzeug des Steuerpflichtigen zu seinem Betriebsvermögen gehört und auch für Privatfahrten, für Fahrten zwischen Wohnung und Betriebsstätte oder für Familienheimfahrten genutzt wird. Die Regelung gilt auch für gemietete oder geleaste Kraftfahrzeuge, die zu mehr als 50 % für betrieblich veranlaßte Fahrten genutzt werden. Ist im folgenden von Kraftfahrzeugen im Betriebsvermögen die Rede, sind deshalb auch gemietete oder geleaste Kraftfahrzeuge gemeint, die zu mehr als 50 % für betrieblich veranlaßte Fahrten genutzt werden. Die Regelung ist auf Kraftfahrzeuge, die kraftfahrzeugsteuerrechtlich Zugmaschinen oder Lastkraftwagen sind, nicht anzuwenden. **1**

Die bloße Behauptung, das Kraftfahrzeug werde nicht für Privatfahrten genutzt oder Privatfahrten würden ausschließlich mit anderen Fahrzeugen durchgeführt, reicht nicht aus, von der Anwendung der Regelung des § 6 Abs. 1 Nr. 4 Sätze 2 und 3 EStG abzusehen. Vielmehr trifft den Steuerpflichtigen die objektive Beweislast, wenn ein nach der Lebenserfahrung untypischer Sachverhalt, wie z. B. die ausschließlich betriebliche Nutzung des einzigen betrieblichen Kraftfahrzeugs eines Unternehmers, der Besteuerung zugrunde gelegt werden soll. **2**

2. Methodenwahl

Die Wahl zwischen der Besteuerung aufgrund der pauschalen Nutzungswerte oder der tatsächlich angefallenen Kosten nimmt der Steuerpflichtige durch Einreichen der Steuererklärung beim Finanzamt vor; die Methodenwahl muß für das Wirtschaftsjahr einheitlich getroffen werden. Im Falle des Fahrzeugwechsels (vgl. Rn. 4) ist auch während eines Wirtschaftsjahres der Übergang zu einer anderen Ermittlungsmethode zulässig. **3**

3. Fahrzeugwechsel

Wird das auch privat genutzte Kraftfahrzeug im laufenden Wirtschaftsjahr ausgewechselt, z. B. bei Veräußerung des bisher genutzten und Erwerb eines neuen Fahrzeugs, ist der Ermittlung der Nutzungswerte im Monat des Fahrzeugwechsels der inländische Listenpreis des Fahrzeugs zugrunde zu legen, das der Steuerpflichtige nach der Anzahl der Tage überwiegend genutzt hat. **4**

4. Vom Kalenderjahr abweichendes Wirtschaftsjahr

Nach § 52 Abs. 1 EStG i. d. F. des Jahressteuergesetzes 1996 sind § 6 Abs. 1 Nr. 4 Sätze 2 und 3 und § 4 Abs. 5 Satz 1 Nr. 6 EStG erstmals für den Veranlagungszeitraum 1996 anzuwenden. Wird der Gewinn nach einem vom Kalenderjahr abweichenden Wirtschaftsjahr ermittelt, sind die Vorschriften ebenfalls ab 1. Januar 1996 anzuwenden. Für den Teil des Wirtschaftsjahres, der vor dem 1. Januar 1996 liegt, ist R 118 EStR 1993 maßgebend. **5**

II. Pauschale Ermittlung des privaten Nutzungswerts

1. Listenpreis

Für den pauschalen Nutzungswert ist der inländische Listenpreis des Kraftfahrzeugs im Zeitpunkt seiner Erstzulassung zuzüglich der Kosten für Sonderausstattungen einschließlich der Umsatzsteuer maßgebend. Das gilt auch für reimportierte Fahrzeuge. Soweit das reimportierte Fahrzeug mit zusätzlichen Sonderausstattungen versehen ist, die sich im inländischen Listenpreis nicht niedergeschlagen haben, ist der Wert der Sonderausstattung zusätzlich zu berücksichtigen. Soweit das reimportierte Fahrzeug geringwertiger ausgestattet ist, ist der Wert der „Minderausstattung" anhand des inländischen Listenpreises eines vergleichbaren inländischen Fahrzeugs entsprechend zu berücksichtigen. Kosten für nur betrieblich nutzbare Sonderausstattungen, wie z. B. der zweite Pedalsatz eines Fahrschulfahrzeugs, sind nicht anzusetzen. Für Fahrzeuge, für die der inländische Listenpreis nicht ermittelt werden kann, ist dieser zu schätzen. **6**

Zeitpunkt der Erstzulassung ist der Tag, an dem das Fahrzeug das erste Mal zum Straßenverkehr zugelassen worden ist. Das gilt auch für gebraucht erworbene Kraftfahrzeuge. Zeitpunkt der Erstzulassung des Kraftfahr- **7** zeugs ist nicht der Zeitpunkt der Erstzulassung des Fahrzeugtyps, sondern des jeweiligen individuellen Fahrzeugs. Bei inländischen Fahrzeugen ergibt sich das Datum aus den Zulassungspapieren (Kfz-Schein). Macht der Steuerpflichtige geltend, daß für ein importiertes oder ein reimportiertes Fahrzeug ein anderes Datum maßgebend sei, trifft ihn die objektive Beweislast.

2. **Nutzung mehrerer Kraftfahrzeuge**

a) **Einzelunternehmen**

8   Gehören gleichzeitig mehrere Kraftfahrzeuge zum Betriebsvermögen, so ist der pauschale Nutzungswert grundsätzlich für jedes Fahrzeug anzusetzen, das vom Unternehmer oder von zu seiner Privatsphäre gehörenden Personen für Privatfahrten genutzt wird (vgl. Rn. 2). Kann der Steuerpflichtige glaubhaft machen, daß die betrieblichen Kraftfahrzeuge durch Personen, die zur Privatsphäre des Steuerpflichtigen gehören, nicht genutzt werden, ist der pauschalen Nutzungswertermittlung aus allen vom Steuerpflichtigen privat mitgenutzten Kraftfahrzeugen das Fahrzeug mit dem höchsten Listenpreis zugrunde zu legen.

Beispiel 1:
Zum Betriebsvermögen des alleinstehenden Unternehmers B gehören drei Limousinen, die von B auch zu Privatfahrten genutzt werden. B hat glaubhaft gemacht, daß keine der zu seiner Privatsphäre gehörenden Personen eines dieser Fahrzeuge nutzt. Die private Nutzungsentnahme ist monatlich mit 1 % des höchsten Listenpreises anzusetzen.

Beispiel 2:
Zum Betriebsvermögen des Unternehmers C gehören fünf Pkw, die von C, seiner Ehefrau und dem erwachsenen Sohn auch zu Privatfahrten genutzt werden. Es befindet sich kein weiteres Fahrzeug im Privatvermögen. Die private Nutzungsentnahme nach § 6 Abs. 1 Nr. 4 Satz 2 EStG ist für drei Kraftfahrzeuge anzusetzen, und zwar mit jeweils 1 % der drei höchsten Listenpreise.

Beispiel 3:
Zum Betriebsvermögen des Unternehmers D gehören fünf Pkw, die von D, seiner Lebensgefährtin und den beiden erwachsenen Söhnen auch zu Privatfahrten genutzt werden. Zusätzlich befindet sich ein Kraftfahrzeug im Privatvermögen, das hauptsächlich von einem der Söhne gefahren wird. In diesem Fall ist die private Nutzungsentnahme nach § 6 Abs. 1 Nr. 4 Satz 2 EStG grundsätzlich für vier Kraftfahrzeuge anzusetzen, und zwar mit jeweils 1 % der vier höchsten Listenpreise.

b) **Personengesellschaft**

9   Befinden sich Kraftfahrzeuge im Betriebsvermögen einer Personengesellschaft, die von Gesellschaftern auch zu Privatfahrten genutzt werden, ist ein pauschaler Nutzungswert für den Gesellschafter anzusetzen, dem die Nutzung des Kraftfahrzeugs zuzurechnen ist. Rn. 8 ist entsprechend anzuwenden.

Beispiel 4:
Der IJK-OHG gehören die Gesellschafter I, J und K an. Es befinden sich vier Pkw im Betriebsvermögen. Die Gesellschafter I und K sind alleinstehend. Niemand aus ihrer Privatsphäre nutzt die betrieblichen Pkw. Der Gesellschafter J ist verheiratet. Seine Ehefrau nutzt einen betrieblichen Pkw zu Privatfahrten. Die Listenpreise der Fahrzeuge betragen 80 000 DM, 65 000 DM, 50 000 DM und 40 000 DM. I nutzt das 80 000-DM-Kfz, J das 50 000-DM-Kfz, K das 65 000-DM-Kfz und Frau J das 40 000-DM-Kfz. Die private Nutzungsentnahme ist monatlich für den Gesellschafter I mit 1 % von 80 000 DM, für den Gesellschafter K mit 1 % von 65 000 DM und für den Gesellschafter J mit 1 % von 50 000 DM zuzüglich 1 % von 40 000 DM anzusetzen.

Beispiel 5:
Der XYZ-OHG gehören die Gesellschafter X, Y und Z an. Es befindet sich ein Pkw im Betriebsvermögen, den aufgrund einer vertraglichen Vereinbarung unter den Gesellschaftern nur der Gesellschafter Z nutzen darf. Die private Nutzungsentnahme ist nur für den Gesellschafter Z anzusetzen.

3. **Nur gelegentliche Nutzung des Kraftfahrzeugs**

10 Der pauschale Ansatz des Nutzungswerts und die pauschale Ermittlung der nicht abziehbaren Betriebsausgaben erfolgen mit den Monatswerten auch dann, wenn das Kraftfahrzeug nur gelegentlich zu Privatfahrten oder zu Fahrten zwischen Wohnung und Betriebsstätte genutzt wird.

11 Die Monatswerte sind nicht anzusetzen für volle Kalendermonate, in denen eine private Nutzung oder eine Nutzung zu Fahrten zwischen Wohnung und Betriebsstätte ausgeschlossen ist.

12 Hat ein Steuerpflichtiger mehrere Betriebsstätten in unterschiedlicher Entfernung von der Wohnung, und wird das Kraftfahrzeug höchstens fünfmal pro Monat zu Fahrten zwischen der Wohnung und der weiter entfernt gelegenen Betriebsstätte eingesetzt, kann bei der pauschalen Berechnung der nicht abziehbaren Betriebsaus-

gaben nach § 4 Abs. 5 Satz 1 Nr. 6 EStG die Entfernung zur näher gelegenen Betriebsstätte zugrunde gelegt werden. Die Fahrten zur weiter entfernt gelegenen Betriebsstätte sind zusätzlich mit dem positiven Unterschiedsbetrag zwischen 0,002 % des inländischen Listenpreises für jeden Entfernungskilometer und dem sich nach § 9 Abs. 1 Satz 3 Nr. 4 oder Abs. 2 EStG ergebenden Betrag anzusetzen.

Beispiel 6:

Der Unternehmer A wohnt in A-Stadt und hat dort eine Betriebsstätte (Entfernung zur Wohnung: 10 km). Eine zweite Betriebsstätte unterhält er in B-Stadt (Entfernung zur Wohnung 100 km). A fährt zwischen Wohnung und Betriebsstätte mit dem Betriebs-Pkw (inländischer Listenpreis einschließlich Sonderausstattung und USt: 45 000 DM). 1996 ist er viermal im Monat von der Wohnung zur Betriebsstätte in B-Stadt gefahren (insgesamt an 40 Tagen), an den anderen Tagen zur Betriebsstätte in A-Stadt (insgesamt an 178 Tagen). Die nicht abziehbaren Betriebsausgaben sind für 1996 wie folgt zu ermitteln:

a) 45 000 DM x 0,03 % x 10 km x 12 Monate =   1 620,00 DM
   ./. 178 x 10 km x 0,70 DM/km =   1 246,00 DM
                                                  374,00 DM   374,00 DM

b) 45 000 DM x 0,002 % x 100 km x 40 =   3 600,00 DM
   ./. 40 x 100 km x 0,70 DM/km =   2 800,00 DM
                                                  800,00 DM   800,00 DM
                                                                                1 174,00 DM

Beispiel 7:

Der Unternehmer C wohnt in C-Stadt und hat dort eine Betriebsstätte (Entfernung zur Wohnung: 8 km). Eine zweite Betriebsstätte unterhält er in D-Stadt (Entfernung zur Wohnung: 120 km), eine dritte Betriebsstätte in E-Stadt (Entfernung zur Wohnung: 300 km). C fährt zwischen Wohnung und Betriebsstätte mit dem Betriebs-Pkw (inländischer Listenpreis einschließlich Sonderausstattung und USt: 55 000 DM). 1996 ist er zweimal im Monat von der Wohnung zur Betriebsstätte in D-Stadt (insgesamt an 20 Tagen) und zweimal im Monat zur Betriebsstätte in E-Stadt gefahren (insgesamt an 21 Tagen), an den anderen Tagen zur Betriebsstätte in C-Stadt (insgesamt an 180 Tagen). Die nicht abziehbaren Betriebsausgaben sind für 1996 wie folgt zu ermitteln:

a) 55 000 DM x 0,03 % x 8 km x 12 Monate =   1 584,00 DM
   ./. 180 x 8 km x 0,70 DM/km =   1 008,00 DM
                                                  576,00 DM   576,00 DM

b) 55 000 DM x 0,002 % x 120 km x 20 =   2 640,00 DM
   ./. 20 x 120 km x 0,70 DM/km =   1 680,00 DM
                                                 960,00 DM   960,00 DM

c) 55 000 DM x 0,002 % x 300 km x 21 =   6 930,00 DM
   ./. 21 x 300 km x 0,70 DM/km =   4 410,00 DM
                                             2 520,00 DM   2 520,00 DM
                                                                      4 056,00 DM

4. Begrenzung der pauschalen Wertansätze (sog. Kostendeckelung)

Der pauschale Nutzungswert nach § 6 Abs. 1 Nr. 4 Satz 2 sowie die nicht abziehbaren Betriebsausgaben nach § 4 Abs. 5 Satz 1 Nr. 6 EStG können die für das genutzte Kraftfahrzeug insgesamt tatsächlich entstandenen Aufwendungen übersteigen. Wird dies im Einzelfall nachgewiesen, so sind der Nutzungswert und der Betrag der nach § 4 Abs. 5 Satz 1 Nr. 6 EStG nicht abziehbaren Betriebsausgaben höchstens mit dem Betrag der Gesamtkosten des Kraftfahrzeugs anzusetzen. Bei mehreren privat genutzten Kraftfahrzeugen können die zusammengefaßten pauschal ermittelten Wertansätze auf die nachgewiesenen tatsächlichen Gesamtaufwendungen dieser Kraftfahrzeuge begrenzt werden; eine fahrzeugbezogene „Kostendeckelung" ist zulässig.

5. Abziehbare Aufwendungen bei Behinderten für Fahrten zwischen Wohnung und Betriebsstätte sowie für Familienheimfahrten

Behinderte, deren Grad der Behinderung mindestens 70 beträgt, sowie Behinderte, deren Grad der Behinderung weniger als 70, aber mindestens 50 beträgt und die in ihrer Bewegungsfähigkeit im Straßenverkehr erheblich beeinträchtigt sind, können ihre tatsächlichen Kosten für die Benutzung eines eigenen Kraftfahrzeugs für Fahrten zwischen Wohnung und Betriebsstätte sowie für Familienheimfahrten als Betriebsausgaben absetzen. Dabei ist der Gewinn nicht um Aufwendungen in Höhe des in § 4 Abs. 5 Satz 1 Nr. 6 EStG jeweils genannten positiven Unterschiedsbetrags zu erhöhen.

III. Tatsächliche Ermittlung des privaten Nutzungswerts

1. Führung eines Fahrtenbuches

15 Wird der Nutzungswert anhand der Fahrtenbuchmethode ermittelt, ist ein Fahrtenbuch mindestens für die Kraftfahrzeuge zu führen, für die 1 % des inländischen Listenpreises anzusetzen wäre. Werden mehrere betriebliche Fahrzeuge zu Privatfahrten genutzt, und soll der Nutzungswert nicht pauschal ermittelt werden, ist für jedes privat genutzte Fahrzeug ein Fahrtenbuch zu führen. Ein Fahrtenbuch soll die Zuordnung von Fahrten zur betrieblichen und beruflichen Sphäre darstellen und ermöglichen. Es muß laufend geführt werden.

Beispiel 8:
Zum Betriebsvermögen des Unternehmers A gehören fünf Kraftfahrzeuge. Davon nutzt er drei Fahrzeuge auch für Privatfahrten. Er ermittelt den Nutzungswert nach der Fahrtenbuchmethode. Für die drei privat genutzten Kraftfahrzeuge ist jeweils ein Fahrtenbuch zu führen. Führt er kein Fahrtenbuch, oder führt er nicht für jedes privat genutzte Kraftfahrzeug ein Fahrtenbuch, ist der pauschalen Nutzungswertermittlung das privat genutzte Fahrzeug mit dem höchsten Listenpreis zugrunde zu legen.

2. Elektronisches Fahrtenbuch

16 Ein elektronisches Fahrtenbuch ist anzuerkennen, wenn sich daraus dieselben Erkenntnisse wie aus einem manuell geführten Fahrtenbuch gewinnen lassen. Beim Ausdrucken von elektronischen Aufzeichnungen müssen nachträgliche Veränderungen der aufgezeichneten Angaben technisch ausgeschlossen, zumindest aber dokumentiert werden.

3. Anforderungen an ein Fahrtenbuch

17 Ein Fahrtenbuch muß mindestens folgende Angaben enthalten (vgl. Abschn. 31 Abs. 7 Nr. 2 LStR 1996): Datum und Kilometerstand zu Beginn und Ende jeder einzelnen betrieblich/beruflich veranlaßten Fahrt, Reiseziel, Reisezweck und aufgesuchte Geschäftspartner. Wird ein Umweg gefahren, ist dieser aufzuzeichnen. Auf einzelne dieser Angaben kann verzichtet werden, soweit wegen der besonderen Umstände im Einzelfall die betriebliche/berufliche Veranlassung der Fahrten und der Umfang der Privatfahrten ausreichend dargelegt sind und Überprüfungsmöglichkeiten nicht beeinträchtigt werden. So sind z. B. folgende berufsspezifisch bedingte Erleichterungen möglich:

18 a) Handelsvertreter, Kurierdienstfahrer, Automatenlieferanten und andere Steuerpflichtige, die regelmäßig aus betrieblichen/beruflichen Gründen große Strecken mit mehreren unterschiedlichen Reisezielen zurücklegen.

Zu Reisezweck, Reiseziel und aufgesuchtem Geschäftspartner ist anzugeben, welche Kunden an welchem Ort besucht wurden. Angaben zu den Entfernungen zwischen den verschiedenen Orten sind nur bei größerer Differenz zwischen direkter Entfernung und tatsächlich gefahrenen Kilometern erforderlich.

19 b) Taxifahrer, Fahrlehrer

Bei Fahrten eines Taxifahrers im sog. Pflichtfahrgebiet ist es in bezug auf Reisezweck, Reiseziel und aufgesuchtem Geschäftspartner ausreichend, täglich zu Beginn und Ende der Gesamtheit dieser Fahrten den Kilometerstand anzugeben mit der Angabe „Taxifahrten im Pflichtfahrgebiet" o. ä. Wurden Fahrten durchgeführt, die über dieses Gebiet hinausgehen, kann auf die genaue Angabe des Reiseziels nicht verzichtet werden.

20 Für Fahrlehrer ist es ausreichend, in bezug auf Reisezweck, Reiseziel und aufgesuchtem Geschäftspartner „Lehrfahrten", „Fahrschulfahrten" o. ä. anzugeben.

21 Werden regelmäßig dieselben Kunden aufgesucht, wie z. B. bei Lieferverkehr, und werden die Kunden mit Name und (Liefer-)Adresse in einem Kundenverzeichnis unter einer Nummer geführt, unter der sie später identifiziert werden können, bestehen keine Bedenken, als Erleichterung für die Führung eines Fahrtenbuches zu Reiseziel, Reisezweck und aufgesuchtem Geschäftspartner jeweils zu Beginn und Ende der Lieferfahrten Datum und Kilometerstand sowie die Nummern der aufgesuchten Geschäftspartner aufzuzeichnen. Das Kundenverzeichnis ist dem Fahrtenbuch beizufügen.

22 Für Privatfahrten genügen jeweils Kilometerangaben; für Fahrten zwischen Wohnung und Betriebsstätte genügt jeweils ein kurzer Vermerk im Fahrtenbuch.

4. Nichtanerkennung eines Fahrtenbuches

23 Wird die Ordnungsmäßigkeit der Führung eines Fahrtenbuches von der Finanzverwaltung z. B. anläßlich einer Betriebsprüfung nicht anerkannt, ist die Nutzung des Kraftfahrzeugs zu Privatfahrten, zu Fahrten zwischen Wohnung und Betriebsstätte oder zu Familienheimfahrten nach den Pauschsätzen zu bewerten.

Einkommensteuer — Zu § 4 EStG

EStR

R 24. Abzugsverbot für Sanktionen sowie für Zuwendungen im Sinne des § 4 Abs. 5 Satz 1 Nr. 10 EStG

Abzugsverbot

(1) ¹Geldbußen, Ordnungsgelder und Verwarnungsgelder, die von einem Gericht oder einer Behörde in der Bundesrepublik Deutschland oder von Organen der Europäischen Gemeinschaften festgesetzt werden, dürfen nach § 4 Abs. 5 Satz 1 Nr. 8 Satz 1 EStG den Gewinn auch dann nicht mindern, wenn sie betrieblich veranlaßt sind. ²Dasselbe gilt für Leistungen zur Erfüllung von Auflagen oder Weisungen, die in einem berufsgerichtlichen Verfahren erteilt werden, soweit die Auflagen oder Weisungen nicht lediglich der Wiedergutmachung des durch die Tat verursachten Schadens dienen (§ 4 Abs. 5 Satz 1 Nr. 8 Satz 2 EStG). ³Dagegen gilt das Abzugsverbot nicht für Nebenfolgen vermögensrechtlicher Art, z. B. die Abführung des Mehrerlöses nach § 8 des Wirtschaftsstrafgesetzes, den Verfall nach § 29a OWiG und die Einziehung nach § 22 OWiG.

Geldbußen

(2) ¹Zu den Geldbußen rechnen alle Sanktionen, die nach dem Recht der Bundesrepublik Deutschland so bezeichnet sind, insbesondere Geldbußen nach dem Ordnungswidrigkeitenrecht einschließlich der nach § 30 OWiG vorgesehenen Geldbußen gegen juristische Personen oder Personenvereinigungen, Geldbußen nach den berufsgerichtlichen Gesetzen des Bundes oder der Länder, z. B. der Bundesrechtsanwaltsordnung, der Bundesnotarordnung, der Patentanwaltsordnung, der Wirtschaftsprüferordnung oder dem Steuerberatungsgesetz sowie Geldbußen nach den Disziplinargesetzen des Bundes oder der Länder. ²Geldbußen, die von Organen der Europäischen Gemeinschaften festgesetzt werden, sind Geldbußen nach den Artikeln 85, 86, 87 Abs. 2 des EWG-Vertrags in Verbindung mit Artikel 15 Abs. 2 der Verordnung Nr. 17 des Rates vom 6. 2. 1962 und nach den Artikeln 47, 58, 59, 64 bis 66 des Vertrags über die Gründung der Europäischen Gemeinschaft für Kohle und Stahl. ³Betrieblich veranlaßte Geldbußen, die von Gerichten oder Behörden anderer Staaten festgesetzt werden, fallen nicht unter das Abzugsverbot ...

(3) ...

Ordnungsgelder

(4) ¹Ordnungsgelder sind die nach dem Recht der Bundesrepublik Deutschland so bezeichneten Unrechtsfolgen, die namentlich in den Verfahrensordnungen oder in verfahrensrechtlichen Vorschriften anderer Gesetze vorgesehen sind, z. B. das Ordnungsgeld gegen einen Zeugen wegen Verletzung seiner Pflicht zum Erscheinen und das Ordnungsgeld nach § 890 ZPO wegen Verstoßes gegen eine nach einem Vollstreckungstitel (z. B. Urteil) bestehende Verpflichtung, eine Handlung zu unterlassen oder die Vornahme einer Handlung zu dulden. ²Nicht unter das Abzugsverbot fallen Zwangsgelder.

Verwarnungsgelder

(5) Verwarnungsgelder sind die in § 56 OWiG so bezeichneten geldlichen Einbußen, die dem Betroffenen aus Anlaß einer geringfügigen Ordnungswidrigkeit, z. B. wegen falschen Parkens, mit seinem Einverständnis auferlegt werden, um der Verwarnung Nachdruck zu verleihen.

Zuwendungen im Sinne des § 4 Abs. 5 Satz 1 Nr. 10 EStG

(6) ¹Zuwendungen im Sinne des § 4 Abs. 5 Satz 1 Nr. 10 EStG dürfen nicht als Betriebsausgaben abgezogen werden, wenn mit der Zuwendung von Vorteilen objektiv gegen das Straf- oder Ordnungswidrigkeitenrecht verstoßen wird; auf ein Verschulden des Zuwendenden, auf die Stellung

Zu § 4a EStG   **Einkommensteuer**

eines Strafantrags oder auf eine tatsächliche Ahndung kommt es nicht an. ²Mit der Anknüpfung an die > Tatbestände des Straf- und Ordnungswidrigkeitenrechts werden auch Leistungen an ausländische Amtsträger und Abgeordnete vom Abzugsverbot erfaßt. ³Wird dem Finanzamt auf Grund einer Mitteilung des Gerichts, der Staatsanwaltschaft oder einer Verwaltungsbehörde nach § 4 Abs. 5 Satz 1 Nr. 10 Satz 2 EStG erstmals bekannt, daß eine rechtswidrige Handlung im Sinne des § 4 Abs. 5 Satz 1 Nr. 10 Satz 1 EStG vorliegt, ist der Steuerbescheid nach § 173 AO zu ändern.

> **Hinweise**   **EStH**   **H 24.**

...

Verfahrenskosten
Bei betrieblich veranlaßten Sanktionen sind die mit diesen zusammenhängenden Verfahrenskosten, insbesondere Gerichts- und Anwaltsgebühren, auch dann abziehbare Betriebsausgaben, wenn die Sanktion selbst nach § 4 Abs. 5 Satz 1 Nr. 8 EStG vom Abzug ausgeschlossen ist (> BFH vom 19. 2. 1982 – BStBl II S. 467).

...

Zu § 4a EStG (§§ 8b und 8c EStDV)

EStR   **R 25. Gewinnermittlung bei einem vom Kalenderjahr abweichenden Wirtschaftsjahr**

Umstellung des Wirtschaftsjahrs

(1) ¹Eine Umstellung des Wirtschaftsjahrs liegt nicht vor, wenn ein Steuerpflichtiger, der Inhaber eines Betriebs ist, einen weiteren Betrieb erwirbt und für diesen Betrieb ein anderes Wirtschaftsjahr als der Rechtsvorgänger wählt. ²Werden mehrere bisher getrennt geführte Betriebe eines Steuerpflichtigen zu einem Betrieb zusammengefaßt, und führt der Steuerpflichtige das abweichende Wirtschaftsjahr für einen der Betriebe fort, liegt keine zustimmungsbedürftige Umstellung des Wirtschaftsjahrs vor.

Zustimmung des Finanzamts zum abweichenden Wirtschaftsjahr

(2) ¹Das Wahlrecht zur Bestimmung des Wirtschaftsjahrs kann durch die Erstellung des Jahresabschlusses oder außerhalb des Veranlagungsverfahrens ausgeübt werden. ²Bei Umstellung des Wirtschaftsjahrs nach § 4a Abs. 1 Nr. 3 EStG ist dem Antrag zu entsprechen, wenn der Steuerpflichtige Bücher führt, in denen die Betriebseinnahmen und die Betriebsausgaben für den land- und forstwirtschaftlichen Betrieb und für den Gewerbebetrieb getrennt aufgezeichnet werden, und der Steuerpflichtige für beide Betriebe getrennte Abschlüsse fertigt. ³Die Geldkonten brauchen nicht getrennt geführt zu werden.
(3) ...

Gewinnschätzung bei abweichendem Wirtschaftsjahr

(4) Wird bei einem abweichenden Wirtschaftsjahr der Gewinn geschätzt, so ist die Schätzung nach dem abweichenden Wirtschaftsjahr vorzunehmen.
(5) ...

> **Hinweise   EStH   H 25.**

Steuerpause/mißbräuchliche Gestaltung
... Die Erlangung einer „Steuerpause" oder anderer steuerlicher Vorteile ist kein betrieblicher Grund, der die Zustimmung des Finanzamts zur Umstellung des Wirtschaftsjahrs rechtfertigt (> BFH vom 24. 4. 1980 – BStBl 1981 II S. 50 und vom 15. 6. 1983 – BStBl II S. 672).
...

Zustimmungsbedürftige Umstellung des Wirtschaftsjahrs
– Die Zustimmung ist nur dann zu erteilen, wenn der Steuerpflichtige gewichtige, in der Organisation des Betriebs gelegene Gründe für die Umstellung des Wirtschaftsjahrs anführen kann; es ist jedoch nicht erforderlich, daß die Umstellung des Wirtschaftsjahrs betriebsnotwendig ist (> BFH vom 9. 1. 1974 – BStBl II S. 238).
– Die Umstellung des Wirtschaftsjahres eines im Wege der Gesamtrechtsnachfolge auf Erben übergegangenen Unternehmens auf einen vom Kalenderjahr abweichenden Zeitraum bedarf der Zustimmung des Finanzamtes (> BFH vom 22. 8. 1968 – BStBl 1969 II S. 34).
– Wird die Umstellung des Wirtschaftsjahrs wegen Inventurschwierigkeiten begehrt, kann die Zustimmung zur Umstellung des Wirtschaftsjahrs zu versagen sein, wenn die Buchführung nicht ordnungsmäßig ist und auch nicht sichergestellt ist, daß durch die Umstellung des Wirtschaftsjahrs die Mängel der Buchführung beseitigt werden (> BFH vom 9. 11. 1966 – BStBl 1967 III S. 111).
– Will ein Pächter sein Wirtschaftsjahr auf das vom Kalenderjahr abweichende Pachtjahr umstellen, weil dieses in mehrfacher Beziehung für die Abrechnung mit dem Verpächter maßgebend ist, ist die Zustimmung im allgemeinen zu erteilen (> BFH vom 8. 10. 1969 – BStBl 1970 II S. 85).
– Bei Forstbetrieben bedarf die Umstellung eines mit dem Kalenderjahr übereinstimmenden Wirtschaftsjahrs auf das sog. Forstwirtschaftsjahr (1. 10. – 30. 9.) der Zustimmung des Finanzamts (> BFH vom 23. 9. 1999 – BStBl 2000 II S. 5).

Zu § 4b EStG

EStR   R 26. Direktversicherung

Begriff
(1) ¹Eine Direktversicherung ist eine Lebensversicherung auf das Leben des Arbeitnehmers, die durch den Arbeitgeber abgeschlossen worden ist und bei der der Arbeitnehmer oder seine Hinterbliebenen hinsichtlich der Leistungen des Versicherers ganz oder teilweise bezugsberechtigt sind (> § 1 Abs. 2 Satz 1 BetrAVG). ²Dasselbe gilt für eine Lebensversicherung auf das Leben des Arbeitnehmers, die nach Abschluß durch den Arbeitnehmer vom Arbeitgeber übernommen worden ist. ³Dagegen liegt begrifflich keine Direktversicherung vor, wenn der Arbeitgeber für den Ehegatten eines verstorbenen früheren Arbeitnehmers eine Lebensversicherung abschließt. ⁴Als Versorgungsleistungen können Leistungen der Alters-, Invaliditäts- oder Hinterbliebenenversorgung in Betracht kommen. ⁵Es ist gleichgültig, ob es sich um Kapitalversicherungen – einschließlich Risikoversicherungen –, Rentenversicherungen oder fondsgebundene Lebensversicherungen handelt und welche > Laufzeit vereinbart wird. ⁶Unfallversicherungen sind keine Lebensversicherungen, auch wenn bei Unfall mit Todesfolge eine Leistung vorgesehen ist. ⁷Dagegen gehö-

ren Unfallzusatzversicherungen und Berufsunfähigkeitszusatzversicherungen, die im Zusammenhang mit Lebensversicherungen abgeschlossen werden, sowie selbständige Berufsunfähigkeitsversicherungen und Unfallversicherungen mit Prämienrückgewähr, bei denen der Arbeitnehmer Anspruch auf die Prämienrückgewähr hat, zu den Direktversicherungen.

(2) ¹Die Bezugsberechtigung des Arbeitnehmers oder seiner Hinterbliebenen muß vom Versicherungsnehmer (Arbeitgeber) der Versicherungsgesellschaft gegenüber erklärt werden (§ 166 VVG). ²Die Bezugsberechtigung kann widerruflich oder unwiderruflich sein; bei widerruflicher Bezugsberechtigung sind die Bedingungen eines Widerrufs steuerlich unbeachtlich. ³Unbeachtlich ist auch, ob die Anwartschaft des Arbeitnehmers arbeitsrechtlich bereits unverfallbar ist.

Behandlung bei der Gewinnermittlung

(3) ¹Die Beiträge zu Direktversicherungen sind sofort abziehbare Betriebsausgaben. ²Eine Aktivierung der Ansprüche aus der Direktversicherung kommt beim Arbeitgeber vorbehaltlich Satz 5 erst in Betracht, wenn eine der in § 4b EStG genannten Voraussetzungen weggefallen ist; z. B. wenn der Arbeitgeber von einem Widerrufsrecht Gebrauch gemacht hat. ³⁻⁵...

(4) u. (5) ...

▶ **Hinweise   EStH   H 26.**

...

Arbeitnehmer-Ehegatten

Grundsatz

– Zur steuerlichen Behandlung von Aufwendungen für die betriebliche Altersversorgung des mitarbeitenden Ehegatten > BMF vom 4. 9. 1984 (BStBl I S. 495) und vom 9. 1. 1986 (BStBl I S. 7). *Die Aufwendungen sind nur als Betriebsausgaben anzuerkennen, soweit sie einem Fremdvergleich standhalten.* ❶

...

Laufzeit

Kapitalversicherungen mit einer Vertragsdauer von weniger als fünf Jahren sind grundsätzlich nicht nach § 40b EStG begünstigt > R 129 Abs. 2 Satz 4 und 5 LStR 2000.

Anm. d. Schriftl.:

❶ Die vertragliche Gestaltung und ihre Durchführung müssen auch unter Dritten üblich sein (BFH-Urt. vom 25. 7. 1991 – BStBl 1991 II S. 842). Zudem dürfen die Aufwendungen für die Altersversorgung des mitarbeitenden Ehegatten nicht zu einer sog. Überversorgung führen. Die Altersversorgung muß also angemessen sein. Die Obergrenze einer angemessenen Altersversorgung sieht die Rechtsprechung bei 75% der letzten Aktivbezüge. Von der Prüfung einer Überversorgung kann abgesehen werden, wenn die laufenden Aufwendungen für die Altersvorsorge (Arbeitgeber- und Arbeitnehmeranteil zur gesetzlichen Sozialversicherung, freiwillige Leistungen des Arbeitgebers z. B. in Form einer Direktversicherung und Zuführungen zu einer Pensionsrückstellung) 30% des steuerpflichtigen Arbeitslohns nicht übersteigen. Dazu mehr im BFH-Urt. vom 16. 5. 1995 – BStBl 1995 II S. 873.

Zu § 5 EStG

EStR R 28. Allgemeines zum Betriebsvermögensvergleich nach § 5 EStG

– unbesetzt –

Hinweise EStH H 28.

AO-Anwendungserlaß zu § 140 vom 15. 7. 1998 (BStBl I S. 630) und AO-Kartei, § 140 Karte 1.

Betriebsvermögensvergleich für gewerbliche Betriebe
> R 12 Abs. 2
...

Buchführungspflicht einer Personenhandelsgesellschaft *für ihr gesamtes Betriebsvermögen (> R 13 Abs. 2) einschließlich etwaigen Sonderbetriebsvermögens der Gesellschafter ergibt sich aus § 141 AO (> BFH vom 23. 10. 1990 – BStBl 1991 II S. 401 und vom 11. 3. 1992 – BStBl II S. 797).*

Gesetzliche Vorschriften *für die Buchführung und den Jahresabschluß im Sinne des § 5 Abs. 1 Satz 1 EStG sind die handelsrechtlichen Vorschriften (§§ 238, 240, 242, 264, 336, 340a und 341a HGB) und die Vorschriften des § 141 AO. Nicht darunter fallen Vorschriften, die nur die Führung bestimmter Geschäftsbücher vorschreiben, aber keine Abschlüsse verlangen.*
...

Handelsregister
– **Eintragung im Handelsregister** *ist für Annahme eines Gewerbebetriebs allein nicht entscheidend (> BFH vom 29. 1. 1952 – BStBl III S. 99 und vom 14. 2. 1956 – BStBl III S. 103).*
– **Personengesellschaft** *– Ist eine Personengesellschaft in das Handelsregister eingetragen, so besteht die Vermutung, daß gewerbliche Einkünfte vorliegen (> BFH vom 6. 10. 1977 – BStBl 1978 II S. 54). Diese Vermutung kann durch den Nachweis widerlegt werden, daß die Personengesellschaft eindeutig kein Handelsgewerbe betreibt (> BFH vom 19. 3. 1981 – BStBl II S. 527).*
...

EStR R 29. Ordnungsmäßige Buchführung

Kreditgeschäfte und ihre periodenweise Erfassung

(1) ¹Bei Kreditgeschäften sind die Entstehung der Forderungen und Schulden und ihre Tilgung grundsätzlich als getrennte Geschäftsvorfälle zu behandeln. ²Bei einer doppelten Buchführung ist für Kreditgeschäfte in der Regel ein > Kontokorrentkonto, unterteilt nach Schuldnern und Gläubigern, zu führen. ³Es ist jedoch nicht zu beanstanden, wenn Waren- und Kostenrechnungen, die innerhalb von acht Tagen nach Rechnungseingang oder innerhalb der ihrem gewöhnlichen Durchlauf durch den Betrieb entsprechenden Zeit beglichen werden, kontokorrentmäßig nicht erfaßt werden. ⁴Werden bei der Erstellung der Buchführung die Geschäftsvorfälle nicht laufend, sondern nur periodenweise gebucht, ist es nicht zu beanstanden, wenn die Erfassung der Kreditgeschäfte eines Monats im Grundbuch bis zum Ablauf des folgenden Monats erfolgt, sofern durch organisatorische Vorkehrungen sichergestellt ist, daß Buchführungsunterlagen bis zu ihrer Erfassung

im Grundbuch nicht verlorengehen, z. B. durch laufende Numerierung der eingehenden und ausgehenden Rechnungen oder durch ihre Ablage in besonderen Mappen oder Ordnern. [5]Neben der Erfassung der Kreditgeschäfte in einem Grundbuch müssen die unbaren Geschäftsvorfälle, aufgegliedert nach Geschäftspartnern, kontenmäßig dargestellt werden. [6]Dies kann durch Führung besonderer Personenkonten oder durch eine geordnete Ablage der nicht ausgeglichenen Rechnungen (Offene-Posten-Buchhaltung) erfüllt werden. [7]Ist die Zahl der Kreditgeschäfte verhältnismäßig gering, so gelten hinsichtlich ihrer Erfassung die folgenden Erleichterungen:

a) Besteht kein laufender unbarer Geschäftsverkehr mit Geschäftspartnern, so müssen für jeden Bilanzstichtag über die an diesem Stichtag bestehenden Forderungen und Schulden Personenübersichten aufgestellt werden.

b) [1]Einzelhändler und Handwerker können Krediteinkäufe und Kreditverkäufe kleineren Umfangs vereinfacht buchen. [2]Es genügt, wenn sie die Wareneinkäufe auf Kredit im Wareneingangsbuch in einer besonderen Spalte als Kreditgeschäfte kennzeichnen und den Tag der Begleichung der Rechnung vermerken. [3]Bei Kreditverkäufen reicht es aus, wenn sie einschließlich der Zahlung in einer Kladde festgehalten werden, die als Teil der Buchführung aufzubewahren ist. [4]Außerdem müssen in beiden Fällen für jeden Bilanzstichtag Personenübersichten aufgestellt werden.

Mängel der Buchführung

(2) [1]Enthält die Buchführung **formelle** Mängel, so ist ihre Ordnungsmäßigkeit nicht zu beanstanden, wenn das sachliche Ergebnis der Buchführung dadurch nicht beeinflußt wird und die Mängel kein erheblicher Verstoß gegen die Anforderungen an die > zeitgerechte Erfassung der Geschäftsvorfälle, die besonderen Anforderungen bei Kreditgeschäften, die Aufbewahrungsfristen sowie die Besonderheiten bei der Buchführung auf Datenträgern sind. [2]Enthält die Buchführung **materielle** Mängel, z. B. wenn Geschäftsvorfälle nicht oder falsch gebucht sind, so wird ihre Ordnungsmäßigkeit dadurch nicht berührt, wenn es sich dabei um unwesentliche Mängel handelt, z. B. wenn nur unbedeutende Vorgänge nicht oder falsch dargestellt sind. [3]Die Fehler sind dann zu berichtigen, oder das Buchführungsergebnis ist durch eine Zuschätzung richtigzustellen. [4]Bei schwerwiegenden materiellen Mängeln gilt R 12 Abs. 2 Satz 3.

▶ **Hinweise**   **EStH**   **H 29.**

Allgemeines

Bei der Gewinnermittlung nach § 5 EStG sind – soweit sich aus den Steuergesetzen nichts anderes ergibt – die handelsrechtlichen Rechnungslegungsvorschriften sowie die Vorschriften der §§ 140 bis 148, 154 AO zu beachten. Handelsrechtliche Rechnungslegungsvorschriften im Sinne des Satzes 1 sind die Vorschriften des Ersten Abschnitts, für Kapitalgesellschaften außerdem die des Zweiten Abschnitts des Dritten Buchs des HGB. Entsprechen die Buchführung und die Aufzeichnungen des Steuerpflichtigen diesen Vorschriften, so sind sie der Besteuerung zugrunde zu legen, soweit nach den Umständen des Einzelfalles kein Anlaß ist, ihre sachliche Richtigkeit zu beanstanden (§ 158 AO).

Aufbewahrungsfristen

– *> § 147 AO (Ordnungsvorschriften für die Aufbewahrung von Unterlagen).*
– *> AO-Anwendungserlaß zu § 147 AO vom 15. 7. 1998 (BStBl I S. 630).*
– *Haben Rechnungen usw. Buchfunktion, z. B. bei der Offene-Posten-Buchhaltung, so sind sie so lange wie Bücher aufzubewahren (§ 146 Abs. 5 i. V. m. § 147 Abs. 3 AO).*

– Eine Aufbewahrung der Registrierkassenstreifen, Kassenzettel, Bons und dergleichen ist im Einzelfall nicht erforderlich, wenn der Zweck der Aufbewahrung in anderer Weise gesichert und die Gewähr der Vollständigkeit der von Registrierkassenstreifen usw. übertragenen Aufzeichnungen nach den tatsächlichen Verhältnissen gegeben ist (> BFH vom 12. 5. 1966 – BStBl III S. 371). Zum Verzicht auf die Aufbewahrung von Kassenstreifen bei Einsatz von Registrierkassen > BMF vom 9. 1. 1996 (BStBl I S. 34) **[1]**.

...

Grundsätze ordnungsmäßiger Buchführung (GoB)

– Eine Buchführung ist ordnungsmäßig, wenn die für die kaufmännische Buchführung erforderlichen Bücher geführt werden, die Bücher förmlich in Ordnung sind und der Inhalt sachlich richtig ist (> BFH vom 24. 6. 1997 – BStBl 1998 II S. 51).

– Grundsätze ordnungsmäßiger DV-gestützter Buchführungssysteme (GoBS) > BMF vom 7. 11. 1995 – BStBl I S. 738.

– Bei Aufstellung der Bilanz sind alle wertaufhellenden Umstände zu berücksichtigen, die für die Verhältnisse am Bilanzstichtag von Bedeutung sind. Ein bestimmtes Buchführungssystem ist nicht vorgeschrieben; allerdings muß bei Kaufleuten, soweit sie nicht Minderkaufleute im Sinne des § 4 HGB sind, die Buchführung den Grundsätzen der doppelten Buchführung entsprechen (§ 242 Abs. 3 HGB). Im übrigen muß die Buchführung so beschaffen sein, daß sie einem sachverständigen Dritten innerhalb angemessener Zeit einen Überblick über die Geschäftsvorfälle und über die Vermögenslage des Unternehmens vermitteln kann. Die Geschäftsvorfälle müssen sich in ihrer Entstehung und Abwicklung verfolgen lassen (§ 238 Abs. 1 HGB; > auch BFH vom 18. 2. 1966 – BStBl III S. 496 und vom 23. 9. 1966 – BStBl 1967 III S. 23).

– Verbuchung von Bargeschäften im Einzelhandel > BMF vom 14. 12. 1994 (BStBl 1995 I S. 7). **[2]**

– > Zeitgerechte Erfassung

...

Jahresabschluß

– Der Jahresabschluß muß „innerhalb der einem ordnungsmäßigen Geschäftsgang entsprechenden Zeit" (§ 243 Abs. 3 HGB) aufgestellt werden (> BFH vom 6. 12. 1983 – BStBl 1984 II S. 227); bei Kapitalgesellschaften gilt § 264 Abs. 1 HGB; bei Versicherungsunternehmen gilt § 341a Abs. 1 HGB.

...

Anm. d. Schriftl.:

[1] Aufzubewahren sind die Tagesendsummenbons (§ 147 Abs. 1 AO; BFH-Urt. v. 20. 6. 1985, BFH/NV 1985 S. 12 ff.), sog. Z-Abschläge mit Ausdruck Nullstellenzähler. Der Z-Bon muß enthalten den Namen des Geschäftes, die Tagesumsätze, Datum und Uhrzeit des Abrufs und die Z-Zähler, ferner ggfs. Kellnerabrechnungen und Warengruppenberichte. Aufzubewahren ist ferner die gesamte EDV-Dokumentation der Registrierkassen mit deren Einrichtung und jeder späteren Änderung.

[2] Werden täglich Waren an eine Vielzahl von namentlich nicht bekannten Kunden gegen Barzahlung verkauft, so sind Einzelaufzeichnungen darüber nicht zumutbar. Es sind allerdings Aufzeichnungen zu führen, die jederzeit einen Abgleich zwischen dem tatsächlichen und dem buchmäßigen Kassenbestand ermöglichen (Kassensturz; BFH-Urt. vom 17. 11. 1981 – BStBl 1982 II S. 430). Dies bedarf der Führung eines Kassenbuches mit Darstellung des gesamten Barverkehrs und täglicher Kassenberichte.

Zeitgerechte Erfassung

Die Eintragungen in den Geschäftsbüchern und die sonst erforderlichen Aufzeichnungen müssen vollständig, richtig, zeitgerecht und geordnet vorgenommen werden (§ 239 Abs. 2 HGB). Die zeitgerechte Erfassung der Geschäftsvorfälle erfordert – mit Ausnahme des baren Zahlungsverkehrs – keine tägliche Aufzeichnung. Es muß jedoch ein zeitlicher Zusammenhang zwischen den Vorgängen und ihrer buchmäßigen Erfassung bestehen (> BFH vom 25. 3. 1992 – BStBl II S. 1010).

EStR   **R 30. Bestandsaufnahme des Vorratsvermögens**

Inventur

(1) ¹Die > Inventur für den Bilanzstichtag braucht nicht am Bilanzstichtag vorgenommen zu werden. ²Sie muß aber **zeitnah** – in der Regel innerhalb einer Frist von **zehn Tagen** vor oder nach dem Bilanzstichtag – durchgeführt werden. ³Dabei muß sichergestellt sein, daß die Bestandsveränderungen zwischen dem Bilanzstichtag und dem Tag der Bestandsaufnahme anhand von Belegen oder Aufzeichnungen ordnungsgemäß berücksichtigt werden. ⁴Können die Bestände aus besonderen, insbesondere klimatischen Gründen nicht zeitnah, sondern erst in einem größeren Zeitabstand vom Bilanzstichtag aufgenommen werden, so sind an die Belege und Aufzeichnungen über die zwischenzeitlichen Bestandsveränderungen strenge Anforderungen zu stellen.

Zeitverschobene Inventur

(2) ¹Nach § 241 Abs. 3 HGB kann die jährliche körperliche Bestandsaufnahme ganz oder teilweise innerhalb der letzten drei Monate vor oder der ersten zwei Monate nach dem Bilanzstichtag durchgeführt werden. ²Der dabei festgestellte Bestand ist nach Art und Menge in einem besonderen Inventar zu verzeichnen, das auch auf Grund einer > permanenten Inventur erstellt werden kann. ³Der in dem besonderen Inventar erfaßte Bestand ist auf den Tag der Bestandsaufnahme (Inventurstichtag) nach allgemeinen Grundsätzen zu bewerten. ⁴Der sich danach ergebende Gesamtwert des Bestands ist dann wertmäßig auf den Bilanzstichtag fortzuschreiben oder zurückzurechnen. ⁵Der Bestand braucht in diesem Fall auf den Bilanzstichtag nicht nach Art und Menge festgestellt zu werden; es genügt die Feststellung des Gesamtwerts des Bestands auf den Bilanzstichtag. ⁶Die Bestandsveränderungen zwischen dem Inventurstichtag und dem Bilanzstichtag brauchen ebenfalls nicht nach Art und Menge aufgezeichnet zu werden. ⁷Sie müssen nur wertmäßig erfaßt werden. ⁸Das Verfahren zur wertmäßigen Fortschreibung oder Rückrechnung des Gesamtwerts des Bestands am Inventurstichtag auf den Bilanzstichtag muß den Grundsätzen ordnungsmäßiger Buchführung entsprechen. ⁹Die Fortschreibung des Warenbestands kann dabei nach der folgenden Formel vorgenommen werden, wenn die Zusammensetzung des Warenbestands am Bilanzstichtag von der des Warenbestands am Inventurstichtag nicht wesentlich abweicht: Wert des Warenbestands am Bilanzstichtag = Wert des Warenbestands am Inventurstichtag zuzüglich Wareneingang abzüglich Wareneinsatz (Umsatz abzüglich des durchschnittlichen Rohgewinns). ¹⁰Voraussetzung für die Inanspruchnahme von steuerlichen Vergünstigungen, für die es auf die Zusammensetzung der Bestände am Bilanzstichtag ankommt, wie z. B. bei der Bewertung nach § 6 Abs. 1 Nr. 2a EStG, ist jedoch, daß die tatsächlichen Bestände dieser Wirtschaftsgüter am Bilanzstichtag durch körperliche Bestandsaufnahme oder durch > permanente Inventur nachgewiesen werden.

Nichtanwendbarkeit der permanenten und der zeitverschobenen Inventur

(3) Eine > permanente oder eine zeitverschobene Inventur ist nicht zulässig

1. für Bestände, bei denen durch Schwund, Verdunsten, Verderb, leichte Zerbrechlichkeit oder ähnliche Vorgänge ins Gewicht fallende unkontrollierbare Abgänge eintreten, es sei denn, daß

diese Abgänge auf Grund von Erfahrungssätzen schätzungsweise annähernd zutreffend berücksichtigt werden können;
2. für Wirtschaftsgüter, die – abgestellt auf die Verhältnisse des jeweiligen Betriebs – besonders wertvoll sind.

Fehlerhafte Bestandsaufnahme

(4) ¹Fehlt eine körperliche Bestandsaufnahme, oder enthält das Inventar in formeller oder materieller Hinsicht nicht nur unwesentliche Mängel, so ist die Buchführung nicht als ordnungsmäßig anzusehen. ²R 29 Abs. 2 gilt entsprechend.

Anwendungsbereich

(5) Die Absätze 1 bis 4 gelten entsprechend für Steuerpflichtige, die nach § 141 Abs. 1 AO verpflichtet sind, Bücher zu führen und auf Grund jährlicher Bestandsaufnahme regelmäßig Abschlüsse zu machen, oder die freiwillig Bücher führen und regelmäßig Abschlüsse machen.

▶ **Hinweise   EStH   H 30.**

Inventur
– Nach § 240 Abs. 2, § 242 Abs. 1 und 2 HGB haben Kaufleute für den Schluß eines jeden Geschäftsjahrs ein Inventar, eine Bilanz und eine Gewinn- und Verlustrechnung aufzustellen. Das Inventar, in dem die einzelnen Vermögensgegenstände nach Art, Menge und unter Angabe ihres Werts genau zu verzeichnen sind (> BFH vom 23. 6. 1971 – BStBl II S. 709), ist auf Grund einer **körperlichen Bestandsaufnahme** (Inventur) zu erstellen.
– Inventurerleichterungen > § 241 Abs. 1 HGB, > R 36 Abs. 4 (Gruppenbewertung), > H 36 (Festwert).
– > Permanente Inventur

Permanente Inventur
Auf Grund des § 241 Abs. 2 HGB kann das Inventar für den Bilanzstichtag auch ganz oder teilweise auf Grund einer **permanenten Inventur** erstellt werden. Der Bestand für den Bilanzstichtag kann in diesem Fall nach Art und Menge anhand von Lagerbüchern (Lagerkarteien) festgestellt werden, wenn die folgenden Voraussetzungen erfüllt sind:
1. In den Lagerbüchern und Lagerkarteien müssen alle Bestände und alle Zugänge und Abgänge einzeln nach Tag, Art und Menge (Stückzahl, Gewicht oder Kubikinhalt) eingetragen werden. Alle Eintragungen müssen belegmäßig nachgewiesen werden.
2. In jedem Wirtschaftsjahr muß mindestens einmal durch körperliche Bestandsaufnahme geprüft werden, ob das Vorratsvermögen, das in den Lagerbüchern oder Lagerkarteien ausgewiesen wird, mit den tatsächlich vorhandenen Beständen übereinstimmt (> BFH vom 11. 11. 1966 – BStBl 1967 III S. 113). Die Prüfung braucht nicht gleichzeitig für alle Bestände vorgenommen zu werden. Sie darf sich aber nicht nur auf Stichproben oder die Verprobung eines repräsentativen Querschnitts beschränken; die Regelung in § 241 Abs. 1 HGB bleibt unberührt. Die Lagerbücher und Lagerkarteien sind nach dem Ergebnis der Prüfung zu berichtigen. Der Tag der körperlichen Bestandsaufnahme ist in den Lagerbüchern oder Lagerkarteien zu vermerken.
3. Über die Durchführung und das Ergebnis der körperlichen Bestandsaufnahme sind Aufzeichnungen (Protokolle) anzufertigen, die unter Angabe des Zeitpunkts der Aufnahme von den aufnehmenden Personen zu unterzeichnen sind. Die Aufzeichnungen sind wie Handelsbücher zehn Jahre aufzubewahren.

Zeitliche Erfassung von Waren
Gekaufte Waren gehören wirtschaftlich zum Vermögen des Kaufmanns, sobald er die Verfügungsmacht in Gestalt des unmittelbaren oder mittelbaren Besitzes an ihr erlangt hat. Dies ist bei „schwimmender" Ware erst nach Erhalt des Konossements oder des Auslieferungsscheins der Fall (> BFH vom 3. 8. 1988 – BStBl 1989 II S. 21).

EStR   R 31. Bestandsmäßige Erfassung des beweglichen Anlagevermögens

Allgemeines
(1) [1]Nach § 240 Abs. 2 HGB, §§ 140 und 141 AO besteht die Verpflichtung, für jeden Bilanzstichtag auch ein Verzeichnis der Gegenstände des beweglichen Anlagevermögens aufzustellen (**Bestandsverzeichnis**). [2]In das Bestandsverzeichnis müssen sämtliche beweglichen Gegenstände des Anlagevermögens, auch wenn sie bereits in voller Höhe abgeschrieben sind, aufgenommen werden. [3]Ausnahmen gelten für geringwertige Wirtschaftsgüter (§ 6 Abs. 2 EStG) und für die mit einem > Festwert angesetzten Wirtschaftsgüter (> Absatz 3). [4]Das Bestandsverzeichnis muß
1. die genaue Bezeichnung des Gegenstandes und
2. seinen Bilanzwert am Bilanzstichtag

enthalten. [5]Das Bestandsverzeichnis ist auf Grund einer jährlichen körperlichen Bestandsaufnahme aufzustellen; R 30 Abs. 1 bis 3 gilt sinngemäß.

Zusammenfassen mehrerer Gegenstände
(2) [1]Gegenstände, die eine geschlossene Anlage bilden, können statt in ihren einzelnen Teilen als **Gesamtanlage** in das Bestandsverzeichnis eingetragen werden, z. B. die einzelnen Teile eines Hochofens einschließlich Zubehör, die einzelnen Teile einer Breitbandstraße einschließlich Zubehör, die Überlandleitungen einschließlich der Masten usw. eines Elektrizitätswerks, die entsprechenden Anlagen von Gas- und Wasserwerken sowie die Wasser-, Gas- und sonstigen Rohrleitungen innerhalb eines Fabrikationsbetriebs. [2]Voraussetzung ist, daß die Absetzungen für Abnutzung auf die Gesamtanlage einheitlich vorgenommen werden. [3]Gegenstände der gleichen Art können unter Angabe der Stückzahl im Bestandsverzeichnis zusammengefaßt werden, wenn sie in demselben Wirtschaftsjahr angeschafft sind, die gleiche Nutzungsdauer und die gleichen Anschaffungskosten haben und nach der gleichen Methode abgeschrieben werden.

Verzicht auf Erfassung
(3) [1]Geringwertige Anlagegüter im Sinne des § 6 Abs. 2 EStG, die im Jahr der Anschaffung oder Herstellung in voller Höhe abgeschrieben worden sind, brauchen nicht in das Bestandsverzeichnis aufgenommen zu werden, wenn ihre Anschaffungs- oder Herstellungskosten, vermindert um einen darin enthaltenen Vorsteuerbetrag (§ 9b Abs. 1 EStG), nicht mehr als 100 DM betragen haben oder auf einem besonderen Konto gebucht oder bei ihrer Anschaffung oder Herstellung in einem besonderen Verzeichnis erfaßt worden sind. [2]Gegenstände des beweglichen Anlagevermögens, für die zulässigerweise ein > Festwert angesetzt wird, brauchen ebenfalls nicht in das Bestandsverzeichnis aufgenommen zu werden.

Bestandsaufnahme und Wertanpassung bei Festwerten
(4) [1]Für Gegenstände des beweglichen Anlagevermögens, die zulässigerweise mit einem > Festwert angesetzt worden sind (> Absatz 3 letzter Satz), ist im Regelfall an jedem dritten, spätestens aber an jedem fünften Bilanzstichtag, eine körperliche Bestandsaufnahme vorzunehmen. [2]Übersteigt der für diesen Bilanzstichtag ermittelte Wert den bisherigen Festwert um mehr als 10 v. H.,

so ist der ermittelte Wert als neuer Festwert maßgebend. ³Der bisherige Festwert ist so lange um die Anschaffungs- und Herstellungskosten der im Festwert erfaßten und nach dem Bilanzstichtag des vorangegangenen Wirtschaftsjahrs angeschafften oder hergestellten Wirtschaftsgüter aufzustocken, bis der neue Festwert erreicht ist. ⁴Ist der ermittelte Wert niedriger als der bisherige Festwert, so kann der Steuerpflichtige den ermittelten Wert als neuen Festwert ansetzen. ⁵Übersteigt der ermittelte Wert den bisherigen Festwert um nicht mehr als 10 v. H., so kann der bisherige Festwert beibehalten werden.

Keine Inventur bei fortlaufendem Bestandsverzeichnis

(5) ¹Der Steuerpflichtige braucht die jährliche körperliche Bestandsaufnahme (> Absatz 1) für steuerliche Zwecke nicht durchzuführen, wenn er jeden Zugang und jeden Abgang laufend in das Bestandsverzeichnis einträgt und die am Bilanzstichtag vorhandenen Gegenstände des beweglichen Anlagevermögens auf Grund des fortlaufend geführten Bestandsverzeichnisses ermittelt werden können; in diesem Fall müssen aus dem Bestandsverzeichnis außer den in Absatz 1 bezeichneten Angaben noch ersichtlich sein:

1. der Tag der Anschaffung oder Herstellung des Gegenstandes,
2. die Höhe der Anschaffungs- oder Herstellungskosten oder, wenn die Anschaffung oder Herstellung vor dem 21. 6. 1948❶ oder im > Beitrittsgebiet❷ vor dem 1. 7. 1990 erfolgt ist, die Werte der DM-Eröffnungsbilanz,
3. der Tag des Abgangs.

²Wird das Bestandsverzeichnis in der Form einer **Anlagekartei** geführt, so ist der Bilanzansatz aus der Summe der einzelnen Bilanzwerte (> Absatz 1 Nr. 2) der Anlagekartei nachzuweisen. ³Ist das Bestandsverzeichnis nach den einzelnen Zugangsjahren und Abschreibungssätzen gruppenweise geordnet, so kann auf die Angabe des Bilanzwerts am Bilanzstichtag für den einzelnen Gegenstand (> Absatz 1 Nr. 2) verzichtet werden, wenn für jede Gruppe in besonderen Zusammenstellungen die Entwicklung der Bilanzwerte unter Angabe der Werte der Abgänge und des Betrags der AfA summenmäßig festgehalten wird. ⁴Die in Absatz 1 Nr. 1 und unter den Nummern 1 bis 3 bezeichneten Angaben müssen auch in diesem Fall für den einzelnen Gegenstand aus dem Bestandsverzeichnis ersichtlich sein. ⁵Die Sachkonten der Geschäftsbuchhaltung können als Bestandsverzeichnis gelten, wenn sie die in Absatz 1 und unter den Nummern 1 bis 3 bezeichneten Angaben enthalten und wenn durch diese Angaben die Übersichtlichkeit der Konten nicht beeinträchtigt wird.

Erleichterungen

(6) Das Finanzamt kann unter Abweichung von den Absätzen 1 bis 5 für einzelne Fälle Erleichterungen bewilligen.

▶ **Hinweise** **EStH** **H 31.**

Festwert

– > H 36

Amtl. Fn.:

❶ Für Berlin-West: 1. 4. 1949; für das Saarland: 6. 7. 1959.
❷ Das in Artikel 3 des Einigungsvertrags genannte Gebiet > Einigungsvertragsgesetz vom 23. 9. 1990, BGBl II S. 885, 890.

- Kein Zugang von Wirtschaftsgütern des Anlagevermögens, deren Nutzungsdauer zwölf Monate nicht übersteigt (kurzlebige Wirtschaftsgüter) zum Festwert (> BFH vom 26. 8. 1993 – BStBl 1994 II S. 232).
- Voraussetzungen für den Ansatz von Festwerten sowie deren Bemessung bei der Bewertung des beweglichen Anlagevermögens und des Vorratsvermögens > BMF vom 8. 3. 1993 (BStBl I S. 276).

Fehlende Bestandsaufnahme
Ein materieller Mangel der Buchführung kann auch vorliegen, wenn die körperliche Bestandsaufnahme nach R 31 Abs. 1 fehlt oder unvollständig ist, es sei denn, daß eine körperliche Bestandsaufnahme nach R 31 Abs. 5 nicht erforderlich ist (> BFH vom 14. 12. 1966 – BStBl 1967 III S. 247).

Fehlendes Bestandsverzeichnis
Fehlt das Bestandsverzeichnis oder ist es unvollständig, so kann darin ein materieller Mangel der Buchführung liegen (> BFH vom 14. 12. 1966 – BStBl 1967 III S. 247).

EStR   R 31a. Immaterielle Wirtschaftsgüter

Allgemeines
(1) [1]Als > immaterielle (unkörperliche) Wirtschaftsgüter kommen in Betracht: Rechte, rechtsähnliche Werte und sonstige Vorteile. [2]Trivialprogramme sind abnutzbare bewegliche und selbständig nutzbare Wirtschaftsgüter. [3]Computerprogramme, deren Anschaffungskosten nicht mehr als 800 DM betragen, sind stets als Trivialprogramme zu behandeln. [4]> Keine immateriellen Wirtschaftsgüter sind die nicht selbständig bewertbaren geschäftswertbildenden Faktoren.

Entgeltlicher Erwerb
(2) [1]Für > immaterielle Wirtschaftsgüter des Anlagevermögens ist ein Aktivposten nur anzusetzen, wenn sie entgeltlich erworben (§ 5 Abs. 2 EStG) oder in das Betriebsvermögen eingelegt (> R 14 Abs. 1) wurden. [2]Ein > immaterielles Wirtschaftsgut ist entgeltlich erworben worden, wenn es durch einen Hoheitsakt oder ein Rechtsgeschäft gegen Hingabe einer bestimmten Gegenleistung übergegangen oder eingeräumt worden ist. [3]Es ist nicht erforderlich, daß das Wirtschaftsgut bereits vor Abschluß des Rechtsgeschäfts bestanden hat; es kann auch erst durch den Abschluß des Rechtsgeschäfts entstehen, z. B. bei entgeltlich erworbenen Belieferungsrechten. [4]Ein entgeltlicher Erwerb eines > immateriellen Wirtschaftsguts liegt auch bei der Hingabe eines sog. verlorenen Zuschusses vor, wenn der Zuschußgeber von dem Zuschußempfänger eine bestimmte Gegenleistung erhält oder eine solche nach den Umständen zu erwarten ist oder wenn der Zuschußgeber durch die Zuschußhingabe einen besonderen Vorteil erlangt, der nur für ihn wirksam ist.

Kein Aktivierungsverbot
(3) [1]Das Aktivierungsverbot des § 5 Abs. 2 EStG wird nicht wirksam, wenn ein beim Rechtsvorgänger aktiviertes > immaterielles Wirtschaftsgut des Anlagevermögens im Rahmen der unentgeltlichen Übertragung eines Betriebs, Teilbetriebs oder Mitunternehmeranteils auf einen anderen übergeht ... [2]In diesem Fall hat der Erwerber dieses immaterielle Wirtschaftsgut mit dem Betrag zu aktivieren, mit dem es beim Rechtsvorgänger aktiviert war (§ 6 Abs. 3 EStG). [3]Das Aktivierungsverbot findet auch dann keine Anwendung, wenn ein > immaterielles Wirtschaftsgut des Anlagevermögens eingelegt wird. [4]Legt ein Steuerpflichtiger ein > immaterielles Wirtschaftsgut des Anlagevermögens in seinen Betrieb ein, so ist es mit dem nach § 6 Abs. 1 Nr. 5 EStG maßgebenden Wert zu aktivieren. [5]Ein > immaterielles Wirtschaftsgut des Anlagevermögens, das

Einkommensteuer — Zu § 5 EStG

aus betrieblichem Anlaß aus einem Betrieb unentgeltlich in den Betrieb eines anderen Steuerpflichtigen übertragen worden ist, ist bei dem Erwerber nach § 6 Abs. 4 EStG mit dem gemeinen Wert anzusetzen.

▶ **Hinweise**   **EStH**   **H 31a.**

Immaterielle Wirtschaftsgüter sind u. a.
- *Belieferungsrechte, Optionsrechte, Konzessionen* (> BFH vom 10. 8. 1989 – BStBl 1990 II S. 15),
- *Bodenschätze* > H 13 (1),
- *Computerprogramme* (> BFH vom 3. 7. 1987 – BStBl II S. 728, S. 787 und vom 28. 7. 1994 – BStBl II S. 873) siehe aber > Keine immateriellen Wirtschaftsgüter,
- in echter Auftragsproduktion hergestellte Filme sind immaterielle Wirtschaftsgüter des Umlaufvermögens (> BFH vom 20. 9. 1995 – BStBl 1997 II S. 320),
- *Lizenzen*, ungeschützte Erfindungen, Gebrauchsmuster, Fabrikationsverfahren, Know-how, Tonträger in der Schallplattenindustrie (> BFH vom 28. 5. 1979 – BStBl II S. 734),
- > *Nutzungsrechte* an einem Gebäude (> R 42 Abs. 5),
- *Patente*, Markenrechte, Urheberrechte, Verlagsrechte (> BFH vom 24. 11. 1982 – BStBl 1983 II S. 113),
- *Spielerlaubnisse nach Maßgabe des Lizenzspielerstatuts des Deutschen Fußballbundes* (> BFH vom 26. 8. 1992 – BStBl II S. 977).

Keine immateriellen Wirtschaftsgüter, sondern materielle (körperliche) und zugleich abnutzbare bewegliche Wirtschaftsgüter sind, wenn sie nicht unter anderen rechtlichen Gesichtspunkten, z. B. als Kundenkartei oder Verlagsarchiv, als immaterielle Wirtschaftsgüter anzusehen sind, **Computerprogramme** (> Immaterielle Wirtschaftsgüter), die keine Befehlsstruktur enthalten, sondern nur Bestände von Daten, die allgemein bekannt und jedermann zugänglich sind, z. B. mit Zahlen und Buchstaben (> BFH vom 5. 2. 1988 – BStBl II S. 737 und vom 2. 9. 1988 – BStBl 1989 II S. 160).

Kein entgeltlicher Erwerb liegt u. a. vor bei
- *Aufwendungen, die nicht Entgelt für den Erwerb eines Wirtschaftsguts von einem Dritten, sondern nur Arbeitsaufwand oder sonstiger Aufwand*, z. B. Honorar für Dienstleistungen, für einen im Betrieb selbst geschaffenen Wert oder Vorteil sind (> BFH vom 26. 2. 1975 – BStBl II S. 443).
- *Aufwendungen, die lediglich einen Beitrag zu den Kosten einer vom Steuerpflichtigen mitbenutzten Einrichtung bilden,* z. B. Beiträge zum Ausbau einer öffentlichen Straße oder zum Bau einer städtischen Kläranlage; diese Aufwendungen gehören zu den nicht aktivierbaren Aufwendungen für einen selbstgeschaffenen Nutzungsvorteil (> BFH vom 26. 2. 1980 – BStBl II S. 687 und vom 25. 8. 1982 – BStBl 1983 II S. 38).
- *selbstgeschaffenen* > *immateriellen Wirtschaftsgütern,* z. B. Patente (> BFH vom 8. 11. 1979 – BStBl 1980 II S. 146).

Kundenstamm ist beim Erwerb eines Unternehmens in der Regel kein selbständig bewertbares > immaterielles Wirtschaftsgut, sondern ein geschäftswertbildender Faktor (> BFH vom 16. 9. 1970 – BStBl 1971 II S. 175 und vom 25. 11. 1981 – BStBl 1982 II S. 189).

Nutzungsrechte, die durch Baumaßnahmen des Nutzungsberechtigten entstanden sind

Schwebende Arbeitsverträge mit im Unternehmen tätigen Arbeitnehmern sind keine > immateriellen Wirtschaftsgüter, sondern nicht selbständig bewertbare geschäftswertbildende Faktoren (> BFH vom 7. 11. 1985 – BStBl 1986 II S. 176).

Umbauten oder Einbauten des Mieters sind als Herstellungskosten eines materiellen Wirtschaftsguts zu aktivieren, wenn sie unmittelbar besonderen Zwecken dienen und in diesem Sinne in einem von der eigentlichen Gebäudenutzung verschiedenen Funktionszusammenhang stehen (> BFH vom 26. 2. 1975 – BStBl II S. 443 und BMF vom 15. 1. 1976 – BStBl I S. 66).

...

EStR   **R 31b. Rechnungsabgrenzungen**

Transitorische Posten

(1) ¹Nach § 5 Abs. 5 Satz 1 EStG ist die Rechnungsabgrenzung auf die sog. transitorischen Posten beschränkt. ²Es kommen danach für die Rechnungsabgrenzung in der Regel nur Ausgaben und Einnahmen in Betracht, die vor dem Abschlußstichtag angefallen, aber erst der Zeit nach dem Abschlußstichtag zuzurechnen sind.

Bestimmte Zeit nach dem Abschlußstichtag

(2) Die Bildung eines Rechnungsabgrenzungspostens ist nur zulässig, soweit die vor dem Abschlußstichtag angefallenen Ausgaben oder Einnahmen Aufwand oder Ertrag für eine > bestimmte Zeit nach dem Abschlußstichtag darstellen.

(3) ¹**Antizipative Posten** (Ausgaben oder Einnahmen nach dem Bilanzstichtag, die Aufwand oder Ertrag für einen Zeitraum vor diesem Tag darstellen), dürfen als Rechnungsabgrenzungsposten nur in den Fällen des § 5 Abs. 5 Satz 2 EStG ausgewiesen werden. ²Soweit sich aus den ihnen zugrundeliegenden Geschäftsvorfällen bereits Forderungen oder Verbindlichkeiten ergeben haben, sind sie als solche zu bilanzieren.

Hinweise   **EStH**   **H 31b.**

Abschlußgebühren

Abschlußgebühren können eine (Gegen-)Leistung darstellen, die dem jeweiligen Bausparvertrag als Entgelt für den eigentlichen Vertragsabschluß zuzuordnen sind, sie wirken sich unmittelbar mit ihrer Vereinnahmung erfolgswirksam aus und sind bilanziell nicht passiv abzugrenzen (> BFH vom 11. 2. 1998 – BStBl II S. 381).

...

Bestimmte Zeit nach dem Abschlußstichtag

liegt vor

– wenn die abzugrenzenden Ausgaben und Einnahmen für einen bestimmten nach dem Kalenderjahr bemessenen Zeitraum bezahlt oder vereinnahmt werden, z. B. monatliche, vierteljährliche, halbjährliche *Mietvorauszahlungen* oder Zahlung der Miete im voraus für einen Messestand für eine zeitlich feststehende Messe (> BFH vom 9. 12. 1993 – BStBl 1995 II S. 202);

– bei *Übernahme von Erschließungskosten und Kanalanschlußgebühren* durch den Erbbauberechtigten (> BFH vom 17. 4. 1985 – BStBl II S. 617);

– bei *Ausbeuteverträgen;*

– bei zeitlich nicht begrenzten Dauerleistungen, wenn sich rechnerisch ein **Mindestzeitraum** bestimmen läßt (> BFH vom 9. 12. 1993 – BStBl 1995 II S. 202, BMF vom 15. 3. 1995 – BStBl I S. 183).

liegt nicht vor

– wenn sich der Zeitraum nur durch **Schätzung** ermitteln läßt (> BFH vom 3. 11. 1982 – BStBl 1983 II S. 132),

– bei planmäßiger oder betriebsgewöhnlicher **Nutzungsdauer** eines abnutzbaren Sachanlageguts (> BFH vom 22. 1. 1992 – BStBl II S. 488).

...

Gewinnermittlung nach § 4 Abs. 1 EStG

R 31b gilt bei der Gewinnermittlung nach § 4 Abs. 1 EStG sinngemäß (> § 141 Abs. 1 Satz 2 AO, BFH vom 20. 11. 1980 – BStBl 1981 II S. 398).

...

Maklerprovision

Für Maklerprovisionen im Zusammenhang mit dem Abschluß eines Mietvertrages kann kein aktiver Rechnungsabgrenzungsposten gebildet werden (> BFH vom 19. 6. 1997 – BStBl II S. 808).

...

Urlaubsgeld bei abweichendem Wirtschaftsjahr

Es hängt von den Vereinbarungen der Vertragspartner ab, ob Urlaubsgeld, das bei einem abweichenden Wirtschaftsjahr vor dem Bilanzstichtag für das gesamte Urlaubsjahr bezahlt wird, anteilig aktiv abzugrenzen ist (> BFH vom 6. 4. 1993 – BStBl II S. 709).

Zeitbezogene Gegenleistung

Der Vorleistung des einen Vertragsteils muß eine zeitbezogene Gegenleistung des Vertragspartners gegenüberstehen (> BFH vom 11. 7. 1973 – BStBl II S. 840 und vom 4. 3. 1976 – BStBl 1977 II S. 380) und der Zeitraum, auf den sich die Vorleistung des einen Vertragsteils bezieht, muß bestimmt sein (> BFH vom 7. 3. 1973 – BStBl II S. 565).

EStR   **R 31c. Rückstellungen**

Allgemeines

(1) Nach den handelsrechtlichen Grundsätzen ordnungsmäßiger Buchführung sind Rückstellungen zu bilden für

1. ungewisse Verbindlichkeiten und für drohende Verluste aus schwebenden Geschäften (§ 249 Abs. 1 Satz 1 HGB),

2. im Geschäftsjahr unterlassene Aufwendungen für Instandhaltung, die im folgenden Geschäftsjahr innerhalb von drei Monaten, oder für Abraumbeseitigung, die im folgenden Geschäftsjahr nachgeholt werden (§ 249 Abs. 1 Satz 2 Nr. 1 HGB), und

3. Gewährleistungen, die ohne rechtliche Verpflichtung erbracht werden (§ 249 Abs. 1 Satz 2 Nr. 2 HGB),

soweit steuerliche Sondervorschriften, z. B. § 5 Abs. 3, 4, 4a, 4b und 6, § 6a EStG und § 50 Abs. 2 Satz 4 und 5 DMBilG, dem nicht entgegenstehen und eine betriebliche Veranlassung besteht.

Zu § 5 EStG   **Einkommensteuer**   192

▶ Hinweise   EStH   H 31c (1).

Abzugsverbot
Besteht für künftigen Aufwand ein steuerliches Abzugsverbot, ist die Bildung einer Rückstellung nicht zulässig (> BFH vom 9. 6. 1999 – BStBl II S. 656).

Bewertung von Rückstellungen
> R 38

Handelsrechtliches Passivierungswahlrecht
Besteht handelsrechtlich ein Wahlrecht zur Bildung einer Rückstellung (§ 249 Abs. 1 Satz 3 und Abs. 2 HGB), darf die Rückstellung steuerrechtlich nicht gebildet werden (> BFH vom 25. 8. 1989 – BStBl II S. 893).

Gewinnermittlung nach § 4 Abs. 1 EStG
Die Grundsätze über Rückstellungen gelten sinngemäß bei Gewinnermittlung nach § 4 Abs. 1 EStG (> § 141 Abs. 1 Satz 2 AO und BFH vom 20. 11. 1980 – BStBl 1981 II S. 398).

...

Ungewisse Verbindlichkeiten

Grundsätze

(2) Eine Rückstellung für ungewisse Verbindlichkeiten darf nur gebildet werden, wenn

1. es sich um eine Verbindlichkeit gegenüber einem Dritten oder eine öffentlich-rechtliche Verpflichtung handelt,
2. die Verpflichtung vor dem Bilanzstichtag verursacht ist und
3. mit einer Inanspruchnahme aus einer nach ihrer Entstehung oder Höhe ungewissen Verbindlichkeit ernsthaft zu rechnen ist.

Rechtliches Entstehen

(3) [1]Die Bildung einer Rückstellung für ungewisse Verbindlichkeiten setzt – als Abgrenzung zur > Aufwandsrückstellung – eine Verpflichtung gegenüber einem anderen voraus. [2]Auch öffentlich-rechtliche Verpflichtungen können Grundlage für eine Rückstellung sein; zur Abgrenzung von nicht zulässigen reinen Aufwandsrückstellungen ist jedoch Voraussetzung, daß die Verpflichtung hinreichend konkretisiert ist, d. h., es muß regelmäßig ein inhaltlich bestimmtes Handeln durch Gesetz oder Verwaltungsakt innerhalb eines bestimmten Zeitraums vorgeschrieben und an die Verletzung der Verpflichtung müssen Sanktionen geknüpft sein.

▶ Hinweise   EStH   H 31c (3).

Abrechnungsverpflichtung
Für die sich aus § 14 VOB/B ergebende Verpflichtung zur Abrechnung gegenüber dem Besteller ist eine Rückstellung zu bilden (> BFH vom 25. 2. 1986 – BStBl II S. 788); Entsprechendes gilt für die Abrechnungsverpflichtung nach den allgemeinen Bedingungen für die Gasversorgung/Elektrizitätsversorgung (> BFH vom 18. 1. 1995 – BStBl II S. 742).

Aufwandsrückstellungen
können in der Steuerbilanz nicht gebildet werden (> BFH vom 8. 10. 1987 – BStBl 1988 II S. 57 und vom 12. 12. 1991 – BStBl 1992 II S. 600); Ausnahmen > R 31c Abs. 11.

Pfandrückstellungen

Für die Verpflichtung zur Rückgabe von Pfandgeld sind Rückstellungen zu bilden; deren Höhe richtet sich nach den Umständen des Einzelfalls (> BMF vom 11. 7. 1995 – BStBl I S. 363).

Öffentliche Leitsätze

Allgemeine öffentliche Leitsätze, z. B. die Verpflichtung der Wohnungsbauunternehmen, im Interesse der Volkswirtschaft die errichteten Wohnungen zu erhalten, rechtfertigen keine Rückstellung (> BFH vom 26. 5. 1976 – BStBl II S. 622).

Rückstellungen für öffentlich-rechtliche Verpflichtungen sind u. a. zulässig für:

– Verpflichtung zur **Aufstellung der Jahresabschlüsse** (> BFH vom 20. 3. 1980 – BStBl II S. 297).

– Verpflichtung zur **Buchung laufender Geschäftsvorfälle** des Vorjahrs (> BFH vom 25. 3. 1992 – BStBl II S. 1010).

– Gesetzliche Verpflichtung zur **Prüfung der Jahresabschlüsse,** zur **Veröffentlichung des Jahresabschlusses** im Bundesanzeiger, zur **Erstellung des Geschäftsberichts** und zur **Erstellung** der die Betriebssteuern des abgelaufenen Jahres betreffenden **Steuererklärungen** (> BFH vom 23. 7. 1980 – BStBl 1981 II S. 62, 63).

– Verpflichtung zur Erstellung der Erklärung zur Feststellung des **Einheitswerts des Betriebsvermögens,** wenn die Feststellung ausschließlich zur Ermittlung der Gewerbekapitalsteuer und nicht für Vermögensteuerzwecke erfolgt (> BFH vom 24. 11. 1983 – BStBl 1984 II S. 301).

Rückstellungen für öffentlich-rechtliche Verpflichtungen sind u. a. nicht zulässig für:

– Verpflichtung zur Durchführung der Hauptversammlung (> BFH vom 23. 7. 1980 – BStBl 1981 II S. 62).

– Künftige Betriebsprüfungskosten, solange es an einer Prüfungsanordnung fehlt (> BFH vom 24. 8. 1972 – BStBl 1973 II S. 55).

– Künftige Beitragszahlungen an den Pensionssicherungsverein (> BFH vom 6. 12. 1995 – BStBl 1996 II S. 406).

– die Verpflichtung zur Erstellung der Einkommensteuererklärung und der Erklärung zur gesonderten und einheitlichen Feststellung des Gewinns einer Personengesellschaft (> BFH vom 24. 11. 1983 – BStBl 1984 II S. 301).

Wesentlichkeit

Ob für eine Verpflichtung, z. B. eine Abrechnungsverpflichtung, unter dem Gesichtspunkt der Wesentlichkeit eine Rückstellung zu bilden ist, ist nicht nach dem Aufwand für das einzelne Vertragsverhältnis zu beurteilen, sondern nach der Bedeutung der Verpflichtung für das Unternehmen (> BFH vom 18. 1. 1995 – BStBl II S. 742).

Wirtschaftliche Verursachung

(4) [1]Rückstellungen für ungewisse Verbindlichkeiten sind erstmals im Jahresabschluß des Wirtschaftsjahrs zu bilden, in dem sie wirtschaftlich verursacht sind. [2]Die Annahme einer wirtschaftlichen Verursachung setzt voraus, daß der Tatbestand, an den das Gesetz oder der Vertrag die Verpflichtung knüpft, im wesentlichen verwirklicht ist. [3]Die Erfüllung der Verpflichtung darf nicht nur an Vergangenes anknüpfen, sondern muß auch Vergangenes abgelten.

> **Hinweise   EStH   H 31c (4).**

Arbeitsfreistellung
Rückstellungen für Verpflichtungen zur Gewährung von Vergütungen für die Zeit der Arbeitsfreistellung vor Ausscheiden aus dem Dienstverhältnis und Jahreszusatzleistungen im Jahr des Eintritts des Versorgungsfalls (> BMF vom 11. 11. 1999 – BStBl I S. 959).

Ausgleichsanspruch Handelsvertreter
Eine Rückstellung für die Verpflichtung zur Zahlung eines Ausgleichs an einen Handelsvertreter nach § 89b HGB ist vor Beendigung des Vertragsverhältnisses nicht zulässig, da wesentliche Voraussetzung für einen solchen Ausgleich ist, daß dem Unternehmer aus der früheren Tätigkeit des Vertreters mit hoher Wahrscheinlichkeit noch nach Beendigung des Vertragsverhältnisses erhebliche Vorteile erwachsen (> BFH vom 20. 1. 1983 – BStBl II S. 375).

Garantierückstellungen
Garantierückstellungen, mit denen das Risiko künftigen Aufwands durch kostenlose Nacharbeiten oder durch Ersatzlieferungen oder aus Minderungen oder Schadenersatzleistungen wegen Nichterfüllung auf Grund gesetzlicher oder vertraglicher Gewährleistungen erfaßt werden soll, können bei Vorliegen der entsprechenden Voraussetzungen als Einzelrückstellungen für die bis zum Tag der Bilanzaufstellung bekanntgewordenen einzelnen Garantiefälle oder als Pauschalrückstellung gebildet werden. Für die Bildung von Pauschalrückstellungen ist Voraussetzung, daß der Kaufmann auf Grund der Erfahrungen in der Vergangenheit mit einer gewissen Wahrscheinlichkeit mit Garantieinanspruchnahmen rechnen muß oder daß sich aus der branchenmäßigen Erfahrung und der individuellen Gestaltung des Betriebs die Wahrscheinlichkeit ergibt, Garantieleistungen erbringen zu müssen (> BFH vom 30. 6. 1983 – BStBl 1984 II S. 263).

Jubiläumsrückstellung
Zu den Voraussetzungen für die Bildung einer Rückstellung für Jubiläumszuwendungen > BMF vom 29. 10. 1993 (BStBl I S. 898). ❶

Einfügung d. Schriftl.:
BMF-Schreiben vom 29. 10. 1993 – BStBl 1993 I S. 898
Betr.: Rückstellungen für Zuwendungen anläßlich eines Dienstjubiläums

...

1. Allgemeines

Unternehmen (Arbeitgeber), die gegenüber ihren Arbeitnehmern die Verpflichtung eingehen, diesen aus Anlaß eines Dienstjubiläums eine Zuwendung zu erbringen, haben für diese Verpflichtung grundsätzlich unter den allgemeinen Voraussetzungen des Abschnitts 31c Abs. 2 EStR eine Rückstellung zu bilden. Eine Rückstellung darf nicht ausgewiesen werden, wenn die Verpflichtung von anderen Bedingungen als der Betriebszugehörigkeit des Arbeitnehmers zum Jubiläumszeitpunkt, beispielsweise von der späteren Ertrags- und Liquiditätslage des Unternehmens abhängig gemacht wird. ...

2. Begriff der Jubiläumszuwendung

...

Ein Dienstjubiläum kann steuerlich nur berücksichtigt werden, wenn die Jubiläumsarbeitszeit (Dauer des Dienstverhältnisses, für die eine Jubiläumsleistung zugesagt ist) durch fünf Jahre ohne Rest teilbar ist. Eine

---

Anm. d. Schriftl.:
❶ Die bisher in Verwaltungsanweisungen enthaltenen Einschränkungen zur Bildung von Jubiläumsrückstellungen sind mit dem StEntlG 1999 unmittelbar als § 5 Abs. 4 EStG in das Gesetz übernommen worden.

Ausnahme gilt in den Fällen, in denen eine Jubiläumszuwendung anläßlich der Beendigung des Dienstverhältnisses wegen des Eintritts in den Ruhestand höchstens fünf Jahre vor Ableisten der vollen Jubiläumsarbeitszeit gewährt wird. ...

3. Schriftformerfordernis

Rückstellungen für Jubiläumszuwendungen können nur gebildet werden, wenn die Zusage gegenüber dem berechtigten Arbeitnehmer schriftlich erteilt ist (§ 5 Abs. 4 EStG). ...

4. Bewertung der Verpflichtung

a) Umfang der Verpflichtung

Für die Bewertung der zugesagten Leistungen sind die Wertverhältnisse am Bilanzstichtag maßgebend. ...

b) Berücksichtigung der Wahrscheinlichkeit des Ausscheidens

Nach den Grundsätzen des § 5 Abs. 4 EStG können Rückstellungen für die Verpflichtung zur Leistung einer Zuwendung anläßlich eines Dienstjubiläums u. a. erst gebildet werden, wenn das Dienstverhältnis mindestens zehn Jahre bestanden hat. Mit dieser Regelung wird das Ausscheiden von Arbeitnehmern aufgrund von Kündigungen (Fluktuation) in pauschaler Weise berücksichtigt. ... Demgegenüber ist die Wahrscheinlichkeit des Ausscheidens wegen Tod oder Invalidität gesondert zu berücksichtigen. Für die Bestimmung des Zeitpunkts, zu dem der Begünstigte wegen Eintritts in den Ruhestand aus dem Unternehmen ausscheidet, ist das dienstvertragliche Pensionierungsalter, spätestens das vollendete 65. Lebensjahr zugrunde zu legen. ...

c) Bewertungsverfahren

– Teilwertverfahren

Der Teilwert der Verpflichtung zur Leistung der einzelnen Jubiläumszuwendung ist grundsätzlich unter Berücksichtigung der anerkannten Regeln der Versicherungsmathematik als Barwert der künftigen Jubiläumszuwendung am Schluß des Wirtschaftsjahrs abzüglich des sich auf denselben Zeitpunkt ergebenden Barwerts betragsmäßig gleichbleibender Jahresbeträge (Teilwertverfahren) zu ermitteln. ... Bei der Bewertung der Verpflichtung ist zur Ermittlung des Teilwertes abzuzinsen. Hierbei ist ein Zinssatz von mindestens 5,5 v. H. zugrunde zu legen.

– Pauschalwertverfahren

Es ist nicht zu beanstanden, wenn der Teilwert statt dessen nach einem pauschalen Verfahren ermittelt wird (Pauschalwertverfahren). Hierbei sind zwingend die Werte der in der Anlage beigefügten Tabelle zugrunde zu legen. Diese Werte berücksichtigen bereits die Wahrscheinlichkeit des Ausscheidens und die Abzinsung. Auf die Beispiele unter Buchstabe e wird verwiesen.

Das Unternehmen darf die Teilwerte für alle Verpflichtungen nur nach einem einheitlichen Verfahren ermitteln. An der getroffenen Wahl ist grundsätzlich fünf Wirtschaftsjahre lang festzuhalten.

d) Kürzung der Jubiläumsrückstellung bei Beginn des Dienstverhältnisses vor dem 1. 1. 1993

Nach § 52 Abs. 6 Satz 1 EStG dürfen Jubiläumsrückstellungen nur gebildet werden, soweit der Zuwendungsberechtigte seine Anwartschaft nach dem 31. 12. 1992 erwirbt. Der nach Buchstabe c ermittelte Rückstellungsbetrag ist demnach in den Fällen, in denen das Dienstverhältnis vor dem 1. 1. 1993 begonnen hat, um denjenigen Teilbetrag der Rückstellung zu kürzen, der sich bezogen auf die Verhältnisse zum Bilanzstichtag als Rückstellungsbetrag nach dem gleichen Verfahren nach Buchstaben c zum 31. 12. 1992 ergeben hätte. Der Kürzungsbetrag ist bei einer Veränderung der Jubiläumsleistung jeweils neu zu ermitteln. Eine Kürzung kommt auch in Betracht, wenn die Zusage nach dem 31. 12. 1992 erstmals erteilt wird oder sich eine bereits erteilte Zusage der Höhe nach verändert.

e) Beispiele für die Teilwertermittlung nach dem Pauschalwertverfahren

Beispiel 1:

Leistung der Jubiläumszuwendung nach	25 Dienstjahren
Höhe der Jubiläumszuwendung	2 000 DM
Zeitpunkt des Beginns der Jubiläumsarbeitszeit	1. 4. 1984
10 abgeleistete Dienstjahre	31. 3. 1994
Erstmalige Rückstellungsbildung zum 31. 12. 1994	

Berechnung:
Rückstellungswert zum 31. 12. 1994
für 11 Dienstjahre (gerundet)
81 × 2 =   162 DM

Rückstellungswert zum 31. 12. 1992
für 9 Dienstjahre (gerundet)
58 × 2 =   116 DM

Differenz der beiden Werte =
Rückstellung zum 31. 12. 1994:   46 DM

...

Tabelle zur Pauschalbewertung von Jubiläumsverpflichtungen in Höhe von je 1 000 DM (Auszug)

abgeleistete Dienstjahre (gerundet)	Leistung der Jubiläumszuwendung nach						
	15 Dienstjahren	20 Dienstjahren	25 Dienstjahren	30 Dienstjahren	35 Dienstjahren	40 Dienstjahren	45 Dienstjahren
1	12	7	4	2	2	1	1
2	26	14	8	5	3	2	2
3	42	23	13	8	5	4	2
4	61	32	19	12	8	5	3
5	82	43	25	16	10	7	5
6	107	55	32	20	13	8	6
7	137	69	40	25	16	10	7
8	172	85	49	30	19	13	9
9	215	103	58	36	23	15	10
10	270	123	69	42	27	18	12
11	345	147	81	49	31	21	14
12	441	176	95	57	36	24	16
13	578	209	110	66	42	27	18
14	765	250	128	75	48	31	21
15	1000	304	148	86	54	35	24
16		377	172	98	61	40	27
17		469	199	112	69	45	30
18		600	232	127	78	50	34
19		778	272	145	88	56	37
20		1000	324	164	99	63	42

Prozeßkosten

Bei am Bilanzstichtag noch nicht anhängigen Verfahren/Instanzen fehlt es grundsätzlich an der wirtschaftlichen Verursachung (> BFH vom 6. 12. 1995 – BStBl 1996 II S. 406).

Zinszahlung

Eine Verpflichtung zur Zinszahlung ist am Bilanzstichtag nur insoweit wirtschaftlich verursacht, als damit eine Zeitspanne vor dem Bilanzstichtag abgegolten wird (> BFH vom 6. 12. 1995 – BStBl 1996 II S. 406).

Wahrscheinlichkeit der Inanspruchnahme

(5) ¹Rückstellungen für ungewisse Verbindlichkeiten setzen in tatsächlicher Hinsicht voraus, daß die Verbindlichkeiten, die den Rückstellungen zugrunde liegen, bis zum Bilanzstichtag entstanden sind oder aus Sicht am Bilanzstichtag mit einiger Wahrscheinlichkeit entstehen werden und der Steuerpflichtige spätestens bei Bilanzaufstellung ernsthaft damit rechnen muß, hieraus in Anspruch genommen zu werden. ²Die Wahrscheinlichkeit der Inanspruchnahme ist auf Grund objektiver, am Bilanzstichtag vorliegender und spätestens bei Aufstellung der Bilanz erkennbarer Tatsachen aus der Sicht eines sorgfältigen und gewissenhaften Kaufmanns zu beurteilen; es müssen mehr Gründe für als gegen die Inanspruchnahme sprechen.

▶ **Hinweise** **EStH** **H 31c (5).**

Einseitige Verbindlichkeiten

Bei einseitigen Verbindlichkeiten ist die Wahrscheinlichkeit der Inanspruchnahme erst gegeben, wenn der Gläubiger die sich aus ihnen ergebende (mögliche) Berechtigung kennt. Dies gilt auch für öffentlich-rechtliche Verbindlichkeiten (> BFH vom 19. 10. 1993 – BStBl 1994 II S. 891).

Entdeckung

Die Wahrscheinlichkeit der Inanspruchnahme ist gegeben, wenn die anspruchsbegründenden Tatsachen bis zum Tag der Bilanzaufstellung entdeckt sind (> BFH vom 2. 10. 1992 – BStBl 1993 II S. 153).

Hinterzogene Steuern

Hinterzogene Lohnsteuer ist vom Arbeitgeber in dem Zeitpunkt zurückzustellen, in dem er mit seiner Haftungsinanspruchnahme ernsthaft rechnen muß (> BFH vom 16. 2. 1996 – BStBl II S. 592).

(6) u. (7) ...

Schwebende Geschäfte

(8) ¹Verpflichtungen aus schwebenden Geschäften werden nicht passiviert, es sei denn, das Gleichgewicht von Leistung und Gegenleistung ist durch Erfüllungsrückstände gestört. ²Die wirtschaftliche Verursachung der Verpflichtung richtet sich nach > Absatz 4.

Erfüllungsrückstand

(9) ¹Erfüllungsrückstände des Vermieters liegen z. B. vor, wenn sich die allgemeine Pflicht zur Erhaltung der vermieteten Sache in der Notwendigkeit einzelner Erhaltungsmaßnahmen konkretisiert hat und der Vermieter die Maßnahmen unterläßt. ²Wegen des auch hier zu beachtenden Tatbestandes der wirtschaftlichen Verursachung > Absatz 4.

▶ **Hinweise** **EStH** **H 31c (9).**

Erfüllungsrückstand

– Ein Erfüllungsrückstand liegt insbesondere vor, wenn der Schuldner einer Verpflichtung nicht nachgekommen ist, die er im abgelaufenen Wirtschaftsjahr hätte erfüllen müssen (> BFH vom 3. 12. 1991 – BStBl 1993 II S. 89).

– Rückstellungen für Verpflichtungen zur Gewährung von Vergütungen für die Zeit der Arbeitsfreistellung vor Ausscheiden aus dem Dienstverhältnis und Jahreszusatzleistungen im Jahr des Eintritts des Versorgungsfalls (> BMF vom 11. 11. 1999 – BStBl I S. 959).

Drohverlust[1]

(10) – unbesetzt –

Instandhaltung und Abraumbeseitigung

(11) ¹Die nach den Grundsätzen des § 249 Abs. 1 Satz 2 Nr. 1 HGB gebildete Rückstellung ist auch in der Steuerbilanz anzusetzen. ²Das gleiche gilt für die Bildung von Rückstellungen für unterlassene Aufwendungen für Abraumbeseitigungen, die im folgenden Wirtschaftsjahr nachgeholt werden. ³Bei unterlassener Instandhaltung muß es sich um Erhaltungsarbeiten handeln, die bis zum Bilanzstichtag bereits erforderlich gewesen wären, aber erst nach dem Bilanzstichtag durchgeführt werden. ⁴Soweit nach § 249 Abs. 1 Satz 3 HGB Rückstellungen auch für unterlassene Instandhaltungsaufwendungen zugelassen werden, die nach Ablauf der 3-Monats-Frist bis zum Ende des Wirtschaftsjahrs nachgeholt werden dürfen (handelsrechtliches Passivierungswahlrecht), sind sie steuerrechtlich nicht zulässig. ⁵Rückstellungen für Abraumbeseitigungen auf Grund rechtlicher Verpflichtungen sind nach § 249 Abs. 1 Satz 1 HGB (ungewisse Verbindlichkeit) zu bilden.

▶ **Hinweise** **EStH** **H 31c (11).**

Turnusmäßige Erhaltungsarbeiten

Bei Erhaltungsarbeiten, die erfahrungsgemäß in ungefähr gleichem Umfang und in gleichen Zeitabständen anfallen und turnusgemäß durchgeführt werden, liegt in der Regel keine unterlassene Instandhaltung vor (> BFH vom 15. 2. 1955 – BStBl III S. 172).

Kulanzleistungen

(12) Rückstellungen nach § 249 Abs. 1 Satz 2 Nr. 2 HGB für Gewährleistungen, die ohne rechtliche Verpflichtungen erbracht werden, sind nur zulässig, wenn sich der Kaufmann den Gewährleistungen aus geschäftlichen Erwägungen nicht entziehen kann.

▶ **Hinweise** **EStH** **H 31c (12).**

...

Geschäftliche Erwägungen

Geschäftliche Erwägungen sind anzunehmen, wenn am Bilanzstichtag unter Berücksichtigung des pflichtgemäßen Ermessens des vorsichtigen Kaufmanns damit zu rechnen ist, daß Kulanzleistungen auch in Zukunft bewilligt werden müssen (> BFH vom 6. 4. 1965 – BStBl III S. 383).

Anm. d. Schriftl.:

[1] Ab dem Erhebungszeitraum 1997 dürfen Rückstellungen für drohende Verluste aus schwebenden Geschäften nicht mehr gebildet werden (Gesetz zur Fortsetzung der Unternehmenssteuerreform vom 29. 10. 1997 – BStBl 1997 I S. 928). Zur Übergangsregelung siehe BMF-Schreiben vom 23. 12. 1997 – BStBl 1997 I S. 1021.

Auflösung von Rückstellungen

(13) Außer in den Fällen des § 52 Abs. 13, 14 und 16 EStG sind Rückstellungen nur aufzulösen, soweit die Gründe hierfür entfallen (> auch § 249 Abs. 3 Satz 2 HGB).

> **Hinweise EStH H 31c (13).**

Auflösung
Rückstellungen sind auch dann aufzulösen, wenn
– nach dem Bilanzstichtag, aber vor der Bilanzerstellung Umstände bekannt werden, aus denen sich ergibt, daß mit einer Inanspruchnahme nicht mehr zu rechnen ist (> BFH vom 17. 1. 1973 – BStBl II S. 320);
– die Verbindlichkeit trotz weiterbestehender rechtlicher Verpflichtung keine wirtschaftliche Belastung mehr darstellt (> BFH vom 22. 11. 1988 – BStBl 1989 II S. 359).

Erfolgsneutrale Auflösung
Eine Rückstellung ist erfolgsneutral aufzulösen, wenn der Wegfall der Voraussetzungen für ihre Bildung und Beibehaltung auf Umständen beruht, die als Einlage im Sinne des § 4 Abs. 1 Satz 3 EStG zu beurteilen sind (> BFH vom 12. 4. 1989 – BStBl II S. 612).

Schadensersatz
Eine Rückstellung wegen einer gerichtsanhängigen Schadensersatzverpflichtung ist erst gewinnerhöhend aufzulösen, wenn über die Verpflichtung endgültig und rechtskräftig ablehnend entschieden ist (> BFH vom 27. 11. 1997 – BStBl 1998 II S. 375).

Verhandlungen
Wird am Bilanzstichtag über den Wegfall einer Verpflichtung verhandelt, so rechtfertigt dies die Auflösung einer gebildeten Rückstellung grundsätzlich nicht (> BFH vom 17. 11. 1987 – BStBl 1988 II S. 430).

Zu § 6 EStG (§§ 7 – 11d EStDV)

EStR R 32. Anlagevermögen und Umlaufvermögen

(1) ¹Zum **Anlagevermögen** gehören die Wirtschaftsgüter, die bestimmt sind, dauernd dem Betrieb zu dienen. ²Ob ein Wirtschaftsgut zum Anlagevermögen gehört, ergibt sich aus dessen Zweckbestimmung, nicht aus seiner Bilanzierung. ³Ist die Zweckbestimmung nicht eindeutig feststellbar, kann die Bilanzierung Anhaltspunkt für die Zuordnung zum Anlagevermögen sein. ⁴Zum Anlagevermögen können immaterielle Wirtschaftsgüter, Sachanlagen und Finanzanlagen gehören. ⁵Zum abnutzbaren Anlagevermögen gehören insbesondere die auf Dauer dem Betrieb gewidmeten Gebäude, technischen Anlagen und Maschinen sowie die Betriebs- und Geschäftsausstattung. ⁶Zum nichtabnutzbaren Anlagevermögen gehören insbesondere Grund und Boden, Beteiligungen und andere Finanzanlagen, wenn sie dazu bestimmt sind, dauernd dem Betrieb zu dienen. ⁷Ein Wirtschaftsgut des Anlagevermögens, dessen Veräußerung beabsichtigt ist, bleibt so lange Anlagevermögen, wie sich seine bisherige Nutzung nicht ändert, auch wenn bereits vorbereitende Maßnahmen zu seiner Veräußerung getroffen worden sind. ⁸Bei Grundstücken des Anlagevermögens, die bis zu ihrer Veräußerung unverändert genutzt werden, ändert somit selbst

Zu § 6 EStG   **Einkommensteuer**

eine zum Zwecke der Veräußerung vorgenommene Parzellierung des Grund und Bodens oder Aufteilung des Gebäudes in Eigentumswohnungen nicht die Zugehörigkeit zum Anlagevermögen.

(2) Zum **Umlaufvermögen** gehören die Wirtschaftsgüter, die zur Veräußerung, Verarbeitung oder zum Verbrauch angeschafft oder hergestellt worden sind, insbesondere Roh-, Hilfs- und Betriebsstoffe, Erzeugnisse und Waren, Kassenbestände.

▶ **Hinweise**   **EStH**   **H 32.**

Anlagevermögen
Begriff > § 247 Abs. 2 HGB
Umfang > Gliederungsschema in § 266 Abs. 2 HGB
...

Geschäfts- und Firmenwert
Zur bilanzsteuerlichen Behandlung des Geschäfts- und Firmenwerts und sogenannter firmenwertähnlicher Wirtschaftsgüter > BMF vom 20. 11. 1986 (BStBl I S. 532).
...

Gewerblicher Grundstückshandel
Grundstücke eines gewerblichen Grundstückshändlers gehören grundsätzlich zum Umlaufvermögen, es sei denn, sie sind ausnahmsweise eindeutig zur Vermögensanlage bestimmt (> BFH vom 17. 3. 1981 – BStBl II S. 522).

Halbfertige Bauten auf fremdem Grund und Boden
werden als Forderungen von Bauunternehmern gegen den Bauherrn und damit als Umlaufvermögen behandelt (> BMF vom 14. 11. 2000 – BStBl I S. 1514).
> H 35a

Leergut bei Getränkeindustrie ist Anlagevermögen (> BMF vom 11. 7. 1995 – BStBl I S. 363).

Musterhäuser rechnen zum Anlagevermögen (> BFH vom 31. 3. 1977 – BStBl II S. 684).

Praxiswert
„Sozietätspraxiswert" ist wie der Wert einer erworbenen Einzelpraxis ein abnutzbares immaterielles Wirtschaftsgut (Änderung der Rechtsprechung); allerdings ist die Nutzungsdauer des „Sozietätspraxiswerts" wegen der Beteiligung und der weiteren Mitwirkung des bisherigen Praxisinhabers doppelt so lang (6 bis 10 Jahre) wie die Nutzungsdauer des Wertes einer erworbenen Einzelpraxis (3 bis 5 Jahre) (> BFH vom 24. 2. 1994 – BStBl II S. 590 und BMF vom 15. 1. 1995 – BStBl I S. 14).

Rohstoff
Zum Begriff des Rohstoffs und seiner Zuordnung zum Umlauf-(Vorrats-)vermögen > BFH vom 2. 12. 1987 (BStBl 1988 II S. 502).

Umlaufvermögen
Umfang > Gliederungsschema in § 266 Abs. 2 HGB

Vorführ- und Dienstwagen rechnen zum Anlagevermögen (> BFH vom 17. 11. 1981 – BStBl 1982 II S. 344).
...

EStR R 32a. Anschaffungskosten

¹Wird ein Wirtschaftsgut gegen Übernahme einer > Rentenverpflichtung erworben, kann der als > Anschaffungskosten zu behandelnde Barwert der Rente abweichend von den §§ 12 ff. BewG auch nach versicherungsmathematischen Grundsätzen berechnet werden. ²Beim Tausch von Anteilen an Kapitalgesellschaften sind die Anschaffungskosten der erhaltenen Anteile stets mit dem gemeinen Wert der hingegebenen Anteile anzusetzen (> § 6 Abs. 6 EStG); das Tauschgutachten des BFH vom 16. 12. 1958 (BStBl 1959 III S. 30) kann nicht mehr angewendet werden.

▶ Hinweise EStH H 32a.

Anschaffungskosten
Begriff und Umfang > § 255 Abs. 1 HGB

...

Gemeinkosten gehören nicht zu den Anschaffungskosten (> BFH vom 13. 4. 1988 – BStBl II S. 892).

...

Mitunternehmeranteil
– Für den Erwerber stellen die Aufwendungen zum Erwerb des Anteils einschließlich eines negativen Kapitalkontos Anschaffungskosten dar; ggf. sind sie oder Teile davon als Ausgleichsposten in der Ergänzungsbilanz des Erwerbers zu berücksichtigen (> BFH vom 21. 4. 1994 – BStBl II S. 745).
– Ist die Abfindung eines ausscheidenden Gesellschafters geringer als sein Kapitalkonto, sind in der Steuerbilanz in Höhe der Differenz die Buchwerte der bilanzierten Wirtschaftsgüter abzustocken. Buchwerte für Bargeld und Guthaben bei Geldinstituten können infolge des Nominalwertprinzips nicht abgestockt werden. Ist der Differenzbetrag höher als die möglichen Abstockungen, so muß im übrigen ein passiver Ausgleichsposten gebildet werden, der mit künftigen Verlusten zu verrechnen und spätestens bei Beendigung der Beteiligung gewinnerhöhend aufzulösen ist (> BFH vom 12. 12. 1996 – BStBl 1998 II S. 180).

Nebenkosten gehören zu den Anschaffungskosten, soweit sie dem Wirtschaftsgut einzeln zugeordnet werden können (> BFH vom 13. 10. 1983 – BStBl 1984 II S. 101). Sie können nur dann aktiviert werden, wenn auch die Anschaffungs(haupt)kosten aktiviert werden können (> BFH vom 19. 6. 1997 – BStBl II S. 808).

Preisnachlaß oder Rabatt
Anschaffungskostenminderung durch Gewährung von Preisnachlaß oder Rabatt > BFH vom 22. 4. 1988 (BStBl II S. 901).

Rentenverpflichtung
Der Barwert einer übernommenen Rentenverpflichtung ist grundsätzlich nach den §§ 12 ff. BewG zu ermitteln (> BFH vom 31. 1. 1980 – BStBl II S. 491).
> siehe aber R 32a

...

Schuldübernahmen rechnen zu den Anschaffungskosten (> BFH vom 31. 5. 1972 – BStBl II S. 696 und vom 2. 10. 1984 – BStBl 1985 II S. 320).
> Erbauseinandersetzung und vorweggenommene Erbfolge
> BMF vom 7. 8. 1992 (BStBl I S. 522)

Skonto

Anschaffungskostenminderung durch Skonto erst im Zeitpunkt der Inanspruchnahme (> BFH vom 27. 2. 1991 – BStBl II S. 456).

...

Vorsteuerbeträge

Zur Behandlung von Vorsteuerbeträgen, die nach dem UStG nicht abgezogen werden können, als Anschaffungskosten > § 9b Abs. 1 EStG.

Waren

Werden die Anschaffungskosten von Waren nach dem Verkaufswertverfahren durch retrograde Berechnung in der Weise ermittelt, daß von den ausgezeichneten Preisen die kalkulierte Handelsspanne abgezogen wird, ist dieses Verfahren nicht zu beanstanden; bei am Bilanzstichtag bereits herabgesetzten Preisen darf jedoch nicht von der ursprünglich kalkulierten Handelsspanne, sondern nur von dem verbleibenden Verkaufsaufschlag ausgegangen werden (> BFH vom 27. 10. 1983 – BStBl 1984 II S. 35).

Zwangsversteigerung

Anschaffungskosten bei Erwerb in Zwangsversteigerung (> BFH vom 11. 11. 1987 – BStBl 1988 II S. 424).

EStR   R 33. Herstellungskosten

(1) In die **Herstellungskosten** eines Wirtschaftsguts sind auch angemessene Teile der notwendigen **Materialgemeinkosten** und **Fertigungsgemeinkosten** (> Absatz 2) sowie der **Wertverzehr von Anlagevermögen,** soweit er durch die Herstellung des Wirtschaftsguts veranlaßt ist (> Absatz 3), einzubeziehen.

(2) Zu den **Materialgemeinkosten und den Fertigungsgemeinkosten** gehören u. a. auch die Aufwendungen für folgende Kostenstellen:

Lagerhaltung, Transport und Prüfung des Fertigungsmaterials,

Vorbereitung und Kontrolle der Fertigung,

Werkzeuglager,

Betriebsleitung, Raumkosten, Sachversicherungen,

Unfallstationen und Unfallverhütungseinrichtungen der Fertigungsstätten,

Lohnbüro, soweit in ihm die Löhne und Gehälter der in der Fertigung tätigen Arbeitnehmer abgerechnet werden.

(3) ¹Als **Wertverzehr** des **Anlagevermögens,** soweit er der Fertigung der Erzeugnisse gedient hat, ist grundsätzlich der Betrag anzusetzen, der bei der Bilanzierung des Anlagevermögens als AfA berücksichtigt ist. ²Es ist nicht zu beanstanden, wenn der Steuerpflichtige, der bei der Bilanzierung des beweglichen Anlagevermögens die AfA in fallenden Jahresbeträgen (§ 7 Abs. 2 EStG) vorgenommen hat, bei der Berechnung der Herstellungskosten der Erzeugnisse die AfA in gleichen Jahresbeträgen (§ 7 Abs. 1 Satz 1 und 2 EStG) berücksichtigt. ³In diesem Fall muß der Steuerpflichtige jedoch dieses Absetzungsverfahren auch dann bei der Berechnung der Herstellungskosten beibehalten, wenn gegen Ende der Nutzungsdauer die Absetzungen in fallenden Jahresbeträgen niedriger sind als die Absetzungen in gleichen Jahresbeträgen. ⁴Der Wertverzehr des der Fertigung dienenden Anlagevermögens ist bei der Berechnung der Herstellungskosten der Erzeugnisse auch dann in Höhe der sich nach den Anschaffungs- oder Herstellungskosten des Anlagevermögens ergebenden AfA in gleichen Jahresbeträgen zu berücksichtigen, wenn der Steuerpflichtige Bewertungsfreiheiten, Sonderabschreibungen oder erhöhte Absetzungen in An-

spruch genommen und diese nicht in die Herstellungskosten der Erzeugnisse einbezogen hat. ⁵**Teilwertabschreibungen** auf das Anlagevermögen im Sinne des § 6 Abs. 1 Nr. 1 Satz 2 EStG sind bei der Berechnung der Herstellungskosten der Erzeugnisse nicht zu berücksichtigen.

(4) ¹Das **handelsrechtliche** > **Bewertungswahlrecht** für Kosten der allgemeinen Verwaltung und Aufwendungen für soziale Einrichtungen des Betriebs, für freiwillige soziale Leistungen und für betriebliche Altersversorgung sowie für > Zinsen für Fremdkapital gilt auch für die Steuerbilanz; Voraussetzung für die Berücksichtigung als Teil der Herstellungskosten ist, daß in der Handelsbilanz entsprechend verfahren wird. ²Zu den Kosten für die allgemeine Verwaltung gehören u. a. die Aufwendungen für Geschäftsleitung, Einkauf und Wareneingang, Betriebsrat, Personalbüro, Nachrichtenwesen, Ausbildungswesen, Rechnungswesen – z. B. Buchführung, Betriebsabrechnung, Statistik und Kalkulation –, Feuerwehr, Werkschutz sowie allgemeine Fürsorge einschließlich Betriebskrankenkasse. ³Zu den Aufwendungen für soziale Einrichtungen gehören z. B. Aufwendungen für Kantine einschließlich der Essenszuschüsse sowie für Freizeitgestaltung der Arbeitnehmer. ⁴Freiwillige soziale Leistungen sind nur Aufwendungen, die nicht arbeitsvertraglich oder tarifvertraglich vereinbart worden sind; hierzu können z. B. Jubiläumsgeschenke, Wohnungs- und andere freiwillige Beihilfen, Weihnachtszuwendungen oder Aufwendungen für die Beteiligung der Arbeitnehmer am Ergebnis des Unternehmens gehören. ⁵Aufwendungen für die betriebliche Altersversorgung sind Beiträge zu Direktversicherungen, Zuwendungen an Pensions- und Unterstützungskassen sowie Zuführungen zu Pensionsrückstellungen.

(5) ¹Die **Steuern** vom **Einkommen** gehören nicht zu den steuerlich abziehbaren Betriebsausgaben und damit auch nicht zu den Herstellungskosten. ²Hinsichtlich der **Gewerbesteuer** hat der Steuerpflichtige ein **Wahlrecht,** ob er sie den Herstellungskosten zurechnen will. ³Die **Umsatzsteuer** gehört zu den Vertriebskosten, die die Herstellungskosten nicht berühren.

(6) Wird ein Betrieb infolge teilweiser Stillegung oder mangelnder Aufträge nicht voll ausgenutzt, so sind die dadurch verursachten Kosten bei der Berechnung der Herstellungskosten nicht zu berücksichtigen.

(7) Bei am Bilanzstichtag noch nicht fertiggestellten Wirtschaftsgütern (> halbfertige Arbeiten) ist es für die Aktivierung der Herstellungskosten unerheblich, ob die bis zum Bilanzstichtag angefallenen Aufwendungen bereits zur Entstehung eines als Einzelheit greifbaren Wirtschaftsguts geführt haben.

▶ **Hinweise** **EStH** **H 33.**

...

Ausnutzung von Produktionsanlagen

Die nicht volle Ausnutzung von Produktionsanlagen führt nicht zu einer Minderung der in die Herstellungskosten einzubeziehenden Fertigungsgemeinkosten, wenn sich die Schwankung in der Kapazitätsausnutzung aus der Art der Produktion, wie z. B. der Zuckerfabrik als Folge der Abhängigkeit von natürlichen Verhältnissen, ergibt (> BFH vom 15. 2. 1966 – BStBl III S. 468).

> R 33 Abs. 6

...

Bewertungswahlrecht

Handelsrechtliches Bewertungswahlrecht führt steuerrechtlich zum Ansatz des höchsten nach Handels- und Steuerrecht zulässigen Werts, soweit nicht auch steuerrechtlich ein inhaltsgleiches Wahlrecht besteht (> BFH vom 21. 10. 1993 – BStBl 1994 II S. 176).

Geldbeschaffungskosten gehören nicht zu den Herstellungskosten (> BFH vom 24. 5. 1968 – BStBl II S. 574).

Halbfertige Arbeiten
Bei Wirtschaftsgütern, die am Bilanzstichtag noch nicht fertiggestellt sind, mit deren Herstellung aber bereits begonnen worden ist, sind die bis zum Bilanzstichtag angefallenen Herstellungskosten zu aktivieren, soweit nicht von ihrer Einbeziehung abgesehen werden kann (> BFH vom 23. 11. 1978 – BStBl 1979 II S. 143).
> H 32 und > H 35a (Halbfertige Bauten auf fremdem Grund und Boden)

Herstellungskosten
Begriff und Umfang > § 255 Abs. 2 HGB sowie BFH vom 4. 7. 1990 (BStBl II S. 830).

Kalkulatorische Kosten
Kalkulatorische Kosten sind nicht tatsächlich entstanden und rechnen deshalb **nicht** zu den Herstellungskosten. Das gilt z. B. für:
– *Zinsen für Eigenkapital* (> BFH vom 30. 6. 1955 – BStBl III S. 238)
– *Wert der eigenen Arbeitsleistung* (fiktiver Unternehmerlohn des Einzelunternehmers > BFH vom 10. 5. 1995 – BStBl II S. 713); nicht dagegen Tätigkeitsvergütung im Sinne des § 15 Abs. 1 Satz 1 Nr. 2 EStG, die dem Gesellschafter von der Gesellschaft im Zusammenhang mit der Herstellung eines Wirtschaftsguts gewährt wird (> BFH vom 8. 2. 1996 – BStBl II S. 427) > H 33a.

Planungskosten für Gebäude als Teil der Herstellungskosten > BFH vom 11. 3. 1976 (BStBl II S. 614).

Vorsteuerbeträge
Zur Behandlung von Vorsteuerbeträgen, die nach dem UStG nicht abgezogen werden können, als Herstellungskosten > § 9b Abs. 1 EStG.

Zinsen für Fremdkapital
> § 255 Abs. 3 HGB sowie R 33 Abs. 4.

EStR R 33a. Aufwendungen im Zusammenhang mit einem Grundstück

[1]Entstehen dem Steuerpflichtigen Aufwendungen für die Anlage eines Kinderspielplatzes im Zusammenhang mit der Errichtung eines Wohngebäudes, liegen nur dann Herstellungskosten des Gebäudes vor, wenn die Gemeinde als Eigentümerin den Kinderspielplatz angelegt und dafür Beiträge von den Grundstückseigentümern erhoben hat. [2]In allen anderen Fällen (Errichtung des Spielplatzes auf einem Grundstück des Steuerpflichtigen oder als gemeinsamer Spielplatz mit anderen Hauseigentümern) entsteht durch die Aufwendungen ein selbständig zu bewertendes Wirtschaftsgut, dessen Nutzungsdauer im allgemeinen mit zehn Jahren angenommen werden kann.

▶ Hinweise   EStH   H 33a.

Abgrenzung der Anschaffungskosten vom Erhaltungsaufwand bei Grund und Boden
> H 157 (Erhaltungsaufwand)

Abgrenzung der Herstellungskosten vom Erhaltungsaufwand bei Gebäuden
> R 157 und > BMF vom 16. 12. 1996 (BStBl I S. 1442)

Abgrenzung der selbständigen von den unselbständigen Gebäudeteilen
> R 13 Abs. 5

Abbruchkosten

Wird ein Gebäude oder ein Gebäudeteil abgerissen, so sind für die steuerrechtliche Behandlung folgende Fälle zu unterscheiden:

1. Der Steuerpflichtige hatte das Gebäude auf einem ihm bereits gehörenden Grundstück errichtet,
2. der Steuerpflichtige hat das Gebäude in der Absicht erworben, es als Gebäude zu nutzen (Erwerb ohne Abbruchabsicht),
3. der Steuerpflichtige hat das Gebäude zum Zweck des Abbruchs erworben (Erwerb mit Abbruchabsicht),
4. der Steuerpflichtige plant den Abbruch eines zum Privatvermögen gehörenden Gebäudes und die Errichtung eines zum Betriebsvermögen gehörenden Gebäudes (Einlage mit Abbruchabsicht).

In den Fällen der Nummern 1 und 2 sind im Jahr des Abbruchs die Abbruchkosten und der Restbuchwert des abgebrochenen Gebäudes sofort abziehbare Betriebsausgaben (zu Nr. 1 > BFH vom 21. 6. 1963 – BStBl III S. 477 und vom 28. 3. 1973 – BStBl II S. 678, zu Nr. 2 > BFH vom 12. 6. 1978 – BStBl II S. 620). Dies gilt auch bei einem in Teilabbruchabsicht erworbenen Gebäude für die Teile, deren Abbruch nicht geplant war. Die darauf entfallenden Abbruchkosten und der anteilige Restbuchwert sind ggf. im Wege der Schätzung zu ermitteln (> BFH vom 15. 10. 1996 – BStBl 1997 II S. 325).

Im Fall der Nummer 3 gilt folgendes:

a) War das Gebäude technisch oder wirtschaftlich nicht verbraucht, so gehören sein Buchwert und die Abbruchkosten, wenn der Abbruch des Gebäudes mit der Herstellung eines neuen Wirtschaftsguts in einem engen wirtschaftlichen Zusammenhang steht, zu den Herstellungskosten dieses Wirtschaftsguts, sonst zu den Anschaffungskosten des Grund und Bodens (> BFH vom 4. 12. 1984 – BStBl 1985 II S. 208). Müssen bei einem in Teilabbruchabsicht erworbenen Gebäude umfangreichere Teile als geplant abgerissen werden, gehören die Abbruchkosten und der Restwert des abgerissenen Gebäudes insoweit zu den Herstellungskosten des neuen Gebäudes, als sie auf Gebäudeteile entfallen, die bei Durchführung des im Erwerbszeitpunkt geplanten Umbaus ohnehin hätten entfernt werden sollen. Dieser Anteil ist ggf. im Wege der Schätzung zu ermitteln (> BFH vom 15. 10. 1996 – BStBl 1997 II S. 325).

b) War das Gebäude im Zeitpunkt des Erwerbs objektiv wertlos, so entfällt der volle Anschaffungspreis auf den Grund und Boden (> BFH vom 15. 2. 1989 – BStBl II S. 604); für die Abbruchkosten gilt Buchstabe a entsprechend.

Wird mit dem Abbruch eines Gebäudes innerhalb von drei Jahren nach dem Erwerb begonnen, so spricht der Beweis des ersten Anscheins dafür, daß der Erwerber das Gebäude in der Absicht erworben hat, es abzureißen. Der Steuerpflichtige kann diesen Anscheinsbeweis durch den Gegenbeweis entkräften, z. B. daß es zu dem Abbruch erst aufgrund eines ungewöhnlichen Geschehensablaufs gekommen ist. Damit ist nicht ausgeschlossen, daß in besonders gelagerten Fällen, z. B. bei großen Arrondierungskäufen, auch bei einem Zeitraum von mehr als drei Jahren zwischen Erwerb und Beginn des Abbruchs der Beweis des ersten Anscheins für einen Erwerb in Abbruchabsicht spricht (> BFH vom 12. 6. 1978 – BStBl II S. 620). Für den Beginn der Dreijahresfrist ist in der Regel der Abschluß des obligatorischen Rechtsgeschäfts maßgebend (> BFH vom 6. 2. 1979 – BStBl II S. 509).

Zu § 6 EStG

Im Fall der Nummer 4 gehören der Wert des abgebrochenen Gebäudes und die Abbruchkosten zu den Herstellungskosten des neu zu errichtenden Gebäudes; der Einlagewert des Gebäudes ist nicht schon deshalb mit 0 DM anzusetzen, weil sein Abbruch beabsichtigt ist (> BFH vom 9. 2. 1983 – BStBl II S. 451).

ABC der Aufwendungen im Zusammenhang mit einem Grundstück
- *Ablöse- und Abstandszahlungen*
  > – *Entschädigungs- oder Abfindungszahlungen an Mieter oder Pächter*
  > – *Stellplätze*
- *Abtragung unselbständiger Gebäudeteile*
  > – *Baumängelbeseitigung*
- *Anschaffungskosten des Grund und Bodens*
  > – *Erdarbeiten*
  > – *Erschließungs-, Straßenanlieger- und andere auf das Grundstückseigentum bezogene, kommunale Beiträge und Beiträge für sonstige Anlagen außerhalb des Grundstücks*
  > – *Hausanschlußkosten*
- *Anschaffungsnaher Herstellungsaufwand*
  > R 157 Abs. 4
  > H 157
- *Arbeitsleistung*

  Zu den Herstellungskosten des Gebäudes zählt nicht der Wert der eigenen Arbeitsleistung (> BFH vom 10. 5. 1995 – BStBl II S. 713).
  > H 33 (Kalkulatorische Kosten)
  > – *Tätigkeitsvergütung*
- *Außenanlagen*

  Hofbefestigungen und Straßenzufahrt stehen grundsätzlich mit einem Betriebsgebäude in keinem einheitlichen Nutzungs- und Funktionszusammenhang. Die Aufwendungen gehören daher nicht zu den Herstellungskosten des Gebäudes (> BFH vom 1. 7. 1983 – BStBl II S. 886).
  > – *Erdarbeiten*
  > – *Gartenanlage*
- *Baumaterial aus Enttrümmerung*

  Zu den Herstellungskosten des Gebäudes gehört auch der Wert des bei der Enttrümmerung eines kriegszerstörten Gebäudes gewonnenen und wiederverwendeten Baumaterials (> BFH vom 5. 12. 1963 – BStBl 1964 III S. 299).
- *Bauplanungskosten*

  Zu den Herstellungskosten des Gebäudes gehören auch vergebliche Planungskosten, wenn der Steuerpflichtige die ursprüngliche Planung zwar nicht verwirklicht, später aber ein die beabsichtigten Zwecke erfüllendes Gebäude erstellt (> BFH vom 29. 11. 1983 – BStBl 1984 II S. 303, 306) und den Aufwendungen tatsächlich erbrachte Leistungen gegenüberstehen (> BFH vom 8. 9. 1998 – BStBl 1999 II S. 20).
  > – *Honorare*
- *Baumängelbeseitigung*

  Aufwendungen zur Beseitigung von Baumängeln vor Fertigstellung des Gebäudes (mangelhafte Bauleistungen) gehören zu den Herstellungskosten des Gebäudes (> BFH vom 31. 3. 1992 – BStBl II S. 805). Das gilt auch dann, wenn sie zwar bei der Herstellung des

Gebäudes aufgetreten, aber erst nach seiner Fertigstellung behoben worden sind (> BFH vom 1. 12. 1987 – BStBl 1988 II S. 431) sowie in den Fällen, in denen noch während der Bauzeit unselbständige Gebäudeteile wieder abgetragen werden müssen (> BFH vom 30. 8. 1994 – BStBl 1995 II S. 306).
> H 44 (AfaA)
> – Prozeßkosten
> – Vorauszahlungen

- **Bauzeitversicherung**

  Beiträge für die Bauzeitversicherung gehören nicht zu den Herstellungskosten des Gebäudes. Sie können nach den allgemeinen Grundsätzen als (vorweggenommene) Betriebsausgaben oder Werbungskosten abgezogen werden (> BFH vom 25. 2. 1976 – BStBl 1980 II S. 294).

- **Einbauküche**

  Aufwendungen für eine Einbauküche können nur insoweit zu den Herstellungskosten einer Eigentumswohnung gehören, als sie auf die Spüle und den – nach der regionalen Verkehrsauffassung erforderlichen – Kochherd entfallen (> BFH vom 13. 3. 1990 – BStBl II S. 514).

- **Einbauten als unselbständige Gebäudeteile**

  Aufwendungen für Einbauten als unselbständige Gebäudeteile gehören – soweit die unselbständigen Gebäudeteile nicht Betriebsvorrichtungen sind – zu den Herstellungskosten des Gebäudes (> BFH vom 26. 11. 1973 – BStBl 1974 II S. 132).

- **Entschädigungs- oder Abfindungszahlungen** an Mieter oder Pächter für vorzeitige Räumung eines Grundstücks zur Errichtung eines Gebäudes gehören zu den Herstellungskosten des neuen Gebäudes (> BFH vom 9. 2. 1983 – BStBl II S. 451).

- **Erdarbeiten**

  = Zu den Herstellungskosten eines Gebäudes oder einer Außenanlage rechnen neben den Aufwendungen für die beim Bau anfallenden üblichen Erdarbeiten auch die Kosten für das Freimachen des Baugeländes von Buschwerk und Bäumen, soweit dies für die Herstellung des Gebäudes und der Außenanlage erforderlich ist (> BFH vom 26. 8. 1994 – BStBl 1995 II S. 71).

  = *Hangabtragung*

  Die beim Bau eines Gebäudes regelmäßig anfallenden Erdarbeiten (Abtragung, Lagerung, Einplanierung bzw. Abtransport des Mutterbodens, der Aushub des Bodens für die Baugrube, seine Lagerung und ggf. sein Abtransport) gehören zu den Herstellungskosten des Gebäudes und der Außenanlage. Aufwendungen, die unmittelbar der erstmaligen oder einer wesentlich verbesserten Nutzung des Wirtschaftsguts Grund und Boden dienen, sind unter der Voraussetzung, daß der Grund und Boden durch diese Maßnahmen eine über seinen ursprünglichen Zustand hinausgehende wesentliche Verbesserung erfährt, nachträgliche Herstellungskosten des Grund und Bodens, ansonsten sofort abziehbare Betriebsausgaben (> BFH vom 27. 1. 1994 – BStBl II S. 512).

- **Erschließungs-, Straßenanlieger- und andere auf das Grundstückseigentum bezogene, kommunale Beiträge und Beiträge für sonstige Anlagen außerhalb des Grundstücks**

  = *Ansiedlungsbeitrag*

  Der vom Käufer eines Grundstücks gezahlte Ansiedlungsbeitrag gehört nicht zu den Herstellungskosten des Gebäudes, sondern zu den Anschaffungskosten des Grundstücks (Grund und Boden), wenn die Zahlung dieses Beitrags lediglich in Erfüllung einer Verpflichtung des ausschließlich Grund und Boden betreffenden Kaufvertrags erfolgt ist (> BFH vom 9. 12. 1965 – BStBl 1966 III S. 191).

  = *Erbbaurecht*

Wird ein Gebäude im Erbbaurecht errichtet und zahlt der Erbbauberechtigte den Erschließungsbeitrag, so gehört der Beitrag weder ganz noch teilweise zu den Herstellungskosten des im Erbbaurecht errichteten Gebäudes, sondern zu den Anschaffungskosten für das Erbbaurecht (> BFH vom 22. 2. 1967 – BStBl III S. 417).

> H 32a
> H 161

= **Erstmalige Beiträge, Ersetzung, Modernisierung**

Beiträge zur Finanzierung erstmaliger Anlagen sind nachträgliche Anschaffungskosten des Grund und Bodens, wenn durch die Baumaßnahmen, für die die Beiträge geleistet worden sind, eine Werterhöhung des Grund und Bodens eintritt, die unabhängig von der Bebauung des Grundstücks und dem Bestand eines auf dem Grundstück errichteten Gebäudes ist, und die Beiträge in einem Sachbezug zum Grundstück stehen. Werden hingegen Erschließungsanlagen ersetzt oder modernisiert, führen Erschließungsbeiträge zu Erhaltungsaufwendungen, es sei denn, das Grundstück wird hierdurch ausnahmsweise in seiner Substanz oder in seinem Wesen verändert (> BFH vom 22. 3. 1994 – BStBl II S. 842 und vom 3. 7. 1997 – BStBl II S. 811).

Erhaltungsaufwendungen sind daher

a) die **Kanalanschlußgebühren**, wenn eine eigene Sickergrube oder Kläranlage ersetzt wird (> BFH vom 13. 9. 1984 – BStBl 1985 II S. 49 und vom 4. 11. 1986 – BStBl 1987 II S. 333),

b) nachträgliche **Straßenbaukostenbeiträge** für ein bereits durch eine Straße erschlossenes Grundstück, die eine Gemeinde für die bauliche Veränderung des Straßenbelags und des Gehwegs zur Schaffung einer verkehrsberuhigten Zone erhebt (> BFH vom 22. 3. 1994 – BStBl II S. 842).

= **Flächenbeiträge** nach § 58 BauGB können zu nachträglichen Anschaffungskosten des Grund und Bodens führen (> BFH vom 6. 7. 1989 – BStBl 1990 II S. 126).

= **Privatstraße**

Aufwendungen des Erwerbers eines Grundstücks für eine von einem Dritten zu errichtende Privatstraße stellen auch dann Anschaffungskosten eines selbständigen abnutzbaren Wirtschaftsgutes dar, wenn die Straße der erstmaligen Erschließung des Grundstücks dient (> BFH vom 19. 10. 1999 – BStBl 2000 II S. 257).

= **Zweit- oder Zusatzschließung**

Beiträge für die Zweit- oder Zusatzschließung eines Grundstücks durch eine weitere Straße sind nachträgliche Anschaffungskosten des Grund und Bodens, wenn sich der Wert des Grundstücks aufgrund einer Erweiterung der Nutzbarkeit oder einer günstigeren Lage erhöht. Das gilt auch dann, wenn ein durch einen Privatweg an das öffentliche Straßennetz angebundenes Grundstück zusätzlich durch eine erstmals errichtete öffentliche Straße erschlossen wird (> BFH vom 12. 1. 1995 – BStBl II S. 632, vom 7. 11. 1995 – BStBl 1996 II S. 89 und 190 und vom 19. 12. 1995 – BStBl 1996 II S. 134). Ansonsten handelt es sich um Erhaltungsaufwendungen.

– **Fahrtkosten** des Steuerpflichtigen zur Baustelle gehören in tatsächlicher Höhe zu den Herstellungskosten (> BFH vom 10. 5. 1995 – BStBl II S. 713).

– **Gartenanlage**

Die zu einem Gebäude gehörende Gartenanlage ist ein selbständiges Wirtschaftsgut (> BFH vom 30. 1. 1996 – BStBl 1997 II S. 25).

> – Umzäunung
> R 157 Abs. 5

- *Gebäudebestandteile*
  > – Einbauküche
  > – Kassettendecken
  > – Waschmaschine
- *Generalüberholung*
  > BMF vom 16. 12. 1996 (BStBl I S. 1442)
- *Grunderwerbsteuer*
  = Aussetzungszinsen für Grunderwerbsteuer gehören nicht zu den Anschaffungskosten (> BFH vom 25. 7. 1995 – BStBl II S. 835).
  = Säumniszuschläge zur Grunderwerbsteuer rechnen zu den Anschaffungskosten des Grundstücks (> BFH vom 14. 1. 1992 – BStBl II S. 464).
- *Hausanschlußkosten*
  = Anlagen zur Ableitung von Abwässern
  Der von den Hauseigentümern an die Gemeinde zu zahlende Kanalbaubeitrag (Kanalanschlußgebühr) gehört zu den nachträglichen Anschaffungskosten des Grund und Bodens. Die Aufwendungen der Hauseigentümer für die Herstellung der Zuleitungsanlagen von dem Haus zu dem öffentlichen Kanal (Hausanschlußkosten) einschließlich der sogenannten Kanalanstichgebühr gehören dagegen zu den Herstellungskosten des Gebäudes (> BFH vom 24. 11. 1967 – BStBl 1968 II S. 178).
  = Anschlüsse an Versorgungsnetze (Strom, Gas, Wasser, Wärm)
  Die Kosten für den Anschluß eines Hauses an Versorgungsnetze gehören zu den Herstellungskosten des Gebäudes (> BFH vom 15. 1. 1965 – BStBl III S. 226). Werden hingegen vorhandene Anschlüsse ersetzt, handelt es sich um Erhaltungsaufwendungen. Erhaltungsaufwendungen sind auch Aufwendungen für den erstmaligen Anschluß an das Erdgasnetz im Zusammenhang mit der Umstellung einer bereits vorhandenen Heizungsanlage.
- *Honorare*
  Hat der Steuerpflichtige ein zur Erzielung von Einkünften bestimmtes Gebäude geplant, aber nicht errichtet, und muß er deshalb an den Architekten ein gesondertes Honorar für Bauüberwachung und Objektbetreuung zahlen, ohne daß der Architekt solche Leistungen tatsächlich erbracht hat, gehören diese Aufwendungen nicht zu den Herstellungskosten eines später errichteten anderen Gebäudes, sondern sind als Betriebsausgaben/Werbungskosten abziehbar (> BFH vom 8. 9. 1998 – BStBl 1999 II S. 20).
  > – Bauplanungskosten
- *Instandsetzung*
  > BMF vom 16. 12. 1996 (BStBl I S. 1442)
  Renovierungskosten, die der Veräußerer der Wohnung im Kaufvertrag in Rechnung stellt, sind Bestandteil des Kaufpreises und deshalb Anschaffungskosten der Wohnung (> BFH vom 17. 12. 1996 – BStBl 1997 II S. 348).
- *Kassettendecken*
  Die Aufwendungen für eine abgehängte, mit einer Beleuchtungsanlage versehene Kassettendecke eines Büroraums gehören zu den Herstellungskosten des Gebäudes, weil die Kassettendecke Gebäudebestandteil und nicht Betriebsvorrichtung ist (> BFH vom 8. 10. 1987 – BStBl 1988 II S. 440).
- *Modernisierung*
  > BMF vom 16. 12. 1996 (BStBl I S. 1442)

- **Prozeßkosten** teilen als Folgekosten das rechtliche Schicksal der Aufwendungen, um die gestritten wurde. Gehören die Aufwendungen, um die gestritten wurde, zu den Herstellungskosten eines Gebäudes, gilt dies auch für die Prozeßkosten (> BFH vom 1. 12. 1987 – BStBl 1988 II S. 431).
- **Stellplätze**
  Aufwendungen für die Ablösung der Verpflichtung zur Errichtung von Stellplätzen gehören auch dann zu den Herstellungskosten eines Gebäudes, wenn eine Verpflichtung zur nachträglichen Herstellung von Stellplätzen bei bereits bestehenden baulichen Anlagen abgelöst wird (> BFH vom 8. 3. 1984 – BStBl II S. 702).
- **Tätigkeitsvergütung**
  Zahlt eine Personengesellschaft, die ein Betriebsgebäude errichtet, einem ihrer Gesellschafter für die Bauaufsicht und für die Koordinierung der Handwerkerarbeiten Arbeitslohn, so gehört dieser auch dann zu den Herstellungskosten des Gebäudes, wenn es sich um eine Tätigkeitsvergütung im Sinne des § 15 Abs. 1 Satz 1 Nr. 2 EStG handelt (> BFH vom 8. 2. 1996 – BStBl II S. 427).
  > H 33 (Kalkulatorische Kosten)
  > – Arbeitsleistung
- **Umzäunung**
  Aufwendungen für die Umzäunung eines Mietwohngrundstücks (z. B. Maschendrahtzaun) können in einem einheitlichen Nutzungs- und Funktionszusammenhang mit dem Gebäude stehen und gehören daher in der Regel zu den Gebäudeherstellungskosten (> BFH vom 15. 12. 1977 – BStBl 1978 II S. 210). Ein solcher Zusammenhang ist bei einem Betriebsgrundstück jedoch im allgemeinen zu verneinen (> BFH vom 1. 7. 1983 – BStBl II S. 686). Diese Grundsätze gelten auch für angemessene Aufwendungen für das Anpflanzen von Hecken, Büschen und Bäumen an den Grundstücksgrenzen (lebende Umzäunung) (> BFH vom 30. 6. 1966 – BStBl III S. 541).
- **Versorgungsnetz**
  > – Erschließungs-, Straßenanlieger- und andere auf das Grundstückseigentum bezogene, kommunale Beiträge und Beiträge für sonstige Anlagen außerhalb des Grundstücks
  > – Hausanschlußkosten
- **Vorauszahlungen** auf Herstellungskosten, für die der Steuerpflichtige infolge Insolvenz des Bauunternehmers keine Bauleistungen erhalten hat und die er auch nicht zurückerlangen kann, gehören nicht zu den Herstellungskosten des Gebäudes, sondern können unter den allgemeinen Voraussetzungen als Betriebsausgaben bzw. Werbungskosten abgezogen werden. Stehen ihnen jedoch Herstellungsleistungen des Bauunternehmers gegenüber, gehören sie zu den Herstellungskosten eines Gebäudes, selbst wenn die Herstellungsleistungen mangelhaft sind (> BFH vom 31. 3. 1992 – BStBl II S. 805).
  > – Baumängelbeseitigung
- **Waschmaschine**
  > Eine Waschmaschine ist kein Gebäudebestandteil, sondern ein selbständiges bewegliches Wirtschaftsgut. Das gilt auch dann, wenn sie auf einem Zementsockel angeschraubt ist und den Mietern gegen Entgelt zur Verfügung steht (> BFH vom 30. 10. 1970 – BStBl 1971 II S. 95).
- **Wohnrechtsablösung** durch Miterben führt zu nachträglichen Anschaffungskosten (> BFH vom 28. 11. 1991 – BStBl 1992 II S. 381 und vom 3. 6. 1992 – BStBl 1993 II S. 98).

Gebäude und Gebäudeteile
Begriff > R 42 Abs. 5 und 6.

EStR   **R 34. Zuschüsse für Anlagegüter**

Begriff des Zuschusses

(1) ¹Ein Zuschuß ist ein Vermögensvorteil, den ein Zuschußgeber zur Förderung eines – zumindest auch – in seinem Interesse liegenden Zwecks dem Zuschußempfänger zuwendet. ²Fehlt ein Eigeninteresse des Leistenden, liegt kein Zuschuß vor. ³In der Regel wird ein Zuschuß auch nicht vorliegen, wenn ein unmittelbarer wirtschaftlicher Zusammenhang mit einer Leistung des Zuschußempfängers feststellbar ist.

Wahlrecht

(2) ¹Werden Anlagegüter mit Zuschüssen aus öffentlichen oder privaten Mitteln angeschafft oder hergestellt, so hat der Steuerpflichtige ein > Wahlrecht. ²Er kann die Zuschüsse als Betriebseinnahmen ansetzen; in diesem Fall werden die Anschaffungs- oder Herstellungskosten der betreffenden Wirtschaftsgüter durch die Zuschüsse nicht berührt. ³Er kann die Zuschüsse aber auch erfolgsneutral behandeln; in diesem Fall dürfen die Anlagegüter, für die die Zuschüsse gewährt worden sind, nur mit den Anschaffungs- oder Herstellungskosten bewertet werden, die der Steuerpflichtige **selbst**, also ohne Berücksichtigung der Zuschüsse **aufgewendet** hat. ⁴Voraussetzung für die erfolgsneutrale Behandlung der Zuschüsse ist, daß in der handelsrechtlichen Jahresbilanz entsprechend verfahren wird. ⁵Soweit in einem folgenden Wirtschaftsjahr bei einem Wirtschaftsgut in der handelsrechtlichen Jahresbilanz eine nach Satz 3 vorgenommene Bewertung durch eine Zuschreibung rückgängig gemacht wird, erhöht der Betrag der Zuschreibung den Buchwert des Wirtschaftsguts.

Nachträglich gewährte Zuschüsse

(3) ¹Werden Zuschüsse, die erfolgsneutral behandelt werden, erst nach der Anschaffung oder Herstellung von Anlagegütern gewährt, so sind sie **nachträglich** von den gebuchten Anschaffungs- oder Herstellungskosten abzusetzen. ²Ebenso ist zu verfahren, wenn die Anlagen mit Hilfe eines **Darlehens** angeschafft oder hergestellt worden sind und der nachträglich gewährte Zuschuß auf dieses Darlehen verrechnet oder zur Tilgung des Darlehens verwendet wird.

Im voraus gewährte Zuschüsse

(4) ¹Werden Zuschüsse gewährt, die erfolgsneutral behandelt werden sollen, wird aber das Anlagegut ganz oder teilweise erst in einem auf die Gewährung des Zuschusses folgenden Wirtschaftsjahr angeschafft oder hergestellt, so kann in Höhe der – noch – nicht verwendeten Zuschußbeträge eine steuerfreie **Rücklage** gebildet werden, die im Wirtschaftsjahr der Anschaffung oder Herstellung auf das Anlagegut zu übertragen ist. ²Für die Bildung der Rücklage ist Voraussetzung, daß in der handelsrechtlichen Jahresbilanz ein entsprechender Passivposten in mindestens gleicher Höhe ausgewiesen wird.

    ▶ **Hinweise**   **EStH**   **H 34.**

Betriebsunterbrechungsversicherung

Leistungen der Betriebsunterbrechungsversicherung sind keine Zuschüsse

> *BFH vom 29. 4. 1982 – BStBl II S. 591*

> *H 35 (1) Entschädigung*

Geld- oder Bauleistungen

Geld- oder Bauleistungen des Mieters zur Erstellung eines Gebäudes sind keine Zuschüsse, sondern zusätzliches Nutzungsentgelt für die Gebrauchsüberlassung des Grundstücks (> BFH vom 28. 10. 1980 – BStBl 1981 II S. 161).

Investitionszulagen sind keine Zuschüsse

...

Mieterzuschüsse

> R 163 Abs. 3

Nachträglich gewährte Zuschüsse

Zur AfA > R 43 Abs. 4

Öffentliche Zuschüsse unter Auflage

> H 163 (Zuschüsse)

Rechnungsabgrenzungsposten

> H 31b (Investitionszuschüsse)

Verlorene Zuschüsse

von Mineralölgesellschaften an Tankstelleninhaber > BFH vom 16. 5. 1957 (BStBl III S. 342).

Wahlrecht

Das Wahlrecht, Investitionszuschüsse aus öffentlichen Mitteln nicht als Betriebseinnahmen zu erfassen, sondern von den Anschaffungs- bzw. Herstellungskosten des bezuschußten Wirtschaftsguts abzusetzen (> R 34 Abs. 2), ist rechtens (> BFH vom 19. 7. 1995 – BStBl 1996 II S. 28).

Mit der Bildung von Wertberichtigungsposten nach der KHBV übt ein Krankenhausträger das Wahlrecht im Sinne einer Minderung der Anschaffungs- oder Herstellungskosten der mit Fördermitteln angeschafften oder hergestellten Anlagegüter aus (> BFH vom 26. 11. 1996 – BStBl 1997 II S. 390).

EStR   R 35. Übertragung stiller Reserven bei Ersatzbeschaffung

Allgemeines

(1) ¹Die Gewinnverwirklichung durch Aufdeckung stiller Reserven kann in bestimmten Fällen der Ersatzbeschaffung vermieden werden. ²Voraussetzung ist, daß

1. ein Wirtschaftsgut des Anlage- oder Umlaufvermögens infolge höherer Gewalt oder infolge oder zur Vermeidung eines behördlichen Eingriffs gegen > Entschädigung aus dem Betriebsvermögen ausscheidet,

2. innerhalb einer bestimmten Frist ein funktionsgleiches Wirtschaftsgut (Ersatzwirtschaftsgut) angeschafft oder hergestellt wird, auf dessen Anschaffungs- oder Herstellungskosten die aufgedeckten stillen Reserven übertragen werden, und

3. in dem handelsrechtlichen Jahresabschluß entsprechend verfahren wird.

Einkommensteuer — Zu § 6 EStG

▶ **Hinweise EStH H 35 (1).**

Aufdeckung stiller Reserven
Das Unterlassen der Aufdeckung stiller Reserven in bestimmten Fällen der Ersatzbeschaffung ist aus einer einschränkenden Auslegung des Realisationsgrundsatzes herzuleiten; es gibt keinen durchgängigen Gewinnrealisierungszwang für sämtliche Veräußerungsvorgänge (> BFH vom 14. 11. 1990 – BStBl 1991 II S. 222).

Einlage
Die Einlage eines Wirtschaftsguts in das Betriebsvermögen ist keine Ersatzbeschaffung (> BFH vom 11. 12. 1984 – BStBl 1985 II S. 250).

Entnahme
Eine Gewinnverwirklichung kann nicht durch Ersatzbeschaffung vermieden werden, wenn ein Wirtschaftsgut durch Entnahme aus dem Betriebsvermögen ausscheidet (> BFH vom 24. 5. 1973 – BStBl II S. 582).

Entschädigung
– Eine Entschädigung i. S. von R 35 Abs. 1 liegt nur vor, soweit sie für das aus dem Betriebsvermögen ausgeschiedene Wirtschaftsgut als solches und nicht für Schäden gezahlt worden ist, die die Folge des Ausscheidens aus dem Betriebsvermögen sind (z. B. Entschädigungen für künftige Nachteile beim Wiederaufbau, Ertragswertentschädigung für die Beeinträchtigung des verbleibenden Betriebs); ausnahmsweise können auch Zinsen in die Entschädigung i. S. von R 35 Abs. 1 einzubeziehen sein (> BFH vom 29. 4. 1982 – BStBl II S. 568).
– Leistungen einer Betriebsunterbrechungsversicherung, soweit diese die Mehrkosten für die beschleunigte Wiederbeschaffung eines durch Brand zerstörten Wirtschaftsguts übernimmt, sind Entschädigungen i. S. von R 35 Abs. 1 (> BFH vom 9. 12. 1982 – BStBl 1983 II S. 371).
– Es ist nicht schädlich, wenn die Entschädigung für das ausgeschiedene Wirtschaftsgut in einem Sachwert besteht, der Privatvermögen wird (> BFH vom 19. 12. 1972 – BStBl 1973 II S. 297).
– Wird einem vorsteuerabzugsberechtigten Unternehmer anläßlich eines Versicherungsfalls der Wiederbeschaffungswert einschließlich Umsatzsteuer ersetzt, so ist auch die Umsatzsteuer Teil der Entschädigung (> BFH vom 24. 6. 1999 – BStBl II S. 561).

Ersatzwirtschaftsgut
Ein Ersatzwirtschaftsgut setzt nicht nur ein der Art nach funktionsgleiches Wirtschaftsgut voraus, es muß auch funktionsgleich genutzt werden (> BFH vom 29. 4. 1999 – BStBl II S. 488).

Höhere Gewalt – behördlicher Eingriff

(2) ¹Höhere Gewalt liegt vor, wenn das Wirtschaftsgut infolge von Elementarereignissen wie z. B. Brand, Sturm oder Überschwemmung sowie durch Diebstahl, nicht aber infolge eines Verkehrsunfalls ausscheidet. ²Fälle eines behördlichen Eingriffs sind z. B. Maßnahmen zur Enteignung oder Inanspruchnahme für Verteidigungszwecke.

▶ **Hinweise EStH H 35 (2).**

Behördlicher Eingriff
ist zu **bejahen**
– bei Enteignung (> BFH vom 14. 11. 1990 – BStBl 1991 II S. 222)

- *bei behördlichen Bauverboten* (> BFH vom 17. 10. 1961 – BStBl III S. 566 und vom 6. 5. 1971 – BStBl II S. 664)
- *bei behördlich angeordneter Betriebsunterbrechung* (> BFH vom 8. 10. 1975 – BStBl 1976 II S. 186)

ist zu **verneinen**

- *bei Ausübung eines Wiederkaufsrechts durch die Gemeinde* (> BFH vom 21. 2. 1978 – BStBl II S. 428)
- *bei Aufstellung eines Bebauungsplans, der die bisherige Nutzung des Grundstücks wegen Bestandsschutzes unberührt läßt, selbst wenn dadurch eine sinnvolle Betriebserweiterung oder -umstellung ausgeschlossen wird; bei Veräußerungen zur Durchführung erforderlicher Maßnahmen zur Strukturanpassung kann aber eine Gewinnverwirklichung unter den Voraussetzungen der §§ 6b, 6c EStG vermieden werden* (> BFH vom 14. 11. 1990 – BStBl 1991 II S. 222)
- *bei Veräußerung infolge einer wirtschaftlichen Zwangslage, selbst wenn die Unterlassung der Veräußerung unter Berücksichtigung aller Umstände eine wirtschaftliche Fehlmaßnahme gewesen wäre* (> BFH vom 20. 8. 1964 – BStBl III S. 504)
- *bei Tausch von Grundstücken oder Veräußerung eines Grundstücks und Erwerb eines Ersatzgrundstücks, wenn lediglich ein gewisses öffentliches Interesse an den Maßnahmen besteht* (> BFH vom 29. 3. 1979 – BStBl II S. 412).

Höhere Gewalt

ist zu **bejahen**

- *bei Abriß eines Gebäudes wegen erheblicher, kurze Zeit nach der Fertigstellung auftretender Baumängel* (> BFH vom 18. 9. 1987 – BStBl 1988 II S. 330)

ist zu **verneinen**

- *bei Unbrauchbarwerden einer Maschine infolge eines Material- oder Konstruktionsfehlers oder eines Bedienungsfehlers* (> BFH vom 15. 5. 1975 – BStBl II S. 692).

Übertragung aufgedeckter stiller Reserven

(3) [1]Bei einem ausgeschiedenen Betriebsgrundstück mit aufstehendem Gebäude können beim Grund und Boden und beim Gebäude aufgedeckte stille Reserven jeweils auf neu angeschafften Grund und Boden oder auf ein neu angeschafftes oder hergestelltes Gebäude übertragen werden. [2]Soweit eine Übertragung der bei dem Grund und Boden aufgedeckten stillen Reserven auf die Anschaffungskosten des erworbenen Grund und Bodens nicht möglich ist, können die stillen Reserven auf die Anschaffungs- oder Herstellungskosten des Gebäudes übertragen werden. [3]Entsprechendes gilt für die bei dem Gebäude aufgedeckten stillen Reserven. [4]Wird bei einem Wirtschaftsgut in dem handelsrechtlichen Jahresabschluß eines Wirtschaftsjahres, das dem Wirtschaftsjahr der Übertragung von aufgedeckten stillen Reserven folgt, die Übertragung durch eine Zuschreibung rückgängig gemacht, erhöht der Betrag der Zuschreibung den Buchwert des Wirtschaftsguts.

▶ **Hinweise**　**EStH**　**H 35 (3).**

Buchwert

Wegen des Begriffs Buchwert > R 41a Abs. 3.

Mehrentschädigung
Scheidet ein Wirtschaftsgut gegen Barzahlung und gegen Erhalt eines Ersatzwirtschaftsguts aus dem Betriebsvermögen aus oder wird die für das Ausscheiden eines Wirtschaftsguts erhaltene Entschädigung nicht in voller Höhe zur Beschaffung eines Ersatzwirtschaftsguts verwendet, so dürfen die aufgedeckten stillen Reserven nur anteilig auf das Ersatzwirtschaftsgut übertragen werden (> BFH vom 3. 9. 1957 – BStBl III S. 386).

Beispiel:
Letzter Buchwert des ausgeschiedenen Wirtschaftsguts .... 30 000 DM
Entschädigung oder Gegenleistung für das ausgeschiedene Wirtschaftsgut
(Wert des Ersatzwirtschaftsguts zuzüglich der erhaltenen Barzahlung) .... 50 000 DM
Aufgedeckte stille Reserven .... 20 000 DM
Anschaffungs- oder Herstellungskosten des Ersatzwirtschaftsguts .... 40 000 DM
Zu übertragende stille Reserven anteilig $\frac{20\,000 \times 40\,000}{50\,000} =$ .... 16 000 DM
Das Ersatzwirtschaftsgut wird angesetzt mit
(40 000 DM – 16 000 DM =) .... 24 000 DM
Steuerpflichtiger Gewinn in Höhe der nicht übertragbaren stillen Reserven
(20 000 DM – 16 000 DM =) .... 4 000 DM

Teilwertabschreibung
Eine Teilwertabschreibung auf das Ersatzwirtschaftsgut ist nur möglich, wenn der nach der Übertragung der stillen Reserven verbleibende Betrag höher ist als der Teilwert (> BFH vom 5. 2. 1981 – BStBl II S. 432).

Übertragung aufgedeckter stiller Reserven
Die zu übertragenden stillen Reserven bemessen sich auch dann nach dem Unterschied zwischen der Entschädigung und dem Buchwert des ausgeschiedenen Wirtschaftsguts, wenn die Entschädigung höher ist als der Teilwert (> BFH vom 9. 12. 1982 – BStBl 1983 II S. 371).

Vorherige Anschaffung
Die Gewinnverwirklichung wegen eines behördlichen Eingriffs kann auch vermieden werden, wenn das Ersatzwirtschaftsgut vor dem Eingriff angeschafft oder hergestellt wurde (> BFH vom 22. 9. 1959 – BStBl 1961 III S. 1).

Rücklage für Ersatzbeschaffung

(4) [1]Soweit am Schluß des Wirtschaftsjahrs, in dem das Wirtschaftsgut aus dem Betriebsvermögen ausgeschieden ist, noch keine Ersatzbeschaffung vorgenommen wurde, kann in Höhe der aufgedeckten stillen Reserven eine steuerfreie Rücklage gebildet werden, wenn zu diesem Zeitpunkt eine Ersatzbeschaffung ernstlich geplant und zu erwarten ist. [2]Die Nachholung der Rücklage für Ersatzbeschaffung in einem späteren Wirtschaftsjahr ist nicht zulässig. [3]Eine Rücklage, die auf Grund des Ausscheidens eines beweglichen Wirtschaftsguts gebildet wurde, ist am Schluß des ersten auf ihre Bildung folgenden Wirtschaftsjahrs gewinnerhöhend aufzulösen, wenn bis dahin ein Ersatzwirtschaftsgut weder angeschafft oder hergestellt noch bestellt worden ist. [4]Die Frist von einem Jahr verdoppelt sich bei einer Rücklage, die auf Grund des Ausscheidens eines Grundstücks oder Gebäudes gebildet wurde. [5]Die Frist von einem oder zwei Jahren kann im Einzelfall angemessen verlängert werden, wenn der Steuerpflichtige glaubhaft macht, daß die Ersatzbeschaffung noch ernstlich geplant und zu erwarten ist, aber aus besonderen Gründen noch nicht durchgeführt werden konnte. [6]Im Zeitpunkt der Ersatzbeschaffung ist die Rücklage durch

Zu § 6 EStG   **Einkommensteuer**   216

Übertragung auf die Anschaffungs- oder Herstellungskosten des Ersatzwirtschaftsguts aufzulösen. [7]Absatz 3 gilt entsprechend.

> **Hinweise**   **EStH**   **H 35 (4).**

...

Gewinnermittlung nach § 4 Abs. 3 EStG

(5) [1]Die vorstehenden Grundsätze gelten bei Gewinnermittlung durch Einnahmenüberschußrechnung sinngemäß. [2]Ist die Entschädigungsleistung höher als der im Zeitpunkt des Ausscheidens noch nicht abgesetzte Teil der Anschaffungs- oder Herstellungskosten, so kann der darüber hinausgehende Betrag im Wirtschaftsjahr der Ersatzbeschaffung von den Anschaffungs- oder Herstellungskosten des Ersatzwirtschaftsguts sofort voll abgesetzt werden. [3]Fließt die Entschädigungsleistung nicht in dem Wirtschaftsjahr zu, in dem der Schaden entstanden ist, so ist es aus Billigkeitsgründen nicht zu beanstanden, wenn der Steuerpflichtige den noch nicht abgesetzten Betrag der Anschaffungs- oder Herstellungskosten des ausgeschiedenen Wirtschaftsguts in dem Wirtschaftsjahr berücksichtigt, in dem die Entschädigung geleistet wird. [4]Wird der Schaden nicht in dem Wirtschaftsjahr beseitigt, in dem er eingetreten ist oder in dem die Entschädigung gezahlt wird, so ist es aus Billigkeitsgründen auch nicht zu beanstanden, wenn sowohl der noch nicht abgesetzte Betrag der Anschaffungs- oder Herstellungskosten des ausgeschiedenen Wirtschaftsguts als auch die Entschädigungsleistung erst in dem Wirtschaftsjahr berücksichtigt werden, in dem der Schaden beseitigt wird. [5]Voraussetzung ist, daß die Anschaffung oder Herstellung eines Ersatzwirtschaftsguts am Schluß des Wirtschaftsjahrs, in dem der Schadensfall eingetreten ist, ernstlich geplant und zu erwarten ist und das Ersatzwirtschaftsgut bei beweglichen Gegenständen bis zum Schluß des ersten, bei Grundstücken oder Gebäuden bis zum Schluß des zweiten Wirtschaftsjahrs, das auf das Wirtschaftsjahr des Eintritts des Schadensfalls folgt, angeschafft oder hergestellt oder bestellt worden ist. [6]Absatz 4 Satz 4 gilt entsprechend.

> **Hinweise**   **EStH**   **H 35 (5).**

...

(6) ...

> **Hinweise**   **EStH**   **H 35 (6).**

...

Beschädigung

(7) [1]Erhält der Steuerpflichtige für ein Wirtschaftsgut, das infolge höherer Gewalt oder eines behördlichen Eingriffs beschädigt worden ist, eine Entschädigung, so kann in Höhe der Entschädigung eine Rücklage gebildet werden, wenn das Wirtschaftsgut erst in einem späteren Wirtschaftsjahr repariert wird. [2]Die Rücklage ist im Zeitpunkt der Reparatur in voller Höhe aufzulösen. [3]Ist die Reparatur am Ende des zweiten auf die Bildung der Rücklage folgenden Wirtschaftsjahrs noch nicht erfolgt, so ist die Rücklage zu diesem Zeitpunkt aufzulösen. [4]Absatz 1 Satz 2 Nr. 3 und Absatz 4 Satz 5 gelten entsprechend.

Hinweise EStH H 35 (7).

Beispiel für den Fall der Beschädigung
Beschädigung des Wirtschaftsguts im Jahr 01, Versicherungsleistung auf Grund der Beschädigung im Jahr 01 50 000 DM; Schadensbeseitigung im Jahr 02, Reparaturaufwand 49 000 DM.

Rücklage für Ersatzbeschaffung im Jahr 01 (Entschädigung 50 000 DM)	50 000 DM
Reparaturaufwand im Jahr 02	49 000 DM
Erfolgswirksame Rücklagenauflösung im Jahr 02 in voller Höhe	50 000 DM
Steuerpflichtiger Gewinn	1 000 DM

...

EStR · R 35a. Teilwert[1]

[1]Der Teilwert kann nur im Wege der > Schätzung nach den Verhältnissen des Einzelfalls ermittelt werden. [2]Zur Ermittlung des niedrigeren Teilwerts bestehen > Teilwertvermutungen. [3]Die Teilwertvermutung kann widerlegt werden. [4]Sie ist widerlegt, wenn der Steuerpflichtige anhand konkreter Tatsachen und Umstände darlegt und nachweist, daß die Anschaffung oder Herstellung eines bestimmten Wirtschaftsguts von Anfang an eine Fehlmaßnahme war, oder daß zwischen dem Zeitpunkt der Anschaffung oder Herstellung und dem maßgeblichen Bilanzstichtag Umstände eingetreten sind, die die Anschaffung oder Herstellung des Wirtschaftsguts nachträglich zur Fehlmaßnahme werden lassen. [5]Die Teilwertvermutung ist auch widerlegt, wenn der Nachweis erbracht wird, daß die Wiederbeschaffungskosten am Bilanzstichtag niedriger als der vermutete Teilwert sind. [6]Der Nachweis erfordert es, daß die behaupteten Tatsachen objektiv feststellbar sind.

Hinweise EStH H 35a.

...

Fehlmaßnahme
Eine Fehlmaßnahme liegt unabhängig von der Ertragslage des Betriebs vor, wenn der wirtschaftliche Nutzen der Anschaffung oder Herstellung eines Wirtschaftsguts bei objektiver Betrachtung deutlich hinter dem für den Erwerb oder die Herstellung getätigten Aufwand zurückbleibt und demgemäß dieser Aufwand so unwirtschaftlich war, daß er von einem gedachten Erwerber des gesamten Betriebs im Kaufpreis nicht honoriert würde (> BFH vom 20. 5. 1988 – BStBl 1989 II S. 269).

...

Halbfertige Bauten auf fremdem Grund und Boden
Halbfertige Bauten auf fremdem Grund und Boden sind mit den Herstellungskosten der halbfertigen Arbeiten anzusetzen. Steht fest, daß der auf die halbfertigen Bauten entfallende Anteil der vereinbarten Vergütung am Bilanzstichtag unter den bisher angefallenen Herstellungskosten liegt, und ist diese Wertminderung voraussichtlich von Dauer, sind die halbfertigen Arbeiten mit dem niedrigeren Wert zu bewerten (> BMF vom 14. 11. 2000 – BStBl I S. 1514).

Anm. d. Schriftl.:

[1] Ab dem VZ 1999 wurde das bislang bestehende steuerliche Wertbeibehaltungswahlrecht aufgehoben und ein striktes Wertaufholungsgebot eingeführt. Gleichzeitig wurde dem Steuerpflichtigen die Feststellungslast bezüglich eines beizubehaltenden niedrigeren Teilwerts auferlegt.

> H 32
...

Retrograde Wertermittlung
Bei der retrograden Ermittlung des Teilwerts von Wirtschaftsgütern können nach dem Bilanzstichtag entstehende Selbstkosten nur insoweit berücksichtigt werden, als auch ein gedachter Erwerber sie berechtigterweise geltend machen könnte (> BFH vom 9. 11. 1994 – BStBl 1995 II S. 336).

Schätzung
Im Rahmen der Schätzung des Teilwerts gelten die Wiederbeschaffungskosten als Ober- und der Einzelveräußerungspreis als Untergrenze (> BFH vom 25. 8. 1983 – BStBl 1984 II S. 33).

Teilwertabschreibung
Zur Neuregelung der Teilwertabschreibung durch das Steuerentlastungsgesetz 1999/2000/2002 > BMF vom 25. 2. 2000 (BStBl I S. 372).

Teilwertbegriff
Der Teilwert ist ein ausschließlich objektiver Wert, der von der Marktlage am Bilanzstichtag bestimmt wird; es ist unerheblich, ob die Zusammensetzung und Nutzbarkeit eines Wirtschaftsguts von besonderen Kenntnissen und Fertigkeiten des Betriebsinhabers abhängt (> BFH vom 31. 1. 1991 – BStBl II S. 627).

Teilwertvermutungen
Zur Ermittlung des niedrigeren Teilwerts gelten folgende Teilwertvermutungen:

1. Im Zeitpunkt des Erwerbs oder der Fertigstellung eines Wirtschaftsguts entspricht der Teilwert den Anschaffungs- oder Herstellungskosten (> BFH vom 13. 4. 1988 – BStBl II S. 892); nicht ohne weiteres anwendbar bei Erwerb eines Unternehmens- oder Mitunternehmeranteils > BFH vom 6. 7. 1995 – BStBl II S. 831).
2. Bei nicht abnutzbaren Wirtschaftsgütern des Anlagevermögens entspricht der Teilwert auch zu späteren, dem Zeitpunkt der Anschaffung oder Herstellung nachfolgenden Bewertungsstichtagen den Anschaffungs- oder Herstellungskosten (> BFH vom 21. 7. 1982 – BStBl II S. 758).
3. Bei abnutzbaren Wirtschaftsgütern des Anlagevermögens entspricht der Teilwert zu späteren, dem Zeitpunkt der Anschaffung oder Herstellung nachfolgenden Bewertungsstichtagen den um die lineare AfA verminderten Anschaffungs- oder Herstellungskosten (> BFH vom 30. 11. 1988 – BStBl 1989 II S. 183).
4. Bei Wirtschaftsgütern des Umlaufvermögens entspricht der Teilwert grundsätzlich den Wiederbeschaffungskosten. Der Teilwert von zum Absatz bestimmten Waren hängt jedoch auch von deren voraussichtlichem Veräußerungserlös (Börsen- oder Marktpreis) ab (> BFH vom 27. 10. 1983 – BStBl 1984 II S. 35).

...

Verlustprodukte
Eine Teilwertabschreibung ist bei sog. „bewußten Verlustprodukten" jedenfalls dann nicht zulässig, wenn das Unternehmen Gewinne erzielt (> BFH vom 29. 4. 1999 – BStBl II S. 681).

Vorzugspreise einer Gemeinde
Bei der Ermittlung des Teilwerts eines Grundstücks sind Vorzugspreise, die eine Gemeinde Erwerbern vergleichbarer Grundstücke aus ansiedlungspolitischen Gründen einräumt, nur zu

berücksichtigen, wenn die Gemeinde dadurch nachhaltig, über längere Zeit und mit in etwa gleichbleibenden Beträgen in das Marktgeschehen eingreift, so daß zum Bilanzstichtag auch andere Eigentümer ihre Grundstücke nicht teurer verkaufen können (> BFH vom 8. 9. 1994 – BStBl 1995 II S. 309).

Wertaufholungsgebot

Zur Einführung des Wertaufholungsgebots durch das Steuerentlastungsgesetz 1999/2000/2002 > BMF vom 25. 2. 2000 (BStBl I S. 372).

Zeitpunkt der Teilwertabschreibung

Eine Teilwertabschreibung kann nur zum Bilanzstichtag und nicht auf einen beliebigen Tag zwischen zwei Bilanzstichtagen vorgenommen werden (BFH vom 5. 2. 1981, BStBl II S. 432).

EStR   R 36. Bewertung des Vorratsvermögens

Niedriger Teilwert

(1) ¹Wirtschaftsgüter des Vorratsvermögens, insbesondere Roh-, Hilfs- und Betriebsstoffe, unfertige und fertige Erzeugnisse sowie Waren, sind nach § 6 Abs. 1 Nr. 2 EStG mit ihren Anschaffungs- oder Herstellungskosten (> R 32a und 33) anzusetzen. ²Ist der Teilwert (> R 35a) am Bilanzstichtag auf Grund einer voraussichtlich dauernden Wertminderung niedriger, so kann dieser angesetzt werden. ³Steuerpflichtige, die den Gewinn nach § 5 EStG ermitteln, **müssen** entsprechend den handelsrechtlichen Grundsätzen (Niederstwertprinzip) den niedrigeren Teilwert (> Satz 2) ansetzen. ⁴Sie können jedoch Wirtschaftsgüter des Vorratsvermögens, die keinen Börsen- oder Marktpreis haben, mit den Anschaffungs- oder Herstellungskosten oder mit einem zwischen diesen Kosten und dem niedrigeren Teilwert liegenden Wert ansetzen, wenn und soweit bei vorsichtiger Beurteilung aller Umstände damit gerechnet werden kann, daß bei einer späteren Veräußerung der angesetzte Wert zuzüglich der Veräußerungskosten zu erlösen ist. ⁵Steuerpflichtige, die den Gewinn nach § 4 Abs. 1 EStG ermitteln, sind nach § 6 Abs. 1 Nr. 2 EStG berechtigt, ihr Umlaufvermögen mit den Anschaffungs- oder Herstellungskosten auch dann anzusetzen, wenn der Teilwert der Wirtschaftsgüter erheblich und voraussichtlich dauernd unter die Anschaffungs- oder Herstellungskosten gesunken ist.

(2) ¹Der Teilwert von Wirtschaftsgütern des Vorratsvermögens, deren Einkaufspreis am Bilanzstichtag unter die Anschaffungskosten gesunken ist, deckt sich in der Regel mit deren Wiederbeschaffungskosten am Bilanzstichtag, und zwar auch dann, wenn mit einem entsprechenden Rückgang der Verkaufspreise nicht gerechnet zu werden braucht. ²Bei der Bestimmung des Teilwerts von nicht zum Absatz bestimmten Vorräten (z. B. > Ärztemuster) kommt es nicht darauf an, welcher Einzelveräußerungspreis für das jeweilige Wirtschaftsgut erzielt werden könnte. ³Sind Wirtschaftsgüter des Vorratsvermögens, die zum Absatz bestimmt sind, durch Lagerung, Änderung des modischen Geschmacks oder aus anderen Gründen im Wert gemindert, so ist als niedriger Teilwert der Betrag anzusetzen, der von dem voraussichtlich erzielbaren Veräußerungserlös nach Abzug des durchschnittlichen Unternehmergewinns und des nach dem Bilanzstichtag noch anfallenden betrieblichen Aufwands verbleibt. ⁴Im Regelfall kann davon ausgegangen werden, daß der Teilwert dem Betrag entspricht, der sich nach Kürzung des erzielbaren Verkaufserlöses um den durchschnittlichen Rohgewinnaufschlag ergibt. ⁵Der Rohgewinnaufschlag kann in einem Vomhundertsatz (Rohgewinnaufschlagsatz) ausgedrückt und dadurch ermittelt werden, daß der betriebliche Aufwand und der durchschnittliche Unternehmergewinn dem Jahresabschluß ent-

nommen und zum Wareneinsatz in Beziehung gesetzt werden. ⁶Der Teilwert ist in diesem Fall nach folgender Formel**❶** zu ermitteln:

$$X = \frac{Z}{(1 + Y)};$$

dabei sind: X der zu suchende Teilwert
Y der Rohgewinnaufschlagsatz (in v. H.)
Z der Verkaufserlös.

⁷Hiernach ergibt sich z. B. bei einem Verkaufserlös von 100 DM und einem Rohgewinnaufschlagsatz von 150 v. H. ein Teilwert von 40 DM. ⁸Macht ein Steuerpflichtiger für Wertminderungen eine Teilwertabschreibung geltend, so muß er die voraussichtliche dauernde Wertminderung nachweisen. ⁹Dazu muß er Unterlagen vorlegen, die aus den Verhältnissen seines Betriebs gewonnen sind und die eine sachgemäße Schätzung des Teilwerts ermöglichen. ¹⁰In der Regel sind die tatsächlich erzielten Verkaufspreise für die im Wert geminderten Wirtschaftsgüter in der Weise und in einer so großen Anzahl von Fällen nachzuweisen, daß sich daraus ein repräsentativer Querschnitt für die zu bewertenden Wirtschaftsgüter ergibt und allgemeine Schlußfolgerungen gezogen werden können. ¹¹Bei Wirtschaftsgütern des Vorratsvermögens, für die ein Börsen- oder Marktpreis besteht, darf dieser nicht überschritten werden, es sei denn, daß der objektive Wert der Wirtschaftsgüter höher ist oder nur vorübergehende, völlig außergewöhnliche Umstände den Börsen- oder Marktpreis beeinflußt haben; der Wertansatz darf jedoch die Anschaffungs- oder Herstellungskosten nicht übersteigen.

Einzelbewertung

(3) ¹Die Wirtschaftsgüter des Vorratsvermögens sind grundsätzlich **einzeln** zu bewerten. ²Enthält das Vorratsvermögen am Bilanzstichtag Wirtschaftsgüter, die im Verkehr nach Maß, Zahl oder Gewicht bestimmt werden (vertretbare Wirtschaftsgüter) und bei denen die Anschaffungs- oder Herstellungskosten wegen Schwankungen der Einstandspreise im Laufe des Wirtschaftsjahrs im einzelnen nicht mehr einwandfrei feststellbar sind, so ist der Wert dieser Wirtschaftsgüter zu **schätzen**. ³In diesen Fällen stellt die **Durchschnittsbewertung** (Bewertung nach dem gewogenen Mittel der im Laufe des Wirtschaftsjahrs erworbenen und gegebenenfalls zu Beginn des Wirtschaftsjahrs vorhandenen Wirtschaftsgüter) ein zweckentsprechendes Schätzungsverfahren dar.

Gruppenbewertung

(4) ¹Zur Erleichterung der Inventur und der Bewertung können gleichartige Wirtschaftsgüter des Vorratsvermögens jeweils zu einer **Gruppe** zusammengefaßt und mit dem gewogenen Durchschnittswert angesetzt werden. ²Die Gruppenbildung und > Gruppenbewertung darf nicht gegen die Grundsätze ordnungsmäßiger Buchführung verstoßen. ³Gleichartige Wirtschaftsgüter brauchen für die Zusammenfassung zu einer Gruppe (> R 36a Abs. 3) nicht gleichwertig zu sein. ⁴Es muß jedoch für sie ein Durchschnittswert bekannt sein. ⁵Das ist der Fall, wenn bei der Bewertung der gleichartigen Wirtschaftsgüter ein ohne weiteres feststellbarer, nach den Erfahrungen der betreffenden Branche sachgemäßer Durchschnittswert verwendet wird. ⁶Macht der Steuerpflichtige glaubhaft, daß in seinem Betrieb in der Regel die zuletzt beschafften Wirtschaftsgüter zuerst verbraucht oder veräußert werden – das kann sich z. B. aus der Art der Lagerung ergeben –, so

---

Anm. d. Schriftl.:

❶ Berechnungsbeispiel: Teilwertberechnung zum Jahresabschluß 31. 12. 01

Voraussichtlich erzielbarer Verkaufspreis eines Sortiments im Jahre 02 = netto 1 000 DM, Rohgewinnaufschlagsatz lt. GuV zur Bilanz 31. 12. 01 200 %.

Teilwert des Sortiments: $\dfrac{1\,000}{1 + 200\,\%} = \dfrac{1\,000}{3} = \underline{333{,}33\ \text{DM}}$

Probe: Teilwert 333,33 DM, Aufschlag 200 % = 666,66 DM, Verkaufspreis 1 000 DM.

kann diese Tatsache bei der Ermittlung der Anschaffungs- oder Herstellungskosten berücksichtigt werden. ⁷Zur Bewertung nach unterstelltem Verbrauchsfolgeverfahren > R 36a.

▶ **Hinweise** **EStH** **H 36.**

Festwert

Begriff und Zulässigkeit > § 240 Abs. 3 i. V. m. § 256 Satz 2 HGB

Ansatzvoraussetzungen und Bemessung > BMF vom 8. 3. 1993 (BStBl I S. 276).

Bestandsaufnahme und Wertanpassung > R 31 Abs. 4 Satz 2 bis 5 > H 31

Der Festwert darf nur der Erleichterung der Inventur und der Bewertung, nicht jedoch dem Ausgleich von Preisschwankungen, insbesondere Preissteigerungen, dienen (> BFH vom 1. 3. 1955 – BStBl III S. 144 und vom 3. 3. 1955 – BStBl III S. 222).

Gruppenbewertung

> § 240 Abs. 4 i. V. m. § 256 Satz 2 HGB

Wertlosigkeit

Wirtschaftsgüter, die wertlos oder so gut wie wertlos sind, dürfen auch von Steuerpflichtigen, die den Gewinn nach § 4 Abs. 1 EStG ermitteln, nicht mit den Anschaffungs- oder Herstellungskosten ausgewiesen werden (> BFH vom 1. 12. 1950 – BStBl 1951 III S. 10).

EStR **R 36a. Bewertung nach unterstellten Verbrauchs- und Veräußerungsfolgen**

Allgemeines

(1) Andere Bewertungsverfahren mit unterstellter Verbrauchs- oder Veräußerungsfolge als die in § 6 Abs. 1 Nr. 2a EStG genannte Lifo-Methode sind nicht zulässig.

Grundsätze ordnungsmäßiger Buchführung

(2) ¹Die Lifo-Methode muß den handelsrechtlichen Grundsätzen ordnungsmäßiger Buchführung entsprechen. ²Das bedeutet nicht, daß die Lifo-Methode mit der tatsächlichen Verbrauchs- oder Veräußerungsfolge übereinstimmen muß; sie darf jedoch, wie z. B. bei leicht verderblichen Waren, nicht völlig unvereinbar mit dem betrieblichen Geschehensablauf sein. ³Die Lifo-Methode muß nicht auf das gesamte Vorratsvermögen angewandt werden. ⁴Sie darf auch bei der Bewertung der Materialbestandteile unfertiger oder fertiger Erzeugnisse angewandt werden, wenn der Materialbestandteil dieser Wirtschaftsgüter in der Buchführung getrennt erfaßt wird und dies handelsrechtlichen Grundsätzen ordnungsmäßiger Buchführung entspricht.

Gruppenbildung

(3) ¹Für die Anwendung der Lifo-Methode können gleichartige Wirtschaftsgüter zu Gruppen zusammengefaßt werden. ²Zur Beurteilung der Gleichartigkeit sind die kaufmännischen Gepflogenheiten, insbesondere die marktübliche Einteilung in Produktklassen unter Beachtung der Unternehmensstruktur, und die allgemeine Verkehrsanschauung heranzuziehen. ³Wirtschaftsgüter

mit erheblichen Qualitätsunterschieden sind nicht gleichartig. [4]Erhebliche Preisunterschiede sind Anzeichen für Qualitätsunterschiede.

Methoden der Lifo-Bewertung

(4) [1]Die Bewertung nach der Lifo-Methode kann sowohl durch permanente Lifo als auch durch Perioden-Lifo erfolgen. [2]Die permanente Lifo setzt eine laufende mengen- und wertmäßige Erfassung aller Zu- und Abgänge voraus. [3]Bei der Perioden-Lifo wird der Bestand lediglich zum Ende des Wirtschaftsjahrs bewertet. [4]Dabei können Mehrbestände mit dem Anfangsbestand zu einem neuen Gesamtbestand zusammengefaßt oder als besondere Posten (Layer) ausgewiesen werden. [5]Bei der Wertermittlung für die Mehrbestände ist von den Anschaffungs- oder Herstellungskosten der ersten Lagerzugänge des Wirtschaftsjahrs oder von den durchschnittlichen Anschaffungs- oder Herstellungskosten aller Zugänge des Wirtschaftsjahrs auszugehen. [6]Minderbestände sind beginnend beim letzten Layer zu kürzen.

Wechsel der Bewertungsmethoden

(5) [1]Von der Lifo-Methode kann in den folgenden Wirtschaftsjahren nur mit Zustimmung des Finanzamts abgewichen werden (§ 6 Abs. 1 Nr. 2a Satz 4 EStG). [2]Der Wechsel der Methodenwahl bei Anwendung der Lifo-Methode (> Absatz 4) bedarf nicht der Zustimmung des Finanzamts. [3]Der Grundsatz der > Bewertungsstetigkeit ist jedoch zu beachten.

Niedrigerer Teilwert

(6) [1]Das Niederstwertprinzip ist zu beachten (§ 6 Abs. 1 Nr. 2 Satz 2 EStG). [2]Dabei ist der Teilwert der zu einer Gruppe zusammengefaßten Wirtschaftsgüter mit dem Wertansatz, der sich nach Anwendung der Lifo-Methode ergibt, zu vergleichen. [3]Hat der Steuerpflichtige Layer gebildet (> Absatz 4), so ist der Wertansatz des einzelnen Layer mit dem Teilwert zu vergleichen und gegebenenfalls gesondert auf den niedrigeren Teilwert abzuschreiben.

Übergang zur Lifo-Methode

(7) [1]Der beim Übergang zur Lifo-Methode vorhandene Warenbestand ist mit dem steuerrechtlich zulässigen Wertansatz fortzuführen, den der Steuerpflichtige in der Handelsbilanz des Wirtschaftsjahrs gewählt hat, das dem Wirtschaftsjahr des Übergangs zur Lifo-Methode vorangeht (Ausgangswert). [2]Danach ist der Importwarenabschlag (> § 80 EStDV a. F.) des Wirtschaftsjahrs, das der erstmaligen Anwendung der Lifo-Methode vorangeht, bei der Bewertung des Ausgangswerts für die Lifo-Methode abzuziehen.

▶ **Hinweise** **EStH** **H 36a.**

Bewertungsstetigkeit
> § 252 Abs. 1 Nr. 6 HGB

EStR **R 37. Bewertung von Verbindlichkeiten**
– unbesetzt –

Hinweise EStH H 37.

Abzinsung

Grundsätze für die Abzinsung von Verbindlichkeiten (> BMF vom 23. 8. 1999 – BStBl I S. 818).

Anschaffungskosten

Als Anschaffungskosten einer Verbindlichkeit gilt der Nennwert (Rückzahlungsbetrag) der Verbindlichkeit (> § 253 Abs. 1 Satz 2 HGB und BFH vom 4. 5. 1977 – BStBl II S. 802).

Bearbeitungsgebühren

Gebühren, die ein Schuldner an ein Kreditinstitut für die Übernahme einer Bürgschaft zu zahlen hat, sind auf die Zeit, für die sich das Kreditinstitut vertraglich verbürgt hat, aktiv abzugrenzen (> BFH vom 19. 1. 1978 – BStBl II S. 262).

Damnum

Darlehensschulden, bei denen der dem Schuldner zugefallene Betrag (Ausgabebetrag) niedriger als der Rückzahlungsbetrag ist, sind mit dem Rückzahlungsbetrag anzusetzen; der Unterschiedsbetrag (Agio, Disagio, Damnum, Abschluß-, Bearbeitungs- oder Verwaltungsgebühren) ist als Rechnungsabgrenzungsposten auf die Laufzeit des Darlehens zu verteilen (> BFH vom 19. 1. 1978 – BStBl II S. 262).

...

Verjährung

Eine Verbindlichkeit ist gewinnerhöhend auszubuchen, wenn anzunehmen ist, daß sich der Schuldner auf deren Verjährung beruft (> BFH vom 9. 2. 1993 – BStBl II S. 543).

Vermittlungsprovision

Aufwendungen, die dem Darlehensnehmer im Zusammenhang mit der Darlehensaufnahme durch Zahlungen an Dritte entstehen, z. B. Vermittlungsprovisionen, sind Betriebsausgaben des Jahres, in dem sie anfallen (> BFH vom 4. 5. 1977 – BStBl II S. 802).

...

Zahlungsunfähigkeit

Der Umstand, daß der Schuldner bei Fälligkeit der Verpflichtung zahlungsunfähig ist, rechtfertigt allein keine gewinnerhöhende Ausbuchung der Verbindlichkeit (> BFH vom 9. 2. 1993 – BStBl II S. 747).

...

EStR   **R 38. Bewertung von Rückstellungen**[1]

Gegenrechnung von Vorteilen

(1) ¹Die Gegenrechnung setzt voraus, daß der Steuerpflichtige z. B. auf Grund am Bilanzstichtag abgeschlossener Verträge, die mit der Erfüllung der Verpflichtung wirtschaftlich zusammenhängen, mit Vorteilen rechnen kann. ²Die bloße Möglichkeit, daß künftig wirtschaftliche Vorteile eintreten könnten, genügt für die Gegenrechnung nicht.

Ansammlung

(2) ¹In den Fällen, in denen der laufende Betrieb des Unternehmens im wirtschaftlichen Sinne ursächlich für die Entstehung der Verpflichtung ist, ist der Rückstellungsbetrag durch jährliche Zuführungsraten in den Wirtschaftsjahren anzusammeln. ²Dies ist insbesondere der Fall bei Verpflichtungen zur Erneuerung oder zum Abbruch von Betriebsanlagen. ³Verpflichtungen, die von Jahr zu Jahr nicht nur im wirtschaftlichen Sinne, sondern tatsächlich zunehmen, sind bezogen auf den am Bilanzstichtag tatsächlich entstandenen Verpflichtungsumfang zu bewerten. ⁴Dies ist beispielsweise der Fall bei Verpflichtungen zur Rekultivierung oder zum Auffüllen abgebauter Hohlräume. ⁵Die Summe der in früheren Wirtschaftsjahren angesammelten Rückstellungsraten ist am Bilanzstichtag auf das Preisniveau dieses Stichtags anzuheben. ⁶Der Aufstockungsbetrag ist der Rückstellung in einem Einmalbetrag zuzuführen; eine gleichmäßige Verteilung auf die einzelnen Jahre bis zur Erfüllung der Verbindlichkeit kommt insoweit nicht in Betracht.

▸ **Hinweise**   **EStH**   **H 38.**

Arbeitsfreistellung

Rückstellungen für Verpflichtungen zur Gewährung von Vergütungen für die Zeit der Arbeitsfreistellung vor Ausscheiden aus dem Dienstverhältnis und Jahreszusatzleistungen im Jahr des Eintritts des Versorgungsfalls (> BMF vom 11. 11. 1999 – BStBl I S. 959).

Auflösung von Drohverlustrückstellungen

> BMF vom 23. 12. 1997 (BStBl I S. 1021)

Gratifikationen

Bei der Rückstellung für die Verpflichtung zur Gewährung einer Gratifikation ist die Fluktuation mindernd zu berücksichtigen (> BFH vom 7. 7. 1983 – BStBl II S. 753)[2].

Anm. d. Schriftl.:

[1] § 6 Abs. 1 Nr. 3 ist im EStG 1999 neu gefaßt und durch Nr. 3a ergänzt.
    Abzinsung und Kompensation
    Die Verpflichtung, eine Rückstellung mit 5,5 % abzuzinsen, greift künftig auch bei Sachleistungsverpflichtungen.
    Bei der Bewertung von Rückstellungen sind grundsätzlich künftige Einnahmen, die sich aus der Erfüllung des der Rückstellung zugrunde liegenden Geschäfts ergeben, rückstellungsmindernd zu berücksichtigen.
    Beispiel: Ein Apotheker mietet für 10 Jahre in einem benachbarten Gebäude eine Etage für 10 DM je qm, baut die Etage zu einer Arztpraxis um und vermietet diese wiederum an einen Arzt für 5 DM je qm. Aus der Vermietung allein ergäbe sich isoliert gesehen ein Verlust, für den grundsätzlich eine Verlustrückstellung in Höhe der Mietdifferenz zu bilden wäre. Da sich nunmehr durch den in der Nähe praktizierenden Arzt für die Apotheke höhere Einnahmen ergeben, sind diese bei der Bewertung der Rückstellung durch Kompensation zu berücksichtigen.

[2] Bei Fälligkeit der Gratifikation nach Ablauf von 7 Jahren erscheint dem BFH ein Abschlag wegen Fluktuation von 10 % der zugesagten Summe angemessen. Der Restbetrag ist mit 5,5 % abzuzinsen.

Jubiläumsrückstellung
Wegen der Grundsätze bei der Bewertung der Jubiläumsrückstellung > BMF vom 29. 10. 1993 (BStBl I S. 898) und vom 12. 4. 1999 (BStBl I S. 434).

Preisänderungen
Für die Bewertung von Rückstellungen sind die Preisverhältnisse am Bilanzstichtag maßgebend; Preissteigerungen, die bis zum Erfüllungstag noch erwartet werden, dürfen nicht berücksichtigt werden (> BFH vom 7. 10. 1982 – BStBl 1983 II S. 104).

...

Urlaubsverpflichtung
Bei der Ermittlung der Höhe der rückständigen Urlaubsverpflichtung sind das Bruttoarbeitsentgelt, die Arbeitgeberanteile zur Sozialversicherung, das Urlaubsgeld und andere lohnabhängige Nebenkosten zu berücksichtigen. Nicht zu berücksichtigen sind jährlich vereinbarte Sondervergütungen (z. B. Weihnachtsgeld, Tantiemen oder Zuführungen zu Pensions- und Jubiläumsrückstellungen) sowie Gehaltssteigerungen nach dem Bilanzstichtag (> BFH vom 6. 12. 1995 – BStBl 1996 II S. 406).

...

Weihnachtsgeld
In einer Rückstellung für zu zahlendes Weihnachtsgeld bei abweichendem Wirtschaftsjahr kann nur der Teil der Vergütung berücksichtigt werden, der bei zeitproportionaler Aufteilung des Weihnachtsgeldes auf die Zeit vom Beginn des Kalenderjahrs bis zum Bilanzstichtag entfällt (> BFH vom 26. 6. 1980 – BStBl II S. 506).

EStR   R 39. Bewertung von Entnahmen und Einlagen [1]

¹Bei **Einlage** eines abnutzbaren Wirtschaftsguts innerhalb von drei Jahren nach der Anschaffung oder Herstellung sind die Anschaffungs- oder Herstellungskosten um AfA nach § 7 EStG, erhöhte Absetzungen sowie etwaige Sonderabschreibungen zu kürzen, die auf den Zeitraum zwischen der Anschaffung oder der Herstellung des Wirtschaftsguts und der Einlage entfallen. ²In diesen Fällen sind die Anschaffungs- oder Herstellungskosten auch dann um die AfA nach § 7 EStG zu kürzen, wenn das Wirtschaftsgut nach einer Nutzung außerhalb der Einkunftsarten eingelegt wird.

▶ **Hinweise   EStH   H 39.**

...

Geringwertiges Wirtschaftsgut
Sind bei Einlage innerhalb von drei Jahren nach der Anschaffung oder Herstellung die Anschaffungs- oder Herstellungskosten während der Zugehörigkeit des Wirtschaftsguts zum Privatvermögen nach § 9 Abs. 1 Nr. 7 Satz 2 EStG in voller Höhe als Werbungskosten abgesetzt worden, beträgt der Einlagewert 0 DM (> BFH vom 27. 1. 1994 – BStBl II S. 638).

---

[1] Anm. d. Schriftl.:
Private Pkw-Nutzung gem. § 6 Abs. 1 Nr. 4 EStG und Fahrten zwischen Wohnung und Betrieb gem. § 4 Abs. 5 Nr. 6 EStG
Der Stpfl. kann wählen zwischen dem pauschalierten Schätzverfahren nach § 6 Abs. 1 Nr. 4 und § 4 Abs. 5 Nr. 6 EStG einerseits oder dem Nachweis von Umfang und Kosten der privaten Nutzung und der Fahrten zwischen Wohnung und Betriebsstätte andererseits. Bei der Wahl der 2. Alternative (Nachweis) ist ganzjährig ein ordnungsgemäßes Fahrtenbuch zu führen, ferner sind alle Fahrzeugaufwendungen zu belegen.

Nutzungen
Die Entnahme von Nutzungen ist mit den tatsächlichen Selbstkosten des Steuerpflichtigen zu bewerten (> BFH vom 24. 5. 1989 – BStBl 1990 II S. 8).

Private Kraftfahrzeugnutzung
> BMF vom 12. 5. 1997 (BStBl I S. 562).

Teilwert
Bei Einlagen im Zusammenhang mit einer Betriebseröffnung entspricht der Teilwert grundsätzlich dem gemeinen Wert der eingelegten Wirtschaftsgüter (> BFH vom 10. 7. 1991 – BStBl II S. 840). Ein geschenktes Wirtschaftsgut ist auch dann mit dem Teilwert ins Betriebsvermögen des Beschenkten einzulegen, wenn der Schenker das eingelegte Wirtschaftsgut innerhalb der letzten drei Jahre vor der Einlage angeschafft, hergestellt oder entnommen hat (> BFH vom 14. 7. 1993 – BStBl 1994 II S. 15).

...

Verdeckte Einlage
Die Bewertung der verdeckten Einlage einer **wesentlichen Beteiligung** bei der aufnehmenden Kapitalgesellschaft erfolgt mit dem Teilwert (BMF vom 2. 11. 1998 – BStBl I S. 1227).

EStR R 40. Bewertungsfreiheit für geringwertige Wirtschaftsgüter

(1) [1]Die Frage, ob ein Wirtschaftsgut des Anlagevermögens selbständig nutzungsfähig ist, stellt sich regelmäßig für solche Wirtschaftsgüter, die in einem Betrieb zusammen mit anderen Wirtschaftsgütern genutzt werden. [2]Für die Entscheidung in dieser Frage ist maßgeblich auf die betriebliche Zweckbestimmung des Wirtschaftsguts abzustellen [3]Hiernach ist ein Wirtschaftsgut des Anlagevermögens einer selbständigen Nutzung nicht fähig, wenn folgende Voraussetzungen kumulativ vorliegen:

1. Das Wirtschaftsgut kann nach seiner betrieblichen Zweckbestimmung nur zusammen mit anderen Wirtschaftsgütern des Anlagevermögens genutzt werden,
2. das Wirtschaftsgut ist mit den anderen Wirtschaftsgütern des Anlagevermögens in einen ausschließlichen betrieblichen Nutzungszusammenhang eingefügt, d. h., es tritt mit den in den Nutzungszusammenhang eingefügten anderen Wirtschaftsgütern des Anlagevermögens nach außen als einheitliches Ganzes in Erscheinung, wobei für die Bestimmung dieses Merkmals im Einzelfall die Festigkeit der Verbindung, ihre technische Gestaltung und ihre Dauer von Bedeutung sein können,
3. das Wirtschaftsgut ist mit den anderen Wirtschaftsgütern des Anlagevermögens technisch abgestimmt.

[4]Dagegen bleiben Wirtschaftsgüter, die zwar in einen betrieblichen Nutzungszusammenhang mit anderen Wirtschaftsgütern eingefügt und technisch aufeinander abgestimmt sind, dennoch selbständig nutzungsfähig, wenn sie nach ihrer betrieblichen Zweckbestimmung auch ohne die anderen Wirtschaftsgüter im Betrieb genutzt werden können (Müllbehälter eines Müllabfuhrunternehmens). [5]Auch Wirtschaftsgüter, die nach ihrer betrieblichen Zweckbestimmung nur mit anderen Wirtschaftsgütern genutzt werden können, sind selbständig nutzungsfähig, wenn sie nicht in einen Nutzungszusammenhang eingefügt sind, so daß die zusammen nutzbaren Wirtschaftsgüter des Betriebs nach außen nicht als ein einheitliches Ganzes in Erscheinung treten (Bestecke, Schallplatten, Tonbandkassetten, Trivialprogramme, Videokassetten). [6]Selbständig nutzungsfähig sind ferner Wirtschaftsgüter, die nach ihrer betrieblichen Zweckbestimmung nur zusammen mit ande-

ren Wirtschaftsgütern genutzt werden können, technisch mit diesen Wirtschaftsgütern aber nicht abgestimmt sind (Paletten, Einrichtungsgegenstände).

(2) ¹Die Angaben nach § 6 Abs. 2 Satz 4 EStG sind aus der Buchführung ersichtlich, wenn sie sich aus einem besonderen Konto für geringwertige Wirtschaftsgüter oder aus dem Bestandsverzeichnis nach R 31 ergeben. ²Sie sind nicht erforderlich für geringwertige Wirtschaftsgüter, deren Anschaffungs- oder Herstellungskosten, vermindert um einen darin enthaltenen Vorsteuerbetrag (§ 9b Abs. 1 EStG), nicht mehr als 100 DM betragen haben.

(3) ¹Die Bewertungsfreiheit für geringwertige Anlagegüter können auch Steuerpflichtige in Anspruch nehmen, die den Gewinn nach § 4 Abs. 3 EStG ermitteln, wenn sie ein Verzeichnis nach § 6 Abs. 2 Satz 4 EStG führen. ²Absatz 2 Satz 2 gilt entsprechend.

(4) ¹Die gesamten Aufwendungen für ein Wirtschaftsgut, für das ein Steuerpflichtiger die Bewertungsfreiheit in Anspruch nimmt, müssen im Jahr der Anschaffung oder Herstellung in voller Höhe abgesetzt werden. ²Dies gilt auch für Tiere des Anlagevermögens, bei denen AfA nach § 7 EStG nur bis zur Höhe des Schlachtwerts zulässig wären. ³Es ist nicht zulässig, im Jahr der Anschaffung oder Herstellung nur einen Teil der Aufwendungen abzusetzen und den Restbetrag auf die betriebsgewöhnliche Nutzungsdauer zu verteilen. ⁴Stellt ein Steuerpflichtiger ein selbständig bewertungsfähiges und selbständig nutzungsfähiges Wirtschaftsgut aus erworbenen Wirtschaftsgütern her, so kann er die Bewertungsfreiheit für das Wirtschaftsgut erst in dem Wirtschaftsjahr in Anspruch nehmen, in dem das Wirtschaftsgut fertiggestellt worden ist.

(5) Bei der Beurteilung der Frage, ob die Anschaffungs- oder Herstellungskosten für das einzelne Wirtschaftsgut 800 DM nicht übersteigen, ist,

1. wenn von den Anschaffungs- oder Herstellungskosten des Wirtschaftsguts ein Betrag nach § 6b oder § 6c EStG abgesetzt worden ist, von den nach § 6b Abs. 6 EStG maßgebenden
2. wenn das Wirtschaftsgut mit einem erfolgsneutral behandelten Zuschuß aus öffentlichen oder privaten Mitteln nach R 34 angeschafft oder hergestellt worden ist, von den um den Zuschuß gekürzten
3. und wenn von den Anschaffungs- oder Herstellungskosten des Wirtschaftsguts ein Betrag nach R 35 abgesetzt worden ist, von den um diesen Betrag gekürzten

Anschaffungs- oder Herstellungskosten auszugehen.

Hinweise   EStH   H 40.

*Zur **Einlage*** *von geringwertigen Wirtschaftsgütern, für die die Bewertungsfreiheit bereits während der Zugehörigkeit zum Privatvermögen in Anspruch genommen wurde > H 39 (Geringwertiges Wirtschaftsgut).*

Nachholung

Hat der Steuerpflichtige von der Bewertungsfreiheit im Jahr der Anschaffung oder Herstellung keinen Gebrauch gemacht, so kann er sie in einem späteren Jahr nicht nachholen (> BFH vom 17. 3. 1982 – BStBl II S. 545).

Private Mitbenutzung

Hat ein Steuerpflichtiger die Anschaffungs- oder Herstellungkosten eines geringwertigen Wirtschaftsguts im Jahr der Anschaffung oder Herstellung in voller Höhe als Betriebsausgaben abgesetzt, so muß er den Teil der Aufwendungen, der dem privaten Nutzungsanteil entspricht, während der Nutzungszeit des Wirtschaftsguts dem Gewinn jeweils in dem Umfang hinzurechnen, der der tatsächlichen Nutzung in jedem Wirtschaftsjahr entspricht (> BFH vom 13. 3. 1964 – BStBl III S. 455).

Selbständige Bewertbarkeit bzw. Nutzungsfähigkeit
Die selbständige Nutzungsfähigkeit verbundener oder gemeinsam genutzter Wirtschaftsgüter ist kein Kriterium bei der Beurteilung der selbständigen Bewertbarkeit. Ein selbständig bewertbares Wirtschaftsgut liegt vor, wenn es in seiner Einzelheit von Bedeutung und bei einer Veräußerung greifbar ist. Ob es auch selbständig genutzt werden kann, hängt neben dem Zweck, den zwei oder mehrere bewegliche Sachen gemeinsam zu erfüllen haben, vor allem vom Grad der Festigkeit einer eventuell vorgenommenen Verbindung (§ 93 BGB), dem Zeitraum, auf den eine eventuelle Verbindung oder die gemeinsame Nutzung angelegt sind, sowie dem äußeren Erscheinungsbild ab. Erscheinen die Gegenstände danach für sich genommen unvollständig oder erhält ein Gegenstand ohne den oder die anderen gar ein negatives Gepräge, ist regelmäßig von einem einheitlichen Wirtschaftsgut auszugehen (> BFH vom 28. 9. 1990 – BStBl 1991 II S. 361).

ABC: Beispiele für selbständig nutzungsfähige Wirtschaftsgüter
- *Bestecke in Gaststätten, Hotels, Kantinen (> BFH vom 19. 11. 1953 – BStBl 1954 III S. 18)*
- *Bibliothek eines Rechtsanwalts (> BFH vom 17. 5. 1968 – BStBl II S. 566)*
- *Bücher einer Leih- oder Fachbücherei (> BFH vom 8. 12. 1967 – BStBl 1968 II S. 149)*
- *Einrichtungsgegenstände in Läden, Werkstätten, Büros, Hotels, Gaststätten u. ä. – auch als Erstausstattung und in einheitlichem Stil (> BFH vom 29. 7. 1966 – BStBl 1967 III S. 61)*
- *Fässer/Flaschen (> BFH vom 1. 7. 1981 – BStBl 1982 II S. 246)*
- *Grundausstattung einer Kfz-Werkstatt mit Spezialwerkzeugen (> BFH vom 17. 5. 1968 – BStBl II S. 571)*
- *Instrumentarium eines Arztes, auch als Grundausstattung (> BFH vom 17. 5. 1968 – BStBl II S. 566)*
- *Kisten (> BFH vom 1. 7. 1981 – BStBl 1982 II S. 246)*
- *Lampen als selbständige Wirtschaftsgüter (Steh-, Tisch- und Hängelampen; > BFH vom 17. 5. 1968 – BStBl II S. 567)*
- *Leergut (> BFH vom 1. 7. 1981 – BStBl 1982 II S. 246)*
- *Legehennen in eiererzeugenden Betrieben*
- *Möbel in Hotels und Gaststätten, auch als Erstausstattung (> BFH vom 17. 5. 1968 – BStBl II S. 566)*
- *Müllbehälter eines Müllabfuhrunternehmens, auch Systemmüllbehälter*
- *Musterbücher und -kollektionen im Tapeten- und Buchhandel (> BFH vom 25. 11. 1965 – BStBl 1966 III S. 86)*
- *Paletten zum Transport und zur Lagerung von Waren (> BFH vom 9. 12. 1977 – BStBl 1978 II S. 322 und vom 25. 8. 1989 – BStBl 1990 II S. 82)*
- *Regale, die aus genormten Stahlregalteilen zusammengesetzt und nach ihrer betrieblichen Zweckbestimmung in der Regel auf Dauer in dieser Zusammensetzung genutzt werden (> BFH vom 26. 7. 1979 – BStBl 1980 II S. 176)*
- *Ruhebänke als Werbeträger*
- *Schallplatten*
- *Schreibtischkombinationsteile, die nicht fest miteinander verbunden sind, wie z. B. Tisch, Rollcontainer, Computerbeistelltisch (> BFH vom 21. 7. 1998 – BStBl II S. 789)*
- *Schriftenminima in einem Druckereibetrieb (> BFH vom 18. 11. 1975 – BStBl 1976 II S. 214).*
- *Spezialbeleuchtungsanlagen in einem Schaufenster (> BFH vom 5. 3. 1974 – BStBl II S. 353)*
- *Spinnkannen einer Weberei (> BFH vom 9. 12. 1977 – BStBl 1978 II S. 322)*
- *Straßenleuchten (> BFH vom 28. 3. 1973 – BStBl 1974 II S. 2)*

- *Tonbandkassetten*
- *Transportkästen in einer Weberei zum Transport von Garnen (> BFH vom 17. 5. 1968 – BStBl II S. 568)*
- *Trivialprogramme (> R 31a Abs. 1)*
- *Videokassetten*
- *Wäsche in Hotels (> BFH vom 17. 5. 1968 – BStBl II S. 566).*

ABC: Beispiele für nicht selbständig nutzungsfähige Wirtschaftsgüter
- *Beleuchtungsanlage als Lichtband zur Beleuchtung in Fabrikräumen und Werkhallen (> BFH vom 5. 10. 1956 – BStBl III S. 376) oder zur Beleuchtung einzelner Stockwerke eines Wohnhauses (> BFH vom 5. 3. 1974 – BStBl II S. 353)*
- *Bestuhlung in Kinos und Theatern (> BFH vom 5. 10. 1966 – BStBl III S. 686)*
- *Bohrer in Verbindung mit Werkzeugmaschinen (> Maschinenwerkzeuge)*
- *Drehbank mit als Antrieb eingebautem Elektromotor (> BFH vom 14. 12. 1966 – BStBl 1967 III S. 247)*
- *Drehstähle in Verbindung mit Werkzeugmaschinen (> Maschinenwerkzeuge)*
- *Elektromotor zum Einzelantrieb einer Maschine, einer Drehbank oder eines Webstuhls (> BFH vom 16. 12. 1958 – BStBl 1959 III S. 77)*
- *Ersatzteile für Maschinen usw. (> BFH vom 17. 5. 1968 – BStBl II S. 568)*
- *Formen (> BFH vom 9. 3. 1967 – BStBl III S. 283)*
- *Formplatten (> BFH vom 30. 3. 1967 – BStBl III S. 302)*
- *Fräser in Verbindung mit Werkzeugmaschinen (> Maschinenwerkzeuge)*
- *Gerüst- und Schalungsteile sowie Schalungstafeln, die genormt und technisch aufeinander abgestimmt sind (> BFH vom 29. 7. 1966 – BStBl 1967 III S. 151)*
- *Kühlkanäle (> BFH vom 17. 4. 1985 – BStBl 1988 II S. 126)*
- *Leuchtstoffröhren (> Beleuchtungsanlage)*
- *Lichtbänder (> Beleuchtungsanlage)*
- *Lithographien (> BFH vom 15. 3. 1991 – BStBl II S. 682)*
- *Maschinenwerkzeuge und -verschleißteile (> BFH vom 6. 10. 1995 – BStBl 1996 II S. 166)*
- *Pflanzen von Dauerkulturen (> BFH vom 30. 11. 1978 – BStBl 1979 II S. 281)*
- *Regalteile (> BFH vom 20. 11. 1970 – BStBl 1971 II S. 155; zu Regalen aus genormten Stahlregalteilen > Beispiele für selbständig nutzungsfähige Wirtschaftsgüter)*
- *Sägeblätter in Diamantsägen und -gattern (> BFH vom 19. 10. 1972 – BStBl 1973 II S. 53)*
- *Stanzwerkzeuge in Verbindung mit Werkzeugmaschinen (> Maschinenwerkzeuge)*
- *Webstuhlmotor (> Elektromotor)*
- *Werkzeuge (> Maschinenwerkzeuge)*

Zu § 6b EStG (§ 9a EStDV)

EStR   **R 41a. Ermittlung des Gewinns aus der Veräußerung bestimmter Anlagegüter im Sinne des § 6b EStG** [1]

(1) ...

Begriff der Veräußerung

(2) ¹Es ist ohne Bedeutung, ob der Unternehmer das Wirtschaftsgut freiwillig veräußert oder ob die Veräußerung unter Zwang erfolgt, z. B. infolge oder zur Vermeidung eines behördlichen Eingriffs oder im Wege einer Zwangsversteigerung. ²Die Veräußerung setzt den Übergang eines Wirtschaftsguts von einer Person auf eine andere voraus. ³Auch der Tausch von Wirtschaftsgütern ist eine Veräußerung. ⁴Die Überführung von Wirtschaftsgütern aus einem Betrieb in einen anderen Betrieb des Steuerpflichtigen und die Überführung von Wirtschaftsgütern aus dem Betriebsvermögen in das Privatvermögen sowie das Ausscheiden von Wirtschaftsgütern infolge höherer Gewalt sind keine Veräußerungen.

Buchwert

(3) ¹Buchwert ist der Wert, der sich für das Wirtschaftsgut im Zeitpunkt seiner Veräußerung ergeben würde, wenn für diesen Zeitpunkt eine Bilanz aufzustellen wäre. ²Das bedeutet, daß bei abnutzbaren Anlagegütern auch noch AfA nach § 7 EStG, erhöhte Absetzungen sowie etwaige Sonderabschreibungen für den Zeitraum vom letzten Bilanzstichtag bis zum Veräußerungszeitpunkt vorgenommen werden können. ³Eine Wertaufholung nach § 6 Abs. 1 Nr. 1 Satz 4 oder § 7 Abs. 1 Satz 6 EStG ist vorzunehmen.

▶   **Hinweise**   **EStH**   **H 41a.**

...

EStR   **R 41b. Übertragung aufgedeckter stiller Reserven und Rücklagenbildung nach § 6b EStG** [2]

Abzug des begünstigten Gewinns

(1) ¹Voraussetzung für den Abzug des begünstigten Gewinns von den Anschaffungs- oder Herstellungskosten eines Wirtschaftsguts nach § 6b Abs. 1 oder Abs. 3 EStG ist, daß in der handelsrechtlichen Jahresbilanz entsprechend verfahren wird. ²Soweit der Abzug in einem der folgenden Wirtschaftsjahre in der handelsrechtlichen Jahresbilanz durch eine Zuschreibung rückgängig gemacht wird, erhöht der Betrag der Zuschreibung den Buchwert des Wirtschaftsguts (> § 5 Abs. 1 Satz 2 EStG). ³Nach § 6b Abs. 1 EStG kann der Abzug nur in dem Wirtschaftsjahr vorgenommen werden, in dem der begünstigte Gewinn entstanden ist (Veräußerungsjahr). ⁴Ist das Wirtschaftsgut in diesem Wirtschaftsjahr angeschafft oder hergestellt worden, so ist der Abzug von den gesamten in diesem Wirtschaftsjahr angefallenen Anschaffungs- oder Herstellungskosten vorzunehmen. ⁵Dies gilt unabhängig davon, ob das Wirtschaftsgut vor oder nach der Veräußerung

---

Amtl. Fn.:

[1] Für Veräußerungen vor dem 1. 1. 1999 gelten die R 41a bis R 41c EStR 1998 (> § 52 Abs. 18 EStG).

[2] Für Veräußerungen vor dem 1. 1. 1999 gelten die R 41a bis R 41c EStR 1998 (> § 52 Abs. 18 EStG).

angeschafft oder hergestellt worden ist. [6]Ist das Wirtschaftsgut in dem Wirtschaftsjahr angeschafft oder hergestellt worden, das dem Veräußerungsjahr vorangegangen ist, so ist der Abzug nach § 6b Abs. 1 EStG von dem Buchwert nach § 6b Abs. 5 EStG vorzunehmen. [7]Sind im Veräußerungsjahr noch nachträgliche Anschaffungs- oder Herstellungskosten angefallen, so ist der Abzug von dem um diese Kosten erhöhten Buchwert vorzunehmen. [8]Nach § 6b Abs. 3 EStG kann der Abzug nur in dem Wirtschaftsjahr vorgenommen werden, in dem das Wirtschaftsgut angeschafft oder hergestellt worden ist. [9]Der Abzug ist von den gesamten in diesem Wirtschaftsjahr angefallenen Anschaffungs- oder Herstellungskosten des Wirtschaftsguts vorzunehmen. [10]Bei nachträglichen Herstellungskosten, die durch die Erweiterung, den Ausbau oder den Umbau eines Gebäudes entstehen, ist der Abzug nach § 6b Abs. 1 oder 3 EStG unabhängig vom Zeitpunkt der ursprünglichen Anschaffung oder Herstellung dieses Wirtschaftsgutes zulässig.

Rücklagenbildung

(2) [1]Voraussetzung für die Bildung der Rücklage in der Steuerbilanz ist, daß ein entsprechender Passivposten in der Handelsbilanz ausgewiesen wird (> § 5 Abs. 1 Satz 2 EStG). [2]Soweit Steuerpflichtige keine Handelsbilanz aufstellen und dazu auch nicht verpflichtet sind, brauchen sie die Rücklage nur in der Steuerbilanz auszuweisen, z. B. Land- und Forstwirte sowie Gesellschafter einer Personengesellschaft, wenn Wirtschaftsgüter veräußert worden sind, die zum Sonderbetriebsvermögen gehören.

(3) [1]Rücklagen nach § 6b Abs. 3 EStG können in der Bilanz in einem Posten zusammengefaßt werden. [2]In der Buchführung muß aber im einzelnen nachgewiesen werden, bei welchen Wirtschaftsgütern der in die Rücklage eingestellte Gewinn entstanden und auf welche Wirtschaftsgüter er übertragen oder wann die Rücklage gewinnerhöhend aufgelöst worden ist.

Rücklagenauflösung

(4) Wird der Gewinn des Steuerpflichtigen in einem Wirtschaftsjahr, das in den nach § 6b Abs. 3 EStG maßgebenden Zeitraum fällt, geschätzt, weil keine Bilanz aufgestellt wurde, so ist die Rücklage in diesem Wirtschaftsjahr gewinnerhöhend aufzulösen und ein Betrag in Höhe der Rücklage im Rahmen der Gewinnschätzung zu berücksichtigen.

Gewinnzuschlag

(5) [1]Der > Gewinnzuschlag nach § 6b Abs. 7 EStG ist in den Fällen vorzunehmen, in denen ein Abzug von den Anschaffungs- oder Herstellungskosten begünstigter Wirtschaftsgüter nicht oder nur teilweise vorgenommen worden ist und die Rücklage oder der nach Abzug verbleibende Rücklagenbetrag aufgelöst wird. [2]Ein Gewinnzuschlag ist demnach auch vorzunehmen, soweit die Auflösung einer Rücklage vor Ablauf der in § 6b Abs. 3 EStG genannten Fristen erfolgt (vorzeitige Auflösung der Rücklage). [3]Für Rücklagen, die auf Grund von Veräußerungen, die vor dem 1. 1. 1990 erfolgt sind, gebildet wurden, ist die Anweisung in Abschnitt 41b Abs. 6 EStR 1987 weiter anzuwenden.

Übertragungsmöglichkeiten

(6) [1]Ein Steuerpflichtiger kann den begünstigten Gewinn, der in einem als Einzelunternehmen geführten Betrieb entstanden ist, vorbehaltlich der Regelung in § 6b Abs. 4 Satz 2 EStG auf Wirtschaftsgüter übertragen, die

1. zu demselben oder einem anderen als Einzelunternehmen geführten Betrieb des Steuerpflichtigen gehören oder
2. zu seinem Sonderbetriebsvermögen bei einer Mitunternehmerschaft gehören.

²Satz 1 gilt entsprechend für den begünstigten Gewinn aus der Veräußerung eines Wirtschaftsguts, das zum Sonderbetriebsvermögen des Steuerpflichtigen bei einer Mitunternehmerschaft gehört. ³Wegen der Rücklage bei Betriebsveräußerung oder -aufgabe > Absatz 10.

(7) Der begünstigte Gewinn aus der Veräußerung eines Wirtschaftsguts, das zum Gesamthandsvermögen einer Mitunternehmerschaft gehört, kann übertragen werden

1. auf Wirtschaftsgüter, die zum Gesamthandsvermögen der Mitunternehmerschaft gehören,
2. auf Wirtschaftsgüter, die zum Sonderbetriebsvermögen der Mitunternehmerschaft bei einer anderen Mitunternehmerschaft gehören.

²Der begünstigte Gewinn aus der Veräußerung eines Wirtschaftsguts, das zum Sonderbetriebsvermögen einer Mitunternehmerschaft bei einer anderen Mitunternehmerschaft gehört, kann übertragen werden,

1. auf Wirtschaftsgüter, die zu diesem Sonderbetriebsvermögen gehören,
2. auf Wirtschaftsgüter, die zum Sonderbetriebsvermögen der Mitunternehmerschaft bei einer weiteren Mitunternehmerschaft gehören, und
3. auf Wirtschaftsgüter, die zum Gesamthandsvermögen der Mitunternehmerschaft gehören.

(8) ¹Wird der begünstigte Gewinn, der bei der Veräußerung eines Wirtschaftsguts entstanden ist, bei den Anschaffungs- oder Herstellungskosten eines Wirtschaftsguts eines anderen Betriebs des Steuerpflichtigen berücksichtigt, so ist er erfolgsneutral dem Kapitalkonto der für den veräußernden Betrieb aufzustellenden Bilanz hinzuzurechnen. ²Gleichzeitig ist ein Betrag in Höhe des begünstigten Gewinns von den Anschaffungs- oder Herstellungskosten der in dem anderen Betrieb angeschafften oder hergestellten Wirtschaftsgüter erfolgsneutral (zu Lasten des Kapitalkontos) abzusetzen. ³Eine nach § 6b Abs. 3 EStG gebildete Rücklage kann auf einen anderen Betrieb erst in dem Wirtschaftsjahr übertragen werden, in dem der Abzug von den Anschaffungs- oder Herstellungskosten bei Wirtschaftsgütern des anderen Betriebs vorgenommen wird.

Rücklage bei Änderung der Unternehmensform

(9) ¹Bei der Umwandlung eines Einzelunternehmens in eine Personengesellschaft kann der bisherige Einzelunternehmer eine von ihm gebildete Rücklage in einer Sonderbilanz weiterführen. ²Wird eine Mitunternehmerschaft in ein Einzelunternehmen umgewandelt, so kann der den Betrieb fortführende Gesellschafter eine Rücklage der Gesellschaft insoweit weiterführen, als sie (anteilig) auf ihn entfällt. ³Bei der Realteilung einer Mitunternehmerschaft unter Fortführung entsprechender Einzelunternehmen kann die Rücklage anteilig in den Einzelunternehmen fortgeführt werden, soweit die Realteilung auf die Übertragung von Teilbetrieben oder Mitunternehmeranteilen gerichtet ist.

Rücklage bei Betriebsveräußerung

(10) ¹Veräußert ein Steuerpflichtiger seinen Betrieb, zu dessen Betriebsvermögen eine Rücklage im Sinne des § 6b Abs. 3 EStG gehört, oder bildet er eine solche Rücklage anläßlich der Betriebsveräußerung, so kann er die Rücklage noch für die Zeit weiterführen, für die sie ohne Veräußerung des Betriebs zulässig gewesen wäre. ²Voraussetzung hierfür ist, daß der Steuerpflichtige die Absicht erkennen läßt, mit den Vermögenswerten, die er bei der Veräußerung erlöst hat, einen Betrieb weiterzuführen, und daß er die bezeichneten Vermögenswerte sowie die Rücklage buch- und bestandsmäßig weiter nachweist. ³Wegen der Übertragungsmöglichkeit > Absatz 7. ⁴Wird eine Rücklage, die nicht anläßlich der Betriebsveräußerung gebildet wird, weitergeführt, so kann für den Veräußerungsgewinn der Freibetrag nach § 16 Abs. 4 EStG und die Tarifermäßigung des § 34 Abs. 1 EStG nur in Anspruch genommen werden, wenn die Rücklage keine stillen Reserven enthält, die bei der Veräußerung einer wesentlichen Grundlage des Betriebs aufgedeckt worden sind. ⁵Liegen die Voraussetzungen für die Weiterführung der Rücklage nicht oder nicht mehr vor, so ist sie gewinnerhöhend aufzulösen. ⁶Wird eine Rücklage allerdings im Rahmen einer

Betriebsveräußerung aufgelöst, so gehört der dabei entstehende Gewinn zum Veräußerungsgewinn. [7]Diese Grundsätze gelten bei der Veräußerung eines Mitunternehmeranteils, bei der Auflösung einer Personengesellschaft und bei der Aufgabe eines Betriebs entsprechend.

Wechsel der Gewinnermittlungsart

(11) [1]Geht ein Steuerpflichtiger während des Zeitraums, für den eine nach § 6b Abs. 3 EStG gebildete Rücklage fortgeführt werden kann, von der Gewinnermittlung nach § 4 Abs. 1 oder § 5 EStG zur Gewinnermittlung nach § 4 Abs. 3 EStG oder nach Durchschnittssätzen (§ 13a EStG) über, so gelten für die Fortführung und die Übertragungsmöglichkeiten dieser Rücklage die Vorschriften des § 6c EStG. [2]Geht der Steuerpflichtige von der Gewinnermittlung nach § 4 Abs. 3 EStG oder nach Durchschnittssätzen (§ 13a EStG) zur Gewinnermittlung nach § 4 Abs. 1 oder § 5 EStG über und sind im Zeitpunkt des Wechsels der Gewinnermittlungsart nach § 6c EStG begünstigte Gewinne noch nicht aufzulösen, so ist in Höhe der noch nicht übertragenen Gewinne eine Rücklage in der Übergangsbilanz auszuweisen. [3]Für die weitere Behandlung dieser Rücklage gelten die Vorschriften des § 6b EStG.

▶ **Hinweise   EStH   H 41b.**

...

Beispiel zur Berechnung des Gewinnzuschlags

Ein Steuerpflichtiger, dessen Wirtschaftsjahr mit dem Kalenderjahr übereinstimmt, veräußert am 1. 2. 01 ein Wirtschaftsgut. Der nach § 6b EStG begünstigte Gewinn beträgt 400 000 DM. Der Steuerpflichtige bildet in der Bilanz des Jahres 01 eine Rücklage in Höhe von 400 000 DM, die er auch in den Bilanzen der Jahre 02 und 03 ausweist. Am 1. 10. 04 erwirbt er ein begünstigtes Wirtschaftsgut, dessen Anschaffungskosten 300 000 DM betragen. Der Steuerpflichtige nimmt einen gewinnmindernden Abzug von 300 000 DM vor und löst die gesamte Rücklage gewinnerhöhend auf.

Der Gewinn aus der Auflösung der Rücklage beträgt 400 000 DM – davon werden 300 000 DM nach § 6b Abs. 3 Satz 4 EStG und 100 000 DM nach § 6b Abs. 3 Satz 5 EStG aufgelöst. Bemessungsgrundlage für den Gewinnzuschlag sind 100 000 DM. Die Rücklage hat in den Wirtschaftsjahren 01 bis 04 bestanden. Der Gewinnzuschlag ist für jedes volle Wirtschaftsjahr des Bestehens der Rücklage vorzunehmen; das sind die Wirtschaftsjahre 02 bis 04, denn im Wirtschaftsjahr 04 kann die Auflösung der Rücklage erst zum Bilanzabschluß und nicht bereits zum Zeitpunkt der Wiederanlage erfolgen.

Der Gewinnzuschlag beträgt 3 × 6 v. H. von 100 000 DM = 18 000 DM.

...

EStR   R 41c. Sechsjahresfrist im Sinne des § 6b Abs. 4 Nr. 2 EStG[1]

(1) [1]Zur Frage der Zugehörigkeit eines Wirtschaftsguts zum Anlagevermögen > R 32. [2]Wirtschaftsgüter, die sechs Jahre zum Betriebsvermögen des Steuerpflichtigen gehört haben, können in der Regel als Anlagevermögen angesehen werden, es sei denn, daß besondere Gründe vorhanden sind, die einer Zurechnung zum Anlagevermögen entgegenstehen. [3]Hat der Steuerpflichtige mehrere inländische Betriebsstätten oder Betriebe, deren Einkünfte zu verschiedenen Ein-

---

Amtl. Fn.:

[1] Für Veräußerungen vor dem 1. 1. 1999 gelten die R 41a bis R 41c EStR 1998 (> § 52 Abs. 18 EStG).

Zu § 7 EStG

kunftsarten gehören, so ist die Sechsjahresfrist auch dann gewahrt, wenn das veräußerte Wirtschaftsgut innerhalb der letzten sechs Jahre zum Betriebsvermögen verschiedener Betriebe oder Betriebsstätten des Steuerpflichtigen gehörte.

(2) Ist ein neues Wirtschaftsgut unter Verwendung von gebrauchten Wirtschaftsgütern hergestellt worden, ist die Voraussetzung des § 6b Abs. 4 Nr. 2 EStG nur erfüllt, wenn seit der Fertigstellung dieses Wirtschaftsguts sechs Jahre vergangen sind und das Wirtschaftsgut seit dieser Zeit ununterbrochen zum Anlagevermögen einer inländischen Betriebsstätte des veräußernden Steuerpflichtigen gehört hat.

(3) ^{1}Die Dauer der Zugehörigkeit eines Wirtschaftsguts zum Betriebsvermögen wird durch nachträgliche Herstellungskosten nicht berührt. ^{2}Das gilt auch dann, wenn es sich bei den nachträglichen Herstellungskosten um Aufwendungen für einen Ausbau, einen Umbau oder eine Erweiterung eines Gebäudes handelt. ^{3}Entstehen dagegen durch Baumaßnahmen selbständige Gebäudeteile, so gilt Absatz 2 entsprechend.

(4) Bei einem Wirtschaftsgut, das an Stelle eines infolge höherer Gewalt oder infolge oder zur Vermeidung eines behördlichen Eingriffs aus dem Betriebsvermögen ausgeschiedenen Wirtschaftsguts angeschafft oder hergestellt worden ist (Ersatzwirtschaftsgut im Sinne von R 35 Abs. 1 Satz 2 Nr. 2), ist die Sechsjahresfrist erfüllt, wenn das zwangsweise ausgeschiedene Wirtschaftsgut und das Ersatzwirtschaftsgut zusammen sechs Jahre zum Anlagevermögen des Steuerpflichtigen gehört haben.

(5) Werden beim Übergang eines Betriebs oder Teilbetriebs die Buchwerte fortgeführt, so ist für die Berechnung der Sechsjahresfrist des § 6b Abs. 4 Nr. 2 EStG die Besitzzeit des Rechtsvorgängers der Besitzzeit des Rechtsnachfolgers hinzuzurechnen.

▶ **Hinweise**   **EStH**   **H 41c.**

...

Zu § 7 EStG (§§ 10, 10a, 11c, 11d und 15 EStDV)

EStR   **R 42. Abnutzbare Wirtschaftsgüter**[1]

Allgemeines

(1) AfA ist vorzunehmen für
1. bewegliche Wirtschaftsgüter (§ 7 Abs. 1 Sätze 1, 2, 4, 5 und 6 sowie Abs. 2 EStG),
2. immaterielle Wirtschaftsgüter (§ 7 Abs. 1 Sätze 1 bis 4 und 6 EStG),
3. ▶ unbewegliche Wirtschaftsgüter, die keine Gebäude oder Gebäudeteile sind (§ 7 Abs. 1 Sätze 1, 2, 4 und 6 EStG), und
4. Gebäude und Gebäudeteile (§ 7 Abs. 1 Satz 4 und Abs. 4, 5 und 5a EStG),

---

Anm. d. Schriftl.:

[1] Der BFH hat mit Urteil vom 19. 11. 1997 (BStBl 1998 II S. 59) grundsätzliche Ausführungen zur Ermittlung der betriebsgewöhnlichen Nutzungsdauer gemacht, die Auswirkungen auf die Erstellung künftiger AfA-Tabellen haben werden (BMF-Schreiben vom 15. 6. 1999 – BStBl 1999 I S. 543). Hinsichtlich der AfA-Tabelle für allgemein verwendbare Anlagegüter wird auf das BMF-Schreiben vom 15. 12. 2000 – BStBl 2000 I S. 1532 hingewiesen.

> Bewegliche Wirtschaftsgüter

(2) ¹Bewegliche Wirtschaftsgüter können nur Sachen (§ 90 BGB), Tiere (§ 90a BGB) und Scheinbestandteile (§ 95 BGB) sein. ²Schiffe sind auch dann bewegliche Wirtschaftsgüter, wenn sie im Schiffsregister eingetragen sind.

(3) ¹> Betriebsvorrichtungen sind selbständige Wirtschaftsgüter, weil sie nicht in einem einheitlichen Nutzungs- und Funktionszusammenhang mit dem Gebäude stehen. ²Sie gehören auch dann zu den beweglichen Wirtschaftsgütern, wenn sie wesentliche Bestandteile eines Grundstücks sind.

(4) ¹> Scheinbestandteile entstehen, wenn bewegliche Wirtschaftsgüter zu einem vorübergehenden Zweck in ein Gebäude eingefügt werden. ²Einbauten zu vorübergehenden Zwecken sind auch

1. die vom Steuerpflichtigen für seine eigenen Zwecke vorübergehend eingefügten Anlagen,
2. die vom Vermieter oder Verpächter zur Erfüllung besonderer Bedürfnisse des Mieters oder Pächters eingefügten Anlagen, deren Nutzungsdauer nicht länger als die Laufzeit des Vertragsverhältnisses ist.

> Gebäude und > Gebäudeteile

(5) ¹Für den Begriff des Gebäudes sind die Abgrenzungsmerkmale des Bewertungsrechts maßgebend. ²Ein Gebäude ist ein Bauwerk auf eigenem oder fremdem Grund und Boden, das Menschen oder Sachen durch räumliche Umschließung Schutz gegen äußere Einflüsse gewährt, den Aufenthalt von Menschen gestattet, fest mit dem Grund und Boden verbunden, von einiger Beständigkeit und standfest ist. ³Wie ein Gebäude ist auch ein > Nutzungsrecht zu behandeln, das durch Baumaßnahmen des Nutzungsberechtigten an einem Gebäude entstanden und wie ein materielles Wirtschaftsgut mit den Herstellungskosten zu aktivieren ist; hierzu gehören auch Nutzungsrechte, die vom Miteigentümer mit Zustimmung der anderen Miteigentümer durch Errichtung eines Gebäudes im eigenen Namen und für eigene Rechnung geschaffen werden oder die durch Bauten auf fremdem Grund und Boden entstehen. ⁴Satz 3 gilt für Nutzungsrechte im Privatvermögen sinngemäß.

(6) Zu den selbständigen unbeweglichen Wirtschaftsgütern im Sinne des § 7 Abs. 5a EStG gehören insbesondere Mietereinbauten und -umbauten, die keine Scheinbestandteile oder Betriebsvorrichtungen sind, Ladeneinbauten und ähnliche Einbauten (> R 13 Abs. 3 Nr. 3) sowie sonstige selbständige Gebäudeteile im Sinne des > R 13 Abs. 3 Nr. 5.

▶ **Hinweise**   EStH   H 42.

...

Betriebsvorrichtungen [1]

Zur Abgrenzung von den Betriebsgrundstücken sind die allgemeinen Grundsätze des Bewertungsrechts anzuwenden. > § 68 Abs. 2 Nr. 2, § 99 Abs. 1 Nr. 1 BewG; gleichlautende Erlasse der obersten Finanzbehörden der Länder vom 31. 3. 1992 (BStBl I S. 342).

Anm. d. Schriftl.:

[1] Als WG des beweglichen Anlagevermögens besteht für Betriebsvorrichtungen das Wahlrecht zwischen linearer und degressiver Abschreibung.

Bewegliche Wirtschaftsgüter

Immaterielle Wirtschaftsgüter (> R 31a Abs. 1) gehören nicht zu den beweglichen Wirtschaftsgütern (> BFH vom 22. 5. 1979 – BStBl II S. 634).

Drittaufwand

> H 18

Eigenaufwand für ein fremdes Wirtschaftsgut

> H 18

> R 42 Abs. 5 Satz 3 und 4.

Gebäude

– Ein Container ist ein Gebäude, wenn er nach seiner individuellen Zweckbestimmung für eine dauernde Nutzung an einem Ort aufgestellt ist und seine Beständigkeit durch die ihm zugedachte Ortsfestigkeit auch im äußeren Erscheinungsbild deutlich wird (> BFH vom 23. 9. 1988 – BStBl 1989 II S. 113).

– Ein sog. Baustellencontainer ist kein Gebäude, da es an der Ortsfestigkeit fehlt (> BFH vom 18. 6. 1986 – BStBl II S. 787).

– Bürocontainer, die auf festen Fundamenten ruhen, sind Gebäude (> BFH vom 25. 4. 1996 – BStBl II S. 613).

Gebäudeteile

Gebäudeteile sind selbständige Wirtschaftsgüter und deshalb gesondert abzuschreiben, wenn sie mit dem Gebäude nicht in einem einheitlichen Nutzungs- und Funktionszusammenhang stehen (> BFH vom 26. 11. 1973 – BStBl 1974 II S. 132).

> R 13 Abs. 4

Geschäfts-/Firmenwert

Zur Abschreibung des Geschäfts-/Firmenwerts > BMF vom 20. 11. 1986 – BStBl I S. 532.

Mietereinbauten

Mieterein- und -umbauten als unbewegliche Wirtschaftsgüter, die keine Gebäude oder Gebäudeteile sind > BMF vom 15. 1. 1976 (BStBl I S. 66). Zur Höhe der AfA bei Mietereinbauten > H 44.

Nießbrauch und andere Nutzungsrechte

Zur Abschreibung bei Bestellung eines Nießbrauchs oder eines anderen Nutzungsrechts bei Einkünften aus Vermietung und Verpachtung > BMF vom 24. 7. 1998 (BStBl I S. 914)

Berücksichtigung von Aufwendungen bei der unentgeltlichen Nutzungsüberlassung von Gebäuden oder Gebäudeteilen (Eigen- und Drittaufwand) > H 18 (Drittaufwand, Eigenaufwand für ein fremdes Wirtschaftsgut)

> R 42 Abs. 5 Satz 3 und 4.

Praxiswert

Zur Abschreibung des Praxiswerts > BMF vom 15. 1. 1995 (BStBl I S. 14).

Scheinbestandteile [1]
Eine Einfügung zu einem vorübergehenden Zweck ist anzunehmen, wenn die Nutzungsdauer der eingefügten beweglichen Wirtschaftsgüter länger als die Nutzungsdauer ist, für die sie eingebaut werden, die eingefügten beweglichen Wirtschaftsgüter auch nach ihrem Ausbau noch einen beachtlichen Wiederverwendungswert repräsentieren und nach den Umständen, insbesondere nach Art und Zweck der Verbindung, damit gerechnet werden kann, daß sie später wieder entfernt werden (> BFH vom 24. 11. 1970 – BStBl 1971 II S. 157 und vom 4. 12. 1970 – BStBl 1971 II S. 165).

Unbewegliche Wirtschaftsgüter, die keine Gebäude oder Gebäudeteile sind [2]
– Außenanlagen wie Einfriedungen bei Betriebsgrundstücken (> BFH vom 2. 6. 1971 – BStBl II S. 673);
– Hof- und Platzbefestigungen, Straßenzufahrten und Umzäunungen bei Betriebsgrundstücken (> BFH vom 1. 7. 1983 – BStBl II S. 686 und vom 10. 10. 1990 – BStBl 1991 II S. 59), wenn sie nicht ausnahmsweise Betriebsvorrichtungen sind (> BFH vom 30. 4. 1976 – BStBl II S. 527), nicht aber Umzäunungen bei Wohngebäuden, wenn sie in einem einheitlichen Nutzungs- und Funktionszusammenhang mit dem Gebäude stehen (> BFH vom 30. 6. 1966 – BStBl III S. 541 und vom 15. 12. 1977 – BStBl 1978 II S. 210 sowie R 157 Abs. 5 Satz 1).

...

Wirtschaftliche oder technische Abnutzung
– Ständig in Gebrauch befindliche Möbelstücke unterliegen einer technischen Abnutzung, auch wenn die Gegenstände schon 100 Jahre alt sind und im Wert steigen (> BFH vom 31. 1. 1986 – BStBl II S. 355).
– Gemälde eines anerkannten Meisters sind keine abnutzbaren Wirtschaftsgüter (> BFH vom 2. 12. 1977 – BStBl 1978 II S. 164).
– Sammlungs- und Anschauungsobjekte sind keine abnutzbaren Wirtschaftsgüter (> BFH vom 9. 8. 1989 – BStBl 1990 II S. 50).

Wirtschaftsüberlassungsvertrag
Bei Überlassung der Nutzung eines landwirtschaftlichen Betriebs im Rahmen eines sog. Wirtschaftsüberlassungsvertrags steht dem Eigentümer und Nutzungsverpflichteten die AfA für die in seinem Eigentum verbliebenen Wirtschaftsgüter auch weiterhin zu (> BFH vom 23. 1. 1992 – BStBl 1993 II S. 327 und BMF vom 29. 4. 1993 – BStBl I S. 337).

EStR

R 42a. Wirtschaftsgebäude, Mietwohnneubauten und andere Gebäude

> Wohnzwecke
(1) ¹Ein Gebäude dient Wohnzwecken, wenn es dazu bestimmt und geeignet ist, Menschen auf Dauer Aufenthalt und Unterkunft zu ermöglichen. ²Wohnzwecken dienen Wohnungen, die aus besonderen betrieblichen Gründen an Betriebsangehörige überlassen werden, z. B. Wohnungen für den Hausmeister, für das Fachpersonal, für Angehörige der Betriebsfeuerwehr und für andere Personen, auch wenn diese aus betrieblichen Gründen unmittelbar im Werksgelände ständig ein-

---

Anm. d. Schriftl.:

[1] Handelt es sich bei Mietereinbauten um Scheinbestandteile (Einfügung zu einem vorübergehenden Zweck), so richtet sich die AfA nach der voraussichtlichen Mietdauer; ist die voraussichtliche betriebsgewöhnliche Nutzungsdauer kürzer, so ist diese maßgebend.

[2] Im Gegensatz zu Betriebsvorrichtungen ist für diese WG nur die lineare AfA zulässig.

satzbereit sein müssen. ³Gebäude dienen nicht Wohnzwecken, soweit sie zur vorübergehenden Beherbergung von Personen bestimmt sind, wie z. B. Ferienwohnungen, sowie Gemeinschaftsunterkünfte, in denen einzelne Plätze z. B. für ausländische Flüchtlinge zur Verfügung gestellt werden.

(2) Zu den Räumen, die Wohnzwecken dienen, gehören z. B.
1. die Wohn- und Schlafräume, Küchen und Nebenräume einer Wohnung,
2. die zur räumlichen Ausstattung einer Wohnung gehörenden Räume, wie Bodenräume, Waschküchen, Kellerräume, Trockenräume, Speicherräume, Vorplätze, Bade- und Duschräume, Fahrrad- und Kinderwagenräume usw., gleichgültig, ob sie zur Benutzung durch den einzelnen oder zur gemeinsamen Benutzung durch alle Hausbewohner bestimmt sind, und
3. die zu einem Wohngebäude gehörenden Garagen.

(3) ¹Räume, die sowohl Wohnzwecken als auch gewerblichen oder beruflichen Zwecken dienen, sind, je nachdem, welchem Zweck sie überwiegend dienen, entweder ganz den Wohnzwecken oder ganz den gewerblichen oder beruflichen Zwecken dienenden Räumen zuzurechnen. ²Das häusliche Arbeitszimmer des Mieters ist zur Vereinfachung den Wohnzwecken dienenden Räumen zuzurechnen.

> Bauantrag

(4) ¹Unter Bauantrag ist das Schreiben zu verstehen, mit dem die landesrechtlich vorgesehene Genehmigung für den beabsichtigten Bau angestrebt wird. ²Zeitpunkt der Beantragung einer Baugenehmigung ist der Zeitpunkt, zu dem der Bauantrag bei der nach Landesrecht zuständigen Behörde gestellt wird; maßgebend ist regelmäßig der Eingangsstempel dieser Behörde. ³⁻⁶...

(5) ¹Die degressive AfA nach § 7 Abs. 5 Satz 1 Nr. 1, Nr. 2 und Nr. 3 Buchstabe a EStG ist in den Fällen der Herstellung eines Gebäudes nur zulässig, wenn der Bauantrag vor dem 1. 1. 1994 bzw. 1. 1. 1995 bzw. 1. 1. 1996 gestellt worden ist. ²In diesen Fällen ist es unerheblich, wer den Bauantrag gestellt hat. ³Ist der Bauantrag für ein Gebäude vor dem maßgeblichen Zeitpunkt gestellt worden, kann der Erwerber eines unbebauten Grundstücks oder eines teilfertigen Gebäudes, der das Gebäude auf Grund des gestellten Bauantrags fertigstellt, die degressive AfA deshalb auch dann vornehmen, wenn er das unbebaute Grundstück oder das teilfertige Gebäude nach dem maßgeblichen Zeitpunkt erworben hat. ⁴Das gilt auch, wenn der Bauantrag vor dem maßgeblichen Zeitpunkt von einer Personengesellschaft oder einer Gemeinschaft gestellt worden ist und nach dem maßgeblichen Zeitpunkt, aber bevor das Gebäude fertiggestellt ist, weitere Personen der Gesellschaft oder Gemeinschaft beitreten.

> Obligatorischer Vertrag

(6) Ein obligatorischer Vertrag über den Erwerb eines Grundstücks (Kaufvertrag oder Kaufanwartschaftsvertrag) ist zu dem Zeitpunkt rechtswirksam abgeschlossen, zu dem er notariell beurkundet ist.

▶ **Hinweise** **EStH** **H 42a.**

...

Obligatorischer Vertrag
Ein obligatorischer Vertrag gilt auch dann in dem Zeitpunkt der notariellen Beurkundung als rechtswirksam abgeschlossen, wenn der Vertrag erst nach Eintritt einer aufschiebenden Bedingung oder nach Ablauf einer Frist wirksam werden soll oder noch einer Genehmigung bedarf; bei einem Vertragsabschluß durch einen Vertreter ohne Vertretungsmacht gilt der obligatorische Ver-

trag im Zeitpunkt der Abgabe der Genehmigungserklärung durch den Vertretenen als rechtswirksam abgeschlossen (> BFH vom 2. 2. 1982 – BStBl II S. 390).

Wohnzwecke
– Altenheime, Kurheime und Sanatorien dienen nicht Wohnzwecken, wenn die Überlassung von Wohnräumen von den damit verbundenen Dienstleistungen überlagert wird (> BFH vom 6. 3. 1992 – BStBl II S. 1044 und vom 14. 10. 1993 – BStBl 1994 II S. 427).
– Das häusliche Arbeitszimmer eines Arbeitnehmers im eigenen Haus dient nicht Wohnzwecken (> BFH vom 30. 6. 1995 – BStBl II S. 598).

EStR   **R 43. Bemessungsgrundlage für die AfA**

Entgeltlicher Erwerb und Herstellung
(1) ¹Bemessungsgrundlage für die AfA sind grundsätzlich die > Anschaffungs- oder Herstellungskosten des Wirtschaftsguts oder der an deren Stelle tretende Wert, z. B. § 6 Abs. 5 Satz 3, § 7a Abs. 9 und § 7b Abs. 1 Satz 2 EStG; §§ 10 und 10a EStDV. ²Wird ein teilfertiges Gebäude erworben und fertiggestellt, gehören zu den Herstellungskosten die Anschaffungskosten des teilfertigen Gebäudes und die Herstellungskosten zur Fertigstellung des Gebäudes.

> Fertigstellung von Teilen eines Gebäudes zu verschiedenen Zeitpunkten
(2) Wird bei der Errichtung eines zur unterschiedlichen Nutzung bestimmten Gebäudes zunächst ein zum Betriebsvermögen gehörender Gebäudeteil und danach ein zum Privatvermögen gehörender Gebäudeteil fertiggestellt, so hat der Steuerpflichtige ein Wahlrecht, ob er vorerst in die AfA-Bemessungsgrundlage des fertiggestellten Gebäudeteils die Herstellungskosten des noch nicht fertiggestellten Gebäudeteils einbezieht oder ob er hierauf verzichtet.

Unentgeltlicher Erwerb
(3) Bei unentgeltlich erworbenen Wirtschaftsgütern sind § 6 Abs. 3 und 4 EStG und § 11d EStDV sowohl im Fall der Gesamtrechtsnachfolge als auch im Fall der Einzelrechtsnachfolge anzuwenden.

Zuschüsse, Übertragung stiller Reserven bei Ersatzbeschaffung
(4) ¹Ist dem Steuerpflichtigen im Jahr der Anschaffung oder Herstellung eines Wirtschaftsguts für dieses Wirtschaftsgut ein Zuschuß bewilligt worden, den er nach R 34 erfolgsneutral behandelt, oder hat er einen Abzug nach § 6b Abs. 1 oder 3 EStG oder nach R 35 vorgenommen, so ist die AfA von den um den Zuschuß oder Abzugsbetrag geminderten Anschaffungs- oder Herstellungskosten zu bemessen. ²Ist dem Steuerpflichtigen der Zuschuß in einem auf das Jahr der Anschaffung oder Herstellung folgenden Wirtschaftsjahr bewilligt worden oder hat er den Abzug zulässigerweise in einem auf das Jahr der Anschaffung oder Herstellung des Wirtschaftsguts folgenden Wirtschaftsjahr vorgenommen, so bemißt sich die weitere AfA in den Fällen des § 7 Abs. 4 Satz 1 und Abs. 5 EStG ebenfalls nach den um den Zuschuß- oder Abzugsbetrag geminderten Anschaffungs- oder Herstellungskosten, in allen anderen Fällen nach dem um den Zuschuß- oder Abzugsbetrag geminderten Buchwert oder Restwert des Wirtschaftsguts.

> Nachträgliche Herstellungskosten
(5) ¹Sind nachträgliche Herstellungsarbeiten an einem Wirtschaftsgut so umfassend, daß hierdurch ein anderes Wirtschaftsgut entsteht, so ist die weitere AfA nach der Summe aus dem Buchwert oder Restwert des bisherigen Wirtschaftsguts und nach den nachträglichen Herstellungskosten zu bemessen. ²Aus Vereinfachungsgründen kann der Steuerpflichtige bei unbeweg-

lichen Wirtschaftsgütern von der Herstellung eines anderen Wirtschaftsguts ausgehen, wenn der im zeitlichen und sachlichen Zusammenhang mit der Herstellung des Wirtschaftsguts angefallene Bauaufwand zuzüglich des Werts der Eigenleistung nach überschlägier Berechnung den Verkehrswert des bisherigen Wirtschaftsguts übersteigt.

Einlage, > Entnahme, Nutzungsänderung und Übergang zur Buchführung

(6) ¹Wird ein Wirtschaftsgut in ein Betriebsvermögen eingelegt, für das zuvor im Rahmen der Überschußeinkunftsarten im Sinne des § 2 Abs. 1 Nr. 4 bis 7 EStG Absetzungen für Abnutzung oder Substanzverringerung, Sonderabschreibungen oder erhöhte Absetzungen geltend gemacht worden sind, so bemißt sich die weitere AfA nach den fortgeführten Anschaffungs- oder Herstellungskosten (§ 7 Abs. 1 Satz 4 und Abs. 4 Satz 1 EStG). ²In diesen Fällen darf die Summe der insgesamt in Anspruch genommenen Abschreibungen die Anschaffungs- oder Herstellungskosten nicht übersteigen. ³§ 6 Abs. 1 Nr. 5 Satz 1 EStG bleibt unberührt. ⁴Bei Wirtschaftsgütern, die der Steuerpflichtige aus einem Betriebsvermögen in das Privatvermögen übergeführt hat, ist die weitere AfA nach dem Teilwert (§ 6 Abs. 1 Nr. 4 EStG) oder gemeinen Wert (§ 16 Abs. 3 Satz 5 EStG) zu bemessen, mit dem das Wirtschaftsgut bei der Überführung steuerlich erfaßt worden ist. ⁵Dagegen bleiben die Anschaffungs- oder Herstellungskosten oder der an deren Stelle tretende Wert des Wirtschaftsguts für die weitere AfA als Bemessungsgrundlage maßgebend, wenn

1. a) ein Gebäude nach vorhergehender Nutzung zu eigenen Wohnzwecken oder zu fremden Wohnzwecken auf Grund unentgeltlicher Überlassung zur Erzielung von Einkünften im Sinne des § 21 EStG oder
   b) ein bewegliches Wirtschaftsgut nach einer Nutzung außerhalb der Einkunftsarten zur Erzielung von Einkünften im Sinne des § 2 Abs. 1 Nr. 4 bis 7 EStG

   verwendet wird oder
2. ein Wirtschaftsgut nach vorhergehender Gewinnermittlung durch Schätzung oder nach Durchschnittssätzen (§ 13a EStG) bilanziert wird.

► **Hinweise EStH H 43.**

Anschaffungskosten

Bei Anschaffung eines bebauten Grundstücks ist der Kaufpreis nach dem Verhältnis der Verkehrswerte oder Teilwerte auf den Grund und Boden und auf das Gebäude aufzuteilen (> BFH vom 21. 1. 1971 – BStBl II S. 682 und vom 19. 12. 1972 – BStBl 1973 II S. 295).

Kürzung der Anschaffungskosten eines Gebäudes mit mehreren Wohnungen, von denen eine wohnrechtsbelastet ist > BFH vom 7. 6. 1994 (BStBl II S. 927). Zur Berechnung > BMF vom 31. 12. 1994 (BStBl I S. 887) – Tz. 55.

Das gilt auch bei der Anschaffung von Eigentumswohnungen; dabei rechtfertigt die eingeschränkte Nutzungs- und Verfügungsmöglichkeit des Wohnungseigentümers hinsichtlich seines Bodenanteils keinen niedrigeren Wertansatz des Bodenanteils (> BFH vom 15. 1. 1985 – BStBl II S. 252).

Aufwendungen für Baumaßnahmen, mit denen der Verkäufer einer Eigentumswohnung oder eine seiner Firmen zeitgleich mit dem Abschluß des Kaufvertrags beauftragt wird, gehören zu den Anschaffungskosten der Eigentumswohnung (> BFH vom 17. 12. 1996 – BStBl 1997 II S. 348).

Bei Erwerb einer Eigentumswohnung gehört der im Kaufpreis enthaltene Anteil für das in der Instandhaltungsrückstellung angesammelte Guthaben nicht zu den Anschaffungskosten der Eigentumswohnung (> BFH vom 9. 10. 1991 – BStBl 1992 II S. 152).

Die Anschaffungs- oder Herstellungskosten sind zur Berechnung der AfA zu mindern

- bei Schiffen um den Schrottwert (> BFH vom 22. 7. 1971 – BStBl II S. 800) und
- bei Milchkühen um den Schlachtwert (> BFH vom 1. 10. 1992 – BStBl 1993 II S. 284); dieser kann mit dem im BMF-Schreiben vom 22. 2. 1995 (BStBl I S. 179) festgelegten Gruppenwert angesetzt werden (> BFH vom 6. 8. 1998 – BStBl 1999 II S. 14).

Beitrittsgebiet
Bemessungsgrundlage nach den Wiederherstellungs-/Wiederbeschaffungskosten zum 1. 7. 1990 (> BMF vom 21. 7. 1994 – BStBl I S. 599 und vom 15. 1. 1995 – BStBl I S. 14).

Dachgeschoß
Baumaßnahmen an einem Dachgeschoß > BMF vom 10. 7. 1996 (BStBl I S. 689)

Einlage eines Wirtschaftsguts
Beispiel:
Ein Gebäude (Anschaffungskosten 1 000 000 DM) wurde in den Jahren 01 bis 10 zu Vermietungszwecken genutzt. Die AfA betrug jährlich 2 v. H. Das Gebäude wird zu Beginn des Jahres 11 in ein Betriebsvermögen eingelegt und zu eigenbetrieblichen Zwecken genutzt. Der Teilwert beträgt 900 000 DM. Die AfA-Bemessungsgrundlage bemißt sich nach § 7 Abs. 4 i. V. m. § 7 Abs. 1 Satz 4 EStG wie folgt:

Anschaffungskosten	1 000 000 DM
./. AfA 10 Jahre × 2 v. H.	200 000 DM
= Bemessungsgrundlage:	800 000 DM

Bei einer künftigen AfA von 4 v. H. (= 32 000 DM, > R 44 Abs. 8 Satz 1 Nr. 1) verbleibt nach Ablauf von 25 Jahren ein Restbuchwert von 100 000 DM (900 000 DM ./. 800 000 DM). Von diesem Restbuchwert darf keine AfA vorgenommen werden. Bei einer Veräußerung ist dieser Restbuchwert gewinnmindernd zu berücksichtigen. § 6 Abs. 1 Nr. 1 Satz 2 und § 7 Abs. 1 Satz 6 EStG bleiben unberührt.

Entnahme eines Wirtschaftsguts
Bei der Überführung eines Wirtschaftsguts in das Privatvermögen ist die AfA auch dann nach dem Wert zu bemessen, mit dem das Wirtschaftsgut steuerlich erfaßt worden ist, wenn er falsch ermittelt worden ist (> BMF vom 30. 10. 1992 – BStBl I S. 651). Die AfA ist nach den ursprünglichen Anschaffungs- oder Herstellungskosten zu bemessen, wenn bei einer vorangegangenen Überführung eines Wirtschaftsguts in das Privatvermögen der Entnahmegewinn kraft gesetzlicher Regelung außer Ansatz geblieben ist (> BFH vom 3. 5. 1994 – BStBl II S. 749).

Fertigstellung von Teilen eines Gebäudes zu verschiedenen Zeitpunkten
Bei der Errichtung eines zur unterschiedlichen Nutzung bestimmten Gebäudes sind die Herstellungskosten des noch nicht fertiggestellten selbständigen Gebäudeteils in die AfA-Bemessungsgrundlage des bereits fertiggestellten Gebäudeteils einzubeziehen (> BFH vom 9. 8. 1989 – BStBl 1991 II S. 132). Vgl. aber das Wahlrecht nach > R 43 Abs. 2.

Nachträgliche Anschaffungs- oder Herstellungskosten
Begriff > R 157 und > BMF vom 16. 12. 1996 (BStBl I S. 1442)
Sind für ein Wirtschaftsgut nachträgliche Anschaffungs- oder Herstellungskosten aufgewendet worden, ohne daß hierdurch ein anderes Wirtschaftsgut entstanden ist, so bemißt sich die weitere AfA
- in den Fällen des § 7 Abs. 4 Satz 1 und Abs. 5 EStG nach der bisherigen Bemessungsgrundlage zuzüglich der nachträglichen Anschaffungs- oder Herstellungskosten (> BFH vom 20. 2. 1975 – BStBl II S. 412 und vom 20. 1. 1987 – BStBl II S. 491),

— in den Fällen des § 7 Abs. 1, Abs. 2 und Abs. 4 Satz 2 EStG nach dem Buchwert oder Restwert zuzüglich der nachträglichen Anschaffungs- oder Herstellungskosten (> BFH vom 25. 11. 1970 – BStBl 1971 II S. 142).

— in den Fällen des § 7 Abs. 1 Satz 4 EStG (Einlage) nach den fortgeführten Anschaffungs- oder Herstellungskosten zuzüglich der nachträglichen Anschaffungs- oder Herstellungskosten.

Beispiel:

Ein Gebäude (Anschaffungskosten 1 000 000 DM) wurde in den Jahren 01 bis 10 zu Vermietungszwecken genutzt. Die AfA betrug jährlich 2 v. H. Das Gebäude wird zu Beginn des Jahres 11 in ein Betriebsvermögen eingelegt und zu eigenbetrieblichen Zwecken genutzt. Im Jahr 13 fallen nachträgliche Herstellungskosten in Höhe von 100 000 DM an. Die AfA-Bemessungsgrundlage bemißt sich nach § 7 Abs. 4 i. V. m. § 7 Abs. 1 Satz 4 EStG wie folgt:

Anschaffungskosten	*1 000 000 DM*
./. AfA 10 Jahre × 2 v. H.	*200 000 DM*
= Bemessungsgrundlage ab dem Jahr 11	*800 000 DM*
AfA in den Jahren 11 und 12 je 4 v. H. = 32 000 DM	
+ nachträgliche Herstellungskosten	*100 000 DM*
= Bemessungsgrundlage ab dem Jahr 13	*900 000 DM*
AfA ab dem Jahr 13 36 000 DM	

Keine nachträglichen Herstellungskosten, sondern Herstellungskosten für ein anderes Wirtschaftsgut entstehen, wenn das bisherige Wirtschaftsgut im Wesen geändert und so tiefgreifend umgestaltet oder in einem solchen Ausmaß erweitert wird, daß die eingefügten neuen Teile der Gesamtsache das Gepräge geben und die verwendeten Altteile bedeutungs- und wertmäßig untergeordnet erscheinen. Das kann z. B. der Fall sein bei

— *einem mit dem Gebäude verschachtelten Anbau* (> BFH vom 9. 8. 1974 – BStBl 1975 II S. 342 und vom 18. 8. 1977 – BStBl 1978 II S. 46),

— *Umbau einer einfachen Scheune in eine Pferdeklinik* (> BFH vom 26. 1. 1978 – BStBl II S. 280),

— *Umbau eines alten Gasthofs in eine moderne Gastwirtschaft* (> BFH vom 26. 1. 1978 – BStBl II S. 363),

— *Umbau einer Hochdruck-Rotationsmaschine zu einer Flachdruck-(Offset)maschine* (> BFH vom 6. 12. 1991 – BStBl 1992 II S. 452),

— *Umgestaltung von Pflanztischen in ein automatisches Tischbewässerungssystem* (> BFH vom 28. 9. 1990 – BStBl 1991 II S. 361),

— *Umbau einer Mühle zu einem Wohnhaus* (> BFH vom 31. 3. 1992 – BStBl II S. 808).

Zur Höhe der AfA bei Entstehen eines anderen Wirtschaftsgutes > R 44 Abs. 11. Die degressive AfA nach § 7 Abs. 5 EStG ist nur zulässig, wenn das andere Wirtschaftsgut ein Neubau ist (> R 44 Abs. 11 Satz 5, H 44 – Neubau).

Zur Abgrenzung nachträglicher Herstellungskosten von Herstellungskosten für ein anderes Wirtschaftsgut bei Baumaßnahmen an einem Dachgeschoß > BMF vom 10. 7. 1996 (BStBl I S. 689).

Vorweggenommene Erbfolge, Erbauseinandersetzung

— *Ertragsteuerliche Behandlung der Erbengemeinschaft und ihrer Auseinandersetzung* > BMF vom 11. 1. 1993 (BStBl I S. 62);

— *Ertragsteuerliche Behandlung der vorweggenommenen Erbfolge* > BMF vom 13. 1. 1993 (BStBl I S. 80);

– *Einkommensteuerrechtliche Behandlung von wiederkehrenden Leistungen im Zusammenhang mit der Übertragung von Privat- oder Betriebsvermögen > BMF vom 23. 12. 1996 (BStBl I S. 1508).*

EStR R 44. Höhe der AfA

Beginn der AfA

(1) ¹AfA ist vorzunehmen, sobald ein Wirtschaftsgut angeschafft oder hergestellt ist. ²Ein Wirtschaftsgut ist im Zeitpunkt seiner > Lieferung angeschafft. ³Ist Gegenstand eines Kaufvertrags über ein Wirtschaftsgut auch dessen Montage durch den Verkäufer, so ist das Wirtschaftsgut erst mit der Beendigung der Montage geliefert. ⁴Wird die Montage durch den Steuerpflichtigen oder in dessen Auftrag durch einen Dritten durchgeführt, so ist das Wirtschaftsgut bereits bei Übergang der wirtschaftlichen Verfügungsmacht an den Steuerpflichtigen geliefert; das zur Investitionszulage ergangene BFH-Urteil vom 2. 9. 1988 (BStBl II S. 1009) ist ertragsteuerrechtlich nicht anzuwenden. ⁵Ein Wirtschaftsgut ist zum Zeitpunkt seiner > Fertigstellung hergestellt.

AfA im Jahr der Anschaffung oder Herstellung

(2) ¹Bei Wirtschaftsgütern, die im Laufe eines Jahres angeschafft oder hergestellt werden, kann für das Jahr der Anschaffung oder Herstellung grundsätzlich nur der > Teil des auf ein Jahr entfallenden AfA-Betrags abgesetzt werden, der dem Zeitraum zwischen der Anschaffung oder Herstellung des Wirtschaftsguts und dem Ende des Jahres entspricht.■ ²Dieser Zeitraum vermindert sich um den Teil des Jahres, in dem das Wirtschaftsgut nicht zur Erzielung von Einkünften verwendet wird. ³Bei beweglichen Wirtschaftsgütern des Anlagevermögens ist es jedoch aus Vereinfachungsgründen nicht zu beanstanden, wenn für die in der ersten Hälfte eines Wirtschaftsjahrs angeschafften oder hergestellten Wirtschaftsgüter der für das gesamte Wirtschaftsjahr in Betracht kommende AfA-Betrag und für die in der zweiten Hälfte des Wirtschaftsjahrs angeschafften oder hergestellten Wirtschaftsgüter die Hälfte des für das gesamte Wirtschaftsjahr in Betracht kommenden AfA-Betrags abgesetzt wird. ⁴Diese Vereinfachungsregelung ist bei beweglichen Wirtschaftsgütern, die im Laufe eines Rumpfwirtschaftsjahrs angeschafft oder hergestellt werden, entsprechend anzuwenden. ⁵Dabei kommt als AfA-Betrag für das gesamte Rumpfwirtschaftsjahr nur der Teil des auf ein volles Wirtschaftsjahr entfallenden AfA-Betrags in Betracht, der dem Anteil des Rumpfwirtschaftsjahrs an einem vollen Wirtschaftsjahr entspricht. ⁶Bei Wirtschaftsgütern, die im Laufe eines Wirtschaftsjahrs oder Rumpfwirtschaftsjahrs in das Betriebsvermögen eingelegt werden, gilt Satz 1 entsprechend; die Sätze 3 bis 5 sind entsprechend anzuwenden, wenn bei den Wirtschaftsgütern vor der Einlage eine AfA nicht zulässig war.

Bemessung der AfA nach der > Nutzungsdauer

(3) ¹Die AfA ist grundsätzlich so zu bemessen, daß die Anschaffungs- oder Herstellungskosten nach Ablauf der betriebsgewöhnlichen Nutzungsdauer des Wirtschaftsguts voll abgesetzt sind. ²Bei einem Gebäude gilt Satz 1 nur, wenn die technischen oder wirtschaftlichen Umstände dafür sprechen, daß die tatsächliche Nutzungsdauer eines Wirtschaftsgebäudes (§ 7 Abs. 4 Satz 1 Nr. 1 EStG) weniger als 25 Jahre bzw. eines anderen Gebäudes weniger als 50 Jahre (bei vor dem 1. 1. 1925 fertiggestellten Gebäuden weniger als 40 Jahre) beträgt. ³Satz 2 gilt entsprechend bei Nutzungsrechten, die durch Baumaßnahmen des Nutzungsberechtigten entstanden sind (> R 42 Abs. 5 Sätze 3 und 4), und bei Mietereinbauten und -umbauten, die keine Scheinbestandteile oder Betriebsvorrichtungen sind.

Amtl. Fn.:

■ > Zur degressiven AfA nach § 7 Abs. 5 EStG > aber H 44 (Teil des auf ein Jahr entfallenden AfA-Betrags).

Bemessung der linearen AfA bei Gebäuden nach typisierten Vomhundertsätzen

(4) ¹In anderen als den in Absatz 3 Sätze 2 und 3 bezeichneten Fällen sind die in § 7 Abs. 4 Satz 1 EStG genannten AfA-Sätze maßgebend. ²Die Anwendung niedrigerer AfA-Sätze ist ausgeschlossen. ³Die AfA ist bis zur vollen Absetzung der Anschaffungs- oder Herstellungskosten vorzunehmen.

Wahl der AfA-Methode

(5) ¹Bei beweglichen Wirtschaftsgütern des Anlagevermögens kann der Steuerpflichtige die AfA entweder in gleichen Jahresbeträgen (§ 7 Abs. 1 Sätze 1 und 2 EStG) oder in fallenden Jahresbeträgen (§ 7 Abs. 2 EStG)❶ bemessen. ²AfA nach Maßgabe der Leistung (§ 7 Abs. 1 Satz 5 EStG) kann bei beweglichen Wirtschaftsgütern des Anlagevermögens vorgenommen werden, deren Leistung in der Regel erheblich schwankt und deren Verschleiß dementsprechend wesentliche Unterschiede aufweist. ³Voraussetzung für AfA nach Maßgabe der Leistung ist, daß der auf das einzelne Wirtschaftsjahr entfallende Umfang der Leistung nachgewiesen wird. ⁴Der Nachweis kann z. B. bei einer Spezialmaschine durch ein die Anzahl der Arbeitsvorgänge registrierendes Zählwerk oder bei einem Kraftfahrzeug durch den Kilometerzähler geführt werden.

(6) ¹Die degressive AfA nach § 7 Abs. 5 EStG ist nur mit den in dieser Vorschrift vorgeschriebenen Staffelsätzen zulässig. ²Besteht ein Gebäude aus sonstigen selbständigen Gebäudeteilen (> R 13 Abs. 3 Nr. 5), sind für die einzelnen Gebäudeteile unterschiedliche AfA-Methoden und AfA-Sätze zulässig.

(7) Ist ein Wirtschaftsgut mehreren Beteiligten (Gesamthands- oder Bruchteilseigentum) zuzurechnen, so können sie ein Wahlrecht zur Bemessung der AfA nur einheitlich ausüben.

> Wechsel der AfA-Methode bei Gebäuden

(8) ¹Ein Wechsel der AfA-Methode ist bei Gebäuden vorzunehmen, wenn
1. ein Gebäude in einem auf das Jahr der Anschaffung oder Herstellung folgenden Jahr die Voraussetzungen des § 7 Abs. 4 Satz 1 Nr. 1 EStG erstmals erfüllt oder
2. ein Gebäude in einem auf das Jahr der Anschaffung oder Herstellung folgenden Jahr die Voraussetzungen des § 7 Abs. 4 Satz 1 Nr. 1 EStG nicht mehr erfüllt oder
3. ein nach § 7 Abs. 5 Satz 1 Nr. 3 EStG abgeschriebener Mietwohnneubau nicht mehr Wohnzwecken dient.

²In den Fällen der Nummer 1 ist die weitere AfA nach § 7 Abs. 4 Satz 1 Nr. 1 EStG, in den Fällen der Nummern 2 und 3 ist die weitere AfA nach § 7 Abs. 4 Satz 1 Nr. 2 Buchstabe a EStG zu bemessen.

Einfügung d. Schriftl.:
Übersicht: Abschreibung von Gebäuden nach § 7 Abs. 4 und 5 EStG

Vorschrift	Gebäudeart	Vermögenszugehörigkeit	Voraussetzung u. a.	AfA-Satz
§ 7 Abs. 4 Nr. 1 EStG	Betriebsgebäude (kein Wohngebäude)	Betriebsvermögen	Antrag auf Baugenehmigung nach dem 31. 3. 1985	3 %

Anm. d. Schriftl.:

❶ Durch das Steuersenkungsgesetz vom 23. 10. 2000 – BGBl 2000 I S. 1433 ist die AfA in fallenden Jahresbeträgen von bisher 30 % auf höchstens 20 % begrenzt worden.

§ 7 Abs. 4 Nr. 2a EStG	Wohngebäude und Betriebsgebäude, die nicht unter § 7 Abs. 4 Nr. 1 EStG fallen	Betriebsvermögen/ Privatvermögen	Fertigstellung nach dem 31. 12. 1924	2 %
§ 7 Abs. 4 Nr. 2b EStG	Wohngebäude und Betriebsgebäude, die nicht unter § 7 Abs. 4 Nr. 1 EStG fallen	Betriebsvermögen/ Privatvermögen	Fertigstellung vor dem 1. 1. 1925	2,5 %

In den Fällen, in denen das Gebäude von Stpfl. hergestellt oder bis zum Ende des Jahres der Fertigstellung angeschafft worden ist, kann unter folgenden Voraussetzungen die degressive AfA nach § 7 Abs. 5 EStG gewährt werden:

Vorschrift	Gebäudeart	Vermögenszugehörigkeit	Voraussetzung u. a.	AfA-Satz
§ 7 Abs. 5 Nr. 1 EStG	Betriebsgebäude (kein Wohngebäude)	Betriebsvermögen	Bauantrag nach dem 31. 3. 1985 und vor dem 1. 1. 1994; Anschaffung aufgrund eines obligatorischen Vertrages vor dem 1. 1. 1994	4 Jahre × 10 % 3 Jahre × 5 % 18 Jahre × 2,5 %
§ 7 Abs. 5 Nr. 2 EStG	Wohngebäude und Betriebsgebäude, die nicht unter § 7 Abs. 4 Nr. 1 EStG fallen	Privatvermögen	Bauantrag vor dem 1. 1. 1995; Anschaffung aufgrund eines obligatorischen Vertrages vor dem 1. 1. 1995	8 Jahre × 5 % 6 Jahre × 2,5 % 36 Jahre × 1,25 %
§ 7 Abs. 5 Nr. 3a EStG	Wohngebäude	Betriebsvermögen/ Privatvermögen	Bauantrag nach dem 28. 2. 1989 und vor dem 1. 1. 1996; Anschaffung aufgrund eines obligatorischen Vertrages nach dem 28. 2. 1989 und vor dem 1. 1. 1996	4 Jahre × 7 % 6 Jahre × 5 % 6 Jahre × 2 % 24 Jahre × 1,25 %
§ 7 Abs. 5 Nr. 3b EStG	Wohngebäude	Betriebsvermögen/ Privatvermögen	Bauantrag nach dem 31. 12. 1995; Anschaffung aufgrund eines obligatorischen Vertrages nach dem 31. 12. 1995	8 Jahre × 5 % 6 Jahre × 2,5 % 36 Jahre × 1,25 %

Ende der AfA

(9) [1]Bei Wirtschaftsgütern, die im Laufe eines Wirtschaftsjahrs oder Rumpfwirtschaftsjahrs veräußert oder aus dem Betriebsvermögen entnommen werden oder nicht mehr zur Erzielung von Einkünften im Sinne des § 2 Abs. 1 Nr. 4 bis 7 EStG dienen, kann für dieses Jahr nur der Teil des auf ein Jahr entfallenden AfA-Betrags abgesetzt werden, der dem Zeitraum zwischen dem Beginn des Jahrs und der Veräußerung, Entnahme oder Nutzungsänderung entspricht. [2]Das gilt entsprechend, wenn im Laufe eines Jahres ein Wirtschaftsgebäude künftig Wohnzwecken dient oder ein

nach § 7 Abs. 5 Satz 1 Nr. 3 EStG abgeschriebener Mietwohnneubau künftig nicht mehr Wohnzwecken dient.

> Unterlassene oder überhöhte AfA

(10) Unterlassene oder überhöhte AfA ist grundsätzlich in der Weise zu korrigieren, daß die noch nicht abgesetzten Anschaffungs- oder Herstellungskosten (Buchwert) des Wirtschaftsguts, in den Fällen des § 7 Abs. 4 Satz 1 EStG die Anschaffungs- oder Herstellungskosten des Gebäudes, nach der bisher angewandten Absetzungsmethode verteilt werden.

AfA nach nachträglichen Anschaffungs- oder Herstellungskosten

(11) ¹Bei nachträglichen Herstellungskosten für Wirtschaftsgüter, die nach § 7 Abs. 1 oder Abs. 2 oder Abs. 4 Satz 2 EStG abgeschrieben werden, ist die Restnutzungsdauer unter Berücksichtigung des Zustands des Wirtschaftsguts im Zeitpunkt der Beendigung der nachträglichen Herstellungsarbeiten neu zu schätzen (> Beispiele 1 bis 3). ²In den Fällen des § 7 Abs. 4 Satz 2 EStG ist es aus Vereinfachungsgründen nicht zu beanstanden, wenn die weitere AfA nach dem bisher angewandten Vomhundertsatz bemessen wird. ³Bei der Bemessung der AfA für das Jahr der Entstehung von nachträglichen Anschaffungs- und Herstellungskosten sind diese so zu berücksichtigen, als wären sie zu Beginn des Jahres aufgewendet worden. ⁴Ist durch die nachträglichen Herstellungsarbeiten ein anderes Wirtschaftsgut entstanden (> R 43 Abs. 5), so ist die weitere AfA nach § 7 Abs. 1 oder Abs. 2 oder Abs. 4 Satz 2 EStG und der voraussichtlichen Nutzungsdauer des anderen Wirtschaftsguts oder nach § 7 Abs. 4 Satz 1 EStG zu bemessen. ⁵Die degressive AfA nach § 7 Abs. 5 EStG ist nur zulässig, wenn das andere Wirtschaftsgut ein Neubau ist.

AfA nach Einlage, Entnahme oder Nutzungsänderung oder nach Übergang zur Buchführung

(12) ¹Nach einer Einlage, Entnahme oder Nutzungsänderung eines Wirtschaftsguts oder nach Übergang zur Buchführung (> R 43 Abs. 6) ist die weitere AfA wie folgt vorzunehmen:

1. Hat sich die AfA-Bemessungsgrundlage für das Wirtschaftsgut geändert (> R 43 Abs. 6 Sätze 1 und 4), ist die weitere AfA nach § 7 Abs. 1 oder Abs. 2 oder Abs. 4 Satz 2 EStG und der tatsächlichen künftigen Nutzungsdauer oder nach § 7 Abs. 4 Satz 1 EStG zu bemessen.

2. ¹Bleiben die Anschaffungs- und Herstellungskosten des Wirtschaftsguts als Bemessungsgrundlage der AfA maßgebend (> R 43 Abs. 6 Satz 5), so ist die weitere AfA grundsätzlich nach dem ursprünglich angewandten Absetzungsverfahren zu bemessen. ²Die AfA kann nur noch bis zu dem Betrag abgezogen werden, der von der Bemessungsgrundlage nach Abzug von AfA, erhöhten Absetzungen und Sonderabschreibungen verbleibt (> AfA-Volumen). ³Ist für das Wirtschaftsgut noch nie AfA vorgenommen worden, so ist die AfA nach § 7 Abs. 1 oder Abs. 2 oder Abs. 4 Satz 2 EStG und der tatsächlichen gesamten Nutzungsdauer oder nach § 7 Abs. 4 Satz 1 oder Abs. 5 EStG zu bemessen. ⁴Nach dem Übergang zur Buchführung oder zur Einkünfteerzielung kann die AfA nur noch bis zu dem Betrag abgezogen werden, der von der Bemessungsgrundlage nach Abzug der Beträge verbleibt, die entsprechend der gewählten AfA-Methode auf den Zeitraum vor dem Übergang entfallen (> Beispiel 4).

²Besteht ein Gebäude aus mehreren selbständigen Gebäudeteilen und wird der Nutzungsumfang eines Gebäudeteils infolge einer Nutzungsänderung des Gebäudes ausgedehnt, so bemißt sich die weitere AfA von der neuen Bemessungsgrundlage insoweit nach § 7 Abs. 4 EStG. ³Das Wahlrecht nach Satz 1 Nr. 2 Sätze 3 und 4 bleibt unberührt (> Beispiel 5).

Absetzungen für außergewöhnliche technische oder wirtschaftliche Abnutzung bei Gebäuden

(13) ¹Absetzungen für außergewöhnliche technische oder wirtschaftliche Abnutzung (> AfaA) sind nach dem Wortlaut des Gesetzes nur bei Gebäuden zulässig, bei denen die AfA nach § 7

Abs. 4 EStG bemessen wird. ²AfaA sind jedoch auch bei Gebäuden nicht zu beanstanden, bei denen AfA nach § 7 Abs. 5 EStG vorgenommen wird.

▶ **Hinweise   EStH   H 44.**

AfaA

Wird ein im Privatvermögen gehaltenes Fahrzeug eines selbständig Tätigen bei einer beruflich veranlaßten Fahrt infolge eines Unfalls beschädigt und nicht repariert, so richtet sich die Höhe der AfaA nach § 7 Abs. 1 Satz 5 EStG nach den Anschaffungskosten abzüglich der (normalen) AfA, die der Steuerpflichtige hätte in Anspruch nehmen können, wenn er das Fahrzeug im Betriebsvermögen gehalten hätte (> BFH vom 24. 11. 1994 – BStBl 1995 II S. 318).

AfaA sind grundsätzlich im Jahr des Schadenseintritts, spätestens jedoch im Jahr der Entdeckung des Schadens vorzunehmen (> BFH vom 1. 12. 1992 – BStBl 1994 II S. 11 und 12). Dies gilt unabhängig von evtl. Ersatzansprüchen gegen eine Versicherung (> BFH vom 13. 3. 1998 – BStBl II S. 443).

Eine AfaA setzt voraus, daß die wirtschaftliche Nutzbarkeit eines Wirtschaftsguts durch außergewöhnliche Umstände gesunken ist (> BFH vom 8. 7. 1980 – BStBl II S. 743).

Baumängel vor Fertigstellung eines Gebäudes rechtfertigen keine AfaA (> BFH vom 31. 3. 1992 – BStBl II S. 805); auch wenn infolge dieser Baumängel noch in der Bauphase unselbständige Gebäudeteile wieder abgetragen werden (> BFH vom 30. 8. 1994 – BStBl 1995 II S. 306); dies gilt auch, wenn die Baumängel erst nach der Fertigstellung entdeckt werden (> BFH vom 27. 1. 1993 – BStBl II S. 702).

Eine AfaA ist vorzunehmen, wenn

– *ein Gebäude durch Abbruch, Brand oder ähnliche Ereignisse aus dem Betriebsvermögen ausgeschieden ist (> BFH vom 7. 5. 1969 – BStBl II S. 464),*

– *bei einem Umbau bestimmte Teile eines Gebäudes ohne vorherige Abbruchabsicht entfernt werden (> BFH vom 15. 10. 1996 – BStBl 1997 II S. 325) oder*

– *ein Gebäude abgebrochen wird (> H 33a Abbruchkosten).*

Eine AfaA ist nicht vorzunehmen, wenn ein zum Privatvermögen gehörendes objektiv technisch oder wirtschaftlich noch nicht verbrauchtes Gebäude abgerissen wird, um ein unbebautes Grundstück veräußern zu können (> BFH vom 6. 3. 1979 – BStBl II S. 551), oder wenn es in der Absicht eines grundlegenden Umbaus erworben wird (> BFH vom 4. 12. 1984 – BStBl 1985 II S. 208 und 20. 4. 1993 – BStBl II S. 504).

AfA-Volumen

Übergang

– *von der Schätzung zur Buchführung > BFH vom 5. 12. 1985 (BStBl 1986 II S. 390),*

– *von der Gewinnermittlung nach Durchschnittssätzen zur Buchführung > BFH vom 12. 12. 1985 (BStBl 1986 II S. 392), vom 17. 3. 1988 (BStBl II S. 770) und vom 10. 12. 1992 (BStBl 1993 II S. 344).*

Umwidmung eines Wirtschaftsguts in den Bereich der Einkünfteerzielung > BFH vom 14. 2. 1989 (BStBl II S. 922).

Zu § 7 EStG **Einkommensteuer** 248

Beispiele

1. Degressive AfA nach § 7 Abs. 2 EStG bei nachträglichen Herstellungskosten
Für ein im Jahre 01 angeschafftes bewegliches Wirtschaftsgut mit einer betriebsgewöhnlichen Nutzungsdauer von 12 Jahren, für das degressive AfA von $(8^{1}/_{3}$ v. H. $\times 3 =)$ 25 v. H. vorgenommen worden ist, werden im Jahre 06 nachträgliche Herstellungskosten aufgewendet. Danach beträgt die neu geschätzte Restnutzungsdauer 8 Jahre.

Restwert Ende 05	4 100 DM
nachträgliche Herstellungskosten 06	+ 3 900 DM
Bemessungsgrundlage ab 06	8 000 DM

Die degressive AfA im Jahre 06 beträgt (12,5 v. H. $\times$ 3, höchstens jedoch) 30 v. H. von 8 000 DM.

2. Lineare AfA nach § 7 Abs. 4 Satz 1 Nr. 2 EStG bei nachträglichen Herstellungskosten
Ein zu Beginn des Jahres 01 angeschafftes Gebäude, für das lineare AfA nach § 7 Abs. 4 Satz 1 Nr. 2 EStG vorgenommen worden ist, wird im Jahre 24 erweitert. Die Restnutzungsdauer beträgt danach noch mindestens 50 Jahre.

Anschaffungskosten im Jahr 01	200 000 DM
AfA in den Jahren 01 bis 23: 23×2 v. H. $= 92\,000$ DM	
nachträgliche Herstellungskosten im Jahr 24	+ 100 000 DM
Bemessungsgrundlage ab Jahr 24	300 000 DM

Vom Jahr 24 bis zur vollen Absetzung des Betrags von 208 000 DM (Restwert 108 000 DM zuzüglich nachträglicher Herstellungskosten 100 000 DM) beträgt die AfA jährlich 2 v. H. von 300 000 DM = 6 000 DM.

3. Degressive AfA nach § 7 Abs. 5 EStG bei nachträglichen Herstellungskosten
Ein im Jahr 01 fertiggestelltes Gebäude, für das degressive AfA nach § 7 Abs. 5 Satz 1 Nr. 1 EStG vorgenommen worden ist, wird im Jahr 06 erweitert.

Herstellungskosten im Jahr 01	200 000 DM
AfA in den Jahren 01 bis 04: 4×10 v. H. $= 80\,000$ DM	
AfA im Jahr 05: 1×5 v. H. $= 10\,000$ DM	
nachträgliche Herstellungskosten im Jahr 06	+ 80 000 DM
Bemessungsgrundlage ab Jahr 06	280 000 DM

In den Jahren 06 und 07 beträgt die AfA je 5 v. H. = 14 000 DM; in den Jahren 08 bis 25 beträgt die AfA je 2,5 v. H. = 7 000 DM.

4. AfA-Verbrauch bei Umwidmung eines Gebäudes zur Einkünfteerzielung
Eine im Jahr 01 fertiggestellte und am 1. 12. 01 erworbene Eigentumswohnung wird vom Dezember 01 bis Februar 03 vom Steuerpflichtigen selbst bewohnt und ab März 03 vermietet.
Der Steuerpflichtige hat ab dem Jahr 03 die Wahl zwischen der linearen AfA nach § 7 Abs. 4 Satz 1 EStG (Fall 1) und der degressiven AfA nach § 7 Abs. 5 Satz 1 Nr. 3 EStG (Fall 2).

		Fall 1		Fall 2
Anschaffungskosten im Jahr 01		300 000 DM		300 000 DM
AfA-Verbrauch				
im Jahr 01	$^{1}/_{12}$ von 2 v. H.	500 DM	7 v. H.	21 000 DM
im Jahr 02	2 v. H.	6 000 DM	7 v. H.	21 000 DM
im Jahr 03	$^{2}/_{12}$ von 2 v. H.	1 000 DM	$^{2}/_{12}$ von 7 v. H.	3 500 DM
insgesamt		7 500 DM		45 500 DM

verbleibendes AfA-Volumen			292 500 DM		254 500 DM
			Fall 1		Fall 2
AfA ab Übergang zur Einkünfteerzielung					
im Jahr 03	¹⁰/₁₂ von 2 v. H.		5 000 DM	¹⁰/₁₂ von 7 v. H.	17 500 DM
ab Jahr 04	je 2 v. H.		6 000 DM		
im Jahr 04				7 v. H.	21 000 DM
im Jahr 05 bis 10				je 5 v. H.	15 000 DM
im Jahr 11 bis 16				je 2 v. H.	6 000 DM
ab Jahr 17				je 1,25 v. H.	3 900 DM

verbleibendes AfA-Volumen 354 500 DM

5. AfA bei Änderung des Nutzungsumfangs eines Gebäudeteils

Von den gesamten Herstellungskosten in Höhe von 600 000 DM eines zum Betriebsvermögen gehörenden Gebäudes, das je zur Hälfte eigenbetrieblichen Zwecken und fremden Wohnzwecken dient, entfallen je 300 000 DM auf die beiden selbständigen Gebäudeteile. Der eigenbetrieblich genutzte Gebäudeteil wird nach § 7 Abs. 5 Satz 1 Nr. 1 EStG degressiv, der zu fremden Wohnzwecken genutzte Gebäudeteil nach § 7 Abs. 4 Satz 1 Nr. 2 EStG linear abgeschrieben. Die jährliche AfA beträgt

a) *für den eigenbetrieblich genutzten Gebäudeteil*

              10 v. H. von 300 000 DM = 30 000 DM,

b) *für den zu fremden Wohnzwecken genutzten Gebäudeteil*

              2 v. H. von 300 000 DM = 6 000 DM.

Vom Beginn des 3. Jahres an wird die eigenbetriebliche Nutzung auf ein Drittel des bisher zu Wohnzwecken genutzten Gebäudeteils ausgedehnt. Von diesem Zeitpunkt an beträgt die AfA-Bemessungsgrundlage für den eigenbetrieblich genutzten Gebäudeteil 400 000 DM, für den zu fremden Wohnzwecken genutzten Gebäudeteil 200 000 DM. Für den nunmehr eigenbetrieblich genutzten Teil des bisher zu fremden Wohnzwecken genutzten Gebäudeteils ist die lineare AfA künftig mit dem höheren AfA-Satz des § 7 Abs. 4 Satz 1 Nr. 1 EStG vorzunehmen. Die AfA beträgt somit im 3. Jahr

a) *für den eigenbetrieblich genutzten Gebäudeteil*

              10 v. H. von 300 000 DM = 30 000 DM,
            + 4 v. H. von 100 000 DM = 4 000 DM,

b) *für den zu fremden Wohnzwecken genutzten Gebäudeteil*

              2 v. H. von 200 000 DM = 4 000 DM.

Entnahme eines Gebäudes

*Für ein Gebäude, das **im** Jahr der Fertigstellung aus dem Betriebsvermögen entnommen worden ist, kann die degressive AfA nach § 7 Abs. 5 EStG nicht mehr vorgenommen werden, wenn für das Gebäude bereits während der Zugehörigkeit zum Betriebsvermögen degressive AfA in Anspruch genommen worden ist (> BFH vom 2. 7. 1992 – BStBl II S. 909).*

*Für ein Gebäude, das **nach** dem Jahr der Fertigstellung unter Aufdeckung der stillen Reserven entnommen worden ist, kann die degressive AfA nach § 7 Abs. 5 EStG nicht mehr vorgenommen werden (> BFH vom 8. 11. 1994 – BStBl 1995 II S. 170).*

Fertigstellung

- Ein Wirtschaftsgut ist fertiggestellt, sobald es seiner Zweckbestimmung entsprechend genutzt werden kann (> BFH vom 20. 2. 1975 – BStBl II S. 412, vom 11. 3. 1975 – BStBl II S. 659 und vom 21. 7. 1989 – BStBl II S. 906).
- Ein Gebäude ist fertiggestellt, wenn die wesentlichen Bauarbeiten abgeschlossen sind und der Bau so weit errichtet ist, daß der Bezug der Wohnungen zumutbar ist oder daß das Gebäude für den Betrieb in all seinen wesentlichen Bereichen nutzbar ist (> BFH vom 11. 3. 1975 – BStBl II S. 659 und vom 21. 7. 1989 – BStBl II S. 906).
- Ein Gebäude ist nicht fertiggestellt, wenn Türen, Böden und der Innenputz noch fehlen (> BFH vom 21. 7. 1989 – BStBl II S. 906).
- Auf die Höhe der noch ausstehenden Herstellungskosten im Verhältnis zu den gesamten Herstellungskosten des Gebäudes kommt es nicht an (> BFH vom 16. 12. 1988 – BStBl 1989 II S. 203).
- Gebäudeteile, die aufgrund ihrer unterschiedlichen Funktion selbständige Wirtschaftsgüter sind, sind fertiggestellt, sobald diese Teile bestimmungsgemäß nutzbar sind (> BFH vom 9. 8. 1989 – BStBl 1991 II S. 132). Zur AfA-Bemessungsgrundlage > R 43 Abs. 2.
- Eine Eigentumswohnung ist mit der Bezugsfertigkeit fertiggestellt, auch wenn zu diesem Zeitpunkt zivilrechtlich noch kein Wohneigentum begründet und die Teilungserklärung noch nicht abgegeben worden ist (> BFH vom 26. 1. 1999 – BStBl II S. 589).
- Gebrauchstiere sind bei der ersten Ingebrauchnahme fertiggestellt (> BMF vom 22. 2. 1995 – BStBl I S. 179 – Tz. 8).
- Die bestimmungsgemäße Nutzbarkeit einer Dauerkultur beginnt mit ihrer Ertragsreife (> BMF vom 17. 9. 1990 – BStBl I S. 420).

Lieferung

Ein Wirtschaftsgut ist geliefert, wenn der Erwerber nach dem Willen der Vertragsparteien darüber wirtschaftlich verfügen kann; das ist in der Regel der Fall, wenn Eigenbesitz, Gefahr, Nutzen und Lasten auf den Erwerber übergehen (> BFH vom 28. 4. 1977 – BStBl II S. 553).

Liegt der Zeitpunkt des Übergangs eines Wirtschaftsguts auf den Erwerber im Schnittpunkt von zwei Zeiträumen, so ist das Wirtschaftsgut mit Beginn des zweiten Zeitraums geliefert (> BFH vom 7. 11. 1991 – BStBl 1992 II S. 398).

Wirtschaftlicher Übergang bei Leasing- und Mietkauf-Verträgen > BMF vom 28. 8. 1991 (BStBl I S. 768) – Tz. 13.

Mietereinbauten

- Bei Mietereinbauten und -umbauten, die keine Scheinbestandteile oder Betriebsvorrichtungen sind, bestimmt sich die AfA abweichend von Nr. 10 des BMF-Schreibens vom 15. 1. 1976 (BStBl I S. 66) nach den für Gebäude geltenden Grundsätzen > BFH vom 15. 10. 1996 (BStBl 1997 II S. 533).
- Zur Nutzungsdauer von Ladeneinbauten, Schaufensteranlagen und Gaststätteneinbauten > BMF vom 30. 5. 1996 (BStBl I S. 643).

Nachträgliche Anschaffungs- oder Herstellungskosten

Werden nachträgliche Anschaffungs- oder Herstellungskosten für Wirtschaftsgüter aufgewendet, die nach § 7 Abs. 1 oder Abs. 2 oder Abs. 4 Satz 2 EStG abgeschrieben werden, so bemißt sich die AfA vom Jahr der Entstehung der nachträglichen Anschaffungs- oder Herstellungskosten an nach der Restnutzungsdauer (> BFH vom 25. 11. 1970 – BStBl 1971 II S. 142).

Werden nachträgliche Anschaffungs- oder Herstellungskosten für Gebäude aufgewendet, die nach § 7 Abs. 4 Satz 1 oder Abs. 5 EStG abgeschrieben werden, so ist der für das Gebäude geltende Vomhundertsatz anzuwenden (> BFH vom 20. 2. 1975 – BStBl II S. 412 und vom 20. 1. 1987 – BStBl II S. 491).

Einfügung d. Schriftl.:
Beispiel:

Ein zu Beginn des Jahres 01 angeschafftes Gebäude, das bisher mit 2 % abgeschrieben worden ist, wird im Jahre 24 erweitert. Die Restnutzungsdauer beträgt noch mindestens 50 Jahre. Die AfA wird wie folgt berechnet:

Anschaffungskosten im Jahre 01	200 000 DM
nachträgliche Herstellungskosten im Jahre 24	100 000 DM
Bemessungsgrundlage ab dem Jahre 24	300 000 DM
Davon 2 % = AfA im Jahre 24	6 000
Das Restvolumen der AfA beträgt am 31. 12. 24	
Ursprüngliche Anschaffungskosten	200 000 DM
abzügliche AfA in den Jahren 01 bis 23 =	
23 x 2 % von 200 000 DM =	92 000
Verbleiben	108 000 DM
nachträgliche Herstellungskosten im Jahre 24	100 000 DM
Summe	208 000 DM
abzüglich AfA für das Jahr 24 =	6 000 DM
Restvolumen der AfA am 31. 12. 24 =	202 000 DM

Wird in den Fällen des § 7 Abs. 4 Satz 1 EStG auf diese Weise die volle Absetzung innerhalb der tatsächlichen Nutzungsdauer nicht erreicht, so kann die AfA vom Zeitpunkt der Beendigung der nachträglichen Herstellungsarbeiten an nach der Restnutzungsdauer des Gebäudes bemessen werden (> BFH vom 7. 6. 1977 – BStBl II S. 606).

Neubau

Die AfA nach § 7 Abs. 5 EStG kann nur bei Neubauten in Anspruch genommen werden. Bei Umbauten, Ausbauten und Modernisierungsmaßnahmen liegt ein Neubau nicht bereits dann vor, wenn sich dadurch die Zweckbestimmung des Gebäudes ändert. Er entsteht nur, wenn die eingefügten Neubauteile dem Gesamtgebäude das Gepräge geben, so daß es in bautechnischer Hinsicht neu ist. Das ist insbesondere der Fall, wenn verbrauchte Teile ersetzt werden, die für die Nutzungsdauer des Gebäudes bestimmend sind, wie z. B. Fundamente, tragende Außen- und Innenwände, Geschoßdecken und die Dachkonstruktion (> BFH vom 28. 6. 1977 – BStBl II S. 725 und vom 31. 3. 1992 – BStBl II S. 808).

Bei Anbauten liegt ein Neubau vor, wenn
– dadurch selbständige Wirtschaftsgüter i. S. v. R 13 geschaffen werden oder
– sie mit dem bestehenden Gebäude verschachtelt sind und die Neubauteile dem Gesamtgebäude das Gepräge geben; hierfür sind regelmäßig die Größen- und Wertverhältnisse der Alt- und Neubauteile maßgebend (> BFH vom 9. 8. 1974 – BStBl 1975 II S. 342 und vom 18. 8. 1977 – BStBl 1978 II S. 46).

Für Eigentumswohnungen, die durch die rechtliche Umwandlung eines bestehenden Gebäudes geschaffen werden, kann keine AfA nach § 7 Abs. 5 EStG in Anspruch genommen werden (> BFH vom 24. 11. 1992 – BStBl 1993 II S. 188).

Für neu geschaffene Wohnungen, die in einem einheitlichen Nutzungs- und Funktionszusammenhang mit einer bereits vorhandenen Wohnung stehen, kann keine AfA nach § 7 Abs. 5 EStG in Anspruch genommen werden (> BFH vom 7. 7. 1998, BStBl II S. 625).

Zur degressiven AfA nach § 7 Abs. 5 EStG bei Baumaßnahmen an einem Dachgeschoß > BMF vom 10. 7. 1996 (BStBl I S. 689).

Nutzungsdauer

Anschaffungs- oder Herstellungskosten eines Wirtschaftsguts sind nur dann nach § 7 EStG zu verteilen, wenn die Nutzungsdauer des Wirtschaftsguts zwölf Monate (Jahreszeitraum im Sinne eines Zeitraums von 365 Tagen) übersteigt (> BFH vom 26. 8. 1993 – BStBl 1994 II S. 232).

Die Nutzungsdauer eines Wirtschaftsguts entspricht regelmäßig dem Zeitraum, in dem es sich technisch abnutzt. Eine kürzere wirtschaftliche Nutzungsdauer liegt nicht vor, wenn das Wirtschaftsgut zwar nicht mehr entsprechend der ursprünglichen Zweckbestimmung rentabel nutzbar ist, aber noch einen erheblichen Verkaufswert hat (> BFH vom 19. 11. 1997 – BStBl 1998 II S. 59). Die Grundsätze dieses Urteils erfordern eine Überarbeitung der amtlichen AfA-Tabellen. Die neuen AfA-Tabellen sind erst ab dem Zeitpunkt ihrer Veröffentlichung anzuwenden (> BMF vom 15. 6. 1999 – BStBl I S. 543).

Zur Nutzungsdauer des Geschäfts- und Firmenwerts, des Praxiswerts und sogenannter firmenwertähnlicher Wirtschaftsgüter > BMF vom 20. 11. 1986 (BStBl I S. 532) und BMF vom 15. 1. 1995 (BStBl I S. 14). > H 31a, H 32.

Begriff der Nutzungsdauer eines Gebäudes > § 11c Abs. 1 EStDV.

Die Absicht, ein zunächst noch genutztes Gebäude abzubrechen oder zu veräußern, rechtfertigt es nicht, eine kürzere Nutzungsdauer des Gebäudes zugrunde zu legen (> BFH vom 15. 12. 1981 – BStBl 1982 II S. 385).

Eine Verkürzung der Nutzungsdauer kann erst angenommen werden, wenn die Gebäudeabbruchvorbereitungen soweit gediehen sind, daß die weitere Nutzung in der bisherigen oder einer anderen Weise so gut wie ausgeschlossen ist (> BFH vom 8. 7. 1980 – BStBl II S. 743).

Die der tatsächlichen Nutzungsdauer entsprechende AfA kann erst vorgenommen werden, wenn der Zeitpunkt der Nutzungsbeendigung des Gebäudes feststeht, z. B. weil sich der Steuerpflichtige verpflichtet hat, das Gebäude zu einem bestimmten Zeitpunkt abzubrechen (> BFH vom 22. 8. 1984 – BStBl 1985 II S. 126).

Nutzungsdauer von Ladeneinbauten, Schaufensteranlagen und Gaststätteneinbauten > BMF vom 30. 5. 1996 (BStBl I S. 643).

Zur Bestimmung der Nutzungsdauer nach den amtlichen AfA-Tabellen bei Verlustzuweisungsgesellschaften im Sinne des § 2b EStG > H 5a (AfA-Tabellen).

Teil des auf ein Jahr entfallenden AfA-Betrags

Abweichend von R 44 Abs. 2 Satz 1 ist die AfA nach § 7 Abs. 5 EStG im Jahr der Anschaffung oder Herstellung eines Gebäudes in Höhe des vollen Jahresbetrags abzuziehen (> BFH vom 19. 2. 1974 – BStBl II S. 704; > aber R 44 Abs. 2 Satz 2).

Bei Veräußerung eines Gebäudes kann die degressive AfA nach § 7 Abs. 5 EStG nur zeitanteilig abgezogen werden (> BFH vom 18. 8. 1977 – BStBl II S. 835).

Unterlassene oder überhöhte AfA

Ist AfA nach § 7 Abs. 1 oder Abs. 2 oder Abs. 4 Satz 2 EStG unterblieben, so kann sie in der Weise nachgeholt werden, daß die noch nicht abgesetzten Anschaffungs- oder Herstellungskosten (Buchwert) entsprechend der bei dem Wirtschaftsgut angewandten Absetzungsmethode auf die noch verbleibende Restnutzungsdauer verteilt werden (> BFH vom 21. 2. 1967 – BStBl III S. 386 und vom 3. 7. 1980 – BStBl 1981 II S. 255).

Ist AfA nach § 7 Abs. 4 Satz 1 EStG überhöht vorgenommen worden oder unterblieben und hat sich die tatsächliche Nutzungsdauer des Gebäudes nicht geändert, so sind weiterhin die gesetzlich vorgeschriebenen Vomhundertsätze anzusetzen, so daß sich ein anderer Abschreibungszeitraum als von 25, 40 oder 50 Jahren ergibt (> BFH vom 3. 7. 1984 – BStBl II S. 709, vom 20. 1. 1987 – BStBl II S. 491 und vom 11. 12. 1987 – BStBl 1988 II S. 335).

Einkommensteuer — Zu § 7g EStG

Ist AfA nach § 7 Abs. 5 EStG überhöht vorgenommen worden, so ist die weitere AfA während des verbleibenden Abschreibungszeitraums weiterhin von den ungekürzten Anschaffungs- oder Herstellungskosten vorzunehmen (> BFH vom 4. 5. 1993 – BStBl II S. 661).

AfA, die unterblieben ist, um dadurch unberechtigte Steuervorteile zu erlangen, darf nicht nachgeholt werden (> BFH vom 3. 7. 1980 – BStBl 1981 II S. 255 und vom 20. 1. 1987 – BStBl II S. 491).

Wechsel der AfA-Methode bei Gebäuden
Der Wechsel zwischen den Absetzungsverfahren nach § 7 Abs. 5 EStG sowie zwischen den Absetzungsverfahren nach § 7 Abs. 4 EStG und § 7 Abs. 5 EStG ist unzulässig (> BFH vom 10. 3. 1987 – BStBl II S. 618).

EStR R 44a. Absetzung für Substanzverringerung

¹Absetzungen für Substanzverringerung (AfS) sind beim unentgeltlichen Erwerb eines > Bodenschatzes nur zulässig, soweit der Rechtsvorgänger Anschaffungskosten für ein Wirtschaftsgut aufgewendet hat. ²AfS sind vorzunehmen, sobald mit dem Abbau des Bodenschatzes begonnen wird. ³Sie berechnen sich nach dem Verhältnis der im Wirtschaftsjahr geförderten Menge des Bodenschatzes zur gesamten geschätzten Abbaumenge. ⁴AfS, die unterblieben sind, um dadurch unberechtigte Steuervorteile zu erlangen, dürfen nicht nachgeholt werden.

▶ Hinweise   EStH   H 44a.

...

Unterbliebene AfS
Unterbliebene AfS kann in der Weise nachgeholt werden, daß sie in gleichen Beträgen auf die restliche Nutzungsdauer verteilt wird (> BFH vom 21. 2. 1967 – BStBl III S. 460).

Zu § 7g EStG[1]

EStR   R 82a. Ansparabschreibungen
– unbesetzt –

▶ Hinweise   EStH   H 82a.

Allgemeines
Zu Zweifelsfragen bei der Anwendung des § 7g Abs. 3 bis 6 EStG (> BMF vom 12. 12. 1996 – BStBl I S. 1441).

...

Anm. d. Schriftl.:

[1] Durch das Jahressteuergesetz 1997 ist den Existenzgründern im Bereich kleiner und mittlerer Unternehmen die Möglichkeit eingeräumt worden, von dem Instrument der Ansparabschreibung in erweitertem Umfang Gebrauch zu machen. Durch das Steuersenkungsgesetz vom 23. 10. 2000 – BGBl 2000 I S. 1433 wurde die Höhe der Rücklage auf 40 % der Anschaffungs- oder Herstellungskosten begrenzt.

EStR   **R 83. Sonderabschreibungen zur Förderung kleiner und mittlerer Betriebe**

Betriebsvermögen und Einheitswert

(1) ¹Zur Ermittlung des Betriebsvermögens (> R 13) des Gewerbebetriebs oder des der selbständigen Arbeit dienenden Betriebs sind alle in der Steuerbilanz ausgewiesenen Positionen mit ihren Steuerbilanzwerten zu berücksichtigen. ²Das gilt auch für Grundstücke. ³Bei Wirtschaftsgütern, die im Wirtschaftsjahr der Betriebseröffnung angeschafft oder hergestellt werden, ist das Betriebsvermögen zu Beginn dieses Wirtschaftsjahrs maßgebend. ⁴Ein Betrieb ist erst eröffnet, wenn die wesentlichen Grundlagen des Betriebs vorhanden sind. ⁵Bei Wirtschaftsgütern, die vor dem Wirtschaftsjahr der Betriebseröffnung angeschafft oder hergestellt werden, gilt die Voraussetzung des § 7g Abs. 2 Nr. 1 Buchstabe a EStG als erfüllt.

(2) ¹Wird für einen Betrieb der Land- und Forstwirtschaft ein zweiter Einheitswert festgestellt, der auch den auf das Ausland entfallenden Teil des Betriebs umfaßt (§ 19 Abs. 2 Satz 1 BewG), so ist dieser Einheitswert maßgebend. ²Einheitswert im Zeitpunkt der Anschaffung oder Herstellung des Wirtschaftsguts ist der Einheitswert, der auf den letzten Feststellungszeitpunkt (Hauptfeststellungs-, Fortschreibungs- oder Nachfeststellungszeitpunkt) vor der Anschaffung oder Herstellung festzustellen war. ³Wird ein Wirtschaftsgut vor dem Zeitpunkt angeschafft oder hergestellt, zu dem erstmals ein Einheitswert festzustellen ist (§ 23 Abs. 1 Nr. 1 in Verbindung mit Abs. 2 Satz 2 BewG), so ist der Einheitswert maßgebend, der auf den der Anschaffung oder Herstellung folgenden Feststellungszeitpunkt festgestellt wird.

(3) ¹Ist ein Steuerpflichtiger Inhaber mehrerer Betriebe, so ist für jeden Betrieb gesondert zu prüfen, ob die Grenzen des § 7g Abs. 2 Nr. 1 EStG überschritten werden. ²Bei Personengesellschaften, bei denen die Gesellschafter als Mitunternehmer anzusehen sind, sind das Betriebsvermögen bzw. der Einheitswert der Personengesellschaft maßgebend. ³⁻⁴...

(4) ...

Neue Wirtschaftsgüter

(5) ¹Ein Wirtschaftsgut ist für den Steuerpflichtigen ein > neues Wirtschaftsgut, wenn er es im ungebrauchten Zustand erworben hat und beim Hersteller die Voraussetzungen vorliegen, die für Annahme eines neuen Wirtschaftsguts bei der Selbstherstellung erforderlich sind (fabrikneu). ²Ein Wirtschaftsgut, das der Steuerpflichtige selbst hergestellt hat, ist stets als neu anzusehen, wenn der Teilwert der bei der Herstellung verwendeten gebrauchten Wirtschaftsgüter 10 v. H. des Teilwerts des hergestellten Wirtschaftsguts nicht übersteigt oder bei der Herstellung eine neue Idee verwirklicht wird. ³⁻⁸...

Verbleibensvoraussetzung

(6) ¹Ein Wirtschaftsgut verbleibt mindestens ein Jahr in einer inländischen Betriebsstätte des begünstigten Betriebs, wenn während dieses Zeitraums eine dauerhafte räumliche Beziehung zu einer solchen Betriebsstätte bestehen bleibt. ²⁻⁶...

Umfang der betrieblichen Nutzung

(7) Ein Wirtschaftsgut wird ausschließlich oder fast ausschließlich betrieblich genutzt, wenn es der Steuerpflichtige zu nicht mehr als 10 v. H. privat nutzt.

(8) ...

> Hinweise   EStH   H 83.

Zu § 9 EStG [1]

EStR   **R 84. Aufwendungen für Fahrten bei Einkünften aus Vermietung und Verpachtung**

¹Die Tätigkeit eines Steuerpflichtigen zur Erzielung von Einkünften aus Vermietung und Verpachtung besteht im wesentlichen in der Verwaltung seines Grundbesitzes. ²Bei nicht umfangreichem Grundbesitz erfordert diese Verwaltung in der Regel keine besonderen Einrichtungen, z. B. Büro, sondern erfolgt von der Wohnung des Steuerpflichtigen aus. ³Regelmäßige Tätigkeitsstätte ist dann die Wohnung des Steuerpflichtigen. ⁴Gelegentliche Fahrten zu dem vermieteten Grundstück sind in solchen Fällen keine Fahrten zwischen Wohnung und regelmäßiger Tätigkeitsstätte, auf die § 9 Abs. 3 EStG anzuwenden wäre. ⁵Aufwendungen für derartige gelegentliche Fahrten sind Werbungskosten im Sinne des § 9 Abs. 1 Satz 1 EStG.

Zu § 9a EStG

EStR   **R 85. Pauschbeträge für Werbungskosten** [2]

(1) ¹Der in § 9a Satz 1 Nr. 2 EStG bezeichnete Pauschbetrag von 200 DM steht den Ehegatten im Fall ihrer Zusammenveranlagung gemeinsam zu. ²Die Ehegatten können daher in diesem Fall entweder nur den Pauschbetrag von 200 DM oder nachgewiesene höhere Werbungskosten geltend machen. ³Es ist nicht zulässig, daß einer der Ehegatten den halben Pauschbetrag und der andere Ehegatte Werbungskosten in nachgewiesener Höhe abzieht. ⁴Der Pauschbetrag kann auch dann voll in Anspruch genommen werden, wenn nur einer der Ehegatten Einnahmen aus Kapitalvermögen bezogen hat. ⁵Haben beide Ehegatten Einnahmen aus Kapitalvermögen und sind die Einkünfte jedes Ehegatten gesondert zu ermitteln, z. B. für Zwecke des § 24a EStG, so können die Ehegatten den ihnen zustehenden Pauschbetrag beliebig unter sich aufteilen. ⁶Für jeden Ehegatten darf jedoch höchstens ein Teilbetrag in Höhe seiner Einnahmen berücksichtigt werden.

(2) Die Pauschbeträge für Werbungskosten sind nicht zu ermäßigen, wenn die unbeschränkte Steuerpflicht lediglich während eines Teils des Kalenderjahrs bestanden hat.

Anm. d. Schriftl.:

[1] Ab dem 1. 1. 2001 sind die gesetzlichen Kilometer-Pauschbeträge in Höhe von 0,70 DM (Kfz) und 0,33 DM (Motorrad und Motorroller) je Entfernungskilometer für Fahrten zwischen Wohnung und Arbeitsstätte in eine verkehrsmittelunabhängige Entfernungspauschale in Höhe von 0,70 DM für die ersten 10 Kilometer und 0,80 DM für jeden weiteren Kilometer umgewandelt worden.

[2] Durch Änderung des § 9a EStG im StEntlG 1999 wurde der erst 1996 eingeführte Pauschbetrag für Werbungskosten bei den Einkünften aus Vermietung und Verpachtung von 42 DM je qm ab 1999 wieder abgeschafft.

Zu § 9b EStG

> **Hinweise   EStH   H 85.**

Arbeitnehmer-Pauschbetrag bei Ehegatten
> H 48 LStH 2000
...

Zu § 9b EStG

EStR   R 86. Auswirkungen der Umsatzsteuer auf die Einkommensteuer

Allgemeines

(1) ¹Soweit ein Vorsteuerbetrag nach § 15 UStG umsatzsteuerrechtlich nicht abgezogen werden darf, ist er den Anschaffungs- oder Herstellungskosten des zugehörigen Wirtschaftsguts zuzurechnen. ²Diese Zurechnung gilt sowohl für Wirtschaftsgüter des Anlagevermögens als auch für Wirtschaftsgüter des Umlaufvermögens. ³In die Herstellungskosten sind die auf den Materialeinsatz und die Gemeinkosten entfallenden nicht abziehbaren Vorsteuerbeträge einzubeziehen.

Vereinfachungsregelung

(2) ¹Die Vereinfachungsregelung des § 9b Abs. 1 Satz 2 EStG bezieht sich jeweils auf den umsatzsteuerrechtlich nicht abziehbaren Teil des Vorsteuerbetrags **eines** Wirtschaftsguts. ²Bei mehreren gleichartigen Wirtschaftsgütern, die im Stück gehandelt werden, kommt die 500-DM-Grenze jeweils für den auf **ein** Stück entfallenden nicht abziehbaren Teil des Vorsteuerbetrags in Betracht. ³Bei Wirtschaftsgütern, die nicht im Stück, sondern mengenmäßig gehandelt werden, z. B. Flüssigkeiten oder Schüttgüter, ist als ein Wirtschaftsgut die jeweilige handelsübliche Rechnungseinheit wie Liter, Hektoliter, Tonne usw. anzunehmen. ⁴§ 9b Abs. 1 Satz 2 EStG setzt voraus, daß ein Vorsteuerbetrag umsatzsteuerrechtlich zum Teil abziehbar und zum Teil nicht abziehbar ist; die Vereinfachungsregelung gilt deshalb nicht für ein Wirtschaftsgut, bei dem der Vorsteuerbetrag umsatzsteuerrechtlich in voller Höhe nicht abziehbar ist.

(3) ¹Für die Anwendung des § 9b Abs. 1 Satz 2 EStG ist die umsatzsteuerrechtlich vorgenommene Aufteilung eines Vorsteuerbetrags in einen abziehbaren und einen nicht abziehbaren Teil maßgebend. ²Wird die umsatzsteuerrechtliche Aufteilung mit Wirkung für die Vergangenheit **geändert**, so muß auch die Zurechnung des nicht abziehbaren Teils eines Vorsteuerbetrags zu den Anschaffungs- oder Herstellungskosten des zugehörigen Wirtschaftsguts entsprechend berichtigt werden. ³Es ist jedoch zur Vereinfachung nicht zu beanstanden, wenn in diesem Fall die sich durch die Änderung der Aufteilung der Vorsteuerbeträge ergebenden Mehr- oder Minderbeträge an nicht abziehbarer Vorsteuer sofort als Ertrag oder Aufwand verrechnet und die Anschaffungs- oder Herstellungskosten der zugehörigen Wirtschaftsgüter nicht mehr berichtigt werden, sofern die Änderung der Aufteilung der Vorsteuerbeträge nur zu einer Erhöhung oder Verminderung der nicht abziehbaren Vorsteuerbeträge um nicht mehr als 25 v. H. führt und der auf ein Wirtschaftsgut entfallende Mehr- oder Minderbetrag an nicht abziehbarer Vorsteuer nicht mehr als 500 DM beträgt.

Wertgrenzen

(4) ¹Für die Frage, ob bei den **geringwertigen Anlagegütern** im Sinne des § 6 Abs. 2 EStG die Grenze von 800 DM überschritten ist, ist stets von den Anschaffungs- oder Herstellungskosten abzüglich eines darin enthaltenen Vorsteuerbetrags, also von dem reinen Warenpreis ohne Vor-

steuer (Nettowert), auszugehen. ²Ob der Vorsteuerbetrag umsatzsteuerrechtlich abziehbar ist, spielt in diesem Fall keine Rolle. ³Dagegen sind für die Bemessung der Freigrenze für **Geschenke** von 75 DM nach § 4 Abs. 5 Satz 1 Nr. 1 EStG die Anschaffungs- oder Herstellungskosten einschließlich eines umsatzsteuerrechtlich nicht abziehbaren Vorsteuerbetrags maßgebend; dabei bleibt § 15 Abs. 1a Nr. 1 UStG unberücksichtigt.

Nicht abziehbare Vorsteuerbeträge nach § 15 Abs. 1a und 1b UStG

(5) ¹Die nach **§ 15 Abs. 1a Nr. 1 UStG** nicht abziehbaren **Vorsteuerbeträge** unterliegen dem Abzugsverbot des § 12 Nr. 3 EStG. ²Das gleiche gilt für die nicht abziehbaren Vorsteuerbeträge auf Aufwendungen im Sinne des § 4 Abs. 5 Satz 1 Nr. 5 EStG (> § 15 Abs. 1a Nr. 2 UStG). ³§ 9b EStG findet insoweit keine Anwendung. ⁴Die nach **§ 15 Abs. 1b UStG nicht abziehbaren Vorsteuerbeträge** gehören nach § 9b Abs. 1 EStG zu den Anschaffungs- und Herstellungskosten des Fahrzeugs bzw. zu den Aufwendungen, die mit dem Betrieb oder der Anmietung des Fahrzeugs im Zusammenhang stehen. ⁵Die 3-vom-Hundert-Umsatzgrenze nach § 9b Abs. 1 Satz 2 Nr. 2 EStG ist ihrem Wesen nach nicht auf einen Vorsteuerbetrag anwendbar, der nach § 15 Abs. 1b UStG mit 50 v. H. vom Vorsteuerabzug ausgeschlossen ist.

▶ **Hinweise   EStH   H 86.**

Freigrenze für Geschenke nach § 4 Abs. 5 Satz 1 Nr. 1 EStG

Beispiele:

Ein Unternehmer erwirbt ein Geschenk, dessen Bruttokaufpreis 81,20 DM beträgt (darin enthaltene Vorsteuer 16 % = 11,20 DM).

a) *Bei Unternehmern mit Umsätzen, die zum Vorsteuerabzug berechtigen, ist für die Bemessung der Freigrenze auf den Nettowarenwert i. H. v. 70 DM abzustellen. Die Freigrenze von 75 DM wird nicht überschritten.*

b) *Bei Unternehmern mit Umsätzen, die nicht zum Vorsteuerabzug berechtigen, ist für die Bemessung der Freigrenze auf den Bruttowarenwert abzustellen. Die Freigrenze von 75 DM wird überschritten.*

Gewinnermittlung nach § 4 Abs. 3 EStG und Ermittlung des Überschusses der Einnahmen über die Werbungskosten

Die vereinnahmten Umsatzsteuerbeträge (für den Umsatz geschuldete Umsatzsteuer und vom Finanzamt erstattete Vorsteuer) gehören im Zeitpunkt ihrer Vereinnahmung zu den Betriebseinnahmen oder Einnahmen, die verausgabten Umsatzsteuerbeträge (gezahlte Vorsteuer und an das Finanzamt abgeführte Umsatzsteuerbeträge) im Zeitpunkt ihrer Verausgabung zu den Betriebsausgaben oder Werbungskosten, es sei denn, daß die Vorsteuerbeträge nach R 86 Abs. 1 bis 3 den Anschaffungs- oder Herstellungskosten des zugehörigen Wirtschaftsguts zuzurechnen sind und diese nicht sofort abziehbar sind (BFH vom 29. 6. 1982 – BStBl II S. 755). § 4 Abs. 3 Satz 2 EStG findet insoweit keine Anwendung (BFH vom 19. 2. 1975 – BStBl II S. 441). Hierbei spielt es keine Rolle, ob der Steuerpflichtige zum Vorsteuerabzug berechtigt ist und ob er seine Umsätze nach den allgemeinen umsatzsteuerrechtlichen Vorschriften versteuert oder ob die Umsatzsteuer nach § 19 Abs. 1 UStG nicht erhoben wird.

Nicht abziehbare Vorsteuerbeträge *sind auch bei* ***irrtümlicher Erstattung*** *Herstellungskosten des Wirtschaftsguts (> BFH vom 4. 6. 1991 – BStBl II S. 759).*

Zu § 10 EStG   **Einkommensteuer**

Bei umsatzsteuerlich fehlgeschlagener **Option** führt die Rückzahlung der Vorsteuererstattung nicht zu Werbungskosten bei den Einkünften aus Vermietung und Verpachtung (> BFH vom 13. 11. 1986 – BStBl 1987 II S. 374).

Zur einkommensteuerlichen Behandlung der auf Grund der **Veräußerung eines Wirtschaftsguts** nach § 15a UStG (Berichtigung des Vorsteuerabzugs) zurückgezahlten Vorsteuerbeträge > BMF vom 23. 8. 1993 (BStBl I S. 698).

Zum umsatzsteuerlichen **Vorsteuerabzug** > § 15 UStG und A 191-213 UStR.

Zu § 10 EStG[1] (§§ 29 und 30 EStDV)

EStR   **R 86a. Sonderausgaben (Allgemeines)**

Bei Ehegatten, die nach § 26b EStG zusammen zur Einkommensteuer veranlagt werden, kommt es für den Abzug von Sonderausgaben nicht darauf an, ob sie der Ehemann oder die Ehefrau geleistet hat.

▶   **Hinweise**   **EStH**   **H 86a.**

Abzugsberechtigte Person

Es können nur Aufwendungen abgezogen werden, die auf einer eigenen Verpflichtung des Steuerpflichtigen beruhen und von ihm selbst entrichtet worden sind (> BFH vom 8. 3. 1995 – BStBl II S. 637).

Abzugshöhe

Aufwendungen können nur in der Höhe als Sonderausgaben abgezogen werden, in der sie erstattete oder gutgeschriebene Beträge der gleichen Art, z. B. erstattete Kirchensteuer, rückvergütete Versicherungsbeiträge, übersteigen (> BFH vom 22. 11. 1974 – BStBl 1975 II S. 350).

Abzugszeitpunkt

Aufwendungen sind für das Kalenderjahr als Sonderausgaben abzuziehen, in dem sie geleistet worden sind (§ 11 Abs. 2 EStG). Dies gilt auch dann, wenn sie der Steuerpflichtige mit Darlehnsmitteln bestritten hat (> BFH vom 10. 12. 1971 – BStBl 1972 II S. 250 und vom 15. 3. 1974 – BStBl II S. 513).

...

Zukunftssicherungsleistungen

Beiträge des Arbeitgebers für die Zukunftssicherung des Arbeitnehmers können als Sonderausgaben des Arbeitnehmers abgezogen werden, es sei denn, daß der Arbeitgeber die Lohnsteuer für diese Beiträge pauschal berechnet und übernommen hat (> BFH vom 28. 3. 1958 – BStBl III S. 266 und 267 und BMF vom 9. 2. 1993 – BStBl I S. 248 – Tz. 3).

Anm. d. Schriftl.:

[1] Durch das Jahressteuergesetz 1997 wurde der abziehbare Höchstbetrag für hauswirtschaftliche Beschäftigungsverhältnisse auf 18 000 DM erhöht.

EStR **R 86b. Unterhaltsleistungen an den geschiedenen oder dauernd getrennt lebenden Ehegatten**

(1) Der Antrag nach § 10 Abs. 1 Nr. 1 EStG kann auf einen Teilbetrag der Unterhaltsleistungen beschränkt werden.

(2) Die Zustimmung wirkt auch dann bis auf Widerruf, wenn sie im Rahmen eines Vergleichs erteilt wird.

(3) Übersteigen die Unterhaltsleistungen den Betrag von 27 000 DM pro Empfänger oder wird der Antrag auf Sonderausgabenabzug auf einen niedrigeren Betrag beschränkt, so kann der nicht als Sonderausgaben abziehbare Teil der Unterhaltsleistungen auch nicht als außergewöhnliche Belastung berücksichtigt werden.

(4) Leistet jemand Unterhalt an mehrere Empfänger, so sind die Unterhaltsleistungen an jeden bis zu einem Betrag von 27 000 DM abziehbar.

▶ **Hinweise** **EStH** **H 86b.**

...

Unterhaltsleistungen

Es ist unerheblich, ob die Unterhaltsleistungen freiwillig oder auf Grund gesetzlicher Unterhaltspflicht erbracht werden. Auch als Unterhalt erbrachte Sachleistungen sind zu berücksichtigen.

Zur Wohnungsüberlassung an den geschiedenen oder dauernd getrennt lebenden Ehegatten bei Abschluß eines Mietvertrages > H 162a (Vermietung an Unterhaltsberechtigte).

Zustimmung

Die Finanzbehörden sind nicht verpflichtet zu prüfen, ob die Verweigerung der Zustimmung rechtsmißbräuchlich ist (> BFH vom 25. 7. 1990 – BStBl II S. 1022).

*Der **Widerruf** der Zustimmung muß vor Beginn des Kalenderjahrs, für den er wirksam werden soll, erklärt werden. Im Fall der rechtskräftigen Verurteilung zur Erteilung der Zustimmung (§ 894 Abs. 1 ZPO; > BFH vom 25. 10. 1988 – BStBl 1989 II S. 192) wirkt sie nur für das Kalenderjahr, das Gegenstand des Rechtsstreits war.*

EStR **R 87. Renten und dauernde Lasten**

(1) Renten und > dauernde Lasten, die mit steuerbefreiten Einkünften, z. B. auf Grund eines Doppelbesteuerungsabkommens, in wirtschaftlichem Zusammenhang stehen, können nicht als Sonderausgaben abgezogen werden.

(2) ¹Renten und dauernde Lasten, die freiwillig oder auf Grund einer freiwillig begründeten Rechtspflicht geleistet werden, sind grundsätzlich nicht als Sonderausgaben abziehbar. ²Das gilt auch für Zuwendungen an eine gegenüber dem Steuerpflichtigen oder seinem Ehegatten gesetzlich unterhaltsberechtigte Person oder an deren Ehegatten (§ 12 Nr. 2 EStG). ³Wegen der Behandlung wiederkehrender Leistungen im Sinne der Sätze 1 und 2, die im Zusammenhang mit einer Vermögensübertragung stehen, > R 123.

Zu § 10 EStG   **Einkommensteuer**

▶   **Hinweise   EStH   H 87.**

Abgrenzung Rente/Dauernde Last
Einkommensteuerrechtliche Behandlung von wiederkehrenden Leistungen im Zusammenhang mit der Übertragung von Privat- oder Betriebsvermögen > BMF vom 23. 12. 1996 (BStBl I S. 1508).
...

Dauernde Last
– Dauernde Lasten sind wiederkehrende, nach Zahl oder Wert abänderbare Aufwendungen, die ein Steuerpflichtiger in Geld oder Sachwerten für längere Zeit einem anderen gegenüber auf Grund einer rechtlichen Verpflichtung zu erbringen hat (> BFH vom 4. 4. 1989 – BStBl II S. 779).
– Zur Abänderbarkeit > BMF vom 23. 12. 1996 (BStBl I S. 1508) Tz. 36–39.

Erbbauzinsen
Erbbauzinsen, die im Zusammenhang mit der Selbstnutzung einer Wohnung im eigenen Haus anfallen, können nicht als dauernde Last abgezogen werden (> BFH vom 24. 10. 1990 – BStBl 1991 II S. 175).
...

Erhaltungs-/Instandhaltungsaufwendungen
> BMF vom 23. 12. 1996 (BStBl I S. 1508) Tz. 34

Leibrente
> R 167

Mietwert
> Wohnungsrecht

Vermögensübergabe gegen Versorgungsleistungen
> BMF vom 23. 12. 1996 (BStBl I S. 1508)

Versorgungsausgleich
Zur Behandlung von Aufwendungen im Rahmen des ehelichen Versorgungsausgleichs als dauernde Last > BMF vom 20. 7. 1981 (BStBl I S. 567).

Vorweggenommene Erbfolge
Zur ertragsteuerlichen Behandlung der vorweggenommenen Erbfolge > BMF vom 13. 1. 1993 (BStBl I S. 80) und vom 23. 12. 1996 (BStBl I S. 1508).

Wiederkehrende Leistungen
Einkommensteuerrechtliche Behandlung von wiederkehrenden Leistungen im Zusammenhang mit der Übertragung von Privat- oder Betriebsvermögen > BMF vom 23. 12. 1996 (BStBl I S. 1508).
...

EStR   R 88. Versicherungsbeiträge

(1) ¹Kapitalbildende Lebensversicherungen im Sinne des § 10 Abs. 1 Nr. 2 Buchstabe b[1] und des § 20 Abs. 1 Nr. 6 EStG, die nach dem 31. 3. 1996 abgeschlossen worden sind, sind solche

---

Anm. d. Schriftl.:

[1] Zur Vermeidung einer mißbräuchlichen Ausnutzung von Steuervergünstigungen beim Kauf einer „gebrauchten" Lebensversicherung wurden derartige Lebensversicherungsverträge durch das Jahressteuergesetz 1997 von den Vergünstigungen der §§ 10 und 20 EStG ausgeschlossen.

Versicherungen, bei denen der Todesfallschutz während der gesamten Laufzeit des Versicherungsvertrages mindestens 60 v. H. der Summe der nach dem Versicherungsvertrag für die gesamte Vertragsdauer zu zahlenden Beiträge beträgt; sind weitere Risiken mitversichert, bleiben nur die Beitragsanteile für Berufsunfähigkeit und Pflege außer Betracht. ²Den Nachweis für die Einhaltung des Mindesttodesfallschutzes hat der Steuerpflichtige bei Abschluß des Versicherungsvertrages und bei Beitragsänderungen durch gesonderten Ausweis des Versicherers zu erbringen. ³Sätze 1 und 2 gelten auch für fondsgebundene Lebensversicherungen im Sinne des § 20 Abs. 1 Nr. 6 Satz 4 EStG[1] sowie für nach dem 31. 12. 1996 abgeschlossene Direktversicherungen.

(2) ¹Wird ein Kraftfahrzeug teils für berufliche und teils für private Zwecke benutzt, so kann der Steuerpflichtige den Teil seiner **Aufwendungen für die Kfz-Haftpflichtversicherung**, der dem Anteil der privaten Nutzung entspricht, im Rahmen des § 10 EStG als Sonderausgaben abziehen. ²Werden für Fahrten zwischen Wohnung und Arbeitsstätte oder Familienheimfahrten mit eigenem Kraftfahrzeug Pauschbeträge nach § 9 Abs. 1 Satz 3 Nr. 4 EStG als Werbungskosten abgezogen, so können die Aufwendungen für die Kfz-Haftpflichtversicherung zur Vereinfachung in voller Höhe als Sonderausgaben anerkannt werden.

▶ Hinweise EStH H 88.

Abzugsberechtigte Person

Sonderausgaben kann derjenige geltend machen, der sie als Versicherungsnehmer aufgewendet hat (> BFH vom 8. 3. 1995 – BStBl II S. 637).

Es ist ohne Bedeutung, wer der Versicherte ist oder wem die Versicherungssumme oder eine andere Leistung später zufließt (> BFH vom 20. 11. 1952 – BStBl 1953 III S. 36).

...

Beitragsminderungen

Dividenden, Überschußanteile oder Gewinnanteile, die bei Versicherungen auf den Erlebens- oder Todesfall von dem Versicherer ausgezahlt oder gutgeschrieben werden, mindern im Jahr der Auszahlung oder Gutschrift die als Sonderausgaben abziehbaren Beiträge (> BFH vom 20. und 27. 2. 1970 – BStBl II S. 314 und 422). Das gilt nicht, soweit die Dividenden, Überschußanteile oder Gewinnanteile zur Abkürzung der Versicherungsdauer oder der Dauer der Beitragszahlung oder zur Erhöhung der Versicherungssumme (Summenzuwachs) verwendet werden oder nach § 20 Abs. 1 Nr. 6 EStG zu den Einkünften aus Kapitalvermögen gehören. Der Erhöhung der Versicherungssumme steht die verzinsliche Ansammlung der Dividenden, Überschußanteile oder Gewinnanteile gleich, wenn sie nach den Vertragsbestimmungen erst bei Fälligkeit der Hauptversicherungssumme ausgezahlt werden.

Beitragszahlungsdauer

Eine laufende Beitragsleistung liegt vor, wenn die Beitragszahlungsdauer der Laufzeit des Versicherungsvertrages entspricht. Es ist nicht zu beanstanden, wenn die Dauer der Beitragsleistung kürzer ist als die Vertragsdauer. Die laufende Beitragsleistung darf jedoch wirtschaftlich nicht einem Einmalbeitrag gleichkommen. Dies ist dann nicht der Fall, wenn nach dem Vertrag eine laufende Beitragsleistung für mindestens fünf Jahre ab dem Zeitpunkt des Vertragsabschlusses vereinbart ist. Der Zeitpunkt des Vertragsabschlusses entspricht regelmäßig dem Datum der Ausstellung des Versicherungsscheins. Es bestehen keine Bedenken, daß als Zeitpunkt des Ver-

---

Amtl. Fn.:

[1] Nunmehr § 20 Abs. 1 Nr. 6 Satz 5 EStG.

tragsabschlusses der im Versicherungsschein bezeichnete Tag des Versicherungsbeginns gilt, wenn innerhalb von drei Monaten nach diesem Tag der Versicherungsschein ausgestellt ist und die erste Prämie gezahlt wird; ist die Frist von drei Monaten überschritten, so berechnen sich die Beitragszahlungsdauer und die Mindestvertragsdauer vom Zeitpunkt der Zahlung der ersten Prämie an (> BMF vom 20. 7. 1990 – BStBl I S. 324 und vom 7. 2. 1991 – BStBl I S. 214).

...

Einmalbeitrag
> BMF vom 20. 7. 1990 (BStBl I S. 324)

...

Hausratversicherung
Beiträge sind keine Sonderausgaben.

Kapitalbildende Lebensversicherung
> BMF vom 6. 12. 1996 (BStBl I S. 1438)

Kapitalwahlrecht
Die Ausübung des Kapitalwahlrechts vor Ablauf von 12 Jahren seit Vertragsabschluß muß vertraglich ausgeschlossen sein. Bei Versicherungen, deren vereinbarte Rentenzahlung 12 Jahre nach Vertragsabschluß beginnen, bestehen jedoch keine Bedenken, wenn nach dem Vertrag das Kapitalwahlrecht frühestens 5 Monate vor Beginn der Rentenzahlungen ausgeübt werden kann (> BMF vom 26. 7. 1996 – BStBl I S. 1120). Für vor dem 1. 10. 1996 abgeschlossene Verträge ist Abschnitt 88 Abs. 1 Satz 4 EStR 1987 weiter anzuwenden.

Kaskoversicherung
Beiträge sind keine Sonderausgaben.

Krankentagegeldversicherung
Zu den Krankenversicherungen gehört auch die Krankentagegeldversicherung (> BFH vom 22. 5. 1969 – BStBl II S. 489).

...

Lebensversicherung
1. *Als Sonderausgaben können nur Beiträge zu den im Gesetz genannten Versicherungen abgezogen werden.*
2. *Versicherungen auf den Erlebens- oder Todesfall sind auch:*
   - *Pensions-, Sterbe- und Versorgungskassen;*
   - *Aussteuer-, Berufsunfähigkeits- und Erbschaftsteuerversicherungen;*
   - *Versicherungen mit vorgezogener Leistung bei bestimmten schweren Erkrankungen, sog. Dread-Disease-Versicherungen (> BMF vom 12. 9. 1997 – BStBl I S. 825).*
3. *Beiträge zu Lebensversicherungen mit Teilleistungen auf den Erlebensfall vor Ablauf der Mindestvertragsdauer von zwölf Jahren sind auch nicht teilweise als Sonderausgaben abziehbar (> BFH vom 27. 10. 1987 – BStBl 1988 II S. 132).*
4. *Einsatz von Lebensversicherungen zur Tilgung oder Sicherung von Darlehen > BMF vom 27. 7. 1995 (BStBl I S. 371) und vom 15. 6. 2000 (BStBl I S. 1118).*

Loss-of-Licence-Versicherung
Beiträge zur Berufsunfähigkeitsversicherung eines Flugzeugführers sind regelmäßig Sonderausgaben, keine Werbungskosten (> BFH vom 13. 4. 1976 – BStBl II S. 599).
...

Pflegekrankenversicherung
Beiträge sind Sonderausgaben.

Pflegerentenversicherung
Beiträge sind Sonderausgaben.
...

Rechtsschutzversicherung
Beiträge sind keine Sonderausgaben.
...

Sachversicherung
Beiträge sind keine Sonderausgaben.
...

Versicherungsbeiträge
Berücksichtigungsfähig sind auch die Ausfertigungsgebühr und die Versicherungsteuer (> BFH vom 1. 2. 1957 – BStBl III S. 103).
...

Versorgungsbeiträge Selbständiger
Beiträge, für die eine gesetzliche Leistungspflicht besteht, stellen, auch soweit sie auf die sog. „alte Last" entfallen, regelmäßig keine Betriebsausgaben dar, wenn sie gleichzeitig der eigenen Versorgung oder der Versorgung der Angehörigen dienen (> BFH vom 13. 4. 1972 – BStBl II S. 728 und 730).
Sie können in diesem Fall als Sonderausgaben im Rahmen des § 10 EStG abgezogen werden.
...

Vertragseintritt
Wer in den Lebensversicherungsvertrag eines anderen eintritt, kann nur die nach seinem Eintritt fällig werdenden Beiträge als Sonderausgaben abziehen; der Eintritt gilt nicht als neuer Vertragsabschluß (> BFH vom 9. 5. 1974 – BStBl II S. 633). In den Fällen des entgeltlichen Erwerbs von Ansprüchen nach dem 31. 12. 1996 siehe aber § 10 Abs. 1 Nr. 2 Buchst. b Satz 5 EStG.
...

Einfügung d. Schriftl.: Berechnung der Höchstbeträge

Versicherungsbeträge i. S. des § 10 Abs. 1 Nr. 2 EStG sind nur im Rahmen des Höchstbetrages nach § 10 Abs. 3 EStG absetzbar. Der Höchstbetrag setzt sich aus drei Einzelbeträgen zusammen:

1. Vorwegabzug	6 000/12 000 DM
2. Grundhöchstbetrag	2 610/ 5 220 DM
Summe = Vollabzug	8 610/17 220 DM
Hälftiger Abzug	1 305/ 2 610 DM
Summe = Vorsorgehöchstbetrag	9 915/19 830 DM*

* Alleinstehende/Verheiratete

Zu § 10 EStG

Vollabzug bedeutet: Bis zu diesen Beträgen wirken sich Versicherungsbeträge steuerlich in voller Höhe aus.
Hälftiger Abzug bedeutet: Zahlungen über den Vollabzug hinaus wirken sich nur zur Hälfte aus, höchstens bis zur Hälfte des Grundhöchstbetrages.
Damit berechnet sich der Höchstbetrag nach folgendem Schema:

Versicherungsbeiträge	.... DM	
Davon vorweg höchstens 6 000/12 000 DM*	.... DM	>.... DM
Rest (nicht negativ)	.... DM	
Grundhöchstbetrag (2 610/5 220 DM*)	.... DM	>.... DM
Rest (nicht negativ)	.... DM	
davon die Hälfte, höchst. 50 % des Grundhöchstbetrages	.... DM	>.... DM
Summe = Vorsorgehöchstbetrag		.... DM

* = Alleinstehende/Verheiratete

Hat der Stpfl. Arbeitslohn bezogen, wird der Vorwegbetrag pauschal um 16 % des Bruttoarbeitslohns gekürzt, um die lohnsteuerfreien Leistungen des Arbeitgebers zur Sozialversicherung zu berücksichtigen.
Somit berechnet sich für Stpfl. mit Arbeitslohn der Höchstbetrag nach folgendem Schema:

Versicherungsbeiträge		.... DM	
Vorweg abziehbar (6 000/12 000 DM*)	.... DM		
davon ab 16 % des Arbeitslohns	.... DM		
Rest (nicht negativ)	.... DM	>... DM	>... DM
Rest (nicht negativ)		... DM	
Rest (nicht negativ)		... DM	
Grundhöchstbetrag (2 610/5 220 DM*)	.... DM	... DM	
Rest (nicht negativ)		... DM	
davon die Hälfte, höchst. 50 % des Grundhöchstbetrages		... DM>	... DM
Summe = Vorsorgehöchstbetrag			... DM

* Alleinstehende/Ehegatten

Mindestens ist die Vorsorgepauschale nach § 10c EStG anzusetzen. Dazu Hinweis auf R 114 EStR.

EStR   R 89. Nachversteuerung von Versicherungsbeiträgen

[1]Bei einer Nachversteuerung nach § 30 EStDV wird der Steuerbescheid des Kalenderjahrs, in dem die Versicherungsbeiträge (Einmalbeitrag und laufende Beitragsleistung) als Sonderausgabe berücksichtigt worden sind, nicht berichtigt. [2]Es ist lediglich festzustellen, welche Steuer für das jeweilige Kalenderjahr festzusetzen gewesen wäre, wenn der Steuerpflichtige die Versicherungsbeiträge (Einmalbeitrag und laufende Beitragsleistung) nicht geleistet hätte. [3]Der Unterschiedsbetrag zwischen dieser Steuer und der seinerzeit festgesetzten Steuer ist als Nachsteuer für das Kalenderjahr zu erheben, in dem das steuerschädliche Ereignis eingetreten ist.

▶ **Hinweise   EStH   H 89.**

Nachsteuer
Bei Berechnung der Nachsteuer nach § 10 Abs. 5 EStG findet § 177 AO keine Anwendung; bisher nicht geltend gemachte Aufwendungen können nicht nachgeschoben werden (> BFH vom 15. 12. 1999 – BStBl 2000 II S. 292).

Veräußerung von Ansprüchen aus Lebensversicherungen
führt weder zu einer Nachversteuerung der als Sonderausgaben abgezogenen Versicherungsbeiträge noch zur Besteuerung eines etwaigen Überschusses des Veräußerungserlöses über die eingezahlten Versicherungsbeiträge (> BMF vom 12. 9. 1997 – BStBl I S. 825).

EStR   **R 101. Kirchensteuern**

(1) ¹Beiträge der Mitglieder von Religionsgemeinschaften, die mindestens in einem Land als Körperschaft des öffentlichen Rechts anerkannt sind, aber während des ganzen Kalenderjahrs keine Kirchensteuer erheben, können wie Kirchensteuern abgezogen werden. ²Voraussetzung ist, daß der Steuerpflichtige über die geleisteten Beiträge eine Empfangsbestätigung der Religionsgemeinschaft vorlegt. ³Der Abzug ist bis zur Höhe der Kirchensteuer zulässig, die in dem betreffenden Land unter Berücksichtigung der Kinderermäßigung von den als Körperschaften des öffentlichen Rechts anerkannten Religionsgemeinschaften erhoben wird. ⁴Bei unterschiedlichen Kirchensteuersätzen ist der höchste Steuersatz maßgebend. ⁵Die Sätze 1 bis 4 sind nicht anzuwenden, wenn der Steuerpflichtige gleichzeitig als Mitglied einer öffentlich-rechtlichen Religionsgemeinschaft zur Zahlung von Kirchensteuer verpflichtet ist.

(2) Der Abzug freiwilliger Beiträge richtet sich vorbehaltlich des Absatzes 1 nach § 10b EStG.

▶ **Hinweise**   **EStH**   **H 101.**

Kirchensteuern i. S. d. § 10 Abs. 1 Nr. 4 EStG

Sie sind Geldleistungen, die von den als Körperschaften des öffentlichen Rechts anerkannten Religionsgemeinschaften von ihren Mitgliedern auf Grund gesetzlicher Vorschriften erhoben werden. Die Kirchensteuer wird in der Regel als Zuschlagsteuer zur Einkommen- bzw. Lohnsteuer erhoben. Kirchensteuern können aber nach Maßgabe der Gesetze auch erhoben werden als Kirchensteuern vom Einkommen, vom Vermögen, vom Grundbesitz und als Kirchgeld. **Keine** Kirchensteuern sind freiwillige Beiträge, die an öffentlich-rechtliche Religionsgemeinschaften oder andere religiöse Gemeinschaften entrichtet werden.

...

Versehentlich festgesetzte Kirchensteuern

Kirchensteuer-Vorauszahlungen, die versehentlich für einen aus der Kirche ausgetretenen Steuerpflichtigen (nach bereits erfolgter Herabsetzung auf 0 DM) wieder festgesetzt werden, sind nicht als Sonderausgaben abziehbar (> BFH vom 22. 11. 1974 – BStBl 1975 II S. 350).

Willkürliche Zahlungen

Kirchensteuern sind grundsätzlich in dem Veranlagungszeitraum als Sonderausgabe abzugsfähig, in dem sie tatsächlich entrichtet wurden, soweit es sich nicht um willkürliche, die voraussichtliche Steuerschuld weit übersteigende Zahlungen handelt (> BFH vom 25. 1. 1963 – BStBl III S. 141).

EStR   **R 102. Steuerberatungskosten**

¹Ist eine einwandfreie Zuordnung der Steuerberatungskosten zu Betriebsausgaben, Werbungskosten und Sonderausgaben nicht möglich, müssen die Kosten im Schätzungswege aufgeteilt werden. ²Betragen die Steuerberatungskosten im Kalenderjahr insgesamt nicht mehr als 1 000 DM, ist der Aufteilung des Steuerpflichtigen zu folgen. ³Der Betrag von 1 000 DM gilt auch bei Ehegatten, die nach § 26b EStG zusammen zur Einkommensteuer veranlagt werden.

Hinweise　EStH　H 102.

Beiträge zu Lohnsteuerhilfevereinen gehören zu den Steuerberatungskosten (> BFH vom 12. 7. 1989 – BStBl II S. 967).

Fahrtkosten zum Steuerberater gehören zu den Steuerberatungskosten (> BFH vom 12. 7. 1989 – BStBl II S. 967).

Rechtsanwaltskosten, die ein Steuerpflichtiger aufwendet, um die Zustimmung seines geschiedenen oder dauernd getrennt lebenden unbeschränkt steuerpflichtigen Ehegatten zum begrenzten Realsplitting (§ 10 Abs. 1 Nr. 1 EStG) zu erlangen, sind keine Steuerberatungskosten (> BFH vom 10. 3. 1999 – BStBl II S. 522).

Steuerberatungskosten i. S. d. § 10 Abs. 1 Nr. 6 EStG sind nur Aufwendungen, die in sachlichem Zusammenhang mit dem Besteuerungsverfahren stehen, also auch solche, die durch abgabenrechtliche Rechtsbehelfe und Rechtsmittel erwachsen (> BFH vom 20. 9. 1989 – BStBl 1990 II S. 20).

Steuerfachliteratur

Aufwendungen gehören zu den Steuerberatungskosten (> BFH vom 23. 5. 1989 – BStBl II S. 865).

Steuerstrafverfahren

Aufwendungen für die Verteidigung in einem Steuerstrafverfahren sind keine Steuerberatungskosten (> BFH vom 20. 9. 1989 – BStBl 1990 II S. 20).

Unfallkosten auf der Fahrt zum Steuerberater gehören zu den Steuerberatungskosten (> BFH vom 12. 7. 1989 – BStBl II S. 967).

Zuordnung der Steuerberatungskosten zu den Betriebsausgaben/Werbungskosten und Sonderausgaben

Steuerberatungskosten sind, soweit sie sich auf die Ermittlung der Einkünfte beziehen, Betriebsausgaben/Werbungskosten und, soweit sie das Ausfüllen der Steuererklärung oder Beratung in Tarif- und Veranlagungsfragen betreffen, Kosten der Lebensführung, die als Sonderausgaben abziehbar sind (> BFH vom 12. 7. 1989 – BStBl II S. 967).

EStR　R 103. Aufwendungen für die Berufsausbildung oder die Weiterbildung in einem nicht ausgeübten Beruf

[1]Erhält der Steuerpflichtige zur unmittelbaren Förderung seiner Aus- oder Weiterbildung steuerfreie Bezüge, mit denen Aufwendungen im Sinne des § 10 Abs. 1 Nr. 7 EStG abgegolten werden, entfällt insoweit der Sonderausgabenabzug. [2]Das gilt auch dann, wenn die zweckgebundenen steuerfreien Bezüge erst nach Ablauf des betreffenden Kalenderjahrs gezahlt werden. [3]Zur Vereinfachung ist eine Kürzung der für den Sonderausgabenabzug in Betracht kommenden Aufwendungen nur dann vorzunehmen, wenn die steuerfreien Bezüge ausschließlich zur Bestreitung der in § 10 Abs. 1 Nr. 7 EStG bezeichneten Aufwendungen bestimmt sind, z. B. Leistungen für Fortbildungsmaßnahmen nach §§ 81 ff. SGB III oder Leistungen für Lern- und Arbeitsmittel nach § 4 der Verordnung über Zusatzleistungen in Härtefällen nach dem BAföG. [4]Gelten die steuerfreien Bezüge dagegen ausschließlich oder teilweise Aufwendungen für den Lebensunterhalt ab – ausgenommen solche für auswärtige Unterbringung –, z. B. Berufsausbildungsbeihilfen nach § 59 SGB III, Unterhaltsgeld nach §§ 153 ff. SGB III, Leistungen nach den §§ 12 und 13 BAföG, sind die als Sonderausgaben geltend gemachten Berufsausbildungs- und Weiterbildungsaufwendungen nicht zu kürzen.

Hinweise EStH H 103.

Abzugsverbot
Das Aufteilungs- und Abzugsverbot des § 12 Nr. 1 Satz 2 EStG gilt nicht bei der Aufteilung von Aufwendungen, die einerseits den Einkünften als Betriebsausgaben/Werbungskosten und andererseits den Sonderausgaben zuzuordnen sind (> BFH vom 22. 6. 1990 – BStBl II S. 901).

Aufwendungen i. S. d. § 10 Abs. 1 Nr. 7 EStG:
– *Arbeitsmittel*
Die für Arbeitsmittel im Sinne des § 9 Abs. 1 Satz 3 Nr. 6 EStG geltenden Vorschriften sind sinngemäß anzuwenden. Schafft ein Steuerpflichtiger für Zwecke seiner Berufsausbildung oder Weiterbildung in einem nicht ausgeübten Beruf abnutzbare Wirtschaftsgüter von mehrjähriger Nutzungsdauer an, so sind im Rahmen des § 10 Abs. 1 Nr. 7 EStG nur die auf die Nutzungsdauer verteilten Anschaffungskosten als Sonderausgaben abziehbar (> BFH vom 7. 5. 1993 – BStBl II S. 676).
Die Anschaffungs- oder Herstellungskosten von Arbeitsmitteln einschließlich der Umsatzsteuer können im Jahr ihrer Verausgabung in voller Höhe als Sonderausgaben abgesetzt werden, wenn sie ausschließlich der Umsatzsteuer für das einzelne Arbeitsmittel 800 DM nicht übersteigen (> R 44 LStR 2000).
– *häusliches Arbeitszimmer*
> BMF vom 16. 6. 1998 (BStBl I S. 863)
– *Fachliteratur*
> BFH vom 28. 11. 1980 (BStBl 1981 II S. 309)
– *Fahrten zwischen Wohnung und Aus-/Weiterbildungsort*
> R 42 Abs. 1 LStR 2000
– *Lehrgänge, Schule, Studium*
> BFH vom 9. 3. 1979 (BStBl II S. 337)
> BFH vom 28. 11. 1980 (BStBl 1981 II S. 309)
> BFH vom 28. 9. 1984 (BStBl 1985 II S. 94)
> BFH vom 6. 3. 1992 (BStBl II S. 661)
– *Mehraufwand für Verpflegung*
> BFH vom 3. 12. 1974 (BStBl 1975 II S. 356)
> R 39 LStR 2000
– *Mehraufwand wegen doppelter Haushaltsführung*
> R 43 LStR 2000

Ausbildungsdarlehen
> H 86a (Abzugszeitpunkt)

Ausbildungsdienstverhältnis
Aufwendungen für die Berufsausbildung sind Werbungskosten, wenn die Berufsausbildung Gegenstand des Dienstverhältnisses ist (> BFH vom 28. 9. 1984 – BStBl 1985 II S. 87 und 89).
> R 34 LStR 2000

Auswärtige Unterbringung
Der Begriff der auswärtigen Unterbringung setzt lediglich voraus, daß der Steuerpflichtige eine außerhalb des Ausbildungsorts belegene Wohnung besitzt, die er – abgesehen von seiner Ausbildungszeit – regelmäßig nutzt; auf die Dauer der auswärtigen Unterbringung kommt es nicht an (> BFH vom 20. 3. 1992 – BStBl II S. 1033).

Beruf
Der angestrebte Beruf muß nicht innerhalb bestimmter bildungspolitischer Zielvorstellungen des Gesetzgebers liegen (> BFH vom 18. 12. 1987 – BStBl 1988 II S. 494).

Berufsausbildung
Eine Berufsausbildung im Sinne von § 10 Abs. 1 Nr. 7 EStG erfordert, daß eine nachhaltige berufsmäßige Ausübung der erlernten Fähigkeiten zur Erzielung von Einkünften angestrebt wird (> BFH vom 22. 9. 1995 – BStBl 1996 II S. 8).

...

Keine **Berufsausbildung** liegt vor bei Gelegenheitsarbeit (> BFH vom 22. 9. 1995 – BStBl 1996 II S. 8), auch nicht bei Ferien- und Freizeitjobs (> BFH vom 5. 8. 1977 – BStBl II S. 834) sowie bei Ausbildung zu einer verbotenen, strafbaren oder verfassungswidrigen Tätigkeit (> BFH vom 18. 12. 1987 – BStBl 1988 II S. 494).

...

Berufsausbildungskosten
Regelmäßig nur solche Aufwendungen, die in der erkennbaren Absicht gemacht worden sind, auf Grund der erlangten Ausbildung eine Erwerbstätigkeit auszuüben (> BFH vom 22. 9. 1995 – BStBl 1996 II S. 8).

Einzelfälle für Aufwendungen der Berufsausbildung:
– Aufwendungen eines Chemielaboranten für den Besuch der Ingenieur-Fachschule mit dem Ziel, graduierter Chemieingenieur zu werden (> BFH vom 10. 12. 1971 – BStBl 1972 II S. 254);
– Aufwendungen eines Hochbauingenieurs, der an einer Hochschule Architektur studiert, selbst wenn er bereits vorher mit den Tätigkeiten eines Architekten befaßt war (> BFH vom 24. 7. 1973 – BStBl II S. 817);
– Aufwendungen eines Kaufmannsgehilfen für den Besuch einer Höheren Wirtschaftsfachschule, um graduierter Betriebswirt zu werden (> BFH vom 29. 5. 1974 – BStBl II S. 636);
– Aufwendungen für ein Studium an einer Pädagogischen Hochschule (> BFH vom 3. 12. 1974 – BStBl 1975 II S. 446 und vom 18. 2. 1977 – BStBl II S. 390);
– Aufwendungen für ein berufsintegrierendes Erststudium an einer Fachhochschule mit dem Ziel, den Hochschulgrad eines Diplom-Betriebswirtes (FH) zu erwerben (> BFH vom 28. 9. 1984 – BStBl 1985 II S. 94);
– Aufwendungen einer Praxishilfe für die Teilnahme an einem Lehrgang, der für die Erlangung der Erlaubnis zur Ausübung einer Tätigkeit als „Masseur(in)" gesetzlich vorgeschrieben ist (> BFH vom 6. 3. 1992 – BStBl II S. 661);
– Aufwendungen für einen Fremdsprachenkurs können Berufsausbildungskosten sein (> BFH vom 24. 4. 1992 – BStBl II S. 666);
– Aufwendungen eines Diplom-Verwaltungswirts (FH) für ein Studium der Sozialwissenschaften (> BFH vom 17. 4. 1996 – BStBl II S. 444);
– Aufwendungen eines Kommunalbeamten (Dipl.-Verwaltungswirt, FH) für ein Studium der Rechtswissenschaft (> BFH vom 17. 4. 1996 – BStBl II S. 446);

– *Aufwendungen eines Finanzbeamten (Dipl.-Finanzwirt, FH) für ein Studium der Rechtswissenschaft oder der Betriebswirtschaftslehre (> BFH vom 17. 4. 1996 – BStBl II S. 448 und 445).*

...

Ferien- und Freizeitjob
> Keine Berufsausbildung

Fort- und Weiterbildung
> R 34 LStR 2000

Führerschein

Aufwendungen für den Erwerb des Führerscheins der Klasse III (nunmehr C 1 E) sind grundsätzlich als Kosten für die Allgemeinbildung nicht als Sonderausgaben abziehbar (> BFH vom 5. 8. 1977 – BStBl II S. 834).

Ausnahmen:

– *Abzug als Sonderausgaben, wenn der Steuerpflichtige bereits einen entsprechenden Beruf hat, ihn aber zur Zeit nicht ausübt. Die Kosten des Erwerbs eines Führerscheins sind demnach unter dem Gesichtspunkt der Weiterbildung nur abzugsfähig, wenn sie mit dem nicht ausgeübten Beruf in unmittelbarem Zusammenhang stehen. Der Erwerb eines Führerscheins wird deshalb nur in besonders gelagerten Ausnahmefällen als Weiterbildung im Sinne des Gesetzes anzusehen sein, z. B. wenn ein Steuerpflichtiger, der früher den Beruf eines angestellten Pkw-Fahrers ausgeübt hat, die Fahrerlaubnis für einen Kraftomnibus zur Verwendung in seinem späteren Berufsleben anstrebt.*

– *Abzug als Betriebsausgaben/Werbungskosten, wenn der Führerschein ausschließlich oder überwiegend aus betrieblichen/beruflichen Gründen, z. B. Taxi- oder Lkw-Fahrer, erworben wird (> BFH vom 8. 4. 1964 – BStBl III S. 431 und vom 20. 2. 1969 – BStBl II S. 433).*

Gelegenheitsarbeit
> Keine Berufsausbildung

Habilitation

Aufwendungen eines wissenschaftlichen Assistenten an einer Hochschule für seine Habilitation sind Werbungskosten i. S. v. § 9 EStG (> BFH vom 7. 8. 1967 – BStBl III S. 778).

Klassenfahrt

Aufwendungen eines Berufsschülers für eine im Rahmen eines Ausbildungsdienstverhältnisses als verbindliche Schulveranstaltung durchgeführte Klassenfahrt sind in der Regel Werbungskosten (> BFH vom 7. 2. 1992 – BStBl II S. 531).

Promotion

Kosten zur Erlangung der Doktorwürde sind Ausbildungskosten, und zwar auch dann, wenn die Prüfung erst nach Eintritt in das Berufsleben abgelegt wird (> BFH vom 7. 8. 1967 – BStBl III S. 777, 779 und 789 und vom 10. 12. 1971 – BStBl 1972 II S. 251) oder es sich um eine Zweitpromotion handelt (> BFH vom 2. 3. 1978 – BStBl II S. 431), es sei denn, das Promotionsstudium ist Gegenstand eines Dienstverhältnisses (> BFH vom 7. 8. 1987 – BStBl II S. 780, vom 27. 3. 1991 – BStBl II S. 637 und vom 9. 10. 1992 – BStBl 1993 II S. 115).

Sprachkurse

Aufwendungen für Sprachkurse sind Sonderausgaben, wenn der Sprachkurs der Ausbildung für einen bestimmten Beruf (z. B. Dolmetscher) oder der Weiterbildung in einem nicht ausgeübten Beruf und nicht dem Erlernen einer fremden Sprache im allgemeinen privaten Interesse dient.

Staatsprüfung

Kosten im Hinblick auf die erste Staatsprüfung sind Ausbildungs-, im Hinblick auf die zweite Staatsprüfung Fortbildungskosten, > Studium.

...

Studium

*Aufwendungen für ein **Aufbaustudium** können Werbungskosten sein (> BFH vom 14. 2. 1992 – BStBl II S. 556).*

*Aufwendungen für ein **Erststudium** an einer Universität, Hochschule oder Fachhochschule sind > Berufsausbildungskosten i. S. d. § 10 Abs. 1 Nr. 7 EStG (> BFH vom 14. 2. 1992 – BStBl II S. 556 und vom 17. 4. 1996 – BStBl II S. 450).*

Ausnahme > Ausbildungsdienstverhältnis.

*Aufwendungen für ein **Zweitstudium** können grundsätzlich nur dann Werbungskosten oder Betriebsausgaben sein, wenn das Erststudium zu einem Berufsabschluß geführt hat und es sich bei dem Zweitstudium um ein Aufbaustudium handelt, durch das die durch das Erststudium erworbenen Kenntnisse ergänzt und vertieft werden, und das nicht den Wechsel in eine andere Berufsart eröffnet:*

– *> BFH vom 14. 2. 1992 (BStBl II S. 556) – Hochschulstudium in den bisherigen Unterrichtsfächern zur Erlangung der Befähigung zum Lehramt der Sekundarstufe II bei vorhandener Befähigung zum Lehramt der Sekundarstufe I;*

– *> BFH vom 14. 2. 1992 (BStBl II S. 961) – Hochschulstudium eines hauptamtlichen B-Schein-Kirchenmusikers zur Erlangung des A-Scheins;*

– *> BFH vom 14. 2. 1992 (BStBl II S. 962) – Hochschulstudium eines Grund- und Hauptschullehrers zur Vorbereitung auf die zweite Dienstprüfung für das Lehramt an Realschulen in den bisherigen Unterrichtsfächern;*

– *> BFH vom 8. 5. 1992 (BStBl II S. 965) – Hochschulstudium der Zahnmedizin eines approbierten Humanmediziners mit dem Ziel, Mund-Kiefer-Gesichts-Chirurg zu werden;*

– *> BFH vom 24. 4. 1992 (BStBl II S. 963) – Erwerb der Erlaubnis für Berufsflugzeugführer 2. Klasse eines Flugingenieurs mit dem Ziel Copilot;*

– *> BFH vom 10. 7. 1992 (BStBl II S. 966) – Hochschulstudium eines Diplom-Ingenieurs zur Erlangung der Berufsbezeichnung „Diplom-Wirtschaftsingenieur";*

– *> BFH vom 18. 4. 1996 (BStBl II S. 449) – Studium zum Tonmeister nach einem vorhergehenden Studium der Musiktheorie mit dem Ziel, Schallplattenproduzent zu werden.*

Aufwendungen für ein Zweitstudium können aber auch dann Fort- oder Weiterbildungskosten sein, wenn der Wechsel in eine vollständig andere Berufssparte ermöglicht wird. Entscheidend ist, welche Vorstellungen der Steuerpflichtige mit dem Zweitstudium verwirklichen will. Das Finanzamt kann zunächst vorläufig veranlagen (> BFH vom 19. 6. 1997 – BStBl 1998 II S. 239).

Tilgung

Aufwendungen zur Tilgung von Ausbildungs-/Studiendarlehen gehören nicht zu den abziehbaren Aufwendungen für die Berufsausbildung (> BFH vom 15. 3. 1974 – BStBl II S. 513).

Umschulung

Die berufliche Umschulung, die zu einer anderen beruflichen Tätigkeit befähigen soll, ist > Berufsausbildung (> BFH vom 6. 3. 1992 – BStBl II S. 661).

Weiterbildung

> R 34 LStR 2000

Weiterbildung in einem nicht ausgeübten Beruf

Aufwendungen können Sonderausgaben sein, wenn sie nicht vorweggenommene Betriebsausgaben oder Werbungskosten darstellen (> BFH vom 24. 8. 1962 – BStBl III S. 467).

Zinsen

Zinsen für ein Ausbildungsdarlehen gehören zu den abziehbaren Aufwendungen, auch wenn sie nach Abschluß der Berufsausbildung gezahlt werden (> BFH vom 28. 2. 1992 – BStBl II S. 834).

Zuschlag bei Darlehensrückzahlung

Ist ein Ausbildungsdarlehen nebst Zuschlag zurückzuzahlen, sind die Aufwendungen für den Zuschlag Ausbildungs- und keine Werbungskosten, wenn damit nachträglich die im Zusammenhang mit der Ausbildung gewährten Vorteile abgegolten werden sollen und wenn der Zuschlag nicht weitaus überwiegend als Druckmittel zur Einhaltung der vorvertraglichen Verpflichtung zur Eingehung eines langfristigen Arbeitsverhältnisses dienen soll (> BFH vom 28. 2. 1992 – BStBl II S. 834).

EStR   R 103a. Hauswirtschaftliches Beschäftigungsverhältnis

¹Das hauswirtschaftliche Beschäftigungsverhältnis muß unmittelbar zwischen dem Steuerpflichtigen und der Haushaltshilfe bestehen. ²Der Sonderausgabenabzug setzt hauswirtschaftliche Tätigkeiten im Haushalt des Steuerpflichtigen voraus. ³Auf Grund des jeweiligen Beschäftigungsverhältnisses müssen Pflichtbeiträge zur inländischen gesetzlichen Rentenversicherung gezahlt werden. ⁴Keine Pflichtbeiträge in diesem Sinne sind die Arbeitgeberbeiträge für Bezieher von Altersrente und vergleichbare Personen (§ 172 Abs. 1 SGB VI) sowie der pauschale Arbeitgeberbeitrag zur gesetzlichen Rentenversicherung in Höhe von 12 v. H. für geringfügig Beschäftigte nach § 8 Abs. 1 Nr. 1 SGB IV (§ 172 Abs. 3 SGB VI). ⁵Ein geringfügiges Beschäftigungsverhältnis in diesem Sinne liegt auch dann vor, wenn der geringfügig Beschäftigte auf die Versicherungsfreiheit verzichtet (§ 5 Abs. 2 Satz 2 SGB VI). ⁶Kein geringfügiges Beschäftigungsverhältnis in diesem Sinne liegt vor, wenn die Beschäftigung infolge der Zusammenrechnung nach § 8 Abs. 2 SGB IV versicherungspflichtig ist.

EStR   R 104. Schulgeld

Schulgeldzahlungen für den Besuch deutscher Schulen im Ausland fallen nicht unter § 10 Abs. 1 Nr. 9 EStG, weil deutsche Schulen im Ausland weder nach Artikel 7 Abs. 4 GG staatlich genehmigte noch nach Landesrecht erlaubte Ersatzschulen noch nach Landesrecht anerkannte allgemeinbildende Ergänzungsschulen sind.

▶ Hinweise   EStH   H 104.

...

Nachweis

Die Voraussetzungen für den Schulgeldabzug (u. a. die Höhe des Entgelts, etwaige darin enthaltene Beträge für Beherbergung, Betreuung und Verpflegung sowie für den Bescheid über die Genehmigung, Erlaubnis, bzw. Anerkennung der Schule) sind vom Steuerpflichtigen nachzuweisen oder glaubhaft zu machen (§ 90 AO).

...

Zu § 10b EStG (§§ 48 bis 50 EStDV) ∎

EStR   R 111. Ausgaben zur Förderung mildtätiger, kirchlicher, religiöser und wissenschaftlicher Zwecke und der als besonders förderungswürdig anerkannten gemeinnützigen Zwecke im Sinne des § 10b Abs. 1 EStG

Begünstigte Ausgaben ∎

(1) ¹Die allgemein als besonders förderungswürdig anerkannten gemeinnützigen Zwecke sind in der > Anlage 7 abschließend aufgeführt. ²Mitgliedsbeiträge, sonstige Mitgliedsumlagen und Aufnahmegebühren sind nur abziehbar, wenn die diese Beträge erhebende Einrichtung ausschließlich Zwecke verfolgt, die sie selbst zum unmittelbaren Empfang steuerbegünstigter Zuwendungen berechtigt. ³Spenden, die mit der Auflage geleistet werden, sie an eine bestimmte natürliche Person weiterzugeben, sind nicht abziehbar. ⁴Spenden können nur dann abgezogen werden, wenn der Spender endgültig wirtschaftlich belastet ist. ⁵Bei Sachspenden aus einem Betriebsvermögen darf zuzüglich zu dem Entnahmewert im Sinne des § 6 Abs. 1 Nr. 4 EStG auch die bei der Entnahme der Sache angefallene Umsatzsteuer abgezogen werden.

(2) ...

Durchlaufspenden ∎

(3) ¹Juristische Personen des öffentlichen Rechts, die Gebietskörperschaften sind, und ihre Dienststellen sowie kirchliche juristische Personen des öffentlichen Rechts können ihnen zugewendete Spenden – nicht aber Mitgliedsbeiträge, sonstige Mitgliedsumlagen und Aufnahmegebühren – an eine steuerbegünstigte Körperschaft weiterleiten (> Durchlaufspendenverfahren). ²⁻⁵... ⁶Vor der Weiterleitung der Spenden muß sie prüfen, ob die begünstigte Körperschaft als gemeinnützig anerkannt und ob die Verwendung der Spenden für die steuerbegünstigten Zwecke sichergestellt ist. ⁷Die Spendenbestätigung darf nur von der Durchlaufstelle ausgestellt werden.

Anm. d. Schriftl.:

∎ Durch die Verordnung zur Änderung der EStDV vom 10. 12. 1999 – BGBl 1999 I S. 2413 ist das Spendenrecht neu geregelt worden; es wurde grundlegend überarbeitet und vereinfacht. Die neuen Regelungen sind erstmals für den Veranlagungszeitraum 2000 anzuwenden.

Amtl. Fn.:

∎ Absatz 1 Satz 1 und 2 durch §§ 48 – 50 EStDV überholt. Anlage 7 überholt durch Anlage 1 zu § 48 Abs. 2 EStDV.

∎ Absatz 3 teilweise überholt durch §§ 48 – 50 EStDV. > nach H 111 (Durchlaufspendenverfahren).

Nachweis der Spenden[1]
(4) ¹... ²Die Spendenbestätigung muß grundsätzlich von mindestens einer durch Satzung oder Auftrag zur Entgegennahme von Zahlungen berechtigten Person unterschrieben sein.

Maschinell erstellte Spendenbestätigung[2]
(5) ¹Als Nachweis reicht eine maschinell erstellte Spendenbestätigung ohne eigenhändige Unterschrift einer zeichnungsberechtigten Person aus, wenn das zuständige Finanzamt dies der Empfängerkörperschaft nach Prüfung des angewandten Verfahrens genehmigt hat. ²⁻³...

Vereinfachter Spendennachweis[3]
(6) ...

Prüfungen[4]
(7) ¹Ist der Empfänger einer Spende eine inländische juristische Person des öffentlichen Rechts, eine inländische öffentliche Dienststelle oder ein Spitzenverband der freien Wohlfahrtspflege einschließlich seiner Mitgliedsorganisationen, und geht aus der Spendenbestätigung der Verwendungszweck der Spenden hervor, so kann im allgemeinen davon ausgegangen werden, daß die Spenden für steuerbegünstigte Zwecke verwendet werden. ²Das gilt auch dann, wenn der Verwendungszweck im Ausland verwirklicht wird.

> **Hinweise**   EStH   H 111.

...

Durchlaufspendenverfahren

Für Zuwendungen nach dem 31. 12. 1999 ist das Durchlaufspendenverfahren keine zwingende Voraussetzung mehr für die steuerliche Begünstigung von Spenden. Ab 1. 1. 2000 sind alle gemeinnützigen Körperschaften im Sinne des § 5 Abs. 1 Nr. 9 KStG, die spendenbegünstigte Zwecke verfolgen, zum unmittelbaren Empfang und zur Bestätigung von Spenden berechtigt. Dennoch dürfen öffentlich-rechtliche Körperschaften oder öffentliche Dienststellen auch weiterhin als Durchlaufstelle auftreten und Zuwendungsbestätigungen ausstellen. Dach- und Spitzenorganisationen können für die ihnen angeschlossenen Vereine dagegen nicht mehr als Durchlaufstelle fungieren (> BMF vom 2. 6. 2000 – BStBl I S. 592, Rdnr. 16).

Für den Abzug von Sachspenden im Rahmen des Durchlaufspendenverfahrens ist erforderlich, daß der Durchlaufstelle das Eigentum an der Sache verschafft wird. Bei Eigentumserwerb durch Einigung und Übergabeersatz (§§ 930, 931 BGB) ist die körperliche Übergabe der Sache an die Durchlaufstelle nicht erforderlich; es sind aber eindeutige Gestaltungsformen zu wählen, die die tatsächliche Verfügungsfreiheit der Durchlaufstelle über die Sache sicherstellen und eine Überprüfung des Ersterwerbs der Durchlaufstelle und des Zweiterwerbs der begünstigten gemeinnützigen Körperschaft ermöglichen.

...

Amtl. Fn.:

[1] Absatz 4 Satz 1 und Anlage 4 überholt durch §§ 48 – 50 EStDV.
[2] Nach § 50 Abs. 1 EStDV tritt ab dem VZ 2000 an Stelle des Begriffs „Spendenbestätigung" der Begriff „Zuwendungsbestätigung".
[3] Überholt durch § 50 EStDV.
[4] Begriffe in Absatz 7 teilweise überholt durch §§ 48 – 50 EStDV.

Zu § 10b EStG

Leistungsaustausch
Als Spenden oder Mitgliedsbeiträge bezeichnete Ausgaben, die bei wirtschaftlicher Betrachtung das Entgelt für eine Leistung der empfangenden Körperschaft darstellen, sind nicht nach § 10b EStG abziehbar (> BFH vom 1. 4. 1960 – BStBl III S. 231). ...

Sachspenden
Zur Zuwendungsbestätigung > BMF vom 2. 6. 2000 (BStBl I S. 592), Rdnr. 9.

Spendenhaftung
Unrichtig ist eine Zuwendungsbestätigung, deren Inhalt nicht der objektiven Sach- und Rechtslage entspricht. Das ist z. B. dann der Fall, wenn die Bestätigung Zuwendungen ausweist, die Entgelt für Leistungen sind (> BFH vom 12. 8. 1999 – BStBl 2000 II S. 65).

Sponsoring
> BMF vom 18. 2. 1998 (BStBl I S. 212)
...

Zuwendungsbestätigung (§ 50 EStDV)
Die Zuwendungsbestätigung ist eine unverzichtbare sachliche Voraussetzung für den Zuwendungsabzug. Die Bestätigung hat jedoch nur den Zweck einer Beweiserleichterung hinsichtlich der Verwendung der Zuwendung und ist nicht bindend (> BFH vom 23. 5. 1989 – BStBl II S. 879). Entscheidend ist u. a. der Zweck, der durch die Zuwendung tatsächlich gefördert wird (> BFH vom 15. 12. 1999 – BStBl 2000 II S. 608 und BMF vom 7. 12. 2000 – BStBl I S. 1557). Eine Zuwendungsbestätigung wird vom Finanzamt nicht als Nachweis für den Zuwendungsabzug anerkannt, wenn das Datum des Steuerbescheides/Freistellungsbescheides länger als 5 Jahre bzw. das Datum der vorläufigen Bescheinigung länger als 3 Jahre seit Ausstellung der Bestätigung zurückliegt; dies gilt auch bei Durchlaufspenden (> BMF vom 15. 12. 1994 – BStBl I S. 884). Eine Aufteilung von Zuwendungen in abziehbare und nichtabziehbare Teile je nach satzungsgemäßer und nichtsatzungsgemäßer anteiliger Verwendung der Zuwendung ist unzulässig (> BFH vom 7. 11. 1990 – BStBl 1991 II S. 547).

Zur Erstellung und Verwendung der Zuwendungsbestätigungen:
> BMF vom 18. 11. 1999 (BStBl I S. 979)
> BMF vom 14. 1. 2000 (BStBl I S. 132)
> BMF vom 2. 6. 2000 (BStBl I S. 592)
> BMF vom 7. 12. 2000 (BStBl I S. 1557)

EStR R 112. Mitgliedsbeiträge und Spenden an politische Parteien[1]

(1) ¹Beiträge und Spenden an politische Parteien sind nur dann abziehbar, wenn die Partei bei Zufluß der Zuwendung als politische Partei im Sinne des § 2 PartG anzusehen ist. ²Der Steuerpflichtige hat dem Finanzamt durch eine besondere Spendenbestätigung der politischen Partei nachzuweisen, daß die Voraussetzungen für den Abzug der Spende erfüllt sind. ³Die Spendenbestätigung muß grundsätzlich von mindestens einer durch Satzung oder Auftrag zur Entgegennahme von Zahlungen berechtigten Person unterschrieben sein und eine Erklärung darüber ent-

---

Amtl. Fn.:

[1] Absatz 1 teilweise überholt durch §§ 48 – 50 EStDV.

halten, daß die Partei den ihr zugewendeten Betrag nur für ihre satzungsmäßigen Zwecke verwendet. [4]Als Nachweis für die Zahlung von Mitgliedsbeiträgen genügt die Vorlage von Bareinzahlungsbelegen, Buchungsbestätigungen (z. B. Kontoauszug oder Lastschrifteinzugsbeleg) oder Beitragsquittungen. [5]R 111 Abs. 5 und 6 Satz 1 Nr. 2 Buchstabe a und Satz 2 gelten entsprechend.

(2) [1]Mitgliedsbeiträge und Spenden an politische Parteien können auch dann als Sonderausgaben abgezogen werden, wenn sie sich nicht nach § 34g EStG auswirken. [2]Ein Wahlrecht zwischen dem Abzug der Zuwendungen von der Steuer nach § 34g EStG und dem Sonderausgabenabzug nach § 10b Abs. 2 EStG besteht nicht.

▶ **Hinweise** **EStH** **H 112.**

...

Zu § 10c EStG

EStR   **R 114. Berechnung der Vorsorgepauschale bei Ehegatten**

Bemessungsgrundlage

(1) [1]Bei Ehegatten, die beide Arbeitslohn bezogen haben, ist die Bemessungsgrundlage der Vorsorgepauschale jeweils gesondert zu ermitteln. [2]...

Berechnung der ungekürzten oder gekürzten Vorsorgepauschale

(2) [1]Bei der Zusammenveranlagung von Ehegatten, die beide Arbeitslohn bezogen haben, ist die Vorsorgepauschale nach der gemeinsamen Bemessungsgrundlage zu ermitteln. [2]Gehören beide Ehegatten nicht zu dem Personenkreis des § 10c Abs. 3 EStG, gelten für die Ermittlung der ungekürzten Vorsorgepauschale die Vorschriften des § 10c Abs. 2 Satz 2 und 3 EStG unter Verdoppelung der Höchstbeträge nach § 10c Abs. 4 Satz 1 EStG. [3]Gehören beide Ehegatten zu dem Personenkreis des § 10c Abs. 3 EStG, gelten für die Ermittlung der gekürzten Vorsorgepauschale die Vorschriften des § 10c Abs. 3 EStG unter Verdoppelung des Höchstbetrags nach § 10c Abs. 4 Satz 1 EStG, abgerundet nach § 10c Abs. 2 Satz 3 EStG.

Berechnung der Vorsorgepauschale in Mischfällen

(3) [1]Bei der Zusammenveranlagung von Ehegatten, die beide Arbeitslohn bezogen haben und von denen nur einer zu dem Personenkreis des § 10c Abs. 3 EStG gehört (Mischfall), ist die Vorsorgepauschale nach § 10c Abs. 4 Satz 2 EStG zu ermitteln. [2]Auf Grund der Einzelbemessungsgrundlagen sind für jeden Ehegatten die Ausgangsbeträge für die Vorsorgepauschale (20 v. H. der jeweiligen Bemessungsgrundlage) zu berechnen. [3]Diese Ausgangsbeträge unterliegen alternativ den Höchstbetragsbegrenzungen des § 10c Abs. 2 oder Abs. 3 EStG, wobei für die Anwendung des § 10c Abs. 2 EStG der Ausgangsbetrag für den Ehegatten, der zum Personenkreis des § 10c Abs. 3 EStG gehört, höchstens mit 2 214 DM anzusetzen ist und für die Anwendung des § 10c Abs. 3 EStG der Ausgangsbetrag für den anderen Ehegatten außer Ansatz bleibt. [4]Der sich nach diesen Alternativen ergebende höhere Betrag, abgerundet auf den nächsten durch 54 ohne Rest teilbaren vollen DM-Betrag, ist die Vorsorgepauschale.

Zu § 10c EStG Einkommensteuer

Hinweise   EStH   H 114.

Beispiel zur Berechnung der ungekürzten Vorsorgepauschale

Zusammenzuveranlagende Ehegatten

Ehemann: rentenversicherungspflichtig, 63 Jahre alt, Arbeitslohn 60 000 DM, darin enthalten Versorgungsbezüge i. S. des § 19 Abs. 2 Nr. 2 EStG (Werkspension) 10 000 DM

Ehefrau: rentenversicherungspflichtig, 60 Jahre alt, Arbeitslohn 18 000 DM

1. Ermittlung der Bemessungsgrundlage für die Vorsorgepauschale:

	Ehemann DM	Ehefrau DM
Arbeitslohn	60 000	18 000
abzüglich Versorgungsfreibetrag 40 v. H. von 10 000 DM (Höchstbetrag von 6 000 DM nicht überschritten) =	− 4 000	
verminderter Arbeitslohn	56 000	18 000
gemeinsame Bemessungsgrundlage	74 000	

2. Berechnung der Vorsorgepauschale:

20 v. H. der gemeinsamen Bemessungsgrundlage von 74 000 DM =	14 800	
höchstens	12 000	
a)		
abzüglich 16 v. H. der gemeinsamen Bemessungsgrundlage von 74 000 DM (aber kein Negativergebnis)	− 11 840	160
b)	14 800	
abzüglich	− 160	
	14 640	
Höchstbetrag (2 × 2 610 DM =)	5 220	
der niedrigere Betrag ist anzusetzen:		5 220
c)	14 800	
abzüglich (160 DM + 5 220 DM =)	− 5 380	
	9 420	
zur Hälfte	4 710	
Höchstbetrag (2 × 1 305 DM =)	2 610	
der niedrigere Betrag ist anzusetzen:		2 610
insgesamt:		7 990
Abrundung auf den nächsten durch 54 ohne Rest teilbaren Betrag ergibt die Vorsorgepauschale:		7 938

Beispiel zur Berechnung der gekürzten Vorsorgepauschale

Zusammenzuveranlagende Ehegatten

Ehemann: 68 Jahre alt, Arbeitslohn aus einer aktiven Tätigkeit 4 000 DM, Bezug von Altersrente aus der gesetzlichen Rentenversicherung

Ehefrau: 57 Jahre alt, Beamtenbezüge 50 000 DM

1. Ermittlung der Bemessungsgrundlage für die Vorsorgepauschale:

	Ehemann DM	Ehefrau DM
Arbeitslohn	4 000	50 000

abzüglich Altersentlastungsbetrag 40 v. H. von
4 000 DM (Höchstbetrag nicht überschritten) =   − 1 600
verminderter Arbeitslohn 2 400   50 000
gemeinsame Bemessungsgrundlage **52 400**

2. Berechnung der Vorsorgepauschale:
   20 v. H. der gemeinsamen Bemessungsgrundlage
   von 52 400 DM = ...   10 480
   Höchstbetrag (2 × 2 214 DM =) 4 428
   der niedrigere Betrag ist anzusetzen: 4 428
   Abrundung auf den nächsten durch 54 ohne Rest
   teilbaren Betrag ergibt die Vorsorgepauschale: **4 428**

Beispiel zur Berechnung der Vorsorgepauschale in Mischfällen

Zusammenzuveranlagende Ehegatten

Ehemann: Beamter, Arbeitslohn 40 000 DM
Ehefrau: rentenversicherungspflichtige Angestellte, Arbeitslohn 30 000 DM

1. *Bemessungsgrundlagen*
   für den Ehemann ....   **40 000 DM**
   für die Ehefrau ....   **30 000 DM**
   gemeinsame Bemessungsgrundlage ....   **70 000 DM**

2. Berechnung der Vorsorgepauschale
   − **erste Alternative**
   a) Ermittlung der Ausgangsbeträge
      Ausgangsbetrag für den Ehemann:
      20 v. H. der Bemessungsgrundlage
      von 40 000 DM = ...   8 000 DM
      Höchstbetrag, weil Person im Sinne des
      § 10 Abs. 3 EStG: ....   2 214 DM
      der niedrigere Betrag ist anzusetzen: ....   2 214 DM
      Ausgangsbetrag für die Ehefrau:
      20 v. H. der Bemessungsgrundlage
      von 30 000 DM (ohne Höchstbetrag) = ...   6 000 DM
      Summe der Ausgangsbeträge ....   8 214 DM
   b) Höchstbetragsbegrenzung
      aa) ....   12 000 DM
          abzüglich 16 v. H. der gemeinsamen Bemessungsgrund-
          lage von 70 000 DM (aber kein Negativergebnis) ..... 11 200 DM   800 DM
      bb) ....   8 214 DM
          abzüglich ....   − 800 DM
                                                                  7 414 DM
          Höchstbetrag (2 × 2 610 DM =) ....   5 220 DM
          der niedrigere Betrag ist anzusetzen: ....   5 220 DM
      cc) ....   8 214 DM
          abzüglich (800 DM + 5 220 DM =) ....   − 6 020 DM
                                                                  2 194 DM

zur Hälfte = ...	*1 097 DM*
Höchstbetrag (2 × 1 305 DM =)	*2 610 DM*
der niedrigere Betrag ist anzusetzen:	***1 097 DM***
Summe	***7 117 DM***

– *zweite Alternative*
a) Ausgangsbetrag für den Ehegatten, der zum Personenkreis des § 10c Abs. 3 EStG gehört: 20 v. H. der Bemessungsgrundlage von 40 000 DM = ...   *8 000 DM*
b) Höchstbetrag (2 × 2 214 DM =) ....   *4 428 DM*
der niedrigere Betrag ist anzusetzen: ....   ***4 428 DM***

– *Vergleich der Alternativen*
Anzusetzen ist das Ergebnis der Alternative,
die zu einem höheren Betrag geführt hat: ....   *7 117 DM*
Abrundung auf den nächsten durch 54 ohne
Rest teilbaren Betrag ergibt die Vorsorgepauschale: ....   ***7 074 DM***

Zu § 10d EStG

EStR   R 115. Verlustabzug

Berücksichtigung des auf den VZ 1998 festgestellten verbleibenden Verlustabzugs

(1) Soweit § 10d EStG i. d. F. vom 16. 4. 1997 (BGBl I S. 821) (§ 10d EStG a. F.) für den auf den Schluß des VZ 1998 festgestellten verbleibenden Verlustabzug weiter anzuwenden ist (§ 52 Abs. 25 EStG), gelten die Anweisungen in R 115 EStR 1998 weiter.

Vornahme des Verlustabzugs nach § 10d EStG i. d. F. des Steuerentlastungsgesetzes 1999/2000/2002 vom 24. 3. 1999 (BGBl I S. 402) (§ 10d EStG n. F.)

(2) Auch bei dem Verlustabzug nach § 10d EStG n. F. sind beim Zusammentreffen in einem VZ zunächst die negativen Einkünfte aus vorangegangenen VZ im Wege des Verlustvortrags und danach die negativen Einkünfte aus dem nachfolgenden VZ im Wege des Verlustrücktrags zu berücksichtigen.

Zusammentreffen von § 10d EStG a. F. und § 10d EStG n. F. in einem VZ

(3) ¹Treffen in einem VZ ein Verlustabzug nach § 10d EStG n. F. und § 10d EStG a. F. zusammen, so ist der Abzug in der Reihenfolge vorzunehmen, die für den Steuerpflichtigen am günstigsten ist. ²Danach ist i. d. R. zunächst der Verlustabzug nach § 10d EStG n. F. vorzunehmen. ³Anschließend sind die Sonderausgaben und sonstigen vom Gesamtbetrag der Einkünfte abzuziehenden Beträge zu berücksichtigen und soweit danach noch ein positiver Betrag verbleibt, ist der Verlustabzug nach § 10d EStG a. F. vorzunehmen (> Berechnungsschema in R 3 Abs. 1).

Begrenzung des Verlustrücktrags

(4) ¹Die Begrenzung auf 2 Millionen DM, ab VZ 2001 1 Million DM, (Höchstbetrag) bezieht sich auf den einzelnen **Steuerpflichtigen,** der die negativen Einkünfte erzielt hat. ²Die Begrenzung gilt ferner für alle Einkunftsarten zusammengefaßt und nicht pro Einkunftsart. ³Das Erreichen eines mehrfachen Volumens ist nicht möglich. ⁴Dies gilt auch, sofern besondere Verlust-

verrechnungsbeschränkungen (z. B. § 2b, § 15 Abs. 4, § 22 Nr. 3 Satz 4, § 23 Abs. 3 Satz 7 EStG) auf § 10d EStG verweisen. [5]Bei zusammenveranlagten **Ehegatten** (§ 62d Abs. 2 Satz 2 EStDV) kann ein Ehegatte den vom anderen Ehegatten noch nicht ausgeschöpften Höchstbetrag in Anspruch nehmen, soweit die Voraussetzungen des § 10d Abs. 1 Satz 4 EStG n. F. erfüllt sind. [6]Bei **Personengesellschaften** und **Personengemeinschaften** gilt der Höchstbetrag für jeden Beteiligten. [7]Über die Frage, welcher Anteil an den negativen Einkünften der Personengesellschaft oder Personengemeinschaft auf den einzelnen Beteiligten entfällt, ist im Bescheid über die gesonderte und einheitliche Feststellung zu entscheiden. [8]Inwieweit diese anteiligen negativen Einkünfte beim einzelnen Beteiligten nach § 10d EStG abziehbar sind, ist im Rahmen der Einkommensteuerveranlagung zu beurteilen. [9]In **Organschaftsfällen** mit Ergebnisabführung (§ 14 KStG) bezieht sich die Grenze auf den Organträger. [10]Sie ist bei diesem auf die Summe der Ergebnisse aller Mitglieder des Organkreises anzuwenden. [11]Ist der Organträger eine Personengesellschaft, ist Satz 6 zu beachten.

Wahlrecht

(5) [1]Der Antrag nach § 10d Abs. 1 Satz 7 EStG kann bis zur Bestandskraft des auf Grund des Verlustrücktrags geänderten Steuerbescheids an das nach § 19 AO zuständige Finanzamt gestellt werden. [2]Das Wahlrecht steht auch dem Erben für die negativen Einkünfte des Erblassers zu, die beim Erblasser nicht ausgeglichen werden können und nicht im Wege des Verlustrücktrags berücksichtigt werden sollen und beim Erben im VZ des Erbfalls nicht ausgeglichen werden können. [3]Der Antrag nach § 10d Abs. 1 Abs. 7 EStG kann der Höhe nach und/oder bezogen auf negative Einkünfte aus einzelnen Einkunftsarten beschränkt werden. [4]Liegt kein Antrag vor, oder beschränkt sich der Antrag auf die betragsmäßige Begrenzung des Verlustrücktrags, ist der Verlustrücktrag nach Bruchteilen anteilig vorzunehmen.

Verlustrücktrag in den VZ 1998

(6) [1]Für den VZ 1998 sind zunächst die im Gesamtbetrag der Einkünfte noch enthaltenen Beträge der positiven Einkünfte aus verschiedenen Einkunftsarten zu ermitteln. [2]Dabei sind neben den besonderen Verlustverrechnungsbeschränkungen (z. B. §§ 2b, 15 Abs. 4 EStG) die Regelungen in § 2 Abs. 3 Satz 2 und 4 EStG n. F. zugrunde zu legen, soweit nicht nach den bis zum 31. 12. 1998 geltenden Anweisungen Abweichendes gilt, z. B. zu § 34 EStG. [3]Ein Verlustabzug im Wege des Verlustrücktrags ist nur zulässig, soweit die Höchstbeträge nach § 10d Abs. 1 Sätze 2 bis 4 i. V. m. § 2 Abs. 3 EStG n. F. nicht bereits durch andere Verluste ausgeschöpft sind.

Übertragung der Verlustabzugsberechtigung

(7) Der Verlustabzug kann grundsätzlich nur von dem Steuerpflichtigen geltend gemacht werden, der die negativen Einkünfte erzielt hat. [2]Deshalb kann die Verlustabzugsberechtigung nicht durch Rechtsgeschäft übertragen werden.

Verfahren bei Arbeitnehmern

(8) Soll bei einem Arbeitnehmer ein Verlustabzug berücksichtigt werden, muß er dies beantragen, es sei denn, daß er bereits aus anderen Gründen zur Einkommensteuer veranlagt wird. [2]Erfolgt für einen VZ keine Veranlagung, so kann der in diesem VZ berücksichtigungsfähige Verlustabzug nicht in einem anderen VZ geltend gemacht werden, es sei denn, der Arbeitnehmer hat nach § 10d Abs. 1 Satz 7 EStG auf den Verlustrücktrag verzichtet.

Änderung des Verlustabzugs

(9) [1]Der Steuerbescheid für den dem Verlustentstehungsjahr vorangegangenen VZ **ist** vorbehaltlich eines Antrags nach § 10d Abs. 1 Abs. 7 EStG nach § 10d Abs. 1 Satz 5 EStG zu ändern, wenn sich bei der Ermittlung der abziehbaren negativen Einkünfte für das Verlustentstehungsjahr Ände-

rungen ergeben, die zu einem höheren oder niedrigeren Verlustrücktrag führen. ²Auch in diesen Fällen gilt die Festsetzungsfrist des § 10d Abs. 1 Satz 6 Halbsatz 2 EStG. ³Wirkt sich die Änderung eines Verlustrücktrags oder -vortrags auf den Verlustvortrag aus, der am Schluß eines VZ verbleibt, so sind die betroffenen Feststellungsbescheide im Sinne des § 10d Abs. 4 EStG nach § 10d Abs. 4 Satz 4 EStG zu ändern. Die bestandskräftige Feststellung eines verbleibenden Verlustvortrags kann nur nach § 10d Abs. 4 Satz 4 und 5 EStG geändert werden, wenn der Steuerbescheid, der die in die Feststellung eingeflossenen geänderten Verlustkomponenten enthält, nach den Änderungsvorschriften der AO zumindest dem Grunde nach noch geändert werden könnte.

Zusammenveranlagung von Ehegatten

(10) ¹Bei der Berechnung des verbleibenden Verlustabzugs ist zunächst ein Ausgleich der negativen Einkünfte nach § 2 Abs. 3 Satz 2 bis 5 EStG mit den anderen Einkünften des Ehegatten vorzunehmen, der die negativen Einkünfte erzielt hat. ²Für die insoweit nicht ausgeglichenen negativen Einkünfte kommt ein Ausgleich nach § 2 Abs. 3 Satz 6 und 7 EStG mit positiven Einkünften des anderen Ehegatten in Betracht. ³Wird ein nach Anwendung der Sätze 1 und 2 verbleibender Betrag der negativen Einkünfte nicht oder nicht in vollem Umfang nach § 10d Abs. 1 EStG auf das dem Verlustentstehungsjahr unmittelbar vorangegangene Kalenderjahr zurückgetragen, so ist der verbleibende Betrag der negativen Einkünfte als verbleibender Verlustvortrag getrennt nach Einkunftsarten gesondert festzustellen.

Gesonderte Feststellung des verbleibenden Verlustvortrags

(11) ¹Sowohl ein verbleibender Verlustvortrag nach § 10d EStG a. F. als auch ein verbleibender Verlustvortrag nach § 10d EStG n. F. – dieser auch getrennt nach Einkunftsarten – sind ab VZ 1999 jeweils gesondert festzustellen. ²Für den Verlustabzug nach § 10d EStG a. F. ist die Zuordnung der Verluste zu den einzelnen Einkunftsarten ohne Bedeutung und daher nicht in die gesonderte Feststellung einzubeziehen. ³Über die Höhe eines im Verlustentstehungsjahr nicht ausgeglichenen Verlustes wird im Steuerfestsetzungsverfahren für das Verlustrücktragsjahr und hinsichtlich des verbleibenden Verlustvortrags für die dem Verlustentstehungsjahr folgenden Jahre im Feststellungsverfahren nach § 10d Abs. 4 EStG n. F. bindend entschieden. ⁴Der Steuerbescheid des Verlustentstehungsjahres ist daher weder Grundlagenbescheid für den Einkommensteuerbescheid des Verlustrücktragsjahres noch für den Feststellungsbescheid nach § 10d Abs. 4 EStG n. F. ⁵Der Feststellungsbescheid nach § 10d Abs. 4 EStG n. F. ist nach § 182 Abs. 1 AO Grundlagenbescheid für die Einkommensteuerfestsetzung des Folgejahres und für den auf den nachfolgenden Feststellungszeitpunkt zu erlassenden Feststellungsbescheid. ⁶Er ist kein Grundlagenbescheid für den Steuerbescheid eines Verlustrücktragsjahres (§ 10d Abs. 1 EStG). ⁷Der verbleibende Verlustvortrag ist auf 0 DM festzustellen, wenn der in dem Verlustentstehungsjahr nicht ausgeglichene Verlust in vollem Umfang zurückgetragen wird. ⁸Der verbleibende Verlustvortrag ist auch dann auf 0 DM festzustellen, wenn ein zum Schluß des vorangegangenen VZ festgestellter verbleibender Verlustvortrag in einem folgenden VZ „aufgebraucht" worden ist.

▶ **Hinweise**   **EStH**   **H 115.**

...

Beispiele für den Verlustabzug nach § 10d EStG i. d. F. des Steuerentlastungsgesetzes 1999/2000/2002

Beispiel 1:
Einzelveranlagter Steuerpflichtiger (Verlustrücktrag in den vorangegangenen VZ, Verlustabzug im folgenden VZ, Feststellung des verbleibenden Verlustvortrags)

Einkommensteuer — Zu § 10d EStG

	Spalte 1	2	3	4
1	**Verbleibender Verlustabzug im VZ 02**			− 252 500
2				
3	**Verhältnismäßige Aufteilung** (§ 2 Abs. 3			
4	Satz 4 i. V. m. § 10d EStG)			
5	§ 15			− 115 603
6	§ 18			− 9 126
7	§ 21			− 127 771
8				− 252 500
9	**Verlustrücktrag ins Vorjahr (= VZ 01)**			
10	S. d. E. im **VZ 01** (Beispiel 1 zu H 3) verteilt auf		215 000	
11	§ 13		29 452	
12	§ 15		41 233	
13	§ 19		70 685	
14	§ 20		44 178	
15	§ 22		29 452	
16	Summe		215 000	
17				
18	**Horizontaler Verlustabzug**			
19	(innerh. ders. Eink.art, unbegrenzt) § 15		− 41 233	41 233
20	(− 115 603 + 41 233 = − 74 370)			
21	Zwischensumme		173 767	− 211 267
22				
23	**Vertikaler Verlustabzug**			
24	Se. der pos. Einkünfte VZ 01			
25	(Bsp. 1 zu H 3 Z. 13)	365 000		
26	abzgl. horizontaler Abzug VZ 02 (Z. 19)	− 41 233		
27		323 767		
28	unbeschränkt abziehbar	− 100 000		
29		223 767		
30	davon ½ (beschränkter Abzug) =	111 884		
31		100 000		
32	Höchstbetrag	211 884		
33	bereits ausgegl. VZ 01 (Bsp. 1 zu H 3 Z. 24)	− 150 000		
34	verbleibender Höchstbetrag	61 884	− 61 884	61 884
35	Als Sonderausgaben zu berücksichtigender			
36	**Verlustabzug VZ 01** (Z. 19 + Z. 34)	103 117		
37	Um den Verlustabzug **geminderte Summe**			
38	**der Einkünfte im VZ 01**/verbleibender			
39	**Verlustvortrag** (nach § 10d Abs. 4 EStG			
40	festzustellen) für **VZ 03 ff.**		111 883	− 149 383
41	**Verhältnismäßige Aufteilung**			
42	(§ 10d Abs. 4 Satz 1 EStG)			
43	§ 15: (− 74 370)/(− 211 267) × (− 149 383)			− 52 586
44	§ 18: (− 9 126)/(− 211 267) × (− 149 383)			− 6 453
45	§ 21: (− 127 771)/(− 211 267) × (− 149 383)			− 90 344
46				− 149 383
47	**VZ 03**			
48	Einkünfte im **VZ 03** aus			
49	§ 13		60 000	

Zu § 10d EStG **Einkommensteuer** 282

	Spalte 1	2	3	4
50	§ 15		600 000	– 500 000
51	§ 18			– 20 000
52	§ 19		130 000	
53	§ 20		10 000	
54	§ 21			– 200 000
55	§ 22		80 000	
56	Zwischensumme		880 000	– 720 000
57	**Horizontaler Verlustausgleich**			
58	(innerh. ders. Eink.art, unbegrenzt) § 15 (Z. 50)		– 500 000	500 000
59	(600 000 – 500 000 = 100 000)			
60	Summe der positiven Einkünfte/S. d. Verluste		380 000	– 220 000
61	**Vertikaler Verlustausgleich**			
62	(§ 2 Abs. 3 Satz 3 EStG)			
63	Summe der positiven Einkünfte (Z. 60)	380 000		
64	unbeschränkt abziehbar	– 100 000		
65		280 000		
66	davon ½ (beschränkter Ausgleich)	140 000		
67		100 000		
68	Höchstbetrag	240 000		
69	maximal verbliebenes Verlustvolumen	– 220 000	– 220 000	220 000
70	**Summe der Einkünfte (S. d. E.)**		160 000	0
71	nachrichtlich:			
72	**Verhältnismäßige Aufteilung** (§ 2 Abs. 3			
73	Satz 4 i. V. m. § 10d EStG)			
74	§ 13: 60 000/380 000 × 160 000		25 263	
75	§ 15: 100 000/380 000 × 160 000		42 105	
76	§ 19: 130 000/380 000 × 160 000		54 737	
77	§ 20: 10 000/380 000 × 160 000		4 211	
78	§ 22: 80 000/380 000 × 160 000		33 684	
79			160 000	
80	**Verlustvortrag aus dem Vorjahr VZ 02 ins**			
81	**Folgejahr VZ 03**			
82	§ 15 (Z. 43)			– 52 586
83	§ 18 (Z. 44)			– 6 453
84	§ 21 (Z. 45)			– 90 344
85				– 149 383
86	**Horizontaler Verlustabzug**			
87	(innerhalb derselben Einkunftsart unbegrenzt)			
88	§ 15 (Z. 75, 82)		– 42 105	42 105
89	Zwischensumme		117 895	– 107 278
90				
91	**Vertikaler Verlustabzug**			
92	Höchstbetragsberechnung			
93	positive Einkünfte im VZ 03 (Z. 60)	380 000		
94	abzgl. horiz. Verlustabzug (Z. 88)	– 42 105		
95		337 895		
96	unbeschränkt abziehbar	– 100 000		
97		237 895		

Einkommensteuer — Zu § 10d EStG

	Spalte 1	2	3	4
98	davon ½ (beschränkter Abzug) =	118 948		
99	-	100 000		
100	Höchstbetrag	218 948		
101	abzgl. bereits ausgegl. nach § 2 Abs. 3 (Z. 69)	– 220 000		
102	kein weiterer vertikaler Verlustabzug möglich,			
103	da Höchstbetrag bereits ausgeschöpft			
104				
105	als Sonderausgaben insgesamt zu berücksich-			
106	tigender Verlustabzug **VZ 03** (Z. 87)	42 105		
107	um den Verlustabzug **geminderte Summe**			
108	**der Einkünfte im VZ 03/verbleibender**			
109	**Verlustvortrag** (nach § 10d Abs. 4 EStG			
110	festzustellen) für **VZ 04 ff.**		117 895	– 107 278
111				
112	**verhältnismäßige Aufteilung** (§ 10 Abs. 4			
113	Satz 1 EStG)			
114	§ 15: – 52 586 + 42 105			– 10 481
115	§ 18			– 6 453
116	§ 21			– 90 344
117				– 107 278

(Auf die nachrichtliche Darstellung der erforderlichen verhältnismäßigen Aufteilung der um den Verlustabzug geminderten Summe der Einkünfte für Zwecke des künftigen Verlustabzugs wird in diesem und den folgenden Beispielen an dieser Stelle verzichtet.)

Beispiel 2:

...

Beispiel 3:

Zusammenveranlagte Steuerpflichtige (Übertragung des Verlustrücktrags von der Ehefrau auf den Ehemann; horizontaler und vertikaler Verlustrücktrag zwischen der Ehegatten; das Verlustrücktragsvolumen wird aufgebraucht.)

			Ehemann		Ehefrau	
	Spalte 1	2	3	4	5	6
1	Verbleibender Verlustabzug im					
2	VZ 02					
3	§ 15					– 14 161
4	§ 18					– 60 870
5	§ 21					– 22 826
6						– 97 857
7	Verlustrücktrag ins Vorjahr					
8	(= VZ 01)					
9	S. d. E. im VZ 01 (Beispiel 4 zu H 3)		200 000			
10	verteilt auf					
11	§ 13		16 102			
12	§ 15		59 107			
13	§ 19		96 612			
14	§ 20		20 128			
15	§ 22		8 051			

Zu § 10d EStG

			Ehemann		Ehefrau	
	Spalte 1	2	3	4	5	6
16			200 000			
17	**Horizontaler Verlustabzug**					
18	**zwischen den Ehegatten**					
19	(§ 10d Abs. 1 Satz 4 i. V. m. § 2					
20	Abs. 3 Satz 6, 1. Hs. EStG)					
21	§ 15 (Z. 3, 12)		– 14 161			14 161
22	(59 107 – 14 161 = 44 946)					
23	Zwischensumme		185 839			– 83 696
24						
25	**Vertikaler Verlustabzug**					
26	**zwischen den Ehegatten**					
27	(§ 10d Abs. 1 Satz 4 i. V. m. § 2					
28	Abs. 3 Satz 6, 1. Hs. EStG)					
29	Se. der pos. Eink. Ehemann VZ 01					
30	(Bsp. 4 zu H 3 Z. 9)	275 000				
31	abzgl. horizontaler Ausgleich VZ 01					
32	(Bsp. 4 zu H 3 Z. 32)	– 23 684				
33	abzgl. horizontal abgezogen (Z. 21)	– 14 161				
34		237 155				
35	unbeschränkt abziehbar	– 100 000				
36		137 155				
37	davon ½ (beschränkter Abzug) =	68 578				
38		100 000				
39	Höchstbetrag Ehemann	168 578				
40	bereits ausgeglichen im VZ 01	– 30 000				
41	(Bsp. 4 zu H 3 Z. 14, 49)	– 21 316				
42	verbleibender Höchstbetrag	117 262				
43	max. verbliebenes Verlustvolumen	83 696				
44	Übertrag des Verlustrücktrags von					
45	der Ehefrau auf den Ehemann					
46	(§ 10d Abs. 1 Satz 4 i. V. m. § 2					
47	Abs. 3 Satz 6, 1. Hs. EStG)					
48	= als Sonderausgaben zu berück-					
49	sichtigender **Verlustabzug VZ 01**	83 696	– 83 696			83 696
50	um den Verlustrücktrag **geminderte**					0
51	**Summe der Einkünfte** im VZ 01		102 143			
52	Es verbleibt ein festzustellender Verlustvortrag von 0 DM.					

Beispiel 4:

Zusammenveranlagte Steuerpflichtige (Verlustrücktrag, Verlustvortrag: Übertragung der Verluste zwischen den Ehegatten; Feststellung des verbleibenden Verlustabzugs)

			Ehemann		Ehefrau	
	Spalte 1	2	3	4	5	6
1	Einkünfte im **VZ 02** aus § 15			– 500 000		
2	§ 18					– 120 000
3	§ 21			– 400 000	100 000	
4	§ 22					– 50 000
5	S. d. pos. Einkünfte/S. d. Verluste			– 900 000	100 000	– 170 000

Einkommensteuer — Zu § 10d EStG

	Spalte 1	2	Ehemann 3	4	Ehefrau 5	6
6						
7	*Vertikaler Verlustausgleich beim*					
8	*einzelnen Steuerpflichtigen*					
9	*(§ 2 Abs. 3 Satz 3 EStG)*					
10	unbeschr. Ausgleich bis 100 000 DM				– 100 000	100 000
11	*Verbleibender Verlustabzug*			– 900 000	0	– 70 000
12						
13	*nachrichtlich:*					
14	*verhältnismäßige Aufteilung*					
15	*(§ 10d Abs. 4 Satz 1 EStG)*					
16	§ 15			– 500 000		
17	§ 18: (– 120 000)/(– 170 000) × (– 70 000)					– 49 412
18	§ 21			– 400 000		
19	§ 22: (– 50 000)/(– 170 000) × (– 70 000)					– 20 588
20				– 900 000		– 70 000
21						
22	*Verlustrücktrag ins Vorjahr*					
23	*(= VZ 01)*					
24	S. d. E./verbl. Verlustabzug im VZ 01					
25	(Beispiel 5 zu H 3) verteilt auf					
26	§ 15		91 923			
27	§ 21			– 271 923		
28						
29	*Horizontaler Verlustabzug beim*					
30	*einzelnen Steuerpflichtigen*					
31	*(Ehemann)* (§ 10d Abs. 1 Satz 2					
32	i. V. m. § 2 Abs. 3 Satz 2 EStG)					
33	§ 15 (Z. 16, 26)		– 91 923	91 923		
34	(= als Sonderausgaben zu berück-					
35	sichtigender *Verlustabzug VZ 01*)					
36	um den Verlustrücktrag *geminderte*					
37	*Summe der Einkünfte im VZ 01/*					
38	*verbleibender Verlustvortrag*					
39	(nach § 10d Abs. 4 EStG festzu-					
40	stellen) für *VZ 03 ff.*					
41	(– 900 000 + 91 923 – 271 923 =)			0 – 1 080 000		– 70 000
42						
43	*Verhältnismäßige Aufteilung*					
44	§ 15: – 500 000 + 91 923			– 408 077		
45	§ 18					– 49 412
46	§ 21: – 271 923 – 400 000 (Z. 18, 27)			– 671 923		
47	§ 22					– 20 588
48				– 1 080 000		– 70 000
49						
50	*Einkünfte im VZ 03* aus					
51	§ 15			– 1 000 000		
52	§ 18				150 000	
53	§ 21			– 450 000	200 000	
54	§ 22				250 000	

Zu § 10d EStG   **Einkommensteuer** 286

			Ehemann		Ehefrau	
	Spalte 1	2	3	4	5	6
55	S. d. pos. Einkünfte/S. d. Verluste			− 1 450 000	600 000	
56						
57	*Horizontaler Verlustausgleich*					
58	*zwischen den Ehegatten*					
59	(§ 2 Abs. 3 Satz 6, 1. Hs. i. V. m.					
60	Abs. 2 EStG)					
61	§ 21 (Z. 53)			200 000	− 200 000	
62				− 1 250 000	400 000	
63	*Vertikaler Verlustausgleich*					
64	*zwischen den Ehegatten*					
65	(§ 2 Abs. 3 Satz 6, 1. Hs. i. V. m.					
66	Satz 3 EStG)					
67	Se. d. pos. Eink. Ehefrau	600 000				
68	abzgl. horizontal ausgeglichen	− 200 000				
69		400 000				
70	unbeschränkt abziehbar	− 100 000				
71		300 000				
72	davon ½ (beschränkter Ausgleich) =	150 000				
73		100 000				
74	Höchstbetrag Ehefrau	250 000		250 000	− 250 000	
75				− 1 000 000	150 000	
76	*Höchstbetragsberechnung nach*					
77	*§ 2 Abs. 3 Satz 7 EStG (da unbe-*					
78	*schränkte Ausgleichsmöglichkeit bis*					
79	*zu 100 000 DM beim Ehemann nicht*					
80	*ausgeschöpft werden konnte; hori-*					
81	*zontaler Ausgleich aus Z. 61 bleibt*					
82	*dabei außer Ansatz.)*					
83	Se. der pos. Eink. beider Ehegatten	600 000				
84	abzgl. horizontal ausgeglichen	− 200 000				
85		400 000				
86	unbeschränkt abziehbar	− 200 000				
87		200 000				
88	davon ½ (beschränkter Ausgleich) =	100 000				
89		200 000				
90	Höchstbetrag Ehegatten	300 000				
91	abzgl. bereits vertikal ausgeglichen					
92	(Z. 74)	− 250 000				
93	verbl. Höchstbetrag	50 000				
94	Berechnung d. Unterschiedsbetrags:					
95	unbeschränkt abziehbar	100 000				
96	abzgl. bereits ausgeglichen	0				
97	Unterschiedsbetrag	100 000				
98	max. verbl. Höchstbetrag	50 000		50 000	− 50 000	
99	S. d. E./verbleibender Verlustabzug			− 950 000	100 000	
100	nachrichtlich:					
101	*verhältnismäßige Aufteilung*					

Einkommensteuer — Zu § 10d EStG

	Spalte 1	2	Ehemann 3	4	Ehefrau 5	6
102	§ 15: (– 1 000 000)/(– 1 250 000) × (– 950 000)		– 760 000			
103	§ 18: 150 000/ 400 000 × 100 000				37 500	
104	§ 21: (– 250 000)/(– 1 250 000) × (– 950 000)		– 190 000			
105	§ 22: 250 000/ 400 000 × 100 000				62 500	
106			– 950 000		100 000	
107	**Verlustvortrag aus VZ 02** (Z. 43–46)					
108	§ 15		– 408 077			
109	§ 18				– 49 412	
110	§ 21		– 671 923			
111	§ 22				– 20 588	
112			– 1 080 000		– 70 000	
113						
114	**Horizontaler Verlustabzug**					
115	(§ 10d Abs. 2 Satz 2 i. V. m. § 2					
116	Abs 3 Satz 2 EStG)					
117	§ 18 (Z. 103 + Z. 109)				– 37 500	37 500
118	(– 49 412 + 37 500 = – 11 912)					
119	§ 22 (Z. 105 + Z. 111)				– 20 588	20 588
120	(62 500 – 20 588 = 41 912)					
121			– 1 080 000		41 912	– 11 912
122	bisher als **Sonderausgaben** zu be-					
123	rücksichtigender **Verlustabzug**					
124	VZ 03 (Z. 117, 119)	58 088				
125						
126	**Vertikaler Verlustabzug beim ein-**					
127	**zelnen Steuerpflichtigen (Ehefrau)**					
128	(§ 10d Abs. 2 Satz 3 i. V. m. § 2					
129	Abs. 3 Sätze 3 bis 5 EStG)					
130	Höchstbetragsberechnung					
131	positive Einkünfte im VZ 03 (Z. 55)	600 000				
132	abzgl. horizontaler Verlustausgleich					
133	im VZ 03 (Z. 61)	– 200 000				
134	abzgl. horizontaler Verlustabzug im					
135	VZ 03 (Z. 117, 119)	– 58 088				
136		341 912				
137	unbeschränkt abziehbar	– 100 000				
138		241 912				
139	davon ½ (beschränkter Abzug) =	120 956				
140		100 000				
141	Höchstbetrag	220 956				
142	abzgl. bereits vertikal ausgeglichen					
143	(Z. 74, 98)	– 300 000				
144	Kein weiterer vertikaler Verlustabzug nach § 2 Abs. 3 Satz 6 EStG möglich, da der Höchstbetrag					
145	bereits ausgeschöpft ist.					
146						

Zu § 10d EStG — Einkommensteuer

		Ehemann		Ehefrau	
Spalte 1	2	3	4	5	6
147 **Vertikaler Verlustabzug zwischen**					
148 **den Ehegatten** (§ 10d Abs. 2 Satz 4					
149 i. V. m. § 2 Abs. 3 Satz 7 EStG; die					
150 unbeschränkte Ausgleichsmöglich-					
151 keit beim Ehemann konnte nicht aus-					
152 geschöpft werden: horizontaler Aus-					
153 gleich aus Z. 61 bleibt dabei außer					
154 Ansatz):					
155 Höchstbetragsberechnung nach					
156 Se. der pos. Eink. beider Ehegatten	600 000				
157 abzgl. horizontal ausgeglichen	– 258 088				
158	341 912				
159 unbeschränkt abziehbar	– 200 000				
160	141 912				
161 davon ½ (beschränkter Abzug) =	70 956				
162	200 000				
163 Höchstbetrag Ehegatten,	270 956				
164 abzgl. bereits vertikal ausgeglichen					
165 (Z. 74, 98)	– 300 000				
166 Kein vertikaler Verlustabzug nach § 10d Abs. 2 Satz 4 i. V. m. § 2 Abs. 3 Satz 7 EStG möglich, da					
167 der Höchstbetrag bereits ausgeschöpft ist.					
168 insgesamt als **Sonderausgaben** zu					
169 berücksichtigender **Verlustabzug**					
170 im **VZ 03** somit (Z. 124)	58 088				
171					
172 **verbleibender Verlustvortrag**					
173 aus VZ 02 (Z. 121)		– 1 080 000		– 11 912	
174 aus VZ 03 (Z. 99)		– 950 000			
175 (nach § 10d Abs. 4 EStG festzu-					
176 stellen) für **VZ 04 ff.**		– 2 030 000		– 11 912	
177 nachrichtlich:					
178 **verhältnismäßige Aufteilung**					
179 (§ 10d Abs. 4 Satz 1 EStG)					
180 § 15: – 408 077 – 760 000 (Z. 102, 108)		– 1 168 077			
181 § 18: – 49 412 + 37 500 (Z. 109, 117)				11 912	
182 § 21: – 671 923 – 190 000 (Z. 104, 110)		– 861 923			
183		– 2 030 000		– 11 912	
184					
185 um den Verlustabzug **geminderte**					
186 **Summe der Einkünfte im VZ 03**				41 912	

Beispiel 5:

...

Beispiel 6:

Zusammenveranlagte Steuerpflichtige (Verlustrücktragsbegrenzung auf 2 Mio. DM; Auswirkung bei Zusammenveranlagung)

289 Einkommensteuer — Zu § 10d EStG

	Spalte 1	2	Ehemann 3	4	Ehefrau 5	6
1	Einkünfte im VZ 01 aus					
2	§ 15		1 500 000			
3	§ 18				400 000	
4	§ 20		2 500 000		400 000	
5	§ 21			– 10 000		– 60 000
6	§ 22			– 10 000		
7	S. d. pos. Einkünfte/S. d. Verluste		4 000 000	– 20 000	800 000	– 60 000
8						
9	Vertikaler Verlustausgleich beim					
10	einzelnen Stpfl. (§ 2 Abs. 3 Satz 3)					
11	unbeschr. Ausgleich bis 100 000 DM		– 20 000	20 000	– 60 000	60 000
12			3 980 000	0	740 000	0
13						
14	Verhältnismäßige Aufteilung					
15	(§ 2 Abs. 3 Satz 4 EStG)					
16	§ 15: 1 500 000/4 000 000 × 3 980 000		1 492 500			
17	§ 18: 400 000/ 800 000 × 740 000				370 000	
18	§ 20: 2 500 000/4 000 000 × 3 980 000		2 487 500			
19	400 000/ 800 000 × 740 000				370 000	
20			3 980 000	0	740 000	0
21	Verlustrücktrag aus dem VZ 02					
22	in den VZ 01:					
23	Verluste aus § 15			– 1 500 000		
24	§ 21			– 1 150 000		– 500 000
25				– 2 650 000		– 500 000
26	Horizontaler Verlustabzug beim					
27	einzelnen Stpfl. (Ehemann):					
28	(§ 10d Abs. 1 Satz 2 EStG)					
29	§ 15 – 1 500 000 + 1 492 500 = – 7 500		– 1 492 500	1 492 500		
30			2 487 500	– 1 157 500	740 000	– 500 000
31	Vertikaler Verlustabzug beim ein-					
32	zelnen Steuerpflichtigen (§ 10d					
33	Abs. 1 Satz 3 i. V. m. § 2 Abs. 3 Satz 3–5)					
34	Ehemann:					
35	Höchstbetragsberechnung:					
36	positive Einkünfte VZ 01	4 000 000				
37	horizontal abgezogen (Z. 29)	– 1 492 500				
38		2 507 500				
39	unbeschränkt abziehbar	– 100 000				
40		2 407 500				
41	davon ½ (beschränkter Abzug) =	1 203 750				
42		100 000				
43	Höchstbetrag	1 303 750				
44	abzgl. bereits im VZ 01 vertikal					
45	ausgeglichen (Z. 11)	– 20 000				
46	verbleibender Höchstbetrag	1 283 750				
47						

Zu § 10d EStG   Einkommensteuer

			Ehemann		Ehefrau	
	Spalte 1	2	3	4	5	6
48	**Begrenzung auf 2 Mio. DM:**					
49	Höchstmöglicher Verlustrücktrag	– 2 000 000				
50	abzgl. bereits ausgenutzt (Z. 29)	1 492 500				
51	verbleibender Abzug	– 507 500	– 507 500	507 500		
52			1 980 000	– 650 000		
53	**Ehefrau:**					
54	Höchstbetragsberechnung:					
55	positive Einkünfte VZ 01	800 000				
56	unbeschränkt abziehbar	– 100 000				
57		700 000				
58	davon ½ (beschränkter Abzug) =	350 000				
59		100 000				
60	Höchstbetrag	450 000				
61	abzgl. bereits im VZ 01 vertikal					
62	ausgeglichen (Z. 11)	– 60 000				
63	verbleibender Höchstbetrag	390 000			– 390 000	390 000
64					350 000	– 110 000
65						
66	Der Ehemann hat bereits die 2 Mio.-Grenze ausgeschöpft. Da aber die Ehefrau die 2 Mio.-						
67	Grenze noch nicht ausgeschöpft hat und ein weiterer Ausgleich negativer Einkünfte nach § 10d						
68	Abs. 1 Satz 4 i. V. m. § 2 Abs. 3 Sätze 6 und 7 EStG bei der Ehefrau nicht mehr möglich ist,						
69	steht dem Ehemann das verbleibende 2 Mio.-Volumen seiner Ehefrau zur weiteren Nutzung zur						
70	Verfügung.						
71						
72	Begrenzung auf max. 2 Mio. DM					
73	je Stpfl.	4 000 000				
74	abzgl. bereits horiz. abgez. (Z. 29)	– 1 492 500				
75	abzgl. bereits vert. abgez. (Z. 51, 63)	– 897 500				
76		1 610 000				
77	verbl. Höchstb. Ehemann (Z. 46, 51)					
78	(1 283 750 – 507 500 =)	776 250				
79	max. verbl. Verlustvolumen	– 650 000	– 650 000	650 000		
80			1 330 000	0	350 000	– 110 000
81	**Vertikaler Verlustabzug zwischen**					
82	**den Ehegatten**					
83	(§ 10d Abs. 1 Satz 4 i. V. m. § 2					
84	Abs. 3 Satz 6 1. Hs. EStG)					
85	verbl. Höchstb. Ehemann (Z. 73)	776 250				
86	bereits verbraucht (Z. 79)	– 650 000				
87	verbleibender Höchstbetrag	126 250				
88	Übertrag von der Ehefrau, da sie die					
89	Höchstgrenze für den Verlustrück-					
90	trag i. H. v. 2 Mio. DM noch nicht					
91	ausgeschöpft hat.	– 110 000	– 110 000			110 000
92			1 220 000	0	350 000	0
93	als **Sonderausgaben** zu berück-					
94	sichtigender **Verlustabzug VZ 01**					
95	(Z. 63)	390 000				

Einkommensteuer — Zu § 10d EStG

	Spalte 1	2	Ehemann		Ehefrau	
			3	4	5	6
96	(Z. 29, 51, 79, 91)	2 760 000				
97		3 150 000				
98	um den Verlustrücktrag **geminderte**					
99	**Summe der Einkünfte im VZ 01**		1 220 000	0	350 000	0
100	Es verbleibt ein festzustellender Verlustvortrag von 0 DM.					

Beispiel 7:

...

Beispiel 8:

Zusammenveranlagte Steuerpflichtige (Verlustrücktrag vom VZ 1999 in den VZ 1998)

	Spalte 1	2	Ehemann		Ehefrau	
			3	4	5	6
1	Einkünfte im **VZ 1999** aus					
2	§ 15		1 500 000			
3	§ 18				1 000 000	
4	§ 20		2 500 000			
5	§ 21					– 6 000 000
6	S. d. pos. Einkünfte/S. d. Verluste		4 000 000		1 000 000	– 6 000 000
7						
8	**Vertikaler Verlustausgleich beim**					
9	**einzelnen Stpfl. (Ehefrau)**					
10	(§ 2 Abs. 3 Satz 3 EStG)					
11	Summe der positiven Einkünfte	1 000 000				
12	unbeschränkt abziehbar	– 100 000				
13		900 000				
14	davon ½ (beschränkter Ausgleich) =	450 000				
15		100 000				
16	Höchstbetrag Ehefrau	550 000			– 550 000	550 000
17	Zwischensumme				450 000	– 5 450 000
18						
19	**Vertikaler Verlustausgleich**					
20	**zwischen den Ehegatten**					
21	(§ 2 Abs. 3 Satz 6, 1. Hs. i. V. m.					
22	Abs. 3 bis 5 EStG)					
23	S. d. pos. Eink. Ehemann	4 000 000				
24	unbeschränkt abziehbar	– 100 000				
25		3 900 000				
26	davon ½ (beschränkter Ausgleich) =	1 950 000				
27		100 000				
28	Höchstbetrag Ehemann	2 050 000	– 2 050 000			2 050 000
29	Se. d. pos. Eink./Se. d. Verluste		1 950 000	0	450 000	– 3 400 000
30						
31	**nachrichtlich:**					
32	**verhältnismäßige Aufteilung**					
33	(§ 10d i. V. m. § 2 Abs. 3 Satz 4					

Zu § 10d EStG   **Einkommensteuer**   292

	Spalte 1	2	Ehemann 3	4	Ehefrau 5	6
34	EStG n. F.)					
35	§ 15: 1 500 000/4 000 000 × 1 950 000		731 250			
36	§ 18:				450 000	
37	§ 20: 2 500 000/4 000 000 × 1 950 000		1 218 750			
38	§ 21:					– 3 400 000
39			1 950 000		450 000	– 3 400 000
40						
41	Einkünfte im *VZ 1998* aus					
42	§ 15		1 800 000			
43	§ 18				900 000	
44	§ 20		1 000 000		200 000	
45	§ 21					– 500 000
46			2 800 000			
47			600 000		600 000	
48	**S. d. E./Gesamtbetrag der Einkünfte**		3 400 000			
49						
50	**Verlustrücktrag aus VZ 1999**					
51	Verluste aus § 21 (Z. 38)					– 3 400 000
52						
53	**Berechnung des Rücktragsvolu-**					
54	**mens aus VZ 1999 in den VZ 1998:**					
55	Höchstbetragsberechnung:					
56	**Ehefrau**					
57	Se. d. pos. Eink. 1998	1 100 000				
58	unbeschränkt abziehbar	– 100 000				
59		1 000 000				
60	davon ½ (beschränkter Ausgleich) =	500 000				
61		100 000				
62	Höchstbetrag Ehefrau	600 000				
63	davon bereits ausgeglichen in 1998	– 500 000				
64	verbleibendes Verlustabzugs-					
65	volumen Ehefrau	100 000				
66						
67	**Ehemann**					
68	Se. d. pos. Eink. 1998	2 800 000				
69	unbeschränkt abziehbar	– 100 000				
70		2 700 000				
71	davon ½ (beschränkter Ausgleich) =	1 350 000				
72		100 000				
73	Höchstbetrag Ehemann	1 450 000				
74						
75	als **Sonderausgaben** zu berück-					
76	sichtigender Verlustabzug:					
77	Z. 65	100 000				
78	Z. 73	1 450 000				
79		1 550 000				
80	**Berechng. des Einkommens 1998**					
81	**S. d. E./G. d. E.** (Z. 48)		3 400 000			

	Spalte 1	2	Ehemann 3	4	Ehefrau 5	6
82	abzgl. Verlustrücktrag aus VZ 1999					
83	Z. 79	1 550 000	– 1 550 000		1 550 000	
84	abzgl. Sonderausgaben (§ 10 EStG)		– 10 000			
85	abzgl. außergew. Belastungen		– 10 000			
86	abzgl. Verlustvortrag aus VZ 1997		– 100 000			
87	**Einkommen VZ 1998**		1 730 000			
88						
89	**Verbleibender Verlustvortrag**					
90	**aus dem VZ 1999** (nach § 10d					
92	Abs. 4 EStG festzustellen) für den					
93	**VZ 2000 ff.** (Z. 51, 83)					
94	§ 21					– 1 850 000

Beispiel 9:

...

Beispiel 10:

...

Zu § 10e EStG

EStR   **R 115a. Steuerbegünstigung der zu eigenen Wohnzwecken genutzten Wohnung im eigenen Haus**

– unbesetzt –

Hinweise   **EStH**   **H 115a.**

Steuerbegünstigung der zu eigenen Wohnzwecken genutzten Wohnung im eigenen Haus nach § 10e EStG

> BMF vom 31. 12. 1994 (BStBl I S. 887)

Rz 104 bis 116 (Schuldzinsenabzug nach § 10e Abs. 6a EStG) letztmals abgedruckt in Anhang 34 III EStH 1998, ansonsten in Anhang 34 III EStH 1999

Eigenheimzulage

– > Eigenheimzulagengesetz (EigZulG)
– Zweifelsfragen zum Eigenheimzulagengesetz und zum Vorkostenabzug bei einer nach dem Eigenheimzulagengesetz begünstigten Wohnung (§ 10i EStG) > BMF vom 10. 2. 1998 (BStBl I S. 190).

Einfügung d. Schriftl.:
Mit dem Gesetz zur Neuregelung der steuerrechtlichen Wohneigentumsförderung vom 15. 12. 1995 – BStBl 1995 I S. 775 (Eigenheimzulagengesetz) ist ab 1. 1. 1996 die Wohneigentumsförderung von einer progressionsabhängigen Förderung auf eine Zulagenförderung umgestellt worden. Im Bereich des Vorkostenabzugs wird weiterhin progressionsabhängig gefördert. Die Neufassung des Eigenheimzulagengesetzes vom 26. 3. 1997 ist im BStBl 1997 I S. 364 ff. abgedruckt. Das Eigenheimzulagengesetz wurde mehrfach geändert; zuletzt durch Artikel 3 des Gesetzes zur Änderung des Wohngeldgesetzes und anderer Gesetze vom 22. 12. 1999, BGBl S. 2671.

Zusammenfassende Gegenüberstellung von § 10e EStG und der Eigenheimzulage

Tatbestand	§§ 10e, 34f EStG Rechtslage ab 1.1.1994	EigZulG Rechtslage ab 1.1.1996
Förderobjekt	**Wohnung im Inland** (außer Ferien-/Wochenendwohnung, Wohnung am Beschäftigungsort mit WK-/BA-Abzug, Wohnung/Erweiterung bei Nutzungswertbesteuerung)	— unverändert
	Neuobjekt — selbsterrichtetes Objekt — erworbenes Objekt, wenn Anschaffung bis zum Ende des zweiten auf das Jahr der Fertigstellung folgenden Jahres erfolgt — Ausbauten und Erweiterungen	— unverändert (nicht begünstigt sind Ausbauten/Erweiterungen, soweit dadurch Zubehörräume i. S. des § 42 Abs. 4 Nr. 1 II. BV geschaffen werden)
	Altobjekt — Anschaffung eines Objektes nach dem Ende des zweiten auf das Jahr der Fertigstellung folgenden Jahres	— unverändert
	Nur für Kj, in dem die Wohnung zu eigenen Wohnzwecken genutzt wird	— unverändert Eigennutzung auch bei unentgeltlicher Überlassung an Angehörige i. S. von § 15 AO D. h. Wegfall von § 10h EStG: — Wohnung muß nicht im gleichen Gebäude sein — nur möglich, wenn bei Eigentümer kein Objektverbrauch eingetreten — Überlassung führt zum Objektverbrauch
Einkunftsgrenze	Einzel-/getrennte Veranlagung Gesamtbetrag der Einkünfte bis 120 000 DM Zusammenveranlagung Gesamtbetrag der Einkünfte bis 240 000 DM	Einzel-/getrennte Veranlagung Gesamtbetrag der Einkünfte bis 240 000 DM [1] Zusammenveranlagung Gesamtbetrag der Einkünfte bis 480 000 DM [2]
	Verhältnisse eines jeden Jahres des Förderzeitraumes sind für das jeweilige Jahr maßgeblich	(Maßgeblich ist die Summe der Gesamtbeträge der Einkünfte des Erstjahres und des Vorjahres.)
Komponenten der Wohneigentumsförderung	Grundförderung (§ 10e Abs. 1 und 2 EStG) + Baukindergeld (§ 34f EStG) + Vorkostenabzug (§ 10e Abs. 6 EStG) + Wohnungsbau-Prämiengesetz	Fördergrundbetrag (§ 9 Abs. 2 EigZulG) + Kinderzulage (§ 9 Abs. 5 EigZulG) + Fördergrundbetrag für ökologische Maßnahmen (§ 9 Abs. 3 und 4 EigZulG) + Vorkostenabzug (§ 10i EStG) + Wohnungsbau-Prämiengesetz
Bemessungsgrundlage	Herstellungs-/Anschaffungskosten und 50 v. H. Grund und Boden	Herstellungs-/Anschaffungskosten und 100 v. H. Grund und Boden

Anm. d. Schriftl.:

[1] Ab 1.1.2000 beträgt die Grenze 160 000 DM. Für jedes Kind erhöhen sich die Beträge um 60 000 DM.

[2] Ab 1.1.2000 beträgt die Grenze 320 000 DM. Für jedes Kind erhöhen sich die Beträge um 60 000 DM.

Einkommensteuer — Zu § 10e EStG

Tatbestand	§§ 10e, 34f EStG Rechtslage ab 1. 1. 1994	EigZulG Rechtslage ab 1. 1. 1996
	Aus-/Erweiterungsbauten (nur Herstellungskosten)	— unverändert
	Für Teile der Wohnung, die nicht Wohnzwecken dienen, ist die Bemessungsgrundlage zu kürzen	— unverändert
Höhe der Grundförderung/des Fördergrundbetrags ❶	**Grundförderung** **Neuobjekte** 1.—4. Jahr 6 v. H. der Bemessungsgrundlage max. 19 800 DM jhl. (330 000 DM) 5.—8. Jahr 5 v. H. der Bemessungsgrundlage max. 16 500 DM jhl. (330 000 DM)	**Fördergrundbetrag** **Neuobjekte** 1.—8. Jahr 5 v. H. der Bemessungsgrundlage max. 5 000 DM jhl. (100 000 DM) Summe Fördergrundbeträge (ohne ökologische Maßnahmen) + Summe der Kinderzulagen darf Bemessungsgrundlage nicht überschreiten.
	— progressionsabhängig	— progressionsunabhängig
	Altobjekte 1.—4. Jahr 6 v. H. der Bemessungsgrundlage max. 9 000 DM jhl. (150 000 DM) 5.—8. Jahr 5 v. H. der Bemessungsgrundlage max. 7 500 DM jhl. (150 000 DM)	**Altobjekte** 1.—8. Jahr 2,5 v. H. der Bemessungsgrundlage max. 2 500 DM jhl. (100 000 DM) Summe Fördergrundbeträge (ohne ökologische Maßnahmen) + Summe der Kinderzulagen darf Bemessungsgrundlage nicht überschreiten.
	— progressionsabhängig	— progressionsunabhängig
Förderzeitraum	Im Jahr der Anschaffung (Übergang Nutzen und Lasten) oder Fertigstellung und in den 7 folgenden Jahren.	— unverändert
Nachholung von Abzugsbeträgen	Abzugsbeträge, die in einem Jahr nicht ausgenutzt wurden, können bis zum Ende des 8jährigen Abzugszeitraums nachgeholt werden.	Nicht möglich, da Zulagegedanke.

Tatbestand	§§ 10e, 34f EStG Rechtslage ab 1. 1. 1994	EigZulG Rechtslage ab 1. 1. 1996
Nachträgliche Anschaffungs-/Herstellungskosten	Nachträgliche Anschaffungs-/Herstellungskosten, die bis zum Ende des Abzugszeitraums entstehen, können so behandelt werden, als wären sie bereits im Jahr der Anschaffung oder Fertigstellung entstanden.	Erhöhung der Bemessungsgrundlage ab dem Jahr der Entstehung (keine Rückbeziehung).
Objektbeschränkung	— Beschränkung auf ein Objekt. — Bei Ehegatten zwei Objekte; zwei Objekte parallel möglich, wenn nicht im räumlichen Zusammenhang. — Vorobjekt § 7b, § 10e EStG werden angerechnet	— unverändert
Folgeobjekt	Bauherren/Erwerber können die nicht ausgenutzten Jahre des Förderzeitraums vom Erstobjekt auf ein Folgeobjekt übertragen.	— unverändert

Anm.:

❶ Durch die Änderung von § 9 Abs. 2 EigZulG durch das JStG 1997 wurde die Förderung für Ausbauten und Erweiterungen von 5 % auf 2,5 % und der Höchstbetrag von 5 000 DM auf 2 500 DM im Jahr herabgesetzt. Der Förderungsbetrag darf zusammen mit der Kinderzulage insgesamt nicht mehr als die Hälfte der Herstellungskosten der Ausbauten und Erweiterungen betragen. Die Neuregelung gilt erstmals für Ausbauten und Erweiterungen, mit deren Herstellung nach dem 31. 12. 1996 begonnen wird.

Zu § 10e EStG

Tatbestand	§§ 10e, 34f EStG Rechtslage ab 1. 1. 1994	EigZulG Rechtslage ab 1. 1. 1996
	Zeitliche Beschränkung: Anschaffung/Herstellung innerhalb von 3 Jahren nach und 2 Jahren vor dem Ende des VZ, in dem das Erstobjekt letztmalig genutzt wird.	Keine zeitliche Beschränkung. Übertragung im darauffolgenden Jahr, in dem Erstobjekt noch selbstgenutzt wurde, möglich.
Ökologische Maßnahmen (Abschluß der Maßnahmen vor dem 1. 1. 1999 **[1]**; nicht für Ausbauten/Erweiterungen; keine Begrenzungsregelung wie bei Fördergrundbetrag; abhängig von Gewährung der EigZ)	— nicht vorgesehen	**Einbau Solaranlagen, Wärmepumpen, Wärmerückgewinnungsanlagen** (Neu- und Altobjekte vor Bezug) — 2 v. H. der Bemessungsgrundlage (Aufwendungen / anteilige Anschaffungskosten) max. 500 DM jhl. (8 Jahre) **Neubau eines Niedrigenergiehauses** (bei Neuobjekt im Jahre der Fertigstellung) — Zulage 400 DM jhl. (8 Jahre)
Vorkostenabzug [2] (alt: § 10e Abs. 6 EStG neu: § 10i EStG)	— progressionsabhängig Abzug wie Sonderausgaben. Abzug von Erhaltungsaufwendungen vor Bezug von bis zu 22 500 DM.	— progressionsabhängig Bei Gewährung der EigZ in einem der ersten 3 Jahre Abzug einer (Einmal-)Vorkostenpauschale von 3 500 DM. — unverändert (nicht gebunden an Gewährung EigZ)
Baukindergeld/ Kinderzulage	**Baukindergeld** (für Neu- und Altobjekte) Steuerermäßigung (kein Freibetrag) pro Kind/Jahr: 1 000 DM Begrenzung — Nur für ein Objekt im Kj — Max. insgesamt bis zur Höhe der Bemessungsgrundlage.	**Kinderzulage** (für Neu- und Altobjekte) Zulage (kein Freibetrag) pro Kind/Jahr: 1 500 DM Begrenzung — Nur für ein Objekt im Kj — Summe Fördergrundbeträge (ohne ökologische Maßnahmen) und Kinderzulagen darf die Bemessungsgrundlage nicht überschreiten.
Anwendungsbereich	**Herstellung:** Bauantrag bis 31. 12. 1995 **Anschaffung:** Notarvertrag bis 31. 12. 1995	**Herstellung:** Bauantrag nach 31. 12. 1995 **Anschaffung:** Notarvertrag nach 31. 12. 1995 **Auf Antrag bereits in 1995:** — in den neuen Bundesländern bei Wohnungserwerb durch den Mieter nach § 5 Altschuldenhilfegesetz — wenn nach dem 26. 10. 1995 und vor dem 1. 1. 1996 der Bauantrag gestellt oder der Kaufvertrag abgeschlossen.

Anm.:

[1] Durch das Gesetz zur Änderung des § 42 Abs. 2 des Wohngeldgesetzes und des § 9 Abs. 3 und 4 des Eigenheimzulagengesetzes vom 16. 7. 1998 (BStBl I S. 965) wurde die Jahreszahl „1999" durch die Jahreszahl „2001" ersetzt.

[2] Durch Streichung des § 10i EStG im StEntlG 1999 entfällt künftig der Vorkostenabzug. Ein Vorkostenabzug ist nur noch möglich, wenn der Bauantrag vor dem 1. 1. 1999 gestellt oder der Kaufvertrag vor dem 1. 1. 1999 abgeschlossen wurde.

Zur Anwendung des EigZulG wird auf das folgende BMF-Schreiben hingewiesen.

Zweifelsfragen zum Eigenheimzulagengesetz und zum Vorkostenabzug bei einer nach dem Eigenheimzulagengesetz begünstigten Wohnung (§ 10i EStG) – BMF-Schreiben vom 10. 2. 1998 (BStBl 1998 I S. 190 ff.)

			Rz.
A.	Eigenheimzulage		
I.	Anspruchsberechtigter (§ 1 EigZulG)		1
II.	Begünstigtes Objekt (§ 2 EigZulG)		2
1.	Wohnung im eigenen Haus		
	1.1	Begriff der Wohnung	3
	1.2	Wohnung „im eigenen Haus"	4
	1.2.1	Bürgerlich-rechtlicher Eigentümer	5–6
	1.2.2	Wirtschaftlicher Eigentümer	7–8
2.	Herstellung oder Anschaffung		9–10
	2.1	Herstellung einer Wohnung	11–12
	2.2	Anschaffung einer Wohnung	13–14
3.	Ausbauten und Erweiterungen		15–16
4.	Ausschluß der Steuerbegünstigung		
	4.1	Ferien- oder Wochenendwohnungen	17
	4.2	Im Rahmen der doppelten Haushaltsführung genutzte Wohnungen und Wohnungen, die der Nutzungswertbesteuerung unterliegen	18
	4.3	Anschaffung vom Ehegatten	19
	4.4	Bauten ohne Baugenehmigung	20
5.	Erbfall		21
III.	Förderzeitraum (§ 3 EigZulG)		22
1.	Zeitpunkt der Herstellung		23
2.	Zeitpunkt der Anschaffung		24
IV.	Nutzung zu eigenen Wohnzwecken (§ 4 EigZulG)		25–27
V.	Einkunftsgrenze (§ 5 EigZulG)		28–30
VI.	Objektbeschränkung (§ 6 EigZulG)		
1.	Allgemeines		33–37
2.	Objektverbrauch bei Ehegatten		38–40
	2.1	Räumlicher Zusammenhang	41
	2.2	Objektverbrauch nach Trennung, Scheidung oder Tod eines Ehegatten	42–45
VII.	Folgeobjekt (§ 7 EigZulG)		46–53
VIII.	Bemessungsgrundlage für den Fördergrundbetrag nach § 9 Abs. 2 EigZulG (§ 8 EigZulG)		54–55
1.	Herstellungs- oder Anschaffungskosten		56
	1.1	Nachträgliche Herstellungskosten	57
	1.2	Anschaffungskosten des Grund und Bodens	58
	1.3	Teilentgeltlicher Erwerb/Erwerb im Rahmen einer vorweggenommenen Erbfolge	59
2.	Bemessungsgrundlage bei Ausbauten und Erweiterungen		60

3.		Kürzung der Bemessungsgrundlage	61
IX.		Höhe der Eigenheimzulage (§ 9 EigZulG)	62
1.		Fördergrundbetrag (§ 9 Abs. 2 EigZulG)	64
	1.1	Miteigentum	64
	1.1.1	Miteigentum bei Zwei- oder Mehrfamilienhäusern	65–66
	1.1.2	Behandlung der Erbengemeinschaft und ihrer Auseinandersetzung	67–70
2.		Zusatzförderung für energiesparende Anlagen (§ 9 Abs. 3 EigZulG)	71–73
	2.1	Wärmepumpenanlagen	74
	2.2	Solaranlagen	75
	2.3	Wärmerückgewinnungsanlagen	76–77
	2.4	Höhe der Förderung	78–80
	2.5	Verhältnis zu anderen Vorschriften	81
3.		Zusatzförderung von Niedrigenergiehäusern (§ 9 Abs. 4 EigZulG)	82–83
4.		Kinderzulage (§ 9 Abs. 5 EigZulG)	
	4.1	Voraussetzungen	84–86
	4.2	Ausschluß mehrfacher Förderung (§ 9 Abs. 5 Satz 4 und 5 EigZulG)	87
	4.3	Kinderzulage bei Miteigentum (§ 9 Abs. 5 Satz 3 EigZulG)	88
5.		Förderbegrenzung (§ 9 Abs. 6 EigZulG)	89–91
X.		Entstehung des Anspruchs auf Eigenheimzulage (§ 10 EigZulG)	92
XI.		Verfahren (§§ 11 bis 15 EigZulG)	
1.		Erstmalige Festsetzung (§ 11 Abs. 1 EigZulG)	93
2.		Neufestsetzung oder Aufhebung bei Änderung der Verhältnisse (§ 11 Abs. 2 und 3 EigZulG)	94–96
3.		Aufhebung oder Änderung bei Über- oder Unterschreiten der Einkunftsgrenze (§ 11 Abs. 4 EigZulG)	97–98
4.		Fehlerbeseitigende Neufestsetzung (§ 11 Abs. 5 EigZulG)	99
5.		Gesonderte und einheitliche Feststellung bei Miteigentümern (§ 11 Abs. 6 Satz 1 und 2 EigZulG)	100
6.		Festsetzung bei Ehegatten (§ 11 Abs. 6 Satz 3 und 4 EigZulG)	101
7.		Auszahlung der Eigenheimzulage (§ 13 EigZulG)	102
8.		Anwendung der Abgabenordnung (§ 15 EigZulG)	103–105
XII.		Genossenschaftsförderung (§ 17 EigZulG)	
1.		Anforderungen an die Genossenschaft	106–107
2.		Persönliche Voraussetzungen	108–110
3.		Förderzeitraum und Höhe der Eigenheimzulage	111–115
4.		Kürzung der Eigenheimzulage für ein Wohnobjekt bei Inanspruchnahme der Genossenschaftsförderung	116–117
XIII.		Zeitlicher Anwendungsbereich (§ 19 EigZulG)	
1.		Allgemeines	118
2.		Beginn der Herstellung	119–121
B.		Vorkostenabzug nach § 10i EStG	
1.		Vorkostenpauschale (§ 10i Abs. 1 Satz 1 Nr. 1 EStG)	122–123

II.	Abzug von Erhaltungsaufwendungen (§ 10i Abs. 1 Satz 1 Nr. 2 EStG)	
1.	Unmittelbarer Zusammenhang mit der Anschaffung einer nach § 2 Abs. 1 EigZulG begünstigten Wohnung	124–126
2.	Entstehung vor Eigennutzung	127
3.	Erhaltungsaufwendungen	128–130
III.	Gesonderte und einheitliche Feststellung (§ 10i Abs. 2 EStG)	131
C.	Zeitliche Anwendung	132

Unter Bezugnahme auf das Ergebnis der Erörterung mit den obersten Finanzbehörden der Länder nehme ich zur Anwendung des Eigenheimzulagengesetzes wie folgt Stellung:

A. Eigenheimzulage

I. Anspruchsberechtigter (§ 1 EigZulG)

[1]Anspruchsberechtigt sind unbeschränkt Einkommensteuerpflichtige i. S. d. § 1 Abs. 1 und Abs. 2 EStG oder Personen, die nach § 1 Abs. 3 EStG auf Antrag als unbeschränkt steuerpflichtig zu behandeln sind. [2]Nicht Voraussetzung ist, daß der Anspruchsberechtigte tatsächlich zur Einkommensteuer veranlagt wird und eine Einkommensteuer festzusetzen ist. **1**

II. Begünstigtes Objekt (§ 2 EigZulG)

Begünstigt ist die Herstellung oder Anschaffung einer im Inland belegenen Wohnung im eigenen Haus oder einer im Inland belegenen eigenen Eigentumswohnung (§ 2 Abs. 1 EigZulG) sowie Ausbauten und Erweiterungen an einer solchen Wohnung (§ 2 Abs. 2 EigZulG). **2**

1. Wohnung im eigenen Haus

1.1 Begriff der Wohnung

[1]Für den Begriff der Wohnung gelten die bewertungsrechtlichen Abgrenzungsmerkmale, die nach der Rechtsprechung des Bundesfinanzhofs, insbesondere zur Abgeschlossenheit und zum eigenen Zugang, maßgebend sind (vgl. gleichlautende Erlasse der obersten Finanzbehörden der Länder vom 28. 5. 1997 – BStBl I S. 592; zur Mindestgröße vgl. BFH vom 2. 4. 1997 – BStBl II S. 611). [2]Auf die Art des Gebäudes, in dem sich die Wohnung befindet, kommt es nicht an. **3**

1.2 Wohnung „im eigenen Haus"

Der Anspruchsberechtigte muß bürgerlich-rechtlicher oder wirtschaftlicher Eigentümer (§ 39 Abs. 2 Nr. 1 Satz 1 AO) der Wohnung sein. **4**

1.2.1 Bürgerlich-rechtlicher Eigentümer

Bürgerlich-rechtliches Eigentum am Gebäude kann auch nach § 95 Abs. 1 BGB bei Herstellung eines Gebäudes in Ausübung eines dinglichen Rechts (beispielsweise eines Nießbrauchs oder Erbbaurechts) an einem unbebauten Grundstück erlangt werden. **5**

Bürgerlich-rechtliches Eigentum am Gebäude hat auch derjenige, der dieses auf einem Grundstück hergestellt hat, an dem ihm ein Nutzungsrecht nach den §§ 287 oder 291 des Zivilgesetzbuches DDR vor dem Wirksamwerden des Beitritts verliehen worden ist. **6**

1.2.2 Wirtschaftlicher Eigentümer

[1]Wirtschaftliches Eigentum wird durch dinglich oder schuldrechtlich begründete Nutzungsrechte an der Wohnung in der Regel nicht vermittelt. [2]Dies gilt auch, wenn das Nutzungsrecht durch das stillschweigende Einverständnis des bürgerlich-rechtlichen Eigentümers mit Baumaßnahmen auf fremdem Grund und Boden entstanden ist (vgl. aber Rz. 10). **7**

[1]Der Dauerwohnberechtigte i. S. der §§ 31 ff. Wohnungseigentumsgesetz ist nur dann als wirtschaftlicher Eigentümer der Wohnung anzusehen, wenn seine Rechte und Pflichten bei wirtschaftlicher Betrachtungsweise den Rechten und Pflichten eines Eigentümers der Wohnung entsprechen und wenn er aufgrund des Dauerwohnrechtsvertrags bei Beendigung des Dauerwohnrechts eine angemessene Entschädigung erhält. [2]Ob dies zutrifft, richtet sich nach den Verhältnissen des Einzelfalls (BFH vom 11. 9. 1964 – BStBl 1965 III S. 8 und vom 22. 10. 1985 – BStBl 1986 II S. 258). [3]Entspricht der Dauerwohnrechtsvertrag dem Mustervertrag über die Bestellung eines eigentumsähnlichen Dauerwohnrechts (Bundesbaublatt 1956, S. 615), so kann ohne weitere Prüfung anerkannt werden, daß der Dauerwohnberechtigte wirtschaftlicher Eigentümer der Wohnung ist. **8**

2. Herstellung oder Anschaffung

9 ¹Der Anspruchsberechtigte muß eine Wohnung hergestellt oder angeschafft und die Herstellungs- oder Anschaffungskosten getragen haben. ²Die Herstellungs- oder die Anschaffungskosten hat auch der Anspruchsberechtigte getragen, der Geld geschenkt erhalten und damit ein Objekt i. S. des § 2 EigZulG angeschafft oder hergestellt hat (zur Abgrenzung von Geldschenkung zur mittelbaren Grundstücksschenkung vgl. Rz. 13).

10 ¹Hersteller ist, wer auf eigene Gefahr und eigene Rechnung eine Wohnung errichtet. ²Der Hersteller ist auch anspruchsberechtigt, wenn er auf einem fremden Grundstück mit Zustimmung des Eigentümers eine Wohnung für eigene Wohnzwecke errichtet und ihm aufgrund eindeutiger, vor Bebauung getroffener Vereinbarung ein Nutzungsrecht für die voraussichtliche Nutzungsdauer der Wohnung zusteht (vgl. BFH vom 27. 11. 1996 – BStBl II S. 97 X R 92/92). ³Voraussetzung ist, daß das Nutzungsrecht vererblich ist. ⁴Der Hersteller wird auch anspruchsberechtigt, wenn er auf fremdem Grundstück eine Wohnung für eigene Wohnzwecke errichtet hat und innerhalb des Förderzeitraums (vgl. Rz. 22 und 23) das bürgerlich-rechtliche Eigentum an dem Grundstück erhält. ⁵Der Anspruch auf Eigenheimzulage besteht für den verbleibenden Förderzeitraum ab dem Jahr, in dem der notarielle Vertrag abgeschlossen worden ist.

2.1 Herstellung einer Wohnung

11 ¹Eine Wohnung kann nicht nur durch Neubau hergestellt werden (vgl. BFH vom 31. 3. 1992 – BStBl II S. 808), sondern auch, wenn durch Baumaßnahmen erstmals eine Wohnung im bewertungsrechtlichen Sinne entsteht (vgl. Rz. 3) und die Voraussetzungen der Rz. 12 vorliegen. ²Entstehen bei Aufteilung einer Wohnung (z. B. bei Umwandlung eines Zweifamilienhauses nach der Rechtsprechung des BFH zum alten Wohnungsbegriff in ein Zweifamilienhaus nach der neueren Rechtsprechung des BFH) mehrere kleinere Wohnungen, kann der Steuerpflichtige bestimmen, welche Wohnung an die Stelle der bisherigen tritt und welche Wohnung neu entstanden ist. ³Eine Wohnung entsteht nicht bei

– Umwidmung einer Wohnung (z. B. einer bisher fremdvermieteten oder einer als Praxis genutzten Wohnung in eine eigengenutzte Wohnung),

– Instandsetzung einer leerstehenden Wohnung,

– Verkleinerung oder Vergrößerung einer Wohnung oder

– der Verbindung von Wohnungen (BFH vom 15. 11. 1995 – BStBl II S. 92 X R 102/95).

12 ¹Die Wohnung ist nur dann hergestellt, wenn die verwendete Gebäudesubstanz so tiefgreifend umgestaltet oder in einem solchen Ausmaß erweitert wird, daß die eingefügten Teile der entstandenen Wohnung das Gepräge geben und die verwendeten Altteile wertmäßig untergeordnet erscheinen. ²Aus Vereinfachungsgründen kann hiervon ausgegangen werden, wenn der im zeitlichen und sachlichen Zusammenhang mit der Entstehung der Wohnung angefallene Bauaufwand zuzüglich des Werts der Eigenleistung nach überschläger Berechnung den Wert der Altbausubstanz (Verkehrswert) übersteigt. ³Typische Erhaltungsaufwendungen bleiben bei dieser Gegenüberstellung jedoch außer Betracht (vgl. BFH vom 11. 9. 1996 – BStBl II S. 94 X R 46/93). ⁴Mangels tatsächlicher Aufwendungen gehören die Eigenleistungen nicht zu den Herstellungskosten i. S. d. § 8 EigZulG.

2.2 Anschaffung einer Wohnung

13 ¹Der Anspruchsberechtigte schafft eine Wohnung an, wenn er sie entgeltlich erwirbt. ²Eine mittelbare Grundstücksschenkung führt zu einem unentgeltlichen Erwerb (vgl. BFH vom 8. 6. 1994 – BStBl II S. 779). ³Eine mittelbare Grundstücksschenkung liegt vor, wenn im voraus eine klare und eindeutige Schenkungsabrede dahingehend getroffen ist, daß der Gegenstand der Schenkung ein ganz bestimmtes Grundstück und nicht etwa ein Geldbetrag sein soll (vgl. BFH vom 15. 5. 1990 – BStBl 1992 II S. 67; zur Abgrenzung zwischen Grundstücks- und Geldschenkung vgl. auch die gleichlautenden Erlasse der obersten Finanzbehörden der Länder vom 2. 11. 1989 – BStBl I S. 443, geändert durch gleichlautende Erlasse vom 10. 9. 1996 – BStBl I S. 1173). ⁴Zur Inanspruchnahme der Eigenheimzulage durch den Erben vgl. Rz. 21.

14 Wird ein im Miteigentum stehendes Gebäude in Eigentumswohnungen umgewandelt, an denen die bisherigen Miteigentümer jeweils Alleineigentum erwerben, liegt keine Anschaffung i. S. d. § 2 EigZulG vor.

3. Ausbauten und Erweiterungen

15 ¹Wegen der Begriffe Ausbauten und Erweiterungen wird auf § 17 Abs. 1 und 2 des Zweiten Wohnungsbaugesetzes (Wohnungsbau- und Familienheimgesetz – II. WoBauG –; im Saarland: § 11 Abs. 1 und 2 des Wohnungsbaugesetzes für das Saarland) hingewiesen. ²Erweiterung ist danach das Schaffen von neuem, bisher nicht vorhandenem Wohnraum durch Aufstockung des Gebäudes oder Anbau an das Gebäude (BFH vom 27. 1. 1993 – BStBl II S. 601). ³Ausbau ist das Schaffen von Wohnraum durch Ausbau des Dachgeschosses oder durch eine unter wesentlichem Bauaufwand durchgeführte Umwandlung von Räumen, die nach ihrer baulichen Anlage und Ausstattung bisher anderen als Wohnzwecken dienten (z. B. Ausbau von Kellerräumen zu Wohnräumen, die die bauordnungsrechtlichen Anforderungen an Aufenthaltsräume erfüllen). [4]Als Ausbau gilt es auch, wenn Wohnungen, die infolge Änderung der Wohngewohnheiten objektiv nicht mehr für Wohnzwecke geeignet sind, zur Anpassung an die veränderten Wohngewohnheiten unter wesentlichem Bauaufwand umgebaut werden (vgl. BFH vom 28. 4. 1992 – BStBl II S. 823, vom 16. 2. 1993 – BStBl II S. 659 und vom 15. 11. 1995 – BStBl II S. 92 X R 102/95). [5]Wesentlicher Bauaufwand liegt vor, wenn die Baukosten mindestens ⅓ der Kosten eines vergleichbaren Neubaus – bezogen auf die umgebauten Räume – ausmachen (BFH vom 28. 4. 1992 – BStBl II S. 823 und vom 16. 2. 1993 – BStBl II S. 659). [6]Der Wert von Eigenleistungen ist dabei zu berücksichtigen (§ 9 Zweite Berechnungsverordnung (II. BV) – BStBl 1990 I S. 735). [7]Mangels tatsächlicher Aufwendungen gehören die Eigenleistungen jedoch nicht zu den Herstellungskosten i. S. d. § 8 EigZulG.

[1]Begünstigt sind Ausbauten und Erweiterungen nur, wenn durch die Baumaßnahmen nach § 44 Abs. 1 Nr. 1 II. BV voll auf die Wohnfläche anzurechnender Wohnraum entsteht (vgl. BFH vom 8. 3. 1995 – BStBl II 1996 S. 352). [2]Als Ausbau oder Erweiterung kann daher nicht die nachträgliche Erstellung von Garagen angesehen werden. [3]Der Anbau eines Wintergartens ist als Erweiterung begünstigt, wenn der Wintergarten nach seiner baulichen Gestaltung (insbesondere Raumhöhe, Belüftung, Beheizung und Beleuchtung) zum dauernden Aufenthalt von Menschen – auch in den Wintermonaten – objektiv geeignet ist. [4]Unter diesen Voraussetzungen handelt es sich nicht um einen Wintergarten i. S. d. § 44 Abs. 1 Nr. 2 II. BV. [5]Nicht voll auf die Wohnfläche anzurechnende Räume oder Raumteile sind nur „mit"begünstigt, wenn sie im Zuge einer einheitlichen Baumaßnahme zusammen mit nach § 44 Abs. 1 Nr. 1 II. BV voll anrechenbaren Räumen oder Raumteilen hergestellt werden (z. B. bei einem unterkellerten Anbau oder bei Ausbau eines Raums im Dachgeschoß, bei dem Teile wegen der Dachschrägen nicht voll auf die Wohnfläche angerechnet werden).

4. Ausschluß der Steuerbegünstigung

4.1 Ferien- oder Wochenendwohnungen

[1]Nicht begünstigt sind Ferien- oder Wochenendwohnungen; das sind Wohnungen, die baurechtlich nicht ganzjährig bewohnt werden dürfen oder die sich aufgrund ihrer Bauweise nicht zum dauernden Bewohnen eignen (BFH vom 28. 3. 1990 – BStBl II S. 815). [2]Baurechtlich nicht ganzjährig bewohnt werden dürfen Wohnungen, die in einem ausgewiesenen Sondergebiet für Ferien- oder Wochenendhäuser liegen, soweit nicht ausnahmsweise ein Dauerwohnen in diesem Gebiet baurechtlich ausdrücklich zugelassen ist. [3]Die stillschweigende Zustimmung der Gemeinde (z. B. durch Anmeldung mit erstem Wohnsitz) reicht nicht aus. [4]Die Eigenheimzulage ist in diesem Fall auch ausgeschlossen, wenn diese Wohnung die einzige Wohnung des Anspruchsberechtigten ist (BFH vom 31. 5. 1995 – BStBl II S. 720).

4.2 Im Rahmen der doppelten Haushaltsführung genutzte Wohnungen und Wohnungen, die der Nutzungswertbesteuerung unterliegen

[1]Der Förderausschluß besteht nur für die Jahre des Förderzeitraums, für die Absetzungen für Abnutzung für das Objekt als Werbungskosten oder Betriebsausgaben im Rahmen der doppelten Haushaltsführung oder der Nutzungswertbesteuerung (§ 52 Abs. 15 Satz 2 oder 3 oder Abs. 21 Satz 2 EStG) abzuziehen sind. [2]Die Inanspruchnahme der Eigenheimzulage für einen Ausbau oder Erweiterung von untergeordneter Bedeutung an einer der Nutzungswertbesteuerung unterliegenden Wohnung setzt daher voraus, daß der Anspruchsberechtigte auf die Nutzungswertbesteuerung verzichtet (vgl. BFH vom 5. 8. 1992 – BStBl II 1993 S. 30 und vom 14. 2. 1995 – BStBl II S. 412). [3]Die Förderung ist aber nicht ausgeschlossen, wenn der Werbungskosten- oder Betriebsausgabenabzug nur für einen Teil des Jahres vorgenommen wird, weil im Laufe des Jahres die Voraussetzungen für die Nutzungswertbesteuerung entfallen oder der Zweijahreszeitraum für die doppelte Haushaltsführung endet.

4.3 Anschaffung vom Ehegatten

[1]Ein neuer Anspruch auf Eigenheimzulage wird nicht begründet, wenn der Anspruchsberechtigte eine Wohnung oder einen Anteil daran von seinem Ehegatten anschafft und die Ehegatten im Zeitpunkt der Anschaffung unbeschränkt einkommensteuerpflichtig sind und nicht dauernd getrennt leben. [2]Der erwerbende Ehegatte kann jedoch die Eigenheimzulage von dem Jahr an, das auf das Jahr des Erwerbs folgt, bis zum Ende des Förderzeitraums in der bisherigen Höhe weiter erhalten, solange die Voraussetzungen des § 26 Abs. 1 EStG vorliegen. [3]Zum Erwerb eines Ehegatten-Miteigentumsanteils nach Wegfall der Voraussetzungen des § 26 Abs. 1 EStG vgl. Rz. 45. [4]Der Erwerb einer dem Ehegatten gehörenden Wohnung durch Zuschlag in der Zwangsversteigerung stellt keine Anschaffung „vom" Ehegatten dar (BFH vom 23. 9. 1992 – BStBl 1993 II S. 152).

4.4 Bauten ohne Baugenehmigung

[1]Eine Wohnung, ein Ausbau oder eine Erweiterung sind nicht begünstigt, wenn sie entgegen den baurechtlichen Vorschriften ohne Baugenehmigung errichtet worden sind (vgl. BFH vom 31. 5. 1995 – BStBl II S. 875). [2]Wird die Baugenehmigung nachträglich erteilt, kann die Eigenheimzulage für den restlichen Förderzeitraum in

Anspruch genommen werden. ³Ist für das Objekt keine Baugenehmigung vorgeschrieben, ist davon auszugehen, daß es den baurechtlichen Vorschriften entspricht, wenn die bauordnungsrechtlich notwendigen Bauunterlagen eingereicht wurden und die zuständige Behörde innerhalb der gesetzlich vorgeschriebenen Frist keine Einwendungen erhoben hat.

5. Erbfall

21 ¹Geht eine Wohnung im Wege der Gesamtrechtsnachfolge auf einen Erben über, kann der Erbe den Fördergrundbetrag bis zum Ende des Förderzeitraums in Anspruch nehmen. ²Voraussetzung ist, daß der Erblasser ein begünstigtes Objekt i. S. d. § 2 EigZulG angeschafft oder hergestellt hat und der Erbe die persönlichen Fördervoraussetzungen (vgl. §§ 1 und 4 bis 6 EigZulG) erfüllt. ³Der Erbe kann die Eigenheimzulage auch erhalten, wenn die Inanspruchnahme beim Erblasser z. B. wegen der Objektbeschränkung nach § 6 EigZulG ausgeschlossen war (vgl. BFH vom 4. 9. 1990 – BStBl 1992 II S. 69). ⁴Zur Einkunftsgrenze beim Erben vgl. Rz. 29 Satz 4. ⁵Erfüllen im Todesjahr Erblasser und Erbe die Voraussetzungen für die Inanspruchnahme der Eigenheimzulage, kann der Erbe die Eigenheimzulage erst ab dem folgenden Jahr erhalten (vgl. § 11 Abs. 3 EigZulG).

III. Förderzeitraum (§ 3 EigZulG)

22 ¹Der achtjährige Förderzeitraum beginnt mit dem Jahr der Fertigstellung oder Anschaffung der Wohnung bzw. mit dem Jahr der Fertigstellung des Ausbaus oder der Erweiterung der Wohnung. ²Er endet mit Ablauf des siebenten auf dieses Jahr folgenden Kalenderjahres. ³Dies gilt unabhängig von dem Beginn der Nutzung zu eigenen Wohnzwecken (BFH vom 13. 8. 1990 – BStBl II S. 977). ⁴In den Fällen der Rz. 14 bleibt der Zeitpunkt der Herstellung oder Anschaffung des Gebäudes durch die Miteigentümer maßgebend.

1. Zeitpunkt der Herstellung

23 ¹Eine Wohnung ist hergestellt oder der Ausbau oder die Erweiterung ist fertiggestellt, sobald die Wohnung oder der Ausbau oder die Erweiterung nach Abschluß der wesentlichen Bauarbeiten bewohnbar ist (vgl. H 44 EStH 1996 > Fertigstellung). ²Der Zeitpunkt der Bauabnahme ist nicht entscheidend.

2. Zeitpunkt der Anschaffung

24 ¹Eine Wohnung ist angeschafft, wenn der Erwerber das wirtschaftliche Eigentum an dem Objekt erlangt; das ist regelmäßig der Zeitpunkt, zu dem Besitz, Nutzungen, Lasten und Gefahr auf ihn übergehen. ²Der Zeitpunkt des Abschlusses des notariellen Kaufvertrags oder der Eintragung im Grundbuch ist unerheblich.

IV. Nutzung zu eigenen Wohnzwecken (§ 4 EigZulG)

25 ¹Eine Wohnung wird nur zu Wohnzwecken genutzt, wenn sie tatsächlich bewohnt wird. ²Im Bereithalten einer leerstehenden oder möblierten Wohnung liegt keine Nutzung zu Wohnzwecken. ³Satz 2 gilt auch, wenn eine Wohnung zur vorübergehenden Beherbergung von Personen bestimmt ist (vgl. R 42a Abs. 1 Satz 3 EStR 1996).

26 ¹Eine Nutzung zu eigenen Wohnzwecken liegt auch vor, soweit eine Wohnung unentgeltlich an einen Angehörigen i. S. d. § 15 AO zu Wohnzwecken überlassen wird (§ 4 Satz 2 EigZulG). ²Um eine begünstigte Überlassung handelt es sich auch, wenn ein Angehöriger die Wohnung ganz oder teilweise aufgrund eines obligatorischen oder dinglichen Zuwendungs- oder Vermächtniswohnrechts nutzt, jedoch, wenn die Nutzung auf einem vorbehaltenen obligatorischen oder dinglichen Wohnrecht beruht (vgl. BFH v. 28. 7. 1981 – BStBl II 1982 S. 378 und vom 3. 6. 1992 – BStBl II 1993 S. 98). ³Die Überlassung ist auch unentgeltlich, wenn der Nutzende die verbrauchsabhängigen und umlagefähigen Betriebskosten (z. B. für Strom, Wasser, Abwasser und Heizung) übernimmt. ⁴Bei teilentgeltlicher Überlassung besteht kein Anspruch auf Eigenheimzulage.

27 Wird an einer Wohnung ein Ausbau oder eine Erweiterung vorgenommen (§ 2 Abs. 2 EigZulG), reicht es aus, wenn die ausgebaute oder erweiterte Wohnung erst nach Fertigstellung des Ausbaus oder der Erweiterung zu eigenen Wohnzwecken genutzt wird.

V. Einkunftsgrenze (§ 5 EigZulG)

28 ¹Der Anspruchsberechtigte kann die Eigenheimzulage ab dem Jahr in Anspruch nehmen (Erstjahr), in dem der Gesamtbetrag der Einkünfte nach § 2 Abs. 3 EStG des Erstjahres zuzüglich des Gesamtbetrags der Einkünfte des vorangegangenen Jahres (Vorjahr) 240 000 DM bzw. 480 000 DM nicht übersteigt (§ 5 Satz 1 EigZulG). ²Ausländische Einkünfte sind, soweit sie nicht im Gesamtbetrag der Einkünfte nach § 2 Abs. 3 EStG enthalten sind, ohne Bedeutung. ³Die Einkunftsgrenzen i. H. v. 240 000 DM/480 000 DM sind auch dann maßgebend, wenn der Anspruchsberechtigte in einem der beiden maßgebenden Jahre keine dem EStG unterliegenden Einkünfte hatte. ⁴Die Einkommensverhältnisse sind nur zu Beginn der Förderung zu prüfen. ⁵Der Anspruchsberechtigte kann daher die Eigenheimzulage für ein Objekt auch weiter erhalten, wenn er im Laufe des Förderzeitraums die Einkunftsgrenze überschreitet.

29 ¹Erstjahr ist das Jahr, in dem in der Person des Anspruchsberechtigten erstmals alle Voraussetzungen für die Inanspruchnahme der Eigenheimzulage vorliegen. ²Dies kann auch ein auf das Jahr der Herstellung oder Anschaffung (vgl. hierzu Rz. 23 und 24) folgendes Jahr sein, z. B. wenn der Anspruchsberechtigte die Wohnung erst dann bezogen hat.

Beispiel:
N vermietet seine in 1997 angeschaffte Eigentumswohnung. 1998 zieht er selbst ein. Maßgebend ist der Gesamtbetrag der Einkünfte in den Jahren 1998 (Erstjahr) und 1997 (Vorjahr).

³Beim Folgeobjekt ist Erstjahr frühestens das auf das Kalenderjahr folgende Jahr, in dem der Anspruchsberechtigte das Erstobjekt letztmals zu eigenen Wohnzwecken nutzt. ⁴Kann der Erbe die Eigenheimzulage erhalten (vgl. Rz. 21), ist Erstjahr das Jahr, in dem er erstmals die Voraussetzungen für die Inanspruchnahme der Eigenheimzulage erfüllt. ⁵In den Fällen der Rz. 21 Satz 5 ist Erstjahr frühestens das auf das Todesjahr folgende Jahr.

30 ¹Für Anspruchsberechtigte, die im Erstjahr nicht die Voraussetzungen für die Zusammenveranlagung nach § 26 Abs. 1 EStG erfüllen (z. B. Ledige, Geschiedene, Verwitwete, getrennt lebende Ehegatten), gilt die Einkunftsgrenze von 240 000 DM. ²Für Ehegatten, die im Erstjahr die Voraussetzungen für die Zusammenveranlagung nach § 26 Abs. 1 EStG erfüllen (zusammenlebende, unbeschränkt einkommensteuerpflichtige Ehegatten), gilt die Einkunftsgrenze von 480 000 DM. ³Wählen die Ehegatten jedoch im Erstjahr die getrennte Veranlagung nach § 26a EStG oder die besondere Veranlagung nach § 26c EStG, ist für sie auch die Einkunftsgrenze von 240 000 DM maßgebend.

Beispiel:
Die Ehegatten M und N schaffen 1997 zusammen ein Einfamilienhaus an. Für 1996 (Vorjahr) sind sie zusammen zur Einkommensteuer veranlagt worden. Von dem gemeinsamen Gesamtbetrag der Einkünfte (260 000 DM) entfallen auf M 100 000 DM und auf N 160 000 DM. Für 1997 (Erstjahr) wählen sie die getrennte Veranlagung nach § 26a EStG. M hat einen Gesamtbetrag der Einkünfte i. H. v. 120 000 DM und N i. H. v. 150 000 DM.

M überschreitet mit 220 000 DM (100 000 DM + 120 000 DM) nicht die für sie maßgebende Einkunftsgrenze i. H. v. 240 000 DM. Sie kann daher die Eigenheimzulage für ihren Miteigentumsanteil erhalten. N ist wegen Überschreitens der Einkunftsgrenze zumindest für 1997 von der Inanspruchnahme der Eigenheimzulage ausgeschlossen.

31 ¹Überschreitet der Anspruchsberechtigte zunächst die Einkunftsgrenze, ist er nicht endgültig von der Inanspruchnahme der Eigenheimzulage ausgeschlossen. ²Bleibt der Gesamtbetrag der Einkünfte in einem späteren Zweijahreszeitraum innerhalb der Einkunftsgrenze, kann der Anspruchsberechtigte die Zulage für den Rest des Förderzeitraums erhalten.

Beispiel 1:
Der ledige N schafft 1997 eine Eigentumswohnung an, die er noch im selben Jahr bezieht. Er ermittelt für die einzelnen Jahre folgende Einkunftsbeträge (Gesamtbetrag der Einkünfte):

1996   140 000 DM
1997   110 000 DM
1998   120 000 DM

N überschreitet erstmals in dem Zweijahreszeitraum 1998 (Erstjahr) und 1997 (Vorjahr) nicht die Einkunftsgrenze. N kann Eigenheimzulage für die Jahre 1998 (Erstjahr) bis 2004 erhalten.

Beispiel 2:
Wie Beispiel 1, aber N ermittelt für die Jahre 1996 bis 1998 jeweils einen Gesamtbetrag der Einkünfte i. H. v. 140 000 DM. In 1998 heiratet er F, deren Gesamtbetrag der Einkünfte in den entsprechenden Jahren jeweils 50 000 DM beträgt, und beantragt die Zusammenveranlagung bei der Einkommensteuer.

N überschreitet mit 380 000 DM (2 x 140 000 DM und 2 x 50 000 DM) nicht die für ihn ab 1998 geltende Einkunftsgrenze von 480 000 DM. Er kann daher die Eigenheimzulage für die Jahre 1998 (Erstjahr) bis 2004 erhalten.

32 Der in den Einkommensteuerveranlagungen ermittelte Gesamtbetrag der Einkünfte ist für die Feststellung, ob die Einkunftsgrenze überschritten ist, nicht bindend.

Beispiel:

Der ledige N hat 1997 eine Wohnung angeschafft. Sein Gesamtbetrag der Einkünfte beträgt ausweislich des Steuerbescheides für 1996 119 000 DM und für 1997 122 000 DM. Mit dem Antrag auf Eigenheimzulage weist er für 1996 zusätzliche Werbungskosten i. H. v. 1 500 DM nach. N hat die Einkunftsgrenze nicht überschritten. Der für das Eigenheimzulagengesetz maßgebende Gesamtbetrag der Einkünfte beträgt für 1996 117 500 DM, auch wenn eine Änderung des Einkommensteuerbescheides 1996 nach den Vorschriften der AO nicht mehr zulässig ist.

²Stehen die maßgeblichen Einkünfte im Zeitpunkt des Antrags noch nicht fest, hat der Anspruchsberechtigte glaubhaft zu machen, daß er die Einkunftsgrenze nicht überschreiten wird. ³Zu den verfahrensrechtlichen Vorschriften vgl. Rz. 97 und 98.

VI. Objektbeschränkung (§ 6 EigZulG)
1. Allgemeines

33 ¹Der Anspruchsberechtigte kann die Eigenheimzulage nur für eine Wohnung oder einen Ausbau oder eine Erweiterung (Objekt) in Anspruch nehmen (§ 6 Abs. 1 Satz 1 EigZulG). ²Zum Objektverbrauch bei Ehegatten vgl. Rz. 38 bis 41.

34 Ein Objekt kann mehrere Ausbau- und/oder Erweiterungsmaßnahmen (§ 2 Abs. 2 EigZulG) umfassen, wenn diese Maßnahmen als einheitliche Baumaßnahme durchgeführt werden.

35 ¹Sind mehrere Anspruchsberechtigte Eigentümer einer Wohnung, ist jeder Anteil an dieser Wohnung ein Objekt (vgl. § 6 Abs. 2 Satz 1 EigZulG). ²Zur Ausnahme bei einer im Miteigentum von Ehegatten stehenden Wohnung vgl. Rz. 39. ³Auch der unentgeltlich im Rahmen der Gesamtrechtsnachfolge erworbene Miteigentumsanteil stellt ein Objekt dar, wenn der Erbe die Eigenheimzulage weiter erhält. ⁴Erwirbt ein Miteigentümer bis zum Ende des Kalenderjahres, in dem der Förderzeitraum für den ursprünglichen Anteil beginnt, einen oder mehrere Miteigentumsanteile hinzu, stellen ursprünglicher und hinzuerworbener Miteigentumsanteil ein einheitliches Objekt dar. ⁵Erwirbt ein Miteigentümer dagegen den oder die Miteigentumsanteile erst in einem späteren Kalenderjahr, handelt es sich bei dem oder den hinzuerworbenen Anteilen um selbständige Objekte i. S. d. § 6 EigZulG; das gilt auch dann, wenn der Anteilserwerber Alleineigentümer der Wohnung geworden ist.

36 Für den Objektverbrauch kommt es nicht darauf an, ob der Anspruchsberechtigte Eigenheimzulage für den gesamten Förderzeitraum, nur für einzelne Jahre des Förderzeitraums oder zu Unrecht in Anspruch genommen hat.

37 Unter die Objektbeschränkung fallen auch Einfamilienhäuser, Zweifamilienhäuser, Eigentumswohnungen sowie Zubauten, Ausbauten, Umbauten und Erweiterungen, für die der Anspruchsberechtigte erhöhte Absetzungen nach § 7b EStG in der jeweiligen Fassung ab Inkrafttreten des Gesetzes vom 16. 6. 1964 (BGBl I S. 353) oder § 15 Abs. 1 bis 4 BerlinFG in der jeweiligen Fassung ab Inkrafttreten des Gesetzes vom 11. 7. 1977 (BGBl I S. 1213) bzw. diesen entsprechende Beträge nach § 52 Abs. 21 Satz 4 EStG oder Abzugsbeträge nach § 10e EStG und nach § 15b BerlinFG in der jeweiligen Fassung ab Inkrafttreten des Gesetzes vom 15. 5. 1986 (BGBl I S. 730) in Anspruch genommen hat.

2. Objektverbrauch bei Ehegatten

38 ¹Ehegatten können, solange sie unbeschränkt einkommensteuerpflichtig sind und nicht dauernd getrennt leben, die Eigenheimzulage für zwei, jedoch nicht gleichzeitig für zwei in räumlichem Zusammenhang belegene Objekte in Anspruch nehmen. ²Ein räumlicher Zusammenhang ist auch schädlich, wenn es sich bei dem einen Objekt um ein Objekt i. S. d. § 10e EStG oder der §§ 15 Abs. 1 bis 4 oder 15b BerlinFG handelt.

39 ¹Die Anteile von Ehegatten an einer gemeinsamen Wohnung werden nicht als selbständige Objekte, sondern als ein Objekt behandelt, solange bei den Ehegatten die Voraussetzungen des § 26 Abs. 1 EStG vorliegen (vgl. § 6 Abs. 1 Satz 2 EigZulG). ²Dies gilt auch, wenn außer den Ehegatten noch weitere Personen Eigentümer der Wohnung sind. ³Als ein Objekt werden die Anteile von Ehegatten auch behandelt, wenn die Ehegatten vor Eintritt der Voraussetzungen des § 26 Abs. 1 EStG Eigenheimzulage in Anspruch genommen haben und die Voraussetzungen des § 26 Abs. 1 EStG im Laufe des Förderzeitraums oder später eingetreten sind.

40 ¹Heiraten Anspruchsberechtigte, nachdem für beide Objektverbrauch eingetreten ist, steht ihnen, wenn kein Folgeobjekt vorliegt, Eigenheimzulage für ein weiteres Objekt nicht zu (Ausnahme: vgl. Rz. 39 Satz 3). ²Heiraten Anspruchsberechtigte, nachdem für einen von ihnen Objektverbrauch eingetreten ist, können sie die Eigenheimzulage für ein zweites Objekt in Anspruch nehmen, unabhängig davon, wer von ihnen Eigentümer ist. ³Das gilt auch, wenn für das zweite Objekt vor der Eheschließung wegen Objektverbrauchs keine Eigenheimzulage in Anspruch genommen werden konnte. ⁴Der Anspruch auf Eigenheimzulage besteht in diesem Fall nur für die verbleibenden Jahre des Förderzeitraums.

Beispiel:
A hat in den Jahren 1984 bis einschließlich 1991 erhöhte Absetzungen nach § 7b EStG in Anspruch genommen. 1997 kauft er eine Eigentumswohnung, die er zu eigenen Wohnzwecken nutzt. 1998 heiratet er. Seine Ehefrau hat bisher weder erhöhte Absetzungen nach § 7b EStG noch Abzugsbeträge nach § 10e EStG oder Eigenheimzulage in Anspruch genommen. A kann Eigenheimzulage für die Jahre 1998 bis einschließlich 2004 erhalten.

2.1 Räumlicher Zusammenhang

[1]Von einem räumlichen Zusammenhang ist z. B. auszugehen, wenn die beiden Objekte durch geringfügige Baumaßnahmen zu einer Einheit verbunden werden können. [2]Das ist z. B. bei den beiden Wohnungen eines Zweifamilienhauses, aber auch bei zwei neben- oder übereinanderliegenden Eigentumswohnungen oder nebeneinanderliegenden Reihenhäusern der Fall. [3]Dagegen ist ein räumlicher Zusammenhang nicht gegeben, wenn ein Miteigentümer oder sein Ehegatte einen Anteil an der zu eigenen Wohnzwecken genutzten Wohnung von einem Dritten hinzuerwirbt. [4]Die Einschränkung des räumlichen Zusammenhangs gilt nur, wenn zu dem Zeitpunkt, in dem die beiden Objekte fertiggestellt oder angeschafft worden sind, bei den Ehegatten die Voraussetzungen des § 26 Abs. 1 EStG vorgelegen haben.

41

2.2 Objektverbrauch nach Trennung, Scheidung oder Tod eines Ehegatten

[1]Fallen bei Ehegatten die Voraussetzungen des § 26 Abs. 1 EStG fort, gilt für jeden Ehegatten wieder die Ein-Objekt-Grenze (§ 6 Abs. 1 Satz 1 EigZulG). [2]Zudem sind ihre Anteile an einer gemeinsamen Wohnung wieder als selbständige Objekte zu behandeln (vgl. § 6 Abs. 2 Satz 2 EigZulG).

42

[1]Waren zwei Objekte einem Ehegatten zuzurechnen, ist nach Wegfall der Voraussetzungen des § 26 Abs. 1 EStG für die Feststellung, ob für ihn Objektverbrauch eingetreten ist, nur das erste Objekt maßgebend (vgl. BFH vom 3. 5. 1983 – BStBl II S. 457). [2]Für den anderen Ehegatten ergibt sich nach Wegfall der Voraussetzungen des § 26 Abs. 1 EStG kein Objektverbrauch aus den Objekten, die ihm nicht zugerechnet waren.

43

[1]Haben Ehegatten als Eigentümer einer gemeinsamen Wohnung die Eigenheimzulage in Anspruch genommen, ist nach Wegfall der Voraussetzungen des § 26 Abs. 1 EStG für beide Objektverbrauch eingetreten. [2]Überträgt ein Ehegatte seinen Miteigentumsanteil entgeltlich oder unentgeltlich auf den anderen Ehegatten in einem Veranlagungszeitraum, in dem die Voraussetzungen des § 26 Abs. 1 EStG vorliegen, tritt für den übertragenden Ehegatten jedoch kein Objektverbrauch ein. [3]Dabei kommt es nicht darauf an, ob der Miteigentumsanteil während oder nach Ablauf des Förderzeitraums übertragen wird. [4]Ein Ehegatte, dem eine Wohnung alleine zuzurechnen ist, kann sich jedoch nicht durch Übertragung auf den anderen Ehegatten vom Objektverbrauch befreien.

44

[1]Erwirbt ein Ehegatte infolge eines Erbfalls den Miteigentumsanteil des Ehegatten an einer gemeinsamen Wohnung hinzu, ist der bisherige Miteigentumsanteil des überlebenden Ehegatten zusammen mit dem hinzuerworbenen Anteil als ein Objekt zu behandeln, wenn bis zum Tod des einen Ehegatten die Voraussetzungen des § 26 Abs. 1 EStG vorgelegen haben. [2]Entsprechendes gilt, wenn während des Förderzeitraums die Voraussetzungen des § 26 Abs. 1 EStG aus anderen Gründen wegfallen und im sachlichen Zusammenhang ein Ehegatte den Anteil des anderen Ehegatten an der Wohnung erwirbt. [3]In beiden Fällen braucht der hinzuerwerbende Ehegatte nicht Alleineigentümer zu werden. [4]Er kann die auf diesen Anteil entfallende Eigenheimzulage weiterhin in der bisherigen Höhe erhalten, soweit bei ihm noch kein Objektverbrauch eingetreten ist.

45

VII. Folgeobjekt (§ 7 EigZulG)

Der Anspruchsberechtigte kann bei einer weiteren eigenen Wohnung oder bei einem Ausbau oder einer Erweiterung einer eigenen Wohnung (Folgeobjekt) Eigenheimzulage in Anspruch nehmen, wenn er beim Erstobjekt die Eigenheimzulage deshalb nicht weiter in Anspruch nehmen konnte, weil er es nicht bis zum Ablauf des Förderzeitraums zu eigenen Wohnzwecken genutzt hat.

46

[1]Dem Erstobjekt sind Objekte nach §§ 7b, 10e EStG oder §§ 15 Abs. 1, 15b Abs. 1 BerlinFG gleichgestellt. [2]Hat der Steuerpflichtige für das Erstobjekt erhöhte Absetzungen nach § 7b EStG oder § 15 Abs. 1 BerlinFG bzw. diesen entsprechende Beträge nach § 52 Abs. 21 Satz 4 EStG in Anspruch genommen, kann er Eigenheimzulage für ein Folgeobjekt nur geltend machen, wenn ihm das Erstobjekt nicht bis zum Ablauf des Zeitraums zuzurechnen war, für den erhöhte Absetzungen oder diesen entsprechende Beträge zulässig waren. [3]Ein Verzicht auf die weitere Geltendmachung der erhöhten Absetzungen, diesen entsprechende Beträge nach § 52 Abs. 21 Satz 4 EStG oder Abzugsbeträge nach § 10e EStG berechtigt nicht zur Inanspruchnahme der Eigenheimzulage für ein Folgeobjekt.

47

[1]Hat der Anspruchsberechtigte auch das Folgeobjekt nicht bis zum Ablauf des Förderzeitraums zu eigenen Wohnzwecken genutzt, ist die Inanspruchnahme der Eigenheimzulage bei einem dritten Objekt nicht zulässig. [2]Ein drittes Objekt liegt auch vor, wenn das Erstobjekt wieder zu eigenen Wohnzwecken genutzt wird.

48

Zu § 10e EStG **Einkommensteuer**

49 ¹Das Folgeobjekt ist ein eigenständiges Objekt i. S. d. § 2 EigZulG (§ 7 Satz 2 EigZulG). ²Die Voraussetzungen für die Inanspruchnahme der Eigenheimzulage sind daher für das Folgeobjekt gesondert zu prüfen. ³So ist z. B. bei einem Folgeobjekt, das unter den zeitlichen Anwendungsbereich des Eigenheimzulagengesetzes fällt (§ 19 EigZulG), die Eigenheimzulage die einzige Fördermöglichkeit, auch wenn der Anspruchsberechtigte für das Erstobjekt Abzugsbeträge nach § 10e EStG in Anspruch genommen hat. ⁴Zur Einkunftsgrenze beim Folgeobjekt vgl. Rz. 29 Satz 3. ⁵Auch die Höhe der Eigenheimzulage (§§ 8 und 9 EigZulG) ist für das Folgeobjekt unabhängig von den Verhältnissen beim Erstobjekt zu ermitteln.

50 Die Inanspruchnahme der Eigenheimzulage für ein Folgeobjekt setzt nicht voraus, daß der Anspruchsberechtigte das Folgeobjekt innerhalb eines bestimmten Zeitraums nach der letztmaligen Nutzung des Erstobjekts zu eigenen Wohnzwecken angeschafft oder hergestellt hat.

51 ¹Der Förderzeitraum (§ 3 EigZulG) beginnt beim Folgeobjekt frühestens mit Ablauf des Kalenderjahres, in dem der Anspruchsberechtigte das Erstobjekt letztmals zu eigenen Wohnzwecken genutzt hat (vgl. § 7 Satz 3 2. Halbsatz EigZulG).

Beispiel:

W hat für sein 1994 hergestelltes und am 1. 6. 1997 veräußertes Einfamilienhaus (Erstobjekt) Abzugsbeträge nach § 10e EStG in Anspruch genommen. 1997 hat er ein weiteres Objekt (Folgeobjekt) angeschafft, das er am 1. 6. 1997 bezieht.

Der Förderzeitraum für das Folgeobjekt beginnt abweichend von § 3 EigZulG 1998.

²Er ist um die Anzahl der Kalenderjahre zu kürzen, in denen der Anspruchsberechtigte für das Erstobjekt Eigenheimzulage, Abzugsbeträge nach § 10e EStG oder § 15b BerlinFG oder erhöhte Absetzungen nach § 7b EStG oder § 15 Abs. 1 BerlinFG bzw. ohne diesen entsprechende Beträge nach § 52 Abs. 21 Satz 4 EStG hätte in Anspruch nehmen können (§ 7 Satz 3 1. Halbsatz EigZulG). ³In die Kürzung sind auch die Kalenderjahre einzubeziehen, in denen der Anspruchsberechtigte das Erstobjekt nicht zu eigenen Wohnzwecken genutzt oder die Einkunftsgrenze überschritten hat; das gilt jedoch nicht für die Kalenderjahre, die auf das Kalenderjahr der letztmaligen Nutzung zu eigenen Wohnzwecken folgen.

Beispiel:

W hat für ein Einfamilienhaus (Erstobjekt), das er im November 1994 angeschafft und nur 1995 und 1996 zu eigenen Wohnzwecken genutzt hat, für 1995 und 1996 Abzugsbeträge nach § 10e Abs. 1 EStG in Anspruch genommen. Ab 1. 1. 1997 bewohnt er ein zu diesem Zeitpunkt angeschafftes Folgeobjekt. Der Förderzeitraum beim Folgeobjekt ist um drei Jahre (1994 bis 1996) zu kürzen. W kann für das Folgeobjekt für die Jahre 1997 bis 2001 Eigenheimzulage erhalten.

52 ¹Ehegatten, bei denen die Voraussetzungen des § 26 Abs. 1 EStG vorliegen und die bisher nur bei einem Objekt die steuerliche Wohneigentumsförderung nach den §§ 7b, 10e EStG oder §§ 15 Abs. 1, 15b Abs. 1 BerlinFG oder dem EigZulG in Anspruch genommen haben, können wählen, ob ein weiteres Objekt als Folgeobjekt i. S. d. § 7 EigZulG oder als zweites Objekt i. S. d. § 6 Abs. 1 Satz 2 EigZulG gelten soll. ²Wählen die Ehegatten zunächst die Folgeobjektförderung, ist die Eigenheimzulage nach § 11 Abs. 1 EigZulG für die Jahre des gekürzten Förderzeitraums (vgl. Rz. 51) festzusetzen. ³Entscheiden sich die Ehegatten nachträglich für die Zweitobjektförderung, ist ein weiterer Zulagenbescheid nach § 11 Abs. 1 EigZulG für die restlichen Jahre des Förderzeitraums für das Zweitobjekt zu erlassen.

Beispiel:

Die Ehegatten A und B beantragen Eigenheimzulage für ein 1996 angeschafftes Folgeobjekt. Erstobjekt war eine von A in 1980 angeschaffte und 1985 veräußerte selbstbewohnte Eigentumswohnung. Das Finanzamt setzt die Eigenheimzulage für die Jahre 1996 und 1997 fest. 1998 beantragen die Ehegatten die Fortsetzung der Eigenheimzulage für das Objekt als Zweitobjekt. Das Finanzamt erläßt einen weiteren Zulagenbescheid für die Jahre 1998 bis 2003. A und B können die zwei vom Erstobjekt verbleibenden Jahre auf ein anderes Folgeobjekt übertragen.

53 Wird die Eigenheimzulage hingegen für ein Objekt als Zweitobjekt über den ungekürzten Förderzeitraum bestandskräftig festgesetzt, ist ein späterer Umstieg zur Folgeobjektförderung insbesondere durch Änderung des Zulagenbescheides nach § 172 Abs. 1 Satz 1 Nr. 2 AO nicht zulässig.

VIII. Bemessungsgrundlage für den Fördergrundbetrag nach § 9 Abs. 2 EigZulG (§ 8 EigZulG)

54 ¹Bemessungsgrundlage für den Fördergrundbetrag nach § 9 Abs. 2 EigZulG sind die Herstellungs- oder Anschaffungskosten der Wohnung zuzüglich der Anschaffungskosten für den dazugehörigen Grund und Boden (§ 8 Satz 1 EigZulG). ²Die Anschaffungs- oder Herstellungskosten sind auch dann maßgebend, wenn der Grund und Boden bzw. die Wohnung aus einem Betriebsvermögen entnommen wird.

Zur Bemessungsgrundlage bei einer Wohnung in einem Gebäude mit mehr als einer Wohnung bzw. bei Fertigstellung eines gemischtgenutzten Gebäudes zu verschiedenen Zeitpunkten vgl. Rz. 52 bis 54 des BMF-Schreibens vom 31. 12. 1994 – BStBl I S. 887.

55

1. Herstellungs- oder Anschaffungskosten

¹Für das Eigenheimzulagengesetz gilt der allgemeine Herstellungs- oder Anschaffungskostenbegriff (vgl. R 32a bis 33a EStR, so auch BFH vom 14. 2. 1996 – BStBl II S. 362). ²Zuschüsse zu den Aufwendungen für die Errichtung oder den Erwerb eines Objekts mindern die Herstellungs- oder Anschaffungskosten (vgl. R 163 Abs. 1 EStR). ³Zu den Zuschüssen zum Einbau einer energiesparenden Anlage vgl. Rz. 78 Satz 2. ⁴Zu den Herstellungskosten gehören auch die anschaffungsnahen Aufwendungen (vgl. R 157 Abs. 4 EStR) sowie die zur Herstellung einer Wohnung verwendete Altbausubstanz (vgl. hierzu im einzelnen Rz. 49 und 50 des BMF-Schreibens vom 31. 12. 1994 – BStBl I S. 887).

56

1.1 Nachträgliche Herstellungskosten

¹Im Förderzeitraum entstandene nachträgliche Herstellungs- oder Anschaffungskosten erhöhen die Bemessungsgrundlage ab dem Jahr ihrer Entstehung. ²Wird eine Wohnung teilentgeltlich erworben, sind Aufwendungen für nachträgliche Herstellungsarbeiten in die Bemessungsgrundlage einzubeziehen, soweit sie auf den entgeltlich erworbenen Teil der Wohnung entfallen. ³Die Aufwendungen sind daher im Verhältnis des Entgelts (ohne Anschaffungsnebenkosten) zu dem Verkehrswert der Wohnung aufzuteilen.

57

1.2 Anschaffungskosten des Grund und Bodens

¹Bei unentgeltlichem Erwerb eines unbebauten Grundstücks sind die Anschaffungskosten des Grund und Bodens des Rechtsvorgängers nur in die Bemessungsgrundlage einzubeziehen, wenn das Grundstück infolge Erbfalls erworben wird. ²Zu den Anschaffungskosten des Grund und Bodens sind Rz. 45 und 46 des BMF-Schreibens vom 31. 12. 1994 – BStBl I S. 887 sinngemäß anzuwenden.

58

1.3 Teilentgeltlicher Erwerb/Erwerb im Rahmen einer vorweggenommenen Erbfolge

¹Bei einem teilentgeltlichen Erwerb sind ausschließlich die Anschaffungskosten des Erwerbers zu berücksichtigen. ²Bei Erwerb einer Wohnung im Rahmen einer vorweggenommenen Erbfolge sind die im BMF-Schreiben vom 13. 1. 1993 – BStBl I S. 80 dargelegten Grundsätze entsprechend anzuwenden. ³Der Förderhöchstbetrag nach § 9 Abs. 2 EigZulG wird in diesen Fällen nicht gekürzt (vgl. BFH vom 21. 3. 1989 – BStBl II S. 778).

59

2. Bemessungsgrundlage bei Ausbauten und Erweiterungen

¹Bei Ausbauten und Erweiterungen nach § 2 Abs. 2 EigZulG bilden allein die nachträglichen Herstellungskosten des Ausbaus oder der Erweiterung die Bemessungsgrundlage i. S. d. § 8 EigZulG. ²In die Bemessungsgrundlage sind weder die Anschaffungskosten des Grund und Bodens noch der Wert der anteiligen Altbausubstanz einzubeziehen.

60

3. Kürzung der Bemessungsgrundlage

¹Werden Teile der Wohnung nicht zu eigenen Wohnzwecken genutzt, ist die Bemessungsgrundlage – nicht aber der Förderhöchstbetrag nach § 9 Abs. 2 EigZulG – um den hierauf entfallenden Teil zu kürzen (vgl. § 8 Satz 3 EigZulG). ²Eine Kürzung ist danach vorzunehmen, wenn Teile der Wohnung

– gewerblich oder beruflich genutzt oder vermietet werden (vgl. hierzu Rz. 54 des BMF-Schreibens vom 31. 12. 1994 – BStBl I S. 887); dies gilt auch, wenn die Aufwendungen für das häusliche Arbeitszimmer einkommensteuerlich nicht mehr abgezogen werden können.

– nicht zu eigenen Wohnzwecken genutzt werden. Zur Nutzung zu eigenen Wohnzwecken vgl. Rz. 25 bis 27, zur Ermittlung der Bemessungsgrundlage vgl. Rz. 55 des BMF-Schreibens vom 31. 12. 1994 – BStBl I S. 887.

³Die Bemessungsgrundlage ist jedoch nicht zu kürzen, wenn neben dem Anspruchsberechtigten oder einem Angehörigen i. S. d. § 15 AO eine weitere Person die Wohnung ganz oder teilweise mitbenutzt.

61

IX. Höhe der Eigenheimzulage (§ 9 EigZulG)

¹Die Eigenheimzulage steht dem Anspruchsberechtigten auch dann in vollem Umfang zu, wenn er die Wohnung nur während eines Teils des Jahres zu eigenen Wohnzwecken genutzt hat (z. B. wegen zeitweiser Vermietung; vgl. aber Rz. 25 Satz 3). Hieraus folgt u. a., daß im Jahr der Anschaffung sowohl der Veräußerer als auch der Erwerber die Möglichkeit haben, die Zulage jeweils im höchstzulässigen Umfang in Anspruch zu nehmen.

62

1. Fördergrundbetrag (§ 9 Abs. 2 EigZulG)

¹Der Fördergrundbetrag beträgt jährlich 5 % der Bemessungsgrundlage, höchstens 5 000 DM. ²Abweichend von Satz 1 beträgt der Fördergrundbetrag 2,5 %, höchstens 2 500 DM bei Anschaffung einer Wohnung nach

63

Ablauf des zweiten auf das Jahr der Fertigstellung (vgl. Rz. 23) folgenden Kalenderjahres sowie bei Ausbauten und Erweiterungen nach § 2 Abs. 2 EigZulG, mit deren Herstellung der Anspruchsberechtigte nach dem 31. 12. 1996 begonnen hat (vgl. Rz. 119). [3]Der Anspruchsberechtigte hat auch Anspruch auf den Fördergrundbetrag i. H. v. 5 %, höchstens 5 000 DM, wenn er eine i. S. v. Rz. 11 und 12 hergestellte Wohnung vor Ablauf des zweiten auf das Jahr der Fertigstellung folgenden Kalenderjahres anschafft.

1.1 Miteigentum

64 [1]Bei einem Anteil an einem Einfamilienhaus oder einer Eigentumswohnung kann der Anspruchsberechtigte nur den entsprechenden Teil des Fördergrundbetrags erhalten (vgl. § 9 Abs. 2 Satz 3 EigZulG). [2]Eine abweichende Vereinbarung der Miteigentümer über die Verteilung des Fördergrundbetrags ist unbeachtlich. [3]Die Aufteilung ist unabhängig davon, ob bei allen Miteigentümern die Voraussetzungen für die Inanspruchnahme der Eigenheimzulage vorliegen.

1.1.1 Miteigentum bei Zwei- oder Mehrfamilienhäusern

65 Nutzen Miteigentümer eines Zwei- oder Mehrfamilienhauses eine Wohnung gemeinsam zu eigenen Wohnzwecken, ist Rz. 64 entsprechend anzuwenden.

66 [1]Nutzt ein Miteigentümer eines Zwei- oder Mehrfamilienhauses eine Wohnung alleine zu eigenen Wohnzwecken, kann er den Fördergrundbetrag in Anspruch nehmen, soweit der Wert der zu eigenen Wohnzwecken genutzten Wohnung einschließlich des dazugehörenden Grund und Bodens den Wert des Miteigentumsanteils nicht übersteigt. [2]Der Wert einer Wohnung einschließlich des dazugehörenden Grund und Bodens entspricht in der Regel dem Wert des Miteigentumsanteils, wenn der Nutzflächenanteil der Wohnung am Gesamtgebäude dem Miteigentumsanteil entspricht. [3]Weicht der Anteil der Nutzfläche vom Miteigentumsanteil ab, spricht eine widerlegbare Vermutung dafür, daß der Wert der Wohnung dem Miteigentumsanteil entspricht, wenn keine Ausgleichszahlung vereinbart ist. [4]Sind die Miteigentümer Angehörige, gilt dies nur, wenn auch Fremde auf Ausgleichszahlungen verzichten würden.

Beispiel 1:

A hat gemeinsam mit B ein schlüsselfertiges Zweifamilienhaus (Miteigentumsanteile je 50 %) mit zwei gleich großen Wohnungen (je 100 m^2) angeschafft, von denen A eine zu eigenen Wohnzwecken nutzt. Die Gesamt-Anschaffungskosten haben 800 000 DM betragen.

A kann einen Fördergrundbetrag i. H. v. 5 000 DM erhalten. § 9 Abs. 2 Satz 3 EigZulG findet keine Anwendung, weil der Nutzflächenanteil der von A genutzten Wohnung am Gesamtgebäude (100 m^2 : 200 m^2) seinem Miteigentumsanteil (50 %) entspricht.

Beispiel 2:

Wie Beispiel 1. Die von A zu eigenen Wohnzwecken genutzte Wohnung ist 120 m^2, die von B zu eigenen Wohnzwecken genutzte Wohnung ist 80 m^2 groß. Das Wertverhältnis der Wohnungen entspricht der jeweiligen m^2-Zahl. A zahlt an B eine Ausgleichszahlung.

Von den Gesamt-Anschaffungskosten sind A entsprechend seinem Miteigentumsanteil 400 000 DM zuzurechnen. Auf die von ihm genutzte Wohnung entfallen 480 000 DM. Er nutzt demnach seine Wohnung zu ⅚ (400 000 DM : 480 000 DM) kraft eigenen Rechts. Er kann daher nur einen Fördergrundbetrag i. H. v. ⅚ von 5 000 DM erhalten.

Auf B entfallen entsprechend seinem Miteigentumsanteil 400 000 DM, auf die von ihm eigengenutzte Wohnung 320 000 DM. B erhält den Fördergrundbetrag i. H. v. 5 % von 320 000 DM, höchstens 5 000 DM.

Beispiel 3:

Wie Beispiel 1. Die von A und B zu eigenen Wohnzwecken genutzten Wohnungen sind 125 m^2 und 75 m^2 groß. Bei der von B genutzten 75 m^2 großen Wohnung handelt es sich um eine luxuriös ausgestattete Dachgeschoßwohnung. Ausgleichszahlungen zwischen den nicht verwandten A und B sind nicht vereinbart worden.

Es ist davon auszugehen, daß der Wert der Miteigentumsanteile dem Wert der jeweiligen Wohnungen entspricht. A kann daher Eigenheimzulage wie in Beispiel 1 in Anspruch nehmen.

1.1.2 Behandlung der Erbengemeinschaft und ihrer Auseinandersetzung

67 [1]Zur Behandlung der Erbengemeinschaft und ihrer Auseinandersetzung sind die im BMF-Schreiben vom 11. 1. 1993 – BStBl I S. 62 und in den entsprechenden Erlassen der obersten Finanzbehörden der Länder dargelegten Grundsätze anzuwenden. [2]Hieraus ergeben sich für das Eigenheimzulagengesetz folgende Rechtsfolgen:

¹Steht eine Wohnung im Gesamthandseigentum einer Erbengemeinschaft, kann ein Miterbe bis zur Auseinandersetzung der Erbengemeinschaft, längstens jedoch bis zum Ende des für den Erblasser maßgebenden Förderzeitraums, den Fördergrundbetrag in Anspruch nehmen, wenn in seiner Person die Voraussetzungen hierfür erfüllt sind (vgl. Rz. 21). ²Zur Höhe der Förderung vgl. Rz. 64 bis 66 und Rz. 69 Satz 3 und 4. **68**

¹Erhält ein Miterbe nach Auseinandersetzung der Erbengemeinschaft durch Realteilung eine Wohnung, deren Wert des seines Anteils am Nachlaß entspricht, kann er den Fördergrundbetrag bis zum Ende des Förderzeitraums für die ganze Wohnung in Anspruch nehmen, wenn in seiner Person die Voraussetzungen hierfür erfüllt sind (vgl. Rz. 21). ²Dies gilt unabhängig davon, ob die Wohnung dem Miterben bereits während des Bestehens der Erbengemeinschaft zur Nutzung überlassen worden ist. ³Ist dem Miterben die Wohnung bereits während des Bestehens der Erbengemeinschaft überlassen worden, so kann er auch für die Zeit des Bestehens der Erbengemeinschaft den Fördergrundbetrag für die ganze Wohnung in Anspruch nehmen. ⁴Voraussetzung dafür ist, daß die Miterben innerhalb von sechs Monaten nach dem Erbfall eine Auseinandersetzungsvereinbarung treffen. ⁵Tz. 8 und 9 des BMF-Schreibens vom 11. 1. 1993, a. a. O., gelten entsprechend. **69**

Beispiel 1:
A und B sind Miterben zu je ½ nach dem am 1. 8. 1997 verstorbenen V. Zum Nachlaß gehören Wertpapiere im Wert von 380 000 DM und ein von V in 1996 zum Preis von 380 000 DM erworbenes schlüsselfertiges Einfamilienhaus. V war wegen Objektverbrauchs an der Inanspruchnahme der Eigenheimzulage gehindert. Seit dem Erbfall bewohnt A das Einfamilienhaus. Im Januar 1998 vereinbaren A und B die Auseinandersetzung, wonach A das Einfamilienhaus und B die Wertpapiere erhält. A kann 1997 bis 2003 den Fördergrundbetrag i. H. v. 5 000 DM jährlich in Anspruch nehmen.

Beispiel 2:
Wie Beispiel 1, nur A und B setzen sich in 1999 auseinander. A kann für 1997 und 1998 als Miteigentümer den Fördergrundbetrag zur Hälfte in Anspruch nehmen. 1999 bis 2003 kann er als Alleineigentümer den Fördergrundbetrag i. H. v. 5 000 DM jährlich erhalten.

¹Erhält ein Miterbe wertmäßig mehr, als ihm nach seiner Erbquote zusteht, und zahlt er dafür an die anderen Miterben eine Abfindung, so handelt es sich insoweit um ein Anschaffungsgeschäft, das zur Inanspruchnahme des Fördergrundbetrags berechtigt. ²Soweit er die Wohnung seiner Erbquote entsprechend unentgeltlich erwirbt, kann er den Fördergrundbetrag des Erblassers fortführen, wenn in seiner Person die Voraussetzungen hierfür erfüllt sind (vgl. Rz. 21). ³Zum Objektverbrauch vgl. Rz. 35 Satz 3. **70**

Beispiel 3:
A und B sind Miterben zu je ½ nach dem am 1. 8. 1997 verstorbenen V. Zum Nachlaß gehört ein Einfamilienhaus, das V in 1996 schlüsselfertig für 500 000 DM erworben hatte. V war wegen Objektverbrauchs an der Inanspruchnahme der Eigenheimzulage gehindert. Nach Erbauseinandersetzung in 1999 erhält der verheiratete A das Einfamilienhaus, das er bereits seit dem Erbfall bewohnt, und zahlt an B eine Abfindung i. H. v. 250 000 DM. Weder A noch sein Ehegatte haben bisher die steuerliche Wohneigentumsförderung nach §§ 7b oder 10e EStG oder dem EigZulG in Anspruch genommen.

A kann mit der Folge doppelten Objektverbrauchs Eigenheimzulage erhalten:
- als Gesamtrechtsnachfolger von V
  1997–2003 ½ v. 5 % v. 500 000 DM,
  höchstens ½ von 5 000 DM
- als Erwerber des Miteigentumsanteils von B
  1999–2006 2,5 % v. 250 000 DM,
  höchstens ½ von 2 500 DM.

2. Zusatzförderung für energiesparende Anlagen (§ 9 Abs. 3 EigZulG)

¹§ 9 Abs. 3 EigZulG begünstigt den Einbau von Wärmepumpenanlagen mit bestimmten Leistungszahlen, Solaranlagen und Anlagen zur Wärmerückgewinnung. ²Förderfähig sind Anlagen, die der Beheizung von Räumen, der Warmwasserbereitung oder der Stromerzeugung dienen. **71**

Ebenfalls begünstigt sind Baumaßnahmen, die erforderlich sind, um die Anlage zweckentsprechend nutzen zu können, z. B. **72**
- erforderliche Demontage der bisherigen Heizungsanlage,
- Anbindung der Anlage an das Heizsystem,
- Verbindung der Anlage mit dem Verteilungsnetz des Energieversorgungsunternehmens,
- Nebenarbeiten, z. B. Beseitigung von Schäden, die durch den Einbau der Anlage verursacht worden sind.

73 ¹Die energiesparenden Anlagen müssen vor Beginn der Nutzung der Wohnung zu eigenen Wohnzwecken eingebaut werden. ²War der Eigentümer bisher Mieter, ist der Zeitpunkt maßgebend, in dem er wirtschaftlicher Eigentümer der Wohnung wird. ³Die Aufwendungen sind ab dem Zeitpunkt begünstigt, in dem Maßnahmen eingeleitet worden sind, die zum Eigentumserwerb geführt haben.

2.1 Wärmepumpenanlagen

74 Die bei Wärmepumpen geforderte Mindest-Leistungszahl ist durch entsprechende Unterlagen des Anlagenherstellers (Bauartzulassung, Typprüfung) oder Gutachten von geeigneter Stelle nachzuweisen.

2.2 Solaranlagen

75 ¹Zu den Solaranlagen gehören sowohl Solarkollektoranlagen als auch Photovoltaikanlagen. ²Zu welchem Zweck der erzeugte Strom verwandt wird, ist unerheblich. ³Nicht begünstigt sind dagegen Anlagen zur passiven Sonnenenergienutzung. ⁴Das sind Teile des Baukörpers, insbesondere Glasflächen (z. B. Wintergärten) die die Sonnenenergie zur Erwärmung der Räume durch die bloße Sonneneinstrahlung nutzen.

2.3 Wärmerückgewinnungsanlagen

76 ¹Der Einbau einer Anlage zur Rückgewinnung von Wärme aus Abluft ist nur dann begünstigt, wenn die Anlage die energetischen Voraussetzungen der Wärmeschutzverordnung (BGBl I 1994 S. 2121) erfüllt. ²Voraussetzung ist daher, daß Lüftungsanlagen mit Wärmerückgewinnung je kWh aufgewendeter elektrischer Arbeit mindestens 5,0 kWh – bei Anlagen mit zusätzlicher Wärmepumpe 4,0 kWh – nutzbare Wärme abgeben müssen (vgl. Anlage 1 Ziff. 1.6.3 und Ziff. 2 der Wärmeschutzverordnung). ³Diese Voraussetzungen müssen durch einen bauaufsichtlichen Verwendbarkeitsnachweis oder – solange die Zulassung des Deutschen Instituts für Bautechnik (DIBt-Zulassung) noch nicht vorliegt – durch eine entsprechende Erklärung des Herstellers nachgewiesen werden.

77 ¹Bei Anlagen zur Rückgewinnung von Wärme aus Abgas ist ein bauaufsichtlicher Verwendungsnachweis (in aller Regel die DIBt-Zulassung) zu erbringen. ²Dieser weist das Gerät als „Abgas-Wärmetauscher" aus. ³Zu den begünstigten Wärmerückgewinnungs-Anlagen aus Abgas gehört nicht der in einem Brennwertkessel enthaltene Kondensationsteil.

2.4 Höhe der Förderung

78 ¹Die Zusatzförderung nach § 9 Abs. 3 EigZulG beträgt jährlich 2 % der Aufwendungen für die begünstigten Maßnahmen (Bemessungsgrundlage), höchstens 500 DM. ²Zuschüsse aus öffentlichen oder privaten Mitteln zu den Aufwendungen für den Einbau einer energiesparenden Anlage mindern die Bemessungsgrundlage nach § 9 Abs. 3 EigZulG. ³Entsprechendes gilt, wenn die Aufwendungen auch in die allgemeine Bemessungsgrundlage nach § 8 EigZulG einbezogen worden sind (vgl. dazu auch Rz. 56 Satz 2 und R 163 EStR).

79 ¹Stehen die begünstigten Anlagen im Gemeinschaftseigentum i. S. d. WEG, kann jeder Wohnungseigentümer, der die Voraussetzungen für die Inanspruchnahme der Eigenheimzulage erfüllt, eine Zusatzförderung i. H. v. jährlich 2 % der auf ihn entfallenden Kosten der Anlage, höchstens 500 DM, erhalten.

80 ¹Miteigentümer einer Wohnung können grundsätzlich die Zusatzförderung nur im Verhältnis ihrer Miteigentumsanteile erhalten.

> Beispiel:
> Die nichtverheirateten A und B bauen vor Einzug in ihr neuerworbenes Einfamilienhaus eine Photovoltaikanlage für 30 000 DM ein. Die Zusatzförderung beträgt für jeden jährlich 2 % von 15 000 DM, höchstens 250 DM.

²Eine Ausnahme gilt nur dann, wenn ein Miteigentümer eines Zwei- oder Mehrfamilienhauses eine Wohnung alleine bewohnt. ³In diesen Fällen gilt Rz. 66 und Rz. 79 entsprechend.

> Beispiel:
> A und B schaffen zu je ½ ein Zweifamilienhaus mit zwei gleich großen Wohnungen an. A und B beziehen jeweils eine Wohnung. Für die vor Einzug gemeinsam errichtete Photovoltaikanlage für 30 000 DM beträgt die Zusatzförderung für jeden jährlich 300 DM (2 % von 15 000 DM).

2.5 Verhältnis zu anderen Vorschriften

81 ¹Handelt es sich bei den Aufwendungen für eine begünstigte Anlage i. S. d. § 9 Abs. 3 EigZulG um nachträgliche Herstellungs- oder Erhaltungsaufwendungen an einer Wohnung im Beitrittsgebiet, kann der Anspruchsberechtigte wählen, ob er hinsichtlich dieser Aufwendungen den Abzugsbetrag nach § 7 FördG oder die Zusatzförderung in Anspruch nehmen will. ²Sind die Aufwendungen als Erhaltungsaufwendungen zu qualifizieren, kann der Anspruchsberechtigte hierfür auch den Vorkostenabzug nach § 10i EStG in Anspruch nehmen (vgl. hierzu Rz. 130 Satz 4).

3. Zusatzförderung von Niedrigenergiehäusern (§ 9 Abs. 4 EigZulG)

¹Die Zusatzförderung nach § 9 Abs. 4 EigZulG setzt voraus, daß der berechnete Jahres-Heizwärmebedarf eines Gebäudes den nach der Wärmeschutzverordnung vom 16. 8. 1994 (BGBl I 1994 S. 2121) maximal zulässigen Jahres-Heizwärmebedarf um mindestens 25 % unterschreitet. ²Diese Voraussetzungen sind durch Vorlage eines Wärmebedarfsausweises nach Muster A nachzuweisen. ³Dies gilt auch dann, wenn die Wärmeschutzverordnung für das Gebäude lediglich einen vereinfachten Nachweis nach Muster B fordert.   82

Beispiel:
Der vorgelegte Wärmebedarfsausweis nach Muster A enthält folgende Angaben:

A/V	Maximal zulässiger Jahres-Heizwärmebedarf	Berechneter Jahres-Heizwärmebedarf
(Wärmeübertr. Umfassungsfläche A = ... 589,7 .... m² Beheiztes Bauwerksvolumen V = ... 973,2 ...... m³) A/V = ... 0,61 m⁻¹	Q'_{Hzul} = kWh/(m³xa)* oder Q'_{Hzul} = 75,98 ... kWh/(m²xa)	Q'_H = kWh/(m³xa)* oder Q'_H = 56,87 kWh/(m²xa)

(Sind alternativ die mit * gekennzeichneten Rubriken ausgefüllt, ändert dies an der Berechnung nichts.)

Der zulässige Jahres-Heizwärmebedarf des Gebäudes von 75,98 kWh/(m²xa) wird um 19,11 kWh/(m²xa), das sind mehr als 25 % (0,25 x 75,98 = 19,00), unterschritten. Die technischen Voraussetzungen für die Zusatzförderung nach § 9 Abs. 4 EigZulG sind damit gegeben.

¹Die Zusatzförderung beträgt jährlich 400 DM. ²Miteigentümer eines Gebäudes können die Zusatzförderung nur entsprechend ihrem Miteigentumsanteil erhalten. ¹⁵Rz. 80 gilt sinngemäß.   83

4. Kinderzulage (§ 9 Abs. 5 EigZulG)

4.1 Voraussetzungen

¹Die Inanspruchnahme der Kinderzulage setzt voraus, daß im Zeitpunkt des Bezugs des Objekts oder zu einem späteren Zeitpunkt   84
- der Anspruchsberechtigte oder sein Ehegatte für das jeweilige Jahr des Förderzeitraums zumindest für einen Monat für das Kind Kindergeld oder einen Kinderfreibetrag erhält (vgl. Rz. 85) und
- das Kind im Förderzeitraum zum inländischen Haushalt des Anspruchsberechtigten gehört oder gehört hat (vgl. Rz. 86).

Beispiel:
A schafft im Oktober 1997 ein Einfamilienhaus an, das er noch im gleichen Monat mit seinen beiden Kindern bezieht. Für ein Kind erhält er ab März 1997 (Abschluß der Berufsausbildung) kein Kindergeld mehr. Für dieses Kind ist die Kinderzulage ausgeschlossen.

²Nicht Voraussetzung ist, daß das Kind in dem begünstigten Objekt wohnt.

¹Dem Kindergeld gleich stehen Leistungen i. S. d. § 65 Abs. 1 Satz 1 EStG. ²Kindergeld erhält nicht nur der Elternteil, an den das Kindergeld gezahlt wird, sondern auch der barunterhaltspflichtige Elternteil, dem das halbe Kindergeld im Wege eines zivilrechtlichen Ausgleichs zusteht und der seiner Unterhaltspflicht nachkommt.   85

¹Ein Kind gehört zum Haushalt des Anspruchsberechtigten, wenn es bei einheitlicher Wirtschaftsführung unter Leitung des Anspruchsberechtigten dessen Wohnung teilt oder sich mit seiner Einwilligung vorübergehend außerhalb seiner Wohnung aufhält. ²Für das Verhältnis von Kinderzulage und Ausbildungsfreibetrag sind die Grundsätze des BMF-Schreibens vom 21. 11. 1994 – BStBl I S. 855 entsprechend anzuwenden. ³Es reicht aus, wenn die Haushaltszugehörigkeit in einem früheren Jahr des Förderzeitraums einmal vorgelegen hat (vgl. jedoch Rz. 84). ⁴Der Wegfall der Haushaltszugehörigkeit im Laufe des Förderzeitraums ist unschädlich (vgl. BFH vom 21. 11. 1989 – BStBl 1990 II S. 216).   86

4.2 Ausschluß mehrfacher Förderung (§ 9 Abs. 5 Satz 4 und 5 EigZulG)

¹Bei zusammenlebenden unbeschränkt einkommensteuerpflichtigen Ehegatten ist die gleichzeitige Inanspruchnahme der Kinderzulage für ein Kind in einem Kalenderjahr für zwei Wohnungen ausgeschlossen, wenn beide   87

Wohnungen im Alleineigentum eines Ehegatten oder im Miteigentum beider Ehegatten stehen. ²Ausgeschlossen ist in diesen Fällen auch die gleichzeitige Inanspruchnahme von Kinderzulage und Baukindergeld nach § 34f EStG. Die Ehegatten können jedoch auf die weitere Inanspruchnahme des Baukindergeldes nach § 34f EStG zugunsten der Kinderzulage nach § 9 Abs. 5 EigZulG verzichten.

4.3 Kinderzulage bei Miteigentum (§ 9 Abs. 5 Satz 3 EigZulG)

88 ¹Haben Miteigentümer einer Wohnung zugleich für ein Kind Anspruch auf Kinderzulage, ist sie bei jedem zur Hälfte anzusetzen. ²Ist ein Elternteil von der Inanspruchnahme der Eigenheimzulage ausgeschlossen, z. B. weil für ihn Objektverbrauch eingetreten ist oder er die Einkunftsgrenze überschritten hat, kann der andere Elternteil die Kinderzulage voll erhalten.

5. Förderbegrenzung (§ 9 Abs. 6 EigZulG)

89 ¹Bei Herstellung oder Anschaffung einer Wohnung sowie bei Ausbauten und Erweiterungen, mit denen der Anspruchsberechtigte vor dem 1. 1. 1997 begonnen hat, darf die Summe der für den Förderzeitraum gezahlten Fördergrundbeträge nach § 9 Abs. 2 EigZulG und der Kinderzulagen nach § 9 Abs. 5 EigZulG die Bemessungsgrundlage nach § 8 EigZulG nicht übersteigen. ²Die ökologische Zusatzförderung nach § 9 Abs. 3 und 4 EigZulG ist nicht in die Förderbegrenzung einzubeziehen.

Beispiel 1:

Die Ehegatten A und B schaffen 1996 ein älteres Einfamilienhaus für 40 000 DM an, das sie mit ihren vier Kindern noch im selben Jahr beziehen. Vor Einzug bauen sie einen Abgaswärmetauscher für 6 000 DM ein. Sie haben in folgender Höhe Anspruch auf Eigenheimzulage:

- für 1996 bis 2001 jeweils 7 270 DM
  Fördergrundbetrag: 2,5 % v. 46 000 DM, Zusatzförderung: 2 % v. 6 000 DM, Kinderzulage 4 x 1 500 DM
- für 2002 3 220 DM

Bemessungsgrundlage nach § 8 EigZulG	46 000 DM
Fördergrundbeträge und Kinderzulagen für 1996 bis 2001	42 900 DM
Restbetrag nach § 9 Abs. 6 EigZulG	3 100 DM
Zusatzförderung	120 DM
insgesamt	3 220 DM

- für 2003 120 DM
  aufgrund der Förderbegrenzung nach § 9 Abs. 6 EigZulG steht A und B für das Jahr 2003 kein Fördergrundbetrag oder Kinderzulage mehr zu. Sie können jedoch weiterhin die Zusatzförderung erhalten.

Beispiel 2:

Wie Beispiel 1, A und B lassen jedoch im Jahr 2003 nachträgliche Herstellungsarbeiten für 10 000 DM durchführen.

Die nachträglichen Herstellungskosten erhöhen im Jahr 2003 die Bemessungsgrundlage auf 56 000 DM. A und B können daher für das Jahr 2003 Eigenheimzulage i. H. v. insgesamt 7 520 DM erhalten. Eine rückwirkende Erhöhung der Eigenheimzulage für das Jahr 2002 kommt nicht in Betracht.

90 ¹Bei Ausbauten und Erweiterungen, mit denen der Anspruchsberechtigte nach dem 31. 12. 1996 begonnen hat, sind Fördergrundbeträge und Kinderzulagen insgesamt auf 50 % der Bemessungsgrundlage beschränkt. ²Zum Beginn der Herstellung vgl. Rz. 119.

91 Bei Miteigentümern einer Wohnung darf die Summe der Fördergrundbeträge und der Kinderzulagen die auf den anspruchsberechtigten Miteigentümer entfallende Bemessungsgrundlage bzw. 50 % der auf den anspruchsberechtigten Miteigentümer entfallenden Bemessungsgrundlage (vgl. Rz. 90) nicht übersteigen.

X. Entstehung des Anspruchs auf Eigenheimzulage (§ 10 EigZulG)

92 Der Anspruch auf Eigenheimzulage entsteht mit Beginn der Nutzung der hergestellten oder angeschafften Wohnung zu eigenen Wohnzwecken für jedes weitere Jahr mit Beginn des Kalenderjahres, für das eine Eigenheimzulage festzusetzen ist.

XI. Verfahren (§§ 11 bis 15 EigZulG)

1. Erstmalige Festsetzung (§ 11 Abs. 1 EigZulG)

¹Eigenheimzulage ist auf einmaligen Antrag für alle Jahre des Förderzeitraums, für die Anspruch auf Eigenheimzulage besteht, von dem für die Besteuerung des Anspruchsberechtigten nach dem Einkommen zuständigen Finanzamt festzusetzen. ²Der erstmaligen Festsetzung sind die Verhältnisse (Höhe der Herstellungs- oder Anschaffungskosten und Zahl der Kinder) im Zeitpunkt des Bezugs der Wohnung zugrunde zu legen. ³Liegen die Voraussetzungen für die Inanspruchnahme der Eigenheimzulage noch nicht im Zeitpunkt des Einzugs, sondern erst zu einem späteren Zeitpunkt vor, sind für die erstmalige Festsetzung die Verhältnisse in diesem Zeitpunkt maßgebend.

93

> Beispiel:
> Der ledige A, für den bereits Objektverbrauch eingetreten ist, schafft 1996 eine Eigentumswohnung an, die er sofort zusammen mit seiner Freundin B bezieht. Nach Geburt eines gemeinsamen Kindes in 1997 heiraten A und B noch im selben Jahr.
>
> Da für B bislang noch kein Objektverbrauch eingetreten ist, kann A ab 1997 die Eigenheimzulage in Anspruch nehmen. Im Rahmen der erstmaligen Festsetzung der Eigenheimzulage kann das gemeinsame Kind bereits berücksichtigt werden, weil auf die Verhältnisse im Zeitpunkt der Eheschließung abzustellen ist.

2. Neufestsetzung oder Aufhebung bei Änderung der Verhältnisse (§ 11 Abs. 2 und 3 EigZulG)

¹Ergeben sich nach dem Zeitpunkt, in dem erstmals die Voraussetzungen für die Inanspruchnahme der Eigenheimzulage vorliegen, Änderungen, die zu einer Erhöhung oder Minderung der Eigenheimzulage führen (z. B. ein Kind wird geboren oder der Anspruchsberechtigte erhält für das Kind kein Kindergeld mehr), ist eine Neufestsetzung nach § 11 Abs. 2 EigZulG durchzuführen. ²Neu festgesetzt wird mit Wirkung ab dem Kalenderjahr, für das sich nach den materiell-rechtlichen Vorschriften eine Abweichung ergibt (§ 11 Abs. 2 Satz 2 EigZulG).

94

¹Ist bereits bei erstmaliger Festsetzung bekannt, daß sich die Verhältnisse geändert haben, können die geänderten Verhältnisse nicht im Rahmen der erstmaligen Festsetzung berücksichtigt werden. ²In diesen Fällen ist mit der erstmaligen Festsetzung gleichzeitig eine Neufestsetzung durchzuführen.

95

> Beispiel:
> A und B beziehen die von ihnen angeschaffte Wohnung am 15. 12. 1996. Am 2. 1. 1997 wird die gemeinsame Tochter geboren. A und B beantragen im Februar 1997 die Eigenheimzulage. Es ist eine erstmalige Festsetzung ohne Berücksichtigung der Kinderzulage durchzuführen. Gleichzeitig wird die Eigenheimzulage ab 1997 neu festgesetzt.

¹Entfallen die Voraussetzungen für die Inanspruchnahme der Eigenheimzulage nach den §§ 1, 2, 4 und 6 EigZulG während eines Jahres des Förderzeitraums und kann der Anspruchsberechtigte deshalb die Eigenheimzulage nicht mehr in Anspruch nehmen, ist die Festsetzung aufzuheben. ²Die Aufhebung ist mit Wirkung ab dem folgenden Kalenderjahr durchzuführen (vgl. § 11 Abs. 3 EigZulG). ³Liegen die Voraussetzungen erneut vor, ist eine erneute erstmalige Festsetzung durchzuführen (vgl. Rz. 93) durchzuführen.

96

3. Aufhebung oder Änderung bei Über- oder Unterschreiten der Einkunftsgrenze (§ 11 Abs. 4 EigZulG)

¹Legt der Anspruchsberechtigte dar, daß er die Einkunftsgrenze nach § 5 EigZulG nicht überschreitet (vgl. Rz. 32 Satz 2), kann die Eigenheimzulage festgesetzt werden, auch wenn die genaue Höhe der Einkünfte noch nicht feststeht. ²Wird nachträglich bekannt, daß der Gesamtbetrag der Einkünfte in den nach § 5 EigZulG maßgebenden Jahren insgesamt die Einkunftsgrenze überschreitet, ist die Festsetzung der Eigenheimzulage nach § 11 Abs. 4 EigZulG aufzuheben.

97

Ist andererseits die Festsetzung der Eigenheimzulage zunächst bestandskräftig abgelehnt worden, weil das Finanzamt davon ausgegangen ist, daß der Anspruchsberechtigte die Einkunftsgrenze überschreiten wird, kann der Bescheid nach § 11 Abs. 4 EigZulG geändert werden, wenn sich die Prognose als unzutreffend herausstellt.

98

4. Fehlerbeseitigende Neufestsetzung (§ 11 Abs. 5 EigZulG)

¹Die Eigenheimzulage kann nach § 11 Abs. 5 EigZulG neu festgesetzt werden, wenn die Festsetzung der Eigenheimzulage zu Unrecht abgelehnt worden ist oder die Eigenheimzulage rechtsfehlerhaft zu hoch oder zu niedrig festgesetzt worden ist. ²Die Festsetzung der Eigenheimzulage kann aufgehoben werden, wenn die Festsetzung zu Unrecht durchgeführt worden ist. ³Die fehlerbeseitigende Neufestsetzung zugunsten des Anspruchsberechtigten wird mit Wirkung ab dem Kalenderjahr, in dem der Fehler dem Finanzamt bekannt wird, durchgeführt.

99

5. Gesonderte und einheitliche Feststellung bei Miteigentümern (§ 11 Abs. 6 Satz 1 und 2 EigZulG)

100 ¹Sind mehrere Anspruchsberechtigte Eigentümer einer Wohnung, ist die Eigenheimzulage für jeden gesondert festzusetzen. ²Die Bemessungsgrundlage nach §§ 8 und 9 Abs. 3 EigZulG kann in diesen Fällen gesondert und einheitlich festgestellt werden. ³Nicht festgestellt wird die Höhe des Fördergrundbetrags und der Zusatzförderung nach § 9 Abs. 4 EigZulG. ⁴Eine gesonderte und einheitliche Feststellung nach § 11 Abs. 6 Satz 1 und 2 EigZulG ist nur durchzuführen, wenn mehrere Miteigentümer einen anteiligen Zulagebetrag für die gemeinsame Wohnung in Anspruch nehmen (vgl. Rz. 64 und 65) und es sich nicht um einen Fall von geringer Bedeutung handelt (vgl. § 180 Abs. 3 Nr. 2 AO), insbesondere weil die Höhe der Bemessungsgrundlage und die Aufteilung feststehen.

6. Festsetzung bei Ehegatten (§ 11 Abs. 6 Satz 3 und 4 EigZulG)

101 ¹Ist ein Ehegatte Alleineigentümer der Wohnung, ist die Eigenheimzulage nur für ihn festzusetzen. ²Für Ehegatten, die die Voraussetzungen des § 26 Abs. 1 EStG erfüllen, ist die Festsetzung der Eigenheimzulage für eine gemeinsame Wohnung zusammen durchzuführen (vgl. jedoch Beispiel zu Rz. 30). ³Heiraten Miteigentümer einer Wohnung im Laufe des Förderzeitraums, ist die Eigenheimzulage ab dem Jahr der Eheschließung nach § 11 Abs. 6 Satz 4 EigZulG neu festzusetzen. ⁴Die bisherigen Einzelfestsetzungen sind nicht aufzuheben. ⁵Liegt dem Ehegatten für seinen Miteigentumsanteil noch keine Festsetzung vor (z. B. weil dieser wegen Objektverbrauchs keine Eigenheimzulage beantragt hat), handelt es sich insoweit um eine Erstfestsetzung. ⁶Entfallen die Voraussetzungen des § 26 Abs. 1 EStG im Laufe des Förderzeitraums, z. B. weil sich die Ehegatten trennen, ist zu unterscheiden:

- Können beide Ehegatten nach der Trennung die Eigenheimzulage weiter in Anspruch nehmen, ist ab dem auf das Jahr der Trennung folgenden Jahr die Eigenheimzulage für jeden Ehegatten gesondert neu festzusetzen. Die Zusammenfestsetzung ist in diesem Fall nicht aufzuheben.
- Kann nur ein Ehegatte die Eigenheimzulage weiter in Anspruch nehmen, ist diese für ihn ab dem auf das Jahr, in dem die Voraussetzungen des § 26 Abs. 1 EStG entfallen sind, folgenden Jahr neu festzusetzen und die Zusammenfestsetzung gegenüber dem anderen Ehegatten nach § 11 Abs. 3 i. V. m. § 11 Abs. 6 EigZulG aufzuheben.

7. Auszahlung der Eigenheimzulage (§ 13 EigZulG)

102 Für das Jahr der Bekanntgabe des Bescheids und die vorangegangenen Jahre ist die Eigenheimzulage innerhalb eines Monats nach Bekanntgabe des Bescheids, für jedes weitere Jahr des Förderzeitraums am 15. März auszuzahlen.

8. Anwendung der Abgabenordnung (§ 15 EigZulG)

103 ¹Eigenheimzulagenbescheide können nach §§ 129, 164, 165 und 172 bis 177 AO berichtigt, aufgehoben und geändert werden, im übrigen kann die Eigenheimzulage nach § 11 EigZulG neu festgesetzt oder aufgehoben werden. ²Die Festsetzungsfrist beginnt mit Ablauf des Kalenderjahres, in dem der Anspruch entstanden ist (§ 170 Abs. 1 AO). ³Zur Entstehung vgl. Rz. 92. ⁴Die Festsetzungsfrist beträgt vier Jahre (§ 169 Abs. 2 AO) und läuft nicht ab, bevor über den Antrag unanfechtbar entschieden worden ist (§ 171 Abs. 3 AO). ⁵Sie endet nicht vor Ablauf der Festsetzungsfrist für die Einkommensteuer der nach § 5 EigZulG maßgebenden Jahre (vgl. Rz. 28 und 29). ⁶Für die folgenden Jahre des Förderzeitraums verlängert sich die Festsetzungsfrist entsprechend (§ 11 Abs. 1 Satz 4 und 5 EigZulG). ⁷Die Frist für die Aufhebung oder Änderung der Festsetzung der Eigenheimzulage beginnt nicht vor Ablauf des Kalenderjahres, in dem der Antrag gestellt worden ist (§ 170 Abs. 3 AO).

104 ¹Eine Eigenheimzulage darf nicht aus Billigkeitsgründen gewährt oder höher festgesetzt werden, als dies aus Rechtsgründen möglich ist. ²Die entsprechende Anwendung des § 163 AO auf die Eigenheimzulage ist ausgeschlossen (§ 15 Abs. 1 Satz 2 EigZulG).

105 ¹Der Anspruch auf Eigenheimzulage kann nach Maßgabe des § 46 AO abgetreten, verpfändet und gepfändet werden. ²Die Abtretung wird erst wirksam, wenn sie der Gläubiger dem Finanzamt in der nach § 46 Abs. 3 AO vorgeschriebenen Form nach Entstehung des Anspruchs anzeigt (§ 46 Abs. 2 AO). ³Zur Entstehung vgl. Rz. 92.

XII. Genossenschaftsförderung (§ 17 EigZulG)

1. Anforderungen an die Genossenschaft

106 ¹Gefördert wird der Erwerb von Geschäftsanteilen an einer nach dem 1. 1. 1995 in das Genossenschaftsregister eingetragenen Wohnungsbaugenossenschaft. ²Die Satzung muß dem Genossenschaftsmitglied ein unwiderrufliches und vererbliches Recht auf Erwerb der von ihm genutzten Wohnung für den Fall einräumen, daß die

Mehrheit der in einem Objekt wohnenden Genossenschaftsmitglieder der Begründung von Wohnungseigentum und Veräußerung der Wohnungen schriftlich zugestimmt hat. ³Die Begründung von Wohneigentum und die Veräußerung der Wohnungen darf nicht für eine bestimmte Zeit ausgeschlossen sein.

¹Ist bei Gründung der Genossenschaft kein Wohnungsbestand vorhanden, muß das Handeln der Genossenschaft auf die Herstellung oder Anschaffung von Wohnungen ausgerichtet sein. ²In diesen Fällen ist die Eigenheimzulage nach § 165 Abs. 1 AO vorläufig festzusetzen. ³Die errichteten Wohnungen müssen überwiegend an Genossenschaftsmitglieder überlassen werden. — **107**

2. Persönliche Voraussetzungen

¹Der Anspruchsberechtigte muß sich mit Geschäftsanteilen von mindestens 10 000 DM beteiligen. ²Er beteiligt sich mit Geschäftsanteilen, indem er Gründungsmitglied der Genossenschaft wird, nach Gründung der Genossenschaft beitritt oder weitere Geschäftsanteile übernimmt. ³Der Beitritt erfolgt durch schriftliche Beitrittserklärung und Zulassung durch die Genossenschaft (vgl. § 15 Abs. 1 des Gesetzes betreffend die Erwerbs- und Wirtschaftsgenossenschaften (GenG) i. d. F. der Bekanntmachung vom 19. 8. 1994 – BGBl I S. 2202). ⁴Der Anspruchsberechtigte kann die Eigenheimzulage auch für die Jahre des Förderzeitraums erhalten, in denen er keine Genossenschaftswohnung zu eigenen Wohnzwecken nutzt. ⁵Die Selbstnutzung muß jedoch spätestens im letzten Jahr des Förderzeitraums beginnen. — **108**

¹Der Anspruchsberechtigte kann die Eigenheimzulage für Genossenschaftsanteile nur einmal im Leben erhalten (Objektbeschränkung). ²In einem einheitlichen Vorgang übernommene Geschäftsanteile stellen ein Objekt dar. ³Die Sonderregelungen für Ehegatten nach § 6 Abs. 1 Satz 2 und Abs. 2 Satz 2 EigZulG gelten nicht. — **109**

¹Die Eigenheimzulage für Genossenschaftsanteile kann auch dann beansprucht werden, wenn bereits Objektverbrauch nach § 6 EigZulG (vgl. Rz. 33 bis 45) eingetreten ist. — **110**

3. Förderzeitraum und Höhe der Eigenheimzulage

¹Förderzeitraum ist das Jahr, in dem der Anspruchsberechtigte Gründungsmitglied geworden, der Genossenschaft beigetreten ist oder weitere Geschäftsanteile übernommen hat, und die sieben darauffolgenden Jahre. ²Der Anspruchsberechtigte kann die Eigenheimzulage nur für die Jahre des Förderzeitraums in Anspruch nehmen, in denen er die Geschäftsanteile inne hat. — **111**

Wird der Förderzeitraum (vgl. Rz. 111) nicht ausgeschöpft, kann der Anspruchsberechtigte die Eigenheimzulage nach Maßgabe der Rz. 46 bis 53 für ein Folgeobjekt in Anspruch nehmen. — **112**

¹Der Fördergrundbetrag beträgt jährlich 3 % der Bemessungsgrundlage, höchstens 2 400 DM. ²Bemessungsgrundlage ist die auf die begünstigten Geschäftsanteile geleistete Einlage. ³Zuschüsse mindern die Bemessungsgrundlage im Jahr ihrer Bewilligung (vgl. R 163 Abs. 1 EStR 1996). ⁴Leistet der Anspruchsberechtigte Einzahlungen auf die Einlage sukzessiv, erhöht sich die Bemessungsgrundlage ab dem Jahr ihrer Leistung. — **113**

> Beispiel:
> M zahlt auf seinen 1996 erworbenen Geschäftsanteil i. H. v. 20 000 DM 1997 und 1999 jeweils 10 000 DM. Der Fördergrundbetrag beträgt 1997 und 1998 jeweils 300 DM. Er erhöht sich 1999 auf 600 DM und wird in dieser Höhe bis 2003 gezahlt.

Die Kinderzulage beträgt 500 DM für jedes Kind, für das der Anspruchsberechtigte Kindergeld oder Kinderfreibetrag erhält und das zu seinem Haushalt gehört (vgl. Rz. 84 bis 86). — **114**

Die Summe der Fördergrundbeträge und Kinderzulagen darf die Bemessungsgrundlage jedoch nicht überschreiten. — **115**

> Beispiel:
> M (drei Kinder) ist 1997 einer Genossenschaft mit einem Geschäftsanteil von 10 000 DM beigetreten und hat die Einlage in voller Höhe geleistet.
> Die Eigenheimzulage beträgt 1997 bis 2001 jeweils 1 800 DM (Fördergrundbetrag 300 DM, Kinderzulage 1 500 DM), 2002 letztmalig 1 000 DM (10 000 DM ./. 5 x 1 800 DM).

4. Kürzung der Eigenheimzulage für ein Wohnobjekt bei Inanspruchnahme der Genossenschaftsförderung

¹Der Fördergrundbetrag und die Kinderzulage nach § 17 EigZulG werden auf Fördergrundbetrag und Kinderzulage für die Herstellung oder Anschaffung einer Wohnung angerechnet (§ 9 Abs. 2 Satz 4, Abs. 5 Satz 6 EigZulG). ²Die Anrechnung erfolgt jeweils nach den entsprechenden Jahren der Förderzeiträume: Z. B. kürzt der Fördergrundbetrag, der für das erste Jahr des Förderzeitraums nach § 17 EigZulG gewährt wird, den Fördergrundbetrag, der für das erste Jahr des Förderzeitraums nach § 9 EigZulG gewährt wird. — **116**

Beispiel:

A (verheiratet, zwei Kinder) erhält für einen 1996 erworbenen Geschäftsanteil an einer Genossenschaft i. H. v. 20 000 DM ab 1996 Eigenheimzulage von jährlich 1600 DM (Fördergrundbetrag: 3 % von 20 000 DM und Kinderzulage: 2 x 500 DM). 1999 erwirbt er die von ihm bewohnte Genossenschaftswohnung für 150 000 DM. Auf den Kaufpreis wird die Einlage in Höhe von 20 000 DM angerechnet, zugleich verliert A seine Mitgliedschaft bei der Genossenschaft.

Für 2000 bis 2003 besteht kein Anspruch auf Eigenheimzulage nach § 17 EigZulG mehr. Die Eigenheimzulage für die Anschaffung der Wohnung ermittelt sich wie folgt:

– 1999 bis 2002 jährlich 3 900 DM (Fördergrundbetrag: 2 500 DM ./. 600 DM) + (Kinderzulage: 2 x 1 500 DM ./. 2 x 500 DM)

– Ab 2003 entfällt die Anrechnung der Zulage nach § 17 EigZulG auf die Zulage für den Erwerb der Wohnung; die Eigenheimzulage für den Erwerb der Wohnung ist neu festzusetzen.

[3]Die Anrechnung erfolgt auch, wenn der Anspruchsberechtigte zunächst die Wohnung hergestellt oder angeschafft und dann sich mit Geschäftsanteilen an der Genossenschaft beteiligt hat. [4]In diesen Fällen ist der Eigenheimzulagenbescheid für die Wohnung nach § 175 Abs. 1 Nr. 2 AO (rückwirkendes Ereignis) zu ändern. [5]Bei Ausbauten und Erweiterungen i. S. d. § 2 Abs. 2 EigZulG erfolgt keine Anrechnung.

117 [1]Bei Ehegatten erfolgt die Anrechnung personenbezogen. [2]Bei Ehegatten, die Miteigentümer einer Wohnung sind und die Voraussetzungen des § 26 Abs. 1 EStG erfüllen, ist die Eigenheimzulage für die Wohnung nur insoweit zu mindern, als sie auf den Ehegatten entfällt, der die Eigenheimzulage nach § 17 EigZulG in Anspruch genommen hat.

Beispiel:

Der verheiratete A (1 Kind) erhält für einen 1996 erworbenen Geschäftsanteil i. H. v. 50 000 DM ab 1996 Eigenheimzulage i. H. v. jährlich 2 000 DM (3 v.H. von 50 000 DM und Kinderzulage: 500 DM). 1999 erwirbt er zusammen mit seiner Ehefrau B die von ihnen bewohnte Genossenschaftswohnung für 150 000 DM. Auf den Kaufpreis wird die Einlage voll angerechnet.

Ab dem Jahr 2000 hat A keinen Anspruch mehr auf Eigenheimzulage nach § 17 EigZulG.

Die Eigenheimzulage für die Anschaffung der Wohnung ermittelt sich wie folgt:

– 1999 bis 2002 jährlich 2 250 DM (Fördergrundbetrag: 2 500 DM ./. 1 250 DM + Kinderzulage: 1 500 DM ./. 500 DM). Der Fördergrundbetrag wird nicht gekürzt, soweit er auf B entfällt.

– 2003 bis 2006 jährlich 4 000 DM (Fördergrundbetrag: 2 500 DM + Kinderzulage: 1 500 DM)

XIII. Zeitlicher Anwendungsbereich (§ 19 EigZulG)

1. Allgemeines

118 [1]Der Anspruchsberechtigte erhält die Eigenheimzulage, wenn er nach dem 31. 12. 1995 im Fall der Herstellung mit der Herstellung des Objekts begonnen oder im Fall der Anschaffung den Kaufvertrag abgeschlossen hat. [2]Hat der Anspruchsberechtigte nach dem 26. 10. 1995 und vor dem 1. 1. 1996 mit der Herstellung begonnen oder den Kaufvertrag abgeschlossen, kann er zwischen der Eigenheimzulage und der Steuerbegünstigung nach §§ 10e oder 10h EStG wählen. [3]Ein Wahlrecht besteht zudem für Anspruchsberechtigte, die eine Wohnung im Beitrittsgebiet als Mieter aufgrund einer Veräußerungspflicht des Wohnungsunternehmens nach § 5 Altschuldenhilfegesetz angeschafft und den Kaufvertrag nach dem 28. 6. 1995 und vor dem 1. 1. 1996 abgeschlossen haben. [4]Ein Anspruchsberechtigter hat die Wohnung auch dann als Mieter angeschafft, wenn er nicht die von ihm bewohnte, sondern eine andere Wohnung des gleichen Wohnungsunternehmens erwirbt. [5]In den Wahlrechtsfällen ist der Antrag auf Eigenheimzulage ausgeschlossen, wenn der Anspruchsberechtigte für das Objekt Abzugsbeträge nach §§ 10e Abs. 1 bis 5 oder 10h EStG, das Baukindergeld nach § 34f EStG oder für 1995 oder darauffolgende Jahre Vorkosten nach §§ 10e Abs. 6 oder 10h Satz 3 EStG abgezogen hat. [6]Der Vorkostenabzug für 1994 oder früher schließt nicht die Inanspruchnahme der Eigenheimzulage aus. [7]Die Ausschlußwirkung tritt mit Bestandskraft des entsprechenden Einkommensteuerbescheides ein. [8]Hat der Anspruchsberechtigte den Antrag auf Eigenheimzulage gestellt, kann er das Wahlrecht nicht mehr zugunsten der Abzugsbeträge nach §§ 10e Abs. 1 bis 5 oder 10h EStG und des Baukindergeldes nach § 34f EStG ausüben (vgl. § 19 Abs. 2 Satz 2 EigZulG).

2. Beginn der Herstellung

119 Als Beginn der Herstellung gilt bei Objekten, für die eine Baugenehmigung erforderlich ist, der Zeitpunkt, in dem der Bauantrag gestellt wird, bei baugenehmigungsfreien Objekten, für die Bauunterlagen einzureichen sind, der Zeitpunkt, in dem die Bauunterlagen eingereicht werden.

¹Bei wiederholter Antragstellung bleibt der erste Bauantrag maßgebend, es sei denn, daß wirtschaftlich sinnvolle Erwägungen (z. B. Änderung der ursprünglichen Bauplanung) für die Rücknahme des ersten und die Stellung eines neuen Bauantrags maßgebend waren. ²Je größer die Zeitspanne zwischen Rücknahme und erneuter Antragstellung ist, desto weniger besteht die Vermutung, daß ausschließlich steuerliche Gründe und nicht wirtschaftlich sinnvolle Erwägungen für die erneute Antragstellung entscheidend waren. 120

¹Bei Erwerb eines unbebauten Grundstücks oder teilfertigen Gebäudes, für das der Veräußerer bereits eine Baugenehmigung beantragt hat, ist nicht der Bauantrag des Veräußerers maßgebend, sondern der Herstellungsbeginn des Erwerbers. ²Dies ist der Zeitpunkt, in dem der Anspruchsberechtigte den Kaufvertrag über das teilfertige Gebäude abgeschlossen oder bei Erwerb eines unbebauten Grundstücks mit den Bauarbeiten tatsächlich begonnen hat. 121

B. Vorkostenabzug nach § 10i EStG🔳
I. Vorkostenpauschale (§ 10i Abs. 1 Satz 1 Nr. 1 EStG)

¹Der Steuerpflichtige kann eine Vorkostenpauschale abziehen, wenn er für die Anschaffung oder Herstellung einer Wohnung oder einen Miteigentumsanteil daran oder für einen Ausbau oder eine Erweiterung für das Jahr der Fertigstellung oder Anschaffung oder für ein der zwei darauffolgenden Jahre Eigenheimzulage erhält. ²Der Steuerpflichtige kann die Vorkostenpauschale auch für ein Folgeobjekt i. S. d. § 7 EigZulG abziehen. ³Abzugszeitpunkt ist das Jahr der Fertigstellung oder Anschaffung (vgl. Rz. 23 und 24). ⁴Dies gilt auch, wenn der Steuerpflichtige für dieses Jahr noch keine Eigenheimzulage erhält, z. B. weil er die Wohnung in diesem Jahr vermietet hat. ⁵Insoweit ist die Einkommensteuerveranlagung nach § 165 AO vorläufig durchzuführen. 122

¹Die Vorkostenpauschale beträgt 3 500 DM. ²Bei einem Anteil an der Wohnung kann der Steuerpflichtige die Vorkostenpauschale ebenso wie den Fördergrundbetrag nach § 9 Abs. 2 EigZulG nur anteilig erhalten (vgl. hierzu Rz. 64 bis 66). 123

II. Abzug von Erhaltungsaufwendungen (§ 10i Abs. 1 Satz 1 Nr. 2 EStG)
1. Unmittelbarer Zusammenhang mit der Anschaffung einer nach § 2 Abs. 1 EigZulG begünstigten Wohnung

¹Die Erhaltungsaufwendungen müssen unmittelbar mit der Anschaffung einer nach § 2 Abs. 1 EigZulG begünstigten Wohnung im Zusammenhang stehen (vgl. § 10i Abs. 1 Satz 2 EStG). ²Stehen Aufwendungen z. B. mit der Herstellung oder Anschaffung von Objekten ohne die erforderliche Baugenehmigung, von Ferien- oder Wochenendwohnungen sowie von Objekten, die vom Ehegatten oder unentgeltlich erworben worden sind, im Zusammenhang, können sie nicht abgezogen werden (vgl. Rz. 3 bis 8 und Rz. 17 bis 20). ³Unerheblich ist, ob der Steuerpflichtige die Eigenheimzulage tatsächlich in Anspruch nimmt oder von der Inanspruchnahme der Eigenheimzulage ausgeschlossen ist (z. B. wegen Objektverbrauchs oder Überschreitens der Einkunftsgrenze). 124

¹Der unentgeltliche Einzelrechtsnachfolger kann mangels Anschaffung Erhaltungsaufwendungen nach § 10i EStG nicht abziehen (vgl. BFH vom 13. 1. 1993 – BStBl II S. 346, zum Begriff der Anschaffung vgl. Rz. 13 und 14). ²Wird eine Wohnung teilentgeltlich erworben, können Erhaltungsaufwendungen nur abgezogen werden, soweit sie auf den entgeltlich erworbenen Teil der Wohnung entfallen. ³Die Aufwendungen sind im Verhältnis des Entgelts (ohne Anschaffungsnebenkosten) zu dem Verkehrswert der Wohnung aufzuteilen (BFH vom 24. 3. 1993 – BStBl II S. 704). ⁴Der Erbe kann als Gesamtrechtsnachfolger in dem Umfang, in dem beim Erblasser ein Vorkostenabzug möglich gewesen wäre, Erhaltungsaufwendungen nach § 10i EStG abziehen. ⁵Der Erbe muß sich die Nutzung der Wohnung durch den Erblasser zurechnen lassen (BFH vom 13. 1. 1993 – BStBl II S. 346). 125

Beispiel:

A ist Erbe nach dem am 1. 2. 1997 verstorbenen V. Zum Nachlaß gehört ein Einfamilienhaus, das V in 1996 angeschafft und anschließend selbst bezogen hat. Vor Einzug führt A umfangreiche Renovierungsarbeiten durch.

Die Erhaltungsaufwendungen sind nicht nach § 10i EStG als Vorkosten abzugsfähig, weil auch V der Vorkostenabzug nicht zugestanden hätte.

¹Die Erhaltungsarbeiten müssen sich ohne zeitlichen Abstand unmittelbar an die Anschaffung anschließen. ²Erhaltungsaufwendungen sind ab dem Zeitpunkt abziehbar, in dem Maßnahmen eingeleitet worden sind, die zum Eigentumserwerb geführt haben. ³Aufwendungen für nach Beendigung einer Vermietung und vor Eigennutzung durchgeführte Erhaltungsmaßnahmen kann der Steuerpflichtige nur abziehen, wenn er eine vermietete 126

Anm. d. Schriftl.:
🔳 Teilweise überholt durch Streichung des § 10i EStG im StEntlG 1999.

Wohnung gekauft und sich im Interesse der Eigennutzung umgehend um die Beendigung des Mietverhältnisses bemüht hat.

2. Entstehung vor Eigennutzung

127 [1]Der Steuerpflichtige muß die Erhaltungsarbeiten durchführen
- bis einschließlich des Tages der erstmaligen Nutzung einer Wohnung zu eigenen Wohnzwecken oder
- wenn er die bisher von ihm als Mieter genutzte Wohnung anschafft, bis zum Ablauf des auf das Jahr der Anschaffung folgenden Kalenderjahres.

[2]Unter Beginn der erstmaligen Nutzung ist der tatsächliche Einzugszeitpunkt des Eigentümers oder eines Angehörigen i. S. d. § 15 AO, an den er die Wohnung unentgeltlich überläßt (vgl. Rz. 26), zu verstehen.

3. Erhaltungsaufwendungen

128 [1]Erhaltungsaufwendungen liegen vor, wenn ein Gebäude durch die Ersetzung einzelner Bestandteile oder Instandsetzungs- oder Modernisierungsmaßnahmen an dem Gebäude als Ganzem lediglich in ordnungsgemäßem Zustand entsprechend seinem ursprünglichen Zustand erhalten oder dieser in zeitgemäßer Form wiederhergestellt wird und es sich nicht um den Herstellungskosten zuzurechnende anschaffungsnahe Aufwendungen (vgl. R 157 Abs. 4 EStR 1996) handelt. [2]Zur Abgrenzung zwischen tatsächlichen Herstellungskosten und Erhaltungsaufwendungen vgl. BMF-Schreiben vom 16. 12. 1996 – BStBl I S. 1442.

129 [1]Der Abzug von Erhaltungsaufwendungen ist begrenzt auf 22 500 DM. [2]Bei Erwerb eines Miteigentumanteils ist eine dem Anteil entsprechende Kürzung des Höchstbetrags von 22 500 DM vorzunehmen. [3]Rz. 64 bis 66 sind entsprechend anzuwenden. [4]Werden Teile der Wohnung nicht zu eigenen Wohnzwecken genutzt (z. B. Arbeitszimmer, andere gewerblich/beruflich genutzte oder vermietete Räume), sind die mit der Wohnung in Zusammenhang stehenden Erhaltungsaufwendungen – nicht aber der Höchstbetrag von 22 500 DM – insoweit zu kürzen, als sie auf den nicht zu eigenen Wohnzwecken genutzten Teil entfallen (zu den Aufteilungsmaßstäben vgl. Rz. 52 und 54 des BMF-Schreibens vom 31. 12. 1994 – BStBl I S. 887).

130 [1]Erhaltungsaufwendungen sind im Veranlagungszeitraum der Zahlung als Vorkosten abziehbar. [2]§ 82b EStDV ist nicht anwendbar. [3]Steht bereits im Veranlagungszeitraum der Zahlung fest, daß die Erhaltungsaufwendungen dem Steuerpflichtigen erstattet werden, ist nur der um die Erstattungsleistung gekürzte Betrag als Vorkosten abziehbar, auch wenn der Erstattungsbetrag erst in einem späteren Veranlagungszeitraum zufließt (BFH vom 28. 2. 1996 – BStBl II S. 566). [4]Die abziehbaren Erhaltungsaufwendungen mindern sich auch um die nach § 9 Abs. 3 EigZulG festgesetzten Eigenheimzulagenbeträge. [5]Steht die Erstattung erst später fest, bleibt sie steuerlich unberücksichtigt, soweit der Erstattungsbetrag im Erstattungsjahr nicht mit anderen nach § 10i Abs. 1 Satz 1 Nr. 2 EStG abziehbaren Erhaltungsaufwendungen verrechnet werden kann.

III. Gesonderte und einheitliche Feststellung (§ 10i Abs. 2 EStG)

131 [1]Zur gesonderten und einheitlichen Feststellung von nach § 10i EStG abziehbaren Erhaltungsaufwendungen ist Rz. 100 entsprechend anzuwenden. [2]Die Vorkostenpauschale nach § 10i Abs. 1 Satz 1 Nr. 1 EStG kann nicht gesondert und einheitlich festgestellt werden.

C. Zeitliche Anwendung

132 [1]Abweichend von Rz. 10 können auf unwiderruflichen Antrag des Anspruchsberechtigten die Grundsätze der Rz. 17 und 42 des BMF-Schreibens vom 31. 12. 1994 – BStBl I S. 887 angewandt werden, wenn der Anspruchsberechtigte mit der Herstellung der Wohnung vor dem 1. 1. 1998 begonnen und hierfür nicht bereits als Bauherr Eigenheimzulage oder Abzugsbeträge nach § 10 e EStG erhalten hat. [2]Soweit die Anwendung der Rz. 12 Satz 3 zu Nachteilen gegenüber der bisherigen Verwaltungspraxis führt, ist sie erstmals auf Wohnungen anzuwenden, mit deren Herstellung der Anspruchsberechtigte nach dem 31. 12. 1997 begonnen hat. [3]Soweit die Anwendung der Rz. 25 Satz 3 zu Nachteilen gegenüber der bisherigen Verwaltungspraxis führt, ist sie ausgeschlossen, wenn der Anspruchsberechtigte vor dem 1. 1. 1998 mit der Herstellung des Objekts begonnen oder die Wohnung auf Grund eines vor diesem Zeitpunkt rechtswirksam abgeschlossenen obligatorischen Vertrags erworben hat. [4]Rz. 108 Satz 5 ist nicht für Anspruchsberechtigte anzuwenden, die vor dem 15. 2. 1998 einer bereits gegründeten Genossenschaft beigetreten sind. [5]Unerheblich ist, ob die Genossenschaft in diesem Zeitpunkt bereits im Genossenschaftsregister eingetragen ist.

Zu § 11 EStG

EStR   **R 116. Zufluß von Einnahmen und Abfluß von Ausgaben**
– unbesetzt –

Hinweise EStH H 116.

Allgemeines

Zufluß von Einnahmen erst mit der Erlangung der wirtschaftlichen Verfügungsmacht über ein in Geld oder Geldeswert bestehendes Wirtschaftsgut (> BFH vom 21. 11. 1989 – BStBl 1990 II S. 310 und vom 8. 10. 1991 – BStBl 1992 II S. 174). **Verfügungsmacht** wird i. d. R. erlangt im Zeitpunkt des Eintritts des Leistungserfolges oder der Möglichkeit, den Leistungserfolg herbeizuführen (> BFH vom 21. 11. 1989 – BStBl 1990 II S. 310). Sie muß nicht endgültig erlangt sein (> BFH vom 13. 10. 1989 – BStBl 1990 II S. 287).

Kurze Zeit bei regelmäßig wiederkehrenden Einnahmen ist i. d. R. ein Zeitraum bis zu zehn Tagen (> BFH vom 24. 7. 1986 – BStBl 1987 II S. 16). Auf die Fälligkeit kommt es nicht an (> BFH vom 23. 9. 1999 – BStBl 2000 II S. 121).

Für den **Abfluß von Ausgaben** gelten diese Grundsätze entsprechend.

Arbeitslohn

> § 38a Abs. 1 Sätze 2 und 3 EStG, R 104a LStR 2000, H 104a LStH 2000.

Arzthonorar

Die Honorare fließen dem Arzt grundsätzlich erst mit Überweisung seines Anteils durch die kassenärztliche Vereinigung zu (> BFH vom 20. 2. 1964 – BStBl III S. 329).

Die Einnahmen von der **kassenärztlichen Vereinigung** stellen regelmäßig wiederkehrende Einnahmen dar (> BFH vom 6. 7. 1995 – BStBl 1996 II S. 266).

Honorare von Privatpatienten, die ein Arzt durch eine privatärztliche **Verrechnungsstelle** einziehen läßt, sind dem Arzt bereits mit dem Eingang bei dieser Stelle zugeflossen, da die Leistung an einen Bevollmächtigten ausreicht.

Aufrechnung

Die Aufrechnung mit einer fälligen Gegenforderung stellt eine Leistung im Sinne des § 11 Abs. 2 EStG dar (> BFH vom 19. 4. 1977 – BStBl II S. 601).

Damnum

1. Bei **vereinbarungsgemäßer** Einbehaltung eines Damnums bei Auszahlung eines Tilgungsdarlehens ist im Zeitpunkt der Kapitalauszahlung ein Abfluß anzunehmen (> BFH vom 10. 3. 1970 – BStBl II S. 453). Bei ratenweiser Auszahlung des Darlehens kommt eine entsprechende Aufteilung des Damnums nur in Betracht, wenn keine Vereinbarung der Vertragsparteien über den Abflußzeitpunkt des Damnums vorliegt (> BFH vom 26. 6. 1975 – BStBl II S. 880).

2. Soweit für ein Damnum ein **Tilgungsstreckungsdarlehen** aufgenommen wird, fließt das Damnum mit den Tilgungsraten des Tilgungsstreckungsdarlehens ab (> BFH vom 26. 11. 1974 – BStBl 1975 II S. 330).

3. Ein Damnum, das ein Darlehensschuldner vor Auszahlung eines aufgenommenen Darlehens zahlt, ist im VZ seiner Leistung als Werbungskosten abziehbar, es sei denn, daß die Vorauszahlung des Damnums von keinen sinnvollen wirtschaftlichen Erwägungen getragen wird (> BFH vom 3. 2. 1987 – BStBl II S. 492). Ist ein Damnum nicht mehr als drei Monate vor Auszahlung der Darlehnsvaluta oder einer ins Gewicht fallenden Teilauszahlung des Darlehns geleistet worden, kann davon ausgegangen werden, daß ein wirtschaftlich vernünftiger Grund besteht (> BMF vom 31. 8. 1990 – BStBl I S. 366 – Tz. 3.3.4).

Forderungsübergang

Zufluß beim Steuerpflichtigen, wenn der Betrag beim neuen Gläubiger eingeht (> BFH vom 16. 3. 1993 – BStBl II S. 507).

Gesamtgläubiger

Stehen mehreren Steuerpflichtigen als Gesamtgläubigern Einnahmen zu und vereinbaren sie mit dem Schuldner, daß dieser nur an einen bestimmten Gesamtgläubiger leisten soll, so tritt bei jedem der Gesamtgläubiger anteilsmäßig ein Zufluß in dem Zeitpunkt ein, in dem die Einnahmen bei dem bestimmten Gesamtgläubiger eingehen (> BFH vom 10. 12. 1985 – BStBl 1986 II S. 342).

...

Leasing-Sonderzahlung

Verwendet ein Arbeitnehmer einen geleasten Pkw für berufliche Zwecke und macht er dafür die tatsächlichen Kosten geltend, so gehört eine bei Leasingbeginn zu erbringende Sonderzahlung in Höhe der anteiligen beruflichen Nutzung des Pkw zu den sofort abziehbaren Werbungskosten; es handelt sich bei ihr nicht um Anschaffungskosten des obligatorischen Nutzungsrechts an dem Pkw, die nur in Form von Absetzungen für Abnutzung als Werbungskosten berücksichtigt werden könnten (> BFH vom 5. 5. 1994 – BStBl II S. 643).

Nutzungsrechte

Räumt der Arbeitgeber dem Arbeitnehmer im Hinblick auf das Dienstverhältnis unentgeltlich ein Nutzungsrecht an einer Wohnung ein, so fließt dem Arbeitnehmer der geldwerte Vorteil nicht im Zeitpunkt der Bestellung des Nutzungsrechts in Höhe des kapitalisierten Wertes, sondern fortlaufend in Höhe des jeweiligen Nutzungswertes der Wohnung zu (> BFH vom 26. 5. 1993 – BStBl II S. 686).

...

Provisionen

Bei Gewinnermittlung nach § 4 Abs. 3 EStG sind Provisionen auch dann zugeflossen, wenn sie auf einem Kautionskonto zur Sicherung von Gegenforderungen des Versicherungsunternehmens gutgeschrieben werden (> BFH vom 24. 3. 1993 – BStBl II S. 499). ...

Auch wenn feststeht, daß erhaltene Provisionsvorschüsse in späteren Jahren zurückzuzahlen sind, ändert dies bei der Gewinnermittlung nach § 4 Abs. 3 EStG nichts daran, daß zunächst Zufluß anzunehmen ist (> BFH vom 13. 10. 1989 – BStBl 1990 II S. 287).

Scheck, Scheckkarte

1. Zufluß grundsätzlich mit Entgegennahme; sofortige Bankeinlösung darf jedoch nicht durch zivilrechtliche Vereinbarung eingeschränkt sein (> BFH vom 30. 10. 1980 – BStBl 1981 II S. 305).
2. Abfluß grundsätzlich mit Hingabe, mit Ausnahme von Anzahlungen für den Bereich der erhöhten Absetzungen und Sonderabschreibungen (> § 7a Abs. 2 Satz 5 EStG).
3. Abfluß bei Scheckübermittlung: Übergabe an Post bzw. Einwurf in den Briefkasten des Zahlungsempfängers ausreichend (> BFH vom 24. 9. 1985 – BStBl 1986 II S. 284).

Stille Gesellschaft

Für den Zufluß der Gewinnanteile eines typisch stillen Gesellschafters gilt § 11 EStG; für Zwecke des Kapitalertragsteuerabzugs ist § 44 Abs. 3 EStG maßgeblich (> BFH vom 28. 11. 1990 – BStBl 1991 II S. 313).

Überweisung

Abfluß im Zeitpunkt des Eingangs des Überweisungsauftrags bei der Überweisungsbank, wenn das Konto die nötige Deckung aufweist oder ein entsprechender Kreditrahmen vorhanden ist; andernfalls im Zeitpunkt der Lastschrift (> BFH vom 6. 3. 1997 – BStBl II S. 509).

Verrechnung

> Aufrechnung

Vorauszahlung von Werbungskosten

Abfluß nur, wenn für die Vorauszahlung ein vernünftiger wirtschaftlicher Grund vorliegt (> BFH vom 11. 8. 1987 – BStBl 1989 II S. 702).

Wechsel

Zufluß mit Einlösung oder Diskontierung des zahlungshalber hingegebenen Wechsels (> BFH vom 5. 5. 1971 – BStBl II S. 624). Entsprechendes gilt für den Abfluß.

. . .

Wirtschaftsjahr

§ 11 EStG ist auch bei abweichendem Wirtschaftsjahr anzuwenden (> BFH vom 23. 9. 1999 – BStBl 2000 II S. 121).

Zinsen

Zufluß > BMF vom 26. 10. 1992 – BStBl I S. 693

Zu § 12 EStG

EStR   **R 117. Abgrenzung der Kosten der Lebensführung von den Betriebsausgaben und Werbungskosten**

¹Besteht bei Aufwendungen nach § 12 Nr. 1 EStG ein Zusammenhang mit der gewerblichen oder beruflichen Tätigkeit des Steuerpflichtigen (gemischte Aufwendungen), sind sie insoweit als Betriebsausgaben oder Werbungskosten abziehbar, als sie betrieblich oder beruflich veranlaßt sind und sich dieser Teil nach objektiven Merkmalen und Unterlagen von den Ausgaben, die der privaten Lebensführung gedient haben, leicht und einwandfrei trennen läßt, es sei denn, daß dieser Teil von untergeordneter Bedeutung ist. ²Der Teil der Aufwendungen, der als Betriebsausgaben oder Werbungskosten zu berücksichtigen ist, kann ggf. geschätzt werden. ³Läßt sich eine Trennung der Aufwendungen nicht leicht und einwandfrei durchführen oder ist nur schwer erkennbar, ob sie mehr dem Beruf oder mehr der privaten Lebensführung gedient haben, so gehört der gesamte Betrag nach § 12 Nr. 1 EStG zu den nichtabzugsfähigen Ausgaben. **[1]**

Anm. d. Schriftl.:

[1] Zur ertragsteuerlichen Behandlung des Sponsoring siehe BMF-Schreiben vom 18. 2. 1998 – BStBl 1998 I S. 212. Die im Zusammenhang mit dem Sponsoring gemachten Aufwendungen können Betriebsausgaben, Spenden oder nicht abzugsfähige Lebenshaltungskosten sein.

Zu § 12 EStG   **Einkommensteuer**   322

▶ **Hinweise**   **EStH**   **H 117.**

Aufteilungs- und Abzugsverbot
\> BFH vom 19. 10. 1970 – BStBl 1971 II S. 17 und 21
Das Aufteilungs- und Abzugsverbot des § 12 Nr. 1 Satz 2 EStG gilt nicht bei der Aufteilung von Aufwendungen, die einerseits den steuerbaren Einkünften als Betriebsausgaben/Werbungskosten und andererseits den Sonderausgaben zuzuordnen sind (> BFH vom 22. 6. 1990 – BStBl II S. 901).

Ausbildungs- und Fortbildungsaufwendungen für Kinder
Aufwendungen der Eltern für die Ausbildung oder die berufliche Fortbildung ihrer Kinder gehören grundsätzlich zu den nicht abziehbaren Lebenshaltungskosten (> BFH vom 29. 10. 1997 – BStBl 1998 II S. 149).
\> H 19 Ausbildungs- und Fortbildungsaufwendungen
Ausnahme:
\> § 10 Abs. 1 Nr. 9 EStG

Bewirtungskosten
\> § 4 Abs. 5 Satz 1 Nr. 2 EStG
\> R 21 Abs. 5 bis 9
Aufwendungen für die Bewirtung von Geschäftsfreunden in der Wohnung des Steuerpflichtigen sind in vollem Umfang Kosten der Lebensführung (> R 21 Abs. 6 Satz 8). Das gleiche gilt für Aufwendungen des Steuerpflichtigen für die Bewirtung von Geschäftsfreunden anläßlich seines Geburtstages in einer Gaststätte (> BFH vom 12. 12. 1991 – BStBl 1992 II S. 524).
Aufwendungen eines Arbeitnehmers für ein Arbeitsessen mit Fachkollegen sind keine Werbungskosten (> BFH vom 24. 5. 1973 – BStBl II S. 634).
\> Karnevalsveranstaltungen

Brille
\> Medizinisch-technische Hilfsmittel und Geräte

Bücher
Aufwendungen eines Publizisten für Bücher allgemeinbildenden Inhalts sind Kosten der Lebensführung (> BFH vom 21. 5. 1992 – BStBl II S. 1015).

Computer
Die Anschaffung eines Computers ist regelmäßig dem privaten Lebensbereich zuzurechnen. Eine Anerkennung als Werbungskosten kommt nur in Betracht, wenn feststeht, daß der Computer weitaus überwiegend beruflich verwendet wird und eine private Mitbenutzung von untergeordneter Bedeutung ist (> BFH vom 15. 1. 1993 – BStBl II S. 348).

Einbürgerungskosten
Aufwendungen für die Einbürgerung sind Kosten der Lebensführung (> BFH vom 18. 5. 1984 – BStBl II S. 588).
...

Geschenke an Geschäftsfreunde
\> § 4 Abs. 5 Satz 1 Nr. 1 EStG
\> R 21 Abs. 2 bis 4

Gesellschaftliche Veranstaltungen, z. B. des Berufs-, Fach- oder Wirtschaftsverbandes oder der Gewerkschaft:

Aufwendungen sind stets Kosten der Lebensführung, und zwar auch dann, wenn die gesellschaftlichen Veranstaltungen im Zusammenhang mit einer rein fachlichen oder beruflichen Tagung oder Sitzung standen (> BFH vom 1. 8. 1968 – BStBl II S. 713).

> Karnevalsveranstaltungen

> Kulturelle Veranstaltungen

Hörapparat

> Medizinisch-technische Hilfsmittel und Geräte

Karnevalsveranstaltungen

Aufwendungen für die Einladung von Geschäftspartnern zu Karnevalsveranstaltungen sind Lebenshaltungskosten (> BFH vom 29. 3. 1994 – BStBl II S. 843).

Kinderbetreuungskosten

Weder Betriebsausgaben noch Werbungskosten, selbst wenn sie wegen der Erwerbstätigkeit der Eltern aufgewendet werden (> BVerfG vom 11. 10. 1977 – BStBl 1978 II S. 174 und BFH vom 9. 11. 1982 – BStBl 1983 II S. 297).

Kleidung und Schuhe

Als Kosten der Lebensführung nicht abziehbar, selbst wenn der Steuerpflichtige sie ausschließlich bei der Berufsausübung trägt (> BFH vom 18. 4. 1991 – BStBl II S. 751).

Ausnahme: typische Berufskleidung (> R 20 LStR 2000 und H 44 LStH 2000 Berufskleidung)

Körperpflegemittel, Kosmetika

Als Kosten der Lebensführung nicht abziehbar (> BFH vom 6. 7. 1989 – BStBl 1990 II S. 49).

Kontoführungsgebühren

Pauschale Kontoführungsgebühren sind nach dem Verhältnis beruflich und privat veranlaßter Kontenbewegungen aufzuteilen (> BFH vom 9. 5. 1984 – BStBl II S. 560).

Konzertflügel einer Musiklehrerin

Kann ein Arbeitsmittel im Sinne des § 9 Abs. 1 Nr. 6 EStG sein (> BFH vom 21. 10. 1988 – BStBl 1989 II S. 356).

Kulturelle Veranstaltungen

Aufwendungen für den Besuch sind regelmäßig keine Werbungskosten, auch wenn dabei berufliche Interessen berührt werden (> BFH vom 8. 2. 1971 – BStBl II S. 368 betr. Musiklehrerin).

Kunstwerke

Aufwendungen für Kunstwerke zur Ausschmückung eines Arbeits- oder Dienstzimmers sind Kosten der Lebensführung (> BFH vom 12. 3. 1993 – BStBl II S. 506)[1]*.*

Anm. d. Schriftl.:

[1] Anders hingegen, wenn das Arbeitszimmer wegen häufiger Besuche aus geschäftlichen oder beruflichen Gründen repräsentativ ausgestattet werden mußte (BFH-Urt. vom 30. 10. 1990 – BStBl 1991 I S. 340).

Medizinisch-technische Hilfsmittel und Geräte

Aufwendungen für technische Hilfsmittel zur Behebung körperlicher Mängel können als reine Kosten der Lebensführung nicht abgezogen werden, auch wenn die Behebung des Mangels im beruflichen Interesse liegt.

> BFH vom 8. 4. 1954 (BStBl III S. 174) – Hörapparat
> BFH vom 28. 9. 1990 (BStBl 1991 II S. 27) – Bifokalbrille
> BFH vom 23. 10. 1992 (BStBl 1993 II S. 193) – Sehbrille

Nachschlagewerk

1. Allgemeines Nachschlagewerk eines Lehrers ist regelmäßig dem privaten Lebensbereich zuzuordnen (> BFH vom 29. 4. 1977 – BStBl II S. 716).
2. Allgemeines englisches Nachschlagewerk eines Englischlehrers kann Arbeitsmittel im Sinne des § 9 Abs. 1 Satz 3 Nr. 6 EStG sein (> BFH vom 16. 10. 1981 – BStBl 1982 II S. 67).

Promotionskosten

> H 103 (Promotion)

Sponsoring

> BMF vom 18. 2. 1998 (BStBl I S. 212)
. . .

Tageszeitung

Aufwendungen für den Bezug regionaler wie überregionaler Tageszeitungen gehören zu den unter § 12 Nr. 1 Satz 2 EStG fallenden Lebenshaltungskosten (> BFH vom 7. 9. 1989 – BStBl 1990 II S. 19).

Telefonanschluß in einer Wohnung

Grund- und Gesprächsgebühren sind Betriebsausgaben oder Werbungskosten, soweit sie auf die beruflich geführten Gespräche entfallen. Der beruflich Anteil ist aus dem – ggf. geschätzten – Verhältnis der beruflich und der privat geführten Gespräche zu ermitteln (> BFH vom 21. 11. 1980 – BStBl 1981 II S. 131). Zur Aufteilung der Gebühren > BMF vom 11. 6. 1990 (BStBl I S. 290)**❶**.

Videorecorder eines Lehrers

Aufwendungen für einen Videorecorder sind regelmäßig Kosten der Lebensführung (> BFH vom 27. 9. 1991 – BStBl 1992 II S. 195).

EStR   **R 117a. Studienreisen, Fachkongresse**

[1]Aufwendungen für eine Studienreise oder den Besuch eines Fachkongresses sind Betriebsausgaben/Werbungskosten, wenn die Reise oder Teilnahme an dem Kongreß so gut wie

---

Anm. d. Schriftl.:

❶ Das BMF-Schreiben vom 11. 6. 1990 sieht für die Telefonpauschale drei Stufen von unterschiedlicher Höhe vor. Als Betriebsausgaben oder Werbungskosten sind absetzbar in

    Stufe 1 = 20 % der Monatsgebühr bis 130 DM
         zuzüglich
    Stufe 2 = 40 % der Monatsgebühr, die über 130 DM hinausgeht
         zuzüglich
    Stufe 3 = 100 % der Monatsgebühr, die über 230 DM hinausgeht.

ausschließlich betrieblich/beruflich veranlaßt ist. ²Eine betriebliche/berufliche Veranlassung ist anzunehmen, wenn objektiv ein Zusammenhang mit dem Betrieb/Beruf besteht und subjektiv die Aufwendungen zur Förderung des Betriebs/Berufs gemacht werden. ³Die Befriedigung privater Interessen muß nach dem Anlaß der Reise, dem vorgesehenen Programm und der tatsächlichen Durchführung nahezu ausgeschlossen sein. ⁴Die Entscheidung, ob betriebs-/berufsbedingte Aufwendungen vorliegen, ist nach Würdigung aller Umstände und Merkmale des Einzelfalls zu treffen.

▶ **Hinweise** **EStH** **H 117a.**

Abgrenzungsmerkmale
Für betriebs-/berufsbedingte Aufwendungen können z. B. folgende Merkmale sprechen:
– ein homogener Teilnehmerkreis
– eine straffe und lehrgangsmäßige Organisation
– ein Programm, das auf die betrieblichen/beruflichen Bedürfnisse und Gegebenheiten der Teilnehmer zugeschnitten ist
– (bei Arbeitnehmern) die Gewährung von Dienstbefreiung oder Sonderurlaub
– (bei Arbeitnehmern) Zuschüsse des Arbeitgebers
Gegen betriebs-/berufsbedingte Aufwendungen können z. B. folgende Merkmale sprechen:
– der Besuch bevorzugter Ziele des Tourismus
– häufiger Ortswechsel
– bei kürzeren Veranstaltungen die Einbeziehung vieler Sonn- und Feiertage, die zur freien Verfügung stehen
– die Mitnahme des Ehegatten oder anderer naher Angehöriger
– die Verbindung mit einem Privataufenthalt
– die Reise in den heimischen Kulturkreis
– entspannende oder kostspielige Beförderung, z. B. Schiffsreise
Die Merkmale können von Fall zu Fall unterschiedliches Gewicht haben. > BFH vom 27. 11. 1978 (BStBl 1979 II S. 213)

Ärztefortbildung
Teilnahme ist nicht ganz überwiegend beruflich veranlaßt, wenn der Lehrgang nach Programm und Durchführung in nicht unerheblichem Maße die Verfolgung privater Erlebnis- und Erholungsinteressen zuläßt.
– Reise in den heimischen Kulturkreis
   > BFH vom 23. 1. 1997 (BStBl II S. 357)
– Sportmedizin
   > BFH vom 19. 10. 1989 (BStBl 1990 II S. 134)
   > BFH vom 15. 3. 1990 (BStBl II S. 736)
– Wintersportort
   > BFH vom 4. 8. 1977 (BStBl II S. 829)

Allgemeinbildende Reise
Dient die Reise der allgemeinen Information über die geographischen, wirtschaftlichen und sonstigen Besonderheiten des besuchten Landes oder der allgemeinen wirtschaftlichen Bildung der Teilnehmer, liegt keine so gut wie ausschließlich betriebliche/berufliche Veranlassung vor.

▷ BFH vom 27. 11. 1978 (BStBl 1979 II S. 213) – Grundsatzbeschluß zu Auslandsgruppenreisen

▷ BFH vom 23. 10. 1981 (BStBl 1982 II S. 69) – Reise eines Geographielehrers

▷ BFH vom 15. 12. 1982 (BStBl 1983 II S. 409) – Gruppenreise von Gewerbetreibenden ins Ausland

▷ BFH vom 27. 3. 1991 (BStBl II S. 575) – Gruppenreise eines Hochschulgeographen ins Ausland

▷ BFH vom 22. 1. 1993 (BStBl II S. 612) – von Justizbehörden unterstützte und geförderte Gruppenreise von Richtern und Staatsanwälten

▷ BFH vom 25. 3. 1993 (BStBl II S. 559) – Teilnahme an einer Gruppenreise mit Schwerpunkt auf allgemeintouristischen Zwecken und nachträgliche Verwertung der Reiseeindrücke

▷ BFH vom 30. 4. 1993 (BStBl II S. 674) – Teilnahme an einer Bildungsgruppenreise mit zugewiesenen unwesentlichen Aufgaben der Reiseorganisation

▷ BFH vom 21. 8. 1995 (BStBl 1996 II S. 10) – Reise einer Englischlehrerin, Verfolgung allgemeintouristischer Zwecke neben einem Ausflug am Wochenende auch an mehreren Arbeitstagen

Betriebliche/berufliche Reise

Aufwendungen einer Kunstmalerin für eine Reise in ein beliebtes Urlaubsgebiet sind als Betriebsausgaben abziehbar, wenn sie die Reise unternommen hat, um am Ziel der Reise wegen des dort vorhandenen landschaftlichen oder kulturellen Umfelds in einer ihrem besonderen Malstil entsprechenden Arbeitsweise tätig zu werden, und private Motive für die Reise ausscheiden (▷ BFH vom 16. 10. 1986 – BStBl 1987 II S. 208).

Einzelaufwendungen

Ist eine Reise insgesamt nicht betrieblich/beruflich veranlaßt, können einzelne zusätzliche Aufwendungen gleichwohl Betriebsausgaben oder Werbungskosten sein. Voraussetzung dafür ist, daß sie von den übrigen Reisekosten sicher und leicht abgrenzbar und ausschließlich betrieblich/beruflich veranlaßt sind. Die Kosten sind nicht abziehbar, wenn sie auch entstanden wären, wenn der Steuerpflichtige den betrieblich/beruflich veranlaßten Reiseteil nicht durchgeführt hätte. Bei den zusätzlichen Aufwendungen kann es sich z. B. um Kursgebühren, Eintrittsgelder, Fahrtkosten, zusätzliche Übernachtungskosten und Mehraufwendungen für Verpflegung handeln. Die zusätzlichen Übernachtungskosten sowie die Mehraufwendungen für Verpflegung können mit den für Geschäfts-/Dienstreisen geltenden Pauschbeträgen (▷ R 39 und R 40 LStR 2000) angesetzt werden.

▷ BFH vom 27. 11. 1978 (BStBl 1979 II S. 213) – Grundsatzbeschluß zu Auslandsgruppenreisen

▷ BFH vom 18. 10. 1990 (BStBl 1991 II S. 92) – zusätzliche Aufwendungen für Materialsammlung zu einem Fremdsprachen-Schulbuch

▷ BFH vom 23. 4. 1992 (BStBl II S. 898) – Fortbildungsveranstaltung und vorangehender Urlaubsaufenthalt

Fachkongresse

– Ausland

Bei Fachkongressen im Ausland können Zweifel an der betrieblichen/beruflichen Veranlassung insbesondere dann bestehen, wenn die Veranstaltungen an beliebten Erholungsorten stattfinden. Der Ort einer Fachtagung ist jedoch von geringer Bedeutung, wenn es sich um eine Tagung internationalen Gepräges mit Beteiligung ausländischer Teilnehmer und Dozenten handelt (▷ BFH vom 16. 1. 1974 – BStBl II S. 291), es sei denn, den Teilnehmern wird durch die Gestaltung der Tagung gezielt die Möglichkeit eröffnet, die Freizeitangebote dieses Ortes zu nutzen, z. B. durch eine außergewöhnlich lange Mittagspause (> BFH vom 5. 9. 1990 – BStBl II S. 1059) oder durch einen hohen Freizeitanteil (> BFH vom 9. 8. 1996 – BStBl 1997 II S. 97).

- Konkreter Nutzen für den Betrieb
  Die Teilnahme an einem Fachkongreß kann betrieblich veranlaßt sein, wenn sie nachweislich für den Betrieb von Nutzen ist.
  > BFH vom 23. 11. 1988 (BStBl 1989 II S. 405) – Teilnahme eines Buchhändlers an Tagung der Gesellschaft für Tiefenpsychologie
  > BFH vom 13. 12. 1984 (BStBl 1985 II S. 325) – aktive Teilnahme eines Gewerbetreibenden an einem Fachkongreß

- Nachweis der Teilnahme
  Bei betrieblicher/beruflicher Veranlassung sind Aufwendungen für die Teilnahme an einem Kongreß nur abziehbar, wenn feststeht, daß der Steuerpflichtige an den Veranstaltungen teilgenommen hat (> BFH vom 4. 8. 1977 – BStBl II S. 829). An den Nachweis der Teilnahme sind strenge Anforderungen zu stellen; der Nachweis muß sich auf jede Einzelveranstaltung beziehen, braucht jedoch nicht in jedem Fall durch Anwesenheitstestat geführt zu werden (> BFH vom 13. 2. 1980 – BStBl II S. 386).

- Schiffsreise
  Wird ein Kongreß mit einer Reise verbunden, z. B. sog. schwimmende Kongresse, ist dies in der Regel ein Beweisanzeichen für eine private Mitveranlassung von nicht nur untergeordneter Bedeutung (> BFH vom 14. 7. 1988 – BStBl 1989 II S. 19).

- > Vortragstätigkeit

Incentive-Reisen

> BMF vom 14. 10. 1996 – BStBl I S. 1192

Klassenfahrt eines Berufsschülers

Aufwendungen sind regelmäßig Werbungskosten bei den aus dem Ausbildungsverhältnis erzielten Einnahmen aus nichtselbständiger Arbeit (> BFH vom 7. 2. 1992 – BStBl II S. 531).

Schulskileiter-Lizenz

Aufwendungen für die Lehrgangsteilnahme können nur bei in der Schule im Fach Sport eingesetzten Lehrerinnen und Lehrern unter eng begrenzten Voraussetzungen als Werbungskosten anerkannt werden (> BFH vom 26. 8. 1988 – BStBl 1989 II S. 91).

Sprachkurse im und Studienreisen ins Ausland

Bei Studienreisen ins Ausland kann gegen die betriebliche/berufliche Veranlassung sprechen, wenn Anlagen und Einrichtungen gleicher Art im Inland oder im näherliegenden Ausland hätten besucht werden können. Das gleiche gilt für Sprachkurse im Ausland, wenn die Durchführung der Veranstaltung im Inland den gleichen Erfolg hätte haben können (> BFH vom 31. 7. 1980 – BStBl II S. 746 und vom 22. 7. 1993 – BStBl II S. 787).

Vortragstätigkeit

Das Halten eines Vortrags ist für sich genommen nicht geeignet, die Teilnahme an einem Fachkongreß als unmittelbar beruflich veranlaßt anzusehen; eine zusätzliche Dolmetscherfunktion führt zu keiner anderen Beurteilung (> BFH vom 23. 1. 1997 – BStBl II S. 357).

EStR R 120. Geldstrafen und ähnliche Rechtsnachteile

Aufwendungen im Sinne des § 12 Nr. 4 EStG können auch dann nicht abgezogen werden, wenn die Geldstrafen und ähnlichen Rechtsnachteile außerhalb des Geltungsbereichs des Gesetzes verhängt, angeordnet oder festgesetzt werden, es sei denn, sie widersprechen wesentlichen Grundsätzen der deutschen Rechtsordnung (ordre public).

▶ Hinweise EStH H 120.

...

Kosten des Strafverfahrens/der Strafverteidigung
a) *Die dem Strafverfahren zugrundeliegende Tat wurde in Ausübung der betrieblichen oder beruflichen Tätigkeit begangen:*
   Kosten sind Betriebsausgaben oder Werbungskosten, da sie weder Strafe noch strafähnliche Rechtsfolge sind (> BFH vom 19. 2. 1982 – BStBl II S. 467).
b) *Die dem Strafverfahren zugrundeliegende Tat beruht auf privaten Gründen oder ist sowohl privat als auch betrieblich (beruflich) veranlaßt:*
   Aufwendungen sind nicht abziehbare Kosten der Lebensführung. Das gilt auch für Kosten eines Wiederaufnahmeverfahrens nach strafrechtlicher Verurteilung mit disziplinarrechtlichen Folgen (> BFH vom 13. 12. 1994 – BStBl 1995 II S. 457).
   Bei Strafverteidigungskosten im Fall eines Freispruches oder Verteidigungskosten in einem Bußgeld- oder Ordnungsgeldverfahren im Fall einer förmlichen Einstellung ist § 33 EStG zu prüfen (> BFH vom 15. 11. 1957 – BStBl 1958 III S. 105).

Leistungen zur Erfüllung von Auflagen oder Weisungen sind nicht abziehbar
– bei Strafaussetzung zur Bewährung
– bei Verwarnung mit dem Strafvorbehalt, einen Geldbetrag zugunsten einer gemeinnützigen Einrichtung oder der Staatskasse zu zahlen oder sonst gemeinnützige Leistungen zu erbringen (§ 56b Abs. 2 Nr. 2 und 3, § 59a Abs. 2 StGB)
– bei Einstellung des Verfahrens (§ 153a Abs. 1 Satz 1 Nr. 2 und 3 StPO) nach dem Jugendgerichtsgesetz und im Gnadenverfahren

Ordnungsgelder
> R 24

...

EStR R 121. Nichtabziehbare Steuern und Nebenleistungen
– unbesetzt –

▶ Hinweise EStH H 121.

Nebenleistungen
Nicht abziehbar sind:
– Aussetzungszinsen (§ 237 AO)
– Hinterziehungszinsen (§ 235 AO)

Einkommensteuer — Zu § 12 EStG

- *Nachforderungszinsen (§ 233a AO)*
- *Säumniszuschläge (§ 240 AO)*
- *Stundungszinsen (§ 234 AO)*
- *Verspätungszuschläge (§ 152 AO)*
- *Zwangsgelder (§ 329 AO)*

Personensteuern
- *Einkommensteuer, einschl. ausländische Steuern vom Einkommen, soweit nicht § 34c Abs. 2 EStG anzuwenden ist.*
- *Erbschaftsteuer*
- *Kapitalertragsteuer*
- *Kirchensteuer*
- *Lohnsteuer*
- *Solidaritätszuschlag*
- *Vermögensteuer*

EStR R 122. Spenden

¹Spenden gehören auch dann zu den Kosten der Lebensführung, wenn sie durch betriebliche Erwägungen mit veranlaßt werden. ²Der Steuerpflichtige kann sie nur im Rahmen der > §§ 10b, 34g EStG abziehen.

EStR R 123. Wiederkehrende Leistungen

Wiederkehrende Leistungen im Zusammenhang mit einer Vermögensübertragung sind entweder als Sonderausgaben abziehbare Versorgungsleistungen (Rente oder dauernde Last), nicht abziehbare Unterhaltsleistungen nach § 12 Nr. 2 EStG oder Entgelt bzw. Teilentgelt im Rahmen eines Anschaffungsgeschäftes (> Abgrenzung zwischen Unterhalts- und Versorgungsleistungen).

▶ Hinweise EStH H 123.

Abgrenzung zwischen Unterhalts- und Versorgungsleistungen
Einkommensteuerrechtliche Behandlung von wiederkehrenden Leistungen im Zusammenhang mit der Übertragung von Privat- oder Betriebsvermögen > BMF vom 23. 12. 1996 (BStBl I S. 1508).

Gesetzlich unterhaltsberechtigt
sind alle Personen, die nach bürgerlichem Recht gegen den Steuerpflichtigen oder seinen Ehegatten einen gesetzlichen Unterhaltsanspruch haben können. Es kommt nicht darauf an, ob nach den persönlichen Verhältnissen der Beteiligten ein solcher Anspruch tatsächlich besteht (> BFH vom 8. 9. 1961 – BStBl III S. 535 und vom 31. 10. 1973 – BStBl 1974 II S. 86).

Leibrente
> R 167

Renten und dauernde Lasten, die freiwillig oder auf Grund einer freiwillig begründeten Rechtspflicht geleistet werden
> R 87 Abs. 2

Zu § 15 EStG

Unterhaltsleistungen
- *an den geschiedenen oder dauernd getrennt lebenden Ehegatten fallen unter das Abzugsverbot des § 12 Nr. 2 EStG.*
- *die den Rahmen der gesetzlichen Unterhaltspflicht übersteigen, fallen unter das Abzugsverbot des § 12 Nr. 2 EStG (> BFH vom 10. 4. 1953 – BStBl III S. 157).*

Ausnahmen:
> *§ 10 Abs. 1 Nr. 1 EStG*
> *§ 33a Abs. 1 EStG*

Wert der Gegenleistung bestimmt sich in der Regel nach dem Betrag, den ein fremder Erwerber als Kaufpreis zugestehen würde (> BFH vom 23. 1. 1964 – BStBl III S. 422 und vom 30. 11. 1967 – BStBl 1968 II S. 263).

Zu § 15 EStG

EStR   R 134. Selbständigkeit

Versicherungsvertreter

(1) ...

Hausgewerbetreibende und Heimarbeiter

(2) ...

Sozialversicherungspflicht

(3) ¹Eine sozialversicherungspflichtige Beschäftigung, die allein auf Grund des § 7 Abs. 4 SGB IV festgestellt wird (sog. Scheinselbständigkeit), steht der Annahme einer steuerlich selbständigen Betätigung nicht entgegen. ²Arbeitnehmerähnliche Selbständige im Sinne des § 2 Nr. 9 SGB VI sind steuerlich regelmäßig selbständig tätig.

▶ **Hinweise   EStH   H 134.**

Allgemeines
Voraussetzung für die Annahme eines Gewerbebetriebes ist die Selbständigkeit der Tätigkeit, d. h., die Tätigkeit muß auf eigene Rechnung (Unternehmerrisiko) und auf eigene Verantwortung (Unternehmerinitiative) ausgeübt werden (> BFH vom 27. 9. 1988 – BStBl 1989 II S. 414).
...

Gesamtbeurteilung
Für die Frage, ob ein Steuerpflichtiger selbständig oder nichtselbständig tätig ist, kommt es nicht allein auf die vertragliche Bezeichnung, die Art der Tätigkeit oder die Form der Entlohnung an. Entscheidend ist das Gesamtbild der Verhältnisse. Es müssen die für und gegen die Selbständigkeit sprechenden Umstände gegeneinander abgewogen werden; die gewichtigeren Merkmale sind dann für die Gesamtbeurteilung maßgebend (> BFH vom 12. 10. 1989 – BStBl 1990 II S. 64 und vom 18. 1. 1991 – BStBl II S. 409).
...

Einkommensteuer — Zu § 15 EStG

Natürliche Personen
Natürliche Personen können z. T. selbständig, z. T. nichtselbständig tätig sein (> BFH vom 3. 7. 1991 – BStBl II S. 802).
...

EStR   **R 134a. Nachhaltigkeit**
– unbesetzt –

Hinweise   **EStH**   **H 134a.**

Einmalige Handlung
Eine einmalige Handlung stellt keine nachhaltige Betätigung dar, wenn sie nicht weitere Tätigkeiten des Steuerpflichtigen (zumindest Dulden, Unterlassen) auslöst (> BFH vom 14. 11. 1963 – BStBl 1964 III S. 139).
> Wiederholungsabsicht

Mehrzahl selbständiger Handlungen
Nachhaltig sind auch Einzeltätigkeiten, die Teil einer in organisatorischer, technischer und finanzieller Hinsicht aufeinander abgestimmten Gesamttätigkeit sind (> BFH vom 21. 8. 1985 – BStBl 1986 II S. 88).
...

Wiederholungsabsicht
Eine Tätigkeit ist nachhaltig, wenn sie auf Wiederholung angelegt ist. Da die Wiederholungsabsicht eine innere Tatsache ist, kommt den tatsächlichen Umständen besondere Bedeutung zu. Das Merkmal der Nachhaltigkeit ist daher bei einer Mehrzahl von gleichartigen Handlungen im Regelfall zu bejahen (> BFH vom 23. 10. 1987 – BStBl 1988 II S. 293 und vom 12. 7. 1991 – BStBl 1992 II S. 143). Bei **erkennbarer** Wiederholungsabsicht kann bereits eine einmalige Handlung den Beginn einer fortgesetzten Tätigkeit begründen (> BFH vom 31. 7. 1990 – BStBl 1991 II S. 66).

Zeitdauer
Die Zeitdauer einer Tätigkeit allein läßt nicht auf die Nachhaltigkeit schließen (> BFH vom 21. 8. 1985 – BStBl 1986 II S. 88).

EStR   **R 134b. Gewinnerzielungsabsicht**
– unbesetzt –

Hinweise   **EStH**   **H 134b.**

Abgrenzung der Gewinnerzielungsabsicht zur Liebhaberei
– bei einem **Erfinder** > BFH vom 14. 3. 1985 (BStBl II S. 424),
– bei Vermietung einer **Ferienwohnung** > BFH vom 5. 5. 1988 (BStBl II S. 778),
– beim Betrieb eines **Gästehauses** > BFH vom 13. 12. 1984 (BStBl 1985 II S. 455),

- bei einem unverändert fortgeführten regelmäßig Verluste bringenden **Großhandelsunternehmen** > BFH vom 19. 11. 1985 (BStBl 1986 II S. 289),
- bei Vercharterung eines **Motorbootes** > BFH vom 28. 8. 1987 (BStBl 1988 II S. 10),
- bei einer **Pferdezucht** > BFH vom 27. 1. 2000 (BStBl II S. 227),
- bei einem hauptberuflich tätigen **Rechtsanwalt** > BFH vom 22. 4. 1998 (BStBl II S. 663),
- bei Betrieb einer **Reitschule** > BFH vom 15. 11. 1984 (BStBl 1985 II S. 205),
- bei einem **Schriftsteller** > BFH vom 23. 5. 1985 (BStBl II S. 515),
- bei Betrieb eines **Trabrennstalls** > BFH vom 19. 7. 1990 (BStBl 1991 II S. 333).

Einfügung d. Schriftl.:
- Bei einem **Erfinder** > BFH vom 24. 3. 1985

Tenor: Erzielt ein Erfinder aus seiner Tätigkeit über einen längeren Zeitraum Verluste, so ist dies für sich allein noch kein ausreichendes Beweisanzeichen für das Fehlen einer Gewinnerzielungsabsicht.

- Bei **Vermietung einer Ferienwohnung** > BFH vom 5. 5. 1988

Tenor: Wird zur Begründung, daß die Vermietung einer Ferienwohnung als Liebhaberei zu werten ist, darauf abgestellt, daß der Steuerpflichtige über einen längeren Zeitraum Verluste erzielt hat, so sind für die Ermittlung der Höhe der Verluste die einkommensteuerlichen Vorschriften maßgebend; dies gilt auch für den Ansatz eines Nutzungswerts bei Selbstnutzung der Eigentumswohnung durch den Steuerpflichtigen. Für den Verlustzeitraum sind Wertänderungen der Ferienwohnung zu berücksichtigen, sofern deren Nutzung im Falle der Verneinung der Liebhaberei einen Gewerbebetrieb darstellen und daher nicht zu Einkünften aus Vermietung und Verpachtung führen würde.

- Beim **Betrieb eines Gästehauses** > BFH vom 13. 12. 1984

Tenor: Werden aus dem Betrieb eines Gästehauses während eines Zeitraums von 8 oder mehr Jahren ausschließlich Verluste erzielt, so rechtfertigt dieser Umstand für sich allein nicht den Schluß, das auch in den Folgejahren Verluste erwirtschaftende Gästehaus wird ohne Gewinnerzielungsabsicht betrieben (vgl. BFH-Beschluß vom 25. 6. 1984, GrS 4/82, BFHE 141, 405, BStBl 1984 II S. 751).

- Bei einem **unverändert regelmäßig Verlust bringenden Großhandelsunternehmen** > BFH vom 19. 11. 1985

Tenor: Bei einem Großhandelsunternehmen spricht der Beweis des ersten Anscheins dafür, daß es in der Absicht der Gewinnerzielung betrieben wird. Der Anscheinsbeweis ist entkräftet, wenn das FA die ernsthafte Möglichkeit darlegt, daß im konkreten Einzelfall nicht das Streben nach einem Totalgewinn, sondern persönliche Gründe für die Fortführung des Unternehmens bestimmend waren.

- Bei **Vercharterung eines Motorbootes** > BFH vom 28. 8. 1987

Tenor: Bei der Vercharterung eines Motorboots ist wegen der Art des Wirtschaftsgutes jedenfalls dann kein Gewerbebetrieb, sondern Liebhaberei anzunehmen, wenn der Besitzer des Motorboots Inhaber des Motorbootführerscheins ist und nach der Art, wie die Vercharterung betrieben wird, auf Dauer gesehen nicht mit Überschüssen zu rechnen ist.

- Bei **Betrieb einer Reitschule** > BFH vom 15. 11. 1984

Tenor: Eine mit andauernden Verlusten arbeitende Reitschule mit Pferdeverleih und Pensionspferdehaltung stellt jedenfalls dann keine Liebhaberei im steuerlichen Sinne dar, wenn der Steuerpflichtige aus der Erkenntnis, daß mit dem Betrieb keine Gewinne zu erzielen sind, die Konsequenzen zieht, indem er ihn nach den Anlaufjahren als eigengewerblicher Betrieb einstellt und mangels sofortiger Verkäuflichkeit als verpachteten Betrieb fortführt.

- Bei einem **Schriftsteller** > BFH vom 23. 5. 1985

Tenor: Einem Schriftsteller, der über einen längeren Zeitraum aus einer Tätigkeit Verluste erzielt hat, fehlt die Gewinnerzielungsabsicht, wenn nach den gegebenen tatsächlichen Verhältnissen keine Aussicht besteht, daß er jemals ein positives Gesamtergebnis erzielen wird.

- Bei **Betrieb eines Trabrennstalls** > BFH vom 19. 7. 1990

Tenor: Die Einkünfte aus dem Betrieb eines Trabrennstalls sind nicht als wertähnliche Gewinne generell steuerfrei. Ob ein Gewerbebetrieb oder „Liebhaberei" vorliegt, richtet sich nach den Umständen des Einzelfalls. Bei einer längeren Gewinnphase scheidet „Liebhaberei" in der Regel aus.

Anmerkung zu den obigen Urteilen:
Als „längerer Zeitraum" i. S. der BFH-Rechtsprechung wird ein Zeitraum von 5 bis 8 Jahren angesehen. Die Finanzämter können Steuerfestsetzungen zunächst vorläufig gem. § 165 AO durchführen und im nachhinein endgültig darüber entscheiden, erklärte Verluste anzuerkennen. Auf H 136 EStG > Gewinnerzielungsabsicht wird hingewiesen.

Anlaufverluste
Verluste der Anlaufzeit sind steuerlich nicht zu berücksichtigen, wenn die Tätigkeit von Anfang an erkennbar ungeeignet ist, auf Dauer einen Gewinn zu erbringen (> BFH vom 23. 5. 1985 – BStBl II S. 515 und vom 28. 8. 1987 – BStBl 1988 II S. 10).
...

Beweisanzeichen
– Betriebsführung
Beweisanzeichen für das Vorliegen einer Gewinnerzielungsabsicht ist eine Betriebsführung, bei der der Betrieb nach seiner Wesensart und der Art seiner Bewirtschaftung auf die Dauer gesehen dazu geeignet und bestimmt ist, mit Gewinn zu arbeiten. Dies erfordert eine in die Zukunft gerichtete langfristige Beurteilung, wofür die Verhältnisse eines bereits abgelaufenen Zeitraums wichtige Anhaltspunkte bieten können (> BFH vom 5. 5. 1988 – BStBl II S. 778).
– Verlustperioden
Bei längeren Verlustperioden muß für das Fehlen einer Gewinnerzielungsabsicht aus weiteren Beweisanzeichen die Feststellung möglich sein, daß der Steuerpflichtige die Tätigkeit nur aus den im Bereich seiner Lebensführung liegenden persönlichen Gründen und Neigungen ausübt (> BFH vom 19. 11. 1985 – BStBl 1986 II S. 289).
...

Persönliche Gründe
Im Lebensführungsbereich liegende persönliche Gründe für die Fortführung einer verlustbringenden Tätigkeit können sich aus der Befriedigung persönlicher Neigungen oder der Erlangung wirtschaftlicher Vorteile außerhalb der Einkommenssphäre ergeben (> BFH vom 19. 11. 1985 – BStBl 1986 II S. 289).

Selbstkostendeckung
Ohne Gewinnerzielungsabsicht handelt, wer Einnahmen nur erzielt, um seine Selbstkosten zu decken (> BFH vom 22. 8. 1984 – BStBl 1985 II S. 61).

Totalgewinn
Gewinnerzielungsabsicht ist das Streben nach Betriebsvermögensmehrung in Gestalt eines Totalgewinns. Dabei ist unter dem Begriff „Totalgewinn" das positive Gesamtergebnis des Betriebs von der Gründung bis zur Veräußerung, Aufgabe oder Liquidation zu verstehen. Es kommt auf die Absicht der Gewinnerzielung an, nicht darauf, ob ein Gewinn tatsächlich erzielt worden ist (> BFH vom 25. 6. 1984 – BStBl II S. 751). Der Aufgabegewinn wird durch Gegenüberstellung des Aufgabe-Anfangsvermögens und des Aufgabe-Endvermögens ermittelt. Da Verbindlichkeiten im Anfangs- und Endvermögen jeweils – mangels stiller Reserven – mit denselben Werten enthalten sind, wirken sie sich auf die Höhe des Aufgabegewinns nicht aus (> BFH vom 17. 6. 1998 – BStBl II S. 727).

Treu und Glauben
Folgt das Finanzamt der Darstellung des Steuerpflichtigen, wonach eine Gewinnerzielungsabsicht vorliegt, kann dieser seine Darstellung nicht ohne triftigen Grund als von Anfang an falsch

bezeichnen; ein solches Verhalten würde gegen die Grundsätze von Treu und Glauben verstoßen (> BFH vom 10. 10. 1985 – BStBl 1986 II S. 68).

Verlustzuweisung durch Inanspruchnahme von Bewertungsfreiheiten
Die Vermutung der fehlenden Gewinnerzielungsabsicht gilt auch für eine KG, die ihren Kommanditisten auf Grund der Bewertungsfreiheit des § 6 Abs. 2 EStG Verluste zuweist (> BFH vom 10. 9. 1991 – BStBl 1992 II S. 328).

Verlustzuweisungsgesellschaft
Bei einer Personengesellschaft, die nach Art ihrer Betriebsführung keinen Totalgewinn erreichen kann und deren Tätigkeit nach der Gestaltung des Gesellschaftsvertrags und seiner tatsächlichen Durchführung allein darauf angelegt ist, ihren Gesellschaftern Steuervorteile dergestalt zu vermitteln, daß durch Verlustzuweisungen andere Einkünfte nicht und die Verlustanteile letztlich nur in Form buchmäßiger Veräußerungsgewinne versteuert werden müssen, liegt der Grund für die Fortführung der verlustbringenden Tätigkeit allein im Lebensführungsbereich der Gesellschafter. Bei derartigen sog. Verlustzuweisungsgesellschaften ist zu vermuten, daß sie zunächst keine Gewinnerzielungsabsicht haben. Bei ihnen liegt in der Regel eine Gewinnerzielungsabsicht erst von dem Zeitpunkt an vor, in dem nach dem Urteil eines ordentlichen Kaufmanns ein Totalgewinn wahrscheinlich erzielt werden kann (> BFH vom 12. 12. 1995 – BStBl 1996 II S. 219).

Vorläufige Steuerfestsetzung
In Zweifelsfällen ist die Veranlagung gem. § 165 AO vorläufig durchzuführen (> BFH vom 25. 10. 1989 – BStBl 1990 II S. 278).
...

EStR R 134c. Beteiligung am allgemeinen wirtschaftlichen Verkehr
– unbesetzt –

Hinweise EStH H 134c.

Allgemeines
Eine Beteiligung am wirtschaftlichen Verkehr liegt vor, wenn ein Steuerpflichtiger mit Gewinnerzielungsabsicht nachhaltig am Leistungs- oder Güteraustausch teilnimmt. Damit werden solche Tätigkeiten aus dem gewerblichen Bereich ausgeklammert, die zwar von einer Gewinnerzielungsabsicht getragen werden, aber nicht auf einen Leistungs- oder Güteraustausch gerichtet sind, z. B. Bettelei. Die Teilnahme am allgemeinen Wirtschaftsverkehr erfordert, daß die Tätigkeit des Steuerpflichtigen nach außen hin in Erscheinung tritt, er sich mit ihr an eine – wenn auch begrenzte – Allgemeinheit wendet und damit seinen Willen zu erkennen gibt, ein Gewerbe zu betreiben (> BFH vom 9. 7. 1986 – BStBl II S. 851).

Einschaltung Dritter
– Der Steuerpflichtige muß nicht in eigener Person am allgemeinen Wirtschaftsverkehr teilnehmen. Es reicht aus, daß eine derartige Teilnahme für seine Rechnung ausgeübt wird (> BFH vom 31. 7. 1990 – BStBl 1991 II S. 66).
– Eine Beteiligung am allgemeinen wirtschaftlichen Verkehr kann auch dann gegeben sein, wenn der Steuerpflichtige nur ein Geschäft mit einem Dritten tätigt, sich dieser aber in Wirklichkeit und nach außen erkennbar nach Bestimmung des Steuerpflichtigen an den allgemeinen Markt wendet (> BFH vom 13. 12. 1995 – BStBl 1996 II S. 232).

Kundenkreis
Eine Beteiligung am allgemeinen wirtschaftlichen Verkehr kann auch bei einer Tätigkeit für nur einen bestimmten Vertragspartner vorliegen (> BFH vom 9. 7. 1986 – BStBl II S. 851 und vom 12. 7. 1991 – BStBl 1992 II S. 143); dies gilt auch, wenn der Steuerpflichtige vertraglich an Geschäftsbeziehungen zu weiteren Personen gehindert ist (> BFH vom 15. 12. 1999 – BStBl 2000 II S. 404).

Sittenwidrige Betätigung
Telefonsex führt zu Einkünften aus Gewerbebetrieb (> BFH vom 23. 3. 2000 – BStBl II S. 610).

Wettbewerbsausschluß
Die Beteiligung am allgemeinen wirtschaftlichen Verkehr kann auch dann bestehen, wenn der Wettbewerb der Gewerbetreibenden untereinander ausgeschlossen ist (> BFH vom 13. 12. 1963 – BStBl 1964 III S. 99).

EStR   **R 135. Abgrenzung des Gewerbebetriebs von der Land- und Forstwirtschaft**

Allgemeine Grundsätze

(1) ¹Land- und Forstwirtschaft ist die planmäßige Nutzung der natürlichen Kräfte des Bodens zur Erzeugung von Pflanzen und Tieren sowie die Verwertung der dadurch selbstgewonnenen Erzeugnisse. ²Als Boden im Sinne des Satzes 1 gelten auch Substrate und Wasser. ³Ob eine land- und forstwirtschaftliche Tätigkeit vorliegt, ist jeweils nach dem Gesamtbild der Verhältnisse zu entscheiden. ⁴Liegt eine teils gewerbliche und teils land- und forstwirtschaftliche Betätigung vor, so sind beide Betriebe selbst dann getrennt zu beurteilen, wenn eine zufällige, vorübergehende wirtschaftliche Verbindung zwischen ihnen besteht, die ohne Nachteil für diese Betriebe gelöst werden kann. ⁵Nur eine über dieses Maß hinausgehende wirtschaftliche Beziehung zwischen beiden Betrieben, d. h. eine planmäßig im Interesse des Hauptbetriebs gewollte Verbindung, kann eine einheitliche Beurteilung verschiedenartiger Betätigungen rechtfertigen. ⁶Sie führt zur Annahme eines einheitlichen land- und forstwirtschaftlichen Betriebs, wenn die Land- und Forstwirtschaft dem Unternehmen das Gepräge verleiht, und zur Annahme eines einheitlichen Gewerbebetriebs, wenn das Gewerbe im Vordergrund steht und die land- und forstwirtschaftliche Betätigung nur die untergeordnete Bedeutung einer Hilfstätigkeit hat. ⁷Bei in Mitunternehmerschaft (> R 138) geführten Betrieben ist § 15 Abs. 3 Nr. 1 EStG anzuwenden; Tätigkeiten, die die Voraussetzungen der folgenden Vereinfachungsregelungen erfüllen, gelten dabei als land- und forstwirtschaftlich. ⁸Bei der Ermittlung der in den folgenden Absätzen aufgeführten Umsatzgrenzen ist von den Betriebseinnahmen (ohne Umsatzsteuer) auszugehen.

Strukturwandel

(2) ¹Bei einem Strukturwandel vom land- und forstwirtschaftlichen Betrieb zum Gewerbebetrieb beginnt der Gewerbebetrieb in dem Zeitpunkt, in dem die Tätigkeit des land- und forstwirtschaftlichen Betriebs dauerhaft umstrukturiert wird. ²Hiervon ist z. B. auszugehen, wenn dem bisherigen Charakter des Betriebs nicht mehr entsprechende Investitionen vorgenommen, vertragliche Verpflichtungen eingegangen oder Wirtschaftsgüter angeschafft werden, die jeweils dauerhaft dazu führen, daß die in den folgenden Absätzen genannten Grenzen erheblich überschritten werden. ³In allen übrigen Fällen liegt nach Ablauf eines Zeitraums von drei Jahren ein Gewerbebetrieb vor. ⁴Der Dreijahreszeitraum ist objektbezogen und beginnt beim Wechsel des Betriebsinhabers nicht neu. ⁵Die vorstehenden Grundsätze gelten für den Sturkturwandel vom Gewerbebetrieb zum land- und forstwirtschaftlichen Betrieb entsprechend.

(3) u. (4) . . .

Zukauf fremder Erzeugnisse

(5) [1]Fremde Erzeugnisse sind nicht solche Erzeugnisse, die im Rahmen des Erzeugungsprozesses im eigenen Betrieb verwendet werden (z. B. Saatgut, Jungpflanzen oder Jungtiere). [2]Als fremde Erzeugnisse gelten solche für die Weiterveräußerung zugekauften betriebstypischen Erzeugnisse, die nicht im eigenen Betrieb im Wege des Erzeugungsprozesses bearbeitet werden, und die nach der Verkehrsauffassung noch als land- und forstwirtschaftliche Produkte zu qualifizieren sind. [3]Dazu gehören auch Handelswaren zur Vervollständigung einer für die Art des Erzeugungsbetriebs üblichen Produktpalette, wie z. B. Töpfe und Erden in einer Gärtnerei, sofern der hieraus erzielte Umsatz 10 v. H. des Gesamtumsatzes nicht übersteigt. [4]Beträgt der Zukauf fremder Erzeugnisse im Sinne der Sätze 2 und 3, aus Vereinfachungsgründen gemessen an deren Einkaufswert, insgesamt bis zu 30 v. H. des Umsatzes, so ist grundsätzlich ein Betrieb der Land- und Forstwirtschaft anzuerkennen. [5]Die vorstehende Vereinfachungsregelung findet nur Anwendung, wenn der Umsatzanteil, der auf die Veräußerung der Fremderzeugnisse entfällt, nicht erkennbar überwiegt.

Handelsgeschäft

(6) [1]Werden selbstgewonnene land- und forstwirtschaftliche Erzeugnisse – ohne Be- und Verarbeitung in einem Nebenbetrieb – über ein eigenständiges Handelsgeschäft, z. B. Einzelhandelsbetrieb, Ladengeschäft, Großhandelsbetrieb, abgesetzt, so ist zu prüfen, ob Erzeugerbetrieb und Handelsgeschäft einen einheitlichen Betrieb oder zwei selbständige Betriebe darstellen. [2]Erzeugerbetrieb und Handelsgeschäft bilden einen einheitlichen Betrieb, wenn

1. die eigenen Erzeugnisse des Betriebs zu mehr als 40 v. H. über das Handelsgeschäft abgesetzt werden

   oder

2. die eigenen Erzeugnisse des Betriebs zwar nicht zu mehr als 40 v. H. über das Handelsgeschäft abgesetzt werden, der Wert des Zukaufs fremder Erzeugnisse aber 30 v. H. des Umsatzes des Handelsgeschäfts nicht übersteigt.

[3]Für die Zuordnung zur Land- und Forstwirtschaft oder zum Gewerbe gelten die Grenzen des Absatzes 5. [4]Ein Handelsgeschäft ist selbständiger Gewerbebetrieb, wenn

1. die eigenen Erzeugnisse des Betriebs der Land- und Forstwirtschaft zu nicht mehr als 40 v. H. über das Handelsgeschäft abgesetzt werden, der Wert des Zukaufs fremder Erzeugnisse aber 30 v. H. des Umsatzes des Handelsgeschäftes übersteigt

   oder

2. die eigenen Erzeugnisse des Betriebs der Land- und Forstwirtschaft zu mehr als 40 v. H. über das Handelsgeschäft abgesetzt werden, diese jedoch im Verhältnis zur gesamten Absatzmenge des Handelsgeschäftes nur von untergeordneter Bedeutung sind; in diesem Fall ist für die Annahme von zwei selbständigen Betrieben ferner Voraussetzung, daß die Betriebsführung des Erzeugerbetriebs von dem Handelsgeschäft unabhängig ist und beide Betriebe auch nach der Verkehrsauffassung als zwei selbständige Betriebe nach außen auftreten.

[5]Bei Abgabe eigener Erzeugnisse des Betriebs der Land- und Forstwirtschaft an das Handelsgeschäft sind diese mit dem Abgabepreis des Erzeugerbetriebs an Wiederverkäufer anzusetzen.

(7) – (11) . . .

Beherbergung von Fremden

(12) [1]Die Abgrenzung des Gewerbebetriebs gegenüber der Land- und Forstwirtschaft richtet sich bei der Beherbergung von Fremden nach den Grundsätzen von R 137. [2]Aus Vereinfachungsgründen ist keine gewerbliche Tätigkeit anzunehmen, wenn weniger als vier Zimmer oder weniger als sechs Betten zur Beherbergung von Fremden bereitgehalten werden und keine Hauptmahlzeit gewährt wird.

> **Hinweise** **EStH** **H 135.**

EStR   **R 136. Abgrenzung des Gewerbebetriebs von der selbständigen Arbeit**
                      – unbesetzt –

> **Hinweise** **EStH** **H 136.**

Allgemeines
Die für einen Gewerbebetrieb geltenden positiven Voraussetzungen
– *Selbständigkeit (> R 134),*
– *Nachhaltigkeit (> H 134a),*
– *Gewinnerzielungsabsicht (> H 134b),*
– *Beteiligung am allgemeinen wirtschaftlichen Verkehr (> H 134c),*
gelten auch für die selbständige Arbeit. Erfordert die Ausübung eines in § 18 Abs. 1 Nr. 1 EStG genannten Berufes eine gesetzlich vorgeschriebene Berufsausbildung, so übt nur derjenige, der auf Grund dieser Berufsausbildung berechtigt ist, die betreffende Berufsbezeichnung zu führen, diesen Beruf aus (> BFH vom 1. 10. 1986 – BStBl 1987 II S. 116).

Abgrenzung selbständige Arbeit/Gewerbebetrieb
a) Beispiele für selbständige Arbeit
    EDV-Berater *übt nur im Bereich der Systemtechnik – nicht bei Entwicklung – ingenieurähnliche Tätigkeit aus (> BFH vom 7. 12. 1989 – BStBl 1990 II S. 337 und vom 7. 11. 1991 – BStBl 1993 II S. 324),*
    Hebamme *(> RFH vom 5. 1. 1938 – RStBl S. 429),*
    Heilmasseur *(> BFH vom 24. 1. 1985 – BStBl II S. 676),*
    Industrie-Designer; *auch im Bereich zwischen Kunst und Gewerbe kann gewerblicher Verwendungszweck eine künstlerische Tätigkeit nicht ausschließen (> BFH vom 14. 12. 1976 – BStBl 1977 II S. 474),*
    Insolvenzverwalter; *Wirtschaftsprüfer/Steuerberater ist als Insolvenzverwalter freiberuflich tätig, wenn diese Tätigkeit isoliert als eine sonstige selbständige Tätigkeit anzusehen ist (> BFH vom 11. 8. 1994 – BStBl II S. 936),*
    Kfz-Sachverständiger, *dessen Gutachtertätigkeit mathematisch-technische Kenntnisse voraussetzt, wie sie üblicherweise nur durch eine Berufsausbildung als Ingenieur erlangt werden (> BFH vom 10. 11. 1988 – BStBl 1989 II S. 198),*
    Kindererholungsheim; *der Betrieb eines Kindererholungsheims kann ausnahmsweise eine freiberufliche Tätigkeit darstellen, wenn die Kinder in erster Linie zum Zweck einer planmäßigen körperlichen, geistigen und sittlichen Erziehung auswärts untergebracht sind und die freiberufliche Tätigkeit der Gesamtleistung des Heimes das Gepräge gibt (> BFH vom 9. 4. 1975 – BStBl II S. 610),*
    Kinder- und Jugendlichenpsychotherapeut *(> BMF vom 27. 12. 1999 – BStBl 2000 I S. 42),*
    Kompaßkompensierer *auf Seeschiffen (> BFH vom 14. 11. 1957 – BStBl 1958 III S. 3),*
    Kunsthandwerker, *der von ihm selbst entworfene Gegenstände herstellt (> BFH vom 26. 9. 1968 – BStBl 1969 II S. 70); handwerkliche und künstlerische Tätigkeit können nebeneinander vorliegen (> BFH vom 11. 7. 1991 – BStBl II S. 889),*

Modeschöpfer; beratende Tätigkeit eines im übrigen als Künstler anerkannten Modeschöpfers kann künstlerisch sein (> BFH vom 2. 10. 1968 – BStBl 1969 II S. 138),
Patentberichterstatter mit wertender Tätigkeit (> BFH vom 2. 12. 1970 – BStBl 1971 II S. 233),
Prozeßagent (> RFH vom 7. 12. 1938 – RStBl 1939 S. 215),
Psychologischer Psychotherapeut (> BMF vom 27. 12. 1999 – BStBl 2000 I S. 42),
Schiffseichaufnehmer (> BFH vom 5. 11. 1970 – BStBl 1971 II S. 319),
Synchronsprecher, der bei der Synchronisierung ausländischer Spielfilme mitwirkt (> BFH vom 3. 8. 1978 – BStBl 1979 II S. 131 und vom 12. 10. 1978 – BStBl 1981 II S. 706),
Tanz- und Unterhaltungsorchester, wenn es einen bestimmten Qualitätsstandard erreicht (> BFH vom 19. 8. 1982 – BStBl 1983 II S. 7),
Werbung; Tätigkeit eines Künstlers im Bereich der Werbung kann künstlerisch sein, wenn sie als eigenschöpferische Leistung zu werten ist (> BFH vom 11. 7. 1991 – BStBl 1992 II S. 353),
Zahnpraktiker (> BFH vom 19. 10. 1965 – BStBl III S. 692),
Zwangsverwalter; die Tätigkeit fällt in der Regel unter § 18 Abs. 1 Nr. 3 EStG. Die Tätigkeit ist gewerblich, wenn er gewerblich tätige Verwaltungsgesellschaften als Erfüllungsgehilfen einschaltet (> BFH vom 23. 5. 1984 – BStBl II S. 823).

b) Beispiele für Gewerbebetrieb
Anlageberater/Finanzanalyst (> BFH vom 2. 9. 1988 – BStBl 1989 II S. 24),
Ärztepropagandist (> BFH vom 27. 4. 1961 – BStBl III S. 315),
Apotheken-Inventurbüro (> BFH vom 15. 6. 1965 – BStBl III S. 556),
Apothekenrezeptabrechner (> BFH vom 28. 3. 1974 – BStBl II S. 515),
Architekt, der bei Ausübung einer beratenden Tätigkeit an der Vermittlung von Geschäftsabschlüssen mittelbar beteiligt ist (> BFH vom 14. 6. 1984 – BStBl 1985 II S. 15),
Artist (> BFH vom 16. 3. 1951 – BStBl III S. 97),
Baubetreuer (Bauberater), die sich lediglich mit der wirtschaftlichen (finanziellen) Betreuung von Bauvorhaben befassen (> BFH vom 29. 5. 1973 – BStBl 1974 II S. 447 und vom 30. 5. 1973 – BStBl II S. 668),
Bauleiter (> BFH vom 22. 1. 1988 – BStBl II S. 497 und vom 11. 8. 1999 – BStBl 2000 II S. 31),
Beratungsstellenleiter eines Lohnsteuerhilfevereins (> BFH vom 10. 12. 1987 – BStBl 1988 II S. 273),
Berufssportler (> BFH vom 22. 1. 1964 – BStBl III S. 207),
Bezirksschornsteinfegermeister (> BFH vom 13. 11. 1996 – BStBl 1997 II S. 295),
Bodybuilding-Studio, wenn unterrichtende Tätigkeit nur die Anfangsphase der Kurse prägt und im übrigen den Kunden Trainingsgeräte zur freien Verfügung stehen (> BFH vom 18. 4. 1996 – BStBl II S. 573),
Buchmacher (> RFH vom 22. 2. 1939 – RStBl S. 576),
Bühnenvermittler (> BFH vom 15. 4. 1970 – BStBl II S. 517),
Detektiv (> RFH vom 15. 7. 1942 – RStBl S. 989),
Dispacheur (> BFH vom 26. 11. 1992 – BStBl 1993 II S. 235),
EDV-Berater im Bereich der Anwendersoftwareentwicklung übt keine ingenieurähnliche Tätigkeit aus (> BFH vom 7. 12. 1989 – BStBl 1990 II S. 337 und vom 7. 11. 1991 – BStBl 1993 II S. 324); Gewerbetreibender ist auch ein EDV-Berater, der die Benutzer eines Soft-

wareproduktes vor, bei und nach dem erstmaligen Einsatz betreut (> BFH vom 24. 8. 1995 – BStBl II S. 888),

Erbensucher (> BFH vom 24. 2. 1965 – BStBl III S. 263),

Fahrschule, *wenn der Inhaber nicht die Fahrlehrererlaubnis besitzt* (> BFH vom 4. 10. 1966 – BStBl III S. 685),

Finanz- und Kreditberater (> BFH vom 13. 4. 1988 – BStBl II S. 666),

Fitness-Studio; *keine unterrichtende Tätigkeit, wenn Kunden im wesentlichen in Gerätebedienung eingewiesen und Training in Einzelfällen überwacht wird* (> BFH vom 13. 1. 1994 – BStBl II S. 362),

Fotograf, *der Werbeaufnahmen macht; Werbeaufnahmen macht auch, wer für Zeitschriften Objekte auswählt und zum Zweck der Ablichtung arrangiert, um die von ihm oder einem anderen Fotografen dann hergestellten Aufnahmen zu veröffentlichen* (> BFH vom 19. 2. 1998 – BStBl II S. 441),

Fotomodell (> BFH vom 8. 6. 1967 – BStBl III S. 618),

Gutachter *auf dem Gebiet der Schätzung von Einrichtungsgegenständen und Kunstwerken* (> BFH vom 22. 6. 1971 – BStBl II S. 749),

Havariesachverständige (> BFH vom 22. 6. 1965 – BStBl III S. 593),

Heileurhythmist (> BFH vom 21. 6. 1990 – BStBl II S. 804),

Hellseher (> BFH vom 30. 3. 1976 – BStBl II S. 464),

Hersteller künstlicher Menschenaugen (> BFH vom 25. 7. 1968 – BStBl II S. 662),

Industriepropagandisten (> RFH vom 25. 3. 1938 – RStBl S. 733), Ingenieure als **Werber für Lieferfirmen** (> RFH vom 30. 8. 1939 – RStBl 1940 S. 14),

Inventurbüro (> BFH vom 28. 11. 1968 – BStBl 1969 II S. 164),

Kfz-Sachverständige ohne Ingenieurexamen, *dessen Tätigkeit keine mathematisch-technischen Kenntnisse wie die eines Ingenieurs voraussetzt* (> BFH vom 9. 7. 1992 – BStBl 1993 II S. 100),

Klavierstimmer (> BFH vom 22. 3. 1990 – BStBl II S. 643),

Konstrukteur, *der überwiegend Bewehrungspläne fertigt* (> BFH vom 5. 10. 1989 – BStBl 1990 II S. 73),

Krankenpflegedienst, *wenn neben der eigentlichen medizinischen Betreuung auch die hauswirtschaftliche Versorgung der Patienten geschuldet wird* (> BFH vom 18. 5. 2000 – BStBl II S. 625),

Krankenpflegehelfer (> BFH vom 26. 8. 1993 – BStBl II S. 887),

Kükensortierer (> BFH vom 16. 8. 1955 – BStBl III S. 295),

Künstleragenten (> BFH vom 18. 4. 1972 – BStBl II S. 624),

Makler (> RFH vom 1. 6. 1938 – RStBl S. 842),

Marktforschungsberater (> BFH vom 27. 2. 1992 – BStBl II S. 826),

Masseur, *der lediglich oder überwiegend kosmetische oder Schönheitsmassagen durchführt* (> BFH vom 26. 11. 1970 – BStBl 1971 II S. 249),

Medizinische Bademeister, *wenn er nicht auch zur Feststellung des Krankheitsbefunds tätig wird oder persönliche Heilbehandlungen am Körper des Patienten, z. B. Unterwassermassage, vornimmt* (> BFH vom 26. 11. 1970 – BStBl 1971 II S. 249),

Medizinischer Fußpfleger (> BFH vom 7. 7. 1976 – BStBl II S. 621),

Probenehmer *für Erze, Metalle und Hüttenerzeugnisse* (> BFH vom 14. 11. 1972 – BStBl 1973 II S. 183),

Rechtsbeistand, der mit Genehmigung des Landgerichtspräsidenten Auszüge aus Gerichtsakten für Versicherungsgesellschaften fertigt (> BFH vom 18. 3. 1970 – BStBl II S. 455),

Rezeptabrechner für Apotheken (> BFH vom 28. 3. 1974 – BStBl II S. 515),

Rundfunkermittler, der im Auftrag einer Rundfunkanstalt Schwarzhörer aufspürt (> BFH vom 2. 12. 1998 – BStBl 1999 II S. 534),

Rundfunksprecher entfaltet in der Regel keine künstlerische Tätigkeit (> BFH vom 20. 6. 1962 – BStBl III S. 385 und vom 24. 10. 1963 – BStBl III S. 589),

Schadensregulierer im Auftrag einer Versicherungsgesellschaft (> BFH vom 29. 8. 1961 – BStBl III S. 505),

Schiffssachverständiger, wenn er überwiegend reine Schadensgutachten (im Unterschied zu Gutachten über Schadens- und Unfallursachen) erstellt (> BFH vom 21. 3. 1996 – BStBl II S. 518),

Spielerberater von Berufsfußballspielern (> BFH vom 26. 11. 1998 – BStBl 1999 II S. 167),

Treuhänderische Tätigkeit eines Rechtsanwaltes für Bauherrengemeinschaften (> BFH vom 1. 2. 1990 – BStBl II S. 534),

Vereidigter Kursmakler (> BFH vom 13. 9. 1955 – BStBl III S. 325),

Versicherungsberater (> BFH vom 16. 10. 1997 – BStBl 1998 II S. 139),

Versicherungsvertreter, selbständiger; übt auch dann eine gewerbliche Tätigkeit aus, wenn er nur für ein einziges Versicherungsunternehmen tätig sein darf (> BFH vom 26. 10. 1977 – BStBl 1978 II S. 137),

Versteigerer (> BFH vom 24. 1. 1957 – BStBl III S. 106),

Vortragswerber (> BFH vom 5. 7. 1956 – BStBl III S. 255),

Werbeberater (> BFH vom 16. 1. 1974 – BStBl II S. 293),

Wirtschaftswissenschaftler, der sich auf ein eng begrenztes Tätigkeitsgebiet, z. B. die Aufnahme und Bewertung von Warenbeständen in einem bestimmten Wirtschaftszweig, spezialisiert und diese Tätigkeit im wesentlichen von zahlreichen Hilfskräften in einem unternehmensartig organisierten Großbüro ausführen läßt (> BFH vom 28. 11. 1968 – BStBl 1969 II S. 164),

Zolldeklarant (> BFH vom 21. 9. 1989 – BStBl 1990 II S. 153).

Abgrenzung selbständige/nichtselbständige Arbeit

> R 134

> H 67 LStH 2000

Ähnliche Berufe

– Ob ein ähnlicher Beruf vorliegt, ist durch Vergleich mit einem bestimmten Katalogberuf festzustellen (> BFH vom 5. 7. 1973 – BStBl II S. 730).

– Ein Beruf ist einem der Katalogberufe ähnlich, wenn er in wesentlichen Punkten mit ihm verglichen werden kann. Dazu gehören die Vergleichbarkeit der **Ausbildung** und der beruflichen **Tätigkeit** (> BFH vom 12. 10. 1989 – BStBl 1990 II S. 64).

– Verfügt der Steuerpflichtige nicht über einen entsprechenden Studienabschluß **(Autodidakt)**, muß er eine vergleichbare Tiefe und Breite seiner Vorbildung nachweisen. Da der Nachweis durch Teilnahme an Kursen oder Selbststudium auch den Erfolg der autodidaktischen Ausbildung mitumfaßt, ist dieser Beweis regelmäßig schwer zu erbringen (> BFH vom 14. 3. 1991 – BStBl II S. 769). Der Autodidakt kann aber ausnahmsweise den Nachweis der erforderlichen theoretischen Kenntnisse anhand eigener praktischer Arbeiten erbringen. Hierbei ist erforderlich, daß seine Tätigkeit besonders anspruchsvoll ist und nicht nur der Tiefe, sondern auch der

Breite nach zumindest das Wissen des Kernbereichs eines Fachstudiums voraussetzt und den Schwerpunkt seiner Arbeit bildet (> BFH vom 9. 7. 1992 – BStBl II 1993 S. 100). Die praktischen Arbeiten müssen so beschaffen sein, daß aus ihnen auf eine Ausbildung, einen Kenntnisstand und eine Qualifikation geschlossen werden kann, die durch den Kernbereich eines Fachstudiums vermittelt wird (> BFH vom 11. 8. 1999 – BStBl 2000 II S. 31). Ein abgebrochenes Studium reicht zum Nachweis einer autodidaktischen Ausbildung nicht aus (> BFH vom 4. 5. 2000 – BStBl II S. 616).

– Der Nachweis **ingenieurähnlicher Tätigkeiten** kann nicht durch die Tätigkeit erbracht werden, die auch anhand von Formelsammlungen und praktischen Erfahrungen ausgeübt werden kann (> BFH vom 11. 7. 1991 – BStBl II S. 878). Demgegenüber werden an die Breite der Tätigkeit geringere Anforderungen gestellt (> BFH vom 14. 3. 1991 – BStBl II S. 769). Dies gilt nicht für die dem **beratenden Betriebswirt** ähnlichen Berufe; bei diesen muß sich die Beratungstätigkeit wenigstens auf einen betrieblichen Hauptbereich der Betriebswirtschaft beziehen (> BFH vom 12. 10. 1989 – BStBl II 1990 S. 64).

– Ein **Hochbautechniker** mit den einem Architekten vergleichbaren theoretischen Kenntnissen übt auch in den Veranlagungszeiträumen eine architektenähnliche Tätigkeit aus, in denen er lediglich als Bauleiter tätig wird (> BFH vom 12. 10. 1989 – BStBl II 1990 S. 64).

– Ist für die Ausübung des Katalogberufes eine **staatliche Zulassung** erforderlich, kann die ohne staatliche Zulassung entfaltete Tätigkeit nicht ähnlich sein (> BFH vom 9. 10. 1986 – BStBl II 1987 S. 124).

...

Gemischte Tätigkeit

– Wird neben einer freiberuflichen eine gewerbliche Tätigkeit ausgeübt, sind die beiden Tätigkeiten steuerlich getrennt zu behandeln, wenn eine Trennung nach der Verkehrsauffassung ohne besondere Schwierigkeit möglich ist. Eine getrennte Behandlung wird insbesondere in Betracht kommen können, wenn eine getrennte Buchführung für die beiden Tätigkeiten vorhanden ist; soweit erforderlich, können die Besteuerungsgrundlagen auch im Schätzungswege festgestellt werden (> BFH vom 16. 2. 1961 – BStBl III S. 210, vom 25. 10. 1963 – BStBl III S. 595, vom 12. 11. 1964 – BStBl 1965 III S. 90, vom 11. 5. 1976 – BStBl II S. 641). ... Sind bei einer gemischten Tätigkeit die beiden Tätigkeitsmerkmale miteinander verflochten und bedingen sie sich gegenseitig unlösbar, so muß der gesamte Betrieb als einheitlicher angesehen werden (> BFH vom 13. 5. 1966 – BStBl III S. 489, vom 15. 12. 1971 – BStBl 1972 II S. 291 und vom 9. 8. 1983 – BStBl 1984 II S. 129). Dies ist insbesondere dann der Fall, wenn sich die freiberufliche Tätigkeit lediglich als Ausfluß einer gewerblichen Betätigung darstellt oder wenn ein einheitlicher Erfolg geschuldet wird und in der dafür erforderlichen gewerblichen Tätigkeit auch freiberufliche Leistungen enthalten sind (> BFH vom 12. 11. 1964 – BStBl 1965 III S. 90, vom 13. 5. 1966 – BStBl III S. 489 und vom 15. 12. 1971 – BStBl 1972 II S. 291). In diesem Fall ist unter Würdigung aller Umstände zu entscheiden, ob nach dem Gesamtbild die gemischte Tätigkeit insgesamt als freiberuflich oder als gewerblich zu behandeln ist (> BFH vom 7. 3. 1974 – BStBl II S. 383). Der Ankauf und Verkauf von Waren ist grundsätzlich der freiberuflichen Tätigkeit derart wesensfremd, daß er zur Gewerblichkeit der einheitlichen Gesamtbetätigung ... führt (> BFH vom 24. 4. 1997 – BStBl II S. 567).

...

Gesellschaft

– Schließen sich Angehörige eines freien Berufs zu einer Personengesellschaft zusammen, haben die Gesellschafter nur dann freiberufliche Einkünfte, wenn alle Gesellschafter, ggf. auch die Kommanditisten, die Merkmale eines freien Berufs erfüllen. Kein Gesellschafter darf nur kapitalmäßig beteiligt sein oder Tätigkeiten ausüben, die keine freiberuflichen sind (> BFH vom 11. 6. 1985 – BStBl II S. 584 und vom 9. 10. 1986 – BStBl 1987 II S. 124). ...

– Üben Personengesellschaften auch nur zum Teil eine gewerbliche Tätigkeit aus, so ist ihr gesamter Betrieb als gewerblich zu behandeln ... Zur steuerrechtlichen Behandlung des Verkaufs von Kontaktlinsen nebst Pflegemitteln, von Mundhygieneartikeln sowie von Tierarzneimitteln durch ärztliche Gemeinschaftspraxen > BMF vom 14. 5. 1997 (BStBl I S. 566). ...

Gewinnerzielungsabsicht

Bei der in die Zukunft gerichteten und langfristigen Beurteilung, ob ein betrieblicher Totalgewinn erstrebt wird, ist zu berücksichtigen, daß sich z. B. bei Künstlern und Schriftstellern positive Einkünfte vielfach erst nach einer längeren Anlaufzeit erzielen lassen (> BFH vom 23. 5. 1985 – BStBl II S. 515); im übrigen > H 134b und zu Erfindern H 149.

Heilberufe

– Betreibt ein Arzt ein **Krankenhaus**, so liegt eine freiberufliche Tätigkeit vor, wenn es ein notwendiges Hilfsmittel für die ärztliche Tätigkeit darstellt und aus dem Krankenhaus ein besonderer Gewinn nicht angestrebt wird (> RFH vom 15. 3. 1939 – RStBl S. 853). ...

Künstlerische Tätigkeit

– Eine künstlerische Tätigkeit liegt vor, wenn die Arbeiten nach ihrem Gesamtbild **eigenschöpferisch** sind und über eine hinreichende Beherrschung der Technik hinaus eine bestimmte **künstlerische Gestaltungshöhe** erreichen (> BFH vom 11. 7. 1991 – BStBl 1992 II S. 353). Dabei ist nicht jedes einzelne von dem Künstler geschaffene Werk für sich, sondern die gesamte von ihm im VZ ausgeübte Tätigkeit zu würdigen (> BFH vom 11. 7. 1960 – BStBl III S. 453). ...

Mithilfe anderer Personen

Die Beschäftigung von fachlich vorgebildeten Mitarbeitern steht der Annahme einer freiberuflichen Tätigkeit nicht entgegen, wenn der Berufsträger auf Grund eigener Fachkenntnisse **leitend** tätig wird und auch hinsichtlich der für den Beruf typischen Tätigkeit **eigenverantwortlich** mitwirkt (> BFH vom 1. 2. 1990 – BStBl II S. 507); im Fall eines Schulleiters genügt es, daß er eigenständig in den Unterricht anderer Lehrkräfte eingreift, indem er die Unterrichtsveranstaltungen mitgestaltet und ihnen damit den **Stempel seiner Persönlichkeit** gibt (> BFH vom 23. 1. 1986 – BStBl II S. 398). Die leitende und eigenverantwortliche Tätigkeit des Berufsträgers muß sich auf die **Gesamttätigkeit** seiner Berufspraxis erstrecken; es genügt somit nicht, wenn sich die auf persönlichen Fachkenntnissen beruhende Leitung und eigene Verantwortung auf einen Teil der Berufstätigkeit beschränkt (> BFH vom 5. 12. 1968 – BStBl 1969 II S. 165). Freiberufliche Arbeit leistet der Berufsträger nur, wenn die Ausführung jedes einzelnen ihm erteilten Auftrags ihm und nicht dem fachlichen Mitarbeiter, den Hilfskräften, den technischen Hilfsmitteln oder dem Unternehmen als ganzem zuzurechnen ist, wobei in einfachen Fällen eine fachliche Überprüfung der Arbeitsleistung des Mitarbeiters genügt (> BFH vom 1. 2. 1990 – BStBl II S. 507). Danach ist z. B. in den folgenden Fällen eine **gewerbliche Tätigkeit** anzunehmen:

1. Ein Steuerpflichtiger unterhält ein **Übersetzungsbüro**, ohne daß er selbst über Kenntnisse in den Sprachen verfügt, auf die sich die Übersetzungstätigkeit erstreckt.
2. Ein **Architekt** befaßt sich vorwiegend mit der Beschaffung von Aufträgen und läßt die fachliche Arbeit durch Mitarbeiter ausführen.
3. Ein **Ingenieur** beschäftigt fachlich vorgebildete Arbeitskräfte und übt mit deren Hilfe eine Beratungstätigkeit auf mehreren Fachgebieten aus, die er nicht beherrscht oder nicht leitend bearbeitet (> BFH vom 11. 9. 1968 – BStBl II S. 820).

4. Ein Steuerpflichtiger betreibt eine **Fahrschule**, besitzt jedoch nicht die Fahrlehrererlaubnis (> BFH vom 4. 10. 1966 – BStBl III S. 685).

5. Ein Steuerpflichtiger ist Inhaber einer **Privatschule** und beschäftigt eine Anzahl von Lehrkräften, ohne durch eigenen Unterricht sowie durch das Mitgestalten des von anderen Lehrkräften erteilten Unterrichts eine überwiegend eigenverantwortliche Unterrichtstätigkeit auszuüben ...

6. ...

7. ...

Der Berufsträger darf weder die Leitung noch die Verantwortlichkeit einem Geschäftsführer oder Vertreter übertragen. ...

...

Schriftstellerische Tätigkeit

– Ein Schriftsteller muß für die Öffentlichkeit schreiben und es muß sich um den Ausdruck eigener Gedanken handeln, mögen sich diese auch auf rein tatsächliche Vorgänge beziehen. Es ist nicht erforderlich, daß das Geschriebene einen wissenschaftlichen oder künstlerischen Inhalt hat. Der Schriftsteller braucht weder Dichter noch Künstler noch Gelehrter zu sein (> BFH vom 14. 5. 1958 – BStBl III S. 316).

– Die selbständige Entwicklung von Softwarelernprogrammen ist dann eine schriftstellerische Tätigkeit, wenn eigene Gedanken verfaßt werden und die Programme für die Öffentlichkeit bestimmt sind (> BFH vom 10. 9. 1998 – BStBl 1999 II S. 215).

...

Unterrichtende und erzieherische Tätigkeit

Der Betrieb einer **Unterrichtsanstalt** ist dann als Ausübung eines freien Berufs anzusehen, wenn der Inhaber über entsprechende Fachkenntnisse verfügt und den Betrieb der Schule eigenverantwortlich leitet (> Mithilfe anderer Personen). Für eine spezifisch individuelle Leistung, wie es die Lehrtätigkeit ist, gelten dabei **besonders enge Maßstäbe** (> BFH vom 1. 4. 1982 – BStBl II S. 589).

...

Verpachtung nach Erbfall

Das Ableben eines Freiberuflers führt weder zu einer Betriebsaufgabe noch geht das der freiberuflichen Tätigkeit dienende Betriebsvermögen durch den Erbfall in das Privatvermögen der Erben über (> BFH vom 14. 12. 1993 – BStBl 1994 II S. 922). Die vorübergehende Verpachtung einer freiberuflichen Praxis durch den Erben oder Vermächtnisnehmer führt dann nicht zur Betriebsaufgabe, wenn er im Begriff ist, die für die beabsichtigte Praxisfortführung erforderliche freiberufliche Qualifikation zu erlangen (> BFH vom 12. 3. 1992 – BStBl 1993 II S. 36).

Wissenschaftliche Tätigkeit

Wissenschaftlich tätig wird nicht nur, wer schöpferische oder forschende Arbeit leistet – reine Wissenschaft –, sondern auch, wer das aus der Forschung hervorgegangene Wissen und Erkennen auf konkrete Vorgänge anwendet – angewandte Wissenschaft. Keine wissenschaftliche Tätigkeit liegt vor, wenn sie im wesentlichen in einer praxisorientierten Beratung besteht (> BFH vom 27. 2. 1992 – BStBl II S. 826).

Zu § 15 EStG

EStR   **R 137. Abgrenzung des Gewerbebetriebs von der Vermögensverwaltung**

Allgemeines

(1) ¹Die bloße Verwaltung eigenen Vermögens ist regelmäßig keine gewerbliche Tätigkeit. ²Vermögensverwaltung liegt vor, wenn sich die Betätigung noch als Nutzung von Vermögen im Sinne einer Fruchtziehung aus zu erhaltenden Substanzwerten darstellt und die Ausnutzung substantieller Vermögenswerte durch Umschichtung nicht entscheidend in den Vordergrund tritt. ³Ein Gewerbebetrieb liegt dagegen vor, wenn eine selbständige nachhaltige Betätigung mit Gewinnabsicht unternommen wird, sich als Beteiligung am allgemeinen wirtschaftlichen Verkehr darstellt und über den Rahmen einer Vermögensverwaltung hinausgeht. ⁴Die Verpachtung eines Gewerbebetriebs ist grundsätzlich nicht als Gewerbebetrieb anzusehen.

> **Hinweise**   **EStH**   **H 137 (1).**

...

Vermietung und Verpachtung von Grundvermögen

(2) ¹Ein Gewerbebetrieb ist in der Regel gegeben bei der Vermietung von Ausstellungsräumen, Messeständen und bei der ständig wechselnden kurzfristigen Vermietung von Sälen, z. B. für Konzerte. ²Die Beherbergung in Gaststätten ist stets ein Gewerbebetrieb.

> **Hinweise**   **EStH**   **H 137 (2).**

...

Ferienwohnung

Bei Vermietung einer Ferienwohnung ist ein Gewerbebetrieb gegeben, wenn sämtliche der folgenden Voraussetzungen vorliegen:

1. Die Wohnung muß für die Führung eines Haushalts voll eingerichtet sein, z. B. Möblierung, Wäsche und Geschirr enthalten. Sie muß in einem reinen Feriengebiet im Verband mit einer Vielzahl gleichartig genutzter Wohnungen liegen, die eine einheitliche Wohnanlage bilden;
2. die Werbung für die kurzfristige Vermietung der Wohnung an laufend wechselnde Mieter und die Verwaltung der Wohnung müssen von einer für die einheitliche Wohnanlage bestehenden Feriendienstorganisation durchgeführt werden;
3. die Wohnung muß jederzeit zur Vermietung bereitgehalten werden, und es muß nach Art der Rezeption eines Hotels laufend Personal anwesend sein, das mit den Feriengästen Mietverträge abschließt und abwickelt und dafür sorgt, daß die Wohnung in einem Ausstattungs-, Erhaltungs- und Reinigungszustand ist und bleibt, der die sofortige Vermietung zuläßt (> BFH vom 25. 6. 1976 – BStBl II S. 728).

Ein Gewerbebetrieb ist auch anzunehmen, wenn eine hotelmäßige Nutzung der Ferienwohnung vorliegt oder die Vermietung nach Art einer Fremdenpension erfolgt. Ausschlaggebend ist, ob wegen der Häufigkeit des Gästewechsels oder im Hinblick auf zusätzlich zur Nutzungsüberlassung erbrachte Leistungen, z. B. Bereitstellung von Wäsche und Mobiliar, Reinigung der Räume, Übernahme sozialer Betreuung, eine Unternehmensorganisation erforderlich ist, wie sie auch in Fremdenpensionen vorkommt (> BFH vom 28. 6. 1984 – BStBl 1985 II S. 211).

...

Gewerblicher Charakter der Vermietungstätigkeit

Um der Tätigkeit der Vermögensverwaltung gewerblichen Charakter zu verleihen, müssen besondere Umstände hinzutreten. Diese können darin bestehen, daß die Verwaltung des Grundbesitzes infolge des ständigen und schnellen Wechsels der Mieter eine Tätigkeit erfordert, die über das bei langfristigen Vermietungen übliche Maß hinausgeht, oder daß der Vermieter zugleich Leistungen erbringt, die eine bloße Vermietungstätigkeit überschreiten. Das entscheidende Merkmal liegt also darin, daß die bloße Vermögensnutzung hinter der Bereitstellung einer einheitlichen gewerblichen Organisation zurücktritt (> BFH vom 21. 8. 1990 – BStBl 1991 II S. 126).

...

Umfangreicher Grundbesitz

Die Vermietung und Verpachtung von Grundvermögen stellt auch dann eine bloße Vermögensverwaltung dar, wenn der vermietete Grundbesitz sehr umfangreich ist und der Verkehr mit vielen Mietern erhebliche Verwaltungsarbeit erforderlich macht (> BFH vom 21. 8. 1990 – BStBl 1991 II S. 126) oder die vermieteten Räume gewerblichen Zwecken dienen (> BFH vom 17. 1. 1961 – BStBl III S. 233).

...

Vermietung beweglicher Gegenstände

(3) ¹Die Vermietung beweglicher Gegenstände (z. B. PKW, Wohnmobile, Boote) führt grundsätzlich zu sonstigen Einkünften im Sinne des § 22 Nr. 3 EStG oder bei Sachinbegriffen zu Einkünften im Sinne des § 21 Abs. 1 Nr. 2 EStG. ²Eine gewerbliche Tätigkeit liegt vor, wenn im Zusammenhang mit der Vermietung ins Gewicht fallende Sonderleistungen erbracht werden oder der Umfang der Tätigkeit eine unternehmerische Organisation erfordert.

▶ **Hinweise**   EStH   H 137 (3).

Flugzeug

Das Vermieten eines in die Luftfahrzeugrolle eingetragenen Flugzeugs ohne Sonderleistungen des Vermieters ist regelmäßig keine gewerbliche Tätigkeit, sondern führt zu Einkünften aus Vermietung und Verpachtung im Sinne von § 21 Abs. 1 Satz 1 Nr. 1 EStG (> BFH vom 2. 5. 2000 – BStBl II S. 467).

Wohnmobil

Die Vermietung nur eines Wohnmobils an wechselnde Mieter ist in der Regel keine gewerbliche Tätigkeit (> BFH vom 12. 11. 1997 – BStBl 1998 II S. 774).

(4)–(9) ...

▶ **Hinweise**   EStH   H 137 (4) – (9).

...

Zu § 18 EStG

EStR   **R 142. Aufzeichnungspflicht und Buchführungspflicht von Angehörigen der freien Berufe**
– unbesetzt –

▶ Hinweise   EStH   H 142.

Aufzeichnungspflicht
Eine Aufzeichnungspflicht von Angehörigen der freien Berufe kann sich z. B. ergeben aus:
– § 6 Abs. 2 EStG bei GWG,
– § 6c EStG bei Gewinnen aus der Veräußerung bestimmter Anlagegüter,
– § 7a Abs. 8 EStG bei erhöhten Absetzungen und Sonderabschreibungen,
– § 7g Abs. 3 Nr. 3 i. V. m. Abs. 6 EStG bei Ansparabschreibungen,
– § 41 EStG, Aufzeichnungspflichten beim Lohnsteuerabzug,
– § 22 UStG.

Buchführung
Werden freiwillig Bücher geführt und regelmäßig Abschlüsse gemacht, ist der Gewinn nach § 4 Abs. 1 EStG zu ermitteln. Ein nicht buchführungspflichtiger Steuerpflichtiger, der nur Aufzeichnungen über Einnahmen und Ausgaben fertigt, kann nicht verlangen, daß sein Gewinn nach § 4 Abs. 1 EStG ermittelt wird (> BFH vom 2. 3. 1978 – BStBl II S. 431). Zur Gewinnermittlung > R 12 bis R 18.

EStR   **R 143. Betriebsvermögen**
– unbesetzt –

▶ Hinweise   EStH   H 143.

Betriebsausgabenpauschale
Betriebsausgabenpauschale bei hauptberuflicher, selbständiger, schriftstellerischer oder journalistischer Tätigkeit, aus wissenschaftlicher, künstlerischer und schriftstellerischer Nebentätigkeit sowie aus nebenamtlicher Lehr- und Prüfungstätigkeit:
Es ist nicht zu beanstanden, wenn bei der Ermittlung der vorbezeichneten Einkünfte die Betriebsausgaben wie folgt pauschaliert werden:
a) bei hauptberuflicher selbständiger schriftstellerischer oder journalistischer Tätigkeit auf 30 v. H. der Betriebseinnahmen aus dieser Tätigkeit, höchstens jedoch 4 800 DM jährlich,
b) bei wissenschaftlicher, künstlerischer oder schriftstellerischer Nebentätigkeit (auch Vortrags- oder nebenberufliche Lehr- und Prüfungstätigkeit), soweit es sich nicht um eine Tätigkeit i. S. d. § 3 Nr. 26 EStG handelt, auf 25 v. H. der Betriebseinnahmen aus dieser Tätigkeit, höchstens jedoch 1 200 DM jährlich. Der Höchstbetrag von 1 200 DM kann für alle Nebentätigkeiten, die unter die Vereinfachungsregelung fallen, nur einmal gewährt werden.
Es bleibt den Steuerpflichtigen unbenommen, etwaige höhere Betriebsausgaben nachzuweisen.
(> BMF vom 21. 1. 1994 – BStBl I S. 112).

Betriebsvermögen

Ein Wirtschaftsgut kann nur dann zum freiberuflichen Betriebsvermögen gehören, wenn zwischen dem Betrieb oder Beruf und dem Wirtschaftsgut eine objektive Beziehung besteht; das Wirtschaftsgut muß bestimmt und geeignet sein, dem Betrieb zu dienen bzw. ihn zu fördern. Wirtschaftsgüter, die der freiberuflichen Tätigkeit wesensfremd sind und bei denen eine sachliche Beziehung zum Betrieb fehlt, sind kein Betriebsvermögen (> BFH vom 14. 11. 1985 – BStBl 1986 II S. 182). Der Umfang des Betriebsvermögens wird durch die Erfordernisse des Berufs begrenzt; selbst ein bilanzierender Angehöriger der freien Berufe kann nicht in demselben Umfang gewillkürtes Betriebsvermögen bilden wie ein Gewerbetreibender > Geldgeschäfte (BFH vom 24. 8. 1989 – BStBl 1990 II S. 17).

Bürgschaft

Bürgschaftsaufwendungen eines Freiberuflers können ausnahmsweise Betriebsausgaben darstellen, wenn ein Zusammenhang mit anderen Einkünften ausscheidet und nachgewiesen wird, daß die Bürgschaftszusage ausschließlich aus betrieblichen Gründen erteilt wurde (> BFH vom 24. 8. 1989 – BStBl 1990 II S. 17).

Geldgeschäfte

Geldgeschäfte sind bei Angehörigen der freien Berufe in der Regel nicht betrieblich veranlaßt, weil sie nicht dem Berufsbild eines freien Berufes entsprechen (> BFH vom 24. 2. 2000 – BStBl II S. 297). Nur in Ausnahmefällen kann die Eingehung von Geldgeschäften als Hilfstätigkeit zur freiberuflichen Tätigkeit anzusehen sein.

1. *Betriebliche Veranlassung kann z. B. vorliegen bei:*
   + *Darlehnsgewährung eines Steuerberaters zur Rettung von Honorarforderungen (> BFH vom 22. 4. 1980 – BStBl II S. 571),*
   + *Beteiligung eines Baustatikers an einer Wohnungsbau-AG (> BFH vom 23. 11. 1978 – BStBl 1979 II S. 109),*
   + *Beteiligung eines Architekten an einer Bauträgergesellschaft, sofern dies unerläßliche Voraussetzung für die freiberufliche Tätigkeit ist (> BFH vom 14. 1. 1982 – BStBl II S. 345),*
   + *> Bürgschaft.*

2. *Betriebliche Veranlassung liegt z. B. nicht vor, wenn:*

   – *ein Rechtsanwalt, Notar oder Steuerberater ein Geldgeschäft tätigt, um einen Mandanten neu zu gewinnen oder zu erhalten (> BFH vom 22. 1. 1981 – BStBl II S. 564),*

   – *sich ein Steuerberater zusammen mit einem Mandanten auf dessen Veranlassung an einer Kapitalgesellschaft beteiligt, deren Unternehmensgegenstand der freiberuflichen Betätigung wesensfremd ist, und der Beteiligung wirtschaftliches Eigengewicht beizumessen ist (> BFH vom 23. 5. 1985 – BStBl II S. 517),*

   – *ein Rechtsanwalt als Versicherungsnehmer und Versicherungsempfänger im Erlebensfall eine Lebensversicherung auf sein Leben oder das seines Sozius abschließt (> BFH vom 21. 5. 1987 – BStBl II S. 710).*

...

Zu § 19 EStG

Hinweis auf die LStR

Zu § 20 EStG [1]

EStR   **R 153. Werbungskosten bei Einkünften aus Kapitalvermögen**

(1) ¹Aufwendungen sind, auch wenn sie gleichzeitig der Sicherung und Erhaltung des Kapitalstamms dienen, insoweit als Werbungskosten anzuerkennen, als sie zum Erwerb, Sicherung und Erhaltung von Kapitaleinnahmen dienen. ²Aufwendungen, die auf Vermögen entfallen, das nicht zur Erzielung von Kapitaleinkünften angelegt ist oder bei dem Kapitalerträge nicht mehr zu erwarten sind, können nicht als Werbungskosten anerkannt werden.

(2) ¹Nach den allgemeinen Grundsätzen können u. a. Bankspesen für die Depotverwaltung, Gebühren, Fachliteratur, Reisekosten zur Hauptversammlung, Verfahrensauslagen, Rechtsanwaltskosten und sonstige außergerichtliche Kosten nach § 59 des Wertpapierbereinigungsgesetzes als Werbungskosten anerkannt werden. ²Wie Werbungskosten sind auch die nach § 34c Abs. 2 oder 3 EStG abzuziehenden ausländischen Steuern zu berücksichtigen.

▶ Hinweise   EStH   H 153.

Abschlußgebühr

Abschlußgebühren für einen Bausparvertrag können Werbungskosten bei den Einkünften aus Kapitalvermögen sein, wenn der Abschluß des Bausparvertrags in keinem engen zeitlichen und wirtschaftlichen Zusammenhang mit der Verwirklichung eines Bauvorhabens steht und wenn auf Dauer gesehen ein Überschuß aus Zinsgutschriften erwartet werden kann (> BFH vom 24. 7. 1990 – BStBl II S. 975).

Anschaffungs- und Veräußerungskosten

Anschaffungskosten und Anschaffungsnebenkosten sowie die durch die Veräußerung von Wirtschaftsgütern veranlaßten Veräußerungskosten gehören nicht zu den Werbungskosten (> BFH vom 25. 1. 1957 – BStBl III S. 75, vom 15. 9. 1961 – BStBl III S. 547 und vom 27. 6. 1989 – BStBl II S. 934).

...

Schuldzinsen

– Schuldzinsen, die für einen zum Erwerb von **Wertpapieren** aufgenommenen Kredit gezahlt werden, sind dann keine Werbungskosten, wenn bei der Anschaffung oder dem Halten der Kapitalanlage nicht die Absicht zur Erzielung von Überschüssen, sondern die Absicht zur Realisierung von Wertsteigerungen der Kapitalanlage im Vordergrund steht oder auf Dauer gesehen ein Überschuß der Einnahmen über die Ausgaben nicht erwartet werden kann ...

...

Anm. d. Schriftl.:

[1] Bedingt durch die Abschaffung des Anrechnungsverfahrens und die Einführung des Halbeinkünfteverfahrens durch das Steuersenkungsgesetz vom 23. 10. 2000 – BGBl 2000 I S. 1433 wurde § 20 Abs. 1 Nr. 3 EStG aufgehoben.

Zu § 20 EStG

Verwalterentgelt
Das von Wertsteigerungen des Vermögens abhängige Verwalterentgelt ist nicht als Werbungskosten abziehbar (> BFH vom 15. 12. 1987 – BStBl 1989 II S. 16).

Zusammenhang mit Kapitaleinnahmen
Bei der Ermittlung von Einkünften aus Kapitalvermögen sind grundsätzlich nur solche Aufwendungen als Werbungskosten anzusehen, die mit den einzelnen Einnahmen unmittelbar zusammenhängen (> BFH vom 28. 8. 1952 – BStBl III S. 265). Ein unmittelbarer Zusammenhang mit den Kapitaleinnahmen ist bei Aufwendungen für die einzelne Kapitalanlage und bei Aufwendungen für die Gesamtheit der Kapitalanlagen (allgemeine Verwaltungskosten) insoweit gegeben, als sie zur Erwerbung, Sicherung und Erhaltung der Kapitaleinnahmen dienen.

EStR R 154. Einnahmen aus Kapitalvermögen

(1) ...

(2) ¹Bei der Veranlagung sind die anzurechnende Kapitalertragsteuer und die anzurechnende Körperschaftsteuer bei derselben Einkunftsart und grundsätzlich in demselben VZ anzusetzen, in dem die der Anrechnung zugrundeliegenden Einnahmen zu erfassen sind (> BFH vom 26. 6. 1991 – BStBl II S. 877). ²Das gleiche gilt hinsichtlich der Kapitalertragsteuer, die nach § 44b EStG zu erstatten ist oder erstattet worden ist, und der Körperschaftsteuer, die nach den §§ 36b bis 36d EStG zu vergüten ist oder vergütet worden ist. ³Der Ansatz der anzurechnenden Körperschaftsteuer als Einnahme ist von der Vorlage der Steuerbescheinigung abhängig (> R 213g Abs. 2 Satz 2 und 3).

(3) ¹Zu den Einnahmen aus Kapitalvermögen rechnen nach § 20 Abs. 1 Nr. 6 EStG die außerrechnungsmäßigen und rechnungsmäßigen Zinsen aus den Sparanteilen, die in den Beiträgen zu Versicherungen auf den Erlebens- oder Todesfall enthalten sind. ²Zu den Einnahmen aus Kapitalvermögen gehören stets Zinsen aus

1. Kapitalversicherungen gegen Einmalbeitrag,
2. Rentenversicherungen mit Kapitalwahlrecht gegen Einmalbeitrag,
3. Rentenversicherungen mit Kapitalwahlrecht gegen laufende Beitragsleistung, bei denen das Kapitalwahlrecht vor Ablauf von 12 Jahren nach Vertragsabschluß ausgeübt werden kann,
4. Kapitalversicherungen gegen laufende Beitragsleistung, wenn der Vertrag nicht für die Dauer von mindestens 12 Jahren abgeschlossen ist,
5. Versicherungen im Sinne des § 10 Abs. 1 Nr. 2 Buchstabe b EStG in den Fällen des § 10 Abs. 2 Satz 2 EStG, wenn die Voraussetzungen für den Sonderausgabenabzug nicht erfüllt sind,**[1]**
6. Versicherungen auf den Erlebens- oder Todesfall in den Fällen des § 10 Abs. 1 Nr. 2 Buchstabe b Satz 5 EStG, wenn die Voraussetzungen für den Sonderausgabenabzug nicht erfüllt sind.

³Zinsen aus Versicherungen im Sinne des § 10 Abs. 1 Nr. 2 Buchstabe b EStG rechnen grundsätzlich nicht zu den steuerpflichtigen Einnahmen, wenn die Voraussetzungen für den Sonderausgabenabzug erfüllt sind. ⁴Die Zinsen gehören bei diesen Verträgen jedoch zu den Einnahmen aus Kapitalvermögen, soweit sie

a) zu dem laufenden Vertrag oder

Anm. d. Schriftl.:

[1] Zur Vermeidung einer mißbräuchlichen Ausnutzung von Steuervergünstigungen beim Kauf einer „gebrauchten" Lebensversicherung wurden derartige Lebensversicherungsverträge durch das Jahressteuergesetz 1997 von den Vergünstigungen der §§ 10 und 20 EStG ausgeschlossen.

b) im Fall des Rückkaufs des Vertrags vor Ablauf von 12 Jahren nach Vertragsabschluß mit dem Rückkaufwert

ausgezahlt werden. ⁵Die Höhe der steuerpflichtigen Kapitalerträge ist von dem Versicherer zu ermitteln.

▶ **Hinweise**   **EStH**   **H 154.**

...

Erstattungszinsen nach § 233a AO
Aus Gründen sachlicher Härte sind auf Antrag Erstattungszinsen im Sinne des § 233a AO nach § 163 AO nicht in die Steuerbemessungsgrundlage einzubeziehen, soweit ihnen nicht abziehbare Nachforderungszinsen gegenüberstehen, die auf ein- und demselben Ereignis beruhen (> BMF vom 5. 10. 2000 – BStBl I S. 1508).

...

Stückzinsen
Werden festverzinsliche Wertpapiere im Laufe eines Zinszahlungszeitraums mit dem laufenden Zinsschein veräußert, so hat der Erwerber dem Veräußerer in der Regel den Zinsbetrag zu vergüten, der auf die Zeit seit dem Beginn des laufenden Zinszahlungszeitraums bis zur Veräußerung entfällt. Diese Zinsen heißen „Stückzinsen". Sie werden nach dem Zinsfuß, mit dem das Wertpapier zu verzinsen ist, besonders berechnet und vergütet. Für die Behandlung der Stückzinsen bei Privatpersonen gilt nach § 20 Abs. 2 EStG folgendes:

1. Der Veräußerer hat die besonders in Rechnung gestellten und vereinnahmten Stückzinsen als Einkünfte aus Kapitalvermögen zu versteuern; Zinsen aus im Erbgang unentgeltlich erworbenen festverzinslichen Wertpapieren sind auch insoweit, als sie auf den Zeitraum bis zum Tode des Erblassers entfallen, dem Erben zuzurechnen (> BFH vom 11. 8. 1971 – BStBl 1972 II S. 55).
2. Beim Erwerber der Wertpapiere sind die von ihm entrichteten Stückzinsen im VZ des Abflusses negative Einnahmen aus Kapitalvermögen; dies gilt jedoch gemäß § 42 AO nicht, wenn bereits im Zeitpunkt des am Jahresende erfolgten Erwerbs feststeht, daß bis zur Veräußerung zu Beginn des Folgejahrs unter Einbeziehung der Vermögensebene ein Verlust eintreten wird und sich dieses Wertpapiergeschäft deshalb nur im Falle seiner steuerlichen Anerkennung auf Grund der Freibetragsregelung in § 20 Abs. 4 EStG für den Steuerpflichtigen vorteilhaft auswirken würde (> BFH vom 27. 7. 1999 – BStBl II S. 769).

Diese Regelung gilt nur, wenn Wertpapiere veräußert werden, bei denen Stückzinsen besonders zu berechnen sind und tatsächlich berechnet werden. Ein Steuerpflichtiger, der Wertpapiere erwirbt, bei denen sich der erwartete Ertrag im Kurswert der Wertpapiere ausdrückt (z. B. Aktien), darf nicht den Mehrpreis als Werbungskosten absetzen, den er wegen der erwarteten Dividende entrichtet hat.

...

Veräußerung von Ansprüchen aus Lebensversicherungen
führt nicht zur Besteuerung eines etwaigen Überschusses des Veräußerungserlöses über die eingezahlten Versicherungsbeiträge (> BMF vom 12. 9. 1997 – BStBl I S. 825).

...

Zinsen aus Lebensversicherungen
Wegen der steuerlichen Behandlung der rechnungsmäßigen und außerrechnungsmäßigen Zinsen aus Lebensversicherungen > BMF vom 31. 8. 1979 (BStBl I S. 592), vom 13. 11. 1985 (BStBl I S. 661), vom 27. 7. 1995 (BStBl I S. 371) und vom 15. 6. 2000 (BStBl I S. 1118).

Zuflußzeitpunkt bei Gewinnausschüttungen
1. Grundsatz
   Einnahmen aus Kapitalvermögen sind zugeflossen, sobald der Steuerpflichtige über sie wirtschaftlich verfügen kann (> BFH vom 8. 10. 1991 – BStBl 1992 II S. 174). Gewinnausschüttungen sind dem Gesellschafter schon dann zugeflossen, wenn sie ihm z. B. auf einem Verrechnungskonto bei der leistungsfähigen Kapitalgesellschaft gutgeschrieben worden sind, über das der Gesellschafter verfügen kann, oder wenn der Gesellschafter aus eigenem Interesse (z. B. bei einer Novation) seine Gewinnanteile in der Gesellschaft beläßt (> BFH vom 14. 2. 1984 – BStBl II S. 480).

2. Beherrschender Gesellschafter/Alleingesellschafter
   Gewinnausschüttungen an den beherrschenden Gesellschafter oder an den Alleingesellschafter einer zahlungsfähigen Kapitalgesellschaft sind diesen in der Regel auch dann zum Zeitpunkt der Beschlußfassung über die Gewinnverwendung im Sinne des § 11 Abs. 1 Satz 1 EStG zugeflossen, wenn die Gesellschafterversammlung eine spätere Fälligkeit des Auszahlungsanspruchs beschlossen hat (> BFH vom 17. 11. 1998 – BStBl 1999 II S. 223).
...

EStR   R 156. Sparer-Freibetrag [1]

(1) ¹Der einem Ehegatten zustehende, aber durch von ihm bezogene Kapitaleinkünfte nicht ausgefüllte anteilige Sparer-Freibetrag ist im Fall der Zusammenveranlagung bei dem anderen Ehegatten zu berücksichtigen. ²Der Sparer-Freibetrag darf bei den Einkünften aus Kapitalvermögen nicht zu negativen Einkünften führen oder diese erhöhen. ³Der gemeinsame Sparer-Freibetrag von 12 000 DM (ab Kalenderjahr 2000: 6 000 DM) ist zusammenveranlagten Ehegatten auch dann zu gewähren, wenn nur ein Ehegatte positive Einkünfte aus Kapitalvermögen in dieser Höhe erzielt hat, die Ehegatten insgesamt aber einen Verlust aus Kapitalvermögen erlitten haben. [2]

(2) Vor Abzug des Sparer-Freibetrags sind die Werbungskosten, gegebenenfalls ein Werbungskosten-Pauschbetrag (§ 9a Satz 1 Nr. 2 EStG) zu berücksichtigen.

Zu § 21 EStG [3] (§§ 82a, 82b, 82g bis 82i EStDV)

EStR   R 157. Erhaltungsaufwand und Herstellungsaufwand [4]

(1) ¹Aufwendungen für die Erneuerung von bereits vorhandenen Teilen, Einrichtungen oder Anlagen sind regelmäßig > Erhaltungsaufwand. ²Zum > Erhaltungsaufwand gehören z. B. Aufwendungen für den Einbau meßtechnischer Anlagen zur verbrauchsabhängigen Abrechnung von

---

Anm. d. Schriftl.:

[1] Ab 1. 1. 2000 (§ 52 Abs. 20a EStG) wird der Sparerfreibetrag auf 3 000 DM/6 000 DM (Alleinstehende/Ehegatten) halbiert. Zur Arbeitsvereinfachung werden ab 2000 die Freistellungsaufträge nur noch mit 50 % berücksichtigt. Ein neuer Freistellungsauftrag ist also nur dann erforderlich, wenn der Anleger das halbierte alte Freistellungsvolumen ändern möchte.

[2] Zur Frage der Freistellungsaufträge nach dem Tod eines Ehegatten hat das BMF mit Schreiben vom 6. 5. 1997 – BStBl 1997 I S. 561 Stellung genommen.

[3] Durch Streichung des § 82b EStDV ab 1999 entfällt künftig die Möglichkeit, größeren Erhaltungsaufwand auf zwei bis fünf Jahre zu verteilen. Damit kommt auch hier die Grundregelung des § 11 EStG zur Anwendung, wonach selbst größerer Erhaltungsaufwand in voller Höhe im Jahr der Zahlung abzusetzen ist.

[4] Hinweis auf die ab 1. 1. 1996 zulässige Pauschalierung gem. § 9a Nr. 2 EStG und deren Wegfall ab 1. 1. 1999.

Heiz- und Wasserkosten oder für den Einbau einer privaten Breitbandanlage und einmalige Gebühren für den Anschluß privater Breitbandanlagen an das öffentliche Breitbandnetz bei bestehenden Gebäuden.

(2) [1]Vor dem 1. 1. 1999 entstandene größere Aufwendungen für Erhaltungsarbeiten an Wohngebäuden können nach § 82b EStDV auf zwei bis fünf Jahre gleichmäßig verteilt werden. [2]Für die in dem jeweiligen VZ geleisteten Aufwendungen kann ein besonderer Verteilungszeitraum gebildet werden. [3]Wird das Eigentum an einem Wohngebäude unentgeltlich auf einen anderen übertragen, so kann der Rechtsnachfolger größeren Erhaltungsaufwand noch in dem von seinem Rechtsvorgänger gewählten restlichen Verteilungszeitraum geltend machen. [4]Dabei ist der Teil des Erhaltungsaufwands, der auf den VZ des Eigentumswechsels entfällt, entsprechend der Besitzdauer auf den Rechtsvorgänger und den Rechtsnachfolger aufzuteilen. [5]...

(3) [1]Nach der Fertigstellung des Gebäudes ist > Herstellungsaufwand anzunehmen, wenn Aufwendungen durch den Verbrauch von Gütern und die Inanspruchnahme von Diensten für die Erweiterung oder für die über den ursprünglichen Zustand hinausgehende wesentliche Verbesserung eines Gebäudes entstehen (> § 255 Abs. 2 Satz 1 HGB). [2]Betragen die Aufwendungen nach Fertigstellung eines Gebäudes für die einzelne Baumaßnahme nicht mehr als 4 000 DM (Rechnungsbetrag ohne Umsatzsteuer) je Gebäude, so ist auf Antrag dieser Aufwand stets als Erhaltungsaufwand zu behandeln. [3]Auf Aufwendungen, die der endgültigen Fertigstellung eines neu errichteten Gebäudes dienen, ist die Vereinfachungsregelung jedoch nicht anzuwenden.

(4) [1]Herstellungskosten als Folge einer über den ursprünglichen Zustand hinausgehenden wesentlichen Verbesserung können vorliegen, wenn in zeitlicher Nähe zur Anschaffung – in der Regel innerhalb von drei Jahren – im Verhältnis zum Kaufpreis hohe Reparatur- oder Modernisierungsaufwendungen anfallen (> **anschaffungsnaher Herstellungsaufwand**). [2]Ob anschaffungsnaher Herstellungsaufwand vorliegt, ist für die ersten drei Jahre nach Anschaffung des Gebäudes in der Regel nicht zu prüfen, wenn die Aufwendungen für Instandsetzung (Rechnungsbetrag ohne Umsatzsteuer) in diesem Zeitraum insgesamt 15 v. H. der Anschaffungskosten des Gebäudes nicht übersteigen. [3]Veranlagungen sind vorläufig durchzuführen (§ 165 Abs. 1 AO), solange in diesem Zeitraum die Instandsetzungsaufwendungen 15 v. H. der Anschaffungskosten des Gebäudes nicht übersteigen. [4]Bei der Ermittlung des Betrags der anschaffungsnahen Aufwendungen bleiben die Kosten für Erweiterungen im Sinne des § 255 Abs. 2 Satz 1 HGB außer Betracht. [5]Laufender Erhaltungsaufwand, der jährlich üblicherweise anfällt, kann auch bei neu erworbenen Gebäuden sofort als Werbungskosten abgezogen werden. [6]Das gleiche gilt für Aufwendungen zur Beseitigung versteckter Mängel. [7]Bei Instandsetzungsarbeiten, die erst nach Ablauf von drei Jahren seit der Anschaffung durchgeführt werden, ist im allgemeinen ein Zusammenhang mit der Anschaffung des Gebäudes nicht mehr anzunehmen. [8]Bei teilentgeltlichem Erwerb des Gebäudes kann anschaffungsnaher Herstellungsaufwand nur im Verhältnis zum entgeltlichen Teil des Erwerbsvorgangs gegeben sein. [9]Vorstehende Grundsätze gelten auch für anschaffungsnahe Aufwendungen auf Gartenanlagen und ähnliches; dabei ist Absatz 5 Satz 5 und 6 zu beachten.

(5) [1]Kosten für die gärtnerische Gestaltung der Grundstücksfläche bei einem Wohngebäude gehören nur zu den Herstellungskosten des Gebäudes, soweit diese Kosten für das Anpflanzen von Hecken, Büschen und Bäumen an den Grundstücksgrenzen („lebende Umzäunung") entstanden sind. [2]Im übrigen bildet die bepflanzte Gartenanlage ein selbständiges Wirtschaftsgut. [3]Bei Gartenanlagen, die der Mieter mitbenutzen dürfen, und bei Vorgärten sind die Herstellungskosten der gärtnerischen Anlage gleichmäßig auf deren regelmäßig 10 Jahre betragende Nutzungsdauer zu verteilen. [4]Aufwendungen für die Instandhaltung der Gartenanlagen können sofort abgezogen werden. [5]Absatz 3 Satz 2 ist sinngemäß anzuwenden. [6]Soweit Aufwendungen für den Nutzgarten des Eigentümers und für Gartenanlagen, die die Mieter nicht nutzen dürfen, entstehen, gehören sie zu den nach § 12 Nr. 1 EStG nicht abziehbaren Kosten (grundsätzlich Aufteilung nach der

Zahl der zur Nutzung befugten Mietparteien). ⁷Auf die in Nutzgärten befindlichen Anlagen sind die allgemeinen Grundsätze anzuwenden.

(6) Die Merkmale zur Abgrenzung von Erhaltungs- und Herstellungsaufwand bei Gebäuden gelten bei selbständigen Gebäudeteilen (> hierzu R 13 Abs. 4 und Abs. 5) entsprechend.

(7) ¹Werden Teile der Wohnung oder des Gebäudes zu eigenen Wohnzwecken genutzt, sind die Herstellungs- und Anschaffungskosten sowie die Erhaltungsaufwendungen um den Teil der Aufwendungen zu kürzen, der nach objektiven Merkmalen und Unterlagen leicht und einwandfrei dem selbstgenutzten Teil zugeordnet werden kann. ²Soweit sich die Aufwendungen nicht eindeutig zuordnen lassen, sind sie um den Teil, der auf eigene Wohnzwecke entfällt, nach dem Verhältnis der Nutzflächen zu kürzen.

▶ Hinweise   EStH   H 157.

Abgrenzung zwischen Erhaltungs- und Herstellungsaufwendungen
- *bei Instandsetzung und Modernisierung von Gebäuden* > BMF vom 16. 12. 1996 (BStBl I S. 1442).
- *Instandsetzungs- und Modernisierungsaufwendungen für ein Gebäude sind nicht allein deshalb als Herstellungskosten zu beurteilen, weil das Gebäude wegen Abnutzung und Verwahrlosung nicht mehr vermietbar ist, sondern nur bei schweren Substanzschäden an den für die Nutzbarkeit als Bau und die Nutzungsdauer des Gebäudes bestimmenden Teilen* (> BFH vom 13. 10. 1998 – BStBl 1999 II S. 282).
- > *H 33a (ABC der Aufwendungen im Zusammenhang mit einem Grundstück)*

Anschaffungsnaher Herstellungsaufwand
- *Zum anschaffungsnahen Aufwand* > BFH vom 9. 5. 1995 (BStBl 1996 II S. 632),
- *Kein Erhaltungsaufwand bei anschaffungsnahen Schönheitsreparaturen im Rahmen einer umfassenden Renovierung* (> BFH vom 30. 7. 1991 – BStBl 1992 II S. 28),
- *Anschaffungsnaher Aufwand auch bei Instandsetzungsarbeiten nach Ablauf von drei Jahren nach Gebäudeerwerb, wenn die behobenen Mängel bereits im Erwerbszeitpunkt gegeben waren und wegen ihres Gewichts den Kaufpreis gemindert haben* (> BFH vom 30. 7. 1991 – BStBl 1992 II S. 30),
- *Keine Begrenzung des anschaffungsnahen Aufwandes auf Kaufpreisminderung wegen baulicher Mängel* (> BFH vom 22. 2. 1973 – BStBl II S. 483),
- *Bei Erwerb von unterschiedlich genutztem Gebäude ist zur Abgrenzung von Erhaltungsaufwand zu anschaffungsnahem Aufwand auf das Gesamtgebäude abzustellen* (> BFH vom 30. 7. 1991 – BStBl 1992 II S. 940),
- *Anschaffungsnaher Aufwand bei teilentgeltlichem Erwerb* (> R 157 Abs. 4 Satz 8 und BMF vom 5. 11. 1996 – BStBl I S. 1258),
- *Kein anschaffungsnaher Aufwand bei unentgeltlichem Erwerb sowohl im Wege der Gesamtrechtsnachfolge* (> BFH vom 17. 6. 1997 – BStBl II S. 802) *als auch im Wege der Einzelrechtsnachfolge* (> BFH vom 28. 4. 1998 – BStBl II S. 515).

Erhaltungsaufwand
- *Bei Instandsetzung und Modernisierung von Gebäuden* > BMF vom 16. 12. 1996 (BStBl I S. 1442).
- > *H 33a (ABC der Aufwendungen im Zusammenhang mit einem Grundstück)*

Herstellungsaufwand nach Fertigstellung
– > BMF vom 16. 12. 1996 (BStBl I S. 1442).
– Zu den Besonderheiten bei Teileigentum > BFH vom 19. 9. 1995 (BStBl 1996 II S. 131).

Verteilung des Erhaltungsaufwands nach § 82b EStDV
– Keine Übertragung des Anteils eines Jahres auf anderes Jahr (> BFH vom 26. 10. 1977 – BStBl 1978 II S. 367).
– Verteilung von verbliebenem Erhaltungsaufwand, den das Finanzamt im Entstehungsjahr als Herstellungsaufwand behandelt hat, auf Folgejahre; keine Berücksichtigung des Anteils der Aufwendungen, die auf das Entstehungsjahr entfallen; Korrektur der AfA-Bemessungsgrundlage für Folgejahre (> BFH vom 27. 10. 1992 – BStBl 1993 II S. 591).
– Ausübung des Wahlrechts nach § 82b EStDV auch nach Eintritt der Festsetzungsverjährung für das Aufwandsentstehungsjahr; kein Abzug von Aufwendungen, die auf Veranlagungszeiträume entfallen, für die Festsetzungsverjährung eingetreten ist (> BFH vom 27. 10. 1992 – BStBl 1993 II S. 589). Dies gilt auch, wenn die Erhaltungsaufwendungen im Entstehungsjahr zu Unrecht als Herstellungskosten und in Form der AfA berücksichtigt worden sind (> BFH vom 24. 11. 1992 – BStBl 1993 II S. 593).

EStR R 161. Sonderfälle von Einnahmen und Werbungskosten

(1) ¹Werden Teile einer selbstgenutzten Eigentumswohnung, eines selbstgenutzten Einfamilienhauses oder insgesamt selbstgenutzten anderen Hauses vorübergehend vermietet und übersteigen die Einnahmen hieraus nicht 1 000 DM im VZ, kann im Einverständnis mit dem Steuerpflichtigen aus Vereinfachungsgründen von der Besteuerung der Einkünfte abgesehen werden. ²Satz 1 ist bei vorübergehender Untervermietung von Teilen einer angemieteten Wohnung, die im übrigen selbstgenutzt wird, entsprechend anzuwenden.

(2) Zinsen, die Beteiligte einer Wohnungseigentümergemeinschaft aus der Anlage der Instandhaltungsrücklage erzielen, gehören zu den Einkünften aus Kapitalvermögen.

(3) Die Berücksichtigung von Werbungskosten aus Vermietung und Verpachtung kommt auch dann in Betracht, wenn aus dem Objekt im VZ noch keine Einnahmen erzielt werden, z. B. bei einem vorübergehend leerstehenden Gebäude.

▶ Hinweise   EStH   H 161.

...

Einkünfteerzielungsabsicht
– Keine Berücksichtigung von Werbungskostenüberschüssen bei fehlender Einkünfteerzielungsabsicht (> BMF vom 23. 7. 1992 – BStBl I S. 434).
– Die Grundsätze der sog. Liebhaberei sind nicht anzuwenden bei Selbstnutzung einer und Vermietung der anderen Wohnung bei einem Zweifamilienhaus (> BFH vom 8. 11. 1993 – BStBl 1995 II S. 102).
– ...
– Bei Erwerb einer Immobilie ist regelmäßig von fehlender Einkünfteerzielungsabsicht auszugehen, wenn dem Erwerber gegen Entgelt die **Vermittlung des Verkaufs** der Immobilie noch innerhalb der Phase planmäßiger Werbungskostenüberschüsse zugesagt wird (> BFH vom 14. 2. 1995 – BStBl II S. 462). Auch die bei Erwerb getroffene Vereinbarung eines Rückkaufangebots oder einer Verlaufsgarantie sind Beweisanzeichen für fehlende Einkünfteerzielungsabsicht (> BFH vom 14. 9. 1994 – BStBl 1995 II S. 116). Voraussetzung ist, daß der Erwerber diese Vereinbarung bei Abschluß der Verträge kennt. Diese Kenntnis ist im Zweifel vom Finanz-

amt darzulegen und zu beweisen (> BFH vom 24. 1. 1995 – BStBl II S. 460). Zudem muß die Vereinbarung einen Anreiz bieten, das Grundstück zu veräußern, bevor es positive Einnahmeüberschüsse erbringt (> BFH vom 14. 9. 1999 – BStBl 2000 II S. 67). Ein **Rückverkaufsrecht** an einer Eigentumswohnung schließt die Einkünfteerzielungsabsicht nicht aus, wenn feststeht, daß der Erwerber von dem Recht nur Gebrauch machen will, falls äußere Umstände ihn dazu zwingen (> BFH vom 22. 4. 1997 – BStBl II S. 650). . . .

– Einkünfteerzielungsabsicht bei > Ferienwohnungen.
– Bei der Prüfung, ob eine Einkünfteerzielungsabsicht gegeben ist, sind bei der Ermittlung des Totalüberschusses Sonderabschreibungen und erhöhte Absetzungen nicht aus den Werbungskosten auszusondern (> BMF vom 4. 11. 1998 – BStBl I S. 1444).
– Bei langfristiger Vermietung ist die Einkünfteerzielungsabsicht nicht schon allein wegen einer unter dem Marktüblichen liegenden Miete ausgeschlossen (> BFH vom 27. 7. 1999 – BStBl II S. 826).

Einnahmen
– Zahlungen, die wegen übermäßiger Beanspruchung, vertragswidriger Vernachlässigung oder Vorenthaltung einer Miet- oder Pachtsache geleistet werden (> BFH vom 22. 4. 1966 – BStBl III S. 395, vom 29. 11. 1968 – BStBl 1969 II S. 184 und vom 5. 5. 1971 – BStBl II S. 624).
– Guthabenzinsen aus Bausparvertrag, die in einem engen zeitlichen Zusammenhang mit einem der Einkunftserzielung dienenden Grundstück stehen, sind ebenso wie entsprechende Schuldzinsen bei dieser Einkunftsart zu berücksichtigen (> BFH vom 9. 11. 1982 – BStBl 1983 II S. 172 sowie BMF vom 28. 2. 1990 – BStBl I S. 124).
– Abstandszahlungen eines Mietinteressenten an Vermieter für Entlassung aus Vormietvertrag (> BFH vom 21. 8. 1990 – BStBl 1991 II S. 76).
– Erstattet ein Kreditinstitut oder ein Dritter (z. B. der Erwerber) Damnumbeträge, die als Werbungskosten abgezogen worden sind, liegen im Zeitpunkt der Erstattung Einnahmen aus Vermietung und Verpachtung vor (> BFH vom 22. 9. 1994 – BStBl 1995 II S. 118). Dies gilt auch, wenn die Damnumbeträge im Rahmen der Nutzungswertbesteuerung abgezogen worden sind (> BFH vom 28. 3. 1995 – BStBl II S. 704).
– Umlagen und Nebenentgelte, die der Vermieter für die Nebenkosten oder Betriebskosten erhebt (> BFH vom 14. 12. 1999 – BStBl 2000 II S. 197).

Erbbaurecht
– Vom Erbbauberechtigten neben Erbbauzins gezahlte Erschließungsbeiträge fließen dem Erbbauverpflichteten erst bei Realisierung des Wertzuwachses zu (> BFH vom 21. 11. 1989 – BStBl 1990 II S. 310). Der Erbbauberechtigte kann die von ihm gezahlten Erschließungskosten nur verteilt über die Laufzeit des Erbbaurechtes als Werbungskosten abziehen (> BMF vom 16. 12. 1991 – BStBl I S. 1011).
– Vom Erbbauberechtigten in einem Betrag gezahlte Erbbauzinsen sind Anschaffungskosten des Erbbaurechts. Beim Erbbauverpflichteten stellen sie im Jahr des Zuflusses Einnahmen aus Vermietung und Verpachtung dar, die längstens auf zehn Jahre verteilt zu versteuern sind (> BMF vom 10. 12. 1996 – BStBl I S. 1440).

Ferienwohnung
– Zum Abzug von Aufwendungen bei Ferienwohnungen, die sowohl durch die Vermietung als auch durch die Eigennutzung verursacht sind > BMF vom 4. 5. 1994 (BStBl I S. 285).
– Leerstandszeiten sind der Eigennutzung nicht nur zuzurechnen, wenn der Steuerpflichtige die Wohnung selbst vermietet (> BFH vom 15. 10. 1996 – BStBl 1997 II S. 496), sondern auch,

Zu § 21 EStG

wenn er einen Vermittler einschaltet und in der Lage bleibt, die Zeiträume der Vermietung und der Eigennutzung zu bestimmen (> BFH vom 12. 9. 1995 – BStBl 1996 II S. 355).
– Zur Einkünfteerzielungsabsicht bei einer zeitweise selbstgenutzten Ferienwohnung, wenn in einem überschaubaren Zeitraum aus der Vermietung kein Gesamtüberschuß der Einnahmen über die Werbungskosten erzielt werden kann (> BFH vom 13. 8. 1996 – BStBl 1997 II S. 42).
...

Nießbrauch und andere Nutzungsrechte
Zur einkommensteuerrechtlichen Behandlung des Nießbrauchs und anderer Nutzungsrechte bei Einkünften aus Vermietung und Verpachtung > BMF vom 24. 7. 1998 (BStBl I S. 914).
...

Werbungskosten
– ...
– Nach Wohnungseigentumsgesetz an Verwalter gezahlte Beiträge zur Instandhaltungsrücklage sind erst bei Verausgabung dieser für Erhaltungsmaßnahmen als Werbungskosten abziehbar (> BFH vom 26. 1. 1988 – BStBl II S. 577).
...

Keine Werbungskosten sind
– Aufwendungen für Gebäude, dessen Erträge einem anderen als dem Eigentümer zuzurechnen sind, auch wenn in absehbarer Zeit mit anderweitiger Zurechnung zu rechnen ist (> BFH vom 30. 7. 1985 – BStBl 1986 II S. 327).
– Aufwendungen zur Schadensbeseitigung, zu denen sich der Verkäufer im Kaufvertrag über sein Mietwohngrundstück verpflichtet hat (> BFH vom 23. 1. 1990 – BStBl II S. 465).
– Zahlungen anteiliger Grundstückserträge an den geschiedenen Ehegatten auf Grund eines Scheidungsfolgevergleichs zur Regelung des Zugewinnausgleichs (> BFH vom 8. 12. 1992 – BStBl 1993 II S. 434).
– Veruntreute Geldbeträge durch einen Miteigentümer (> BFH vom 20. 12. 1994 – BStBl 1995 II S. 534).
– Aufwendungen für die geplante Veräußerung eines Grundstücks, auch wenn das Grundstück tatsächlich weiterhin vermietet wird (> BFH vom 19. 12. 1995 – BStBl 1996 II S. 198).
– Im voraus oder in einem Einmalbetrag gezahlte Erbbauzinsen > Erbbaurecht.
– Aufwendungen, die auf eine Zeit entfallen, in der der Steuerpflichtige die Absicht hatte, die angeschaffte oder hergestellte Wohnung selbst zu beziehen, auch wenn er sich anschließend zu deren Vermietung entschlossen hat (> BFH vom 23. 7. 1997 – BStBl 1998 II S. 15).
...

EStR **R 162. Verbilligt überlassene Wohnung**

¹In den Fällen des § 21 Abs. 2 Satz 2❶ EStG ist von der ortsüblichen Marktmiete für Wohnungen vergleichbarer Art, Lage und Ausstattung auszugehen. ²Beträgt das Entgelt für die Überlassung einer Wohnung zu Wohnzwecken, d. h. die Kaltmiete zuzüglich der gezahlten Umlagen, mindestens 50 v. H. der ortsüblichen Miete (= ortsübliche Kaltmiete zuzüglich der nach der Zweiten Berechnungsverordnung umlagefähigen Kosten), können die auf diese Wohnung entfallenden Werbungskosten in vollem Umfang abgezogen werden. ³Beträgt das Entgelt weniger als 50 v. H.

Amtl. Fn.:
❶ Nunmehr § 21 Abs. 2 EStG.

der ortsüblichen Miete, können die Aufwendungen nur in dem Verhältnis als Werbungskosten abgezogen werden, wie die Überlassung entgeltlich erfolgt ist.

> **Hinweise   EStH   H 162.**

EStR R 162a. Miet- und Pachtverträge zwischen Angehörigen und Partnern einer nichtehelichen Lebensgemeinschaft

Die für die steuerliche Beurteilung von Verträgen zwischen Ehegatten geltenden Grundsätze können nicht auf Verträge zwischen Partnern einer nichtehelichen Lebensgemeinschaft übertragen werden, es sei denn, daß der Vertrag die gemeinsam genutzte Wohnung betrifft.

> **Hinweise   EStH   H 162a.**

Fremdvergleich

Verträge unter Angehörigen sind steuerlich nur dann anzuerkennen, wenn sie bürgerlich-rechtlich wirksam geschlossen sind und die Gestaltung und Durchführung des Vereinbarten dem zwischen Fremden Üblichen entspricht (sog. Fremdvergleich); > dazu auch R 19. Maßgeblich für die Beurteilung ist die Gesamtheit der objektiven Gegebenheiten. Dabei schließt nicht jede Abweichung vom Üblichen notwendigerweise die steuerliche Anerkennung aus. Voraussetzung ist aber, daß die Hauptpflichten der Mietvertragsparteien wie Überlassen einer konkret bestimmten Mietsache und Höhe der zu entrichteten Miete stets klar und eindeutig vereinbart sowie entsprechend dem Vereinbarten durchgeführt werden. Diese Anforderungen sind auch an nachträgliche Vertragsänderungen zu stellen (> BFH vom 20. 10. 1997 – BStBl 1998 II S. 106). Die steuerliche Anerkennung des Mietverhältnisses ist danach **nicht allein dadurch ausgeschlossen,** *daß*

– *die Mieterin, nachdem der Vermieter sein Konto aufgelöst hat, die Miete wie mündlich vereinbart vorschüssig bar bezahlt (> BFH vom 7. 5. 1996 – BStBl 1997 II S. 196).*

– *keine schriftliche Vereinbarung hinsichtlich der Nebenkosten getroffen worden ist und z. B. der Umfang der auf die Wohnung entfallenden Nebenkosten unter Berücksichtigung der sonstigen Pflichten unbedeutend ist (> BFH vom 21. 10. 1997 – BStBl 1998 II S. 108 und vom 17. 2. 1998 – BStBl II S. 349).*

Das Mietverhältnis ist jedoch steuerlich z. B. **nicht anzuerkennen,**

– *wenn die Mietzahlungen entgegen der vertraglichen Vereinbarung nicht regelmäßig, sondern in einem späteren Jahr in einem Betrag gezahlt werden (> BFH vom 19. 6. 1991 – BStBl 1992 II S. 75).*

– *wenn nicht feststeht, daß die gezahlte Miete tatsächlich endgültig aus dem Vermögen des Mieters in das des Vermieters gelangt. Ein Beweisanzeichen dafür kann sich insbesondere daraus ergeben, daß der Mieter wirtschaftlich nicht oder nur schwer in der Lage ist, die Miete aufzubringen (> BFH vom 28. 1. 1997 – BStBl II S. 655).*

– *eine Einliegerwohnung zur Betreuung eines Kleinkindes an die Eltern vermietet wird, die am selben Ort weiterhin über eine größere Wohnung verfügen (> BFH vom 14. 1. 1992 – BStBl II S. 549).*

Nichteheliche Lebensgemeinschaft

Keine einkommensteuerliche Anerkennung eines Mietverhältnisses zwischen Partnern einer nichtehelichen Lebensgemeinschaft über eine gemeinsam bewohnte Wohnung (> BFH vom 30. 1. 1996 – BStBl II S. 359).

Sicherungsnießbrauch

Die gleichzeitige Vereinbarung eines Nießbrauchs und eines Mietvertrages steht der steuerlichen Anerkennung des Mietverhältnisses jedenfalls dann nicht entgegen, wenn das dingliche Nutzungsrecht lediglich zur Sicherung des Mietverhältnisses vereinbart und nicht tatsächlich ausgeübt wird (> BFH vom 3. 2. 1998 – BStBl II S. 539).

Vermietung an Unterhaltsberechtigte

Mietverträge mit Angehörigen sind nicht bereits deshalb rechtsmißbräuchlich, weil der Steuerpflichtige dem Angehörigen gegenüber unterhaltsverpflichtet ist und die Miete aus den geleisteten Unterhaltszahlungen erbracht wird. Nicht rechtsmißbräuchlich ist daher ein Mietverhältnis mit:
- *der unterhaltsberechtigten Mutter (> BFH vom 19. 12. 1995 – BStBl 1997 II S. 52)*
- *der volljährigen Tochter und deren Ehemann (> BFH vom 28. 1. 1997 – BStBl II S. 599)*
- *dem geschiedenen oder dauernd getrennt lebenden Ehegatten, wenn die Miete mit dem geschuldeten Barunterhalt verrechnet wird (> BFH vom 16. 1. 1996 – BStBl II S. 214); wird dagegen eine Wohnung auf Grund einer Unterhaltsvereinbarung zu Wohnzwecken überlassen und dadurch der Anspruch des Unterhaltsberechtigten auf Barunterhalt vermindert, liegt kein Mietverhältnis vor (> BFH vom 17. 3. 1992 – BStBl II S. 1009),*
- *unterhaltsberechtigte Kinder (> BFH vom 19. 10. 1999 – BStBl 2000 II S. 224), auch wenn das Kind die Miete durch Verrechnung mit dem Barunterhalt der Eltern zahlt (> BFH vom 19. 10. 1999 – BStBl 2000 II S. 223) oder die Miete aus einer einmaligen Geldschenkung der Eltern bestreitet (> BFH vom 28. 3. 1995 – BStBl 1996 II S. 59). Das Mietverhältnis ist allerdings nicht anzuerkennen, wenn Eltern und Kinder noch eine Haushaltsgemeinschaft bilden (> BFH vom 19. 10. 1999 – BStBl 2000 II S. 224).*

Vorbehaltsnießbrauch

Ist das mit dem Vorbehaltsnießbrauch belastete Grundstück vermietet, erzielt der Nießbraucher Einkünfte aus Vermietung und Verpachtung. Dies gilt auch, wenn der Nießbraucher das Grundstück dem Grundstückseigentümer entgeltlich zur Nutzung überläßt (> BMF vom 24. 7. 1998 – BStBl I S. 914, Rdnr. 41).

Wechselseitige Vermietung

Keine einkommensteuerliche Berücksichtigung, wenn planmäßig in etwa gleichwertige Wohnungen von Angehörigen angeschafft bzw. in Wohnungseigentum umgewandelt werden, um sie sogleich wieder dem anderen zu vermieten. Überträgt dagegen der Alleineigentümer von zwei Eigentumswohnungen einem nahen Angehörigen nicht die an diesen vermietete, sondern die von ihm selbstgenutzte Wohnung, stellt das gleichzeitig für diese Wohnung abgeschlossene Mietverhältnis mit dem nahen Angehörigen keinen Gestaltungsmißbrauch im Sinne des § 42 AO dar (> BFH vom 12. 9. 1995 – BStBl 1996 II S. 158).

EStR   **R 163. Behandlung von Zuschüssen**

(1) [1]Zuschüsse zur Finanzierung von Baumaßnahmen aus öffentlichen oder privaten Mitteln, die keine Mieterzuschüsse sind (z. B. Zuschuß einer Flughafengesellschaft für den Einbau von Lärmschutzfenstern), gehören grundsätzlich nicht zu den Einnahmen aus Vermietung und Verpachtung. [2]Handelt es sich bei den bezuschußten Aufwendungen um Herstellungskosten, sind ab dem Jahr der Bewilligung die AfA, die erhöhten Absetzungen oder die Sonderabschreibungen nach den um

den Zuschuß verminderten Herstellungskosten zu bemessen; > R 43 Abs. 4 Satz 2 und R 45 Abs. 4. ³Das gilt auch bei Zufluß des Zuschusses in mehreren Jahren. ⁴Wird der Zuschuß zurückgezahlt, sind vom Jahr des Entstehens der Rückzahlungsverpflichtung an die AfA oder die erhöhten Absetzungen oder die Sonderabschreibungen von der um den Rückzahlungsbetrag erhöhten Bemessungsgrundlage vorzunehmen. ⁵Handelt es sich bei den bezuschußten Aufwendungen um Erhaltungsaufwendungen oder Schuldzinsen, sind diese nur vermindert um den Zuschuß als Werbungskosten abziehbar. ⁶Fällt die Zahlung des Zuschusses und der Abzug als Werbungskosten nicht in einen VZ, rechnet der Zuschuß im Jahr der Zahlung zu den Einnahmen aus Vermietung und Verpachtung. ⁷Wählt der Steuerpflichtige eine gleichmäßige Verteilung nach §§ 11a, 11b EStG oder § 82b EStDV, mindern die gezahlten Zuschüsse im Jahr des Zuflusses die zu verteilenden Erhaltungsaufwendungen. ⁸Der verbleibende Betrag ist gleichmäßig auf den verbleibenden Abzugszeitraum zu verteilen. ⁹Soweit der Zuschuß die noch nicht berücksichtigten Erhaltungsaufwendungen übersteigt oder wird er erst nach Ablauf des Verteilungszeitraums gezahlt, rechnet der Zuschuß zu den Einnahmen aus Vermietung und Verpachtung. ¹⁰Hat der Steuerpflichtige die Zuschüsse zurückgezahlt, sind sie im Jahr der Rückzahlung als Werbungskosten abzuziehen.

(2) ¹Abweichend von Absatz 1 handelt es sich bei Zuschüssen, die keine Mieterzuschüsse sind, im Kalenderjahr des Zuflusses um Einnahmen aus Vermietung und Verpachtung, wenn sie eine Gegenleistung für die Gebrauchsüberlassung des Grundstücks darstellen (z. B. Zuschuß als Gegenleistung für eine Mietpreisbindung oder Nutzung durch einen bestimmten Personenkreis). ²Werden in diesen Fällen Zuschüsse zu Herstellungskosten in Form eines Einmalbetrages geleistet, können sie auf Antrag auf die Jahre des Bindungszeitraums, höchstens jedoch auf 10 Jahre verteilt werden. ³Absatz 3 Satz 4 und 5 gilt entsprechend.

(3) ¹Vereinbaren die Parteien eines Mietverhältnisses eine Beteiligung des Mieters an den Kosten der Herstellung des Gebäudes oder der Mieträume oder läßt der Mieter die Mieträume auf seine Kosten wieder herrichten und einigt er sich mit dem Vermieter, daß die Kosten ganz oder teilweise verrechnet werden, so entsteht dem Mieter ein Rückzahlungsanspruch, der in der Regel durch Anrechnung des vom Mieter aufgewandten Betrags (Mieterzuschuß) auf den Mietzins wie eine Mietvorauszahlung befriedigt wird. ²Mieterzuschüsse sind in dem VZ als Mieteinnahmen anzusetzen, in dem sie zufließen. ³Sie können aber zur Vermeidung von Härten auf Antrag zunächst als zinslose Darlehen angesehen und so behandelt werden, als ob sie dem Vermieter erst im Laufe der Jahre zufließen würden, in denen er sie durch Vereinnahmung der herabgesetzten Miete tilgt. ⁴Als vereinnahmte Miete ist dabei jeweils die tatsächlich gezahlte Miete zuzüglich des anteiligen Vorauszahlungsbetrags anzusetzen. ⁵Satz 3 und Satz 4 gelten nur für die vereinnahmte Nettomiete, nicht für vereinnahmte Umsatzsteuerbeträge. ⁶Haben die Parteien ausnahmsweise nicht vereinbart, daß die Kosten des Mieters auf den Mietzins angerechnet werden, können die Zuschüsse auf Antrag auf die voraussichtliche Dauer des Mietverhältnisses, längstens auf einen Zeitraum von zehn Jahren, gleichmäßig verteilt werden. ⁷Die AfA nach § 7 EStG und die erhöhten Absetzungen oder Sonderabschreibungen sind von den gesamten Herstellungskosten (eigene Aufwendungen des Vermieters zuzüglich Mieterzuschüsse) zu berechnen. ⁸Hat ein Mieter Kosten getragen, die als Erhaltungsaufwand zu behandeln sind, so sind aus Vereinfachungsgründen nur die eigenen Kosten des Vermieters als Werbungskosten zu berücksichtigen. ⁹Wird ein Gebäude während des Verteilungszeitraums veräußert, in ein Betriebsvermögen eingebracht oder nicht mehr zur Erzielung von Einkünften im Sinne des § 2 Abs. 1 Nr. 4 bis 7 EStG genutzt, ist der noch nicht als Mieteinnahme berücksichtigte Teil der Mietvorauszahlung in dem betreffenden VZ als Einnahme bei den Einkünften aus Vermietung und Verpachtung anzusetzen. ¹⁰In Veräußerungsfällen erhöhen sich seine Mieteinnahmen insoweit nicht, als unberücksichtigte Zuschußteile durch entsprechende Minderung des Kaufpreises und Übernahme der Verpflichtung gegenüber den Mietern auf den Käufer übergegangen sind.

(4) ...

Zu § 22 EStG

> **Hinweise EStH H 163.**

...

Zu § 22 EStG (§ 55 EStDV)

EStR R 165. Besteuerung von wiederkehrenden Bezügen mit Ausnahme der Leibrenten

(1) ¹⁾ Wiederkehrende Bezüge sind als sonstige Einkünfte nach § 22 Nr. 1 Satz 1 EStG zu erfassen, wenn sie nicht zu anderen Einkunftsarten gehören und soweit sie sich bei wirtschaftlicher Betrachtung nicht als Kapitalrückzahlungen, z. B. Kaufpreisraten, darstellen. ²⁾ Wiederkehrende Bezüge setzen voraus, daß sie auf einem einheitlichen Entschluß oder einem einheitlichen Rechtsgrund beruhen und mit einer gewissen Regelmäßigkeit wiederkehren. ³Sie brauchen jedoch nicht stets in derselben Höhe geleistet zu werden. ⁴Deshalb können Studienzuschüsse, die für einige Jahre gewährt werden, wiederkehrende Bezüge sein; > R 166.
(2) ¹Wiederkehrende Zuschüsse und sonstige Vorteile ... sind entsprechend der Regelung in § 12 Nr. 2 EStG und § 22 Abs. 1 Satz 2 EStG entweder vom Geber oder vom Empfänger zu versteuern. ²Soweit die Bezüge nicht auf Grund des § 3 EStG steuerfrei bleiben, sind sie vom Empfänger als wiederkehrende Bezüge zu versteuern, wenn sie der unbeschränkt steuerpflichtige Geber als Betriebsausgaben oder Werbungskosten abziehen kann.

> **Hinweise EStH H 165.**

Vermögensübertragung
Einkommensteuerrechtliche Behandlung von wiederkehrenden Bezügen im Zusammenhang mit der Übertragung von Privat- oder Betriebsvermögen > BMF vom 23. 12. 1996 (BStBl I S. 1508)
...

EStR R 166. Wiederkehrende Bezüge bei ausländischen Studenten und Schülern

¹Unterhalts-, Schul- und Studiengelder, die freiwillig oder auf Grund einer freiwillig begründeten Rechtspflicht oder an gesetzlich unterhaltsberechtigte Personen gewährt werden, unterliegen der Einkommensteuer, wenn der Geber nicht unbeschränkt steuerpflichtig ist (> § 22 Nr. 1 Satz 2 EStG). ²Erhalten jedoch ausländische Studenten oder Schüler, die im Inland wohnen oder sich dort aufhalten und die eine deutsche Hochschule oder andere Lehranstalt besuchen, oder ausländische Praktikanten von ihren im Ausland ansässigen Angehörigen Unterhalts-, Schul- oder Studiengelder, so sind diese Bezüge – soweit sie nicht bereits auf Grund eines Doppelbesteuerungsabkommens von der inländischen Besteuerung ausgenommen sind – aus Billigkeitsgründen nicht zur Einkommensteuer heranzuziehen, wenn die Empfänger nur zu Zwecken ihrer Ausbildung oder Fortbildung im Inland wohnen oder sich dort aufhalten und auf die Bezüge überwiegend angewiesen sind.

> **Hinweise EStH H 166.**

...

EStR R 167. Besteuerung von Leibrenten

Altersrente zunächst als Teilrente
(1) Wird eine Rente wegen Alters zunächst als Teilrente in Anspruch genommen, so ist der Rentenbetrag, um den sich die Teilrente bei Inanspruchnahme der Vollrente erhöht, als selbständige Leibrente zu behandeln.

(2) ...

Erhöhung der Rente
(3) ¹Bei einer Erhöhung der Rente ist, falls auch das Rentenrecht eine zusätzliche Werterhöhung erfährt, der Erhöhungsbetrag als selbständige Rente anzusehen, für die der Ertragsanteil vom Zeitpunkt der Erhöhung an gesondert zu ermitteln ist; dabei ist unerheblich, ob die Erhöhung von vornherein vereinbart war oder erst im Laufe des Rentenbezugs vereinbart wird. ²Eine neue Rente ist jedoch nicht anzunehmen, soweit die Erhöhung in zeitlichem Zusammenhang mit einer vorangegangenen Herabsetzung steht oder wenn die Rente lediglich den gestiegenen Lebenshaltungskosten angepaßt wird (Wertsicherungsklausel).

Herabsetzung der Rente
(4) ¹Wird die Rente herabgesetzt, so sind die folgenden Fälle zu unterscheiden:
1. ¹Wird von vornherein eine spätere Herabsetzung vereinbart, so ist zunächst der Ertragsanteil des Grundbetrags der Rente zu ermitteln, d. h. des Betrags, auf den die Rente später ermäßigt wird. ²Diesen Ertragsanteil muß der Berechtigte während der gesamten Laufzeit versteuern, da er den Grundbetrag bis zu seinem Tod erhält. ³Außerdem hat er bis zum Zeitpunkt der Herabsetzung den Ertragsanteil des über den Grundbetrag hinausgehenden Rententeils zu versteuern. ⁴Dieser Teil der Rente ist eine abgekürzte Leibrente (§ 55 Abs. 2 EStDV), die längstens bis zum Zeitpunkt der Herabsetzung läuft.
2. Wird die Herabsetzung während des Rentenbezugs vereinbart und sofort wirksam, so bleibt der Hundertsatz des Ertragsanteils unverändert.
3. ...

(5) ...

Abrundung der Laufzeit abgekürzter Leibrenten
(6) Bemißt sich bei einer abgekürzten Leibrente die beschränkte Laufzeit nicht auf volle Jahre, so ist bei Anwendung der in § 55 Abs. 2 EStDV aufgeführten Tabelle die Laufzeit aus Vereinfachungsgründen auf volle Jahre abzurunden.

Besonderheiten bei Renten wegen Berufsunfähigkeit und Renten wegen Erwerbsunfähigkeit
(7) ¹Für die Bemessung der Laufzeit der als abgekürzte Leibrenten zu behandelnden Renten wegen Berufsunfähigkeit und Renten wegen Erwerbsunfähigkeit ist grundsätzlich davon auszugehen, daß die Umwandlung in die Altersrente mit Vollendung des 65. Lebensjahrs erfolgt. ²Legt der Bezieher einer Rente wegen Berufs- oder Erwerbsunfähigkeit jedoch schlüssig dar, daß eine Umwandlung vor der Vollendung des 65. Lebensjahrs erfolgen wird, ist auf Antrag bei Vorliegen der versicherungsrechtlichen Voraussetzungen, hinsichtlich der Bemessung des Ertragsanteils auf den früheren Umwandlungszeitpunkt abzustellen; einer nach § 165 AO vorläufigen Steuerfestsetzung bedarf es insoweit nicht. ³Wird eine Rente wegen Berufs- oder Erwerbsunfähigkeit vor Vollendung des 65. Lebensjahrs in eine vorzeitige Altersrente umgewandelt, ist in allen noch offenen Fällen die Laufzeit bis zum Umwandlungszeitpunkt maßgebend.

Besonderheiten bei Witwen- und Witwerrenten

(8) ¹Für die Ermittlung des Ertragsanteils der stets als abgekürzte Leibrenten zu behandelnden Kleinen Witwen- oder Witwerrente ist davon auszugehen, daß die Rente mit der Vollendung des 45. Lebensjahrs in eine lebenslängliche Große Witwen- oder Witwerrente umgewandelt wird. ²Eine Große Witwen- oder Witwerrente, die der unter 45 Jahre alte Berechtigte bezieht, weil er ein waisenrentenberechtigtes Kind erzieht, ist als abgekürzte Leibrente nach § 55 Abs. 2 EStDV zu versteuern, wenn das waisenrentenberechtigte Kind volljährig wird, bevor der Steuerpflichtige das 45. Lebensjahr vollendet hat. ³Anschließend wird bis zur Vollendung des 45. Lebensjahrs die Kleine Witwen- oder Witwerrente gezahlt, die wiederum gesondert als abgekürzte Leibrente zu besteuern ist.

Besonderheiten bei Witwen- oder Witwerrenten nach dem vorletzten Ehegatten

(9) ¹Der Ertragsanteil einer Witwen- oder Witwerrente nach dem vorletzten Ehegatten bestimmt sich nach dem vollendeten Lebensalter bei Beginn der Witwen- oder Witwerrente; bei abgekürzten Leibrenten muß zudem die Beschränkung auf die bestimmte Laufzeit berücksichtigt werden. ²Dabei sind die rentenfreien Zeiten in der Weise zu berücksichtigen, daß für die Bemessung des Ertragsanteils der Witwen- oder Witwerrente nach dem vorletzten Ehegatten dem vollendeten Lebensalter bei Beginn der Witwen- oder Witwerrente die rentenfreien Zeiten zugerechnet werden und gegebenenfalls die bestimmte Laufzeit entsprechend gemindert wird; aus Gründen der Praktikabilität sind jedoch nur volle Kalenderjahre zu berücksichtigen.

Hinweise   EStH   H 167.

Allgemeines

Der **Begriff der Leibrente** im Sinne des § 22 Nr. 1 Satz 3 Buchstabe a EStG ist ein vom bürgerlichen Recht (§§ 759 ff. BGB) abweichender steuerrechtlicher Begriff. Er setzt gleichbleibende Bezüge voraus, die für die Dauer der Lebenszeit einer Bezugsperson gezahlt werden. Sie sind insoweit steuerbar, als darin Einkünfte aus den Erträgen des Rentenrechts enthalten sind (> BFH vom 15. 7. 1991 – BStBl 1992 II S. 78).

Eine Leibrente kann vorliegen, wenn die **Bemessungsgrundlage für die Bezüge** keinen oder nur unbedeutenden Schwankungen unterliegt. Veränderungen in der absoluten Höhe, die sich deswegen ergeben, weil die Bezüge aus gleichmäßigen Sachleistungen bestehen, stehen der Annahme einer Leibrente nicht entgegen.

...

Ertragsanteil einer Leibrente

Bei der Ermittlung des Ertragsanteils einer lebenslänglichen Leibrente ist – vorbehaltlich des § 55 Abs. 1 Nr. 1 EStDV – von dem bei Beginn der Rente vollendeten Lebensjahr auszugehen (Kopfleiste der in § 22 Nr. 1 Satz 3 Buchstabe a EStG aufgeführten Tabelle).

Ist die Dauer einer Leibrente **von der Lebenszeit mehrerer Personen abhängig**, so ist der Ertragsanteil nach § 55 Abs. 1 Nr. 3 EStDV zu ermitteln. Das gilt auch, wenn die Rente mehreren Personen, z. B. Ehegatten, gemeinsam mit der Maßgabe zusteht, daß sie beim Ableben des zuerst Sterbenden herabgesetzt wird. In diesem Fall ist bei der Ermittlung des Grundbetrags der Rente, d. h. des Betrags, auf den sie später ermäßigt wird, das Lebensjahr der jüngsten Person zugrunde zu legen. Für den Ertragsanteil des über den Grundbetrag hinausgehenden Rententeils ist das Lebensjahr der ältesten Person maßgebend.

Beispiel:
Einem Ehepaar wird gemeinsam eine lebenslängliche Rente von 24 000 DM jährlich mit der Maßgabe gewährt, daß sie beim Ableben des zuerst Sterbenden auf 15 000 DM jährlich ermäßigt wird. Der Ehemann ist zu Beginn des Rentenbezugs 55, die Ehefrau 50 Jahre alt.

Es sind zu versteuern

a) bis zum Tod des zuletzt Sterbenden der Ertragsanteil des Sockelbetrags von 15 000 DM. Dabei ist nach § 55 Abs. 1 Nr. 3 EStDV das Lebensalter der jüngsten Person, mithin der Ehefrau, zugrunde zu legen. Der Ertragsanteil beträgt 43 v. H. von 15 000 DM = 6 450 DM (§ 22 Nr. 1 Satz 3 Buchstabe a EStG);

b) außerdem bis zum Tod des zuerst Sterbenden der Ertragsanteil des über den Sockelbetrag hinausgehenden Rententeils von 9 000 DM. Dabei ist nach § 55 Abs. 1 Nr. 3 EStDV das Lebensalter der ältesten Person, mithin des Ehemanns, zugrunde zu legen. Der Ertragsanteil beträgt 38 v. H. von 9 000 DM = 3 420 DM (§ 22 Nr. 1 Satz 3 Buchstabe a EStG).

Der jährliche Ertragsanteil beläuft sich somit auf (6 450 DM + 3 420 DM =) 9 870 DM.

Steht die Rente nur einer Person zu, z. B. dem Ehemann, und erhält eine andere Person, z. B. die Ehefrau, nur für den Fall eine Rente, daß sie die erste Person überlebt, so liegen zwei Renten vor, von denen die letzte aufschiebend bedingt ist, z. B. die Hinterbliebenenrente aus den gesetzlichen Rentenversicherungen der Arbeiter und der Angestellten. Der Ertragsanteil für diese Rente ist erst von dem Zeitpunkt an zu versteuern, in dem die Bedingung eintritt.
...

Leibrente

Begriff > Allgemeines

Eine grundsätzlich auf Lebensdauer einer Person zu entrichtende Rente bleibt eine Leibrente auch dann, wenn sie unter bestimmten Voraussetzungen, z. B. Wiederverheiratung, früher endet (> BFH vom 5. 12. 1980 – BStBl 1981 II S. 265).

Leibrenten im Sinne des § 22 Nr. 1 Satz 3 Buchstabe a EStG sind insbesondere die **lebenslänglichen Renten** *wie z. B. Altersrenten aus den gesetzlichen Rentenversicherungen der Arbeiter und der Angestellten, aus der knappschaftlichen Rentenversicherung und nach dem Gesetz über eine Altershilfe für Landwirte sowie lebenslängliche Renten aus betrieblichen Pensionskassen, sofern diese nicht ausnahmsweise Arbeitslohn sind.*
...

Leibrente, abgekürzt

– *Abgekürzte Leibrenten sind* Leibrenten, die auf eine bestimmte Zeit beschränkt sind und deren Ertragsanteil nach § 55 Abs. 2 EStDV bestimmt wird. ...

– ...
...

Renten wegen Berufs- oder Erwerbsunfähigkeit

Renten wegen verminderter Erwerbsfähigkeit, insbesondere Renten wegen Berufs- oder Erwerbsunfähigkeit, der gesetzlichen Rentenversicherung sind stets als abgekürzte Leibrenten anzusehen. Auf eine Mindestdauer des Rentenbezugs kommt es nicht an (> BFH vom 22. 1. 1991 – BStBl II S. 686).
...

Vermögensübertragung

Einkommensteuerrechtliche Behandlung von wiederkehrenden Bezügen im Zusammenhang mit der Übertragung von Privat- oder Betriebsvermögen > BMF vom 23. 12. 1996 (BStBl I S. 1508).
...

Zu § 22 EStG

EStR R 168a. Besteuerung von Leistungen im Sinne des § 22 Nr. 3 EStG

Haben beide zusammenveranlagten Ehegatten Einkünfte im Sinne des § 22 Nr. 3 EStG bezogen, so ist bei jedem Ehegatten die in dieser Vorschrift bezeichnete Freigrenze – höchstens jedoch bis zur Höhe seiner Einkünfte im Sinne des § 22 Nr. 3 EStG – zu berücksichtigen.

▸ **Hinweise EStH H 168a.**

Allgemeines

Leistung i. S. d. § 22 Nr. 3 EStG ist jedes Tun, Dulden oder Unterlassen, das Gegenstand eines entgeltlichen Vertrags sein kann und um des Entgelts willen erbracht wird, sofern es sich nicht um Veräußerungsvorgänge oder veräußerungsähnliche Vorgänge im privaten Bereich handelt, bei denen ein Entgelt dafür erbracht wird, daß ein Vermögenswert in seiner Substanz endgültig aufgegeben wird (> BFH vom 28. 11. 1984 – BStBl 1985 II S. 264).

...

Einnahmen aus Leistungen im Sinne des § 22 Nr. 3 EStG sind:

– ...

– *Einmalige Bürgschaftsprovision* (> BFH vom 22. 1. 1965 – BStBl III S. 313),

– *Entgelt für ein freiwilliges Einsammeln und Verwerten leerer Flaschen* (> BFH vom 6. 6. 1973 – BStBl II S. 727),

– *Entgelt für eine Beschränkung der Grundstücksnutzung* (> BFH vom 9. 4. 1965 – BStBl III S. 361 und vom 26. 8. 1975 – BStBl 1976 II S. 62),

– *Entgelt für die Einräumung eines Vorkaufsrechts* (> BFH vom 30. 8. 1966 – BStBl 1967 III S. 69 und vom 10. 12. 1985 – BStBl 1986 II S. 340); bei späterer Anrechnung des Entgelts auf den Kaufpreis entfällt der Tatbestand des § 22 Nr. 3 EStG rückwirkend nach § 175 Abs. 1 Satz 1 Nr. 2 AO (> BFH vom 10. 8. 1994 – BStBl 1995 II S. 57),

– *Entgelt für den Verzicht auf Einhaltung des gesetzlich vorgeschriebenen Grenzabstands eines auf dem Nachbargrundstück errichteten Gebäudes* (> BFH vom 5. 8. 1976 – BStBl 1977 II S. 26),

– *Entgelt für die Abgabe eines zeitlich befristeten Kaufangebots über ein Grundstück* (> BFH vom 26. 4. 1977 – BStBl II S. 631),

– *Entgelt für den Verzicht des Inhabers eines eingetragenen Warenzeichens auf seine Abwehrrechte* (> BFH vom 25. 9. 1979 – BStBl 1980 II S. 114),

– *Entgelt für ein vertraglich vereinbartes umfassendes Wettbewerbsverbot* (> BFH vom 12. 6. 1996 – BStBl II S. 516 und vom 23. 2. 1999 – BStBl II S. 590),

– *Entgelt für eine Vereinbarung, das Bauvorhaben des Zahlenden zu dulden* (> BFH vom 26. 10. 1982 – BStBl 1983 II S. 404),

– *Entgelt für die regelmäßige Mitnahme eines Arbeitskollegen auf der Fahrt zwischen Wohnung und Arbeitsstätte* (> BFH vom 15. 3. 1994 – BStBl II S. 516),

...

Werbungskosten

Werbungskosten sind bei den Einkünften aus einmaligen (sonstigen) Leistungen auch dann im Jahre des Zuflusses der Einnahme abziehbar, wenn sie vor diesem Jahr angefallen sind oder nach diesem Jahr mit Sicherheit anfallen werden. Entstehen künftig Werbungskosten, die im Zuflußjahr noch nicht sicher vorhersehbar waren, ist die Veranlagung des Zuflußjahres gemäß § 175 Abs. 1 Satz 1 Nr. 2 AO zu ändern (> BFH vom 3. 6. 1992 – BStBl II S. 1017).

Zu § 23 EStG

EStR   **R 169. Private Veräußerungsgeschäfte**[1]
               – unbesetzt –

Hinweise   **EStH**   **H 169.**

...

Sammeldepot
Bei sammelverwahrten Wertpapieren ist dem Identitätserfordernis genügt, wenn die angeschafften und veräußerten Wertpapiere der Art und Stückzahl nach identisch sind. Ein steuerpflichtiges Veräußerungsgeschäft liegt nur vor, wenn der Art und der Stückzahl der Wertpapiere nach feststeht, daß Anschaffung und Veräußerung innerhalb von einem Jahr stattgefunden haben. In diesem Fall sind die Anschaffungskosten nach Durchschnittswerten zu ermitteln (> BFH vom 24. 11. 1993 – BStBl 1994 II S. 591).

...

Spekulationsabsicht
Für das Entstehen der Steuerpflicht ist es unerheblich, ob der Steuerpflichtige in spekulativer Absicht gehandelt hat (> Beschluß des BVerfG vom 9. 7. 1969 – BStBl 1970 II S. 156 und BFH vom 2. 5. 2000 – BStBl II S. 469).

...

Werbungskosten
Werbungskosten sind grundsätzlich alle durch ein Veräußerungsgeschäft im Sinne des § 23 EStG veranlaßten Aufwendungen (z. B. Schuldzinsen), die weder zu den (nachträglichen) Anschaffungs- oder Herstellungskosten des veräußerten Wirtschaftsguts gehören, einer vorrangigen Einkunftsart zuzuordnen sind noch wegen privater Nutzung unter das Abzugsverbot des § 12 EStG fallen. Planungsaufwendungen zur Baureifmachung eines unbebauten Grundstücks (Baugenehmigungsgebühren, Architektenhonorare) können als Werbungskosten im Rahmen der Ermittlung des Veräußerungsgewinns abziehbar sein, wenn von Anfang an Veräußerungsabsicht bestanden hat (> BFH vom 12. 12. 1996 – BStBl 1997 II S. 603). Abziehbar können z. B. auch Erhaltungsauf-

---

Anm. d. Schriftl.:

[1] Nach dem StEntlG 1999 wurden die Spekulationsfristen für Grundstücke und grundstücksgleiche Rechte auf 10 Jahre und für Wertpapiere auf 1 Jahr verlängert. Die Entnahme eines Wirtschaftsgutes aus dem Betriebsvermögen wird außerdem einem Anschaffungsgeschäft gleichgestellt.
Bei Spekulationsverlusten ist eine Verrechnung mit Spekulationsgewinnen des Vorjahres oder künftiger Jahre möglich. Dies gilt auch für Verluste aus Leistungen i. S. des § 22 Nr. 3 EStG.

Zu § 24 EStG

wendungen sein, soweit sie allein oder ganz überwiegend durch die Veräußerung des Mietobjekts veranlaßt sind (> BFH vom 23. 1. 1990 – BStBl II S. 465).

Durch ein privates Veräußerungsgeschäft veranlaßte Werbungskosten sind nach § 23 Abs. 3 EStG – abweichend vom Abflußprinzip des § 11 Abs. 2 EStG – in dem Kalenderjahr zu berücksichtigen, in dem der Verkaufserlös zufließt (> BFH vom 17. 7. 1991 – BStBl II S. 916). Fließt der Verkaufserlös in mehreren Veranlagungszeiträumen zu, sind sämtliche Werbungskosten zunächst mit dem im ersten Zuflußjahr erhaltenen Teilerlös und ein etwa verbleibender Werbungskostenüberschuß mit den in den Folgejahren erhaltenen Teilerlösen zu verrechnen (> BFH vom 3. 6. 1992 – BStBl II S. 1017).

...

Zu § 24 EStG

EStR   **R 170. Begriff der Entschädigung im Sinne des § 24 Nr. 1 EStG**[1]

Der Entschädigungsbegriff des § 24 Nr. 1 EStG setzt in seiner zu Buchstabe a und b gleichmäßig geltenden Bedeutung voraus, daß der Steuerpflichtige infolge einer Beeinträchtigung der durch die einzelne Vorschrift geschützten Güter einen finanziellen Schaden erlitten hat und die Zahlung unmittelbar dazu bestimmt ist, diesen Schaden auszugleichen.

Hinweise   **EStH**   **H 170.**

Abfindungen wegen Auflösung des Dienstverhältnisses

> R 9 LStR 2000, H 9 LStH 2000

Abzugsfähige Aufwendungen

Bei der Ermittlung der Entschädigung i. S. d. § 24 Nr. 1 EStG sind von den Bruttoentschädigungen nur die damit in unmittelbarem Zusammenhang stehenden Betriebsausgaben oder Werbungskosten abzuziehen (> BFH vom 26. 1. 1984 – BStBl II S. 347).

Allgemeines

§ 24 EStG schafft keinen neuen Besteuerungstatbestand, sondern weist die in ihm genannten Einnahmen nur der Einkunftsart zu, zu der die entgangenen oder künftig entgehenden Einnahmen gehört hätten, wenn sie erzielt worden wären. Kann die Entschädigung keiner bestimmten Einkunftsart zugeordnet werden, entfällt die Anwendbarkeit der Vorschrift (> BFH vom 22. 4. 1982 – BStBl II S. 496, vom 21. 9. 1982 – BStBl 1983 II S. 289 und vom 18. 9. 1986 – BStBl 1987 II S. 25).

...

Anm. d. Schriftl.:

[1] Für Entschädigungen gilt die Tarifvergünstigung des § 34 Abs. 1 EStG. Zu den Entschädigungen i. S. des § 24 EStG gehören auch Abfindungen durch Verlust des Arbeitsplatzes.

Ausgleichszahlungen an Handelsvertreter

– Ausgleichszahlungen an Handelsvertreter nach § 89b HGB gehören auch dann zu den Entschädigungen i. S. d. § 24 Nr. 1 Buchstabe c EStG, wenn sie zeitlich mit der Aufgabe der gewerblichen Tätigkeit zusammenfallen (> BFH vom 5. 12. 1968 – BStBl 1969 II S. 196).

– Ausgleichszahlungen an andere Kaufleute als Handelsvertreter, z. B. Kommissionsagenten oder Vertragshändler, sind wie Ausgleichszahlungen an Handelsvertreter zu behandeln, wenn sie in entsprechender Anwendung des § 89b HGB geleistet werden (> BFH vom 12. 10. 1999 – BStBl 2000 II S. 220).

– Ausgleichszahlungen i. S. d. § 89 HGB gehören nicht zu den Entschädigungen nach § 24 Nr. 1 Buchstabe c EStG, wenn ein Nachfolgevertreter aufgrund eines selbständigen Vertrags mit seinem Vorgänger dessen Handelsvertretung oder Teile davon entgeltlich erwirbt. Ein selbständiger Vertrag liegt aber nicht vor, wenn der Nachfolger es übernimmt, die vertretenen Firmen von Ausgleichsansprüchen freizustellen (> BFH vom 31. 5. 1972 – BStBl II S. 899 und vom 25. 7. 1990 – BStBl 1991 II S. 218).

Entschädigung i. S. d. § 24 Nr. 1 Buchstabe a EStG

Die Entschädigung i. S. d. § 24 Nr. 1 Buchstabe a EStG muß als Ersatz für unmittelbar entgangene oder entgehende konkrete Einnahmen gezahlt werden (> BFH vom 9. 7. 1992 – BStBl 1993 II S. 27).

...

Entschädigungen nach § 24 Nr. 1 Buchstabe a EStG **sind:**

– Abfindung wegen Auflösung eines Dienstverhältnisses, wenn Arbeitgeber die Beendigung veranlaßt hat (> BFH vom 20. 10. 1978 – BStBl 1979 II S. 176 und vom 22. 1. 1988 – BStBl II S. 525);

– Abstandszahlungen eines Mietinteressenten für die Entlassung aus einem Vormietvertrag (> BFH vom 21. 8. 1990 – BStBl 1991 II S. 76);

– Aufwandsersatz, soweit er über den Ersatz von Aufwendungen hinaus auch den Ersatz von ausgefallenen steuerbaren Einnahmen bezweckt (> BFH vom 26. 2. 1988 – BStBl II S. 615).

Entschädigungen nach § 24 Nr. 1 Buchstabe a EStG **sind nicht:**

– Abfindung, die bei Abschluß oder während des Arbeitsverhältnisses für den Verlust späterer Pensionsansprüche infolge Kündigung vereinbart wird (> BFH vom 27. 2. 1991 – BStBl II S. 703);

– ...

– Pensionsabfindung, wenn der Arbeitnehmer nach Eheschließung zur Herstellung der ehelichen Lebensgemeinschaft gekündigt hat (> BFH vom 21. 6. 1990 – BStBl II S. 1020);

– Streikunterstützungen (> BFH vom 24. 10. 1990 – BStBl 1991 II S. 337);

– Übergangsgeld bei zeitlich befristetem Dienstverhältnis (> BFH vom 18. 9. 1991 – BStBl 1992 II S. 34);

– ...

– Zahlungen für das Überspannen von Grundstücken mit Hochspannungsfreileitungen (> BFH vom 19. 4. 1994 – BStBl II S. 640).

Entschädigungen i. S. d. § 24 Nr. 1 Buchstabe b EStG

§ 24 Nr. 1 Buchstabe b EStG erfaßt Entschädigungen, die als Gegenleistung für den Verzicht auf eine mögliche Einkunftserzielung gezahlt werden. Eine Entschädigung im Sinne des § 24 Nr. 1 Buchstabe b EStG liegt auch vor, wenn die Tätigkeit mit Willen oder mit Zustimmung des Arbeitnehmers aufgegeben wird. Der Ersatzanspruch muß nicht auf einer neuen Rechts- oder Billig-

Zu § 24a EStG

keitsgrundlage beruhen. Die Entschädigung für die Nichtausübung einer Tätigkeit kann auch als Hauptleistungspflicht vereinbart werden (> BFH vom 12. 6. 1996 – BStBl II S. 516).
...

Steuerbegünstigung nach § 34 Abs. 1 Satz 1 EStG
Wegen der Frage, unter welchen Voraussetzungen Entschädigungen i. S. d. § 24 Nr. 1 EStG der Steuerbegünstigung nach § 34 Abs. 1 Satz 1 EStG unterliegen > R 199.

Zu § 24a EStG

EStR   R 171a. Altersentlastungsbetrag

Allgemeines

(1) ¹Bei der Berechnung des Altersentlastungsbetrags sind Einkünfte aus Land- und Forstwirtschaft nicht um den Freibetrag nach § 13 Abs. 3 EStG zu kürzen. ²Sind in den Einkünften neben Leibrenten auch andere wiederkehrende Bezüge im Sinne des § 22 Nr. 1 EStG enthalten, so ist der Werbungskosten-Pauschbetrag nach § 9a Satz 1 Nr. 3 EStG stets vom Ertragsanteil der Leibrenten abzuziehen, soweit er diesen nicht übersteigt. ³Der Altersentlastungsbetrag ist auf den nächsten vollen DM-Betrag aufzurunden.

Berechnung bei Anwendung anderer Vorschriften

(2) Ist der Altersentlastungsbetrag außer vom Arbeitslohn noch von weiteren Einkünften zu berechnen und muß er für die Anwendung weiterer Vorschriften, z. B. § 10c Abs. 2 Satz 4 EStG, von bestimmten Beträgen abgezogen werden, so ist davon auszugehen, daß er zunächst vom Arbeitslohn berechnet worden ist.

▶ **Hinweise   EStH   H 171a.**

Altersentlastungsbetrag bei Ehegatten
Im Fall der Zusammenveranlagung von Ehegatten ist der Altersentlastungsbetrag jedem Ehegatten, der die altersmäßigen Voraussetzungen erfüllt, nach Maßgabe der von ihm bezogenen Einkünfte zu gewähren (> BFH vom 22. 9. 1993 – BStBl 1994 II S. 107).

Berechnung des Altersentlastungsbetrags
Der Altersentlastungsbetrag ist von der Summe der Einkünfte zur Ermittlung des Gesamtbetrags der Einkünfte abzuziehen (> R 3).
Beispiel:
Ein 65jähriger Steuerpflichtiger hat im Kalenderjahr 2000 bezogen:

Arbeitslohn	28 000 DM
darin enthalten:	
Versorgungsbezüge in Höhe von	12 000 DM
Einkünfte aus Kapitalvermögen	1 000 DM
Einkünfte aus Vermietung und Verpachtung	– 3 000 DM

Der Altersentlastungsbetrag beträgt 40 v. H. des Arbeitslohns (28 000 DM – 12 000 DM = 16 000 DM), das sind 6 400 DM, höchstens jedoch 3 720 DM. Die Einkünfte aus Kapitalvermö-

gen und aus Vermietung und Verpachtung werden für die Berechnung des Altersentlastungsbetrags nicht berücksichtigt, weil ihre Summe negativ ist (– 3 000 DM + 1 000 DM = – 2 000 DM).

Vollendung des 64. Lebensjahres
Ein Lebensjahr wird mit Ablauf des Tages vollendet, der dem Tag der Wiederkehr des Geburtstages vorangeht (§ 108 Abs. 1 AO, § 187 Abs. 2 Satz 2, § 188 Abs. 2 BGB). Demnach können Steuerpflichtige für das Kalenderjahr 2000 den Altersentlastungsbetrag erhalten, wenn sie vor dem 2. 1. 1936 geboren sind.

Zu § 25 EStG (§§ 56 und 60 EStDV)

EStR **R 172. Verfahren bei der getrennten Veranlagung von Ehegatten nach § 26a EStG**

¹Hat ein Ehegatte nach § 26 Abs. 2 Satz 1 EStG die getrennte Veranlagung gewählt, so ist für jeden Ehegatten eine Veranlagung durchzuführen, auch wenn sich jeweils eine Steuerschuld von 0 DM (Freiveranlagung) ergibt. ²Der bei einer Zusammenveranlagung der Ehegatten in Betracht kommende Betrag der außergewöhnlichen Belastungen ist grundsätzlich von dem Finanzamt zu ermitteln, das für die Veranlagung des Ehemannes zuständig ist.

▶ **Hinweise**   **EStH**   **H 172.**
...

Zu § 26 EStG

EStR **R 174. Voraussetzungen für die Anwendung des § 26 EStG**

Nicht dauernd getrennt lebend
(1) ¹Bei der Frage, ob Ehegatten als dauernd getrennt lebend anzusehen sind, wird einer auf Dauer herbeigeführten räumlichen Trennung regelmäßig eine besondere Bedeutung zukommen. ²Die eheliche Lebens- und Wirtschaftsgemeinschaft ist jedoch im allgemeinen nicht aufgehoben, wenn sich die Ehegatten nur vorübergehend räumlich trennen, z. B. bei einem beruflich bedingten Auslandsaufenthalt eines der Ehegatten. ³Sogar in Fällen, in denen die Ehegatten infolge zwingender äußerer Umstände für eine nicht absehbare Zeit räumlich voneinander getrennt leben müssen, z. B. infolge Krankheit oder Verbüßung einer Freiheitsstrafe, kann die eheliche Lebens- und Wirtschaftsgemeinschaft noch weiterbestehen, wenn die Ehegatten die erkennbare Absicht haben, die eheliche Verbindung in dem noch möglichen Rahmen aufrechtzuerhalten und nach dem Wegfall der Hindernisse die volle eheliche Gemeinschaft wiederherzustellen. ⁴Ehegatten, von denen einer vermißt ist, sind im allgemeinen nicht als dauernd getrennt lebend anzusehen.

Veranlagungswahlrecht in Sonderfällen
(2) ¹War der Steuerpflichtige im Laufe des VZ zweimal verheiratet und haben jeweils die Voraussetzungen des § 26 Abs. 1 Satz 1 EStG vorgelegen, so besteht ein Veranlagungswahlrecht für die aufgelöste Ehe nur, wenn die Auflösung durch Tod erfolgt ist und die Ehegatten der nachfolgenden Ehe die besondere Veranlagung nach § 26c EStG wählen (§ 26 Abs. 1 Satz 2 und 3

Zu § 26 EStG   **Einkommensteuer**

EStG). ²Sind die Voraussetzungen des § 26 Abs. 1 Satz 1 EStG für die letzte Ehe nicht erfüllt, so besteht für die aufgelöste Ehe ein Veranlagungswahlrecht nur dann nicht, wenn der andere Ehegatte dieser Ehe im VZ ebenfalls wieder geheiratet hat und bei ihm und seinem neuen Ehegatten die Voraussetzungen des § 26 Abs. 1 Satz 1 EStG vorliegen (§ 26 Abs. 1 Satz 2 EStG).

Wahl der getrennten Veranlagung oder Zusammenveranlagung

(3) ¹Widerruft ein Ehegatte im Zuge der Veranlagung die von ihm oder von beiden Ehegatten abgegebene Erklärung über die Wahl der getrennten Veranlagung, ist die bestandskräftige Veranlagung des anderen Ehegatten nach § 175 Abs. 1 Satz 1 Nr. 2 AO aufzuheben, da die Vorschriften des § 26 Abs. 1 EStG hinsichtlich der Besteuerung beider Ehegatten nur einheitlich angewendet werden können. ²Haben beide Ehegatten eine Erklärung über die Wahl der getrennten Veranlagung abgegeben, so müssen beide Ehegatten ihre Erklärung widerrufen. ³Hat nur einer der Ehegatten eine Erklärung abgegeben, so ist der Widerruf dieses Ehegatten nur wirksam, wenn der andere Ehegatte nicht widerspricht. ⁴Der einseitige Antrag eines Ehegatten auf getrennte Veranlagung ist rechtsunwirksam, wenn dieser Ehegatte im VZ keine positiven oder negativen Einkünfte erzielt hat oder wenn seine positiven Einkünfte so gering sind, daß weder eine Einkommensteuer festzusetzen ist noch die Einkünfte einem Steuerabzug zu unterwerfen waren, und zwar selbst dann, wenn dem anderen Ehegatten eine Steuerstraftat zur Last gelegt wird.

Wahl der besonderen Veranlagung für den VZ der Eheschließung

(4) ¹Die besondere Veranlagung für den VZ der Eheschließung (§ 26c EStG) setzt voraus, daß beide Ehegatten eine ausdrückliche Erklärung über die Wahl dieser Veranlagungsart abgeben. ²Geschieht das nicht, so werden die Ehegatten zusammen veranlagt, falls nicht einer der Ehegatten die getrennte Veranlagung wählt (§ 26 Abs. 3 EStG). ³Absatz 3 Satz 2 gilt entsprechend. ⁴Ist im Fall der besonderen Veranlagung nach § 26c EStG die Veranlagung eines der Ehegatten bereits bestandskräftig und wird im Zuge der Veranlagung des anderen Ehegatten von diesem die Wahl widerrufen, so sind, falls dieser Ehegatte die getrennte Veranlagung wählt, die Ehegatten getrennt zu veranlagen oder, falls keine Erklärung über die Wahl der getrennten Veranlagung abgegeben wird, zusammen zu veranlagen (§ 26 Abs. 3 EStG); die bestandskräftige Veranlagung des einen Ehegatten ist nach § 175 Abs. 1 Satz 1 Nr. 2 AO aufzuheben.

Zurechnung gemeinsamer Einkünfte

(5) Gemeinsame Einkünfte der Ehegatten, z. B. aus einer Gesamthandsgesellschaft oder Gesamthandsgemeinschaft, sind jedem Ehegatten, falls keine andere Aufteilung in Betracht kommt, zur Hälfte zuzurechnen.

> **Hinweise**   **EStH**   **H 174.**

Allgemeines

Welche Personen **Ehegatten** i. S. d. § 26 Abs. 1 Satz 1 EStG sind, bestimmt sich **nach bürgerlichem Recht** (> BFH vom 21. 6. 1957 – BStBl III S. 300). **Bei Ausländern** sind die materiellrechtlichen Voraussetzungen für jeden Beteiligten nach den Gesetzen des Staates zu beurteilen, dem er angehört. Die Anwendung eines ausländischen Gesetzes ist jedoch ausgeschlossen, wenn es gegen die guten Sitten oder den Zweck eines deutschen Gesetzes verstoßen würde (> BFH vom 6. 12. 1985 – BStBl 1986 II S. 390). Haben ausländische Staatsangehörige, von denen einer außerdem die deutsche Staatsangehörigkeit besitzt, im Inland eine Ehe geschlossen, die zwar nach dem gemeinsamen Heimatrecht, nicht aber nach deutschem Recht gültig ist, so handelt es sich nicht um Ehegatten im Sinne des § 26 Abs. 1 Satz 1 EStG (> BFH vom 17. 4. 1998 – BStBl II S. 473). Eine Ehe ist bei **Scheidung oder Aufhebung** nach § 1564 BGB, § 29 Ehegesetz erst mit

Rechtskraft des Urteils aufgelöst; diese Regelung ist auch für das Einkommensteuerrecht maßgebend (> BFH vom 9. 3. 1973 – BStBl II S. 487). Wird eine Ehe **für nichtig erklärt** (§ 23 Ehegesetz), so ist sie einkommensteuerrechtlich bis zur Rechtskraft der Nichtigerklärung wie eine gültige Ehe zu behandeln. Ein Steuerpflichtiger, dessen Ehegatte **verschollen oder vermißt** ist, gilt als verheiratet. Bei Kriegsgefangenen oder Verschollenen kann in der Regel ferner davon ausgegangen werden, daß sie vor Eintritt der Kriegsgefangenschaft oder Verschollenheit einen Wohnsitz im Inland gehabt haben (> BFH vom 3. 3. 1978 – BStBl II S. 372). Wird ein verschollener Ehegatte **für tot erklärt**, so gilt der Steuerpflichtige vom Tag der Rechtskraft des Todeserklärungsbeschlusses an als verwitwet (> § 49 AO, BFH vom 24. 8. 1956 – BStBl III S. 310).

...

Getrenntleben

Ein dauerndes Getrenntleben ist anzunehmen, wenn die zum Wesen der Ehe gehörende Lebens- und Wirtschaftsgemeinschaft nach dem Gesamtbild der Verhältnisse auf die Dauer nicht mehr besteht. Dabei ist unter Lebensgemeinschaft die räumliche, persönliche und geistige Gemeinschaft der Ehegatten, unter Wirtschaftsgemeinschaft die gemeinsame Erledigung der die Ehegatten gemeinsam berührenden wirtschaftlichen Fragen ihres Zusammenlebens zu verstehen (> BFH vom 15. 6. 1973 – BStBl II S. 640).
In der Regel sind die Angaben der Ehegatten, sie lebten nicht dauernd getrennt, anzuerkennen, es sei denn, daß die äußeren Umstände das Bestehen einer ehelichen Lebens- und Wirtschaftsgemeinschaft fraglich erscheinen lassen (> BFH vom 5. 10. 1966 – BStBl 1967 III S. 84 und 110). In einem Scheidungsverfahren zum Getrenntleben getroffene Feststellungen (§ 1565 BGB) sind für die steuerliche Beurteilung nicht unbedingt bindend (> BFH vom 13. 12. 1985 – BStBl 1986 II S. 486).

Wahl der getrennten Veranlagung oder Zusammenveranlagung

Die Ehegatten sind nach § 26a EStG getrennt zu veranlagen, wenn einer der Ehegatten die getrennte Veranlagung wählt (§ 26 Abs. 2 Satz 1 EStG). Die zur Ausübung der Wahl erforderliche Erklärung kann grundsätzlich noch im Rechtsbehelfsverfahren mit Ausnahme des Revisionsverfahrens und, soweit es nach den Vorschriften der Abgabenordnung zulässig ist, im Rahmen der Änderung von Steuerbescheiden abgegeben oder widerrufen werden (> BFH vom 28. 8. 1981 – BStBl 1982 II S. 156 und vom 25. 6. 1993 – BStBl II S. 824). Ein Widerruf der einmal getroffenen Wahl kann jedoch nach den Grundsätzen von Treu und Glauben unzulässig sein (> BFH vom 8. 3. 1973 – BStBl II S. 625). Auf die Ausübung des Wahlrechts nach § 26 Abs. 1 Satz 1 EStG findet die Anfechtungsbeschränkung des § 351 Abs. 1 AO keine Anwendung (> BFH vom 25. 6. 1993 – BStBl II S. 824 und vom 19. 5. 1999 – BStBl II S. 762). Die erneute Ausübung des Wahlrechts bei Erlaß eines Einkommensteueränderungsbescheids wird gegenstandslos, wenn der Änderungsbescheid wieder aufgehoben wird (> BFH vom 24. 5. 1991 – BStBl 1992 II S. 123). Das Wahlrecht wird nicht eingeschränkt, wenn der die getrennte Veranlagung wählende Ehegatte die Antragsfrist nach § 46 Abs. 2 Nr. 8 Satz 2 EStG versäumt hat und der andere Ehegatte von Amts wegen zu veranlagen war (> BFH vom 30. 11. 1990 – BStBl 1991 II S. 451). Ist im Fall der getrennten Veranlagung die Veranlagung eines der Ehegatten bereits bestandskräftig und wird im Zuge der anderen Veranlagung die von einem der Ehegatten oder beiden Ehegatten abgegebene Erklärung über die Wahl der getrennten Veranlagung widerrufen, so ist eine Zusammenveranlagung durchzuführen (> BFH vom 17. 5. 1977 – BStBl II S. 605 und vom 18. 11. 1977 – BStBl 1978 II S. 215) oder, wenn die Voraussetzungen vorliegen, die besondere Veranlagung nach § 26c EStG. Stellt ein einkunftsloser Ehegatte einen Antrag auf getrennte Veranlagung, so ist dieser selbst dann unbeachtlich, wenn dem anderen Ehegatten eine Steuerstraftat zur Last gelegt wird. Im Fall eines solchen Antrags sind die Ehegatten nach § 26 Abs. 3 EStG zusammen zu veranlagen, wenn der andere Ehegatte dies beantragt hat (> BFH vom 10. 1. 1992 – BStBl II S. 297). Die Wahl der Veranlagungsart ist auch nach dem Tod eines Ehegatten für das Jahr des Todes möglich, wobei an die Stelle des Verstorbenen dessen Erben treten. *Falls die zur Wahl erforderlichen Erklärungen nicht abgegeben werden, wird nach § 26 Abs. 3 EStG unterstellt, daß eine Zusammenveranlagung gewählt wird (> BFH vom 13. 11. 1979 – BStBl 1980 II S. 188 und vom 24. 4. 1986 – BStBl II S. 545).*

Zu § 26a EStG (§§ 61 und 62d EStDV)

EStR   **R 174a. Getrennte Veranlagung von Ehegatten nach § 26a EStG**

Sonderausgaben
(1) Im Fall der getrennten Veranlagung werden die als Sonderausgaben (§§ 10 und 10b EStG) abzuziehenden Beträge bei dem Ehegatten berücksichtigt, der sie geleistet hat (> R 86a).

Außergewöhnliche Belastungen
(2) ¹Die als außergewöhnliche Belastungen (§§ 33 bis 33c[1] EStG) abzuziehenden Beträge werden zunächst für die Ehegatten einheitlich nach den für die Zusammenveranlagung geltenden Grundsätzen ermittelt. ²Die einheitlich ermittelten Beträge werden grundsätzlich je zur Hälfte oder in einem gemeinsam beantragten anderen Aufteilungsverhältnis bei der Veranlagung jedes Ehegatten abgezogen. ³Abweichend hiervon ist jedoch der nach § 33b Abs. 5 EStG auf die Ehegatten zu übertragende Behinderten- oder Hinterbliebenen-Pauschbetrag stets bei jedem Ehegatten zur Hälfte anzusetzen (§ 26a Abs. 2 EStG). ⁴Der Antrag auf anderweitige Aufteilung (§ 26a Abs. 2 Satz 1 EStG, § 61 EStDV) kann noch im Rechtsbehelfsverfahren mit Ausnahme des Revisionsverfahrens und, soweit es nach den Vorschriften der Abgabenordnung zulässig ist, im Rahmen der Änderung von Steuerbescheiden gestellt, geändert oder widerrufen werden; für den Widerruf genügt die Erklärung eines der Ehegatten. ⁵Im übrigen gilt R 174 Abs. 3 Satz 1 entsprechend.

▶ **Hinweise**   **EStH**   **H 174a.**

...

Zu § 26b EStG

EStR   **R 174b. Zusammenveranlagung von Ehegatten nach § 26b EStG**

Gesonderte Ermittlung der Einkünfte
(1) ¹Die Zusammenveranlagung nach § 26b EStG führt zwar zu einer Zusammenrechnung, nicht aber zu einer einheitlichen Ermittlung der Einkünfte der Ehegatten. ²...

Amtl. Fn.:

[1] § 33c EStG wurde durch das Gesetz zur Familienförderung ab VZ 2000 aufgehoben.

Feststellung gemeinsamer Einkünfte

(2) Gemeinsame Einkünfte zusammenzuveranlagender Ehegatten sind grundsätzlich gesondert und einheitlich festzustellen (§ 180 Abs. 1 Nr. 2 Buchstabe a und § 179 Abs. 2 AO), sofern es sich nicht um Fälle geringer Bedeutung handelt (§ 180 Abs. 3 AO).

Hinweise **EStH** **H 174b.**

Zu § 32 EStG [1]

EStR **R 176. Im ersten Grad mit dem Steuerpflichtigen verwandte Kinder**

– unbesetzt –

Hinweise **EStH** **H 176.**

Annahme als Kind
Die Annahme als Kind wird vom Vormundschaftsgericht ausgesprochen (§ 1752 Abs. 1, § 1768 Abs. 1 BGB) und erst durch die Zustellung des betreffenden Beschlusses rechtswirksam.

Verwandtschaft im ersten Grad
Kinder, die im ersten Grad mit dem Steuerpflichtigen verwandt sind (§ 32 Abs. 1 Nr. 1 EStG), sind eheliche Kinder einschließlich angenommener Kinder, für ehelich erklärte und nichteheliche Kinder. Mit der Annahme eines minderjährigen Kindes erlischt das Verwandtschaftsverhältnis zu seinen Eltern, bei Annahme des Kindes des Ehegatten nur das Verwandtschaftsverhältnis zum anderen Elternteil (§ 1755 BGB).

EStR **R 177. Pflegekinder**

Pflegekindschaftsverhältnis

(1) ¹Ein Pflegekindschaftsverhältnis (§ 32 Abs. 1 Nr. 2 EStG) setzt voraus, daß das Kind im Haushalt der Pflegeeltern sein Zuhause hat und diese zu dem Kind in einer familienähnlichen, auf längere Dauer angelegten Beziehung wie zu einem eigenen Kind stehen, z. B. wenn der Steuerpflichtige ein Kind im Rahmen von Hilfe zur Erziehung in Vollzeitpflege (§§ 27, 33 SGB VIII) oder im Rahmen von Eingliederungshilfe (§ 35a Abs. 1 Satz 2 Nr. 3 SGB VIII) in seinen Haushalt aufnimmt, sofern das Pflegeverhältnis auf Dauer angelegt ist. ²Hieran fehlt es, wenn ein Kind von vornherein nur für eine begrenzte Zeit im Haushalt des Steuerpflichtigen Aufnahme findet. ³Kin-

---

Anm. d. Schriftl.:

[1] Durch das Gesetz zur Familienförderung vom 22. 12. 1999 – BGBl 1999 I S. 2552, wurde § 32 EStG neu gefaßt. Zusätzlich zum Freibetrag von 3 456 DM wird ein Betreuungsfreibetrag von 1 512 DM vom Einkommen abgezogen. Für die Veranlagungszeiträume 1983 bis 1995 wurde eine Sondervorschrift zur Steuerfreistellung des Existenzminimums eines Kindes in § 53 EStG aufgenommen.

der, die mit dem Ziel der Annahme vom Steuerpflichtigen in Pflege genommen werden (§ 1744 BGB), sind regelmäßig Pflegekinder. ⁴Keine Pflegekinder sind Kostkinder. ⁵Hat der Steuerpflichtige mehr als sechs Kinder in seinem Haushalt aufgenommen, so spricht eine Vermutung dafür, daß es sich um Kostkinder handelt.

Kein Obhuts- und Pflegeverhältnis zu den leiblichen Eltern

(2) ¹Voraussetzung für ein Pflegekindschaftsverhältnis zum Steuerpflichtigen ist, daß das Obhuts- und Pflegeverhältnis zu den leiblichen Eltern nicht mehr besteht, d. h. die familiären Bindungen zu diesen auf Dauer aufgegeben sind. ²Gelegentliche Besuchskontakte allein stehen dem nicht entgegen.

Altersunterschied

(3) ¹Ein Altersunterschied wie zwischen Eltern und Kindern braucht nicht unbedingt zu bestehen. ²Dies gilt auch, wenn das zu betreuende Geschwister von Kind an wegen Behinderung pflegebedürftig war und das betreuende Geschwister die Stelle der Eltern, z. B. nach deren Tod, einnimmt. ³Ist das zu betreuende Geschwister dagegen erst im Erwachsenenalter pflegebedürftig geworden, so wird im allgemeinen ein dem Eltern-Kind-Verhältnis ähnliches Pflegeverhältnis nicht mehr begründet werden können.

Unterhalt auf Kosten des Steuerpflichtigen

(4) ¹Die Pflegeperson muß das Kind zu einem nicht unwesentlichen Teil auf ihre eigenen Kosten unterhalten. ²Diese Voraussetzung kann als erfüllt angesehen werden, wenn das Pflegegeld (Grundbetrag und/oder Erziehungsbeitrag) und/oder andere Mittel, die der Steuerpflichtige für den Unterhalt einschließlich der Erziehung des Kindes erhält, insgesamt das in Betracht kommende Pflegegeld (Grundbetrag und/oder Erziehungsbeitrag) des zuständigen Jugendamts (§ 39 Abs. 2 SGB VIII – Kinder- und Jugendhilfe –) nicht übersteigen. ³Auch bei einem höheren Entgelt kann die Voraussetzung nach Satz 1 jedoch im Regelfall als erfüllt angesehen werden, wenn der eigene Kostenbeitrag des Steuerpflichtigen im Jahresdurchschnitt mindestens 250 DM monatlich beträgt. ⁴Für die Prüfung dieses Kostenbetrags ist es unerheblich, inwieweit dieser aus dem Kindergeld oder aus entsprechenden Leistungen (§ 65 EStG) bestritten werden kann. ⁵Eigene Einkünfte und zur Bestreitung des Unterhalts bestimmte oder geeignete Bezüge des Kindes (> R 180e) mindern die Unterhaltsbelastung des Steuerpflichtigen und werden gegebenenfalls bei der Bemessung des Pflegegeldes (Grundbetrag und/oder Erziehungsbeitrag) berücksichtigt. ⁶Sie können außer acht gelassen werden, sofern sie die Zahlung von Pflegegeld (Grundbetrag und/oder Erziehungsbeitrag) nicht ausschließen. ⁷Im Zweifel erteilt das Jugendamt Auskunft, ob wegen der Höhe solcher Einkünfte und Bezüge ein Anspruch auf Pflegegeld (Grundbetrag und/oder Erziehungsbeitrag) besteht.

▶ **Hinweise**   **EStH**   **H 177.**

Kinderhaus
In einem erwerbsmäßig betriebenen Heim (Kinderhaus) untergebrachte Kinder sind keine Pflegekinder (> BFH vom 23. 9. 1998 – BStBl 1999 II S. 133).

Kostenpflege
Erhält der Steuerpflichtige von den Eltern des Kindes ein höheres Entgelt als den in Betracht kommenden Pflegegeldsatz des zuständigen Jugendamts, so ist die Voraussetzung, daß der Steuerpflichtige das Kind mindestens zu einem nicht unwesentlichen Teil auf seine Kosten unterhält, nicht erfüllt, wenn durch das Entgelt die Unterhaltskosten des Kindes abgedeckt werden **und** *der*

Steuerpflichtige für die Unterbringung und seine Betreuungsdienste nach marktwirtschaftlichen Gesichtspunkten entlohnt wird (Kostenpflege > BFH vom 12. 6. 1991 – BStBl 1992 II S. 20).

Obhuts- und Pflegeverhältnis
- *Ein Pflegekindschaftsverhältnis kann auch zu jüngeren Geschwistern, z. B. Waisen, gegeben sein (> BFH vom 5. 8. 1977 – BStBl II S. 832).*
- *Ein Pflegekindschaftsverhältnis kann nicht anerkannt werden, wenn der Steuerpflichtige nicht nur mit dem Kind, sondern auch mit einem Elternteil des Kindes in häuslicher Gemeinschaft lebt, und zwar selbst dann nicht, wenn der Elternteil durch eine Schul- oder Berufsausbildung in der Obhut und Pflege des Kindes beeinträchtigt ist (> BFH vom 9. 3. 1989 – BStBl II S. 680).*
- *Ein zwischen einem alleinerziehenden Elternteil und seinem Kind im Kleinkindalter begründetes Obhuts- und Pflegeverhältnis wird durch die vorübergehende Abwesenheit des Elternteils nicht unterbrochen (> BFH vom 12. 6. 1991 – BStBl II S. 20).*
- *In der Regel kann angenommen werden, daß ein Obhuts- und Pflegeverhältnis zwischen einem alleinerziehenden Elternteil und seinem bei Pflegeeltern lebenden, noch nicht schulpflichtigen Kind nicht mehr besteht, wenn der Elternteil mindestens ein Jahr lang keine für die Wahrung des Obhuts- und Pflegeverhältnisses ausreichenden Kontakte zu dem Kind hat (> BFH vom 20. 1. 1995 – BStBl II S. 582).*
- *Haben nach Aufnahme durch die Pflegeeltern noch schulpflichtige Kinder über zwei Jahre und länger keine ausreichenden Kontakte zu ihren leiblichen Eltern mehr, so reicht dies in der Regel aus, einen Abbruch des Obhuts- und Pflegeverhältnisses zwischen den Kindern und ihren leiblichen Eltern anzunehmen (> BFH vom 7. 9. 1995 – BStBl 1996 II S. 63).*

EStR R 178. Allgemeines zur Berücksichtigung von Kindern

¹Ein Kind wird vom Beginn des Monats an, in dem die Anspruchsvoraussetzungen erfüllt sind, berücksichtigt. ²Entsprechend endet die Berücksichtigung mit Ablauf des Monats, in dem die Anspruchsvoraussetzungen wegfallen (Monatsprinzip).

▶ **Hinweise EStH H 178.**

Berechnung des Lebensalters des Kindes
Für die Berechnung gilt § 187 Abs. 2 Satz 2 in Verbindung mit § 188 Abs. 2 BGB.
Beispiel:
Ein am 1. 2. 1982 geborenes Kind hat das 18. Lebensjahr mit Ablauf des 31. 1. 2000, also zu Beginn des Monats Februar 2000 vollendet. Es kann deshalb ab diesem Monat nicht mehr nach § 32 Abs. 3 EStG berücksichtigt werden.

Berücksichtigung in Sonderfällen
Die Berücksichtigung eines Kindes wird nicht dadurch ausgeschlossen, daß ein minderjähriges Kind eigene Einkünfte und Bezüge hat (> BFH vom 1. 3. 2000 – BStBl II S. 459) oder das Kind nicht zum Haushalt des Steuerpflichtigen gehört, ausgenommen Pflegekinder (> R 177 Abs. 1). Die Berücksichtigung endet grundsätzlich am Ende des Monats der Eheschließung eines volljährigen Kindes, es sei denn, das Einkommen des Ehegatten ist so gering, daß dieser zum Unterhalt des Kindes nicht in der Lage ist (z. B. Studentenehe) und die Eltern deshalb weiterhin für das Kind aufkommen müssen (> BFH vom 2. 3. 2000 – BStBl II S. 522). Die Rechtsgrundsätze dieses Urteils sind auf den Kinderfreibetrag mit der Maßgabe anzuwenden, daß daraus bis einschließ-

lich des VZ 2000 für Eltern keine nachteiligen Folgerungen zu ziehen sind (> BMF vom 5. 10. 2000 – BStBl I S. 1391).

Lebend geborenes Kind
Für die Frage, ob ein Kind lebend geboren wurde (§ 32 Abs. 3 EStG), ist im Zweifel das Geburtenregister maßgebend.

EStR R 180. Kinder, die für einen Beruf ausgebildet werden

Berufsausbildung allgemein
(1) ¹Als Berufsausbildung ist die Ausbildung für einen künftigen Beruf anzusehen, z. B. die Ausbildung für einen handwerklichen, kaufmännischen, technischen oder wissenschaftlichen Beruf sowie die Ausbildung in der Hauswirtschaft auf Grund eines Berufsausbildungsvertrags oder an einer Lehranstalt, z. B. Haushaltsschule, Berufsfachschule. ²Die Berufsausbildung soll die für die Ausübung eines Berufs notwendigen fachlichen Fertigkeiten und Kenntnisse in einem geordneten Ausbildungsgang vermitteln (> § 1 Abs. 2 Berufsbildungsgesetz **[1]**). ³Eine **Berufsausbildung** ist nur anzunehmen, wenn sie die Zeit und Arbeitskraft des Kindes überwiegend in Anspruch nimmt. **[2]** ⁴Außer der tatsächlichen Ausbildungszeit ist dabei auch der Zeitaufwand für den Weg von und zur Ausbildungsstätte sowie für die notwendigen häuslichen Vor- und Nacharbeiten zu berücksichtigen. ⁵Der Besuch von Abend- oder Tageskursen von nur kurzer Dauer täglich kann nicht als Berufsausbildung angesehen werden. ⁶Zur Berufsausbildung zählen auch Unterbrechungszeiten wegen Erkrankung oder Mutterschaft.

Abschluß der Berufsausbildung
(2) ¹Die Berufsausbildung ist abgeschlossen, wenn das Kind einen Ausbildungsstand erreicht hat, der es zur Berufsausübung befähigt, oder wenn einem schwerbehinderten Kind eine seinen Fähigkeiten angemessene Beschäftigung möglich ist. ²In Handwerksberufen wird die Berufsausbildung mit bestandener Gesellenprüfung, in anderen Lehrberufen mit der Gehilfenprüfung, abgeschlossen. ³In akademischen Berufen wird die Berufsausbildung regelmäßig mit der Ablegung des – ersten – Staatsexamens oder einer entsprechenden Abschlußprüfung abgeschlossen, es sei denn, daß sich ein ergänzendes Studium oder ein Zweitstudium anschließt. ⁴Prüfungen und Examen gelten mit dem Zeitpunkt der Bekanntgabe des Prüfungsergebnisses als abgelegt. **[3]**

Erneute Berufsausbildung
(3) ¹Der Abschluß einer Berufsausbildung schließt nicht aus, daß das Kind später erneut in eine Berufsausbildung eintritt. ²Dies kann eine weiterführende Ausbildung, z. B. der Besuch einer Fach- oder Meisterschule, oder eine Ausbildung für einen gehobeneren oder einen andersartigen Beruf sein.

Berufsausbildung schwerbehinderter Kinder
(4) ¹Ein **schwerbehindertes** Kind befindet sich auch dann in der Berufsausbildung, wenn es durch gezielte Maßnahmen auf eine – wenn auch einfache – Erwerbstätigkeit vorbereitet wird, die nicht spezifische Fähigkeiten oder Fertigkeiten erfordert. ²Unter diesem Gesichtspunkt kann z. B.

Amtl. Fn.:

[1] > aber H 180 (Freiwillige Maßnahmen), (Rechtsprechung zur Berufsausbildung – Praktikum – Promotion – Volontariat), (Schulbesuch) und (Sprachaufenthalt im Ausland).

[2] > aber H 180 (Sprachaufenthalt im Ausland).

[3] > aber H 180 (Beginn und Ende der Berufsausbildung).

auch der Besuch einer Behindertenschule, einer Heimsonderschule oder das Arbeitstraining in einer Anlernwerkstatt oder Werkstatt für Behinderte eine Berufsausbildung darstellen. ³Eine Bescheinigung der besuchten Einrichtung kann einen Anhaltspunkt für die Beurteilung geben.

▶ Hinweise   EStH   H 180.

Beginn und Ende der Berufsausbildung
– *Abweichend von R 180 Abs. 2 Satz 3 gehört das Referendariat im Anschluß an die erste juristische Staatsprüfung zur Berufsausbildung (> BFH vom 10. 2. 2000 – BStBl II S. 398).*
– *Ein Universitätsstudium ist in dem Zeitpunkt abgeschlossen, in dem eine nach dem einschlägigen Prüfungsrecht zur Feststellung des Studienerfolgs vorgesehene Prüfungsentscheidung ergangen ist oder ein Prüfungskandidat von der vorgesehenen Möglichkeit, sich von weiteren Prüfungsabschnitten befreien zu lassen, Gebrauch gemacht hat (> BFH vom 21. 1. 1999 – BStBl II S. 141). Abweichend von R 180 Abs. 2 Satz 4 endet die Berufsausbildung bereits vor Bekanntgabe des Prüfungsergebnisses, wenn das Kind nach Erbringung aller Prüfungsleistungen eine Vollzeiterwerbstätigkeit aufnimmt (> BFH vom 24. 5. 2000 – BStBl II S. 473).*
– *> DA-FamEStG 63.3.2.6 (BStBl 2000 I S. 661)*
...

Rechtsprechung zur Berufsausbildung
– **Abbruch der Berufsausbildung**
Keine Berufsausbildung, wenn das Kind nach Abbruch einer kaufmännischen Lehre im elterlichen Betrieb im Außendienst beschäftigt wird (> BFH vom 8. 11. 1972 – BStBl 1973 II S. 141).
– **Aufstiegsbeamte**
Vorbereitung eines Aufstiegsbeamten auf die Laufbahnprüfung ist keine Berufsausbildung (> BFH vom 2. 7. 1993 – BStBl II S. 870).
– **Ausbildung im Rahmen eines Dienstverhältnisses**
Keine Berufsausbildung, wenn sich die Ausbildung im Rahmen eines den vollen Lebensunterhalt sicherstellenden Dienstverhältnisses vollzieht, z. B. Ausbildung eines Zeitsoldaten zum Offizier (> BFH vom 2. 7. 1993 – BStBl II S. 871); Abkommandierung eines Zeitsoldaten zum Studium an eine Bundeswehr-Hochschule (> BFH vom 2. 7. 1993 – BStBl 1994 II S. 102).
– **Berufsausübung**
In Berufsausbildung befindet sich nicht, wer – wenn auch zur Vorbereitung auf ein weiteres Berufsziel – einen Beruf ausübt, der von anderen unter denselben Bedingungen als Dauerberuf ausgeübt wird (> BFH vom 11. 10. 1984 – BStBl 1985 II S. 91).
– **Einweisung in die Aufgaben des künftigen Betriebsinhabers**
Keine Berufsausbildung, wenn das Kind nach Abschluß seiner kaufmännischen Ausbildung in die Aufgaben eines künftigen Betriebsinhabers im elterlichen Betrieb eingewiesen wird (> BFH vom 2. 8. 1968 – BStBl II S. 777).
– **Fachschulbesuch im Rahmen einer Erwerbstätigkeit**
Keine Berufsausbildung, wenn das Kind im Rahmen einer den vollen Lebensunterhalt sicherstellenden Erwerbstätigkeit eine Fachschule unter Fortzahlung der tariflichen Bezüge als Bergmann besucht (> BFH vom 2. 7. 1993 – BStBl 1994 II S. 101).
– **Ferienzeit**
Die Ferienzeit zwischen zwei Ausbildungsabschnitten gehört zur Berufsausbildung, nicht aber

die Übergangszeit zwischen dem Abschluß der Berufsausbildung und dem Berufsantritt sowie die Probezeit bei erstmaligem Berufsantritt (> BFH vom 31. 1. 1964 – BStBl III S. 300).

– **Praktikum**

Das Anwaltspraktikum eines Jurastudenten ist Berufsausbildung, auch wenn es weder gesetzlich noch durch die Studienordnung vorgeschrieben ist (> BFH vom 9. 6. 1999 – BStBl II S. 713).

Zur Berufsausbildung eines Studenten der Germanistik und Anglistik gehört auch ein Auslandspraktikum als Fremdsprachenassistent an einer Schule in Großbritannien während eines Urlaubssemesters (> BFH vom 14. 1. 2000 – BStBl II S. 199).

– **Promotion**

Zur Berufsausbildung gehört auch die Vorbereitung auf eine Promotion, wenn diese im Anschluß an das Studium ernsthaft und nachhaltig durchgeführt wird (> BFH vom 9. 6. 1999 – BStBl II S. 708).

– **Volontariat**

Eine Volontärtätigkeit, die ausbildungswillige Kinder vor Annahme einer voll bezahlten Beschäftigung gegen geringe Entlohnung absolvieren, ist grundsätzlich als Berufsausbildung anzuerkennen, wenn das Volontariat der Erlangung der angestrebten beruflichen Qualifikation dient und somit der Ausbildungscharakter im Vordergrund steht (> BFH vom 9. 6. 1999 – BStBl II S. 706).

Schulbesuch

Zur Berufsausbildung gehört auch der Besuch von Allgemeinwissen vermittelnden Schulen wie Grund-, Haupt- und Oberschulen sowie von Fach- und Hochschulen. Auch der Besuch eines Colleges in den USA kann zur Berufsausbildung zählen (> BFH vom 9. 6. 1999 – BStBl II S. 705).

Sprachaufenthalt im Ausland

– In einer Ausbildungs- oder Studienordnung vorgeschriebener oder empfohlener Sprachaufenthalt im Ausland ist in der Regel Berufsausbildung eines Kindes (> BFH vom 9. 6. 1999 – BStBl II S. 710).

– Der Erwerb von Sprachkenntnissen im Rahmen von Au-pair-Verhältnissen kann Berufsausbildung sein (> BFH vom 9. 6. 1999 – BStBl II S. 701 und S. 710).

– Abweichend von R 180 Abs. 1 Satz 3 braucht eine Ausbildungsmaßnahme Zeit und Arbeitskraft des Kindes nicht überwiegend in Anspruch zu nehmen. Ein Sprachunterricht von wöchentlich 10 Unterrichtsstunden zuzüglich Zeit für Vor- und Nachbereitung sowie für praktische Anwendung der Fremdsprache kann deshalb Berufsausbildung sein (> BFH vom 9. 6. 1999 – BStBl II S. 710). Eine geringere Stundenzahl kann im Einzelfall unschädlich sein, wenn der Unterricht der üblichen Vorbereitung auf einen anerkannten Prüfungsabschluß dient und das Kind den Prüfungsabschluß anstrebt (> BFH vom 9. 6. 1999 – BStBl II S. 710).

Unterbrechungszeiten

> DA-FamEStG 63.3.2.6 und 63.3.2.7 (BStBl 2000 I S. 661 und 663).

EStR **R 180a. Kinder, die sich in einer Übergangszeit von höchstens vier Monaten zwischen zwei Ausbildungsabschnitten befinden**

Übergangszeiten, wenn sie im zeitlichen Rahmen von vier Monaten liegen, sind auch Zwangspausen vor und nach der Ableistung des gesetzlichen Wehr- bzw. Zivildienstes, einer vom Wehr- bzw. Zivildienst befreienden Tätigkeit als Entwicklungshelfer oder als Dienstleistender im Ausland nach § 14b Zivildienstgesetz sowie vor und nach der Ableistung eines freiwilligen sozialen oder ökologischen Jahres und nach Zeiten einer Erkrankung, einer Behinderung oder eines Beschäftigungsverbotes nach dem Mutterschutzgesetz.

Hinweise EStH H 180a.

Berechnung der Übergangszeit nach § 32 Abs. 4 Satz 1 Nr. 2 Buchstabe b EStG
– Es reicht aus, wenn der nächste Ausbildungsabschnitt in dem Monat nach Ablauf des vierten vollen Kalendermonats, in dem sich das Kind nicht in der Ausbildung befunden hat, beginnt.

Beispiel:
Der erste Ausbildungsabschnitt endet im Monat Juli. Der zweite Ausbildungsabschnitt muß spätestens im Dezember beginnen.

– Die Vier-Monats-Frist gilt für jede Übergangszeit zwischen zwei Ausbildungsabschnitten.

Gesetzlicher Wehrdienst
Darunter ist auch ein freiwilliger Wehrdienst bis zu drei Jahren zu verstehen > BSG vom 26. 7. 1977 – Entscheidungen des Bundessozialgerichts Band 44 S. 197.

EStR R 180b. Kinder, die mangels Ausbildungsplatz ihre Berufsausbildung nicht beginnen oder fortsetzen können

Allgemeines

(1) ¹Grundsätzlich ist jeder Ausbildungswunsch des Kindes anzuerkennen, es sei denn, daß seine Verwirklichung wegen der persönlichen Verhältnisse des Kindes ausgeschlossen erscheint. ²Dies gilt auch dann, wenn das Kind bereits eine abgeschlossene Ausbildung in einem anderen Beruf besitzt. ³Das Finanzamt kann verlangen, daß der Steuerpflichtige die ernsthaften Bemühungen des Kindes um einen Ausbildungsplatz durch geeignete Unterlagen nachweist oder zumindest glaubhaft macht.

Ausbildungsplätze

(2) Ausbildungsplätze sind neben betrieblichen und überbetrieblichen insbesondere solche an Fach- und Hochschulen sowie Stellen, an denen eine in der Ausbildungs- oder Prüfungsordnung vorgeschriebene praktische Tätigkeit abzuleisten ist.

> Ernsthafte Bemühungen um einen Ausbildungsplatz

(3) ¹Für die Berücksichtigung eines Kindes ohne Ausbildungsplatz ist Voraussetzung, daß es dem Kind trotz ernsthafter Bemühungen nicht gelungen ist, seine Berufsausbildung (> R 180 Abs. 1) zu beginnen oder fortzusetzen. ²Als Nachweis der ernsthaften Bemühungen kommen z. B. Bescheinigungen des Arbeitsamtes über die Meldung des Kindes als Bewerber um eine berufliche Ausbildungsstelle, Unterlagen über eine Bewerbung bei der Zentralen Vergabestelle von Studienplätzen, Bewerbungsschreiben unmittelbar an Ausbildungsstellen sowie deren Zwischennachricht oder Ablehnung in Betracht.

(4) ¹Die Berücksichtigung eines Kindes ohne Ausbildungsplatz ist ausgeschlossen, wenn es sich wegen Kindesbetreuung nicht um einen Ausbildungsplatz bemüht. ²Eine Berücksichtigung ist

dagegen möglich, wenn das Kind infolge Erkrankung oder wegen eines Beschäftigungsverbots nach den §§ 3 und 6 Mutterschutzgesetz daran gehindert ist, seine Berufsausbildung zu beginnen oder fortzusetzen.

Hinweise EStH H 180b.

EStR R 180c. Kinder, die ein freiwilliges soziales oder ökologisches Jahr leisten

¹Der Nachweis über die Ableistung des freiwilligen sozialen oder ökologischen Jahres ist durch eine Bescheinigung des Trägers zu erbringen. ²Das freiwillige soziale Jahr und das freiwillige ökologische Jahr können auch im europäischen Ausland abgeleistet werden, wenn der Träger seinen Hauptsitz im Inland hat.

Hinweise EStH H 180c.

Träger des freiwilligen ökologischen Jahres
Die Träger des freiwilligen ökologischen Jahres werden von der zuständigen Landesbehörde zugelassen. Sie müssen ihren Hauptsitz im Inland haben.

Träger des freiwilligen sozialen Jahres
Als Träger des freiwilligen sozialen Jahres sind zugelassen:
– *die in der Bundesarbeitsgemeinschaft der freien Wohlfahrtspflege zusammengeschlossenen Verbände und ihre Untergliederungen,*
– *die Kirchen,*
– *die Gebietskörperschaften sowie nach Bestimmung der Länder sonstige Körperschaften des öffentlichen Rechts.*
Die zuständige Landesbehörde kann weitere Träger des freiwilligen sozialen Jahres zulassen.

EStR R 180d. Kinder, die wegen körperlicher, geistiger oder seelischer Behinderung außerstande sind, sich selbst zu unterhalten

Behinderte Kinder

(1) ¹Als Kinder, die wegen körperlicher, geistiger oder seelischer Behinderung außerstande sind, sich selbst zu unterhalten, kommen nur Kinder in Betracht, die schwerbehindert oder Schwerbehinderten gleichgestellt sind (§§ 1, 2 SchwbG). ²Ein Kind, das wegen seiner Behinderung außerstande ist, sich selbst zu unterhalten, kann bei Vorliegen der sonstigen Voraussetzungen über das 27. Lebensjahr hinaus ohne altersmäßige Begrenzung berücksichtigt werden.

Nachweis der Behinderung

(2) ¹Der Nachweis der Schwerbehinderung ist nach § 65 Abs. 1 EStDV oder durch Gleichstellungsbescheid des Arbeitsamtes oder durch einen Bescheid über die Einstufung als Schwerst-

pflegebedürftiger in Pflegestufe III nach SGB XI, dem BSHG oder diesen entsprechenden Bestimmungen zu führen. ²Besteht im Einzelfall, insbesondere bei seelischen Erkrankungen, die begründete Befürchtung, daß sich das Verfahren zur Erlangung eines amtlichen Nachweises nachteilig auf den Gesundheitszustand und die weitere ärztliche Behandlung des Kindes auswirken könnte, kann der Nachweis auch durch aussagekräftige Gutachten geführt werden. ³Für Kinder, die wegen ihrer Behinderung bereits länger als ein Jahr in einer Kranken- oder Pflegeanstalt untergebracht sind, genügt eine Bestätigung des für die Anstalt zuständigen Arztes, daß das Kind behindert und wegen seiner Behinderung außerstande ist, sich selbst zu unterhalten; die Bescheinigung ist nach spätestens fünf Jahren zu erneuern.

Außerstande sein, sich selbst zu unterhalten

(3) ¹Ob das Kind wegen seiner Behinderung außerstande ist, sich selbst zu unterhalten, ist nach den Gesamtumständen des Einzelfalls zu beurteilen. ²Dabei kommt es nicht nur auf die Unfähigkeit des Kindes an, durch eigene Erwerbstätigkeit seinen Lebensunterhalt zu bestreiten, sondern auch darauf, ob dem Kind hierfür andere Einkünfte oder Bezüge zur Verfügung stehen. ³R 180e und R 190 Abs. 5 gelten entsprechend. ⁴Zu den eigenen Einkünften und Bezügen des Kindes gehören auch Unterhaltsleistungen seines Ehegatten oder früheren Ehegatten. ⁵Auch eigenes Vermögen des Kindes, das für seinen Lebensunterhalt eingesetzt werden kann, muß berücksichtigt werden, sofern es nicht geringfügig ist; R 190 Abs. 3 gilt entsprechend. ⁶Bezieht das Kind weder Einkünfte aus einer eigenen Erwerbstätigkeit noch Lohnersatzleistungen, kann grundsätzlich von der Unfähigkeit zur Ausübung einer Erwerbstätigkeit ausgegangen werden. ⁷Dies gilt jedoch nicht, wenn nicht die Behinderung, sondern offensichtlich andere Gründe, z. B. die Arbeitsmarktlage, ursächlich dafür sind, daß das Kind eine eigene Erwerbstätigkeit nicht ausüben kann. ⁸Ein über 27 Jahre altes Kind, das wegen seiner Behinderung noch in Schul- oder Berufsausbildung steht, ist in jedem Fall als unfähig zur Ausübung einer Erwerbstätigkeit anzusehen.

Unschädliche Einkünfte und Bezüge des behinderten Kindes

(4) ¹Übersteigen die Einkünfte des Kindes und dessen Bezüge, die zur Bestreitung seines Lebensunterhalts bestimmt oder geeignet sind, nicht den Grenzbetrag des § 32 Abs. 4 Satz 2 EStG, kann regelmäßig davon ausgegangen werden, daß das Kind außerstande ist, sich selbst zu unterhalten. ²Dieser Betrag erhöht sich um den maßgeblichen Behinderten-Pauschbetrag, soweit das Kind keine besonderen Leistungen für einen behinderungsbedingten Mehrbedarf erhält. **❶** ³Dem Steuerpflichtigen bleibt es unbenommen, glaubhaft zu machen, daß der Unterhaltsbedarf des Kindes auch durch höhere Einkünfte und Bezüge nicht gedeckt ist. ⁴Behinderungsbedingter Mehrbedarf ist dabei zu berücksichtigen, soweit das Kind hierfür nicht besondere Leistungen erhält, z. B. Pflegegeld nach § 37 SGB XI, Blindengeld. ⁵Ist ein Kind in einem Heim untergebracht, bemißt sich sein Unterhaltsbedarf nach den im Zusammenhang mit der Unterbringung anfallenden Kosten (einschließlich Taschengeld, Sonderzuwendungen usw.).

▷ **Hinweise**   **EStH**   **H 180d.**

Amtl. Fn.:
❶ Aber H 180d (Außerstande sein, sich selbst zu unterhalten).

EStR **R 180e. Einkünfte und Bezüge des Kindes**[1]

Einkünfte

(1) ¹Als Einkünfte sind solche im Sinne des § 2 Abs. 1 EStG zu verstehen. ²Sie sind stets in vollem Umfang zu berücksichtigen, also auch soweit sie zur Bestreitung des Unterhalts nicht zur Verfügung stehen oder die Verfügungsbefugnis beschränkt ist, z. B. einbehaltene Sozialversicherungsbeträge bzw. Leistungen im Sinne des VermBG.

Bezüge

(2) ¹Bezüge sind alle Einnahmen in Geld oder Geldeswert, die nicht im Rahmen der einkommensteuerrechtlichen Einkunftsermittlung erfaßt werden. ²Zu den anzusetzenden Bezügen gehören insbesondere:

1. steuerfreie Gewinne nach den §§ 14, 14a Abs. 1 bis 3, § 16 Abs. 4, § 17 Abs. 3 und § 18 Abs. 3 EStG,
2. die nach § 19 Abs. 2, § 20 Abs. 4 EStG steuerfrei bleibenden Einkünfte,[2]
3. die Teile von Leibrenten, die den Ertragsanteil nach § 22 Nr. 1 Satz 3 Buchstabe a EStG übersteigen,
4. Einkünfte und Leistungen, soweit sie dem Progressionsvorbehalt unterliegen (> R 185).
5. Renten nach § 3 Nr. 1 Buchstabe a EStG, Bezüge nach § 3 Nr. 3, 6, 9, 10, 27, 39, 58 EStG und nach § 3b EStG, Bezüge nach § 3 Nr. 44 EStG, soweit sie zur Bestreitung des Lebensunterhalts dienen, sowie Bezüge nach § 3 Nr. 5 und 11 EStG mit Ausnahme der Heilfürsorge und der steuerfreien Beihilfen in Krankheits-, Geburts- und Todesfällen im Sinne der Beihilfevorschriften des Bundes und der Länder,
6. Sonderabschreibungen sowie erhöhte Absetzungen, soweit sie die höchstmöglichen Absetzungen für Abnutzung nach § 7 EStG übersteigen,
7. pauschal besteuerte Bezüge nach § 40a EStG,
8. Sachbezüge und Taschengeld im Rahmen von Aupair-Verhältnissen im Ausland,
9. Unterhaltsleistungen des geschiedenen oder dauernd getrennt lebenden Ehegatten, soweit nicht als sonstige Einkünfte im Sinne des § 22 Nr, 1a EStG erfaßt,
10. Zuschüsse eines Trägers der gesetzlichen Rentenversicherung zu den Aufwendungen eines Rentners für seine Kranken- und Pflegeversicherung.

Anm. d. Schriftl.:

[1] Der unschädliche Betrag für eigene Einkünfte und Bezüge von volljährigen Kindern, bis zu denen Kindergeld gezahlt bzw. der Kinderfreibetrag berücksichtigt werden kann, wird nach dem StEntlG 1999 an das Existenzminimum gekoppelt.

Danach betragen die unschädlichen Einkünfte und Bezüge (nach Berücksichtigung des Steuersenkungsgesetzes)

1999	13 020 DM
2000	13 500 DM
2001/2002	14 040 DM

(§ 32 Abs. 4 Satz 2 EStG, § 6 Abs. 2 BKKG)

Amtl. Fn.:

[2] > aber H 180e (Anrechnung eigener Bezüge – Nicht anrechenbare eigene Bezüge).

Hinweise EStH H 180e.

EStR R 181. Höhe des Kinderfreibetrags in Sonderfällen

Einem Steuerpflichtigen, der den vollen Kinderfreibetrag[1] erhält, weil der andere Elternteil verstorben ist (§ 32 Abs. 6 Satz 3 EStG), werden Steuerpflichtige in Fällen gleichgestellt, in denen
1. der Wohnsitz oder gewöhnliche Aufenthalt des anderen Elternteils nicht zu ermitteln ist **oder**
2. der Vater des Kindes amtlich nicht feststellbar ist.

EStR R 181a. Übertragung des Kinderfreibetrags

Barunterhaltsverpflichtung

(1) ¹Bei dauernd getrennt lebenden oder geschiedenen Ehegatten sowie bei Eltern eines nichtehelichen Kindes ist der Elternteil, in dessen Obhut das Kind sich nicht befindet, grundsätzlich zur Leistung von Barunterhalt verpflichtet. ²Wenn die Höhe nicht durch gerichtliche Entscheidung, Verpflichtungserklärung, Vergleich oder anderweitig durch Vertrag festgelegt ist, können dafür die von den Oberlandesgerichten als Leitlinien aufgestellten Unterhaltstabellen, z. B. „Düsseldorfer Tabelle", einen Anhalt geben.

Der Unterhaltsverpflichtung im wesentlichen nachkommen

(2) ¹Ein Elternteil kommt seiner Barunterhaltsverpflichtung gegenüber dem Kind im wesentlichen nach, wenn er sie mindestens zu 75 v. H. erfüllt. ²Der Elternteil, in dessen Obhut das Kind sich befindet, erfüllt seine Unterhaltsverpflichtung in der Regel durch die Pflege und Erziehung des Kindes (§ 1606 Abs. 3 BGB).

Maßgebender Verpflichtungszeitraum

(3) ¹Hat aus Gründen, die in der Person des Kindes liegen, oder wegen des Todes des Elternteils die Unterhaltsverpflichtung nicht während des ganzen Kalenderjahrs bestanden, so ist für die Frage, inwieweit sie erfüllt worden ist, nur auf den Verpflichtungszeitraum abzustellen. ²Im übrigen kommt es nicht darauf an, ob die unbeschränkte Steuerpflicht des Kindes oder der Eltern während des ganzen Kalenderjahrs bestanden hat (> Beispiele).

Verfahren

(4) ¹Wird die Übertragung des dem anderen Elternteil zustehenden Kinderfreibetrags beantragt, weil dieser seiner Unterhaltsverpflichtung gegenüber dem Kind für das Kalenderjahr nicht im wesentlichen nachgekommen ist, so muß der Antragsteller die Voraussetzungen dafür darlegen. ²In Zweifelsfällen ist dem anderen Elternteil Gelegenheit zu geben, sich zum Sachverhalt zu äußern (§ 91 AO). ³Wird der Kinderfreibetrag bei einer Veranlagung auf den Steuerpflichtigen übertragen, so teilt das Finanzamt dies dem für den anderen Elternteil zuständigen Finanzamt mit. ⁴Ist der andere Elternteil bereits veranlagt, so ist die Änderung der Steuerfestsetzung, sofern sie nicht nach § 164 Abs. 2 Satz 1 oder § 165 Abs. 2 AO vorgenommen werden kann, nach § 175 Abs. 1 Satz 1 Nr. 2 AO durchzuführen. ⁵Beantragt der andere Elternteil eine Herabsetzung der gegen ihn festgesetzten Steuer mit der Begründung, die Voraussetzungen für die Übertragung des Kinderfreibetrags auf den Steuerpflichtigen lägen nicht vor, so ist der Steuerpflichtige unter den

---

Anm. d. Schriftl.:
[1] Ab 1. 1. 1997 = 6 912 DM.

Voraussetzungen des § 174 Abs. 4 und 5 AO zu dem Verfahren hinzuzuziehen. ⁶Obsiegt der andere Elternteil, so kommt die Änderung der Steuerfestsetzung beim Steuerpflichtigen nach § 174 Abs. 4 AO in Betracht. ⁷Dem Finanzamt des Steuerpflichtigen ist zu diesem Zweck die getroffene Entscheidung mitzuteilen.

▶ **Hinweise EStH H 181a.**

Beurteilungszeitraum
Bei der Beurteilung der Frage, ob ein Elternteil seiner Unterhaltsverpflichtung gegenüber einem Kind nachgekommen ist, ist nicht auf den Zeitpunkt abzustellen, in dem der Unterhalt gezahlt worden ist, sondern auf den Zeitraum, für den der Unterhalt bestimmt ist (> BFH vom 11. 12. 1992 – BStBl 1993 II S. 397).

Beispiele zu R 181a Abs. 3
A. Das Kind beendet im Juni seine Berufsausbildung und steht ab September in einem Arbeitsverhältnis. Seitdem kann es sich selbst unterhalten. Der zum Barunterhalt verpflichtete Elternteil ist seiner Verpflichtung nur für die Zeit bis einschließlich Juni nachgekommen. Er hat seine für 8 Monate bestehende Unterhaltsverpflichtung für 6 Monate, also zu 75 v. H. erfüllt.
B. Der Elternteil, der bisher seiner Unterhaltsverpflichtung durch Pflege und Erziehung des Kindes voll nachgekommen ist, verzieht im August ins Ausland und leistet von da an keinen Unterhalt mehr. Er hat seine Unterhaltsverpflichtung, bezogen auf das Kalenderjahr, nicht mindestens zu 75 v. H. erfüllt.

Fehlende Unterhaltsverpflichtung
Ist ein Elternteil nicht zur Leistung von Unterhalt verpflichtet, so kann der ihm zustehende Kinderfreibetrag nicht auf den anderen Elternteil übertragen werden (> BFH vom 25. 7. 1997 – BStBl 1998 II S. 329).

Freistellung von der Unterhaltsverpflichtung
Stellt ein Elternteil den anderen Elternteil von der Unterhaltsverpflichtung gegenüber einem gemeinsamen Kind gegen ein Entgelt frei, das den geschätzten Unterhaltsansprüchen des Kindes entspricht, so behält der freigestellte Elternteil den Anspruch auf den (halben) Kinderfreibetrag (> BFH vom 25. 1. 1996 – BStBl 1997 II S. 21).

Konkrete Unterhaltsverpflichtung
Kommt ein Elternteil seiner konkret-individuellen Unterhaltsverpflichtung nach, so ist vom Halbteilungsgrundsatz auch dann nicht abzuweichen, wenn diese Verpflichtung im Verhältnis zum Unterhaltsbedarf des Kindes oder zur Unterhaltszahlung des anderen Elternteils gering ist (> BFH vom 25. 7. 1997 – BStBl 1998 II S. 433).

Das gilt auch in Fällen, in denen sich eine nur geringe Unterhaltsverpflichtung aus einem Urteil eines Gerichts der ehemaligen Deutschen Demokratischen Republik ergibt (> BFH vom 25. 7. 1997 – BStBl 1998 II S. 435).

Steuerrechtliche Folgewirkungen der Übertragung
Infolge der Übertragung des Kinderfreibetrags auf einen Stiefelternteil oder die Großeltern können sich bei den kindbedingten Steuerentlastungen, die vom Erhalt des Kinderfreibetrags abhängen, Änderungen ergeben. Solche Folgeänderungen können eintreten beim Haushaltsfreibetrag (§ 32 Abs. 7 EStG), beim Hundertsatz der zumutbaren Belastung (§ 33 Abs. 3 EStG), bei den

Ausbildungsfreibeträgen (§ 33a Abs. 2 EStG) und bei der Übertragung des dem Kind zustehenden Behinderten- oder Hinterbliebenen-Pauschbetrags (§ 33b Abs. 5 EStG).

Übertragung im Lohnsteuerabzugsverfahren
R 109 Abs. 8 LStR 2000

EStR   **R 182. Haushaltsfreibetrag[1], Zuordnung von Kindern**

...

▶ **Hinweise   EStH   H 182.**

Abzug mit Zuordnung
Ist ein Kind unbeschränkt einkommensteuerpflichtiger Eltern bei beiden Elternteilen gemeldet, so wird es, wenn beide Elternteile die Voraussetzungen für einen Haushaltsfreibetrag erfüllen, einem Elternteil zugeordnet (§ 32 Abs. 7 Satz 2 EStG). Zwei Fallgruppen sind zu unterscheiden:

a) Das Kind war zu Beginn des Kalenderjahrs oder zu dem anderen maßgebenden Stichtag, z. B. Geburt, Zuzug aus dem Ausland, nur bei einem Elternteil und erst später auch oder ausschließlich bei dem anderen Elternteil gemeldet:

Das Kind wird stets dem Elternteil zugeordnet, bei dem es zuerst gemeldet war (> BFH vom 17. 9. 1982 – BStBl 1983 II S. 9).

b) Das Kind war zu Beginn des Kalenderjahrs oder zu dem anderen maßgebenden Stichtag bei beiden Elternteilen gemeldet:

Das Kind wird der Mutter zugeordnet, mit ihrer Zustimmung dem Vater.

Zuzuordnen ist auch in Fällen, in denen mehrere gemeinsame Kinder im Kalenderjahr – nacheinander oder gleichzeitig – in den Wohnungen beider Elternteile gemeldet sind, die Kinderfreibeträge aber nicht für alle Kinder übertragen werden.

Beispiel:
Beide Kinder geschiedener Eltern wohnen zunächst in der Wohnung der Mutter und sind dort gemeldet. Am 1. April zieht ein Kind (erstes Kind) in die Wohnung des Vaters um und wird entsprechend angemeldet. Der Vater zahlt Barunterhalt für das zweite Kind während des ganzen Kalenderjahrs und für das erste Kind bis einschließlich März. Ab 1. April trägt er für das erste Kind allein den vollen Unterhalt. Da nur der Vater seiner Unterhaltsverpflichtung gegenüber dem ersten Kind im wesentlichen nachkommt, wird der Kinderfreibetrag der Mutter antragsgemäß auf ihn übertragen. Die Mutter behält ihren Kinderfreibetrag für das zweite Kind.

Auf Grund der Zuordnungsregelung verbleibt der Haushaltsfreibetrag bei der Mutter. Für den Vater ist der Haushaltsfreibetrag ausgeschlossen.

Abzug ohne Zuordnung
Einer Zuordnung bedarf es, obwohl das Kind bei beiden Elternteilen gemeldet ist, aber nicht, wenn

a) für einen Elternteil das Splitting-Verfahren (§ 32a Abs. 5 oder 6 EStG) oder die getrennte Veranlagung zur Einkommensteuer in Betracht kommt oder

---

Anm. d. Schriftl.:

[1] Die Fassung des § 32 Abs. 7 EStG durch das Jahressteuergesetz 1997 verhindert die gleichzeitige Inanspruchnahme des Haushaltsfreibetrages durch einen Elternteil und einen Großelternteil.

b) die Kinderfreibeträge für alle gemeinsamen Kinder von einem Elternteil auf den anderen Elternteil übertragen werden.

Beispiele:

A. *Das Kind geschiedener Eltern wohnt zunächst in der Wohnung der Mutter und ist dort gemeldet. Am 1. April zieht es in die Wohnung des Vaters um und wird entsprechend angemeldet. Der Vater hat bis einschließlich März für das Kind Barunterhalt geleistet und trägt seit April allein den vollen Unterhalt. Da nur der Vater seiner Unterhaltsverpflichtung gegenüber dem Kind im wesentlichen nachkommt, wird der Kinderfreibetrag der Mutter antragsgemäß auf ihn übertragen.*
Der Haushaltsfreibetrag wird beim Vater ohne Zuordnung abgezogen.

B. *Beide Kinder geschiedener Eltern sind sowohl in der Wohnung des Vaters als auch in der Wohnung der Mutter gemeldet. Nur der Vater erfüllt seine Unterhaltsverpflichtung. Die Kinderfreibeträge der Mutter werden antragsgemäß auf den Vater übertragen.*
Der Haushaltsfreibetrag wird beim Vater ohne Zuordnung abgezogen.

Meldung des Kindes

Für die Fragen, in wessen Wohnung das Kind gemeldet war oder ob eine gemeinsame Wohnung der Eltern vorliegt, sind allein die Verhältnisse maßgebend, wie sie sich aus dem Melderegister ergeben. Dabei ist es gleichgültig, ob es sich um eine Meldung mit Haupt- oder Nebenwohnung handelt. Darauf, wo sich das Kind oder die Elternteile tatsächlich aufgehalten haben, kommt es nicht an (> BFH vom 27. 7. 1984 – BStBl 1985 II S. 8). Eine Meldung des Kindes bei beiden Elternteilen kann sowohl in der gemeinsamen Wohnung als auch in getrennten Wohnungen der Elternteile gegeben sein. Ein nach Ablauf des VZ vorgenommene nachträgliche An- oder Ummeldung kann nicht berücksichtigt werden (> BFH vom 1. 12. 1995 – BStBl 1996 II S. 91).

Zu § 32a EStG **❶**

EStR   **R 184a. Splitting-Verfahren bei verwitweten Personen (§ 32a Abs. 6 Nr. 1 EStG)**

– unbesetzt –

▶ **Hinweise**   **EStH**   **H 184a.**

Auflösung einer Ehe

Ist eine Ehe, die der Steuerpflichtige im VZ des Todes des früheren Ehegatten geschlossen hat, im selben VZ wieder aufgelöst worden, so ist er für den folgenden VZ auch dann wieder nach § 32a Abs. 6 Nr. 1 EStG als Verwitweter zu behandeln, wenn die Ehe in anderer Weise als durch Tod aufgelöst worden ist (> BFH vom 9. 6. 1965 – BStBl III S. 590).

Anm. d. Schriftl.:

❶ Durch das Steuersenkungsgesetz vom 23. 10. 2000 – BGBl 2000 I S. 1433 wurde der Grundfreibetrag auf 14 093 DM angehoben. Der Eingangssteuersatz wurde auf 19,9 % und der Höchstsatz auf 48,5 % abgesenkt.

Einkommensteuer — Zu § 33 EStG

Dauerndes Getrenntleben im Todeszeitpunkt
Die Einkommensteuer eines verwitweten Steuerpflichtigen ist in dem VZ, der dem VZ des Todes folgt, nur dann nach der Splittingtabelle festzusetzen, wenn er und sein verstorbener Ehegatte im Zeitpunkt des Todes nicht dauernd getrennt gelebt haben (> BFH vom 27. 2. 1998 – BStBl II S. 350).

...

Wiederheirat
Geht der verwitwete Steuerpflichtige im VZ, der dem VZ des Todes des früheren Ehegatten folgt, eine neue Ehe ein, so findet § 32a Abs. 6 Nr. 1 EStG nur dann Anwendung, wenn für die neue Ehe die besondere Veranlagung nach § 26c EStG gewählt worden ist oder die Voraussetzungen des § 26 Abs. 1 EStG nicht vorgelegen haben.

EStR **R 184b. Splitting-Verfahren bei Personen, deren Ehe im VZ aufgelöst worden ist (§ 32a Abs. 6 Nr. 2 EStG)**
– unbesetzt –

Hinweise   EStH   H 184b.

Auflösung der Ehe außer durch Tod und Wiederheirat eines Ehegatten
Ist eine Ehe, für die die Voraussetzungen des § 26 Abs. 1 EStG vorgelegen haben, im VZ durch Aufhebung oder Scheidung aufgelöst worden und ist der Steuerpflichtige im selben VZ eine neue Ehe eingegangen, für die die Voraussetzungen des § 26 Abs. 1 Satz 1 EStG ebenfalls vorliegen, so kann nach § 26 Abs. 1 Satz 2 EStG für die aufgelöste Ehe das Wahlrecht zwischen getrennter Veranlagung (§ 26a EStG) und Zusammenveranlagung (§ 26b EStG) nicht ausgeübt werden. Der andere Ehegatte, der nicht wieder geheiratet hat, ist mit dem von ihm bezogenen Einkommen nach dem Splitting-Verfahren zu besteuern (§ 32a Abs. 6 Nr. 2 EStG). Der Auflösung einer Ehe durch Aufhebung oder Scheidung steht die Nichtigerklärung einer Ehe gleich (> H 174 – Allgemeines).

Wiederheirat des anderen Ehegatten
*Ist eine Ehe, für die die Voraussetzungen des § 26 Abs. 1 EStG vorgelegen haben, im VZ durch Tod eines Ehegatten aufgelöst worden und hat der überlebende Ehegatte noch im selben VZ eine neue Ehe geschlossen, für die die Voraussetzungen des § 26 Abs. 1 Satz 1 EStG ebenfalls vorliegen, so kann für die aufgelöste Ehe das Wahlrecht zwischen getrennter Veranlagung (§ 26a EStG) und Zusammenveranlagung (§ 26b EStG) nur dann ausgeübt werden, wenn für die neue Ehe die besondere Veranlagung nach § 26c EStG gewählt worden ist (§ 26 Abs. 1 Satz 2 und 3 EStG). Ist dies nicht geschehen, so ist für das zu versteuernde Einkommen des **verstorbenen Ehegatten** das Splitting-Verfahren anzuwenden (§ 32a Abs. 6 Nr. 2 EStG).*

Zu § 33 EStG (§ 64 EStDV)

EStR **R 186. Außergewöhnliche Belastungen allgemeiner Art**
[1]§ 33 EStG setzt eine Belastung des Steuerpflichtigen auf Grund außergewöhnlicher und dem Grunde und der Höhe nach zwangsläufiger Aufwendungen voraus. [2]Der Steuerpflichtige ist belastet, wenn ein Ereignis in seiner persönlichen Lebenssphäre ihn zu Ausgaben zwingt, die er selbst

Zu § 33 EStG   **Einkommensteuer**   388

endgültig zu tragen hat. [3]Die Belastung tritt mit der Verausgabung ein. [4]Zwangsläufigkeit dem Grunde nach wird in der Regel auf Aufwendungen des Steuerpflichtigen für sich selbst oder für Angehörige im Sinne des § 15 AO beschränkt sein. [5]Aufwendungen für andere Personen können diese Voraussetzung nur ausnahmsweise erfüllen (sittliche Pflicht).

EStR   **R 187. Aufwendungen für existentiell notwendige Gegenstände**

Aufwendungen zur Wiederbeschaffung oder Schadensbeseitigung können im Rahmen des Notwendigen und Angemessenen unter folgenden Voraussetzungen als außergewöhnliche Belastung berücksichtigt werden:

1. Sie müssen einen existentiell notwendigen Gegenstand betreffen – dies sind Wohnung, Hausrat und Kleidung, nicht aber z. B. ein PKW, eine Garage oder Außenanlagen.
2. Der Verlust oder die Beschädigung muß durch ein unabwendbares Ereignis wie Brand, Hochwasser, Kriegseinwirkung, Vertreibung, politische Verfolgung verursacht sein.
3. Dem Steuerpflichtigen müssen tatsächlich finanzielle Aufwendungen entstanden sein; ein bloßer Schadenseintritt reicht zur Annahme von Aufwendungen nicht aus.
4. Die Aufwendungen müssen ihrer Höhe nach notwendig und angemessen sein und werden nur berücksichtigt, soweit sie den Wert des Gegenstandes im Vergleich zu vorher nicht übersteigen.
5. Nur der endgültig verlorene Aufwand kann berücksichtigt werden, d. h. die Aufwendungen sind um einen etwa nach Schadenseintritt noch vorhandenen Restwert zu kürzen.
6. Der Steuerpflichtige muß glaubhaft darlegen, daß er den Schaden nicht verschuldet hat und daß realisierbare Ersatzansprüche gegen Dritte nicht bestehen.
7. Ein Abzug scheidet aus, sofern der Steuerpflichtige zumutbare Schutzmaßnahmen unterlassen oder eine allgemein zugängliche und übliche Versicherungsmöglichkeit nicht wahrgenommen hat.
8. Das schädigende Ereignis darf nicht länger als drei Jahre zurückliegen, bei Baumaßnahmen muß mit der Wiederherstellung oder Schadensbeseitigung innerhalb von drei Jahren nach dem schädigenden Ereignis begonnen worden sein.

EStR   **R 188. Aufwendungen wegen Pflegebedürftigkeit**

Voraussetzungen und Nachweis

(1) [1]Zu dem begünstigten Personenkreis zählen pflegebedürftige Personen, bei denen mindestens ein Schweregrad der Pflegebedürftigkeit im Sinne des § 14 SGB XI besteht. [2]Der Nachweis ist durch eine Bescheinigung der Versicherer (§ 18 SGB XI, § 6 Allgemeine Versicherungsbedingungen für die private Pflegeversicherung) oder nach § 65 Abs. 2 EStDV zu führen.

Eigene Pflegeaufwendungen

(2) [1]Zu den Aufwendungen infolge Pflegebedürftigkeit zählen sowohl Kosten für die Beschäftigung einer ambulanten Pflegekraft als auch Aufwendungen zur Unterbringung in einem Heim. [2]Wird bei einer Heimunterbringung wegen Pflegebedürftigkeit der private Haushalt aufgelöst, ist die > Haushaltsersparnis mit einem Betrag von 36 DM/Tag (1 085 DM/Monat, 13 020 DM/Jahr) anzusetzen. [3]Nimmt der Steuerpflichtige wegen seiner pflegebedingten Aufwendungen den Abzug nach § 33 EStG in Anspruch, so sind die Gesamtkosten um den auf hauswirtschaftliche Dienstleistungen entfallenden Anteil zu kürzen, der zur Vereinfachung in Höhe des Abzugsbetrags nach § 33a Abs. 3 EStG anzusetzen ist.

Konkurrenz zu § 33a Abs. 3 EStG

(3) Nimmt der Steuerpflichtige wegen seiner behinderungsbedingten Aufwendungen einen Pauschbetrag nach § 33b Abs. 3 EStG in Anspruch, so kann er daneben folgendes geltend machen:
- bei Heimunterbringung zusätzlich den Abzugsbetrag für Heimbewohner nach § 33a Abs. 3 Satz 2 Nr. 2 EStG oder
- bei ambulanter Pflege, wenn in den Aufwendungen solche für hauswirtschaftliche Dienstleistungen enthalten sind, den Abzug wegen der Beschäftigung einer Hilfe im Haushalt nach § 33a Abs. 3 Satz 1 Nr. 2 EStG.

Konkurrenz zu § 33b EStG

(4) ¹Die Inanspruchnahme des Pauschbetrags von 7 200 DM nach § 33b Abs. 3 EStG schließt die Berücksichtigung pflegebedingter Aufwendungen im Rahmen des § 33 EStG aus. ²Dies gilt auch dann, wenn es sich um das pflegebedürftige Kind eines Steuerpflichtigen handelt und der Steuerpflichtige den Pauschbetrag auf sich hat übertragen lassen.

Pflegeaufwendungen für Dritte

(5) Hat der pflegebedürftige Dritte im Hinblick auf sein Alter oder eine etwaige Bedürftigkeit dem Steuerpflichtigen Vermögenswerte zugewendet, z. B. ein Hausgrundstück, so kommt ein Abzug der Pflegeaufwendungen nur in der Höhe in Betracht, wie die Aufwendungen den Wert des hingegebenen Vermögens übersteigen.

EStR   R 189. Aufwendungen wegen Krankheit, Behinderung und Tod

Nachweis

(1) Der Nachweis der Zwangsläufigkeit, Notwendigkeit und Angemessenheit von Aufwendungen im Krankheitsfall[1] ist zu führen
- durch Verordnung eines **Arztes** oder **Heilpraktikers** für Arznei-, Heil- und Hilfsmittel (> §§ 2, 23, 31 bis 33 SGB V); bei einer andauernden Erkrankung mit anhaltendem Verbrauch bestimmter Arznei-, Heil- und Hilfsmittel reicht die einmalige Vorlage einer Verordnung;
- durch **amtsärztliches** Attest **vor** Kauf oder Behandlung
  - für Bade- und Heilkuren; bei Vorsorgekuren muß auch die Gefahr einer durch die Kur abzuwendenden Krankheit, bei Klimakuren der medizinisch angezeigte Kurort und die voraussichtliche Kurdauer bescheinigt werden;
  - für psychotherapeutische Behandlungen;
  - für den Krankheitswert einer Legasthenie oder einer anderen Behinderung eines Kindes, der die auswärtige Unterbringung für eine medizinische Behandlung erfordert;
  - für die Notwendigkeit der Betreuung alter oder hilfloser Steuerpflichtiger durch eine Begleitperson;

Anm. d. Schriftl.:

[1] Mit Urteil vom 22. 10. 1996 – BStBl 1997 II S. 346 hat der BFH entschieden, daß Trinkgelder als unmittelbare Krankheitskosten nach § 33 EStG berücksichtigt werden können. Die Finanzverwaltung wendet dieses Urteil über den entschiedenen Einzelfall hinaus nicht an (BMF-Schreiben vom 24. 4. 1997 – BStBl 1997 I S. 561).

- für medizinische Hilfsmittel, die als allgemeine Gebrauchsgegenstände des täglichen Lebens anzusehen sind > § 33 Abs. 1 SGB V;
- für wissenschaftlich nicht anerkannte Behandlungsmethoden, wie Frisch- und Trockenzellenbehandlungen, Sauerstoff-, Chelat- und Eigenbluttherapie;

dem amtsärztlichen Attest stehen ärztliche Bescheinigungen eines Medizinischen Dienstes der Krankenversicherung (MDK, > § 275 SGB V) gleich; bei Pflichtversicherten die Bescheinigung der Versicherungsanstalt, bei öffentlich Bediensteten die Bescheinigung von Beihilfestellen in Behörden, wenn offensichtlich die Notwendigkeit der Kur im Rahmen der Bewilligung von Zuschüssen oder Beihilfen anerkannt worden ist;
- durch Attest des behandelnden Krankenhausarztes für Aufwendungen für Besuchsfahrten zu in einem Krankenhaus für längere Zeit liegenden Ehegatten oder Kind des Steuerpflichtigen, wenn das Attest bestätigt, daß gerade der Besuch des Steuerpflichtigen zur Linderung oder Heilung einer bestimmten Krankheit entscheidend beitragen kann.

Privatschulbesuch

(2) [1]Ist ein Kind ausschließlich wegen einer Behinderung im Interesse einer angemessenen Berufsausbildung auf den Besuch einer Privatschule (Sonderschule oder allgemeine Schule in privater Trägerschaft) mit individueller Förderung angewiesen, weil eine geeignete öffentliche Schule oder eine den schulgeldfreien Besuch ermöglichende geeignete Privatschule nicht zur Verfügung steht oder nicht in zumutbarer Weise erreichbar ist, so ist das Schulgeld dem Grunde nach als außergewöhnliche Belastung nach § 33 EStG – neben einem auf den Steuerpflichtigen übertragbaren Behinderten-Pauschbetrag – zu berücksichtigen. [2]Der Nachweis, daß der Besuch der Privatschule erforderlich ist, muß durch eine Bestätigung der zuständigen obersten Landeskultusbehörde oder der von ihr bestimmten Stelle geführt werden.

Kur

(3) [1]Kosten für Kuren im Ausland sind in der Regel nur bis zur Höhe der Aufwendungen anzuerkennen, die in einem dem Heilzweck entsprechenden inländischen Kurort entstehen würden. [2]Verpflegungsmehraufwendungen anläßlich einer Kur können nur in tatsächlicher Höhe nach Abzug der Haushaltsersparnis von ⅕ der Aufwendungen berücksichtigt werden.

Aufwendungen Behinderter für Verkehrsmittel

(4) Macht ein gehbehinderter Steuerpflichtiger neben den Aufwendungen für Privatfahrten mit dem eigenen Pkw auch solche für andere Verkehrsmittel (z. B. für Taxis) geltend, so ist die als noch angemessen anzusehende jährliche Fahrleistung von 3 000 km (beim GdB von mindestens 80 oder GdB von mindestens 70 und Merkzeichen G) – bzw. von 15 000 km (bei Merkzeichen aG, Bl oder H) – entsprechend zu kürzen.

▶ **Hinweise EStH H 186.–189.**

Adoption

Aufwendungen im Zusammenhang mit einer Adoption sind nicht zwangsläufig (> BFH vom 13. 3. 1987 – BStBl II S. 495 und vom 20. 3. 1987 – BStBl II S. 596).

...

Außergewöhnlich

Außergewöhnlich sind Aufwendungen, wenn sie nicht nur der Höhe, sondern auch ihrer Art und dem Grunde nach außerhalb des Üblichen liegen und insofern nur einer Minderheit entstehen.

Die typischen Aufwendungen der Lebensführung sind aus dem Anwendungsbereich des § 33 EStG ungeachtet ihrer Höhe im Einzelfall ausgeschlossen (> BFH vom 29. 9. 1989 – BStBl 1990 II S. 418, vom 19. 5. 1995 – BStBl II S. 774, vom 22. 10. 1996 – BStBl 1997 II S. 558 und vom 12. 11. 1996 – BStBl 1997 II S. 387.

Aussteuer
Aufwendungen für die Aussteuer einer heiratenden Tochter sind regelmäßig nicht als zwangsläufig anzusehen. Dies gilt auch dann, wenn die Eltern ihrer Tochter keine Berufsausbildung gewährt haben (> BFH vom 3. 6. 1987 – BStBl II S. 779).

Auswärtige Unterbringung
Aufwendungen von Eltern für die auswärtige Unterbringung eines Kindes mit Lese- und Rechtschreibschwäche sind außergewöhnliche Belastungen, wenn die Lese- und Rechtschreibschwäche Krankheitswert hat und die auswärtige Unterbringung für eine medizinische Behandlung erforderlich ist (> BFH vom 18. 4. 1990 – BStBl II S. 962 – ablehnend – und vom 26. 6. 1992 – BStBl 1993 II S. 278); ebenso bei einem an Asthma erkrankten Kind in einem Schulinternat, wenn der Aufenthalt aus klimatischen Gründen zur Heilung oder Linderung der Krankheit nachweislich unabdingbar notwendig ist und der Schulbesuch nur anläßlich dieser Heilbehandlung gleichsam nebenbei und nachrangig erfolgt (> BFH vom 26. 6. 1992 – BStBl 1993 II S. 212).

Behindertengerechte Ausstattung
Mehraufwendungen wegen der behindertengerechten Gestaltung eines für den eigenen Wohnbedarf errichteten Hauses können nur dann außergewöhnliche Belastungen sein, wenn sich solche Aufwendungen ausnahmsweise anhand eindeutiger und objektiver, von ungewissen zukünftigen Ereignissen unabhängiger Kriterien von den Aufwendungen unterscheiden lassen, durch die der Steuerpflichtige seinen Wohnbedürfnissen Rechnung trägt, und wenn ausgeschlossen ist, daß die durch diese Aufwendungen geschaffenen Einrichtungen jemals wertbildende Faktoren für das Haus darstellen können; wenn also eindeutig „verlorener Aufwand" vorliegt. Die Ausstattung eines Einfamilienhauses mit einem Fahrstuhl und eine behindertengerechte Bauausführung (wie der Einbau breiter Türen, eines großen Bades etc.) führen daher grundsätzlich nicht zu außergewöhnlichen Belastungen. Dies gilt auch dann, wenn die Umgestaltung erst später vorgenommen wurde und das Gebäude bereits vor Eintritt der Behinderung von dem Steuerpflichtigen als Familienwohnung genutzt worden ist. Demgegenüber können Aufwendungen für medizinische Hilfsmittel im engeren Sinne, z. B. für einen Treppenschräglift, außergewöhnliche Belastungen darstellen (> BFH vom 10. 10. 1996 – BStBl 1997 II S. 491 und vom 6. 2. 1997 – BStBl II S. 607).

Bestattungskosten
eines nahen Angehörigen sind regelmäßig als außergewöhnliche Belastung zu berücksichtigen, soweit sie nicht aus dem Nachlaß bestritten werden können und auch nicht durch Ersatzleistungen gedeckt sind (> BFH vom 8. 9. 1961 – BStBl 1962 III S. 31, vom 19. 10. 1990 – BStBl 1991 II S. 140, vom 17. 6. 1994 – BStBl II S. 754 und vom 22. 2. 1996 – BStBl II S. 413). Leistungen aus einer Sterbegeldversicherung oder aus einer Lebensversicherung, die dem Steuerpflichtigen anläßlich des Todes eines nahen Angehörigen außerhalb des Nachlasses zufließen, sind auf die als außergewöhnliche Belastung anzuerkennenden Kosten anzurechnen (> BFH vom 19. 10. 1990 – BStBl 1991 II S. 140 und vom 22. 2. 1996 – BStBl II S. 413).

Zu den außergewöhnlichen Belastungen gehören nur solche Aufwendungen, die unmittelbar mit der eigentlichen Bestattung zusammenhängen. Nur mittelbar mit einer Bestattung zusammenhängende Kosten werden mangels Zwangsläufigkeit nicht als außergewöhnliche Belastung anerkannt. Zu diesen mittelbaren Kosten gehören z. B.:

– *Aufwendungen für die Bewirtung von Trauergästen (> BFH vom 17. 9. 1987 – BStBl 1988 II S. 130),*

- *Aufwendungen für die Trauerkleidung (> BFH vom 12. 8. 1966 – BStBl 1967 III S. 364),*
- *Reisekosten für die Teilnahme an einer Bestattung eines nahen Angehörigen (> BFH vom 17. 6. 1994 – BStBl II S. 754).*

...

Betriebsausgaben, Werbungskosten, Sonderausgaben

Bei der Beurteilung bleiben grundsätzlich Aufwendungen außer Betracht, die zu den Betriebsausgaben, Werbungskosten oder Sonderausgaben gehören, auch wenn sie sich steuerlich tatsächlich nicht ausgewirkt haben (> BFH vom 29. 11. 1991 – BStBl 1992 II S. 290 und 293). Ausnahmen: § 10 Abs. 1 Nr. 7 bis 9 EStG > § 33 Abs. 2 EStG.

...

Darlehen

Auch wenn die Ausgaben über Darlehen finanziert werden, tritt die Belastung bereits im Zeitpunkt der Verausgabung ein (> BFH vom 10. 6. 1988 – BStBl II S. 814).

> Verausgabung

Diätverpflegung

Aufwendungen, die durch Diätverpflegung entstehen, sind von der Berücksichtigung als außergewöhnliche Belastung auch dann ausgeschlossen, wenn die Diätverpflegung an die Stelle einer sonst erforderlichen medikamentösen Behandlung tritt (> BFH vom 27. 9. 1991 – BStBl 1992 II S. 110).

...

Ersatz von dritter Seite

Ersatz und Unterstützungen von dritter Seite zum Ausgleich der Belastung sind von den berücksichtigungsfähigen Aufwendungen abzusetzen, es sei denn, die vertragsgemäße Erstattung führt zu steuerpflichtigen Einnahmen beim Steuerpflichtigen (> BFH vom 14. 3. 1975 – BStBl II S. 632 und vom 6. 5. 1994 – BStBl 1995 II S. 104). Die Ersatzleistungen sind auch dann abzusetzen, wenn sie erst in einem späteren Kalenderjahr gezahlt werden, der Steuerpflichtige aber bereits in dem Kalenderjahr, in dem die Belastung eingetreten ist, mit der Zahlung rechnen konnte (> BFH vom 21. 8. 1974 – BStBl 1975 II S. 14). Werden Ersatzansprüche gegen Dritte nicht geltend gemacht, entfällt die Zwangsläufigkeit, wobei die Zumutbarkeit Umfang und Intensität der erforderlichen Rechtsverfolgung bestimmt (> BFH vom 20. 9. 1991 – BStBl 1992 II S. 137 und vom 18. 6. 1997 – BStBl II S. 805). Die Geltendmachung der Aufwendungen nach § 33 EStG ist ferner ausgeschlossen, wenn der Steuerpflichtige eine allgemein zugängliche und übliche Versicherungsmöglichkeit nicht wahrgenommen hat (> BFH vom 6. 5. 1994 – BStBl 1995 II S. 104).

- *Hausratversicherung*

  Anzurechnende Leistungen aus einer Hausratversicherung sind nicht aufzuteilen in einen Betrag, der auf allgemein notwendigen und angemessenen Hausrat entfällt, und in einen solchen, der die Wiederbeschaffung von Gegenständen und Kleidungsstücken gehobenen Anspruchs ermöglichen soll (> BFH vom 30. 6. 1999 – BStBl II S. 766).

- *Krankenhaustagegeldversicherungen*

  Bis zur Höhe der durch einen Krankenhausaufenthalt verursachten Kosten sind die Leistungen abzusetzen, nicht aber Leistungen aus einer Krankentagegeldversicherung (> BFH vom 22. 10. 1971 – BStBl 1972 II S. 177).

Fahrtkosten, allgemein
Unumgängliche Fahrtkosten, die dem Grunde nach als außergewöhnliche Belastung zu berücksichtigen sind, sind bei Benutzung eines Pkw nur in Höhe der Kosten für die Benutzung eines öffentlichen Verkehrsmittels abziehbar, es sei denn, es bestand keine zumutbare öffentliche Verkehrsverbindung (> BFH vom 3. 12. 1998 – BStBl 1999 II S. 227).

> *Fahrtkosten Behinderter*

> *Familienheimfahrten*

> *Kur*

> *Mittagsheimfahrt*

> *Pflege Dritter*

> *Zwischenheimfahrten*

Fahrtkosten Behinderter
Kraftfahrzeugkosten bei Behinderten können im Rahmen der Angemessenheit neben den Pauschbeträgen nur wie folgt berücksichtigt werden (> BMF vom 29. 4. 1996 – BStBl I S. 446):

1. **Bei geh- und stehbehinderten Steuerpflichtigen (GdB von mindestens 80 oder GdB von mindestens 70 und Merkzeichen G):**

    Aufwendungen für durch die Behinderung veranlaßte unvermeidbare Fahrten sind als außergewöhnliche Belastung anzuerkennen, soweit sie nachgewiesen oder glaubhaft gemacht werden und angemessen sind.

    Aus Vereinfachungsgründen kann im allgemeinen ein Aufwand für Fahrten bis zu 3 000 km im Jahr als angemessen angesehen werden.

2. **Bei außergewöhnlich gehbehinderten Steuerpflichtigen (Merkzeichen aG), Blinden (Merkzeichen Bl) und Hilflosen (Merkzeichen H):**

    In den Grenzen der Angemessenheit dürfen nicht nur die Aufwendungen für durch die Behinderung veranlaßte unvermeidbare Fahrten, sondern auch für Freizeit-, Erholungs- und Besuchsfahrten abgezogen werden. Die tatsächliche Fahrleistung ist nachzuweisen oder glaubhaft zu machen. Eine Fahrleistung von mehr als 15 000 km im Jahr liegt in aller Regel nicht mehr im Rahmen des Angemessenen (> BFH vom 2. 10. 1992 – BStBl 1993 II S. 286).

3. **Ein höherer Aufwand als 0,52 DM/km gilt als unangemessen und darf deshalb im Rahmen des § 33 EStG nicht berücksichtigt werden.**

Die Kosten können auch berücksichtigt werden, wenn sie nicht beim Behinderten selbst, sondern bei einem Steuerpflichtigen entstanden sind, auf den der Behinderten-Pauschbetrag nach § 33b Abs. 5 EStG übertragen worden ist; das gilt jedoch nur für solche Fahrten, an denen der Behinderte selbst teilgenommen hat (> BFH vom 1. 8. 1975 – BStBl II S. 825).

...

Gegenwert
Die Erlangung eines Gegenwerts schließt insoweit die Belastung des Steuerpflichtigen aus. Einen Gegenwert erhält der Steuerpflichtige, wenn der betreffende Gegenstand oder die bestellte Leistung eine gewisse Marktfähigkeit besitzen, die in einem bestimmten Verkehrswert zum Ausdruck kommt (> BFH vom 4. 3. 1983 – BStBl II S. 378 und vom 29. 11. 1991 – BStBl 1992 II S. 290). Bei der Beseitigung eingetretener Schäden an einem Vermögensgegenstand, der für den Steuerpflichtigen von existentiell wichtiger Bedeutung ist, ergibt sich ein Gegenwert nur hinsichtlich von Wertverbesserungen, nicht jedoch hinsichtlich des verlorenen Aufwandes (> BFH vom 6. 5. 1994 – BStBl 1995 II S. 104).

Haushaltsersparnis

Wird bei einer Heimunterbringung wegen Pflegebedürftigkeit der private Haushalt aufgelöst, können nur die über die üblichen Kosten der Unterhaltung eines Haushalts hinausgehenden Aufwendungen als außergewöhnliche Belastung berücksichtigt werden (> BFH vom 22. 8. 1980 – BStBl 1981 II S. 23 und vom 29. 9. 1989 – BStBl 1990 II S. 418). Kosten der Unterbringung in einem Krankenhaus können regelmäßig ohne Kürzung um eine Haushaltsersparnis als außergewöhnliche Belastung anerkannt werden.

...

Kapitalabfindung von Unterhaltsansprüchen

Der Abzug einer vergleichsweise vereinbarten Kapitalabfindung zur Abgeltung sämtlicher möglicherweise in der Vergangenheit entstandener und künftiger Unterhaltsansprüche eines geschiedenen Ehegatten scheidet in aller Regel wegen fehlender Zwangsläufigkeit aus (> BFH vom 26. 2. 1998, BStBl II S. 605).

Krankenhaustagegeldversicherung

Die Leistungen sind von den berücksichtigungsfähigen Aufwendungen abzusetzen (> BFH vom 22. 10. 1971 – BStBl 1972 II S. 177).

Krankentagegeldversicherung

Die Leistungen sind – im Gegensatz zu Leistungen aus einer Krankenhaustagegeldversicherung – kein Ersatz für Krankenhauskosten (> BFH vom 22. 10. 1971 – BStBl 1972 II S. 177).

Krankenversicherungsbeiträge

Da Krankenversicherungsbeiträge ihrer Art nach Sonderausgaben sind, können sie auch bei an sich beihilfeberechtigten Angehörigen des öffentlichen Dienstes nicht als außergewöhnliche Belastung berücksichtigt werden, wenn der Steuerpflichtige wegen seines von Kindheit an bestehenden Leidens keine Aufnahme in eine private Krankenversicherung gefunden hat (> BFH vom 29. 11. 1991 – BStBl 1992 II S. 293).

Krankheitskosten für Unterhaltsberechtigte

Für einen Unterhaltsberechtigten aufgewendete Krankheitskosten können beim Unterhaltspflichtigen insoweit als außergewöhnliche Belastung anerkannt werden, als der Unterhaltsberechtigte nicht in der Lage ist, die Krankheitskosten selbst zu tragen (> BFH vom 11. 7. 1990 – BStBl 1991 II S. 62).

Künstliche Befruchtung

Aufwendungen für eine künstliche Befruchtung, die einem Ehepaar zu einem gemeinsamen Kind verhelfen soll, das wegen Empfängnisunfähigkeit der Ehefrau sonst von ihrem Ehemann nicht gezeugt werden könnte (homologe künstliche Befruchtung), können außergewöhnliche Belastungen sein (> BFH vom 18. 6. 1997 – BStBl II S. 805). Dies gilt nicht für Aufwendungen, die im Zusammenhang mit der Befruchtung von Eizellen einer empfängnisfähigen aber mit einem zeugungsunfähigen Mann verheirateten Frau mit dem Samen eines Dritten entstanden sind (heterologe künstliche Befruchtung) (> BFH vom 18. 5. 1999 – BStBl II S. 761).

Kur

Kosten für eine Kurreise können als außergewöhnliche Belastung nur berücksichtigt werden, wenn sie zur Heilung oder Linderung einer Krankheit nachweislich notwendig ist und eine andere Behandlung nicht oder kaum erfolgversprechend erscheint (> BFH vom 12. 6. 1991 – BStBl II S. 763).

– *Nachweis*
Von dem Erfordernis eines vor Kurantritt ausgestellten amtsärztlichen oder vergleichbaren Zeugnisses kann ausnahmsweise abgesehen werden, wenn feststeht, daß eine gesetzliche Krankenkasse die Notwendigkeitsprüfung vorgenommen und positiv beschieden hat. Davon kann in der Regel ausgegangen werden, wenn die Krankenkasse einen Zuschuß zu den Kurkosten für Unterkunft und Verpflegung gewährt hat (> BFH vom 30. 6. 1995 – BStBl II S. 614). Der Zuschuß einer Krankenversicherung zu Arzt-, Arznei- und Kurmittelkosten ersetzt den Nachweis der Kurbedürftigkeit nicht.

– *Kinderkuren*
Bei Heilkuren von Kindern ist es zusätzlich erforderlich, daß das Kind während der Kur in einem Kinderheim untergebracht ist, es sei denn, aus der vor dem Kurantritt erteilten amtsärztlichen Bescheinigung ergibt sich, daß und warum der Kurerfolg bei einer Unterbringung außerhalb eines Kinderheimes gewährleistet ist (> BFH vom 12. 6. 1991 – BStBl II S. 763 und vom 2. 4. 1998 – BStBl II S. 613).

– *Erholungsurlaub/Abgrenzung zur Kur*
Im Regelfall ist zur Abgrenzung einer Kur vom Erholungsurlaub ärztliche Überwachung zu fordern. Gegen die Annahme einer Heilkur kann auch die Unterbringung in einem Hotel oder Privatquartier anstatt in einem Sanatorium und die Vermittlung durch ein Reisebüro sprechen (> BFH vom 12. 6. 1991 – BStBl II S. 763).

– *ärztliche Überwachung*
Der Steuerpflichtige muß sich am Kurort grundsätzlich in ärztliche Behandlung begeben. Eine Klimakur kann unter besonderen Umständen zwangsläufig sein, selbst wenn ihre Durchführung nicht unter ärztlicher Kontrolle steht (> BFH vom 12. 6. 1991 – BStBl II S. 763), z. B. bei Neurodermitis oder Psoriasis (Schuppenflechte), wenn sie medizinisch notwendig ist.

– *Fahrtkosten*
Als Fahrtkosten zum Kurort sind grundsätzlich die Kosten der öffentlichen Verkehrsmittel anzusetzen (> BFH vom 12. 6. 1991 – BStBl II S. 763). Die eigenen Kfz-Kosten können nur ausnahmsweise berücksichtigt werden, wenn besondere persönliche Verhältnisse dies erfordern (> BFH vom 30. 6. 1967 – BStBl III S. 655).
Aufwendungen für Besuchsfahrten zu in Kur befindlichen Angehörigen sind keine außergewöhnliche Belastung (> BFH vom 16. 5. 1975 – BStBl II S. 536).

– *Nachkur*
Nachkuren in einem typischen Erholungsort sind allgemein nicht außergewöhnlich, auch wenn sie ärztlich verordnet sind; erst recht nicht, wenn die Nachkur nicht unter einer ständigen ärztlichen Aufsicht in einer besonderen Kranken- oder Genesungsanstalt durchgeführt wird (> BFH vom 4. 10. 1968 – BStBl 1969 II S. 179).

– *Begleitperson*
Die Berücksichtigung von Kosten einer Begleitperson während einer medizinisch indizierten Kur als außergewöhnliche Belastung setzt grundsätzlich voraus, daß die krankheits- oder altersbedingte Notwendigkeit der Begleitung durch ein vor Reiseantritt eingeholtes amtsärztliches Gutachten oder eine andere, diesem gleichzustellende Bescheinigung nachgewiesen wird (> BFH vom 17. 12. 1997 – BStBl 1998 II S. 298).

Medizinische Fachliteratur
Aufwendungen eines Steuerpflichtigen für medizinische Fachliteratur sind auch dann nicht als außergewöhnliche Belastungen zu berücksichtigen, wenn die Literatur dazu dient, die Entscheidung für eine bestimmte Therapie oder für die Behandlung durch einen bestimmten Arzt zu treffen (> BFH vom 6. 4. 1990 – BStBl II S. 958, BFH vom 24. 10. 1995 – BStBl 1996 II S. 88).

Medizinische Hilfsmittel

Die Zwangsläufigkeit der Anschaffung medizinischer Hilfsmittel, die sowohl von Kranken zur Linderung ihres Leidens als auch von Gesunden zur Steigerung des Lebenskomforts angeschafft werden, ist durch Vorlage eines vor dem Kauf erstellten amtsärztlichen Attestes nachzuweisen (> BFH vom 9. 8. 1991 – BStBl II S. 920).

> R 189 Abs. 1

Mittagsheimfahrt

Aufwendungen für Mittagsheimfahrten stellen keine außergewöhnliche Belastung dar, auch wenn die Fahrten wegen des Gesundheitszustands oder einer Behinderung des Steuerpflichtigen angebracht oder erforderlich sind (> BFH vom 4. 7. 1975 – BStBl II S. 738).

Pflegeaufwendungen für Dritte

Pflegeaufwendungen (z. B. Kosten für die Unterbringung in einem Pflegeheim), die dem Steuerpflichtigen infolge der Pflegebedürftigkeit einer Person erwachsen, der gegenüber der Steuerpflichtige zum Unterhalt verpflichtet ist (z. B. seine Eltern oder Kinder), können grundsätzlich als außergewöhnliche Belastungen abgezogen werden, sofern die tatsächlich angefallenen Pflegekosten von den reinen Unterbringungskosten abgegrenzt werden können (> BFH vom 12. 11. 1996 – BStBl 1997 II S. 387). Zur Berücksichtigung von besonderem Unterhaltsbedarf einer unterhaltenen Person (z. B. wegen Pflegebedürftigkeit) neben typischen Unterhaltsaufwendungen (> BMF vom 26. 2. 1999 – BStBl I S. 270).

– Fahrtkosten

Aufwendungen für Fahrten, um einen kranken Angehörigen, der im eigenen Haushalt lebt, zu betreuen und zu versorgen, können unter besonderen Umständen außergewöhnliche Belastungen sein. Die Fahrten dürfen nicht lediglich der allgemeinen Pflege verwandtschaftlicher Beziehungen dienen (> BFH vom 6. 4. 1990 – BStBl II S. 958 und vom 22. 10. 1996 – BStBl 1997 II S. 558).

– Übertragung des gesamten sicheren Vermögens

> R 188 Abs. 5

Aufwendungen für die Unterbringung und Pflege eines bedürftigen Angehörigen sind nicht als außergewöhnliche Belastung zu berücksichtigen, soweit der Steuerpflichtige von dem Angehörigen dessen gesamtes sicheres Vermögen in einem Zeitpunkt übernommen hat, als dieser sich bereits im Rentenalter befand (> BFH vom 12. 11. 1996 – BStBl 1997 II S. 387).

– Zwangsläufigkeit bei persönlicher Pflege

Aufwendungen, die durch die persönliche Pflege eines nahen Angehörigen entstehen, sind nur dann außergewöhnliche Belastungen, wenn die Übernahme der Pflege unter Berücksichtigung der näheren Umstände des Einzelfalls aus rechtlichen oder sittlichen Gründen im Sinne des § 33 Abs. 2 EStG zwangsläufig ist. Allein das Bestehen eines nahen Verwandtschaftsverhältnisses reicht für die Anwendung des § 33 EStG nicht aus. Bei der erforderlichen Gesamtbewertung der Umstände des Einzelfalls sind u. a. der Umfang der erforderlichen Pflegeleistungen und die Höhe der für den Steuerpflichtigen entstehenden Aufwendungen zu berücksichtigen (> BFH vom 22. 10. 1996 – BStBl 1997 II S. 558).

Privatschule

Aufwendungen für den Schulbesuch eines Kindes werden durch die Vorschriften des Familienleistungsausgleichs und § 33a Abs. 2 EStG abgegolten und können daher grundsätzlich nur dann außergewöhnliche Belastungen sein, wenn es sich bei diesen Aufwendungen um unmittelbare Krankheitskosten handelt (> BFH vom 17. 4. 1997 – BStBl II S. 752).

> Auswärtige Unterbringung

Rechtliche Pflicht
Zahlungen in Erfüllung rechtsgeschäftlicher Verpflichtungen erwachsen regelmäßig nicht zwangsläufig. Unter rechtliche Gründe i. S. v. § 33 Abs. 2 EStG fallen danach nur solche rechtlichen Verpflichtungen, die der Steuerpflichtige nicht selbst gesetzt hat (> BFH vom 18. 7. 1986 – BStBl II S. 745 und vom 19. 5. 1995 – BStBl II S. 774).
> Kapitalabfindung von Unterhaltsansprüchen

Schadensersatzleistungen
können zwangsläufig sein, wenn der Steuerpflichtige bei der Schädigung nicht vorsätzlich oder grob fahrlässig gehandelt hat (> BFH vom 3. 6. 1982 – BStBl II S. 749).

Scheidung
Die unmittelbaren und unvermeidbaren Kosten des Scheidungsprozesses einschließlich der Scheidungsfolgeregelungen sind als zwangsläufig erwachsen anzusehen. Hierzu gehören insbesondere Kosten, die entstehen
– durch die Regelung der elterlichen Sorge über ein gemeinschaftliches Kind und des persönlichen Verkehrs des nicht sorgeberechtigten Elternteils,
– durch die Entscheidung über die Unterhaltspflicht gegenüber Kindern und dem Ehegatten und durch die Regelung des Versorgungsausgleichs, der güterrechtlichen Verhältnisse sowie der Rechtsverhältnisse an der Ehewohnung und am Hausrat.

Zu berücksichtigen sind auch Scheidungskosten, die der Steuerpflichtige auf Grund einer vom Gericht übernommenen Vereinbarung der Ehegatten zahlt, nicht jedoch die Kosten, die der Steuerpflichtige abweichend von der gerichtlichen Entscheidung übernimmt (> BFH vom 21. 2. 1992 – BStBl II S. 795).

Sittliche Pflicht
Eine die Zwangsläufigkeit von Aufwendungen begründende sittliche Pflicht ist nur dann zu bejahen, wenn diese so unabdingbar auftritt, daß sie ähnlich einer Rechtspflicht von außen her als eine Forderung oder zumindest Erwartung der Gesellschaft derart auf den Steuerpflichtigen einwirkt, daß ihre Erfüllung als eine selbstverständliche Handlung erwartet und die Mißachtung dieser Erwartung als moralisch anstößig empfunden wird, wenn das Unterlassen der Aufwendungen also Sanktionen im sittlich-moralischen Bereich oder auf gesellschaftlicher Ebene zur Folge haben kann (> BFH vom 27. 10. 1989 – BStBl 1990 II S. 294 und vom 22. 10. 1996 – BStBl 1997 II S. 558). Bei der Entscheidung ist auf alle Umstände des Einzelfalls, insbesondere die persönlichen Beziehungen zwischen den Beteiligten, ihre Einkommens- und Vermögensverhältnisse sowie die konkrete Lebenssituation, bei der Übernahme einer Schuld auch auf den Inhalt des Schuldverhältnisses abzustellen (> BFH vom 24. 7. 1987 – BStBl II S. 715).

Die allgemeine sittliche Pflicht, in Not geratenen Menschen zu helfen, kann allein die Zwangsläufigkeit nicht begründen (> BFH vom 8. 4. 1954 – BStBl III S. 188).

Zwangsläufigkeit kann vorliegen, wenn der Sohn der Erblasserin als Alleinerbe Nachlaßverbindlichkeiten erfüllt, die auf existentiellen Bedürfnissen seiner in Armut verstorbenen Mutter unmittelbar vor oder im Zusammenhang mit deren Tod beruhen (> BFH vom 24. 7. 1987 – BStBl II S. 715).

Sport
Aufwendungen für die Ausübung eines Sports sind keine außergewöhnlichen Belastungen, es sei denn, er wird nach genauer Einzelverordnung und unter ärztlicher Verantwortung oder einer entsprechend zugelassenen Person zur Heilung oder Linderung einer Krankheit oder eines Gebrechens ausgeübt; die Erforderlichkeit ist durch eine im vorhinein ausgestellte amts- oder vertrauensärztliche Bescheinigung nachzuweisen (> BFH vom 14. 8. 1997 – BStBl II S. 732).

Strafverteidigungskosten

bei Einstellung des Strafverfahrens nach § 153a StPO sind keine außergewöhnliche Belastung (> BFH vom 19. 12. 1995 – BStBl 1996 II S. 197).

Studienplatz

Prozeßkosten der Eltern zur Erlangung eines Studienplatzes für ihr Kind in einem Numerus-clausus-Fach sind nicht nach § 33 EStG abziehbar; sie stellen vielmehr Berufsausbildungskosten i. S. d. § 33a Abs. 2 EStG dar (> BFH vom 9. 11. 1984 – BStBl 1985 II S. 135).

Trinkgelder

Trinkgelder, die im Zusammenhang mit einer ärztlich angeordneten Behandlung hingegeben werden, sind nicht als außergewöhnliche Belastung im Sinne des § 33 EStG zu berücksichtigen (> BMF vom 24. 4. 1997 – BStBl I S. 561).

Umschulungskosten

Kosten für eine Zweitausbildung sind dann nicht berücksichtigungsfähig, wenn die Erstausbildung nicht endgültig ihren wirtschaftlichen Wert verloren hat (> BFH vom 28. 8. 1997 – BStBl 1998 II S. 183).

Umzug

Umzugskosten sind unabhängig von der Art der Wohnungskündigung durch den Mieter oder Vermieter in der Regel nicht außergewöhnlich (> BFH vom 28. 2. 1975 – BStBl II S. 482 und vom 23. 6. 1978 – BStBl II S. 526).

...

Urlaubsreise

Aufwendungen für die Wiederbeschaffung von Kleidungsstücken, die dem Steuerpflichtigen auf einer Urlaubsreise entwendet wurden, können regelmäßig nicht als außergewöhnliche Belastung angesehen werden, weil üblicherweise ein notwendiger Mindestbestand an Kleidung noch vorhanden ist (> BFH vom 3. 9. 1976 – BStBl II S. 712).

Verausgabung

Aus dem Zusammenhang der Vorschriften des § 33 Abs. 1 EStG und des § 11 Abs. 2 Satz 1 EStG folgt, daß außergewöhnliche Belastungen für das Kalenderjahr anzusetzen sind, in dem die Aufwendungen tatsächlich geleistet worden sind (> BFH vom 30. 7. 1982 – BStBl II S. 744 und vom 10. 6. 1988 – BStBl II S. 814).

> Darlehen

> Ersatz von dritter Seite

Vermögensebene

Auch Kosten zur Beseitigung von Schäden an einem Vermögensgegenstand können Aufwendungen i. S. v. § 33 EStG sein, wenn der Vermögensgegenstand für den Steuerpflichtigen von existentiell wichtiger Bedeutung ist. Eine Berücksichtigung nach § 33 EStG scheidet aus, wenn Anhaltspunkte für ein Verschulden des Steuerpflichtigen erkennbar oder Ersatzansprüche gegen Dritte gegeben sind oder wenn der Steuerpflichtige eine allgemein zugängliche und übliche Versicherungsmöglichkeit nicht wahrgenommen hat (> BFH vom 6. 5. 1994 – BStBl 1995 II S. 104).

> R 187

Verschulden
Ein eigenes (ursächliches) Verschulden des Steuerpflichtigen schließt die Berücksichtigung von Aufwendungen zur Wiederherstellung von Vermögensgegenständen nach § 33 EStG aus (> BFH vom 6. 5. 1994 – BStBl 1995 II S. 104).

> Vermögensebene

Versicherung
Eine Berücksichtigung von Aufwendungen zur Wiederherstellung von Vermögensgegenständen nach § 33 EStG scheidet aus, wenn der Steuerpflichtige eine allgemein zugängliche und übliche Versicherungsmöglichkeit nicht wahrgenommen hat (> BFH vom 6. 5. 1994 – BStBl 1995 II S. 104).

> Ersatz von dritter Seite
> Vermögensebene
> Bestattungskosten

Zinsen
Zinsen für ein Darlehen können ebenfalls zu den außergewöhnlichen Belastungen zählen, soweit die Darlehensaufnahme selbst zwangsläufig erfolgt ist (> BFH vom 6. 4. 1990 – BStBl II S. 958); sie sind im Jahr der Verausgabung abzuziehen.

Zivilprozeß
Kosten anderer Zivilprozesse als Scheidungsprozesse erwachsen regelmäßig nicht zwangsläufig, unabhängig davon, ob der Steuerpflichtige Kläger oder Beklagter ist (> BFH vom 18. 7. 1986 – BStBl II S. 745). Die Übernahme eines Prozeßkostenrisikos kann unter engen Voraussetzungen als zwangsläufig anzusehen sein, wenn ein Rechtsstreit einen für den Steuerpflichtigen existentiell wichtigen Bereich berührt (> BFH vom 9. 5. 1996 – BStBl II S. 596).

Zwischenheimfahrten
Zur Frage der Berücksichtigung von Aufwendungen für Zwischenheimfahrten, die der Begleitperson eines Kindes für dessen amtsärztlich bestätigte Behandlung entstehen, als außergewöhnliche Belastung > BFH vom 3. 12. 1998 (BStBl 1999 II S. 227).

Zu § 33a EStG

EStR   **R 190. Aufwendungen für den Unterhalt und eine etwaige Berufsausbildung**

Gesetzlich unterhaltsberechtigte Person

(1) ¹Gesetzlich unterhaltsberechtigt sind Personen, denen gegenüber der Steuerpflichtige nach den Vorschriften des BGB unterhaltsverpflichtet ist. ²Dies sind insbesondere die in den §§ 1601, 1606, 1608 BGB genannten Personen (Ehegatte und in gerader Linie verwandte Angehörige wie z. B. Kinder, Enkel und Eltern). ³Die Tatsache, daß der Steuerpflichtige nur nachrangig verpflichtet ist, steht dem Abzug tatsächlich geleisteter Unterhaltsaufwendungen nicht entgegen. ⁴Eine gesetzliche Unterhaltspflicht besteht grundsätzlich dann, wenn der Berechtigte außerstande ist, sich selbst zu unterhalten. ⁵Das ist auch gegeben, wenn die eigenen Mittel des Berechtigten zum Lebensunterhalt nicht ausreichen (§ 1602 BGB). ⁶Eine gesetzliche Unterhaltspflicht kann sich zudem aus den Folgen einer Trennung oder Scheidung von Ehegatten ergeben (§§ 1361, 1569

BGB). ⁷Gesetzlich unterhaltsverpflichtet ist auch der Vater eines nichtehelichen Kindes gegenüber dessen Mutter für die in § 1615 l BGB genannte Dauer (> Unterhaltsanspruch der Mutter des nichtehelichen Kindes). ⁸Ab dem 1. 7. 1998 kann auch der Vater eines nichtehelichen Kindes einen entsprechenden Unterhaltsanspruch gegen die Mutter haben, wenn er das Kind betreut (§ 1615 l Abs. 5 BGB). ⁹Gehört die unterhaltsberechtigte Person zum Haushalt des Steuerpflichtigen, so kann regelmäßig davon ausgegangen werden, daß ihm dafür Unterhaltsaufwendungen in Höhe des maßgeblichen Höchstbetrags erwachsen.

Gleichgestellte Personen

(2) ¹Den gesetzlich unterhaltsberechtigten Personen stehen Personen gleich, bei denen die öffentliche Hand ihre Leistungen (z. B. Arbeitslosenhilfe nach § 137 Abs. 2a AFG, Sozialhilfe nach § 122 Satz 1 BSHG) im Hinblick auf Unterhaltsleistungen des Steuerpflichtigen gekürzt hat, etwa bei eheähnlichen Gemeinschaften. ²Die Unterhaltsleistungen sind jedoch auf den Betrag begrenzt, um den der Anspruch auf die öffentliche Leistung gekürzt wurde (> Unterhalt für gesetzlich unterhaltsberechtigten Personen gleichgestellte Personen). ³Die Voraussetzungen sind durch einen Bescheid der zuständigen Stelle nachzuweisen.

Nur ein geringes Vermögen

(3) ¹Die zu unterhaltende Person muß zunächst ihre Arbeitskraft und ihr eigenes Vermögen, wenn es nicht geringfügig ist, einsetzen und verwerten. ²Als geringfügig kann in der Regel ein Vermögen bis zu einem gemeinen Wert (Verkehrswert) von 30 000 DM angesehen werden. ³Dabei bleiben außer Betracht:

1. Vermögensgegenstände, deren Veräußerung offensichtlich eine Verschleuderung bedeuten würde,
2. Vermögensgegenstände, die einen besonderen persönlichen Wert, z. B. Erinnerungswert, für den Unterhaltsempfänger haben oder zu seinem Hausrat gehören, und
3. ein angemessenes Hausgrundstück, wenn der Unterhaltsempfänger das Hausgrundstück allein oder zusammen mit Angehörigen, denen es nach seinem Tode weiter als Wohnung dienen soll, ganz oder teilweise bewohnt. Zur Frage der Angemessenheit eines Hausgrundstücks im übrigen > § 88 Abs. 2 Nr. 7 BSHG.

Opfergrenze, Ländergruppeneinteilung

(4) ¹Die > Opfergrenze ist unabhängig davon zu beachten, ob die unterhaltene Person im Inland oder im Ausland lebt. ²Die nach § 33a Abs. 1 Satz 5 EStG maßgeblichen Beträge sind anhand der > Ländergruppeneinteilung zu ermitteln.

Einkünfte und Bezüge

(5) ¹Hinsichtlich der Ermittlung der Einkünfte und Bezüge gilt R 180e entsprechend. ²Bei der Feststellung der anzurechnenden Bezüge einschließlich der Ausbildungshilfen aus öffentlichen Mitteln sind aus Vereinfachungsgründen insgesamt 360 DM im Kalenderjahr abzuziehen, wenn nicht höhere Aufwendungen, die im Zusammenhang mit dem Zufluß der entsprechenden Einnahmen stehen, nachgewiesen oder glaubhaft gemacht werden. ³Ein solcher Zusammenhang ist z. B. bei Kosten eines Rechtsstreits zur Erlangung der Bezüge und bei Kontoführungskosten gegeben, nicht jedoch bei Fahrtkosten, die Wehrdienstleistenden durch Fahrten mit dem eigenen Kraftfahrzeug zwischen Stationierungs- und Wohnort entstehen. ⁴Bezüge im Ausland, die – wenn sie im Inland anfielen – Einkünfte wären, sind wie inländische Einkünfte zu ermitteln.

Hinweise   EStH   H 190.

Allgemeines zum Abzug von Unterhaltsaufwendungen

Abziehbare Aufwendungen i. S. d. § 33a Abs. 1 Satz 1 EStG sind solche für den typischen Unterhalt, d. h. die üblichen für den laufenden Lebensunterhalt bestimmten Leistungen, sowie Aufwendungen für eine Berufsausbildung. Dazu können auch gelegentliche oder einmalige Leistungen gehören. Diese dürfen aber regelmäßig nicht als Unterhaltsleistungen für Vormonate und auch nicht zur Deckung des Unterhaltsbedarfs für das Folgejahr berücksichtigt werden (> BFH vom 13. 2. 1987 – BStBl II S. 341). Den Aufwendungen für den typischen Unterhalt sind auch Krankenversicherungsbeiträge, deren Zahlung der Steuerpflichtige übernommen hat, zuzurechnen (> BFH vom 31. 10. 1973 – BStBl 1974 II S. 86). Eine Kapitalabfindung, mit der eine Unterhaltsverpflichtung abgelöst wird, kann nur im Rahmen des § 33a Abs. 1 EStG berücksichtigt werden (> BFH vom 2. 12. 1960 – BStBl 1961 III S. 76 und vom 22. 1. 1971 – BStBl II S. 325).

Abgrenzung zu § 33 EStG

Erwachsen dem Steuerpflichtigen außer Aufwendungen für den typischen Unterhalt und eine Berufsausbildung Aufwendungen für einen besonderen Unterhaltsbedarf der unterhaltenen Person, z. B. Krankheitskosten, so kommt dafür eine Steuerermäßigung nach § 33 EStG in Betracht (> BFH vom 22. 7. 1988 – BStBl II S. 830; > BMF vom 26. 2. 1999 – BStBl I S. 270). Zur Berücksichtigung von Aufwendungen wegen Pflegebedürftigkeit > R 188, von Aufwendungen im Krankheits- oder Sterbefall > R 189 und von Aufwendungen für die Wiederbeschaffung von Hausrat oder Kleidung > R 187.

Anrechnung eigener Einkünfte und Bezüge

- *Allgemeines*
  Leistungen des Steuerpflichtigen, die neben Unterhaltsleistungen aus einem anderen Rechtsgrund (z. B. Erbauseinandersetzungsvertrag) erbracht werden, gehören zu den anrechenbaren Einkünften und Bezügen der unterhaltenen Person (BFH vom 17. 10. 1980 – BStBl 1981 II S. 158)

- *Eigene Einkünfte*
  > R 180e Abs. 1

- *Eigene Bezüge*
  > R 180e Abs. 2, H 180e (Anrechnung eigener Bezüge)

- *Ausbildungshilfen*
  > H 180e (Eigene Bezüge) Nr. 8

- *Beispiel für die Anrechnung:*
  Ein Steuerpflichtiger unterhält im Kalenderjahr seinen Vater. Dieser erhält Versorgungsbezüge i. S. d. § 19 Abs. 2 EStG von jährlich 4 800 DM und eine Leibrente von jährlich 6 000 DM, deren steuerlich zu erfassender Ertragsanteil 27 v. H. beträgt. Außerdem bezieht er im Kalenderjahr ein steuerfreies Wohngeld von 1 400 DM.

Zu § 33a EStG

Ungekürzter Höchstbetrag		13 500 DM **[1]**
Einkünfte des Vaters		
Versorgungsbezüge	4 800 DM	
Versorgungs-Freibetrag		
(40 v. H. von 4 800 DM =)	1 920 DM	
Arbeitnehmer-Pauschbetrag	2 000 DM − 3 920 DM	
Einkünfte i. S. d. § 19 EStG	880 DM	880 DM
Leibrente	6 000 DM	
hiervon Ertragsanteil 27 v. H.	1 620 DM	
Werbungskosten-Pauschbetrag	− 200 DM	
Einkünfte i. S. d. § 22 EStG	1 420 DM	1 420 DM
Summe der Einkünfte		2 300 DM
Bezüge des Vaters		
Versorgungs-Freibetrag **[2]**	1 920 DM	
Steuerlich nicht erfaßter Teil der Rente	4 380 DM	
Steuerfreies Wohngeld	1 400 DM	
	7 700 DM	
Kostenpauschale	− 360 DM	
Bezüge	7 340 DM	7 340 DM
Summe der Einkünfte und Bezüge des Vaters		9 640 DM
anrechnungsfreier Betrag		− 1 200 DM
anzurechnende Einkünfte und Bezüge	8 440 DM	− 8 440 DM
gekürzter Höchstbetrag		5 060 DM

Bedeutung des Anspruchs auf Kindergeld/Freibeträge für Kinder

Hat der Steuerpflichtige oder ein anderer für die unterhaltene Person Anspruch auf Kindergeld/Freibeträge für Kinder, so ist die Anwendung des § 33a Abs. 1 EStG auch dann ausgeschlossen, wenn das Kindergeld/die Freibeträge für Kinder nicht beantragt wurden.

Geringes Vermögen

Nicht gering kann auch Vermögen sein, das keine anzurechnenden Einkünfte abwirft; Vermögen ist auch dann zu berücksichtigen, wenn es die unterhaltene Person für ihren künftigen Unterhalt benötigt (> BFH vom 14. 8. 1997 – BStBl 1998 II S. 241).

Anm. d. Schriftl.:

[1] Nach dem StEntlG 1999 beträgt der Unterhaltshöchstbetrag
  für 1999   13 020 DM
  für 2000   13 500 DM
  für 2001/2002   14 050 DM

Der für die Anrechnung eigener Einkünfte und Bezüge maßgebliche Betrag bleibt in allen Zeiträumen unverändert bei 1 200 DM.

Amtl. Fn.:

[2] Siehe aber BFH vom 26. 9. 2000 (BStBl II S. 684).

Geschiedene oder dauernd getrennt lebende Ehegatten

Ein Abzug solcher Aufwendungen kommt nach § 33a Abs. 1 EStG nicht in Betracht, wenn hierfür der Sonderausgabenabzug nach § 10 Abs. 1 Nr. 1 EStG in Anspruch genommen wird (> R 86b). Sind für das Kalenderjahr der Trennung oder Scheidung die Vorschriften über die Ehegattenbesteuerung (§§ 26 bis 26b, § 32a Abs. 5 EStG) anzuwenden, dann können Aufwendungen für den Unterhalt des dauernd getrennt lebenden oder geschiedenen Ehegatten nicht nach § 33a Abs. 1 EStG abgezogen werden (> BFH vom 31. 5. 1989 – BStBl II S. 658).

Heimunterbringung

> Person in einem Altenheim oder Altenwohnheim

Ländergruppeneinteilung

> BMF vom 27. 2. 1996 (BStBl I S. 115)

Opfergrenze

Unterhaltsleistungen dürfen im allgemeinen nur insoweit als außergewöhnliche Belastung anerkannt werden, als sie in einem angemessenen Verhältnis zum Nettoeinkommen des Leistenden stehen und diesem nach Abzug der Unterhaltsleistungen noch die angemessenen Mittel zur Bestreitung des Lebensbedarfs für sich sowie gegebenenfalls für seine Ehefrau und seine Kinder verbleiben – sog. Opfergrenze (> BFH vom 4. 4. 1986 – BStBl II S. 852 und vom 27. 9. 1991 – BStBl 1992 II S. 35). Wegen der Berechnung der Opfergrenze > BMF vom 15. 9. 1997 (BStBl I S. 826), Tz. 6.2. Der Arbeitnehmer-Pauschbetrag ist auch dann anzusetzen, wenn der Steuerpflichtige keine Werbungskosten hatte (> BFH vom 11. 12. 1997 – BStBl 1998 II S. 292).

Personen in einem Altenheim oder Altenwohnheim

Zu den Aufwendungen für den typischen Unterhalt gehören grundsätzlich auch Kosten der Unterbringung in einem Altenheim oder Altenwohnheim (> BFH vom 29. 9. 1989 – BStBl 1990 II S. 418).

Personen im Ausland

Unterhaltsaufwendungen für den nicht dauernd getrennt lebenden Ehegatten sind nur dann nach § 33a Abs. 1 EStG abziehbar, wenn der unterhaltene Ehegatte nicht unbeschränkt einkommensteuerpflichtig ist. Zur steuerlichen Behandlung von Unterhaltsaufwendungen für Personen im Ausland, insbesondere zur Höhe der nach § 33a Abs. 1 Satz 5 EStG notwendigen und angemessenen Aufwendungen, zur Aufteilung von Unterhaltsbeträgen, die einheitlich an mehrere Unterhaltsberechtigte geleistet werden, zur Anwendung des § 33a Abs. 4 EStG und zu den Anforderungen an den Nachweis und die Glaubhaftmachung > BMF vom 15. 9. 1997 (BStBl I S. 826), sowie zur Ländergruppeneinteilung > BMF vom 27. 2. 1996 (BStBl I S. 115).

Unterhalt für gesetzlich unterhaltsberechtigten Personen gleichgestellte Personen

Beispiele

A. Der in eheähnlicher Gemeinschaft lebende Steuerpflichtige macht für den Zeitraum Januar bis Dezember Unterhaltsleistungen an seine Lebensgefährtin in Höhe von 8 400 DM als außergewöhnliche Belastung geltend. Bei dieser wird der Anspruch auf Arbeitslosenhilfe im Hinblick auf die Unterhaltsleistungen des Steuerpflichtigen um 4 000 DM auf 5 600 DM gekürzt.

Nach § 33a Abs. 1 Satz 2 EStG zu berücksichtigende
Unterhaltsleistungen (Betrag, um den die
Arbeitslosenhilfe gekürzt worden ist) . . . . 4 000 DM

Ungekürzter Höchstbetrag			13 500 DM
Bezüge der Lebensgefährtin			
Arbeitslosenhilfe		5 600 DM	
Kostenpauschale	–	360 DM	
Bezüge		5 240 DM	
anrechnungsfreier Betrag	–	1 200 DM	
anzurechnende Bezüge		4 040 DM	4 040 DM
gekürzter Höchstbetrag			9 460 DM

Die Unterhaltsleistungen sind in Höhe von 4 000 DM abziehbar.

B. Der in eheähnlicher Gemeinschaft lebende Steuerpflichtige macht Unterhaltsleistungen an seine Lebensgefährtin in Höhe von 500 DM monatlich geltend. Diese hat Anspruch auf Sozialhilfe in Höhe von 900 DM monatlich, die mit Rücksicht auf das Einkommen des Steuerpflichtigen um 500 DM monatlich gekürzt wird.

Ungekürzter Höchstbetrag			13 500 DM
Bezüge der Lebensgefährtin			
Sozialhilfe 12 × (900 ./. 500 =) 400 DM		4 800 DM	
Kostenpauschale	–	360 DM	
Bezüge		4 440 DM	
anrechnungsfreier Betrag	–	1 200 DM	
anzurechnende Bezüge		3 240 DM	3 240 DM
gekürzter Höchstbetrag			10 260 DM

Die dem Grunde nach zu berücksichtigenden Unterhaltsleistungen in Höhe von 6 000 DM sind in voller Höhe abziehbar.

Unterhalt für mehrere Personen

Unterhält der Steuerpflichtige mehrere Personen, die einen gemeinsamen Haushalt führen, so ist der nach § 33a Abs. 1 EStG abziehbare Betrag grundsätzlich für jede unterhaltsberechtigte oder gleichgestellte Person getrennt zu ermitteln. Der insgesamt nachgewiesene Zahlungsbetrag ist unterschiedslos nach Köpfen aufzuteilen (> BFH vom 12. 11. 1993 – BStBl 1994 II S. 731). Handelt es sich bei den unterhaltenen Personen um in Haushaltsgemeinschaft lebende Ehegatten, z. B. Eltern, so sind die Einkünfte und Bezüge zunächst für jeden Ehegatten gesondert festzustellen und sodann zusammenzurechnen. Die zusammengerechneten Einkünfte und Bezüge sind um 2 400 DM (zweimal 1 200 DM) zu kürzen. Der verbleibende Betrag ist von der Summe der beiden Höchstbeträge abzuziehen (> BFH vom 15. 11. 1991 – BStBl 1992 II S. 245).

...

EStR **R 191. Ausbildungsfreibeträge**

Allgemeines

(1) [1]Den Ausbildungsfreibetrag kann nur erhalten, wer für das in Berufsausbildung befindliche Kind auch tatsächlich das Kindergeld/den Kinderfreibetrag erhält. [2]Der Ausbildungsfreibetrag kommt daher für Kinder im Sinne des § 63 Abs. 1 EStG in Betracht.

(2) [1]Für die Inanspruchnahme eines Ausbildungsfreibetrags ist Voraussetzung, daß dem Steuerpflichtigen Aufwendungen für die Berufsausbildung des Kindes entstehen. [2]Auf ihre Höhe kommt es nicht an. [3]Unterhaltsaufwendungen für ein in Berufsausbildung befindliches Kind sind auch als Aufwendungen für seine Berufsausbildung anzusehen. [4]Wegen des Begriffs der Berufsausbildung

> R 180. ⁵Ein Ausbildungsfreibetrag kommt auch für Übergangszeiten von höchstens vier Monaten zwischen zwei Ausbildungsabschnitten im Sinne von § 32 Abs. 4 Satz 1 Nr. 2 Buchstabe b EStG in Betracht; R 180a gilt entsprechend.

Auswärtige Unterbringung

(3) ¹Eine auswärtige Unterbringung im Sinne des § 33a Abs. 2 Satz 1 Nr. 1 und Nr. 2 EStG liegt vor, wenn ein Kind außerhalb des Haushalts der Eltern wohnt. ²Dies ist nur anzunehmen, wenn für das Kind außerhalb des Haushalts der Eltern eine Wohnung ständig bereitgehalten und das Kind auch außerhalb des elterlichen Haushalts verpflegt wird. ³Seine Unterbringung muß darauf angelegt sein, die räumliche Selbständigkeit des Kindes während seiner ganzen Ausbildung, z. B. eines Studiums, oder eines bestimmten Ausbildungsabschnitts, z. B. eines Studiensemesters oder -trimesters, zu gewährleisten. ⁴Voraussetzung ist, daß die auswärtige Unterbringung auf eine gewisse Dauer angelegt ist. ⁵Auf die Gründe für die auswärtige Unterbringung kommt es nicht an.

Anrechnung eigener Einkünfte und Bezüge

(4) Für die Ermittlung der in § 33a Abs. 2 Satz 2 EStG bezeichneten eigenen Bezüge des Kindes gelten R 180e und R 190 Abs. 5 entsprechend.

Auslandskinder

(5) Ist das Kind nicht unbeschränkt einkommensteuerpflichtig (Auslandskind), so sind der maßgebende Ausbildungsfreibetrag und der anrechnungsfreie Betrag gegebenenfalls entsprechend der für die Kürzung der Beträge nach § 33a Abs. 1 EStG maßgebenden > Ländergruppeneinteilung zu ermäßigen.

▶ **Hinweise   EStH   H 191.**

Anrechnung eigener Einkünfte und Bezüge

> R 180e, H 180e

Aufwendungen für die Berufsausbildung

Aufwendungen des Steuerpflichtigen für die Ausbildung eines Kindes sind den Kalendermonaten zuzurechnen, die sie wirtschaftlich betreffen. Erstreckt sich das Studium einschließlich der unterrichts- und vorlesungsfreien Zeit über den ganzen VZ, so kann davon ausgegangen werden, daß beim Steuerpflichtigen in jedem Monat Aufwendungen anfallen (> BFH vom 22. 3. 1996 – BStBl 1997 II S. 30). Ein Ausbildungsfreibetrag ist nicht zu gewähren, wenn das Kind die Aufwendungen aus eigenem Vermögen bestreitet; das ist auch der Fall, wenn ein Kapitalvermögen von den Eltern mit der Auflage geschenkt worden ist, den Lebensunterhalt und die Ausbildungskosten aus den anfallenden Zinsen zu tragen (> BFH vom 23. 2. 1994 – BStBl II S. 694).

Ländergruppeneinteilung

> BMF vom 27. 2. 1996 (BStBl I S. 115)

Rechtsprechung zur auswärtigen Unterbringung

– *Asthma*

   Keine auswärtige Unterbringung des Kindes wegen Asthma (> BFH vom 26. 6. 1992 – BStBl 1993 II S. 212).

– *Getrennte Haushalte eines Ehepaars*

Auswärtige Unterbringung liegt nur vor, wenn das Kind aus den Haushalten beider Elternteile ausgegliedert ist (> BFH vom 5. 2. 1988 – BStBl II S. 579).

– *Großmutter*

Keine auswärtige Unterbringung, wenn ein minderjähriges Kind wochentags bei der in der Nähe wohnenden Großmutter untergebracht ist (> BFH vom 6. 11. 1987 – BStBl 1988 II S. 138).

– *Haushalt des Kindes in Eigentumswohnung des Steuerpflichtigen*

Auswärtige Unterbringung liegt vor, wenn das Kind in einer Eigentumswohnung des Steuerpflichtigen einen selbständigen Haushalt führt (> BFH vom 26. 1. 1994 – BStBl II S. 544 und vom 25. 1. 1995 – BStBl II S. 378). Ein Ausbildungsfreibetrag wegen auswärtiger Unterbringung ist ausgeschlossen, wenn eine Steuerermäßigung nach § 34f EStG wegen desselben Kindes gewährt wird (> BMF vom 21. 11. 1994 – BStBl I S. 855).

– *Haushalte mehrerer Elternpaare*

Auswärtige Unterbringung liegt nur vor, wenn das Kind aus den Haushalten aller Elternteile ausgegliedert ist (> BFH vom 24. 4. 1986 – BStBl II S. 836).

– *Klassenfahrt*

Keine auswärtige Unterbringung, da es an der erforderlichen Dauer fehlt (> BFH vom 5. 11. 1982 – BStBl 1983 II S. 109).

– *Legasthenie*

Keine auswärtige Unterbringung des Kindes wegen Legasthenie (Lese- und Rechtschreibschwäche) im medizinischen Sinne (> BFH vom 26. 6. 1992 – BStBl 1993 II S. 278).

– *Praktikum*

Keine auswärtige Unterbringung bei Ableistung eines Praktikums außerhalb der Hochschule, wenn das Kind nur dazu vorübergehend auswärtig untergebracht ist (> BFH vom 20. 5. 1994 – BStBl II S. 699).

– *Sprachkurs*

Keine auswärtige Unterbringung bei dreiwöchigem Sprachkurs (> BFH vom 29. 9. 1989 – BStBl 1990 II S. 62).

– *Verheiratetes Kind*

Auswärtige Unterbringung liegt vor, wenn ein verheiratetes Kind mit seinem Ehegatten eine eigene Wohnung bezogen hat (> BFH vom 8. 2. 1974 – BStBl II S. 299).

Übergangszeiten von höchstens vier Monaten zwischen zwei Ausbildungsabschnitten

– > R 180a und H 180a

– Auch für die Zeit eines nach Beendigung des gesetzlichen Wehrdienstes und vor Beginn der weiteren Berufsausbildung verbrachten Urlaubs ist ein Ausbildungsfreibetrag möglich (> BFH vom 18. 12. 1996 – BStBl 1997 II S. 430).

Zuschüsse

Zu den ohne anrechnungsfreien Betrag anzurechnenden Zuschüssen gehören z. B. die als Zuschuß gewährten Leistungen nach dem Bundesausbildungsförderungsgesetz, nach dem Arbeitsförderungsgesetz gewährte Berufsausbildungsbeihilfen und Ausbildungsgelder sowie Stipendien aus öffentlichen Mitteln.

EStR R 192. Aufwendungen für eine Hilfe im Haushalt oder für vergleichbare Dienstleistungen (§ 33a Abs. 3 EStG)

(1) Kinder oder andere unterhaltene Personen im Sinne des § 33a Abs. 3 Satz 1 Nr. 2 EStG gehören zum Haushalt des Steuerpflichtigen, wenn sie bei einheitlicher Wirtschaftsführung unter Leitung des Steuerpflichtigen dessen Wohnung teilen oder sich mit seiner Einwilligung außerhalb seiner Wohnung zu anderen als Erwerbszwecken, insbesondere zur Erziehung, Ausbildung oder Erholung im Inland oder Ausland aufhalten.

(2) Wird wegen Krankheit, Hilflosigkeit oder schwerer Behinderung einer zum Haushalt des Steuerpflichtigen gehörenden Person, die weder sein Ehegatte noch sein Kind ist, eine Hilfe im Haushalt beschäftigt, so sind die Aufwendungen im Rahmen der Höchstbeträge neben dem nach § 33a Abs. 1 EStG abziehbaren Betrag für den Unterhalt dieser Person zu berücksichtigen.

▶ Hinweise EStH H 192.

Angehörige
Bei Vorliegen eines ernsthaften Arbeits- oder Dienstverhältnisses wie unter Fremden kann auch die Beschäftigung einer nahestehenden Person als Hilfe im Haushalt anerkannt werden, sofern sie nicht zum Haushalt des Steuerpflichtigen gehört (> BFH vom 6. 10. 1961 – BStBl III S. 549).

Haushaltszugehörigkeit
Aufwendungen für eine Lebenspartnerin und Mutter, die zusammen mit dem gemeinsamen Kind im Haushalt des Steuerpflichtigen lebt und vereinbarungsgemäß hauswirtschaftliche Tätigkeiten verrichtet, können nicht als Kosten für eine Hilfe im Haushalt geltend gemacht werden (> BFH vom 6. 11. 1997 – BStBl 1998 II S. 187).

Heim
Heime i. S. d. § 33a Abs. 3 Satz 2 EStG sind Altenheime, Altenwohnheime, Pflegeheime und gleichartige Einrichtungen (> § 1 Heimgesetz – BGBl 1990 I S. 763).

Hilfe im Haushalt
Eine Hilfe im Haushalt kann auch nur stundenweise im Haushalt beschäftigt und muß nicht im Rahmen eines Arbeitsverhältnisses tätig sein (> BFH vom 19. 1. 1979 – BStBl II S. 326).
> Unternehmen

Mehrfachgewährung
Der Höchstbetrag darf auch dann nur einmal abgezogen werden, wenn zwei Haushaltsangehörige schwer körperbehindert sind und deshalb zwei Hilfen im Haushalt beschäftigt werden (> BFH vom 25. 9. 1992 – BStBl 1993 II S. 106).

Schwere Behinderung
Eine schwere Behinderung i. S. d. § 33a Abs. 3 Satz 1 Nr. 2 EStG liegt vor, wenn der Grad der Behinderung wenigstens 50 beträgt; > § 1 SchwbG; zum Nachweis > § 65 EStDV.

Unternehmen
Auch Aufwendungen, die dem Steuerpflichtigen durch die Beauftragung eines Unternehmens mit häuslichen Arbeiten erwachsen, wie sie eine Hilfe im Haushalt verrichtet, können anerkannt werden (> BFH vom 19. 1. 1979 – BStBl II S. 326).

Wäscherei

Eine Wäscherei, bei der der Steuerpflichtige seine Wäsche reinigen läßt, ist nicht im häuslichen Bereich wie eine Hilfe im Haushalt tätig (> BFH vom 30. 3. 1982 – BStBl II S. 399).

EStR **R 192a. Zeitanteilige Ermäßigung nach § 33a Abs. 4 EStG**

Ansatz bei unterschiedlicher Höhe der Höchstbeträge oder Ausbildungsfreibeträge

(1) Kommen für ein Kalenderjahr Höchstbeträge oder Ausbildungsfreibeträge von unterschiedlicher Höhe in Betracht, so ist für den Monat, in dem die geänderten Voraussetzungen eintreten, der höhere zeitanteilige Höchstbetrag oder Ausbildungsfreibetrag anzusetzen.

Aufteilung der eigenen Einkünfte und Bezüge

(2) ¹Der Jahresbetrag der eigenen Einkünfte und Bezüge ist für die Anwendung des § 33a Abs. 4 Satz 2 EStG wie folgt auf die Zeiten innerhalb und außerhalb des Unterhalts- oder Ausbildungszeitraums aufzuteilen:

1. Einkünfte aus nichtselbständiger Arbeit, sonstige Einkünfte sowie Bezüge nach dem Verhältnis der in den jeweiligen Zeiträumen zugeflossenen Einnahmen; die Grundsätze des § 11 Abs. 1 EStG gelten entsprechend; Pauschbeträge nach § 9a EStG und die Kostenpauschale nach R 190 Abs. 5 Satz 2 sind hierbei zeitanteilig anzusetzen;
2. andere Einkünfte auf jeden Monat des Kalenderjahrs mit einem Zwölftel.

²Der Steuerpflichtige kann jedoch nachweisen, daß eine andere Aufteilung wirtschaftlich gerechtfertigt ist, wie es z. B. der Fall ist, wenn bei Einkünften aus selbständiger Arbeit die Tätigkeit erst im Laufe des Jahres aufgenommen wird oder wenn bei Einkünften aus nichtselbständiger Arbeit im Unterhalts- oder Ausbildungszeitraum höhere Werbungskosten angefallen sind als bei verhältnismäßiger Aufteilung darauf entfallen würden.

▶ **Hinweise** **EStH** **H 192a.**

Allgemeines

Der Höchstbetrag für den Abzug von Unterhaltsaufwendungen (§ 33a Abs. 1 EStG), die Ausbildungsfreibeträge (§ 33a Abs. 2 EStG), der Abzugsbetrag wegen zwangsläufiger Aufwendungen für die Beschäftigung einer Hilfe im Haushalt und für die Unterbringung in einem Heim oder zur dauernden Pflege (§ 33a Abs. 3 EStG) sowie die anrechnungsfreien Beträge nach § 33a Abs. 1 Satz 4 und Abs. 2 Satz 2 EStG ermäßigen sich für jeden vollen Kalendermonat, in dem die Voraussetzungen für die Anwendung der betreffenden Vorschrift nicht vorgelegen haben, um je ein Zwölftel (§ 33a Abs. 4 Satz 1 EStG). Erstreckt sich das Studium eines Kindes einschließlich der unterrichts- und vorlesungsfreien Zeit über den ganzen VZ, so kann davon ausgegangen werden, daß beim Steuerpflichtigen in jedem Monat Aufwendungen anfallen, so daß § 33a Abs. 4 Satz 1 EStG nicht zur Anwendung kommt (> BFH vom 22. 3. 1996 – BStBl 1997 II S. 30). Eigene Einkünfte und Bezüge der unterhaltenen Person oder des in Berufsausbildung befindlichen Kindes sind nur anzurechnen, soweit sie auf den Unterhalts- oder Ausbildungszeitraum entfallen (§ 33a Abs. 4 Satz 2 EStG). Leisten Eltern Unterhalt an ihren Sohn nur während der Dauer seines Wehrdienstes, so unterbleibt die Anrechnung des Entlassungsgeldes nach § 9 des Wehrsoldgesetzes, da es auf die Zeit nach Beendigung des Grundwehrdienstes entfällt (> BFH vom 26. 4. 1991 – BStBl II S. 716).

Beispiele *für die Aufteilung eigener Einkünfte und Bezüge auf die Zeiten innerhalb und außerhalb des Unterhalts- oder Ausbildungszeitraums:*

A. Der Steuerpflichtige unterhält seine alleinstehende im Inland lebende Mutter vom 15. April bis 15. September (Unterhaltszeitraum) mit insgesamt 6 000 DM. Die Mutter bezieht ganzjährig eine monatliche Rente von 400 DM (Ertragsanteil 25 v. H.). Außerdem hat sie im Kalenderjahr Einkünfte aus Vermietung und Verpachtung in Höhe von 2 100 DM.

Höchstbetrag für das Kalenderjahr 13 500 DM (§ 33a Abs. 1 EStG)		
anteiliger Höchstbetrag für April bis September ($^6/_{12}$ von 13 500 DM =)		6 750 DM
Eigene Einkünfte der Mutter im Unterhaltszeitraum:		
Einkünfte aus Leibrenten		
steuerpflichtiger Ertragsanteil 25 v. H. von 4 800 DM =	1 200 DM	
abzüglich Werbungskosten-Pauschbetrag (§ 9a Satz 1 Nr. 3 EStG)	− 200 DM	
Einkünfte	1 000 DM	
auf den Unterhaltszeitraum entfallen $^6/_{12}$ von 1 000 DM		500 DM
Einkünfte aus Vermietung und Verpachtung	2 100 DM	
auf den Unterhaltszeitraum entfallen $^6/_{12}$		1 050 DM
Summe der Einkünfte im Unterhaltszeitraum		1 550 DM
Eigene Bezüge der Mutter im Unterhaltszeitraum:		
steuerlich nicht erfaßter Teil der Rente	3 600 DM	
abzüglich Kostenpauschale	− 360 DM	
verbleibende Bezüge	3 240 DM	
auf den Unterhaltszeitraum entfallen $^6/_{12}$		1 620 DM
Summe der eigenen Einkünfte und Bezüge im Unterhaltszeitraum		3 170 DM
abzüglich anteiliger anrechnungsfreier Betrag ($^6/_{12}$ von 1 200 DM =)		− 600 DM
anzurechnende Einkünfte und Bezüge	2 570 DM	− 2 570 DM
abzuziehender Betrag		4 180 DM

B. Ein Steuerpflichtiger unterhält sein Kind, das den gesetzlichen Grundwehrdienst geleistet hat, bis zum Abschluß der Berufsausbildung im November mit 11 000 DM. Das Kind ist auswärts untergebracht und bezieht für die Zeit von Januar bis November eine private Ausbildungshilfe von insgesamt 1 100 DM. Der Verlängerungszeitraum nach § 32 Abs. 5 EStG endet im Februar.

a) Für die Monate Januar und Februar erfolgt eine Berücksichtigung nach § 32 Abs. 5 EStG (Kindergeld oder Kinderfreibetrag).

b) Für die Monate Januar und Februar besteht außerdem ein Anspruch auf einen Ausbildungsfreibetrag nach § 33a Abs. 2 EStG

anteiliger Ausbildungsfreibetrag für Januar und Februar
($^2/_{12}$ von 4 200 DM =) .... 700 DM

der anteilige Ausbildungszuschuß ist geringer als der anteilige anrechnungsfreie Betrag (²/₁₂ von 3 600 DM = 600 DM), deshalb
abzuziehender Ausbildungsfreibetrag .... 700 DM

c) Für die Monate März bis November kommt ein Anspruch auf Steuerermäßigung nach § 33a Abs. 1 EStG in Betracht

anteiliger Höchstbetrag für März bis November (⁹/₁₂ von 13 500 DM =) .		10 125 DM
anzurechnende Bezüge des Kindes		
als Bezug anzurechnender Ausbildungszuschuß		
für März bis November	900 DM	
abzüglich Kostenpauschale (⁹/₁₁ von 360 DM)	– 295 DM	
verbleibende Bezüge	605 DM	
anteiliger anrechnungsfreier Betrag (⁹/₁₂ von 1 200 DM =) ..	– 900 DM	
anzurechnende Bezüge	0 DM	0 DM
abzuziehender Betrag		10 125 DM

C. Ein über 18 Jahre altes Kind des Steuerpflichtigen, für das er Kindergeld/einen Kinderfreibetrag erhält, befindet sich bis zum 30. 9. in Berufsausbildung und ist auswärtig untergebracht. Dem Kind fließt im Kalenderjahr Arbeitslohn von 9 000 DM zu, davon 3 500 DM in den Ausbildungsmonaten. Die anfallenden Werbungskosten übersteigen nicht den Arbeitnehmer-Pauschbetrag. Außerdem bezieht das Kind für den Ausbildungszeitraum als Ausbildungshilfe einen Zuschuß aus öffentlichen Mitteln von 900 DM.

Ausbildungsfreibetrag für das Kalenderjahr	4 200 DM		
anteiliger Ausbildungsfreibetrag für Januar bis September (⁹/₁₂ von 4 200 DM =)			3 150 DM
Arbeitslohn des Kindes in den Ausbildungsmonaten	3 500 DM		
abzüglich Arbeitnehmer-Pauschbetrag (zeitanteilig für 9 Monate)	– 1 500 DM		
Einkünfte aus nichtselbständiger Arbeit in den Ausbildungsmonaten	2 000 DM		
abzüglich anrechnungsfreier Betrag (⁹/₁₂ von 3 600 DM =)	– 2 700 DM		
anzurechnende Einkünfte	0 DM		
Ausbildungszuschuß des Kindes für Januar bis September	900 DM		
abzüglich Kostenpauschale	– 360 DM		
anzurechnende Beträge	540 DM	+ 540 DM	
anzurechnende Einkünfte und Bezüge		540 DM	– 540 DM
abzuziehender Betrag			2 610 DM

Besonderheiten bei Zuschüssen

Als Ausbildungshilfe bezogene Zuschüsse jeglicher Art, z. B. Stipendien für ein Auslandsstudium aus öffentlichen oder aus privaten Mitteln, mindern die zeitanteiligen Höchstbeträge und Freibeträge nur der Kalendermonate, für die die Zuschüsse bestimmt sind (§ 33a Abs. 4 Satz 3 EStG). Liegen bei der unterhaltenen Person oder dem in Berufsausbildung befindlichen Kind sowohl eigene Einkünfte und Bezüge als auch Zuschüsse vor, die als Ausbildungshilfe nur für einen Teil des Unterhalts- oder Ausbildungszeitraums bestimmt sind, dann sind zunächst die eigenen Einkünfte und Bezüge anzurechnen und sodann die Zuschüsse zeitanteilig entsprechend ihrer Zweckbestimmung.

Beispiel:

Ein über 18 Jahre altes Kind des Steuerpflichtigen befindet sich während des ganzen Kalenderjahrs in Berufsausbildung und ist auswärtig untergebracht. Ihm fließt in den Monaten Januar bis Juni Arbeitslohn von 6 800 DM zu, die Werbungskosten übersteigen nicht den Arbeitnehmer-Pauschbetrag. Für die Monate Juli bis Dezember bezieht es ein Auslandsstipendium aus öffentlichen Mitteln von 6 000 DM.

Ausbildungsfreibetrag für das Kalenderjahr		4 200 DM
Arbeitslohn	6 800 DM	
abzüglich Arbeitnehmer-Pauschbetrag	− 2 000 DM	
Einkünfte aus nichtselbständiger Arbeit	4 800 DM	
anrechnungsfreier Betrag	− 3 600 DM	
anzurechnende Einkünfte	1 200 DM	− 1 200 DM
verminderter Ausbildungsfreibetrag		3 000 DM
anteiliger verminderter Ausbildungsfreibetrag für		
Januar bis Juni		1 500 DM
Juli bis Dezember	1 500 DM	
Ausbildungszuschuß		
(Auslandsstipendium)	6 000 DM	
abzüglich Kostenpauschale	− 360 DM	
anzurechnende Bezüge	5 640 DM	− 5 640 DM	0 DM
abzuziehender Ausbildungsfreibetrag		1 500 DM

Zu § 33b EStG (§ 65 EStDV)

EStR   R 194. Pauschbeträge für Behinderte, Hinterbliebene und Pflegepersonen

(1) Behinderten-Pauschbetrag, Hinterbliebenen-Pauschbetrag und Pflege-Pauschbetrag können mehrfach gewährt werden, wenn mehrere Personen die Voraussetzungen erfüllen (z. B. Steuerpflichtiger, Ehegatte, Kind), oder wenn eine Person die Voraussetzungen für verschiedene Pauschbeträge erfüllt.

(2) Hat ein Kind Anspruch auf einen Behinderten-Pauschbetrag nach § 33b EStG, können andere Personen, auf die der Behinderten-Pauschbetrag nicht übertragen worden ist, wegen der behinderungsbedingten Aufwendungen keine Steuerermäßigung nach § 33 EStG in Anspruch nehmen.

(3) Eine Übertragung des Behinderten-Pauschbetrags eines nicht steuerpflichtigen Kindes ist nur zulässig, wenn der unbeschränkt Steuerpflichtige EU/EWR-Staatsangehöriger ist, die nicht der deutschen Einkommensteuer unterliegenden Einkünfte des Kindes nicht mehr als 12 000 DM im Kalenderjahr betragen (§ 1 Abs. 3 Satz 2, 2. Alternative EStG) und das Kind seinen Wohnsitz oder gewöhnlichen Aufenthalt im Hoheitsgebiet eines EU/EWR-Mitgliedsstaates hat.

(4) Ein Steuerpflichtiger führt die Pflege auch dann noch persönlich durch, wenn er sich zur Unterstützung zeitweise einer ambulanten Pflegekraft bedient.

(5) § 33b Abs. 6 Satz 5 EStG gilt auch, wenn nur ein Steuerpflichtiger den Pflege-Pauschbetrag tatsächlich in Anspruch nimmt.

(6) Der Pflege-Pauschbetrag nach § 33b Abs. 6 EStG kann neben dem nach § 33b Abs. 5 EStG vom Kind auf die Eltern übertragenen Pauschbetrag für Behinderte in Anspruch genommen werden.

(7) ¹Bei Beginn, Änderung oder Wegfall der Behinderung im Laufe eines Kalenderjahres ist stets der Pauschbetrag nach dem höchsten Grad zu gewähren, der im Kalenderjahr festgestellt war. ²Eine Zwölftelung ist nicht vorzunehmen. ³Dies gilt auch für den Hinterbliebenen- und Pflege-Pauschbetrag.

Hinweise   EStH   H 194.

Allgemeines und Nachweis

Zur Behinderung i. S. d. § 33b EStG > § 3 des Schwerbehindertengesetzes (SchwbG), zur Hilflosigkeit > § 33b Abs. 6 EStG, zur Pflegebedürftigkeit > §§ 14, 15 SGB XI.

Der Nachweis für die Voraussetzungen eines Pauschbetrages ist gemäß § 65 EStDV zu führen.

Zum Nachweis der Behinderung von in Deutschland nicht steuerpflichtigen Kindern > BMF vom 8. 8. 1997 (BStBl I S. 1016).

An die für die Gewährung der Behinderten-Pauschbeträge und des Pflege-Pauschbetrags vorzulegenden Bescheinigungen, Ausweise oder Bescheide sind die Finanzbehörden gebunden (> BFH vom 5. 2. 1988 – BStBl II S. 436). Bei den Nachweisen nach § 65 Abs. 1 Nr. 2 Buchstabe b EStDV kann es sich z. B. um Rentenbescheide des Versorgungsamtes oder eines Trägers der gesetzlichen Unfallversicherung oder bei Beamten, die Unfallruhegeld beziehen, um einen entsprechenden Bescheid ihrer Behörde handeln. Der Rentenbescheid eines Trägers der gesetzlichen Rentenversicherung der Arbeiter und Angestellten genügt nicht (> BFH vom 25. 4. 1968 – BStBl II S. 606).

Verwaltungsakte, die die Voraussetzungen für die Inanspruchnahme der Pauschbeträge feststellen (> § 65 EStDV), sind Grundlagenbescheide i. S. d. § 171 Abs. 10 und § 175 Abs. 1 Satz 1 Nr. 1 AO (> BFH vom 5. 2. 1988 – BStBl II S. 436).

Auf Grund eines solchen Bescheides ist ggf. eine Änderung früherer Steuerfestsetzungen hinsichtlich der Anwendung des § 33b EStG nach § 175 Abs. 1 Satz 1 Nr. 1 AO unabhängig davon vorzunehmen, ob ein Antrag i. S. d. § 33b Abs. 1 EStG für den Besteuerungszeitraum dem Grunde nach bereits gestellt worden ist. Die Änderung ist für alle Kalenderjahre vorzunehmen, auf die sich der Grundlagenbescheid erstreckt (> BFH vom 22. 2. 1991 – BStBl II S. 717 und vom 13. 12. 1985 – BStBl 1986 II S. 245).

Einen Pauschbetrag von 7 200 DM können Behinderte unabhängig vom Grad der Behinderung erhalten, in deren Ausweis das Merkzeichen „Bl" oder „H" eingetragen ist (> § 4 Abs. 5 SchwbG).

Fahrtkosten

Kraftfahrzeugkosten bei Behinderten können im Rahmen der Angemessenheit neben den Pauschbeträgen nach § 33 EStG berücksichtigt werden.

> H 186-189 (Fahrtkosten Behinderter)

Führerscheinkosten

Führerscheinkosten für ein schwer geh- und stehbehindertes Kind können neben den Pauschbeträgen nach § 33 EStG berücksichtigt werden (> BFH vom 26. 3. 1993 – BStBl II S. 749).

Heilkur

Aufwendungen für eine Heilkur können nach § 33 EStG neben den Pauschbeträgen geltend gemacht werden (> BFH vom 11. 12. 1987 – BStBl 1988 II S. 275).
> R 189 Abs. 1 und 3
> H 186-189 (Kur)

Hilfe im Haushalt

Die Höchstbeträge nach § 33a Abs. 3 EStG können neben den Pauschbeträgen nach § 33b EStG gewährt werden.

Hinterbliebenen-Pauschbetrag

Zu den Gesetzen, die das BVG für entsprechend anwendbar erklären (§ 33b Abs. 4 Nr. 1 EStG), gehören:
– das Soldatenversorgungsgesetz (> § 80),
– das Zivildienstgesetz (> § 47),
– das Häftlingshilfegesetz (> §§ 4 und 5),
– das Gesetz über die Unterhaltsbeihilfe für Angehörige von Kriegsgefangenen (> § 3),
– das Gesetz über den Bundesgrenzschutz (> § 59 Abs. 1 i. V. m. dem Soldatenversorgungsgesetz),
– das Gesetz über das Zivilschutzkorps (> § 46 i. V. m. dem Soldatenversorgungsgesetz),
– das Gesetz zur Regelung der Rechtsverhältnisse der unter Artikel 131 GG fallenden Personen (> §§ 66, 66a),
– das Gesetz zur Einführung des Bundesversorgungsgesetzes im Saarland (> § 5 Abs. 1),
– das Bundes-Seuchengesetz (> § 51),
– das Gesetz über die Entschädigung für Opfer von Gewalttaten (> § 1 Abs. 1).

Krankheitskosten

Außerordentliche, durch einen akuten Anlaß verursachte Krankheitskosten können nach § 33 EStG neben den Pauschbeträgen berücksichtigt werden, z. B. Kosten einer Operation, auch wenn diese mit dem Leiden zusammenhängt, das die Behinderung bewirkt oder erst verursacht hat (> BFH vom 30. 11. 1966 – BStBl 1967 III S. 457 und vom 26. 3. 1993 – BStBl II S. 749).

Pflegebedürftigkeit
> R 188

Pflege-Pauschbetrag

– Eine sittliche Verpflichtung zur Pflege ist anzuerkennen, wenn eine enge persönliche Beziehung zu der gepflegten Person besteht (> BFH vom 29. 8. 1996 – BStBl 1997 II S. 199).
– Der Pflege-Pauschbetrag nach § 33b Abs. 6 EStG ist nicht nach der Zahl der Personen aufzuteilen, welche bei ihrer Einkommensteuerveranlagung die Berücksichtigung eines Pflegepauschbetrages begehren, sondern nach der Zahl der Steuerpflichtigen, welche eine hilflose Person in ihrer Wohnung oder in der Wohnung des Pflegebedürftigen tatsächlich persönlich gepflegt haben (> BFH vom 14. 10. 1997 – BStBl 1998 II S. 20).

Schulgeld

Schulgeld für den Privatschulbesuch des behinderten Kindes > H 186-189 (Privatschule) und R 189 Abs. 2.

Zu § 34 EStG [1] [2]

EStR **R 197. Umfang der steuerbegünstigten Einkünfte**

(1) ¹§ 34 Abs. 1 EStG ist grundsätzlich bei allen Einkunftsarten anwendbar. ²Die Sonderausgaben, die außergewöhnlichen Belastungen, der Haushaltsfreibetrag und die sonstigen vom Einkommen abzuziehenden Beträge sind zunächst bei den nicht nach § 34 EStG begünstigten Einkünften zu berücksichtigen. ³Sind in dem Einkommen Einkünfte aus Land- und Forstwirtschaft enthalten und bestehen diese zum Teil aus außerordentlichen Einkünften, die nach § 34 EStG ermäßigt zu besteuern sind, so ist hinsichtlich der Anwendung dieser Vorschrift der Freibetrag nach § 13 Abs. 3 EStG zunächst von den nicht nach § 34 EStG begünstigten Einkünften aus Land- und Forstwirtschaft abzuziehen.

(2) Tarifbegünstigte Veräußerungsgewinne im Sinne der §§ 14 und 14a Abs. 1, der §§ 16 und 18 Abs. 3 EStG liegen grundsätzlich nur vor, wenn die stillen Reserven in einem einheitlichen wirtschaftlichen Vorgang aufgedeckt werden.

(3) ¹Die gesamten außerordentlichen Einkünfte sind grundsätzlich bis zur Höhe des zu versteuernden Einkommens tarifbegünstigt (§ 34 Abs. 1 Satz 3 EStG). ²In Fällen, in denen Verluste zu verrechnen sind, sind neben den vorrangig anzuwendenden besonderen Verlustverrechnungsbeschränkungen (z. B. § 2a Abs. 1, §§ 2b, 15 Abs. 4 EStG) die Verlustausgleichs- und Verlustabzugsbeschränkungen in § 2 Abs. 3 und § 10d EStG zu beachten. ³Innerhalb einer Einkunftsart sind – vorbehaltlich besonderer Verlustverrechnungsbeschränkungen – zunächst laufende positive und negative Einkünfte zu verrechnen. ⁴Bleibt danach ein negativer Saldo, ist er mit den außerordentlichen Einkünften, die in dieser Einkunftsart entstanden sind, auszugleichen.

Hinweise EStH H 197.

...

EStR **R 198. Steuerberechnung unter Berücksichtigung der Tarifermäßigung**

(1) ¹Für Zwecke der Steuerberechnung ist zunächst für das Kalenderjahr, in dem die außerordentlichen Einkünfte erzielt worden sind, die Einkommensteuerschuld zu ermitteln, die sich ergibt, wenn die in dem zu versteuernden Einkommen enthaltenen außerordentlichen Einkünfte nicht in die Bemessungsgrundlage einbezogen werden. ²Sodann ist in einer Vergleichsberechnung die Einkommensteuer zu errechnen, die sich unter Einbeziehung eines Fünftels der außerordentlichen Einkünfte ergibt. ³Bei diesen nach den allgemeinen Tarifvorschriften vorzunehmenden Berechnungen sind dem Progressionsvorbehalt (§ 32b EStG) unterliegende Einkünfte zu berücksichtigen. ⁴Der Unterschiedsbetrag zwischen beiden Steuerbeträgen ist zu verfünffachen und der sich so ergebende Steuerbetrag der nach Satz 1 ermittelten Einkommensteuer hinzuzurechnen.

Anm. d. Schriftl.:

[1] Solche Gewinne, die bereits durch das Halbeinkünfteverfahren begünstigt werden (Verkauf von Anteilen an Kapitalgesellschaften nach § 16 Abs. 2 Satz 2 und § 17 EStG), werden zur Vermeidung einer Doppelbegünstigung aus der ermäßigten Besteuerung des § 34 EStG herausgenommen.

[2] Zur Sicherung der Altersvorsorge von aus dem Berufsleben ausscheidenden Unternehmern wurde § 34 EStG durch das StSenkErgG um die Möglichkeit ergänzt, für Gewinne aus Betriebsveräußerungen und -aufgaben den halben durchschnittlichen Steuersatz in Anspruch zu nehmen.

Einkommensteuer   Zu § 34 EStG

(2) Sind in dem zu versteuernden Einkommen auch Einkünfte enthalten, die nach § 34b Abs. 3 EStG ermäßigten Steuersätzen unterliegen, so ist die jeweilige Tarifermäßigung unter Berücksichtigung der jeweils anderen Tarifermäßigung zu berechnen.

▶ Hinweise   EStH   H 198.

Berechnungsbeispiele

Beispiel 1:

Berechnung der Einkommensteuer nach § 34 Abs. 1 EStG

Der Steuerpflichtige, der Einkünfte aus Gewerbebetrieb hat, und seine Ehefrau werden zusammen veranlagt. Im Zeitpunkt der Betriebsveräußerung hatte der Steuerpflichtige das 55. Lebensjahr vollendet. Es sind die folgenden Einkünfte und Sonderausgaben anzusetzen:

Einkünfte aus Gewerbebetrieb laufender Gewinn		45 000 DM
Veräußerungsgewinn (§ 16 EStG)	85 000 DM	
davon bleiben nach § 16 Abs. 4 EStG steuerfrei	– 60 000 DM	+ 25 000 DM
		70 000 DM
Einkünfte aus Vermietung und Verpachtung		+ 5 350 DM
Gesamtbetrag der Einkünfte		75 350 DM
Sonderausgaben		– 3 200 DM
Einkommen		72 150 DM
zu versteuerndes Einkommen		72 150 DM
zu versteuerndes Einkommen	72 150 DM	
abzüglich Einkünfte im Sinne des § 34 Abs. 2 EStG	– 25 000 DM	
verbleibendes zu versteuerndes Einkommen	47 150 DM	
darauf entfallender Steuerbetrag		5 064 DM
verbleibendes zu versteuerndes Einkommen	47 150 DM	
zuzüglich 1/5 der Einkünfte im Sinne des § 34 Abs. 2 EStG	+ 5 000 DM	
	52 150 DM	
darauf entfallender Steuerbetrag	6 404 DM	
abzüglich Steuerbetrag auf das verbleibende zu versteuernde Einkommen	– 5 064 DM	
Unterschiedsbetrag	1 340 DM	
multipliziert mit Faktor 5		6 700 DM
Tarifliche Einkommensteuer		**11 764 DM**

Beispiel 2:

Berechnung der Einkommensteuer nach § 34 Abs. 1 EStG bei negativem verbleibenden zu versteuernden Einkommen

Der Steuerpflichtige, der Einkünfte aus Gewerbebetrieb hat, und seine Ehefrau werden zusammen veranlagt. Im Zeitpunkt der Betriebsveräußerung hatte der Steuerpflichtige das 55. Lebensjahr vollendet. Es sind die folgenden Einkünfte und Sonderausgaben anzusetzen:

Zu § 34 EStG   **Einkommensteuer**

Einkünfte aus Gewerbebetrieb, laufender Gewinn		+ 5 350 DM
Veräußerungsgewinn (§ 16 EStG)	285 000 DM	
davon bleiben nach § 16 Abs. 4 EStG steuerfrei	– 60 000 DM	+ 225 000 DM
		230 350 DM
Einkünfte aus Vermietung und Verpachtung		– 45 000 DM
Gesamtbetrag der Einkünfte		185 350 DM
Sonderausgaben		– 3 200 DM
Einkommen		182 150 DM
zu versteuerndes Einkommen		182 150 DM
Höhe der Einkünfte im Sinne des § 34 Abs. 2 EStG, die nach § 34 EStG besteuert werden können		185 350 DM
zu versteuerndes Einkommen	182 150 DM	
abzüglich Einkünfte im Sinne des § 34 Abs. 2 EStG	– 225 000 DM	
negatives verbleibendes zu versteuerndes Einkommen	– 42 850 DM	
Damit ist das gesamte zu versteuernde Einkommen in Höhe von 182 150 DM gem. § 34 EStG tarifbegünstigt.		
⅕ des zu versteuernden Einkommens (§ 34 Abs. 1 Satz 3 EStG)	36 430 DM	
darauf entfallender Steuerbetrag	2 292 DM	
multipliziert mit Faktor 5	11 460 DM	
tarifliche Einkommensteuer		**11 460 DM**

Beispiel 3:

Berechnung der Einkommensteuer nach § 34 Abs. 1 EStG mit Einkünften, die dem Progressionsvorbehalt unterlagen

(Entsprechende Anwendung des BFH-Urteils vom 18. 5. 1994 – BStBl II S. 845)

Der Steuerpflichtige hat Einkünfte aus nichtselbständiger Arbeit. Es sind folgende Einkünfte und Sonderausgaben anzusetzen:

Einkünfte aus nichtselbständiger Arbeit		70 000 DM
Einkünfte aus Vergütungen im Sinne von § 34 Abs. 2 Nr. 4 EStG		+ 30 000 DM
Gesamtbetrag der Einkünfte		100 000 DM
Sonderausgaben		– 3 200 DM
Einkommen		96 800 DM
zu versteuerndes Einkommen		96 800 DM
Arbeitslosengeld		20 000 DM
zu versteuerndes Einkommen	96 800 DM	
abzüglich Einkünfte im Sinne des § 34 Abs. 2 EStG	– 30 000 DM	
verbleibendes zu versteuerndes Einkommen	66 800 DM	
zuzüglich Arbeitslosengeld § 32b Abs. 2 EStG	+ 20 000 DM	

für die Berechnung des Steuersatzes gem. § 32b Abs. 2 EStG maßgebendes verbleibendes zu versteuerndes Einkommen	86 800 DM
abgerundet auf den Eingangsbetrag der Tabellenstufe	86 778 DM
Steuer nach Grundtabelle	24 720 DM
durchschnittlicher Steuersatz (bezogen auf 86 778 DM) § 32 Abs. 2 EStG	28,4864 %
Steuerbetrag auf verbleibendes zu versteuerndes Einkommen (66 800 DM, abgerundet auf den Eingangsbetrag der Tabellenstufe: 66 798 DM) unter Berücksichtigung des Progressionsvorbehalts	19 028 DM
verbleibendes zu versteuerndes Einkommen	66 800 DM
zuzüglich ⅕ der Einkünfte im Sinne des § 34	+ 6 000 DM
	72 800 DM
zuzüglich Arbeitslosengeld § 32b Abs. 2 EStG	+ 20 000 DM
für die Berechnung des Steuersatzes gem. § 32b Abs. 2 EStG maßgebendes zu versteuerndes Einkommen mit ⅕ der außerordentlichen Einkünfte	92 800 DM
abgerundet auf den Eingangsbetrag der Tabellenstufe	92 772 DM
Steuer nach Grundtabelle	27 378 DM
durchschnittlicher Steuersatz (bezogen auf 92 772 DM) § 32b Abs. 2 EStG	29,5110 %
Steuerbetrag auf zu versteuerndes Einkommen mit ⅕ der außerordentlichen Einkünfte (72 800 DM, abgerundet auf den Eingangsbetrag der Tabellenstufe: 72 792 DM) unter Berücksichtigung des Progressionsvorbehalts	21 481 DM
abzüglich Steuerbetrag auf das verbleibende zu versteuernde Einkommen	– 19 028 DM
Unterschiedsbetrag	2 453 DM
multipliziert mit Faktor 5	12 265 DM
tarifliche Einkommensteuer	**31 293 DM**

Beispiel 4:

...

EStR R 199. Besondere Voraussetzungen für die Anwendung des § 34 Abs. 1 EStG

(1) Entschädigungen im Sinne des § 24 Nr. 1 EStG sind nach § 34 Abs. 1 Satz 1 i. V. m. Abs. 2 Nr. 2 EStG nur begünstigt, wenn es sich um > außerordentliche Einkünfte handelt; dabei kommt es nicht darauf an, im Rahmen welcher Einkunftsart sie angefallen sind.

(2) ¹Die Nachzahlung von > Nutzungsvergütungen und Zinsen im Sinne des § 34 Abs. 2 Nr. 3 EStG muß einen Zeitraum von mehr als 36 Monaten umfassen. ²Es genügt nicht, daß sie auf drei Kalenderjahre entfällt.

(3) ¹Bei Anwendung des § 34 Abs. 1 i. V. m. Abs. 2 Nr. 5 EStG auf außerordentliche Holznutzungen im Sinne des § 34b Abs. 1 Nr. 1 EStG ist von einer Zusammenballung der Einkünfte

auszugehen, wenn kein Bestandsvergleich für das stehende Holz vorgenommen wurde. ²Die Aktivierung der Anschaffungs- oder Herstellungskosten ist für sich allein noch kein Bestandsvergleich.

▶ **Hinweise   EStH   H 199.**

...

Entschädigung in zwei Kalenderjahren
– *Außerordentliche Einkünfte i. S. d. § 34 Abs. 2 Nr. 2 EStG sind (nur) gegeben, wenn die zu begünstigenden Einkünfte in einem VZ zu erfassen sind (> BFH vom 21. 3. 1996 – BStBl II S. 416). Die Tarifermäßigung nach § 34 Abs. 1 EStG kann aber unter besonderen Umständen ausnahmsweise auch dann in Betracht kommen, wenn die Entschädigung nicht in einem Kalenderjahr zufließt, sondern sich auf zwei Kalenderjahre verteilt; bei Land- und Forstwirten mit einem vom Kalenderjahr abweichenden Wirtschaftsjahr ist dabei die Aufteilungsvorschrift des § 4a Abs. 2 Nr. 1 Satz 1 EStG zu beachten (> BFH vom 4. 4. 1968 – BStBl II S. 411). Voraussetzung ist jedoch stets, daß die Zahlung der Entschädigung von vornherein in einer Summe vorgesehen war und nur wegen ihrer ungewöhnlichen Höhe und der besonderen Verhältnisse des Zahlungspflichtigen auf zwei Jahre verteilt wurde oder wenn der Entschädigungsempfänger – bar aller Existenzmittel – dringend auf den baldigen Bezug einer Vorauszahlung angewiesen war (> BFH vom 2. 9. 1992 – BStBl 1993 II S. 831).*

...

Nutzungsvergütungen im Sinne des § 24 Nr. 3 EStG
– Werden Nutzungsvergütungen oder Zinsen im Sinne des § 24 Nr. 3 EStG für einen Zeitraum von mehr als drei Jahren nachgezahlt, ist der gesamte Nachzahlungsbetrag nach § 34 Abs. 2 Nr. 3 in Verbindung mit Absatz 1 EStG begünstigt. Nicht begünstigt sind Nutzungsvergütungen, die in einem Einmalbetrag für einen drei Jahre übersteigenden Nutzungszeitraum gezahlt werden und von denen ein Teilbetrag auf einen Nachzahlungszeitraum von weniger als drei Jahren und die im übrigen auf den zukünftigen Nutzungszeitraum entfallen (> BFH vom 19. 4. 1994 – BStBl II S. 640).
– Die auf Grund eines Zwangsversteigerungsverfahrens von der öffentlichen Hand als Ersteherin gezahlten sog. Bargebotszinsen stellen keine „Zinsen auf Entschädigungen" im Sinne von § 24 Nr. 3 EStG dar (> BFH vom 28. 4. 1998 – BStBl II S. 560).

Vorabentschädigungen
Teilzahlungen, die ein Handelsvertreter entsprechend seinen abgeschlossenen Geschäften laufend vorweg auf seine künftige Wettbewerbsentschädigung (§ 90a HGB) und auf seinen künftigen Ausgleichsanspruch (§ 89b HGB) erhält, führen in den jeweiligen Veranlagungszeiträumen zu keiner Zusammenballung > außerordentlicher Einkünfte und lösen deshalb auch nicht die Tarifermäßigung nach § 34 Abs. 1 EStG aus (> BFH vom 20. 7. 1988 – BStBl II S. 936).

Zinsen im Sinne des § 24 Nr. 3 EStG
> Nutzungsvergütungen

Zusammenballung von Einkünften
Eine Entschädigung ist nur dann tarifbegünstigt, wenn sie zu einer Zusammenballung von Einkünften innerhalb eines VZ führt (> BFH vom 4. 3. 1998 – BStBl II S. 787).
> BMF vom 18. 11. 1997 (BStBl I S. 973)
> BMF vom 18. 12. 1998 (BStBl I S. 1512) Rz. 10–19

EStR R 200. **Anwendung des § 34 Abs. 1 EStG auf Einkünfte aus der Vergütung für eine mehrjährige Tätigkeit (§ 34 Abs. 2 Nr. 4 EStG)**

Allgemeines

(1) ¹§ 34 Abs. 2 Nr. 4 i. V. m. Abs. 1 EStG gilt grundsätzlich für alle Einkunftsarten. ²§ 34 Abs. 1 EStG ist auch auf Nachzahlungen von Ruhegehaltsbezügen und von Renten im Sinne des § 22 Nr. 1 EStG anwendbar. ³Voraussetzung für die Anwendung ist, daß auf Grund der Einkunftsermittlungsvorschriften eine > Zusammenballung von Einkünften eintritt, die bei Einkünften aus nichtselbständiger Arbeit auf wirtschaftlich vernünftigen Gründen beruht und bei anderen Einkünften nicht dem vertragsgemäßen oder dem typischen Ablauf entspricht.

Einkünfte aus nichtselbständiger Arbeit

(2) ¹Bei Einkünften aus nichtselbständiger Arbeit kommt es nicht darauf an, daß die Vergütung für eine abgrenzbare Sondertätigkeit gezahlt wird, daß auf sie ein Rechtsanspruch besteht oder daß sie eine zwangsläufige Zusammenballung von Einnahmen darstellt. ²Auf > Jubiläumszuwendungen ist § 34 Abs. 2 Nr. 4 i. V. m. Abs. 1 EStG insoweit anzuwenden, als die Jubiläumszuwendungen eine mehr als 12 Monate dauernde Tätigkeit abgelten sollen.

Gewinneinkünfte

(3) ¹Die Tarifermäßigung ist auf Gewinneinkünfte nur anzuwenden, wenn diese die Vergütung für eine sich über mehr als 12 Monate erstreckende Sondertätigkeit sind, die von der übrigen Tätigkeit des Steuerpflichtigen abgrenzbar ist und nicht zum regelmäßigen Gewinnbetrieb gehört, oder wenn der Steuerpflichtige sich über mehr als 12 Monate ausschließlich der einen Sache gewidmet hat und die Vergütung dafür in einem Kalenderjahr erhalten hat. ²Bei Einkünften aus Land- und Forstwirtschaft, aus Gewerbebetrieb und aus selbständiger Arbeit kann eine > Zusammenballung von Einkünften grundsätzlich nur bei der Gewinnermittlung nach § 4 Abs. 3 EStG eintreten.

Ermittlung der Einkünfte

(4) ¹Bei der Ermittlung der dem § 34 Abs. 2 Nr. 4 i. V. m. Abs. 1 EStG unterliegenden Einkünfte können nur die im VZ des Zuflusses bei den außerordentlichen Einkünften angefallenen Betriebsausgaben oder Werbungskosten abgezogen werden. ²Handelt es sich sowohl bei den laufenden Einnahmen als auch bei den außerordentlichen Bezügen um Versorgungsbezüge im Sinne des § 19 Abs. 2 EStG, kann der im Kalenderjahr des Zuflusses in Betracht kommende Versorgungs-Freibetrag nach § 19 Abs. 2 EStG nur einmal abgezogen werden; er ist zunächst bei den nicht nach § 34 EStG begünstigten Einkünften zu berücksichtigen. ³Nur ein insoweit nicht verbrauchter Versorgungs-Freibetrag ist bei den nach § 34 EStG begünstigten Einkünften abzuziehen. ⁴Entsprechend ist bei anderen Einkunftsarten zu verfahren, bei denen ein im Rahmen der Einkünfteermittlung anzusetzender Freibetrag, z. B. Sparer-Freibetrag nach § 20 Abs. 4 EStG oder ein Werbungskosten-Pauschbetrag, abzuziehen ist. ⁵Werden außerordentliche Einkünfte aus nichtselbständiger Arbeit neben laufenden Einkünften dieser Art bezogen, ist bei den Einnahmen der Arbeitnehmer-Pauschbetrag insgesamt nur einmal abzuziehen, wenn insgesamt keine höheren Werbungskosten nachgewiesen werden. ⁶In anderen Fällen sind die auf die jeweiligen Einnahmen entfallenden tatsächlichen Werbungskosten bei diesen Einnahmen zu berücksichtigen.

▶ **Hinweise   EStH   H 200.**

...

Außerordentliche Einkünfte im Sinne des § 34 Abs. 2 Nr. 4 in Verbindung mit § 34 Abs. 1 EStG

1. § 34 Abs. 2 Nr. 4 i. V. m. § 34 Abs. 1 EStG ist z. B. anzuwenden, wenn

   – eine Lohnzahlung für eine Zeit, die vor dem Kalenderjahr liegt, deshalb nachträglich geleistet wird, weil der Arbeitgeber Lohnbeträge zu Unrecht einbehalten oder mangels flüssiger Mittel nicht in der festgelegten Höhe ausgezahlt hat (> BFH vom 17. 7. 1970 – BStBl II S. 683),

   – der Arbeitgeber Prämien mehrerer Kalenderjahre für eine Versorgung oder für eine Unfallversicherung des Arbeitnehmers deshalb voraus- oder nachzahlt, weil er dadurch günstigere Prämiensätze erzielt oder weil die Zusammenfassung satzungsgemäßen Bestimmungen einer Versorgungseinrichtung entspricht,

   – dem Steuerpflichtigen Tantiemen für mehrere Jahre in einem Kalenderjahr zusammengeballt zufließen (> BFH vom 11. 6. 1970 – BStBl II S. 639).

2. § 34 Abs. 2 Nr. 4 i. V. m. § 34 Abs. 1 EStG ist z. B. nicht anzuwenden bei zwischen Arbeitgeber und Arbeitnehmer vereinbarten und regelmäßig ausgezahlten gewinnabhängigen Tantiemen, deren Höhe erst nach Ablauf des Wirtschaftsjahrs festgestellt werden kann; es handelt sich hierbei nicht um die Abgeltung einer mehrjährigen Tätigkeit (> BFH vom 30. 8. 1966 – BStBl III S. 545).

3. ...

Jubiläumszuwendungen

Zuwendungen, die ohne Rücksicht auf die Dauer der Betriebszugehörigkeit lediglich aus Anlaß eines Firmenjubiläums erfolgen, erfüllen die Voraussetzungen von R 200 Abs. 2 Satz 2 nicht (> BFH vom 3. 7. 1987 – BStBl II S. 820).

...

Vergütung für eine mehrjährige Tätigkeit

– Der Begriff umfaßt jedes Entgelt, das für ein mehr als zwölfmonatiges Tun im Rahmen eines gegenseitigen Vertrags oder eines öffentlich-rechtlichen Dienst- oder Amtsverhältnisses geleistet wird, also auch Nach- oder Vorauszahlungen von Zinsen, Mieten und Pachten sowie solche Zahlungen im Rahmen von Dienst- und Werkverträgen, nicht aber das Entgelt, das für die Nichtausübung einer Tätigkeit geleistet wird (> BFH vom 13. 2. 1987 – BStBl II S. 386).

– Die Anwendung der Vorschrift des § 34 Abs. 2 Nr. 4 i. V. m. § 34 Abs. 1 EStG ist nicht dadurch ausgeschlossen, daß die Vergütungen für eine mehr als zwölfmonatige Tätigkeit während eines Kalenderjahrs in mehreren Teilbeträgen gezahlt werden (> BFH vom 11. 6. 1970 – BStBl II S. 639 und vom 30. 7. 1971 – BStBl II S. 802).

...

Zusammenballung von Einkünften

Eine Zusammenballung von Einkünften ist nicht anzunehmen, wenn die Vertragsparteien die Vergütung bereits durch ins Gewicht fallende Teilzahlungen auf mehrere Kalenderjahre verteilt haben (> BFH vom 10. 2. 1972 – BStBl II S. 529).

Zu § 34f EStG

EStR   **R 213a. Steuerermäßigung nach § 34f EStG**

Fälle des § 7b EStG

(1) Soweit § 34f Abs. 1 EStG weiter anzuwenden ist, gelten die Anweisungen in Abschnitt 213a Abs. 2 EStR 1990 weiter.

Fälle des § 10e EStG

(2) ¹§ 34f Abs. 2 EStG setzt die Inanspruchnahme der Abzugsbeträge nach § 10e Abs. 1 bis 5 EStG oder § 15b BerlinFG voraus. ²§ 34f Abs. 3 EStG setzt die Inanspruchnahme der Abzugsbeträge nach § 10e Abs. 1, 2, 4 und 5 EStG voraus. ³Die Steuerermäßigung nach § 34f Abs. 2 und 3 EStG kann auch in Anspruch genommen werden, wenn im VZ der Abzugsbetrag nach § 10e Abs. 1 und 5 EStG oder § 15b BerlinFG wegen der Nachholungsmöglichkeit nach § 10e Abs. 3 Satz 1 EStG nicht geltend gemacht wird. ⁴In der Geltendmachung der Steuerermäßigung nach § 34f Abs. 2 und 3 EStG kommt in diesem Fall die Inanspruchnahme der Steuervergünstigung nach § 10e Abs. 1 bis 5 EStG oder § 15b BerlinFG zum Ausdruck. ⁵Die Steuerermäßigung nach § 34f Abs. 3 EStG kann in den VZ nicht gewährt werden, in denen der Steuerpflichtige wegen Überschreitens der Einkommensgrenzen nach § 10e Abs. 1 bis 5a EStG einen Abzugsbetrag nach § 10e Abs. 1 bis 5 EStG nicht in Anspruch nehmen kann. ⁶⁻⁸...

Gemeinsame Regelungen

(3) ¹Ein Kind gehört zum Haushalt des Steuerpflichtigen, wenn es bei einheitlicher Wirtschaftsführung unter Leitung des Steuerpflichtigen dessen Wohnung teilt oder sich mit seiner Einwilligung vorübergehend außerhalb seiner Wohnung aufhält. ²Es reicht aus, wenn die Haushaltszugehörigkeit in einem früheren VZ innerhalb des für die erhöhten Absetzungen oder den Abzug wie Sonderausgaben maßgebenden Begünstigungszeitraums einmal vorgelegen hat und auf Dauer angelegt war. ³Der Angabe des Steuerpflichtigen, die Haushaltszugehörigkeit sei auf Dauer angelegt gewesen, kann in der Regel ohne nähere Prüfung gefolgt werden.

(4)–(6) ...

▶ **Hinweise**   **EStH**   **H 213a.**

Fälle des § 10e EStG

Begünstigte Objekte

sind:

– ein außerhalb des Ortes des Familienwohnsitzes belegenes Appartement, das der Steuerpflichtige sowie ein dort studierendes Kind bewohnen (> BFH vom 31. 10. 1991 – BStBl 1992 II S. 241 und BMF vom 21. 11. 1994 – BStBl I S. 855);

sind nicht:

– eine Wohnung, die der Steuerpflichtige allein im Rahmen einer doppelten Haushaltsführung am Arbeitsort nutzt (> BFH vom 14. 3. 1989 – BStBl II S. 829),

– eine Wohnung, in der ein Kind des Steuerpflichtigen am Studienort einen selbständigen Haushalt führt (> BFH vom 25. 1. 1995 – BStBl II S. 378).

Besondere Veranlagung
Bei der besonderen Veranlagung nach § 26c EStG steht dem Steuerpflichtigen keine Steuerermäßigung nach § 34f Abs. 2 EStG für die im gemeinsamen Haushalt lebenden Kinder der Ehefrau zu (> BFH vom 22. 9. 1993 – BStBl 1994 II S. 26).

Haushaltszugehörigkeit
– Im Gegensatz zum Wegfall der Kindeigenschaft ist der Wegfall der Haushaltszugehörigkeit im Laufe des Begünstigungszeitraums für die weitere Inanspruchnahme der Steuerermäßigung nach § 34f EStG unschädlich (> BFH vom 21. 11. 1989 – BStBl 1990 II S. 216).
– Ein Kind getrennt lebender Eltern ist auch bei gemeinsamem Sorgerecht im Regelfall dem Haushalt zuzuordnen, in dem es sich überwiegend aufhält und wo sich der Mittelpunkt seines Lebens befindet. Lebt das Kind jedoch zeitweise beim Vater und zeitweise bei der Mutter und ist in beide Haushalte eingegliedert, kann ausnahmsweise eine doppelte Haushaltszugehörigkeit bestehen (> BFH vom 14. 4. 1999 – BStBl II S. 594).

Kinder
Kinder sind für die Anwendung des § 34f EStG beim Steuerpflichtigen nur zu berücksichtigen, wenn sie den im jeweiligen VZ geltenden Kindbegriff erfüllen (> BFH vom 21. 11. 1989 – BStBl 1990 II S. 216). Dem Steuerpflichtigen steht daher die Steuerermäßigung nach § 34f EStG für über 18 Jahre alte Kinder, deren eigene Einkünfte und Bezüge den nach § 32 Abs. 4 Satz 2 EStG maßgebenden Grenzbetrag im Kalenderjahr übersteigen, für dieses Kalenderjahr nicht mehr zu (> BFH vom 14. 3. 2000 – BStBl II S. 344).
Dabei muß es sich jedoch nicht in jedem VZ des Begünstigungszeitraums um dieselben Kinder handeln. Auf die Inanspruchnahme der Freibeträge für Kinder kommt es nicht an.

Beispiel:
Der Steuerpflichtige schafft 1994 ein von ihm ab Anschaffung selbstgenutztes Einfamilienhaus an, für das er ab 1994 die Abzugsbeträge nach § 10e Abs. 1 EStG in Anspruch nimmt. Ein über 18 Jahre altes Kind beendet im Jahre 1999 seine Ausbildung. Der Steuerpflichtige hat außerdem ein 1990 geborenes Kind. Das dritte Kind wird im Jahr 2000 geboren. 1999 und 2000 sind jeweils zwei Kinder nach § 34f Abs. 2 EStG zu berücksichtigen, so daß in beiden VZ jeweils 2 000 DM abgezogen werden können.

. . .

III. Lohnsteuer-Richtlinien 2001 (LStR) mit amtlichen Bearbeitungshinweisen 2001 in Auszügen

Inhaltsverzeichnis

	Seite
Einführung	425

Zu § 3 EStG

9.	Abfindungen wegen Auflösung des Dienstverhältnisses (§ 3 Nr. 9 EStG)	425
11.	Beihilfen und Unterstützungen, die wegen Hilfsbedürftigkeit gewährt werden (§ 3 Nr. 11 EStG)	426
15.	Heiratsbeihilfen und Geburtsbeihilfen (§ 3 Nr. 15 EStG)	427
17.	Aufwandsentschädigungen für nebenberufliche Tätigkeiten (§ 3 Nr. 26 EStG)	427
19.	Werkzeuggeld (§ 3 Nr. 30 EStG)	430
20.	Überlassung typischer Berufskleidung (§ 3 Nr. 31 EStG)	430
21.	Sammelbeförderung von Arbeitnehmern zwischen Wohnung und Arbeitsstätte (§ 3 Nr. 32 EStG)	431
21a.	Unterbringung und Betreuung von nicht schulpflichtigen Kindern (§ 3 Nr. 33 EStG)	431
21b.	Fahrtkostenzuschüsse (§ 3 Nr. 34 EStG)	432
21c.	Zusätzlich zum ohnehin geschuldeten Arbeitslohn erbrachte Arbeitgeberleistungen	433
21d.	Arbeitslohn für geringfügige Beschäftigungsverhältnisse	433
22.	Durchlaufende Gelder, Auslagenersatz (§ 3 Nr. 50 EStG)	433
24.	Zukunftssicherungsleistungen (§ 3 Nr. 62 EStG, § 2 Abs. 2 Nr. 3 LStDV)	434
26.	Kaufkraftausgleich (§ 3 Nr. 64 EStG)	436

Zu § 3b EStG

30.	Steuerfreiheit der Zuschläge für Sonntags-, Feiertags- oder Nachtarbeit (§ 3b EStG)	436

Zu § 8 EStG

31.	Bewertung der Sachbezüge (§ 8 Abs. 2 EStG)	440
32.	Bezug von Waren und Dienstleistungen (§ 8 Abs. 3 EStG)	454

Zu § 9 EStG

33.	Werbungskosten	456
34.	Aufwendungen für die Aus- und Fortbildung	460
36.	Ausgaben im Zusammenhang mit Berufsverbänden	462
37.	Reisekosten	462
38.	Fahrtkosten als Reisekosten	466
39.	Verpflegungsmehraufwendungen als Reisekosten	469
40.	Übernachtungskosten	470
40a.	Reisenebenkosten	471
41.	Umzugskosten	472
42.	Aufwendungen für Fahrten zwischen Wohnung und Arbeitsstätte	474

43.	Mehraufwendungen bei doppelter Haushaltsführung...................................	480
44.	Arbeitsmittel..	486
45.	Häusliches Arbeitszimmer – unbesetzt –...	488

Zu § 19 EStG

67.	Arbeitnehmer – unbesetzt –..	491
70.	Arbeitslohn..	494
71.	Vermittlungsprovisionen..	497
72.	Zuwendungen bei Betriebsveranstaltungen..	497
73.	Aufmerksamkeiten..	500
74.	Berufliche Fort- oder Weiterbildungsleistungen des Arbeitgebers.............	501
75.	Versorgungsbezüge..	502
76.	Zahlung von Arbeitslohn an die Erben oder Hinterbliebenen eines verstorbenen Arbeitnehmers..	502

Zu § 39a EStG

111.	Verfahren bei der Eintragung eines Freibetrags oder eines Hinzurechnungsbetrags auf der Lohnsteuerkarte...	503
113a.	Freistellungsbescheinigung für ein geringfügiges Beschäftigungsverhältnis.................	505

Zu § 39b EStG

118.	Einbehaltung der Lohnsteuer vom laufenden Arbeitslohn..........................	506
119.	Einbehaltung der Lohnsteuer von sonstigen Bezügen................................	507
122.	Besteuerung des Nettolohns..	510

Zu § 40 EStG

126.	Bemessung der Lohnsteuer nach besonderen Pauschsteuersätzen (§ 40 Abs. 1 EStG).................	512
127.	Bemessung der Lohnsteuer nach einem festen Pauschsteuersatz (§ 40 Abs. 2 EStG)...................	515

Zu § 40a EStG

128.	Pauschalierung der Lohnsteuer für Teilzeitbeschäftigte.............................	517

Zu § 40b EStG

129.	Pauschalierung der Lohnsteuer bei bestimmten Zukunftssicherungsleistungen................	520

Zu § 42e EStG

147.	Anrufungsauskunft	521

LStR   Einführung

(1) Die Lohnsteuer-Richtlinien 2000 in der geänderten Fassung (LStR 2001) enthalten im Interesse einer einheitlichen Anwendung des Lohnsteuerrechts durch die Finanzbehörden Erläuterungen der Rechtslage, Weisungen zur Auslegung des Einkommensteuergesetzes und seiner Durchführungsverordnungen sowie Weisungen zur Vermeidung unbilliger Härten und zur Verwaltungsvereinfachung.

(2)–(4) ...

Zu § 3 EStG

LStR   9. Abfindungen wegen Auflösung des Dienstverhältnisses[1]
(§ 3 Nr. 9 EStG)

Abfindungszahlung

(1) ¹Abfindungen sind Leistungen, die der Arbeitnehmer als Ausgleich für die mit der Auflösung des Dienstverhältnisses verbundenen Nachteile, insbesondere für den Verlust des Arbeitsplatzes, erhält (sachlicher Zusammenhang). ²Ein zeitlicher Zusammenhang zwischen dem Zufluß der Abfindung und der Beendigung des Dienstverhältnisses ist daneben nicht erforderlich; ein erhebliches zeitliches Auseinanderfallen der beiden Ereignisse kann jedoch den sachlichen Zusammenhang in Frage stellen. ³Nicht zu den Abfindungen gehören andere Bezüge, die lediglich aus Anlaß der Auflösung eines Dienstverhältnisses gezahlt werden. ⁴Es ist unerheblich, auf welcher Rechtsgrundlage die Zahlung der Abfindung beruht; auch Abfindungen, auf die der Arbeitnehmer keinen Anspruch hat, sind unter den in § 3 Nr. 9 EStG aufgeführten Voraussetzungen steuerfrei. ⁵§ 3 Nr. 9 EStG ist auch bei Arbeitnehmern anwendbar, deren Lohn nach § 3 Nr. 39 EStG steuerfrei ist oder nach § 40a EStG pauschal versteuert wird.

Auflösung des Dienstverhältnisses

(2) ¹Die Auflösung ist vom Arbeitgeber veranlaßt, wenn dieser die entscheidenden Ursachen für die Auflösung gesetzt hat. ²⁻³ ...

(3) u. (4) ...

Hinweise   LStH   H 9.

Abfindung in Teilbeträgen
Nach § 3 Nr. 9 EStG steuerfreie Abfindungen können in einer Summe, in Teilbeträgen oder in fortlaufenden Beträgen ausgezahlt werden (> BFH vom 11. 1. 1980 – BStBl II S. 205).

Anm. d. Schriftl.:

[1] Steuervergünstigungen für Entlassungsabfindungen wurden ab 1999 erheblich eingeschränkt (Kürzung der Freibeträge um ein Drittel auf 16 000/20 000/24 000 DM).
Übergangsregelung
Für Ablösungs- und Abfindungsverträge, die vor dem 1. 1. 1999 abgeschlossen worden sind, gilt § 3 Nr. 9 EStG in seiner bisherigen Fassung weiter, soweit die Abfindung dem Arbeitnehmer vor dem 1. 4. 1999 zufließt. Durch die Formulierung „soweit" ist klargestellt, daß bei Abfindungszahlung in Raten die Altregelung auf die bis zum 31. 3. 1999 zufließenden Teilbeträge der Abfindung anzuwenden ist. Für Abfindungsteile, die nach dem 31. 3. 1999 zufließen, ist § 3 Nr. 9 EStG in der Neufassung anzuwenden.

Zu § 3 EStG

Abgeltung vertraglicher Ansprüche
Keine Abfindungen sind Zahlungen zur Abgeltung vertraglicher Ansprüche, die der Arbeitnehmer aus dem Dienstverhältnis bis zum Zeitpunkt der Auflösung erlangt hat (> BFH vom 17. 5. 1977 – BStBl II S. 735, vom 13. 10. 1978 – BStBl 1979 II S. 155 und vom 24. 4. 1991 – BStBl II S. 723). Dies gilt auch, wenn der Arbeitnehmer für den Abgeltungszeitraum von der Arbeit freigestellt worden ist (> BFH vom 27. 4. 1994 – BStBl II S. 653). Zahlungen, mit denen entgangene Verdienstmöglichkeiten für die Zeit nach Beendigung des Dienstverhältnisses abgegolten werden, sind hingegen in der Regel Abfindungen (> BFH vom 13. 10. 1978 – a. a. O.).

Antrittsprämien des neuen Arbeitgebers
Zuwendungen, die bei einem Wechsel des Dienstverhältnisses vom neuen Arbeitgeber erbracht werden, sind keine Abfindung (> BFH vom 16. 12. 1992 – BStBl 1993 II S. 447).
...

Tarifbegünstigung nach § 34 Abs. 1 EStG
Zu den Voraussetzungen > BMF vom 18. 12. 1998 – BStBl I S. 1512
Zur Aufteilung des Arbeitnehmer-Pauschbetrags > BFH vom 29. 10. 1998 (BStBl 1999 II S. 588).
...

Vorruhestandsleistungen
Zu den Abfindungen gehören auch Vorruhestandsleistungen (> BFH vom 11. 1. 1980 – BStBl II S. 205), insbesondere das Vorruhestandsgeld nach dem Vorruhestandsgesetz und Übergangsgelder, die auf Grund tarifvertraglicher Regelungen an Angestellte des öffentlichen Dienstes gezahlt werden (> BFH vom 18. 9. 1991 – BStBl 1992 II S. 34).

LStR 11. Beihilfen und Unterstützungen, die wegen Hilfsbedürftigkeit gewährt werden (§ 3 Nr. 11 EStG)

Beihilfen und Unterstützungen aus öffentlichen Mitteln

(1) Steuerfrei sind
1. Beihilfen in Krankheits-, Geburts- und Todesfällen nach den Beihilfevorschriften des Bundes und der Länder sowie Unterstützungen in besonderen Notfällen, die aus öffentlichen Kassen gezahlt werden;
...

Unterstützungen und Erholungsbeihilfen an Arbeitnehmer im privaten Dienst

(2) [1]Unterstützungen, die von privaten Arbeitgebern an einzelne Arbeitnehmer gezahlt werden, sind steuerfrei, wenn die Unterstützungen dem Anlaß nach gerechtfertigt sind, z. B. in Krankheits- und Unglücksfällen. [2]Voraussetzung für die Steuerfreiheit ist, daß die Unterstützungen
1. aus einer mit eigenen Mitteln des Arbeitgebers geschaffenen, aber von ihm unabhängigen und mit ausreichender Selbständigkeit ausgestatteten Einrichtung, z. B. Unterstützungskasse oder Hilfskasse für Fälle der Not und Arbeitslosigkeit, gewährt werden. [2]...
2. aus Beträgen gezahlt werden, die der Arbeitgeber dem Betriebsrat oder sonstigen Vertretern der Arbeitnehmer zu dem Zweck überweist, aus diesen Beträgen Unterstützungen an die Arbeitnehmer ohne maßgebenden Einfluß des Arbeitgebers zu gewähren;
3. vom Arbeitgeber selbst erst nach Anhörung des Betriebsrats oder sonstiger Vertreter der Arbeitnehmer gewährt oder nach einheitlichen Grundsätzen bewilligt werden, denen der Betriebsrat oder sonstige Vertreter der Arbeitnehmer zugestimmt haben.

³Die Voraussetzungen der Nummern 1 bis 3 brauchen nicht vorzuliegen, wenn der Betrieb weniger als fünf Arbeitnehmer beschäftigt. ⁴Die Unterstützungen sind bis zu einem Betrag von 1 000 DM je Kalenderjahr steuerfrei. ⁵Der 1 000 DM übersteigende Betrag gehört nur dann nicht zum steuerpflichtigen Arbeitslohn, wenn er aus Anlaß eines besonderen Notfalls gewährt wird. ⁶Bei der Beurteilung, ob ein solcher Notfall vorliegt, sind auch die Einkommensverhältnisse und der Familienstand des Arbeitnehmers zu berücksichtigen. ⁷...

▶ **Hinweise   LStH   H 11.**

...

Erholungsbeihilfen und andere Beihilfen

gehören grundsätzlich zum steuerpflichtigen Arbeitslohn, soweit sie nicht ausnahmsweise als Unterstützungen anzuerkennen sind (> BFH vom 14. 1. 1954 – BStBl III S. 86, vom 4. 2. 1954 – BStBl III S. 111, vom 5. 7. 1957 – BStBl III S. 279 und vom 18. 3. 1960 – BStBl III S. 237).

...

LStR   15. Heiratsbeihilfen und Geburtsbeihilfen (§ 3 Nr. 15 EStG)

¹Heirats- und Geburtsbeihilfen sind einmalige oder laufende Zuwendungen in Geld oder Geldeswert. ²Bezieht ein Arbeitnehmer aus mehreren Dienstverhältnissen je eine Heirats- oder Geburtsbeihilfe, so kann er den Freibetrag für jede der Beihilfen in Anspruch nehmen. ³Erhalten Eltern, die beide Arbeitslohn beziehen, beide eine Beihilfe, so steht der Freibetrag jedem Elternteil zu, auch wenn sie bei demselben Arbeitgeber beschäftigt sind. ⁴Bei Mehrlingsgeburten bleibt die Geburtsbeihilfe steuerfrei, soweit sie 700 DM je Kind nicht übersteigt.

▶ **Hinweise   LStH   H 15.**

Gehaltserhöhung

ist keine Heirats- oder Geburtsbeihilfe (> BFH vom 18. 1. 1957 – BStBl III S. 88).

Zeitliche Beschränkung

Eine Heirats- oder Geburtsbeihilfe ist bis zum Gesamtbetrag von 700 DM steuerfrei, wenn sie innerhalb von drei Monaten vor oder nach der Eheschließung oder Geburt gegeben wird (> BFH vom 18. 1. 1957 – BStBl III S. 88).

...

LStR   17. Aufwandsentschädigungen für nebenberufliche Tätigkeiten (§ 3 Nr. 26 EStG)

Begünstigte Tätigkeiten

(1) ¹Die Tätigkeiten als Übungsleiter, Ausbilder, Erzieher oder Betreuer haben miteinander gemeinsam, daß sie auf andere Menschen durch persönlichen Kontakt Einfluß nehmen, um auf diese Weise deren geistige und körperliche Fähigkeiten zu entwickeln und zu fördern. ²Gemeinsames Merkmal der Tätigkeiten ist eine pädagogische Ausrichtung. ³Zu den begünstigten Tätigkeiten gehören z. B. die Tätigkeit eines Sporttrainers, eines Chorleiters oder Orchesterdirigenten, die Lehr- und Vortragstätigkeit im Rahmen der allgemeinen Bildung und Ausbildung, z. B. Kurse

und Vorträge an Schulen und Volkshochschulen, Mütterberatung, Erste-Hilfe-Kurse, Schwimm-Unterricht, oder im Rahmen der beruflichen Ausbildung und Fortbildung, nicht dagegen die Ausbildung von Tieren, z. B. von Rennpferden oder Diensthunden. [4]Die Pflege alter, kranker oder behinderter Menschen umfaßt außer der Dauerpflege auch Hilfsdienste bei der häuslichen Betreuung durch ambulante Pflegedienste, z. B. Unterstützung bei der Grund- und Behandlungspflege, bei häuslichen Verrichtungen und Einkäufen, beim Schriftverkehr, bei der Altenhilfe entsprechend § 75 des Bundessozialhilfegesetzes, z. B. Hilfe bei der Wohnungs- und Heimplatzbeschaffung, in Fragen der Inanspruchnahme altersgerechter Dienste, und bei Sofortmaßnahmen gegenüber Schwerkranken und Verunglückten, z. B. durch Rettungssanitäter und Ersthelfer. [5]Eine Tätigkeit, die ihrer Art nach keine übungsleitende, ausbildende, erzieherische, betreuende oder künstlerische Tätigkeit und keine Pflege alter, kranker oder behinderter Menschen ist, ist keine begünstigte Tätigkeit, auch wenn sie die übrigen Voraussetzungen des § 3 Nr. 26 EStG erfüllt, z. B. eine Tätigkeit als Vorstandsmitglied, als Vereinskassierer oder als Gerätewart bei einem Sportverein.

Nebenberuflichkeit

(2) [1]Eine Tätigkeit wird nebenberuflich ausgeübt, wenn sie nicht mehr als ein Drittel der Arbeitszeit eines vergleichbaren Vollzeiterwerbs in Anspruch nimmt. [2]Es können deshalb auch solche Personen nebenberuflich tätig sein, die im steuerrechtlichen Sinne keinen Hauptberuf ausüben, z. B. Hausfrauen, Vermieter, Studenten, Rentner oder Arbeitslose. [3]Übt ein Steuerpflichtiger mehrere verschiedenartige Tätigkeiten im Sinne des § 3 Nr. 26 EStG aus, ist die Nebenberuflichkeit für jede Tätigkeit getrennt zu beurteilen. [4]Mehrere gleichartige Tätigkeiten sind zusammenzufassen, wenn sie sich nach der Verkehrsanschauung als Ausübung eines einheitlichen Hauptberufs darstellen, z. B. Unterricht von jeweils weniger als dem dritten Teil des Pensums einer Vollzeitkraft in mehreren Schulen. [5]Eine Tätigkeit wird nicht nebenberuflich ausgeübt, wenn sie als Teil der Haupttätigkeit anzusehen ist.

Arbeitgeber/Auftraggeber

(3) [1]Der Freibetrag wird nur gewährt, wenn die Tätigkeit im Dienst oder im Auftrag einer der in § 3 Nr. 26 EStG genannten Personen erfolgt. [2]Als juristische Personen des öffentlichen Rechts kommen beispielsweise in Betracht Bund, Länder, Gemeinden, Gemeindeverbände, Industrie- und Handelskammern, Handwerkskammern, Rechtsanwaltskammern, Steuerberaterkammern, Wirtschaftsprüferkammern, Ärztekammern, Universitäten oder die Träger der Sozialversicherung. [3]Zu den Einrichtungen im Sinne des § 5 Abs. 1 Nr. 9 KStG gehören Körperschaften, Personenvereinigungen, Stiftungen und Vermögensmassen, die nach der Satzung oder dem Stiftungsgeschäft und nach der tatsächlichen Geschäftsführung ausschließlich und unmittelbar gemeinnützige, mildtätige oder kirchliche Zwecke verfolgen. [4]Nicht zu den begünstigten Einrichtungen gehören beispielsweise Berufsverbände (Arbeitgeberverband, Gewerkschaft) oder Parteien. [5]Fehlt es an einem begünstigten Auftraggeber/Arbeitgeber, so kann der Steuerfreibetrag nicht in Anspruch genommen werden.

(4) – (6) ...

Gemischte Tätigkeiten

(7) [1]Erzielt der Steuerpflichtige Einnahmen, die teils für eine Tätigkeit, die unter § 3 Nr. 26 EStG fällt, und teils für eine andere Tätigkeit gezahlt werden, so ist lediglich für den entsprechenden Anteil nach § 3 Nr. 26 EStG der Steuerfreibetrag zu gewähren. [2]Die Steuerfreiheit von Bezügen nach anderen Vorschriften, z. B. nach § 3 Nr. 9, 12, 16, 39 EStG, bleibt unberührt; wenn auf bestimmte Bezüge sowohl § 3 Nr. 26 EStG als auch andere Steuerbefreiungsvorschriften anwendbar sind, so sind die Vorschriften in der Reihenfolge anzuwenden, die für den Steuerpflichtigen am günstigsten ist.

Höchstbetrag

(8) ¹Einnahmen aus begünstigten Tätigkeiten im Sinne des § 3 Nr. 26 EStG sind bis zur Höhe von 3 600 DM steuerfrei. ²Es handelt sich hierbei um einen Jahresbetrag. ³Dieser wird auch dann nur einmal gewährt, wenn mehrere begünstigte Tätigkeiten ausgeübt werden. ⁴Er ist nicht zeitanteilig aufzuteilen, wenn die begünstigte Tätigkeit lediglich wenige Monate ausgeübt wird.

Werbungskosten- bzw. Betriebsausgabenabzug

(9) ¹Ein Abzug von Werbungskosten bzw. Betriebsausgaben, die mit den steuerfreien Einnahmen nach § 3 Nr. 26 EStG in einem unmittelbaren wirtschaftlichen Zusammenhang stehen, ist nur dann möglich, wenn die Einnahmen aus der Tätigkeit und gleichzeitig auch die jeweiligen Ausgaben den Freibetrag in Höhe von 3 600 DM übersteigen. ²In Arbeitnehmerfällen ist in jedem Fall der Arbeitnehmer-Pauschbetrag anzusetzen, soweit er nicht bei anderen Dienstverhältnissen verbraucht ist.

Lohnsteuerverfahren

(10) ¹Beim Lohnsteuerabzug ist eine zeitanteilige Aufteilung des steuerfreien Höchstbetrags von 3 600 DM jährlich nicht erforderlich; das gilt auch dann, wenn feststeht, daß das Dienstverhältnis nicht bis zum Ende des Kalenderjahrs besteht. ²⁻³...

▶ **Hinweise**   **LStH**   **H 17.**

...

Begrenzung der Steuerbefreiung
Die Steuerfreiheit ist auch bei Einnahmen aus mehreren nebenberuflichen Tätigkeiten, z. B. Tätigkeit für verschiedene gemeinnützige Organisationen, und bei Zufluß von Einnahmen aus einer in mehreren Jahren ausgeübten Tätigkeit im Sinne des § 3 Nr. 26 EStG in einem Jahr auf einen einmaligen Jahresbetrag von 2 400 DM (ab 2000: 3 600 DM) begrenzt (> BFH vom 23. 6. 1988 – BStBl II S. 890 und vom 15. 2. 1990 – BStBl II S. 686).

Mittelbare Förderung
eines begünstigten Zwecks reicht für eine Steuerfreiheit aus. So dient die Unterrichtung eines geschlossenen Kreises von Pflegeschülern an einem Krankenhaus mittelbar dem Zweck der Gesundheitspflege (> BFH vom 26. 3. 1992 – BStBl 1993 II S. 20).

Nebenberuflichkeit
– Selbst bei dienstrechtlicher Verpflichtung zur Übernahme einer Tätigkeit im Nebenamt unter Fortfall von Weisungs- und Kontrollrechten des Arbeitgebers kann Nebenberuflichkeit vorliegen (> BFH vom 29. 1. 1987 – BStBl II S. 783).
– Zum zeitlichen Umfang > BFH vom 30. 3. 1990 (BStBl II S. 854)

Prüfer
Die Tätigkeit als Prüfer bei einer Prüfung, die zu Beginn, im Verlaufe oder als Abschluß einer Ausbildung abgenommen wird, ist mit der Tätigkeit eines Ausbilders vergleichbar (> BFH vom 23. 6. 1988 – BStBl II S. 890).

Rundfunkessays
Die Tätigkeit als Verfasser und Vortragender von Rundfunkessays ist nicht nach § 3 Nr. 26 EStG begünstigt (> BFH vom 17. 10. 1991 – BStBl 1992 II S. 176).

LStR 19. Werkzeuggeld (§ 3 Nr. 30 EStG)

¹Die Steuerbefreiung beschränkt sich auf die Erstattung der Aufwendungen, die dem Arbeitnehmer durch die betriebliche Benutzung eigener Werkzeuge entstehen. ²Als Werkzeuge sind allgemein nur Handwerkzeuge anzusehen, die zur leichteren Handhabung, zur Herstellung oder zur Bearbeitung eines Gegenstands verwendet werden; Musikinstrumente und deren Einzelteile gehören ebenso wie Schreibmaschinen und Personalcomputer o. ä. nicht dazu. ³Eine betriebliche Benutzung der Werkzeuge liegt auch dann vor, wenn die Werkzeuge im Rahmen des Dienstverhältnisses außerhalb einer Betriebsstätte des Arbeitgebers eingesetzt werden, z. B. auf einer Baustelle. ⁴Ohne Einzelnachweis der tatsächlichen Aufwendungen sind pauschale Entschädigungen steuerfrei, soweit sie

1. die regelmäßigen Absetzungen für Abnutzung der Werkzeuge,
2. die üblichen Betriebs-, Instandhaltungs- und Instandsetzungskosten der Werkzeuge sowie
3. die Kosten der Beförderung der Werkzeuge zwischen Wohnung und Einsatzstelle

abgelten. ⁵Soweit Entschädigungen für Zeitaufwand des Arbeitnehmers gezahlt werden, z. B. für die ihm obliegende Reinigung und Wartung der Werkzeuge, gehören sie zum steuerpflichtigen Arbeitslohn.

Hinweise LStH H 19.

Musikinstrumente

sind keine Werkzeuge (> BFH vom 21. 8. 1995 – BStBl II S. 906)

LStR 20. Überlassung typischer Berufskleidung (§ 3 Nr. 31 EStG)

(1) ¹⁻² . . . ³Zur typischen Berufskleidung gehören Kleidungsstücke, die

1. als Arbeitsschutzkleidung auf die jeweils ausgeübte Berufstätigkeit zugeschnitten sind oder
2. nach ihrer z. B. uniformartigen Beschaffenheit oder dauerhaft angebrachten Kennzeichnung durch Firmenemblem objektiv eine berufliche Funktion erfüllen,

wenn ihre private Nutzung so gut wie ausgeschlossen ist. ⁴Normale Schuhe und Unterwäsche sind z. B. keine typische Berufskleidung.

(2) . . .

Hinweise LStH H 20.

Abgrenzung zwischen typischer Berufskleidung und bürgerlicher Kleidung

> BFH vom 18. 4. 1991 (BStBl II S. 751).

Lodenmantel

ist keine typische Berufskleidung (> BFH vom 19. 1. 1996 – BStBl II S. 202).

LStR **21. Sammelbeförderung von Arbeitnehmern zwischen Wohnung und Arbeitsstätte (§ 3 Nr. 32 EStG)** [1][2]

Die Notwendigkeit einer Sammelbeförderung ist z. B. in den Fällen anzunehmen, in denen

1. die Beförderung mit öffentlichen Verkehrsmitteln nicht oder nur mit unverhältnismäßig hohem Zeitaufwand durchgeführt werden könnte,
2. die Arbeitnehmer an ständig wechselnden Tätigkeitsstätten oder verschiedenen Stellen eines weiträumigen Arbeitsgebiets eingesetzt werden oder
3. der Arbeitsablauf eine gleichzeitige Arbeitsaufnahme der beförderten Arbeitnehmer erfordert.

> **Hinweise** **LStH** **H 21.**

...

LStR **21a. Unterbringung und Betreuung von nicht schulpflichtigen Kindern (§ 3 Nr. 33 EStG)**

(1) [1]... [2]Leistungen für die Vermittlung einer Unterbringungs- und Betreuungsmöglichkeit durch Dritte sind nicht steuerfrei. [3]Zuwendungen des Arbeitgebers an einen Kindergarten oder vergleichbare Einrichtung, durch die er für die Kinder seiner Arbeitnehmer ein Belegungsrecht ohne Bewerbungsverfahren und Wartezeit erwirbt, sind den Arbeitnehmern nicht als geldwerter Vorteil zuzurechnen.

(2) [1]Es ist gleichgültig, ob die Unterbringung und Betreuung in betrieblichen oder außerbetrieblichen Kindergärten erfolgt. [2]Vergleichbare Einrichtungen sind z. B. Schulkindergärten, Kindertagesstätten, Kinderkrippen, Tagesmütter, Wochenmütter und Ganztagspflegestellen. [3]Die Einrichtung muß gleichzeitig zur Unterbringung und Betreuung von Kindern geeignet sein. [4]Die alleinige Betreuung im Haushalt, z. B. durch Kinderpflegerinnen, Hausgehilfinnen oder Familienangehörige, genügt nicht. [5]Soweit Arbeitgeberleistungen auch den Unterricht eines Kindes ermöglichen, sind sie nicht steuerfrei. [6]Das gleiche gilt für Leistungen, die nicht unmittelbar der Betreuung eines Kindes dienen, z. B. die Beförderung zwischen Wohnung und Kindergarten.

(3) ...

(4) [1]Sachleistungen an den Arbeitnehmer, die über den nach § 3 Nr. 33 EStG steuerfreien Bereich hinausgehen, sind regelmäßig mit dem Wert nach § 8 Abs. 2 Satz 1 EStG dem Arbeitslohn hinzuzurechnen. [2]Barzuwendungen an den Arbeitnehmer sind nur steuerfrei, soweit der Arbeitnehmer dem Arbeitgeber die zweckentsprechende Verwendung nachgewiesen hat. [3]Der Arbeitgeber hat die Nachweise im Original als Belege zum Lohnkonto aufzubewahren.

Anm. d. Schriftl.:

[1] Zur umsatzsteuerlichen Behandlung der Sammelbeförderung hat der BFH mit Urteil vom 10. 6. 1999 – BStBl 1999 II S. 582 ausgeführt, daß die lohnsteuerlichen Grundsätze des § 3 Nr. 32 EStG entsprechend anzuwenden sind.

[2] Der steuerfreie Sachbezug mindert die neue Entfernungspauschale für die Wege zwischen Wohnung und Arbeitsstätte nicht (§ 9 Abs. 1 Satz 3 Nr. 4 Satz 5 EStG).

Zu § 3 EStG

> **Hinweise   LStH   H 21a.**
> ...

LStR   21b. Fahrtkostenzuschüsse (§ 3 Nr. 34 EStG)

(1) Steuerfrei sind zusätzlich zum ohnehin geschuldeten Arbeitslohn erbrachte Zuschüsse des Arbeitgebers zu Aufwendungen des Arbeitnehmers für Fahrten zwischen Wohnung und Arbeitsstätte unter folgenden Voraussetzungen:

1. ¹Die Aufwendungen des Arbeitnehmers müssen für den Erwerb einer Fahrberechtigung auf öffentlichen Verkehrsmitteln im Linienverkehr bestimmt sein. ²Aufwendungen für die Benutzung von privaten Verkehrsmitteln oder Taxis sind nicht begünstigt.

2. ¹Die Fahrberechtigung muß mindestens für einen Teil der Strecke zwischen Wohnung und Arbeitsstätte gelten. ²Eine weitergehende Fahrberechtigung ist unbeachtlich, wenn deren Wert von verhältnismäßig geringer Bedeutung ist. ³Dasselbe gilt für andere Vorteile, die etwa mit der Fahrberechtigung verbunden sind.

3. ¹Auf den Umfang der tatsächlichen Nutzung der Fahrberechtigung zu Fahrten des Arbeitnehmers zwischen Wohnung und Arbeitsstätte kommt es nicht an; R 42 bleibt unberührt. ²Eine private Nutzung der Fahrberechtigung durch den Arbeitnehmer oder seine Familienangehörigen ist unbeachtlich, wenn deren Umfang von verhältnismäßig geringer Bedeutung ist. ³...

4. ...

(2) ¹Steuerfrei ist auch die unentgeltliche oder verbilligte Überlassung einer Fahrberechtigung auf öffentlichen Verkehrsmitteln im Linienverkehr durch den Arbeitgeber, soweit diese Leistung zusätzlich zum ohnehin geschuldeten Arbeitslohn erbracht wird. ²Absatz 1 Nr. 2 und 3 gilt sinngemäß. **❶**

(3) ¹Zum Nachweis der Voraussetzungen im Sinne des Absatzes 1 Nr. 1 und 4 sind dem Arbeitgeber die benutzten Fahrausweise oder eine Erklärung des Arbeitnehmers vorzulegen, wonach für Fahrten zwischen Wohnung und Arbeitsstätte mit einem öffentlichen Verkehrsmittel im Linienverkehr Aufwand entsteht, der ebenso hoch oder höher ist als der vom Arbeitgeber gewährte Zuschuß. ²Aus Vereinfachungsgründen sind die Voraussetzungen im Sinne des Absatzes 1 Nr. 2 und 3 als erfüllt anzusehen, wenn nicht das Gegenteil offensichtlich ist. ³Der Arbeitnehmer hat dem Arbeitgeber jeden Umstand anzuzeigen, der die Steuerfreiheit des Fahrtkostenzuschusses oder der überlassenen Fahrberechtigung beeinträchtigt. ⁴Der Arbeitgeber hat die ihm vorgelegten Fahrausweise, Erklärungen und Anzeigen als Belege zum Lohnkonto aufzubewahren.

> **Hinweise   LStH   H 21b.**
> ...

Pauschalierung der Lohnsteuer

bei **steuerpflichtigen Fahrtkostenzuschüssen** *und bei der Überlassung eines Kraftwagens zu* **Fahrten zwischen Wohnung und Arbeitsstätte** *> § 40 Abs. 2 Satz 2 EStG, R 127 Abs. 5.*

...

Anm. d. Schriftl.:

❶ Der steuerfreie Sachbezug bei unentgeltlichen oder verbilligten Job-Tickets und bei Freifahrten der Arbeitnehmer von Verkehrsunternehmen mindert die neue Entfernungspauschale.

LStR **21c. Zusätzlich zum ohnehin geschuldeten Arbeitslohn erbrachte Arbeitgeberleistungen**

¹Die Zusätzlichkeitsvoraussetzung erfordert, daß die zweckbestimmte Leistung zu dem Arbeitslohn hinzukommt, den der Arbeitgeber schuldet, wenn die maßgebende Zweckbestimmung nicht getroffen wird. ²Eine zweckgebundene Leistung wird nur dann zusätzlich zu dem ohnehin geschuldeten Arbeitslohn erbracht, wenn der Arbeitnehmer die Leistung ohne Zweckbindung nicht erhalten würde. ³Entscheidend ist also, daß nur derjenige Arbeitnehmer die Leistung erhalten, der sie zu dem begünstigten Zweck verwendet. ⁴Wird eine zweckbestimmte Leistung unter Anrechnung auf den vereinbarten Arbeitslohn oder durch Umwandlung (Umwidmung) des vereinbarten Arbeitslohns gewährt, liegt keine zusätzliche Leistung vor; der vereinbarte Arbeitslohn bleibt unverändert. ⁵Dies gilt selbst dann, wenn die Umwandlung auf Grund einer tarifvertraglichen Öffnungsklausel erfolgt. ⁶Eine zusätzliche Leistung liegt auch dann nicht vor, wenn sie unter Anrechnung auf eine freiwillige Sonderzahlung, z. B. Weihnachtsgeld, erbracht wird. ⁷Es ist unerheblich, ob die zusätzliche Leistung ihrerseits vom Arbeitgeber geschuldet oder freiwillig gewährt wird. ⁸Ebenso ist es unschädlich, wenn der Arbeitgeber verschiedene zweckgebundene Leistungen zur Auswahl anbietet.

▶ **Hinweise** **LStH** **H 21c.**
...

LStR **21d. Arbeitslohn für geringfügige Beschäftigungsverhältnisse**

(1) ¹Der Arbeitslohn aus einem geringfügigen Beschäftigungsverhältnis ist steuerfrei, wenn der Arbeitgeber für den jeweiligen Lohnzahlungszeitraum einen pauschalen Arbeitgeberbeitrag zur Rentenversicherung in Höhe von 12 v. H. des Arbeitsentgelts zu entrichten hat und die Summe der anderen Einkünfte des Arbeitnehmers nicht positiv ist. ²Maßgeblich ist der Einkünftebegriff des § 2 Abs. 1 EStG. ³Hierzu gehören auch Einkünfte aus weiteren oder ehemaligen Beschäftigungsverhältnissen, Zinseinnahmen, soweit sie die Werbungskosten und den Sparer-Freibetrag übersteigen, der Ertragsanteil bei Renten nach Abzug der Werbungskosten sowie Unterhaltszahlungen des geschiedenen Ehegatten, soweit dieser hierfür den Sonderausgabenabzug in Anspruch nehmen kann. ⁴Es kommt nicht darauf an, ob auf die weiteren Einkünfte tatsächlich Steuern zu entrichten sind. ⁵Steuerfreie Einnahmen (z. B. nach § 3 Nr. 26 EStG) und pauschalbesteuerter Arbeitslohn bleiben außer Ansatz. ⁶Einkünfte des Ehegatten sind nicht zu berücksichtigen.

(2) ¹Die Steuerfreiheit im Lohnsteuerabzugsverfahren setzt neben der Pflicht zur Entrichtung des pauschalen Arbeitgeberbeitrags zur Rentenversicherung die Vorlage einer Freistellungsbescheinigung ... durch den Arbeitnehmer voraus. ²Die Steuerfreiheit kann auch noch im Veranlagungsverfahren beantragt werden (> § 46 Abs. 2 Nr. 8 EStG).

▶ **Hinweise** **LStH** **H 21d.**
...

LStR **22. Durchlaufende Gelder, Auslagenersatz (§ 3 Nr. 50 EStG)**

(1) ¹Durchlaufende Gelder oder Auslagenersatz liegen vor, wenn
1. der Arbeitnehmer die Ausgaben für Rechnung des Arbeitgebers macht, ...

Zu § 3 EStG **Lohnsteuer 434**

2. über die Ausgaben im einzelnen abgerechnet wird.
²Dabei sind die Ausgaben des Arbeitnehmers bei ihm so zu beurteilen, wie wenn der Arbeitgeber selber sie getätigt hätte. ³...

(2) ¹Pauschaler Auslagenersatz führt regelmäßig zu Arbeitslohn. ²Ausnahmsweise kann pauschaler Auslagenersatz steuerfrei bleiben, wenn er regelmäßig wiederkehrt und der Arbeitnehmer die entstandenen Aufwendungen für einen Zeitraum von 12 Monaten im einzelnen nachweist. ³Der pauschale Auslagenersatz bleibt grundsätzlich so lange steuerfrei, bis sich die Verhältnisse wesentlich ändern.

▶ **Hinweise** **LStH** **H 22.**

Allgemeines
– *Nicht nach § 3 Nr. 50 EStG steuerfrei*
   Ersatz von Werbungskosten
   Ersatz von Kosten der privaten Lebensführung des Arbeitnehmers
– *Steuerfrei* ist z. B. der Ersatz von Gebühren für ein geschäftliches > Telefongespräch, das der Arbeitnehmer für den Arbeitgeber außerhalb des Betriebs führt.

Pauschaler Auslagenersatz
führt regelmäßig zu Arbeitslohn (> BFH vom 10. 6. 1966 – BStBl III S. 607).
Ausnahmsweise kann pauschaler Auslagenersatz steuerfrei bleiben, wenn er regelmäßig wiederkehrt und die pauschale Abgeltung im großen und ganzen den tatsächlichen Aufwendungen entspricht (> BFH vom 21. 8. 1995 – BStBl II S. 906).

Telefongespräche
in der Wohnung und vom Mobiltelefon des Arbeitnehmers > BMF vom 11. 6. 1990 (BStBl I S. 290) und vom 14. 10. 1993 (BStBl I S. 908).

LStR **24. Zukunftssicherungsleistungen❶**
(§ 3 Nr. 62 EStG, § 2 Abs. 2 Nr. 3 LStDV)

Leistungen auf Grund gesetzlicher Verpflichtungen

(1) ¹Zu den nach § 3 Nr. 62 EStG steuerfreien Ausgaben des Arbeitgebers für die Zukunftssicherung des Arbeitnehmers (§ 2 Abs. 2 Nr. 3 Satz 1 und 2 LStDV) gehören insbesondere die Beitragsanteile des Arbeitgebers am Gesamtsozialversicherungsbeitrag (Rentenversicherung, Krankenversicherung, Pflegeversicherung, Arbeitslosenversicherung), Beiträge des Arbeitgebers nach § 172 Abs. 2 SGB VI zu einer berufsständischen Versorgungseinrichtung für Arbeitnehmer, die nach § 6 Abs. 1 Satz 1 Nr. 1 SGB VI von der Versicherungspflicht in der gesetzlichen Rentenversicherung befreit sind, und Beiträge des Arbeitgebers nach § 249b SGB V und den §§ 168 Abs. 1 Nr. 1b, 172 Abs. 3 SGB VI für geringfügig Beschäftigte. ²⁻⁶...

(2) Für Ausgaben des Arbeitgebers zur Kranken- und Pflegeversicherung des Arbeitnehmers gilt folgendes:

Anm. d. Schriftl.:

❶ Zur lohnsteuerrechtlichen Behandlung von freiwilligen Unfallversicherungen der Arbeitnehmer hat das BMF mit Schreiben vom 17. 7. 2000 – BStBl 2000 I S. 1204 Stellung genommen.

1. Die Beitragsteile und Zuschüsse des Arbeitgebers zur Krankenversicherung und zur sozialen oder privaten Pflegeversicherung eines krankenversicherungspflichtigen Arbeitnehmers sind bis zur Hälfte des jeweiligen Beitragssatzes der Kranken- und Pflegekasse steuerfrei, bei der der Arbeitnehmer versichert ist, bei privater Pflegeversicherung höchstens bis zur Hälfte des tatsächlichen Pflegeversicherungsbeitrags.

2. ¹Zuschüsse des Arbeitgebers zur Krankenversicherung und zur sozialen oder privaten Pflegeversicherung eines nicht krankenversicherungspflichtigen Arbeitnehmers, der in der gesetzlichen Krankenversicherung freiwillig versichert ist, sind nach § 3 Nr. 62 EStG steuerfrei, soweit der Arbeitgeber nach § 257 Abs. 1 SGB V und nach § 61 Abs. 1 SGB XI zur Zuschußleistung verpflichtet ist. ²Steuerfrei ist deshalb die Hälfte der Beiträge zur Krankenversicherung und zur sozialen Pflegeversicherung, die für einen krankenversicherungspflichtigen Arbeitnehmer bei der Krankenkasse, bei der die freiwillige Mitgliedschaft besteht, und bei der Pflegekasse, die bei dieser Krankenkasse errichtet ist, zu zahlen wäre, höchstens jedoch die Hälfte der tatsächlichen Kranken- und Pflegeversicherungsbeiträge. ³⁻⁶...

3. ¹Zuschüsse des Arbeitgebers zu den Kranken- und Pflegeversicherungsbeiträgen eines nicht krankenversicherungspflichtigen Arbeitnehmers, der eine private Kranken- und Pflegeversicherung abgeschlossen hat, sind ebenfalls nach § 3 Nr. 62 EStG steuerfrei, soweit der Arbeitgeber nach § 257 Abs. 2 SGB V sowie nach § 61 Abs. 2 SGB XI zur Zuschußleistung verpflichtet ist. ²Der Anspruch auf den Arbeitgeberzuschuß an den bei einem privaten Krankenversicherungsunternehmen versicherten Arbeitnehmer setzt voraus, daß der private Krankenversicherungsschutz Leistungen zum Inhalt hat, die ihrer Art nach auch im Fünften Buch Sozialgesetzbuch bestehen (vgl. § 11 Abs. 1 SGB V). ³⁻¹¹...

Den gesetzlichen Pflichtbeiträgen gleichgestellte Zuschüsse

(3) ¹Nach § 3 Nr. 62 Satz 2 EStG sind den Ausgaben des Arbeitgebers für die Zukunftssicherung des Arbeitnehmers, die auf Grund gesetzlicher Verpflichtung geleistet werden, die Zuschüsse des Arbeitgebers gleichgestellt, die zu den Beiträgen des Arbeitnehmers für eine Lebensversicherung – auch für die mit einer betrieblichen Pensionskasse abgeschlossene Lebensversicherung –, für die freiwillige Versicherung in der gesetzlichen Rentenversicherung oder für eine öffentlich-rechtliche Versicherungs- oder Versorgungseinrichtung der Berufsgruppe geleistet werden, wenn der Arbeitnehmer von der Versicherungspflicht in der gesetzlichen Rentenversicherung nach einer der folgenden Vorschriften auf eigenen Antrag befreit worden ist:

1. § 18 Abs. 3 des Gesetzes über die Erhöhung der Einkommensgrenzen in der Sozialversicherung und der Arbeitslosenversicherung und zur Änderung der Zwölften Verordnung zum Aufbau der Sozialversicherung vom 13. 8. 1952 (BGBl I S. 437),

2.–8. ...

²Zuschüsse des Arbeitgebers im Sinne des § 3 Nr. 62 Satz 2 EStG liegen nicht vor, wenn der Arbeitnehmer kraft Gesetzes in der gesetzlichen Rentenversicherung versicherungsfrei ist. ³...

Höhe der steuerfreien Zuschüsse, Nachweis

(4) ¹Die Steuerfreiheit der Zuschüsse beschränkt sich nach § 3 Nr. 62 Satz 3 EStG im Grundsatz auf den Betrag, den der Arbeitgeber als Arbeitgeberanteil zur gesetzlichen Rentenversicherung aufzuwenden hätte, wenn der Arbeitnehmer nicht von der gesetzlichen Versicherungspflicht befreit worden wäre. ²⁻³...

Zu § 3b EStG

> **Hinweise** **LStH** **H 24.**

Rückzahlung von Beitragsanteilen an den Arbeitgeber
Beitragsanteile am Gesamtsozialversicherungsbeitrag, die der Arbeitgeber ohne gesetzliche Verpflichtung übernommen hat, sind kein Arbeitslohn, wenn sie dem Arbeitgeber zurückgezahlt worden sind und der Arbeitnehmer keine Versicherungsleistungen erhalten hat (> BFH vom 27. 3. 1992 – BStBl II S. 663).

LStR   26. Kaufkraftausgleich (§ 3 Nr. 64 EStG)

(1) ¹Wird einem Arbeitnehmer außerhalb des öffentlichen Dienstes von einem inländischen Arbeitgeber ein Kaufkraftausgleich gewährt, so bleibt er im Rahmen des Absatzes 2 steuerfrei, wenn der Arbeitnehmer aus dienstlichen Gründen in ein Gebiet außerhalb des Inlands entsandt wird und dort für einen begrenzten Zeitraum einen Wohnsitz im Sinne des § 8 AO oder gewöhnlichen Aufenthalt im Sinne des § 9 AO hat. ²Eine Entsendung für einen begrenzten Zeitraum ist anzunehmen, wenn eine Rückkehr des Arbeitnehmers nach Beendigung der Tätigkeit vorgesehen ist. ³Es ist unerheblich, ob der Arbeitnehmer tatsächlich zurückkehrt oder nicht.
(2) ¹Der Umfang der Steuerfreiheit des Kaufkraftausgleichs bestimmt sich nach den Sätzen des Kaufkraftzuschlags zu den Auslandsdienstbezügen im öffentlichen Dienst. ²Die für die einzelnen Länder in Betracht kommenden Kaufkraftzuschläge werden im Bundessteuerblatt Teil I bekanntgemacht. **❶**
(3) – (6) ...

> **Hinweise** **LStH** **H 26.**

...

Zu § 3b EStG

LStR   30. Steuerfreiheit der Zuschläge für Sonntags-, Feiertags- oder Nachtarbeit (§ 3b EStG)

Allgemeines
(1) ...

Grundlohn
(2) ¹Grundlohn ist nach § 3b Abs. 2 EStG der auf eine Arbeitsstunde entfallende Anspruch auf laufenden Arbeitslohn, den der Arbeitnehmer für den jeweiligen Lohnzahlungszeitraum auf Grund seiner regelmäßigen Arbeitszeit erwirbt. ²Im einzelnen gilt folgendes:
1.–2. ...
3. Umrechnung des Grundlohnanspruchs

Anm. d. Schriftl.:

❶ Eine Gesamtübersicht über die Kaufkraftzuschläge ab 1. 1. 1996 – Stand 1. 1. 2000 – enthält das BMF-Schreiben vom 29. 12. 1999 – BStBl 2000 I S. 73; geändert durch BMF-Schreiben vom 28. 3. 2000 – BStBl 2000 I S. 454, vom 30. 6. 2000 – BStBl 2000 I S. 1159, vom 20. 9. 2000 – BStBl 2000 I S. 1250.

¹Basisgrundlohn ... und Grundlohnzusätze ... sind zusammenzurechnen und durch die Zahl der Stunden der regelmäßigen Arbeitszeit im jeweiligen Lohnzahlungszeitraum zu teilen. ²Bei einem monatlichen Lohnzahlungszeitraum ist der Divisor mit dem 4,35fachen der wöchentlichen Arbeitszeit anzusetzen. ³Das Ergebnis ist der Grundlohn, der für die Begrenzung des steuerfreien Anteils der Zuschläge für Sonntags-, Feiertags- und Nachtarbeit maßgebend ist. ⁴Ist keine regelmäßige Arbeitszeit vereinbart, sind der Ermittlung des Grundlohns die im Lohnzahlungszeitraum tatsächlich geleisteten Arbeitsstunden zugrunde zu legen. ⁵...

4. – 5. ...

(3) – (8) ...

▶ Hinweise   LStH   H 30.

Abgrenzung Sonntags-/Feiertagszuschlag – Nachtzuschlag

Beispiel:
Ein Arbeitnehmer beginnt seine Nachtschicht am Sonntag, dem 1. 5. um 22 Uhr und beendet sie am 2. 5. um 7 Uhr.
Für diesen Arbeitnehmer sind Zuschläge zum Grundlohn bis zu folgenden Sätzen steuerfrei:
- 175 v. H. für die Arbeit am 1. 5. in der Zeit von 22 Uhr bis 24 Uhr (25 v. H. für Nachtarbeit und 150 v. H. für Feiertagsarbeit),
- 190 v. H. für die Arbeit am 2. 5. in der Zeit von 0 Uhr bis 4 Uhr (40 v. H. für Nachtarbeit und 150 v. H. für Feiertagsarbeit),
- 25 v. H. für die Arbeit am 2. 5. in der Zeit von 4 Uhr bis 6 Uhr.

Abgrenzung Spätarbeitszuschlag – andere Lohnzuschläge

Beispiel:
Auf Grund tarifvertraglicher Vereinbarung erhält ein Arbeitnehmer für die Arbeit in der Zeit von 18 bis 22 Uhr einen Spätarbeitszuschlag und für die in der Zeit von 19 bis 21 Uhr verrichteten Arbeiten eine Gefahrenzulage. Der für die Zeit von 20 bis 22 Uhr gezahlte Spätarbeitszuschlag ist ein nach § 3b EStG begünstigter Zuschlag für Nachtarbeit. Die Gefahrenzulage wird nicht für die Arbeit zu einer bestimmten Zeit gezahlt und ist deshalb auch insoweit kein Nachtarbeitszuschlag im Sinne des § 3b EStG, als sie für die Arbeit in der Zeit von 20 bis 21 Uhr gezahlt wird.

Aufteilung von Mischzuschlägen
> BFH vom 13. 10. 1989 – BStBl 1991 II S. 8

Bereitschaftsdienste
Zuschläge für Sonntags-, Feiertags- oder Nachtarbeit im Sinne des § 3b EStG sind Lohnzuschläge, die für die Arbeit in den nach § 3b EStG begünstigten Zeiten gezahlt werden (> BFH vom 24. 11. 1989 – BStBl 1990 II S. 315 betr. Zuschläge für ärztliche Bereitschaftsdienste).

Einkünfte aus nichtselbständiger Arbeit
Die Steuerfreiheit nach § 3b EStG setzt voraus, daß die Zuschläge ohne diese Vorschrift den Einkünften aus nichtselbständiger Arbeit zuzurechnen wären (> BFH vom 19. 3. 1997 – BStBl II S. 577).

Grundlohn

Beispiel 1:

Ein Arbeitnehmer in einem Drei-Schicht-Betrieb hat eine tarifvertraglich geregelte Arbeitszeit von 38 Stunden wöchentlich und einen monatlichen Lohnzahlungszeitraum. Er hat Anspruch – soweit es den laufenden Arbeitslohn ohne Sonntags-, Feiertags- oder Nachtarbeitszuschläge angeht – auf

– einen Normallohn von 17,00 DM für jede im Lohnzahlungszeitraum geleistete Arbeitsstunde,
– einen Schichtzuschlag von 0,50 DM je Arbeitsstunde,
– einen Zuschlag für Samstagsarbeit von 1,00 DM für jede Samstagsarbeitsstunde,
– einen Spätarbeitszuschlag von 1,70 DM für jede Arbeitsstunde zwischen 18.00 Uhr und 20.00 Uhr,
– einen Überstundenzuschlag von 5,00 DM je Überstunde,
– eine Gefahrenzulage für unregelmäßig anfallende gefährliche Arbeiten von 3,00 DM je Stunde,
– einen steuerpflichtigen, aber nicht pauschal versteuerten Fahrtkostenzuschuß von 6,00 DM je Arbeitstag,
– eine vermögenswirksame Leistung von 78,00 DM monatlich,
– Beiträge des Arbeitgebers zu einer Direktversicherung von 100,00 DM monatlich.

Im Juni hat der Arbeitnehmer infolge Urlaubs nur an 10 Tagen insgesamt 80 Stunden gearbeitet. In diesen 80 Stunden sind enthalten:

– Regelmäßige Arbeitsstunden	76
– Überstunden insgesamt	4
– Samstagsstunden insgesamt	12
– Überstunden an Samstagen	2
– Spätarbeitsstunden insgesamt	16
– Überstunden mit Spätarbeit	2
– Stunden mit gefährlichen Arbeiten insgesamt	5
– Überstunden mit gefährlichen Arbeiten	1

Hiernach betragen

a) der Basisgrundlohn

17,00 DM Stundenlohn × 38 Stunden × 4,35	2 810,10 DM
0,50 DM Schichtzuschlag × 38 Stunden × 4,35	82,65 DM
Vermögenswirksame Leistungen	78,00 DM
Beiträge zur Direktversicherung	100,00 DM
insgesamt	3 070,75 DM

b) die Grundlohnzusätze

1,00 DM Samstagsarbeitszuschlag × 10 Stunden	10,00 DM
1,70 DM Spätarbeitszuschlag × 14 Stunden	23,80 DM
3,00 DM Gefahrenzulage × 4 Stunden	12,00 DM
6,00 DM Fahrtkostenzuschuß × 10 Arbeitstage	60,00 DM
insgesamt	105,80 DM

c) der Grundlohn des Lohnzahlungszeitraums insgesamt   3 176,55 DM

d) der für die Begrenzung des steuerfreien Anteils

    der begünstigten Lohnzuschläge maßgebende Grundlohn

$$\frac{3\,176{,}55\ DM}{38\ \text{Stunden} \times 4{,}35} = \underline{\underline{19{,}21\ DM}}$$

Beispiel 2:

Bei einem Arbeitnehmer mit tarifvertraglich geregelter Arbeitszeit von 37,5 Stunden wöchentlich und einem monatlichen Lohnzahlungszeitraum, dessen Sonntags-, Feiertags- und Nachtarbeitszuschläge sowie nicht im voraus feststehende Bezüge sich nach den Verhältnissen des Vormonats bemessen, betragen für den Lohnzahlungszeitraum März

– der Basisgrundlohn   3 277,27 DM

– die Grundlohnzusätze
(bemessen nach den Verhältnissen im Monat Februar)   280,72 DM
Im Februar betrug der Basisgrundlohn   2 936,16 DM.

Für die Ermittlung des steuerfreien Anteils der Zuschläge für Sonntags-, Feiertags- oder Nachtarbeit, die dem Arbeitnehmer auf Grund der im Februar geleisteten Arbeit für den Lohnzahlungszeitraum März zustehen, ist von einem Grundlohn auszugehen, der sich aus

– dem Basisgrundlohn des Lohnzahlungszeitraums
Februar (R 30 Abs. 2 Nr. 2 Buchst. a Satz 2) von   2 936,16 DM

– und den Grundlohnzusätzen des Lohnzahlungszeitraums März (bemessen nach den Verhältnissen im Februar)   280,72 DM

zusammensetzt.

Der für die Berechnung des steuerfreien Anteils der begünstigten Lohnzuschläge maßgebende Grundlohn beträgt

also $\dfrac{2\,936{,}16\ DM + 280{,}72\ DM}{37{,}5 \times 4{,}35} = \underline{\underline{19{,}72\ DM}}$

Tatsächliche Arbeitsleistung

Soweit Zuschläge gezahlt werden, ohne daß der Arbeitnehmer in der begünstigten Zeit gearbeitet hat, z. B. bei Lohnfortzahlung im Krankheits- oder Urlaubsfall oder bei Lohnfortzahlung an von der betrieblichen Tätigkeit freigestellte Betriebsratsmitglieder, sind sie steuerpflichtig (> BFH vom 3. 5. 1974 – BStBl II S. 646 und vom 26. 10. 1984 – BStBl 1985 II S. 57).

Verrechnung pauschaler Zuschläge

> BFH vom 28. 11. 1990 (BStBl 1991 II S. 293) und vom 23. 10. 1992 (BStBl 1993 II S. 314).

Zuschlag zum Grundlohn

Ein Zuschlag wird nicht neben dem Grundlohn gezahlt, wenn er aus dem arbeitsrechtlich geschuldeten Arbeitslohn rechnerisch ermittelt wird, selbst wenn im Hinblick auf eine ungünstig liegende Arbeitszeit ein höherer Arbeitslohn gezahlt werden sollte (> BFH vom 28. 11. 1990 – BStBl 1991 II S. 296); infolgedessen dürfen auch aus einer Umsatzbeteiligung keine Zuschläge abgespalten und nach § 3b EStG steuerfrei gelassen werden.

Zu § 8 EStG

LStR 31. Bewertung der Sachbezüge (§ 8 Abs. 2 EStG)

Allgemeines◼

(1) ¹Fließt dem Arbeitnehmer Arbeitslohn in Form von Sachbezügen zu, so sind diese ebenso wie Barlohnzahlungen entweder dem laufenden Arbeitslohn oder den sonstigen Bezügen zuzuordnen... ²⁻³... ⁴Der Geldwert ist entweder durch Einzelbewertung zu ermitteln (Absatz 2) oder mit einem amtlichen Sachbezugswert anzusetzen (Absatz 4). ⁵... ⁶Die Auszahlung von Arbeitslohn in Fremdwährung ist kein Sachbezug.

Einzelbewertung von Sachbezügen

(2) ¹Sachbezüge, für die keine amtlichen Sachbezugswerte (Absatz 4) festgesetzt sind und die nicht nach § 8 Abs. 2 Satz 2 bis 5 EStG (> Absatz 9 und 10) oder § 8 Abs. 3 EStG (R 32) zu bewerten sind, sind nach § 8 Abs. 2 Satz 1 EStG mit den um übliche Preisnachlässe geminderten üblichen Endpreisen am Abgabeort im Zeitpunkt der Abgabe anzusetzen. ²Das ist der Preis, der im allgemeinen Geschäftsverkehr von Letztverbrauchern in der Mehrzahl der Verkaufsfälle am Abgabeort für gleichartige Waren oder Dienstleistungen tatsächlich gezahlt wird. ³Er schließt die Umsatzsteuer und sonstige Preisbestandteile ein. ⁴Bietet der Arbeitgeber die zu bewertende Ware oder Dienstleistung unter vergleichbaren Bedingungen in nicht unerheblichem Umfang fremden Letztverbrauchern zu einem niedrigeren als dem üblichen Preis an, ist dieser Preis anzusetzen. ⁵⁻⁸... ⁹Erhält der Arbeitnehmer eine Ware oder Dienstleistung, die nach § 8 Abs. 2 Satz 1 EStG zu bewerten ist, so kann sie aus Vereinfachungsgründen mit 96 v. H. des Endpreises (R 32 Abs. 2) bewertet werden, zu dem sie der Abgebende oder dessen Abnehmer fremden Letztverbrauchern im allgemeinen Geschäftsverkehr anbietet.

50-DM-Freigrenze

(3) ¹Bei der Prüfung der 50-DM-Freigrenze bleiben die nach § 8 Abs. 2 Satz 1 EStG zu bewertenden Vorteile, die nach § 40 EStG pauschal versteuert werden, außer Ansatz. ²Auf Zukunftssicherungsleistungen des Arbeitgebers im Sinne des § 2 Abs. 2 Nr. 3 LStDV, die auch vorliegen, wenn der Arbeitgeber als Versicherungsnehmer dem Arbeitnehmer Versicherungsschutz verschafft, ist die Freigrenze nicht anwendbar.

Amtliche Sachbezugswerte

(4) ¹Amtliche Sachbezugswerte werden durch die Sachbezugsverordnung, durch Absatz 11 Satz 3, die Bekanntmachung des Werts der Beköstigung in der Seeschiffahrt und Fischerei oder durch Erlasse der obersten Landesfinanzbehörden nach § 8 Abs. 2 Satz 8 EStG festgesetzt. ²Die amtlichen Sachbezugswerte sind, soweit nicht die Vorschriften des § 8 Abs. 3 EStG anzuwenden sind, ausnahmslos für die Sachbezüge maßgebend, für die sie bestimmt sind. ³⁻⁴...

Anm. d. Schriftl.:

◼ Die private Mitbenutzung betrieblicher Telefone und Personalcomputer am Arbeitsplatz oder in der Wohnung des Arbeitnehmers ist rückwirkend ab dem 1. 1. 2000 steuerfrei (§ 3 Nr. 45 EStG).

Einfügung d. Schriftl.:
Monatliche Sachbezugswerte für 2001

Art des Sachbezugs	Bundesländer	
	alt	neu
	DM	DM
Freie Unterkunft	359,–	290,–
Wohnung	Ortsübliche Miete	
Verpflegung (insgesamt)	370,40	370,40
– Frühstück	81,–	81,–
– Mittagessen	144,70	144,70
– Abendessen	144,70	144,70
Kantinenmahlzeiten; Tageswert bei pauschaler Besteuerung		
– Frühstück	2,70	2,70
– Mittag- oder Abendessen	4,82	4,82

▶ **Hinweise LStH H 31 (1–4).**

50-DM-Freigrenze

– Für die Feststellung, ob die Freigrenze des § 8 Abs. 2 Satz 9 EStG überschritten wird, sind die in einem Kalendermonat zufließenden und nach § 8 Abs. 2 Satz 1 EStG zu bewertenden Vorteile – auch soweit hierfür Lohnsteuer nach § 39b Abs. 2 und 3 EStG einbehalten wird – zusammenzurechnen. Außer Ansatz bleiben Vorteile, die nach § 8 Abs. 2 Satz 2 bis 8 oder Abs. 3 EStG oder nach § 19a EStG zu bewerten sind, sowie Zinsvorteile im Sinne des Absatzes 11 (> BMF vom 9. 7. 1997 – BStBl I S. 735).

– Zu den Aufzeichnungserleichterungen für Sachbezüge im Sinne des § 8 Abs. 2 Satz 9 EStG > § 4 Abs. 3 Satz 2 LStDV.

...

Geltung der Sachbezugswerte

– Die Sachbezugswerte nach der Sachbezugsverordnung gelten nach § 8 Abs. 2 Satz 7 EStG auch für Arbeitnehmer, die nicht der gesetzlichen Rentenversicherungspflicht unterliegen, es sei denn, daß sie offensichtlich zu einer unzutreffenden Besteuerung führen würden.

– Die Sachbezugswerte gelten nicht, wenn die vorgesehenen Sachbezüge durch Barvergütungen abgegolten werden; in diesen Fällen sind grundsätzlich die Barvergütungen zu versteuern (> BFH vom 16. 3. 1962 – BStBl III S. 284).

...

Unterkunft oder Wohnung

(5) ¹Für die Bewertung einer Unterkunft, die keine Wohnung ist (Absatz 6 Satz 2 bis 4), ist der amtliche Sachbezugswert nach der Sachbezugsverordnung maßgebend. ²Dabei ist der amtliche Sachbezugswert grundsätzlich auch dann anzusetzen, wenn der Arbeitgeber die dem Arbeitnehmer überlassene Unterkunft gemietet und gegebenenfalls mit Einrichtungsgegenständen ausgestattet hat. ³Eine Gemeinschaftsunterkunft liegt vor, wenn die Unterkunft beispielsweise durch Gemeinschaftswaschräume oder Gemeinschaftsküchen Wohnheimcharakter hat oder Zugangsbeschränkungen unterworfen ist.

Zu § 8 EStG **Lohnsteuer 442**

(6) ¹Soweit nicht die Vorschriften des § 8 Abs. 3 EStG anzuwenden sind, ist für die Bewertung einer Wohnung der ortsübliche Mietwert maßgebend. ²Eine Wohnung ist eine in sich geschlossene Einheit von Räumen, in denen ein selbständiger Haushalt geführt werden kann. ³Wesentlich ist, daß eine Wasserversorgung und -entsorgung, zumindest eine einer Küche vergleichbare Kochgelegenheit sowie eine Toilette vorhanden sind. ⁴Danach stellt z. B. ein Einzimmerappartement mit Küchenzeile und WC als Nebenraum eine Wohnung dar, dagegen ist ein Wohnraum bei Mitbenutzung von Bad, Toilette und Küche eine Unterkunft. ⁵Als ortsüblicher Mietwert ist die Miete anzusetzen, die für eine nach Baujahr, Art, Größe, Ausstattung, Beschaffenheit und Lage vergleichbare Wohnung üblich ist (Vergleichsmiete). ⁶⁻¹⁰. . .

▶ **Hinweise** **LStH** **H 31 (5–6).**

Erholungsheim
Wird ein Arbeitnehmer in einem Erholungsheim des Arbeitgebers oder auf Kosten des Arbeitgebers zur Erholung in einem anderen Beherbergungsbetrieb untergebracht oder verpflegt, so ist die Leistung mit dem entsprechenden Pensionspreis eines vergleichbaren Beherbergungsbetriebs am selben Ort zu bewerten; dabei können jedoch Preisabschläge in Betracht kommen, wenn der Arbeitnehmer z. B. nach der Hausordnung Bedingungen unterworfen wird, die für Hotels und Pensionen allgemein nicht gelten (> BFH vom 18. 3. 1960 – BStBl III S. 237).

Persönliche Bedürfnisse des Arbeitnehmers
Persönliche Bedürfnisse des Arbeitnehmers, z. B. hinsichtlich der Größe der Wohnung, sind bei der Höhe des Mietwerts nicht zu berücksichtigen (> BFH vom 8. 3. 1968 – BStBl II S. 435 und vom 2. 10. 1968 – BStBl 1969 II S. 73).

. . .

Kantinenmahlzeiten und Essenmarken

(7) Für die Bewertung von Mahlzeiten, die arbeitstäglich an die Arbeitnehmer abgegeben werden, gilt folgendes:

1. ¹Mahlzeiten, die durch eine vom Arbeitgeber selbst betriebene Kantine, Gaststätte oder vergleichbare Einrichtung abgegeben werden, sind mit dem maßgebenden amtlichen Sachbezugswert nach der Sachbezugsverordnung zu bewerten. ²Abweichendes gilt nach § 8 Abs. 3 EStG nur dann, wenn die Mahlzeiten überwiegend nicht für die Arbeitnehmer zubereitet werden.

2. ¹Mahlzeiten, die die Arbeitnehmer in einer nicht vom Arbeitgeber selbst betriebenen Kantine, Gaststätte oder vergleichbaren Einrichtung erhalten, sind vorbehaltlich der Nummer 4 ebenfalls mit dem maßgebenden amtlichen Sachbezugswert zu bewerten, wenn der Arbeitgeber auf Grund vertraglicher Vereinbarung durch Barzuschüsse oder andere Leistungen an die die Mahlzeiten vertreibende Einrichtung, z. B. durch verbilligte Überlassung von Räumen, Energie oder Einrichtungsgegenständen, zur Verbilligung der Mahlzeiten beiträgt. ²Es ist nicht erforderlich, daß die Mahlzeiten im Rahmen eines Reihengeschäfts zunächst an den Arbeitgeber und danach von diesem an die Arbeitnehmer abgegeben werden.

3. ¹In den Fällen der Nummern 1 und 2 ist ein geldwerter Vorteil als Arbeitslohn zu erfassen, wenn und soweit der vom Arbeitnehmer für eine Mahlzeit gezahlte Preis (einschließlich Umsatzsteuer) den maßgebenden amtlichen Sachbezugswert unterschreitet.

4. ¹Bestehen die Leistungen des Arbeitgebers im Falle der Nummer 2 aus Barzuschüssen in Form von Essenmarken (Essensgutscheine, Restaurantschecks), die vom Arbeitgeber an die

Arbeitnehmer verteilt und von einer Gaststätte oder vergleichbaren Einrichtung (Annahmestelle) bei der Abgabe einer Mahlzeit in Zahlung genommen werden, so gilt folgendes:
a) ¹Es ist nicht die Essenmarke mit ihrem Verrechnungswert, sondern vorbehaltlich des Buchstaben b die Mahlzeit mit dem maßgebenden Sachbezugswert zu bewerten, wenn
   aa) tatsächlich eine Mahlzeit abgegeben wird. Lebensmittel sind nur dann als Mahlzeit anzuerkennen, wenn sie zum unmittelbaren Verzehr geeignet oder zum Verbrauch während der Essenpausen bestimmt sind,
   bb) für jede Mahlzeit lediglich eine Essenmarke täglich in Zahlung genommen wird,
   cc) der Verrechnungswert der Essenmarke den amtlichen Sachbezugswert einer Mittagsmahlzeit um nicht mehr als 6 DM übersteigt und
   dd) die Essenmarke nicht an Arbeitnehmer ausgegeben wird, die eine Dienstreise ausführen oder eine Einsatzwechseltätigkeit oder Fahrtätigkeit ausüben.
   ²Dies gilt auch dann, wenn zwischen dem Arbeitgeber und der Annahmestelle keine unmittelbaren vertraglichen Beziehungen bestehen, weil ein Unternehmen eingeschaltet ist, das die Essenmarken ausgibt. ³Zur Erfüllung der Voraussetzungen nach Doppelbuchstabe bb hat der Arbeitgeber für jeden Arbeitnehmer die Tage der Abwesenheit z. B. infolge von Dienstreisen, Urlaub oder Erkrankung festzustellen und die für diese Tage ausgegebenen Essenmarken zurückzufordern oder die Zahl der im Folgemonat auszugebenden Essenmarken um die Zahl der Abwesenheitstage zu vermindern. ⁴Die Pflicht zur Feststellung der Abwesenheitstage und zur Anpassung der Zahl der Essenmarken im Folgemonat entfällt für Arbeitnehmer, die im Kalenderjahr durchschnittlich an nicht mehr als drei Arbeitstagen je Kalendermonat Dienstreisen ausführen, wenn keiner dieser Arbeitnehmer im Kalendermonat mehr als 15 Essenmarken erhält.
b) Bestehen die Leistungen des Arbeitgebers ausschließlich in der Hingabe von Essenmarken, so ist auch unter den Voraussetzungen des Buchstabens a der Verrechnungswert der Essenmarke als Arbeitslohn anzusetzen, wenn dieser Wert den geldwerten Vorteil nach Nummer 3 unterschreitet.
c) ¹Wird der Arbeitsvertrag dahingehend geändert, daß der Arbeitnehmer anstelle von Barlohn Essenmarken erhält, so vermindert sich dadurch der Barlohn in entsprechender Höhe. ²Die Essenmarken sind mit dem Wert anzusetzen, der sich nach den Buchstaben a oder b ergibt. ³Ohne Änderung des Arbeitsvertrages führt der Austausch von Barlohn durch Essenmarken nicht zu einer Herabsetzung des steuerpflichtigen Barlohns. ⁴In diesem Fall ist der Betrag, um den sich der ausgezahlte Barlohn verringert, als Entgelt für die Mahlzeit oder Essenmarke anzusetzen und von dem nach Nummer 5 Buchstabe a oder b maßgebenden Wert abzusetzen.
d) ¹Die von Annahmestellen eingelösten Essenmarken brauchen nicht an den Arbeitgeber zurückgegeben und von ihm nicht aufbewahrt zu werden, wenn der Arbeitgeber eine Abrechnung erhält, aus der sich ergibt, wieviel Essenmarken mit welchem Verrechnungswert eingelöst worden sind, und diese aufbewahrt. ²Dasselbe gilt, wenn ein Essenmarkenemittent eingeschaltet ist und der Arbeitgeber von diesem eine entsprechende Abrechnung erhält und aufbewahrt.

5. ¹Wenn der Arbeitgeber unterschiedliche Mahlzeiten zu unterschiedlichen Preisen teilentgeltlich oder unentgeltlich an die Arbeitnehmer abgibt oder Leistungen nach Nummer 2 zur Verbilligung der Mahlzeiten erbringt und die Lohnsteuer nach § 40 Abs. 2 EStG pauschal erhebt, kann der geldwerte Vorteil mit dem Durchschnittswert der Pauschalbesteuerung zugrunde gelegt werden. ²Die Durchschnittsbesteuerung braucht nicht tageweise durchgeführt zu werden, sie darf sich auf den gesamten Lohnzahlungszeitraum erstrecken. ³Bietet der Arbeitgeber bestimmte Mahlzeiten nur einem Teil seiner Arbeitnehmer an, z. B. in einem Vorstandskasino, so sind diese Mahlzeiten nicht in die Durchschnittsberechnung einzubeziehen. ⁴Unterhält der

Arbeitgeber mehrere Kantinen, so ist der Durchschnittswert für jede einzelne Kantine zu ermitteln. ⁵Ist die Ermittlung des Durchschnittswerts wegen der Menge der zu erfassenden Daten besonders aufwendig, kann die Ermittlung des Durchschnittswerts für einen repräsentativen Zeitraum und bei einer Vielzahl von Kantinen für eine repräsentative Auswahl der Kantinen durchgeführt werden.

6. ¹Der Arbeitgeber hat die vom Arbeitnehmer geleistete Zahlung grundsätzlich in nachprüfbarer Form nachzuweisen. ²Der Einzelnachweis der Zahlungen ist nur dann nicht erforderlich,
   a) wenn gewährleistet ist, daß
      aa) die Zahlung des Arbeitnehmers für eine Mahlzeit den anteiligen amtlichen Sachbezugswert nicht unterschreitet oder
      bb) nach Nummer 4 der Wert der Essenmarke als Arbeislohn zu erfassen ist oder
   b) wenn der Arbeitgeber die Durchschnittsberechnung nach Nummer 5 anwendet.

Hinweise LStH H 31 (7).

Begriff der Mahlzeit

Zu den Mahlzeiten gehören alle Speisen und Lebensmittel, die üblicherweise der Ernährung dienen, einschließlich der dazu üblichen Getränke (> BFH vom 21. 3. 1975 – BStBl II S. 486 und vom 7. 11. 1975 – BStBl 1976 II S. 50).

Essenmarken

Beispiele zu R 31 Abs. 7 Nr. 4 Buchst. b

Beispiel 1:
Ein Arbeitnehmer erhält eine Essenmarke mit einem Wert von 1,50 DM. Die Mahlzeit kostet 4 DM.

Preis der Mahlzeit	4,00 DM
Sachbezugswert der Mahlzeit (2001)	4,82 DM
Wert der Essenmarke	1,50 DM
Zahlung des Arbeitnehmers	2,50 DM
Sachbezugswert	2,32 DM
anzusetzender Wert	1,50 DM

Beispiel 2:
Ein Arbeitnehmer erhält eine Essenmarke mit einem Wert von 5 DM. Die Mahlzeit kostet 5 DM.

Preis der Mahlzeit	5,00 DM
Sachbezugswert der Mahlzeit (2001)	4,82 DM
Wert der Essenmarke	5,00 DM
Zahlung des Arbeitnehmers	0,00 DM
Sachbezugswert	4,82 DM
anzusetzender Wert	4,82 DM

Essenmarken und Barlohnverzicht
– Änderung des Arbeitsvertrags

Wird der Arbeitsvertrag dahingehend geändert, daß der Arbeitnehmer anstelle von Barlohn Essenmarken erhält, so vermindert sich dadurch der Barlohn in entsprechender Höhe (> BFH vom 20. 8. 1997 – BStBl II S. 667).

Beispiel:
Der Arbeitgeber gibt dem Arbeitnehmer monatlich 15 Essenmarken. Im Arbeitsvertrag ist der Barlohn von 7 000 DM im Hinblick auf die Essenmarken um 105 DM auf 6 895 DM herabgesetzt worden.

    a) Beträgt der Verrechnungswert der Essenmarken jeweils 10 DM, so ist dem Barlohn von 6 895 DM der Wert der Mahlzeit mit dem Sachbezugswert (15 × 4,82 DM =) 72,30 DM hinzuzurechnen.

    b) Beträgt der Verrechnungswert der Essenmarken jeweils 12 DM, so ist dem Barlohn von 6 895 DM der Verrechnungswert der Essenmarken (15 × 12 DM =) 180 DM hinzuzurechnen.

– **Keine Änderung des Arbeitsvertrags**

Ohne Änderung des Arbeitsvertrags führt der Austausch von Barlohn durch Essenmarken nicht zu einer Herabsetzung des steuerpflichtigen Barlohns. In diesem Fall ist der Betrag, um den sich der ausgezahlte Barlohn verringert, als Entgelt für die Mahlzeit oder Essenmarke anzusehen und von dem für die Essenmarke maßgebenden Wert abzusetzen.

Beispiel:
Ein Arbeitnehmer mit einem monatlichen Bruttolohn von 7 000 DM erhält von seinem Arbeitgeber 15 Essenmarken. Der Arbeitsvertrag bleibt unverändert. Der Arbeitnehmer zahlt für die Essenmarken monatlich 105 DM.

    a) Auf den Essenmarken ist jeweils ein Verrechnungswert von 12 DM ausgewiesen.

    Der Verrechnungswert der Essenmarke übersteigt den Sachbezugswert von 4,82 DM um mehr als 6 DM. Die Essenmarken sind deshalb mit ihrem Verrechnungswert anzusetzen:

15 Essenmarken × 12 DM	180,00 DM
abzüglich Entgelt des Arbeitnehmers	105,00 DM
Vorteil	75,00 DM

    Dieser ist dem bisherigen Arbeitslohn von 7 000 DM hinzuzurechnen.

    b) Auf den Essenmarken ist jeweils ein Verrechnungswert von 10 DM ausgewiesen.

    Der Verrechnungswert der Essenmarke übersteigt den Sachbezugswert von 4,82 DM um nicht mehr als 6 DM. Es ist deshalb nicht der Verrechnungswert der Essenmarken, sondern der Wert der erhaltenen Mahlzeiten mit dem Sachbezugswert anzusetzen.

15 Essenmarken × Sachbezugswert 4,82 DM	72,30 DM
abzüglich Entgelt des Arbeitnehmers (Barlohnverzicht)	105,00 DM
Vorteil	0,00 DM

    Dem bisherigen Arbeitslohn von 7 000 DM ist nichts hinzuzurechnen.

Sachbezugsbewertung

Beispiel zu R 31 Abs. 7 Nr. 3

Der Arbeitnehmer zahlt 3,30 DM für ein Mittagessen im Wert von 7 DM.

Preis der Mahlzeit	7,00 DM
Sachbezugswert der Mahlzeit (2001)	4,82 DM
Zahlung des Arbeitnehmers	3,30 DM
geldwerter Vorteil	1,52 DM

Hieraus ergibt sich, daß die steuerliche Erfassung der Mahlzeiten entfällt, wenn gewährleistet ist, daß der Arbeitnehmer für jede Mahlzeit mindestens einen Preis in Höhe des amtlichen Sachbezugswerts zahlt.

Zu § 8 EStG

Mahlzeiten aus besonderem Anlaß

(8) ¹Für die steuerliche Erfassung und Bewertung von Mahlzeiten, die der Arbeitgeber oder auf dessen Veranlassung ein Dritter aus besonderem Anlaß an Arbeitnehmer abgibt, gilt folgendes:

1. ¹Mahlzeiten, die im ganz überwiegenden betrieblichen Interesse des Arbeitgebers an die Arbeitnehmer abgegeben werden, gehören nicht zum Arbeitslohn. ²Dies gilt für Mahlzeiten im Rahmen herkömmlicher Betriebsveranstaltungen nach Maßgabe der R 72, für ein sog. Arbeitsessen im Sinne der R 73 Abs. 2 sowie für die Beteiligung von Arbeitnehmern an einer geschäftlich veranlaßten Bewirtung im Sinne des § 4 Abs. 5 Satz 1 Nr. 2 EStG.

2. ¹Mahlzeiten, die zur üblichen Beköstigung der Arbeitnehmer anläßlich oder während einer Dienstreise, Fahrtätigkeit, Einsatzwechseltätigkeit im Sinne der R 37 Abs. 3 bis 5 oder im Rahmen einer doppelten Haushaltsführung im Sinne des § 9 Abs. 1 Satz 3 Nr. 5 EStG oder der R 43 Abs. 5 abgegeben werden, sind mit dem maßgebenden amtlichen Sachbezugswert nach der Sachbezugsverordnung anzusetzen. ²Die Abgabe einer Mahlzeit ist vom Arbeitgeber veranlaßt, wenn er Tag und Ort der Mahlzeit bestimmt hat. ³Hierzu ist es erforderlich, daß er sich vor Beginn der Auswärtstätigkeit seines Arbeitnehmers direkt mit dem Unternehmen schriftlich in Verbindung setzt, das dem Arbeitnehmer die Mahlzeiten zur Verfügung stellen soll. ⁴Es reicht nicht aus, daß der Arbeitgeber den Arbeitnehmer ermächtigt, sich auf seine Rechnung in einer oder – etwa unter Einschaltung einer Essenbonorganisation – mehreren Vertragsstätten zu beköstigen. ⁵Erfordern Dienstreisen wegen ihres besonderen Charakters (z. B. Tagungen) eine besondere organisatorische Vorbereitung, so wird die Abgabe von Mahlzeiten durch Dritte auch dann als vom Arbeitgeber veranlaßt angesehen, wenn dieser die Organisation der Dienstreise einschließlich der Verpflegung bei einem Dritten in Auftrag gegeben hat. ⁶Hat der Arbeitgeber die Abgabe von Mahlzeiten veranlaßt, ist es unerheblich, wie die Rechnung beglichen wird. ⁷Die Sätze 1 bis 6 gelten auch für die Abgabe von Mahlzeiten während einer Bildungsmaßnahme im Sinne der R 74 Abs. 1. ⁸R 73 Abs. 2 bleibt unberührt.

3. ¹Mahlzeiten, die der Arbeitgeber als Gegenleistung für das Zurverfügungstellen der individuellen Arbeitskraft an seine Arbeitnehmer abgibt, sind mit ihrem tatsächlichen Preis anzusetzen.

4. ¹In den Fällen der Nummern 2 und 3 ist ein geldwerter Vorteil als Arbeitslohn zu erfassen, wenn und soweit der vom Arbeitnehmer gezahlte Preis (einschließlich Umsatzsteuer) den maßgebenden Wert der Mahlzeit unterschreitet. ²⁻⁴...

▶ **Hinweise** **LStH** **H 31 (8).**

Reisekostenabrechnungen

Beispiel 1:

Ein Arbeitnehmer ist durch eine Dienstreise an einem Kalendertag 15 Stunden abwesend. Nach der betrieblichen Reisekostenregelung beträgt die Reisekostenvergütung bei einer 15stündigen Abwesenheit 28 DM, die bei Gewährung einer Mahlzeit um 30 v. H. zu kürzen ist. Der Arbeitnehmer hat deshalb nur Anspruch auf eine Reisekostenvergütung von 19,60 DM in bar.

– *Der Arbeitnehmer erhält auf der Dienstreise vom Arbeitgeber eine Mittagsmahlzeit unentgeltlich.*

Der geldwerte Vorteil der Mahlzeit ist mit dem Sachbezugswert 4,82 DM (2001) dem steuerpflichtigen Arbeitslohn hinzuzurechnen.

– *Der Arbeitnehmer erhält vom Arbeitgeber eine Mittagsmahlzeit, für die ein Entgelt von 4,82 DM vereinbart ist. Dieses Entgelt wird von der Reisekostenvergütung einbehalten. Statt*

19,60 DM erhält der Arbeitnehmer nur 14,78 DM ausgezahlt.

Die Zurechnung eines geldwerten Vorteils zum Arbeitslohn entfällt. Als Reisekostenvergütung sind nach § 4 Abs. 2 LStDV 19,60 DM einzutragen. Auf die Höhe des auf der Lohnsteuerkarte zu bescheinigenden Arbeitslohns hat die Mahlzeit ebenfalls keinen Einfluß.

Beispiel 2:
Der Arbeitgeber stellt dem Arbeitnehmer auf der Dienstreise Unterkunft und Frühstück.
Der geldwerte Vorteil des Frühstücks ist mit dem Sachbezugswert 2,70 DM (2001) dem steuerpflichtigen Arbeitslohn hinzuzurechnen. Ein geldwerter Vorteil für die Gestellung der Unterkunft ist nicht anzusetzen.

Individuell zu versteuernde Mahlzeiten
Mit dem tatsächlichen Preis anzusetzen sind Mahlzeiten, die im Rahmen unüblicher Betriebsveranstaltungen (> BFH vom 6. 2. 1987 – BStBl II S. 355) oder regelmäßiger Geschäftsleitungssitzungen (> BFH vom 4. 8. 1994 – BStBl 1995 II S. 59) abgegeben werden.

Gestellung von Kraftfahrzeugen

(9) Überläßt der Arbeitgeber oder auf Grund des Dienstverhältnisses ein Dritter dem Arbeitnehmer ein Kraftfahrzeug unentgeltlich zur privaten Nutzung, so gilt folgendes:

1. ¹Der Arbeitgeber hat den privaten Nutzungswert mit monatlich 1 v. H. des inländischen Listenpreises des Kraftfahrzeugs anzusetzen. ²Kann das Kraftfahrzeug auch zu Fahrten zwischen Wohnung und Arbeitsstätte genutzt werden, so ist diese Nutzungsmöglichkeit unabhängig von der Nutzung des Fahrzeugs zu Privatfahrten zusätzlich mit monatlich 0,03 v. H. des inländischen Listenpreises des Kraftfahrzeugs für jeden Kilometer der Entfernung zwischen Wohnung und Arbeitsstätte zu bewerten und dem Arbeitslohn zuzurechnen, soweit nicht entsprechende Aufwendungen des Arbeitnehmers nach R 38 Abs. 3 als Werbungskosten zu berücksichtigen wären. **1** ³Wird das Kraftfahrzeug zu Heimfahrten im Rahmen einer doppelten Haushaltsführung genutzt, erhöht sich der Wert nach Satz 1 für jeden Kilometer der Entfernung zwischen dem Beschäftigungsort und dem Ort des eigenen Hausstands um

---

Anm. d. Schriftl.:

1 Alternativ kann der ArbG die Lohnsteuer für den Nutzungswert der Fahrten zwischen Wohnung und Arbeitsstätte pauschal mit 15 % übernehmen. Es liegt Fahrtkostenersatz durch Gestellung eines Firmenwagens vor (§ 40 Abs. 2 EStG, R 127 Abs. 5 LStR). In diesem Fall hat der ArbN nur den Differenzbetrag zwischen dem Pauschsatz von 0,03 % – oder den tatsächlichen Aufwendungen – (§ 8 Abs. 2 EStG) und dem Pauschsatz nach § 9 Abs. 1 Nr. 4 EStG – an 180 Tagen im Kj. – zu versteuern.

Beispiel
I. Der ArbN versteuert – über die Lohnsteuerkarte –
  1. den Nutzungswert für Privatfahrten in Höhe von z. B. 1% von 30 000 DM (Listenpreis) = 300 DM
  2. den Nutzungswert für Fahrten zwischen Wohnung und Arbeitsstätte in Höhe
    von 0,03 % von 30 000 DM × 1 Monat × 20 km Entf. =   180 DM
    ./. 0,70 DM × 15 Tage × 20 km =   210 DM
    Verbleiben (nicht negativ)   0 DM   0 DM
Monatlicher Sachbezug   300 DM

II. Der ArbG übernimmt pauschal die Lohnsteuer für den Nutzungswert der Fahrten zwischen Wohnung und Arbeitsstätte in Höhe des Pauschsatzes nach § 9 Abs. 1 Nr. 4 EStG
  z. B. 20 km × 15 Tage × 0,70 DM =   210,— DM
  davon 15 % pauschale Lohnsteuer   31,50 DM

0,002 v. H. des inländischen Listenpreises für jede Fahrt, für die der Werbungskostenabzug nach § 9 Abs. 1 Satz 3 Nr. 5 Satz 3 und 4 EStG ausgeschlossen ist. ⁴Die Monatswerte nach den Sätzen 1 und 2 sind auch dann anzusetzen, wenn das Kraftfahrzeug dem Arbeitnehmer im Kalendermonat nur zeitweise zur Verfügung steht. ⁵Kürzungen der Werte, z. B. wegen einer Beschriftung des Kraftwagens, wegen eines privaten Zweitwagens oder wegen Übernahme der Treibstoff- oder Garagenkosten durch den Arbeitnehmer, sind nicht zulässig. ⁶Listenpreis im Sinne der Sätze 1 bis 3 ist – auch bei gebraucht erworbenen oder geleasten Fahrzeugen – die auf volle Hundert DM abgerundete unverbindliche Preisempfehlung des Herstellers für das genutzte Kraftfahrzeug im Zeitpunkt seiner Erstzulassung einschließlich der Zuschläge für Sonderausstattungen und der Umsatzsteuer; der Wert eines Autotelefons bleibt außer Ansatz. ⁷Bei einem Kraftwagen, der aus Sicherheitsgründen gepanzert ist, kann der Listenpreis des leistungsschwächeren Fahrzeugs zugrunde gelegt werden, das dem Arbeitnehmer zur Verfügung gestellt würde, wenn seine Sicherheit nicht gefährdet wäre.

2. ¹Der Arbeitgeber kann den privaten Nutzungswert abweichend von Nummer 1 mit den Aufwendungen für das Kraftfahrzeug ansetzen, die auf die nach Nummer 1 zu erfassenden privaten Fahrten entfallen, wenn die für das Kraftfahrzeug insgesamt entstehenden Aufwendungen durch Belege und das Verhältnis der privaten zu den übrigen Fahrten durch ein ordnungsgemäßes Fahrtenbuch nachgewiesen werden. ²Dabei sind die dienstlich und privat zurückgelegten Fahrtstrecken gesondert und laufend im Fahrtenbuch nachzuweisen. ³Für dienstliche Fahrten sind grundsätzlich die folgenden Angaben erforderlich:

   a) Datum und Kilometerstand zu Beginn und am Ende jeder einzelnen Auswärtstätigkeit (Dienstreise, Einsatzwechseltätigkeit, Fahrtätigkeit),
   b) Reiseziel und bei Umwegen auch die Reiseroute,
   c) Reisezweck und aufgesuchte Geschäftspartner.

   ⁴Für Privatfahrten genügen jeweils Kilometerangaben; für Fahrten zwischen Wohnung und Arbeitsstätte genügt jeweils ein kurzer Vermerk im Fahrtenbuch. ⁵Die Führung des Fahrtenbuchs kann nicht auf einen repräsentativen Zeitraum beschränkt werden, selbst wenn die Nutzungsverhältnisse keinen größeren Schwankungen unterliegen. ⁶Anstelle des Fahrtenbuchs kann ein Fahrtenschreiber eingesetzt werden, wenn sich daraus dieselben Erkenntnisse gewinnen lassen. ⁷Der private Nutzungswert ist der Anteil an den Gesamtkosten des Kraftwagens, der dem Verhältnis der Privatfahrten zur Gesamtfahrtstrecke entspricht. ⁸Die Gesamtkosten sind als Summe der Nettoaufwendungen (einschließlich sämtlicher Unfallkosten) zuzüglich Umsatzsteuer und Absetzungen für Abnutzung zu ermitteln. ⁹Den Absetzungen für Abnutzung sind die tatsächlichen Anschaffungs- oder Herstellungskosten einschließlich der Umsatzsteuer zugrunde zu legen.

3. ¹Der Arbeitgeber muß in Abstimmung mit dem Arbeitnehmer die Anwendung eines der Verfahren nach den Nummern 1 und 2 für jedes Kalenderjahr festlegen; das Verfahren darf bei demselben Kraftfahrzeug während des Kalenderjahrs nicht gewechselt werden. ²Soweit die genaue Erfassung des privaten Nutzungswerts nach Nummer 2 monatlich nicht möglich ist, kann der Erhebung der Lohnsteuer monatlich ein Zwölftel des Vorjahresbetrags zugrunde gelegt werden. ³Nach Ablauf des Kalenderjahrs oder nach Beendigung des Dienstverhältnisses ist der tatsächlich zu versteuernde Nutzungswert zu ermitteln und eine etwaige Lohnsteuerdifferenz nach Maßgabe der §§ 41c, 42b EStG auszugleichen. ⁴Bei der Veranlagung zur Einkommensteuer ist der Arbeitnehmer nicht an das für die Erhebung der Lohnsteuer gewählte Verfahren gebunden.

4. ¹Zahlt der Arbeitnehmer an den Arbeitgeber für die Nutzung des Kraftfahrzeugs ein Entgelt, so mindert dies den Nutzungswert. ²Dabei ist es gleichgültig, ob das Nutzungsentgelt pauschal oder entsprechend der tatsächlichen Nutzung des Kraftfahrzeugs bemessen wird. ³Zuschüsse des Arbeitnehmers zu den Anschaffungskosten können im Zahlungsjahr ebenfalls auf

den privaten Nutzungswert angerechnet werden; in den Fällen der Nummer 2 gilt dies nur, wenn die für die AfA-Ermittlung maßgebenden Anschaffungskosten nicht um die Zuschüsse gemindert worden sind. ⁴Zuschußrückzahlungen sind Arbeitslohn, soweit die Zuschüsse den privaten Nutzungswert gemindert haben.

5. ¹Soweit das Kraftfahrzeug zu Fahrten zwischen Wohnung und Arbeitsstätte benutzt wird, können behinderte Arbeitnehmer im Sinne des § 9 Abs. 2 EStG ihre tatsächlichen Aufwendungen einschließlich des Nutzungswerts für diese Fahrten und alle anderen Arbeitnehmer den Kilometer-Pauschbetrag nach § 9 Abs. 1 Satz 3 Nr. 4 EStG für die tatsächlich durchgeführten Fahrten als Werbungskosten geltend machen. ²Das gilt auch dann, wenn der nach § 9 Abs. 1 Satz 3 Nr. 4 EStG maßgebende Betrag den für Fahrten zwischen Wohnung und Arbeitsstätte versteuerten Nutzungsvorteil übersteigt. ³Der Werbungskostenabzug entfällt, soweit eine Pauschalbesteuerung nach § 40 Abs. 2 Satz 2 EStG durchgeführt wird.

Gestellung eines Kraftfahrzeugs mit Fahrer

(10) Wenn ein Kraftfahrzeug mit Fahrer zur Verfügung gestellt wird, gilt folgendes:
1. Stellt der Arbeitgeber dem Arbeitnehmer für Fahrten zwischen Wohnung und Arbeitsstätte ein Kraftfahrzeug mit Fahrer zur Verfügung, so ist der für diese Fahrten nach Absatz 9 Nr. 1 und 2 ermittelte Nutzungswert des Kraftfahrzeugs um 50 v. H. zu erhöhen.
2. Stellt der Arbeitgeber dem Arbeitnehmer für andere Privatfahrten ein Kraftfahrzeug mit Fahrer zur Verfügung, so ist der entsprechende private Nutzungswert des Kraftfahrzeugs wie folgt zu erhöhen:
   a) um 50 v. H., wenn der Fahrer überwiegend in Anspruch genommen wird,
   b) um 40 v. H., wenn der Arbeitnehmer das Kraftfahrzeug häufig selbst steuert,
   c) um 25 v. H., wenn der Arbeitnehmer das Kraftfahrzeug weit überwiegend selbst steuert.
3. ¹Wenn einem Arbeitnehmer aus Sicherheitsgründen ein sondergeschütztes (gepanzertes) Kraftfahrzeug, das zum Selbststeuern nicht geeignet ist, mit Fahrer zur Verfügung gestellt wird, ist von der steuerlichen Erfassung der Fahrergestellung abzusehen. ²Es ist dabei unerheblich, in welcher Gefährdungsstufe der Arbeitnehmer eingeordnet ist.

▶ **Hinweise** **LStH** **H 31 (9–10).**

Aufwendungen bei sicherheitsgeschützten Fahrzeugen

– *Wird der Nutzungswert für ein aus Sicherheitsgründen gepanzertes Kraftfahrzeug individuell ermittelt, so kann dabei die AfA nach dem Anschaffungspreis des leistungsschwächeren Fahrzeugs zugrunde gelegt werden, das dem Arbeitnehmer zur Verfügung gestellt würde, wenn seine Sicherheit nicht gefährdet wäre (BMF vom 28. 5. 1996, BStBl I S. 654).*

– *Im Hinblick auf die durch die Panzerung verursachten höheren laufenden Betriebskosten bestehen keine Bedenken, wenn der Nutzungswertermittlung 70 v. H. der tatsächlich festgestellten laufenden Kosten (ohne AfA) zugrunde gelegt werden (BMF vom 28. 5. 1996, BStBl I S. 654).*

Begrenzung des pauschalen Nutzungswerts

Der pauschale Nutzungswert kann die dem Arbeitgeber für das Fahrzeug insgesamt entstandenen Kosten übersteigen. Wird dies im Einzelfall nachgewiesen, so ist der Nutzungswert höchstens mit dem Betrag der Gesamtkosten des Kraftfahrzeugs anzusetzen, wenn nicht aufgrund des Nachweises der Fahrten durch ein Fahrtenbuch ein geringerer Wertansatz in Betracht kommt. Der mit dem Betrag der Gesamtkosten anzusetzende Nutzungswert ist um 50 v. H. zu erhöhen, wenn das Kraftfahrzeug mit Fahrer zur Verfügung gestellt worden ist (BMF vom 28. 5. 1996, BStBl I S. 654).

Dienstliche Fahrten von der Wohnung

Ein geldwerter Vorteil ist für Fahrten zwischen Wohnung und Arbeitsstätte nicht zu erfassen, wenn ein Arbeitnehmer ein Firmenfahrzeug ausschließlich an den Tagen für seine Fahrten zwischen Wohnung und Arbeitsstätte erhält, an denen es erforderlich werden kann, daß er dienstliche Fahrten von der Wohnung aus antritt, z. B. beim Bereitschaftsdienst in Versorgungsunternehmen (BMF vom 28. 5. 1996, BStBl I S. 654).

Durchschnittswert

Bei der individuellen Nutzungswertermittlung ist die Bildung eines Durchschnittswerts nicht zulässig. Es ist auch nicht zulässig, die individuelle Nutzungswertermittlung auf Privatfahrten zu beschränken, wenn das Kraftfahrzeug auch zu Fahrten zwischen Wohnung und Arbeitsstätte genutzt wird (Tz. 22 des Arbeitgeber-Merkblatts 1. 1. 1996, BStBl 1995 I S. 719).

Elektronisches Fahrtenbuch

Ein elektronisches Fahrtenbuch ist anzuerkennen, wenn sich daraus dieselben Erkenntnisse wie aus einem manuell geführten Fahrtenbuch gewinnen lassen. Beim Ausdrucken von elektronischen Aufzeichnungen müssen nachträgliche Veränderungen der aufgezeichneten Angaben technisch ausgeschlossen, zumindest aber dokumentiert werden (BMF vom 28. 5. 1996, BStBl I S. 654).

Erleichterungen bei der Führung eines Fahrtenbuchs

Ein Fahrtenbuch soll die Zuordnung von Fahrten zur betrieblichen und beruflichen Sphäre darstellen und ermöglichen. Es muß laufend geführt werden, und die berufliche Veranlassung plausibel erscheinen lassen und ggf. eine stichprobenartige Nachprüfung ermöglichen. Auf einzelne in R 31 Abs. 9 Nr. 2 geforderte Angaben kann verzichtet werden, soweit wegen der besonderen Umstände im Einzelfall die erforderliche Aussagekraft und Überprüfungsmöglichkeit nicht beeinträchtigt wird. Bei Kundendienstmonteuren und Handelsvertretern mit täglich wechselnden Auswärtstätigkeiten reicht es z. B. aus, wenn sie angeben, welche Kunden sie an welchem Ort aufsuchen. Angaben über die Reiseroute und zu den Entfernungen zwischen den Stationen einer Auswärtstätigkeit sind nur bei größerer Differenz zwischen direkter Entfernung und tatsächlicher Fahrtstrecke erforderlich. Bei Fahrten eines Taxifahrers im sogenannten Pflichtfahrgebiet ist es in bezug auf Reisezweck, Reiseziel und aufgesuchtem Geschäftspartner ausreichend, täglich zu Beginn und Ende der Gesamtheit dieser Fahrten den Kilometerstand anzugeben mit der Angabe „Taxifahrten im Pflichtfahrgbiet" o. ä. Wurden Fahrten durchgeführt, die über dieses Gebiet hinausgehen, kann auf die genaue Angabe des Reiseziels nicht verzichtet werden. Für Fahrlehrer ist es ausreichend in bezug auf Reisezweck, Reiseziel und aufgesuchtem Geschäftspartner „Lehrfahrten", „Fahrschulfahrten" o. ä. anzugeben (BMF vom 12. 5. 1997, BStBl I S. 562).

Bei sicherheitsgefährdeten Personen, deren Fahrtroute häufig von sicherheitsmäßigen Gesichtspunkten bestimmt wird, kann auf die Angabe der Reiseroute auch bei größeren Differenzen zwischen der direkten Entfernung und der tatsächlichen Fahrtstrecke verzichtet werden (BMF vom 28. 5. 1996, BStBl I S. 654).

Fahrergestellung bei Familienheimfahrten

Stellt der Arbeitgeber dem Arbeitnehmer für die steuerlich zu erfassenden Familienheimfahrten ein Kraftfahrzeug mit Fahrer zur Verfügung, so ist der Nutzungswert der Fahrten, die unter Inanspruchnahme eines Fahrers durchgeführt worden sind, um 50 v. H. zu erhöhen (BMF vom 28. 5. 1996, BStBl I S. 654).

Fahrten zwischen Wohnung und Arbeitsstätte bei individueller Nutzungswertermittlung

Es ist nicht zulässig, die individuelle Nutzungswertermittlung auf Fahrten zwischen Wohnung und Arbeitsstätte zu beschränken, wenn das Fahrzeug auch zu Privatfahrten genutzt wird (Tz. 32 des Arbeitgeber-Merkblatts 1. 1. 1996, BStBl 1995 I S. 719).

Fahrten zwischen Wohnung und Arbeitsstätte bei pauschaler Nutzungswertermittlung

- Es ist unerheblich, ob und wie oft im Kalendermonat das Kraftfahrzeug tatsächlich zu Fahrten zwischen Wohnung und Arbeitsstätte genutzt wird; der Ansatz des pauschalen Nutzungswerts hängt allein davon ab, daß der Arbeitnehmer das Kraftfahrzeug zu Fahrten zwischen Wohnung und Arbeitsstätte nutzen kann. Ein durch Urlaub oder Krankheit bedingter Nutzungsausfall ist im Nutzungswert pauschal berücksichtigt (Tz. 28 des Arbeitgeber-Merkblatts 1. 1. 1996, BStBl 1995 I S. 719).

- Fahrten zwischen Wohnung und regelmäßiger Arbeitsstätte im Sinne dieser Regelung liegen nicht vor bei Arbeitnehmern, die eine Einsatzwechseltätigkeit (> R 37 Abs. 5) ausüben, hinsichtlich der Fahrten zwischen Wohnung und Einsatzstelle, wenn arbeitstäglich mindestens eine Einsatzstelle aufgesucht wird, die mehr als 30 km von der Wohnung entfernt ist und die Dauer der Tätigkeit an dieser Einsatzstelle nicht über 3 Monate hinausgeht oder wenn die Tätigkeit im wesentlichen durch den täglichen mehrfachen Ortswechsel geprägt ist (> R 38 Abs. 3). Wird ein Kraftfahrzeug ausschließlich zu solchen Fahrten zwischen Wohnung und regelmäßiger Arbeitsstätte überlassen, durch die eine dienstliche Nutzung des Kraftfahrzeugs an der Wohnung begonnen oder beendet werden kann, so sind auch diese Fahrten nicht zu erfassen (Tz. 29 des Arbeitgeber-Merkblatts 1. 1. 1996, BStBl 1995 I S. 719).

- Dem pauschalen Nutzungswert ist die einfache Entfernung zwischen Wohnung und Arbeitsstätte zugrunde zu legen, diese ist auf den nächsten vollen Kilometerbetrag abzurunden. Maßgebend ist die kürzeste benutzbare Straßenverbindung. Der pauschale Nutzungswert ist nicht zu erhöhen, wenn der Arbeitnehmer das Kraftfahrzeug an einem Arbeitstag mehrmals zwischen Wohnung und Arbeitsstätte benutzt (Tz. 30 des Arbeitgeber-Merkblatts 1. 1. 1996, BStBl 1995 I S. 719).

- Fährt der Arbeitnehmer abwechselnd zu verschiedenen Wohnungen oder zu verschiedenen Arbeitsstätten, ist ein pauschaler Monatswert unter Zugrundelegung der Entfernung zur näher gelegenen Wohnung oder näher gelegenen Arbeitsstätte anzusetzen. Für jede Fahrt von und zu der weiter entfernt liegenden Wohnung oder von und zu der weiter entfernt liegenden Arbeitsstätte ist zusätzlich ein pauschaler Nutzungswert von 0,002 v. H. des inländischen Listenpreises des Kraftfahrzeugs für jeden Kilometer der Entfernung zwischen Wohnung und Arbeitsstätte dem Arbeitslohn zuzurechnen, soweit sie die Entfernung zur näher gelegenen Wohnung übersteigt (Tz. 31 des Arbeitgeber-Merkblatts 1. 1. 1996, BStBl 1995 I S. 719).

- Bei Arbeitnehmern, die eine Einsatzwechseltätigkeit (> R 37 Abs. 5) ausüben und bei denen die Fahrten zeitweise Einsatzstellen betreffen, die nicht mehr als 30 km von der Wohnung entfernt sind oder an denen die Tätigkeit über 3 Monate hinaus ausgeübt wird, ist der pauschale Nutzungswert arbeitstäglich mit 0,002 v. H. des inländischen Listenpreises des Kraftfahrzeugs für jeden Kilometer der Entfernung zwischen Wohnung und Arbeitsstätte anzusetzen (Tz. 31 des Arbeitgeber-Merkblatts 1. 1. 1996, BStBl 1995 I S. 719).

Gelegentliche Nutzung

Bei der pauschalen Nutzungswertermittlung ist die private Nutzung mit monatlich 1 v. H. des Listenpreises auch dann anzusetzen, wenn der Arbeitnehmer das ihm überlassene Kraftfahrzeug tatsächlich nur gelegentlich nutzt oder wenn er von seinem Zugriffsrecht auf ein Kraftfahrzeug aus einem Fahrzeugpool nur gelegentlich Gebrauch macht (BMF vom 28. 5. 1996, BStBl I S. 654).

Die Monatsbeträge brauchen nicht angesetzt zu werden

– für volle Kalendermonate, in denen dem Arbeitnehmer kein betriebliches Kraftfahrzeug zur Verfügung steht, oder

– wenn dem Arbeitnehmer das Kraftfahrzeug aus besonderem Anlaß oder zu einem besonderen Zweck nur gelegentlich (von Fall zu Fall) für nicht mehr als fünf Kalendertage im Kalendermonat überlassen wird. In diesem Fall ist die Nutzung zu Privatfahrten und zu Fahrten zwischen Wohnung und Arbeitsstätte je Fahrtkilometer mit 0,001 v. H. des inländischen Listenpreises des Kraftfahrzeugs zu bewerten (Einzelbewertung). Zum Nachweis der Fahrstrecke müssen die Kilometerstände festgehalten werden.

Leerfahrten

Bei der Feststellung der privat und der dienstlich zurückgelegten Fahrtstrecken sind sog. Leerfahrten, die bei der Überlassung eines Kraftfahrzeugs mit Fahrer durch die An- und Abfahrten des Fahrers auftreten können, den dienstlichen Fahrten zuzurechnen (BMF vom 28. 5. 1996, BStBl I S. 654).

Listenpreis bei reimportierten Fahrzeugen

Für den pauschalen Nutzungswert ist auch bei reimportierten Fahrzeugen der inländische Listenpreis des Kraftfahrzeugs im Zeitpunkt seiner Erstzulassung maßgebend. Soweit das reimportierte Fahrzeug mit zusätzlichen Sonderausstattungen versehen ist, die sich im inländischen Listenpreis nicht niedergeschlagen haben, ist der Wert der Sonderausstattung zusätzlich zu berücksichtigen. Soweit das reimportierte Fahrzeug geringerwertig ausgestattet ist, läßt sich der Wert der „Minderausstattung" durch einen Vergleich mit einem adäquaten inländischen Fahrzeug angemessen berücksichtigen (BMF vom 28. 5. 1996, BStBl I S. 654).

Nutzungsverbot

Wird dem Arbeitnehmer ein Kraftfahrzeug mit der Maßgabe zur Verfügung gestellt, es für Privatfahrten und/oder Fahrten zwischen Wohnung und Arbeitsstätte nicht zu nutzen, so kann von dem Ansatz des jeweils in Betracht kommenden pauschalen Wertes nur abgesehen werden, wenn der Arbeitgeber die Einhaltung seines Verbots überwacht oder wenn wegen der besonderen Umstände des Falles die verbotene Nutzung so gut wie ausgeschlossen ist, z. B. wenn der Arbeitnehmer das Fahrzeug nach seiner Arbeitszeit und am Wochenende auf dem Betriebsgelände abstellt und den Schlüssel abgibt.

Das Nutzungsverbot ist durch entsprechende Unterlagen nachzuweisen, die zum Lohnkonto zu nehmen sind. Wird das Verbot aus besonderem Anlaß oder zu besonderem Zweck von Fall zu Fall ausgesetzt, so ist jeder Kilometer mit 0,001 v. H. des inländischen Listenpreises des Kraftfahrzeugs zu bewerten (Einzelbewertung). Zum Nachweis der Fahrstrecke müssen die Kilometerstände festgehalten werden (BMF vom 28. 5. 1996, BStBl I S. 654).

Park and ride

Setzt der Arbeitnehmer ein ihm überlassenes Kraftfahrzeug bei den Fahrten zwischen Wohnung und Arbeitsstätte oder bei Familienheimfahrten nur für eine Teilstrecke ein, weil er regelmäßig die andere Teilstrecke mit öffentlichen Verkehrsmitteln zurücklegt, so ist der Ermittlung des pauschalen Nutzungswerts die gesamte Entfernung zugrunde zu legen.

Ein Nutzungswert auf der Grundlage der Entfernung, die mit dem Kraftfahrzeug zurückgelegt worden ist, kommt nur in Betracht, wenn das Kraftfahrzeug vom Arbeitgeber nur für diese Teilstrecke zur Verfügung gestellt worden ist. Der Arbeitgeber hat die Einhaltung seines Verbots zu überwachen (BMF vom 28. 5. 1996, BStBl I S. 654).

Privatfahrten

Zur privaten Nutzung eines Kraftfahrzeugs gehören alle Fahrten, die einem privaten Zweck dienen, z. B. Fahrten zur Erholung, Fahrten zu Verwandten, Freunden, kulturellen oder sportlichen Veranstaltungen, Einkaufsfahrten, Fahrten zu Gaststättenbesuchen und Mittagsheimfahrten. Nicht zu den privaten Fahrten gehören Fahrten zwischen Wohnung und Arbeitsstätte einschließlich der Fahrten, die der Arbeitnehmer aus beruflichen Gründen mehrmals am Tag durchführen muß, und Familienheimfahrten im Rahmen einer doppelten Haushaltsführung (Tz. 20 des Arbeitgeber-Merkblatts 1. 1. 1996, BStBl 1995 I S. 719).

Überlassung eines betrieblichen Kraftfahrzeugs zu Familienheimfahrten

– Überläßt der Arbeitgeber oder aufgrund des Dienstverhältnisses ein Dritter dem Arbeitnehmer ein Kraftfahrzeug unentgeltlich zu wöchentlichen Familienheimfahrten im Rahmen einer beruflich veranlaßten doppelten Haushaltsführung, so ist insoweit der Nutzungswert steuerlich nicht zu erfassen, solange die Dauer der Beschäftigung am selben Ort zwei Jahre nicht überschritten hat (Tz. 36 des Arbeitgeber-Merkblatts 1. 1. 1996, BStBl 1995 I S. 719).

– Wird das Kraftfahrzeug zu mehr als einer Familienheimfahrt wöchentlich oder nach Ablauf der Zweijahresfrist zu Familienheimfahrten genutzt, so ist für jede Familienheimfahrt ein pauschaler Nutzungswert in Höhe von 0,002 v. H. des inländischen Listenpreises des Kraftfahrzeugs für jeden Kilometer der Entfernung zwischen dem Beschäftigungsort und dem Ort des eigenen Hausstands anzusetzen und dem Arbeitslohn zuzurechnen. Anstelle des pauschalen Nutzungswerts kann der Arbeitgeber den Nutzungswert mit den Aufwendungen für das Kraftfahrzeug ansetzen, die auf die zu erfassenden Fahrten entfallen, wenn die für das Kraftfahrzeug insgesamt entstehenden Aufwendungen durch Belege und das Verhältnis der privaten zu den übrigen Fahrten durch ein ordnungsgemäßes Fahrtenbuch nachgewiesen werden (Tz. 37 des Arbeitgeber-Merkblatts 1. 1. 1996, BStBl 1995 I S. 719).

Überlassung mehrerer Kraftfahrzeuge

– Stehen einem Arbeitnehmer gleichzeitig mehrere Kraftfahrzeuge zur Verfügung, so ist bei der pauschalen Nutzungswertermittlung für jedes Fahrzeug die private Nutzung mit monatlich 1 v. H. des Listenpreises anzusetzen; dem privaten Nutzungswert kann der Listenpreis des überwiegend genutzten Kraftfahrzeugs zugrunde gelegt werden, wenn die Nutzung der Fahrzeuge durch andere zur Privatsphäre des Arbeitnehmers gehörende Personen so gut wie ausgeschlossen ist. Dem Nutzungswert für Fahrten zwischen Wohnung und Arbeitsstätte ist stets der Listenpreis des überwiegend für diese Fahrten benutzten Kraftfahrzeugs zugrunde zu legen (BMF vom 28. 5. 1996, BStBl I S. 654).

– Der Listenpreis des überwiegend genutzten Kraftfahrzeugs ist bei der pauschalen Nutzungswertermittlung auch bei einem Fahrzeugwechsel im Laufe eines Kalendermonats zugrunde zu legen (Tz. 21 des Arbeitgeber-Merkblatts 1. 1. 1996, BStBl 1995 I S. 719).

– Bei der individuellen Nutzungswertermittlung muß für jedes Kraftfahrzeug die insgesamt entstehenden Aufwendungen und das Verhältnis der privaten zu den übrigen Fahrten nachgewiesen werden (Tz. 22 des Arbeitgeber-Merkblatts 1. 1. 1996, BStBl 1995 I S. 719).

Vereinfachungsregelung

Bei der individuellen Nutzungswertermittlung im Laufe des Kalenderjahrs bestehen keine Bedenken, wenn die Privatfahrten je Fahrtkilometer vorläufig mit 0,001 v. H. des inländischen Listenpreises für das Kraftfahrzeug angesetzt werden (Tz. 24 des Arbeitgeber-Merkblatts 1. 1. 1996, BStBl 1995 I S. 719).

Zuschüsse des Arbeitnehmers

Zuschüsse des Arbeitnehmers zu den Anschaffungskosten können im Zahlungsjahr auf den privaten Nutzungswert angerechnet werden (> BFH vom 23. 10. 1992 – BStBl 1993 II S. 195).

Zinsersparnisse

(11) ¹Gewährt der Arbeitgeber oder auf Grund des Dienstverhältnisses ein Dritter dem Arbeitnehmer unverzinsliche oder zinsverbilligte Darlehen, so ist, soweit die Zinsvorteile nicht nach § 8 Abs. 3 EStG zu bewerten sind, aus Vereinfachungsgründen nach folgenden Grundsätzen zu verfahren. ²Die Zinsvorteile sind als Sachbezüge zu versteuern, wenn die Summe der noch nicht getilgten Darlehen am Ende des Lohnzahlungszeitraums 5 000 DM übersteigt. ³Zinsvorteile sind anzunehmen, soweit der Effektivzins für ein Darlehen 5,5 v. H. unterschreitet; dabei sind mehrere Darlehen auch dann getrennt zu beurteilen, wenn sie der Finanzierung eines Objekts dienen und dieselbe Laufzeit haben.

LStR 32. Bezug von Waren und Dienstleistungen (§ 8 Abs. 3 EStG)

(1) ¹Die steuerliche Begünstigung bestimmter Sachbezüge der Arbeitnehmer nach § 8 Abs. 3 EStG setzt folgendes voraus:

1. ...
2. ¹Die Sachbezüge müssen in der Überlassung von Waren oder in Dienstleistungen bestehen. ²Zu den Waren gehören alle Wirtschaftsgüter, die im Wirtschaftsverkehr wie Sachen (§ 90 BGB) behandelt werden, also auch elektrischer Strom und Wärme. ³Als Dienstleistungen kommen alle anderen Leistungen in Betracht, die üblicherweise gegen Entgelt erbracht werden.
3. ¹Auf Rohstoffe, Zutaten und Halbfertigprodukte ist die Begünstigung anwendbar, wenn diese mengenmäßig überwiegend in die Erzeugnisse des Betriebs eingehen. ²Betriebs- und Hilfsstoffe, die mengenmäßig überwiegend nicht an fremde Dritte abgegeben werden, sind nicht begünstigt.
4. ¹Bei jedem einzelnen Sachbezug, für den die Voraussetzungen des § 8 Abs. 3 und des § 40 Abs. 1 oder Abs. 2 Nr. 1 oder 2 EStG gleichzeitig vorliegen, kann zwischen der Pauschalbesteuerung und der Anwendung des § 8 Abs. 3 EStG gewählt werden.

2–5 ...

(2) ¹Der steuerlichen Bewertung der Sachbezüge, die die Voraussetzungen des Absatzes 1 erfüllen, sind die Endpreise (einschließlich der Umsatzsteuer) zugrunde zu legen, zu denen der Arbeitgeber die Waren oder Dienstleistungen fremden Letztverbrauchern im allgemeinen Geschäftsverkehr anbietet. ²⁻⁸... ⁹Der um 4 v. H. geminderte Endpreis ist der Geldwert des Sachbezugs; als Arbeitslohn ist der Unterschiedsbetrag zwischen diesem Geldwert und dem vom Arbeitnehmer gezahlten Entgelt anzusetzen. ¹⁰Arbeitslöhne dieser Art aus demselben Dienstverhältnis bleiben steuerfrei, soweit sie insgesamt den Rabatt-Freibetrag von 2 400 DM im Kalenderjahr nicht übersteigen. **❶**

Anm. d. Schriftl.:

❶ Infolge des Rabattfreibetrages von 2 400 DM können je nach Höhe des gewährten Personalrabatts Lieferungen oder Leistungen des ArbG in unterschiedlicher Höhe bezogen werden, ohne daß dafür Lohnsteuer anfällt. Bis zu einem Personalrabatt von 4 % fällt in keinem Falle Lohnsteuer an.

Hinweise LStH H 32.

Allgemeines

Die Regelung des § 8 Abs. 3 EStG gilt nicht für
- Waren, die der Arbeitgeber überwiegend für seine Arbeitnehmer herstellt, z. B. Kantinenmahlzeiten, oder überwiegend an seine Arbeitnehmer vertreibt und Dienstleistungen, die der Arbeitgeber überwiegend für seine Arbeitnehmer erbringt,
- Sachbezüge, die nach § 40 Abs. 1 oder Abs. 2 Nr. 1 oder 2 EStG pauschal versteuert werden.

In diesen Fällen ist die Bewertung nach § 8 Abs. 2 EStG vorzunehmen.

Anwendung des Rabatt-Freibetrags

Beispiel 1:

Ein Möbelhandelsunternehmen überläßt einem Arbeitnehmer eine Schrankwand zu einem Preis von 6 000 DM; der durch Preisauszeichnung angegebene Endpreis dieser Schrankwand beträgt 9 000 DM.

Zur Ermittlung des Sachbezugswerts ist der Endpreis um 4 v. H. = 360 DM zu kürzen, so daß sich nach Anrechnung des vom Arbeitnehmer gezahlten Entgelts ein Arbeislohn von 2 640 DM ergibt. Dieser Arbeitslohn überschreitet den Rabatt-Freibetrag von 2 400 DM um 240 DM, so daß dieser Betrag zu versteuern ist.

Würde der Arbeitnehmer im selben Kalenderjahr ein weiteres Möbelstück unter denselben Bedingungen beziehen, so käme der Rabatt-Freibetrag nicht mehr in Betracht; es ergäbe sich dann ein zu versteuernder Betrag von 2 640 DM (Unterschiedsbetrag zwischen dem um 4 v. H. = 360 DM geminderten Endpreis von 9 000 DM und dem Abgabepreis von 6 000 DM).

Beispiel 2:

Der Arbeitnehmer eines Reisebüros hat für eine vom Arbeitgeber vermittelte Pauschalreise, die im Katalog des Reiseveranstalters zum Preis von 4 000 DM angeboten wird, nur 3 000 DM zu zahlen. Vom Preisnachlaß entfallen 600 DM auf die Reiseleistung des Veranstalters und 400 DM auf die Vermittlung des Arbeitgebers, der insoweit keine Vermittlungsprovision erhält.

Die unentgeltliche Vermittlungsleistung ist nach § 8 Abs. 3 EStG mit ihrem um 4 v. H. = 16 DM geminderten Endpreis von 400 DM zu bewerten, so daß sich ein Arbeitslohn von 384 DM ergibt, der im Rahmen des Rabatt-Freibetrags von 2 400 DM jährlich steuerfrei ist.

Auf die darüber hinausgehende Verbilligung der Pauschalreise um 600 DM ist der Rabatt-Freibetrag nicht anwendbar, weil die Reiseveranstaltung nicht vom Arbeigeber durchgeführt wird; sie ist deshalb nach § 8 Abs. 2 EStG zu bewerten. Nach R 31 Abs. 2 Satz 9 kann der für die Reiseleistung maßgebende Preis mit 3 456 DM (96 v. H. von 3 600 DM) angesetzt werden, so daß sich ein steuerlicher Preisvorteil von 456 DM ergibt.

Aufteilung eines Sachbezugs

Die Aufteilung eines Sachbezugs zum Zwecke der Lohnsteuerpauschalierung ist nur zulässig, wenn die Pauschalierung der Lohnsteuer beantragt wird und die Pauschalierungsgrenze des § 40 Abs. 1 Satz 3 EStG überschritten wird (BMF vom 28. 4. 1995 – BStBl I S. 273).

Dienstleistungen

Die leih- oder mietweise Überlassung von Grundstücken, Wohnungen, möblierten Zimmern oder von Kraftfahrzeugen, Maschinen und anderen beweglichen Sachen sowie die Gewährung von Darlehen sind Dienstleistungen (> BFH vom 4. 11. 1994 – BStBl 1995 II S. 338).

Weitere Beispiele für Dienstleistungen sind:
- Beförderungsleistungen,

Zu § 9 EStG   **Lohnsteuer** 456

- *Beratung,*
- *Datenverarbeitung,*
- *Kontenführung,*
- *Reiseveranstaltungen,*
- *Versicherungsschutz,*
- *Werbung.*

Endpreis bei Festschreibung des Entgelts
Zur Preisfeststellung in den Fällen, in denen das Entgelt für die Nutzung einer Sache oder der Zins für ein Darlehen für einen bestimmten Zeitraum festgelegt wird, > BMF vom 28. 4. 1995 (BStBl I S. 273).

Endpreis im Einzelhandel
Im Einzelhandel sind die Preise, mit denen die Waren ausgezeichnet werden, die Endpreise im Sinne des § 8 Abs. 3 EStG (> BFH vom 4. 6. 1993 – BStBl II S. 687).

Endpreis in der Automobilindustrie
> BMF vom 30. 1. 1996 (BStBl I S. 114)

Sachbezüge an ehemalige Arbeitnehmer
Sachbezüge, die dem Arbeitnehmer ausschließlich wegen seines früheren oder künftigen Dienstverhältnisses zufließen, sind nach § 8 Abs. 3 EStG zu bewerten (> BFH vom 8. 11. 1996 – BStBl 1997 II S. 330)

Sachbezüge von dritter Seite
- *Erfassung und Bewertung*

  > BMF vom 27. 9. 1993 (BStBl I S. 814)

- *Einschaltung eines Dritten*

  Die Einschaltung eines Dritten ist für die Anwendung des § 8 Abs. 3 EStG unschädlich, wenn der Arbeitnehmer eine vom Arbeitgeber hergestellte Ware auf dessen Veranlassung und Rechnung erhält (> BFH vom 4. 6. 1993 – BStBl II S. 687).

Waren und Dienstleistungen vom Arbeitgeber
- Die Waren oder Dienstleistungen müssen vom Arbeitgeber hergestellt, vertrieben oder erbracht werden (> BFH vom 15. 1. 1993 – BStBl II S. 356).
- Es ist nicht erforderlich, daß die Leistung des Arbeitgebers zu seinem üblichen Geschäftsgegenstand gehört (> BFH vom 7. 2. 1997 – BStBl II S. 363).

Zu § 9 EStG

LStR   **33. Werbungskosten**
(1) [1]Zu den Werbungskosten gehören alle Aufwendungen, die durch den Beruf veranlaßt sind. [2]Werbungskosten, die die Lebensführung des Arbeitnehmers oder anderer Personen berühren, sind nach § 9 Abs. 5 in Verbindung mit § 4 Abs. 5 Satz 1 Nr. 7 EStG insoweit nicht abziehbar, als sie nach der allgemeinen Verkehrsauffassung als unangemessen anzusehen sind. [3]Dieses Abzugsver-

bot betrifft nur seltene Ausnahmefälle; die Werbungskosten müssen erhebliches Gewicht haben und die Grenze der Angemessenheit erheblich überschreiten, wie z. B. Aufwendungen für die Nutzung eines Privatflugzeugs zu einer Dienstreise.

(2) ¹Aufwendungen für Ernährung, Kleidung und Wohnung sowie Repräsentationsaufwendungen sind in der Regel Aufwendungen für die Lebensführung im Sinne des § 12 Nr. 1 EStG. ²Besteht bei diesen Aufwendungen ein Zusammenhang mit der beruflichen Tätigkeit des Arbeitnehmers, so ist zu prüfen, ob und in welchem Umfang die Aufwendungen beruflich veranlaßt sind. ³Hierbei gilt folgendes:

1. Sind die Aufwendungen so gut wie ausschließlich beruflich veranlaßt, z. B. Aufwendungen für typische Berufskleidung (R 20), so sind sie in voller Höhe als Werbungskosten abziehbar.
2. Sind die Aufwendungen nur zum Teil beruflich veranlaßt und läßt sich dieser Teil der Aufwendungen nach objektiven Merkmalen leicht und einwandfrei von den Aufwendungen trennen, die ganz oder teilweise der privaten Lebensführung dienen, so ist dieser Teil der Aufwendungen als Werbungskosten abziehbar; er kann gegebenenfalls geschätzt werden.
3. Lassen sich die Aufwendungen nach ihrer beruflichen Veranlassung (Werbungskosten) und nach ihrer privaten Veranlassung (Aufwendungen für die Lebensführung) nicht nach objektiven Merkmalen leicht und eindeutig trennen oder ist die private Veranlassung nicht nur von untergeordneter Bedeutung, so gehören sie insgesamt zu den nach § 12 Nr. 1 EStG nicht abziehbaren Ausgaben.
4. ¹Aufwendungen für die Ernährung gehören grundsätzlich zu den nach § 12 Nr. 1 EStG nicht abziehbaren Aufwendungen für die Lebensführung. ²Das Abzugsverbot nach § 12 Nr. 1 EStG gilt jedoch nicht für Verpflegungsmehraufwendungen, die z. B. als Reisekosten (R 39) oder wegen einer aus beruflichem Anlaß begründeten doppelten Haushaltsführung (R 43) so gut wie ausschließlich durch die berufliche Tätigkeit veranlaßt sind.

(3) Die Annahme von Werbungskosten setzt nicht voraus, daß im selben Kalenderjahr, in dem die Aufwendungen geleistet werden, Arbeitslohn zufließt.

(4) ¹Ansparleistungen für beruflich veranlaßte Aufwendungen, z. B. Beiträge an eine Kleiderkasse zur Anschaffung typischer Berufskleidung, sind noch keine Werbungskosten; angesparte Beträge können erst dann abgezogen werden, wenn sie als Werbungskosten verausgabt worden sind. ²Hat ein Arbeitnehmer beruflich veranlaßte Aufwendungen dadurch erspart, daß er entsprechende Sachbezüge erhalten hat, so steht der Wert der Sachbezüge entsprechenden Aufwendungen gleich; die Sachbezüge sind vorbehaltlich der Abzugsbeschränkungen nach § 9 Abs. 1 Satz 3 Nr. 4, 5, 7 und Abs. 5 EStG mit dem Wert als Werbungskosten abziehbar, mit dem sie als steuerpflichtiger Arbeitslohn erfaßt worden sind. ³Steuerfreie Bezüge schließen entsprechende Werbungskosten aus.

Hinweise LStH H 33.

Aufteilungs- und Abzugsverbot

BFH vom 19. 10. 1970 – BStBl 1971 II S. 17 und 21

Auslandstätigkeit

Die auf eine Auslandstätigkeit entfallenden Werbungskosten, die nicht eindeutig den steuerfreien oder steuerpflichtigen Bezügen zugeordnet werden können, sind regelmäßig zu dem Teil nicht abziehbar, der dem Verhältnis der steuerfreien Einnahmen zu den Gesamteinnahmen während der Auslandstätigkeit entspricht (BFH vom 11. 2. 1993 – BStBl II S. 450).

Berufliche Veranlassung

Eine berufliche Veranlassung setzt voraus, daß objektiv ein Zusammenhang mit dem Beruf besteht und in der Regel subjektiv die Aufwendungen zur Förderung des Berufs gemacht werden (BFH vom 28. 11. 1980 – BStBl 1981 II S. 368).

Bewirtungskosten

Bewirtungskosten eines Arbeitnehmers anläßlich persönlicher Ereignisse sind nicht als Werbungskosten abziehbar (BFH vom 4. 12. 1992 – BStBl 1993 II S. 350, vom 19. 2. 1993 – BStBl II S. 403 und vom 15. 7. 1994 – BStBl II S. 896).

Bürgerliche Kleidung

Aufwendungen für bürgerliche Kleidung sind auch bei außergewöhnlich hohen Aufwendungen nicht als Werbungskosten abziehbar (BFH vom 6. 7. 1989 – BStBl 1990 II S. 49).

Einbürgerung

Aufwendungen für die Einbürgerung sind nicht als Werbungskosten abziehbar (BFH vom 18. 5. 1984 – BStBl II S. 588).

Ernährung

Aufwendungen für die Ernährung am Ort der regelmäßigen Arbeitsstätte sind auch dann nicht als Werbungskosten abziehbar, wenn der Arbeitnehmer berufsbedingt arbeitstäglich überdurchschnittlich oder ungewöhnlich lange von seiner Wohnung abwesend ist (BFH vom 21. 1. 1994 – BStBl II S. 418).

Geschenke

Geschenke eines Arbeitnehmers anläßlich persönlicher Feiern sind nicht als Werbungskosten abziehbar (BFH vom 1. 7. 1994 – BStBl 1995 II S. 273).

Körperpflege und Kosmetika

Aufwendungen für Körperpflege und Kosmetika sind auch bei außergewöhnlich hohen Aufwendungen nicht als Werbungskosten abziehbar (BFH vom 6. 7. 1989 – BStBl 1990 II S. 49).

Kontoführungsgebühren

Kontoführungsgebühren sind Werbungskosten, soweit sie durch Gutschriften von Einnahmen aus dem Dienstverhältnis und durch beruflich veranlaßte Überweisungen entstehen. Pauschale Kontoführungsgebühren sind ggf. nach dem Verhältnis beruflich und privat veranlaßter Kontenbewegungen aufzuteilen (BFH vom 9. 5. 1984 – BStBl II S. 560).

Kunstgegenstände

Aufwendungen für die Ausschmückung eines Dienstzimmers sind nicht als Werbungskosten abziehbar (BFH vom 12. 3. 1993 – BStBl II S. 506).

Mittagsheimfahrten

Im Zusammenhang mit der Einnahme eines arbeitstäglichen Mittagessens entstehende Fahrtkosten vom Ort der regelmäßigen Arbeitsstätte sind nicht als Werbungskosten abziehbar (BFH vom 18. 12. 1992 – BStBl 1993 II S. 505).

Nachträgliche Werbungskosten

Werbungskosten können auch im Hinblick auf ein früheres Dienstverhältnis entstehen (BFH vom 14. 10. 1960 – BStBl 1961 III S. 20).

Psychoseminar
Aufwendungen für die Teilnahme an psychologischen Seminaren, die nicht auf den konkreten Beruf zugeschnittene psychologische Kenntnisse vermitteln, sind auch dann nicht als Werbungskosten abziehbar, wenn der Arbeitgeber für die Teilnahme an den Seminaren bezahlten Bildungsurlaub gewährt (BFH vom 6. 3. 1995 – BStBl II S. 393).

Reinigung von typischer Berufskleidung in privater Waschmaschine
H 44 (Berufskleidung)

Strafverteidigungskosten
Aufwendungen für die Strafverteidigung können Werbungskosten sein, wenn der Schuldvorwurf durch berufliches Verhalten veranlaßt war (BFH vom 19. 2. 1982 – BStBl II S. 467).

Telefonkosten
Telefonkosten sind Werbungskosten, soweit sie auf betrieblich veranlaßte Telefongespräche in der Wohnung des Arbeitnehmers entfallen und vom Arbeitgeber nicht nach § 3 Nr. 50 EStG steuerfrei ersetzt werden (> BMF vom 11. 6. 1990 – BStBl I S. 290 und vom 14. 10. 1993 – BStBl I S. 908).

Verlorener Zuschuß eines Gesellschafter-Geschäftsführers
Gewährt der Gesellschafter-Geschäftsführer einer GmbH, an der er nicht nur unwesentlich beteiligt ist, einen verlorenen Zuschuß, ist die Berücksichtigung als Werbungskosten regelmäßig abzulehnen (BFH vom 26. 11. 1993 – BStBl 1994 II S. 242).

Verlust einer Beteiligung an einer GmbH
Der Verlust einer Beteiligung an einer GmbH kann selbst dann nicht als Werbungskosten berücksichtigt werden, wenn die Beteiligung am Stammkapital der GmbH Voraussetzung für die Beschäftigung als Arbeitnehmer der GmbH war (BFH vom 12. 5. 1995 – BStBl II S. 644).

Verlust einer Darlehensforderung gegen den Arbeitgeber
Der Verlust einer Darlehensforderung gegen den Arbeitgeber ist als Werbungskosten zu berücksichtigen, wenn der Arbeitnehmer das Risiko, die Forderung zu verlieren, aus beruflichen Gründen bewußt auf sich genommen hat (BFH vom 7. 5. 1993 – BStBl II S. 663).

Videorecorder
Aufwendungen für einen Videorecorder sind – ohne Nachweis der weitaus überwiegenden beruflichen Nutzung – nicht als Werbungskosten abziehbar (BFH vom 27. 9. 1991 – BStBl 1992 II S. 195).

Vorweggenommene Werbungskosten
Werbungskosten können auch im Hinblick auf ein künftiges Dienstverhältnis entstehen (BFH vom 4. 8. 1961 – BStBl 1962 III S. 5 und vom 3. 11. 1961 – BStBl 1962 III S. 123). Der Berücksichtigung dieser Werbungskosten steht es nicht entgegen, daß der Arbeitnehmer Arbeitslosengeld oder sonstige für seinen Unterhalt bestimmte steuerfreie Leistungen erhält (BFH vom 4. 3. 1977 – BStBl II S. 507), ggf. kommt ein Verlustabzug nach § 10d EStG in Betracht.

Werbegeschenke
Aufwendungen eines Arbeitnehmers für Werbegeschenke an Kunden seines Arbeitgebers sind Werbungskosten, wenn er sie tätigt, um die Umsätze seines Arbeitgebers und damit seine erfolgsabhängigen Einkünfte zu steigern (BFH vom 13. 1. 1984 – BStBl II S. 315); die nach § 4 Abs. 5 Satz 1 Nr. 1 EStG maßgebende Wertgrenze von 75 DM ist zu beachten (§ 9 Abs. 5 EStG).

Zu § 9 EStG

Zusammenhang mit dem Beruf
Ein Zusammenhang mit dem Beruf ist gegeben, wenn die Aufwendungen in einem wirtschaftlichen Zusammenhang mit der auf Einnahmeerzielung gerichteten Tätigkeit des Arbeitnehmers stehen (BFH vom 1. 10. 1982 – BStBl 1983 II S. 17).

LStR 34. Aufwendungen für die Aus- und Fortbildung

¹Der Erwerb von Kenntnissen, die als Grundlage für eine Berufsausübung notwendig sind, vollzieht sich im Bereich der Ausbildung. ²Hierdurch entstehende Aufwendungen gehören grundsätzlich als Ausbildungskosten zu den Aufwendungen für die Lebensführung und sind nur als Sonderausgaben im Rahmen des § 10 Abs. 1 Nr. 7 EStG steuerlich abziehbar (R 103 EStR). ³Im Gegensatz zu den als Sonderausgaben abziehbaren Ausbildungskosten stellen Fort- oder Weiterbildungskosten, d. h. Aufwendungen, die ein Arbeitnehmer leistet, um seine Kenntnisse und Fertigkeiten im ausgeübten Beruf zu erhalten, zu erweitern oder den sich ändernden Anforderungen anzupassen, Werbungskosten dar. ⁴Wird eine Ausbildung durch Teilabschlüsse gesplittet, führt dies nicht dazu, daß teilweise Fortbildungskosten entstehen. ⁵Die Aufwendungen, die durch die Teilnahme an einer Fortbildungsveranstaltung veranlaßt sind, können gegebenenfalls in sinngemäßer Anwendung von R 37 bis 43 als Werbungskosten berücksichtigt werden.

▶ **Hinweise LStH H 34.**

Ausbildungsdienstverhältnis
Die Grundsätze für die Abgrenzung zwischen Ausbildungs- und Fortbildungskosten reichen in vielen Fällen dann allein nicht aus, wenn die in der Ausbildung befindlichen Personen während der Ausbildung Bezüge, z. B. Unterhaltszuschüsse oder Beihilfen, auf Grund eines zum Zwecke dieser Ausbildung eingegangenen oder fortbestehenden Dienstverhältnisses erhalten. Sind diese Bezüge Arbeitslohn im Sinne des § 19 EStG, so können die im Rahmen eines solchen Dienstverhältnisses entstehenden Aufwendungen für die berufliche Bildung Werbungskosten sein, wenn das Dienstverhältnis im wesentlichen Maße durch die Ausbildung geprägt wird. Dabei kann es sich auch um die Kosten für ein Hochschul- oder Fachhochschulstudium handeln (BFH vom 28. 9. 1984 – BStBl 1985 II S. 87 und 89).

Einzelfälle von Aufwendungen für Ausbildungsdienstverhältnisse:

– *Aufwendungen eines Referendars zur Vorbereitung auf das zweite Staatsexamen (BFH vom 10. 12. 1971 – BStBl 1972 II S. 251)*
– *Aufwendungen eines Beamtenanwärters (BFH vom 21. 1. 1972 – BStBl II S. 261)*
– *Aufwendungen von zum Studium abkommandierten oder beurlaubten Bundeswehroffizieren (BFH vom 7. 11. 1980 – BStBl 1981 II S. 216 und vom 28. 9. 1984 – BStBl 1985 II S. 87)*
– *Aufwendungen eines zur Erlangung der mittleren Reife abkommandierten Zeitsoldaten (BFH vom 28. 9. 1984 – BStBl 1985 II S. 89)*
– *Aufwendungen eines für ein Promotionsstudium beurlaubten Geistlichen (BFH vom 7. 8. 1987 – BStBl II S. 780)*

Berufsausbildungskosten
H 103 EStH

Erststudium
H 103 (Studium) EStH

Fortbildungskosten

Als Werbungskosten abziehbar sind die Aufwendungen, die die eigentliche Dienstleistung zum Zweck der Fortbildung mit sich bringt, insbesondere

– *Aufwendungen für Fahrten zwischen Wohnung und Arbeitsstätte (BFH vom 12. 8. 1983 – BStBl II S. 718),*
– *Aufwendungen wegen doppelter Haushaltsführung oder Reisekosten, z. B. bei einem Wechsel der Ausbildungsstätten (BFH vom 4. 5. 1990 – BStBl II S. 856, 859, 861),*
– *Aufwendungen zur Vorbereitung auf eine im Rahmen dieser Ausbildung vorgesehene Abschlußprüfung, z. B. Aufwendungen für Fachliteratur sowie Gebühren und Reisekosten für den Besuch von Kursen und Repetitorien (BFH vom 10. 12. 1971 – BStBl 1972 II S. 251).*

Fortbildungskosten als vorweggenommene Werbungskosten

Fortbildungskosten können bereits vor Aufnahme einer Berufstätigkeit entstehen, wenn nach dem Abschluß einer Berufsausbildung weitere Maßnahmen ergriffen werden, die der Fortbildung in dem erlernten Beruf dienen; es muß jedoch ein ausreichend klarer wirtschaftlicher, nicht unbedingt zeitlicher Zusammenhang mit einer angestrebten Anstellung bestehen (BFH vom 20. 10. 1978 – BStBl 1979 II S. 114 und vom 18. 4. 1996 – BStBl II S. 529). Das gilt auch für Weiterbildungsmaßnahmen während der Arbeitslosigkeit (BFH vom 18. 4. 1996 – BStBl II S. 482 und 529).

Fremdsprachenunterricht

Aufwendungen zum Erlernen von Grundkenntnissen in einer gängigen Fremdsprache sind regelmäßig keine Fortbildungskosten (BFH vom 22. 7. 1993 – BStBl II S. 787 und vom 26. 11. 1993 – BStBl 1994 II S. 248). Aufwendungen für eine zur Erteilung von Fremdsprachenunterricht in den eigenen Haushalt aufgenommene Lehrperson sind selbst bei einem konkreten Bezug zur Berufstätigkeit keine Fortbildungskosten (BFH vom 8. 10. 1993 – BStBl 1994 II S. 114).

Klassenfahrt

Aufwendungen eines Berufsschülers für eine im Rahmen eines Ausbildungsdienstverhältnisses als verbindliche Schulveranstaltung durchgeführte Klassenfahrt sind in der Regel Werbungskosten (BFH vom 7. 2. 1992 – BStBl II S. 531).

Meisterprüfung

Aufwendungen eines nichtselbständig tätigen Handwerksgesellen für die Meisterprüfung sind Fortbildungskosten (BFH vom 15. 12. 1989 – BStBl 1990 II S. 692).

Promotion

H 103 EStH

Steuerberaterprüfung

Aufwendungen eines in einem Steuerberatungsunternehmen beschäftigten Diplom-Kaufmanns oder eines Finanzbeamten für die Steuerberaterprüfung sind Fortbildungskosten (BFH vom 19. 1. 1990 – BStBl II S. 572 und vom 6. 11. 1992 – BStBl 1993 II S. 108).

Studienreisen und Fachkongresse

R 117a EStR

Studium

H 103 EStH

Zweitstudium

Aufwendungen für ein Studium mit dem Abschluß „Master of Business Administration (MBA)" können Fortbildungskosten sein, wenn ein abgeschlossenes Hochschulstudium Zulassungsvoraussetzung ist (BFH vom 19. 4. 1996 – BStBl II S. 452).

LStR   36. Ausgaben im Zusammenhang mit Berufsverbänden

(1) ¹Ausgaben bei Veranstaltungen des Berufsstands, des Berufsverbands, des Fachverbands oder der Gewerkschaft eines Arbeitnehmers, die der Förderung des Allgemeinwissens der Teilnehmer dienen, sind nicht Werbungskosten, sondern Aufwendungen für die Lebensführung. ²Um nicht abziehbare Aufwendungen für die Lebensführung handelt es sich insbesondere stets bei den Aufwendungen, die der Arbeitnehmer aus Anlaß von gesellschaftlichen Veranstaltungen der bezeichneten Organisation gemacht hat, und zwar auch dann, wenn die gesellschaftlichen Veranstaltungen im Zusammenhang mit einer rein fachlichen oder beruflichen Tagung oder Sitzung standen.

(2) ¹Bestimmte Veranstaltungen von Berufsständen und Berufsverbänden dienen dem Zweck, die Teilnehmer im Beruf fortzubilden, z. B. Vorlesungen bei Verwaltungsakademien oder Volkshochschulen, Fortbildungslehrgänge, fachwissenschaftliche Lehrgänge, fachliche Vorträge. ²Ausgaben, die dem Teilnehmer bei solchen Veranstaltungen entstehen, können Werbungskosten sein.

Hinweise   LStH   H 36.

Ehrenamtliche Tätigkeit

Aufwendungen eines Arbeitnehmers im Zusammenhang mit einer ehrenamtlichen Tätigkeit für seine Gewerkschaft oder seinen Berufsverband können Werbungskosten sein (BFH vom 28. 11. 1980 – BStBl 1981 II S. 368 und vom 2. 10. 1992 – BStBl 1993 II S. 53).

Mitgliedsbeiträge an einen Interessenverband

Mitgliedsbeiträge an einen Interessenverband sind Werbungskosten, wenn dieser als Berufsverband auch die spezifischen beruflichen Interessen des Arbeitnehmers vertritt. Dies ist nicht nur nach der Satzung, sondern auch nach der tatsächlichen Verbandstätigkeit zu beurteilen (BFH vom 13. 8. 1993 – BStBl 1994 II S. 33).

...

LStR   37. Reisekosten

Reisekostenbegriff

(1) ¹Reisekosten sind Fahrtkosten (R 38), Verpflegungsmehraufwendungen (R 39), Übernachtungskosten (R 40) und Reisenebenkosten (R 40a), wenn diese so gut wie ausschließlich durch die berufliche Tätigkeit des Arbeitnehmers außerhalb seiner Wohnung und einer ortsgebundenen regelmäßigen Arbeitsstätte (Absatz 2) veranlaßt sind. ²Der beruflichen Tätigkeit eines Arbeitnehmers steht der Vorstellungsbesuch eines Stellenbewerbers gleich, auch wenn dieser keine regelmäßige Arbeitsstätte hat. ³Erledigt der Arbeitnehmer im Zusammenhang mit seiner beruflichen Tätigkeit auch in einem mehr als geringfügigen Umfang private Angelegenheiten, so sind die beruflich veranlaßten von den privat veranlaßten Aufwendungen zu trennen. ⁴Ist das nicht – auch nicht durch Schätzung – leicht und einwandfrei möglich, so gehören die gesamten Aufwendungen zu den nach § 12 EStG nicht abziehbaren Aufwendungen für die Lebensführung. ⁵Aufwendungen, die nicht so gut wie ausschließlich durch die berufliche Tätigkeit veranlaßt sind, z. B. Beklei-

dungskosten, sowie Aufwendungen für die Anschaffung von Koffern und anderer Reiseausrüstungen, sind keine Reisekosten. [6]Für die steuerliche Berücksichtigung der Reisekosten sind zu unterscheiden:

1. Dienstreise (Absatz 3)
2. Fahrtätigkeit (Absatz 4)
3. Einsatzwechseltätigkeit (Absatz 5)

[7]Anlaß und Art der beruflichen Tätigkeit, die Reisedauer und den Reiseweg hat der Arbeitnehmer aufzuzeichnen und anhand geeigneter Unterlagen, z. B. Fahrtenbuch (R 31 Abs. 9 Nr. 2 Satz 3), Tankquittungen, Hotelrechnungen, Schriftverkehr, nachzuweisen oder glaubhaft zu machen.

Einfügung der Schriftl.: Reisekosten bei Auswärtstätigkeit im Inland
Übersicht:

Abgrenzung	Regelmäßige Arbeitsstätte am Betriebssitz		
	Ja	nein	
	Dienstreise	Fahrtätigkeit	Einsatzwechseltätigkeit
Verpflegungskosten	24 Stunden Abwesenheit pro Tag Pauschale einheitlich 46 DM 14 Stunden Abwesenheit pro Tag Pauschale einheitlich 20 DM 8 Stunden Abwesenheit pro Tag Pauschale einheitlich 10 DM		
	Dreimonatsfrist beachten	Dreimonatsfrist ohne Bedeutung	
Fahrtkosten	ArbN-Fahrzeug: tats. Kosten auf Nachweis oder 0,58 DM/km Firmenwagen: Keine Werbungskosten	Fahrten zwischen Wohnung und Standort zählen als Fahrten zwischen Wohnung und Arbeitsstätte	Fahrten zwischen Wohnung und Einsatzstelle a) mehr als 30 km Die ersten 3 Monate wie bei Dienstreisen Folgezeit = Fahrten zwischen Wohnung/Arbeitsstätte b) Innerhalb 30 km Fahrten zwischen Wohnung/Arbeitsstätte c) Täglich mehrfacher Ortswechsel wie bei Dienstreisen
Übernachtungskosten	In nachgewiesener Höhe absetzbar[1]		
Erstattung durch den Arbeitgeber	Die als Werbungskosten abziehbaren Beträge können vom ArbG steuerfrei erstattet werden. Ausnahme Übernachtungskosten: Der ArbG kann für jede Übernachtung pauschal 39 DM steuerfrei erstatten. Das gilt aber nicht für Fahrtätigkeit.		

[1]Bei Einsatzwechseltätigkeit ist doppelte Haushaltsführung möglich.

Regelmäßige Arbeitsstätte

(2) [1]Regelmäßige Arbeitsstätte ist der ortsgebundene Mittelpunkt der dauerhaft angelegten beruflichen Tätigkeit des Arbeitnehmers, z. B. Betrieb oder Zweigbetrieb. [2]Der Arbeitnehmer muß an diesem Mittelpunkt wenigstens einen Teil der ihm insgesamt übertragenen Arbeiten verrichten. [3]Bei einem Arbeitnehmer, der außerhalb des Betriebs tätig wird, kann der Betrieb ohne weitere Ermittlungen als regelmäßige Arbeitsstätte anerkannt werden, wenn er regelmäßig in der Woche mindestens 20 v. H. seiner vertraglichen Arbeitszeit oder durchschnittlich im Kalenderjahr an einem Arbeitstag je Arbeitswoche im Betrieb tätig wird.

Dienstreise

(3) ¹Eine Dienstreise ist ein Ortswechsel einschließlich der Hin- und Rückfahrt aus Anlaß einer vorübergehenden Auswärtstätigkeit. ²Eine Auswärtstätigkeit liegt vor, wenn der Arbeitnehmer außerhalb seiner Wohnung und seiner regelmäßigen Arbeitsstätte beruflich tätig wird. ³Bei einer längerfristigen vorübergehenden Auswärtstätigkeit an derselben Tätigkeitsstätte ist nur für die ersten drei Monate eine Dienstreise anzuerkennen; nach Ablauf der Dreimonatsfrist ist die auswärtige Tätigkeitsstätte als neue regelmäßige Arbeitsstätte anzusehen. ⁴Im übrigen gilt folgendes:

1. ¹Eine urlaubs- oder krankheitsbedingte Unterbrechung der Auswärtstätigkeit an derselben Tätigkeitsstätte hat auf den Ablauf der Dreimonatsfrist keinen Einfluß. ²Andere Unterbrechungen, z. B. durch vorübergehende Tätigkeit an der regelmäßigen Arbeitsstätte, führen nur dann zu einem Neubeginn der Dreimonatsfrist, wenn die Unterbrechung mindestens vier Wochen gedauert hat.

2. ¹Bei auswärtigen Tätigkeitsstätten, die sich infolge der Eigenart der Tätigkeit laufend örtlich verändern, z. B. bei dem Bau einer Autobahn oder der Montage von Hochspannungsleitungen, gilt die Dreimonatsfrist nicht. ²Sie gilt ebenfalls nicht für Arbeitnehmer, die über einen längeren Zeitraum hinweg eine Auswärtstätigkeit an täglich mehrmals wechselnden Tätigkeitsstätten innerhalb einer Gemeinde oder deren Umgebung ausüben, z. B. Reisevertreter.

⁵Für die Berücksichtigung von Fahrtkosten gelten auch Fahrten zwischen mehreren regelmäßigen Arbeitsstätten in demselben Dienstverhältnis oder innerhalb eines weiträumigen Arbeitsgebietes von einer Tätigkeitsstätte zur nächsten als Dienstreisen.

Fahrtätigkeit [1]

(4) ¹Eine Fahrtätigkeit liegt bei Arbeitnehmern vor, die ihre Tätigkeit auf einem Fahrzeug ausüben, z. B. Berufskraftfahrer, Beifahrer, Müllfahrzeugführer, Beton- und Kiesfahrer, Lokführer und Zugbegleitpersonal. ²Übt der Arbeitnehmer vorübergehend eine für ihn untypische Tätigkeit aus (z. B. Teilnahme an einer Fortbildungsveranstaltung), gilt das Fahrzeug als regelmäßige Arbeitsstätte. ³Eine Fahrtätigkeit liegt regelmäßig nicht vor bei Polizeibeamten im Streifendienst, Zollbeamten im Grenzaufsichtsdienst, Kraftfahrern im Zustelldienst, Verkaufsfahrern, Kundendienstmonteuren und Fahrlehrern sowie bei Binnenschiffern und Seeleuten, die auf dem Schiff eine Unterkunft haben.

Einsatzwechseltätigkeit

(5) ¹Eine Einsatzwechseltätigkeit liegt bei Arbeitnehmern vor, die bei ihrer individuellen beruflichen Tätigkeit typischerweise nur an ständig wechselnden Tätigkeitsstätten eingesetzt werden; dies gilt auch für Leiharbeitnehmer. ²Absatz 4 Satz 2 gilt entsprechend. ³Für die Anerkennung einer Einsatzwechseltätigkeit ist die Anzahl der während eines Kalenderjahrs erreichten Tätigkeitsstätten ohne Bedeutung.

Anm. d. Schriftl.:

[1] Zur Abgrenzung einer Dienstreise von einer Fahrtätigkeit oder Einsatzwechseltätigkeit ab 1996 siehe auch BMF-Schreiben vom 5. 6. 1996 – BStBl 1996 I S. 657.

Hinweise LStH H 37.

Dreimonatsfrist bei Dienstreisen

Eine Unterbrechung durch vorübergehende Rückkehr des Arbeitnehmers in den Betrieb von weniger als vier Wochen führt nicht zu einer Verlängerung der Dreimonatsfrist (BFH vom 19. 7. 1996 – BStBl 1997 II S. 95).

Einsatzwechseltätigkeit

Eine Einsatzwechseltätigkeit üben regelmäßig aus:
- Bau- und Montagearbeiter (BFH vom 31. 10. 1973 – BStBl 1974 II S. 258 und vom 11. 7. 1980 – BStBl 1980 II S. 654),
- Mitglieder einer Betriebsreserve für Filialbetriebe (BFH vom 20. 11. 1987 – BStBl 1988 II S. 443),
- Auszubildende, bei denen keine Ausbildungsstätte als Mittelpunkt ihrer Ausbildungstätigkeit angesehen werden kann (BFH vom 4. 5. 1990 – BStBl 1990 II S. 856 und vom 10. 10. 1994 – BStBl 1995 II S. 137).

Der Einsatz an verschiedenen Stellen innerhalb eines weiträumigen Arbeitsgebietes ist keine Einsatzwechseltätigkeit (BFH vom 19. 2. 1982 – BStBl 1983 II S. 466).

Fahrtätigkeit

Eine Fahrtätigkeit üben regelmäßig aus:
- Linienbusführer (BFH vom 8. 8. 1986 – BStBl 1986 II S. 824 und vom 18. 9. 1986 – BStBl 1987 II S. 128),
- Straßenbahnführer (BFH vom 8. 8. 1986 – BStBl 1986 II S. 828),
- Taxifahrer (BFH vom 8. 8. 1986 – BStBl 1987 II S. 184).

Regelmäßige Arbeitsstätte

Es muß sich aus der Häufigkeit des Aufenthalts im Betrieb und dem Umfang der dort ausgeübten Tätigkeiten ergeben, daß der Betrieb beruflicher Mittelpunkt des Arbeitnehmers ist (BFH vom 11. 5. 1979 – BStBl II S. 474) und im Vergleich zu vorübergehenden Tätigkeitsstätten ein eindeutiges und bestimmendes Übergewicht besitzt. Voraussetzung ist, daß der Arbeitnehmer nach Auswärtstätigkeiten immer wieder in den Betrieb zurückkehrt, um dort vom zeitlichen Ablauf einen wesentlichen Teil seiner Arbeitsleistung zu erbringen (BFH vom 10. 10. 1994 – BStBl 1995 II S. 137).

Vorübergehende Auswärtstätigkeit

Eine Auswärtstätigkeit ist **vorübergehend,** wenn der Arbeitnehmer voraussichtlich an die regelmäßige Arbeitsstätte zurückkehren und dort seine berufliche Tätigkeit fortsetzen wird (BFH vom 10. 10. 1994 – BStBl 1995 II S. 137). Eine Auswärtstätigkeit ist **nicht vorübergehend,** wenn nach dem Gesamtbild der Verhältnisse anzunehmen ist, daß die auswärtige Tätigkeitsstätte vom ersten Tag an regelmäßige Arbeitsstätte geworden ist, z. B. bei einer Versetzung (BFH vom 10. 10. 1994 a. a. O. betr. einen Soldaten, der im Rahmen seiner Ausbildung an die jeweiligen Lehrgangsorte versetzt worden ist). Eine längerfristige vorübergehende Auswärtstätigkeit ist noch als dieselbe Dienstreise zu beurteilen, wenn der Arbeitnehmer nach einer Unterbrechung die Auswärtstätigkeit mit gleichem Inhalt, am gleichen Ort und im zeitlichen Zusammenhang mit der bisherigen Tätigkeit ausübt (BFH vom 19. 7. 1996 – BStBl 1997 II S. 95).

LStR   38. Fahrtkosten als Reisekosten

Allgemeines

(1) ¹Fahrtkosten sind die tatsächlichen Aufwendungen, die dem Arbeitnehmer durch die persönliche Benutzung eines Beförderungsmittels entstehen. ²Bei öffentlichen Verkehrsmitteln ist der entrichtete Fahrpreis einschließlich etwaiger Zuschläge anzusetzen. ³Benutzt der Arbeitnehmer sein Fahrzeug, so ist der Teilbetrag der jährlichen Gesamtkosten dieses Fahrzeugs anzusetzen, der dem Anteil der zu berücksichtigenden Fahrten an der Jahresfahrleistung entspricht. ⁴Der Arbeitnehmer kann auf Grund der für einen Zeitraum von zwölf Monaten ermittelten Gesamtkosten für das von ihm gestellte Fahrzeug einen Kilometersatz errechnen, der so lange angesetzt werden darf, bis sich die Verhältnisse wesentlich ändern, z. B. bis zum Ablauf des Abschreibungszeitraums oder bis zum Eintritt veränderter Leasingbelastungen. ⁵Für den Ansatz der Absetzungen für Abnutzung ist R 44 Satz 3 sinngemäß anzuwenden. ⁶Abweichend von Satz 3 können die Fahrtkosten auch mit pauschalen Kilometersätzen angesetzt werden, die das Bundesministerium der Finanzen im Einvernehmen mit den obersten Finanzbehörden der Länder nach der höchsten Wegstrecken- und Mitnahmeentschädigung nach dem Bundesreisekostengesetz festsetzt. **1**

Fahrtätigkeit

(2) Bei einer Fahrtätigkeit sind die Aufwendungen für die Fahrten zwischen Wohnung und Betrieb, Standort, Fahrzeugdepot oder Einsatzstelle entweder, wenn der Einsatzort nicht ständig wechselt, als Aufwendungen für Fahrten zwischen Wohnung und Arbeitsstätte nach R 42 oder, wenn der Einsatzort ständig wechselt, als Aufwendungen für Fahrten bei einer Einsatzwechseltätigkeit nach Absatz 3 zu berücksichtigen.

Einsatzwechseltätigkeit

(3) ¹Bei einer Einsatzwechseltätigkeit können die Fahrtkosten grundsätzlich nur dann als Reisekosten angesetzt werden, wenn die Entfernung zwischen Wohnung und Einsatzstelle mehr als 30 km beträgt. ²Werden an einem Arbeitstag mehrere Einsatzstellen aufgesucht, können die Fahrtkosten insgesamt als Reisekosten berücksichtigt werden, wenn mindestens eine der Einsatzstellen mehr als 30 km von der Wohnung entfernt ist. ³Hat der Arbeitnehmer mehrere Wohnungen, muß die Entfernungsvoraussetzung für sämtliche Wohnungen erfüllt sein. ⁴Für die Entfernungsberechnung ist bei Benutzung öffentlicher Verkehrsmittel die Fahrtstrecke, z. B. die Tarifentfernung, in anderen Fällen die kürzeste benutzbare Straßenverbindung maßgebend. ⁵Bei Benutzung eines eigenen Kraftfahrzeugs kann auch eine andere offensichtlich verkehrsgünstigere Straßenverbindung zugrunde gelegt werden. ⁶Bei einem weiträumigen Arbeitsgebiet ist für die Entfernungsberechnung die Stelle maßgebend, an der das Arbeitsgebiet verlassen wird.

Erstattung durch den Arbeitgeber

(4) ¹Der Arbeitnehmer hat seinem Arbeitgeber Unterlagen vorzulegen, aus denen die Voraussetzungen für die Steuerfreiheit der Erstattung und, soweit die Fahrtkosten bei Benutzung eines privaten Fahrzeugs nicht mit den pauschalen Kilometersätzen nach Absatz 1 Satz 6 erstattet werden, auch die tatsächlichen Gesamtkosten des Fahrzeugs ersichtlich sein müssen. ²Der Arbeitgeber hat diese Unterlagen als Belege zum Lohnkonto aufzubewahren. ³Erstattet der Arbeitgeber die pauschalen Kilometersätze, hat er nicht zu prüfen, ob dies zu einer unzutreffenden Besteuerung führt.

Anm. d. Schriftl.:

1 Ab dem 1. 1. 2001 gilt bei einem Kraftwagen ein pauschaler Kilometersatz von 0,58 DM je Fahrtkilometer.

Hinweise LStH H 38.

Dienstreisen
Bei Dienstreisen können Aufwendungen für folgende Fahrten als Reisekosten angesetzt werden:
1. Fahrten zwischen Wohnung oder regelmäßiger Arbeitsstätte und auswärtiger Tätigkeitsstätte oder Unterkunft im Sinne der Nummer 3 einschließlich sämtlicher Zwischenheimfahrten (BFH vom 17. 12. 1976 – BStBl 1977 II S. 294 und vom 24. 4. 1992 – BStBl II S. 664); zur Abgrenzung dieser Fahrten von den Fahrten zwischen Wohnung und regelmäßiger Arbeitsstätte H 42 (Dienstliche Verrichtungen auf der Fahrt, Fahrtkosten),
2. innerhalb desselben Dienstverhältnisses Fahrten zwischen mehreren auswärtigen Tätigkeitsstätten, mehreren regelmäßigen Arbeitsstätten (BFH vom 9. 12. 1988 – BStBl 1989 II S. 296) oder innerhalb eines weiträumigen Arbeitsgebietes und
3. Fahrten zwischen einer Unterkunft am Ort der auswärtigen Tätigkeitsstätte oder in ihrem Einzugsbereich und auswärtiger Tätigkeitsstätte (BFH vom 17. 12. 1976 – BStBl II 1977 S. 294).

Einsatzwechseltätigkeit
– Die Aufwendungen für Fahrten zwischen Wohnung und Einsatzstelle sind nur als Reisekosten zu behandeln (R 38 Abs. 3), soweit die Dauer der Tätigkeit an derselben Einsatzstelle nicht über drei Monate hinausgeht (BFH vom 10. 10. 1994 – BStBl 1995 II S. 137). Zum Ablauf der Dreimonatsfrist sinngemäß R 37 Abs. 3.
– Ist die Tätigkeit im wesentlichen durch den täglichen mehrfachen Ortswechsel geprägt, liegen unabhängig von der 30-km-Grenze und der Dreimonatsfrist Reisekosten vor (BFH vom 2. 2. 1994 – BStBl II S. 422).
– Die Fahrten zwischen Wohnung und Einsatzstelle sind als Fahrten zwischen Wohnung und Arbeitsstätte nach R 42 zu behandeln, soweit die Fahrten von der Wohnung ständig zu einem gleichbleibenden Treffpunkt führen, von dem der Arbeitnehmer vom Arbeitgeber zur jeweiligen Einsatzstelle weiterbefördert wird (BFH vom 11. 7. 1980 – BStBl II S. 653).

Einzelnachweis
– Zu den Gesamtkosten eines Fahrzeugs gehören die Betriebsstoffkosten, die Wartungs- und Reparaturkosten, die Kosten einer Garage am Wohnort, die Kraftfahrzeugsteuer, die Aufwendungen für die Halterhaftpflicht- und Fahrzeugversicherungen, die Absetzungen für Abnutzung, die Zinsen für ein Anschaffungsdarlehen (BFH vom 1. 10. 1982 – BStBl 1983 II S. 17) sowie Aufwendungen infolge von Verkehrsunfällen. Dagegen gehören nicht zu den Gesamtkosten z. B. Park- und Straßenbenutzungsgebühren, Aufwendungen für Insassen- und Unfallversicherungen sowie Verwarnungs-, Ordnungs- und Bußgelder; diese Aufwendungen sind mit Ausnahme der Verwarnungs-, Ordnungs- und Bußgelder als Reisenebenkosten abziehbar (R 40a).
– Bei einem geleasten Fahrzeug gehört eine Leasingsonderzahlung im Kalenderjahr der Zahlung in voller Höhe zu den Gesamtkosten (BFH vom 5. 5. 1994 – BStBl II S. 643).
– Den Absetzungen für Abnutzung ist bei Personenkraftwagen und Kombifahrzeugen grundsätzlich eine Nutzungsdauer von 5 Jahren zugrunde zu legen. Bei einer hohen Fahrleistung kann auch eine kürzere Nutzungsdauer anerkannt werden (BMF vom 3. 12. 1992 – BStBl I 734). Bei Kraftfahrzeugen, die im Zeitpunkt der Anschaffung nicht neu gewesen sind, ist die entsprechende Restnutzungsdauer unter Berücksichtigung des Alters, der Beschaffenheit und des voraussichtlichen Einsatzes des Fahrzeugs zu schätzen (BMF vom 28. 5. 1993 – BStBl I 483).
– Ein Teilnachweis der tatsächlichen Gesamtkosten ist möglich. Der nicht nachgewiesene Teil der Kosten kann geschätzt werden. Dabei ist von den für den Steuerpflichtigen ungünstigeren Umständen auszugehen (BFH vom 7. 4. 1992 – BStBl II S. 854).

Zu § 9 EStG

Pauschale Kilometersätze

– Bei Benutzung eines privaten Fahrzeugs können die Fahrtkosten mit folgenden pauschalen Kilometersätzen angesetzt werden (BMF vom 11. 10. 1991 – BStBl I 925):

   1. bei einem Kraftwagen 0,52 DM je Fahrtkilometer,
   2. bei einem Motorrad oder einem Motorroller 0,23 DM je Fahrtkilometer,
   3. bei einem Moped oder Mofa 0,14 DM je Fahrtkilometer,
   4. bei einem Fahrrad 0,07 DM je Fahrtkilometer. [1]

   Für jede Person, die aus beruflicher Veranlassung bei einer Dienstreise mitgenommen wird, erhöhen sich der Kilometersatz nach Nummer 1 um 0,03 DM und der Kilometersatz nach Nummer 2 um 0,02 DM; zusätzliche Aufwendungen, die durch die Mitnahme von Gepäck verursacht worden sind, sind durch die Kilometersätze abgegolten.

– Neben den Kilometersätzen können etwaige außergewöhnliche Kosten angesetzt werden, wenn diese durch Fahrten entstanden sind, für die die Kilometersätze anzusetzen sind. Außergewöhnliche Kosten sind nur die nicht voraussehbaren Aufwendungen für Reparaturen, die nicht auf Verschleiß beruhen (BFH vom 17. 10. 1973 – BStBl 1974 II S. 186) oder die auf Unfallschäden beruhen, und Absetzungen für außergewöhnliche technische Abnutzung und Aufwendungen infolge eines Schadens, der durch den Diebstahl des Fahrzeugs entstanden ist (BFH vom 25. 5. 1992 – BStBl 1993 II S. 44); dabei sind entsprechende Schadensersatzleistungen auf die Kosten anzurechnen. Kosten, die mit dem laufenden Betrieb eines Fahrzeugs zusammenhängen, wie z. B. Aufwendungen für eine Fahrzeug-Vollversicherung, sind keine außergewöhnlichen Kosten (BFH vom 21. 6. 1991 – BStBl II S. 814 und vom 8. 11. 1991 – BStBl 1992 II S. 204).

– Die Kilometersätze sind nicht anzusetzen, soweit sie im Einzelfall zu einer offensichtlich unzutreffenden Besteuerung führen würden (BFH vom 25. 10. 1985 – BStBl 1986 II S. 200). Dies kann z. B. in Betracht kommen, wenn bei einer Jahresfahrleistung von mehr als 40 000 km die Kilometersätze die tatsächlichen Kilometerkosten offensichtlich übersteigen (BFH vom 26. 7. 1991 – BStBl 1992 II S. 105); nicht jedoch, wenn der Arbeitgeber Beiträge zu einer Dienstreise-Kaskoversicherung aufwendet (BMF vom 31. 3. 1992 – BStBl I S. 270). Zur Erstattung durch den Arbeitgeber R 38 Abs. 4 Satz 3.

Werbungskostenabzug und Erstattung durch den Arbeitgeber

– Die als Reisekosten erfaßten Fahrtkosten können als Werbungskosten abgezogen werden, soweit sie nicht vom Arbeitgeber steuerfrei erstattet worden sind (§ 3c EStG).

– Die Erstattung der Fahrtkosten durch den Arbeitgeber ist nach § 3 Nr. 16 EStG steuerfrei, soweit höchstens die als Werbungskosten abziehbaren Beträge erstattet werden (BFH vom 21. 6. 1991 – BStBl II S. 814). Erstattet der Arbeitgeber die pauschalen Kilometersätze, hat er nicht zu prüfen, ob dies zu einer unzutreffenden Besteuerung führt (R 38 Absatz 4 Satz 3).

Anm. d. Schriftl.:

[1] Ab dem 1. 1. 2001 gelten folgende pauschale Kilometersätze:
   – PKW 0,58 DM
   – Motorrad/Motorroller 0,25 DM
   – Moped/Mofa 0,15 DM
   – Fahrrad 0,07 DM

LStR 39. Verpflegungsmehraufwendungen als Reisekosten

Allgemeines

(1) ¹Als Verpflegungsmehraufwendungen sind unter den Voraussetzungen des § 4 Abs. 5 Satz 1 Nr. 5 EStG bei Dienstreisen, Einsatzwechseltätigkeit und Fahrtätigkeit einheitliche Pauschbeträge anzusetzen. ²Der Einzelnachweis von Verpflegungsmehraufwendungen berechtigt nicht zum Abzug höherer Beträge. ³Die Pauschbeträge sind auch dann anzuwenden, wenn der Arbeitnehmer Mahlzeiten vom Arbeitgeber oder auf dessen Veranlassung von einem Dritten unentgeltlich oder teilentgeltlich erhalten hat (R 31 Abs. 8); behält der Arbeitgeber in diesen Fällen für die Mahlzeiten Beträge ein, die über den amtlichen Sachbezugswerten liegen, so ist der Differenzbetrag nicht als Werbungskosten abziehbar. ⁴Ist ein Arbeitnehmer an einem Tag mehrfach auswärts tätig, sind die Abwesenheitszeiten im Sinne des § 4 Abs. 5 Satz 1 Nr. 5 EStG zusammenzurechnen. ⁵Bei einer Fahrtätigkeit oder Einsatzwechseltätigkeit gilt die Dreimonatsfrist des § 4 Abs. 5 Satz 1 Nr. 5 Satz 5 EStG nicht.

Konkurrenzregelung

(2) Soweit für denselben Kalendertag Verpflegungsmehraufwendungen wegen einer Dienstreise, Fahrtätigkeit oder Einsatzwechseltätigkeit oder wegen einer doppelten Haushaltsführung (R 43 Abs. 8) anzuerkennen sind, ist jeweils der höchste Pauschbetrag anzusetzen.

Besonderheiten bei Auslandstätigkeiten

(3) ¹Für den Ansatz von Verpflegungsmehraufwendungen bei Auslandsdienstreisen, Einsatzwechseltätigkeit bzw. Fahrtätigkeit im Ausland gelten länderweise unterschiedliche Pauschbeträge[1] (Auslandstagegelder), die vom Bundesministerium der Finanzen im Einvernehmen mit den obersten Finanzbehörden der Länder auf der Grundlage der höchsten Auslandstagegelder nach dem Bundesreisekostengesetz bekanntgemacht werden. ²Für die in der Bekanntmachung nicht erfaßten Länder ist der für Luxemburg geltende Pauschbetrag maßgebend; für die in der Bekanntmachung nicht erfaßten Übersee- und Außengebiete eines Landes ist der für das Mutterland geltende Pauschbetrag maßgebend. ³Werden an einem Kalendertag eine Auslands- und eine Inlandsdienstreise durchgeführt, ist für diesen Tag das entsprechende Auslandstagegeld maßgebend, selbst dann, wenn die überwiegende Zeit im Inland verbracht wird. ⁴Im übrigen ist beim Ansatz des Auslandstagegeldes folgendes zu beachten:

1. ¹Bei Flugreisen gilt ein Land in dem Zeitpunkt als erreicht, in dem das Flugzeug dort landet; Zwischenlandungen bleiben unberücksichtigt. ²Erstreckt sich eine Flugreise über mehr als zwei Kalendertage, so ist für die Tage, die zwischen dem Tag des Abflugs und dem Tag der Landung liegen, das für Österreich geltende Tagegeld maßgebend.
2. Bei Schiffsreisen ist das für Luxemburg geltende Tagegeld und für die Tage der Einschiffung und Ausschiffung das für den Hafenort geltende Tagegeld maßgebend.

Hinweise LStH H 39.

Erstattung durch den Arbeitgeber

...

Anm. d. Schriftl.:

[1] Die ab dem 1. 1. 2001 gültigen Pauschbeträge sind im BMF-Schreiben vom 12. 12. 2000 – BStBl 2000 I S. 1574 aufgeführt.

− *Nachweise*
Der Arbeitnehmer hat seinem Arbeitgeber Unterlagen vorzulegen, aus denen die Voraussetzungen für den Erstattungsanspruch ersichtlich sein müssen. Der Arbeitgeber hat diese Unterlagen als Belege zum Lohnkonto aufzubewahren (BFH vom 6. 3. 1980 – BStBl II S. 289).
...

Werbungskostenabzug bei Reisekostenerstattung durch den Arbeitgeber
Wurden Reisekosten vom Arbeitgeber – ggf. teilweise – erstattet, ist der Werbungskostenabzug insgesamt auf den Betrag beschränkt, um den die Summe der abziehbaren Aufwendungen die steuerfreie Erstattung übersteigt (BFH vom 15. 11. 1991 – BStBl 1992 II S. 367). Dabei ist es gleich, ob die Erstattung des Arbeitgebers nach § 3 Nr. 13, 16 EStG oder nach anderen Vorschriften steuerfrei geblieben ist, z. B. durch Zehrkostenentschädigungen im Sinne des § 3 Nr. 12 EStG (BFH vom 28. 1. 1988 – BStBl II S. 635).

LStR 40. Übernachtungskosten

Allgemeines

(1) ^{1}Übernachtungskosten sind die tatsächlichen Aufwendungen, die dem Arbeitnehmer für die persönliche Inanspruchnahme einer Unterkunft zur Übernachtung entstehen. ^{2}Benutzt der Arbeitnehmer ein Mehrbettzimmer gemeinsam mit Personen, die zu seinem Arbeitgeber in keinem Dienstverhältnis stehen, so sind die Aufwendungen maßgebend, die bei Inanspruchnahme eines Einzelzimmers im selben Haus entstanden wären. ^{3}Führt auch die weitere Person eine Dienstreise durch, so sind die tatsächlichen Unterkunftskosten gleichmäßig aufzuteilen. ^{4}Wird durch Zahlungsbelege nur ein Gesamtpreis für Unterkunft und Frühstück nachgewiesen und läßt sich der Preis für das Frühstück nicht feststellen, so ist der Gesamtpreis zur Ermittlung der Übernachtungskosten wie folgt zu kürzen:

1. bei einer Übernachtung im Inland um 9 DM,
2. bei einer Übernachtung im Ausland um 20 v. H. des für den Unterkunftsort maßgebenden Pauschbetrags für Verpflegungsmehraufwendungen bei einer Dienstreise mit einer Abwesenheitsdauer von mindestens 24 Stunden.

Werbungskostenabzug

(2) ^{1}Die Übernachtungskosten können bei einer Dienstreise und bei einer Fahrtätigkeit als Reisekosten angesetzt und als Werbungskosten abgezogen werden, soweit sie nicht vom Arbeitgeber nach Absatz 3 oder § 3 Nr. 13 EStG steuerfrei ersetzt worden sind. ^{2}Bei Übernachtungen im Ausland dürfen die Übernachtungskosten ohne Einzelnachweis der tatsächlichen Aufwendungen mit Pauschbeträgen (Übernachtungsgeldern) angesetzt werden; Absatz 3 Satz 2 ist anzuwenden. ^{3}Die Pauschbeträge werden vom Bundesministerium der Finanzen im Einvernehmen mit den obersten Finanzbehörden der Länder auf der Grundlage der höchsten Auslandsübernachtungsgelder nach dem Bundesreisekostengesetz bekanntgemacht. ^{4}Sie richten sich nach dem Ort, der nach R 39 Abs. 3 Satz 4 Nummer 1 und 2 maßgebend ist. ^{5}Für die in der Bekanntmachung nicht erfaßten Länder und Gebiete ist R 39 Abs. 3 Satz 2 anzuwenden. ^{6}Für die Dauer der Benutzung von Beförderungsmitteln darf ein Übernachtungsgeld nicht angesetzt werden.

Erstattung durch den Arbeitgeber

(3) ^{1}Für jede Übernachtung im Inland darf der Arbeitgeber einen Pauschbetrag von 39 DM steuerfrei zahlen. ^{2}Dies gilt nicht, wenn der Arbeitnehmer die Unterkunft vom Arbeitgeber oder auf Grund seines Dienstverhältnisses von einem Dritten unentgeltlich oder teilentgeltlich erhalten hat. ^{3}Bei Benutzung eines Schlafwagens oder einer Schiffskabine darf der Pauschbetrag nur dann

steuerfrei gezahlt werden, wenn die Übernachtung in einer anderen Unterkunft begonnen oder beendet worden ist. ⁴Die steuerfreie Zahlung des Pauschbetrags für eine Übernachtung im Fahrzeug ist nicht zulässig.

Hinweise LStH H 40.

Pauschbeträge bei Auslandsreisen
BMF vom 21. 2. 2000 (BStBl I S. 424)

Steuerfreiheit der Arbeitgebererstattungen
Die Erstattung der Übernachtungskosten durch den Arbeitgeber ist steuerfrei.
– aus öffentlichen Kassen in voller Höhe § 3 Nr. 13 EStG,
– bei Arbeitgebern außerhalb des öffentlichen Dienstes nach § 3 Nr. 16 EStG nur, soweit keine höheren Beträge erstattet werden, als der Arbeitnehmer als Werbungskosten geltend machen kann (BFH vom 21. 6. 1991 – BStBl II S. 814).

Übernachtungen im Ausland
Die Pauschbeträge sind nicht anzusetzen, wenn sie im Einzelfall zu einer offensichtlich unzutreffenden Besteuerung führen würden, z. B. wenn eine vom Normaltypus abweichende Art der Dienstreise, z. B. Klassenfahrt, nur geringe Übernachtungskosten verursacht (BFH vom 11. 5. 1990 – BStBl II S. 777).

Übernachtungen im Inland
Bei Übernachtungen im Inland müssen die Übernachtungskosten grundsätzlich im einzelnen nachgewiesen werden (BFH vom 29. 11. 1974 – BStBl 1975 II S. 279). Sie können geschätzt werden, wenn sie dem Grunde nach zweifelsfrei entstanden sind (BFH vom 17. 7. 1980 – BStBl 1981 II S. 14).

LStR 40a. Reisenebenkosten

Allgemeines

(1) Reisenebenkosten sind unter den Voraussetzungen von R 37 Abs. 1 die tatsächlichen Aufwendungen z. B. für
1. Beförderung und Aufbewahrung von Gepäck,
2. Ferngespräche und Schriftverkehr beruflichen Inhalts mit dem Arbeitgeber oder dessen Geschäftspartner,
3. Straßenbenutzung und Parkplatz sowie Schadensersatzleistungen infolge von Verkehrsunfällen, wenn die jeweils damit verbundenen Fahrtkosten nach R 38 als Reisekosten anzusetzen sind.

Werbungskostenabzug

(2) Die Reisenebenkosten können in tatsächlicher Höhe als Werbungskosten abgezogen werden, soweit sie nicht vom Arbeitgeber steuerfrei erstattet werden.

Steuerfreiheit der Arbeitgebererstattungen

(3) ¹Die Erstattung der Reisenebenkosten durch den Arbeitgeber ist nach § 3 Nr. 16 EStG steuerfrei, soweit sie die tatsächlichen Aufwendungen nicht überschreitet. ²Der Arbeitnehmer hat

seinem Arbeitgeber Unterlagen vorzulegen, aus denen die tatsächlichen Aufwendungen ersichtlich sein müssen. ³Der Arbeitgeber hat diese Unterlagen als Belege zum Lohnkonto aufzubewahren.

▶ Hinweise LStH H 40a.

...

Reisegepäckversicherung

Kosten für eine Reisegepäckversicherung, soweit sich der Versicherungsschutz auf eine beruflich bedingte Abwesenheit von einer ortsgebundenen regelmäßigen Arbeitsstätte beschränkt, sind Reisenebenkosten; zur Aufteilung der Aufwendungen für eine gemischte Reisegepäckversicherung BFH vom 19. 2. 1993 (BStBl II S. 519).

Schaden

Wertverluste auf Grund eines Schadens an mitgeführten Gegenständen, die der Arbeitnehmer auf seiner Reise verwenden mußte, sind Reisenebenkosten, wenn der Schaden auf einer reisespezifischen Gefährdung beruht (BFH vom 30. 11. 1993 – BStBl 1994 II S. 256).

Schmuck

Der Verlust von Schmuck führt zu Reisenebenkosten (BFH vom 26. 1. 1968 – BStBl II S. 342).

Unfallversicherung

Beiträge zu Unfallversicherungen sind Reisenebenkosten, soweit sie Berufsunfälle außerhalb einer ortsgebundenen regelmäßigen Arbeitsstätte abdecken; wegen der steuerlichen Behandlung von Unfallversicherungen, die das Unfallrisiko sowohl im beruflichen als auch im außerberuflichen Bereich abdecken BMF vom 17. 7. 2000 (BStBl I S. 1204).

...

LStR   41. Umzugskosten

Allgemeines

(1) Kosten, die einem Arbeitnehmer durch einen beruflich veranlaßten Wohnungswechsel entstehen, sind Werbungskosten. **❶**

Höhe der Umzugskosten

(2) ¹Bei einem beruflich veranlaßten Wohnungswechsel können die tatsächlichen Umzugskosten grundsätzlich bis zur Höhe der Beträge als Werbungskosten abgezogen werden, die nach dem Bundesumzugskostengesetz (BUKG) und der Auslandsumzugskostenverordnung (AUV) in der jeweils geltenden Fassung mit Ausnahme der §§ 11, 12 AUV sowie Maklergebühren für eine eigene Wohnung als Umzugskostenvergütung höchstens gezahlt werden könnten; dabei sind die Pauschbeträge für Verpflegungsmehraufwendungen nach § 4 Abs. 5 Satz 1 Nr. 5 EStG zu beachten. ²Werden die umzugskostenrechtlich festgelegten Grenzen eingehalten, ist nicht zu prüfen, ob die Umzugskosten Werbungskosten darstellen. ³Werden höhere Umzugskosten im einzelnen

---

Anm. d. Schriftl.:

❶ Wegen einer (Rück-)Versetzung angefallene Veräußerungsverluste beim (Wieder-)Verkauf eines Eigenheims einschließlich zwischenzeitlich angefallener Finanzierungskosten sind keine Werbungskosten bei den Einkünften aus nicht selbständiger Arbeit (BFH-Urteile vom 24. 5. 2000 – BStBl 2000 II S. 474 und S. 476).

nachgewiesen, so ist insgesamt zu prüfen, ob und inwieweit die Aufwendungen Werbungskosten oder nicht abziehbare Kosten der Lebensführung sind, z. B. bei Aufwendungen für die Neuanschaffung von Einrichtungsgegenständen. ⁴Anstelle der in § 10 BUKG pauschal erfaßten Umzugskosten können auch die im Einzelfall nachgewiesenen höheren Umzugskosten als Werbungskosten abgezogen werden. ⁵Ein Werbungskostenabzug entfällt, soweit die Umzugskosten vom Arbeitgeber steuerfrei erstattet worden sind (§ 3c EStG).

Erstattung durch den Arbeitgeber

(3) ¹Die Erstattung der Umzugskosten durch den Arbeitgeber ist steuerfrei, soweit keine höheren Beträge erstattet werden, als nach Absatz 2 als Werbungskosten abziehbar wären. ²Der Arbeitnehmer hat seinem Arbeitgeber Unterlagen vorzulegen, aus denen die tatsächlichen Aufwendungen ersichtlich sein müssen. ³Der Arbeitgeber hat diese Unterlagen als Belege zum Lohnkonto aufzubewahren.

> **Hinweise   LStH   H 41.**

Berufliche Veranlassung

Ein Wohnungswechsel ist z. B. beruflich veranlaßt,

1. wenn durch ihn eine erhebliche Verkürzung der Entfernung zwischen Wohnung und Arbeitsstätte eintritt und die verbleibende Wegezeit im Berufsverkehr als normal angesehen werden kann (BFH vom 6. 11. 1986 – BStBl 1987 II S. 81). Es ist nicht erforderlich, daß der Wohnungswechsel mit einem Wohnortwechsel oder mit einem Arbeitsplatzwechsel verbunden ist,
2. wenn er im ganz überwiegenden betrieblichen Interesse des Arbeitgebers durchgeführt wird, insbesondere beim Beziehen oder Räumen einer Dienstwohnung, die aus betrieblichen Gründen bestimmten Arbeitnehmern vorbehalten ist, um z. B. deren jederzeitige Einsatzmöglichkeit zu gewährleisten (BFH vom 28. 4. 1988 – BStBl II S. 777) oder
3. wenn er aus Anlaß der erstmaligen Aufnahme einer beruflichen Tätigkeit, des Wechsels des Arbeitgebers oder im Zusammenhang mit einer Versetzung durchgeführt wird oder
4. wenn der eigene Hausstand zur Beendigung einer doppelten Haushaltsführung an den Beschäftigungsort verlegt wird (BFH vom 4. 12. 1992 – BStBl 1993 II S. 722).

Die privaten Motive für die Auswahl der neuen Wohnung sind grundsätzlich unbeachtlich (BFH vom 22. 11. 1991 – BStBl 1992 II S. 494).

Doppelte Haushaltsführung

R 43

Erhebliche Verkürzung

– Eine erhebliche Verkürzung der Entfernung zwischen Wohnung und Arbeitsstätte ist anzunehmen, wenn sich die Dauer der täglichen Hin- und Rückfahrt insgesamt wenigstens zeitweise um mindestens eine Stunde ermäßigt (BFH vom 22. 11. 1991 – BStBl 1992 II S. 494 und vom 16. 10. 1992 – BStBl 1993 II S. 610).
– Die Fahrzeitersparnisse beiderseits berufstätiger Ehegatten sind nicht zusammenzurechnen (BFH vom 27. 7. 1995 – BStBl II S. 728).

Höhe der Umzugskosten

– Zur Höhe der maßgebenden Beträge für umzugsbedingte Unterrichtskosten und sonstige Umzugsauslagen ab 1. 1. 2001 > BMF vom 20. 12. 2000 (BStBl I S. 1579).

- *Die umzugskostenrechtliche Beschränkung einer Mietausfallentschädigung für den bisherigen Wohnungsvermieter gilt nicht für den Werbungskostenabzug (BFH vom 1. 12. 1993 – BStBl 1994 II S. 323).*
- *Nicht als Werbungskosten abziehbar sind die bei einem Grundstückskauf angefallenen Maklergebühren, auch soweit sie auf die Vermittlung einer vergleichbaren Mietwohnung entfallen würden (BFH vom 24. 8. 1995 – BStBl II S. 895)*[1] *sowie Aufwendungen für die Anschaffung von klimabedingter Kleidung und Wohnungsausstattung im Sinne der §§ 11 und 12 AUV (BFH vom 20. 3. 1992 – BStBl 1993 II S. 192 und vom 27. 5. 1994 – BStBl 1995 II S. 17).*
- *Zur steuerfreien Arbeitgebererstattung R 41 Abs. 3*

Rückumzug ins Ausland

Der Rückumzug ins Ausland ist bei einem ausländischen Arbeitnehmer, der unbefristet ins Inland versetzt wurde und dessen Familie mit ins Inland umzog und der bei Erreichen der Altersgrenze ins Heimatland zurückzieht, nicht beruflich veranlaßt (BFH vom 8. 11. 1996 – BStBl 1997 II S. 207); anders bei einer von vornherein befristeten Tätigkeit im Inland (BFH vom 4. 12. 1992 – BStBl 1993 II S. 722).

LStR 42. Aufwendungen für Fahrten zwischen Wohnung und Arbeitsstätte [2]

Maßgebliche Wohnung

(1) ¹Als Ausgangspunkt für die Fahrten kommt jede Wohnung des Arbeitnehmers in Betracht, die er regelmäßig zur Übernachtung nutzt und von der aus er seine Arbeitsstätte aufsucht. ²Als Wohnung ist z. B. auch ein möbliertes Zimmer, eine Schiffskajüte, ein Gartenhaus, ein auf eine gewisse Dauer abgestellter Wohnwagen oder ein Schlafplatz in einer Massenunterkunft anzusehen. ³Hat ein Arbeitnehmer mehrere Wohnungen, so können Fahrten von und zu der von der Arbeitsstätte weiter entfernt liegenden Wohnung nach § 9 Abs. 1 Satz 3 Nr. 4 Satz 3 EStG nur dann berücksichtigt werden, wenn sich dort der Mittelpunkt der Lebensinteressen des Arbeitnehmers befindet und sie nicht nur gelegentlich aufgesucht wird. ⁴Der Mittelpunkt der Lebensinteressen befindet sich bei einem verheirateten Arbeitnehmer regelmäßig am tatsächlichen Wohnort seiner Familie. ⁵Die Wohnung kann aber nur dann berücksichtigt werden, wenn sie der Arbeitnehmer mindestens sechsmal im Kalenderjahr aufsucht. ⁶Bei anderen Arbeitnehmern befindet sich der Mittelpunkt der Lebensinteressen an dem Wohnort, zu dem die engeren persönlichen Beziehungen bestehen. ⁷Die persönlichen Beziehungen können ihren Ausdruck besonders in Bindungen an Personen, z. B. Eltern, Verlobte, Freundes- und Bekanntenkreis, finden, aber auch in Vereinszugehörigkeiten und anderen Aktivitäten. ⁸Sucht der Arbeitnehmer diese Wohnung im Durchschnitt mindestens zweimal monatlich auf, ist davon auszugehen, daß sich dort der Mittelpunkt seiner Lebensinteressen befindet. ⁹Die Sätze 4 bis 8 gelten auch für Heimfahrten bei

---

Anm. d. Schriftl.:

[1] Dies wird mit BFH-Urteil vom 24. 5. 2000 – BStBl 2000 II S. 586 bestätigt. Wird hingegen vom Arbeitgeber eine vorgesehene Versetzung rückgängig gemacht, sind die dem Arbeitnehmer durch die Aufgabe seiner Umzugsabsicht entstandenen vergeblichen Aufwendungen als Werbungskosten abziehbar (BFH-Urteil vom 24. 5. 2000 – BStBl 2000 II S. 584).

[2] Ab 1. 1. 2001 können Arbeitnehmer eine verkehrsmittelunabhängige Entfernungspauschale als Werbungskosten geltend machen, wenn sie zwischen Wohnung und Arbeitsstätte pendeln. Bei Entfernungen bis zu 10 Kilometern können 0,70 DM, ab dem 11. Entfernungskilometer 0,80 DM in Rahmen der Ermittlung der Einkünfte angesetzt werden. Die neue Pauschale wird ohne Nachweis bis zu Beträgen von 10 000 DM steuerlich anerkannt. Werden Fahrtkosten von mehr als 10 000 DM geltend gemacht, so müssen diese, um Mißbrauch zu verhindern, nachgewiesen werden.

einer beruflich veranlaßten doppelten Haushaltsführung, die nach Ablauf der Zweijahresfrist als Fahrten zwischen Wohnung und Arbeitsstätte anerkannt werden können, unabhängig davon, ob sich der Lebensmittelpunkt im Inland oder im Ausland befindet.

Fahrten mit einem zur Nutzung überlassenen Kraftfahrzeug
(2) Ein Kraftfahrzeug ist dem Arbeitnehmer zur Nutzung überlassen, wenn es dem Arbeitnehmer vom Arbeitgeber unentgeltlich oder teilentgeltlich überlassen worden (R 31 Abs. 9) ist oder wenn es der Arbeitnehmer von dritter Seite geliehen, gemietet oder geleast hat.

Fahrten mit öffentlichen Verkehrsmitteln
(3) ¹Bei Fahrten zwischen Wohnung und Arbeitsstätte mit öffentlichen Verkehrsmitteln können die tatsächlichen Aufwendungen, gekürzt um steuerfreie Ersatzleistungen des Arbeitgebers nach § 3 Nr. 34 EStG (R 21b), als Werbungskosten angesetzt werden. ²Dies gilt auch für Monats- oder Jahresfahrkarten – einschließlich sogenannter Job-Tickets –, bei denen eine mögliche private Mitbenutzung regelmäßig von untergeordneter Bedeutung ist. ³Es ist für den Werbungskostenabzug unschädlich, daß eine Monats- oder Jahresfahrkarte zusätzlich auch für andere Strecken oder für Nebennutzungen gilt, wenn dadurch die Aufwendungen nicht höher werden. ⁴Wenn ein Arbeitnehmer, der ein Job-Ticket vom Arbeitgeber erhalten oder erworben hat, nachweist oder glaubhaft macht, daß er auch mit dem eigenen Kraftfahrzeug zur Arbeit gefahren ist, ist insoweit außerdem der Kilometer-Pauschbetrag nach § 9 Abs. 1 Satz 3 Nr. 4 EStG als Werbungskosten zu berücksichtigen.

Fahrten mit anderen Fahrzeugen
(4) Ohne Einzelnachweis der tatsächlichen Aufwendungen können die Fahrtkosten bei Benutzung eines Mopeds oder Mofas mit 0,28 DM und bei Benutzung eines Fahrrads mit 0,14 DM je Kilometer der Entfernung zwischen Wohnung und Arbeitsstätte angesetzt werden. ❶

Fahrgemeinschaft bei Ehegatten
(5) ¹Die Einbeziehung einer Umwegstrecke ist bei einer Fahrgemeinschaft mit dem Ehegatten möglich. ²Die Fahrtkosten für die Arbeitstage, an denen die Ehegatten gemeinsam gefahren sind, können insgesamt nur bei einem Ehegatten oder nach gemeinsamer Wahl der Ehegatten bei jedem Ehegatten gesondert berücksichtigt werden. ³Für die gesonderte Berücksichtigung gilt folgendes: ⁴Ist die Hälfte der mit dem Kraftfahrzeug arbeitstäglich für die Fahrten zwischen der Wohnung und den Arbeitsstätten tatsächlich zurückgelegten Fahrtkilometer niedriger als die Summe der für jeden Ehegatten gesondert anzusetzenden Entfernungen, so ist die niedrigere Zahl der Kilometer im Verhältnis der für die Ehegatten maßgebenden Entfernungen aufzuteilen und insoweit bei den einzelnen Ehegatten anzusetzen.

Mehrere Dienstverhältnisse
(6) ¹Bei Arbeitnehmern, die in mehreren Dienstverhältnissen stehen und denen deshalb Aufwendungen für berufliche Fahrten zu mehreren räumlich auseinanderliegenden Arbeitsstätten entstehen, können Fahrten zwischen Wohnung und Arbeitsstätte mit eigenem Kraftfahrzeug im Rahmen des § 9 Abs. 1 Satz 3 Nr. 4 und Abs. 2 EStG wie folgt berücksichtigt werden: ²Kehrt der Arbeitnehmer zwischenzeitlich in die Wohnung zurück, ist jede Fahrt für sich zu berücksichtigen. ³Werden zwei Arbeitsstätten unmittelbar nacheinander – ohne zwischenzeitliche Rückkehr in die Wohnung – aufgesucht, so ist die Fahrt zur ersten Arbeitsstätte als Umweg bei der Fahrt zur zweiten

---
Anm. d. Schriftl.:
❶ Die Regelung gilt nach Einführung der Entfernungspauschale ab 2001 nicht mehr.

Zu § 9 EStG **Lohnsteuer**

Arbeitsstätte zu berücksichtigen; in diesem Fall kann jedoch bei der Anwendung der Kilometer-Pauschbeträge höchstens die Hälfte der Gesamtstrecke berücksichtigt werden.

Behinderte im Sinne des § 9 Abs. 2 EStG

(7) [1]Ohne Einzelnachweis der tatsächlichen Aufwendungen können die Fahrtkosten nach den Regelungen in R 38 Abs. 1 Satz 6 und R 40a Abs. 1 Nr. 3 angesetzt werden. [2]Wird ein behinderter Arbeitnehmer im eigenen oder ihm zur Nutzung überlassenen Kraftfahrzeug arbeitstäglich von einem Dritten, z. B. dem Ehegatten, zu seiner Arbeitsstätte gefahren und wieder abgeholt, so können auch die Kraftfahrzeugkosten, die durch die Ab- und Anfahrten des Fahrers – die sogenannten Leerfahrten – entstehen, in tatsächlicher Höhe oder in sinngemäßer Anwendung von R 38 Abs. 1 als Werbungskosten abgezogen werden. [3]Für den Nachweis der Voraussetzungen des § 9 Abs. 2 EStG ist § 65 EStDV entsprechend anzuwenden. [4]Für die Anerkennung der tatsächlichen Aufwendungen oder der Kilometersätze aus R 38 Abs. 1 und für die Berücksichtigung von Leerfahrten ist bei rückwirkender Festsetzung oder Änderung des Grads der Behinderung R 194 EStR entsprechend anzuwenden.

▶ **Hinweise   LStH   H 42.**

Abweichende Strecke
Eine andere als die kürzeste benutzbare Straßenverbindung kann nur zugrunde gelegt werden, wenn sie offensichtlich verkehrsgünstiger ist und vom Arbeitnehmer regelmäßig für die Fahrten zwischen Wohnung und Arbeitsstätte benutzt wird (BFH vom 10. 10. 1975 – BStBl II S. 852).
Umwegfahrten

Außergewöhnliche Kosten
Außergewöhnliche Kosten eines Kraftfahrzeugs können neben dem gesetzlichen Kilometer-Pauschbetrag berücksichtigt werden (BFH vom 13. 11. 1970 – BStBl 1971 II S. 101).

Austauschmotor
Wegen der Anerkennung der Kosten für einen Austauschmotor BFH vom 29. 1. 1982 (BStBl II S. 325).

Behinderte
Wird ein behinderter Arbeitnehmer im eigenen oder ihm zur Nutzung überlassenen Kraftfahrzeug arbeitstäglich von einem Dritten, z. B. dem Ehegatten, zu seiner Arbeitsstätte gefahren und wieder abgeholt, so können auch die Kraftfahrzeugkosten, die durch die Ab- und Anfahrten des Fahrers – die sogenannten Leerfahrten – entstehen, in tatsächlicher Höhe oder in sinngemäßer Anwendung von R 38 Abs. 1 als Werbungskosten abgezogen werden, wenn der Arbeitnehmer keine gültige Fahrerlaubnis besitzt oder von einer Fahrerlaubnis aus Gründen, die mit seiner Behinderung im Zusammenhang stehen, keinen Gebrauch macht (BFH vom 2. 12. 1977 – BStBl 1978 II S. 260).
Auch bei behinderten Arbeitnehmern darf grundsätzlich nur eine Hin- und Rückfahrt arbeitstäglich, gegebenenfalls zusätzlich eine Rück- und Hinfahrt als Leerfahrt, berücksichtigt werden (BFH vom 2. 4. 1976 – BStBl II S. 452).

Dienstliche Verrichtungen auf der Fahrt
Eine Fahrt zwischen Wohnung und Arbeitsstätte liegt auch vor, wenn diese gleichzeitig zu dienstlichen Verrichtungen für den Arbeitgeber genutzt wird, z. B. Abholen der Post, sich dabei aber der

Charakter der Fahrt nicht wesentlich ändert und allenfalls ein geringer Umweg erforderlich wird; die erforderliche Umwegstrecke ist als Dienstreise zu werten (BFH vom 12. 10. 1990 – BStBl 1991 II S. 134).

Fahrgemeinschaften
Bei Fahrgemeinschaften können die Fahrtkosten nur mit dem gesetzlichen Kilometer-Pauschbetrag angesetzt werden.

Bei einer Fahrgemeinschaft, bei der ständig nur ein Mitglied sein Kraftfahrzeug einsetzt, ist ein etwaiger durch die Mitnahme der Mitfahrer veranlaßter Mehraufwand bei den Einkünften aus nichtselbständiger Arbeit nicht zu berücksichtigen (BFH vom 15. 3. 1994 – BStBl II S. 516).

Bei Fahrgemeinschaften, bei denen wechselweise mehrere Kraftfahrzeuge zu Fahrten zwischen Wohnung und Arbeitsstätte eingesetzt werden, können die Fahrtkosten (einschließlich Kosten für Umwegstrecken zur Abholung der Mitfahrer) bei dem einzelnen Mitglied der Fahrgemeinschaft nur insoweit berücksichtigt werden, als es für die Fahrten sein Kraftfahrzeug eingesetzt hat (BFH vom 24. 1. 1975 – BStBl II S. 561).

Fahrgemeinschaft bei Ehegatten
Beispiel:
Ein Arbeitnehmer fährt vormittags mit seiner Ehefrau von der gemeinsamen Wohnung A im eigenen Kraftfahrzeug zur Arbeitsstätte der Ehefrau B und weiter zu seiner Arbeitsstätte C. Abends fährt er dieselbe Strecke zurück. Die Entfernungen betragen zwischen A und B 20 km, zwischen B und C 15 km und zwischen A und C 30 km.

Es sind zunächst für die Anwendung der Kilometer-Pauschbeträge die Fahrten nach B und C mit 20 bzw. 30 km anzusetzen. Es ergibt sich jedoch, daß die Hälfte der insgesamt zurückgelegten Fahrtkilometer (20 + 15 + 15 + 20) mit 35 km niedriger ist als die Summe der für die Einzelfahrten nach B und C in Betracht kommenden Entfernungen (50 km). Somit ist der Wert von 35 km im Verhältnis der für jeden Ehegatten maßgebenden Entfernung – d. h. im Verhältnis 2 : 3 – aufzuteilen, so daß beim Ehemann 21 km und bei der Ehefrau 14 km anzusetzen sind.

Fahrtkosten
– *bei Antritt einer Dienstreise von der Arbeitsstätte*
  Der gesetzliche Kilometer-Pauschbetrag ist auch dann anzusetzen, wenn der Arbeitnehmer seine regelmäßige Arbeitsstätte nur deshalb aufsucht, um von dort eine Dienstreise anzutreten oder Aufträge entgegenzunehmen, Bericht zu erstatten oder ähnliche Reisefolgetätigkeiten auszuüben (BFH vom 18. 1. 1991 – BStBl II S. 408 und vom 2. 2. 1994 – BStBl II S. 422).
– *bei Dienstreisen*
  H 38 (Dienstreise)
– *bei einfacher Fahrt*
  Wird das Kraftfahrzeug lediglich für eine Hin- oder Rückfahrt benutzt, z. B. wenn sich an die Hinfahrt eine Dienstreise anschließt, die an der Wohnung des Arbeitnehmers endet, so ist der Pauschbetrag nur zur Hälfte anzusetzen (BFH vom 26. 7. 1978 – BStBl II S. 661). Dasselbe gilt, wenn Hin- und Rückfahrt sich auf unterschiedliche Wohnungen oder Arbeitsstätten beziehen (BFH vom 9. 12. 1988 – BStBl 1989 II S. 296).
– *bei Einsatzwechseltätigkeit*
  R 38 Abs. 3
  H 38 (Einsatzwechseltätigkeit)
– *bei Fahrtätigkeit*
  R 38 Abs. 2

Zu § 9 EStG **Lohnsteuer 478**

– *bei Gestellung eines betrieblichen Kraftfahrzeugs*
   R 31 Abs. 9 Nr. 5

– *bei mehreren Arbeitsstätten*
   Der gesetzliche Kilometer-Pauschbetrag gilt nicht für Fahrten zwischen mehreren regelmäßigen Arbeitsstätten in demselben Dienstverhältnis (BFH vom 9. 12. 1988 – BStBl 1989 II S. 296).
   R 37 Abs. 3 Satz 5

Finanzierungskosten des Kraftfahrzeugs

Die anteiligen Zinsen sowie sonstige Kosten für ein Darlehen, das zur Anschaffung des Kraftfahrzeugs aufgenommen worden ist, sind durch den gesetzlichen Kilometer-Pauschbetrag abgegolten (BFH vom 30. 11. 1979 – BStBl 1980 II S. 138), und zwar auch dann, wenn die Kreditfinanzierung des Fahrzeugs wegen Verlusts eines anderen Kraftfahrzeugs auf einer Fahrt von der Wohnung zur Arbeitsstätte erforderlich geworden ist (BFH vom 1. 10. 1982 – BStBl 1983 II S. 17).

Leerfahrten

Wird ein Arbeitnehmer im eigenen Kraftfahrzeug von einem Dritten zu seiner Arbeitsstätte gefahren oder wieder abgeholt, so sind die sogenannten Leerfahrten selbst dann nicht zu berücksichtigen, wenn die Fahrten wegen schlechter öffentlicher Verkehrsverhältnisse erforderlich sind (BFH vom 7. 4. 1989 – BStBl II S. 925).

Mehrere Dienstverhältnisse

Beispiel 1:

Ein Arbeitnehmer fährt vormittags von seiner Wohnung A zur Arbeitsstätte B und zurück. Nachmittags fährt er von seiner Wohnung A zur Arbeitsstätte C und zurück. Die Entfernung zwischen Wohnung A und Arbeitsstätte B beträgt 30 km und zwischen Wohnung A und Arbeitsstätte C 50 km.

Bei Benutzung eines eigenen Kraftfahrzeugs sind die Aufwendungen für die Fahrten zu der Arbeitsstätte B mit dem Kilometer-Pauschbetrag für 30 km und zur Arbeitsstätte C für 50 km anzusetzen.

Beispiel 2:

Ein Arbeitnehmer fährt vormittags von seiner Wohnung A zur Arbeitsstätte B, nachmittags zur Arbeitsstätte C und abends zur Wohnung A zurück. Die Entfernungen betragen zwischen A und B 30 km, zwischen B und C 40 km und zwischen A und C 50 km.

Bei der Benutzung eines eigenen Kraftfahrzeugs sind die Aufwendungen zunächst für die Fahrt nach B mit dem Kilometer-Pauschbetrag für 30 km und für die Fahrt nach C mit dem Kilometer-Pauschbetrag für 50 km anzusetzen. Es ergibt sich jedoch, daß die Aufwendungen unter Berücksichtigung der halben tatsächlichen Gesamtfahrtstrecken von (30 + 40 + 50 =) 120 km (Kilometer-Pauschbetrag × 60 Kilometer) niedriger sind, so daß der niedrigere Betrag zu berücksichtigen ist.

Mehrere Fahrten an einem Arbeitstag [1]
Ein zusätzlicher Arbeitseinsatz außerhalb der regelmäßigen Arbeitszeit liegt z. B. abends, am arbeitsfreien Wochenende oder bei einem Krankenhausarzt während des Bereitschaftsdienstes oder der Rufbereitschaft vor (BFH vom 20. 3. 1992 – BStBl II S. 835).

Parkgebühren
Parkgebühren für das Abstellen des Kraftfahrzeugs während der Arbeitszeit sind durch den gesetzlichen Kilometer-Pauschbetrag abgegolten (BFH vom 2. 2. 1979 – BStBl II S. 372).

Umwegfahrten
Dienstliche Verrichtungen auf der Fahrt
Fahrgemeinschaften
Unfallschäden

Unfallschäden
Zu den außergewöhnlichen Kosten gehören insbesondere Aufwendungen für die Beseitigung von Unfallschäden bei einem Verkehrsunfall
– auf der Fahrt zwischen Wohnung und Arbeitsstätte (BFH vom 23. 6. 1978 – BStBl II S. 457 und vom 14. 7. 1978 – BStBl II S. 595),
– auf einer Fahrt zur Einnahme des Mittagessens in einer Gaststätte in der Nähe der Einsatzstelle (BFH vom 18. 12. 1981 – BStBl 1982 II S. 261 und vom 18. 12. 1992 – BStBl 1993 II S. 505),
– auf einer Umwegfahrt zum Betanken des Fahrzeugs (BFH vom 11. 10. 1984 – BStBl 1985 II S. 10),
– unter einschränkenden Voraussetzungen auf einer Leerfahrt des Ehegatten zwischen der Wohnung und der Haltestelle eines öffentlichen Verkehrsmittels oder auf der Abholfahrt des Ehegatten (BFH vom 26. 6. 1987 – BStBl II S. 818 und vom 11. 2. 1993 – BStBl II S. 518),
– auf einer Umwegstrecke zur Abholung der Mitfahrer einer Fahrgemeinschaft unabhängig von der Gestaltung der Fahrgemeinschaft.
Nicht berücksichtigt werden können die Folgen von Verkehrsunfällen,
– auf einer Fahrt unter Alkoholeinfluß (BFH vom 6. 4. 1984 – BStBl II S. 434),
– auf einer Probefahrt (BFH vom 23. 6. 1978 – BStBl II S. 457),
– auf einer Fahrt, die nicht von der Wohnung aus angetreten oder an der Wohnung beendet wird (BFH vom 25. 3. 1988 – BStBl II S. 706),
– auf einer Umwegstrecke, wenn diese aus privaten Gründen befahren wird, z. B. zum Einkauf von Lebensmitteln oder um ein Kleinkind unmittelbar vor Arbeitsbeginn in den Hort zu bringen (BFH vom 13. 3. 1996 – BStBl II S. 375).
Zu den **berücksichtigungsfähigen Unfallkosten** gehören auch Schadensersatzleistungen, die der Arbeitnehmer unter Verzicht auf die Inanspruchnahme seiner gesetzlichen Haftpflichtversicherung selbst getragen hat, nicht dagegen die in den Folgejahren erhöhten Beiträge für die Haftpflicht- und Fahrzeugversicherung, wenn die Schadensersatzleistungen von dem Versicherungsunternehmen erbracht worden sind (BFH vom 11. 7. 1986 – BStBl II S. 866).

Anm. d. Schriftl.:
[1] Aufwendungen des Arbeitnehmers für zusätzliche Fahrten zwischen Wohnung und Arbeitsstätte wegen eines Bereitschaftsdienstes oder einer Rufbereitschaft sind ab 2001 grundsätzlich nicht mehr als Werbungskosten abziehbar; sie sind durch die Entfernungspauschale abgegolten.

Zu § 9 EStG

Läßt der Arbeitnehmer das unfallbeschädigte Fahrzeug nicht reparieren, kann die Wertminderung durch Absetzungen für außergewöhnliche Abnutzung (§ 7 Abs. 1 letzter Satz in Verbindung mit § 9 Abs. 1 Satz 3 Nr. 7 EStG) berücksichtigt werden; Absetzungen sind ausgeschlossen, wenn die gewöhnliche Nutzungsdauer des Fahrzeugs bereits abgelaufen ist.

H 44 (Absetzung für Abnutzung).

Soweit die unfallbedingte Wertminderung durch eine Reparatur behoben worden ist, sind nur die tatsächlichen Reparaturkosten zu berücksichtigen (BFH vom 27. 8. 1993 – BStBl 1994 II S. 235).

Der sogenannte merkantile Minderwert eines reparierten und weiterhin benutzten Fahrzeugs kann nicht berücksichtigt werden (BFH vom 31. 1. 1992 – BStBl II S. 401).

Wahl des Verkehrsmittels

Der Werbungskostenabzug ist nicht davon abhängig, daß die Fahrtkosten notwendig waren. Die für das tatsächlich benutzte Verkehrsmittel anzusetzenden Fahrtkosten sind auch dann abziehbar, wenn bei der Wahl eines anderen Verkehrsmittels oder Beförderungstarifs geringere Werbungskosten entstanden wären (BFH vom 25. 9. 1970 – BStBl 1971 II S. 55).

Wohnung

Ein Hotelzimmer oder eine fremde Wohnung, in denen der Arbeitnehmer nur kurzfristig aus privaten Gründen übernachtet, ist nicht Wohnung im Sinne des § 9 Abs. 1 EStG (BFH vom 25. 3. 1988 – BStBl II S. 706). Der Mittelpunkt der Lebensinteressen befindet sich bei einem verheirateten Arbeitnehmer regelmäßig am tatsächlichen Wohnort seiner Familie (BFH vom 10. 11. 1978 – BStBl 1979 II S. 219 und vom 3. 10. 1985 – BStBl 1986 II S. 95).

Aufwendungen für Fahrten zwischen der Arbeitsstätte und der Wohnung, die den örtlichen Mittelpunkt der Lebensinteressen des Arbeitnehmers darstellt, sind auch dann Werbungskosten im Sinne des § 9 Abs. 1 Satz 3 Nr. 4 EStG, wenn die Fahrt an der näher zur Arbeitsstätte liegenden Wohnung unterbrochen wird (BFH vom 20. 12. 1991 – BStBl 1992 II S. 306).

LStR 43. Mehraufwendungen bei doppelter Haushaltsführung[1]

Doppelte Haushaltsführung

(1) ¹Eine doppelte Haushaltsführung liegt vor, wenn der Arbeitnehmer bei seiner Auswärtstätigkeit am Beschäftigungsort übernachtet; die Anzahl der Übernachtungen ist dabei unerheblich. ²Eine doppelte Haushaltsführung liegt nicht vor, solange die auswärtige Beschäftigung nach R 37 Abs. 3 als Dienstreise anzuerkennen ist.

Berufliche Veranlassung

(2) ¹Das Beziehen einer Zweitwohnung ist regelmäßig bei einem Wechsel des Beschäftigungsorts auf Grund einer Versetzung, des Wechsels oder der erstmaligen Begründung eines Dienstverhältnisses beruflich veranlaßt. ²Beziehen beiderseits berufstätige Ehegatten am gemeinsamen Beschäftigungsort eine gemeinsame Zweitwohnung, liegt ebenfalls eine berufliche Veranlassung vor. ³Auch die Mitnahme des nicht berufstätigen Ehegatten an den Beschäftigungsort steht der beruflichen Veranlassung einer doppelten Haushaltsführung nicht entgegen. ⁴Bei Zuzug aus dem

---

Anm. d. Schriftl.:

[1] Die zum 1. 1. 1996 in Kraft getretene zeitliche Begrenzung des Abzugs von notwendigen Mehraufwendungen, die dem Arbeitnehmer wegen einer aus beruflichem Anlaß – auch schon vor dem 1. 1. 1996 – begründeten doppelten Haushaltsführung entstehen, ist verfassungsgemäß (BFH-Urteil vom 5. 12. 1997 – BStBl 1998 II S. 211).

Ausland kann das Beziehen einer Zweitwohnung auch dann beruflich veranlaßt sein, wenn der Arbeitnehmer politisches Asyl beantragt oder erhält.

Eigener Hausstand

(3) ¹Ein eigener Hausstand setzt eine eingerichtete, den Lebensbedürfnissen entsprechende Wohnung des Arbeitnehmers voraus. ²In dieser Wohnung muß der Arbeitnehmer einen Haushalt unterhalten, das heißt, er muß die Haushaltsführung bestimmen oder wesentlich mitbestimmen. ³Es ist nicht erforderlich, daß in der Wohnung am Ort des eigenen Hausstands hauswirtschaftliches Leben herrscht, z. B. wenn der Arbeitnehmer seinen nicht berufstätigen Ehegatten an den auswärtigen Beschäftigungsort mitnimmt oder der Arbeitnehmer nicht verheiratet ist. ⁴Die Wohnung muß außerdem der Mittelpunkt der Lebensinteressen des Arbeitnehmers sein (R 42 Abs. 1 Satz 4 bis 8). ⁵Bei größerer Entfernung zwischen dieser Wohnung und der Zweitwohnung, insbesondere bei einer Wohnung im Ausland, reicht bereits eine Heimfahrt im Kalenderjahr aus, um diese als Lebensmittelpunkt anzuerkennen, wenn in der Wohnung auch bei Abwesenheit des Arbeitnehmers hauswirtschaftliches Leben herrscht, an dem sich der Arbeitnehmer sowohl durch persönliche Mitwirkung als auch finanziell maßgeblich beteiligt. ⁶Bei Arbeitnehmern mit einer Wohnung in weit entfernt liegenden Ländern, z. B. Australien, Indien, Japan, Korea, Philippinen, gilt Satz 5 mit der Maßgabe, daß innerhalb der Zweijahresfrist mindestens eine Heimfahrt unternommen wird.

Ort der Zweitwohnung

(4) Eine Zweitwohnung in der Nähe des Beschäftigungsorts steht einer Zweitwohnung am Beschäftigungsort gleich.

Doppelte Haushaltsführung bei Arbeitnehmern ohne eigenen Hausstand

(5) ¹Bei Arbeitnehmern ohne eigenen Hausstand gilt ein Wohnungswechsel an den Beschäftigungsort oder in dessen Nähe, wenn er den Mittelpunkt seiner Lebensinteressen (R 42 Abs. 1 Satz 6 bis 8) in seiner Wohnung am bisherigen Wohnort beibehält, für folgende Zeiträume als doppelte Haushaltsführung:

1. für eine Übergangszeit von drei Monaten nach Bezug der Wohnung am neuen Beschäftigungsort,
2. für die Folgezeit nur, wenn der Arbeitnehmer
   a) für eine verhältnismäßig kurze Dauer am selben Ort beschäftigt wird oder
   b) sich in einem Ausbildungsdienstverhältnis befindet oder
   c) längerfristig oder auf Dauer an einem Ort beschäftigt wird und umzugsbereit ist, aber noch keine angemessene Wohnung gefunden hat.

²Für den Ablauf der Dreimonatsfrist nach Nummer 1 gelten die Regelungen in R 37 Abs. 3 mit der Maßgabe, daß der Neubeginn der Dreimonatsfrist auch den Wechsel der Zweitwohnung an den neuen Beschäftigungsort voraussetzt.

▶ **Hinweise** LStH H 43 (1–5).

Arbeitnehmer ohne eigenen Hausstand
Eine Beschäftigung von **verhältnismäßig kurzer Dauer** *liegt z. B. bei einer befristeten Abordnung, Ableistung einer Probezeit, Teilnahme an einem Lehrgang (BFH vom 20. 12. 1982 – BStBl 1983 II S. 269) vor, wenn die Beschäftigung an demselben Ort von vornherein auf längstens 3 Jahre befristet ist (BFH vom 6. 10. 1994 – BStBl 1995 II S. 186).*

Bei einem Ausbildungsdienstverhältnis kommt es auf die Dauer der Beschäftigung nicht an (R 43 Abs. 5 Nr. 2b).

Bei einer **längerfristigen auswärtigen Tätigkeit** können die Aufwendungen für die doppelte Haushaltsführung auch bei Umzugsbereitschaft (BFH vom 11. 3. 1983 – BStBl II S. 629) nur solange berücksichtigt werden, als der Arbeitnehmer am Beschäftigungsort eine nach objektiven Maßstäben angemessene Wohnung nicht erlangen kann (BFH vom 23. 7. 1976 – BStBl II S. 795).

Beibehaltung der Wohnung

Ist der doppelte Haushalt beruflich begründet worden, ist es unerheblich, ob in der Folgezeit auch die Beibehaltung beider Wohnungen beruflich veranlaßt ist (BFH vom 30. 9. 1988 – BStBl 1989 II S. 103).

Berufliche Veranlassung

– Das Beziehen der Zweitwohnung oder die mit der Begründung einer Zweitwohnung verbundene Aufteilung einer Haushaltsführung auf zwei Wohnungen muß durch die berufliche Beschäftigung veranlaßt gewesen sein (BFH vom 2. 12. 1981 – BStBl 1982 II S. 297 und 323 sowie vom 22. 9. 1988 – BStBl 1989 II S. 293).

– Bezieht ein Arbeitnehmer, der seinen Hausstand vom Beschäftigungsort weg verlegt hat, nach mehreren Jahren oder aus gesundheitlichen Gründen, die in der Zwischenzeit eingetreten sind, am Beschäftigungsort eine Zweitwohnung, so kann dies durch die berufliche Beschäftigung veranlaßt sein (BFH vom 30. 10. 1987 – BStBl 1988 II S. 358 und vom 22. 9. 1988 – BStBl 1989 II S. 94).

Ehegatten

Bei verheirateten Arbeitnehmern kann für jeden Ehegatten eine doppelte Haushaltsführung beruflich veranlaßt sein, wenn die Ehegatten außerhalb des Ortes ihres gemeinsamen Hausstands an verschiedenen Orten beschäftigt sind und am jeweiligen Beschäftigungsort eine Zweitwohnung beziehen (BFH vom 6. 10. 1994 – BStBl 1995 II S. 184).

Eheschließung

Eine beruflich veranlaßte Aufteilung einer Haushaltsführung liegt auch in den Fällen vor, in denen der eigene Hausstand nach der Eheschließung am Beschäftigungsort des ebenfalls berufstätigen Ehegatten begründet (BFH vom 6. 9. 1977 – BStBl 1978 II S. 32, vom 20. 3. 1980 – BStBl II S. 455 und vom 4. 10. 1989 – BStBl 1990 II S. 321) oder wegen der Aufnahme einer Berufstätigkeit des Ehegatten an dessen Beschäftigungsort verlegt und am Beschäftigungsort eine Zweitwohnung des Arbeitnehmers begründet worden ist (BFH vom 2. 10. 1987 – BStBl II S. 852).

Eigener Hausstand

Die Wohnung muß aus **eigenem Recht**, z. B. als Eigentümer oder als Mieter genutzt werden, wobei auch ein gemeinsames oder abgeleitetes Nutzungsrecht ausreichen kann (BFH vom 5. 10. 1994 – BStBl 1995 II S. 180).

Ein eigener Hausstand liegt nicht vor bei Arbeitnehmern, die – wenn auch gegen Kostenbeteiligung – in den **Haushalt der Eltern** eingegliedert sind oder in der Wohnung der Eltern lediglich ein Zimmer bewohnen (BFH vom 5. 10. 1994 – BStBl 1995 II S. 180).

Nutzung der Zweitwohnung

Es ist unerheblich, wie oft der Arbeitnehmer tatsächlich in der Zweitwohnung übernachtet (BFH vom 9. 6. 1988 – BStBl II S. 990).

Private Veranlassung

Die Aufteilung einer Haushaltsführung ist nicht durch die berufliche Beschäftigung veranlaßt, wenn der Arbeitnehmer seinen Hausstand nach der Eheschließung in der außerhalb des Beschäftigungsorts liegenden Wohnung des nicht berufstätigen Ehegatten begründet (BFH vom 13. 3. 1996 – BStBl II S. 315) oder aus anderen privaten Gründen vom Beschäftigungsort weg verlegt und im Zusammenhang damit am Beschäftigungsort die Zweitwohnung begründet hat (BFH vom 10. 11. 1978 – BStBl 1979 II S. 219 und vom 2. 12. 1981 – BStBl 1982 II S. 297).

Zeitlicher Zusammenhang

Es ist gleichgültig, ob die Zweitwohnung in zeitlichem Zusammenhang mit dem Wechsel des Beschäftigungsorts, nachträglich (BFH vom 9. 3. 1979 – BStBl II S. 520) oder im Rahmen eines Umzugs aus einer privat begründeten Zweitwohnung (BFH vom 26. 8. 1988 – BStBl 1989 II S. 89) bezogen worden ist.

Zweitwohnung

Als Zweitwohnung am Beschäftigungsort kommt jede dem Arbeitnehmer entgeltlich oder unentgeltlich zur Verfügung stehende Unterkunft in Betracht, z. B. auch eine Eigentumswohnung, ein möbliertes Zimmer, ein Hotelzimmer, eine Gemeinschaftsunterkunft oder ein Gleisbauzug, in dem der Arbeitnehmer übernachten kann (BFH vom 3. 10. 1985 – BStBl 1986 II S. 369).
Eine Zweitwohnung am Beschäftigungsort ist
- *bei Binnenschiffern und Seeleuten auch die Unterkunft an Bord (BFH vom 16. 12. 1981 – BStBl 1982 II S. 302 und vom 28. 1. 1983 – BStBl II S. 313),*
- *bei Soldaten die Unterkunft in der Kaserne (BFH vom 20. 12. 1982 – BStBl 1983 II S. 269).*

Notwendige Mehraufwendungen

(6) [1]Als notwendige Mehraufwendungen wegen einer doppelten Haushaltsführung kommen in Betracht:
1. die Fahrtkosten aus Anlaß der Wohnungswechsel zu Beginn und am Ende der doppelten Haushaltsführung sowie für wöchentliche Heimfahrten an den Ort des eigenen Hausstands oder in den Fällen des Absatzes 5 an den bisherigen Wohnort (Absatz 7) oder Aufwendungen für wöchentliche Familien-Ferngespräche,
2. Verpflegungsmehraufwendungen (Absatz 8),
3. Aufwendungen für die Zweitwohnung (Absatz 9) und
4. Umzugskosten (Absatz 10).

[2]Führt der Arbeitnehmer mehr als eine Heimfahrt wöchentlich durch, so kann er wählen, ob er die nach Satz 1 in Betracht kommenden Mehraufwendungen wegen doppelter Haushaltsführung oder die Aufwendungen als Aufwendungen für Fahrten zwischen Wohnung und Arbeitsstätte nach R 42 geltend machen will. [3]Der Arbeitnehmer kann das Wahlrecht bei derselben doppelten Haushaltsführung für jedes Kalenderjahr nur einmal ausüben. [4]Hat der Arbeitgeber die Zweitwohnung unentgeltlich oder teilentgeltlich zur Verfügung gestellt, so sind die abziehbaren Fahrtkosten um diesen Sachbezug mit dem nach R 31 Abs. 5 und 6 maßgebenden Wert zu kürzen.

Notwendige Fahrtkosten

(7) [1]Als notwendige Fahrtkosten sind anzuerkennen
1. die tatsächlichen Aufwendungen für die Fahrten anläßlich der Wohnungswechsel zu Beginn und am Ende der doppelten Haushaltsführung. [2]Für die Ermittlung der Fahrtkosten ist R 38 Abs. 1 anzuwenden; zusätzlich können etwaige Nebenkosten nach Maßgabe von R 40a berücksichtigt werden,

2. die Aufwendungen für jeweils eine tatsächlich durchgeführte Heimfahrt wöchentlich. ²Bei Aufwendungen des Arbeitnehmers für Fahrten mit einem eigenen oder einem ihm außerhalb seines Dienstverhältnisses zur Nutzung überlassenen Kraftfahrzeug ist R 42 Abs. 2, 5 bis 7 sinngemäß anzuwenden. ³Aufwendungen für Fahrten mit einem im Rahmen des Dienstverhältnisses zur Nutzung überlassenen Kraftfahrzeug können nicht angesetzt werden (Absatz 11 Satz 15 Nr. 1).

²Nach Ablauf der Zweijahresfrist sind die letzte Fahrt zur Beendigung der doppelten Haushaltsführung und die Fahrten vom Beschäftigungsort zum Ort des eigenen Hausstands und zurück (Familienheimfahrten) als Fahrten zwischen Wohnung und Arbeitsstätte nach § 9 Abs. 1 Satz 3 Nr. 4 EStG zu behandeln (R 42 Abs. 1 Satz 4 bis 8).

Notwendige Verpflegungsmehraufwendungen

(8) ¹Als notwendige Verpflegungsmehraufwendungen sind für einen Zeitraum von drei Monaten nach Bezug der Wohnung am neuen Beschäftigungsort für jeden Kalendertag, an dem der Arbeitnehmer von seiner Wohnung am Lebensmittelpunkt im Sinne der Absätze 3 oder 5 abwesend ist, die bei Dienstreisen ansetzbaren Pauschbeträge anzuerkennen; dabei ist allein die Dauer der Abwesenheit von der Wohnung am Lebensmittelpunkt maßgebend. ²Ist der Tätigkeit am Beschäftigungsort eine Dienstreise an diesen Beschäftigungsort unmittelbar vorausgegangen, so ist deren Dauer auf die Dreimonatsfrist anzurechnen. ³Für den Ablauf der Dreimonatsfrist gilt Absatz 5 Satz 2 sinngemäß. ⁴R 39 Abs. 2 ist zu beachten.

Notwendige Aufwendungen für die Zweitwohnung

(9) ¹Als notwendige Aufwendungen für die Zweitwohnung sind deren tatsächliche Kosten anzuerkennen. ²Zu den notwendigen Aufwendungen für die Zweitwohnung gehört auch die für diese Wohnung zu entrichtende Zweitwohnungssteuer. ³Steht die Zweitwohnung im Eigentum des Arbeitnehmers, so sind die Aufwendungen in der Höhe als notwendig anzusehen, in der sie der Arbeitnehmer als Mieter für eine nach Größe, Ausstattung und Lage angemessene Wohnung tragen müßte. ⁴Liegt der Beschäftigungsort im Ausland, so können die notwendigen Aufwendungen für die Zweitwohnung im Ausland ohne Einzelnachweis für die Übergangszeit im Sinne des Absatzes 8 mit dem nach R 40 Abs. 2 maßgebenden Pauschbetrag und für die Folgezeit mit 40 v. H. dieses Pauschbetrags je Übernachtung angesetzt werden; ein Wechsel zwischen dem Einzelnachweis der Aufwendungen und dem Ansatz der Pauschbeträge ist bei derselben doppelten Haushaltsführung innerhalb eines Kalenderjahrs nicht zulässig.

Umzugskosten

(10) ¹Der Nachweis der Umzugskosten im Sinne des § 10 BUKG ist notwendig bei einem Umzug anläßlich der Begründung, Beendigung oder des Wechsels einer doppelten Haushaltsführung, weil dafür die Pauschalierung nicht gilt. ²Dasselbe gilt für die sonstigen Umzugsauslagen im Sinne des § 10 AUV bei Beendigung einer doppelten Haushaltsführung durch den Rückumzug eines Arbeitnehmers in das Ausland. ³Kosten für den Umzug in die Familienwohnung (Rückumzug) sind nach Ablauf der Zweijahresfrist (§ 9 Abs. 1 Satz 3 Nr. 5 EStG) nicht abziehbar.

Werbungskostenabzug oder Vergütung durch den Arbeitgeber

(11) ¹Die notwendigen Mehraufwendungen nach den Absätzen 6 bis 10 können als Werbungskosten abgezogen werden, soweit sie nicht vom Arbeitgeber nach den folgenden Regelungen steuerfrei erstattet werden; R 39 Abs. 2 ist sinngemäß anzuwenden. ²Für die Mehraufwendungen nach den Absätzen 7 bis 10 ist der Werbungskostenabzug nach § 9 Abs. 1 Satz 3 Nr. 5 Satz 3 EStG auf die ersten zwei Jahre einer Beschäftigung am selben Ort begrenzt. ³Die Zweijahresfrist beginnt zu laufen, wenn der Arbeitnehmer seinen Beschäftigungsort gewechselt oder erstmals eine Beschäftigung aufgenommen hat und in der Umgebung des neuen Beschäftigungsorts eine

Zweitwohnung bezogen hat. [4]Ist der Arbeitnehmer vor Bezug der Zweitwohnung am auswärtigen Beschäftigungsort arbeitstäglich dorthin gefahren, so ist dieser Zeitraum nicht auf die Zweijahresfrist anzurechnen. [5]Ist der Tätigkeit am auswärtigen Beschäftigungsort eine Dienstreise an diesen Ort unmittelbar vorausgegangen, so ist die Dauer der Dienstreise ebenfalls nicht auf die Zweijahresfrist anzurechnen. [6]Verlegen beiderseits berufstätige Ehegatten den Familienwohnsitz an den Wohnort des bisher auswärts tätigen Ehegatten und behält der andere Ehegatte aus beruflichen Gründen die bisherige Familienwohnung als Zweitwohnung bei, so beginnt für diese Zweitwohnung keine neue Zweijahresfrist; für diesen doppelten Haushalt kann der andere Ehegatte Werbungskosten für einen verbliebenen Restzeitraum der Zweijahresfrist abziehen. [7]Aufwendungen für Heimfahrten können jedoch nach Ablauf der Zweijahresfrist nach § 9 Abs. 1 Satz 3 Nr. 4 EStG (R 42) als Werbungskosten abgezogen werden. [8]Eine urlaubs- oder krankheitsbedingte Unterbrechung der Beschäftigung am selben Ort hat auf den Ablauf der Zweijahresfrist keinen Einfluß. [9]Dagegen führen Unterbrechungen wegen Beendigung der Beschäftigung oder vorübergehender Tätigkeit an einem anderen Beschäftigungsort zu einem Neubeginn der Zweijahresfrist, wenn die Unterbrechung mindestens acht Monate gedauert hat. [10]Die Erstattung der Mehraufwendungen bei doppelter Haushaltsführung durch den Arbeitgeber ist nach § 3 Nr. 13 oder 16 EStG steuerfrei, soweit keine höheren Beträge erstattet werden, als nach Satz 1 und Satz 2 als Werbungskosten abgezogen werden können. [11]Dabei kann der Arbeitgeber bei Arbeitnehmern in den Steuerklassen III, IV oder V ohne weiteres unterstellen, daß sie einen eigenen Hausstand haben. [12]Bei anderen Arbeitnehmern darf der Arbeitgeber einen eigenen Hausstand nur dann anerkennen, wenn sie schriftlich erklären, daß sie neben einer Zweitwohnung am Beschäftigungsort außerhalb des Beschäftigungsorts einen eigenen Hausstand unterhalten, und die Richtigkeit dieser Erklärung durch Unterschrift bestätigen. [13]Diese Erklärung ist als Beleg zum Lohnkonto aufzubewahren. [14]Das Wahlrecht des Arbeitnehmers nach Absatz 6 hat der Arbeitgeber nicht zu beachten. [15]Darüber hinaus gilt folgendes:

1. Hat der Arbeitgeber oder für dessen Rechnung ein Dritter dem Arbeitnehmer einen Kraftwagen zur Durchführung der Heimfahrten unentgeltlich überlassen, so kommt ein Werbungskostenabzug und eine Erstattung von Fahrtkosten nicht in Betracht.

2. Verpflegungsmehraufwendungen dürfen nur bis zu den nach Absatz 8 maßgebenden Pauschbeträgen steuerfrei erstattet werden.

3. [1]Die notwendigen Aufwendungen für die Zweitwohnung an einem Beschäftigungsort im Inland dürfen ohne Einzelnachweis für einen Zeitraum von drei Monaten mit einem Pauschbetrag bis zu 39 DM und für die Folgezeit von bis zu 21 Monaten mit einem Pauschbetrag bis zu 8 DM je Übernachtung steuerfrei erstattet werden, wenn dem Arbeitnehmer die Zweitwohnung nicht unentgeltlich oder teilentgeltlich zur Verfügung gestellt worden ist. [2]Bei einer Zweitwohnung im Ausland können die notwendigen Aufwendungen ohne Einzelnachweis für einen Zeitraum von drei Monaten mit dem für eine Dienstreise geltenden ausländischen Übernachtungspauschbetrag und für die Folgezeit von bis zu 21 Monaten mit 40 v. H. dieses Pauschbetrags steuerfrei erstattet werden.

▶ **Hinweise** **LStH** H 43 (6–11).

Angemessenheit der Unterkunftskosten

*Die tatsächlichen **Mietkosten** sind als Werbungskosten abziehbar, soweit sie nicht überhöht sind (BFH vom 16. 3. 1979 – BStBl II S. 473).*

Drittaufwand
Der Abzug der Aufwendungen für die Zweitwohnung ist ausgeschlossen, wenn die Aufwendungen auf Grund eines Dauerschuldverhältnisses (z. B. Mietvertrag) von einem Dritten getragen werden (BFH vom 13. 3. 1996 – BStBl II S. 375 und vom 24. 2. 2000 – BStBl II S. 314).

Eigene Zweitwohnung
Bei einer im Eigentum des Arbeitnehmers stehenden Zweitwohnung gilt folgendes:
– *Zu den Aufwendungen gehören auch die Absetzungen für Abnutzung, Hypothekenzinsen und Reparaturkosten (BFH vom 3. 12. 1982 – BStBl 1983 II S. 467).*
– *Die Inanspruchnahme des § 10e Abs. 1 bis 5 EStG und des § 15b BerlinFG scheiden aus, wenn für eine doppelte Haushaltsführung Aufwendungen als Werbungskosten geltend gemacht werden (BMF vom 10. 5. 1989 – BStBl I S. 165 sowie BFH vom 14. 12. 1994 – BStBl 1995 II S. 259); dies gilt auch für die Inanspruchnahme der Eigenheimzulage (Rz. 18 des BMF-Schreibens vom 10. 2. 1998 – BStBl I S. 190).*

...

Telefonkosten
Anstelle der Aufwendungen für eine Heimfahrt an den Ort des eigenen Hausstands können die Gebühren für ein Ferngespräch bis zu einer Dauer von 15 Minuten mit Angehörigen, die zum eigenen Hausstand des Arbeitnehmers gehören, berücksichtigt werden (BFH vom 18. 3. 1988 – BStBl II S. 988).

Umzugskosten
Zu den notwendigen Mehraufwendungen einer doppelten Haushaltsführung gehören innerhalb der Zweijahresfrist auch die durch das Beziehen oder die Aufgabe der Zweitwohnung verursachten tatsächlichen Umzugskosten (BFH vom 29. 4. 1992 – BStBl II S. 667). Nach Ablauf der Zweijahresfrist können die mit der Aufgabe der Zweitwohnung verursachten tatsächlichen Umzugskosten jedoch berücksichtigt werden, wenn sie mit der Begründung einer neuen doppelten Haushaltsführung in Zusammenhang stehen.

Wahlrecht
*Ein Arbeitnehmer mit **Einsatzwechseltätigkeit** (R 37 Abs. 5) kann wählen, ob er die nach R 43 Abs. 6 Satz 1 in Betracht kommenden Mehraufwendungen wegen doppelter Haushaltsführung oder die Fahrtkosten nach R 38 Abs. 3 gegebenenfalls als Reisekosten geltend machen will (BFH vom 10. 10. 1994 – BStBl 1995 II S. 137).*
*Wählt der Arbeitnehmer den Abzug der Fahrtkosten nach R 42 oder R 38 Abs. 3, so kann er Verpflegungsmehraufwendungen nach R 43 Abs. 8 und Aufwendungen für die Zweitwohnung nach R 43 Abs. 9 auch dann nicht geltend machen, wenn ihm Fahrtkosten nicht an jedem Arbeitstag entstanden sind, weil er sich in **Rufbereitschaft** zu halten oder mehrere Arbeitsschichten nacheinander abzuleisten hatte (BFH vom 2. 10. 1992 – BStBl 1993 II S. 113).*

Zweijahresfrist
Die Zweijahresfrist ist verfassungsgemäß (BFH vom 5. 12. 1997 – BStBl 1998 II S. 211).

LStR 44. Arbeitsmittel
[1]Die Anschaffungs- oder Herstellungskosten von Arbeitsmitteln einschließlich der Umsatzsteuer können im Jahr der Anschaffung oder Herstellung in voller Höhe als Werbungskosten abgesetzt werden, wenn sie ausschließlich der Umsatzsteuer für das einzelne Arbeitsmittel 800 DM nicht übersteigen. [2]Anschaffungs- oder Herstellungskosten von mehr als 800 DM sind auf die Kalenderjahre der voraussichtlichen gesamten Nutzungsdauer des Arbeitsmittels zu verteilen und in

jedem dieser Jahre anteilig als Werbungskosten zu berücksichtigen. ³Aus Vereinfachungsgründen kann im Jahr der Anschaffung oder Herstellung für die im ersten Halbjahr angeschafften oder hergestellten Arbeitsmittel der volle und für die im zweiten Halbjahr angeschafften oder hergestellten Arbeitsmittel der halbe Jahresbetrag abgezogen werden. ⁴Wird ein als Arbeitsmittel genutztes Wirtschaftsgut veräußert, so ist ein sich eventuell ergebender Veräußerungserlös bei den Einkünften aus nichtselbständiger Arbeit nicht zu erfassen.

▶ **Hinweise   LStH   H 44.**

Absetzung für Abnutzung

— *Außergewöhnliche technische oder wirtschaftliche Abnutzungen sind zu berücksichtigen (BFH vom 29. 4. 1983 – BStBl II S. 586 – im Zusammenhang mit einem Diebstahl eingetretene Beschädigung an einem als Arbeismittel anzusehenden PKW).*

— *Eine technische Abnutzung kann auch dann in Betracht kommen, wenn wirtschaftlich kein Wertverzehr eintritt (BFH vom 31. 1. 1986 – BStBl II S. 355 – als Arbeitsmittel ständig in Gebrauch befindliche Möbelstücke).*

— *Wird ein Wirtschaftsgut nach einer Nutzung außerhalb der Einkunftsarten als Arbeitsmittel verwendet, so sind die weiteren AfA von den Anschaffungs- oder Herstellungskosten einschließlich Umsatzsteuer nach der voraussichtlichen gesamten Nutzungsdauer des Wirtschaftsguts in gleichen Jahresbeträgen zu bemessen. Der auf den Zeitraum vor der Verwendung als Arbeitsmittel entfallende Teil der Anschaffungs- oder Herstellungskosten des Wirtschaftsguts (fiktive AfA) gilt als abgesetzt (BFH vom 14. 2. 1989 – BStBl II S. 922 und vom 2. 2. 1990 – BStBl II S. 684). Dies gilt auch für geschenkte Wirtschaftsgüter (BFH vom 16. 2. 1990 – BStBl II S. 883).*

— *Der Betrag, der nach Umwidmung eines erworbenen oder geschenkten Wirtschaftsguts zu einem Arbeitsmittel nach Abzug der fiktiven AfA von den Anschaffungs- oder Herstellungskosten einschließlich Umsatzsteuer verbleibt, kann aus Vereinfachungsgründen im Jahr der erstmaligen Verwendung des Wirtschaftsguts als Arbeitsmittel in voller Höhe als Werbungskosten abgezogen werden, wenn er 800 DM nicht übersteigt (BFH vom 16. 2. 1990 – BStBl II S. 883).*

Angemessenheit

Aufwendungen für ein Arbeitsmittel können auch dann Werbungskosten sein, wenn sie zwar ungewöhnlich hoch, aber bezogen auf die berufliche Stellung und die Höhe der Einnahmen nicht unangemessen sind.

BFH vom 10. 3. 1978 (BStBl II S. 459) – Anschaffung eines Flügels durch eine am Gymnasium Musik unterrichtende Lehrerin

BFH vom 21. 10. 1988 (BStBl 1989 II S. 356) – Anschaffung eines Flügels durch eine Musikpädagogin

Aufteilung der Anschaffungs- oder Herstellungskosten

— *Betreffen Wirtschaftsgüter sowohl den beruflichen als auch den privaten Bereich des Arbeitnehmers, ist eine Aufteilung der Anschaffungs- oder Herstellungskosten in nicht abziehbare Aufwendungen für die Lebensführung und in Werbungskosten nur zulässig, wenn objektive Merkmale und Unterlagen eine zutreffende und leicht nachprüfbare Trennung ermöglichen und wenn außerdem der berufliche Nutzungsanteil nicht von untergeordneter Bedeutung ist (BFH vom 19. 10. 1970 – BStBl 1971 II S. 17).*

— *Die Aufwendungen sind voll abziehbar, wenn die Wirtschaftsgüter ausschließlich oder ganz überwiegend der Berufsausübung dienen.*

Zu § 9 EStG

BFH vom 18. 2. 1977 (BStBl II S. 464) – Schreibtisch im Wohnraum eines Gymnasiallehrers
BFH vom 21. 10. 1988 (BStBl 1989 II S. 356) – Flügel einer Musikpädagogin

Ausstattung eines häuslichen Arbeitszimmers mit Arbeitsmittel
BFH vom 21. 11. 1997 (BStBl 1998 II S. 351)
BMF vom 16. 6. 1998 (BStBl I S. 863)

Berufskleidung

– *Begriff der typischen Berufskleidung*
R 20

– *Reinigung von typischer Berufskleidung in privater Waschmaschine*
Werbungskosten sind neben den unmittelbaren Kosten des Waschvorgangs (Wasser- und Energiekosten, Wasch- und Spülmittel) auch die Aufwendungen in Form der Abnutzung sowie Instandhaltung und Wartung der für die Reinigung eingesetzten Waschmaschine. Die Aufwendungen können ggf. geschätzt werden (BFH vom 29. 6. 1993 – BStBl II S. 837 und 838).

Fachbücher und Fachzeitschriften
Bücher und Zeitschriften sind Arbeitsmittel, wenn sichergestellt ist, daß die erworbenen Bücher und Zeitschriften ausschließlich oder ganz überwiegend beruflichen Zwecken dienen.
BFH vom 29. 4. 1977 (BStBl II S. 716) – Anschaffungskosten für ein allgemeines Nachschlagewerk sind auch bei einem Lehrer grundsätzlich nicht abziehbar.
BFH vom 16. 10. 1981 (BStBl 1982 II S. 67) – Aufwendungen eines Englischlehrers für die Anschaffung eines allgemeinen Nachschlagewerkes in englischer Sprache können abziehbar sein.
BFH vom 21. 5. 1992 (BStBl II S. 1015) – Aufwendungen eines Publizisten für Bücher allgemeinbildenden Inhalts sind nicht abziehbar.

Medizinische Hilfsmittel
Aufwendungen für die Anschaffung medizinischer Hilfsmittel sind selbst dann nicht als Werbungskosten abziehbar, wenn sie ausschließlich am Arbeitsplatz benutzt werden.
BFH vom 23. 10. 1992 (BStBl 1993 II S. 193) – Bildschirmbrille

Nachweis der beruflichen Nutzung
Bei der Anschaffung von Gegenständen, die nach der Lebenserfahrung ganz überwiegend zu Zwecken der Lebensführung angeschafft werden, gelten erhöhte Anforderungen an den Nachweis der beruflichen Nutzung.
BFH vom 27. 9. 1991 (BStBl 1992 II S. 195) – Videorecorder
BFH vom 15. 1. 1993 (BStBl II S. 348) – Spielcomputer

Transport
Anteilige Aufwendungen für den Transport von Arbeitsmitteln bei einem privat veranlaßten Umzug sind nicht als Werbungskosten abziehbar (BFH vom 21. 7. 1989 – BStBl II S. 972).

LStR 45. Häusliches Arbeitszimmer

– unbesetzt –

Hinweise LStH H 45.

Allgemeine Grundsätze
BMF vom 16. 6. 1998 (BStBl I S. 863)

Ausstattung
Aufwendungen für Einrichtungsgegenstände wie z. B. Bücherschränke oder Schreibtische, die zugleich Arbeitsmittel sind, sind nach § 9 Abs. 1 Satz 3 Nr. 6 EStG abziehbar (BFH vom 21. 11. 1997 – BStBl 1998 II S. 351).

Berufliche Nutzung
Ein häusliches Arbeitszimmer ist dem Grunde nach nur anzuerkennen, wenn feststeht, daß das Zimmer so gut wie ausschließlich für berufliche Zwecke benutzt wird (BFH vom 21. 1. 1966 – BStBl III S. 219 und vom 10. 3. 1970 – BStBl II S. 458).

Drittaufwand
Es gilt der Grundsatz, daß – auch bei zusammenveranlagten Ehegatten – nur derjenige Aufwendungen steuerlich abziehen kann, der sie tatsächlich getragen hat. Daraus folgt:
– Ehegatten, die gemeinsam die Herstellungskosten des von ihnen bewohnten Hauses getragen haben und die darin jeweils einen Raum für eigenbetriebliche Zwecke nutzen, können jeweils die auf diesen Raum entfallenden Herstellungskosten für die Dauer der betrieblichen Nutzung als Betriebsausgaben/Werbungskosten in Form von AfA geltend machen (> BFH vom 23. 8. 1999 – BStBl II S. 774).
– Beteiligt sich der Arbeitnehmer an den Anschaffungs- oder Herstellungskosten eines Gebäudes, das seinem Ehepartner gehört und in dem der Arbeitnehmer ein Arbeitszimmer für seine beruflichen Zwecke nutzt, kann er die auf diesen Raum entfallenden eigenen Aufwendungen grundsätzlich als Werbungskosten (AfA) geltend machen. In diesem Fall sind die auf das Arbeitszimmer entfallenden Anschaffungs- oder Herstellungskosten Bemessungsgrundlage der AfA, soweit sie der Kostenbeteiligung des Arbeitnehmers entsprechen (> BFH vom 23. 8. 1999 – BStBl II S. 778).
– Erwerben der Arbeitnehmer und sein Ehegatte aus gemeinsamen Mitteln gleichzeitig jeweils einander gleiche Eigentumswohnungen, von denen die des Ehegatten gemeinsam zu Wohnzwecken genutzt wird, und nutzt der Arbeitnehmer in dieser Wohnung ein Arbeitszimmer alleine zu beruflichen Zwecken, kann er die darauf entfallenden Anschaffungskosten grundsätzlich nicht als eigene Werbungskosten (AfA) geltend machen. Die vom Eigentümer-Ehegatten aufgewendeten Anschaffungskosten des Arbeitszimmers sind somit keine Werbungskosten des Arbeitnehmers (keine Anerkennung von Drittaufwand). Abziehbar sind hingegen die durch die Nutzung des Arbeitszimmers verursachten laufenden Aufwendungen (z. B. anteilige Energie- und Reparaturkosten des Arbeitszimmers), wenn sie entweder vom Arbeitnehmer-Ehegatten absprachegemäß übernommen oder von den Ehegatten gemeinsam getragen werden (etwa von einem gemeinsamen Bankkonto). Nicht abziehbar sind dagegen – ungeachtet der gemeinsamen Kostentragung – die durch das Eigentum bedingten Kosten, wie z. B. Grundsteuer, Schuldzinsen, allgemeine Reparaturkosten (> BFH vom 23. 8. 1999 – BStBl II S. 782).
– Allein auf Grund der Tatsache, daß der Arbeitnehmer gemeinsam mit seinem Ehepartner ein Arbeitszimmer in der dem Ehegatten gehörenden Wohnung nutzt, sind ihm die anteiligen Anschaffungs- oder Herstellungskosten des Arbeitszimmers entsprechend seiner Nutzung zur Vornahme von AfA nicht zuzurechnen (> BFH vom 23. 8. 1999 – BStBl II S. 787).
– Sind die Ehegatten nicht Eigentümer des Hauses oder der Wohnung, ist der Abzug der Aufwendungen für ein Arbeitszimmer ausgeschlossen, wenn die Aufwendungen auf Grund eines

Dauerschuldverhältnisses (z. B. Mietvertrag) vom Ehegatten des Arbeitnehmers getragen werden (> BFH vom 24. 2. 2000 – BStBl II S. 314).

Ermittlung der abziehbaren Aufwendungen

– Die Aufwendungen für das häusliche Arbeitszimmer, z. B. anteilige Miete und Heizungskosten sowie die unmittelbaren Kosten der Ausstattung, Reinigung und Renovierung, sind Werbungskosten, bei Mitbenutzung zu Ausbildungszwecken anteilig Sonderausgaben (BFH vom 22. 6. 1990 – BStBl II S. 901).

– Die anteiligen Kosten des Arbeitszimmers sind nach dem Verhältnis der Fläche des Arbeitszimmers zur gesamten Wohnfläche einschließlich des Arbeitszimmers zu ermitteln (BFH vom 10. 4. 1987 – BStBl II S. 500).

– Vergrößert sich die Gesamtwohnfläche durch Erweiterungsbaumaßnahmen, so ergibt sich ein veränderter Aufteilungsmaßstab; sind die Erweiterungsbaumaßnahmen mit Krediten finanziert, so sind die darauf entfallenden Schuldzinsen dem häuslichen Arbeitszimmer selbst dann anteilig zuzuordnen, wenn die Baumaßnahmen das Arbeitszimmer nicht unmittelbar betroffen haben (BFH vom 21. 8. 1995 – BStBl II S. 729).

– Wegen der berücksichtigungsfähigen Kosten dem Grunde und der Höhe nach, wenn das Arbeitszimmer in einem selbstgenutzten Haus oder in einer selbstgenutzten Eigentumswohnung gelegen ist, BFH vom 18. 10. 1983 (BStBl 1984 II S. 112).

– Die AfA richtet sich bei einem selbstgenutzten häuslichen Arbeitszimmer im eigenen Einfamilienhaus nach § 7 Abs. 4 Satz 1 Nr. 2 oder Abs. 5 Satz 1 Nr. 2 EStG; eine (höhere) Absetzung nach § 7 Abs. 5 Satz 1 Nr. 3 EStG ist nicht zulässig (BFH vom 30. 6. 1995 – BStBl II S. 598 und vom 4. 8. 1995 – BStBl II S. 727).

– Liegt das Arbeitszimmer in einer den Ehegatten gemeinsam gehörenden Wohnung, einem gemeinsamen Einfamilienhaus oder einer gemeinsamen Eigentumswohnung, so sind die auf das Arbeitszimmer anteilig entfallenden Aufwendungen einschließlich AfA grundsätzlich unabhängig vom Miteigentumsanteil des anderen Ehegatten zu berücksichtigen (BFH vom 12. 2. 1988 – BStBl II S. 764); entsprechendes gilt für die auf das Arbeitszimmer anteilig entfallenden Schuldzinsen (BFH vom 3. 4. 1987 – BStBl II S. 623).

– Vergütungen an den Ehegatten für die Reinigung des Arbeitszimmers sind keine Werbungskosten (BFH vom 27. 10. 1978 – BStBl 1979 II S. 80).

Kunstgegenstände

Aufwendungen für Kunstgegenstände, die zur Einrichtung eines häuslichen Arbeitszimmers gehören, sind regelmäßig keine Werbungskosten (BFH vom 30. 10. 1990 – BStBl 1991 II S. 340 und vom 12. 3. 1993 – BStBl II S. 506).

Räumliche Voraussetzungen

– Zu den Voraussetzungen für die steuerliche Anerkennung gehört, daß das Arbeitszimmer von den privat genutzten Räumen getrennt ist (BFH vom 6. 12. 1991 – BStBl 1992 II S. 304).

– Neben dem Arbeitszimmer muß genügend Wohnraum vorhanden sein (BFH vom 26. 4. 1985 – BStBl II S. 467).

– Ein häusliches Arbeitszimmer ist steuerlich nicht anzuerkennen, wenn das Arbeitszimmer ständig durchquert werden muß, um andere privat genutzte Räume der Wohnung zu erreichen (BFH vom 18. 10. 1983 – BStBl 1984 II S. 110); die private Mitbenutzung des Arbeitszimmers ist dagegen von untergeordneter Bedeutung, wenn es nur durchquert werden muß, um z. B. das Schlafzimmer zu erreichen (BFH vom 19. 8. 1988 – BStBl II S. 1000).

Lohnsteuer — Zu § 19 EStG

Verfassungsmäßigkeit der Abzugsbeschränkung
Die Einschränkung der Abziehbarkeit ist verfassungsrechtlich nicht zu beanstanden (BVerfG vom 7. 12. 1999 – BStBl 2000 II S. 162).

Zu § 19 EStG

LStR   **67. Arbeitnehmer**
            – unbesetzt –

▶ **Hinweise**   **LStH**   **H 67.**

Allgemeines
Wer Arbeitnehmer ist, ist unter Beachtung der Vorschriften des § 1 LStDV nach dem Gesamtbild der Verhältnisse zu beurteilen. Die arbeitsrechtliche und sozialversicherungsrechtliche Behandlung ist unmaßgeblich (BFH vom 2. 12. 1998 – BStBl 1999 II S. 534). Wegen der Abgrenzung der für einen Arbeitnehmer typischen fremdbestimmten Tätigkeit von selbständiger Tätigkeit BFH vom 14. 6. 1985 (BStBl II S. 661) und vom 18. 1. 1991 (BStBl II S. 409). Danach können für eine Arbeitnehmereigenschaft insbesondere folgende Merkmale sprechen:

– persönliche Abhängigkeit,
– Weisungsgebundenheit hinsichtlich Ort, Zeit und Inhalt der Tätigkeit,
– feste Arbeitszeiten,
– Ausübung der Tätigkeit gleichbleibend an einem bestimmten Ort,
– feste Bezüge,
– Urlaubsanspruch,
– Anspruch auf sonstige Sozialleistungen,
– Fortzahlung der Bezüge im Krankheitsfall,
– Überstundenvergütung,
– zeitlicher Umfang der Dienstleistungen,
– Unselbständigkeit in Organisation und Durchführung der Tätigkeit,
– kein Unternehmerrisiko,
– keine Unternehmerinitiative,
– kein Kapitaleinsatz,
– keine Pflicht zur Beschaffung von Arbeitsmitteln,
– Notwendigkeit der engen ständigen Zusammenarbeit mit anderen Mitarbeitern,
– Eingliederung in den Betrieb,
– Schulden der Arbeitskraft und nicht eines Arbeitserfolges,
– Ausführung von einfachen Tätigkeiten, bei denen eine Weisungsabhängigkeit die Regel ist.

Diese Merkmale ergeben sich regelmäßig aus dem der Beschäftigung zugrunde liegenden Vertragsverhältnis, sofern die Vereinbarungen ernsthaft gewollt sind und tatsächlich durchgeführt werden (BFH vom 14. 12. 1978 – BStBl 1979 II S. 188, vom 20. 2. 1979 – BStBl II S. 414 und vom 24. 7. 1992 – BStBl 1993 II S. 155). Dabei sind die für oder gegen ein Dienstverhältnis sprechenden Merkmale ihrer Bedeutung entsprechend gegeneinander abzuwägen.

Zu § 19 EStG

Eltern-Kind-Arbeitsverhältnis

Zur steuerlichen Anerkennung von Dienstverhältnissen zwischen Eltern und Kindern BFH vom 9. 12. 1993 (BStBl 1994 II S. 298),

R 19 Abs. 3 EStR.

Mitunternehmer

...

Nichteheliche Lebensgemeinschaft

– *H 19 EStH*
– *Ein hauswirtschaftliches Beschäftigungsverhältnis mit der nichtehelichen Lebensgefährtin kann nicht anerkannt werden, wenn diese zugleich Mutter des gemeinsamen Kindes ist (BFH vom 19. 5. 1999 – BStBl II S. 764).*

Selbständige Arbeit

Zur Abgrenzung einer Tätigkeit als Arbeitnehmer von einer selbständigen Tätigkeit R 134 und 146 EStR.

Weisungsgebundenheit

Die in § 1 Abs. 2 LStDV genannte Weisungsgebundenheit kann auf einem besonderen öffentlich-rechtlichen Gewaltverhältnis beruhen, wie z. B. bei Beamten und Richtern, oder Ausfluß des Direktionsrechts sein, mit dem ein Arbeitgeber die Art und Weise, Ort, Zeit und Umfang der zu erbringenden Arbeitsleistung bestimmt. Die Weisungsbefugnis kann eng, aber auch locker sein, wie z. B. bei einem angestellten Chefarzt, der fachlich weitgehend eigenverantwortlich handelt; entscheidend ist, ob die beschäftigte Person einer etwaigen Weisung bei der Art und Weise der Ausführung der geschuldeten Arbeitsleistung zu folgen verpflichtet ist oder ob ein solches Weisungsrecht nicht besteht. Maßgebend ist das Innenverhältnis; die Weisungsgebundenheit muß im Auftreten der beschäftigten Person nach außen nicht erkennbar werden (BFH vom 15. 7. 1987 – BStBl II S. 746). Die Eingliederung in einen Betrieb kann auch bei einer kurzfristigen Beschäftigung gegeben sein, wie z. B. bei einem Apothekervertreter als Urlaubsvertretung. Sie ist aber eher bei einfachen als bei gehobenen Arbeiten anzunehmen, z. B. bei einem Gelegenheitsarbeiter, der zu bestimmten unter Aufsicht durchzuführenden Arbeiten herangezogen wird. Die vorstehenden Kriterien gelten auch für die Entscheidung, ob ein sogenannter Schwarzarbeiter Arbeitnehmer des Auftraggebers ist.

Zuordnung als Arbeitnehmer oder Selbständiger

a) Beispiele für Arbeitnehmer

Amateursportler *können Arbeitnehmer sein, wenn die für den Trainings- und Spieleinsatz gezahlten Vergütungen nach dem Gesamtbild der Verhältnisse als Arbeitslohn zu beurteilen sind (BFH vom 23. 10. 1992 – BStBl 1993 II S. 303),*

Apothekervertreter; *ein selbständiger Apotheker, der als Urlaubsvertreter eines anderen selbständigen Apothekers gegen Entgelt tätig wird, ist Arbeitnehmer (BFH vom 20. 2. 1979 – BStBl II S. 414),*

Artist *ist Arbeitnehmer, wenn er seine Arbeitskraft einem Unternehmer für eine Zeitdauer, die eine Reihe von Veranstaltungen umfaßt – also nicht lediglich für einige Stunden eines Abends – ausschließlich zur Verfügung stellt (BFH vom 16. 3. 1951 – BStBl III S. 97),*

Buchhalter *BFH vom 6. 7. 1955 (BStBl III S. 256) und vom 13. 2. 1980 (BStBl II S. 303),*

Büfettier *BFH vom 31. 1. 1963 (BStBl III S. 230),*

Gelegenheitsarbeiter, die zu bestimmten, unter Aufsicht durchzuführenden Verlade- und Umladearbeiten herangezogen werden, sind auch dann Arbeitnehmer, wenn sie die Tätigkeit nur für wenige Stunden ausüben (BFH vom 18. 1. 1974 – BStBl II S. 301),

Heimarbeiter R 134 Abs. 2 EStR,

Helfer von Wohlfahrtsverbänden; ehrenamtliche Helfer, die Kinder und Jugendliche auf Ferienreisen betreuen, sind Arbeitnehmer (BFH vom 28. 2. 1975 – BStBl 1976 II S. 134),

Musiker; nebenberuflich tätige Musiker, die in einer Gastwirtschaft bei Tanzveranstaltungen spielen, sind nach der allgemeinen Lebenserfahrung Arbeitnehmer des Gastwirts; dies gilt nicht, wenn die Kapelle gegenüber Dritten als selbständige Gesellschaft oder der Kapellenleiter als Arbeitgeber der Musiker auftritt bzw. die Kapelle nur gelegentlich spielt (BFH vom 10. 9. 1976 – BStBl 1977 II S. 178),

Oberarzt; ein in einer Universitätsklinik angestellter Oberarzt ist hinsichtlich der Mitarbeit in der Privatpraxis des Chefarztes dessen Arbeitnehmer (BFH vom 11. 11. 1971 – BStBl 1972 II S. 213),

Rechtspraktikant der einstufigen Juristenausbildung ist Arbeitnehmer (BFH vom 19. 4. 1985 – BStBl II S. 465 und vom 24. 9. 1985 – BStBl II 1986 S. 184),

Reisevertreter kann auch dann Arbeitnehmer sein, wenn er erfolgsabhängig entlohnt wird und ihm eine gewisse Bewegungsfreiheit eingeräumt ist, die nicht Ausfluß seiner eigenen Machtvollkommenheit ist (BFH vom 7. 12. 1961 – BStBl 1962 III S. 149);

H 134 (Reisevertreter) EStH,

Sanitätshelfer des Deutschen Roten Kreuzes sind Arbeitnehmer, wenn die gezahlten Entschädigungen nicht mehr als pauschale Erstattung der Selbstkosten beurteilt werden können, weil sie die durch die ehrenamtliche Tätigkeit veranlaßten Aufwendungen der einzelnen Sanitätshelfer regelmäßig nicht nur unwesentlich übersteigen (BFH vom 4. 8. 1994 – BStBl II S. 944),

Stromableser können auch dann Arbeitnehmer sein, wenn die Vertragsparteien „freie Mitarbeit" vereinbart haben und das Ablesen in Ausnahmefällen auch durch einen zuverlässigen Vertreter erfolgen darf (BFH vom 24. 7. 1992 – BStBl 1993 II S. 155),

Vorstandsmitglied einer Aktiengesellschaft BFH vom 11. 3. 1960 (BStBl III S. 214),

Vorstandsmitglied einer Familienstiftung BFH vom 31. 1. 1975 (BStBl II S. 358),

Vorstandsmitglied einer Genossenschaft BFH vom 2. 10. 1968 (BStBl II 1969 S. 185).

b) **Beispiele für Selbständigkeit**

Arztvertreter BFH vom 10. 4. 1953 (BStBl III S. 142),

Beratungsstellenleiter eines Lohnsteuerhilfevereins ist kein Arbeitnehmer, wenn er die Tätigkeit als freier Mitarbeiter ausübt (BFH vom 10. 12. 1987 – BStBl II 1988 S. 273),

Bezirksstellenleiter bei Lotto- und Totogesellschaften BFH vom 14. 9. 1967 (BStBl II 1968 S. 193),

Diakonissen sind keine Arbeitnehmerinnen des Mutterhauses (BFH vom 30. 7. 1965 – BStBl III S. 525),

Fahrlehrer, die gegen eine tätigkeitsbezogene Vergütung unterrichten, sind in der Regel keine Arbeitnehmer, auch wenn ihnen keine Fahrschulerlaubnis erteilt worden ist, BFH vom 17. 10. 1996 (BStBl 1997 II S. 188),

Fotomodell; ein Berufsfotomodell ist kein Arbeitnehmer, wenn es nur von Fall zu Fall vorübergehend zu Aufnahmen herangezogen wird (BFH vom 8. 6. 1967 – BStBl III S. 618),

Gerichtsreferendar, der neben der Tätigkeit bei Gericht für einen Rechtsanwalt von Fall zu Fall tätig ist, steht zu dem Anwalt in der Regel nicht in einem Arbeitsverhältnis (BFH vom 22. 3. 1968 – BStBl II S. 455),

Gutachter BFH vom 22. 6. 1971 (BStBl II S. 749),

Hausgewerbetreibender R 134 Abs. 2 EStR,

Hausverwalter, die für eine Wohnungseigentümergemeinschaft tätig sind, sind keine Arbeitnehmer (BFH vom 13. 5. 1966 – BStBl III S. 489),

Hopfentreter, die von einem Hopfenaufkäufer oder einer Brauerei von Fall zu Fall vorübergehend zu festgelegten Arbeiten herangezogen werden, sind insoweit nicht Arbeitnehmer (BFH vom 24. 11. 1961 – BStBl III 1962 S. 69),

Knappschaftsarzt BFH vom 3. 7. 1959 (BStBl III S. 344),

Künstler; zur Frage der Selbständigkeit von Künstlern und verwandten Berufen BMF vom 5. 10. 1990 (BStBl I S. 638),

Lehrbeauftragte BFH vom 17. 7. 1958 (BStBl III S. 360),

Lotsen BFH vom 21. 5. 1987 (BStBl II S. 625),

Musterungsarzt BFH vom 30. 11. 1966 (BStBl 1967 III S. 331),

Nebenberufliche Lehrkräfte sind in der Regel keine Arbeitnehmer (BFH vom 4. 10. 1984 – BStBl II 1985 S. 51); zur Abgrenzung zwischen nichtselbständiger und selbständiger Arbeit ...

Notariatsverweser BFH vom 12. 9. 1968 (BStBl II S. 811),

Rundfunkermittler, die im Auftrage einer Rundfunkanstalt Schwarzhörer aufspüren, sind keine Arbeitnehmer, wenn die Höhe ihrer Einnahmen weitgehend von ihrem eigenen Arbeitseinsatz abhängt und sie auch im übrigen – insbesondere bei Ausfallzeiten – ein Unternehmerrisiko in Gestalt des Entgeltrisikos tragen. Dies gilt unabhängig davon, daß sie nur für einen einzigen Vertragspartner tätig sind (BFH vom 2. 12. 1998 – BStBl 1999 II S. 534),

Schwarzarbeiter, ein Bauhandwerker ist bei nebenberuflicher „Schwarzarbeit" in der Regel kein Arbeitnehmer des Bauherrn (BFH vom 21. 3. 1975 – BStBl II S. 513),

Tutoren BFH vom 21. 7. 1972 (BStBl II S. 738) und vom 28. 2. 1978 (BStBl II S. 387),

Versicherungsvertreter ist selbständig tätig und kein Arbeitnehmer, wenn er ein ins Gewicht fallendes Unternehmerrisiko trägt; die Art seiner Tätigkeit, ob werbende oder verwaltende, ist in der Regel nicht von entscheidender Bedeutung (BFH vom 19. 2. 1959 – BStBl III S. 425, vom 10. 9. 1959 – BStBl III S. 437, vom 3. 10. 1961 – BStBl III S. 567 und vom 13. 4. 1967 – BStBl III S. 398),

R 134 Abs. 1 EStR, H 134 (Generalagent, Versicherungsvertreter) EStH,

Vertrauensleute einer Buchgemeinschaft; nebenberufliche Vertrauensleute einer Buchgemeinschaft sind keine Arbeitnehmer des Buchclubs (BFH vom 11. 3. 1960 – BStBl III S. 215),

Werbedamen, die von ihren Auftraggebern von Fall zu Fall für jeweils kurzfristige Werbeaktionen beschäftigt werden, können selbständig sein (BFH vom 14. 6. 1985 – BStBl II S. 661).

LStR 70. Arbeitslohn

(1) ¹Arbeitslohn ist die Gegenleistung für das Zurverfügungstellen der individuellen Arbeitskraft. ²Zum Arbeitslohn gehören deshalb auch

1. die Lohnzuschläge für Mehrarbeit und Erschwerniszuschläge, wie Hitzezuschläge, Wasserzuschläge, Gefahrenzuschläge, Schmutzzulagen usw.,
2. Entschädigungen, die für nicht gewährten Urlaub gezahlt werden,
3. der auf Grund des § 7 Abs. 1 des Soldatenversorgungsgesetzes gezahlte Einarbeitungszuschuß,

4. pauschale Fehlgeldentschädigungen, die Arbeitnehmern im Kassen- und Zähldienst gezahlt werden, soweit sie 30 DM im Monat übersteigen.

(2) Nicht als Gegenleistung für das Zurverfügungstellen der individuellen Arbeitskraft und damit nicht als Arbeitslohn sind u. a. anzusehen

1. der Wert der unentgeltlich zur beruflichen Nutzung überlassenen Arbeitsmittel,
2. die vom Arbeitgeber auf Grund gesetzlicher Verpflichtung nach § 3 Abs. 2 Nr. 1 und Abs. 3 ArbSchG i. V. m. § 6 Abs. 1 BildscharbV übernommenen angemessenen Kosten für eine spezielle Sehhilfe, wenn auf Grund einer Untersuchung der Augen und des Sehvermögens durch eine fachkundige Person im Sinne des § 6 Abs. 1 BildscharbV die spezielle Sehhilfe notwendig ist, um eine ausreichende Sehfähigkeit in den Entfernungsbereichen des Bildschirmarbeitsplatzes zu gewährleisten,
3. übliche Sachleistungen des Arbeitgebers aus Anlaß der Diensteinführung, eines Amts- oder Funktionswechsels, eines runden Arbeitnehmerjubiläums (> R 72 Abs. 2 Nr. 3) oder der Verabschiedung eines Arbeitnehmers; betragen die Aufwendungen des Arbeitgebers einschließlich Umsatzsteuer mehr als 200 DM je teilnehmender Person, so sind die Aufwendungen dem Arbeitslohn des Arbeitnehmers hinzuzurechnen; auch Geschenke bis zu einem Gesamtwert von 60 DM sind in die 200-DM-Grenze einzubeziehen,
4. pauschale Zahlungen des Arbeitgebers an ein Dienstleistungsunternehmen, das sich verpflichtet, alle Arbeitnehmer des Auftraggebers kostenlos in persönlichen und sozialen Angelegenheiten zu beraten und zu betreuen, beispielsweise durch die Übernahme der Vermittlung von Betreuungspersonen für Familienangehörige.

(3) ¹Leistungen des Arbeitgebers, mit denen er Werbungskosten des Arbeitnehmers ersetzt, sind nur steuerfrei, soweit dies gesetzlich bestimmt ist. ²Somit sind auch steuerpflichtig

1. Vergütungen des Arbeitgebers zum Ersatz der dem Arbeitnehmer berechneten Kontoführungsgebühren,
2. Vergütungen des Arbeitgebers zum Ersatz der Aufwendungen des Arbeitnehmers für Fahrten zwischen Wohnung und Arbeitsstätte, soweit die Aufwendungen nicht zu den Reisekosten (> R 38) gehören oder nicht nach § 3 Nr. 34 EStG (> R 21b) steuerfrei sind.

▶ **Hinweise** **LStH** **H 70.**

...

Allgemeines zum Arbeitslohnbegriff

Welche Einnahmen zum Arbeitslohn gehören, ist unter Beachtung der Vorschriften des § 19 Abs. 1 EStG und § 2 LStDV sowie der hierzu ergangenen Rechtsprechung zu entscheiden. Danach sind Arbeitslohn grundsätzlich alle Einnahmen in Geld oder Geldeswert, die durch ein individuelles Dienstverhältnis veranlaßt sind. Ein **Veranlassungszusammenhang** *zwischen Einnahmen und einem Dienstverhältnis ist anzunehmen, wenn die Einnahmen dem Empfänger nur mit Rücksicht auf das Dienstverhältnis zufließen und sich als Ertrag seiner nichtselbständigen Arbeit darstellen. Die letztgenannte Voraussetzung ist erfüllt, wenn sich die Einnahmen im weitesten Sinne als Gegenleistung für das Zurverfügungstellen der individuellen Arbeitskraft erweisen (> BFH vom 11. 3. 1988 – BStBl II S. 726 und die dort zitierte Rechtsprechung sowie BFH vom 9. 3. 1990 – BStBl II S. 711). Eine solche Gegenleistung liegt nicht vor, wenn die Vergütungen die mit der Tätigkeit zusammenhängenden Aufwendungen nur unwesentlich übersteigen (> BFH vom 23. 10. 1992 – BStBl 1993 II S. 303).*

Ebenfalls keine Gegenleistung sind Vorteile, die sich bei objektiver Würdigung aller Umstände nicht als Entlohnung, sondern lediglich als notwendige Begleiterscheinung betriebsfunktionaler

Zielsetzungen erweisen (> BFH vom 4. 6. 1993 – BStBl II S. 687). Im Ergebnis handelt es sich um Leistungen des Arbeitgebers, die er im **ganz überwiegenden betrieblichen Interesse** erbringt. Die Leistungen des Arbeitgebers sind dabei im Rahmen einer Gesamtwürdigung einheitlich zu beurteilen; eine Aufteilung zwischen Arbeitslohn und Zuwendungen im betrieblichen Interesse ist grundsätzlich nicht zulässig (> BFH vom 9. 8. 1996 – BStBl 1997 II S. 97). Ein ganz überwiegendes betriebliches Interesse muß über das an jeder Lohnzahlung bestehende betriebliche Interesse deutlich hinausgehen (> BFH vom 2. 2. 1990 – BStBl II S. 472). Gemeint sind Fälle, in denen ein Vorteil der Belegschaft als Gesamtheit zugewendet wird oder in denen dem Arbeitnehmer ein Vorteil aufgedrängt wird, ohne daß ihm eine Wahl bei der Annahme des Vorteils bleibt und ohne daß der Vorteil eine Marktgängigkeit besitzt (> BFH vom 25. 7. 1986 – BStBl II S. 868).

Beispiele:

Zum Arbeitslohn gehören

– der **Erlaß einer Schadensersatzforderung** des Arbeitgebers (> BFH vom 27. 3. 1992 – BStBl II S. 837),

– **Lohnsteuerbeträge,** soweit sie vom Arbeitgeber übernommen werden und kein Fall des § 40 Abs. 3 EStG vorliegt (> BFH vom 28. 2. 1992 – BStBl II S. 733). Bei den ohne entsprechende Nettolohnvereinbarung übernommenen Lohnsteuerbeträgen handelt es sich um Arbeitslohn des Kalenderjahrs, in dem sie entrichtet worden sind und der Arbeitgeber auf den Ausgleichsanspruch gegen den Arbeitnehmer verzichtet (> BFH vom 29. 10. 1993 – BStBl 1994 II S. 197). Entsprechendes gilt für übernommene Kirchensteuerbeträge,

– die Übernahme von Kosten für **Reisen,** bei denen touristische Interessen im Vordergrund stehen (> H 74)

– **Sachbezüge,** soweit sie zu geldwerten Vorteilen des Arbeitnehmers aus seinem Dienstverhältnis führen (> R 31 und 32),

– die vom Arbeitgeber übernommenen festen und laufenden Kosten für einen **Telefonanschluß** in der Wohnung des Arbeitnehmers oder für ein **Mobiltelefon,** soweit es sich nicht nach dem BMF-Schreiben vom 11. 6. 1990 (BStBl I S. 290) und vom 14. 10. 1993 (BStBl I S. 908) um Auslagenersatz handelt und die Telefonkosten nicht zu den Reisenebenkosten (> R 40a), Umzugskosten (> R 41) oder Mehraufwendungen wegen doppelter Haushaltsführung (> R 43) gehören,

– die Nutzung vom Arbeitgeber gemieteter **Tennis- und Squashplätzen** (> BFH vom 27. 9. 1996 – BStBl 1997 II S. 146),

– **Trinkgelder,** soweit sie den Freibetrag nach § 3 Nr. 51 EStG übersteigen (> R 106),

– Leistungen aus **Unterstützungskassen** (> BFH vom 28. 3. 1958 – BStBl III S. 268), soweit sie nicht nach R 11 Abs. 2 steuerfrei sind,

– **Vermittlungsprovisionen** (> R 71).

Nicht zum Arbeitslohn gehören

– *Aufmerksamkeiten* (> R 73),

– **Arbeitnehmeranteile am Gesamtsozialversicherungsbeitrag,** die der Arbeitgeber wegen der gesetzlichen Beitragslastverschiebung nachzuentrichten und zu übernehmen hat nach § 3 Nr. 62 EStG (> BFH vom 29. 10. 1993 – BStBl 1994 II S. 194),

– **Betriebsveranstaltungen** (> R 72),

– **Fort- oder Weiterbildungsleistungen** (> R 74),

– **Leistungen zur Verbesserung der Arbeitsbedingungen,** z. B. die Bereitstellung von Aufenthalts- und Erholungsräumen sowie von betriebseigenen Dusch- und Badeanlagen; sie werden

der Belegschaft als Gesamtheit und damit in überwiegendem betrieblichen Interesse zugewendet (> BFH vom 25. 7. 1986 – BStBl II S. 868),
- *Schadensersatzleistungen,* soweit der Arbeitgeber zur Leistung gesetzlich verpflichtet ist, oder soweit der Arbeitgeber einen zivilrechtlichen Schadensersatzanspruch des Arbeitnehmers wegen schuldhafter Verletzung arbeitsvertraglicher Fürsorgepflichten erfüllt (> BFH vom 20. 9. 1996 – BStBl 1997 II S. 144),
- *Vergütungen eines Sportvereins an Amateursportler,* wenn die Vergütungen, die mit der Tätigkeit zusammenhängenden Aufwendungen nur unwesentlich übersteigen (> BFH vom 23. 10. 1992 – BStBl 1993 II S. 303),
- *Vergütungen für Sanitätshelfer des DRK,* wenn sie als pauschale Erstattung der Selbstkosten beurteilt werden können, weil sie die durch die ehrenamtliche Tätigkeit veranlaßten Aufwendungen regelmäßig nur unwesentlich übersteigen (> BFH vom 4. 8. 1994 – BStBl II S. 944),
- *Vorsorgeuntersuchungen leitender Angesteller*

   > BFH vom 17. 9. 1982 (BStBl 1983 II S. 39).
- *Zuwendungen aus persönlichem Anlaß (> R 73)*

...

LStR 71. Vermittlungsprovisionen

(1) ¹Erhalten Arbeitnehmer von ihren Arbeitgebern Vermittlungsprovisionen, so sind diese grundsätzlich Arbeitslohn. ²...

(2) ...

▶ **Hinweise** **LStH** **H 71.**

...

LStR 72. Zuwendungen bei Betriebsveranstaltungen

Allgemeines

(1) Zuwendungen des Arbeitgebers an die Arbeitnehmer bei Betriebsveranstaltungen gehören als Leistungen im ganz überwiegenden betrieblichen Interesse des Arbeitgebers nicht zum Arbeitslohn, wenn es sich um herkömmliche (übliche) Betriebsveranstaltungen und um bei diesen Veranstaltungen übliche Zuwendungen handelt.

Begriff der Betriebsveranstaltung

(2) ¹Betriebsveranstaltungen sind Veranstaltungen auf betrieblicher Ebene, die gesellschaftlichen Charakter haben und bei denen die Teilnahme allen Betriebsangehörigen offensteht, z. B. Betriebsausflüge, Weihnachtsfeiern, Jubiläumsfeiern. ²Ob die Veranstaltung vom Arbeitgeber, Betriebsrat oder Personalrat durchgeführt wird, ist unerheblich. ³Veranstaltungen, die nur für einen beschränkten Kreis der Arbeitnehmer von Interesse sind, sind Betriebsveranstaltungen, wenn sich die Begrenzung des Teilnehmerkreises nicht als eine Bevorzugung bestimmter Arbeitnehmergruppen darstellt. ⁴⁻⁶...

Herkömmlichkeit (Üblichkeit) der Betriebsveranstaltung

(3) ¹Abgrenzungsmerkmale für die Herkömmlichkeit (Üblichkeit) sind Häufigkeit, Dauer oder besondere Ausgestaltung der Betriebsveranstaltung. ²In bezug auf die Dauer und Häufigkeit ist

eine Betriebsveranstaltung üblich, wenn es sich um eine eintägige Veranstaltung ohne Übernachtung handelt und wenn nicht mehr als zwei Veranstaltungen jährlich durchgeführt werden. [3–6] ...

Übliche Zuwendungen

(4) [1]Übliche Zuwendungen bei einer Betriebsveranstaltung sind insbesondere

1. Speisen, Getränke, Tabakwaren und Süßigkeiten,
2. die Übernahme von Fahrtkosten, auch wenn die Fahrt als solche schon einen Erlebniswert hat,
3. Eintrittskarten für kulturelle und sportliche Veranstaltungen, wenn sich die Betriebsveranstaltung nicht im Besuch einer kulturellen oder sportlichen Veranstaltung erschöpft,
4. Geschenke. [2]Üblich ist auch die nachträgliche Überreichung der Geschenke an solche Arbeitnehmer, die aus betrieblichen oder persönlichen Gründen nicht an der Betriebsveranstaltung teilnehmen konnten, nicht aber eine deswegen gewährte Barzuwendung,
5. Aufwendungen für den äußeren Rahmen, z. B. für Räume, Musik, Kegelbahn, für künstlerische und artistische Darbietungen, wenn die Darbietungen nicht der wesentliche Zweck der Betriebsveranstaltung sind.

[2]Betragen die Aufwendungen des Arbeitgebers einschließlich Umsatzsteuer für die üblichen Zuwendungen im Sinne der Nummern 1 bis 5 an den einzelnen Arbeitnehmer insgesamt mehr als 200 DM je Veranstaltung, so sind die Aufwendungen dem Arbeitslohn hinzuzurechnen.

(5) Im übrigen gilt folgendes:

1. Zuwendungen an den Ehegatten oder einen Angehörigen des Arbeitnehmers, z. B. Kind, Verlobte, sind dem Arbeitnehmer zuzurechnen.
2. Barzuwendungen, die statt der in Absatz 4 Nr. 1 bis 3 genannten Sachzuwendungen gewährt werden, sind diesen gleichgestellt, wenn ihre zweckentsprechende Verwendung sichergestellt ist.[1]
3. Nehmen an einer Betriebsveranstaltung Arbeitnehmer teil, die an einem anderen Ort als dem des Betriebs tätig sind, z. B. der Außendienstmitarbeiter eines Unternehmens, so können die Aufwendungen für die Fahrt zur Teilnahme abweichend vom BFH-Urteil vom 25. 5. 1992 – BStBl II S. 856 als Reisekosten behandelt werden.

Besteuerung der Zuwendungen

(6) [1]Bei einer nicht herkömmlichen (unüblichen) Betriebsveranstaltung gehören die gesamten Zuwendungen an die Arbeitnehmer, einschließlich der Aufwendungen für den äußeren Rahmen (Absatz 4 Nr. 5), zum Arbeitslohn. [2]Für die Erhebung der Lohnsteuer gelten die allgemeinen Vorschriften; § 40 Abs. 2 EStG ist anwendbar. [3]Das gilt auch für ihrer Art nach übliche Zuwendungen, bei denen die 200-DM-Grenze des Absatzes 4 Satz 2 überschritten wird, sowie für nicht übliche Zuwendungen, z. B. Geschenke, deren Gesamtwert 60 DM übersteigt, oder Zuwendungen an einzelne Arbeitnehmer, aus Anlaß – nicht nur bei Gelegenheit – einer Betriebsveranstaltung.

Anm. d. Schriftl.:

[1] Als Regelung wäre z. B. denkbar:

Anteilige Fahrtkosten	30 DM
Barzuschuß für Speisen und Getränke	150 DM
Zuwendungen – unter 200 DM –	180 DM

Hinweise LStH H 72.

Dauer

Aufwendungen des Arbeitgebers für einen zweitägigen Betriebsausflug mit Übernachtung gehören zum Arbeitslohn (> BFH vom 6. 2. 1987 – BStBl II S. 355 und vom 25. 5. 1992 – BStBl II S. 655).

Geschenke

Geschenke gehören als übliche Zuwendungen nicht zum Arbeitslohn, wenn sie im Rahmen einer Betriebsveranstaltung gegeben werden. Dies ist nicht der Fall, wenn die Veranstaltung nur in der Übergabe der Geschenke besteht (> BFH vom 9. 6. 1978 – BStBl II S. 532).

Häufigkeit

Zuwendungen anläßlich von mehr als zwei Veranstaltungen jährlich für denselben Kreis von Arbeitnehmern gehören zum Arbeitslohn (> BFH vom 18. 3. 1986 – BStBl II S. 575 und vom 25. 5. 1992 – BStBl II S. 655).

Entlohnungsabsicht

Zuwendungszweck von Aufwendungen des Arbeitgebers für eine nach Häufigkeit, Dauer und Ausgestaltung übliche Betriebsveranstaltung ist nicht die Entlohnung von Arbeitsleistung, sondern das Gelingen der im ganz überwiegenden betrieblichen Interesse des Arbeitgebers zur Förderung des Betriebsklimas durchgeführten Gemeinschaftsveranstaltung. Von einer Entlohnungsabsicht ist dagegen bei einer unüblichen Betriebsveranstaltung oder bei außergewöhnlichen Zuwendungen aus Anlaß herkömmlicher Betriebsveranstaltungen auszugehen (> BFH vom 22. 3. 1985 – BStBl II S. 529, 532).

Überschreiten die Zuwendungen anläßlich einer herkömmlichen Betriebsveranstaltung einschließlich der Kosten für den äußeren Rahmen den Höchstbetrag von 200 DM (> R 72 Abs. 4 Satz 2) je teilnehmenden Arbeitnehmer, erlangen sie ein derartiges Eigengewicht, daß sie als steuerpflichtiger Arbeitslohn zu werten sind. Das gilt auch dann, wenn der Höchstbetrag nur geringfügig oder bei einzelnen Arbeitnehmern nur wegen der Zurechnung von anteiligen Kosten für mitgenommene Angehörige überschritten wird (> BFH vom 25. 5. 1992 – BStBl II S. 655).

Pauschalbesteuerung

Die pauschale Erhebung der Lohnsteuer nach § 40 Abs. 2 Satz 1 Nr. 2 EStG kommt nur in Betracht, wenn begrifflich eine Betriebsveranstaltung gegeben ist. Das ist nur der Fall, wenn die Veranstaltung grundsätzlich allen Arbeitnehmern offensteht, die Teilnahme an ihr also keine Privilegierung einzelner Arbeitnehmer darstellt (> BFH vom 9. 3. 1990 – BStBl II S. 711).

Privilegierung

Incentive-Reisen, die der Arbeitgeber veranstaltet, um bestimmte Arbeitnehmer für besondere Leistungen zu entlohnen und zu weiteren Leistungen zu motivieren, sind keine Betriebsveranstaltungen (> BFH vom 9. 3. 1990 – BStBl II S. 711).

Eine Betriebsveranstaltung kann auch dann vorliegen, wenn eine gemeinsame Veranstaltung für einzelne Abteilungen eines Unternehmens durchgeführt wird. Voraussetzung hierfür ist, daß die abteilungsübergreifende Veranstaltung allen Arbeitnehmern der einbezogenen Abteilungen offensteht (vertikale Beteiligung) und sich damit die Begrenzung des Teilnehmerkreises nicht als eine Bevorzugung bestimmter Arbeitnehmergruppen innerhalb der Abteilungen darstellt (> BFH vom 4. 8. 1994 – BStBl 1995 II S. 59).

Zu § 19 EStG **Lohnsteuer** 500

Sachbezugswerte

Bei einer unüblichen Betriebsveranstaltung gewährte Sachzuwendungen sind mit den üblichen Endpreisen am Abgabeort zu bewerten; die Werte der Sachbezugsverordnung für Unterkunft und Verpflegung sind nicht anzuwenden (> BFH vom 6. 2. 1987 – BStBl II S. 355).

Theaterkarten

Zu den üblichen Zuwendungen gehört eine vom Arbeitgeber überlassene Theaterkarte, wenn der Theaterbesuch Bestandteil des Gesamtprogramms einer Betriebsveranstaltung ist (> BFH vom 21. 2. 1986 – BStBl II S. 406).

Verlosungsgewinne

Gewinne aus einer Verlosung, die gelegentlich einer Betriebsveranstaltung durchgeführt wurde, gehören zum Arbeislohn, wenn an der Verlosung nicht alle an der Betriebsveranstaltung teilnehmenden Arbeitnehmer beteiligt werden, sondern die Verlosung nur einem bestimmten, herausgehobenen Personenkreis vorbehalten ist (> BFH vom 25. 11. 1993 – BStBl 1994 II S. 254).

LStR 73. Aufmerksamkeiten

(1) [1]Sachleistungen des Arbeitgebers, die auch im gesellschaftlichen Verkehr üblicherweise ausgetauscht werden und zu keiner ins Gewicht fallenden Bereicherung der Arbeitnehmer führen, gehören als bloße Aufmerksamkeiten nicht zum Arbeitslohn. [2]Aufmerksamkeiten sind Sachzuwendungen bis zu einem Wert von 60 DM, z. B. Blumen, Genußmittel, ein Buch oder ein Tonträger, die dem Arbeitnehmer oder seinen Angehörigen aus Anlaß eines besonderen persönlichen Ereignisses zugewendet werden. [3]Geldzuwendungen gehören stets zum Arbeitslohn, auch wenn ihr Wert gering ist.

(2) [1]Als Aufmerksamkeiten gehören auch Getränke und Genußmittel, die der Arbeitgeber den Arbeitnehmern zum Verzehr im Betrieb unentgeltlich oder teilentgeltlich überläßt, nicht zum Arbeitslohn. [2]Dasselbe gilt für Speisen, die der Arbeitgeber den Arbeitnehmern anläßlich und während eines außergewöhnlichen Arbeitseinsatzes, z. B. während einer außergewöhnlichen betrieblichen Besprechung oder Sitzung, im ganz überwiegenden betrieblichen Interesse an einer günstigen Gestaltung des Arbeitsablaufs unentgeltlich oder teilentgeltlich überläßt und deren Wert 60 DM nicht überschreitet.

Hinweise LStH H 73.

...

Bewirtung von Arbeitnehmern

– *Zur Gewichtung des Arbeitgeberinteresses an der Überlassung von Speisen und Getränken anläßlich und während eines außergewöhnlichen Arbeitseinsatzes (> BFH vom 5. 5. 1994 – BStBl II S. 771).*

– *Ein mit einer gewissen Regelmäßigkeit stattfindendes Arbeitsessen in einer Gaststätte am Sitz des Unternehmens führt bei den teilnehmenden Arbeitnehmern zu einem Zufluß von Arbeitslohn (> BFH vom 4. 8. 1994 – BStBl 1995 II S. 59).*

– *Zur Erfassung und Bewertung von Mahlzeiten, die der Arbeitgeber oder auf dessen Veranlassung ein Dritter aus besonderem Anlaß an Arbeitnehmer abgibt (> R 31 Abs. 8).*

LStR 74. Berufliche Fort- oder Weiterbildungsleistungen des Arbeitgebers

(1) ¹Berufliche Fort- oder Weiterbildungsleistungen des Arbeitgebers führen nicht zu Arbeitslohn, wenn diese Bildungsmaßnahmen im ganz überwiegenden betrieblichen Interesse des Arbeitgebers durchgeführt werden. ²Dabei ist es gleichgültig, ob die Bildungsmaßnahmen am Arbeitsplatz, in zentralen betrieblichen Einrichtungen oder in außerbetrieblichen Einrichtungen durchgeführt werden. ³Sätze 1 und 2 gelten auch für Bildungsmaßnahmen fremder Unternehmer, die für Rechnung des Arbeitgebers erbracht werden.

(2) ¹Bei einer Bildungsmaßnahme ist ein ganz überwiegendes betriebliches Interesse des Arbeitgebers anzunehmen, wenn sie die Einsatzfähigkeit des Arbeitnehmers im Betrieb des Arbeitgebers erhöhen soll. ²Diese Voraussetzung kann insbesondere als erfüllt angesehen werden, wenn der Arbeitgeber die Teilnahme an der Bildungsveranstaltung als Arbeitsleistung wertet und wenigstens teilweise auf die regelmäßige Arbeitszeit anrechnet. ³Von einem ganz überwiegenden betrieblichen Interesse ist auch bei dem SGB III entsprechenden Qualifikations- und Trainingsmaßnahmen auszugehen, die der Arbeitgeber oder eine zwischengeschaltete Beschäftigungsgesellschaft im Zusammenhang mit Auflösungsvereinbarungen erbringt. ⁴Bildet sich der Arbeitnehmer nicht im ganz überwiegenden betrieblichen Interesse des Arbeitgebers fort, so gehört der nach § 8 Abs. 2 EStG zu ermittelnde Wert der vom Arbeitgeber erbrachten Fort- oder Weiterbildungsleistung zum Arbeitslohn. ⁵Der Arbeitnehmer kann ggf. den Wert einer beruflichen Fort- und Weiterbildung im Rahmen des § 9 Abs. 1 Satz 1 EStG als Werbungskosten (R 34) oder im Rahmen des § 10 Abs. 1 Nr. 7 EStG als Sonderausgaben geltend machen.

(3) Auch wenn Fort- oder Weiterbildungsleistungen nach den vorstehenden Regelungen nicht zu Arbeitslohn führen, sind die Aufwendungen des Arbeitgebers, die zwar durch die Teilnahme des Arbeitnehmers an der Bildungsveranstaltung veranlaßt sind, jedoch wie z. B. Reisekosten neben den Kosten für die eigentliche Fort- oder Weiterbildungsleistung anfallen, nach R 37 bis 40a und 43 zu behandeln.

▶ Hinweise LStH H 74.

Incentive-Reisen

– Veranstaltet der Arbeitgeber sogenannte Incentive-Reisen, um bestimmte Arbeitnehmer für besondere Leistungen zu belohnen und zu weiteren Leistungssteigerungen zu motivieren, so erhalten die Arbeitnehmer damit einen steuerpflichtigen geldwerten Vorteil, wenn auf den Reisen ein Besichtigungsprogramm angeboten wird, das einschlägigen Touristikkreisen entspricht, und der Erfahrungsaustausch zwischen den Arbeitnehmern demgegenüber zurücktritt (> BFH vom 9. 3. 1990 – BStBl II S. 711).

– Selbst wenn ein Arbeitnehmer bei einer von seinem Arbeitgeber veranstalteten sogenannten Händler-Incentive-Reise Betreuungsaufgaben hat, ist die Reise Arbeitslohn, wenn der Arbeitnehmer auf der Reise von seinem Ehegatten begleitet wird (> BFH vom 25. 3. 1993 – BStBl II S. 639).

– Die Zuwendung an den Arbeitnehmer – z. B. in Form einer Auslandsreise – sind im Rahmen der Gesamtwürdigung einheitlich zu beurteilen; eine Aufteilung in Arbeitslohn und Leistungen im betrieblichen Interesse ist grundsätzlich nicht zulässig. Ausnahmsweise kann eine Aufteilung zwischen Arbeitslohn und Zuwendungen im betrieblichen Interesse in Betracht kommen, wenn die Kosten rein betriebsfunktionaler Elemente sich leicht und eindeutig von sonstigen Zuwendungen mit Entlohnungscharakter abgrenzen lassen (> BFH vom 9. 8. 1996 – BStBl 1997 II S. 97).

Zu § 19 EStG

– *BMF vom 14. 10. 1996 (BStBl I S. 1192)*

...

LStR   75. Versorgungsbezüge

(1) Zu den nach § 19 Abs. 2 EStG steuerbegünstigten Versorgungsbezügen gehören auch:

1. Sterbegeld im Sinne des § 18 Abs. 1, Abs. 2 Nr. 1 und Abs. 3 des Beamtenversorgungsgesetzes – BeamtVG – sowie entsprechende Bezüge im privaten Dienst. ²Nicht zu den steuerbegünstigten Versorgungsbezügen gehören Bezüge, die für den Sterbemonat auf Grund des Arbeitsvertrags als Arbeitsentgelt gezahlt werden; besondere Leistungen an Hinterbliebene, die über das bis zum Erlöschen des Dienstverhältnisses geschuldete Arbeitsentgelt hinaus gewährt werden, sind dagegen Versorgungsbezüge,

2.–25. ...

(2) u. (3) ...

▶ **Hinweise   LStH   H 75.**

...

LStR   76. Zahlung von Arbeitslohn an die Erben oder Hinterbliebenen eines verstorbenen Arbeitnehmers

(1) ¹Arbeitslohn, der nach dem Tod des Arbeitnehmers gezahlt wird, darf grundsätzlich unabhängig vom Rechtsgrund der Zahlung nicht mehr nach den steuerlichen Merkmalen des Verstorbenen versteuert werden. ²Bei laufendem Arbeitslohn, der im Sterbemonat oder für den Sterbemonat gezahlt wird, kann der Steuerabzug aus Vereinfachungsgründen noch nach den steuerlichen Merkmalen des Verstorbenen vorgenommen werden; die Lohnsteuerbescheinigung ist jedoch auch in diesem Fall auf der Lohnsteuerkarte des Erben auszuschreiben.

(2) u. (3) ...

▶ **Hinweise   LStH   H 76.**

...

Zu § 39a EStG [1]

LStR 111. Verfahren bei der Eintragung eines Freibetrags oder eines Hinzurechnungsbetrags auf der Lohnsteuerkarte [2]

Allgemeines

(1) Bei einem Antrag nach § 39a Abs. 2 Satz 5 EStG soll das Finanzamt grundsätzlich auf Einzelangaben verzichten, es sei denn, daß konkrete Anhaltspunkte dafür vorliegen, daß ein Freibetrag in der beantragten Höhe nicht in Betracht kommen kann.

(1a) Sind die Pauschbeträge für Behinderte und Hinterbliebene bei der Ausstellung der Lohnsteuerkarte nicht eingetragen worden ..., kann die Eintragung beim örtlich zuständigen Finanzamt beantragt werden (§ 39a Abs. 2 Satz 2 EStG).

(2) Soweit die Gewährung eines Freibetrags wegen der Aufwendungen für ein Kind davon abhängt, daß der Arbeitnehmer für dieses Kind einen Freibetrag nach § 32 Abs. 6 EStG oder Kindergeld erhält, ist diese Voraussetzung auch erfüllt, wenn dem Arbeitnehmer im Lohnsteuer-Abzugsverfahren ein Kinderfreibetrag zusteht, er aber nach § 39 Abs. 3b Satz 2 EStG auf die an sich mögliche Eintragung einer Kinderfreibetragszahl für dieses Kind verzichtet hat oder Anspruch auf einen ermäßigten Freibetrag nach § 32 Abs. 6 EStG besteht.

Antragsgrenze von 1 200 DM

(3) Für die Feststellung, ob die Antragsgrenze von 1 200 DM überschritten wird, gilt folgendes:

1. Soweit für Werbungskosten bestimmte Beträge gelten, z. B. für Verpflegungsmehraufwendungen bei Dienstreisen, für Fahrten zwischen Wohnung und Arbeitsstätte mit eigenem Kraftfahrzeug – R 37 ff. und 42 –, sind diese maßgebend.
2. ¹Bei Sonderausgaben im Sinne von § 10 Abs. 1 Nr. 1a, 4 und 6 EStG sind die tatsächlichen Aufwendungen anzusetzen, auch wenn diese Aufwendungen geringer sind als der Pauschbetrag. ²Für Sonderausgaben im Sinne von § 10 Abs. 1 Nr. 1, 7 bis 9 EStG sind höchstens die nach diesen Vorschriften berücksichtigungsfähigen Aufwendungen anzusetzen.
3. Mitgliedsbeiträge und Spenden an politische Parteien sind als Sonderausgaben auch zu berücksichtigen, soweit eine Steuerermäßigung nach § 34g Nr. 1 EStG in Betracht kommt, nicht hingegen Mitgliedsbeiträge und Spenden an Vereine im Sinne des § 34g Nr. 2 EStG.
4. Bei außergewöhnlichen Belastungen allgemeiner Art (§ 33 EStG) ist von den dem Grunde und der Höhe nach anzuerkennenden Aufwendungen ohne Kürzung um die zumutbare Belastung auszugehen; bei außergewöhnlicher Belastung in besonderen Fällen (§§ 33a und 33b Abs. 6 EStG) sind dagegen nicht die Aufwendungen, sondern die wegen dieser Aufwendungen abziehbaren Beträge maßgebend.
5. Die in § 39a Abs. 1 Nr. 4 und 5 EStG bezeichneten Beträge sowie Vorsorgeaufwendungen (§ 10 Abs. 1 Nr. 2 EStG), auch soweit sie die Vorsorgepauschale (§ 10c Abs. 2 und 3 EStG) übersteigen, bleiben außer Betracht.

Anm. d. Schriftl.:

[1] Durch das Jahressteuergesetz 1997 ist § 39a Abs. 1 EStG um die Nr. 6 erweitert worden, wonach auch der Kinderfreibetrag nach § 32 Abs. 6 EStG für jedes Kind i. S. des § 32 Abs. 1–4 EStG, für das kein Anspruch auf Kindergeld besteht, in die Berechnung des Freibetrags einbezogen wird.

[2] Zur Ausstellung der Lohnsteuerkarte 2001 hat das BMF mit Schreiben vom 26. 6. 2000 – BStBl 2000 I S. 1155 Stellung genommen.

6. ¹Bei Anträgen von Ehegatten, die beide unbeschränkt einkommensteuerpflichtig sind und nicht dauernd getrennt leben, ist die Summe der für beide Ehegatten in Betracht kommenden Aufwendungen und abziehbaren Beträge zugrunde zu legen. ²Die 1 200-DM-Grenze ist bei Ehegatten nicht zu verdoppeln (§ 39a Abs. 3 Satz 2 EStG).

7. Ist für beschränkt antragsfähige Aufwendungen bereits ein Freibetrag auf der Lohnsteuerkarte eingetragen, so ist bei einer Änderung dieses Freibetrags die 1 200-DM-Grenze nicht erneut zu prüfen.

(4) Die Antragsgrenze von 1 200 DM gilt nicht, soweit es sich um die Eintragung der in § 39a Abs. 1 Nr. 4 bis 6 EStG bezeichneten Beträge handelt.

(5) ¹Wird die Antragsgrenze von 1 200 DM überschritten oder sind Beträge im Sinne des Absatzes 4 zu berücksichtigen, so hat das Finanzamt den Jahresfreibetrag festzustellen und in Worten auf der Lohnsteuerkarte einzutragen. ²Außerdem ist der Zeitpunkt, von dem an die Eintragung gilt, zu vermerken. ³Bei der Berechnung des Jahresfreibetrags sind Werbungskosten nur zu berücksichtigen, soweit sie den Arbeitnehmer-Pauschbetrag von 2 000 DM jährlich übersteigen, Sonderausgaben mit Ausnahme der Vorsorgeaufwendungen nur anzusetzen, soweit sie den Sonderausgaben-Pauschbetrag von 108 DM bzw. 216 DM übersteigen, und außergewöhnliche Belastungen (§ 33 EStG) nur einzubeziehen, soweit sie die zumutbare Belastung (Absatz 6) übersteigen. ⁴Mitgliedsbeiträge und Spenden an politische Parteien sind auch zu berücksichtigen, soweit eine Steuerermäßigung nach § 34g Nr. 1 EStG in Betracht kommt, nicht hingegen Mitgliedsbeiträge und Spenden an Vereine im Sinne des § 34g Nr. 2 EStG.

Freibetrag wegen außergewöhnlicher Belastung

(6) ¹Die zumutbare Belastung ist vom voraussichtlichen Jahresarbeitslohn des Arbeitnehmers und gegebenenfalls seines von ihm nicht dauernd getrennt lebenden, unbeschränkt einkommensteuerpflichtigen Ehegatten gekürzt um den Altersentlastungsbetrag (§ 24a EStG), den Versorgungs-Freibetrag (§ 19 Abs. 2 EStG) und die Werbungskosten (§§ 9, 9a EStG) zu berechnen. ²Steuerfreie Einnahmen sowie alle Bezüge, für die die Lohnsteuer mit einem Pauschsteuersatz nach den §§ 40 bis 40b EStG erhoben wird, und etwaige weitere Einkünfte des Arbeitnehmers und seines Ehegatten bleiben außer Ansatz. ³Bei der Anwendung der Tabelle in § 33 Abs. 3 EStG zählen als Kinder des Steuerpflichtigen die Kinder, für die er einen Freibetrag nach § 32 Abs. 6 EStG oder Kindergeld erhält. ⁴Bei der zumutbaren Belastung sind auch Kinder zu berücksichtigen, für die der Arbeitnehmer nach § 39 Abs. 3b Satz 2 EStG auf die Eintragung einer Kinderfreibetragszahl auf der Lohnsteuerkarte verzichtet hat oder Anspruch auf einen ermäßigten Freibetrag nach § 32 Abs. 6 EStG besteht. ⁵Ist im Kalenderjahr eine unterschiedliche Zahl von Kindern zu berücksichtigen, so ist von der höheren Zahl auszugehen.

Freibetrag und Hinzurechnungsbetrag nach § 39a Abs. 1 Nr. 7 EStG

(7) ¹Arbeitnehmer mit mehr als einem Dienstverhältnis, deren Arbeitslohn aus dem ersten Dienstverhältnis niedriger ist als der Betrag, bis zu dem nach der Steuerklasse des ersten Dienstverhältnisses keine Lohnsteuer zu erheben ist, können die Übertragung bis zur Höhe dieses Betrags als Freibetrag auf die Lohnsteuerkarte mit der Steuerklasse VI beantragen. ²Dabei kann der Arbeitnehmer den zu übertragenden Betrag selbst bestimmen. ³Eine Verteilung auf mehrere Lohnsteuerkarten des Arbeitnehmers ist zulässig. ⁴Auf der ersten Lohnsteuerkarte wird in diesen Fällen ein Hinzurechnungsbetrag in Höhe der eingetragenen Freibeträge nach den Sätzen 1 bis 3 eingetragen oder ggf. mit einem Freibetrag nach § 39a Abs. 1 Nr. 1 bis 6 EStG verrechnet.

Umrechnung des Jahresfreibetrags oder des Jahreshinzurechnungsbetrags

(8) ¹Für die Umrechnung des Jahresfreibetrags in einen Freibetrag für monatliche Lohnzahlung ist der Jahresfreibetrag durch die Zahl der in Betracht kommenden Kalendermonate zu teilen. ²Der Wochenfreibetrag ist mit $7/30$ und der Tagesfreibetrag mit $1/30$ des Monatsbetrags anzusetzen.

³Der sich hiernach ergebende Monatsbetrag ist auf den nächsten vollen DM-Betrag, der Wochenbetrag auf den nächsten durch 10 teilbaren Pfennigbetrag und der Tagesbetrag auf den nächsten durch 5 teilbaren Pfennigbetrag aufzurunden. ⁴Die Sätze 1 bis 3 gelten für die Umrechnung des Jahreshinzurechnungsbetrags entsprechend.

Änderung eines eingetragenen Freibetrags oder Hinzurechnungsbetrags

(9) ¹Ist bereits ein Jahresfreibetrag auf der Lohnsteuerkarte eingetragen und beantragt der Arbeitnehmer im Laufe des Kalenderjahrs die Berücksichtigung weiterer Aufwendungen oder abziehbarer Beträge, so wird der Jahresfreibetrag unter Berücksichtigung der gesamten Aufwendungen und abziehbaren Beträge des Kalenderjahrs neu festgestellt und auf der Lohnsteuerkarte eingetragen; für die Berechnung des Monatsfreibetrags, Wochenfreibetrags usw. ist der Freibetrag um den Teil des bisherigen Freibetrags zu kürzen, der nach den Eintragungen auf der Lohnsteuerkarte für den Zeitraum bis zur Wirksamkeit des neuen Freibetrags zu berücksichtigen war. ²Der verbleibende Betrag ist auf die Zeit vom Beginn des auf die Antragstellung folgenden Kalendermonats bis zum Schluß des Kalenderjahrs gleichmäßig zu verteilen. ³Die Sätze 1 und 2 gelten für den Hinzurechnungsbetrag entsprechend.

▶ **Hinweise** **LStH** **H 111.**

Beispiele:

– *Umrechnung des Jahresfreibetrags*
Ein monatlich entlohnter Arbeitnehmer beantragt am 2. 5. die Eintragung eines Freibetrags. Es wird vom Finanzamt ein Freibetrag von 1 555 DM festgestellt, der auf die Monate Juni bis Dezember (7 Monate) zu verteilen ist. Außer dem Jahresfreibetrag von 1 555 DM ist ab 1. 6. ein Monatsfreibetrag von 223 DM auf der Lohnsteuerkarte einzutragen.

– *Änderung eingetragener Freibeträge*
Ein monatlich entlohnter Arbeitnehmer, auf dessen Lohnsteuerkarte mit Wirkung vom 1. 1. an ein Freibetrag von 2 400 DM (monatlich 200 DM) vermerkt ist, macht am 10. 3. weitere berücksichtigungsfähige Aufwendungen von 963 DM für das Kalenderjahr geltend. Es ergibt sich ein neuer Jahresfreibetrag von (2 400 DM + 963 DM =) 3 363 DM, der auf der Lohnsteuerkarte zu bescheinigen ist. Für die Berechnung des neuen Monatsfreibetrags ist der Jahresfreibetrag um die bei der Lohnsteuerberechnung bisher zu berücksichtigenden Monatsfreibeträge von (3 × 200 DM =) 600 DM zu kürzen. Der verbleibende Betrag von (3 363 DM ./. 600 DM =) 2 763 DM ist auf die Monate April bis Dezember zu verteilen, so daß ab 1. 4. ein Monatsfreibetrag von 307 DM auf der Lohnsteuerkarte einzutragen ist.

...

Freibeträge in Euro
Freibeträge auf der Lohnsteuerkarte werden bis 2001 ausschließlich in DM, nicht in Euro, eingetragen (> BMF vom 15. 12. 1998 – BStBl I S. 1625).

LStR 113a. Freistellungsbescheinigung für ein geringfügiges Beschäftigungsverhältnis

(1) ¹Der Arbeitnehmer kann die Bescheinigung zur Freistellung des Arbeitslohns aus einem geringfügigen Beschäftigungsverhältnis (> R 21d) nur nach amtlich vorgeschriebenem Vordruck

Zu § 39b EStG **Lohnsteuer**

bei seinem Wohnsitzfinanzamt beantragen. **❶** ²Bei beschränkt einkommensteuerpflichtigen Arbeitnehmern ist das Betriebsstättenfinanzamt des Arbeitgebers zuständig. ³Der Antrag kann bis zum Ende des Kalenderjahrs gestellt werden. ⁴Ist der Arbeitnehmer in mehreren geringfügigen Beschäftigungsverhältnissen tätig, erteilt das Finanzamt auf Antrag mehrere Freistellungsbescheinigungen, wenn die Summe der Arbeitslöhne aus allen geringfügigen Beschäftigungsverhältnissen 630 DM monatlich nicht übersteigt. ⁵Andernfalls sind die Anträge insgesamt abzulehnen.

(2) ¹Die Freistellungsbescheinigung wirkt für das gesamte Kalenderjahr. ²Ein Überschreiten der Geringfügigkeitsgrenze im Laufe des Kalenderjahrs führt nicht dazu, daß die Steuerfreiheit für die vorangegangenen Lohnzahlungszeiträume rückgängig gemacht werden muß. ³Hier erfolgt die Korrektur gegebenenfalls im Rahmen der Einkommensteuerveranlagung (> § 46 Abs. 2a EStG).

Zu § 39b EStG

LStR **118. Einbehaltung der Lohnsteuer vom laufenden Arbeitslohn ❷**

Allgemeines

(1) ¹Der Arbeitgeber hat die Lohnsteuer grundsätzlich bei jeder Zahlung vom Arbeitslohn einzubehalten (§ 38 Abs. 3 EStG). ²⁻³...

(2) u. (3) ...

Nachzahlungen, Vorauszahlungen

(4) ¹Stellen Nachzahlungen oder Vorauszahlungen laufenden Arbeitslohn dar..., so ist die Nachzahlung oder Vorauszahlung für die Berechnung der Lohnsteuer den Lohnzahlungszeiträumen zuzurechnen, für die sie geleistet werden. ²...

(5) ...

▶ **Hinweise** **LStH** **H 118.**

Abschlagszahlungen

Beispiele zum Zeitpunkt der Lohnsteuereinbehaltung:

A. *Ein Arbeitgeber mit monatlichen Abrechnungszeiträumen leistet jeweils am 20. eines Monats eine Abschlagszahlung. Die Lohnabrechnung wird am 10. des folgenden Monats mit der Auszahlung von Spitzenbeträgen vorgenommen.*

Anm. d. Schriftl.:

❶ Ein Vordruckmuster für den Antrag auf Erteilung einer Bescheinigung zur Steuerfreistellung des Arbeitslohns für ein geringfügiges Beschäftigungsverhältnis enthält das BMF-Schreiben vom 17. 7. 2000 – BStBl 2000 I S. 1206.

❷ Eine für Arbeitgeber wichtige Änderung im Rahmen des Steuersenkungsgesetzes vom 23. 10. 2000 – BStBl 2000 I S. 1428 betrifft die amtlichen Lohnsteuertabellen, die grundsätzlich ab 2001 wegfallen. Statt dessen soll zukünftig die maschinelle Lohnsteuerermittlung anhand der Tarifformel zur Grundregel erhoben werden. Hierzu ist ein Programmablaufplan im BMF-Schreiben vom 9. 10. 2000 – BStBl 2000 I S. 1397 veröffentlicht worden.

Der Arbeitgeber ist berechtigt, auf eine Lohnsteuereinbehaltung bei der Abschlagszahlung zu verzichten und die Lohnsteuer erst bei der Schlußabrechnung einzubehalten.

B. Ein Arbeitgeber mit monatlichen Abrechnungszeiträumen leistet jeweils am 28. für den laufenden Monat eine Abschlagszahlung und nimmt die Lohnabrechnung am 28. des folgenden Monats vor.

Die Lohnsteuer ist bereits von der Abschlagszahlung einzubehalten, da die Abrechnung nicht innerhalb von drei Wochen nach Ablauf des Lohnabrechnungszeitraums erfolgt.

C. Auf den Arbeitslohn für Dezember werden Abschlagszahlungen geleistet. Die Lohnabrechnung erfolgt am 15. 1.

Die dann einzubehaltende Lohnsteuer ist spätestens am 10. 2. als Lohnsteuer des Monats Januar anzumelden und abzuführen. Sie gehört gleichwohl zum Arbeitslohn des abgelaufenen Kalenderjahrs und ist in die Lohnsteuerbescheinigung für das abgelaufene Kalenderjahr aufzunehmen.

Nachzahlungen

Beispiel zur Berechnung der Lohnsteuer:
Ein Arbeitnehmer mit einem laufenden Bruttoarbeitslohn von 4 000 DM monatlich erhält im September eine Nachzahlung von 800 DM für die Monate Januar bis August.
Von dem Monatslohn von 4 000 DM ist nach der maßgebenden Steuerklasse eine Lohnsteuer von 200 DM einzubehalten. Von dem um die anteilige Nachzahlung erhöhten Monatslohn von 4 100 DM ist eine Lohnsteuer von 230 DM einzubehalten. Auf die anteilige monatliche Nachzahlung von 100 DM entfällt mithin eine Lohnsteuer von 30 DM. Dieser Betrag, vervielfacht mit der Zahl der in Betracht kommenden Monate, ergibt dann die Lohnsteuer für die Nachzahlung (30 DM × 8 =) 240 DM.

LStR 119. Einbehaltung der Lohnsteuer von sonstigen Bezügen

Allgemeines
(1) ¹Von einem sonstigen Bezug ist die Lohnsteuer stets in dem Zeitpunkt einzubehalten, in dem er zufließt. ²Der Lohnsteuerermittlung sind die auf der Lohnsteuerkarte eingetragenen Merkmale zugrunde zu legen, die für den Tag des Zuflusses gelten. ³Der maßgebende Arbeitslohn (§ 39b Abs. 3 EStG) kann nach Abzug eines Freibetrags auch negativ sein.

Sonstige Bezüge bis 300 DM
(2) ¹Sonstige Bezüge, die neben laufendem Arbeitslohn gezahlt werden und innerhalb eines Lohnzahlungszeitraums insgesamt 300 DM nicht übersteigen, sind unbeschadet des § 40 EStG stets als laufender Arbeitslohn zu behandeln (§ 39b Abs. 3 Satz 8 EStG). ²Sie sind dem laufenden Arbeitslohn des Lohnzahlungszeitraums hinzuzurechnen, in dem sie gezahlt werden; statt dessen können sie auch dem laufenden Arbeitslohn zugerechnet werden, mit dem sie gezahlt werden. ³Für die Feststellung der 300-DM-Grenze sind nur die steuerpflichtigen sonstigen Bezüge und bei Pauschalierungen (§ 40 Abs. 1 EStG) nur der nicht pauschalierte Teil der sonstigen Bezüge maßgebend.

Voraussichtlicher Jahresarbeitslohn
(3) ¹Zur Ermittlung der von einem sonstigen Bezug einzubehaltenden Lohnsteuer ist jeweils der voraussichtliche Jahresarbeitslohn des Kalenderjahrs zugrunde zu legen, in dem der sonstige Bezug dem Arbeitnehmer zufließt. ²Dabei sind der laufende Arbeitslohn, der für die im Kalenderjahr bereits abgelaufenen Lohnzahlungszeiträume zugeflossen ist, und die in diesem Kalen-

derjahr bereits gezahlten sonstigen Bezüge mit dem laufenden Arbeitslohn zusammenzurechnen, der sich voraussichtlich für die Restzeit des Kalenderjahrs ergibt. ³Statt dessen kann der voraussichtlich für die Restzeit des Kalenderjahrs zu zahlende laufende Arbeitslohn durch Umrechnung des bisher zugeflossenen laufenden Arbeitslohns, einschließlich der als laufender Arbeitslohn behandelten sonstigen Bezüge, ermittelt werden. ⁴Die im Kalenderjahr früher gezahlten sonstigen Bezüge im Sinne des § 39b Abs. 3 Satz 9 EStG sind nur mit einem Fünftel anzusetzen. ⁵...

Sonstige Bezüge nach Ende des Dienstverhältnisses

(4) ¹Werden sonstige Bezüge gezahlt, nachdem der Arbeitnehmer aus dem Dienstverhältnis ausgeschieden ist und bezieht der Arbeitnehmer zur Zeit der Zahlung des sonstigen Bezugs Arbeitslohn von einem anderen Arbeitgeber, so hat er dem Arbeitgeber für die Besteuerung des sonstigen Bezugs eine zweite oder weitere Lohnsteuerkarte vorzulegen. ²Der sonstige Bezug ist dann nach § 39b Abs. 3 EStG unter Anwendung der Steuerklasse VI zu besteuern. ³Bezieht der Arbeitnehmer zur Zeit der Zahlung des sonstigen Bezugs keinen Arbeitslohn von einem anderen Arbeitgeber, so ist der sonstige Bezug nach § 39b Abs. 3 EStG auf Grund einer ersten Lohnsteuerkarte zu besteuern. ⁴Für die Feststellung des voraussichtlichen Jahresarbeitslohns kann dann der auf der ersten Lohnsteuerkarte eingetragene Arbeitslohn in einen Jahresarbeitslohn umgerechnet werden. ⁵Ist mit dem Zufließen von weiterem Arbeislohn im Laufe des Kalenderjahrs nicht zu rechnen, z. B. wegen Alters oder Erwerbsunfähigkeit, gilt folgendes:

1. Enthält die Lohnsteuerbescheinigung auf der ersten Lohnsteuerkarte keine Eintragung, so ist der voraussichtliche Arbeitslohn mit 0 DM anzunehmen;
2. in anderen Fällen kann der auf der ersten Lohnsteuerkarte bescheinigte Arbeitslohn als voraussichtlicher Jahresarbeitslohn zugrunde gelegt werden.

⁶Enthält die Lohnsteuerbescheinigung keine Eintragung, ist aber gleichwohl anzunehmen, daß dem Arbeitnehmer künftig Arbeitslohn in mehr als unerheblichem Umfang zufließen wird, so ist der voraussichtliche Jahresarbeitslohn zu schätzen. ⁷Soweit er sich nicht ohne weiteres aus dem Lohnkonto ergibt, ist seine Berechnung im Lohnkonto kenntlich zu machen.

Zusammentreffen regulär und ermäßigt besteuerter sonstiger Bezüge

(5) Trifft ein sonstiger Bezug im Sinne von § 39b Abs. 3 Satz 1 bis 7 EStG mit einem sonstigen Bezug im Sinne des § 39b Abs. 3 Satz 9 EStG zusammen, so ist zunächst die Lohnsteuer für den sonstigen Bezug im Sinne des § 39b Abs. 3 Satz 1 bis 7 EStG und danach die Lohnsteuer für den anderen sonstigen Bezug zu ermitteln.

▶ **Hinweise** **LStH** **H 119.**

...

Beispiele:

A. Berechnung des voraussichtlichen Jahresarbeitslohnes

Ein Arbeitgeber X zahlt im September einen sonstigen Bezug von 1 200 DM an einen Arbeitnehmer, auf dessen Lohnsteuerkarte folgendes bescheinigt ist:

a) Dienstverhältnis beim Arbeitgeber A vom 1. 1. bis 10. 4., Arbeitslohn 8 000 DM,

b) Dienstverhältnis beim Arbeitgeber B vom 1. 5. bis 15. 5., Arbeitslohn 1 600 DM.

Beim Arbeitgeber X steht der Arbeitnehmer seit dem 1. 6. in einem Dienstverhältnis; er hat für die Monate Juni bis August ein Monatsgehalt von 2 400 DM bezogen, außerdem erhielt er am

20. 8. einen sonstigen Bezug von 500 DM. Vom 1. 9. an erhält er ein Monatsgehalt von 2 800 DM zuzüglich eines weiteren (13.) Monatsgehalts am 1. 12.

Der voraussichtliche Jahresarbeitslohn (ohne den sonstigen Bezug, für den die Lohnsteuer ermittelt werden soll) beträgt hiernach:

Arbeitslohn 1. 1. bis 31. 5. (8 000 DM + 1 600 DM)	9 600 DM
Arbeitslohn 1. 6. bis 31. 8. (3 × 2 400 DM + 500 DM)	7 700 DM
Arbeitslohn 1. 9. bis 31. 12. voraussichtlich (4 × 2 800 DM)	11 200 DM
	28 500 DM

Das 13. Monatsgehalt ist ein zukünftiger sonstiger Bezug und bleibt daher außer Betracht.

B. Berechnung der Lohnsteuer für einen sonstigen Bezug

Ein Arbeitgeber zahlt im April einem 65jährigen Arbeitnehmer einen sonstigen Bezug (Umsatzprovision für das vorangegangene Kalenderjahr) in Höhe von 10 000 DM. Der Arbeitnehmer ist am 28. 2. in den Ruhestand getreten. Der Arbeitslohn betrug bis dahin monatlich 4 600 DM. Seit dem 1. 3. erhält der Arbeitnehmer neben dem Altersruhegeld aus der gesetzlichen Rentenversicherung Versorgungsbezüge im Sinne des § 19 Abs. 2 EStG von monatlich 1 800 DM. Der Arbeitnehmer ist damit einverstanden, daß zur Vermeidung etwaiger späterer Nachzahlungen die Lohnsteuer nach der besonderen Lohnsteuertabelle erhoben wird (> R 120 Abs. 2 Nr. 5).

Der maßgebende Jahresarbeitslohn, der zu versteuernde Teil des sonstigen Bezugs und die einzubehaltende Lohnsteuer sind wie folgt zu ermitteln:

I. Neben dem Arbeitslohn für die Zeit vom 1. 1. bis 28. 2. von
(2 × 4 600 DM =)   9 200 DM
gehören zum voraussichtlichen Jahresarbeitslohn die Versorgungsbezüge vom 1. 3. an mit monatlich 1 800 DM; voraussichtlich werden gezahlt
(10 × 1 800 DM)   18 000 DM
Der voraussichtliche Jahresarbeitslohn beträgt somit   27 200 DM

II. Vom voraussichtlichen Jahresarbeitslohn sind folgende Beträge abzuziehen (> § 39b Abs. 3 Satz 2 EStG):
   a) der Versorgungs-Freibetrag in Höhe von 40 v. H. der im voraussichtlichen Jahresarbeitslohn enthaltenen Versorgungsbezüge, höchstens 6 000 DM, unabhängig von der Höhe des bisher berücksichtigten Freibetrags (40 v. H. von 18 000 DM = 7 200 DM) höchstens   6 000 DM
   b) der Altersentlastungsbetrag in Höhe von 40 v. H. des voraussichtlichen Jahresarbeitslohns ohne die Versorgungsbezüge, höchstens 3 720 DM, unabhängig von der Höhe des bisher berücksichtigten Betrags (40 v. H. von 9 200 DM =)   3 680 DM
   c) ein auf der Lohnsteuerkarte eingetragener Freibetrag von jährlich   1 500 DM
   Gesamtabzugsbetrag somit   11 180 DM

III. Der maßgebende Jahresarbeitslohn beträgt somit
(27 200 DM ./. 11 180 DM =)   16 020 DM

IV. Von dem sonstigen Bezug in Höhe von   10 000 DM
ist der Altersentlastungsbetrag in Höhe von 40 v. H., höchstens jedoch der Betrag, um den der Jahreshöchstbetrag von 3 720 DM den bei Ermittlung des maßgebenden Jahresarbeitslohns abgezogenen Betrag überschreitet, abzuziehen. Der Abzugsbetrag beträgt mithin 40 v. H. von 10 000 DM höchstens (3 720 DM ./. 3 680 DM =)   40 DM
Der zu versteuernde Teil des sonstigen Bezugs beträgt somit   9 960 DM

V. Der maßgebende Jahresarbeitslohn einschließlich des sonstigen Bezugs beträgt somit (16 020 DM + 9 960 DM =)   <u>25 980 DM</u>

VI. Die Lohnsteuer vom maßgebenden Jahresarbeitslohn einschließlich des sonstigen Bezugs, d. h. von 25 980 DM, beträgt nach der in Betracht kommenden Steuerklasse   1 200 DM

Die Lohnsteuer vom maßgebenden Jahresarbeitslohn ohne den sonstigen Bezug, d. h. 16 020 DM, beträgt nach der in Betracht kommenden Steuerklasse   <u>0 DM</u>

Somit ist an Lohnsteuer einzubehalten   <u>1 200 DM</u>

C. Berechnung der Lohnsteuer beim gleichzeitigen Zufluß eines regulär und eines ermäßigt besteuerten sonstigen Bezugs

Ein Arbeitgeber zahlt seinem Arbeitnehmer, dessen Jahresarbeitslohn 80 000 DM beträgt, im Dezember einen sonstigen Bezug (Weihnachtsgeld) in Höhe von 6 000 DM und daneben eine Jubiläumszuwendung von 5 000 DM, von dem die Lohnsteuer nach § 39b Abs. 3 Satz 9 i. V. m. § 34 EStG einzubehalten ist.

Die Lohnsteuer ist wie folgt zu ermitteln:

		darauf entfallende Lohnsteuer		
Jahresarbeitslohn	80 000 DM	18 000 DM		
zzgl. Weihnachtsgeld	6 000 DM			
	<u>86 000 DM</u>	20 000 DM	= LSt auf das Weihnachtsgeld	2 000 DM
zzgl. ⅕ der Jubiläumszuwendung	1 000 DM			
=	<u>87 000 DM</u>	20 300 DM	= LSt auf ⅕ der Jubiläumszuwendung = 300 DM × 5	<u>1 500 DM</u>
			LSt auf beide sonstigen Bezüge =	<u>3 500 DM</u>

Fünftelungsregelung

– *Die Fünftelungsregelung ist nicht anzuwenden, wenn sie zu einer höheren Steuer führt als die Besteuerung als nicht begünstigter sonstiger Bezug.*

– *Voraussetzung für die Anwendung der Fünftelungsregelung ist eine Zusammenballung im Sinne von § 34 Abs. 1 EStG (zur Zusammenballung > BMF vom 18. 12. 1998 – BStBl I S. 1512).*

– *Bei Jubiläumszuwendungen kann der Arbeitgeber im Lohnsteuerabzugsverfahren eine Zusammenballung unterstellen, wenn die Zuwendung an einen Arbeitnehmer gezahlt wird, der voraussichtlich bis Ende des Kalenderjahrs nicht aus dem Dienstverhältnis ausscheidet.*

> BMF vom 10. 1. 2000 (BStBl I S. 138)

Vergütung für eine mehrjährige Tätigkeit

> R 200 EStR

LStR 122. Besteuerung des Nettolohns

(1) [1]Will der Arbeitgeber die auf den Arbeitslohn entfallende Lohnsteuer selbst tragen, so sind die von ihm übernommenen Abzugsbeträge Teile des Arbeitslohns, die dem Nettolohn zur Steuerermittlung hinzugerechnet werden müssen. [2]Die Lohnsteuer ist aus dem Bruttoarbeitslohn zu berechnen, der nach Abzug der Lohnsteuer den ausgezahlten Nettobetrag ergibt. [3–5] ...

(2) – (4) ...

Hinweise   LStH   H 122.

Beispiele:

A. Übernahme der Lohnsteuer durch den Arbeitgeber

Rentenversicherungspflichtiger Arbeitnehmer, im Jahr 1998 Nettolohn 2 500 DM monatlich, Steuerklasse I. Der Arbeitgeber übernimmt die Lohnsteuer. Die Lohnsteuer würde 1998 ohne Übernahme durch den Arbeitgeber 239,41 DM betragen. Der zu ermittelnde Bruttoarbeitslohn liegt aber unter Berücksichtigung der übernommenen Lohnsteuer über 2 739,41 DM. Der genaue Betrag ist im Wege des Abtastens anhand der Tabelle wie folgt zu ermitteln.

Bei einem Bruttoarbeitslohn von 2 848,65 DM (Stufengrenze) beträgt die Lohnsteuer 347,58 DM. Nach Abzug dieses Betrags verbleibt ein Nettolohn von 2 501,07 DM, der nur um 1,07 DM über dem vereinbarten Nettolohn liegt. Zieht man nun vom Bruttoarbeitslohn von 2 848,65 DM den Betrag von 1,07 DM ab = 2 847,58 DM und berechnet von diesem Betrag die tarifmäßige Lohnsteuer – es ist die gleiche wie bei 2 848,65 DM Bruttoarbeitslohn –, so hat man den gesuchten Bruttoarbeitslohn von 2 847,58 DM gefunden, der nach Abzug der tarifmäßigen Lohnsteuer von 347,58 DM den vereinbarten Nettolohn von 2 500 DM ergibt.

B. Übernahme der Lohnsteuer, des Solidaritätszuschlags, der Kirchensteuer und des Arbeitnehmeranteils am Gesamtsozialversicherungsbeitrag durch den Arbeitgeber

Rentenversicherungspflichtiger Arbeitnehmer, im Jahr 1998 Nettolohn 2 500 DM monatlich, Steuerklasse I. Der Arbeitgeber übernimmt die Lohnsteuer, die Kirchensteuer und den Arbeitnehmeranteil an den Sozialversicherungsbeiträgen. Die Lohnabzugsbeträge würden 1998 ohne Übernahme durch den Arbeitgeber betragen.

die Lohnsteuer	*239,41 DM*
der Solidaritätszuschlag	*13,16 DM*
die Kirchensteuer 8 v. H. (angenommen)	*19,15 DM*
der Arbeitnehmeranteil am Gesamtsozialversicherungsbeitrag (angenommen)	*556,23 DM*
zusammen	*827,95 DM.*

Der zu ermittelnde Bruttoarbeitslohn muß also unter Berücksichtigung der übernommenen Lohnabzugsbeträge über 3 327,95 DM liegen. Der genaue Betrag ist im Wege des Abtastens anhand der Tabelle wie folgt zu ermitteln:

Bei einem Bruttoarbeitslohn von 4 455,15 DM (Stufengrenze) beträgt:

die Lohnsteuer	*851,16 DM*
der Solidaritätszuschlag	*46,81 DM*
die Kirchensteuer 8 v. H. (angenommen)	*68,09 DM*
der Arbeitnehmeranteil am Gesamtsozialversicherungsbeitrag (angenommen)	*990,77 DM*
zusammen	*1 956,83 DM*

Nach Abzug dieses Betrags verbleibt ein Nettolohn von 2 498,32 DM. Der zu ermittelnde Bruttoarbeitslohn muß also über 4 455,15 DM liegen.

Bei einem Bruttoarbeitslohn von 4 459,65 DM (Stufengrenze nach 4 455,15 DM) beträgt:

die Lohnsteuer	*852,58 DM*
der Solidaritätszuschlag	*46,89 DM*
die Kirchensteuer 8 v. H. (angenommen)	*68,20 DM*
der Arbeitnehmeranteil am Gesamtsozialversicherungsbeitrag (angenommen)	*991,78 DM*
zusammen	*1 959,45 DM*

Nach Abzug dieses Betrags verbleibt ein Nettolohn von 2 500,20 DM, der nur um 0,20 DM über dem vereinbarten Nettolohn liegt. Zieht man nun vom Bruttoarbeitslohn von

4 459,65 DM den Betrag von 0,20 DM ab = 4 459,45 DM und berechnet aus diesem Betrag die tarifmäßigen Lohnabzugsbeträge – es sind die gleichen wie bei 4 459,65 DM Bruttoarbeitslohn –, so hat man den gesuchten Bruttoarbeitslohn von 4 459,45 DM gefunden, der nach Abzug der tarifmäßigen Lohnabzugsbeträge von 1 959,45 DM den verbleibenden Nettolohn von 2 500 DM ergibt.

...

Zu § 40 EStG

LStR   126. Bemessung der Lohnsteuer nach besonderen Pauschsteuersätzen (§ 40 Abs. 1 EStG)[1][2]

Größere Zahl von Fällen

(1) ¹Eine größere Zahl von Fällen ist ohne weitere Prüfung anzunehmen, wenn gleichzeitig mindestens 20 Arbeitnehmer in die Pauschalbesteuerung einbezogen werden. ²Wird ein Antrag auf Lohnsteuerpauschalierung für weniger als 20 Arbeitnehmer gestellt, so kann unter Berücksichtigung der besonderen Verhältnisse des Arbeitgebers und der mit der Pauschalbesteuerung angestrebten Vereinfachung eine größere Zahl von Fällen auch bei weniger als 20 Arbeitnehmern angenommen werden.

Beachtung der 2000-DM-Grenze

(2) ¹Der Arbeitgeber hat anhand der Aufzeichnungen im Lohnkonto (§ 4 Abs. 2 Nr. 8 Satz 1 LStDV) vor jedem Pauschalierungsantrag zu prüfen, ob die Summe aus den im laufenden Kalenderjahr bereits gezahlten sonstigen Bezügen, für die die Lohnsteuer mit einem besonderen Steuersatz erhoben worden ist, und aus dem sonstigen Bezug, der nunmehr an den einzelnen Arbeitnehmer gezahlt werden soll, den Jahresbetrag von 2 000 DM übersteigt. ²Wird der Jahresbetrag durch diesen sonstigen Bezug überschritten, ist die Besteuerung dieses sonstigen Bezugs für den betreffenden Arbeitnehmer insoweit nach § 39b Abs. 3 EStG vorzunehmen, als der Betrag von 2 000 DM überschritten wird. ³Hat der Arbeitgeber die Pauschalierungsgrenze mehrfach nicht beachtet, sind Anträge auf Lohnsteuerpauschalierung nach § 40 Abs. 1 Satz 1 Nr. 2 EStG nicht zu genehmigen.

Berechnung des durchschnittlichen Steuersatzes

(3) ¹Die Verpflichtung, den durchschnittlichen Steuersatz zu errechnen, kann der Arbeitgeber dadurch erfüllen, daß er
1. den Durchschnittsbetrag der pauschal zu versteuernden Bezüge,
2. die Zahl der betroffenen Arbeitnehmer nach Steuerklassen getrennt in folgenden drei Gruppen:
   a) Arbeitnehmer in den Steuerklassen I, II und IV,

Anm. d. Schriftl.:

[1] Durch das Jahressteuergesetz 1997 ist § 40 Abs. 2 EStG um die Nr. 4 ergänzt worden, wonach es dem Arbeitgeber möglich wird, die LSt auf steuerpflichtige Teile des von ihm zu tragenden Aufwands für die Verpflegung seiner Mitarbeiter mit einem Pauschsteuersatz von 25 % zu übernehmen. Die Pauschalierung ist nicht unbegrenzt möglich.

[2] Ab 1999 darf die auf den ArbN abgewälzte pauschale LSt nicht die Bemessungsgrundlage mindern (§ 40 Abs. 3 EStG i. d. Fassung des StEntlG 1999). Vgl. Beispiel in Einfügung d. Schriftl. zu Abschn. 129.

b) Arbeitnehmer in der Steuerklasse III und

c) Arbeitnehmer in den Steuerklassen V und VI sowie

3. die Summe der Jahresarbeitslöhne der betroffenen Arbeitnehmer, gemindert um die nach § 39b Abs. 3 Satz 2 EStG abziehbaren Freibeträge und den Haushaltsfreibetrag bei der Steuerklasse II, erhöht um den Hinzurechnungsbetrag,

ermittelt. ²Werden die sonstigen Bezüge sowohl Arbeitnehmern gewährt, für die die allgemeine Lohnsteuertabelle gilt, als auch Arbeitnehmern, für die die besondere Lohnsteuertabelle gilt, so ist Satz 1 auf die beiden Gruppen jeweils gesondert anzuwenden; hiervon kann aus Vereinfachungsgründen abgesehen werden, wenn die Zahl der zu einer Gruppe gehörenden Arbeitnehmer im Verhältnis zur Gesamtzahl der in Betracht kommenden Arbeitnehmer von ganz untergeordneter Bedeutung ist. ³Aus Vereinfachungsgründen kann für die Ermittlungen nach Nummer 2 und 3 eine repräsentative Auswahl der betroffenen Arbeitnehmer zugrunde gelegt werden. ⁴Zur Festsetzung eines Pauschsteuersatzes für das laufende Kalenderjahr können für die Ermittlung nach Nummer 3 auch die Verhältnisse des Vorjahrs zugrunde gelegt werden. ⁵Aus dem nach Nummer 3 ermittelten Betrag hat der Arbeitgeber den durchschnittlichen Jahresarbeitslohn der erfaßten Arbeitnehmer zu berechnen. ⁶Für jede der in Nummer 2 bezeichneten Gruppen hat der Arbeitgeber sodann den Steuerbetrag zu ermitteln, dem der Durchschnittsbetrag der pauschal zu versteuernden Bezüge unterliegt, wenn er dem durchschnittlichen Jahresarbeitslohn hinzugerechnet wird. ⁷Dabei ist für die Gruppe nach Buchstabe a die Steuerklasse I, für die Gruppe nach Buchstabe b die Steuerklasse III und für die Gruppe nach Buchstabe c die Steuerklasse V maßgebend; der Durchschnittsbetrag der pauschal zu versteuernden Bezüge ist auf den nächsten durch 324 teilbaren DM-Betrag aufzurunden. ⁸Durch Multiplikation der Steuerbeträge mit der Zahl der in der entsprechenden Gruppe erfaßten Arbeitnehmer und Division der sich hiernach ergebenden Summe der Steuerbeträge durch die Gesamtzahl der Arbeitnehmer und den gerundeten Durchschnittsbetrag der pauschal zu besteuernden Bezüge ist hiernach die durchschnittliche Steuerbelastung zu berechnen, der die pauschal zu besteuernden Bezüge unterliegen. ⁹Das Finanzamt hat den Pauschsteuersatz nach dieser Steuerbelastung so zu berechnen, daß unter Berücksichtigung der Übernahme der pauschalen Lohnsteuer durch den Arbeitgeber insgesamt nicht zu wenig Lohnsteuer erhoben wird. ¹⁰Die Vomhundertsätze der durchschnittlichen Steuerbelastung und des Pauschsteuersatzes sind mit einer Dezimalstelle anzusetzen, die nachfolgenden Dezimalstellen sind fortzulassen.

▶ **Hinweise   LStH   H 126.**

Berechnung des durchschnittlichen Steuersatzes

Die in R 126 Abs. 3 dargestellte Berechnung des durchschnittlichen Steuersatzes ist nicht zu beanstanden (> BFH vom 11. 3. 1988 – BStBl II S. 726).

Beispiel:

1. Der Arbeitgeber ermittelt für rentenversicherungspflichtige Arbeitnehmer

    a) den durchschnittlichen Betrag der pauschal zu besteuernden Bezüge mit 550 DM,

    b) die Zahl der betroffenen Arbeitnehmer

    – in den Steuerklassen I, II und IV mit 20,

    – in der Steuerklasse III mit 12 und

    – in den Steuerklassen V und VI mit 3,

c) die Summe der Jahresarbeitslöhne der betroffenen Arbeitnehmer nach Abzug aller Freibeträge mit 1 220 380 DM; dies ergibt einen durchschnittlichen Jahresarbeitslohn von (1 220 380 DM : 35 =) 34 868 DM.

2. Die Erhöhung des durchschnittlichen Jahresarbeitslohns um den auf 648 DM aufgerundeten Durchschnittsbetrag der pauschal zu besteuernden Bezüge ergibt für diesen Betrag nach der allgemeinen Jahreslohnsteuertabelle folgende Steuerbeträge:
   – in der Steuerklasse I   = 200 DM,
   – in der Steuerklasse III   = 100 DM,
   – in der Steuerklasse V   = 220 DM.

3. Die durchschnittliche Steuerbelastung der pauschal zu besteuernden Bezüge ist hiernach wie folgt zu berechnen:

$$\frac{20 \times 200 + 12 \times 100 + 3 \times 220}{35 \times 648} = 25,8 \text{ v. H.}$$

4. Der Pauschsteuersatz beträgt demnach

$$\frac{100 \times 25,8 \text{ v. H.}}{100 - 25,8} = 34,7 \text{ v. H.}$$

Bindung des Arbeitgebers an den Pauschalierungsbescheid

Der Arbeitgeber ist an seinen rechtswirksam gestellten Antrag auf Pauschalierung der Lohnsteuer gebunden, sobald der Lohnsteuer-Pauschalierungsbescheid wirksam wird (> BFH vom 5. 3. 1993 – BStBl II S. 692).

Bindung des Finanzamts an den Pauschalierungsbescheid

Wird auf den Einspruch des Arbeitgebers ein gegen ihn ergangener Lohnsteuer-Pauschalierungsbescheid aufgehoben, so kann der dort berücksichtigte Arbeitslohn bei der Veranlagung des Arbeitnehmers erfaßt werden (> BFH vom 18. 1. 1991 – BStBl II S. 309).

Entstehung der pauschalen Lohnsteuer

In den Fällen des § 40 Abs. 1 Satz 1 Nr. 2 EStG ist der geldwerte Vorteil aus der Steuerübernahme des Arbeitgebers nicht nach den Verhältnissen im Zeitpunkt der Steuernachforderung zu versteuern. Vielmehr muß der für die pauschalierten Löhne nach den Verhältnissen der jeweiligen Zuflußjahre errechnete Bruttosteuersatz (> Beispiel Nr. 1 bis 3) jeweils auf den Nettosteuersatz (> Beispiel Nr. 4) der Jahre hochgerechnet werden, in denen die pauschalierten Löhne zugeflossen sind und in denen die pauschale Lohnsteuer entsteht (> BFH-Urteil vom 6. 5. 1994 – BStBl II S. 715).

Kirchensteuer bei Pauschalierung der Lohnsteuer

> Gleichlautender Ländererlaß vom 19. 5. 1999 (BStBl I S. 509)
> Gleichlautender Ländererlaß vom 8. 5. 2000 (BStBl I S. 612)

Pauschalierungsbescheid

Die pauschalen Steuerbeträge sind im Pauschalierungsbescheid auf die einzelnen Jahre aufzuteilen (> BFH vom 18. 7. 1985 – BStBl 1986 II S. 152).

Wirkung einer fehlerhaften Pauschalbesteuerung

Eine fehlerhafte Pauschalbesteuerung ist für die Veranlagung zur Einkommensteuer nicht bindend (> BFH vom 10. 6. 1988 – BStBl II S. 981).

LStR 127. Bemessung der Lohnsteuer nach einem festen Pauschsteuersatz (§ 40 Abs. 2 EStG)

(1) – (4) ...

Fahrten zwischen Wohnung und Arbeitsstätte

(5) ¹Die Lohnsteuer kann nach § 40 Abs. 2 Satz 2 EStG mit einem Pauschsteuersatz von 15 v. H. erhoben werden❶

1. für den nach R 31 Abs. 9 ermittelten Wert der unentgeltlichen oder teilentgeltlichen Überlassung eines Kraftfahrzeugs zu Fahrten zwischen Wohnung und Arbeitsstätte
   a) bei behinderten Arbeitnehmern im Sinne des § 9 Abs. 2 EStG in vollem Umfang,
   b) bei allen anderen Arbeitnehmern bis zu einem Teilbetrag des privaten Nutzungswerts von 0,70 DM je Entfernungskilometer für jeden Arbeitstag, an dem das Kraftfahrzeug zu Fahrten zwischen Wohnung und Arbeitsstätte benutzt wird; aus Vereinfachungsgründen kann unterstellt werden, daß das Kraftfahrzeug an 15 Arbeitstagen monatlich zu Fahrten zwischen Wohnung und Arbeitsstätte benutzt wird,
2. für den Ersatz von Aufwendungen des Arbeitnehmers für Fahrten zwischen Wohnung und Arbeitsstätte (Fahrtkostenzuschüsse) bis zur Höhe des Betrags, der nach R 42 Abs. 4 bis 7 als Werbungskosten angesetzt werden könnte, soweit er nicht nach § 3 Nr. 34 EStG (R 21b) steuerfrei ist.

²Als Fahrten zwischen Wohnung und Arbeitsstätte können bei einer Einsatzwechseltätigkeit auch die Fahrten zwischen Wohnung und Einsatzstelle berücksichtigt werden, soweit die Fahrtkosten nicht als Reisekosten angesetzt werden können (R 38 Abs. 3). ³Die pauschal besteuerten Bezüge mindern die nach R 42 abziehbaren Werbungskosten.

▶ Hinweise LStH H 127.

Abwälzung der pauschalen Lohnsteuer

– *bei bestimmten Zukunftssicherungsleistungen > H 129 (Abwälzung der pauschalen Lohnsteuer)*

– *bei Fahrtkosten (> BMF vom 10. 1. 2000 – BStBl I S. 138)*

Beispiel

Ein Arbeitnehmer hat Anspruch auf einen Zuschuß zu seinen Pkw-Kosten für Fahrten zwischen Wohnung und Arbeitsstätte in Höhe des gesetzlichen Kilometer-Pauschbetrags von 0,70 DM je Entfernungskilometer, so daß sich für den Lohnabrechnungszeitraum ein Fahrtkostenzuschuß von insgesamt 210 DM ergibt. Arbeitgeber und Arbeitnehmer haben vereinbart, daß diese Arbeitgeberleistung pauschal besteuert werden und der Arbeitnehmer die pauschale Lohnsteuer tragen soll.

Anm. d. Schriftl.:

❶ Die für den Weg zwischen Wohnung und Arbeitsstätte ab 2001 anzusetzende Entfernungspauschale gilt auch für die Pauschalbesteuerung von Zuschüssen des Arbeitgebers zu den Kraftfahrzeugkosten der Arbeitnehmer für Fahrten zwischen Wohnung und Arbeitsstätte oder für Fahrten zu einer bis zu 30 km von der Wohnung entfernten Einsatzstelle sowie für die Pauschalbesteuerung des geldwerten Vorteils, der bei Benutzung von Dienstwagen für solche Fahrten entsteht.

Bemessungsgrundlage für die Anwendung des gesetzlichen Pauschsteuersatzes von 15 v. H. ist der Bruttobetrag von 210 DM.

Als pauschal besteuerte Arbeitgeberleistung ist der Betrag von 210 DM zu bescheinigen. Dieser Betrag mindert den nach § 9 Abs. 1 Satz 3 Nr. 4 EStG abziehbaren Werbungskostenbetrag von 210 DM auf 0 DM.
– bei Teilzeitbeschäftigten > H 128 (Abwälzung der pauschalen Lohnsteuer)
...

Fahrtkostenzuschüsse
– als zusätzlich erbrachte Leistung > R 21c
– sind auch bei Teilzeitbeschäftigten im Sinne des § 40a EStG nach § 40 Abs. 2 Satz 2 EStG pauschalierbar. Die pauschal besteuerten Beförderungsleistungen und Fahrtkostenzuschüsse sind in die Prüfung der Arbeitslohngrenzen des § 40a EStG nicht einzubeziehen (> § 40 Abs. 2 Satz 3 EStG).

Fehlerhafte Pauschalversteuerung
> H 128 (Fehlerhafte Pauschalversteuerung)

Geldgeschenke
Während einer Betriebsveranstaltung überreichte Geldgeschenke, die kein zweckgebundenes Zehrgeld sind, können nicht nach § 40 Abs. 2 EStG pauschal versteuert werden (> BFH-Urteil vom 7. 2. 1997 – BStBl II S. 365).

Kirchensteuer bei Pauschalierung der Lohnsteuer
> Gleichlautender Ländererlaß vom 19. 5. 1999 (BStBl I S. 509)
> Gleichlautender Ländererlaß vom 8. 5. 2000 (BStBl I S. 612)

Pauschalversteuerung von Reisekosten

Beispiel:
Ein Arbeitnehmer erhält wegen einer Dienstreise von Montag 11 Uhr bis Mittwoch 20 Uhr mit kostenloser Übernachtung und Bewirtung im Gästehaus eines Geschäftsfreundes lediglich pauschalen Fahrtkostenersatz von 450 DM, dem eine Fahrstrecke mit eigenem Pkw von 500 km zugrunde liegt.

Steuerfrei sind
– eine Fahrtkostenvergütung von (500 × 0,52 DM =)	260 DM
– Verpflegungspauschalen von (10 DM + 46 DM + 20 DM =)	76 DM
insgesamt	336 DM

Der Mehrbetrag von (450 DM ./. 336 DM =) 114 DM kann mit einem Teilbetrag von 76 DM pauschal mit 25 v. H. versteuert werden. Soll der steuerfreie Verpflegungszuschuß z. B. auf der Lohnsteuerkarte bescheinigt werden, ist der Betrag von 76 DM anzugeben.

Zu § 40a EStG

LStR   128. Pauschalierung der Lohnsteuer für Teilzeitbeschäftigte

Allgemeines

(1) [1]... [2]Bei der Prüfung der Voraussetzungen für die Pauschalierung ist von den Merkmalen auszugehen, die sich für das einzelne Dienstverhältnis ergeben. [3]Es ist nicht zu prüfen, ob der Teilzeitbeschäftigte noch in einem Dienstverhältnis zu einem anderen Arbeitgeber steht. [4]... [5]Der Arbeitnehmer kann Aufwendungen, die mit dem pauschal besteuerten Arbeislohn zusammenhängen, nicht als Werbungskosten abziehen.

Unvorhersehbarer Zeitpunkt

(2) [1]§ 40a Abs. 1 Satz 2 Nr. 2 EStG setzt voraus, daß das Dienstverhältnis dem Ersatz einer ausgefallenen oder dem akuten Bedarf einer zusätzlichen Arbeitskraft dient. [2]Die Beschäftigung von Aushilfskräften, deren Einsatzzeitpunkt längere Zeit vorher feststeht, z. B. bei Volksfesten oder Messen, kann grundsätzlich nicht als unvorhersehbar und sofort erforderlich angesehen werden; eine andere Beurteilung ist aber z. B. hinsichtlich solcher Aushilfskräfte möglich, deren Einstellung entgegen dem vorhersehbaren Bedarf an Arbeitskräften notwendig geworden ist.

Bemessungsgrundlage für die pauschale Lohnsteuer

(3) [1]Zur Bemessungsgrundlage der pauschalen Lohnsteuer gehören alle Einnahmen, die dem Arbeitnehmer aus der Teilzeitbeschäftigung zufließen (§ 2 LStDV). [2]Auch Direktversicherungsbeiträge des Arbeitgebers zählen dazu, soweit sie nicht nach § 40b EStG besteuert werden. [3]Steuerfreie Einnahmen bleiben für die Lohnsteuererhebung außer Betracht. [4]Der Arbeitslohn darf für die Ermittlung der pauschalen Lohnsteuer nicht um den Altersentlastungsbetrag (§ 24a EStG) gekürzt werden.

(4) – (7) ...

▷ Hinweise   LStH   H 128.

Abwälzung der pauschalen Lohnsteuer

> BMF vom 10. 1. 2000 (BStBl I S. 138)

Beispiel:

Eine Aushilfskraft hat Anspruch auf einen Bruttoarbeitslohn in Höhe von monatlich 630 DM, der nicht nach § 3 Nr. 39 EStG steuerfrei ist und die Voraussetzungen des § 40a Abs. 2 EStG erfüllt. Arbeitgeber und Arbeitnehmer haben vereinbart, daß der Arbeitslohn pauschal besteuert werden und der Arbeitnehmer die pauschale Lohnsteuer tragen soll.
Bemessungsgrundlage für die Anwendung des gesetzlichen Pauschsteuersatzes von 20 v. H. sind 630 DM.

Arbeitstag

Als Arbeitstag im Sinne des § 40a Abs. 1 Satz 2 EStG ist grundsätzlich der Kalendertag zu verstehen. Arbeitstag kann jedoch auch eine auf zwei Kalendertage fallende Nachtschicht sein (> BFH vom 28. 1. 1994 – BStBl II S. 421).

Arbeitsstunde

Arbeitsstunde im Sinne des § 40a Abs. 4 Nr. 1 EStG ist die Zeitstunde. Wird der Arbeitslohn für kürzere Zeiteinheiten gezahlt, z. B. für 45 Minuten, ist der Lohn zur Prüfung der Pauschalierungsgrenze nach § 40a Abs. 4 Nr. 1 EStG entsprechend umzurechnen (> BFH vom 10. 8. 1990 – BStBl II S. 1092).

Aufzeichnungspflichten

– > § 4 Abs. 2 Nr. 8 vorletzter Satz LStDV, R 128 Abs. 7
– Als Beschäftigungsdauer ist jeweils die Zahl der tatsächlichen Arbeitsstunden (= 60 Minuten) in dem jeweiligen Lohnzahlungs- oder Lohnabrechnungszeitraum aufzuzeichnen (> BFH vom 10. 9. 1976 – BStBl 1977 II S. 17).
– Bei fehlenden oder fehlerhaften Aufzeichnungen ist die Lohnsteuerpauschalierung zulässig, wenn die Pauschalierungsvoraussetzungen auf andere Weise, z. B. durch Arbeitsnachweise, Zeitkontrollen, Zeugenaussagen, nachgewiesen oder glaubhaft gemacht werden (> BFH vom 12. 6. 1986 – BStBl II S. 681).

Beschränkung auf einzelne Arbeitnehmer

Die Pauschalierung der Lohnsteuer muß nicht einheitlich für alle in Betracht kommenden Arbeitnehmer durchgeführt werden; der Arbeitgeber kann die Pauschalierung auf bestimmte Arbeitnehmer beschränken (> BFH vom 3. 6. 1982 – BStBl II S. 710).

Fehlerhafte Pauschalversteuerung

– Hat der Arbeitgeber Arbeitslohn nach § 40a Abs. 3 EStG pauschal besteuert, obwohl die Voraussetzungen nicht erfüllt sind, so kann der Arbeitslohn unter den Voraussetzungen des § 40a Abs. 2 EStG pauschal versteuert werden, wenn sich der Arbeitgeber hierzu eindeutig bereit erklärt hat (> BFH vom 25. 5. 1984 – BStBl II S. 569).
– Eine fehlerhafte Pauschalbesteuerung ist für die Veranlagung zur Einkommensteuer nicht bindend (> BFH vom 10. 6. 1988 – BStBl II S. 981).

Kirchensteuer bei Pauschalierung der Lohnsteuer

> Gleichlautender Ländererlaß vom 19. 5. 1999 (BStBl I S. 509)
> Gleichlautender Ländererlaß vom 8. 5. 2000 (BStBl I S. 612)
...

Nebenbeschäftigung für denselben Arbeitgeber

Übt der Arbeitnehmer für denselben Arbeitgeber neben seiner Haupttätigkeit eine Nebentätigkeit mit den Merkmalen einer Teilzeitbeschäftigung aus, ist die Pauschalierung der Lohnsteuer ausgeschlossen (> § 40a Abs. 4 Nr. 2 EStG).

Ruhegehalt neben Teilzeitbeschäftigung

Für einen Teilzeitbeschäftigten kann die Lohnsteuer auch dann pauschaliert werden, wenn der Arbeitnehmer vom selben Arbeitgeber ein betriebliches Ruhegeld bezieht, das dem normalen Lohnsteuerabzug unterliegt (> BFH vom 27. 7. 1990 – BStBl II S. 931).

Sonstige Bezüge

Bezüge, die nicht zum laufenden Arbeitslohn gehören, sind für die Feststellung, ob die Pauschalierungsgrenzen eingehalten sind, rechnerisch gleichmäßig auf die Lohnzahlungs- oder Lohnabrechnungszeiträume zu verteilen, in denen die Arbeitsleistung erbracht wird, für die sie eine Belohnung darstellen; Weihnachtsgeld, Urlaubsgeld und Einmalbeträge für eine Direktversicherung sind deshalb im Regelfall auf die gesamte Beschäftigungszeit des Kalenderjahrs zu verteilen.

Zu § 40a EStG

Ergibt sich bei der Verteilung dieser Bezüge, daß die Pauschalierungsgrenzen in dem Lohnzahlungs- oder Lohnabrechnungszeitraum eingehalten sind, in dem sie zugeflossen sind, so wird in diesem Zeitraum der Lohn einschließlich des sonstigen Bezugs pauschal besteuert (> BFH vom 21. 7. 1989 – BStBl II S. 1032). Zu den Aufzeichnungspflichten > R 128 Abs. 7.

Beispiel:
Das Arbeitsverhältnis einer Teilzeitbeschäftigten, für das keine Steuerfreiheit nach § 3 Nr. 39 EStG in Betracht kommt, beginnt am 1. März. Es ist ihr erstes Dienstverhältnis. Sie erhält einen monatlichen Barlohn von 450 DM und hat Anspruch auf Urlaubsgeld. Der Arbeitgeber hat sich außerdem verpflichtet, in Höhe eines monatlichen Betrags von 50 DM eine Direktversicherung für die Teilzeitbeschäftigte abzuschließen.

Im März zahlt der Arbeitgeber neben dem Barlohn von 450 DM den Direktversicherungsbeitrag für ein Jahr in Höhe von 600 DM.

Die rechnerische Verteilung dieses Beitrags auf 10 Monate Beschäftigungszeit im Kalenderjahr ergibt einen anteiligen Monatsbeitrag von 60 DM. Die Summe aus diesem anteiligen Beitrag und dem Barlohn, nämlich 510 DM, überschreitet nicht die monatliche Pauschalierungsgrenze von 630 DM. Im März werden deshalb 450 DM Barlohn pauschal nach § 40a EStG und 600 DM Direktversicherungsbeitrag nach § 40b EStG pauschal versteuert.

Im Juli wird ein Urlaubsgeld von 300 DM neben dem Barlohn von 450 DM gezahlt.

Die Verteilung auf die Beschäftigungszeit im Kalenderjahr ergibt ein anteiliges monatliches Urlaubsgeld von 30 DM. Die Summe aus diesem Betrag, dem anteiligen Direktversicherungsbeitrag und dem Barlohn ergibt 540 DM. Die monatliche Pauschalierungsgrenze ist nicht überschritten. Im Juli werden deshalb insgesamt 750 DM pauschal nach § 40a EStG versteuert.

Im September wird wegen Überstunden ein Barlohn von 500 DM gezahlt. Auch unter Berücksichtigung des Urlaubsgeldes und des Direktversicherungsbeitrags ist die Pauschalierungsgrenze nicht überschritten. Der Lohn von 500 DM wird deshalb pauschal nach § 40a EStG versteuert.

Im Dezember zahlt der Arbeitgeber neben dem Barlohn von 450 DM freiwillig ein Weihnachtsgeld von 600 DM.

Nach rechnerischer Verteilung des Weihnachtsgeldes auf 10 Monate Beschäftigungszeit im Kalenderjahr und unter Berücksichtigung des anteiligen Urlaubsgeldes und des anteiligen Direktversicherungsbeitrags zeigt sich, daß auch im Dezember die Pauschalierungsgrenze nicht überschritten ist. Im Dezember werden insgesamt 1 050 DM pauschal versteuert. Überschritten ist jetzt jedoch die Pauschalierungsgrenze im Monat September. Die Pauschalversteuerung für September war deshalb unzulässig; sie ist rückgängig zu machen. Der Barlohn von 500 DM für September ist nach allgemeinen Grundsätzen zu versteuern.

Wechsel zwischen Pauschalversteuerung und Regelbesteuerung
Es ist nicht zulässig, im Laufe eines Kalenderjahrs zwischen der Regelbesteuerung und der Pauschalbesteuerung zu wechseln, wenn dadurch allein die Ausnutzung der mit Einkünften aus nichtselbständiger Arbeit verbundenen Frei- und Pauschbeträge erreicht werden soll (> BFH vom 20. 12. 1991 – BStBl 1992 II S. 695).

Einfügung d. Schriftl.:
Ab 1. 4. 1999 gilt bei der Besteuerung geringfügig Beschäftigter folgendes:
1. Bei einem durchschnittlichen monatlichen Arbeitsentgelt von höchstens 630 DM und einer Beschäftigung bis zu 15 Wochenstunden hat der ArbG Beiträge zur Krankenversicherung von 10 % und Beiträge zur Rentenversicherung von 12 % abzuführen, von Ausnahmen abgesehen.
2. Die Einnahmen aus einem geringfügigen Beschäftigungsverhältnis sind grundsätzlich steuerfrei, soweit die übrigen Einkünfte des Beschäftigten per Saldo nicht positiv sind. Maßgebend sind nur die Einkünfte des

Zu § 40b EStG

ArbN. Einkünfte des Ehegatten werden also nicht berücksichtigt. Weitere Voraussetzung für die Steuerfreiheit ist, daß der Beitrag zur Rentenversicherung von 12 % auch tatsächlich geleistet wird.

3. **Die Freistellungsbescheinigung**
Nach § 3 Nr. 39 EStG i. d. Fassung des StEntlG 1999 hat der ArbN seinem ArbG eine besondere amtliche Bescheinigung des Finanzamts über die Freistellung des Arbeitslohns vorzulegen. Dabei prüft das Finanzamt insbesondere, ob die übrigen Einkünfte des ArbN i. S. des § 2 Abs. 1 EStG im Kalenderjahr per Saldo nicht positiv sein werden, was für die Freistellung Voraussetzung ist.

Die Freistellungsbescheinigung enthält eine vereinfachte Lohnbescheinigung, in die nach Beendigung des Dienstverhältnisses bzw. nach Ablauf des Kalenderjahres unter anderem der gem. § 3 Nr. 39 steuerfrei gezahlte Arbeitslohn eingetragen werden muß.

Ohne die Freistellungsbescheinigung ist bei einem geringfügigen Arbeitsverhältnis zusätzlich zu den Sozialabgaben die pauschale Lohnsteuer zu erheben.

4. **Lohngrenzen**
Im Bereich der Sozialversicherung werden die Lohngrenzen für geringfügig Beschäftigte künftig auf der Basis für 1999 eingefroren. Hieran knüpft das Lohnsteuerrecht an. Die Lohngrenzen betragen:

Monatslohngrenze	630 00 DM
Wochenlohngrenze	147,00 DM
Stundenlohngrenze	22,00 DM

Zu § 40b EStG

LStR 129. Pauschalierung der Lohnsteuer bei bestimmten Zukunftssicherungsleistungen

(1) – (4) ...

Gehaltsumwandlung

(5) ¹Für die Lohnsteuerpauschalierung nach § 40b EStG kommt es nicht darauf an, ob Beiträge oder Zuwendungen zusätzlich zum ohnehin geschuldeten Arbeitslohn oder auf Grund einer Vereinbarung mit dem Arbeitgeber über die Herabsetzung künftigen Arbeitslohns erbracht werden. ²Werden die Beiträge oder Zuwendungen durch eine solche Herabsetzung des künftigen Arbeitslohns finanziert, unterliegt nur der gekürzte Arbeitslohn dem Lohnsteuerabzug.

(6)–(17) ...

▶ **Hinweise   LStH   H 129.**

...

Einfügung d. Schriftl.:

Zur Umwandlung von Lohnteilen in eine pauschal versteuerte Direktversicherung folgendes Beispiel:
Der ArbG hat für seinen ArbN eine Direktversicherung in Höhe von jährlich 3 000 DM abgeschlossen. Die Prämie und die pauschale LSt wird durch Gehaltsumwandlung finanziert.

Berechnung			
Zu verst. Einkommen 1999 angenommen	100 000,00 DM	ESt	30 699,00 DM
abzüglich Direktversicherung	3 000,00 DM		
zu versteuern	97 000,00 DM	ESt	29 319,00 DM
Ersparnis an ESt			1 380,00 DM

Lohnsteuer — Zu § 42e EStG

Ersparnis an KiSt 9 % und SolZ 5,5 % jeweils von	1 380,00 DM	=	210,10 DM
Gesamtersparnis			1 590,10 DM
Abzüglich Pauschalsteuer 20 % von 3 000,00 DM =	600,00 DM		
+ KiSt 7 % und SolZ 5,5 % jeweils von 600,00 DM =	75,00 DM		
Vom ArbN übernommen	675,00 DM	=	675,00 DM
Gesamtersparnis durch Gehaltsumwandlung			915,10 DM

Ab 1999 darf die auf den ArbN abgewälzte pauschale LSt nicht die Bemessungsgrundlage mindern (§ 40 Abs. 3 EStG i. d. Fassung des StEntlG 1999).

Nach bisheriger Rechtslage wäre die ESt nicht von 97 000,00 DM, sondern gekürzt um die Pauschalsteuer von 675,00 DM von 96 325,00 DM berechnet worden.

Zu § 42e EStG

LStR 147. Anrufungsauskunft

(1) ¹Einen Anspruch auf Auskunft haben sowohl der Arbeitgeber als auch der Arbeitnehmer. ²In beiden Fällen ist das Betriebsstättenfinanzamt für die Erteilung der Auskunft zuständig; bei Anfragen eines Arbeitnehmers soll es jedoch seine Auskunft mit dessen Wohnsitzfinanzamt abstimmen. ³Das Finanzamt soll die Auskunft unter ausdrücklichem Hinweis auf § 42e EStG schriftlich erteilen; das gilt auch, wenn der Beteiligte die Auskunft nur formlos erbeten hat. ⁴Ein Rechtsbehelf ist nur gegeben, wenn das Finanzamt eine Auskunftserteilung ablehnt.

(2) ¹Hat ein Arbeitgeber mehrere Betriebsstätten, so hat das zuständige Finanzamt seine Auskunft mit den anderen Betriebsstättenfinanzämtern abzustimmen, soweit es sich um einen Fall von einigem Gewicht handelt und die Auskunft auch für die anderen Betriebsstätten von Bedeutung ist. ²Bei Anrufungsauskünften grundsätzlicher Art informiert das zuständige Finanzamt die übrigen betroffenen Finanzämter.

(3) ¹Sind mehrere Arbeitgeber unter einer einheitlichen Leitung zusammengefaßt (Konzernunternehmen), so bleiben für den einzelnen Arbeitgeber entsprechend der Regelung des § 42e Satz 1 und 2 EStG das Betriebsstättenfinanzamt bzw. das Finanzamt der Geschäftsleitung für die Erteilung der Anrufungsauskunft zuständig. ²Sofern es sich bei einer Anrufungsauskunft um einen Fall von einigem Gewicht handelt und erkennbar ist, daß die Auskunft auch für andere Arbeitgeber des Konzerns von Bedeutung und/oder bereits Entscheidungen anderer Finanzämter vorliegen, ist insbesondere auf Antrag des Auskunftsersuchenden die zu erteilende Auskunft mit den übrigen betroffenen Finanzämtern abzustimmen. ³Dazu informiert das für die Auskunftserteilung zuständige Finanzamt das Finanzamt der Konzernzentrale. ⁴Dieses koordiniert daraufhin die Abstimmung mit den Finanzämtern der anderen Arbeitgeber des Konzerns, die von der zu erteilenden Auskunft betroffen sind.

▶ Hinweise LStH H 147.

Bindungswirkung

– Die Auskunft bindet das Finanzamt nur gegenüber dem, der sie erbeten hat. Durch eine dem Arbeitgeber erteilte Auskunft ist das Finanzamt nicht gehindert, gegenüber dem Arbeitnehmer einen für ihn ungünstigeren Rechtsstandpunkt einzunehmen (> BFH vom 28. 8. 1991 – BStBl 1992 II S. 107).

– *Auskünfte des Betriebsstättenfinanzamts an einen Arbeitnehmer binden dessen Wohnsitzfinanzamt bei der Einkommensteuerveranlagung nicht (> BFH vom 9. 10. 1992 – BStBl 1993 II S. 166).*

IV. Körperschaftsteuer-Richtlinien 1995 (KStR) in Auszügen

Inhaltsverzeichnis

	Seite
1. Einführung	524

Zu § 1 KStG

2. Unbeschränkte Steuerpflicht	524

Zu § 7 KStG

24. Ermittlung des zu versteuernden Einkommens	525
25. Ermittlung der festzusetzenden und verbleibenden Körperschaftsteuer	526

Zu § 8 KStG

27. Anwendung einkommensteuerrechtlicher Vorschriften	527
31. Verdeckte Gewinnausschüttungen	530
36a. Verdeckte Einlage	536

Zu § 27 KStG

77. Herstellen der Ausschüttungsbelastung	537

Zu § 28 KStG

78. Verrechnung von offenen Gewinnausschüttungen, Bedeutung der Verwendungsfiktion	540
78a. Verrechnung von Vorabausschüttungen und verdeckten Gewinnausschüttungen	543

Zu § 29 KStG

79. Eigenkapital	544
80. Auswirkungen verdeckter Gewinnausschüttungen auf die Gliederung des verwendbaren Eigenkapitals	545

Zu § 30 KStG

82. Allgemeine Grundsätze für die Gliederung des verwendbaren Eigenkapitals	548

Zu § 1 KStG

KStR 1. Einführung

(1) ¹Die Körperschaftsteuer-Richtlinien 1995 (KStR 1995) behandeln Zweifelsfragen und Auslegungsfragen von allgemeiner Bedeutung, um eine einheitliche Anwendung des Körperschaftsteuerrechts durch die Behörden der Finanzverwaltung sicherzustellen. ² ...

(2) u. (3) ...

Zu § 1 KStG

KStR 2. Unbeschränkte Steuerpflicht

(1) ¹Die Aufzählung der Körperschaften, Personenvereinigungen und Vermögensmassen in § 1 Abs. 1 KStG ist grundsätzlich abschließend. ²Sie kann nicht im Wege der Auslegung erweitert werden. ³Daher ist eine GmbH und Co. KG, deren alleiniger persönlich haftender Gesellschafter eine GmbH ist, nicht als Kapitalgesellschaft im Sinne von § 1 Abs. 1 Nr. 1 KStG anzusehen. ⁴Aus demselben Grunde ist eine Publikums-GmbH und Co. KG nicht als nichtrechtsfähiger Verein im Sinne von § 1 Abs. 1 Nr. 5 KStG zu behandeln. ⁵Sie ist auch nicht als nichtrechtsfähige Personenvereinigung nach § 3 Abs. 1 KStG körperschaftsteuerpflichtig, da ihr Einkommen bei den Gesellschaftern zu versteuern ist. ⁶Vgl. Beschluß des Großen Senats des BFH vom 25. 6. 1984 (BStBl II S. 751). ⁷Ausländische Kapitalgesellschaften mit Geschäftsleitung im Inland, die wie deutsche Kapitalgesellschaften strukturiert sind, können unbeschränkt körperschaftsteuerpflichtig sein. ⁸Vgl. BFH-Urteil vom 23. 6. 1992 (BStBl II S. 972). ⁹Die Körperschaftsteuerpflicht ergibt sich in derartigen Fällen aus § 1 Abs. 1 Nr. 5 i. V. m. § 3 Abs. 1 KStG. ¹⁰ ...

(2) ¹Die Vorschrift des § 1 Abs. 1 Nr. 6 KStG bezieht sich ausschließlich auf inländische juristische Personen des öffentlichen Rechts. ²Die Steuerpflicht ausländischer juristischer Personen des öffentlichen Rechts richtet sich nach § 2 Nr. 1 KStG.

(3) ¹Die Steuerpflicht beginnt bei Kapitalgesellschaften (§ 1 Abs. 1 Nr. 1 KStG) nicht erst mit der Erlangung der Rechtsfähigkeit durch die Eintragung in das Handelsregister (§§ 41, 278 Aktiengesetz, § 11 GmbH-Gesetz), sondern erstreckt sich auch auf die mit Abschluß des notariellen Gesellschaftsvertrags (§ 2 GmbH-Gesetz) oder durch notarielle Feststellung der Satzung (§ 23 Abs. 1, § 280 Abs. 1 Aktiengesetz) errichtete Vorgesellschaft, d. h. die Kapitalgesellschaft im Gründungsstadium.**[1]** ²Vgl. BFH-Urteile vom 11. 4. 1973 (BStBl II S. 568), vom 13. 3. 1981 (BStBl II S. 600), vom 20. 10. 1982 (BStBl 1983 II S. 247), vom 8. 11. 1989 (BStBl 1990 II S. 91), vom 13. 12. 1989 (BStBl 1990 II S. 468) und vom 14. 10. 1992 (BStBl 1993 II S. 352). ³Für Erwerbs- und Wirtschaftsgenossenschaften (§ 1 Abs. 1 Nr. 2 KStG) sowie rechtsfähige Ver-

---

Anm. d. Schriftl.:

[1] Es sind drei Gründungsphasen zu unterscheiden, beispielhaft erläutert an der Gründung einer GmbH.
1. Vorgründungsgesellschaft (§§ 705 ff. BGB).
Während dieser Phase besteht keine KSt-Pflicht. Die Gesellschaft hat Einkünfte aus Gewerbebetrieb gem. § 15 Abs. 1 Nr. 2 EStG, die unmittelbar von den Gesellschaftern zu versteuern sind.
2. Vorgesellschaft
Nach notarieller Beurkundung der Satzung/des Gesellschaftsvertrages ist die GmbH im Stadium der Gründung.
3. Gründung der GmbH
Durch Eintragung ins Handelsregister ist die GmbH (konstitutiv) entstanden.
Die KSt-Pflicht beginnt mit der notariellen Beurkundung. Auf diesen Tag ist die Eröffnungsbilanz der GmbH aufzustellen. Kommt die Eintragung ins Handelsregister nicht zustande, wird die Vorgesellschaft wie eine Vorgründungsgesellschaft behandelt.

eine (§ 1 Abs. 1 Nr. 4 KStG) gelten die Sätze 1 und 2 sinngemäß. ⁴Bei Versicherungsvereinen auf Gegenseitigkeit (§ 1 Abs. 1 Nr. 3 KStG) beginnt die Steuerpflicht mit der aufsichtsbehördlichen Erlaubnis zum Geschäftsbetrieb, bei den anderen juristischen Personen des privaten Rechts (§ 1 Abs. 1 Nr. 4 KStG) durch staatliche Genehmigung oder Verleihung. ⁵Nichtrechtsfähige Vereine, Anstalten, Stiftungen oder andere Zweckvermögen des privaten Rechts (§ 1 Abs. 1 Nr. 5 KStG) entstehen durch Errichtung, Feststellung der Satzung oder Aufnahme einer geschäftlichen Tätigkeit. ⁶Juristische Personen des öffentlichen Rechts werden mit ihren Betrieben gewerblicher Art (§ 1 Abs. 1 Nr. 6 KStG) mit der Aufnahme der wirtschaftlichen Tätigkeit unbeschränkt steuerpflichtig.

(4) ¹Die Vorgründungsgesellschaft, die sich auf die Zeit vor Abschluß des notariellen Gesellschaftsvertrags bzw. Feststellung der Satzung bezieht, ist weder mit der Vorgesellschaft noch mit der später entstehenden Kapitalgesellschaft identisch. ²Daher wirkt die Körperschaftsteuerpflicht der Kapitalgesellschaft nicht auf die Vorgründungsgesellschaft zurück. ³Die Vorgründungsgesellschaft ist in der Regel kein körperschaftsteuerpflichtiges Gebilde. ⁴Die Einkünfte sind unmittelbar bei den Gründungsgesellschaftern zu erfassen. ⁵Vgl. BFH-Urteil vom 8. 11. 1989 (BStBl 1990 II S. 91). ⁶Die Vorgründungsgesellschaft kann jedoch ihrerseits als nichtrechtsfähiger Verein oder als Personenvereinigung im Sinne des § 3 Abs. 1 KStG steuerpflichtig sein, wenn ein größerer Kreis von Personen, eine Verfassung und besondere Organe vorhanden sind. ⁷Vgl. BFH-Urteil vom 6. 5. 1952 (BStBl III S. 172). ⁸Die Sätze 3 bis 7 gelten entsprechend für die Vorgesellschaft, wenn es nicht zur Eintragung in das Handelsregister kommt. ⁹Auf Erwerbs- und Wirtschaftsgenossenschaften sowie rechtsfähige Vereine sind die Sätze 1 bis 8 sinngemäß anzuwenden.

(5) Die unbeschränkte Steuerpflicht erstreckt sich auf sämtliche inländischen und ausländischen Einkünfte (§ 1 Abs. 2 KStG), soweit nicht für bestimmte Einkünfte abweichende Regelungen bestehen, z. B. in Doppelbesteuerungsabkommen und anderen zwischenstaatlichen Vereinbarungen.

Zu § 7 KStG

KStR 24. Ermittlung des zu versteuernden Einkommens[1]

(1) ¹Bemessungsgrundlage für die tarifliche Körperschaftsteuer ist das zu versteuernde Einkommen. ²Es ist wie folgt zu ermitteln:

1 Summe der Einkünfte aus den Einkunftsarten nach Abzug der ausländischen Steuern vom Einkommen (§ 26 Abs. 6 KStG i. V. m. § 34c Abs. 2, 3 und 6 EStG)
2 + negative ausländische Einkünfte, die nach einem DBA nicht zu berücksichtigen sind

---

Anm. d. Schriftl.:

[1] Verkürztes Einkommensschema für eine GmbH

1. Gewinn lt. Steuerbilanz	150 000 DM
zuzüglich nichtabziehbare Aufwendungen gem. § 4 Abs. 5 bis 7 EStG und § 10 KStG	10 000 DM
alle Spendenaufwendungen	5 000 DM
abzüglich steuerfreie Einnahmen, z. B. Investitionszulagen	2 000 DM
abzugsfähige Spendenaufwendungen	3 000 DM
2. Korrigierter Gewinn	160 000 DM
abzüglich Verlustabzug gem. § 10d EStG, § 8 Abs. 4 KStG	20 000 DM
3. Zu versteuerndes Einkommen	140 000 DM

3	–	positive ausländische Einkünfte, die nach einem DBA – ggf. in Verbindung mit § 8b Abs. 5 KStG – steuerfrei sind
4	–	Verlustabzug nach § 2a Abs. 1 Satz 3 EStG
5	–	nach § 8b Abs. 1 KStG steuerfreie Ausschüttungen sowie nach § 8b Abs. 2 KStG steuerfreie Gewinne
6	+	Hinzurechnungsbetrag (§ 2a Abs. 3 Satz 3, Abs. 4 EStG)
7	–	ausländische Verluste bei DBA (§ 2a Abs. 3 Satz 1 EStG)
8	=	Summe der Einkünfte
9	–	Abzug bei Einkünften aus Land- und Forstwirtschaft (§ 13 Abs. 3 EStG)
10	–	Spenden und Beiträge (§ 9 Abs. 1 Nr. 2 KStG)
11	+	zuzurechnendes Einkommen von Organgesellschaften (§§ 14, 17, 18 KStG)
12	=	Gesamtbetrag der Einkünfte
13	–	Verlustabzug (§ 10d EStG, § 2a Abs. 3 Satz 2 EStG)
14	=	Einkommen
15	–	Freibetrag für bestimmte Körperschaften (§ 24 KStG)
16	–	Freibetrag für Erwerbs- und Wirtschaftsgenossenschaften sowie Vereine, die Land- und Forstwirtschaft betreiben (§ 25 KStG)
17	=	zu versteuerndes Einkommen

(2) ¹Unterliegt das zu versteuernde Einkommen unterschiedlichen Steuersätzen, sind die folgenden Beträge so abzuziehen, daß sie vorrangig die am höchsten zu besteuernden Einkommensteile verringern:

1. Verluste des Veranlagungszeitraums, die mit positiven Einkommensteilen desselben Veranlagungszeitraums auszugleichen sind (Verlustausgleich, auch nach § 2a Abs. 3 Satz 1 EStG),
2. abziehbare Spenden nach § 9 Abs. 1 Nr. 2 KStG,
3. Verlustabzug nach § 10d EStG, § 2a Abs. 3 Satz 2 EStG,
4. Freibeträge nach §§ 24, 25 KStG.

²Vgl. BFH-Urteil vom 25. 6. 1959 (BStBl III S. 404) und R 197 Abs. 1 EStR. ³Auf die inländischen Kapitalerträge mit 30 v. H. Kapitalertragsteuerabzug (§ 43 Abs. 1 Nr. 5 EStG) entfallen keine anteiligen Abzugsbeträge. ⁴Vgl. Absatz 4.

(3) ...

(4) ¹Die inländischen Kapitalerträge mit 30 v. H. Kapitalertragsteuerabzug (§ 43 Abs. 1 Nr. 5 EStG) abzüglich der damit in unmittelbarem wirtschaftlichen Zusammenhang stehenden Betriebsausgaben oder Werbungskosten sind in der Summe aus den Einkunftsarten nicht zu berücksichtigen. ²Die Körperschaftsteuer ist durch den Kapitalertragsteuerabzug abgegolten (§ 50 Abs. 1 Nr. 3 KStG).

KStR 25. Ermittlung der festzusetzenden und verbleibenden Körperschaftsteuer

¹Die festzusetzende und die verbleibende Körperschaftsteuer sind wie folgt zu ermitteln:

1.		Steuerbetrag nach §§ 23, 26 Abs. 6 Satz 1 und 4 KStG in Verbindung mit § 34c Abs. 4 oder 5 EStG
2.	–	anzurechnende ausländische Steuern nach § 26 Abs. 1 bis 3, 5 KStG, § 12 AStG
3.	–	Steuergutschrift auf Grund des DBA Frankreich (avoir fiscal)
4.	=	Tarifbelastung
5.	–/+	Minderung oder Erhöhung der Körperschaftsteuer nach § 27 KStG

6. =   festzusetzende Körperschaftsteuer
7. –/+ festgesetzte Erstattung oder Nachforderung von Körperschaftsteuer nach § 11 Abs. 2 und 3 AStG
8. –   anzurechnende Kapitalertragsteuer einschließlich Zinsabschlag
9. –   anzurechnende Körperschaftsteuer
10. = verbleibende Körperschaftsteuer

² . . .

Zu § 8 KStG

KStR   27. Anwendung einkommensteuerrechtlicher Vorschriften

(1) Bei Körperschaften sind für den Veranlagungszeitraum 1995 nach § 8 Abs. 1 und § 49 Abs. 1 KStG anzuwenden:

1. die folgenden Vorschriften des Einkommensteuergesetzes in der Fassung der Bekanntmachung vom 7. 9. 1990 (BGBl I S. 1898, BStBl I S. 453), unter Berücksichtigung der Änderungen einschließlich durch Artikel 6 des Gesetzes vom 28. 10. 1994 (BGBl I S. 3267, BStBl I S. 839):
   § 2 Abs. 1 bis 4 und 6. Auf Abschnitt 24 wird hingewiesen;
   § 2a,
   § 3 Nr. 7, 8 Satz 1, Nr. 11 Satz 1 und 3, Nr. 18, 21, 42, 44, 54 und 66,
   § 3c,
   § 4 Abs. 1 bis 4, Abs. 5 Satz 1 Nr. 1 bis 4, 7 bis 9, Satz 2, Abs. 6 bis 8,
   § 4a Abs. 1 Nr. 1 und 3, Abs. 2,
   § 4b,
   § 4c,
   § 4d,
   § 5,
   § 6,
   § 6a,
   § 6b,
   § 6c,
   § 6d,
   § 7,
   § 7a,
   § 7b,
   § 7c,
   § 7d,
   § 7e,
   § 7f,
   § 7g,
   § 7h,
   § 7i,
   § 7k,
   § 8,
   § 9 Abs. 1 Nr. 1 bis 3 und 7 und Abs. 5,
   § 9a Satz 1 Nr. 2 und 3 und Satz 2. Auf nachstehenden Absatz 2 wird hingewiesen;
   § 9b,

§ 10d,
§ 10g,
§ 11,
§ 11a,
§ 11b,
§ 13 Abs. 1, 2 Nr. 1, Abs. 3 Satz 1 und 2, Abs. 4 und 5,
§ 13a Abs. 1, 2, 3 Satz 1 Nr. 1, 3 und 5, Satz 2, Abs. 4, 6 und 8,
§ 14. Auf nachstehende Absätze 2 und 3 wird hingewiesen;
§ 14a. Auf nachstehende Absätze 2 und 3 wird hingewiesen;
§ 15,
§ 15a,
§ 16. Auf nachstehende Absätze 2 und 3 wird hingewiesen;
§ 17. Auf nachstehende Absätze 2 und 3 wird hingewiesen;
§ 18. Auf nachstehende Absätze 2 und 3 wird hingewiesen;
§ 20. Auf nachstehenden Absatz 2 wird hingewiesen;
§ 21 Abs. 1 und 3,
§ 22 Nr. 1, 2 und 3,
§ 23,
§ 24,
§ 25 Abs. 1, 2 und 3 Satz 1 und 4,
§ 34c Abs. 1 Satz 2 und 3, Abs. 2 bis 7 vorbehaltlich des § 26 Abs. 2, 2a, 3 und 6 Satz 2 bis 4 KStG
§ 34d Nr. 1 bis 4 und 6 bis 8,
§ 36 Abs. 2 bis 4,
§ 36a,
§ 36b,
§ 36c,
§ 36d,
§ 37 Abs. 1 und 2, Abs. 3 Satz 1, 2 und 4 sowie 7 bis 10, Abs. 4 und 5,
§ 43,
§ 43a,
§ 44,
§ 44a,
§ 44b,
§ 44c,
§ 44d,
§ 45,
§ 45a,
§ 45b,
§ 45c,
§ 45d,
§ 49,
§ 50 Abs. 1 Satz 1 bis 3 und 5, Abs. 2, Abs. 6 und 7. Zu § 50 Abs. 6 EStG vgl. Abschnitt 76 Abs. 31;
§ 50a Abs. 4 bis 7,
§ 50b,
§ 50c,
§ 50d,
§ 50e,
§ 51,
§ 51a Abs. 1 und 3 bis 5,

§ 52 Abs. 1 Satz 1, Abs. 2, 4 bis 11, 13, 14a, 16 bis 19a, 20, 22, 25a, 27, 28, 29, 31,
§ 55,
§§ 56 bis 58;

2. die folgenden Vorschriften der Einkommensteuer-Durchführungsverordnung in der Fassung der Bekanntmachung vom 28. 7. 1992 (BGBl I S. 1418, BStBl I S. 498), unter Berücksichtigung der Änderungen einschließlich durch Artikel 2 des Gesetzes vom 21. 12. 1993 (BGBl I S. 2310, BStBl 1994 I S. 50):
§ 6,
§ 7,
§ 8b,
§ 8c,
§ 9a,
§ 10,
§ 10a,
§ 11c,
§ 11d,
§ 13,
§ 15,
§ 22,
§ 48,
§ 50,
§ 51,
§ 52,
§ 53,
§ 55,
§ 56 Abs. 1 Satz 2 und Abs. 2,
§ 60,
§§ 68a bis 68c,
§ 73a Abs. 2 und 3,
§§ 73c bis 73g,
§ 74,
§ 76,
§ 78,
§ 80,
§ 81,
§ 82a, 82b, 82f, 82g und 82i,
§ 84.

(2) [1]Unbeschränkt Körperschaftsteuerpflichtige, die nicht zur Führung von Büchern nach den Vorschriften des Handelsgesetzbuchs verpflichtet sind, können grundsätzlich Bezieher sämtlicher Einkünfte im Sinne des § 2 Abs. 1 EStG sein. [2]Bei der Ermittlung der Einkünfte aus Kapitalvermögen sind die Vorschriften des § 9a Nr. 2 EStG (Werbungskostenpauschbetrag) und des § 20 Abs. 4 Satz 1 EStG (Sparer-Freibetrag) zu berücksichtigen. [3]Ferner sind die Freibetragsregelungen des § 14, § 14a Abs. 1 bis 3 und 5, § 16 Abs. 4, § 17 Abs. 3 und § 18 Abs. 3 EStG zu beachten, soweit sie nicht auf die Besteuerung natürlicher Personen abgestellt sind. [4]Vgl. BFH-Urteil vom 16. 12. 1975 (BStBl 1976 II S. 360), nach dem es sich bei den genannten Befreiungen um sachliche Steuerbefreiungen handelt.

(3) [1]Bei Körperschaftsteuerpflichtigen, die nach den Vorschriften des Handelsgesetzbuchs zur Führung von Büchern verpflichtet sind, sind alle Einkünfte als Einkünfte aus Gewerbebetrieb zu behandeln (§ 8 Abs. 2 KStG). [2]Bei diesen Körperschaftsteuerpflichtigen können die Freibetragsregelungen des § 14, § 14a Abs. 1 bis 3 und 5, § 17 Abs. 3 und § 18 Abs. 3 EStG somit keine

Anwendung finden. ³Die sachliche Steuerbefreiung nach § 16 Abs. 4 EStG ist diesen Körperschaftsteuerpflichtigen zu gewähren, wenn sie einen Tatbestand im Sinne des § 16 Abs. 1 Nr. 1 bis 3 EStG verwirklichen. ⁴Sie gilt nicht in den Fällen der Umwandlung (§ 1 Abs. 2 bis 4 UmwStG), weil diese Sachverhalte nicht unter § 16 EStG, sondern unter die Sondervorschriften des Umwandlungssteuergesetzes fallen.⁵ . . .

KStR 31. Verdeckte Gewinnausschüttungen

Anwendung des § 8 Abs. 3 Satz 2 KStG

(1) ¹Verdeckte Gewinnausschüttungen mindern nach § 8 Abs. 3 Satz 2 KStG das Einkommen nicht. ²Ist das Einkommen zu niedrig ausgewiesen, so ist der fehlende Betrag hinzuzurechnen. ³Die Anwendung des § 8 Abs. 3 Satz 2 KStG ist unabhängig davon, ob und wann nach § 27 Abs. 3 Satz 2 KStG die Ausschüttungsbelastung herzustellen ist. ⁴Vgl. BFH-Urteile vom 28. 8. 1986 (BStBl 1987 II S. 75), vom 26. 8. 1987 (BStBl 1988 II S. 143), vom 9. 12. 1987 (BStBl 1988 II S. 460), vom 14. 3. 1989 (BStBl II S. 633), vom 12. 4. 1989 (BStBl II S. 636) und vom 28. 6. 1989 (BStBl II S. 854). ⁵Die auf eine verdeckte Gewinnausschüttung entfallende Ausschüttungsbelastung (§ 27 Abs. 1 KStG) fällt nicht unter die Hinzurechnungsvorschrift des § 8 Abs. 3 Satz 2 KStG. ⁶Für die Anwendung des § 8 Abs. 3 Satz 2 KStG kommt es nicht darauf an, ob und in welcher Höhe beim Gesellschafter ein Kapitalertrag nach § 20 Abs. 1 Nr. 1 Satz 2 EStG vorliegt. ⁷Vgl. BFH-Urteile vom 29. 4. 1987 (BStBl II S. 733), vom 22. 2. 1989 (BStBl II S. 475) und vom 14. 3. 1989 (BStBl II S. 633). ⁸Wegen der Auswirkungen verdeckter Gewinnausschüttungen auf die Gliederung des verwendbaren Eigenkapitals vgl. Abschnitt 80.

Vorteil gewährende Körperschaft

(2) ¹Eine verdeckte Gewinnausschüttung kann außer bei Kapitalgesellschaften und Genossenschaften (BFH-Urteile vom 16. 12. 1955, BStBl 1956 III S. 43, und vom 9. 2. 1972, BStBl II S. 361) auch bei Versicherungsvereinen auf Gegenseitigkeit (BFH-Urteil vom 14. 7. 1976, BStBl II S. 731), bei Realgemeinden und Vereinen (BFH-Urteil vom 23. 9. 1970, BStBl 1971 II S. 47) und bei Betrieben gewerblicher Art von juristischen Personen des öffentlichen Rechts (BFH-Urteile vom 29. 5. 1968, BStBl II S. 692, und vom 13. 3. 1974, BStBl II S. 391) vorliegen. ²Zur Anwendung des § 8 Abs. 3 Satz 2 KStG bei Nichtkapitalgesellschaften vgl. auch BFH-Urteil vom 9. 8. 1989 (BStBl 1990 II S. 237). ³Die Annahme einer verdeckten Gewinnausschüttung setzt danach nicht voraus, daß sie zu Einnahmen aus Kapitalvermögen bei anderen Personen führt. ⁴Es ist jedoch darauf abzustellen, daß die eintretende Vermögensminderung bzw. verhinderte Vermögensmehrung letztlich zu einem Vorteil bei dem führt, der über Mitgliedschaftsrechte bzw. mitgliedschaftsähnliche Rechte den Einfluß auf die den Vorteil gewährende Körperschaft hat.❶

(2a) ¹Die Annahme einer verdeckten Gewinnausschüttung setzt voraus, daß der Empfänger der Ausschüttung ein mitgliedschaftliches oder mitgliedschaftsähnliches Verhältnis zur ausschüttenden Körperschaft hat. ²Vgl. BFH-Urteil vom 13. 7. 1994 (BStBl 1995 II S. 198). ³Entscheidend für eine verdeckte Gewinnausschüttung ist ihre Veranlassung durch das mitgliedschaftliche oder mitgliedschaftsähnliche Verhältnis. ⁴Aus diesem Grunde kann eine verdeckte Gewinnausschüt-

---

Anm. d. Schriftl.:

❶ Eine verdeckte Gewinnausschüttung i. S. des § 8 Abs. 3 Satz 2 KStG in Form der Zuwendung eines Vermögensvorteils an eine einem Gesellschafter der Kapitalgesellschaft nahestehende Person setzt nicht voraus, daß die Zuwendung einen Vorteil für den Gesellschafter selbst zur Folge hat (vgl. BFH-Urt. vom 18. 12. 1996 – BStBl 1997 II S. 301). Die der nahestehenden Person zugeflossene verdeckte Gewinnausschüttung ist steuerrechtlich stets dem Gesellschafter als Einnahme zuzurechnen (BMF-Schreiben vom 8. 3. 1999 – BStBl 1999 I S. 514).

tung auch vorliegen, wenn im Zeitpunkt der Ausschüttung das mitgliedschaftliche oder mitgliedschaftsähnliche Verhältnis noch nicht oder nicht mehr besteht. [5]Vgl. BFH-Urteil vom 24. 1. 1989 (BStBl II S. 419). [6]Destinatäre einer Stiftung haben kein mitgliedschaftliches oder mitgliedschaftsähnliches Verhältnis zur Stiftung. [7]Vgl. BFH-Urteil vom 22. 9. 1959 (BStBl 1960 III S. 37).

Begriff der verdeckten Gewinnausschüttung[1]

(3) [1]Eine verdeckte Gewinnausschüttung im Sinne des § 8 Abs. 3 Satz 2 KStG ist eine Vermögensminderung oder verhinderte Vermögensmehrung, die durch das Gesellschaftsverhältnis veranlaßt ist, sich auf die Höhe des Einkommens auswirkt und nicht auf einem den gesellschaftsrechtlichen Vorschriften entsprechenden Gewinnverteilungsbeschluß beruht. [2]Vgl. BFH-Urteile vom 22. 2. 1989 (BStBl II S. 475) und vom 11. 10. 1989 (BStBl 1990 II S. 89). [3]Eine Veranlassung durch das Gesellschaftsverhältnis liegt dann vor, wenn ein ordentlicher und gewissenhafter Geschäftsleiter (§ 93 Abs. 1 Satz 1 AktG, § 43 Abs. 1 GmbHG, § 34 Abs. 1 Satz 1 GenG) die Vermögensminderung oder verhinderte Vermögensmehrung gegenüber einer Person, die nicht Gesellschafter ist, unter sonst gleichen Umständen nicht hingenommen hätte. [4]Vgl. BFH-Urteile vom 11. 2. 1987 (BStBl II S. 461), vom 29. 4. 1987 (BStBl II S. 733), vom 10. 6. 1987 (BStBl 1988 II S. 25), vom 28. 10. 1987 (BStBl 1988 II S. 301), vom 27. 7. 1988 (BStBl 1989 II S. 57) und vom 7. 12. 1988 (BStBl 1989 II S. 248). [5]Eine verdeckte Gewinnausschüttung setzt nicht voraus, daß die Vermögensminderung oder verhinderte Vermögensmehrung auf einer Rechtshandlung der Organe der Kapitalgesellschaft beruht. [6]Auch tatsächliche Handlungen können den Tatbestand der verdeckten Gewinnausschüttung erfüllen. [7]Vgl. BFH-Urteil vom 14. 10. 1992 (BStBl 1993 II S. 352). [8]Eine verdeckte Gewinnausschüttung kommt z. B. in folgenden Fällen in Betracht:

1. [1]Ein Gesellschafter erhält für seine Vorstands- oder Geschäftsführertätigkeit ein unangemessen hohes Gehalt. [2]Vgl. BFH-Urteil vom 28. 6. 1989 (BStBl II S. 854). [3]Beurteilungskriterien für die Angemessenheit sind Art und Umfang der Tätigkeit, die künftigen Ertragsaussichten des Unternehmens, das Verhältnis des Geschäftsführergehalts zum Gesamtgewinn und zur verbleibenden Kapitalverzinsung sowie Art und Höhe der Vergütungen, die gleichartige Betriebe ihren Geschäftsführern für entsprechende Leistungen gewähren. [4]Vgl. BFH-Urteil vom 5. 10. 1994 (BStBl 1995 II S. 549). [5-8]...

2. [1]Eine Gesellschaft zahlt an einen Gesellschafter besondere Umsatzvergütungen neben einem angemessenen Gehalt. [2]Vgl. BFH-Urteil vom 28. 6. 1989 (BStBl II S. 854).

3. [1]Ein Gesellschafter erhält ein Darlehen von der Gesellschaft zinslos oder zu einem außergewöhnlich geringen Zinssatz. [2]Vgl. RFH-Urteile vom 28. 5. 1929 (RStBl S. 389) und vom 8. 3. 1932 (RStBl S. 441) sowie BFH-Urteile vom 25. 11. 1964 (BStBl 1965 III S. 176) und vom 23. 6. 1981 (BStBl 1982 II S. 245).

4. [1]Ein Gesellschafter erhält von der Gesellschaft ein Darlehen, obwohl schon bei der Darlehenshingabe mit der Uneinbringlichkeit gerechnet werden muß. [2]Vgl. RFH-Urteil vom 26. 3. 1935 (RStBl S. 1064) und BFH-Urteil vom 16. 9. 1958 (BStBl III S. 451).

5. Ein Gesellschafter gibt der Gesellschaft ein Darlehen zu einem außergewöhnlich hohen Zinssatz. Vgl. BFH-Urteile vom 28. 10. 1964 (BStBl 1965 III S. 119) und vom 25. 11. 1964 (BStBl 1965 III S. 176).

6. [1]Ein Gesellschafter liefert an die Gesellschaft oder erwirbt von der Gesellschaft Waren und sonstige Wirtschaftsgüter zu ungewöhnlichen Preisen oder erhält besondere Preisnachlässe

Anm. d. Schriftl.:
[1] Zu den Risikogeschäften durch den Gesellschafter-Geschäftsführer für Rechnung der Kapitalgesellschaft hat das BMF im Schreiben vom 19. 12. 1996 – BStBl 1997 I S. 112 Stellung genommen.

und Rabatte. ²Vgl. BFH-Urteile vom 12. 7. 1972 (BStBl II S. 802), vom 21. 12. 1972 (BStBl 1973 II S. 449), vom 16. 4. 1980 (BStBl 1981 II S. 492) und vom 6. 8. 1985 (BStBl 1986 II S. 17).

7. ¹Ein Gesellschafter verkauft Aktien an die Gesellschaft zu einem höheren Preis als dem Kurswert, oder die Gesellschaft verkauft Aktien an einen Gesellschafter zu einem niedrigeren Preis als dem Kurswert. ²Vgl. BFH-Urteile vom 13. 9. 1967 (BStBl 1968 II S. 20) und vom 14. 5. 1969 (BStBl II S. 501).

8. ¹Ein Gesellschafter vermietet an die Gesellschaft oder mietet von der Gesellschaft Gegenstände oder überläßt ihr Rechte oder nutzt gesellschaftseigene Rechte zu einem unangemessenen Preis. ²Vgl. BFH-Urteile vom 16. 8. 1955 (BStBl III S. 353) und vom 3. 2. 1971 (BStBl II S. 408).

9. ¹Eine Gesellschaft übernimmt eine Schuld oder sonstige Verpflichtung eines Gesellschafters. ²Vgl. BFH-Urteile vom 19. 3. 1975 (BStBl II S. 614) und vom 19. 5. 1982 (BStBl II S. 631).

10. ¹Eine Gesellschaft verzichtet auf Rechte, die ihr einem Gesellschafter gegenüber zustehen. ²Vgl. BFH-Urteile vom 3. 11. 1971 (BStBl 1972 II S. 227), vom 13. 10 1983 (BStBl 1984 II S. 65) und vom 7. 12. 1988 (BStBl 1989 II S. 248).

11. ¹Ein Gesellschafter beteiligt sich an der Gesellschaft als stiller Gesellschafter und erhält dafür einen unangemessen hohen Gewinnanteil. ²Vgl. BFH-Urteil vom 6. 2. 1980 (BStBl II S. 477).

12. ¹Die an einer Personengesellschaft beteiligte Kapitalgesellschaft stimmt rückwirkend oder ohne rechtliche Verpflichtung einer Neuverteilung des Gewinns zu, die ihre Gewinnbeteiligung zugunsten ihres gleichfalls an der Personengesellschaft beteiligten Gesellschafters einschränkt. ²Vgl. BFH-Urteil vom 12. 6. 1980 (BStBl II S. 723).

13. ¹Eine GmbH gibt aus Anlaß des 65. Geburtstags ihres Gesellschafter-Geschäftsführers einen Empfang, an dem nahezu ausschließlich Geschäftsfreunde teilnehmen. ²Vgl. BFH-Urteil vom 28. 11. 1991 (BStBl 1992 II S. 359).

⁹Eine verdeckte Gewinnausschüttung liegt dementsprechend nicht vor, wenn die Kapitalgesellschaft bei Anwendung der Sorgfalt eines ordentlichen und gewissenhaften Geschäftsleiters die Vermögensminderung oder verhinderte Vermögensmehrung unter sonst gleichen Umständen auch gegenüber einem Nichtgesellschafter hingenommen hätte. ¹⁰Dies kann der Fall sein, wenn zwischen Gesellschaft und Gesellschafter ein angemessenes Entgelt in anderer Weise vereinbart worden ist. ¹¹Wegen der Voraussetzungen für die Anerkennung eines derartigen Vorteilsausgleichs vgl. BFH-Urteile vom 8. 6. 1977 (BStBl II S. 704), vom 1. 8. 1984 (BStBl 1985 II S. 18) und vom 8. 11. 1989 (BStBl 1990 II S. 244). ¹²Der Wert einer verdeckten Einlage ist nicht geeignet, die Höhe einer verdeckten Gewinnausschüttung zu mindern. ¹³Vgl. BFH-Urteil vom 12. 12. 1990 (BStBl 1991 II S. 593). ¹⁴Ein ordentlicher und gewissenhafter Geschäftsleiter einer Kapitalgesellschaft muß dafür Sorge tragen, daß der Kapitalgesellschaft ein angemessener Gewinn verbleibt. ¹⁵So wird er z. B. für die Gesellschaft nur dann ein neues Produkt am Markt einführen und vertreiben, wenn er daraus bei vorsichtiger und vorheriger kaufmännischer Prognose innerhalb eines überschaubaren Zeitraums und unter Berücksichtigung der voraussichtlichen Marktentwicklung einen angemessenen Gesamtgewinn erwarten kann. ¹⁶Vgl. BFH-Urteil vom 17. 2. 1993 (BStBl II S. 457). ¹⁷Desgleichen würde er die Übernahme von Aufgaben, die vorrangig im Interesse des Alleingesellschafters liegt, davon abhängig machen, ob sich der Gesellschaft die Chance zur Erzielung eines angemessenen Gewinns stellt. ¹⁸Vgl. BFH-Urteil vom 2. 2. 1994 (BStBl II S. 479). ¹⁹Bei Genossenschaften reicht es dagegen aus, daß nach dem Kostendeckungsprinzip gearbeitet wird. ²⁰Vgl. BFH-Urteil vom 11. 10. 1989 (BStBl 1990 II S. 88).

(4) ¹Das Verhalten eines ordentlichen und gewissenhaften Geschäftsleiters kann nicht Maßstab sein, wenn ein Rechtsgeschäft zu beurteilen ist, das nur mit Gesellschaftern abgeschlossen werden kann. ²Bei Rechtsverhältnissen, die im Rahmen der Erstausstattung einer Kapitalgesellschaft zustandegekommen sind, liegt eine verdeckte Gewinnausschüttung schon dann vor, wenn die

Gestaltung darauf abstellt, den Gewinn der Kapitalgesellschaft nicht über eine angemessene Verzinsung des eingezahlten Nennkapitals und eine Vergütung für das Risiko des nicht eingezahlten Nennkapitals hinaus zu steigern. [3]Vgl. BFH-Urteile vom 5. 10. 1977 (BStBl 1978 II S. 234), vom 23. 5. 1984 (BStBl II S. 673) und vom 2. 2. 1994 (BStBl II S. 479). [4]Handelsrechtlich unzulässige Leistungen einer Kapitalgesellschaft an ihre Gesellschafter sind verdeckte Gewinnausschüttungen. [5]Vgl. BFH-Urteil vom 17. 10. 1984 (BStBl 1985 II S. 69).

Fehlende Vereinbarung und Rückwirkungsverbot

(5) [1]Im Verhältnis zwischen Gesellschaft und beherrschendem Gesellschafter ist eine Veranlassung durch das Gesellschaftsverhältnis auch anzunehmen, wenn es an einer zivilrechtlich wirksamen, klaren und im voraus abgeschlossenen Vereinbarung darüber fehlt, ob und in welcher Höhe ein Entgelt für eine Leistung des Gesellschafters zu zahlen ist, oder wenn nicht einer klaren Vereinbarung entsprechend verfahren wird, z. B. in Fällen der Mitarbeit oder der Nutzungsüberlassung (Miete, Pacht oder Darlehen). [2]Die zivilrechtliche Wirksamkeit ist steuerrechtlich neben dem Erfordernis einer klaren und im voraus getroffenen Vereinbarung eine eigenständige Voraussetzung ihrer Anerkennung. [3]Sonst bestünde wegen des fehlenden Interessengegensatzes zwischen der Gesellschaft und dem beherrschenden Gesellschafter die Möglichkeit, den Gewinn der Gesellschaft mehr oder weniger beliebig festzusetzen und ihn zugunsten des Gesellschafters und zuungunsten der Gesellschaft zu beeinflussen. [4]Vgl. BFH-Urteile vom 26. 4. 1989 (BStBl II S. 673), vom 13. 12. 1989 (BStBl 1990 II S. 454), vom 14. 3. 1990 (BStBl II S. 795) und vom 2. 2. 1994 (BStBl II S. 479). [5]Das gilt auch für die Anerkennung eines Vorteilsausgleichs entsprechend Absatz 3 Sätze 9 bis 12 (BFH-Urteil vom 7. 12. 1988, BStBl 1989 II S. 248). [6]Der beherrschende Gesellschafter muß zivilrechtlich wirksam im voraus klar und eindeutig vereinbaren, ob er für eine Leistung an seine Gesellschaft einen gesellschaftsrechtlichen oder einen schuldrechtlichen Ausgleich sucht. [7]Er hat den Nachweis zu erbringen, daß eine klare und eindeutige Vereinbarung vorliegt und entsprechend dieser Vereinbarung verfahren worden ist. [8]Wegen der Form der Vereinbarung vgl. BFH-Urteil vom 24. 1. 1990 (BStBl II S. 645). [9]Wer sich auf die Existenz eines mündlich abgeschlossenen Vertrags beruft, einen entsprechenden Nachweis aber nicht führen kann, hat den Nachteil des fehlenden Nachweises zu tragen, weil er sich auf die Existenz des Vertrags zur Begründung des Betriebsausgabenabzugs beruft. [10]Vgl. BFH-Urteil vom 29. 7. 1992 (BStBl 1993 II S. 247). [11]Eine klare Vereinbarung liegt nach dem BFH-Urteil vom 1. 7. 1992 (BStBl II S. 975) z. B. nicht vor, wenn die Bemessung der Tantieme eines beherrschenden Gesellschafter-Geschäftsführers nach dem Gewinn gemäß den Grundsätzen ordnungsmäßiger Buchführung unter Berücksichtigung aller „steuerlich zulässigen Maßnahmen" oder nach dem „Ergebnis der Steuerbilanz" erfolgen soll. [12]Dagegen kann bei Dauerschuldverhältnissen, deren Durchführung – wie z. B. die von Dienst- oder Mietverträgen – einen regelmäßigen Leistungsaustausch zwischen den Vertragsparteien voraussetzt, im allgemeinen auf Grund der Regelmäßigkeit der Leistungen und des engen zeitlichen Zusammenhangs von Leistung und Gegenleistung bereits aus dem tatsächlichen Leistungsaustausch (Auszahlung, zeitnahe Verbuchung und ggf. Abführung von Lohnsteuer und Sozialversicherungsbeiträgen) der Schluß gezogen werden, daß ihm eine mündlich abgeschlossene entgeltliche Vereinbarung zugrunde liegt. [13]Vgl. BFH-Urteile vom 24. 1. 1990 (BStBl II S. 645) und vom 29. 7. 1992 (BStBl 1993 II S. 139). [14]Ohne eine derartige Vereinbarung kann eine Gegenleistung nicht als schuldrechtlich begründet angesehen werden. [15]Das gilt selbst dann, wenn ein Vergütungsanspruch auf Grund gesetzlicher Regelungen bestehen sollte, wie z. B. bei einer Arbeitsleistung (§ 612 Abs. 2 BGB) oder einer Darlehensgewährung nach Handelsrecht (§§ 352, 354 HGB). [16]Vgl. BFH-Urteil vom 2. 3. 1988 (BStBl II S. 590). [17]Rückwirkende Vereinbarungen zwischen der Gesellschaft und dem beherrschenden Gesellschafter sind steuerrechtlich unbeachtlich. [18]Vgl. BFH-Urteile vom 23. 9. 1970 (BStBl 1971 II S. 64), vom 3. 4. 1974 (BStBl II S. 497) und vom 21. 7. 1976 (BStBl II S. 734). [19]...

Beherrschender Gesellschafter

(6) ¹Ein Gesellschafter beherrscht eine Kapitalgesellschaft, wenn er den Abschluß des zu beurteilenden Rechtsgeschäfts erzwingen kann. ²Das ist der Fall, wenn er auf Grund der ihm aus seiner Gesellschafterstellung herrührenden Stimmrechte den entscheidenden Beschluß durchsetzen kann. ³Dabei kommt der Vorschrift des § 47 Abs. 4 GmbH-Gesetz über einen Stimmrechtsausschluß des Gesellschafters bei Rechtsgeschäften zwischen ihm und der Gesellschaft keine Bedeutung zu (vgl. BFH-Urteil vom 26. 1. 1989, BStBl II S. 455). ⁴Eine beherrschende Stellung erfordert deshalb grundsätzlich die Mehrheit der Stimmrechte. ⁵Andererseits reicht eine Beteiligung von 50 v. H. oder weniger aus, wenn besondere Umstände hinzutreten, die eine Beherrschung der Gesellschaft begründen. ⁶Vgl. BFH-Urteile vom 8. 1. 1969 (BStBl II S. 347), vom 21. 7. 1976 (BStBl II S. 734) und vom 23. 10. 1985 (BStBl 1986 II S. 195). ⁷Es genügt, wenn mehrere Gesellschafter einer Kapitalgesellschaft mit gleichgerichteten Interessen zusammenwirken, um eine ihren Interessen entsprechende einheitliche Willensbildung herbeizuführen. ⁸Vgl. BFH-Urteile vom 26. 7. 1978 (BStBl II S. 659), vom 11. 12. 1985 (BStBl 1986 II S. 469), vom 29. 4. 1987 (BStBl II S. 797) und vom 29. 7. 1992 (BStBl 1993 II S. 247). ⁹Die beherrschende Stellung muß im Zeitpunkt der Vereinbarung oder des Vollzugs der Vermögensminderung oder verhinderten Vermögensmehrung vorliegen. ¹⁰Die Tatsache, daß die Gesellschafter nahe Angehörige sind, reicht allein nicht aus, um gleichgerichtete Interessen anzunehmen; vielmehr müssen weitere Anhaltspunkte hinzutreten. ¹¹Vgl. BVerfG-Beschluß vom 12. 3. 1985 (BStBl II S. 475) und BFH-Urteil vom 1. 2. 1989 (BStBl II S. 522).

(6a) Selbstkontrahierungsverbot

¹Vereinbarungen zwischen dem Geschäftsführer und der von ihm vertretenen GmbH sind außer in den Fällen der Absätze 5 und 6 auch dann steuerlich unbeachtlich, wenn sie gegen das Selbstkontrahierungsverbot (§ 181 BGB) verstoßen. ²Eine Befreiung von dieser Beschränkung ist nur wirksam, wenn sie in der Satzung geregelt und in das Handelsregister eingetragen worden ist. ³Vgl. BFH-Urteil vom 17. 9. 1992 (BStBl 1993 II S. 141). ⁴Die einem Gesellschafter-Geschäftsführer einer mehrgliedrigen GmbH erteilte Befreiung von der Beschränkung des § 181 BGB bleibt auch wirksam, wenn sich die GmbH in eine Einmann-GmbH verwandelt. ⁵Vgl. BFH-Urteil vom 13. 3. 1991 (BStBl II S. 597).

Nahestehende Person

(7) ¹Eine verdeckte Gewinnausschüttung ist auch anzunehmen, wenn die Vorteilsziehung nicht unmittelbar durch den Gesellschafter, sondern durch eine ihm nahestehende Person erfolgt, vorausgesetzt, daß ein Vorteil für den Gesellschafter selbst damit verbunden ist.❶ ²Vgl. BFH-Urteile vom 27. 1. 1972 (BStBl II S. 320) und vom 22. 2. 1989 (BStBl II S. 631). ³Die Beziehungen zwischen dem Gesellschafter und einem Dritten, die die Annahme einer verdeckten Gewinnausschüttung an den Gesellschafter rechtfertigen, können schuldrechtlicher, gesellschaftsrechtlicher oder tatsächlicher Art sein. ⁴Zum Kreis der dem Gesellschafter nahestehenden Personen zählen sowohl natürliche als auch juristische Personen, unter Umständen auch Personenhandelsgesellschaften. ⁵Vgl. BFH-Urteile vom 6. 12. 1967 (BStBl 1968 II S. 322), vom 23. 10. 1985 (BStBl 1986 II S. 195) und vom 1. 10. 1986 (BStBl 1987 II S. 459). ⁶Auch Ehegatten können als nahestehende Personen angesehen werden. ⁷Vgl. BFH-Urteil vom 2. 3. 1988 (BStBl II S. 786). ⁸Zur Beurteilung von verdeckten Gewinnausschüttungen zwischen Schwestergesellschaften vgl. Beschluß des

---

Anm. d. Schriftl.:

❶ Der BFH führt in seinem Urteil vom 18. 12. 1996 – BStBl 1997 II S. 301 aus, daß eine vGA i. S. des § 8 Abs. 3 Satz 2 KStG in Form der Zuwendung eines Vermögensvorteils an eine einem Gesellschafter der Kapitalgesellschaft nahestehende Person nicht voraussetzt, daß die Zuwendung einen Vorteil für den Gesellschafter selbst zur Folge hat (Änderung der Rechtsprechung).

Großen Senats des BFH vom 26. 10. 1987 (BStBl 1988 II S. 348). [9]Der Vorteil des Gesellschafters kann darin bestehen, daß durch die Vorteilsziehung des Dritten eine Verpflichtung des Gesellschafters gegenüber dem Dritten erfüllt wird oder eine freiwillige Leistung des Gesellschafters an den Dritten erbracht wird oder die Leistung der Kapitalgesellschaft an den Dritten aus anderen Gründen wirtschaftlich dem Gesellschafter zugute kommt. [10]Auch bei dem beherrschenden Gesellschafter nahestehenden Personen bedarf eine Vereinbarung über die Höhe eines Entgelts für eine Leistung der vorherigen und eindeutigen Regelung. [11]Vgl. BFH-Urteile vom 29. 4. 1987 (BStBl II S. 797), vom 2. 3. 1988 (BStBl II S. 786) und vom 22. 2. 1989 (BStBl II S. 631).

Wettbewerbsverbot [1]

(8) [1]Eine verdeckte Gewinnausschüttung kommt auch in Betracht, wenn sich die Gesellschaft und der beherrschende Gesellschafter oder der Gesellschafter-Geschäftsführer gewerblich oder beruflich gleichartig betätigen, ohne daß vertragliche Vereinbarungen über eine klare und eindeutige Aufgabenabgrenzung beider Unternehmen bestehen. [2]Insbesondere die Befreiung vom Wettbewerbsverbot bedarf einer im voraus abgeschlossenen Vereinbarung. [3]Vgl. BFH-Urteile vom 11. 2. 1981 (BStBl II S. 448), vom 9. 2. 1983 (BStBl II S. 487), vom 11. 2. 1987 (BStBl II S. 461) und vom 26. 4. 1989 (BStBl II S. 673). [4]Zur Frage der verdeckten Gewinnausschüttung bei Verletzung des Wettbewerbsverbots durch den Gesellschafter insbesondere den beherrschenden Gesellschafter oder den Gesellschafter-Geschäftsführer einer GmbH vgl. BMF-Schreiben vom 4. 2. 1992 (BStBl I S. 137), vom 15. 12. 1992 (BStBl 1993 I S. 24) und vom 29. 6. 1993 (BStBl I S. 556).

Beweislast

(8a) [1]Die objektive Beweislast für das Vorliegen von verdeckten Gewinnausschüttungen obliegt dem Finanzamt. [2]Vgl. BFH-Urteil vom 27. 10. 1992 (BStBl 1993 II S. 569). [3]Andererseits hat die Körperschaft die objektive Beweislast für die betriebliche Veranlassung der in der Buchführung als Betriebsvermögensminderung behandelten Aufwendungen. [4]Sprechen nahezu alle erheblichen Beweisanzeichen dafür, daß eine Zuwendung an den Gesellschafter nicht betrieblich veranlaßt ist, sondern ihre Grundlage im Gesellschafterverhältnis hat, geht ein verbleibender Rest an Ungewißheit zu Lasten der Körperschaft. [5]Spricht der Maßstab des Handelns eines ordentlichen und gewissenhaften Geschäftsleiters für die Veranlassung einer Vorteilszuwendung im Gesellschaftsverhältnis, so hat die Körperschaft die Umstände darzulegen, aus denen sich eine andere Beurteilung ergeben kann.

Rückgewähr einer verdeckten Gewinnausschüttung

(9) [1]Eine verdeckte Gewinnausschüttung kann durch Rückgewähransprüche, die auf Steuer- oder Satzungsklauseln beruhen, nicht rückgängig gemacht werden. [2]Derartige Klauseln haben ihre Grundlage regelmäßig im Gesellschafterverhältnis, so daß ein Anspruch auf Rückforderung einer verdeckten Gewinnausschüttung den Charakter einer Einlageforderung trägt und die tatsächliche Rückzahlung als Einlage zu werten ist. [3]Vgl. BFH-Urteile vom 23. 5. 1984 (BStBl II S. 723), vom 30. 1. 1985 (BStBl II S. 345), vom 29. 4. 1987 (BStBl II S. 733), vom 22. 2. 1989 (BStBl II

Anm. d. Schriftl.:

[1] Der BFH bearbeitet zur Zeit mehrere Verfahren, die die steuerliche Behandlung des Wettbewerbsverbots zum Gegenstand haben. In einem ersten Urteil v. 30. 8. 95 (Az.: I R 155/94) DB S. 2451 ist der BFH davon ausgegangen, daß die verdeckte Gewinnausschüttung keine geeignete Rechtsgrundlage ist, um Geschäfte, die für Rechnung des Gesellschafter-Geschäftsführers getätigt worden sind, der Gesellschaft zuzurechnen. Der BFH löst sich damit von seiner bisherigen Rechtsauffassung. Es ist damit zu rechnen, daß der BFH in den noch anhängigen Verfahren zu weiteren Rechtsfragen aus dem Bereich der steuerlichen Behandlung des Wettbewerbsverbots Stellung nehmen wird.

S. 475), vom 13. 9. 1989 (BStBl II S. 1029), vom 10. 3. 1993 (BStBl II S. 635) und vom 3. 8. 1993 (BStBl 1994 II S. 561) sowie BMF-Schreiben vom 6. 8. 1981 (BStBl I S. 599) und die entsprechenden Erlasse der obersten Finanzbehörden der Länder. [4]Das gilt auch, wenn ein Rückforderungsanspruch auf einer gesetzlichen Bestimmung beruht. [5]Vgl. BFH-Urteil vom 14. 3. 1989 (BStBl II S. 741). [6]Wegen der Auswirkungen auf die Gliederung des verwendbaren Eigenkapitals vgl. Abschnitt 77 Abs. 10.

Wert der verdeckten Gewinnausschüttung

(10) [1]Für die Bemessung der verdeckten Gewinnausschüttung ist bei Hingabe von Wirtschaftsgütern von deren gemeinem Wert (BFH-Urteile vom 18. 10. 1967, BStBl 1968 II S. 105, und vom 27. 11. 1974, BStBl 1975 II S. 306), bei Nutzungsüberlassungen von der erzielbaren Vergütung (BFH-Urteile vom 27. 11. 1974, BStBl 1975 II S. 306, und vom 6. 4. 1977, BStBl II S. 569, sowie BFH-Urteil vom 28. 2. 1990 (BStBl II S. 649) auszugehen. [2]Löst eine verdeckte Gewinnausschüttung Umsatzsteuer auf den Eigenverbrauch nach § 1 Abs. 1 Nr. 2 UStG aus, ist die Umsatzsteuer bei der Gewinnermittlung nicht zusätzlich nach § 10 Nr. 2 KStG hinzuzurechnen.

KStR   36a. Verdeckte Einlage

(1) [1]Eine verdeckte Einlage liegt vor, wenn ein Gesellschafter oder eine ihm nahestehende Person der Kapitalgesellschaft einen einlagefähigen Vermögensvorteil zuwendet und diese Zuwendung durch das Gesellschaftsverhältnis veranlaßt ist. [2]Zum Begriff der nahestehenden Person vgl. Abschnitt 31 Abs. 7. [3]Der Vermögensvorteil kann in einer Vermehrung von Aktiven oder einer Verminderung von Schulden bestehen. [4]Auch ein nicht entgeltlich erworbener Firmenwert kann Gegenstand einer verdeckten Einlage sein (BFH-Urteil vom 24. 3. 1987, BStBl II S. 705). [5]Die Veranlassung durch das Gesellschaftsverhältnis ist gegeben, wenn ein Nichtgesellschafter bei Anwendung der Sorgfalt eines ordentlichen Kaufmanns den Vermögensvorteil der Gesellschaft nicht eingeräumt hätte. [6]Vgl. BFH-Urteile vom 28. 2. 1956 (BStBl III S. 154), vom 19. 2. 1970 (BStBl II S. 442), vom 14. 8. 1974 (BStBl 1975 II S. 123), vom 26. 11. 1980 (BStBl 1981 II S. 181), vom 9. 3. 1983 (BStBl II S. 744), vom 11. 4. 1984 (BStBl II S. 535), vom 14. 11. 1984 (BStBl 1985 II S. 227), vom 24. 3. 1987 (BStBl II S. 705) und Beschluß des Großen Senats des BFH vom 26. 10. 1987 (BStBl 1988 II S. 348).∎

(2) [1]Die Überlassung eines Wirtschaftsguts zum Gebrauch oder zur Nutzung kann nicht Gegenstand einer Einlage sein. [2]Vgl. BFH-Urteile vom 8. 11. 1960 (BStBl III S. 513), vom 9. 3. 1962 (BStBl III S. 338), vom 3. 2. 1971 (BStBl II S. 408), vom 29. 1. 1975 (BStBl II S. 553), vom 24. 5. 1984 (BStBl II S. 747) und Beschluß des Großen Senats des BFH vom 26. 10. 1987 (BStBl 1988 II S. 348). [3]Der Vorteil der zinslosen oder zinsverbilligten Darlehensgewährung an eine Kapitalgesellschaft durch ihren Gesellschafter stellt deshalb keine verdeckte Einlage dar. [4]Das gilt auch, wenn der Gesellschafter ein verzinsliches Darlehen aufnimmt, um der Kapitalgesellschaft ein zinsloses Darlehen zu gewähren (Beschluß des Großen Senats des BFH vom 26. 10. 1987). [5]Eine verdeckte Einlage liegt jedoch vor, wenn der Gesellschafter gegenüber der Kapitalgesellschaft auf Zinsen verzichtet, die in einer auf den Zeitpunkt des Verzichts zu erstellenden Bilanz der Kapitalgesellschaft als Verbindlichkeiten eingestellt werden müßten (BFH-Urteil vom 24. 5. 1984, BStBl II S. 747). [6]Sätze 3 bis 5 sind entsprechend anzuwenden, wenn der Gesellschafter der Kapitalgesellschaft unentgeltlich oder zu einem zu niedrigen Entgelt Wirtschaftsgüter zur Nutzung überläßt oder andere Leistungen erbringt. [7]Vgl. BFH-Urteil vom 14. 3. 1989 (BStBl II S. 633).

Anm. d. Schrift.:

∎ Siehe auch Beschluß des BFH vom 9. 6. 1997 – BStBl 1998 II S. 307.

Zu § 27 KStG

KStR 77. Herstellen der Ausschüttungsbelastung

(1) ¹Die Ausschüttungsbelastung im Sinne des § 27 Abs. 1 KStG beträgt stets 30 v. H.**[1]** des Gewinns, der sich vor Abzug der Körperschaftsteuer ergibt. ²Sie verringert sich nicht durch Steuerermäßigungen. ³Die Ausschüttungsbelastung ist wie folgt herzustellen:

1. ¹Ist die Tarifbelastung des Eigenkapitals, das als für die Ausschüttung verwendet gilt, höher als die Ausschüttungsbelastung, mindert sich die Körperschaftsteuer um den die Ausschüttungsbelastung übersteigenden Betrag. ²Beträgt die Tarifbelastung 45 v. H.**[2]** des Gewinns, der sich vor Abzug der Körperschaftsteuer ergibt, mindert sich die nach den Tarifvorschriften berechnete Körperschaftsteuer um 45 − 30 = 15 Prozentpunkte. ³Dementsprechend erhöht sich der zur Ausschüttung verfügbare Betrag um 15 Prozentpunkte von 55 auf 70 Prozentpunkte. ⁴Die Minderung der Körperschaftsteuer beträgt,

   – bezogen auf die Ausschüttung, $\frac{15}{70} = \frac{3}{14}$;
   – bezogen auf das für die Ausschüttung als verwendet geltende, mit 45 v. H. belastete Eigenkapital,
   $$\frac{15}{55} = \frac{3}{11}.$$

   Beispiel:
   Das zu versteuernde Einkommen einer GmbH beläuft sich im Veranlagungszeitraum 01 auf 200 000 DM. Die im Jahr 02 für das Wirtschaftsjahr 01 vorgenommene Gewinnausschüttung beträgt 70 000 DM.

Körperschaftsteuer bei Anwendung des Steuersatzes von 45 v. H. (Tarifbelastung)	90 000 DM
Körperschaftsteuer-Minderung nach § 27 Abs. 1 KStG (¹⁵⁄₇₀ = ³⁄₁₄ von 70 000 DM)	− 15 000 DM
Festzusetzende Körperschaftsteuer	75 000 DM

   ⁵Beträgt die Tarifbelastung 50 v. H. des Gewinns, der sich vor Abzug der Körperschaftsteuer ergibt, mindert sich die nach den Tarifvorschriften berechnete Körperschaftsteuer um 50 − 30 = 20 Prozentpunkte. ⁶Dementsprechend erhöht sich der zur Ausschüttung verfügbare Betrag um 20 Prozentpunkte von 50 auf 70 Prozentpunkte. ⁷Die Minderung der Körperschaftsteuer beträgt,

   – bezogen auf die Ausschüttung, $\frac{20}{70} = \frac{2}{7}$;
   – bezogen auf das für die Ausschüttung als verwendet geltende, mit 50 v. H. belastete Eigenkapital,
   $$\frac{20}{50} = \frac{2}{5}.$$

2. Gelten Eigenkapitalteile im Sinne des § 30 Abs. 2 Nr. 2 oder Nr. 3 KStG als für die Ausschüttung verwendet, die nicht der Körperschaftsteuer unterlegen haben oder die mit einer vor dem 1. 1. 1977 entstandenen Körperschaftsteuer belastet sind, erhöht sich vorbehaltlich des § 40 Satz 1 Nr. 3 KStG die Körperschaftsteuer nach § 27 Abs. 1 KStG,

   – bezogen auf die Ausschüttung, um $\frac{30}{70} = \frac{3}{7}$.

Anm. d. Schriftl.:

[1] Durch das Steuersenkungsgesetz vom 23. 10. 2000 − BStBl 2000 I S. 1428 wurde der Körperschaftsteuersatz einheitlich auf 25 v. H. gesenkt.

[2] Durch das Steuerentlastungsgesetz 1999/2000/2002 wurde der KSt-Satz in Thesaurierungsfällen mit Wirkung ab 1999 auf 40 v. H. abgesenkt.

– bezogen auf den Teilbetrag des nichtbelasteten Eigenkapitals, der insgesamt für die Ausschüttung und für die Körperschaftsteuererhöhung erforderlich ist,

$$\text{um } \frac{30}{100} = \frac{3}{10}.$$

(2) ¹Eine Ausschüttung beruht auf einem den gesellschaftsrechtlichen Vorschriften entsprechenden Gewinnverteilungsbeschluß, wenn der Beschluß, auf Grund dessen sie vorgenommen wird, in dem Zeitpunkt seines Vollzugs wirksam besteht. ²Vgl. BFH-Urteil vom 14. 3. 1989 (BStBl II S. 741). ³Ein Gewinnverteilungsbeschluß entspricht auch dann den gesellschaftsrechtlichen Vorschriften, wenn zwischen dem Ende des Wirtschaftsjahres, dessen Gewinn ausgeschüttet wird, und dem Gewinnverteilungsbeschluß ein längerer Zeitraum liegt. ⁴Vgl. BFH-Urteil vom 11. 4. 1990 (BStBl II S. 998).

(3) ¹Ausschüttungen auf Genußrechte, die eine Beteiligung am Gewinn und am Liquidationserlös der Kapitalgesellschaft gewähren, beruhen nicht auf einem den gesellschaftsrechtlichen Vorschriften entsprechenden Gewinnverteilungsbeschluß. ²Sie gehören zu den Ausschüttungen im Sinne des § 27 Abs. 3 Satz 2 KStG. ³Das gilt auch, wenn sie durch einen Gewinnverteilungsbeschluß ausgelöst werden.

(4) Ist bei einer Gewinnausschüttung, die auf einem den gesellschaftsrechtlichen Vorschriften entsprechenden Gewinnverteilungsbeschluß beruht, im Zeitpunkt der Veranlagung zur Körperschaftsteuer das Eigenkapital, das für diese Ausschüttung als verwendet gilt, noch nicht festgestellt (vgl. § 47 Abs. 1 KStG), ist die Minderung oder Erhöhung der Körperschaftsteuer nach dem voraussichtlich als verwendet geltenden Eigenkapital zu schätzen.

> **Beispiel:**
> Der den gesellschaftsrechtlichen Vorschriften entsprechende Gewinnverteilungsbeschluß für das Jahr 01 wird im März des Jahres 03 gefaßt. Für die Gewinnausschüttung gilt nach § 28 Abs. 2 Satz 1 KStG das Eigenkapital zum 31. 12. 02 als verwendet. Die Änderung der Körperschaftsteuer infolge der Gewinnausschüttung ist nach § 27 Abs. 3 Satz 1 KStG bei der Körperschaftsteuerveranlagung für das Jahr 01 zu berücksichtigen. Ist im Zeitpunkt der Körperschaftsteuerveranlagung für das Jahr 01 das verwendbare Eigenkapital zum 31. 12. 02 noch nicht festgestellt, ist die Änderung der Körperschaftsteuer nach den voraussichtlich für die Ausschüttung als verwendet geltenden Teilbeträgen zu schätzen (§ 162 Abs. 3 AO). Ergibt sich aus der späteren Feststellung zum 31. 12. 02, daß sich das verwendbare Eigenkapital anders als ursprünglich angenommen zusammensetzt, und ergibt sich daraus eine abweichende Verrechnung der Gewinnausschüttung, ist die Körperschaftsteuerveranlagung zu ändern (§ 175 Abs. 1 Satz 1 Nr. 1 AO, § 47 Abs. 1 Satz 3 KStG). Die Minderung bzw. Erhöhung der Körperschaftsteuer ist neu zu berechnen.

(5) ¹Der nach der Minderung oder Erhöhung verbleibende Steuerbetrag stellt die festzusetzende Körperschaftsteuer für den Veranlagungszeitraum dar. ²Übersteigt der Betrag, um den sich die Körperschaftsteuer nach § 27 Abs. 1 KStG insgesamt verringert, die nach den Tarifvorschriften berechnete Körperschaftsteuer, ist der übersteigende Betrag als Erstattung festzusetzen.

(6) ¹Eine Gewinnausschüttung im Sinne des § 27 KStG ist verwirklicht und die Ausschüttungsbelastung ist herzustellen, wenn bei der Körperschaft der Vermögensminderung entsprechende Mittel abgeflossen sind oder eine Vermögensmehrung verhindert worden ist. ²Vgl. BFH-Urteile vom 20. 8. 1986 (BStBl 1987 II S. 75), vom 9. 12. 1987 (BStBl 1988 II S. 460), vom 14. 3. 1989 (BStBl II S. 633), vom 12. 4. 1989 (BStBl II S. 636) und vom 28. 6. 1989 (BStBl II S. 854). ³Die Gewinnausschüttung ist noch nicht verwirklicht, wenn offene oder verdeckte Gewinnausschüttungen bei der Kapitalgesellschaft lediglich als Verpflichtung gegenüber dem Anteilseigner passiviert werden. ⁴Wegen der Auswirkungen der Gewinnausschüttungen auf das verwendbare Eigenkapital siehe die Abschnitte 79 und 80. ⁵Der Abfluß der Gewinnausschüttung erfolgt erst mit der tatsächlichen Zahlung an die Gesellschafter oder aber mit dem Untergang der Verbindlichkeit in anderer Weise (Aufrechnung, Erlaß usw.). ⁶Eine Gewinnausschüttung kann auch in der Umwandlung eines Dividendenanspruches in eine Darlehensforderung liegen (BFH-Urteil vom 9. 12. 1987, BStBl II S. 460). ⁷Auf den Zufluß beim Anteilseigner im Sinne des § 11 EStG bzw.

§ 44 EStG kommt es nicht an (vgl. BFH-Urteile vom 26. 8. 1987, BStBl 1988 II S. 143, vom 9. 12. 1987, BStBl 1988 II S. 460 und vom 31. 10. 1990, BStBl 1991 II S. 255).

Beispiel:
Die Gesellschafterversammlung einer GmbH beschließt im Jahr 02 eine ordnungsgemäße Gewinnausschüttung für das Jahr 01 mit der Maßgabe, daß im Hinblick auf den bei der GmbH bestehenden Liquiditätsengpaß die Auszahlung erst im Jahr 03 erfolgen soll.
Nach § 27 Abs. 3 Satz 1 KStG ist die Änderung der Körperschaftsteuer für das Jahr 01 zu berücksichtigen. Die Ausschüttungsbelastung darf jedoch erst im Zeitpunkt des Abfließens der Gewinnausschüttung im Jahr 03 hergestellt werden. Wird die Körperschaftsteuerveranlagung 01 vor dem Tag des Abfließens der Gewinnausschüttung durchgeführt, darf die Änderung der Körperschaftsteuer zunächst nicht berücksichtigt werden. Zur späteren Berücksichtigung der Minderung oder Erhöhung der Körperschaftsteuer ist der Körperschaftsteuerbescheid nach § 175 Abs. 1 Satz 1 Nr. 2 AO zu ändern, sobald die Gewinnausschüttung tatsächlich abgeflossen ist.

(7) [1]Eine Gewinnausschüttung ist grundsätzlich auch dann abgeflossen, wenn die Gewinnanteile dem Gesellschafter auf Verrechnungskonten, über die die Gesellschafter vereinbarungsgemäß verfügen können, bei der Gesellschaft gutgeschrieben worden sind. [2]Die Gewinnausschüttung einer an der Börse zugelassenen Kapitalgesellschaft ist abgeflossen, wenn die Dividende den Anteilseignern abrufbereit zur Verfügung steht. [3]Bei einer verhinderten Vermögensmehrung tritt der Vermögensabfluß in dem Augenblick ein, in dem die verhinderte Vermögensmehrung bei einer unterstellten angemessenen Entgeltsvereinbarung sich nach allgemeinen Realisationsgrundsätzen gewinnerhöhend ausgewirkt hätte (vgl. BFH-Urteil vom 23. 6. 1993, BStBl II S. 801).

(8) [1]Die Einziehung eigener Anteile einer GmbH löst nicht die Herstellung der Ausschüttungsbelastung im Sinne des § 27 Abs. 1 KStG aus. [2]Beschließt eine GmbH, die eigene Anteile hält, eine Kapitalherabsetzung sowie eine Rückgewähr des durch die Herabsetzung frei gewordenen Kapitals an die „übrigen" Gesellschafter, liegt eine andere Ausschüttung im Sinne des § 27 Abs. 3 Satz 2 KStG vor. [3]Eine Einkommenserhöhung nach § 8 Abs. 3 Satz 2 KStG ergibt sich jedoch nicht.

(9) [1]Eine Gewinnausschüttung ist grundsätzlich auch dann abgeflossen, wenn die Gesellschafter ihre Gewinnanteile im Zusammenhang mit der Ausschüttung auf Grund vertraglicher Vereinbarungen verwenden, z. B.

1. als Einlage in die Körperschaft,
   a) zur Erhöhung des Nennkapitals bei einer Kapitalgesellschaft,
   b) zur Erhöhung des Geschäftsguthabens bei einer Genossenschaft; vgl. BFH-Urteil vom 21. 7. 1976 (BStBl 1977 II S. 46) und Abschnitt 79 Abs. 5,
   c) zur Einstellung in die Kapitalrücklage nach § 272 Abs. 2 Nr. 4 HGB,
2. zur Beteiligung als stiller Gesellschafter bei der Körperschaft,
3. als Darlehen an die Körperschaft.

[2]Das gilt selbst dann, wenn bereits vor dem Gewinnverteilungsbeschluß eine Verpflichtung des Gesellschafters zur Einlage oder zur Darlehenshingabe bestanden hat.

(10) [1]Wird ein Gewinnverteilungsbeschluß bis zum Vermögensabfluß aufgehoben, ist die Ausschüttungsbelastung nicht herzustellen. [2]Vgl. BFH-Urteil vom 9. 12. 1987 (BStBl 1988 II S. 460). [3]Eine vollzogene Ausschüttung kann nicht durch Aufhebung oder Änderung eines vorher gefaßten Gewinnverteilungsbeschlusses mit steuerlicher Wirkung rückgängig gemacht werden. [4]Zurückgewährte Gewinnanteile sind steuerrechtlich als Einlagen zu behandeln. [5]Vgl. BFH-Urteile vom 29. 4. 1987 (BStBl II S. 733), vom 13. 9. 1989 (BStBl II S. 1029), vom 10. 3. 1993 (BStBl II S. 635) und vom 3. 8. 1993 (BStBl 1994 II S. 561). [6]Das gilt auch für zurückgewährte Vorabausschüttungen. [7]Wegen der Auswirkungen zurückgewährter verdeckter Gewinnausschüttungen auf das Einkommen vgl. Abschnitt 31 Abs. 9.

Zu § 28 KStG

(11) Wegen der Aufteilung der Minderung und Erhöhung der Körperschaftsteuer bei Ausschüttungen für verschiedene Wirtschaftsjahre, die mit dem Eigenkapital zu demselben Gliederungsstichtag zu verrechnen sind, vgl. Abschnitt 78 Abs. 3.

Zu § 28 KStG

KStR 78. Verrechnung von offenen Gewinnausschüttungen, Bedeutung der Verwendungsfiktion

(1) ¹Gewinnausschüttungen, die auf einem den gesellschaftsrechtlichen Vorschriften entsprechenden Beschluß für ein abgelaufenes Wirtschaftsjahr beruhen, sind nach § 28 Abs. 2 Satz 1 KStG auch dann mit dem verwendbaren Eigenkapital zum Schluß des letzten vor dem Gewinnverteilungsbeschluß abgelaufenen Wirtschaftsjahrs zu verrechnen, wenn der Beschluß ein früheres als das vorangegangene Wirtschaftsjahr betrifft. ²Sie verringern das verwendbare Eigenkapital aber erst im Zeitpunkt des Mittelabflusses (vgl. Abschnitt 77 Abs. 6).

(2) ¹Fließt die auf einem den gesellschaftsrechtlichen Vorschriften entsprechenden Gewinnverteilungsbeschluß beruhende Gewinnausschüttung erst in einem späteren Wirtschaftsjahr als dem des Gewinnverteilungsbeschlusses ab, verringert sich das verwendbare Eigenkapital erst zum Schluß des Wirtschaftsjahrs, in dem die Ausschüttung abfließt. ²Für diese Ausschüttung gilt aber nach § 28 Abs. 2 Satz 1 KStG das verwendbare Eigenkapital in seiner Zusammensetzung zum Schluß des dem Gewinnverteilungsbeschluß vorangegangenen Wirtschaftsjahrs als verwendet. ³Die Bestandteile des verwendbaren Eigenkapitals, die zur Finanzierung der genannten Gewinnausschüttung benötigt werden, stehen bis zum Abfließen der Gewinnausschüttung für zwischenzeitliche andere Eigenkapitalverringerungen, z. B. auf Grund weiterer Ausschüttungen oder sonstiger nichtabziehbarer Ausgaben, nicht zur Verfügung.

Beispiel:
Die Gesellschafterversammlung einer GmbH beschließt im Jahr 02 eine ordnungsgemäße Gewinnausschüttung in Höhe von 70 000 DM für das Jahr 01, die im Jahr 03 an die Gesellschafter ausgezahlt wird.

	DM	EK 45 DM	EK 30 DM
Bestände zum 1. 1. 01		10 000	6 000
Einkommen 01	100 000		
Körperschaftsteuer 45 v. H.	− 45 000	+ 55 000	
Sonstige nichtabziehbare Ausgaben		− 8 000	
Bestände zum 31. 12. 01		57 000 **❶**	6 000
Einkommen 02	10 000		
Körperschaftsteuer 45 v. H.	− 4 500	+ 5 500	
Sonstige nichtabziehbare Ausgaben	10 000		
Davon Abzug vom Teilbetrag EK 45			
(höchstens 57 000 DM − 55 000 DM			
+ 5 500 DM)	− 7 500	− 7 500	
Der Restbetrag ist vom Teilbetrag EK 30			
abzuziehen	2 500		− 2 500

Amtl. Fn.:

❶ Davon gelten ⁵⁵/₇₀ von 70 000 DM = 55 000 DM für die Finanzierung der im Jahr 03 abfließenden Gewinnausschüttung von 70 000 DM als verwendet und dürfen folglich nicht für andere Eigenkapitalverringerungen im Jahr 02 verbraucht werden.

541 Körperschaftsteuer   Zu § 28 KStG

Bestände zum 31. 12. 02		55 000	3 500
Verringerung des verwendbaren Eigenkapitals durch die in 02 für 01 beschlossene, aber erst in 03 abgeflossene Gewinnausschüttung:			
Gewinnausschüttung	70 000		
Dafür Verwendung des Teilbetrags EK 45 zum 31. 12. 01 in Höhe von $55/70 = 11/14$ der Ausschüttung	– 55 000	– 55 000	
Dafür Verwendung der Körperschaftsteuer-Minderung ($15/55 = 3/11$ von 55 000 DM)	– 15 000	–	
	0		
Einkommen 03	50 000 DM		
– Körperschaftsteuer 45 v. H.	– 22 500 DM		
Zugang zum EK 45	27 500 DM	+ 27 500	
Bestände zum 31. 12. 03		27 500	3 500

(3) ¹Gewinnausschüttungen auf Grund eines den gesellschaftsrechtlichen Vorschriften entsprechenden Gewinnverteilungsbeschlusses für abgelaufene Wirtschaftsjahre, die im laufenden Wirtschaftsjahr beschlossen werden, sowie andere Ausschüttungen und sonstige Leistungen im zuletzt abgelaufenen Wirtschaftsjahr sind in einer Summe mit dem verwendbaren Eigenkapital zum Schluß des zuletzt abgelaufenen Wirtschaftsjahrs zu verrechnen. ²Die sich daraus ergebende Änderung der Körperschaftsteuer ist entsprechend dem Verhältnis der Ausschüttungen auf die nach § 27 Abs. 3 KStG in Betracht kommenden Veranlagungszeiträume aufzuteilen. ³Vgl. BFH-Urteil vom 14. 3. 1990 (BStBl II S. 651).

Beispiel:

Eine Kapitalgesellschaft mit einem dem Kalenderjahr entsprechenden Wirtschaftsjahr nimmt im Jahr 03 sowohl eine Gewinnausschüttung für das Jahr 01 als auch eine Gewinnausschüttung für das Jahr 02 vor. Beide Ausschüttungen beruhen auf Gewinnverteilungsbeschlüssen, die den gesellschaftsrechtlichen Vorschriften entsprechen. Außerdem hat die Kapitalgesellschaft im Jahr 02 eine verdeckte Gewinnausschüttung vorgenommen. Alle drei Ausschüttungen sind in einer Summe mit dem verwendbaren Eigenkapital zum 31. 12. 02 zu verrechnen.

Wegen der Aufteilung der Körperschaftsteuer-Änderung auf die verschiedenen Ausschüttungen vgl. das Beispiel in Abschnitt 80 Abs. 2 Nr. 3.

(4) ¹Gelten nach § 28 Abs. 3 KStG unterschiedlich mit Körperschaftsteuer belastete oder nichtbelastete Eigenkapitalteile als für eine Ausschüttung verwendet, ist die nach § 27 KStG eintretende Änderung der Körperschaftsteuer für jeden dieser Eigenkapitalteile getrennt zu berechnen. ²Daher kann eine Gewinnausschüttung zugleich eine Minderung der Körperschaftsteuer und eine Erhöhung der Körperschaftsteuer bewirken.

Beispiel:

1. Sachverhalt

Für den Veranlagungszeitraum 02 beträgt das zu versteuernde Einkommen einer Kapitalgesellschaft 350 000 DM. Es unterliegt dem Steuersatz von 45 v. H. Die nichtabziehbaren Ausgaben belaufen sich ohne die Körperschaftsteuer auf 22 500 DM. Für das Wirtschaftsjahr 02 nimmt die Kapitalgesellschaft im folgenden Jahr unter Mitverwendung des Gewinnvortrages eine Gewinnausschüttung von 385 000 DM vor. Das verwendbare Eigenkapital zum 31. 12. 01 setzt sich aus ungemildert mit Körperschaftsteuer belastetem Teilbetrag (EK 45) in Höhe von 50 000 DM und den nicht belasteten Altrücklagen im Sinne des § 30 Abs. 2 Nr. 3 KStG (EK 03) in Höhe von 290 000 DM zusammen.

Zu § 28 KStG **Körperschaftsteuer** 542

2. Ermittlung des verwendbaren Eigenkapitals zum 31. 12. 02

	DM	EK 45 DM	EK 03 DM
a) Bestand zum 31. 12. 01		50 000	290 000
b) Zugang aus dem Einkommen:			
Einkommen	350 000		
Körperschaftsteuer 45 v. H.	– 157 500	+ 192 500	
c) Sonstige nichtabziehbare Ausgaben		– 22 500	
d) Bestand zum 31. 12. 02		220 000	290 000

3. Für die Ausschüttung gelten als verwendet: DM
   a) das gesamte EK 45   220 000
   b) der darauf entfallende Betrag der
      Körperschaftsteuer-Minderung
      ($15/55 = 3/11$ von 220 000 DM)   60 000
   c) EK 03 in Höhe der restlichen
      Gewinnausschüttung   105 000
      Gewinnausschüttung   385 000

4. Berechnung der festzusetzenden Körperschaftsteuer 02
   45 v. H. des Einkommens (350 000 DM)   157 500
   Minderung der Körperschaftsteuer auf Grund der
   Verwendung des EK 45 ($15/55 = 3/11$ von 220 000 DM)   – 60 000
   Erhöhung der Körperschaftsteuer auf Grund der
   Verwendung der EK 03 ($30/70 = 3/7$ von 105 000 DM)   + 45 000
   Festzusetzende Körperschaftsteuer 02   142 500

5. Auswirkungen der Gewinnausschüttung auf das verwendbare Eigenkapital

		EK 45 DM	EK 03 DM
a) Bestand 31. 12. 02		220 000	290 000
b) Gewinnausschüttung	385 000		
Dafür gelten als verwendet:			
aa) das gesamte EK 45		– 220 000	– 220 000
bb) die darauf entfallende Körperschaftsteuer-Minderung ($15/55 = 3/11$ von 220 000 DM)		– 60 000	
cc) für den Restbetrag gilt EK 03 als verwendet		– 105 000 0	– 105 000
c) Auf die Gewinnausschüttung entfallende Körperschaftsteuer-Erhöhung ($30/70 = 3/7$ von 105 000 DM; § 31 Abs. 1 Nr. 1 KStG)			– 45 000
d) Verringerung durch die Gewinnausschüttung		220 000	150 000

[3]Die Regelung des § 28 Abs. 3 KStG wird durch § 54 Abs. 11a Satz 5 KStG ergänzt. [4]Danach gilt der Teilbetrag EK 50 bis zu seiner Umgliederung als vorrangig für eine Ausschüttung verwendet.

(5) [1]Reichen für die Verrechnung einer Gewinnausschüttung, für die zunächst mit Körperschaftsteuer belastete Teilbeträge als verwendet galten, später diese Teilbeträge nicht mehr aus, z. B. nach einem Verlustrücktrag oder nach einer steuerlichen Außenprüfung, ist die Gewinnausschüttung nach § 28 Abs. 4 KStG insoweit mit dem Teilbetrag EK 02 zu verrechnen, auch wenn dieser Teilbetrag dadurch negativ wird. [2]Dies gilt auch, wenn die Kapitalgesellschaft über ausreichende Bestände bei den Teilbeträgen EK 01 und EK 04 verfügt und ihre Anteilseigner nichtanrechnungsberechtigt sind.

Beispiel:
1. Ursprüngliche Verrechnung der den Anteilseignern bescheinigten Gewinnausschüttung

	EK 45 DM	EK 02 DM	EK 03 DM
a) Bestand zum 31. 12. 01 lt. Erklärung der Kapitalgesellschaft		55 000	0	300 000
b) Offene Gewinnausschüttung in 02 für 01	70 000		
c) Dafür Verwendung von EK 45 ($^{55}/_{70} = {}^{11}/_{14}$ von 70 000 DM)	− 55 000	− 55 000	
d) Körperschaftsteuer-Minderung ($^{15}/_{55} = {}^{3}/_{11}$ von 55 000 DM)	15 000		

2. Geänderte Verrechnung der Gewinnausschüttung im Anschluß an eine steuerliche Außenprüfung

	EK 45 DM	EK 01 DM	EK 02 DM	EK 03 DM
a) Geänderte Bestände zum 31. 12. 01 nach dem Ergebnis der steuerlichen Außenprüfung		20 000	50 000	0	300 000
b) Offene Gewinnausschüttung in 02 für 01	70 000			
c) Dafür Verwendung des gesamten EK 45	− 20 000	− 20 000		
d) Körperschaftsteuer-Minderung ($^{15}/_{55} = {}^{3}/_{11}$ von 20 000 DM)	− 5 455			
e) Für den Restbetrag nach § 28 Abs. 4 KStG Verwendung von EK 02	44 545		− 44 545	
f) Körperschaftsteuer-Erhöhung ($^{3}/_{7}$ von 44 545 DM)			− 19 091	

[3]Die Rechtsfolgen des § 28 Abs. 4 KStG treten ein, wenn auch nur einem der Anteilseigner für die Gewinnausschüttung eine Steuerbescheinigung nach § 44 oder § 45 KStG erteilt worden ist, in der die anrechenbare Körperschaftsteuer ausgewiesen ist.

(6) Die Regelung des § 28 Abs. 5 KStG, wonach die einmal bescheinigte Verwendung des Teilbetrags EK 01 unverändert bleibt, gilt sowohl bei einer späteren Verringerung als auch bei einer späteren Erhöhung des Bestands bei diesem Teilbetrag.

(7) [1]Nach § 28 Abs. 6 KStG gilt der Betrag, um den die Körperschaftsteuer sich nach § 27 KStG mindert, als für die Ausschüttung verwendet. [2]Dementsprechend verringert sich das mit Körperschaftsteuer belastete Eigenkapital nur insoweit, als die Ausschüttung den Minderungsbetrag übersteigt.

(8) [1]Die Regelung des § 28 Abs. 7 KStG, wonach in den Fällen der Vergütung von Körperschaftsteuer nach § 52 KStG oder nach § 36e EStG die Verwendung der nicht mit Körperschaftsteuer belasteten Teilbeträge unverändert bleibt, ist nach dem Zweck der Regelung anzuwenden, wenn die Kapitalgesellschaft die Voraussetzungen für die Vergütung geschaffen hat. [2]Dies ist der Fall, wenn die Kapitalgesellschaft den Betrag der zu vergütenden Körperschaftsteuer in einer Bescheinigung im Sinne des § 44 KStG angegeben oder zum Zweck der Bescheinigung durch ein inländisches Kreditinstitut nach § 45 KStG mitgeteilt hat.

KStR 78a. Verrechnung von Vorabausschüttungen und verdeckten Gewinnausschüttungen

(1) [1]Der Beschluß einer Gesellschaft mit beschränkter Haftung, den Anteilseignern vor Ablauf des Wirtschaftsjahrs eine Vorabausschüttung auf den zu erwartenden Gewinn zu gewähren, ist ein Gewinnverteilungsbeschluß. [2]Vgl. BFH-Urteil vom 27. 1. 1977 (BStBl II S. 491). [3]Vor Ablauf des Wirtschaftsjahrs beschlossene Vorabausschüttungen sind mit dem verwendbaren Eigenkapital zum Schluß des Wirtschaftsjahrs zu verrechnen, in dem die Ausschüttung erfolgt (§ 28 Abs. 2 Satz 2 KStG). [4]Vgl. BFH-Urteil vom 17. 10. 1990 (BStBl 1991 II S. 743). [5]Sie führen zu einer

Änderung der Körperschaftsteuer für den Veranlagungszeitraum, in dem dieses Wirtschaftsjahr endet (§ 27 Abs. 3 Satz 2 KStG).

(2) ¹Nach Ablauf des Wirtschaftsjahrs beschlossene Vorabausschüttungen sind mit dem verwendbaren Eigenkapital zum Schluß des letzten vor dem Gewinnverteilungsbeschluß abgelaufenen Wirtschaftsjahrs zu verrechnen (§ 28 Abs. 2 Satz 1 KStG). ²Die Körperschaftsteuer ändert sich für den Veranlagungszeitraum, in dem das Wirtschaftsjahr endet, für das die Ausschüttung erfolgt (§ 27 Abs. 3 Satz 1 KStG).

(3) Wegen der Verrechnung von verdeckten Gewinnausschüttungen und deren Auswirkungen auf die Gliederung des verwendbaren Eigenkapitals vgl. Abschnitt 80.

Zu § 29 KStG

KStR 79. Eigenkapital

(1) ¹Wird eine Gewinnausschüttung vorgenommen, die auf einem den gesellschaftsrechtlichen Vorschriften entsprechenden Beschluß für ein abgelaufenes Wirtschaftsjahr beruht, ist die Minderung oder Erhöhung der Körperschaftsteuer, die sich für diese Ausschüttung nach § 27 KStG ergibt, bei der Ermittlung des verwendbaren Eigenkapitals zum Schluß des abgelaufenen Wirtschaftsjahrs nicht zu berücksichtigen (§ 29 Abs. 1 i. V. m. § 28 Abs. 2 Satz 1 KStG).

Beispiel:
Das Einkommen einer Kapitalgesellschaft beträgt im Veranlagungszeitraum 300 000 DM. Im folgenden Jahr wird eine Gewinnausschüttung für das im Veranlagungszeitraum endende Wirtschaftsjahr in Höhe von 70 000 DM beschlossen und durchgeführt.

	DM
Die tarifliche Körperschaftssteuer beträgt 45 v. H. von 300 000 DM	135 000
Körperschaftsteuer-Minderung ($15/70 = 3/14$ von 70 000 DM)	− 15 000
In der Steuerbilanz zum Schluß des Wirtschaftsjahrs zu berücksichtigende Steuerschuld (weder Vorauszahlungen noch anzurechnende Körperschaftsteuer noch Kapitalertragsteuer)	120 000
Eigenkapitalzugang in der Steuerbilanz (300 000 DM − 120 000 DM)	180 000
Ermittlung des Zugangs zum verwendbaren Eigenkapital am Schluß des Wirtschaftsjahrs:	
Einkommen	300 000
45 v. H. Körperschaftsteuer (Tarifbelastung)	− 135 000
Zugang zu dem ungemildert mit Körperschaftsteuer belasteten Teilbetrag	165 000

Der Unterschied zwischen dem Eigenkapitalzugang in der Steuerbilanz (180 000 DM) und in der Gliederungsrechnung (165 000 DM) entspricht der Minderung der Körperschaftsteuer von 15 000 DM. Diese Abweichung ergibt sich aus § 29 Abs. 1 Satz 1 KStG.

²Wegen der Ermittlung des verwendbaren Eigenkapitals bei Ausschüttungen, die nicht auf einem den gesellschaftsrechtlichen Vorschriften entsprechenden Beschluß beruhen, vgl. Abschnitt 80 Abs. 2.

(2) ¹Hat eine Körperschaft eine Gewinnausschüttung beschlossen, fließt diese Ausschüttung aber erst in einem späteren Wirtschaftsjahr bei der Körperschaft ab, so daß die Ausschüttungsverpflichtung zu passivieren ist, weichen bis zum Abfluß der Ausschüttung das aus der Steuerbilanz sich ergebende und das gegliederte verwendbare Eigenkapital voneinander ab. ²...

(3) ¹Die Vorschrift des § 29 Abs. 1 KStG enthält keine Verpflichtung, eine Steuerbilanz aufzustellen. ²Hat die Körperschaft oder Personenvereinigung eine Steuerbilanz nicht aufgestellt, muß sie für die Gliederung des Eigenkapitals nach § 30 KStG das Betriebsvermögen, ausgehend von der Handelsbilanz, ermitteln, das sich nach den Vorschriften über die steuerliche Gewinnermittlung ergibt (vgl. § 60 Abs. 2 Satz 1 EStDV).

(4) Zum Eigenkapital im Sinne des § 29 Abs. 1 KStG gehören nicht diejenigen auf der Passivseite der Steuerbilanz ausgewiesenen Posten, die auf Grund steuerrechtlicher Vorschriften erst bei ihrer Auflösung zu versteuern sind (Sonderposten mit Rücklageanteil im Sinne des § 247 Abs. 3 HGB).

(5) ¹Ist eine unbeschränkt steuerpflichtige Kapitalgesellschaft an einer Personengesellschaft beteiligt, ergeben sich die der Kapitalgesellschaft zuzurechnenden Einkünfte aus der einheitlichen und gesonderten Feststellung des Gewinns der Personengesellschaft (§ 180 Abs. 1 Nr. 2a AO). ²Dementsprechend ist der Einkommensermittlung der Kapitalgesellschaft auch ein gesondert festgestellter Anteil am Verlust der Personengesellschaft zugrunde zu legen. ³Der festgestellte Verlustanteil mindert in der Steuerbilanz den Wert des Kapitalkontos. ⁴Vgl. BFH-Urteil vom 23. 7. 1975 (BStBl 1976 II S. 73). ⁵Das gilt auch, wenn dadurch bei dem Gesellschafter ein negatives Kapitalkonto entsteht. ⁶Das verwendbare Eigenkapital verringert sich um den Anteil an dem Verlust der Personengesellschaft. ⁷Wegen einer Personengesellschaft, die auch andere Einkünfte als solche aus Gewerbebetrieben haben kann, s. BMF-Schreiben vom 29. 4. 1994 (BStBl I S. 282).

(6) u. (7) ...

KStR 80. Auswirkungen verdeckter Gewinnausschüttungen auf die Gliederung des verwendbaren Eigenkapitals

(1) ¹Unabhängig davon, ob sich das Einkommen nach § 8 Abs. 3 KStG erhöht, ist die Ausschüttungsbelastung im Sinne des § 27 KStG nur herzustellen und verringert sich das verwendbare Eigenkapital nur, wenn bei der Körperschaft der Vermögensminderung entsprechende Mittel abgeflossen sind oder eine Vermögensmehrung verhindert worden ist (vgl. Abschnitt 77 Abs. 6). ²Insoweit kommt es auf die erfolgsmäßige Auswirkung der verdeckten Gewinnausschüttung nicht an.

> **Beispiel:**
> Einem Gesellschafter-Geschäftsführer wird eine unangemessen hohe Pensionszusage erteilt, die nicht zur Auszahlung gelangt, weil der Gesellschafter-Geschäftsführer vorzeitig stirbt. Trotz Einkommenskorrektur nach § 8 Abs. 3 Satz 2 KStG kommt es nicht zum Herstellen der Ausschüttungsbelastung und nicht zur Verringerung des verwendbaren Eigenkapitals, da der Vermögensabfluß bei der Kapitalgesellschaft nicht verwirklicht wird.

³Für die verdeckte Gewinnausschüttung gilt das Eigenkapital zum Schluß des Wirtschaftsjahrs als verwendet, in dem die Ausschüttung erfolgt (§ 28 Abs. 2 Satz 2 KStG). ⁴Die Reihenfolge, in der die Teilbeträge des Eigenkapitals für die verdeckte Gewinnausschüttung als verwendet gelten, bestimmt sich – ebenso wie bei Ausschüttungen, die auf einem den gesellschaftsrechtlichen Vorschriften entsprechenden Gewinnverteilungsbeschluß beruhen – nach § 28 Abs. 3 KStG.

> **Beispiel:**
> Das verwendbare Eigenkapital einer Kapitalgesellschaft setzt sich am 31. 12. 01 wie folgt zusammen:
> – Ungemildert mit Körperschaftsteuer belasteter
>   Teilbetrag (EK 45)   500 000 DM

- Nichtbelasteter Teilbetrag
  (Altrücklagen = EK 03)   1 000 000 DM

Im Jahr 04 stellt sich heraus, daß von der Kapitalgesellschaft im Jahre 02 140 000 DM verdeckt ausgeschüttet worden sind, die sich in voller Höhe gewinnmindernd ausgewirkt haben.

Körperschaftsteuerliche Wirkungen

1. Das zu versteuernde Einkommen der Kapitalgesellschaft erhöht sich für das Jahr 02 um 140 000 DM (§ 8 Abs. 3 KStG).
2. Auswirkungen der verdeckten Gewinnausschüttung auf das verwendbare Eigenkapital

		EK 45 DM	EK 03 DM
a) Bestände zum 31. 12. 01		500 000	1 000 000
b) Zugang durch die verdeckte Gewinnausschüttung im Jahr 02	140 000		
Körperschaftsteuer (45 v. H.)	− 63 000		
	77 000	+ 77 000	
c) Bestände zum 31. 12. 02		577 000	1 000 000
d) Verdeckte Gewinnausschüttung	140 000		
Verringerung des EK 45 ($55/70 = 11/14$ von 140 000 DM)	− 110 000	− 110 000	
Minderung der Körperschaftsteuer ($15/70 = 3/14$ von 140 000 DM)	30 000	−	
e) Verringerung des verwendbaren Eigenkapitals auf Grund der Ausschüttung		110 000	

[5]Weisen die mit Körperschaftsteuer belasteten Teilbeträge keine ausreichend hohen Bestände aus, kann eine verdeckte Gewinnausschüttung zu einer Erhöhung der Körperschaftsteuer nach § 27 Abs. 1 KStG führen. [6]Diese Steuer wird zusätzlich zu der Körperschaftsteuer ausgelöst, die auf die Erhöhung des Einkommens entfällt. [7]Vgl. dazu das Beispiel in Absatz 2 Nr. 2.

(2) Nach § 29 Abs. 1 KStG ist bei Ausschüttungen, die nicht auf einem den gesellschaftsrechtlichen Vorschriften entsprechenden Gewinnverteilungsbeschluß für ein abgelaufenes Wirtschaftsjahr beruhen, für die Bestimmung des Eigenkapitals von dem in der Steuerbilanz ausgewiesenen Betriebsvermögen auszugehen, das sich ergeben würde

1. ohne Änderung der Körperschaftsteuer nach § 27 KStG,
2. [1]ohne Verringerung um diese im Wirtschaftsjahr erfolgten Ausschüttungen. [2]Diese verringern das Eigenkapital erst in dem auf die Ausschüttung folgenden Wirtschaftsjahr. [3]Sie sind dem Betriebsvermögen zum Schluß des Wirtschaftsjahrs, in dem sie vorgenommen worden sind, zur Ermittlung des Eigenkapitals nach der Steuerbilanz hinzuzurechnen. [4]Wegen der Eigenkapitalabweichung zwischen Gliederungsrechnung und Steuerbilanz bei Abfluß der Gewinnausschüttung in einem späteren Wirtschaftsjahr gilt Abschnitt 79 Abs. 2 KStR entsprechend.

Beispiel:

Die Gliederung des verwendbaren Eigenkapitals einer GmbH weist zum 31. 12. 01 folgende Teilbeträge aus:

EK 45:   0 DM
EK 03:   100 000 DM.

Im Jahr 02 erzielt die GmbH einen Bilanzgewinn von 196 000 DM (nach Körperschaftsteueraufwand von 84 000 DM, das sind 30 v. H. von 280 000 DM). Auf Grund eines ordnungsgemäßen Gewinnverteilungsbeschlusses im Jahr 03 schüttet die GmbH im Jahr 03 für das Jahr 02 den Bilanzgewinn von 196 000 DM an ihre Gesellschafter aus. Bei einer steuerlichen Betriebsprüfung wird festgestellt, daß der Bilanzgewinn des Jahres 02 um eine als Betriebsausgabe gebuchte verdeckte Gewinnausschüttung von 56 000 DM verringert ist.

547 Körperschaftsteuer — Zu § 29 KStG

1. Eigenkapitalgliederung zum 31. 12. 02 nach Betriebsprüfung

	DM	EK 45 DM	EK 03 DM
Bestände zum 31. 12. 01		0	100 000
Einkommen des Jahres 02 nach Steuererklärung 196 000 DM + 84 000 DM	280 000		
Verdeckte Gewinnausschüttung in 02	+ 56 000		
	336 000		
Körperschaftsteuer 45 v. H.	− 151 200		
Zugang zum EK 45	184 800	184 800	
Bestände zum 31. 12. 02		184 800	100 000
Offene Gewinnausschüttung im Jahr 03	196 000		
Verdeckte Gewinnausschüttung im Jahr 02	+ 56 000		
	252 000		
Dafür gilt zunächst das gesamte EK 45 als verwendet	− 184 800	− 184 800	
Körperschaftsteuer-Minderung ($^{15}/_{55}$ = $^3/_{11}$ von 184 800 DM)	− 50 400		
Für den Restbetrag Verwendung von EK 03	16 800		− 16 800
Körperschaftsteuer-Erhöhung ($^{30}/_{70}$ = $^3/_{7}$ von 16 800 DM)			− 7 200
Verringerung des verwendbaren Eigenkapitals auf Grund der Ausschüttung		184 800	24 000

2. Festzusetzende Körperschaftsteuer

	DM
Tarifbelastung des Jahres 02	151 200
Körperschaftsteuer-Minderung	− 50 400
Körperschaftsteuer-Erhöhung	+ 7 200
Festzusetzende Körperschaftsteuer 02	108 000

3. Aufteilung der Körperschaftsteuer-Änderung auf die beiden Gewinnausschüttungen

	Körperschaft-steuer-Minderung DM	Körperschaft-steuer-Erhöhung DM
Auf die offene Gewinnausschüttung (196 000 DM) entfallen jeweils $\frac{196\,000}{252\,000}$ der Körperschaftsteuer-Minderung (50 400 DM) und der Körperschaftsteuer-Erhöhung (7 200 DM)	39 200	5 600
Auf die verdeckte Gewinnausschüttung (56 000 DM) entfallen jeweils $\frac{56\,000}{252\,000}$ der Körperschaftsteuer-Minderung und der Körperschaftsteuer-Erhöhung	11 200	1 600
	50 400	7 200

Zu § 30 KStG

4. Abstimmung des Eigenkapitals nach der Steuerbilanz und der Gliederungsrechnung zum 31. 12. 02
   a) Betriebsvermögen zum 31. 12. 02 nach der Steuerbilanz

	DM
Anfangskapital	100 000
Steuerbilanzgewinn	+ 196 000
Betriebsvermögen = Eigenkapital (vor Betriebsprüfung)	296 000
Mehr-Körperschaftsteuer wegen der verdeckten Gewinnausschüttung (45 v. H. von 56 000 DM)	− 25 200
Unterschiedsbetrag der Körperschaftsteuer-Änderung für beide Ausschüttungen (vor Betriebsprüfung: Körperschaftsteuer-Minderung von $15/70 = 3/14$ von 196 000 DM = 42 000 DM; nach Betriebsprüfung: Körperschaftsteuer-Minderung von 50 400 DM und Körperschaftsteuer-Erhöhung von 7 200 DM = 43 200)	+ 1 200
Eigenkapital nach der Steuerbilanz (nach Betriebsprüfung)	272 000

   b) Eigenkapital zum 31. 12. 02 nach der Gliederungsrechnung
      Bestände zum 31. 12. 02 nach der vorstehenden Gliederungsrechnung — 284 800

   c) Der Unterschiedsbetrag in Höhe von 12 800 DM setzt sich wie folgt zusammen:

	DM
aa) In der Steuerbilanz zum 31. 12. 02 berücksichtigte, in der Gliederungsrechnung aber erst im Folgejahr 03 zu berücksichtigende verdeckte Gewinnausschüttung	56 000
bb) In der Steuerbilanz bereits berücksichtigte, in der Gliederungsrechnung aber erst im Folgejahr zu berücksichtigende Körperschaftsteuer-Minderung und -Erhöhung für beide Ausschüttungen (50 400 DM − 7 200 DM)	− 43 200
	12 800

(3) ...

Zu § 30 KStG

KStR   **82. Allgemeine Grundsätze für die Gliederung des verwendbaren Eigenkapitals** [1][2]

(1) ¹Die Gliederung des verwendbaren Eigenkapitals stellt eine von der Gewinnermittlung zu unterscheidende Sonderrechnung dar, deren Zweck darin besteht, die Grundlagen für das Herstellen der Ausschüttungsbelastung abzugeben. ²Wegen dieser Bedeutung der Gliederung sind die Teilbeträge des verwendbaren Eigenkapitals zum Schluß jedes Wirtschaftsjahrs gesondert festzustellen (§§ 47 Abs. 1 Satz 1, 30 Abs. 1 KStG).

Anm. d. Schriftl.:

[1] Ab 1999 sind in der Gliederung auch die Teilbeträge gesondert auszuweisen, die aus Einkommensteilen entstanden sind, die nach dem 31. 12. 1998 der KSt ungemildert gem. § 23 Abs. 1 KStG unterliegen (§ 30 Abs. 1 Nr. 1 KStG).

[2] Im Rahmen des Steuersenkungsgesetzes vom 23. 10. 2000 – BStBl 2000 I S. 1428 wurde ab 2001 das Vollanrechnungsverfahren durch das sog. Halbeinkünfteverfahren ersetzt. Gewinne von Kapitalgesellschaften werden mit einem einheitlichen Körperschaftsteuersatz von 25 % belastet. Es handelt sich um eine endgültige Steuerbelastung bei der Kapitalgesellschaft. Das Anrechnungsverfahren ist letztmals für ordentliche Gewinnausschüttungen anzuwenden, die im VZ 2001 für 2000 erfolgen. Durch den Systemwechsel entfällt die Notwendigkeit der Gliederung des verwendbaren Eigenkapitals. Die Übergangsregelung der §§ 36 ff. KStG ist zu beachten.

(2) ¹Nach § 30 Abs. 1 Satz 2 KStG sind die Teilbeträge des verwendbaren Eigenkapitals jeweils aus der Gliederung für das vorangegangene Wirtschaftsjahr abzuleiten. ²Dabei sind, ausgehend vom Bestand zum Schluß des vorangegangenen Wirtschaftsjahrs, in der angegebenen Reihenfolge insbesondere die nachstehenden Zugänge und Abgänge zu berücksichtigen:

Bestand zum Schluß des vorangegangenen Wirtschaftsjahrs
– Verringerung auf Grund
    a) der im Wirtschaftsjahr vorgenommenen Gewinnausschüttungen, die auf einem den gesellschaftsrechtlichen Vorschriften entsprechenden Gewinnverteilungsbeschluß für ein abgelaufenes Wirtschaftsjahr beruhen,
    b) der im vorangegangenen Wirtschaftsjahr vorgenommenen anderen Gewinnausschüttungen,
    c) der im vorangegangenen Wirtschaftsjahr bewirkten sonstigen Leistungen, die bei dem Empfänger Einnahmen im Sinne des § 20 Abs. 1 Nr. 2 EStG sind.

Wegen der zusammengefaßten Verrechnung von Ausschüttungen, die mit dem verwendbaren Eigenkapital zum selben Gliederungsstichtag zu verrechnen sind, vgl. Abschnitt 78 Abs. 3 und Abschnitt 80 Abs. 2).

+   Zugang aus dem steuerpflichtigen Einkommen nach Abzug der darauf entfallenden Körperschaftsteuer
+/– Korrekturbetrag zur Anpassung der Zugänge und Abgänge aus dem Einkommen an das Eigenkapital nach der Steuerbilanz ...
+/– Vermögensmehrungen, die nicht der Körperschaftsteuer unterliegen, und entsprechende Vermögensminderungen; Zuordnung bei erstmaliger Eigenkapitalgliederung (§ 30 Abs. 3, § 38b KStG)
+/– Veränderungen des verwendbaren Eigenkapitals, die sich durch eine Kapitalherabsetzung ohne Auszahlung an die Gesellschafter und durch die Einziehung eigener Anteile ergeben ...
+/– Veränderungen des verwendbaren Eigenkapitals infolge von abziehbaren Verlusten (§ 10d EStG) und von nichtausgleichsfähigen Verlusten im Sinne des § 2a Abs. 1, des § 15 Abs. 4, des § 15a EStG, des § 8 Abs. 4 Satz 3 und des § 13 Abs. 3 KStG
+/– Erstattung und Abzug der sonstigen nichtabziehbaren Ausgaben im Sinne des § 31 Abs. 1 Nr. 4 KStG
+   Zugang aus der Erstattung von Körperschaftsteuer nach § 11 Abs. 2 und 3 AStG
+   Zugang nach § 34 KStG wegen Erlaß von Körperschaftsteuer nach § 227 AO oder niedrigerer Steuerfestsetzung nach § 163 AO
+/– Zugänge und Abgänge bei Verschmelzung oder Spaltung (§§ 38, 38a KStG)
–   Abgang wegen Umwandlung von Rücklagen in Nennkapital (§ 41 Abs. 3 KStG)
+/– Umgliederung nach § 54 Abs. 11a Satz 2 KStG
=   Bestand zum Schluß des Wirtschaftsjahrs

³Entspricht das Eigenkapital laut Steuerbilanz dem Eigenkapital laut Gliederungsrechnung, wurde jedoch das Eigenkapital in der Gliederungsrechnung zu dem vorangegangenen Feststellungszeitpunkt dem falschen Teilbetrag zugeordnet, ist eine Korrektur des Fehlers in dem laufenden Feststellungsverfahren nicht möglich, wenn nicht zuvor der Bescheid für den vorangegangenen Feststellungszeitpunkt geändert wird (BFH-Urteil vom 23. 10. 1991, BStBl 1992 II S. 154). ⁴...

V. Gewerbesteuer-Richtlinien 1998 (GewStR) in Auszügen

Inhaltsverzeichnis

Seite

1. Einführung 552

Zu § 1 GewStG

3. Verwaltung der Gewerbesteuer 552

Zu § 2 GewStG (§§ 1 bis 9 GewStDV)

16. Mehrheit von Betrieben 553
18. Beginn der Steuerpflicht 554
19. Erlöschen der Steuerpflicht 554

Zu § 7 GewStG (§ 16 GewStDV)

38. Ermittlung des Gewerbeertrags 554

Zu § 8 GewStG (§§ 17 bis 19 GewStDV)

45. Begriff der Dauerschulden (§ 8 Nr. 1 GewStG) 555
46. Begriff der Entgelte für Dauerschulden 561

Zu § 9 GewStG (§§ 20 und 21 GewStDV)

59. Kürzung für den zum Betriebsvermögen gehörenden Grundbesitz 562

Zu § 10a GewStG

66. Gewerbeverlust 563
67. Unternehmensidentität 565
68. Unternehmeridentität 565

Einfügung d. Schriftl.:

Schema zur Berechnung der Gewerbesteuer ab 1998

1. **Gewerbeertrag**
   Gewinn aus Gewerbebetrieb gemäß ESt-Erklärung (ohne Veräußerungsgewinne nach §§ 16, 17 EStG)
   + Hinzurechnungen nach § 8 GewStG (ohne Hinzurechnungen nach § 8 Nr. 9 GewStG)
   − Kürzungen nach § 9 GewStG (ohne Kürzungen nach § 9 Nr. 1 Satz 1 und Nr. 5 GewStG)
   Zwischensumme
   + Hinzurechnungen nach § 8 Nr. 9 GewStG
   − Kürzungen nach § 9 Nr. 1 Satz 1 und Nr. 5 GewStG
   − Kürzungen um Gewerbeverluste nach § 10a GewStG
   = Gewerbeertrag (abgerundet auf volle 100 DM)
   + ggf. Hinzurechnungen von Gewerbeerträgen von Organgesellschaften
   − bei natürlichen Personen und Personengesellschaften Freibetrag nach § 11 Abs. 1 GewStG in Höhe von 48 000 DM
   = verbleibender Gewerbeertrag
   darauf Anwendung der Steuermeßzahl in Höhe von 1–5 v. H. in Schritten von je 24 000 DM (§ 11 GewStG)
   = Steuermeßbetrag nach dem Gewerbeertrag
2. **Gewerbesteuermeßbetrag**
   Meßbetrag
   darauf Anwendung des gemeindlichen Hebesatzes von ...%
   = Gewerbesteuer
   − bereits geleistete GewSt-Vorauszahlungen
   = GewSt-Abschlußzahlung

GewStR 1. Einführung

(1) ¹Die Gewerbesteuer-Richtlinien 1998 behandeln Zweifelsfragen und Auslegungsfragen von allgemeiner Bedeutung, um eine einheitliche Anwendung des Gewerbesteuerrechts durch die Verwaltungsbehörden sicherzustellen. ²Sie geben außerdem zur Verwaltungsvereinfachung Anweisungen, wie in bestimmten Fällen verfahren werden soll.
(2) u. (3) ...

Zu § 1 GewStG

GewStR 3. Verwaltung der Gewerbesteuer

(1) ¹Die Verwaltung der Gewerbesteuer steht grundsätzlich den Landesfinanzbehörden zu. ²Sie kann ganz oder zum Teil durch das Land auf die Gemeinden übertragen werden (Artikel 108 Abs. 4 GG). ³... ⁴Ist die Festsetzung und Erhebung der Gewerbesteuer auf die Gemeinden übertragen, gilt folgendes: ⁵Für die Ermittlung der Besteuerungsgrundlagen und für die Festsetzung

und ggf. die Zerlegung der Steuermeßbeträge sind die Finanzämter zuständig. [6]... [7]Die Festsetzung und Erhebung der Gewerbesteuer einschließlich Stundung, Niederschlagung und Erlaß obliegen den hebeberechtigten Gemeinden. [8-9]...

(2) u. (3) ...

Zu § 2 GewStG (§§ 1 bis 9 GewStDV)

GewStR 16. Mehrheit von Betrieben

(1) [1]Hat ein Gewerbetreibender mehrere Betriebe verschiedener Art (z. B. eine Maschinenfabrik und eine Spinnerei), ist jeder Betrieb für sich zu besteuern. [2]Vgl. § 2 Abs. 1 GewStG, wonach Steuergegenstand der einzelne Gewerbebetrieb ist. [3]Das gilt auch dann, wenn die mehreren Betriebe in derselben Gemeinde liegen. [4]Es ist aber ein einheitlicher Gewerbebetrieb anzunehmen, wenn ein Gewerbetreibender in derselben Gemeinde verschiedene gewerbliche Tätigkeiten ausübt und die verschiedenen Betriebszweige nach der Verkehrsauffassung und nach den Betriebsverhältnissen als Teil eines Gewerbebetriebs anzusehen sind. [5]Beispiele: Gastwirtschaft und Bäckerei, Fleischerei und Speisewirtschaft. [6]Es gelten dabei die gleichen Grundsätze wie für die Bewertung (§ 2 BewG). [7]Bei enger finanzieller, wirtschaftlicher und organisatorischer Verflechtung können auch verschiedenartige Tätigkeiten wie Tabakwareneinzelhandel und Toto- und Lotto-Annahmestelle einen einheitlichen Gewerbebetrieb bilden. [8]Vgl. das BFH-Urteil vom 19. 11. 1985 (BStBl 1986 II S. 719). [9]...

(2) [1]Hat ein Gewerbetreibender mehrere Betriebe der gleichen Art, ist zu prüfen, ob die mehreren Betriebe eine wirtschaftliche Einheit darstellen. [2]Die Vermutung spricht bei der Vereinigung mehrerer gleichartiger Betriebe in der Hand eines Unternehmers, insbesondere, wenn sie sich in derselben Gemeinde befinden, für das Vorliegen eines einheitlichen Gewerbebetriebs. [3]Auch wenn die Betriebe sich in verschiedenen Gemeinden befinden, kann ein einheitlicher Gewerbebetrieb vorliegen, wenn die wirtschaftlichen Beziehungen sich über die Grenzen der politischen Gemeinden hinaus erstrecken. [4]Betriebe sind als gleichartig anzusehen, wenn sie sachlich, insbesondere wirtschaftlich, finanziell oder organisatorisch innerlich zusammenhängen. [5]Kriterien hierfür sind die Art der gewerblichen Betätigung, der Kunden- und Lieferantenkreis, die Geschäftsleitung, die Arbeitnehmerschaft, die Betriebsstätte, die Zusammensetzung und Finanzierung des Aktivvermögens sowie die Gleichartigkeit/Ungleichartigkeit der Betätigungen und die Nähe/Entfernung, in der sie ausgeübt werden. [6]Vgl. die RFH-Urteile vom 28. 9. 1938 (RStBl S. 1117) und vom 21. 12. 1938 (RStBl 1939 S. 372) sowie die BFH-Urteile vom 14. 9. 1965 (BStBl III S. 656), vom 12. 1. 1983 (BStBl II S. 425), vom 9. 8. 1989 (BStBl II S. 901) und vom 18. 12. 1996 (BStBl 1997 II S. 573).

(3) [1]Die Tätigkeit einer Personengesellschaft bildet auch bei verschiedenartigen Tätigkeiten einen einheitlichen Gewerbebetrieb. [2]Es ist jedoch zu prüfen, ob die verschiedenen Betätigungen in getrennten Personengesellschaften ausgeübt werden. [3]Vgl. das BFH-Urteil vom 10. 11. 1983 (BStBl 1984 II S. 152). [4]Die Unternehmen mehrerer Personengesellschaften können andererseits auch dann nicht zu einem einheitlichen Unternehmen zusammengefaßt werden, wenn sie wirtschaftlich und organisatorisch miteinander verflochten sind und bei den Gesellschaften die gleichen Gesellschafter im gleichen Verhältnis (Gesellschafter- und Beteiligungsidentität) beteiligt sind. [5]Vgl. die BFH-Urteile vom 21. 2. 1980 (BStBl II S. 465) und vom 26. 1. 1995 (BStBl II S. 589). [6]Auch eine Kapitalgesellschaft oder eine GmbH & Co. KG einerseits und eine aus natürlichen Personen bestehende Personengesellschaft oder ein Einzelunternehmen andererseits können gewerbesteuerrechtlich auf Grund von Unternehmeridentität nicht als ein einheitliches Unternehmen behandelt werden. [7]Das gleiche gilt auch im Fall der Betriebsaufspaltung. [8]Vgl. die

Zu § 7 GewStG   **Gewerbesteuer**

BFH-Urteile vom 7. 3. 1961 (BStBl III S. 211), vom 9. 3. 1962 (BStBl III S. 199), vom 26. 4. 1966 (BStBl III S. 426), vom 26. 4. 1972 (BStBl II S. 794) und vom 7. 3. 1973 (BStBl II S. 562).
(4) u. (5) . . .

GewStR   18. Beginn der Steuerpflicht

(1) ¹Bei Einzelgewerbetreibenden und bei Personengesellschaften beginnt die Gewerbesteuerpflicht in dem Zeitpunkt, in dem erstmals alle Voraussetzungen erfüllt sind, die zur Annahme eines Gewerbebetriebs erforderlich sind. ². . . ³Bloße Vorbereitungshandlungen, z. B. die Anmietung eines Geschäftslokals, das erst hergerichtet werden muß, oder die Errichtung eines Fabrikgebäudes, in dem die Warenherstellung aufgenommen werden soll, begründen die Gewerbesteuerpflicht noch nicht. ⁴Bei Unternehmen, die im Handelsregister einzutragen sind, ist der Zeitpunkt der Eintragung im Handelsregister ohne Bedeutung für den Beginn der Gewerbesteuerpflicht. ⁵⁻⁷. . .
(2) – (4) . . .

GewStR   19. Erlöschen der Steuerpflicht

(1) ¹Die Gewerbesteuerpflicht erlischt bei Einzelgewerbetreibenden und bei Personengesellschaften mit der tatsächlichen Einstellung des Betriebs. ²Die Einstellung liegt nicht erst dann vor, wenn der Betrieb für alle Zeiten, sondern schon dann, wenn er für eine gewisse Dauer aufgegeben wird. ³Die Einstellung darf aber nicht von vornherein nur als vorübergehend gedacht sein. ⁴Bei sogenannten Saisonbetrieben, insbesondere beim Bauhandwerk, den Bauindustrien, den Kurortbetrieben aller Art oder den Zuckerfabriken, bedeutet die Einstellung des Betriebs während der toten Zeit nicht eine Einstellung in dem eben behandelten Sinn, sondern nur eine vorübergehende Unterbrechung (Ruhen) des Gewerbebetriebs, durch die die Gewerbesteuerpflicht nicht berührt wird. ⁵Vgl. § 2 Abs. 4 GewStG. ⁶Die tatsächliche Einstellung des Betriebs ist anzunehmen mit der völligen Aufgabe jeder werbenden Tätigkeit. ⁷Die Versilberung der vorhandenen Betriebsgegenstände und die Einziehung einzelner rückständiger Forderungen aus der Zeit vor der Betriebseinstellung können nicht als Fortsetzung einer aufgegebenen Betriebstätigkeit angesehen werden. ⁸Vgl. die RFH-Urteile vom 29. 6. 1938 (RStBl S. 910), vom 24. 8. 1938 (RStBl S. 911) und vom 14. 9. 1938 (RStBl 1939 S. 5). ⁹Die Aufgabe eines Handelsbetriebs liegt erst in der tatsächlichen Einstellung jedes Verkaufs. ¹⁰Ein in Form eines Ladengeschäfts ausgeübter Gewerbebetrieb wird nicht bereits dann eingestellt, wenn kein Zukauf mehr erfolgt, sondern erst dann, wenn das vorhandene Warenlager „im Ladengeschäft" veräußert ist. ¹¹⁻¹³. . .
(2) – (7) . . .

Zu § 7 GewStG (§ 16 GewStDV)

GewStR   38. Ermittlung des Gewerbeertrags

(1) ¹Für gewerbesteuerliche Zwecke ist der Gewinn verfahrensrechtlich selbständig zu ermitteln. ²Dabei sind die Vorschriften des Einkommensteuergesetzes, des Körperschaftsteuergesetzes, der Durchführungsverordnungen und die allgemeinen Verwaltungsanordnungen über die Ermittlung des Gewinns anzuwenden. ³Vgl. die BFH-Urteile vom 25. 10. 1984 (BStBl 1985 II S. 212) und vom 4. 10. 1988 (BStBl 1989 II S. 299). ⁴Sie sind nur insoweit nicht anzuwenden, als sie ausdrücklich auf die Einkommensteuer (Körperschaftsteuer) beschränkt sind oder ihre Nichtanwendung sich unmittelbar aus dem Gewerbesteuergesetz oder aus dem Wesen der Gewerbesteuer ergibt. ⁵Vgl. die BFH-Urteile vom 11. 12. 1956 (BStBl 1957 III S. 105) und vom 29. 11. 1960

(BStBl 1961 III S. 51). ⁶... ⁷Es ist einerlei, ob sich die Gewinnermittlungsmaßnahme bilanzmäßig oder außerhalb der Bilanz auswirkt. ⁸In der Regel wird danach der für die Einkommensteuer (Körperschaftsteuer) maßgebende Gewinn mit dem für die Ermittlung des Gewerbeertrags festzustellenden Gewinn übereinstimmen. ⁹Eine rechtliche Bindung besteht aber nicht. ¹⁰Vgl. die BFH-Urteile vom 22. 11. 1955 (BStBl 1956 III S. 4) und vom 27. 4. 1961 (BStBl III S. 281). ¹¹Das gilt auch für die Fälle, in denen der Gewinn aus Gewerbebetrieb auf Grund des § 180 Abs. 1 Nr. 2 AO gesondert festgestellt wird. ¹²Bei der Ermittlung des als Gewerbeertrag anzusetzenden Gewinns sind im Falle einer Bilanzberichtigung auch die Grundsätze des Bilanzzusammenhangs zu beachten. ¹³Vgl. das BFH-Urteil vom 13. 1. 1977 (BStBl II S. 472). ¹⁴Bilanzsteuerrechtliche Bewertungswahlrechte dürfen für die einkommen- und gewerbesteuerliche Gewinnermittlung nur einheitlich ausgeübt werden. ¹⁵Vgl. die BFH-Urteile vom 25. 4. 1985 (BStBl 1986 II S. 350), vom 28. 6. 1989 (BStBl 1990 II S. 76), vom 9. 8. 1989 (BStBl 1990 II S. 195) und vom 21. 1. 1992 (BStBl II S. 958). ¹⁶Soweit Kapitalerträge der in § 20 Abs. 1 und 2 EStG bezeichneten Art dem gewerblichen Gewinn zuzurechnen sind, gehört auch die anzurechnende Körperschaftsteuer zum Gewerbeertrag. ¹⁷Vgl. das BFH-Urteil vom 26. 6. 1991 (BStBl II S. 877). ¹⁸Wenn die Überführung eines Wirtschaftsguts aus einem gewerblichen Betriebsvermögen in das Betriebsvermögen eines land- und forstwirtschaftlichen Betriebs, eines der Ausübung eines freien Berufs dienenden Betriebs oder in eine ausländische Betriebsstätte nach einkommensteuerrechtlichen Gewinnermittlungsgrundsätzen keine Entnahme darstellt, weil deren spätere Besteuerung durch den Verbleib in einem Betriebsvermögen sichergestellt ist, kann die Besteuerung der in dem Wirtschaftsgut ruhenden stillen Reserven allein für Zwecke der Gewerbesteuer nicht ausgelöst werden. ¹⁹Vgl. das BFH-Urteil vom 14. 6. 1988 (BStBl 1989 II S. 187).

(2) ...

(3) ¹Der Gewinn aus der Veräußerung oder Aufgabe des Gewerbebetriebs gehört, ausgenommen bei Kapitalgesellschaften, Erwerbs- und Wirtschaftsgenossenschaften sowie Versicherungsvereinen auf Gegenseitigkeit, nicht zum Gewerbeertrag. ²⁻⁷...

(4) – (6) ...

Zu § 8 GewStG❶ (§§ 17 bis 19 GewStDV)

GewStR 45. Begriff der Dauerschulden (§ 8 Nr. 1 GewStG)

(1) ¹Nach § 8 Nr. 1 GewStG ist dem gewerblichen Gewinn die Hälfte der bei seiner Ermittlung abgezogenen Entgelte für solche Schulden hinzuzurechnen, die wirtschaftlich mit der Gründung oder dem Erwerb des Betriebs (Teilbetriebs) oder eines Anteils am Betrieb oder mit einer Erweiterung oder Verbesserung des Betriebs zusammenhängen oder der nicht nur vorübergehenden Verstärkung des Betriebskapitals dienen (sog. Dauerschulden). ²Dabei ist jedes selbständige Kreditgeschäft für sich zu betrachten. ³Es ist in der Regel nicht zulässig, mehrere Kreditgeschäfte mit demselben Kreditgeber oder mit verschiedenen Kreditgebern als eine Einheit anzusehen und davon die Beurteilung der Frage abhängig zu machen, ob eine Dauerschuld oder eine laufende Schuld vorliegt. ⁴Ausnahmsweise sind jedoch mehrere Kredite eines Kreditgebers oder Kredite verschiedener bei der Kreditgewährung zusammenwirkender Kreditgeber als eine Verbindlichkeit

---

Anm. d. Schriftl.:

❶ Der EuGH hat mit Urteil vom 26. 10. 1999 entschieden, dass die Regelung in § 8 Nr. 7 GewStG (Hinzurechnung der Hälfte bestimmter Miet- und Pachtzinsen) nicht mit Art. 59 EG-Vertrag vereinbar ist, weil sie Leasing-Geber mit Sitz in einem anderen EU-Mitgliedstaat diskriminiert. Zu den Auswirkungen dieses Urteils hat das BMF mit Schreiben vom 26. 4. 2000 – BStBl 2000 I S. 486 Stellung genommen.

zu beurteilen, wenn sie wirtschaftlich eng zusammenhängen und gerade die Bedingungen, zu denen die Kredite gewährt und abgewickelt werden, eine einheitliche längerfristige Kreditgewährung erkennen lassen. [5]Vgl. die BFH-Urteile vom 16. 1. 1974 (BStBl II S. 388) und vom 20. 6. 1990 (BStBl II S. 915). [6]Ein enger wirtschaftlicher Zusammenhang besteht bei Swap-Geschäften, die zur langfristigen Zinssicherung kurzfristig revolvierender Kredite abgeschlossen werden. [7]In diesem Fall werden die kurzfristig revolvierenden Kredite zu einem langfristigen Kredit. [8]Dient das Swap-Geschäft dagegen Spekulationszwecken, wird mangels engen geschäftlichen Zusammenhangs keine Dauerschuld begründet. [9]Verbindlichkeiten gegenüber verschiedenen bei der Kreditgewährung nicht zusammenwirkenden Kreditgebern sind nicht allein deshalb als eine einzige Schuld im Sinne des § 8 Nr. 1 GewStG zu beurteilen, weil sie wirtschaftlich eng zusammenhängen und als Folge ihres zeitlichen Zusammenhangs das Betriebskapital länger als ein Jahr verstärken. [10]Vgl. die BFH-Urteile vom 6. 2. 1991 (BStBl II S. 851) und vom 24. 1. 1996 (BStBl II S. 328).

(2) [1]Grundsätzlich stellt jede Schuldaufnahme im Rahmen eines Gewerbebetriebs eine Verstärkung des Betriebskapitals dar, es sei denn, daß es sich um einen durchlaufenden Kredit (vgl. RFH-Urteil vom 12. 9. 1939, RStBl S. 1066) handelt. [2]Ein durchlaufender Kredit setzt voraus, daß der Kreditnehmer die Kreditmittel zu einem außerhalb seines Betriebs liegenden Zweck an einen Dritten weiterleitet. [3]Vgl. die BFH-Urteile vom 2. 8. 1966 (BStBl 1967 III S. 27) und vom 16. 10. 1991 (BStBl 1992 II S. 257). [4]Nimmt ein Organträger oder eine Organgesellschaft einen Kredit auf und leitet die Kreditmittel an einen anderen zum Organkreis gehörenden Betrieb weiter, liegt kein durchlaufender Kredit vor. [5]Vgl. das BFH-Urteil vom 24. 1. 1996 (BStBl II S. 328). [6]Es ist ohne Bedeutung, ob die Schulden mit oder ohne Willen des Schuldners oder des Gläubigers entstanden sind, ob sie das Betriebsvermögen erhöht oder nur dessen Verminderung verhindert haben, ob die Gegenwerte am Stichtag noch vorhanden sind und ob die Schulden verzinslich sind. [7]Vgl. das BFH-Urteil vom 27. 6. 1957 (BStBl III S. 287). [8]Ob für den Betrieb ein Bedarf nach vermehrtem Kapital vorlag oder ob sich der Unternehmer durch die Aufnahme des Darlehns dem Darlehnsgeber gefällig erweisen wollte, ist einerlei. [9]Ist ein Gewerbebetrieb an einer nicht gewerblichen Grundstücksgemeinschaft (Gesamthands- oder Bruchteilsgemeinschaft) beteiligt, gehören auch die im Rahmen der Grundstücksgemeinschaft aufgenommenen Schulden anteilig zu den Schulden des Gewerbebetriebs. [10]Vgl. das BFH-Urteil vom 28. 1. 1975 (BStBl II S. 516).

(3) [1]Ob eine Dauerschuld vorliegt, ist in jedem Fall Tatsachenfrage. [2]Für die Beurteilung des Sachverhalts kommt es nicht allein auf die Abmachung der Parteien, sondern auf das tatsächliche Geschäftsverhältnis an. [3]Dabei ist in erster Linie der Charakter der Schuld zu berücksichtigen. [4]Danach ist zwischen zum laufenden Geschäftsverkehr gehörigen Schulden und Schulden, die der Verstärkung des dauernd dem Betrieb gewidmeten Kapitals dienen, zu unterscheiden. [5]Vgl. die BFH-Urteile vom 11. 8. 1959 (BStBl III S. 428), vom 31. 10. 1990 (BStBl 1991 II S. 471), vom 9. 6. 1993 (BStBl 1994 II S. 44) und vom 20. 9. 1995 (BStBl 1996 II S. 73). [6]Zu der Unterscheidung nach dem Charakter der Schuld tritt als zweiter Beurteilungsmaßstab das zeitliche Moment. [7]Ist unklar, ob ein Geschäftsvorfall als laufender einzuordnen ist, kann die lange Laufzeit eines Kredits Anzeichen dafür sein, daß der Kredit das Betriebskapital nicht nur vorübergehend verstärken soll und damit Dauerschuld ist. [8]Vgl. das BFH-Urteil vom 18. 12. 1986 (BStBl 1987 II S. 446). [9]In der Regel kann davon ausgegangen werden, daß Schulden mit einer Laufzeit von mehr als einem Jahr Dauerschulden sind. **1** [10]Maßgebend für die Bestimmung der Laufzeit ist die tatsächliche Dauer der Verstärkung und nicht die vereinbarte Laufzeit. [11]Vgl. das BFH-Urteil vom 27. 2. 1991 (BStBl II S. 529). [12]Verbindlichkeiten, die mit der Gründung oder dem Erwerb eines

---

Anm. d. Schriftl.:

1 Die Laufzeit einer Schuld bestimmt sich jedenfalls dann nach ihrer gesamten und nicht nach ihrer durchschnittlichen Laufzeit, wenn sie in unregelmäßigen Teilbeträgen getilgt wird (BFH-Urteil vom 21. 10. 1999 – BStBl 2000 II S. 237).

Betriebs, Teilbetriebs oder eines Anteils am Betrieb zusammenhängen, sind auch bei einer kürzeren Laufzeit Dauerschulden, wenn sie nicht dem laufenden Geschäftsverkehr zuzurechnen sind. [13]Vgl. die BFH-Urteile vom 30. 6. 1971 (BStBl II S. 750) und vom 22. 8. 1990 (BStBl 1991 II S. 469). [14]Entsprechendes gilt für Schulden, die mit einer Erweiterung oder Verbesserung des Betriebs zusammenhängen. [15]Eine Erweiterung oder Verbesserung des Betriebs ist dann gegeben, wenn dem Vorgang als weitreichende Maßnahme oder schwerwiegende Investition ein dem Gründungs- oder Erwerbsvorgang vergleichbares Gewicht zukommt. [16]Vgl. die BFH-Urteile vom 16. 11. 1978 (BStBl 1979 II S. 151), vom 8. 10. 1981 (BStBl 1982 II S. 73) und vom 4. 10. 1988 (BStBl 1989 II S. 299). [17]Schulden, die wirtschaftlich mit dem Erwerb eines Mitunternehmeranteils zusammenhängen, sind in jedem Falle Dauerschulden. [18]Vgl. das BFH-Urteil vom 17. 6. 1993 (BStBl II S. 843). [19]Die Frage, ob die Darlehnsvaluta für die Beschaffung von Betriebsanlagen oder zur Finanzierung laufender Geschäftsvorfälle verwendet worden ist, kann hier nicht auftreten. [20]Es ist auch nicht zu prüfen, ob durch die Schuldaufnahme das Betriebskapital der Mitunternehmerschaft verstärkt worden ist. [21]Vgl. das BFH-Urteil vom 9. 4. 1981 (BStBl II S. 621). [22]Zu der Frage, wie sich die durchschnittliche Laufzeit einer in laufenden Raten (z. B. Monatsraten) zu tilgenden Schuld bestimmt, die für die Anschaffung von Anlagegegenständen aufgenommen worden ist, vgl. die BFH-Urteile vom 13. 4. 1965 (BStBl III S. 416) und vom 20. 7. 1965 (BStBl III S. 620).

(4) [1]Die Unterscheidung zwischen Schulden, die zum laufenden Geschäftsverkehr gehören, von den anderen Schulden ist nach wirtschaftlichen Gesichtspunkten vorzunehmen. [2]Zum laufenden Geschäftsverkehr gehören insbesondere Warenschulden sowie Wechselschulden und Bankschulden, die zur Bezahlung von Warenschulden oder Löhnen aufgenommen werden, sowie im allgemeinen auch Zollkredite auf Grund des § 223 AO und Lombardkredite. [3]Vgl. die BFH-Urteile vom 18. 8. 1959 (BStBl III S. 430) und vom 1. 12. 1959 (BStBl 1960 III S. 51) und die RFH-Urteile vom 12. 10. 1938 (RStBl S. 1134) und vom 17. 5. 1939 (RStBl S. 890). [4]Ein Zwischenkredit rechnet zum laufenden Geschäftsverkehr nur, wenn er einen bestimmten im laufenden Geschäftsverkehr auftretenden Geschäftsvorfall betrifft. [5]Vgl. das BFH-Urteil vom 19. 6. 1980 (BStBl II S. 660). [6]Zwischenkredite, die nicht zum laufenden Geschäftsverkehr gehören, sind auch bei einer Laufzeit von nicht mehr als einem Jahr Dauerschulden, wenn sie durch langfristige Kredite desselben Gläubigers ersetzt werden oder wenn sie mit der Gründung, dem Erwerb, der Erweiterung oder der Verbesserung des Betriebs zusammenhängen. [7]Vgl. das BFH-Urteil vom 19. 2. 1991 (BStBl II S. 765). [8]Zu den Schulden, die der Verstärkung des dauernd dem Betrieb gewidmeten Kapitals dienen, gehören insbesondere Globalkredite (vgl. das BFH-Urteil vom 7. 8. 1990, BStBl 1991 II S. 246), Hypothekenschulden (mit Ausnahme der Sicherungshypotheken), Bankdauerkredite und partiarische Darlehen. [9]Auch die im Rahmen einer Unternehmenspacht von dem Pächter übernommene Verpflichtung, für die bei Pachtbeginn erhaltenen Rohstoffe, Halb- und Fertigfabrikate bei Aufhebung des Pachtverhältnisses dieselbe Vorratsmenge in gleicher Art und Güte zurückzugeben, stellt eine Dauerschuld dar (vgl. das BFH-Urteil vom 30. 11. 1965, BStBl 1966 III S. 51).

(5) [1]Schulden, die nicht zum laufenden Geschäftsverkehr gehören, sind grundsätzlich Dauerschulden, wenn sie nicht binnen zwölf Monaten getilgt werden. [2]Sie bleiben Dauerschulden bis zum Erlöschen des Schuldverhältnisses. [3]Vgl. die BFH-Urteile vom 6. 11. 1985 (BStBl 1986 II S. 415) und vom 16. 10. 1991 (BStBl 1992 II S. 257). [4]Das Vorhandensein von flüssigen Mitteln, die zur Tilgung ausreichen, steht der Annahme von Dauerschulden in der Regel nicht entgegen. [5]Vgl. das RFH-Urteil vom 7. 12. 1938 (RStBl 1939 S. 330) und das BFH-Urteil vom 6. 11. 1985 (BStBl 1986 II S. 415). [6]Das gilt auch dann, wenn die flüssigen Mittel in einem Guthaben auf einem anderen Konto bei demselben Kreditgeber bestehen und die Konten zu dem Zweck geführt werden, verschiedene Geschäftsbeziehungen dauernd getrennt voneinander zu behandeln. [7]Vgl. das RFH-Urteil vom 11. 3. 1942 (RStBl S. 716). [8]Eine Saldierung einer Dauerschuld mit einem Guthaben bei demselben Kreditgeber kann nur im Ausnahmefall bei Einheitlichkeit, Regelmä-

ßigkeit oder gleichbleibender Zweckbestimmung der Kreditgeschäfte, bei regelmäßiger Verrechnung der Konten oder dann in Betracht kommen, wenn der über ein Konto gewährte Kredit jeweils zur Abdeckung der aus dem anderen Konto ausgewiesenen Schuld verwendet wird. [9]Vgl. das BFH-Urteil vom 10. 11. 1976 (BStBl 1977 II S. 165). [10]Zahlt ein Darlehensschuldner im Einvernehmen mit dem Gläubiger ein zu Beginn des Jahres in Anspruch genommenes Darlehen am Ende eines Kalenderjahrs zurück und wird das Darlehen auf Grund einer schon bei der Rückzahlung zwischen Darlehensschuldner und Darlehensgläubiger getroffenen Vereinbarung erneut gewährt und ausbezahlt, kann darin eine mißbräuchliche Umgehung des § 8 Nr. 1 GewStG liegen. [11]Vgl. das BFH-Urteil vom 19. 6. 1985 (BStBl II S. 680).

(6) [1]Schulden, die zum laufenden Geschäftsverkehr gehören, sind grundsätzlich keine Dauerschulden. [2]Sie können jedoch unter Berücksichtigung des zeitlichen Moments Dauerschuldcharakter annehmen. [3]Dafür gelten folgende Grundsätze:

1. [1]Steht die Schuld mit einem bestimmten Geschäftsvorfall (z. B. Wareneinkauf, Finanzierung eines Ausfuhrgeschäfts) in unmittelbarem Zusammenhang, liegt keine Dauerschuld vor, wenn die Schuld in der nach der Art des Geschäftsvorfalls üblichen Frist getilgt wird. [2]Vgl. die BFH-Urteile vom 11. 8. 1959 (BStBl III S. 428), vom 18. 8. 1959 (BStBl III S. 430), vom 1. 12. 1959 (BStBl 1960 III S. 51), vom 2. 5. 1961 (BStBl III S. 537), vom 12. 6. 1975 (BStBl II S. 784) und vom 18. 4. 1991 (BStBl II S. 584). [3]Kredite zur Finanzierung von Warengeschäften gehören aber nur dann zum laufenden Geschäftsverkehr, wenn der unmittelbare Zusammenhang zwischen den einzelnen Krediten und bestimmten Warengeschäften von der Kreditaufnahme bis zum Ende der Abwicklung jedes einzelnen Warengeschäfts eindeutig nachgewiesen wird. [4]Vgl. die BFH-Urteile vom 23. 2. 1967 (BStBl III S. 322), vom 4. 2. 1976 (BStBl II S. 551) und vom 3. 8. 1993 (BStBl 1994 II S. 664). [5]Die Zahlung von Überpreisen kann beim Lieferanten zu einer Dauerschuld führen, wenn der Mehrbetrag dem Kunden auf einem besonderen Konto gutgeschrieben und banküblich verzinst wird. [6]Vgl. das BFH-Urteil vom 21. 2. 1991 (BStBl II S. 474). [7]Kann ein Unternehmer mehrjährige Verträge mit Kunden nur unter der Voraussetzung abschließen, daß er diesen verzinsliche Kredite gewährt, und finanziert er diese Darlehen seinerseits durch Kreditaufnahme, führt diese bei ihm zu einer nicht nur vorübergehenden Verstärkung des Betriebskapitals und damit zu Dauerschulden. [8]Vgl. das BFH-Urteil vom 11. 12. 1986 (BStBl 1987 II S. 443). [9]Besteht die eigentliche Geschäftstätigkeit eines Unternehmens in dem Erwerb und dem Halten stiller Beteiligungen für einen längeren Zeitraum, hat der Erwerb von seiner Zweckbestimmung her keine Umlauf-, sondern Anlagefunktion mit der Folge, daß hierfür aufgenommene Schulden nicht zum laufenden Geschäftsverkehr gehören. [10]Vgl. das BFH-Urteil vom 18. 12. 1986 (BStBl 1987 II S. 446). [11]Kredite mit einer Laufzeit von mehr als zwölf Monaten, die ein Leasingunternehmen zur Finanzierung des Erwerbs von in seinem rechtlichen und wirtschaftlichen Eigentum verbleibenden, jedoch längerfristig vermieteten Wirtschaftsgütern aufnimmt, sind Dauerschulden. [12]Vgl. die BFH-Urteile vom 9. 4. 1981 (BStBl II S. 481) und vom 5. 2. 1987 (BStBl II S. 448). [13]In Fällen, in denen auf Grund von Leasingverträgen über bewegliche und unbewegliche Wirtschaftsgüter die Leasinggegenstände dem Leasingnehmer zuzurechnen sind, gehören die vom Leasinggeber zur Finanzierung der Leasinggegenstände aufgenommenen Kredite bei ihm in der Regel zum laufenden Geschäftsverkehr. [14]Sie können aber unter Berücksichtigung des zeitlichen Moments zu Dauerschulden werden. [15]Im Hinblick auf die Besonderheiten des Leasinggeschäfts gilt dies jedoch nur dann, wenn die Finanzierung über einen Zeitraum von sechs Jahren hinausgeht. [16]Beim Leasingnehmer sind in diesen Fällen Kredite zur Finanzierung der Leasinggegenstände mit einer Laufzeit von mehr als zwölf Monaten Dauerschulden. [17]Hierzu gehört insbesondere die Verpflichtung gegenüber dem Leasinggeber zur Leistung der Leasingraten. [18]Zur bilanz- und gewerbesteuerlichen

Behandlung der Forfaitierung❶ von Forderungen aus Leasingverträgen vgl. das BMF-Schreiben vom 9. 1. 1996 (BStBl I S. 9).

2. ¹Steht die Schuld mit mehreren bestimmten Geschäftsvorfällen in unmittelbarem Zusammenhang, ist aber aus dem Geschäftsverhältnis der Beteiligten zu schließen, daß ein bestimmter Mindestkredit dem Unternehmen dauernd gewidmet sein soll, ist in Höhe des Mindestkredits eine Dauerschuld gegeben. ²Vgl. das BFH-Urteil vom 12. 6. 1975 (BStBl II S. 784) und Absatz 7.

3. ¹Steht die Schuld nicht mit einem bestimmten Geschäftsvorfall in unmittelbarem Zusammenhang (z. B. Bankkredit), stellt sie eine Dauerschuld dar, wenn sie nicht innerhalb von zwölf Monaten getilgt wird. ²Entsprechend sind auch Steuerschulden als Dauerschulden zu behandeln, wenn sie nicht binnen zwölf Monaten seit Zahlungsaufforderung (Steuerbescheid) getilgt werden. ³Vgl. die BFH-Urteile vom 11. 8. 1959 (BStBl III S. 428), vom 6. 11. 1962 (BStBl 1963 III S. 69) und vom 13. 12. 1962 (BStBl 1963 III S. 405). ⁴Solange für betriebliche Steuerschulden die Vollziehung ausgesetzt ist, gehören sie aber zum laufenden Geschäftsverkehr. ⁵Vgl. das BFH-Urteil vom 19. 12. 1973 (BStBl 1974 II S. 387). ⁶Zurückgeforderte Investitionszulagen sind Dauerschulden, wenn sie nicht innerhalb von 12 Monaten seit Zahlungsaufforderung im Aufhebungs- oder Änderungsbescheid getilgt worden sind. ⁷Unter Umständen kann auch die Behandlung eines Mindestkredits als Dauerschuld in Betracht kommen, z. B. bei zeitlicher Überschneidung der jeweils für die Produktion einer bestimmten Saison aufgenommenen Kredite. ⁸Vgl. die BFH-Urteile vom 25. 7. 1961 (BStBl III S. 422) und vom 7. 10. 1971 (BStBl 1972 II S. 189). ⁹Ist eine im laufenden Geschäftsverkehr entstandene Verbindlichkeit zur Dauerschuld geworden, bleibt sie es bis zum Erlöschen des Schuldverhältnisses.

(7) ¹Kontokorrentschulden sind im allgemeinen laufende Schulden (vgl. die BFH-Urteile vom 17. 3. 1959, BStBl 1960 III S. 49, und vom 6. 11. 1964, BStBl 1965 III S. 195). ²Kann aus den Umständen der Kreditgewährung und -abwicklung geschlossen werden, daß trotz der äußeren Form des Kontokorrentverkehrs ein bestimmter Mindestkredit dem Unternehmen dauernd gewidmet werden soll, liegt eine Dauerschuld vor. ³Dementsprechend kann eine Dauerschuld angenommen werden, wenn die Kontokorrentschuld mehr als ein Jahr und zwischenzeitlich ein Guthaben nur an einigen wenigen Tagen besteht. ⁴Vgl. das BFH-Urteil vom 3. 7. 1997 (BStBl II S. 742). ⁵Hat der niedrigste Schuldenstand nur während ganz kurzer Zeit – bis zu sieben Tage – bestanden, ist er für die Feststellung des als Dauerschuld in Betracht kommenden Mindestbetrags der Schuld unberücksichtigt zu lassen. ⁶Vgl. die RFH-Urteile vom 14. 11. 1938 (RStBl 1939 S. 160), vom 22. 11. 1938 (RStBl 1939 S. 216) und vom 22. 6. 1943 (RStBl S. 695). ⁷Das gilt auch bei Saisonbetrieben. ⁸Vgl. das RFH-Urteil vom 26. 10. 1938 (RStBl S. 1117) und das BFH-Urteil vom 25. 7. 1961 (BStBl III S. 422). ⁹Der Mindestbetrag der Schuld ist daher durch Außerachtlassen der niedrigsten – auch positiven – Kontostände an insgesamt sieben Tagen im Jahr zu ermitteln; Mindestschuld ist danach der Kreditbetrag, der dem Gewerbebetrieb an 358 – im Schaltjahr an 359 – Tagen im Jahr zur Verfügung stand.

Beispiel:
Der Kontostand einer Kontokorrentschuld, die mit 4 v. H. zu verzinsen ist, hat in einem Wirtschaftsjahr in täglich unterschiedlicher Höhe zwischen 1 Mio. DM und 49 000 DM betragen. Die acht niedrigsten Kontostände lauteten auf

1. 49 000 DM,
2. 54 800 DM,

Anm. d. Schriftl.:

❶ Die Forfaitierung künftiger Forderungen ist nur dann als Kauf und nicht als Darlehensverhältnis zu behandeln, wenn das Bonitätsrisiko vollständig auf den Käufer übergeht (BFH-Urteil vom 5. 5. 1999 – BStBl 1999 II S. 735).

3. 58 600 DM,
4. 70 100 DM,
5. 105 000 DM,
6. 117 200 DM,
7. 121 400 DM,
8. 130 000 DM.

Als Dauerschuldzinsen sind die Hälfte von 4 v. H. von 130 000 DM, das sind 2 600 DM, hinzuzurechnen. Entsprechend würde, wenn die aufgezeigten Kontostände Nr. 1 an 3 Tagen, Nr. 2 an 2 Tagen und Nr. 3 an 2 Tagen bestanden hätten, von dem viertniedrigsten Kontostand mit 70 100 DM auszugehen sein, da die an insgesamt sieben Tagen bestehenden niedrigeren Kontostände Nr. 1 bis 3 außer Betracht bleiben müßten.

[10]Werden die Zinsen aus einem Kontokorrentkredit – abweichend von den Salden in den Kontoauszügen – nach der Zinsstaffelmethode errechnet, ist für die Bestimmung des Mindestbetrags für die Errechnung der Dauerschuldzinsen nicht von den Salden in den Kontoauszügen, sondern von den der Zinszahlung tatsächlich zugrunde gelegten Beträgen auszugehen. [11]Vgl. das BFH-Urteil vom 28. 7. 1976 (BStBl II S. 792). [12]Sind nach den vorstehenden Grundsätzen Kontokorrentschulden als Dauerschulden anzusehen, können sie mit einem Guthaben auf einem anderen Konto bei derselben Bank jedenfalls dann nicht verrechnet werden, wenn das Guthaben infolge langfristiger Festlegung der Mittel z. Z. nicht zur Tilgung der Dauerschulden herangezogen werden kann. [13]Vgl. das BFH-Urteil vom 31. 7. 1962 (BStBl III S. 540). [14]Ein Kontokorrentkredit ist aber dann mit einem anderen Kredit derselben Bank zu einer Einheit zusammenzufassen, wenn der über das eine Konto gewährte Kredit jeweils zur Abgeltung der auf dem anderen Konto ausgewiesenen Schuld verwendet wird. [15]Vgl. das BFH-Urteil vom 6. 6. 1973 (BStBl II S. 670). [16]Kontokorrentverhältnisse mit verschiedenen Kreditgebern sind in der Regel – entsprechend ihrer schon durch die Verschiedenheit von Gläubiger und Schuldner gekennzeichneten Individualisierung – auch gewerbesteuerlich als selbständige Kreditgeschäfte anzusehen, es sei denn, daß die Bedingungen, nach denen ein Kredit abzuwickeln ist, durch das Zusammenwirken mehrerer Kreditgeber zustande gekommen sind. [17]Vgl. das BFH-Urteil vom 16. 1. 1974 (BStBl II S. 388). [18]Dem Mindestkredit eines Kontokorrentverhältnisses mit einem Kreditgeber wird der Charakter der Dauerschuld aber nicht dadurch genommen, daß der Kredit jeweils für die „notwendige" Zeit durch die Aufnahme eines entsprechenden Kredits oder die Erhöhung um einen entsprechenden Kredit bei einem anderen Kreditgeber abgedeckt wird, wenn für die Aufnahme oder Erhöhung keine wirtschaftlichen oder sonst beachtlichen nichtsteuerlichen Gründe vorliegen. [19]Vgl. die BFH-Urteile vom 4. 8. 1977 (BStBl II S. 843), vom 5. 11. 1980 (BStBl 1981 II S. 219) und vom 20. 11. 1980 (BStBl 1981 II S. 223). [20]Das gilt auch, wenn Teile des Kontokorrentkredits vorzeitig – etwa aus dem Erlös anderer Waren – getilgt werden. [21]Vgl. das BFH-Urteil vom 7. 8. 1990 (BStBl II S. 1081). [22]Eine Schuld mit wechselndem Bestand kann nicht generell nur in Höhe des Mindestbestandes als Dauerschuld angesehen werden. [23]Der Mindestbestand ist nur dann maßgeblich, wenn dieser erst die laufende Schuld zu einer Dauerschuld werden läßt. [24]Vgl. das BFH-Urteil vom 8. 2. 1984 (BStBl II S. 379).

(8) [1]Wechselschulden sind Dauerschulden, wenn sie wirtschaftlich mit der Gründung des Betriebs oder mit einer Erweiterung oder Verbesserung des Betriebs zusammenhängen oder wenn sie nach der Laufzeit der Wechsel nicht nur der vorübergehenden Verstärkung der Betriebsmittel dienen. [2]Vgl. die BFH-Urteile vom 15. 11. 1983 (BStBl 1984 II S. 213) und vom 19. 1. 1984 (BStBl II S. 376). [3]Wechselschulden sind grundsätzlich laufende Schulden, wenn sie in engem wirtschaftlichen Zusammenhang mit dem Erwerb und der Veräußerung von Umlaufvermögen stehen. [4]Danach sind Wechselschulden zur Finanzierung von Warenschulden aus Warenverbindlichkeiten des laufenden Geschäftsverkehrs, wenn und soweit sie einzelnen Warengeschäften zugeordnet werden können. [5]Vgl. die BFH-Urteile vom 7. 8. 1990 (BStBl II S. 1077) und vom 11. 11. 1997 (BStBl 1998 II S. 272). [6]Wechselschulden mit einer Laufzeit von nicht mehr als einem Jahr können jedoch Dauerschulden sein, wenn sie nach mehrfacher Wechselprolongation über die

Dauer von mehr als 12 Monaten gewährt werden und die Kreditparteien die Kredigewährung von mehr als 12 Monaten von vornherein geplant oder vereinbart haben. [7]Vgl. das RFH-Urteil vom 7. 4. 1943 (RStBl S. 517) und die BFH-Urteile vom 2. 3. 1966 (BStBl III S. 280), vom 28. 6. 1978 (BStBl II S. 651), vom 15. 11. 1983 (BStBl 1984 II S. 213) und vom 12. 9. 1990 (BStBl 1991 II S. 251). [8]Eine Dauerschuld liegt im allgemeinen auch nicht vor, wenn Wareneinkäufe im sogenannten Wechsel-Scheck-Verfahren finanziert werden und die Wechsel mit den einzelnen Wareneinkäufen im Zusammenhang stehen. [9]Vgl. das BFH-Urteil vom 22. 6. 1965 (BStBl III S. 484).

(9) ...

(10) [1]Schulden, deren Abdeckung gewährleistet ist, deren Rückzahlung aber wegen gesetzlicher, behördlicher oder ähnlicher Maßnahmen stockt, bleiben laufende Schulden. [2]Vgl. das BFH-Urteil vom 6. 11. 1985 (BStBl 1986 II S. 415). [3]Bei diesen sogenannten Stillhalteschulden, die wegen der Dauer ihres Bestehens an sich zu den Dauerschulden (Absätze 3 und 5) gehören, fehlt es an der Voraussetzung der Verstärkung des Betriebskapitals (Absatz 3), wenn

1. der Schuldner glaubhaft machen kann, daß die von ihm betriebene Tilgung der Schuld allein wegen des gesetzlichen, behördlichen oder eines ähnlichen Eingreifens nicht möglich war,
2. unterstellt werden kann, daß bei Tilgung der Schuld die Inanspruchnahme anderweitigen Kredits nicht in Betracht gekommen wäre, und
3. die zur Rückzahlung des Kredits erforderlichen flüssigen Mittel dem Unternehmen jederzeit zur Verfügung gestanden haben.

[4]Vgl. das RFH-Urteil vom 23. 3. 1943 (RStBl S. 509).

(11) [1]Kredite, die zur Finanzierung einer Vorratshaltung aufgenommen werden, sind als Dauerschulden zu behandeln, wenn die Kredite nicht nur vorübergehend in Anspruch genommen werden. [2]Das muß aus Gründen der Gleichmäßigkeit der Besteuerung auch dann gelten, wenn die Vorratshaltung auf behördlicher Anordnung beruht.

(12) [1]Spareinlagen sind ... grundsätzlich als Dauerschulden anzusehen. [2]Dabei ist davon auszugehen, daß die gesamten Guthaben betrieblich eine Einheit bilden. [3]Es ist für die Bemessung der Hinzurechnung der niedrigste Jahresstand der Spareinlagen als Dauerschuld anzusetzen. [4]Vgl. das RFH-Urteil vom 3. 8. 1943 (RStBl S. 750).

(13) Schulden, die zum Zweck der Beteiligung an einer Personengesellschaft oder im Zusammenhang mit dem Erwerb einer wesentlichen Beteiligung an einer Kapitalgesellschaft aufgenommen worden sind, sind ohne Rücksicht auf ihre Laufzeit stets wie Dauerschulden zu behandeln, wenn wegen der Beteiligung eine Kürzung nach § 9, Nr. 2, 2a, 7 oder 8 GewStG in Betracht kommt.

GewStR   46. Begriff der Entgelte für Dauerschulden

(1) [1]Entgelte für Dauerschulden sind die Gegenleistung für die Zurverfügungstellung von Fremdkapital. [2]Für die Frage, ob hinzuzurechnende Entgelte vorliegen, ist nicht die Bezeichnung, sondern der sachliche Inhalt der Leistung entscheidend. [3]Zu den Entgelten für Dauerschulden gehören sowohl Zinsen zu einem festen oder variablen Zinssatz als auch Vergütungen für partiarische Darlehen, Genußrechte und Gewinnobligationen. [4]Das gleiche gilt für Entgelte, die zwar nicht als Zinsen bezeichnet werden, aber wie diese Entgeltscharakter haben, wie zum Beispiel das Damnum, das bei der Ausgabe von Hypotheken und anderen Darlehen vereinbart wird, sowie das Disagio, das bei der Ausgabe von Schuldverschreibungen einer Kapitalgesellschaft gewährt wird.

⁵Zu den Entgelten gehören auch Vorfälligkeitsentschädigungen[1], die für den Fall der vorzeitigen Rückzahlung eines Darlehens bei Verkürzung einer ursprünglich vereinbarten Mindestlaufzeit entrichtet werden, weil sie wie die vereinbarten Zinsen Entgelt für die Kreditgewährung sind. ⁶Vgl. das zur Umsatzsteuer ergangene BFH-Urteil vom 20. 3. 1980 (BStBl II S. 538). ⁷Bei Bankkrediten sind die laufenden Sondervergütungen (zum Beispiel Provisionen), die neben den Zinsen vereinbart sind, in der Regel den Entgelten für Dauerschulden zuzurechnen. ⁸Soweit die von den Banken angesetzten Provisionen nicht mit den Dauerschulden zusammenhängen, fallen sie nicht unter die Vorschrift des § 8 Nr. 1 GewStG. ⁹Daraus folgt, daß Kreditprovisionen für nicht in Anspruch genommene Kredite (Bereitstellungsprovisionen, Zusageprovisionen) sowie Kreditprovisionen und Umsatzprovisionen für den kurzfristigen Kredit dem Gewinn nicht hinzuzurechnen sind. ¹⁰Die Umsatzprovision fällt insoweit nicht unter die hinzuzurechnenden Entgelte, als sie das Entgelt für Leistungen der Bank bildet, die nicht in der Überlassung des Kapitals bestehen, sondern darüber hinausgehende weitere Leistungen darstellen. ¹¹Auch die mit Dauerschulden zusammenhängenden Geldbeschaffungskosten, laufenden Verwaltungskosten, Depotgebühren, Währungsverluste, Bereitstellungszinsen usw. sind keine Entgelte für Dauerschulden. ¹²Vgl. die RFH-Urteile vom 26. 10. 1938 (RStBl S. 1117), vom 13. 9. 1938 (RStBl S. 1118), vom 21. 2. 1939 (RStBl S. 711), vom 5. 4. 1939 (RStBl S. 762) und das BFH-Urteil vom 10. 7. 1996 (BStBl 1997 II S. 253).

(2) ¹Eine Verrechnung von Aufwendungen, die als Entgelte für Dauerschulden anzusehen sind, mit erhaltenen Erstattungen oder Zuschüssen ist ausnahmsweise nur dann zulässig, wenn ein ursächlicher Zusammenhang zwischen dem tatsächlich für einen bestimmten Kredit entstandenen Aufwand und dem Zufluß besteht. ²Vgl. die BFH-Urteile vom 4. 2. 1976 (BStBl II S. 551) und vom 23. 11. 1983 (BStBl 1984 II S. 217). ³In diesem Zusammenhang mindern Zinsverbilligungszuschüsse von dritter Seite die hinzuzurechnenden Entgelte für Dauerschulden. ⁴Vgl. das BFH-Urteil vom 4. 5. 1965 (BStBl III S. 417). ⁵. . .

Zu § 9 GewStG (§§ 20 und 21 GewStDV)

GewStR 59. Kürzung für den zum Betriebsvermögen gehörenden Grundbesitz

(1) ¹Nach § 9 Nr. 1 Satz 1 GewStG ist die Summe des Gewinns und der Hinzurechnungen um 1,2 v. H. des Einheitswerts des Grundbesitzes zu kürzen, der zum Betriebsvermögen des Unternehmers gehört. ²Die Zugehörigkeit zum Betriebsvermögen ist nach den Vorschriften des Einkommensteuergesetzes zu beurteilen. ³Diese sind in § 8 EStDV und R 13 EStR dargestellt. ⁴Ein gewerblich genutzter Grundstücksteil braucht danach nicht zum Betriebsvermögen zu rechnen, wenn er von untergeordneter Bedeutung ist. ⁵Wird er nicht als Betriebsvermögen behandelt, muß die Kürzung nach § 9 Nr. 1 Satz 1 GewStG aber auch durchgeführt werden, weil sonst der Zweck der Vorschrift, die Doppelbesteuerung des Grundbesitzes durch die Grundsteuer und die Gewerbesteuer zu vermeiden, nicht erreicht werden würde. ⁶Andererseits hängt die Kürzung nach § 9 Nr. 1 Satz 1 GewStG nicht davon ab, daß der Grundbesitz auch tatsächlich zur Grundsteuer herangezogen wird. ⁷Vgl. das BFH-Urteil vom 16. 1. 1951 (BStBl III S. 49). ⁸Die Kürzung bemißt sich stets nach dem Einheitswert des Grundbesitzes, auch wenn im Betriebsvermögen im Anschluß an die DM-Bilanz ein höherer Grundstückswert enthalten ist. ⁹Bei einem im Betriebsvermögen enthaltenen landwirtschaftlichen Grundstück, das verpachtet ist und dessen Einheits-

---

Anm. d. Schriftl.:

[1] Eine Vorfälligkeitsentschädigung ist Entgelt für den vorzeitig zurückgezahlten Kredit und gehört deshalb zu den Dauerschuldzinsen i. S. des § 8 Nr. 1 GewStG (BFH-Urteil vom 25. 2. 1999 – BStBl 1999 II S. 473).

wert Betriebsmittel des Pächters mitumfaßt, ist der Kürzungsbetrag vom vollen (Gesamt-)Einheitswert zu berechnen. [10]Vgl. das BFH-Urteil vom 27. 3. 1968 (BStBl II S. 479). [11]Errichtet der Ehemann mit Mitteln seines gewerblichen Betriebs ein Gebäude auf einem Grundstück, das bürgerlich-rechtlich ihm und seiner Ehefrau je zur ideellen Hälfte gehört, kann die Kürzung nach § 9 Nr. 1 Satz 1 GewStG nur von dem auf seinen Anteil entfallenden Einheitswert vorgenommen werden, auch wenn der Ehemann das Grundstück und das Gebäude in vollem Umfang in seiner Bilanz aufgeführt hat. [12]Vgl. das BFH-Urteil vom 19. 5. 1971 (BStBl II S. 643). [13]Entsprechendes gilt, wenn der Inhaber eines Gewerbebetriebs ein Gebäude auf einem ihm und einem betriebsfremden Miteigentümer gehörenden Grundstück errichtet. [14]Vgl. das BFH-Urteil vom 31. 10. 1978 (BStBl 1979 II S. 399). [15]Die Kürzung nach § 9 Nr. 1 Satz 1 GewStG findet auch statt, soweit der Grundbesitz zum Deckungsstock eines Versicherungsunternehmens gehört. [16]Vgl. die BFH-Urteile vom 19. 1. 1972 (BStBl II S. 390), und vom 26. 10. 1995 (BStBl 1996 II S. 76).

(2) [1]Ist nur ein Teil eines Grundstücks einkommensteuerlich zum Betriebsvermögen des Unternehmers zu rechnen, ist für die Berechnung der Kürzung nach § 9 Nr. 1 Satz 1 GewStG von dem Teil des Einheitswerts auszugehen, der auf den dem gewerblichen Betrieb dienenden Teil des Grundstücks entfällt. [2]Dieser Teil des Einheitswerts ist grundsätzlich nach dem Verhältnis der Jahresrohmiete (§ 79 BewG) zu ermitteln. [3]Ein anderer Aufteilungsmaßstab, insbesondere das Verhältnis der Nutzfläche oder des Rauminhalts, ist anzuwenden, wenn dieses Ergebnis den tatsächlichen Verhältnissen des einzelnen Falls besser entspricht. [4]Gehört zum Grundbesitz im Sinne des § 9 Nr. 1 Satz 1 GewStG ein Erbbaurecht, ist der Kürzung nur der im Betriebsvermögen enthaltene Wert des Erbbaurechts und der aufstehenden Gebäude, nicht auch der Wert des Erbbaugrundstücks, zugrunde zu legen. [5]Vgl. das RFH-Urteil vom 12. 1. 1943 (RStBl S. 283) sowie das BFH-Urteil vom 17. 1. 1968 (BStBl II S. 353).

(3) ...

(4) [1]Maßgebend für die Kürzung ist der Einheitswert, der auf den letzten Feststellungszeitpunkt (Hauptfeststellungs-, Fortschreibungs- oder Nachfeststellungszeitpunkt) vor dem Ende des Erhebungszeitraums lautet. [2]Als Bemessungsgrundlage sind bei Grundstücken (§ 70 BewG) sowie bei Betriebsgrundstücken im Sinne des § 99 Abs. 1 Nr. 1 BewG, die wie Grundvermögen bewertet werden, 140 v. H. des auf den Wertverhältnissen vom 1. Januar 1964 beruhenden Einheitswerts anzusetzen (§ 121a BewG). [3]... [4]Bei Betriebsgrundstücken im Sinne des § 99 Abs. 1 Nr. 2 BewG, die wie land- und forstwirtschaftliches Vermögen bewertet werden, sind dagegen nur 100 v. H. des Einheitswerts zugrunde zu legen. [5–7]...

(5) [1]Der Gewerbesteuermeßbescheid beruht hinsichtlich der Kürzung nach § 9 Nr. 1 Satz 1 GewStG auf dem Einheitswertbescheid. [2]Der Gewerbesteuermeßbescheid ist deshalb nach § 175 Abs. 1 Satz 1 Nr. 1 AO zu ändern, wenn der maßgebende Einheitswert durch Rechtsbehelfsentscheidung, Änderung der Feststellung oder Fortschreibung geändert worden ist.

Zu § 10a GewStG

GewStR 66. Gewerbeverlust

(1) [1]Nach § 10a GewStG wird der maßgebende Gewerbeertrag um die Fehlbeträge gekürzt, die sich bei der Ermittlung des maßgebenden Gewerbeertrags für die vorangegangenen Erhebungszeiträume ergeben haben, soweit die Fehlbeträge nicht bei der Ermittlung des Gewerbeertrags für die vorangegangenen Erhebungszeiträume berücksichtigt worden sind. [2]Der Gewerbeverlust ist vom maßgebenden Gewerbeertrag, also nach Berücksichtigung der Hinzurechnungen nach § 8 GewStG und der Kürzungen nach § 9 GewStG abzuziehen. [3]Bei Einzelunternehmen und Perso-

nengesellschaften ist Voraussetzung für den Verlustabzug nach § 10a GewStG sowohl die Unternehmensidentität (vgl. Abschnitt 67) als auch die Unternehmeridentität (vgl. Abschnitt 68). [4]Bei einer Körperschaft setzt der Verlustvortrag nach § 10a Satz 4 GewStG i. V. m. § 8 Abs. 4 KStG voraus, daß sie nicht nur rechtlich, sondern auch wirtschaftlich mit der Körperschaft identisch ist, die den Verlust erlitten hat.

(2) [1]Für die Ermittlung des Gewerbeverlustes ist von dem Gewinn (Verlust) aus Gewerbebetrieb auszugehen, der nach den Vorschriften des Einkommensteuerrechts oder des Körperschaftsteuerrechts zu ermitteln ist. [2]R 115 Abs. 1 EStR und Abschnitt 37 Abs. 1 und 2 KStR gelten entsprechend für die Ermittlung des Gewerbeverlustes. [3]Danach mindern steuerfreie Einnahmen den nach § 10a GewStG abziehbaren Verlust nicht. [4]Ebenso dürfen die nach den Abschnitten 38 bis 40 nicht zum steuerpflichtigen Gewerbeertrag gehörenden Veräußerungsgewinne den Gewerbeverlust nicht mindern.

(3) [1]Der Gewerbeverlust unterscheidet sich von dem Verlustabzug im Sinne des § 10d EStG dadurch, daß seine Höhe durch die Hinzurechnungen und Kürzungen nach §§ 8 und 9 GewStG beeinflußt wird. [2]Der nach den einkommensteuerrechtlichen (körperschaftsteuerrechtlichen) Vorschriften ermittelte Gewinn oder Verlust aus Gewerbebetrieb ist um die in §§ 8 und 9 GewStG bezeichneten Beträge zu erhöhen bzw. zu vermindern. [3]Dadurch kann sich ein Gewerbeverlust ergeben, obwohl einkommensteuerrechtlich ein Gewinn aus Gewerbebetrieb vorliegt.

Beispiele:

A. Gewinn aus Gewerbebetrieb	5 000 DM
Hinzurechnungen nach § 8 GewStG	+ 1 000 DM
Summe des Gewinns und der Hinzurechnungen	6 000 DM
Kürzungen nach § 9 GewStG	− 8 000 DM
Gewerbeverlust	2 000 DM
B. Laufender Verlust aus Gewerbebetrieb	2 000 DM
Hinzurechnungen nach § 8 GewStG	+ 15 000 DM
Summe des Gewinns und der Hinzurechnungen	13 000 DM
Kürzungen nach § 9 GewStG	− 3 000 DM
Verbleibender Betrag	10 000 DM
Anrechenbarer Verlust aus Vorjahren	− 4 000 DM
Gewerbeertrag	6 000 DM

(4) [1]Tritt bei einer Personengesellschaft innerhalb des Erhebungszeitraums ein partieller Gesellschafterwechsel ein, der nicht zur Beendigung der sachlichen Steuerpflicht der Gesellschaft führt, so ist ein nach dem Gesellschafterwechsel entstandener Verlust kein gesondert vortragsfähiger Fehlbetrag im Sinne des § 10a GewStG, sondern Teil des für den gesamten Erhebungszeitraum zu ermittelnden Gewerbeertrags. [2]Vgl. das BFH-Urteil vom 26. 6. 1996 (BStBl 1997 II S. 179). [3]Der Gewerbeertrag einer Personengesellschaft, die den Betrieb einer anderen Personengesellschaft im Wege der Verschmelzung aufnimmt, kann um den Gewerbeverlust gekürzt werden, den diese Personengesellschaft im selben Erhebungszeitraum bis zur Verschmelzung erlitten hat, wenn alle Gesellschafter auch an der aufnehmenden Gesellschaft beteiligt sind und die Identität des Unternehmens der umgewandelten Gesellschaft (vgl. Abschnitt 67) im Rahmen der aufnehmenden Gesellschaft gewahrt bleibt. [4]Vgl. das BFH-Urteil vom 14. 9. 1993 (BStBl 1994 II S. 764).

(5) [1]Die Höhe des vortragsfähigen Gewerbeverlustes ist gesondert festzustellen. [2]Dabei ist auch der Verlustverbrauch durch das Ausscheiden von Gesellschaftern einer Personengesellschaft zu berücksichtigen. [3]Der Gewerbeverlust ist von Amts wegen erstmals in dem auf das Entstehungsjahr unmittelbar folgenden Erhebungszeitraum zu berücksichtigen. [4]Der Grundsatz, daß ein Gewerbeverlust insoweit verbraucht ist, als er durch positive Erträge gedeckt ist, gilt auch dann, wenn der Gewerbeertrag durch den Verlustabzug unter den Freibetrag von 48 000 DM für Ein-

zelunternehmen und Personengesellschaften sinkt. [5]Vgl. das BFH-Urteil vom 9. 1. 1958 (BStBl III S. 134).

GewStR 67. Unternehmensidentität

(1) [1]Unternehmensidentität bedeutet, daß der im Anrechnungsjahr bestehende Gewerbebetrieb identisch ist mit dem Gewerbebetrieb, der im Jahr der Entstehung des Verlustes bestanden hat. [2]Dabei ist unter Gewerbebetrieb die ausgeübte gewerbliche Betätigung zu verstehen. [3]Ob diese die gleiche geblieben ist, ist nach dem Gesamtbild zu beurteilen, das sich aus ihren wesentlichen Merkmalen ergibt, wie insbesondere der Art der Betätigung, dem Kunden- und Lieferantenkreis, der Arbeitnehmerschaft, der Geschäftsleitung, den Betriebsstätten sowie dem Umfang und der Zusammensetzung des Aktivvermögens. [4]Unter Berücksichtigung dieser Merkmale muß ein wirtschaftlicher, organisatorischer und finanzieller Zusammenhang zwischen den Betätigungen bestehen. [5]Vgl. die BFH-Urteile vom 12. 1. 1983 (BStBl II S. 425), vom 19. 12. 1984 (BStBl 1985 II S. 403), vom 14. 9. 1993 (BStBl 1994 II S. 764) und vom 27. 1. 1994 (BStBl II S. 477). [6]Betriebsbedingte – auch strukturelle – Anpassungen der gewerblichen Betätigung an veränderte wirtschaftliche Verhältnisse stehen der Annahme einer identischen Tätigkeit nicht entgegen. [7]Vgl. das BFH-Urteil vom 12. 1. 1983 (BStBl II S. 425).

(2) ...

GewStR 68. Unternehmeridentität

(1) [1]Unternehmeridentität bedeutet, daß der Gewerbetreibende, der den Verlustabzug in Anspruch nehmen will, den Gewerbeverlust zuvor in eigener Person erlitten haben muß. [2]Ein Unternehmerwechsel bewirkt somit, daß der Abzug des im übergegangenen Unternehmen entstandenen Verlustes entfällt, auch wenn das Unternehmen als solches von dem neuen Inhaber unverändert fortgeführt wird. [3]Dabei ist gleichgültig, ob der Unternehmerwechsel auf entgeltlicher oder unentgeltlicher Übertragung, auf Gesamtrechtsnachfolge (z. B. Erbfolge) oder auf Einzelrechtsnachfolge (z. B. vorweggenommene Erbfolge) beruht. [4]Vgl. den BFH-Beschluß vom 3. 5. 1993 (BStBl II S. 616) und das BFH-Urteil vom 7. 12. 1993 (BStBl 1994 II S. 331). [5]Der erwerbende Unternehmer kann den vom übertragenden Unternehmer erzielten Gewerbeverlust auch dann nicht nach § 10a GewStG abziehen, wenn er den erworbenen Betrieb mit einem bereits bestehenden Betrieb vereinigt.

(2) [1]Wird ein Einzelunternehmen nach Eintritt einer oder mehrerer Personen als Personengesellschaft fortgeführt, kann der in dem Einzelunternehmen entstandene Fehlbetrag auch weiterhin insgesamt, jedoch nur von dem Betrag abgezogen werden, der von dem gesamten Gewerbeertrag der Personengesellschaft entsprechend dem sich aus dem Gesellschaftsvertrag ergebenden Gewinnverteilungsschlüssel auf den früheren Einzelunternehmer entfällt. [2]Entsprechendes gilt, wenn ein Einzelunternehmen gemäß § 24 UmwStG in eine Personengesellschaft eingebracht wird. [3]Der Abzug eines in einem Einzelunternehmen entstandenen Gewerbeverlustes entfällt jedoch insgesamt, wenn das Unternehmen auf eine Kapitalgesellschaft oder auf eine Personengesellschaft, an der der bisherige Einzelunternehmer nicht beteiligt ist, übertragen wird. [4]Vgl. den BFH-Beschluß vom 3. 5. 1993 (BStBl II S. 616).

(3) [1]Bei Personengesellschaften und anderen Mitunternehmerschaften sind Träger des Rechts auf den Verlustabzug die einzelnen Mitunternehmer. [2]Vgl. den BFH-Beschluß vom 3. 5. 1993 (BStBl II S. 616). [3]Die Berücksichtigung eines Gewerbeverlustes bei Mitunternehmerschaften setzt jedoch nur voraus, daß bei der Gesellschaft im Entstehungsjahr ein negativer und im Abzugsjahr ein positiver Gewerbeertrag vorliegt; in die Ermittlung dieser Beträge sind Sonderbetriebsausgaben und Sonderbetriebseinnahmen einzubeziehen. [4]Bei gleichem Gesellschafterbestand bleibt das Gesamtergebnis im Verlustentstehungsjahr und im Abzugsjahr maßgebend; eine gesellschafterbezogene Berechnung unterbleibt. [5]Vgl. die gleichlautenden Erlasse der obersten Finanzbe-

hörden der Länder vom 16. 12. 1996 (BStBl I S. 1392). [6]Auf Grund der Personenbezogenheit des Verlustabzugs nach § 10a GewStG können sich jedoch Auswirkungen in den Fällen des Wechsels im Gesellschafterbestand und bei Änderung der Beteiligungsquote ergeben. [7]Für den Wechsel im Gesellschafterbestand gilt z. B. folgendes:

1. [1]Beim Ausscheiden eines Gesellschafters aus einer Personengesellschaft entfällt der Verlustabzug gemäß § 10a GewStG anteilig mit der Quote, mit der der ausgeschiedene Gesellschafter im Erhebungszeitraum der Verlustentstehung entsprechend dem sich aus dem Gesellschaftsvertrag ergebenden Gewinnverteilungsschlüssel an dem negativen Gewerbeertrag beteiligt war. [2]Vgl. das BFH-Urteil vom 14. 12. 1989 (BStBl 1990 II S. 436).

2. [1]Tritt ein Gesellschafter in eine bestehende Personengesellschaft ein, ist der vor dem Eintritt des neuen Gesellschafters entstandene Fehlbetrag im Sinne des § 10a GewStG weiterhin insgesamt, jedoch nur von dem Betrag abziehbar, der von dem gesamten Gewerbeertrag entsprechend dem sich aus dem Gesellschaftsvertrag ergebenden Gewinnverteilungsschlüssel auf die bereits vorher beteiligten Gesellschafter entfällt. [2]Vgl. den Beschluß vom 3. 5. 1993 (BStBl II S. 616).

3. Veräußert ein Gesellschafter seinen Mitunternehmeranteil an einen Dritten, sind die Grundsätze der Nummern 1 und 2 entsprechend anzuwenden.

    Beispiel:

    An der A-KG sind die Gesellschafter A, B und C zu je einem Drittel beteiligt. Der vortragsfähige Gewerbeverlust der KG zum 31. 12. 02 beträgt 900 000 DM. Zum 31. 12. 03 scheidet C aus der Personengesellschaft aus und veräußert seinen Anteil an D. Die KG erzielt in 03 einen Gewerbeertrag von 600 000 DM. In 04 erzielt die KG einen Gewerbeertrag in Höhe von 150 000 DM.

    03:

Gewerbeertrag vor Verlustabzug:	600 000 DM
Verlustabzug aus 02	– 600 000 DM
Meßbetrag	0 DM

    Der zum 31. 12. 03 nach § 10a Satz 2 GewStG gesondert festzustellende vortragsfähige Fehlbetrag beträgt:

Fehlbetrag zum 31. 12. 02	900 000 DM
Verlustabzug 03	– 600 000 DM
verbleibender Betrag	300 000 DM
Auf C entfallender Teil von 300 000 DM nach dem Gewinnverteilungsschlüssel des Jahres 02 (⅓)	– 100 000 DM
Gesondert festzustellender Betrag zum 31. 12. 03	200 000 DM

    04:

Gewerbeertrag vor Verlustabzug		150 000 DM
Verlustabzug:		
– Von dem Gewerbeertrag entfallen auf A und B (je ⅓):	100 000 DM	
– Verlustabzug somit		– 100 000 DM
Meßbetrag 04		50 000 DM

    Der auf D entfallende Teil des Gewerbeertrags darf nicht um den Verlustabzug gemindert werden.

    Der gesondert festzustellende Fehlbetrag zum 31. 12. 04 beträgt 100 000 DM (200 000 DM ./. 100 000 DM).

4. [1]Wird nach dem Ausscheiden von Gesellschaftern aus einer Personengesellschaft der Gewerbebetrieb von dem einen Gesellschafter fortgeführt, kann dieser vom Gewerbeertrag des Einzelunternehmens einen verbleibenden Fehlbetrag der Gesellschaft insoweit abziehen, als dieser Betrag entsprechend dem sich aus dem Gesellschaftsvertrag ergebenden Gewinnverteilungsschlüssel des Verlustentstehungsjahres auf ihn entfällt. [2]Vgl. das BFH-Urteil vom

14. 12. 1989 (BStBl 1990 II S. 436). ³Dies gilt auch, wenn der den Gewerbebetrieb fortführende Gesellschafter eine Kapitalgesellschaft ist. ⁴Vgl. das BFH-Urteil vom 2. 3. 1983 (BStBl II S. 427).

5. ¹Bei der Einbringung des Betriebes einer Personengesellschaft in eine andere Personengesellschaft besteht die für den Verlustabzug erforderliche Unternehmeridentität, soweit die Gesellschafter der eingebrachten Gesellschaft auch Gesellschafter der aufnehmenden Gesellschaft sind. ²Vgl. das BFH-Urteil vom 27. 1. 1994 (BStBl II S. 477). ³Entsprechendes gilt bei der Verschmelzung zweier Personengesellschaften. ⁴Vgl. das BFH-Urteil vom 14. 9. 1993 (BStBl 1994 II S. 764). ⁵Zur Frage der Unternehmensidentität in diesen Fällen vgl. Abschnitt 67 Abs. 2 Satz 3 ff. ⁶Die Unternehmeridentität bleibt auch erhalten bei der formwechselnden Umwandlung (z. B. OHG in KG) einer Personengesellschaft in eine andere Personengesellschaft. ⁷Wird eine Personengesellschaft im Wege der Verschmelzung oder des Formwechsels in eine Kapitalgesellschaft umgewandelt, besteht keine Unternehmeridentität mit der Folge, daß die Kapitalgesellschaft den bei der Personengesellschaft entstandenen Gewerbeverlust nicht abziehen kann.

6. Wird eine Kapitalgesellschaft, die Mitunternehmerin einer Personengesellschaft ist, auf eine andere Kapitalgesellschaft verschmolzen, bleibt die für den Verlustabzug bei der Personengesellschaft erforderliche Unternehmeridentität in entsprechender Anwendung des § 19 Abs. 2 UmwStG gewahrt.

7. ¹Liegen bei der Realteilung einer Personengesellschaft die Voraussetzungen der Unternehmensidentität vor . . ., kann jeder Inhaber des aus der Realteilung hervorgegangenen Teilbetriebs vom Gewerbeertrag dieses Unternehmens den vortragsfähigen Fehlbetrag der Personengesellschaft nur insoweit abziehen, als ihm dieser entsprechend dem sich aus dem Gesellschaftsvertrag ergebenden Gewinnverteilungsschlüssel im Verlustentstehungsjahr zuzurechnen war. ²Es kann jedoch höchstens nur der Teil des Fehlbetrages abgezogen werden, der dem übernommenen Teilbetrieb tatsächlich zugeordnet werden kann.

Beispiel:

Die AB-OHG, an der A und B zu gleichen Teilen beteiligt sind, besteht aus zwei Teilbetrieben. Die AB-OHG wird zum 1. 1. 02 real geteilt, wobei A den Teilbetrieb 1 und B den Teilbetrieb 2 übernimmt. Der vortragsfähige Gewerbeverlust zum 31. 12. 01 beträgt 400 000 DM. Aus der Buchführung läßt sich nachvollziehen, daß der Gewerbeverlust in Höhe von 250 000 DM auf den Teilbetrieb 1 und in Höhe von 150 000 DM auf den Teilbetrieb 2 entfällt.

Das Recht auf den Abzug des bei der AB-OHG entstandenen Gewerbeverlustes steht A und B entsprechend ihres Anteils an der AB-OHG jeweils zur Hälfte zu. Daher können A und B auf Grund des Erfordernisses der Unternehmeridentität nur ihren Anteil des Gesamtfehlbetrages von 200 000 DM (50 v. H. von 400 000 DM) bei der Ermittlung des Gewerbeertrages ihrer Einzelunternehmen abziehen.

Die Voraussetzung der Unternehmensidentität ist grundsätzlich gegeben, weil die beiden Teilbetriebe über gesonderte Buchführungen verfügt haben. Bei B ist jedoch zu beachten, daß dem von ihm übernommenen Teilbetrieb nur ein Gewerbeverlust von 150 000 DM zugeordnet werden kann. Er kann daher nur einen Betrag von 150 000 DM von den zukünftigen positiven Gewerbeerträgen abziehen. Im Ergebnis geht also ein Verlustabzug i. H. v. 50 000 DM verloren.

³Ein anteiliger Untergang des Gewerbeverlustes tritt in den Fällen der verhältniswahrenden Aufspaltung bzw. Abspaltung (§ 123 UmwG) nicht ein.

Beispiel:

Wie vorstehend, nur wird die AB-OHG in Personengesellschaften AB1 (Teilbetrieb 1) und AB2 (Teilbetrieb 2) aufgespalten. Gesellschafter der beiden Personengesellschaften sind weiterhin A und B zu je 50 v. H.

Bei der AB1-OHG kann der dem Teilbetrieb 1 zuzuordnende Gewerbeverlust i. H. v. 150 000 DM abgezogen werden. Der restliche Gewerbeverlust i. H. v. 250 000 DM kann von der AB2-OHG in Anspruch genommen werden.

8. ¹Bei der Beteiligung einer Personengesellschaft (Obergesellschaft) an einer anderen Personengesellschaft (Untergesellschaft) sind nicht die Gesellschafter der Obergesellschaft, sondern ist die Obergesellschaft als solche Gesellschafterin der Untergesellschaft. ²Vgl. BFH-Beschluß vom 3. 5. 1993 (BStBl II S. 616). ³Ein Gesellschafterwechsel bei der Obergesellschaft hat daher ungeachtet des § 15 Abs. 1 Satz 1 Nr. 2 Satz 2 EStG keinen Einfluß auf einen vortragsfähigen Gewerbeverlust bei der Untergesellschaft.

Beispiel:

An der X-OHG (Untergesellschaft) sind je zur Hälfte A und die Y-OHG (Obergesellschaft) beteiligt. Gesellschafter der Y-OHG sind zu gleichen Teilen B und C. B veräußert zum 31. 12. 01 seine Beteiligung an der Y-OHG an D. Die Untergesellschaft (X-OHG) erwirtschaftete in 01 einen negativen Gewerbeertrag in Höhe von – 50 000 DM, in 02 einen positiven Gewerbeertrag von 60 000 DM.

Der negative Gewerbeertrag 01 (– 50 000 DM) kann in voller Höhe von dem positiven Gewerbeertrag 02 (60 000 DM) abgezogen werden, da der Gesellschafterwechsel bei der Y-OHG keinen Einfluß auf den Gesellschafterbestand bei der X-OHG hat.

(4) ¹Wird eine Kapitalgesellschaft formwechselnd in eine andere Kapitalgesellschaft umgewandelt, bleibt die Unternehmeridentität gewahrt. ²Bei der Verschmelzung zweier Kapitalgesellschaften kann die aufnehmende Kapitalgesellschaft den Gewerbeverlust der verschmolzenen Kapitalgesellschaft nur unter den Voraussetzungen des § 19 Abs. 2 UmwStG abziehen. ³In Fällen der Aufspaltung und Abspaltung von Körperschaften auf Körperschaften ist ein vorhandener Gewerbeverlust gem. § 19 Abs. 1 und 2 i. V. m. § 15 Abs. 4 UmwStG unter den beteiligten Körperschaften aufzuteilen. ⁴Wird eine Körperschaft im Wege der Verschmelzung, der Spaltung oder des Formwechsels auf eine Personengesellschaft oder eine natürliche Person umgewandelt, kann die übernehmende Personengesellschaft oder natürliche Person den Gewerbeverlust der Körperschaft nicht abziehen (§ 18 Abs. 1 Satz 2 UmwStG); die vortragsfähigen Fehlbeträge der übertragenden Körperschaft sind gem. § 19 Abs. 2 Satz 3 UmwStG zu kürzen. ⁵Im Fall der Ausgliederung auf eine Kapitalgesellschaft bleibt der volle Gewerbeverlust bei dem ausgliedernden Unternehmen. ⁶Hingegen gilt Abs. 2 entsprechend, wenn ein Betrieb, ein Teilbetrieb oder ein Mitunternehmeranteil nach § 24 UmwStG in eine Personengesellschaft eingebracht wird.

(5) . . .

VI. Umsatzsteuer-Richtlinien 2000 (UStR) in Auszügen

Inhaltsverzeichnis

	Seite
Einführung	574

Zu § 1 UStG

		Seite
1.	Leistungsaustausch	574
2.	Verwertung von Sachen	576
3.	Schadensersatz	576
5.	Geschäftsveräußerung	577
6.	Leistungsaustausch bei Gesellschaftsverhältnissen	579
12.	Sachzuwendungen und sonstige Leistungen an das Personal	580
13.	Inland – Ausland	586
13a.	Gemeinschaftsgebiet – Drittlandsgebiet	586

Zu § 1a UStG

15a.	Innergemeinschaftlicher Erwerb	587
15b.	Innergemeinschaftliches Verbringen	588

Zu § 1b UStG

15c.	Innergemeinschaftlicher Erwerb neuer Fahrzeuge	592

Zu § 2 UStG

16.	Unternehmer	592
17.	Selbständigkeit	593
18.	Gewerbliche oder berufliche Tätigkeit	594
19.	Beginn und Ende der Unternehmereigenschaft	595
20.	Unternehmen	596

Zu § 3 UStG

24.	Lieferungen und sonstige Leistungen	597
24a.	Unentgeltliche Wertabgaben	597
24b.	Den Lieferungen gleichgestellte Wertabgaben	598
24c.	Den sonstigen Leistungen gleichgestellte Wertabgaben	600
25.	Abgrenzung zwischen Lieferungen und sonstigen Leistungen	601
25a.	Abgabe von Speisen und Getränken zum Verzehr an Ort und Stelle	602
26.	Vermittlung oder Eigenhandel	603
27.	Werklieferung, Werkleistung	605
29.	Einheitlichkeit der Leistung	607
29a.	Kreditgewährung im Zusammenhang mit anderen Umsätzen	608
30.	Ort der Lieferung	610
31.	Lieferungsort in besonderen Fällen (§ 3 Abs. 8 UStG)	611
31a.	Reihengeschäfte	612
32.	Besorgungsleistungen (§ 3 Abs. 11 UStG)	620

Zu § 3a UStG (§ 1 UStDV)

33.	Ort der sonstigen Leistung nach § 3a Abs. 1 UStG	621
34.	Leistungen im Zusammenhang mit einem Grundstück	622
34a.	Ort der sonstigen Leistungen bei Messen und Ausstellungen	623
36.	Ort der Tätigkeit	624
38.	Ort des Leistungsempfängers	625

Zu § 3b UStG (§§ 2 bis 7 UStDV)

42a.	Ort einer Personenbeförderung und Ort einer Güterbeförderung, die keine innergemeinschaftliche Güterbeförderung ist	626
42c.	Begriff des Leistungsempfängers im Sinne des § 3b Abs. 3 bis 6 UStG	627
42d.	Ort der innergemeinschaftlichen Güterbeförderung	628
42e.	Ort der gebrochenen innergemeinschaftlichen Güterbeförderung	630
42h.	Ort der Besorgung einer innergemeinschaftlichen Güterbeförderung und einer Leistung, die im Zusammenhang mit einer innergemeinschaftlichen Güterbeförderung steht	631

Zu § 3c UStG

42j.	Ort der Lieferung bei innergemeinschaftlichen Beförderungs- und Versendungslieferungen an bestimmte Abnehmer (§ 3c UStG)	632

Zu § 4 UStG

57.	Gewährung und Vermittlung von Krediten	633
71.	Umsätze, die unter das Grunderwerbsteuergesetz fallen	634
76.	Vermietung und Verpachtung von Grundstücken	634
88.	Tätigkeit als Arzt	636
89.	Tätigkeit als Zahnarzt	637
122.	Lieferung bestimmter Gegenstände	638

Zu § 6 UStG (§§ 8 bis 17 UStDV)

128.	Ausfuhrlieferungen	639
129.	Ausländischer Abnehmer	640
131.	Ausfuhrnachweis (Allgemeines)	641
136.	Buchmäßiger Nachweis	642

Zu § 9 UStG

148.	Verzicht auf Steuerbefreiungen (§ 9 Abs. 1 UStG)	643
148a.	Einschränkung des Verzichts auf Steuerbefreiungen (§ 9 Abs. 2 UStG)	644

Zu § 10 UStG (§ 25 UStDV)

149.	Entgelt	646
150.	Zuschüsse	648
151.	Entgeltsminderungen	651
152.	Durchlaufende Posten	653
153.	Bemessungsgrundlage beim Tausch und bei tauschähnlichen Umsätzen	654
155.	Bemessungsgrundlage bei unentgeltlichen Wertabgaben	657
158.	Mindestbemessungsgrundlage (§ 10 Abs. 5 UStG)	658

Zu § 12 UStG

160.	Steuersätze	659

Zu § 13 UStG

177. Entstehung der Steuer bei der Besteuerung nach vereinbarten Entgelten 660
178. Sollversteuerung in der Bauwirtschaft 661
180. Teilleistungen 661
181. Istversteuerung von Anzahlungen 662
182. Entstehung der Steuer bei der Besteuerung nach vereinnahmten Entgelten 663

Zu § 14 UStG (§§ 31 bis 34 UStDV)

183. Zum Begriff der Rechnung 664
184. Gutschriften als Rechnungen 665
185. Angaben in der Rechnung 666
186. Fahrausweise 666
187. Rechnungserteilung bei der Istversteuerung von Anzahlungen 667
187a. Rechnungserteilung bei verbilligten Leistungen (§ 10 Abs. 5 UStG) 670
189. Unrichtiger Steuerausweis 670
190. Unberechtigter Steuerausweis (§ 14 Abs. 3 UStG) 672

Zu § 14a UStG

190a. Ausstellung von Rechnungen in besonderen Fällen 674

Zu § 15 UStG (§§ 35 bis 43 UStDV)

191. Zum Vorsteuerabzug berechtigter Personenkreis 675
192. Abzug der gesondert in Rechnung gestellten Steuerbeträge als Vorsteuer 676
192a. Vorsteuerabzug ohne gesonderten Steuerausweis in einer Rechnung 690
193. Vorsteuerabzug bei Zahlungen vor Empfang der Leistung 691
194. Vorsteuerabzug bei Rechnungen über Kleinbeträge 691
195. Vorsteuerabzug bei Fahrausweisen 693
198. Vorsteuerabzug bei unfreien Versendungen und innergemeinschaftlichen Güterbeförderungen 693
199. Abzug der Einfuhrumsatzsteuer bei Einfuhr in das Inland 694
202. Nachweis der Voraussetzungen für den Vorsteuerabzug 695
203. Allgemeines zum Ausschluß vom Vorsteuerabzug 697
204. Ausschluß des Vorsteuerabzugs bei steuerfreien Umsätzen 699
207. Grundsätze zur Aufteilung der Vorsteuerbeträge 700
208. Aufteilung der Vorsteuerbeträge nach § 15 Abs. 4 UStG 701

Zu § 15a UStG (§§ 44 und 45 UStDV)

214. Anwendungsgrundsätze 702
215. Änderung der Verhältnisse 704
216. Maßgeblicher Berichtigungszeitraum 705
217. Berichtigungsverfahren 706

Zu § 16 UStG

220. Steuerberechnung 707
222. Umrechnung von Werten in fremder Währung 707

Zu § 17 UStG

223. Steuer- und Vorsteuerberichtigung bei Änderung der Bemessungsgrundlage 707

Zu § 18 UStG (§§ 46 bis 62 UStDV)

225a. Voranmeldungszeitraum 709
228. Dauerfristverlängerung 710

Zu § 18a UStG

245a. Verpflichtung zur Abgabe der Zusammenfassenden Meldung 711
245b. Abgabefrist 712

Zu § 18e UStG

245i. Bestätigung der USt-IdNr. 712
245j. Übersicht über Bezeichnung und Aufbau der USt-IdNrn. der EG-Mitgliedstaaten 712

Zu § 19 UStG

246. Nichterhebung der Steuer 713
247. Verzicht auf die Anwendung des § 19 Abs. 1 UStG 714

Zu § 25a UStG

276a. Differenzbesteuerung 715

Zu § 25b UStG

276b. Innergemeinschaftliche Dreiecksgeschäfte 721

Umsatzsteuer — Übersichten

Einfügung d. Schriftl.:

1. System der Umsatzbesteuerung mit Vorsteuerabzug (Mehrwertsteuer)

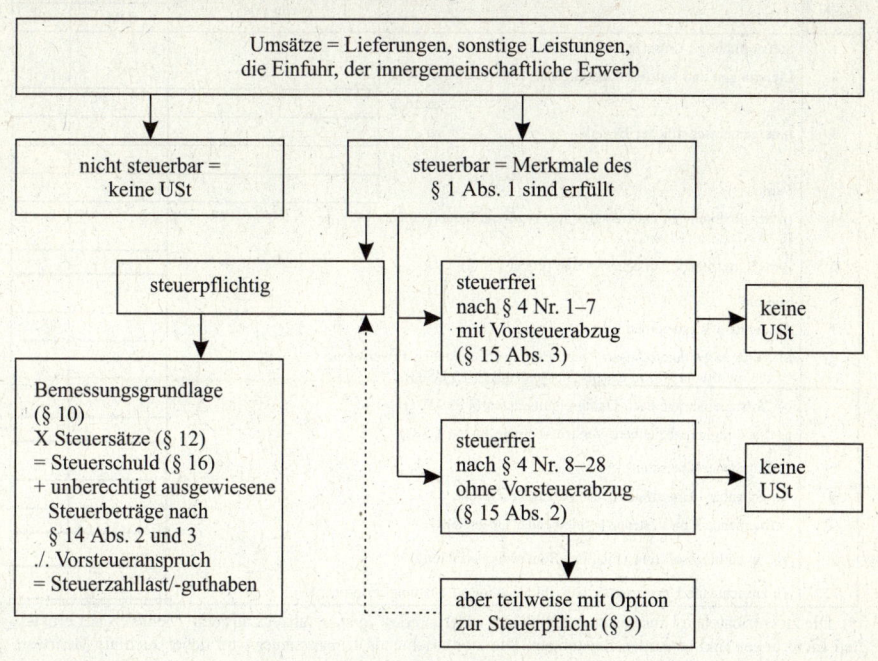

```
Umsätze = Lieferungen, sonstige Leistungen,
die Einfuhr, der innergemeinschaftliche Erwerb
```

- nicht steuerbar = keine USt
- steuerbar = Merkmale des § 1 Abs. 1 sind erfüllt
  - steuerpflichtig
    - Bemessungsgrundlage (§ 10)
    - X Steuersätze (§ 12)
    - = Steuerschuld (§ 16)
    - + unberechtigt ausgewiesene Steuerbeträge nach § 14 Abs. 2 und 3
    - ./. Vorsteueranspruch
    - = Steuerzahllast/-guthaben
  - steuerfrei nach § 4 Nr. 1–7 mit Vorsteuerabzug (§ 15 Abs. 3) → keine USt
  - steuerfrei nach § 4 Nr. 8–28 ohne Vorsteuerabzug (§ 15 Abs. 2) → keine USt
    - aber teilweise mit Option zur Steuerpflicht (§ 9)

2. Wirkung von Umsatzsteuer und Vorsteuer im System des UStG

	Netto-preis DM	Vorsteuer/ Umsatzsteuer DM	Brutto-preis DM	USt-Zahllast Mehrwertsteuer DM
1. Stufe: Fabrikant A				
Einkauf	1000	160	1 160	–
+ Wertschöpfung	1000	–	–	–
Verkauf an B	2000	320	2320	160
2. Stufe: Großhändler B	2000	320	2320	–
+ Wertschöpfung	500	–	–	–
Verkauf an C	2500	400	2900	80
3. Stufe: Einzelhändler C	2500	400	2900	–
+ Wertschöpfung	1000	–	–	–
Verkauf an Endabnehmer	3500	560	4060	160
Mehrwert	2500	davon 16% =	Zahllast	400

Zu § 1 UStG

3. Schema zur Berechnung der zu entrichtenden Umsatzsteuer

Zeile			Bemessungsgrundlage (volle DM)	Steuer DM	Pf.
1	Steuerpflichtige Umsätze				
2	Lieferungen und sonstige Leistungen	zu 7 %			
		zu 16 %			
3	Innergemeinschaftlicher Erwerb	zu 7 %			
		zu 16 %			
	Summe				
4	In den Rechnungen unberechtigt ausgewiesene Steuerbeträge (§ 14 Abs. 2 u. 3 UStG)				
5	Zurückzuzahlende Vorsteuerbeträge (§ 15a UStG)				
6	Summe				
7	Abziehbare Vorsteuerbeträge				
	a) Vorsteuerbeträge (Umsatzsteuer, Einfuhrumsatzsteuer, Erwerbsteuer), die nicht vom Abzug ausgeschlossen sind (§ 15 UStG)				
	b) Vorsteuerbeträge nach Durchschnittssätzen (§ 23 UStG)				
	c) Nachträglich abziehbare Vorsteuerbeträge (§ 15a UStG)				
8	Umsatzsteuer/Überschuß				
9	Anrechenbare Umsatzsteuer aus Abzugsverfahren				
10	Verbleibende Umsatzsteuer/Verbleibender Überschuß				
11	Vorauszahlungssoll (einschließlich Sondervorauszahlung)				
12	Zu entrichtende Umsatzsteuer (Abschlußzahlung)/Erstattungsanspruch*)				

*) Die zu entrichtende Umsatzsteuer ergibt sich aufgrund des Vorsteuerabzugs aus dem Mehrwert der erbrachten Lieferungen und sonstigen Leistungen. Die zu entrichtende Umsatzsteuer wird daher auch als Mehrwertsteuer bezeichnet.

UStR Einführung

[1]Die Umsatzsteuer-Richtlinien 2000 behandeln Zweifelsfragen und Auslegungsfragen von allgemeiner Bedeutung, um eine einheitliche Anwendung des Umsatzsteuerrechts durch die Behörden der Finanzverwaltung sicherzustellen. [2]Sie enthalten außerdem Regelungen, wie zur Vermeidung unbilliger Härten und zur Verwaltungsvereinfachung in bestimmten Fällen zu verfahren ist.

Zu § 1 UStG

UStR 1. Leistungsaustausch

(1) [1]Ein Leistungsaustausch setzt voraus, daß Leistender und Leistungsempfänger vorhanden sind und der Leistung eine Gegenleistung (Entgelt) gegenübersteht. [2]Für die Annahme eines Leistungsaustausches müssen Leistung und Gegenleistung in einem wechselseitigen Zusammenhang stehen. [3]Ein Leistungsaustausch kann nur zustande kommen, wenn sich die Leistung auf den Erhalt einer Gegenleistung richtet und damit die gewollte, erwartete oder erwartbare Gegenleistung auslöst, so daß schließlich die wechselseitig erbrachten Leistungen miteinander innerlich verbunden sind (BFH-Urteile vom 7. 5. 1981 – BStBl II S. 495 und vom 30. 1. 1997 – BStBl II S. 335). [4]Auch wenn die Gegenleistung für die Leistung des Unternehmers nur im nichtunternehmerischen Bereich verwendbar ist (z. B. eine zugewendete Reise), kann sie Entgelt sein. [5]Der

Annahme eines Leistungsaustausches steht nicht entgegen, daß sich die Entgeltserwartung nicht erfüllt, daß das Entgelt uneinbringlich wird oder daß es sich nachträglich mindert (vgl. BFH-Urteil vom 22. 6. 1989 – BStBl II S. 913). [6]Bloße – vorübergehende – Liquiditätsschwierigkeiten des Entgeltschuldners ändern hieran regelmäßig nichts (vgl. BFH-Urteil vom 16. 3. 1993 – BStBl II S. 562). [7]Auch wenn eine Gegenleistung freiwillig erbracht wird, kann ein Leistungsaustausch vorliegen (vgl. BFH-Urteil vom 17. 2. 1972 – BStBl II S. 405). [8]Leistung und Gegenleistung brauchen sich nicht gleichwertig gegenüberzustehen (vgl. BFH-Urteil vom 22. 6. 1989 a. a. O.). [9]An einem Leistungsaustausch fehlt es in der Regel, wenn eine Gesellschaft Geldmittel nur erhält, damit sie in die Lage versetzt wird, sich in Erfüllung ihres Gesellschaftszwecks zu betätigen (vgl. BFH-Urteil vom 20. 4. 1988 – BStBl II S. 792).

(2) ...

(3) [1]Der Leistungsaustausch umfaßt alles, was Gegenstand eines Rechtsverkehrs sein kann. [2]Leistungen im Rechtssinne unterliegen aber nur insoweit der Umsatzsteuer, als sie auch Leistungen im wirtschaftlichen Sinne sind, d. h. Leistungen, bei denen ein über die reine Entgeltsentrichtung hinausgehendes eigenes wirtschaftliches Interesse des Entrichtenden verfolgt wird (vgl. BFH-Urteil vom 31. 7. 1969 – BStBl II S. 637). [3]Die bloße Entgeltsentrichtung, insbesondere die Geldzahlung oder Überweisung, ist keine Leistung im wirtschaftlichen Sinne. [4]Unter welchen Voraussetzungen bei der Schuldübernahme eine Leistung im wirtschaftlichen Sinne anzunehmen ist, vgl. die BFH-Urteile vom 18. 4. 1962 – BStBl III S. 292 und vom 31. 7. 1969 a. a. O. [5]Die Übernahme einer Baulast gegen ein Darlehen zu marktunüblich niedrigen Zinsen kann einen steuerbaren Umsatz darstellen (vgl. BFH-Beschluß vom 12. 11. 1987 – BStBl 1988 II S. 156). [6]Vereinbart der Bauherr einer Tiefgarage mit einer Gemeinde den Bau und die Zurverfügungstellung von Stellplätzen für die Allgemeinheit und erhält er dafür einen Geldbetrag, so ist in der Durchführung dieses Vertrages ein Leistungsaustausch mit der Gemeinde zu sehen (vgl. BFH-Urteil vom 13. 11. 1997 – BStBl 1998 II S. 169). [7]Die Unterhaltung von Giro-, Bauspar- und Sparkonten stellt für sich allein keine Leistung im wirtschaftlichen Sinne dar (vgl. BFH-Urteil vom 1. 2. 1973 – BStBl II S. 172). [8]Die geschäftsmäßige Ausgabe nicht börsengängiger sogenannter Optionen (Privatoptionen) auf Warenterminkontrakte gegen Zahlung einer Prämie ist eine steuerbare Leistung (BFH-Urteil vom 28. 11. 1985 – BStBl 1986 II S. 160). [9]Die entgeltliche Anlage und Verwaltung von Vermögenswerten ist grundsätzlich steuerbar. [10]... [11]Das Anbieten von Leistungen (Leistungsbereitschaft) kann eine steuerbare Leistung sein, wenn dafür ein Entgelt gezahlt wird (vgl. BFH-Urteil vom 27. 8. 1970 – BStBl 1971 II S. 6). [12]Zahlt ein Apotheker einem Hauseigentümer dafür etwas, daß dieser Praxisräume einem Arzt (mietweise oder unentgeltlich) überläßt, kann zwischen dem Apotheker und dem Hauseigentümer ein eigener Leistungsaustausch vorliegen (BFH-Urteil vom 20. 2. 1992 – BStBl II S. 705).

(4) [1]Ein Leistungsaustausch liegt nicht vor, wenn eine Lieferung rückgängig gemacht wird (Rückgabe). [2]Ob eine nicht steuerbare Rückgabe oder eine steuerbare Rücklieferung vorliegt, ist aus der Sicht des ursprünglichen Lieferungsempfängers und nicht aus der Sicht des ursprünglichen Lieferers zu beurteilen (vgl. BFH-Urteil vom 27. 6. 1995 – BStBl II S. 756).

(5) [1]Die Freigabe eines Fußballvertragsspielers oder Lizenzspielers gegen Zahlung einer Ablöseentschädigung vollzieht sich im Rahmen eines Leistungsaustausches zwischen abgebenden und aufnehmenden Verein (vgl. BFH-Urteil vom 31. 8. 1955 – BStBl III S. 333). [2]Das gilt auch, wenn die Ablöseentschädigung für die Abwanderung eines Fußballspielers in das Ausland von dem ausländischen Verein gezahlt wird; zum Ort der Leistung in derartigen Fällen vgl. Abschn. 39 Abs. 2 Satz 4.

(6) [1]Personalgestellungen und -überlassungen gegen Entgelt, auch gegen Aufwendungsersatz, erfolgen grundsätzlich im Rahmen eines Leistungsaustausches. [2]...

(7)–(14) ...

Zu § 1 UStG **Umsatzsteuer**

UStR 2. Verwertung von Sachen

(1) ¹Bei der Sicherungsübereignung erlangt der Sicherungsnehmer zu dem Zeitpunkt, in dem er von seinem Verwertungsrecht Gebrauch macht, auch die Verfügungsmacht über das Sicherungsgut. ²Die Verwertung der zur Sicherheit übereigneten Gegenstände führt zu zwei Umsätzen (sog. Doppelumsatz), und zwar zu einer Lieferung des Sicherungsgebers an den Sicherungsnehmer und zu einer Lieferung des Sicherungsnehmers an den Erwerber (vgl. BFH-Urteil vom 4. 6. 1987 – BStBl II S. 741). ³Entsprechendes gilt bei der Versteigerung verfallener Pfandsachen durch den Pfandleiher (vgl. BFH-Urteil vom 16. 4. 1997 – BStBl II S. 585). ⁴Zwei Umsätze liegen auch vor, wenn die Verwertung vereinbarungsgemäß vom Sicherungsgeber im eigenen oder im Namen des Sicherungsnehmers vorgenommen wird oder die Verwertung zwar durch den Sicherungsnehmer, aber im Auftrag und für Rechnung des Sicherungsgebers stattfindet. ⁵...

(2) Wird im Rahmen der Zwangsvollstreckung eine Sache durch den Gerichtsvollzieher oder ein anderes staatliches Vollstreckungsorgan öffentlich versteigert oder freihändig verkauft, so liegt darin keine Lieferung des Vollstreckungsschuldners an das jeweilige Bundesland, dem die Vollstreckungsorgane angehören, und keine Lieferung durch dieses an den Erwerber, sondern es handelt sich um eine Lieferung des Vollstreckungsschuldners unmittelbar an den Erwerber (vgl. BFH-Urteile vom 19. 12. 1985 – BStBl 1986 II S. 500 und vom 16. 4. 1997 – BStBl II S. 585).

UStR 3. Schadensersatz

(1) ¹Im Falle einer echten Schadensersatzleistung fehlt es an einem Leistungsaustausch. ²Der Schadensersatz wird nicht geleistet, weil der Leistende eine Lieferung oder sonstige Leistung erhalten hat, sondern weil er nach Gesetz oder Vertrag für den Schaden und seine Folgen einzustehen hat. ³Echter Schadensersatz ist insbesondere gegeben bei Schadensbeseitigung durch den Schädiger oder durch einen von ihm beauftragten selbständigen Erfüllungsgehilfen, bei Zahlung einer Geldentschädigung durch den Schädiger, bei Schadensbeseitigung durch den Geschädigten oder in dessen Auftrag durch einen Dritten ohne einen besonderen Auftrag des Ersatzverpflichteten. ⁴Ein Schadensersatz ist dagegen dann nicht anzunehmen, wenn die Ersatzleistung tatsächlich die – wenn auch nur teilweise – Gegenleistung für eine Lieferung oder sonstige Leistung darstellt (vgl. BFH-Urteil vom 22. 11. 1962 – BStBl 1963 III S. 106). ⁵Beseitigt der Geschädigte im Auftrag des Schädigers einen ihm zugefügten Schaden selbst, ist die Schadensersatzleistung als Entgelt im Rahmen eines Leistungsaustausches anzusehen (vgl. BFH-Urteil vom 11. 3. 1965 – BStBl III S. 303).

(2) ¹Vertragsstrafen, die wegen Nichterfüllung oder wegen nicht gehöriger Erfüllung (§§ 340, 341 BGB) geleistet werden, haben Schadensersatzcharakter (vgl. auch BFH-Urteil vom 10. 7. 1997 – BStBl II S. 707). ²Hat der Leistungsempfänger die Vertragsstrafe an den leistenden Unternehmer zu zahlen, ist sie deshalb nicht Teil des Entgelts für die Leistung. ³Zahlt der leistende Unternehmer die Vertragsstrafe an den Leistungsempfänger, so liegt darin keine Entgeltsminderung (vgl. BFH-Urteil vom 4. 5. 1994 – BStBl II S. 589). ⁴Die Entschädigung, die ein Verkäufer nach den Geschäftsbedingungen vom Käufer verlangen kann, wenn dieser innerhalb bestimmter Fristen seinen Verpflichtungen aus dem Kaufvertrag nicht nachkommt (Schadensersatz wegen Nichterfüllung), ist nicht Entgelt, sondern Schadensersatz (vgl. BFH-Urteil vom 27. 4. 1961 – BStBl III S. 300). ⁵Eine Willenserklärung, durch die der Unternehmer seinem zur Übertragung eines Vertragsgegenstandes unfähig gewordenen Schuldner eine Ersatzleistung in Geld gestattet, kann nicht als sonstige Leistung (Rechtsverzicht) beurteilt werden. ⁶Die Ersatzleistung ist echter Schadensersatz (vgl. BFH-Urteil vom 12. 11. 1970 – BStBl 1971 II S. 38). ⁷Auch die Vergütung, die der Unternehmer nach Kündigung oder vertraglicher Auflösung eines Werklieferungsvertrags vereinnahmt, ohne an den Besteller die bereitgestellten Werkstoffe oder das teilweise vollendete Werk geliefert zu haben, ist kein Entgelt im Sinne des Umsatzsteuerrechts (vgl. BFH-Urteil vom 27. 8. 1970 – BStBl 1971 II S. 6). ⁸...

(3) ¹Erhält ein Unternehmer die Kosten eines gerichtlichen Mahnverfahrens erstattet, so handelt es sich dabei nicht um einen Teil des Entgelts für eine steuerbare Leistung, sondern um Schadensersatz. ²Die Mahngebühren oder Mahnkosten, die ein Unternehmer von säumigen Zahlern erhebt und aufgrund seiner Geschäftsbedingungen oder anderer Unterlagen – z. B. Mahnschreiben – als solche nachweist, sind ebenfalls nicht das Entgelt für eine besondere Leistung. ³Verzugszinsen, Fälligkeitszinsen und Prozeßzinsen (vgl. z. B. §§ 288, 291 BGB; § 353 HGB) sind als Schadensersatz zu behandeln. ⁴Das gleiche gilt für Nutzungszinsen, die z. B. nach § 452 BGB nach Übergang des Nutzungsrechts am gekauften Gegenstand oder nach § 641 Abs. 2 BGB von der Abnahme des Werkes an erhoben werden. ⁵Als Schadensersatz sind auch die nach den Artikeln 48 und 49 des Wechselgesetzes sowie den Artikeln 45 und 46 des Scheckgesetzes im Falle des Rückgriffs zu zahlenden Zinsen, Kosten des Protestes und Vergütungen zu behandeln.

(4) ¹Die Ausgleichszahlung für Handelsvertreter nach § 89b HGB ist kein Schadensersatz, sondern eine Gegenleistung des Geschäftsherrn für erlangte Vorteile aus der Tätigkeit als Handelsvertreter. ²Dies gilt auch dann, wenn der Ausgleichsanspruch durch den Tod des Handelsvertreters fällig wird (BFH-Urteile vom 26. 9. 1968 – BStBl 1969 II S. 210 und vom 25. 6. 1998 – BStBl 1999 II S. 102).

(5) ¹Entschädigungen an den Mieter oder Vermieter für die vorzeitige Räumung der Mieträume und die Aufgabe des noch laufenden Mietvertrages sind nicht Schadensersatz, sondern Leistungsentgelt (vgl. BFH-Urteil vom 27. 2. 1969 – BStBl II S. 386 und Abschnitt 76 Abs. 1). ²Das gilt auch dann, wenn der Unternehmer zur Vermeidung einer Enteignung auf die vertragliche Regelung eingegangen ist. ³Ob die Vertragsparteien die Zahlung als Schadensersatz bezeichnen oder vereinbaren, nur die durch die Freimachung entstandenen tatsächlichen Aufwendungen zu erstatten, ist unbeachtlich (vgl. BFH-Urteile vom 27. 2. 1969 und vom 7. 8. 1969 – BStBl II S. 387 und 696). ⁴Entschädigungen, die als Folgewirkung einer Enteignung nach § 96 BauGB gezahlt werden, sind kein Schadensersatz und daher steuerbar (BFH-Urteil vom 10. 2. 1972 – BStBl II S. 403; vgl. auch BFH-Urteil vom 24. 6. 1992 – BStBl II S. 986). ⁵Zur Behandlung von Entschädigungen für die Einräumung von Leitungsrechten an Grundstücken zugunsten von Energieversorgungsunternehmen vgl. BMF-Schreiben vom 4. 5. 1987 – BStBl I S. 397.

(6) ...

(7) ¹In Gewährleistungsfällen ist die Erstattung der Material- und Lohnkosten, die ein Vertragshändler aufgrund vertraglicher Vereinbarungen für die Beseitigung von Mängeln an den bei ihm gekauften Gegenständen vom Hersteller ersetzt bekommt, echter Schadensersatz, wenn sich der Gewährleistungsanspruch des Kunden nicht gegen den Hersteller, sondern gegen den Vertragshändler richtet (vgl. BFH-Urteil vom 16. 7. 1964 – BStBl III S. 516). ²In diesen Fällen erfüllt der Händler mit der Garantieleistung unentgeltlich eine eigene Verpflichtung gegenüber dem Kunden aus dem Kaufvertrag und erhält aufgrund seiner Vereinbarung mit dem Herstellerwerk von diesem den durch den Materialfehler erlittenen, vom Werk zu vertretenden Schaden ersetzt (BFH-Urteil vom 17. 2. 1966 – BStBl II S. 261). ³⁻⁴...

(8) ¹Die Entschädigung von Zeugen nach dem Gesetz über die Entschädigung von Zeugen und Sachverständigen (ZSEG) stellt echten Schadensersatz dar. ²Das gilt auch für die Kostenerstattungen bei Auskunftserteilungen aufgrund behördlicher oder gerichtlicher Anordnung z. B. durch Kreditinstitute, die in entsprechender Anwendung des ZSEG gewährt werden.

(9) Im Falle der vorzeitigen Beendigung eines Leasingvertrags vertragsgemäß zu leistende Zahlungen des Leasingnehmers sind echter Schadensersatz (vgl. BFH-Urteil vom 24. 8. 1995 – BStBl II S. 808).

UStR 5. Geschäftsveräußerung

(1) ¹Eine Geschäftsveräußerung i. S. des § 1 Abs. 1a UStG liegt vor, wenn die wesentlichen Grundlagen eines Unternehmens oder eines gesondert geführten Betriebs an einen Unternehmer

für dessen Unternehmen übertragen werden. ²Das gilt auch dann, wenn der Erwerber mit dem Erwerb des Unternehmens oder des gesondert geführten Betriebs seine unternehmerische Tätigkeit beginnt (vgl. Abschnitt 19 Abs. 1) oder diese nach dem Erwerb in veränderter Form fortführt. ³Welches die wesentlichen Grundlagen sind, richtet sich nach den tatsächlichen Verhältnissen im Zeitpunkt der Übereignung (BFH-Urteil vom 25. 11. 1965 – BStBl 1966 III S. 333). ⁴Auch ein einzelnes Grundstück kann wesentliche Betriebsgrundlage sein. ⁵Bei einem Herstellungsunternehmer bilden die Betriebsgrundstücke mit den Maschinen und sonstigen der Fertigung dienenden Anlagen regelmäßig die wesentlichen Grundlagen des Unternehmens (vgl. BFH-Urteil vom 5. 2. 1970, BStBl II S. 365). ⁶Eine Geschäftsveräußerung kann auch vorliegen, wenn verpachtete Gegenstände nach Beendigung der Pacht veräußert werden (vgl. BFH-Urteil vom 10. 5. 1961 – BStBl III S. 322). ⁷Bei entgeltlicher oder unentgeltlicher Übereignung eines Unternehmens oder eines gesondert geführten Betriebs im ganzen ist eine nicht steuerbare Geschäftsveräußerung auch dann anzunehmen, wenn einzelne unwesentliche Wirtschaftsgüter davon ausgenommen werden. ⁸Bei einer Einbringung eines Betriebs in eine Gesellschaft liegt eine nichtsteuerbare Geschäftsveräußerung im ganzen aber auch dann vor, wenn einzelne wesentliche Wirtschaftsgüter nicht mit dinglicher Wirkung übertragen, sondern an die Gesellschaft vermietet oder verpachtet werden (vgl. BFH-Urteil vom 15. 10. 1998 – BStBl 1999 II S. 41).

(2) ¹Gehören zu den wesentlichen Grundlagen des Unternehmens bzw. des Betriebs nicht eigentumsfähige Güter, z. B. Gebrauchs- und Nutzungsrechte an Sachen, Forderungen, Dienstverträge, Geschäftsbeziehungen usw., so muß der Unternehmer diese Rechte auf den Erwerber übertragen, soweit sie für die Fortführung des Unternehmens erforderlich sind. ²Wird das Unternehmen bzw. der Betrieb in gepachteten Räumen und mit gepachteten Maschinen unterhalten, so gehört das Pachtrecht zu den wesentlichen Grundlagen. ³Dieses Pachtrecht muß der Veräußerer auf den Erwerber übertragen, indem er ihm die Möglichkeit verschafft, mit dem Verpächter einen Pachtvertrag abzuschließen, so daß der Erwerber die dem bisherigen Betrieb dienenden Räume usw. unverändert nutzen kann (vgl. BFH-Urteil vom 19. 12. 1968 – BStBl 1969 II S. 303). ⁴Eine Übereignung in mehreren Akten ist dann als eine Geschäftsveräußerung anzusehen, wenn die einzelnen Teilakte in wirtschaftlichem Zusammenhang stehen und der Wille auf Erwerb des Unternehmens gerichtet ist (vgl. BFH-Urteil vom 16. 3. 1982 – BStBl II S. 483). ⁵Eine Übereignung ist auch anzunehmen, wenn der Erwerber beim Übergang des Unternehmens Einrichtungsgegenstände, die ihm bereits vorher zur Sicherung übereignet worden sind, und Waren, die er früher unter Eigentumsvorbehalt geliefert hat, übernimmt (vgl. BFH-Urteil vom 20. 7. 1967 – BStBl III S. 684).

(3) ¹Ein in der Gliederung eines Unternehmens gesondert geführter Betrieb liegt vor, wenn er wirtschaftlich selbständig ist. ²Dies setzt voraus, daß der veräußerte Teil des Unternehmens einen für sich lebensfähigen Organismus gebildet hat, der unabhängig von den anderen Geschäften des Unternehmens nach Art eines selbständigen Unternehmens betrieben worden ist und nach außen hin ein selbständiges, in sich abgeschlossenes Wirtschaftsgebilde gewesen ist. ³Soweit einkommensteuerrechtlich eine Teilbetriebsveräußerung angenommen wird (vgl. R 139 Abs. 3 EStR 1998), kann umsatzsteuerrechtlich von der Veräußerung eines gesondert geführten Betriebs ausgegangen werden. ⁴Veräußert ein Beförderungsunternehmer, der Güterbeförderungen mit mehreren Kraftfahrzeugen betreibt, einen dem Güterfernverkehr dienenden Lastzug, und verzichtet er auf die Konzession zugunsten des Erwerbers, so liegt nicht die Übereignung eines in der Gliederung des Unternehmens gesondert geführten Betriebs vor (vgl. BFH-Urteil vom 1. 12. 1966 – BStBl 1967 III S. 161).

(4) Zur Vorsteuerberichtigung des Erwerbers vgl. Abschnitt 215 Abs. 2.

(5) Liegen bei einer unentgeltlichen Übertragung die Voraussetzungen für eine Geschäftsveräußerung nicht vor, kann eine steuerbare unentgeltliche Wertabgabe in Betracht kommen.

UStR   6. Leistungsaustausch bei Gesellschaftsverhältnissen

(1) ¹Zwischen Personen- und Kapitalgesellschaften und ihren Gesellschaftern ist ein Leistungsaustausch möglich (vgl. BFH-Urteil vom 23. 7. 1959 – BStBl III S. 379). ²Unentgeltliche Leistungen von Gesellschaften an ihre Gesellschafter werden durch § 3 Abs. 1b und Abs. 9a UStG erfaßt (vgl. Abschnitte 24a bis 24c).

...

(2) ...

Leistungsaustausch oder nicht steuerbarer Gesellschafterbeitrag

(3) ¹Zwischen einem Gesellschafter und der Gesellschaft, an der er beteiligt ist, kommt es zu einem Leistungsaustausch, wenn der Gesellschafter eine Leistung gegen besonderes Entgelt erbringt (vgl. BFH-Urteile vom 8. 11. 1995 – BStBl II S. 114 und BStBl 1996 II S. 176). ²Dabei ist es gleichgültig, ob die Leistung auf gesellschaftsrechtlicher Verpflichtung beruht oder nicht (vgl. BFH-Urteil vom 16. 3. 1993 – BStBl II S. 529). ³⁻¹⁰...

Einzelfälle

(4) ¹Die Behandlung der Überlassung von Gegenständen durch Gesellschafter an Gesellschaften, an denen sie beteiligt sind, richtet sich danach, ob die Gesellschafter nur in ihrer Eigenschaft als Gesellschafter oder selbst als Unternehmer tätig sind und ob die Überlassung entgeltlich oder unentgeltlich erfolgt. ²Der Gesellschafter einer Personengesellschaft kann grundsätzlich frei entscheiden, in welcher Eigenschaft er für die Gesellschaft tätig wird. ³Dabei kann er seine Verhältnisse so gestalten, daß sie zu einer möglichst geringen steuerlichen Belastung führen (BFH-Urteil vom 16. 3. 1993 – BStBl II S. 530).

1. ¹Der Gesellschafter erwirbt einen Gegenstand, den er der Gesellschaft zur Nutzung überläßt. ²Der Gesellschafter ist nur als Gesellschafter tätig.

   a) Der Gesellschafter überläßt den Gegenstand gegen Entgelt:

   Beispiel 1:

   ¹Der Gesellschafter einer OHG erwirbt für eigene Rechnung einen Pkw, den er auf seinen Namen zuläßt und den er in vollem Umfang der Gesellschaft zur Nutzung überläßt. ²Die OHG zahlt dem Gesellschafter für die Nutzung des Pkw eine besondere Vergütung, z. B. einen feststehenden Mietzins oder eine nach der tatsächlichen Fahrleistung bemessene Vergütung.

   ³Nach den Grundsätzen der BFH-Urteile vom 7. 11. 1991 – BStBl 1992 II S. 269 – und vom 16. 3. 1993 – BStBl II S. 562 – ist die Unternehmereigenschaft des Gesellschafters zu bejahen. ⁴Er bewirkt mit der Überlassung des Pkw eine steuerbare Leistung an die Gesellschaft. ⁵Das Entgelt dafür besteht in der von der Gesellschaft gezahlten besonderen Vergütung. ⁶Ein Leistungsaustausch kann auch dann vorliegen, wenn der Gesellschafter den Pkw ausschließlich selbst nutzt (vgl. BFH-Urteil vom 16. 3. 1993 – BStBl II S. 530).

   Beispiel 2:

   ¹Sachverhalt wie Beispiel 1, jedoch mit der Abweichung, daß der Pkw nur anteilig für Zwecke der Gesellschaft überlassen wird. ²Er wird zu 70 v. H. für Zwecke der Gesellschaft und zu 30 v. H. für eigene unternehmensfremde Zwecke des Gesellschafters genutzt.

   ³Ein Leistungsaustausch zwischen Gesellschafter und Gesellschaft findet nur insoweit statt, als der Gegenstand für Zwecke der Gesellschaft überlassen wird. ⁴Insoweit, als der Gesellschafter den Gegenstand für eigene unternehmensfremde Zwecke verwendet, liegt bei ihm eine nach § 3 Abs. 9a Satz 1 Nr. 1 i. V. m. Satz 2 UStG nicht steuerbare unentgeltliche Wertabgabe vor.

b) Der Gesellschafter überläßt den Gegenstand unentgeltlich.

Beispiel 3:

¹Der Gesellschafter einer OHG erwirbt für eigene Rechnung einen Pkw, den er auf seinen Namen zuläßt und den er in vollem Umfang der Gesellschaft zur Nutzung überläßt. ²Der Gesellschafter erhält hierfür jedoch keine besondere Vergütung; ihm steht lediglich der im Gesellschaftsvertrag bestimmte Gewinnanteil zu.

³Überläßt der Gesellschafter der Gesellschaft den Gegenstand unentgeltlich zur Nutzung, handelt er insoweit nicht als Unternehmer. ⁴Weder der Gesellschafter noch die Gesellschaft sind berechtigt, die dem Gesellschafter beim Erwerb des Gegenstandes in Rechnung gestellte Umsatzsteuer als Vorsteuer abzuziehen (vgl. auch BFH-Urteil vom 26. 1. 1984 – BStBl II S. 231).

2. ¹Der Gesellschafter ist selbst als Unternehmer tätig. ²Er überläßt der Gesellschaft einen Gegenstand seines dem Unternehmen dienenden Vermögens zur Nutzung.

a) ¹Der Gesellschafter überläßt den Gegenstand gegen Entgelt. ²Bei der Nutzungsüberlassung gegen Entgelt handelt es sich um einen steuerbaren Umsatz im Rahmen des Unternehmens.

b) Der Gesellschafter überläßt den Gegenstand unentgeltlich.

Beispiel 4:

¹Ein Bauunternehmer ist Mitglied einer Arbeitsgemeinschaft und stellt dieser unentgeltlich Baumaschinen zur Verfügung.

²Die unentgeltliche Überlassung des Gegenstandes an die Gesellschaft ist beim Gesellschafter keine unentgeltliche Wertabgabe, wenn dafür unternehmerische Gründe ausschlaggebend waren. ³Es handelt sich um eine mangels Entgelt nicht steuerbare sonstige Leistung im Rahmen des Unternehmens ... ⁴Wird der Gegenstand aus unternehmensfremden Gründen überlassen, liegt beim Gesellschafter unter den Voraussetzungen des § 3 Abs. 9a UStG eine unentgeltliche Wertabgabe vor. ⁵Das kann beispielsweise im Einzelfall bei der Überlassung von Gegenständen an Familiengesellschaften der Fall sein. ⁶Unternehmensfremde Gründe liegen nicht allein deshalb vor, weil der Gesellschafter die Anteile an der Gesellschaft nicht in seinem Betriebsvermögen hält (vgl. BFH-Urteil vom 20. 12. 1962 – BStBl 1963 III S. 169).

Zu 2a und 2b:

¹Sowohl in den Fällen der entgeltlichen als auch denen der unentgeltlichen Überlassung kann der Gesellschafter die ihm bei der Anschaffung des überlassenen Gegenstandes in Rechnung gestellte Umsatzsteuer als Vorsteuer abziehen. ²Ein Vorsteuerabzug der Gesellschaft ist insoweit ausgeschlossen. ³Zum Vorsteuerabzug vgl. Abschnitt 213.

...

(5) ...

UStR 12. Sachzuwendungen und sonstige Leistungen an das Personal

Allgemeines

(1) ¹Wendet der Unternehmer (Arbeitgeber) seinem Personal (seinen Arbeitnehmern) als Vergütung für geleistete Dienste neben dem Barlohn auch einen Sachlohn zu, bewirkt der Unternehmer mit dieser Sachzuwendung eine entgeltliche Leistung im Sinne des § 1 Abs. 1 Nr. 1 Satz 1 UStG, für die der Arbeitnehmer einen Teil seiner Arbeitsleistung als Gegenleistung aufwendet. ². . . ³Ebenfalls nach § 1 Abs. 1 Nr. 1 Satz 1 UStG steuerbar sind Lieferungen oder sonstige Leistungen, die der Unternehmer an seine Arbeitnehmer oder deren Angehörige aufgrund des Dienstverhältnisses gegen besonders berechnetes Entgelt, aber verbilligt, ausführt. ⁴Von einer entgeltlichen Leistung in diesem Sinne ist auszugehen, wenn der Unternehmer für die Leistung gegenüber dem einzelnen Arbeitnehmer einen unmittelbaren Anspruch auf eine Geldzahlung oder eine andere – nicht in der Arbeitsleistung bestehende – Gegenleistung in Geldeswert hat. ⁵Für die Steuerbarkeit kommt es nicht darauf an, ob der Arbeitnehmer das Entgelt gesondert an den Unter-

nehmer entrichtet oder ob der Unternehmer den entsprechenden Betrag vom Barlohn einbehält.
[6]Die Gewährung von Personalrabatt durch den Unternehmer beim Einkauf von Waren durch seine Mitarbeiter ist keine Leistung gegen Entgelt, sondern Preisnachlaß (BFH-Beschluß vom 17. 9. 1981 – BStBl II S. 775).

(2) [1]Zuwendungen von Gegenständen (Sachzuwendungen) und sonstige Leistungen an das Personal für dessen privaten Bedarf sind nach § 3 Abs. 1b Satz 1 Nr. 2 und § 3 Abs. 9a UStG auch dann steuerbar, wenn sie unentgeltlich sind (vgl. Abschnitt 24b Abs. 7). [2]Die Steuerbarkeit setzt voraus, daß Leistungen aus unternehmerischen (betrieblichen) Gründen für den privaten, außerhalb des Dienstverhältnisses liegenden Bedarf des Arbeitnehmers ausgeführt werden (vgl. BFH-Urteile vom 11. 3. 1988 – BStBl II S. 643 und 651). [3]Steuerbar sind auch Leistungen an ausgeschiedene Arbeitnehmer aufgrund eines früheren Dienstverhältnisses sowie Leistungen an Auszubildende. [4]Bei unentgeltlichen Zuwendungen eines Gegenstands an das Personal oder der Verwendung eines dem Unternehmen zugeordneten Gegenstands für den privaten Bedarf des Personals setzt die Steuerbarkeit voraus, daß der Gegenstand oder seine Bestandteile zumindest zu einem teilweisen Vorsteuerabzug berechtigt haben (vgl. Abschnitt 24b und 24c). [5]Keine steuerbaren Umsätze sind Aufmerksamkeiten und Leistungen, die überwiegend durch das betriebliche Interesse des Arbeitgebers veranlaßt sind (vgl. BFH-Urteil vom 9. 7. 1998 – BStBl II S. 635).

(3) [1]Aufmerksamkeiten sind Zuwendungen des Arbeitgebers, die nach ihrer Art und nach ihrem Wert Geschenken entsprechen, die im gesellschaftlichen Verkehr üblicherweise ausgetauscht werden und zu keiner ins Gewicht fallenden Bereicherung des Arbeitnehmers führen (vgl. BFH-Urteil vom 22. 3. 1985 – BStBl II S. 641, R 73 LStR 2000). [2]Zu den Aufmerksamkeiten rechnen danach gelegentliche Sachzuwendungen bis zu einem Wert von 60 DM, z. B. Blumen, Genußmittel, ein Buch oder ein Tonträger, die dem Arbeitnehmer oder seinen Angehörigen aus Anlaß eines besonderen persönlichen Ereignisses zugewendet werden. [3]Gleiches gilt für Getränke und Genußmittel, die der Arbeitgeber den Arbeitnehmern zum Verzehr im Betrieb unentgeltlich überläßt. [4]Aufmerksamkeiten sind auch Speisen, die der Arbeitgeber den Arbeitnehmern anläßlich und während eines außergewöhnlichen Arbeitseinsatzes, z. B. während einer außergewöhnlichen betrieblichen Besprechung oder Sitzung, im ganz überwiegenden betrieblichen Interesse an einer günstigen Gestaltung des Arbeitsablaufs unentgeltlich überläßt und deren Wert 60 DM nicht überschreitet.

(4) [1]Nicht steuerbare Leistungen, die überwiegend durch das betriebliche Interesse des Arbeitgebers veranlaßt sind, liegen vor, wenn betrieblich veranlaßte Maßnahmen zwar auch die Befriedigung eines privaten Bedarfs der Arbeitnehmer zur Folge haben, diese Folge aber durch die mit den Maßnahmen angestrebten betrieblichen Zwecke überlagert wird. [2]Dies ist regelmäßig anzunehmen, wenn die Maßnahme die dem Arbeitgeber obliegende Gestaltung der Dienstausübung betrifft (vgl. BFH-Urteil vom 9. 7. 1998 – BStBl II S. 635). [3]Hierzu gehören insbesondere:

1. [1]Leistungen zur Verbesserung der Arbeitsbedingungen, z. B. die Bereitstellung von Aufenthalts- und Erholungsräumen sowie von betriebseigenen Duschanlagen, die grundsätzlich von allen Betriebsangehörigen in Anspruch genommen werden können. [2]...
2. die betriebsärztliche Betreuung sowie die Vorsorgeuntersuchung des Arbeitnehmers, wenn sie im ganz überwiegenden betrieblichen Interesse des Arbeitgebers liegt (vgl. BFH-Urteil vom 17. 9. 1982 – BStBl 1983 II S. 39);
3. betriebliche Fort- und Weiterbildungsleistungen;
4. die Überlassung von Arbeitsmitteln zur beruflichen Nutzung einschließlich der Arbeitskleidung, wenn es sich um typische Berufskleidung, insbesondere um Arbeitsschutzkleidung, handelt, deren private Nutzung so gut wie ausgeschlossen ist;
5. das Zurverfügungstellen von Parkplätzen auf dem Betriebsgelände;
6. [1]Zuwendungen im Rahmen von Betriebsveranstaltungen, soweit sie sich im üblichen Rahmen halten. [2]Die Üblichkeit der Zuwendungen ist bis zu einer Höhe von 200 DM einschließlich

Umsatzsteuer je Arbeitnehmer und Betriebsveranstaltung nicht zu prüfen. ³Satz 2 gilt nicht für mehrtägige Betriebsveranstaltungen sowie bei mehr als zwei Betriebsveranstaltungen im Jahr. ⁴Die lohnsteuerrechtliche Beurteilung gilt entsprechend (vgl. R 72 LStR 2000);

7. das Zurverfügungstellen von Betriebskindergärten;
8. das Zurverfügungstellen von Übernachtungsmöglichkeiten in gemieteten Zimmern, wenn der Arbeitnehmer an weit von seinem Heimatort entfernten Tätigkeitsstellen eingesetzt wird (vgl. BFH-Urteil vom 21. 7. 1994 – BStBl II S. 881);
9. Schaffung und Förderung der Rahmenbedingungen für die Teilnahme an einem Verkaufswettbewerb (vgl. BFH-Urteil vom 16. 3. 1995 – BStBl II S. 651);
10. die Sammelbeförderung unter den in Absatz 14 Satz 2 bezeichneten Voraussetzungen.

(5) ¹Nach § 1 Abs. 1 Nr. 1 Satz 1, § 3 Abs. 1b oder § 3 Abs. 9a UStG steuerbare Umsätze an Arbeitnehmer können steuerfrei, z. B. nach § 4 Nr. 10 Buchstabe b, Nr. 12, 18, 23 bis 25 UStG, sein. ²Die Überlassung von Werkdienstwohnungen durch Arbeitgeber an Arbeitnehmer ist nach § 4 Nr. 12 UStG steuerfrei (vgl. BFH-Urteile vom 30. 7. 1986 – BStBl II S. 877 und vom 7. 10. 1987 – BStBl 1988 II S. 88). ³Überläßt ein Unternehmer in seiner Pension Räume an eigene Saison-Arbeitnehmer, ist diese Leistung nach § 4 Nr. 12 Satz 2 UStG steuerpflichtig, wenn diese Räume wahlweise zur vorübergehenden Beherbergung von Gästen oder zur Unterbringung des Saisonpersonals bereitgehalten werden (vgl. BFH-Urteil vom 13. 9. 1988 – BStBl II S. 1021); vgl. auch Abschnitt 84 Abs. 2.

Bemessungsgrundlage

(6) ¹Bei der Ermittlung der Bemessungsgrundlage für die entgeltlichen Lieferungen und sonstigen Leistungen an Arbeitnehmer (Absatz 1) ist die Vorschrift über die Mindestbemessungsgrundlage in § 10 Abs. 5 Nr. 2 UStG zu beachten. ²Danach ist als Bemessungsgrundlage mindestens der in § 10 Abs. 4 UStG bezeichnete Wert (Einkaufspreis, Selbstkosten, Kosten, vgl. Absatz 7) abzüglich der Umsatzsteuer anzusetzen, wenn dieser den vom Arbeitnehmer tatsächlich aufgewendeten (gezahlten) Betrag abzüglich der Umsatzsteuer übersteigt. ³Beruht die Verbilligung auf einem Belegschaftsrabatt, z. B. bei der Lieferung von sog. Jahreswagen an Werksangehörige in der Automobilindustrie, liegen die Voraussetzungen für die Anwendung der Vorschrift des § 10 Abs. 5 Nr. 2 UStG regelmäßig nicht vor; Bemessungsgrundlage ist dann der tatsächlich aufgewendete Betrag abzüglich Umsatzsteuer. ⁴Zuwendungen, die der Unternehmer in Form eines Sachlohns als Vergütung für geleistete Dienste gewährt, sind nach den Werten des § 10 Abs. 4 UStG zu bemessen; dabei sind auch die nicht zum Vorsteuerabzug berechtigenden Kosten in die Bemessungsgrundlage einzubeziehen.

(7) ¹Die Bemessungsgrundlage für die unentgeltlichen Lieferungen und sonstigen Leistungen an Arbeitnehmer (Absatz 2) ist in § 10 Abs. 4 UStG geregelt. ²Bei der Ermittlung der Bemessungsgrundlage für unentgeltliche Lieferungen (§ 10 Abs. 4 Nr. 1 UStG) ist vom Einkaufspreis zuzüglich der Nebenkosten für den Gegenstand oder für einen gleichartigen Gegenstand oder mangels eines Einkaufspreises von den Selbstkosten, jeweils zum Zeitpunkt des Umsatzes, auszugehen. ³Der Einkaufspreis entspricht in der Regel dem Wiederbeschaffungspreis des Unternehmers. ⁴Die Selbstkosten umfassen alle durch den betrieblichen Leistungsprozeß entstehenden Kosten. ⁵Bei der Ermittlung der Bemessungsgrundlage für unentgeltliche sonstige Leistungen (§ 10 Abs. 4 Nr. 2 und 3 UStG) ist von den bei der Ausführung dieser Leistungen entstandenen Kosten auszugehen. ⁶Hierzu gehören auch die anteiligen Gemeinkosten. ⁷In den Fällen des § 10 Abs. 4 Nr. 2 UStG sind aus der Bemessungsgrundlage solche Kosten auszuscheiden, die nicht zum vollen oder teilweisen Vorsteuerabzug berechtigt haben.

(8) ¹Die in § 10 Abs. 4 UStG vorgeschriebenen Werte weichen grundsätzlich von den für Lohnsteuerzwecke anzusetzenden Werten (§ 8 Abs. 2 und 3 EStG, R 31 und 32 LStR 2000) ab. ²In bestimmten Fällen (vgl. Absätze 9, 11, 13, 17) ist es jedoch aus Vereinfachungsgründen nicht zu

beanstanden, wenn für die umsatzsteuerrechtliche Bemessungsgrundlage von den lohnsteuerrechtlichen Werten ausgegangen wird. ³Diese Werte sind dann als Bruttowerte anzusehen, aus denen zur Ermittlung der Bemessungsgrundlage die Umsatzsteuer herauszurechnen ist. ⁴Der Freibetrag nach § 8 Abs. 3 Satz 2 EStG von 2 400 Deutsche Mark bleibt bei der umsatzsteuerrechtlichen Bemessungsgrundlage unberücksichtigt.

Einzelfälle

(9) ¹Erhalten Arbeitnehmer von ihrem Arbeitgeber freie Verpflegung, freie Unterkunft oder freie Wohnung, ist von den Werten auszugehen, die in der Sachbezugsverordnung in der jeweils geltenden Fassung festgesetzt sind. ²Für die Gewährung von Unterkunft und Wohnung kann unter den Voraussetzungen des § 4 Nr. 12 Buchst. a UStG Steuerfreiheit in Betracht kommen (vgl. aber Absatz 5 Satz 3). ³Die Gewährung der Verpflegung unterliegt dem allgemeinen Steuersatz (vgl. BFH-Urteil vom 24. 11. 1988 – BStBl 1989 II S. 210; Abschnitt 25a).

(10) ¹Bei der Abgabe von Mahlzeiten an die Arbeitnehmer ist hinsichtlich der Ermittlung der Bemessungsgrundlage zu unterscheiden, ob es sich um eine unternehmenseigene Kantine oder um eine vom Unternehmer (Arbeitgeber) nicht selbst betriebene Kantine handelt. ²Eine unternehmenseigene Kantine ist nur anzunehmen, wenn der Unternehmer die Mahlzeiten entweder selbst herstellt oder die Mahlzeiten vor der Abgabe an die Arbeitnehmer mehr als nur geringfügig be- oder verarbeitet bzw. aufbereitet oder ergänzt. ³Von einer nicht selbst betriebenen Kantine ist auszugehen, wenn die Mahlzeiten nicht vom Arbeitgeber/Unternehmer selbst (d. h. durch eigenes Personal) zubereitet und an die Arbeitnehmer abgegeben werden. ⁴Überläßt der Unternehmer (Arbeitgeber) im Rahmen der Fremdbewirtschaftung Küchen- und Kantinenräume, Einrichtungs- und Ausstattungsgegenstände sowie Koch- und Küchengeräte u. ä., so ist der Wert dieser Gebrauchsüberlassung bei der Ermittlung der Bemessungsgrundlage für die Mahlzeiten nicht zu berücksichtigen.

(11) ¹Bei der unentgeltlichen Abgabe von Mahlzeiten an die Arbeitnehmer durch unternehmenseigene Kantinen ist aus Vereinfachungsgründen bei der Ermittlung der Bemessungsgrundlage von dem Wert auszugehen, der dem amtlichen Sachbezugswert nach der Sachbezugsverordnung entspricht (vgl. R 31 Abs. 7 LStR 2000). ■ ²Werden die Mahlzeiten in unternehmenseigenen Kantinen entgeltlich abgegeben, ist der vom Arbeitnehmer gezahlte Essenspreis, mindestens jedoch der Wert der Besteuerung zugrunde zu legen, der dem amtlichen Sachbezugswert entspricht. ³Abschläge für Jugendliche, Auszubildende und Angehörige der Arbeitnehmer sind nicht zulässig.

Beispiel 1:

Wert der Mahlzeit	4,70 DM
Zahlung des Arbeitnehmers	2,00 DM
maßgeblicher Wert	4,70 DM
darin enthalten 16/116 Umsatzsteuer (Steuersatz 16 v. H.)	./. 0,65 DM
Bemessungsgrundlage	4,05 DM

Beispiel 2:

Wert der Mahlzeit	4,70 DM
Zahlung des Arbeitnehmers	5,00 DM
maßgeblicher Wert	5,00 DM
darin enthalten 16/116 Umsatzsteuer (Steuersatz 16 v. H.)	./. 0,69 DM
Bemessungsgrundlage	4,31 DM

Anm. d. Schriftl.:

■ Der amtl. Sachbezugswert einer Kantinenmahlzeit beträgt für 2001 = 4,82 DM.

[4]Soweit unterschiedliche Mahlzeiten zu unterschiedlichen Preisen verbilligt an die Arbeitnehmer abgegeben werden, kann bei der umsatzsteuerrechtlichen Bemessungsgrundlage von dem für Lohnsteuerzwecke gebildeten Durchschnittswert ausgegangen werden.

(12) Bei der Abgabe von Mahlzeiten durch eine vom Unternehmer (Arbeitgeber) nicht selbst betriebene Kantine oder Gaststätte gilt folgendes:

1. [1]Vereinbart der Arbeitgeber mit dem Katinenbetreiber bzw. Gastwirt die Zubereitung und die Abgabe von Essen an die Arbeitnehmer zum Verzehr an Ort und Stelle und hat der Kantinenbetreiber bzw. Gastwirt einen Zahlungsanspruch gegen den Arbeitgeber, liegt einerseits ein Leistungsaustausch zwischen Kantinenbetreiber bzw. Gastwirt und Arbeitgeber und andererseits ein Leistungsaustausch des Arbeitgebers gegenüber dem Arbeitnehmer vor. [2]Der Arbeitgeber bedient sich in diesen Fällen des Kantinenbetreibers bzw. Gastwirts zur Beköstigung seiner Arbeitnehmer. [3]Sowohl in dem Verhältnis Kantinenbetreiber bzw. Gastwirt – Arbeitgeber als auch im Verhältnis Arbeitgeber – Arbeitnehmer liegt eine sonstige Leistung vor.

   Beispiel 1:

   [1]Der Arbeitgeber vereinbart mit einem Gastwirt die Abgabe von Essen an seine Arbeitnehmer zu einem Preis von 5 DM je Essen. [2]Der Gastwirt rechnet über die ausgegebenen Essen mit dem Arbeitgeber auf der Grundlage dieses Preises ab. [3]Die Arbeitnehmer haben einen Anteil am Essenspreis von 2 DM zu entrichten, den der Arbeitgeber von den Arbeitslöhnen einbehält.

   [4]Nach § 3 Abs. 9 UStG erbringen der Gastwirt an den Arbeitgeber und der Arbeitgeber an den Arbeitnehmer je eine sonstige Leistung. [5]Der Preis je Essen beträgt für den Arbeitgeber 5 DM. [6]Als Bemessungsgrundlage für die Abgabe der Mahlzeiten des Arbeitgebers an den Arbeitnehmer ist der Betrag von 4,31 DM (5 DM abzüglich $^{16}/_{116}$ Umsatzsteuer) anzusetzen. [7]Der Arbeitgeber kann die ihm vom Gastwirt für die Beköstigungsleistungen gesondert in Rechnung gestellte Umsatzsteuer unter den Voraussetzungen des § 15 UStG als Vorsteuer abziehen.

2. [1]Bestellt der Arbeitnehmer in einer Gaststätte selbst sein gewünschtes Essen nach der Speisekarte und bezahlt dem Gastwirt den – ggf. um einen Arbeitgeberzuschuß geminderten – Essenspreis, liegt eine sonstige Leistung des Gastwirts an den Arbeitnehmer vor. [2]Ein Umsatzgeschäft zwischen Arbeitgeber und Gastwirt besteht nicht. [3]Im Verhältnis des Arbeitgebers zum Arbeitnehmer ist die Zahlung des Essenszuschusses ein nicht umsatzsteuerbarer Vorgang. [4]Bemessungsgrundlage der sonstigen Leistung des Gastwirts an den Arbeitnehmer ist der von dem Arbeitnehmer an den Gastwirt gezahlte Essenspreis zuzüglich des ggf. gezahlten Arbeitgeberzuschusses (Entgelt von dritter Seite).

   Beispiel 2:

   [1]Der Arbeitnehmer kauft in einer Gaststätte ein Mittagessen, welches mit einem Preis von 6 DM ausgezeichnet ist. [2]Er übergibt dem Gastwirt eine Essensmarke des Arbeitgebers im Wert von 2 DM und zahlt die Differenz in Höhe von 4 DM. [3]Der Gastwirt läßt sich den Wert der Essensmarken wöchentlich vom Arbeitgeber erstatten.

   [4]Bemessungsgrundlage beim Gastwirt ist der Betrag von 6 DM abzüglich Umsatzsteuer. [5]Die Erstattung der Essensmarke (Arbeitgeberzuschuß) führt nicht zu einer steuerbaren Sachzuwendung an den Arbeitnehmer. [6]Der Arbeitgeber kann aus der Abrechnung des Gastwirts keinen Vorsteuerabzug geltend machen.

(13) [1]Zu den unentgeltlichen Wertabgaben rechnen auch unentgeltliche Deputate, z. B. im Bergbau und in der Land- und Forstwirtschaft, und die unentgeltliche Abgabe von Getränken und Genußmitteln zum häuslichen Verzehr, z. B. Haustrunk im Brauereigewerbe, Freitabakwaren in der Tabakwarenindustrie. [2]Das gleiche gilt für Sachgeschenke, Jubiläumsgeschenke und ähnliche Zuwendungen aus Anlaß von Betriebsveranstaltungen, soweit diese Zuwendungen weder Aufmerksamkeiten (vgl. Absatz 3) noch Leistungen im überwiegenden betrieblichen Interesse des Arbeitgebers (vgl. Absatz 4) sind. [3]Als Bemessungsgrundlage sind in diesen Fällen grundsätzlich die in § 10 Abs. 4 Nr. 1 UStG bezeichneten Werte anzusetzen. [4]Aus Vereinfachungsgründen kann von den nach den lohnsteuerrechtlichen Regelungen (vgl. R 31 Abs. 2, R 32 Abs. 2 LStR 2000) ermittelten Werten ausgegangen werden.

(14) ¹Unentgeltliche Beförderungen der Arbeitnehmer von ihrem Wohnsitz, gewöhnlichen Aufenthaltsort oder von einer Sammelhaltestelle, z. B. einem Bahnhof, zum Arbeitsplatz durch betriebseigene Kraftfahrzeuge oder durch vom Arbeitgeber beauftragte Beförderungsunternehmer sind nach § 3 Abs. 9a Satz 1 Nr. 2 UStG steuerbar, sofern sie nicht im überwiegenden betrieblichen Interesse des Arbeitgebers liegen.**[1]** ²Nicht steuerbare Leistungen im überwiegenden betrieblichen Interesse sind z. B. in den Fällen anzunehmen, in denen

1. die Beförderung mit öffentlichen Verkehrsmitteln nicht oder nur mit unverhältnismäßig hohem Zeitaufwand durchgeführt werden könnte,

2. die Arbeitnehmer an ständig wechselnden Tätigkeitsstätten oder an verschiedenen Stellen eines weiträumigen Arbeitsgebiets eingesetzt werden, oder

3. im Einzelfall die Beförderungsleistungen wegen eines außergewöhnlichen Arbeitseinsatzes erforderlich werden oder wenn sie hauptsächlich dem Materialtransport an die Arbeitsstelle dienen und der Arbeitgeber dabei einige Arbeitnehmer unentgeltlich mitnimmt (vgl. BFH-Urteil vom 9. 7. 1998 – BStBl II S. 635).

(15) ¹Die Bemessungsgrundlage für die unentgeltlichen Beförderungsleistungen des Arbeitgebers richtet sich nach den bei der Ausführung der Umsätze entstandenen Kosten (§ 10 Abs. 4 Nr. 3 UStG). ²Es ist nicht zu beanstanden, wenn der Arbeitgeber die entstandenen Kosten schätzt, soweit er die Beförderung mit betriebseigenen Fahrzeugen durchführt. ³Die Bemessungsgrundlage für die Beförderungsleistungen eines Monats kann z. B. pauschal aus der Zahl der durchschnittlich beförderten Arbeitnehmer und aus dem Preis für eine Monatskarte für die kürzeste und weiteste gefahrene Strecke (Durchschnitt) abgeleitet werden.

Beispiel:

¹Ein Unternehmer hat in einem Monat durchschnittlich 6 Arbeitnehmer mit einem betriebseigenen Fahrzeug unentgeltlich von ihrer Wohnung zur Arbeitsstätte befördert. ²Die kürzeste Strecke von der Wohnung eines Arbeitnehmers zur Arbeitsstätte beträgt 10 km, die weiteste 30 km (Durchschnitt 20 km).

³Die Bemessungsgrundlage für die Beförderungsleistungen in diesem Monat berechnet sich wie folgt:

6 Arbeitnehmer x 160 DM (Monatskarte für 20 km) = 960 DM abzüglich 62,80 DM Umsatzsteuer (Steuersatz 7 v. H.) = 897,20 DM.

⁴...

(16) ...

(17) ¹Zur umsatzsteuerrechtlichen Behandlung der Überlassung von Kraftfahrzeugen an Arbeitnehmer zu deren privater Nutzung vgl. Tz. 4 des BMF-Schreibens vom 8. 6. 1999 – BStBl I S. 581. ²Leistet der Arbeitnehmer in diesen Fällen Zuzahlungen vgl. BMF-Schreiben vom 30. 12. 1997 – BStBl 1998 I S. 110.**[2]**

(18) ...

Anm. d. Schriftl.:

[1] Nach dem BFH-Urteil vom 11. 5. 2000 – BStBl 2000 II S. 505 ist die unentgeltliche Beförderung von Arbeitnehmern von der Wohnung zur Arbeitsstätte und zurück mit einem betrieblichen Kfz durch den Arbeitgeber grundsätzlich dem privaten Bedarf der Arbeitnehmer und damit unternehmensfremden Zwecken zuzurechnen. Anders ist es jedoch, wenn die Erfordernisse des Unternehmens im Hinblick auf besondere Umstände es gebieten, daß die Beförderung der Arbeitnehmer vom Arbeitgeber übernommen wird.

[2] Nach dem BMF-Schreiben vom 29. 5. 2000 – BStBl 2000 I S. 819, ist allerdings grundsätzlich von einer entgeltlichen Leistung gem. § 1 Abs. 1 Nr. 1 Satz 1 UStG auszugehen. Die Bemessungsgrundlage bestimmt sich nach § 10 Abs. 2 UStG i. V. mit § 10 Abs. 1 UStG.

UStR   13. Inland – Ausland

(1) ¹Das Inland umfaßt das Hoheitsgebiet der Bundesrepublik Deutschland mit Ausnahme der in § 1 Abs. 2 Satz 1 UStG bezeichneten Gebiete, zu denen unter anderem die Freihäfen gehören. ²Freihäfen (Freizonen im Sinne des Artikels 166 ZK i. V. m. § 20 Abs. 1 ZollVG) sind die Teile der Häfen Bremen, Bremerhaven, Cuxhaven, Deggendorf, Duisburg, Emden, Hamburg und Kiel, die vom übrigen deutschen Teil des Zollgebiets der Gemeinschaft getrennt sind. ³Botschaften, Gesandtschaften und Konsulate anderer Staaten gehören selbst bei bestehender Exterritorialität zum Inland. ⁴Das gleiche gilt für Einrichtungen, die von Truppen anderer Staaten im Inland unterhalten werden.

(2) ¹Zum Ausland gehören das Drittlandsgebiet (einschließlich der Gebiete, die nach § 1 Abs. 2 Satz 1 UStG vom Inland ausgenommen sind) und das übrige Gemeinschaftsgebiet (vgl. Abschnitt 13a). ²Die österreichischen Gemeinden Mittelberg (Kleines Walsertal) und Jungholz in Tirol gehören zum Ausland im Sinne des § 1 Abs. 2 Satz 2 UStG; die Einfuhr in diese Gebiete unterliegt jedoch der deutschen Einfuhrumsatzsteuer (§ 1 Abs. 1 Nr. 4 UStG).

UStR   13a. Gemeinschaftsgebiet – Drittlandsgebiet

(1) ¹Das Gemeinschaftsgebiet umfaßt das Inland der Bundesrepublik Deutschland im Sinne des § 1 Abs. 2 Satz 1 UStG sowie die gemeinschaftsrechtlichen Inlandsgebiete der übrigen EG-Mitgliedstaaten (übriges Gemeinschaftsgebiet). ²Zum übrigen Gemeinschaftsgebiet gehören:

– Belgien

– Dänemark (ohne Grönland und die Färöer)

– Finnland (ohne die Åland-Inseln)

– Frankreich (ohne die überseeischen Departements Guadeloupe, Guyana, Martinique und Réunion) zuzüglich des Fürstentums Monaco

– Griechenland (ohne Berg Athos)

– Irland

– Italien (ohne Livigno, Campione d'Italia, San Marino und den zum italienischen Hoheitsgebiet gehörenden Teil des Luganer Sees)

– Luxemburg

– Niederlande (ohne die überseeischen Gebiete Aruba und Niederländische Antillen)

– Österreich

– Portugal (einschließlich Madeira und der Azoren)

– Schweden

– Spanien (einschließlich Balearen, ohne Kanarische Inseln, Ceuta und Melilla)

– Vereinigtes Königreich und Nordirland (ohne die überseeischen Länder und Gebiete, die Selbstverwaltungsgebiete der Kanalinseln Jersey und Guernsey sowie die britischen Hoheitszonen auf Zypern) zuzüglich der Insel Man.

(2) Das Drittlandsgebiet umfaßt die Gebiete, die nicht zum Gemeinschaftsgebiet gehören, u. a. auch Andorra, Gibraltar und den Vatikan.

Zu § 1a UStG

UStR 15a. Innergemeinschaftlicher Erwerb [1]

(1) ¹Ein innergemeinschaftlicher Erwerb setzt insbesondere voraus, daß an den Erwerber eine Lieferung ausgeführt wird und der Gegenstand dieser Lieferung aus dem Gebiet eines EG-Mitgliedstaates in das Gebiet eines anderen EG-Mitgliedstaates oder aus dem übrigen Gemeinschaftsgebiet in die in § 1 Abs. 3 UStG bezeichneten Gebiete gelangt. ²Zum Begriff Gegenstand vgl. Abschnitt 24 Abs. 1. ³Ein Gegenstand gelangt aus dem Gebiet eines EG-Mitgliedstaates in das Gebiet eines anderen EG-Mitgliedstaates, wenn die Beförderung oder Versendung durch den Lieferer oder durch den Abnehmer im Gebiet des einen EG-Mitgliedstaates beginnt und im Gebiet des anderen EG-Mitgliedstaates endet. ⁴Dies gilt auch dann, wenn die Beförderung oder Versendung im Drittlandsgebiet beginnt und der Gegenstand im Gebiet eines EG-Mitgliedstaates der Einfuhrumsatzsteuer unterworfen wird, bevor er in das Gebiet des anderen EG-Mitgliedstaates gelangt. ⁵Kein Fall des innergemeinschaftlichen Erwerbs liegt demnach vor, wenn die Ware aus einem Drittland im Wege der Durchfuhr durch das Gebiet eines anderen EG-Mitgliedstaates in das Inland gelangt und erst hier einfuhrumsatzsteuerrechtlich zum freien Verkehr abgefertigt wird. ⁶Als innergemeinschaftlicher Erwerb gegen Entgelt gilt auch das innergemeinschaftliche Verbringen eines Gegenstandes in das Inland (vgl. Abschnitt 15b).

(2) ¹Ein innergemeinschaftlicher Erwerb ist bei einem Unternehmer, der ganz oder zum Teil zum Vorsteuerabzug berechtigt ist, unabhängig von einer Erwerbsschwelle steuerbar. ²Bei

---

Anm. d. Schriftl.:

[1] **Innergemeinschaftlicher Erwerb**

Ab dem 1. 1. 1993 sind die Grenzkontrollen innerhalb der Europäischen Union (EU) entfallen. Einfuhrumsatzsteuer wird bei Einfuhren aus EU-Staaten nicht mehr erhoben.

Eine Regelung der Mitgliedstaaten der EU, eine allumfassende Besteuerung von Lieferungen und Leistungen im Ursprungsland vorzunehmen (d. h. eine der umsatzsteuerlichen Behandlung von Lieferungen und sonstigen Leistungen entsprechende Regelung wie Umsätze im Inland – § 3 Abs. 6 und 7, § 3a Abs. 1 UStG) konnte nicht verabschiedet werden. Als Übergangsregelung wurde daraufhin in der EG-Richtlinie vom 16. 12. 1991 – 91/680 vereinbart, ab dem 1. 1. 1993 im grenzüberschreitenden Verkehr zwischen Unternehmen eine Belastung mit Umsatzsteuer im Bestimmungsland vorzunehmen (§ 1a, § 3d UStG i. d. Fassung des USt-Binnenmarktgesetzes vom 25. 8. 1992).

Lediglich im privaten Reiseverkehr werden ab 1. 1. 1993 Lieferungen und sonstige Leistungen im Ursprungsland besteuert. Ausnahmeregelung: Lieferung von neuen Kraftfahrzeugen.

Beispiel für Umsatz durch innergemeinschaftlichen Erwerb

A ist Unternehmer in Hamburg. Er erwirbt unter Verwendung seiner deutschen USt-Identifikationsnummer für sein Unternehmen eine Maschine für 10 000 DM von dem Maschinenhändler B in Mailand/Italien. B ist in Italien kein Kleinunternehmer. Die Maschine wird am 1. 12. 01 mit dem Lkw des B von Mailand nach Hamburg transportiert.

Unternehmer A hat den Erwerb der Maschine gem. § 1 Abs. 1 Nr. 5, § 1a und § 3d UStG zu versteuern. Die Bemessungsgrundlage beträgt 10 000 DM und die darauf entfallende Umsatzsteuer 1 600 DM. Die gezahlte Umsatzsteuer ist in voller Höhe als Vorsteuer anrechenbar (§ 15 Abs. 1 Nr. 3 UStG).

Für den Unternehmer B ist die Lieferung nach italienischem Recht steuerfrei, d. h. die Lieferung erfolgt ohne Belastung mit italienischer Umsatzsteuer.

Die Besteuerung des innergemeinschaftlichen Erwerbs wird durch folgende Regelungen kontrolliert:

1. Vergabe einer USt-Identifikationsnummer (§ 27a UStG),
2. Zusammenfassende Meldung (§ 18a UStG),
3. Abgleich der Zusammenfassenden Meldung mit den USt-Voranmeldungen (§ 18b UStG)
4. Bestätigungsverfahren (§ 18e UStG).

Zu § 1a UStG

a) einem Unternehmer, der nur steuerfreie Umsätze ausführt, die zum Ausschluß vom Vorsteuerabzug führen,

b) einem Unternehmer, für dessen Umsätze Umsatzsteuer nach § 19 Abs. 1 UStG nicht erhoben wird,

c) einem Unternehmer, der den Gegenstand zur Ausführung von Umsätzen verwendet, für die die Steuer nach den Durchschnittsätzen des § 24 UStG festgesetzt ist, oder

d) einer juristischen Person des öffentlichen oder privaten Rechts, die nicht Unternehmer ist oder den Gegenstand nicht für ihr Unternehmen erwirbt,

liegt ein steuerbarer innergemeinschaftlicher Erwerb nur vor, wenn der Gesamtbetrag der innergemeinschaftlichen Erwerbe nach § 1a Abs. 1 Nr. 1 und Abs. 2 UStG aus allen EG-Mitgliedstaaten mit Ausnahme der Erwerbe neuer Fahrzeuge und verbrauchsteuerpflichtiger Waren über der Erwerbsschwelle von 25 000 DM liegt oder wenn nach § 1a Abs. 4 UStG zur Erwerbsbesteuerung optiert wird. [3]Bei dem in Satz 2 genannten Personenkreis unterliegt der innergemeinschaftliche Erwerb neuer Fahrzeuge und verbrauchsteuerpflichtiger Waren unabhängig von der Erwerbsschwelle stets der Erwerbsbesteuerung. [4]Liegen die Voraussetzungen der Sätze 2 und 3 nicht vor, ist die Besteuerung des Lieferers zu prüfen . . . . [5]Wird die Erwerbsschwelle im vorangegangenen Kalenderjahr nicht überschritten und ist zu erwarten, daß sie auch im laufenden Kalenderjahr nicht überschritten wird, kann die Erwerbsbesteuerung unterbleiben, auch wenn die tatsächlichen innergemeinschaftlichen Erwerbe im Laufe des Kalenderjahres die Grenze von 25 000 DM überschreiten. [6]Der Erwerber kann dem Finanzamt erklären, daß er auf die Anwendung der Erwerbsschwelle verzichtet. [7]Er unterliegt dann in jedem Fall der Erwerbsbesteuerung nach § 1a Abs. 1 und 2 UStG. [8]Für die Erklärung ist keine bestimmte Form vorgeschrieben. [9]Die Erklärung bindet den Erwerber mindestens für zwei Kalenderjahre.

(3) [1]Juristische Personen des öffentlichen Rechts haben grundsätzlich alle in ihrem Bereich vorgenommenen innergemeinschaftlichen Erwerbe zusammenzufassen. [2]Bei den großen Gebietskörperschaften Bund und Länder können auch einzelne Organisationseinheiten (z. B. Ressorts, Behörden, Ämter) für ihre innergemeinschaftlichen Erwerbe als Steuerpflichtige behandelt werden. [3]Dabei wird aus Vereinfachungsgründen davon ausgegangen, daß die Erwerbsschwelle überschritten ist. [4]In diesem Fall können die einzelnen Organisationseinheiten eine eigene USt-IdNr. erhalten . . . .

UStR 15b. Innergemeinschaftliches Verbringen

Allgemeines

(1) [1]Das innergemeinschaftliche Verbringen eines Gegenstandes gilt unter den Voraussetzungen des § 3 Abs. 1a UStG als Lieferung und unter den entsprechenden Voraussetzungen des § 1a Abs. 2 UStG als innergemeinschaftlicher Erwerb gegen Entgelt. [2]Ein innergemeinschaftliches Verbringen liegt vor, wenn ein Unternehmer

– einen Gegenstand seines Unternehmens aus dem Gebiet eines EG-Mitgliedstaates (Ausgangsmitgliedstaat) zu seiner Verfügung in das Gebiet eines anderen EG-Mitgliedstaates (Bestimmungsmitgliedstaat) befördert oder versendet und

– den Gegenstand im Bestimmungsmitgliedstaat nicht nur vorübergehend verwendet.

[3]Der Unternehmer gilt im Ausgangsmitgliedstaat als Lieferer, im Bestimmungsmitgliedstaat als Erwerber.

(2) [1]Ein innergemeinschaftliches Verbringen, bei dem der Gegenstand vom Inland in das Gebiet eines anderen EG-Mitgliedstaates gelangt, ist nach § 3 Abs. 1a UStG einer Lieferung gegen Entgelt gleichgestellt. [2]Diese Lieferung gilt nach § 6a Abs. 2 UStG als innergemeinschaftliche Lieferung, die unter den weiteren Voraussetzungen des § 6a UStG nach § 4 Nr. 1 Buchstabe b UStG

steuerfrei ist. ³Ein innergemeinschaftliches Verbringen, bei dem der Gegenstand aus dem übrigen Gemeinschaftsgebiet in das Inland gelangt, gilt nach § 1a Abs. 2 UStG als innergemeinschaftlicher Erwerb gegen Entgelt. ⁴Lieferung und innergemeinschaftlicher Erwerb sind nach dem Einkaufspreis zuzüglich der Nebenkosten für den Gegenstand oder mangels eines Einkaufspreises nach den Selbstkosten, jeweils zum Zeitpunkt des Umsatzes und ohne Umsatzsteuer, zu bemessen (§ 10 Abs. 4 Nr. 1 UStG). ⁵§ 3c UStG ist bei einem innergemeinschaftlichen Verbringen nicht anzuwenden.

Voraussetzungen

(3) ¹Ein Verbringen ist innergemeinschaftlich, wenn der Gegenstand auf Veranlassung des Unternehmers vom Ausgangsmitgliedstaat in den Bestimmungsmitgliedstaat gelangt. ²Es ist unerheblich, ob der Unternehmer den Gegenstand selbst befördert oder ob er die Beförderung durch einen selbständigen Beauftragten ausführen oder besorgen läßt.

(4) ¹Ein innergemeinschaftliches Verbringen setzt voraus, daß der Gegenstand im Ausgangsmitgliedstaat bereits dem Unternehmen zugeordnet war und sich bei Beendigung der Beförderung oder Versendung im Bestimmungsmitgliedstaat weiterhin in der Verfügungsmacht des Unternehmers befindet. ²Diese Voraussetzung ist insbesondere dann erfüllt, wenn der Gegenstand von dem im Ausgangsmitgliedstaat gelegenen Unternehmensteil erworben, hergestellt oder in diesen EG-Mitgliedstaat eingeführt, zur Verfügung des Unternehmers in den Bestimmungsmitgliedstaat verbracht und anschließend von dem dort gelegenen Unternehmensteil auf Dauer verwendet oder verbraucht wird.

> **Beispiel:**
> ¹Der französische Unternehmer F verbringt eine Maschine aus seinem Unternehmen in Frankreich in seinen Zweigbetrieb nach Deutschland, um sie dort auf Dauer einzusetzen. ²Der deutsche Zweigbetrieb kauft in Deutschland Heizöl und verbringt es in die französische Zentrale, um damit das Bürogebäude zu beheizen.
>
> ³F bewirkt mit dem Verbringen der Maschine nach § 1a Abs. 2 UStG einen innergemeinschaftlichen Erwerb in Deutschland. ⁴Das Verbringen des Heizöls ist in Deutschland eine innergemeinschaftliche Lieferung im Sinne des § 3 Abs. 1a i. V. m. § 6a Abs. 2 UStG.

(5) ¹Weitere Voraussetzung ist, daß der Gegenstand zu einer nicht nur vorübergehenden Verwendung durch den Unternehmer in den Bestimmungsmitgliedstaat gelangt. ²Diese Voraussetzung ist immer dann erfüllt, wenn der Gegenstand in dem im Bestimmungsmitgliedstaat gelegenen Unternehmensteil dem Anlagevermögen zugeführt oder dort als Roh-, Hilfs- oder Betriebsstoff verarbeitet oder verbraucht wird.

(6) ¹Eine nicht nur vorübergehende Verwendung liegt auch dann vor, wenn der Unternehmer den Gegenstand mit der konkreten Absicht in den Bestimmungsmitgliedstaat verbringt, ihn dort (unverändert) weiterzuliefern (z. B. Verbringen auf ein Auslieferungslager). ²Es ist in diesen Fällen nicht erforderlich, daß der Unternehmensteil im Bestimmungsmitgliedstaat die abgabenrechtlichen Voraussetzungen einer Betriebsstätte (§ 12 AO) erfüllt. ³Verbringt der Unternehmer Gegenstände zum Zwecke des Verkaufs außerhalb einer Betriebsstätte in den Bestimmungsmitgliedstaat und gelangen die nicht verkauften Waren unmittelbar anschließend wieder in den Ausgangsmitgliedstaat zurück, kann das innergemeinschaftliche Verbringen aus Vereinfachungsgründen auf die tatsächlich verkaufte Warenmenge beschränkt werden.

> **Beispiel:**
> ¹Der niederländische Blumenhändler N befördert im eigenen LKW Blumen nach Köln, um sie dort auf dem Wochenmarkt zu verkaufen. ²Die nicht verkauften Blumen nimmt er am selben Tag wieder mit zurück in die Niederlande.
>
> ³N bewirkt in bezug auf die verkauften Blumen einen innergemeinschaftlichen Erwerb nach § 1a Abs. 2 UStG in Deutschland. ⁴Er hat den Verkauf der Blumen als Inlandslieferung zu versteuern. ⁵Das Verbringen der nicht verkauften Blumen ins Inland muß nicht als innergemeinschaftlicher Erwerb im Sinne des § 1a

Abs. 2 UStG, das Zurückverbringen der nicht verkauften Blumen muß nicht als innergemeinschaftliche Lieferung im Sinne des § 3 Abs. 1a i. V. m. § 6a Abs. 2 UStG behandelt werden.

(7) ¹Bei der Verkaufskommission liegt zwar eine Lieferung des Kommittenten an den Kommissionär erst im Zeitpunkt der Lieferung des Kommissionsgutes an den Abnehmer vor (vgl. BFH-Urteil vom 25. 11. 1986 – BStBl 1987 II S. 278). ²Gelangt das Kommissionsgut bei der Zurverfügungstellung an den Kommissionär vom Ausgangs- in den Bestimmungsmitgliedstaat, kann die Lieferung jedoch nach dem Sinn und Zweck der Regelung bereits zu diesem Zeitpunkt als erbracht angesehen werden. ³Dementsprechend ist der innergemeinschaftliche Erwerb beim Kommissionär der Besteuerung zu unterwerfen.

(8) Bei einer grenzüberschreitenden Organschaft sind Warenbewegungen zwischen den im Inland und den im übrigen Gemeinschaftsgebiet gelegenen Unternehmensteilen Lieferungen, die beim liefernden inländischen Unternehmensteil nach § 3 Abs. 1 i. V. m. § 6a Abs. 1 UStG, beim erwerbenden inländischen Unternehmensteil nach § 1a Abs. 1 Nr. 1 UStG zu beurteilen sind.

Ausnahmen

(9) ¹Nach dem Wortlaut der gesetzlichen Vorschriften ist das Verbringen zu einer nur vorübergehenden Verwendung von der Lieferungs- und Erwerbsfiktion ausgenommen. ²Diese Ausnahmeregelung ist unter Beachtung von Artikel 28a Abs. 5 Buchstabe b und Abs. 7 der 6. EG-Richtlinie auszulegen. ³Danach liegt kein innergemeinschaftliches Verbringen vor, wenn die Verwendung des Gegenstandes im Bestimmungsmitgliedstaat

– ihrer Art nach nur vorübergehend ist (vgl. Absatz 10 und 11) oder
– befristet ist (vgl. Absatz 12 und 13).

Der Art nach vorübergehende Verwendung

(10) Eine ihrer Art nach vorübergehende Verwendung liegt in folgenden Fällen vor:

1. ¹Der Unternehmer verwendet den Gegenstand bei einer Werklieferung, die im Bestimmungsmitgliedstaat steuerbar ist. ²Es ist gleichgültig, ob der Gegenstand Bestandteil der Lieferung wird und im Bestimmungsmitgliedstaat verbleibt oder ob er als Hilfsmittel verwendet wird und später wieder in den Ausgangsmitgliedstaat zurückgelangt.

    Beispiel 1:
    ¹Der deutsche Bauunternehmer D errichtet in Frankreich ein Hotel. ²Er verbringt zu diesem Zwecke Baumaterial und einen Baukran an die Baustelle. ³Der Baukran gelangt nach Fertigstellung des Hotels nach Deutschland zurück.
    ⁴Das Verbringen des Baumaterials und des Baukrans ist keine innergemeinschaftliche Lieferung im Sinne des § 3 Abs. 1a und § 6a Abs. 2 UStG. ⁵Beim Zurückgelangen des Baukrans in das Inland liegt ein innergemeinschaftlicher Erwerb im Sinne des § 1a Abs. 2 UStG nicht vor.

2. Der Unternehmer verbringt den Gegenstand im Rahmen oder in unmittelbarem Zusammenhang mit einer sonstigen Leistung in den Bestimmungsmitgliedstaat.

    Beispiel 2:
    a) Der deutsche Unternehmer D vermietet eine Baumaschine an den niederländischen Bauunternehmer N und verbringt die Maschine zu diesem Zweck in die Niederlande.
    b) Der französische Bauunternehmer F führt im Inland Malerarbeiten aus und verbringt zu diesem Zweck Farbe, Arbeitsmaterial und Leitern in das Inland.
    In beiden Fällen ist ein innergemeinschaftliches Verbringen nicht anzunehmen.

3. Der Unternehmer tätigt eine Materialbeistellung zu einer an ihn ausgeführten Werklieferung.
4. Der Unternehmer läßt an dem Gegenstand im Bestimmungsmitgliedstaat eine sonstige Leistung (z. B. Reparatur) ausführen.
5. Der Unternehmer überläßt einen Gegenstand an eine Arbeitsgemeinschaft als Gesellschafterbeitrag und verbringt den Gegenstand dazu in den Bestimmungsmitgliedstaat.

(11) ¹Bei einer ihrer Art nach vorübergehenden Verwendung kommt es auf die Dauer der tatsächlichen Verwendung des Gegenstandes im Bestimmungsmitgliedstaat nicht an. ²Geht der Gegenstand unter, nachdem er in den Bestimmungsmitgliedstaat gelangt ist, gilt er in diesem Zeitpunkt als geliefert. ³Das gleiche gilt, wenn zunächst eine ihrer Art nach vorübergehende Verwendung vorlag, der Gegenstand aber dann im Bestimmungsmitgliedstaat veräußert wird (z. B. wenn ein Gegenstand zunächst vermietet und dann verkauft wird).

Befristete Verwendung

(12) ¹Von einer befristeten Verwendung ist auszugehen, wenn der Unternehmer einen Gegenstand in den Bestimmungsmitgliedstaat im Rahmen eines Vorgangs verbringt, für den bei einer entsprechenden Einfuhr aus dem Drittlandsgebiet wegen vorübergehender Verwendung eine vollständige Befreiung von den Einfuhrabgaben bestehen würde. ²Die zu der zoll- und einfuhrumsatzsteuerrechtlichen Abgabenbefreiung erlassenen Rechts- und Verwaltungsvorschriften sind entsprechend anzuwenden. ³...

⁴Die Höchstdauer der Verwendung (Verwendungsfrist) ist danach grundsätzlich auf 24 Monate festgelegt (Artikel 140 Abs. 2 ZK); für bestimmte Gegenstände gelten kürzere Verwendungsfristen. ⁵...

(13) ¹Werden die in Absatz 12 bezeichneten Verwendungsfristen überschritten, ist im Zeitpunkt des Überschreitens ein innergemeinschaftliches Verbringen mit den sich aus § 1a Abs. 2 und § 3 Abs. 1a UStG ergebenden Wirkungen anzunehmen. ²Entsprechendes gilt, wenn der Gegenstand innerhalb der Verwendungsfrist untergeht oder veräußert (geliefert) wird. ³Das Zurückgelangen des Gegenstandes in den Ausgangsmitgliedstaat nach einer befristeten Verwendung ist umsatzsteuerlich unbeachtlich.

Entsprechende Anwendung des § 3 Abs. 8 UStG

(14) ¹§ 1a Abs. 2 und § 3 Abs. 1a UStG sind grundsätzlich nicht anzuwenden, wenn der Gegenstand im Rahmen einer im Ausgangsmitgliedstaat steuerbaren Lieferung in den Bestimmungsmitgliedstaat gelangt, d. h. wenn der Abnehmer bei Beginn des Transports im Ausgangsmitgliedstaat feststeht und der Gegenstand an ihn unmittelbar ausgeliefert wird. ²Aus Vereinfachungsgründen kann in diesen Fällen jedoch unter folgenden Voraussetzungen ein innergemeinschaftliches Verbringen angenommen werden:

1. Die Lieferungen werden regelmäßig an eine größere Zahl von Abnehmern im Bestimmungsland ausgeführt.
2. Bei entsprechenden Lieferungen aus dem Drittlandsgebiet wären die Voraussetzungen für eine Verlagerung des Ortes der Lieferung in das Gemeinschaftsgebiet nach § 3 Abs. 8 UStG erfüllt.
3. ¹Der liefernde Unternehmer behandelt die Lieferung im Bestimmungsmitgliedstaat als steuerbar. ²Er wird bei einem Finanzamt des Bestimmungsmitgliedstaates für Umsatzsteuerzwecke geführt. ³Er gibt in den Rechnungen seine USt-IdNr. des Bestimmungsmitgliedstaates an.
4. Die beteiligten Steuerbehörden im Ausgangs- und Bestimmungsmitgliedstaat sind mit dieser Behandlung einverstanden.

Beispiel:

¹Der niederländische Großhändler N in Venlo beliefert im grenznahen deutschen Raum eine Vielzahl von Kleinabnehmern (z. B. Imbißbuden, Gaststätten und Kasinos) mit Pommes frites. ²N verpackt und portioniert die Waren bereits in Venlo nach den Bestellungen der Abnehmer und liefert sie an diese mit eigenem LKW aus.

³N kann die Gesamtsendung als innergemeinschaftliches Verbringen (innergemeinschaftlicher Erwerb nach § 1a Abs. 2 UStG) behandeln und alle Lieferungen als Inlandslieferungen bei dem zuständigen inländischen

Finanzamt versteuern, sofern er in den Rechnungen seine deutsche USt-IdNr. angibt und seine örtlich zuständige niederländische Steuerbehörde diesem Verfahren zustimmt.

...

(15) ...

Zu § 1b UStG

UStR 15c. Innergemeinschaftlicher Erwerb neuer Fahrzeuge

¹Der entgeltliche innergemeinschaftliche Erwerb eines neuen Fahrzeuges unterliegt auch bei Privatpersonen, nichtunternehmerisch tätigen Personenvereinigungen und Unternehmern, die das Fahrzeug für ihren nichtunternehmerischen Bereich beziehen, der Besteuerung. ²Fahrzeuge im Sinne des § 1b UStG sind zur Personen- oder Güterbeförderung bestimmte Wasserfahrzeuge, Luftfahrzeuge und motorbetriebene Landfahrzeuge, die die in § 1b Abs. 2 UStG bezeichneten Merkmale aufweisen. ³Zu den Landfahrzeugen gehören insbesondere Personenkraftwagen, Lastkraftwagen, Motorräder, Motorroller, Mopeds und motorbetriebene Wohnmobile und Caravans. ⁴Die straßenverkehrsrechtliche Zulassung ist nicht erforderlich. ⁵Keine Landfahrzeuge sind dagegen Wohnwagen, Packwagen und andere Anhänger ohne eigenen Motor, die nur von Kraftfahrzeugen mitgeführt werden können, und selbstfahrende Arbeitsmaschinen und land- und forstwirtschaftliche Zugmaschinen, die nach ihrer Bauart oder ihren besonderen, mit dem Fahrzeug fest verbundenen Einrichtungen nicht zur Beförderung von Personen oder Gütern bestimmt und geeignet sind.

Zu § 2 UStG

UStR 16. Unternehmer

(1) ¹Natürliche und juristische Personen sowie Personenzusammenschlüsse können Unternehmer sein. ²Unternehmer ist jedes selbständig tätige Wirtschaftsgebilde, das nachhaltig Leistungen gegen Entgelt ausführt (vgl. BFH-Urteil vom 4. 7. 1956 – BStBl III S. 275). ³Dabei kommt es weder auf die Rechtsform noch auf die Rechtsfähigkeit des Leistenden an (vgl. BFH-Urteil vom 21. 4. 1994 – BStBl II S. 671). ⁴Für die Unternehmereigenschaft einer Personengesellschaft ist es unerheblich, ob ihre Gesellschafter Mitunternehmer im Sinne des § 15 Abs. 1 Nr. 2 EStG sind (vgl. BFH-Urteil vom 18. 12. 1980 – BStBl 1981 II S. 408). ⁵⁻⁸...

(2) ¹Wem eine Leistung als Unternehmer zuzurechnen ist, richtet sich danach, wer dem Leistungsempfänger gegenüber als Schuldner der Leistung auftritt. ²Bei Schein- oder Strohmanngeschäften kann die Leistung auch einer anderen als der nach außen auftretenden Person zuzurechnen sein (vgl. BFH-Urteil vom 15. 9. 1994 – BStBl 1995 II S. 275). ³Schließt eine Arbeitsgemeinschaft des Baugewerbes allein die Bauverträge mit dem Auftraggeber ab, entstehen unmittelbare Rechtsbeziehungen nur zwischen dem Auftraggeber und der Arbeitsgemeinschaft, nicht aber zwischen dem Auftraggeber und den einzelnen Mitgliedern der Gemeinschaft. ⁴In diesem Fall ist die Arbeitsgemeinschaft Unternehmer (vgl. BFH-Urteil vom 21. 5. 1971 – BStBl II S. 540). ⁵Zur Frage des Leistungsaustausches zwischen einer Arbeitsgemeinschaft des Baugewerbes und ihren Mitgliedern vgl. Abschnitt 6 Abs. 4. ⁶Nach außen auftretende Rechtsanwaltsgemeinschaften können auch mit den Notariatsgeschäften ihrer Mitglieder Unternehmer sein (vgl. BFH-Urteile vom 5. 9. 1963 – BStBl III S. 520, vom 17. 12. 1964 – BStBl 1965 III S. 155 und vom 27. 8. 1970 – BStBl II S. 833). ⁷Zur Bestimmung des Leistenden, wenn in einer Sozietät zusammengeschlossene Rechtsanwälte Testamentsvollstreckungen ausführen, vgl. BFH-Urteil

vom 13. 3. 1987 – BStBl II S. 524. [8]Zur Frage, wer bei einem Sechs-Tage-Rennen Werbeleistungen an die Prämienzahler bewirkt, vgl. BFH-Urteil vom 28. 11. 1990 – BStBl 1991 II S. 381. [9]Zur Frage, wer bei der Durchführung von Gastspielen (z. B. Gastspiel eines Theaterensembles) als Veranstalter anzusehen ist, vgl. das BFH-Urteil vom 11. 8. 1960 – BStBl III S. 476. [10]Zur steuerlichen Behandlung einer aus Mietern und Grundstückseigentümern bestehenden Werbegemeinschaft vgl. Abschnitt 4 Abs. 5.

(3) ...

(4) [1]Bei Sportveranstaltungen auf eigenem Sportplatz ist der Platzverein als Unternehmer anzusehen und mit den gesamten Einnahmen zur Umsatzsteuer heranzuziehen. [2]Der Gastverein hat die ihm aus dieser Veranstaltung zufließenden Beträge nicht zu versteuern. [3-5]...

(5) [1]Wird ein Unternehmen ..., durch den vorläufigen Insolvenzverwalter oder durch den Insolvenzverwalter geführt, ist nicht der Amtsinhaber der Unternehmer, sondern der Inhaber der Vermögensmasse, für die der Amtsinhaber tätig wird (vgl. BFH-Urteil ... und vom 16. 7. 1987 – BStBl II S. 691, für den Konkursverwalter nach der KO). [2-3]...

UStR 17. Selbständigkeit

(1) [1]Eine selbständige Tätigkeit liegt vor, wenn sie auf eigene Rechnung und auf eigene Verantwortung ausgeübt wird. [2]Ob Selbständigkeit oder Unselbständigkeit anzunehmen ist, richtet sich grundsätzlich nach dem Innenverhältnis zum Auftraggeber. [3]Aus dem Außenverhältnis zur Kundschaft lassen sich im allgemeinen nur Beweisanzeichen herleiten (vgl. BFH-Urteil vom 6. 12. 1956 – BStBl 1957 III S. 42). [4]Dabei kommt es nicht allein auf die vertragliche Bezeichnung, die Art der Tätigkeit oder die Form der Entlohnung an. [5]Entscheidend ist das Gesamtbild der Verhältnisse. [6]Es müssen die für und gegen die Selbständigkeit sprechenden Umstände gegeneinander abgewogen werden; die gewichtigeren Merkmale sind dann für die Gesamtbeurteilung maßgebend (vgl. BFH-Urteile vom 24. 11. 1961 – BStBl 1962 III S. 125 und vom 30. 5. 1996 – BStBl II S. 493). [7]Arbeitnehmer kann auch sein, wer nach außen wie ein Kaufmann auftritt (vgl. BFH-Urteil vom 15. 7. 1987 – BStBl II S. 746). [8]Die Frage der Selbständigkeit natürlicher Personen ist für die Umsatzsteuer, Einkommensteuer und Gewerbesteuer nach denselben Grundsätzen zu beurteilen (vgl. BFH-Urteil vom 27. 7. 1972 – BStBl II S. 810). [9]... [10]Der Geschäftsführer einer Kapitalgesellschaft, der als Organ in den Organismus der Gesellschaft eingegliedert ist und den Weisungen der Gesellschaft, die sich aus der Bestellung zum Geschäftsführer, aus dem Anstellungsvertrag und aus den Gesellschafterbeschlüssen – in Verbindung mit den gesetzlichen Vorschriften – ergeben können, zu folgen hat, ist nicht selbständig. [11]Der Geschäftsführer bleibt – ungeachtet der Regelungen im Anstellungsvertrag – gesellschaftsrechtlich dem Weisungsrecht der Gesellschafter unterworfen (BFH-Urteil vom 9. 10. 1996 – BStBl 1997 II S. 255). [12]Demgegenüber ist ein Kommanditist als Mitglied eines Beirates, dem vor allem Zustimmungs- und Kontrollrechte übertragen sind, gegenüber der Gesellschaft selbständig tätig (vgl. BFH-Urteil vom 24. 8. 1994 – BStBl 1995 II S. 150). [13]Fahrlehrer, denen keine Fahrschulerlaubnis erteilt ist, können im Verhältnis zu dem Inhaber der Fahrschule selbständig sein (vgl. BFH-Urteil vom 17. 10. 1996 – BStBl 1997 II S. 188).

(2) ...

(3) [1]Natürliche Personen können zum Teil selbständig, zum Teil unselbständig sein. [2]In Krankenanstalten angestellte Ärzte sind insoweit selbständig tätig, als ihnen für die Behandlung von Patienten ein Liquidationsrecht zusteht. [3-5]...

(4) u. (5) ...

Zu § 2 UStG

UStR 18. Gewerbliche oder berufliche Tätigkeit

(1) ¹Der Begriff der gewerblichen oder beruflichen Tätigkeit im Sinne des UStG geht über den Begriff des Gewerbebetriebes nach dem Einkommensteuergesetz und dem Gewerbesteuergesetz hinaus (vgl. BFH-Urteil vom 5. 9. 1963 – BStBl III S. 520). ²Eine gewerbliche oder berufliche Tätigkeit setzt voraus, daß Leistungen im wirtschaftlichen Sinne ausgeführt werden. ³⁻⁶...

(2) ¹Die gewerbliche oder berufliche Tätigkeit wird nachhaltig ausgeübt, wenn sie auf Dauer zur Erzielung von Entgelten angelegt ist (vgl. BFH-Urteile vom 30. 7. 1986 – BStBl II S. 874 und vom 18. 7. 1991 – BStBl II S. 776). ²Ob dies der Fall ist, richtet sich nach dem Gesamtbild der Verhältnisse im Einzelfall. ³Die für und gegen die Nachhaltigkeit sprechenden Merkmale müssen gegeneinander abgewogen werden. ⁴Als Kriterien, die für die Nachhaltigkeit sprechen können, kommen nach dem BFH-Urteil vom 18. 7. 1991 (a. a. O.) insbesondere in Betracht:

– mehrjährige Tätigkeit,
– planmäßiges Handeln,
– auf Wiederholung angelegte Tätigkeit,
– die Ausführung mehr als nur eines Umsatzes,
– Vornahme mehrerer gleichartiger Handlungen unter Ausnutzung derselben Gelegenheit oder desselben dauernden Verhältnisses,
– langfristige Duldung eines Eingriffs in den eigenen Rechtskreis,
– Intensität des Tätigwerdens,
– Beteiligung am Markt,
– Auftreten wie ein Händler,
– Unterhalten eines Geschäftslokals,
– Auftreten nach außen, z. B. gegenüber Behörden.

⁵... ⁶Ein Angehöriger einer Automobilfabrik, der von dieser unter Inanspruchnahme des Werksangehörigenrabatts fabrikneue Automobile erwirbt und diese nach einer Behaltefrist von mehr als einem Jahr wieder verkauft, ist nach dem BFH-Urteil vom 18. 7. 1991 (BStBl II S. 776) nicht nachhaltig als Unternehmer tätig. ⁷Ein Briefmarkensammler, der aus privaten Neigungen sammelt, unterliegt nicht der Umsatzsteuer, soweit er Einzelstücke veräußert (wegtauscht), die Sammlung teilweise umschichtet oder die Sammlung ganz oder teilweise veräußert (BFH-Urteil vom 29. 6. 1987 – BStBl II S. 744). ⁸Das gilt auch für die Tätigkeit eines Münzsammlers (vgl. BFH-Urteil vom 16. 7. 1987 – BStBl II S. 752). ⁹⁻¹⁵... ¹⁶Bei der Vermietung von Gegenständen, die ihrer Art nach sowohl für unternehmerische als auch für nichtunternehmerische Zwecke verwendet werden können (z. B. sog. Freizeitgegenstände), sind alle Umstände ihrer Nutzung zu prüfen, um festzustellen, ob sie tatsächlich zur nachhaltigen Erzielung von Einnahmen verwendet werden (vgl. EuGH-Urteil vom 26. 9. 1996 – UR 1996 S. 418). ¹⁷Die nur gelegentliche Vermietung eines (im übrigen privat genutzten) Wohnmobils durch den Eigentümer ist keine unternehmerische Tätigkeit. ¹⁸Bei der Beurteilung, ob zur nachhaltigen Erzielung von Einnahmen vermietet wird, kann ins Gewicht fallen, daß nur ein einziges, seiner Art nach für die Freizeitgestaltung geeignetes Fahrzeug angeschafft, daß es überwiegend für private eigene Zwecke und für nichtunternehmerische Zwecke des Ehegatten genutzt worden ist, daß es nur mit Verlusten eingesetzt und weitestgehend von dem Ehegatten finanziert und unterhalten wurde, daß es nur für die Zeit der effektiven Nutzung als Mietfahrzeug versichert worden war und daß weder ein Büro noch besondere Einrichtungen zur Unterbringung und Pflege des Fahrzeugs vorhanden waren (BFH-Urteil vom 12. 12. 1996 – BStBl 1997 II S. 368).

(3) ¹Die Tätigkeit muß auf die Erzielung von Einnahmen gerichtet sein. ²Die Absicht, Gewinn zu erzielen, ist nicht erforderlich. ³Eine Tätigkeit zur Erzielung von Einnahmen liegt vor, wenn die Tätigkeit im Rahmen eines Leistungsaustausches ausgeübt wird. ⁴Die Unternehmereigenschaft

setzt somit voraus, daß Lieferungen oder sonstige Leistungen gegen Entgelt bewirkt werden. ⁵Eine bloße Absichtserklärung, entgeltliche Leistungen ausführen zu wollen, reicht nicht aus, die Unternehmereigenschaft zu begründen. ⁶Zur Unternehmereigenschaft bei Vorbereitungshandlungen für eine beabsichtigte unternehmerische Tätigkeit, die nicht zu Umsätzen führt, vgl. Abschnitt 19 Abs. 1 bis 5.

(4) ¹⁻²... ³Das echte Factoring (Forderungskauf mit voller Übernahme des Ausfallwagnisses) stellt beim Factoring-Institut keine unternehmerische Tätigkeit dar, weil das Institut weder mit dem Ankauf der Forderung noch mit ihrer Einziehung eine Leistung gegen Entgelt ausführt (vgl. BFH-Urteil vom 10. 12. 1981 – BStBl 1982 II S. 200). ⁴...

UStR 19. Beginn und Ende der Unternehmereigenschaft

(1) ¹Die Unternehmereigenschaft beginnt mit dem ersten nach außen erkennbaren, auf eine Unternehmertätigkeit gerichteten Tätigwerden, wenn die spätere Ausführung entgeltlicher Leistungen ernsthaft beabsichtigt ist und die Ernsthaftigkeit dieser Absicht durch objektive Merkmale nachgewiesen oder glaubhaft gemacht wird. ²In diesem Fall entfällt die Unternehmereigenschaft – außer in den Fällen von Betrug und Mißbrauch – nicht rückwirkend, wenn es später nicht oder nicht nachhaltig zur Ausführung entgeltlicher Leistungen kommt. ³Vorsteuerbeträge, die den beabsichtigten Umsätzen, bei denen der Vorsteuerabzug nicht ausgeschlossen wäre, zuzurechnen sind, können dann nicht zurückgefordert werden (vgl. EuGH-Urteil vom 29. 2. 1996 – BStBl II S. 655).

(2) ¹Als Nachweis für die Ernsthaftigkeit sind Vorbereitungshandlungen anzusehen, wenn bezogene Gegenstände oder in Anspruch genommene sonstige Leistungen ihrer Art nach nur zur unternehmerischen Verwendung oder Nutzung bestimmt sind oder in einem objektiven und zweifelsfrei erkennbaren Zusammenhang mit der beabsichtigten unternehmerischen Tätigkeit stehen (unternehmensbezogene Vorbereitungshandlungen). ²Solche Vorbereitungshandlungen können insbesondere sein:
– der Erwerb umfangreichen Inventars, z. B. Maschinen oder Fuhrpark,
– der Wareneinkauf vor Betriebseröffnung,
– die Anmietung oder die Errichtung von Büro- oder Lagerräumen,
– der Erwerb eines Grundstücks,
– die Anforderung einer Rentabilitätsstudie,
– die Beauftragung eines Architekten,
– die Durchführung einer größeren Anzeigenaktion.

³Maßgebend ist stets das Gesamtbild der Verhältnisse im Einzelfall.

(3) ¹Bei Vorbereitungshandlungen, die ihrer Art nach sowohl zur unternehmerischen als auch zur nichtunternehmerischen Verwendung bestimmt sein können (z. B. eines Computers oder Kraftfahrzeugs), kann regelmäßig deren Ernsthaftigkeit oder Unternehmensbezogenheit und damit die Unternehmereigenschaft nicht abschließend beurteilt werden. ²Der Vorsteuerabzug ist daher im Rahmen einer unter dem Vorbehalt der Nachprüfung (§ 164 AO) stehenden oder vorläufigen (§ 165 Abs. 1 Satz 1 AO) Steuerfestsetzung zu gewähren.

(4) ¹Sind Vorbereitungshandlungen ihrer Art nach typischerweise zur nichtunternehmerischen Verwendung oder Nutzung bestimmt (z. B. der Erwerb eines Wohnmobils, Segelschiffes oder sonstigen Freizeitgegenstandes) und kann deren Unternehmensbezogenheit nicht nachgewiesen werden, ist nicht davon auszugehen, daß die unternehmerische Tätigkeit ernsthaft beabsichtigt ist. ²In diesen Fällen ist die Unternehmereigenschaft davon abhängig, daß es später tatsächlich zur Ausführung entgeltlicher Leistungen kommt. ³In der Vorbereitungsphase ist nicht von der Unternehmereigenschaft auszugehen. ⁴Die Steuerfestsetzung ist in diesem Fall auszusetzen (§ 165 Abs. 1 Satz 4 AO).

(5) ¹Die Absätze 1 bis 4 gelten entsprechend bei der Aufnahme einer neuen Tätigkeit im Rahmen eines bereits bestehenden Unternehmens, wenn die Vorbereitungshandlungen nicht in einem sachlichen Zusammenhang mit der bisherigen unternehmerischen Tätigkeit stehen. ²Besteht dagegen ein sachlicher Zusammenhang, sind erfolglose Vorbereitungshandlungen der unternehmerischen Sphäre zuzurechnen (vgl. BFH-Urteil vom 16. 12. 1993 – BStBl 1994 II S. 278).

(6) ¹Die Unternehmereigenschaft kann nicht im Erbgang übergehen (vgl. BFH-Urteil vom 19. 11. 1970 – BStBl 1971 II S. 121). ²Der Erbe wird nur dann zum Unternehmer, wenn in seiner Person die Voraussetzungen verwirklicht werden, an die das Umsatzsteuerrecht die Unternehmereigenschaft knüpft. ³Zur Unternehmereigenschaft des Erben einer Kunstsammlung vgl. BFH-Urteil vom 24. 11. 1992 – BStBl 1993 II S. 379.

(7) ¹Die Unternehmereigenschaft endet mit dem letzten Tätigwerden. ²Der Zeitpunkt der Einstellung oder Abmeldung eines Gewerbebetriebs ist unbeachtlich. ³Unternehmen und Unternehmereigenschaft erlöschen erst, wenn der Unternehmer alle Rechtsbeziehungen abgewickelt hat, die mit dem (aufgegebenen) Betrieb in Zusammenhang stehen (BFH-Urteil vom 21. 4. 1993 – BStBl II S. 696). ⁴Die spätere Veräußerung von Gegenständen des Betriebsvermögens oder die nachträgliche Vereinnahmung von Entgelten gehören noch zur Unternehmertätigkeit. ⁵Eine Einstellung der gewerblichen oder beruflichen Tätigkeit liegt nicht vor, wenn den Umständen zu entnehmen ist, daß der Unternehmer die Absicht hat, das Unternehmen weiterzuführen oder in absehbarer Zeit wiederaufleben zu lassen; es ist nicht erforderlich, daß laufend Umsätze bewirkt werden (vgl. BFH-Urteile vom 13. 12. 1963 – BStBl 1964 III S. 90 – und vom 15. 3. 1993 – BStBl II S. 561). ⁶Eine Gesellschaft besteht als Unternehmer so lange fort, bis alle Rechtsbeziehungen, zu denen auch das Rechtsverhältnis zwischen der Gesellschaft und dem Finanzamt gehört, beseitigt sind (vgl. BFH-Urteil vom 21. 5. 1971 – BStBl II S. 540). ⁷Die Unternehmereigenschaft einer GmbH ist weder von ihrem Vermögensstand noch von ihrer Eintragung im Handelsregister abhängig. ⁸Eine aufgelöste GmbH kann auch noch nach ihrer Löschung im Handelsregister Umsätze im Rahmen ihres Unternehmens ausführen (vgl. BFH-Urteil vom 9. 12. 1993 – BStBl 1994 II S. 483). ⁹Zum Sonderfall des Ausscheidens eines Gesellschafters aus einer zweigliedrigen Personengesellschaft (Anwachsen) vgl. BFH-Urteil vom 18. 9. 1980 (BStBl 1981 II S. 293).

UStR 20. Unternehmen

(1) ¹Zum Unternehmen gehören sämtliche Betriebe oder berufliche Tätigkeiten desselben Unternehmers. ². . . ³Innerhalb des einheitlichen Unternehmens sind steuerbare Umsätze grundsätzlich nicht möglich; . . .

(2) ¹In den Rahmen des Unternehmens fallen nicht nur die Grundgeschäfte, die den eigentlichen Gegenstand der geschäftlichen Betätigung bilden, sondern auch die Hilfsgeschäfte (vgl. BFH-Urteil vom 24. 2. 1988 – BStBl II S. 622). ²Zu den Hilfsgeschäften gehört jede Tätigkeit, die die Haupttätigkeit mit sich bringt (vgl. BFH-Urteil vom 28. 10. 1964 – BStBl 1965 III S. 34). ³Auf die Nachhaltigkeit der Hilfsgeschäfte kommt es nicht an (vgl. BFH-Urteil vom 20. 9. 1990 – BStBl 1991 II S. 35). ⁴Ein Verkauf von Vermögensgegenständen fällt somit ohne Rücksicht auf die Nachhaltigkeit in den Rahmen des Unternehmens, wenn der Gegenstand zum unternehmerischen Bereich des Veräußerers gehörte. ⁵. . .

Zu § 3 UStG

UStR 24. Lieferungen und sonstige Leistungen

Lieferungen

(1) ¹Eine Lieferung liegt vor, wenn die Verfügungsmacht an einem Gegenstand verschafft wird. ²Gegenstände im Sinne von § 3 Abs. 1 UStG sind körperliche Gegenstände (Sachen gemäß § 90 BGB, Tiere gemäß § 90a BGB), Sachgesamtheiten und solche Wirtschaftsgüter, die im Wirtschaftsverkehr wie körperliche Sachen behandelt werden, z. B. elektrischer Strom, Wärme, Wasserkraft, Firmenwert (Geschäfts-, Praxiswert) und Kundenstamm (vgl. BFH-Urteil vom 21. 12. 1988 – BStBl 1989 II S. 430). ³Eine Sachgesamtheit stellt die Zusammenfassung mehrerer selbständiger Gegenstände zu einem einheitlichen Ganzen dar, das wirtschaftlich als ein anderes Verkehrsgut angesehen wird als die Summe der einzelnen Gegenstände (vgl. BFH-Urteil vom 25. 1. 1968 – BStBl II S. 331). ⁴... ⁵Rechte sind dagegen keine Gegenstände, die im Rahmen einer Lieferung übertragen werden können; die Übertragung von Rechten stellt eine sonstige Leistung dar (vgl. BFH-Urteil vom 16. 7. 1970 – BStBl II S. 706).

(2) ¹Die Verschaffung der Verfügungsmacht beinhaltet den von den Beteiligten endgültig gewollten Übergang der wirtschaftlichen Substanz eines Gegenstandes vom Leistenden auf den Leistungsempfänger. ²Der Abnehmer muß faktisch in der Lage sein, mit dem Gegenstand nach Belieben zu verfahren, insbesondere ihn wie ein Eigentümer zu nutzen und veräußern zu können (vgl. BFH-Urteil vom 12. 5. 1993 – BStBl II S. 847). ³Keine Lieferung, sondern eine sonstige Leistung ist danach die entgeltlich eingeräumte Bereitschaft zur Verschaffung der Verfügungsmacht (vgl. BFH-Urteil vom 25. 10. 1990 – BStBl 1991 II S. 193). ⁴Die Verschaffung der Verfügungsmacht ist ein Vorgang vorwiegend tatsächlicher Natur, der in der Regel mit dem bürgerlich-rechtlichen Eigentumsübergang verbunden ist, aber nicht notwendigerweise verbunden sein muß (BFH-Urteil vom 24. 4. 1969 – BStBl II S. 451). ⁵An einem zur Sicherheit übereigneten Gegenstand wird durch die Übertragung des Eigentums noch keine Verfügungsmacht verschafft. ⁶⁻⁷... ⁸Dagegen liegt eine Lieferung vor, wenn ein Gegenstand unter Eigentumsvorbehalt verkauft und übergeben wird. ⁹Beim Kommissionsgeschäft (§ 3 Abs. 3 UStG) liegt eine Lieferung des Kommittenten an den Kommissionär erst im Zeitpunkt der Lieferung des Kommissionsgutes an den Abnehmer vor (vgl. BFH-Urteil vom 25. 11. 1986 – BStBl 1987 II S. 278). ¹⁰...

Sonstige Leistungen

(3) ¹Sonstige Leistungen sind Leistungen, die keine Lieferungen sind (§ 3 Abs. 9 Satz 1 UStG). ²Als sonstige Leistungen kommen insbesondere in Betracht: Dienstleistungen, Gebrauchs- und Nutzungsüberlassungen – z. B. Vermietung, Verpachtung, Darlehensgewährung, Einräumung eines Nießbrauchs –, Einräumung, Übertragung und Wahrnehmung von Patenten, Urheberrechten, Markenzeichenrechten und ähnlichen Rechten –, Reiseleistungen im Sinne des § 25 Abs. 1 UStG. ³Die Bestellung eines Nießbrauchs und eines Erbbaurechts ist eine Duldungsleistung in der Form der Dauerleistung im Sinne von § 3 Abs. 9 Satz 2 UStG (vgl. BFH-Urteil vom 20. 4. 1988 – BStBl II S. 744). ⁴...

(4) ...

UStR 24a. Unentgeltliche Wertabgaben

(1) ¹Unentgeltliche Wertabgaben aus dem Unternehmen sind, soweit sie in der Abgabe von Gegenständen bestehen, nach § 3 Abs. 1b UStG den entgeltlichen Lieferungen und, soweit sie in der Abgabe oder Ausführung von sonstigen Leistungen bestehen, nach § 3 Abs. 9a UStG den entgeltlichen sonstigen Leistungen gleichgestellt. ²Solche Wertabgaben sind sowohl bei Einzelunternehmen als auch bei Personen- und Kapitalgesellschaften sowie bei Vereinen und bei Betrie-

ben gewerblicher Art oder land- und forstwirtschaftlichen Betrieben von juristischen Personen des öffentlichen Rechts möglich. ³Sie umfassen im wesentlichen die Tatbestände, die bis zum 31. 3. 1999 als Eigenverbrauch nach § 1 Abs. 1 Nr. 2 Buchstabe a und b UStG a. F., als sog. Gesellschafterverbrauch nach § 1 Abs. 1 Nr. 3 UStG a. F., sowie als unentgeltliche Sachzuwendungen und sonstige Leistungen an Arbeitnehmer nach § 1 Abs. 1 Nr. 1 Satz 2 Buchstabe b UStG a. F. der Steuer unterlagen. ⁴Die zu diesen Tatbeständen ergangene Rechtsprechung des BFH ist sinngemäß weiter anzuwenden.

(2) ¹Für unentgeltliche Wertabgaben gilt nach § 3f UStG ein einheitlicher Leistungsort. ²Danach ist grundsätzlich der Ort maßgebend, von dem aus der Unternehmer sein Unternehmen betreibt. ³Geschieht die Wertabgabe von einer Betriebsstätte aus, ist die Belegenheit der Betriebsstätte maßgebend. ⁴Abschnitt 33 Abs. 1 ist entsprechend anzuwenden.

(3) ¹Für unentgeltliche Wertabgaben im Sinne des § 3 Abs. 1b UStG ist die Steuerbefreiung für Ausfuhrlieferungen (§ 6 Abs. 5 UStG) und für unentgeltliche Wertabgaben im Sinne des § 3 Abs. 9a Satz 1 Nr. 2 UStG ist die Steuerbefreiung für Lohnveredelungen an Gegenständen der Ausfuhr (§ 7 Abs. 5 UStG) ausgeschlossen. ²Die übrigen Steuerbefreiungen sowie die Steuerermäßigungen sind auf unentgeltliche Wertabgaben anzuwenden, wenn die in den §§ 4 und 12 UStG bezeichneten Voraussetzungen vorliegen. ³Eine Option zur Steuerpflicht nach § 9 UStG kommt nicht in Betracht. ⁴Über eine unentgeltliche Wertabgabe, die in der unmittelbaren Zuwendung eines Gegenstandes oder in der Ausführung einer sonstigen Leistung an einen Dritten besteht, kann nicht mit einer Rechnung im Sinne des § 14 UStG abgerechnet werden. ⁵Die vom Zuwender oder Leistenden geschuldete Umsatzsteuer kann deshalb vom Empfänger nicht als Vorsteuer abgezogen werden. ⁶Zur Bemessungsgrundlage bei unentgeltlichen Wertabgaben vgl. Abschnitt 155.

UStR 24b. Den Lieferungen gleichgestellte Wertabgaben

Allgemeines

(1) ¹Die nach § 3 Abs. 1b UStG einer entgeltlichen Lieferung gleichgestellte Entnahme oder unentgeltliche Zuwendung eines Gegenstandes aus dem Unternehmen setzt die Zugehörigkeit des Gegenstandes zum Unternehmen voraus. ²Die Zuordnung eines Gegenstandes zum Unternehmen richtet sich nicht nach ertragsteuerrechtlichen Merkmalen, also nicht nach der Einordnung als Betriebs- oder Privatvermögen. ³Maßgebend ist, ob der Unternehmer den Gegenstand dem unternehmerischen oder dem nichtunternehmerischen Tätigkeitsbereich zugewiesen hat (vgl. BFH-Urteil vom 21. 4. 1988 – BStBl II S. 746). ⁴Bei Gegenständen, die sowohl unternehmerisch als auch nichtunternehmerisch genutzt werden sollen, hat der Unternehmer unter den Voraussetzungen, die durch die Auslegung des Tatbestandsmerkmals „für sein Unternehmen" in § 15 Abs. 1 UStG zu bestimmen sind, grundsätzlich die Wahl der Zuordnung (vgl. Abschnitt 192 Abs. 18). ⁵Beträgt die unternehmerische Nutzung jedoch weniger als 10 v. H., ist die Zuordnung des Gegenstandes zum Unternehmen unzulässig (§ 15 Abs. 1 letzter Satz UStG).

(2) ¹Eine unentgeltliche Wertabgabe wird nach § 3 Abs. 1b UStG nur dann einer entgeltlichen Lieferung gleichgestellt, wenn der entnommene oder zugewendete Gegenstand oder seine Bestandteile zum vollen oder teilweisen Vorsteuerabzug berechtigt haben. ²Als Bestandteile gelten alle nicht selbständig nutzbaren Wirtschaftsgüter, die mit dem gelieferten Gegenstand in einem einheitlichen Nutzungs- und Funktionszusammenhang stehen, auch wenn sie in den Gegenstand erst später eingegangen sind (z. B. eine nachträglich in ein Kraftfahrzeug eingebaute Klimaanlage). ³Nicht zu einem Bestandteil führen Aufwendungen für den Gebrauch und die Erhaltung des Gegenstandes, die ertragsteuerrechtlich sofort abziehbaren Erhaltungsaufwand darstellen (z. B. Aufwendungen für Reparatur-, Ersatz- oder Verschleißteile).

Entnahme von Gegenständen (§ 3 Abs. 1b Satz 1 Nr. 1 UStG)

(3) [1]Eine Entnahme eines Gegenstandes aus dem Unternehmen im Sinne des § 3 Abs. 1b Satz 1 Nr. 1 UStG liegt nur dann vor, wenn der Vorgang bei entsprechender Ausführung an einen Dritten als Lieferung – einschließlich Werklieferung – anzusehen wäre. [2]Ein Vorgang, der Dritten gegenüber als sonstige Leistung – einschließlich Werkleistung – zu beurteilen wäre, erfüllt zwar die Voraussetzungen des § 3 Abs. 1b Satz 1 Nr. 1 UStG nicht, kann aber nach § 3 Abs. 9a Satz 1 Nr. 2 UStG steuerbar sein (siehe Abschnitt 24c). [3]Das gilt auch insoweit, als dabei Gegenstände, z. B. Materialien, verbraucht werden (vgl. BFH-Urteil vom 13. 2. 1964 – BStBl III S. 174). [4]Der Grundsatz der Einheitlichkeit der Leistung (vgl. Abschnitt 29) gilt auch für die unentgeltlichen Wertabgaben (vgl. BFH-Urteil vom 3. 11. 1983 – BStBl 1984 II S. 169).

(4) [1]Wird ein dem Unternehmen dienender Gegenstand während der Dauer einer nichtunternehmerischen Verwendung aufgrund äußerer Einwirkung zerstört, z. B. Totalschaden eines Personenkraftwagens infolge Unfalls auf einer Privatfahrt, so liegt keine Entnahme eines Gegenstandes aus dem Unternehmen vor. [2]Das Schadensereignis fällt in den Vorgang der nichtunternehmerischen Verwendung und beendet sie wegen Untergangs der Sache. [3]Eine Entnahmehandlung ist in bezug auf den unzerstörten Gegenstand nicht mehr möglich (BFH-Urteil vom 28. 2. 1980 – BStBl II S. 309).

(5) [1]Bei einem Rohbauunternehmer, der für eigene Wohnzwecke ein schlüsselfertiges Haus mit Mitteln des Unternehmens errichtet, ist Gegenstand der Entnahme das schlüsselfertige Haus, nicht lediglich der Rohbau (vgl. BFH-Urteil vom 3. 11. 1983 – BStBl 1984 II S. 169). [2]Entscheidend ist nicht, was der Unternehmer in der Regel im Rahmen seines Unternehmens herstellt, sondern was im konkreten Fall Gegenstand der Wertabgabe des Unternehmens ist (vgl. BFH-Urteil vom 21. 4. 1988 – BStBl II S. 746). [3]Wird ein Einfamilienhaus für unternehmensfremde Zwecke auf einem zum Betriebsvermögen gehörenden Grundstück errichtet, überführt der Bauunternehmer das Grundstück in aller Regel spätestens im Zeitpunkt des Baubeginns in sein Privatvermögen. [4]Dieser Vorgang ist eine nach § 4 Nr. 9 Buchstabe a UStG steuerfreie Lieferung im Sinne des § 3 Abs. 1b Satz 1 Nr. 1 UStG (vgl. Abschnitt 71 Abs. 2 Nr. 2).

(6) [1]Die unentgeltliche Übertragung eines Betriebsgrundstücks durch einen Unternehmer auf seine Tochter unter Anrechnung auf ihren Erb- und Pflichtteil ist – wenn nicht die Voraussetzungen des § 1 Abs. 1a UStG vorliegen (vgl. Abschnitt 5) – eine steuerfreie Lieferung im Sinne des § 3 Abs. 1b Satz 1 Nr. 1 UStG, auch wenn das Grundstück aufgrund eines mit der Tochter geschlossenen Pachtvertrages weiterhin für die Zwecke des Unternehmens verwendet wird und die Tochter als Nachfolgerin des Unternehmers nach dessen Tod vorgesehen ist (vgl. BFH-Urteil vom 2. 10. 1986 – BStBl 1987 II S. 44). [2]Die unentgeltliche Übertragung des Miteigentums an einem Betriebsgrundstück durch einen Unternehmer auf seinen Ehegatten ist eine nach § 4 Nr. 9 Buchstabe a UStG steuerfreie Wertabgabe des Unternehmens, auch wenn das Grundstück weiterhin für die Zwecke des Unternehmens verwendet wird. [3]Verwendet der Unternehmer dieses Grundstück aufgrund einer mit dem Ehegatten getroffenen Vereinbarung weiterhin für die Zwecke des Unternehmens, so liegt hinsichtlich des dem Unternehmer verbleibenden Miteigentumsanteils keine unentgeltliche Wertabgabe im Sinne des § 3 Abs. 1b oder Abs. 9a UStG vor (zur Vorsteuerberichtigung nach § 15a UStG vgl. Abschnitt 215 Abs. 7 Nr. 3). [4]Es wird aber auch der verbleibende Miteigentumsanteil aus dem Unternehmen abgegeben, wenn dem Unternehmer der Gebrauch an dem Miteigentumsanteil von der Bruchteilsgemeinschaft eingeräumt wird (vgl. BFH-Urteil vom 27. 4. 1994 – BStBl 1995 II S. 30). [5]Überträgt ein Unternehmer ein Betriebsgrundstück dagegen entgeltlich zur Hälfte auf seinen Ehegatten und verwendet er das Grundstück aufgrund eines mit dem Ehegatten abgeschlossenen Pachtvertrages weiterhin für Zwecke des Unternehmens, so liegt hinsichtlich des dem Unternehmer verbleibenden Miteigentumsanteils keine steuerbare unentgeltliche Wertabgabe vor (vgl. BFH-Urteil vom 27. 4. 1994 – BStBl II S. 826). [6]Die Bestellung eines lebenslänglichen unentgeltlichen Nießbrauchs an einem unternehmerisch genutzten bebauten Grundstück zugunsten eines 65 Jahre alten Berechtigten ist im Regel-

fall eine steuerfreie Lieferung im Sinne des § 3 Abs. 1b Satz 1 Nr. 1 UStG (vgl. BFH-Urteil vom 16. 9. 1987 – BStBl 1988 II S. 205).

Sachzuwendungen an das Personal (§ 3 Abs. 1b Satz 1 Nr. 2 UStG)

(7) Zuwendungen von Gegenständen (Sachzuwendungen) an das Personal für dessen privaten Bedarf sind auch dann steuerbar, wenn sie unentgeltlich sind, d. h. wenn sie keine Vergütungen für die Dienstleistung des Arbeitnehmers darstellen (vgl. hierzu Abschnitt 12).

Andere unentgeltliche Zuwendungen (§ 3 Abs. 1b Satz 1 Nr. 3 UStG)[1]

(8) ¹Unentgeltliche Zuwendungen von Gegenständen, die nicht in der Entnahme von Gegenständen oder in Sachzuwendungen an das Personal bestehen, sind auch dann steuerbar, wenn der Unternehmer sie aus unternehmerischen Erwägungen, z. B. zu Werbezwecken, zur Verkaufsförderung oder zur Imagepflege, tätigt. ²Hierunter fallen insbesondere Sachspenden an Vereine, Warenabgaben anläßlich von Preisausschreiben, Verlosungen usw. zu Werbezwecken. ³Die Steuerbarkeit entfällt nicht, wenn der Empfänger die zugewendeten Gegenstände in seinem Unternehmen verwendet. ⁴Bei Geschenken, für die nach § 15 Abs. 1a Nr. 1 UStG in Verbindung mit § 4 Abs. 5 Satz 1 Nr. 1 EStG kein Vorsteuerabzug vorgenommen werden kann, entfällt eine Besteuerung der Zuwendungen (§ 3 Abs. 1b Satz 2 UStG). ⁵Ausgenommen von der Besteuerung sind ebenfalls Geschenke von geringem Wert und die Abgabe von Warenmustern für Zwecke des Unternehmens. ⁶Geschenke von geringem Wert liegen vor, wenn die Anschaffungs- oder Herstellungskosten der dem Empfänger im Kalenderjahr zugewendeten Gegenstände insgesamt 75 DM (Nettobetrag ohne Umsatzsteuer) nicht übersteigen.

UStR 24c. Den sonstigen Leistungen gleichgestellte Wertabgaben

(1) ¹Die unentgeltlichen Wertabgaben im Sinne des § 3 Abs. 9a UStG umfassen alle sonstigen Leistungen, die ein Unternehmer im Rahmen seines Unternehmens für eigene, außerhalb des Unternehmens liegende Zwecke oder für den privaten Bedarf seines Personals ausführt. ²Sie erstrecken sich auf alles, was seiner Art nach Gegenstand einer sonstigen Leistung im Sinne des § 3 Abs. 9 UStG sein kann. ³Zu den unentgeltlichen sonstigen Leistungen für den privaten Bedarf des Personals vgl. Abschnitt 12.

(2) ¹Eine Wertabgabe im Sinne von § 3 Abs. 9a Satz 1 Nr. 1 UStG setzt voraus, daß der verwendete Gegenstand dem Unternehmen zugeordnet ist und zum vollen oder teilweisen Vorsteuerabzug berechtigt hat. ²Zur Frage der Zuordnung zum Unternehmen gilt Abschnitt 24b Abs. 1 entsprechend. ³Wird ein dem Unternehmen zugeordneter Gegenstand, bei dem kein Recht zum Vorsteuerabzug bestand (z. B. ein von einer Privatperson erworbener Computer), für nichtunternehmerische Zwecke genutzt, liegt eine sonstige Leistung im Sinne von § 3 Abs. 9a Satz 1 Nr. 1 UStG nicht vor. ⁴Ist dieser Gegenstand ein Fahrzeug im Sinne des § 1b Abs. 2 UStG, welches nach dem 31. 3. 1999 angeschafft, hergestellt, eingeführt oder gemietet wurde, gilt die Belastung der nichtunternehmerischen Nutzung durch den Vorsteuerausschluß von 50 v. H. nach § 15 Abs. 1b UStG für die laufenden Kosten als abgegolten.

(3) ¹Unter den Tatbestand des § 3 Abs. 9a Satz 1 Nr. 1 UStG fällt zwar grundsätzlich auch die private Nutzung eines unternehmenseigenen Fahrzeugs durch den Unternehmer oder den Gesellschafter. ²Nach § 3 Abs. 9a Satz 2 UStG entfällt die Steuerbarkeit jedoch bei der Verwendung eines Fahrzeugs, bei dessen Anschaffung oder Herstellung, Einfuhr oder innergemeinschaftlichem Erwerb Vorsteuerbeträge nach § 15 Abs. 1b UStG nur zu 50 v. H. abziehbar waren.

Anm. d. Schriftl.:

[1] Zur Besteuerung der unentgeltlichen Wertabgaben i. S. des § 3 Abs. 1b Satz 1 Nr. 3 UStG hat das BMF mit Schreiben vom 10. 7. 2000 – BStBl 2000 I S. 1185 ausführlich Stellung genommen.

(4) ¹Umsatzsteuer aus den Anschaffungskosten unternehmerisch genutzter Telekommunikationsgeräte (z. B. von Telefonanlagen nebst Zubehör, Faxgeräten, Mobilfunkeinrichtungen) kann der Unternehmer unter den Voraussetzungen des § 15 UStG in voller Höhe als Vorsteuer abziehen. ²Die nichtunternehmerische (private) Nutzung dieser Geräte unterliegt nach § 3 Abs. 9a Satz 1 Nr. 1 UStG der Umsatzsteuer (vgl. Abschnitt 192 Abs. 18 Nr. 2). ³Bemessungsgrundlage sind die Absetzungen für Abnutzung für die jeweiligen Geräte (vgl. Abschnitt 155 Abs. 2). ⁴Nicht zur Bemessungsgrundlage gehören die Grund- und Gesprächsgebühren (vgl. BFH-Urteil vom 23. 9. 1993 – BStBl 1994 II S. 200). ⁵Die auf diese Gebühren entfallenden Vorsteuern sind in einen abziehbaren und einen nichtabziehbaren Anteil aufzuteilen (vgl. Abschnitt 192 Abs. 18 Nr. 1).

(5) Der Einsatz betrieblicher Arbeitskräfte für nichtunternehmerische (private) Zwecke zu Lasten des Unternehmens (z. B. Einsatz von Betriebspersonal im Privatgarten oder im Haushalt des Unternehmers) ist grundsätzlich eine steuerbare Wertabgabe nach § 3 Abs. 9a Satz 1 Nr. 2 UStG (vgl. BFH-Urteil vom 18. 5. 1993 – BStBl II S. 885).

(6) ...

(7) ¹Die Benutzung einer Mietwohnung durch den Vermieter im eigenen Mietwohnhaus ist eine steuerbare, aber nach § 4 Nr. 12 Buchstabe a UStG steuerfreie Wertabgabe. ²Gleiches kann gelten, wenn eine Personengesellschaft einen Anbau mit Büro- und Wohnräumen errichtet und die Wohnräume unentgeltlich einem ihrer Gesellschafter überläßt (vgl. BFH-Urteil vom 29. 10. 1987 – BStBl 1988 II S. 90). ³...

(8) Zur Wertabgabe bei der Übertragung von Miteigentumsanteilen an Grundstücken vgl. Abschnitt 24b Abs. 6.

UStR 25. Abgrenzung zwischen Lieferungen und sonstigen Leistungen

(1) ¹Bei einer einheitlichen Leistung, die sowohl Lieferungselemente als auch Elemente einer sonstigen Leistung enthält, richtet sich die Einstufung als Lieferung oder sonstige Leistung danach, welche Leistungselemente unter Berücksichtigung des Willens der Vertragsparteien den wirtschaftlichen Gehalt der Leistungen bestimmen (vgl. BFH-Urteil vom 19. 12. 1991 – BStBl 1992 II S. 449). ²Die Überlassung von Matern, Klischees und Abzügen kann sowohl eine Lieferung als auch eine sonstige Leistung sein (vgl. BFH-Urteile vom 13. 10. 1960 – BStBl 1961 III S. 26 und vom 14. 2. 1974 – BStBl II S. 261).

(2) Sonstige Leistungen sind z. B.:

1. Übermittlung von Nachrichten zur Veröffentlichung;
2. Übertragung ideeller Eigentumsanteile – Miteigentumsanteile (vgl. BFH-Urteil vom 22. 6. 1967 – BStBl III S. 662);
3. Überlassung von Lichtbildern zu Werbezwecken (vgl. BFH-Urteil vom 12. 1. 1956 – BStBl III S. 62);
4. Überlassung von Konstruktionszeichnungen und Plänen für technische Bauvorhaben sowie die Überlassung nicht geschützter Erfahrungen und technischer Kenntnisse (vgl. BFH-Urteil vom 18. 5. 1956 – BStBl III S. 198);
5. Veräußerung von Modellskizzen (vgl. BFH-Urteil vom 26. 10. 1961 – HFR 1962 S. 118);
6. Übertragung eines Verlagsrechts (vgl. BFH-Urteil vom 16. 7. 1970 – BStBl II S. 706);
7. ¹Überlassung von Know-how und von Ergebnissen einer Meinungsumfrage auf dem Gebiet der Marktforschung (vgl. BFH-Urteil vom 22. 11. 1973 – BStBl 1974 II S. 259) sowie von nicht standardisierter Software, die speziell nach den Anforderungen des Anwenders erstellt wird oder die eine vorhandene Software den Bedürfnissen des Anwenders individuell anpaßt.

²Gleiches gilt für die Übertragung von Standard-Software oder Individual-Software auf elektronischem Weg (z. B. über Internet). ³Dagegen ist der Verkauf von Standard-Software und sog. Updates auf Datenträgern als Lieferung zu beurteilen;

8. Überlassung sendefertiger Filme durch einen Filmhersteller im Sinne von § 94 UrhG – sog. Auftragsproduktion – (vgl. BFH-Urteil vom 19. 2. 1976 – BStBl II S. 515);

9. Überlassung von Fotografien zur Veröffentlichung durch Zeitungs- oder Zeitschriftenverlage (vgl. BFH-Urteil vom 12. 5. 1977 – BStBl II S. 808);

10. ¹Herstellung von Fotokopien (vgl. BFH-Urteil vom 26. 9. 1991 – BStBl 1992 II S. 313). ²Werden aus den Kopien jedoch neue Gegenstände (Bücher, Broschüren) hergestellt und den Abnehmern an diesen Gegenständen Verfügungsmacht verschafft, ist die Leistung als Lieferung (Werklieferung) zu beurteilen (vgl. BFH-Urteil vom 19. 12. 1991 – BStBl 1992 II S. 449).

(3) Die Überlassung von Offsetfilmen, die unmittelbar zum Druck von Reklamematerial im Offsetverfahren verwendet werden können, stellt dagegen eine Lieferung dar (vgl. BFH-Urteil vom 25. 11. 1976 – BStBl 1977 II S. 270).

(4) ¹Weichen bei einem Mietvertrag mit Recht zum Kauf die getroffenen Vereinbarungen wesentlich von denen ab, die bei einer bloßen Gebrauchsüberlassung üblich sind, so kann ein Vorgang vorliegen, der in seinen Auswirkungen dem Kauf auf Abzahlung entspricht und eine Lieferung ist (vgl. BFH-Urteil vom 27. 1. 1955 – BStBl III S. 94). ²Werden Gegenstände im Leasing-Verfahren überlassen, so ist die Übergabe des Leasing-Gegenstandes durch den Leasing-Geber an den Leasing-Nehmer eine Lieferung, wenn der Leasing-Gegenstand einkommensteuerrechtlich dem Leasing-Nehmer zuzurechnen ist. ³Auf das BFH-Urteil vom 1. 10. 1970 (BStBl 1971 II S. 34) wird hingewiesen.

UStR 25a. Abgabe von Speisen und Getränken zum Verzehr an Ort und Stelle

(1) ¹Die Abgabe von Speisen und Getränken zum Verzehr an Ort und Stelle ist nach § 3 Abs. 9 Satz 4 UStG eine sonstige Leistung. ²Nach § 3 Abs. 9 Satz 5 UStG liegt eine Abgabe zum Verzehr an Ort und Stelle vor, wenn

1. die Speisen und Getränke nach den Umständen der Abgabe dazu bestimmt sind, an einem Ort verzehrt zu werden, der mit dem Abgabeort in einem räumlichen Zusammenhang steht, und

2. besondere Vorrichtungen für den Verzehr an Ort und Stelle bereitgehalten werden.

³Eine Abgabe von Speisen und Getränken zum Verzehr an Ort und Stelle liegt z. B. auch vor bei der Verpflegung von Arbeitnehmern durch den Arbeitgeber in dessen Haushalt, in Kantinen oder in ähnlichen Einrichtungen (vgl. BFH-Urteile vom 24. 11. 1988 – BStBl 1989 II S. 210 und vom 19. 12. 1996 – BStBl 1998 II S. 279).

(2) Ein räumlicher Zusammenhang ist insbesondere auch dann gegeben, wenn Speisen und Getränke in unmittelbarer Nähe des Geschäftslokals im Freien – z. B. bei einem Gartenlokal, vor dem Geschäftslokal auf der Straße oder der gegenüberliegenden Straßenseite – verzehrt werden.

(3) ¹Einrichtungen und Vorrichtungen❶, die in erster Linie dem Verkauf von Waren dienen, wie z. B. Verkaufstheken und -thresen sowie Ablagebretter an Kiosken, Verkaufsständen, Würstchenbuden und dgl., sind unabhängig von ihrer Form und Größe keine besonderen Vorrichtungen für den Verzehr an Ort und Stelle. ²Dagegen stellen integrierte Abstellplätze oder -borde in Kinos besondere Vorrichtungen zum Verzehr an Ort und Stelle dar (vgl. BFH-Urteil vom 9. 5. 1996 – UR 1997 S. 102).

(4) ¹Aus der Zuordnung der Restaurationsumsätze zu den sonstigen Leistungen folgt, daß
1. die Abgabe von Speisen und Getränken zum Verzehr an Ort und Stelle an Dritte und
2. der Verzehr von Speisen und Getränken durch den Unternehmer selbst – unter den Voraussetzungen des § 3 Abs. 9 Satz 5 UStG – als Wertabgabe im Sinne des § 3 Abs. 9a Satz 1 Nr. 2 UStG

dem allgemeinen Steuersatz unterliegen. ²Für unentgeltliche Wertabgaben nach § 3 Abs. 1b UStG – z. B. Entnahme von Nahrungsmitteln durch einen Gastwirt zum Verzehr in einer von der Gaststätte getrennten Wohnung – kann die Steuerermäßigung weiterhin in Betracht kommen.

UStR 26. Vermittlung oder Eigenhandel

(1) ¹Ob jemand eine Vermittlungsleistung erbringt oder als Eigenhändler tätig wird, ist nach den Leistungsbeziehungen zwischen den Beteiligten zu entscheiden. ²Maßgebend für die Bestimmung der umsatzsteuerrechtlichen Leistungsbeziehungen ist grundsätzlich das Zivilrecht. ³Entsprechend der Regelung des § 164 Abs. 1 BGB liegt danach eine Vermittlungsleistung umsatzsteuerrechtlich grundsätzlich nur vor, wenn der Vertreter – Vermittler – das Umsatzgeschäft erkennbar im Namen des Vertretenen abgeschlossen hat. ⁴Das gilt jedoch nicht, wenn durch das Handeln in fremdem Namen lediglich verdeckt wird, daß der Vertreter und nicht der Vertretene das Umsatzgeschäft ausführt (vgl. BFH-Urteile vom 25. 6. 1987 – BStBl II S. 657 und vom 29. 9. 1987 – BStBl 1988 II S. 153). ⁵Dem Leistungsempfänger muß beim Abschluß des Umsatzgeschäfts nach den Umständen des Falles bekannt sein, daß er zu einem Dritten in unmittelbare Rechtsbeziehungen tritt (vgl. BFH-Urteil vom 21. 12. 1965 – BStBl 1966 III S. 162). ⁶Werden Zahlungen für das Umsatzgeschäft an den Vertreter geleistet, so ist es zur Beschränkung des Entgelts auf die Vermittlungsprovision nach § 10 Abs. 1 Satz 5 UStG erforderlich, daß der Vertreter nicht nur im Namen, sondern auch für Rechnung des Vertretenen handelt. ⁷Eine Vermittlungsleistung ist in diesem Falle grundsätzlich nur anzuerkennen, wenn der Vermittler Namen und Anschrift des von ihm Vertretenen dem Vertragspartner mitteilt und über die für das Umsatzgeschäft erhaltenen Zahlungen mit dem Vertretenen abrechnet.

(2) Zur Abgrenzung der Vermittlungsleistungen von Eigengeschäften bei
- Verträgen über die Vermittlung des Verkaufs gebrauchter Kraftfahrzeuge durch Kraftfahrzeughändler – insbesondere in Verbindung mit Neuwagengeschäften –,
- der Abgabe von Autoschmierstoffen durch Tankstellen und Kraftfahrzeug-Reparaturwerkstätten,
- der Entnahme von Kraft- und Schmierstoffen durch Kraftfahrzeugunternehmer für eigene unternehmerische Zwecke (sog. In-sich-Geschäfte) und bei

---

Anm. d. Schriftl.:

❶ Nach der EuGH- und BFH-Rechtsprechung sind bei der Abgabe von Speisen nicht umsatzsteuerbegünstigte sonstige Leistungen anzunehmen, wenn der Unternehmer sich nicht auf einen Umsatz von Nahrungsmitteln „zum Mitnehmen" beschränkt, sondern auch im sog. Darreichungsbereich Dienstleistungen ausführt, die den bestimmungsgemäßen sofortigen Verzehr der Speisen fördern. Nach § 3 Abs. 9 Satz 5 UStG sind besondere Vorrichtungen für den Verzehr an Ort und Stelle ein typisierendes Merkmal dafür, daß Dienstleistungen im Darreichungsbereich vorhanden sind. Es kommt grds. nicht darauf an, wer die besonderen Vorrichtungen bereithält.

– Versteigerungsgeschäften

gelten die Anweisungen in Abschnitt 26 Abs. 2 bis 5 UStR 1992 weiter.

Einfügung d. Schriftl.:
Abschnitt 26 Abs. 2 bis 4 UStR 1992 auszugsweise

(2) ¹Wird beim Abschluß von Verträgen über die Vermittlung des Verkaufs gebrauchter Kraftfahrzeuge vom Kraftfahrzeughändler das vom Zentralverband des Kraftfahrzeuggewerbes e. V. (ZDK) empfohlene Vertragsmuster „Auftrag zur Vermittlung des Verkaufs eines gebrauchten Kraftfahrzeugs" (Stand: 1. 7. 1988) nebst „Allgemeinen Geschäftsbedingungen" in der Fassung der Bekanntmachung Nr. 80/88 vom 15. 8. 1988 des Bundeskartellamts (BAnz. Nr. 156/1988 vom 23. 8. 1988, BStBl I S. 459) verwendet, so ist die Leistung des Kraftfahrzeughändlers als Vermittlungsleistung anzusehen, wenn auch die tatsächliche Geschäftsabwicklung den Voraussetzungen für die Annahme von Vermittlungsleistungen entspricht (vgl. Absatz 1). ²Das gilt auch dann, wenn der Kraftfahrzeughändler dem Gebrauchtwagenverkäufer die Höhe des über den vereinbarten Mindestverkaufspreis hinaus erzielten Erlöses nicht mitteilt (vgl. BFH-Urteil vom 27. 7. 1988, BStBl II S. 1017). ³Entscheidend ist – insbesondere in Verbindung mit Neuwagengeschäften –, daß mit der Übergabe des Gebrauchtfahrzeugs an den Kraftfahrzeughändler das volle Verkaufsrisiko nicht auf diesen übergeht. ⁴Agenturunschädlich ist, wenn in einen Neuwagenkaufvertrag eine Zahlungsvereinbarung aufgenommen wird, die zum Ausdruck bringt, daß dem Neuwagenkäufer, der ein Gebrauchtfahrzeug zur Vermittlung übergeben hat, in Höhe der Preisuntergrenze des Gebrauchtfahrzeugs ein zinsloser Kredit bis zu einem bestimmten Termin, z. B. 6 Monate, eingeräumt wird. ⁵Bei einem sog. Minusgeschäft wird jedoch der Kraftfahrzeughändler nicht als Vermittler tätig. ⁶Ein Minusgeschäft ist gegeben, wenn ein Kraftfahrzeughändler den bei einem Neuwagengeschäft in Zahlung genommenen Gebrauchtwagen unter dem vereinbarten Mindestverkaufspreis verkauft, den vereinbarten Mindestverkaufspreis aber auf den Kaufpreis für den Neuwagen voll anrechnet (vgl. BFH-Urteil vom 29. 9. 1987, BStBl 1988 II S. 153). ⁷. . . ⁹Die Vermittlung einer Garantieversicherung durch den Kraftfahrzeughändler berührt dessen Agenteneigenschaft nicht, da diese Vermittlung eine selbständige Leistung des Händlers gegenüber der Versicherungsgesellschaft darstellt, die in keinem unmittelbaren Zusammenhang mit der Vermittlungsleistung des Kraftfahrzeughändlers gegenüber dem Verkäufer des Gebrauchtwagens steht. ¹⁰Dies gilt auch dann, wenn sich der Kraftfahrzeughändler gegenüber der Versicherungsgesellschaft verpflichtet, sie in begrenztem Umfang im Innenverhältnis von der Haftung für die versicherten Schäden freizustellen. ¹¹Die volle oder teilweise Bürgschaftsübernahme durch den Kraftfahrzeughändler – Vermittler – gegenüber der Bank, die dem Fahrzeugkäufer einen Kredit für den Kraftfahrzeugkauf gewährt, ist als selbständige Leistung anzusehen, die das Agenturgeschäft nicht berührt. ¹²Zur Besteuerung der Umsätze von Gebrauchtfahrzeugen (Differenzbesteuerung) vgl. Abschnitt 276a.

(3) ¹Die Abgabe von Autoschmierstoffen durch Tankstellen und Kraftfahrzeug-Reparaturwerkstätten ist wie folgt zu beurteilen: Wird Ölwechsel für sich allein vorgenommen, so liegt eine Lieferung von Öl vor. ²Wird die Lieferung in fremdem Namen und für fremde Rechnung ausgeführt, so handelt es sich um eine Vermittlungsleistung. ³Beim Ölwechsel im Rahmen des Pflegedienstes und der Inspektion führt der Unternehmer zwei getrennte Leistungen aus. ⁴Es handelt sich – wie im Falle des einfachen Ölwechsels – um eine Lieferung von Öl, ggf. um die Vermittlung einer solchen Lieferung, und daneben um eine sonstige Leistung hinsichtlich des Pflegedienstes und der Inspektion. ⁵Führt der Unternehmer den Ölwechsel im Zusammenhang mit der Beseitigung von Schäden am Motor, Getriebe oder Differential durch und werden die Reparaturleistung und die Öllieferung bürgerlich-rechtlich von zwei verschiedenen Unternehmern bewirkt, nämlich von der die Reparatur durchführenden Reparaturwerkstätte und der das Öl liefernden Mineralölfirma, so bewirkt die Reparaturwerkstätte zwei Umsätze, und zwar eine Reparaturleistung gegenüber dem Auftraggeber und eine Vermittlungsleistung zwischen Mineralölfirma und Auftraggeber hinsichtlich der Lieferung von Öl. ⁶Bei der Abgabe von Spezialölen und Autofetten im Rahmen von Dienstleistungen, z. B. Absprühen oder Abschmieren von Kraftfahrzeugen, ist eine einheitliche Leistung anzunehmen. ⁷Soweit der Unternehmer für diesen Ölverbrauch Vorsteuern abziehen will, muß er sich von der Lieferfirma eine Rechnung erteilen lassen oder eine Gutschrift (§ 14 Abs. 5 UStG) erstellen.

(4) ¹Kraftfahrzeugunternehmer, z. B. Tankstellenagenten, Kraftfahrzeug-Reparaturwerkstätten, entnehmen für eigene unternehmerische Zwecke Kraft- und Schmierstoffe und stellen hierfür Rechnungen aus, in denen zum Ausdruck kommt, daß sie diese Waren im Namen und für Rechnung der betreffenden Mineralölgesellschaft an sich selbst veräußern. ²Grundsätzlich ist davon auszugehen, daß Bestellungen, die ein Handelsvertreter bei dem Unternehmer für eigene Rechnung macht, in der Regel keinen Anspruch auf Handelsvertreterprovisionen nach § 87 Abs. 1 HGB begründen. ³Ist jedoch etwas anderes vereinbart und sind Provisionszahlungen auch für

eigene Bestellungen in dem betreffenden Handelszweig üblich, und steht ferner fest, daß der Handelsvertreter nicht zu besonderen Preisen bezieht, so kann gleichwohl ein Provisionsanspruch des Vertreters begründet sein. [4]Bei dieser Sachlage ist das zivilrechtlich gewollte In-sich-Geschäft mit Provisionsanspruch auch umsatzsteuerrechtlich als solches anzuerkennen. [5]Rechnungen, die Kraftfahrzeugunternehmer über die zur Deckung des Eigenbedarfs verwendeten Agenturwaren in fremdem Namen und für fremde Rechnung ausstellen, sind als Rechnungen im Sinne des § 14 Abs. 1 und 4 UStG anzusehen. [6]Die Kraftfahrzeugunternehmer können aufgrund dieser Rechnungen die Vorsteuer nach § 15 Abs. 1 Nr. 1 UStG abziehen. [7]Die von den Mineralölgesellschaften erteilten Abrechnungen (Gutschriften) über die Vermittlungsleistungen der Kraftfahrzeugunternehmer müssen auch die Vermittlungsleistungen einschließen, die auf die Fälle des Selbstkontrahierens entfallen. [8]Der Umfang der umsatzsteuerrechtlichen Aufzeichnungspflichten bei zulässigen In-sich-Geschäften ergibt sich aus § 22 UStG in Verbindung mit § 63 UStDV.

(5) ...

(3) [1]Unternehmer, die im eigenen Laden – dazu gehören auch gemietete Geschäftsräume – Waren verkaufen, sind umsatzsteuerrechtlich grundsätzlich als Eigenhändler anzusehen. [2]Vermittler kann ein Ladeninhaber nur sein, wenn zwischen demjenigen, von dem er die Ware bezieht, und dem Käufer unmittelbare Rechtsbeziehungen zustande kommen. [3]Auf das Innenverhältnis des Ladeninhabers zu seinem Vertragspartner, der die Ware zur Verfügung stellt, kommt es für die Frage, ob Eigenhandels- oder Vermittlungsgeschäfte vorliegen, nicht entscheidend an. [4]Wesentlich ist das Außenverhältnis, d. h. das Auftreten des Ladeninhabers dem Kunden gegenüber. [5]Wenn der Ladeninhaber eindeutig vor oder bei dem Geschäftsabschluß zu erkennen gibt, daß er in fremdem Namen und für fremde Rechnung handelt, kann seine Vermittlereigenschaft umsatzsteuerrechtlich anerkannt werden. [6]Deshalb können bei entsprechender Ausgestaltung des Geschäftsablaufs auch beim Verkauf von Gebrauchtwaren in sogenannten Secondhandshops Vermittlungsleistungen angenommen werden (vgl. auch Abschnitt 276a). [7]Die für Verkäufe im eigenen Laden aufgestellten Grundsätze sind auch auf Fälle anwendbar, in denen der Ladeninhaber nicht liefert, sondern wegen der Art des Betriebs seinen Kunden gegenüber lediglich sonstige Leistungen einbringt (BFH-Urteil vom 9. 4. 1970 – BStBl II S. 506). [8]Beim Bestehen einer echten Ladengemeinschaft sind die o. a. Grundsätze nicht anzuwenden. [9]Eine echte Ladengemeinschaft ist anzuerkennen, wenn mehrere Unternehmer in einem Laden mehrere Betriebe unterhalten und dort Waren in eigenem Namen und für eigene Rechnung verkaufen (vgl. BFH-Urteil vom 6. 3. 1969 – BStBl II S. 361).

(4) [1]Die Grundsätze über den Verkauf im eigenen Laden (vgl. Absatz 3) gelten nicht für den Verkauf von Waren, z. B. Blumen, Zeitschriften, die durch Angestellte eines anderen Unternehmers in Gastwirtschaften angeboten werden (vgl. BFH-Urteil vom 7. 6. 1962 – BStBl III S. 361). [2]Werden in Gastwirtschaften mit Genehmigung des Gastwirts Warenautomaten aufgestellt, so liefert der Aufsteller die Waren an die Benutzer der Automaten. [3]Der Gastwirt bewirkt eine steuerpflichtige sonstige Leistung an den Aufsteller, die darin besteht, daß er die Aufstellung der Automaten in seinen Räumen gestattet. [4]Entsprechendes gilt für die Aufstellung von Spielautomaten in Gastwirtschaften. [5]Als Unternehmer, der den Spielautomat in eigenem Namen und für eigene Rechnung betreibt, ist in der Regel der Automatenaufsteller anzusehen (vgl. BFH-Urteil vom 24. 9. 1987 – BStBl 1988 II S. 29).

UStR 27. Werklieferung, Werkleistung

(1) [1]Eine Werklieferung liegt vor, wenn der Werkhersteller für das Werk selbstbeschaffte Stoffe verwendet, die nicht nur Zutaten oder sonstige Nebensachen sind. [2]Besteht das Werk aus mehreren Hauptstoffen, bewirkt der Werkunternehmer bereits dann eine Werklieferung, wenn er nur einen Hauptstoff oder einen Teil eines Hauptstoffes selbst beschafft hat, während alle übrigen Stoffe vom Besteller beigestellt werden. [3]Verwendet der Werkunternehmer bei seiner Leistung keinerlei selbstbeschaffte Stoffe oder nur Stoffe, die als Zutaten oder sonstige Nebensachen anzusehen sind, so handelt es sich um eine Werkleistung. [4]Für die Frage, ob es sich um Zutaten oder

sonstige Nebensachen handelt, kommt es nicht auf das Verhältnis des Wertes der Arbeit oder des Arbeitserfolges zum Wert der vom Unternehmer beschafften Stoffe an, sondern darauf, ob diese Stoffe ihrer Art nach sowie nach dem Willen der Beteiligten als Hauptstoffe oder als Nebenstoffe bzw. Zutaten des herzustellenden Werkes anzusehen sind. [5]In Zweifelsfällen entscheidet hierüber die Verkehrsauffassung (BFH-Urteil vom 28. 5. 1953 – BStBl III S. 217). [6]Die Unentbehrlichkeit eines Gegenstandes allein macht diesen noch nicht zu einem Hauptstoff. [7]Kleinere technische Hilfsmittel, z. B. Nägel, Schrauben, Splinte usw., sind in aller Regel Nebensachen. [8]Beim Austausch eines unbrauchbar gewordenen Teilstücks, dem eine gewisse selbständige Bedeutung zukommt, z. B. Kurbelwelle eines Kraftfahrzeugs, kann nicht mehr von einer Nebensache gesprochen werden (vgl. BFH-Urteil vom 25. 3. 1965 – BStBl III S. 338). [9]Haupt- oder Nebenstoffe sind Werkstoffe, die gegenständlich im fertigen Werk enthalten sein müssen. [10]Elektrischer Strom, der bei der Herstellung des Werkes verwendet wird, ist kein Werkstoff (vgl. BFH-Urteil vom 8. 7. 1971 – BStBl 1972 II S. 44). [11]...

(2) [1]Bei Werklieferungen scheiden Materialbeistellungen des Bestellers aus dem Leistungsaustausch aus. [2]Das Material, das der Besteller dem Auftragnehmer zur Bewirkung der Werklieferung beistellt, geht nicht in die Verfügungsmacht des Werkherstellers über (vgl. BFH-Urteil vom 17. 1. 1957 – BStBl III S. 92). [3]Die beigestellte Sache kann ein Hauptstoff sein, die Beistellung kann sich aber auch auf Nebenstoffe oder sonstige Beistellungen, z. B. Arbeitskräfte, Maschinen, Hilfsstoffe wie Strom, Kohle oder ähnliche Betriebsmittel, beziehen (vgl. BFH-Urteil vom 12. 3. 1959 – BStBl III S. 227). [4]Gibt der Auftraggeber zur Herstellung des Werks den gesamten Hauptstoff hin, so liegt eine Materialgestellung vor (vgl. BFH-Urteil vom 10. 9. 1959 – BStBl III S. 435).

(3) [1]Es gehört grundsätzlich zu den Voraussetzungen für das Vorliegen einer Materialbeistellung, daß das beigestellte Material im Rahmen einer Werklieferung für den Auftraggeber be- oder verarbeitet wird. [2]Der Werkunternehmer muß sich verpflichtet haben, die ihm überlassenen Stoffe ausschließlich zur Herstellung des bestellten Werkes zu verwenden (vgl. BFH-Urteil vom 17. 1. 1957 – BStBl III S. 92). [3]Auf das Erfordernis der Stoffidentität kann verzichtet werden, wenn die anderen Voraussetzungen für die Materialbeistellung zusammen gegeben sind, der Auftragnehmer den vom Auftraggeber zur Verfügung gestellten Stoff gegen gleichartiges und gleichwertiges Material austauscht und der Austausch wirtschaftlich geboten ist (vgl. BFH-Urteile vom 10. 2. 1966 – BStBl III S. 257 und vom 3. 12. 1970 – BStBl 1971 II S. 355). [4]Eine Materialbeistellung ist jedoch zu verneinen, wenn der beigestellte Stoff ausgetauscht wird und der mit der Herstellung des Gegenstands beauftragte Unternehmer den Auftrag weitergibt (BFH-Urteil vom 21. 9. 1970 – BStBl 1971 II S. 77).

(4) [1]Eine Materialbeistellung liegt nicht vor, wenn der Werkunternehmer an der Beschaffung der Werkstoffe als Kommissionär (§ 3 Abs. 3 UStG) mitgewirkt hat. [2]In diesem Fall umfaßt die Lieferung des Werkunternehmers auch die beschafften Stoffe. [3]Eine Materialbeistellung ist aber anzunehmen, wenn der Werkunternehmer nur als Agent oder Berater an der Stoffbeschaffung beteiligt ist und dementsprechend zwischen dem Lieferer und dem Besteller der Werkstoffe unmittelbare Rechtsbeziehungen begründet werden. [4]Die Annahme einer Materialbeistellung hat zur Folge, daß der Umsatz des Werkunternehmers sich nicht auf die vom Besteller eingekauften Stoffe erstreckt. [5]Wenn dagegen unmittelbare Rechtsbeziehungen zwischen dem Lieferer der Werkstoffe und dem Werkunternehmer und einer Werklieferung dieses Unternehmers an den Besteller vorliegt, so ist davon auszugehen, daß eine Lieferung der Stoffe vom Lieferer an den Werkunternehmer und eine Werklieferung dieses Unternehmers an den Besteller vorliegt. [6]In einem solchen Fall schließt die Werklieferung den vom Werkunternehmer beschafften Stoff ein.

Einfügung d. Schriftl. zu Abschn. 27 UStR:

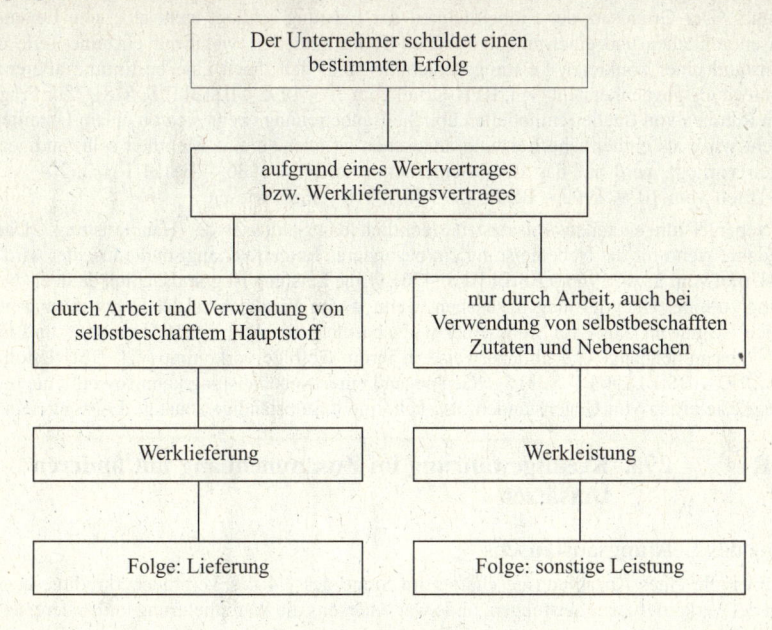

```
            ┌─────────────────────────────┐
            │ Der Unternehmer schuldet    │
            │ einen bestimmten Erfolg     │
            └──────────────┬──────────────┘
                           │
            ┌──────────────┴──────────────┐
            │ aufgrund eines Werkvertrages│
            │ bzw. Werklieferungsvertrages│
            └──────────────┬──────────────┘
                           │
        ┌──────────────────┴──────────────────┐
        │                                     │
┌───────┴────────────┐              ┌─────────┴──────────────┐
│ durch Arbeit und   │              │ nur durch Arbeit, auch │
│ Verwendung von     │              │ bei Verwendung von     │
│ selbstbeschafftem  │              │ selbstbeschafften      │
│ Hauptstoff         │              │ Zutaten und Nebensachen│
└───────┬────────────┘              └─────────┬──────────────┘
        │                                     │
┌───────┴────────┐                   ┌────────┴───────┐
│ Werklieferung  │                   │ Werkleistung   │
└───────┬────────┘                   └────────┬───────┘
        │                                     │
┌───────┴────────┐                   ┌────────┴────────────┐
│ Folge: Lieferung│                  │ Folge: sonstige Leistung│
└────────────────┘                   └─────────────────────┘
```

UStR 29. Einheitlichkeit der Leistung

(1) ¹Ob von einer einheitlichen Leistung oder von mehreren getrennt zu beurteilenden selbständigen Einzelleistungen auszugehen ist, hat umsatzsteuerrechtlich insbesondere Bedeutung für die Bestimmung des Orts und des Zeitpunkts der Leistung sowie für die Anwendung von Befreiungsvorschriften und des Steuersatzes. ²Ein einheitlicher wirtschaftlicher Vorgang darf umsatzsteuerrechtlich nicht in mehrere Leistungen aufgeteilt werden. ³Dies gilt auch dann, wenn sich die Abnehmer dem leistenden Unternehmer gegenüber mit einer solchen Aufspaltung einverstanden erklären (vgl. BFH-Urteile vom 20. 10. 1966 – BStBl 1967 III S. 159 und vom 12. 12. 1969 – BStBl 1970 II S. 362). ⁴Der Grundsatz der Einheitlichkeit der Leistung führt dazu, daß Vorgänge, die bürgerlich-rechtlich selbständig und je für sich betrachtet werden, nach umsatzsteuerrechtlichen Gesichtspunkten als ein einheitlicher wirtschaftlicher Vorgang behandelt werden müssen, wenn sie wirtschaftlich zusammengehören und als ein unteilbares Ganzes anzusehen sind (vgl. BFH-Urteile vom 27. 1. und 12. 5. 1955 – BStBl III S. 94 und 215).

(2) ¹Zusammengehörige Vorgänge können jedoch nicht bereits deshalb als einheitliche Leistung angesehen werden, weil sie einem einheitlichen wirtschaftlichen Ziel dienen. ²Wenn mehrere, untereinander gleichzuwertende Faktoren zur Erreichung dieses Ziels beitragen und aus diesem Grund zusammengehören, ist die Annahme einer einheitlichen Leistung nur gerechtfertigt, wenn die einzelnen Faktoren so ineinandergreifen, daß sie bei natürlicher Betrachtung hinter dem Ganzen zurücktreten. ³Daß die einzelnen Leistungen auf einem einheitlichen Vertrag beruhen und für sie ein Gesamtentgelt entrichtet wird, reicht noch nicht aus, sie umsatzsteuerrechtlich als Einheit zu behandeln. ⁴Entscheidend ist vielmehr der wirtschaftliche Gehalt der erbrachten Leistungen (vgl. BFH-Urteil vom 24. 11. 1994 – BStBl 1995 II S. 151). ⁵Ebenso führt die dem Leistungs-

empfänger aufgezwungene Koppelung mehrerer Leistungen allein nicht zu einer einheitlichen Leistung. ⁶Der Grundsatz der Einheitlichkeit der Leistung schließt nicht aus, eine Leistung in einen entgeltlichen und einen unentgeltlichen Teil aufzuteilen, wenn nur einzelne Teile derart Gegenstand einer konkreten Leistungsbeziehung sind, daß ihnen eine bestimmte abgrenzbare Gegenleistung gegenübersteht (vgl. BFH-Urteil vom 7. 3. 1995 – BStBl II S. 518). ⁷Zur Frage, ob die im Rahmen von Bauherrenmodellen übliche Bauberteuung, wenn sie von einem Unternehmer erbracht wird, als einheitliche Leistung anzusehen ist oder ob eine Mehrheit selbständiger Leistungen vorliegt, wird auf das BMF-Schreiben vom 27. 6. 1986 – BStBl I S. 352 – und das BFH-Urteil vom 10. 9. 1992 – BStBl 1993 II S. 316 – hingewiesen.

(3) ¹Nebenleistungen teilen umsatzsteuerrechtlich das Schicksal der Hauptleistung. ²Das gilt auch dann, wenn für die Nebenleistung ein besonderes Entgelt verlangt und entrichtet wird (vgl. BFH-Urteil vom 28. 4. 1966 – BStBl III S. 476). ³Eine Leistung ist grundsätzlich dann als Nebenleistung zu einer Hauptleistung anzusehen, wenn sie im Vergleich zu der Hauptleistung nebensächlich ist, mit ihr eng – im Sinne einer wirtschaftlich gerechtfertigten Abrundung und Ergänzung – zusammenhängt und üblicherweise in ihrem Gefolge vorkommt (vgl. BFH-Urteil vom 10. 9. 1992 – BStBl 1993 II S. 316). ⁴Gegenstand einer Nebenleistung kann sowohl eine unselbständige Lieferung von Gegenständen als auch eine unselbständige sonstige Leistung sein.

UStR 29a. Kreditgewährung im Zusammenhang mit anderen Umsätzen

Inhalt des Leistungsaustauschs

(1) ¹Im Falle eines Abzahlungsgeschäftes im Sinne des § 4 des Verbraucherkreditgesetzes erbringt der Verkäufer zwei Leistungen, und zwar einerseits die Warenlieferung und andererseits die Bewilligung der Teilzahlung gegen jeweils gesondert vereinbartes und berechnetes Entgelt (vgl. BFH-Beschluß vom 18. 12. 1980 – BStBl 1981 II S. 197). ²Die Teilzahlungszuschläge sind daher das Entgelt für eine gesondert zu beurteilende Kreditleistung.

(2) ¹Die Grundsätze des Absatzes 1 sind auch in anderen Fällen anzuwenden, in denen der Unternehmer im Zusammenhang mit einer Lieferung oder sonstigen Leistung einen Kredit gewährt. ²Die Kreditgewährung ist jedoch nur dann als gesonderte Leistung anzusehen, wenn eine eindeutige Trennung zwischen dem Kreditgeschäft und der Lieferung bzw. sonstigen Leistung vorliegt. ³Dazu ist erforderlich:

1. ¹Die Lieferung oder sonstige Leistung und die Kreditgewährung mit den dafür aufzuwendenden Entgelten müssen bei Abschluß des Umsatzgeschäfts je für sich gesondert vereinbart worden sein. ²Das für ein Umsatzgeschäft vereinbarte Entgelt kann nicht nachträglich in ein Entgelt für die Lieferung oder sonstige Leistung und ein Entgelt für die Kreditgewährung aufgeteilt werden.
2. In der Vereinbarung über die Kreditgewährung muß auch der Jahreszins angegeben werden.
3. Die Entgelte für die beiden Leistungen müssen getrennt abgerechnet werden.

⁴Für die Anerkennung einer gesonderten Kreditgewährung ist es unmaßgeblich, in welcher Form das Entgelt entrichtet wird, z. B. durch Bargeld, Scheck oder Wechsel.

(3) ¹Als Entgelt für gesonderte Kreditleistungen können in entsprechender Anwendung des Absatzes 2 z. B. angesehen werden:

²Stundungszinsen: Sie werden berechnet, wenn dem Leistungsempfänger, der bei Fälligkeit der Kaufpreisforderung nicht zahlen kann, gestattet wird, die Zahlung zu einem späteren Termin zu leisten;

³Zielzinsen: Sie werden erhoben, wenn dem Leistungsempfänger zur Wahl gestellt wird, entweder bei kurzfristiger Zahlung den Barpreis oder bei Inanspruchnahme des Zahlungsziels einen höhe-

ren Zielpreis für die Leistung zu entrichten. [4]Für die Annahme einer Kreditleistung reicht jedoch die bloße Gegenüberstellung von Barpreis und Zielpreis nicht aus; es müssen vielmehr die in Absatz 2 Nr. 1 bis 3 geforderten Angaben gemacht werden.

(4) [1]Kontokorrentzinsen sind stets Entgelt für eine Kreditgewährung, wenn zwischen den beteiligten Unternehmern ein echtes Kontokorrentverhältnis im Sinne des § 355 HGB vereinbart worden ist, bei dem die gegenseitigen Forderungen aufgerechnet werden und bei dem der jeweilige Saldo an die Stelle der einzelnen Forderungen tritt. [2]Besteht kein echtes Kontokorrentverhältnis im Sinne des § 355 HGB, so können die neben dem Entgelt für die Lieferung erhobenen Zinsen nur dann als Entgelt für eine Kreditleistung behandelt werden, wenn entsprechende Vereinbarungen (vgl. Absatz 2) vorliegen.

(5) [1]Bietet ein Unternehmer in seinen Zahlungsbedingungen die Gewährung eines Nachlasses (Skonto, Rabatt) auf den ausgezeichneten Preis bei vorzeitiger Zahlung an und macht der Leistungsempfänger davon Gebrauch, führt der Preisnachlaß zu einer Entgeltsminderung. [2]Nimmt der Leistungsempfänger jedoch keinen Preisnachlaß in Anspruch und entrichtet den Kaufpreis erst mit Ablauf der Zahlungsfrist, so bewirkt der Unternehmer in Höhe des angebotenen Preisnachlasses keine Kreditleistung (vgl. BFH-Urteil vom 28. 1. 1993 – BStBl II S. 360).

Beispiel:
[1]Ein Unternehmer liefert eine Ware für 1 000 DM (einschließlich Umsatzsteuer), zahlbar nach 6 Wochen. [2]Bei Zahlung innerhalb von 10 Tagen wird ein Skonto von 3 v. H. des Kaufpreises gewährt. [3]Der Leistungsempfänger zahlt nach 6 Wochen den vollen Kaufpreis von 1 000 DM. [4]Es ist nicht zulässig, daß der Unternehmer seine Leistung aufteilt in eine steuerpflichtige Warenlieferung in Höhe von 970 DM (einschließlich Umsatzsteuer) und eine steuerfreie Kreditleistung in Höhe von 30 DM.

Steuerfreiheit der Kreditgewährung

(6) [1]Ist die Kreditgewährung als selbständige Leistung anzusehen, fällt sie unter die Steuerbefreiung nach § 4 Nr. 8 Buchstabe a UStG. [2]Unberührt bleibt die Möglichkeit, unter den Voraussetzungen des § 9 UStG auf die Steuerbefreiung zu verzichten.

Entgeltsminderungen

(7) [1]Entgeltsminderungen, die sowohl auf steuerpflichtige Umsätze als auch auf die im Zusammenhang damit erbrachten steuerfreien Kreditgewährungen entfallen, sind anteilig dem jeweiligen Umsatz zuzuordnen. [2]Deshalb hat z. B. bei Uneinbringlichkeit von Teilzahlungen der Unternehmer die Steuer für die Warenlieferung entsprechend ihrem Anteil zu berichtigen (§ 17 Abs. 2 Nr. 1 in Verbindung mit § 17 Abs. 1 UStG). [3-4]. . .

Auswirkungen auf den Vorsteuerabzug des leistenden Unternehmers

(8) [1]Die den steuerfreien Kreditgewährungen zuzurechnenden Vorsteuerbeträge sind unter den Voraussetzungen des § 15 Abs. 2 und 3 UStG vom Abzug ausgeschlossen. [2]Das gilt auch für solche Vorsteuerbeträge, die lediglich in mittelbarem wirtschaftlichem Zusammenhang mit diesen Umsätzen stehen, z. B. Vorsteuerbeträge, die im Bereich der Gemeinkosten anfallen. [3]Vorsteuerbeträge, die den Kreditgewährungen nur teilweise zuzurechnen sind, hat der Unternehmer nach den Grundsätzen des § 15 Abs. 4 UStG in einen abziehbaren und einen nichtabziehbaren Teil aufzuteilen (vgl. im übrigen Abschnitte 207 ff.). [4]Die Vorschrift des § 43 UStDV kann auf die Kreditgewährung zuzurechnenden Vorsteuerbeträge nicht angewendet werden. [5]Werden die Kredite im Zusammenhang mit einer zum Vorsteuerabzug berechtigenden Lieferung oder sonstigen Leistung an einen Unternehmer gewährt, so ist es jedoch nicht zu beanstanden, wenn aus Vereinfachungsgründen die Vorsteuern abgezogen werden, die den Kreditgewährungen nicht ausschließlich zuzurechnen sind.

Beispiel:

¹Ein Maschinenhersteller M liefert eine Maschine an den Unternehmer U in Ungarn. ²Für die Entrichtung des Kaufpreises räumt M dem U einen Kredit ein, der nach den Merkmalen des Absatz 1 als selbständige Leistung zu behandeln ist.

³Die Lieferung der Maschine ist nach § 4 Nr. 1 Buchst. a, § 6 UStG steuerfrei und berechtigt zum Vorsteuerabzug. ⁴Die Kreditgewährung ist nach § 3a Abs. 3 in Verbindung mit Abs. 4 Nr. 6 Buchstabe a UStG nicht steuerbar und schließt nach § 15 Abs. 2 und 3 UStG den Vorsteuerabzug aus. ⁵Aus Vereinfachungsgründen kann jedoch M die Vorsteuern, die der Kreditgewährung nicht ausschließlich zuzurechnen sind – z. B. Vorsteuern, die im Bereich der Verwaltungsgemeinkosten angefallen sind –, in vollem Umfang abziehen.

UStR **30. Ort der Lieferung**

(1) ¹Lieferungen gelten – vorbehaltlich der Sonderregelungen in den §§ 3c bis 3f UStG – nach § 3 Abs. 6 Satz 1 UStG grundsätzlich dort als ausgeführt, wo die Beförderung oder Versendung an den Abnehmer oder in dessen Auftrag an einen Dritten (z. B. an einen Lohnveredeler oder Lagerhalter) beginnt. ²Dies gilt sowohl für Fälle, in denen der Unternehmer selbst oder ein von ihm beauftragter Dritter den Gegenstand der Lieferung befördert oder versendet, als auch für Fälle, in denen der Abnehmer oder ein von ihm beauftragter Dritter den Gegenstand bei dem Lieferer abholt (Abholfall). ³Der sog. Handkauf ist als Beförderungs- oder Versendungslieferung anzusehen.

(2) ¹Eine Beförderungslieferung im Sinne des § 3 Abs. 6 Satz 1 UStG setzt voraus, daß der liefernde Unternehmer, der Abnehmer oder in unselbständiger Erfüllungshilfe den Gegenstand der Lieferung befördert. ²Eine Beförderung liegt auch vor, wenn der Gegenstand der Lieferung mit eigener Kraft fortbewegt wird, z. B. bei Kraftfahrzeugen Fortbewegung auf eigener Achse, bei Schiffen auf eigenem Kiel. ³Die Bewegung eines Gegenstandes innerhalb des Unternehmens, die lediglich der Vorbereitung des Transports dient, stellt keine Beförderung an den Abnehmer im Sinne des § 3 Abs. 6 Satz 1 UStG dar. ⁴Befördert im Falle eines Kommissionsgeschäftes (§ 3 Abs. 3 UStG) der Kommittent das Kommissionsgut mit eigenem Fahrzeug an den im Ausland ansässigen Kommissionär, so liegt eine Lieferung im Inland nach § 3 Abs. 6 Satz 1 UStG nicht vor, weil die – anschließende – Übergabe des Kommissionsgutes an den Verkaufskommissionär keine Lieferung im Sinne des § 3 Abs. 1 UStG ist (vgl. BFH-Urteil vom 25. 11. 1986 – BStBl 1987 II S. 278, Abschnitt 24 Abs. 2). ⁵Zur Ausnahmeregelung bei innergemeinschaftlichen Kommissionsgeschäften vgl. Abschnitt 15b Abs. 7.

(3) ¹Eine Versendungslieferung im Sinne des § 3 Abs. 6 Satz 1 UStG setzt voraus, daß der Gegenstand an den Abnehmer oder in dessen Auftrag an einen Dritten versendet wird; d. h. die Beförderung durch einen selbständigen Beauftragten ausgeführt oder besorgt wird. ²Die Versendung beginnt mit der Übergabe des Gegenstandes an den Beauftragten. ³Der Lieferer muß bei der Übergabe des Gegenstandes an den Beauftragten alles Erforderliche getan haben, um den Gegenstand an den bereits feststehenden Abnehmer gelangen zu lassen. ⁴Das ist auch der Fall, wenn der Lieferer den Gegenstand einem selbständigen Frachtführer, Verfrachter oder Spediteur zur Beförderung an einen weiteren von ihm beauftragten Frachtführer, Verfrachter oder Spediteur übergibt und diese entweder durch einen Zusatz in den Versendungsunterlagen, z. B. zur Verfügung des Abnehmers, oder nachweislich spätestens bei der Übergabe des Gegenstandes an den ersten Frachtführer, Verfrachter oder Spediteur unmittelbar die Weisung erteilt, den Gegenstand an den Abnehmer oder dessen Beauftragten weiterzuleiten.

(4) ¹Der Ort der Lieferung bestimmt sich nicht nach § 3 Abs. 6 UStG, wenn der Gegenstand der Lieferung nach dem Beginn der Beförderung oder nach der Übergabe des Gegenstandes an den Beauftragten vom Lieferer noch einer Behandlung unterzogen wird, die seine Marktgängigkeit ändert. ²In diesen Fällen wird nicht der Liefergegenstand, sondern ein Gegenstand anderer Wesensart befördert. ³Das ist insbesondere dann der Fall, wenn Gegenstand der Lieferung eine

vom Lieferer errichtete ortsgebundene Anlage oder eine einzelne Maschine ist, die am Bestimmungsort fundamentiert oder funktionsfähig gemacht wird, indem sie in einen Satz bereits vorhandener Maschinen eingefügt und hinsichtlich ihrer Arbeitsgänge auf diese Maschinen abgestimmt wird. [4]Das gleiche gilt für Einbauten, Umbauten und Anbauten bei Maschinen – Modernisierungsarbeiten – sowie für Reparaturen. [5]Da die einzelnen Teile einer Maschine ein Gegenstand anderer Marktgängigkeit sind als die ganze Maschine, ist § 3 Abs. 6 UStG auch dann nicht anzuwenden, wenn die einzelnen Teile einer Maschine zum Abnehmer befördert werden und dort vom Lieferer zu der betriebsfertigen Maschine zusammengesetzt werden. [6]Ob die Montagekosten dem Abnehmer gesondert in Rechnung gestellt werden, ist unerheblich. [7]Dagegen bestimmt sich der Ort der Lieferung nach § 3 Abs. 6 UStG, wenn eine betriebsfertig hergestellte Maschine lediglich zum Zwecke eines besseren und leichteren Transportes in einzelne Teile zerlegt und dann von einem Monteur des Lieferers am Bestimmungsort wieder zusammengesetzt wird. [8]Zur betriebsfertigen Herstellung beim Lieferer gehört in der Regel ein dort vorgenommener Probelauf. [9]Ein nach der Wiederzusammensetzung beim Abnehmer vom Lieferer durchgeführter erneuter Probelauf ist unschädlich. [10]§ 3 Abs. 6 UStG ist auch dann anzuwenden, wenn die sich an die Beförderung oder Versendung des Liefergegenstandes anschließende Bearbeitung oder Verarbeitung vom Abnehmer selbst oder in seinem Auftrag von einem Dritten vorgenommen wird.

(5) [1]Wird der Gegenstand der Lieferung nicht befördert oder versendet, ist § 3 Abs. 7 UStG anzuwenden. [2]§ 3 Abs. 7 Satz 1 UStG gilt insbesondere für Fälle, in denen die Verfügungsmacht z. B. durch Vereinbarung eines Besitzkonstituts (§ 930 BGB), durch Abtretung des Herausgabeanspruchs (§ 931 BGB) oder durch Übergabe von Traditionspapieren (Lagerscheine, Ladescheine, Konnossemente, §§ 444, 475c, 647 HGB) verschafft wird. [3]§ 3 Abs. 7 Satz 2 UStG bestimmt den Lieferort für die Fälle des § 3 Abs. 6 Satz 5 UStG, in denen mehrere Unternehmer über denselben Gegenstand Umsatzgeschäfte abschließen und diese Geschäfte dadurch erfüllen, daß der Gegenstand der Lieferungen unmittelbar vom ersten Unternehmer an den letzten Abnehmer befördert oder versendet wird (vgl. Abschnitt 31a).

UStR 31. Lieferungsort in besonderen Fällen (§ 3 Abs. 8 UStG)

(1) [1]§ 3 Abs. 8 UStG regelt den Lieferungsort in den Fällen, in denen der Gegenstand der Lieferung bei der Beförderung oder Versendung aus dem Drittlandsgebiet in das Inland gelangt und der Lieferer oder sein Beauftragter Schuldner der Einfuhrumsatzsteuer ist. [2]Maßgeblich ist, unabhängig von den Lieferkonditionen, wer nach den zollrechtlichen Vorschriften Schuldner der Einfuhrumsatzsteuer ist. [3]Abweichend von § 3 Abs. 6 UStG gilt der Ort der Lieferung dieses Gegenstandes als im Inland gelegen. [4]Soweit nicht nach der Verordnung über die örtliche Zuständigkeit für die Umsatzsteuer im Ausland ansässiger Unternehmer (UStZuständigkeitsV) oder nach den Vorschriften der AO und des FVG die Zuständigkeit eines anderen Finanzamts gegeben ist, ist das Finanzamt zuständig, in dessen Bezirk die Gegenstände ausschließlich oder vorwiegend in das Inland gelangen. [5]Aus Vereinfachungsgründen kann das Finanzamt als zuständig bestimmt werden, in dessen Bezirk der Bevollmächtigte des im Ausland ansässigen Unternehmers im Inland seinen Sitz hat.

(2) [1]Entrichtet der Lieferer die Steuer für die Einfuhr des Gegenstandes, so wird diese Steuer unter Umständen von einer niedrigeren Bemessungsgrundlage als dem Veräußerungsentgelt erhoben. [2]In diesen Fällen wird durch die Verlagerung des Ortes der Lieferung in das Inland erreicht, daß der Umsatz mit der Steuer belastet wird, die für die Lieferung im Inland in Betracht kommt.

Beispiel 1:
[1]Der Unternehmer B in Bern liefert Gegenstände, die er mit eigenem Lkw befördert, an seinen Abnehmer K in Köln. [2]K läßt die Gegenstände in den freien Verkehr überführen und entrichtet dementsprechend die Einfuhrumsatzsteuer (Lieferkondition „unversteuert und unverzollt").
[3]Ort der Lieferung ist Bern (§ 3 Abs. 6 UStG). [4]K kann die entrichtete Einfuhrumsatzsteuer als Vorsteuer abziehen, da die Gegenstände für sein Unternehmen in das Inland eingeführt worden sind.

Beispiel 2:
[1]Wie Beispiel 1, jedoch läßt B die Gegenstände in den freien Verkehr überführen und entrichtet dementsprechend die Einfuhrumsatzsteuer (Lieferkondition „verzollt und versteuert").
[2]Der Ort der Lieferung gilt als im Inland gelegen (§ 3 Abs. 8 UStG). [3]B hat den Umsatz im Inland zu versteuern. [4]Er ist zum Abzug der Einfuhrumsatzsteuer als Vorsteuer berechtigt, da die Gegenstände für sein Unternehmen eingeführt worden sind.

[3]In den Fällen des Reihengeschäfts kann eine Verlagerung des Lieferorts nach § 3 Abs. 8 UStG nur für die Beförderungs- oder Versendungslieferung in Betracht kommen (vgl. Abschnitt 31a Abs. 15 und 16).

(3) Zur Frage der Anwendung der Regelung des § 3 Abs. 8 UStG in Sonderfällen des innergemeinschaftlichen Warenverkehrs vgl. Abschnitt 15b Abs. 14.

UStR 31a. Reihengeschäfte

Begriff des Reihengeschäfts (§ 3 Abs. 6 Satz 5 UStG)

(1) [1]Umsatzgeschäfte im Sinne des § 3 Abs. 6 Satz 5 UStG, die von mehreren Unternehmern über denselben Gegenstand abgeschlossen werden und bei denen dieser Gegenstand im Rahmen einer Beförderung oder Versendung unmittelbar vom ersten Unternehmer (Ort der Lieferung des ersten Unternehmers) an den letzten Abnehmer gelangt, werden nachfolgend als Reihengeschäfte bezeichnet. [2]Ein besonderer Fall des Reihengeschäfts ist das innergemeinschaftliche Dreiecksgeschäft im Sinne des § 25b Abs. 1 UStG (vgl. Abschnitt 276b).

(2) [1]Bei Reihengeschäften werden im Rahmen einer Warenbewegung (Beförderung oder Versendung) mehrere Lieferungen ausgeführt, die in bezug auf den Lieferort und den Lieferzeitpunkt jeweils gesondert betrachtet werden müssen. [2]Die Beförderung oder Versendung des Gegenstandes ist nur einer der Lieferungen zuzuordnen (§ 3 Abs. 6 Satz 5 UStG). [3]Diese eine Lieferung ist die Beförderungs- oder Versendungslieferung; nur bei ihr kommt die Steuerbefreiung für Ausfuhrlieferungen (§ 6 UStG) oder für innergemeinschaftliche Lieferungen (§ 6a UStG) in Betracht. [4]Bei allen anderen Lieferungen in der Reihe findet keine Beförderung oder Versendung statt (ruhende Lieferungen). [5]Sie werden entweder vor oder nach der Beförderungs- oder Versendungslieferung ausgeführt (§ 3 Abs. 7 Satz 2 UStG). [6]Umsatzgeschäfte, die von mehreren Unternehmern über denselben Gegenstand abgeschlossen werden und bei denen keine Beförderung oder Versendung stattfindet (z. B. Grundstückslieferungen oder Lieferungen, bei denen die Verfügungsmacht durch Vereinbarung eines Besitzkonstituts oder durch Abtretung des Herausgabeanspruchs verschafft wird), können nicht Gegenstand eines Reihengeschäfts sein.

(3) [1]Die Beförderung oder Versendung kann durch den Lieferer, den Abnehmer oder einen vom Lieferer oder vom Abnehmer beauftragten Dritten durchgeführt werden (§ 3 Abs. 6 Satz 1 UStG). [2]Ein Beförderungs- oder Versendungsfall liegt daher auch dann vor, wenn ein an einem Reihengeschäft beteiligter Abnehmer den Gegenstand der Lieferung selbst abholt oder abholen läßt (Abholfall). [3]Beauftragter Dritter kann z. B. ein Lohnveredelungsunternehmer oder ein Lagerhalter sein, der jeweils nicht unmittelbar in die Liefervorgänge eingebunden ist. [4]Beauftragter Dritter ist nicht der selbständige Spediteur, da der Transport in diesem Fall dem Auftraggeber zugerechnet wird (Versendungsfall).

(4) [1]Das unmittelbare Gelangen i. S. d. § 3 Abs. 6 Satz 5 UStG setzt grundsätzlich eine Beförderung oder Versendung durch einen am Reihengeschäft beteiligten Unternehmer voraus; diese Voraussetzung ist bei der Beförderung oder Versendung durch mehrere beteiligte Unternehmer (sogenannte gebrochene Beförderung oder Versendung) nicht erfüllt. [2]Der Gegenstand der Lieferung gelangt auch dann unmittelbar an den letzten Abnehmer, wenn die Beförderung oder Versendung an einen beauftragten Dritten ausgeführt wird, der nicht unmittelbar in die Liefervorgänge eingebunden ist, z. B. an einen Lohnveredeler oder Lagerhalter. [3]Im Fall der vorhergehen-

den Be- oder Verarbeitung des Gegenstandes durch einen vom Lieferer beauftragten Dritten ist Gegenstand der Lieferung der be- oder verarbeitete Gegenstand.

Beispiel 1:
[1]Der Unternehmer D 1 in Köln bestellt bei dem Großhändler D 2 in Hamburg eine dort nicht vorrätige Maschine. [2]D 2 gibt die Bestellung an den Hersteller DK in Dänemark weiter. [3]DK befördert die Maschine mit eigenem Lkw unmittelbar nach Köln und übergibt sie dort D 1.

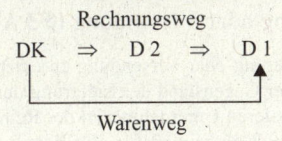

$$\text{Rechnungsweg}$$
$$DK \Rightarrow D\,2 \Rightarrow D\,1$$
$$\text{Warenweg}$$

[4]Es liegt ein Reihengeschäft im Sinne des § 3 Abs. 6 Satz 5 UStG vor, da mehrere Unternehmer über dieselbe Maschine Umsatzgeschäfte abschließen und die Maschine im Rahmen einer Beförderung unmittelbar vom ersten Unternehmer (DK) an den letzten Abnehmer (D 1) gelangt.

Beispiel 2:
[1]Sachverhalt wie Beispiel 1. [2]D 2 weist DK an, die Maschine zur Zwischenlagerung an einen von D 1 benannten Lagerhalter nach Hannover zu befördern.

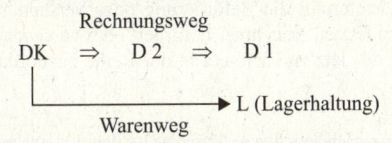

$$\text{Rechnungsweg}$$
$$DK \Rightarrow D\,2 \Rightarrow D\,1$$
$$\longrightarrow L\ (\text{Lagerhaltung})$$
$$\text{Warenweg}$$

[3]Es liegt wie im Beispiel 1 ein Reihengeschäft im Sinne des § 3 Abs. 6 Satz 5 UStG vor, da mehrere Unternehmer über dieselbe Maschine Umsatzgeschäfte abschließen und die Maschine unmittelbar vom ersten Unternehmer (DK) an einen vom letzten Abnehmer (D 1) benannten Lagerhalter (L) befördert wird. [4]Mit der auftragsgemäßen Übergabe der Maschine an den Lagerhalter ist die Voraussetzung des unmittelbaren Gelangens an den letzten Abnehmer erfüllt.

Ort der Lieferungen (§ 3 Abs. 6 und Abs. 7 UStG)

(5) [1]Für die in einem Reihengeschäft ausgeführten Lieferungen ergeben sich die Lieferorte sowohl aus § 3 Abs. 6 als auch aus § 3 Abs. 7 UStG. [2]Im Fall der Beförderungs- oder Versendungslieferung gilt die Lieferung dort als ausgeführt, wo die Beförderung oder Versendung an den Abnehmer oder in dessen Auftrag an einen Dritten beginnt (§ 3 Abs. 6 Satz 1 UStG). [3]In den Fällen der ruhenden Lieferungen ist der Lieferort nach § 3 Abs. 7 Satz 2 UStG zu bestimmen.

(6) [1]Die ruhenden Lieferungen, die der Beförderungs- oder Versendungslieferung vorangehen, gelten an dem Ort als ausgeführt, an dem die Beförderung oder Versendung des Gegenstandes beginnt. [2]Die ruhenden Lieferungen, die der Beförderungs- oder Versendungslieferung nachfolgen, gelten an dem Ort als ausgeführt, an dem die Beförderung oder Versendung des Gegenstandes endet.

Beispiel:
[1]Der Unternehmer B 1 in Belgien bestellt bei dem ebenfalls in Belgien ansässigen Großhändler B 2 eine dort nicht vorrätige Ware. [2]B 2 gibt die Bestellung an den Großhändler D 1 in Frankfurt weiter. [3]D 1 bestellt die Ware beim Hersteller D 2 in Köln. [4]D 2 befördert die Ware von Köln mit eigenem Lkw unmittelbar nach Belgien und übergibt sie dort B 1.

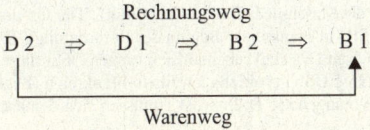

$$\text{Rechnungsweg}$$
$$D\,2 \Rightarrow D\,1 \Rightarrow B\,2 \Rightarrow B\,1$$
$$\text{Warenweg}$$

Zu § 3 UStG **Umsatzsteuer** 614

[5]Bei diesem Reihengeschäft werden nacheinander drei Lieferungen (D 2 an D 1, D 1 an B 2 und B 2 an B 1) ausgeführt. [6]Die erste Lieferung D 2 an D 1 ist die Beförderungslieferung. [7]Der Ort der Lieferung liegt nach § 3 Abs. 6 Satz 5 i. V. m. Satz 1 UStG in Deutschland (Beginn der Beförderung). [8]Die zweite Lieferung D 1 an B 2 und die dritte Lieferung B 2 an B 1 sind ruhende Lieferungen. [9]Für diese Lieferungen liegt der Lieferort nach § 3 Abs. 7 Satz 2 Nr. 2 UStG jeweils in Belgien (Ende der Beförderung), da sie der Beförderungslieferung folgen.

Zuordnung der Beförderung oder Versendung (§ 3 Abs. 6 Satz 6 UStG)

(7) [1]Die Zuordnung der Beförderung oder Versendung zu einer der Lieferungen des Reihengeschäfts ist davon abhängig, ob der Gegenstand der Lieferung durch den ersten Unternehmer, den letzten Abnehmer oder einen mittleren Unternehmer in der Reihe befördert oder versendet wird. [2]Die Zuordnungsentscheidung muß einheitlich für alle Beteiligten getroffen werden. [3]Aus den vorhandenen Belegen muß sich eindeutig und leicht nachprüfbar ergeben, wer die Beförderung durchgeführt oder die Versendung veranlaßt hat. [4]Im Fall der Versendung ist dabei auf die Auftragserteilung an den selbständigen Beauftragten abzustellen. [5]Sollte sich aus den Geschäftsunterlagen nichts anderes ergeben, ist auf die Frachtzahlerkonditionen abzustellen.

(8) [1]Wird der Gegenstand der Lieferung durch den ersten Unternehmer in der Reihe befördert oder versendet, ist seiner Lieferung die Beförderung oder Versendung zuzuordnen. [2]Wird der Liefergegenstand durch den letzten Abnehmer befördert oder versendet, ist die Beförderung oder Versendung der Lieferung des letzten Lieferers in der Reihe zuzuordnen.

Beispiel:

[1]Der Unternehmer SP aus Spanien bestellt eine Maschine bei dem Unternehmer D 1 in Kassel. [2]D 1 bestellt die Maschine seinerseits bei dem Großhändler D 2 in Bielefeld. [3]D 2 wiederum gibt die Bestellung an den Hersteller F in Frankreich weiter.

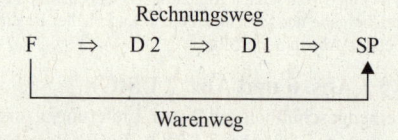

Rechnungsweg

F ⇒ D 2 ⇒ D 1 ⇒ SP

Warenweg

a) [1]F läßt die Maschine durch einen Beförderungsunternehmer von Frankreich unmittelbar nach Spanien an den SP transportieren.

[2]Bei diesem Reihengeschäft werden nacheinander drei Lieferungen (F an D 2, D 2 an D 1 und D 1 an SP) ausgeführt. [3]Die Versendung ist der ersten Lieferung F an D 2 zuzuordnen, da F als erster Unternehmer in der Reihe die Maschine versendet. [4]Der Ort der Lieferung liegt nach § 3 Abs. 6 Satz 5 i. V. m. Satz 1 UStG in Frankreich (Beginn der Versendung). [5]Die zweite Lieferung D 2 an D 1 und die dritte Lieferung D 1 an SP sind ruhende Lieferungen. [6]Für diese Lieferungen liegt der Lieferort nach § 3 Abs. 7 Satz 2 Nr. 2 UStG jeweils in Spanien (Ende der Versendung), da sie der Versendungslieferung folgen. [7]D 2 und D 1 müssen sich demnach in Spanien steuerlich registrieren lassen.

b) [1]SP holt die Maschine mit eigenem Lkw bei F in Frankreich ab und transportiert sie unmittelbar nach Spanien.

[2]Bei diesen Reihengeschäft werden nacheinander drei Lieferungen (F an D 2, D 2 an D 1 und D 1 an SP) ausgeführt. [3]Die Beförderung ist der dritten Lieferung D 1 an SP zuzuordnen, da SP als letzter Abnehmer in der Reihe die Maschine befördert (Abholfall). [4]Der Ort der Lieferung liegt nach § 3 Abs. 6 Satz 5 i. V. m. Satz 1 UStG in Frankreich (Beginn der Beförderung). [5]Die erste Lieferung F an D 2 und die zweite Lieferung D 2 an D 1 sind ruhende Lieferungen. [6]Für diese Lieferungen liegt der Lieferort nach § 3 Abs. 7 Satz 2 Nr. 1 UStG ebenfalls jeweils in Frankreich (Beginn der Beförderung), da sie der Beförderungslieferung vorangehen. [7]D 2 und D 1 müssen sich demnach in Frankreich steuerlich registrieren lassen.

(9) ¹Befördert oder versendet ein mittlerer Unternehmer in der Reihe den Liefergegenstand, ist dieser zugleich Abnehmer der Vorlieferung und Lieferer seiner eigenen Lieferung. ²In diesem Fall ist die Beförderung oder Versendung nach § 3 Abs. 6 Satz 6 erster Halbsatz UStG grundsätzlich der Lieferung des vorangehenden Unternehmers zuzuordnen (widerlegbare Vermutung). ³Der befördernde oder versendende Unternehmer kann jedoch anhand von Belegen, z. B. durch eine Auftragsbestätigung, das Doppel der Rechnung oder andere handelsübliche Belege, und Aufzeichnungen nachweisen, daß er als Lieferer aufgetreten und die Beförderung oder Versendung dementsprechend seiner eigenen Lieferung zuzuordnen ist (§ 3 Abs. 6 Satz 6 zweiter Halbsatz UStG).

(10) ¹Aus den Belegen im Sinne des Absatzes 9 muß sich eindeutig und leicht nachprüfbar ergeben, daß der Unternehmer die Beförderung oder Versendung in seiner Eigenschaft als Lieferer getätigt hat und nicht als Abnehmer der Vorlieferung. ²Hiervon kann regelmäßig ausgegangen werden, wenn der Unternehmer unter der Umsatzsteuer-Identifikationsnummer (USt-IdNr.) des Mitgliedstaates auftritt, in dem die Beförderung oder Versendung des Gegenstandes beginnt, und wenn er aufgrund der mit seinem Vorlieferanten und seinem Auftraggeber vereinbarten Lieferkonditionen Gefahr und Kosten der Beförderung oder Versendung übernommen hat. ³Den Anforderungen an die Lieferkonditionen ist genügt, wenn handelsübliche Lieferklauseln (z. B. Incoterms) verwendet werden. ⁴Wird die Beförderung oder Versendung der Lieferung des mittleren Unternehmers zugeordnet, muß dieser die Voraussetzungen der Zuordnung nachweisen (z. B. über den belegmäßigen und den buchmäßigen Nachweis der Voraussetzungen für seine Ausfuhrlieferung – §§ 8 bis 17 UStDV – oder innergemeinschaftliche Lieferung – §§ 17a bis 17c UStDV –).

Beispiel:
¹Der Unternehmer SP aus Spanien bestellt eine Maschine bei dem Unternehmer D 1 in Kassel. ²D 1 bestellt die Maschine seinerseits bei dem Großhändler D 2 in Bielefeld. ³D 2 wiederum gibt die Bestellung an den Hersteller D 3 in Dortmund weiter. ⁴D 2 läßt die Maschine durch einen Transportunternehmer bei D 3 abholen und sie von Dortmund unmittelbar nach Spanien transportieren. ⁵Dort übergibt sie der Transportunternehmer an SP. ⁶Alle Beteiligten treten unter der USt-IdNr. ihres Landes auf.

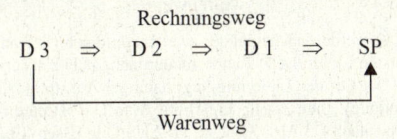

Rechnungsweg

D 3 ⇒ D 2 ⇒ D 1 ⇒ SP

Warenweg

a) ¹Es werden keine besonderen Lieferklauseln vereinbart.
²Bei diesem Reihengeschäft werden nacheinander drei Lieferungen (D 3 an D 2, D 2 an D 1 und D 1 an SP) ausgeführt. ³Die Versendung ist der ersten Lieferung D 3 an D 2 zuzuordnen, da D 2 als mittlerer Unternehmer in der Reihe die Maschine mangels besonderer Lieferklauseln in seiner Eigenschaft als Abnehmer der Lieferung des D 3 transportieren läßt. ⁴Der Ort der Lieferung liegt nach § 3 Abs. 6 Satz 5 i. V. m. Satz 1 UStG in Deutschland (Beginn der Versendung). ⁵Die zweite Lieferung D 2 an D 1 und die dritte Lieferung D 1 an SP sind ruhende Lieferungen. ⁶Für diese Lieferungen liegt der Lieferort nach § 3 Abs. 7 Satz 2 Nr. 2 UStG jeweils in Spanien (Ende der Versendung), da sie der Versendungslieferung folgen; sie sind daher nach spanischem Recht zu beurteilen. ⁷D 2 und D 1 müssen sich demnach in Spanien steuerlich registrieren lassen.

b) ¹Es werden folgende Lieferklauseln vereinbart: D 2 vereinbart mit D 1 „Lieferung frei Haus Spanien (Lieferklausel DDP)" und mit D 3 „Lieferung ab Werk Dortmund (Lieferklausel EXW)". ²Die vereinbarten Lieferklauseln ergeben sich sowohl aus der Rechnungsdurchschrift als auch aus der Buchhaltung des D 2.

³Bei diesem Reihengeschäft werden nacheinander drei Lieferungen (D 3 an D 2, D 2 an D 1 und D 1 an SP) ausgeführt. ⁴Die Versendung kann in diesem Fall der zweiten Lieferung D 2 an D 1 zugeordnet werden, da D 2 als mittlerer Unternehmer in der Reihe die Maschine in seiner Eigenschaft als Lieferer versendet. ⁵Er tritt unter seiner deutschen USt-IdNr. auf und hat wegen der Lieferklauseln DDP mit

seinem Kunden und EXW mit seinem Vorlieferanten Gefahr und Kosten des Transports übernommen. [6]Darüber hinaus kann D 2 nachweisen, daß die Voraussetzungen für die Zuordnung der Versendung zu seiner Lieferung erfüllt sind. [7]Der Ort der Lieferung liegt nach § 3 Abs. 6 Satz 5 i. V. m. Satz 1 UStG in Deutschland (Beginn der Versendung). [8]Die erste Lieferung D 3 an D 2 und die dritte Lieferung D 1 an SP sind ruhende Lieferungen. [9]Da die erste Lieferung der Versendungslieferung vorangeht, gilt sie nach § 3 Abs. 7 Satz 2 Nr. 1 UStG ebenfalls als in Deutschland ausgeführt (Beginn der Versendung). [10]Für die dritte Lieferung liegt der Lieferort nach § 3 Abs. 7 Satz 2 Nr. 2 UStG in Spanien (Ende der Versendung), da sie der Versendungslieferung folgt; sie ist daher nach spanischem Recht zu beurteilen. [11]D 1 muß sich demnach in Spanien steuerlich registrieren lassen. [12]Die Registrierung von D 2 in Spanien ist nicht erforderlich.

(11) Ist die Zuordnung der Beförderung oder Versendung zu einer der Lieferungen von einem an dem Reihengeschäft beteiligten Unternehmer aufgrund des Rechts eines anderen Mitgliedstaates ausnahmsweise abweichend von den Absätzen 7 bis 10 vorgenommen worden, ist es nicht zu beanstanden, wenn dieser Zuordnung gefolgt wird.

Auf das Inland beschränkte Warenbewegungen

(12) [1]Die Grundsätze der Absätze 1 bis 10 finden auch bei Reihengeschäften Anwendung, bei denen keine grenzüberschreitende Warenbewegung stattfindet. [2]Ist an solchen Reihengeschäften ein in einem anderen Mitgliedstaat oder im Drittland ansässiger Unternehmer beteiligt, muß er sich wegen der im Inland steuerbaren Lieferung stets im Inland steuerlich registrieren lassen.

Beispiel:
[1]Der Unternehmer D 1 aus Essen bestellt eine Maschine bei dem Unternehmer B in Belgien. [2]B bestellt die Maschine seinerseits bei dem Großhändler D 2 in Bielefeld. [3]D 2 läßt die Maschine durch einen Beförderungsunternehmer von Bielefeld unmittelbar nach Essen an den D 1 transportieren.

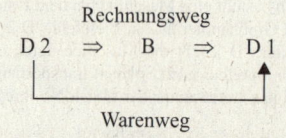

$$\begin{array}{ccccc} & & \text{Rechnungsweg} & & \\ D\,2 & \Rightarrow & B & \Rightarrow & D\,1 \\ & & \text{Warenweg} & & \end{array}$$

[4]Bei diesem Reihengeschäft werden nacheinander zwei Lieferungen (D 2 an B und B an D 1) ausgeführt. [5]Die Versendung ist der ersten Lieferung D 2 an B zuzuordnen, da D 2 als erster Unternehmer in der Reihe die Maschine versendet. [6]Der Ort der Lieferung liegt nach § 3 Abs. 6 Satz 5 i. V. m. Satz 1 UStG in Bielefeld (Beginn der Versendung). [7]Die zweite Lieferung B an D 1 ist eine ruhende Lieferung. [8]Für diese Lieferung liegt der Lieferort nach § 3 Abs. 7 Satz 2 Nr. 2 UStG in Essen (Ende der Versendung), da sie der Versendungslieferung folgt. [9]B muß sich demnach in Deutschland bei dem zuständigen Finanzamt registrieren lassen und seine Lieferung zur Umsatzbesteuerung erklären.

Innergemeinschaftliche Lieferung und innergemeinschaftlicher Erwerb

(13) [1]Im Rahmen eines Reihengeschäfts, bei dem die Warenbewegung im Inland beginnt und im Gebiet eines anderen Mitgliedstaates endet, kann mit der Beförderung oder Versendung des Liefergegenstandes in das übrige Gemeinschaftsgebiet nur eine innergemeinschaftliche Lieferung im Sinne des § 6a UStG bewirkt werden. [2]Die Steuerbefreiung nach § 4 Nr. 1 Buchstabe b UStG kommt demnach nur bei der Beförderungs- oder Versendungslieferung zur Anwendung. [3]Beginnt die Warenbewegung in einem anderen Mitgliedstaat und endet sie im Inland, ist von den beteiligten Unternehmern nur derjenige Erwerber im Sinne des § 1a UStG, an den die Beförderungs- oder Versendungslieferung ausgeführt wird.

Beispiel:
[1]Der Unternehmer B 1 in Belgien bestellt bei dem ebenfalls in Belgien ansässigen Großhändler B 2 eine dort nicht vorrätige Ware. [2]B 2 gibt die Bestellung an den Großhändler D 1 in Frankfurt weiter. [3]D 1 bestellt die Ware beim Hersteller D 2 in Köln. [4]Alle Beteiligten treten unter der USt-IdNr. ihres Landes auf.

Rechnungsweg

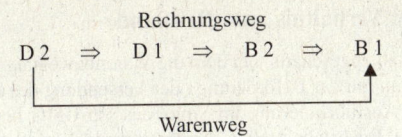

D 2 ⇒ D 1 ⇒ B 2 ⇒ B 1

Warenweg

a) ¹D 2 befördert die Ware von Köln mit eigenem Lkw unmittelbar nach Belgien und übergibt sie dort B 1.

²Es werden nacheinander drei Lieferungen (D 2 an D 1, D 1 an B 2 und B 2 an B 1) ausgeführt. ³Die erste Lieferung D 2 an D 1 ist die Beförderungslieferung. ⁴Der Ort der Lieferung liegt nach § 3 Abs. 6 Satz 5 i. V. m. Satz 1 UStG in Deutschland (Beginn der Beförderung). ⁵Die Lieferung ist im Inland steuerbar und steuerpflichtig, da D 1 ebenfalls mit deutscher USt-IdNr. auftritt. ⁶Der Erwerb der Ware unterliegt bei D 1 der Besteuerung des innergemeinschaftlichen Erwerbs in Belgien, weil die Warenbewegung dort endet (§ 3d Satz 1 UStG). ⁷Solange D 1 eine Besteuerung des innergemeinschaftlichen Erwerbs in Belgien nicht nachweisen kann, hat er einen innergemeinschaftlichen Erwerb in Deutschland zu besteuern (§ 3d Satz 2 UStG). ⁸Die zweite Lieferung D 1 an B 2 und die dritte Lieferung B 2 an B 1 sind ruhende Lieferungen. ⁹Für diese Lieferungen liegt der Lieferort nach § 3 Abs. 7 Satz 2 Nr. 2 UStG jeweils in Belgien (Ende der Beförderung), da sie der Beförderungslieferung folgen. ¹⁰Beide Lieferungen sind nach belgischem Recht zu beurteilen. ¹¹D 1 und B 2 müssen sich in Belgien umsatzsteuerlich registrieren lassen.

¹²Würde D 1 mit belgischer USt-IdNr. auftreten, wäre die Lieferung des D 2 an D 1 als innergemeinschaftliche Lieferung steuerfrei, wenn D 2 die Voraussetzungen hierfür nachweist.

b) ¹D 1 befördert die Ware von Köln mit eigenem Lkw unmittelbar nach Belgien an den B 1 und tritt hierbei in seiner Eigenschaft als Abnehmer der Vorlieferung auf.

²Da D 1 in seiner Eigenschaft als Abnehmer der Vorlieferung auftritt, ist die Beförderung der ersten Lieferung (D 2 an D 1) zuzuordnen (§ 3 Abs. 6 Satz 6 UStG). ³Die Beurteilung entspricht daher der von Fall a.

c) ¹B 2 befördert die Ware von Köln mit eigenem Lkw unmittelbar nach Belgien an den B 1 und tritt hierbei in seiner Eigenschaft als Abnehmer der Vorlieferung auf.

²Da B 2 in seiner Eigenschaft als Abnehmer der Vorlieferung auftritt, ist die Beförderung der zweiten Lieferung (D 1 an B 2) zuzuordnen (§ 3 Abs. 6 Satz 6 UStG). ³Diese Lieferung ist die Beförderungslieferung. ⁴Der Ort der Lieferung liegt nach § 3 Abs. 6 Satz 5 i. V. m. Satz 1 UStG in Deutschland (Beginn der Beförderung). ⁵Die Lieferung ist bei Nachweis der Voraussetzungen des § 6a UStG als innergemeinschaftliche Lieferung nach § 4 Nr. 1 Buchstabe b UStG steuerfrei. ⁶Der Erwerb der Ware unterliegt bei B 2 der Besteuerung des innergemeinschaftlichen Erwerbs in Belgien, weil die Warenbewegung dort endet (§ 3d Satz 1 UStG). ⁷Die erste Lieferung D 2 an D 1 und die dritte Lieferung B 2 an B 1 sind ruhende Lieferungen. ⁸Der Lieferort für die erste Lieferung liegt nach § 3 Abs. 7 Satz 2 Nr. 1 UStG in Deutschland (Beginn der Beförderung), da sie der Beförderungslieferung vorangeht. ⁹Sie ist eine steuerbare und steuerpflichtige Lieferung in Deutschland. ¹⁰Der Lieferort für die dritte Lieferung liegt nach § 3 Abs. 7 Satz 2 Nr. 2 UStG in Belgien (Ende der Beförderung), da sie der Beförderungslieferung folgt. ¹¹Sie ist nach belgischem Recht zu beurteilen.

d) ¹B 1 holt die Ware bei D 2 in Köln ab und befördert sie von dort mit eigenem Lkw nach Belgien.

²Die Beförderung ist in diesem Fall der dritten Lieferung (B 2 an B 1) zuzuordnen, da der letzte Abnehmer die Ware selbst befördert (Abholfall). ³Diese Lieferung ist die Beförderungslieferung. ⁴Der Ort der Lieferung liegt nach § 3 Abs. 6 Satz 5 i. V. m. Satz 1 UStG in Deutschland (Beginn der Beförderung). ⁵Die Lieferung des B 2 ist bei Nachweis der Voraussetzungen des § 6a UStG als innergemeinschaftliche Lieferung nach § 4 Nr. 1 Buchstabe b UStG steuerfrei. ⁶Der Erwerb der Ware unterliegt bei B 1 der Besteuerung des innergemeinschaftlichen Erwerbs in Belgien, weil die innergemeinschaftliche Warenbewegung dort endet (§ 3d Satz 1 UStG). ⁷Die erste Lieferung D 2 an D 1 und die zweite Lieferung D 1 an B 2 sind ruhende Lieferungen. ⁸Für diese Lieferungen liegt der Lieferort nach § 3 Abs. 7 Satz 2 Nr. 1 UStG jeweils in Deutschland (Beginn der Beförderung), da sie der Beförderungslieferung vorangehen. ⁹Beide Lieferungen sind steuerbare und steuerpflichtige Lieferungen in Deutschland. ¹⁰D 2, D 1 und B 2 müssen ihre Lieferungen zur Umsatzbesteuerung erklären.

Warenbewegungen im Verhältnis zum Drittland

(14) ¹Im Rahmen eines Reihengeschäfts, bei dem die Warenbewegung im Inland beginnt und im Drittlandsgebiet endet, kann mit der Beförderung oder Versendung des Liefergegenstandes in das Drittlandsgebiet nur eine Ausfuhrlieferung im Sinne des § 6 UStG bewirkt werden. ²Die Steuerbefreiung nach § 4 Nr. 1 Buchstabe a UStG kommt demnach nur bei der Beförderungs- oder Versendungslieferung zur Anwendung.

Beispiel:

¹Der russische Unternehmer R bestellt eine Werkzeugmaschine bei dem polnischen Unternehmer PL. ²PL bestellt die Maschine bei D 1 in Frankfurt, der die Bestellung an den Hersteller D 2 in Stuttgart weitergibt. ³PL holt die Maschine in Stuttgart ab und befördert sie mit eigenem Lkw unmittelbar nach Rußland zu R.

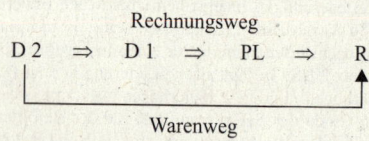

```
              Rechnungsweg
        D 2  ⇒  D 1  ⇒  PL  ⇒  R
         |_____↑
              Warenweg
```

⁴Bei diesem Reihengeschäft werden drei Lieferungen (D 2 an D 1, D 1 an PL und PL an R) ausgeführt. ⁵Die Beförderung ist nach § 3 Abs. 6 Satz 5 und Satz 6 UStG der zweiten Lieferung D 1 an PL zuzuordnen, da PL als mittlerer Unternehmer in der Reihe offensichtlich in seiner Eigenschaft als Abnehmer der Vorlieferung auftritt. ⁶Ort der Beförderungslieferung ist nach § 3 Abs. 6 Satz 5 i. V. m. Satz 1 UStG Stuttgart (Beginn der Beförderung). ⁷Die Lieferung ist bei Nachweis der Voraussetzungen des § 6 UStG als Ausfuhrlieferung nach § 4 Nr. 1 Buchstabe a UStG steuerfrei. ⁸Die erste Lieferung D 2 an D 1 und die dritte Lieferung PL an R sind ruhende Lieferungen. ⁹Der Lieferort für die erste Lieferung liegt nach § 3 Abs. 7 Satz 2 Nr. 1 UStG in Deutschland (Beginn der Beförderung), da sie der Beförderungslieferung vorangeht. ¹⁰Sie ist eine steuerbare und steuerpflichtige Lieferung in Deutschland. ¹¹Die Steuerbefreiung für Ausfuhrlieferungen kommt bei ruhenden Lieferungen nicht in Betracht. ¹²Der Lieferort für die dritte Lieferung liegt nach § 3 Abs. 7 Satz 2 Nr. 2 UStG in Rußland (Ende der Beförderung), da sie der Beförderungslieferung folgt.

¹³Holt im vorliegenden Fall R die Maschine selbst bei D 2 in Stuttgart ab und befördert sie mit eigenem Lkw nach Rußland, ist die Beförderung der dritten Lieferung (PL an R) zuzuordnen. ¹⁴Ort der Beförderungslieferung ist nach § 3 Abs. 6 Satz 5 i. V. m. Satz 1 UStG Stuttgart (Beginn der Beförderung). ¹⁵Die Lieferung ist bei Nachweis der Voraussetzungen des § 6 UStG als Ausfuhrlieferung nach § 4 Nr. 1 Buchstabe a UStG steuerfrei. ¹⁶Die erste Lieferung (D 2 an D 1) und die zweite Lieferung (D 1 an PL) sind als ruhende Lieferungen jeweils in Deutschland steuerbar und steuerpflichtig, da sie der Beförderungslieferung vorangehen (§ 3 Abs. 7 Satz 2 Nr. 1 UStG). ¹⁷PL muß seine Lieferung beim zuständigen Finanzamt in Deutschland zur Umsatzbesteuerung erklären.

(15) ¹Gelangt im Rahmen eines Reihengeschäfts der Gegenstand der Lieferungen aus dem Drittlandsgebiet in das Inland, kann eine Verlagerung des Lieferorts nach § 3 Abs. 8 UStG nur für die Beförderungs- oder Versendungslieferung in Betracht kommen. ²Dazu muß derjenige Unternehmer, dessen Lieferung im Rahmen des Reihengeschäfts die Beförderung oder Versendung zuzuordnen ist, oder sein Beauftragter zugleich auch Schuldner der Einfuhrumsatzsteuer sein.

(16) ¹Gelangt der Gegenstand der Lieferungen im Rahmen eines Reihengeschäfts aus dem Drittlandsgebiet in das Inland und ist ein Abnehmer in der Reihe oder dessen Beauftragter Schuldner der Einfuhrumsatzsteuer, wird für die Lieferung an diesen Abnehmer und für vorangegangene Lieferungen im Inland aus Vereinfachungsgründen auf die Erhebung der geschuldeten Steuer verzichtet, wenn in den Rechnungen über diese Lieferungen die Steuer nicht gesondert ausgewiesen wird (vgl. § 50 UStDV). ²Wird abweichend von dieser Vereinfachungsregelung in der Rechnung über die Lieferung an diesen Abnehmer die Steuer gesondert ausgewiesen, kann der Abnehmer zugleich die in Rechnung gestellte Steuer und die geschuldete Einfuhrumsatzsteuer unter den weiteren Voraussetzungen des § 15 UStG als Vorsteuer abziehen.

Beispiel:
¹Der deutsche Unternehmer D bestellt bei dem französischen Unternehmer F Computerteile. ²Dieser bestellt die Computerteile seinerseits bei dem Hersteller S in der Schweiz. ³S befördert die Teile im Auftrag des F unmittelbar an D nach Deutschland. ⁴D ist Schuldner der deutschen Einfuhrumsatzsteuer.

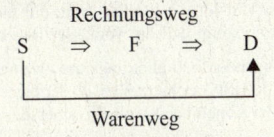

Rechnungsweg

S ⇒ F ⇒ D

Warenweg

⁵Bei diesem Reihengeschäft werden zwei Lieferungen (S an F und F an D) ausgeführt. ⁶Die Beförderung ist nach § 3 Abs. 6 Satz 5 und Satz 1 UStG der ersten Lieferung S an F zuzuordnen, da der S als erster Unternehmer in der Reihe die Computerteile selbst befördert. ⁷Lieferort ist nach § 3 Abs. 6 Satz 5 i. V. m. Satz 1 UStG die Schweiz (Beginn der Beförderung). ⁸Die Lieferung des S unterliegt bei der Einfuhr nach Deutschland der deutschen Einfuhrumsatzsteuer. ⁹Eine Verlagerung des Lieferorts nach § 3 Abs. 8 UStG kommt nicht in Betracht, da S als Lieferer der Beförderungslieferung nicht zugleich Schuldner der Einfuhrumsatzsteuer ist. ¹⁰Die zweite Lieferung (F an D) ist eine ruhende Lieferung. ¹¹Sie gilt nach § 3 Abs. 7 Satz 2 Nr. 2 UStG in Deutschland als ausgeführt (Ende der Beförderung), da sie der Beförderung nachfolgt. ¹²F führt eine steuerpflichtige Inlandslieferung in Deutschland aus und müßte bei dem zuständigen Finanzamt diese Lieferung zur Umsatzbesteuerung erklären. ¹³Aus Vereinfachungsgründen wird jedoch auf die Erhebung der geschuldeten Steuer verzichtet wenn F dem D eine Rechnung ohne gesonderten Steuerausweis erteilt. ¹⁴Erteilt F dem D eine Rechnung mit gesondertem Steuerausweis, kann D zugleich die in Rechnung gestellte Steuer und die geschuldete Einfuhrumsatzsteuer als Vorsteuer abziehen.

(17) Die Absätze 14 bis 16 gelten entsprechend, wenn bei der Warenbewegung vom Inland in das Drittlandsgebiet (oder umgekehrt) das Gebiet eines anderen Mitgliedstaates berührt wird.

Reihengeschäfte mit privaten Endabnehmern

(18) ¹An Reihengeschäften können auch Nichtunternehmer als letzte Abnehmer in der Reihe beteiligt sein. ²Die Grundsätze der Absätze 1 bis 11 sind auch in diesen Fällen anzuwenden. ³Wenn der letzte Abnehmer im Rahmen eines Reihengeschäfts, bei dem die Warenbewegung im Inland beginnt und im Gebiet eines anderen Mitgliedstaates endet (oder umgekehrt), nicht die subjektiven Voraussetzungen für die Besteuerung des innergemeinschaftlichen Erwerbs erfüllt und demzufolge nicht mit einer USt-IdNr. auftritt, ist § 3c UStG zu beachten, wenn der letzten Lieferung in der Reihe die Beförderung oder Versendung zugeordnet wird; dies gilt nicht, wenn der private Endabnehmer den Gegenstand abholt.

Beispiel:
¹Der niederländische Privatmann NL kauft für sein Einfamilienhaus in Venlo Möbel beim Möbelhaus D 1 in Köln. ²D 1 bestellt die Möbel bei der Möbelfabrik D 2 in Münster. ³D 2 versendet die Möbel unmittelbar zu NL nach Venlo. ⁴D 1 und D 2 treten jeweils unter ihrer deutschen USt-IdNr. auf.

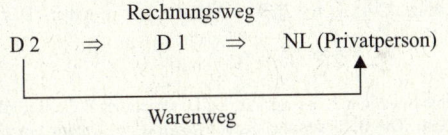

Rechnungsweg

D 2 ⇒ D 1 ⇒ NL (Privatperson)

Warenweg

⁵Bei diesem Reihengeschäft werden nacheinander zwei Lieferungen (D 2 an D 1 und D 1 an NL) ausgeführt. ⁶Die erste Lieferung D 2 an D 1 ist die Versendungslieferung, da D 2 als erster Unternehmer in der Reihe den Transport durchführen läßt. ⁷Der Ort der Lieferung liegt nach § 3 Abs. 6 Satz 5 i. V. m. Satz 1 UStG in Deutschland (Beginn der Versendung). ⁸Die Lieferung ist im Inland steuerbar und steuerpflichtig, da D 1 ebenfalls mit deutscher USt-IdNr. auftritt. ⁹Der Erwerb der Ware unterliegt bei D 1 der Besteuerung des innergemeinschaftlichen Erwerbs in den Niederlanden, weil die innergemeinschaftliche Warenbewegung dort endet (§ 3d Satz 1 UStG). ¹⁰Solange D 1 einen innergemeinschaftlichen Erwerb in den Niederlanden nicht nachweisen kann, hat er einen innergemeinschaftlichen Erwerb in Deutschland zu besteuern (§ 3d Satz 2 UStG). ¹¹Die zweite Lieferung D 1 an NL ist eine ruhende Lieferung. ¹²Die Lieferung des D

1 an NL fällt deshalb nicht unter die Regelung des § 3c UStG. [13]Der Lieferort für diese Lieferung liegt nach § 3 Abs. 7 Satz 2 Nr. 2 UStG in den Niederlanden (Ende der Versendung), da sie der Versendungslieferung folgt. [14]Die Lieferung ist nach niederländischem Recht zu beurteilen. [15]D 1 muß sich in den Niederlanden umsatzsteuerlich registrieren lassen.

[16]Würde D 1 mit niederländischer USt-IdNr. auftreten, wäre die Lieferung des D 2 an D 1 als innergemeinschaftliche Lieferung steuerfrei, wenn D 2 die Voraussetzungen hierfür nachweist.

[17]Würde die Versendung im vorliegenden Fall allerdings der zweiten Lieferung (D 1 an NL) zuzuordnen sein, wäre diese Lieferung nach § 3c UStG zu beurteilen, da der Gegenstand vom Lieferer in einen anderen Mitgliedstaat versendet wird und der Abnehmer NL als Privatperson nicht zu den in § 1a Abs. 1 Nr. 2 UStG genannten Personen gehört.

UStR 32. Besorgungsleistungen (§ 3 Abs. 11 UStG)

(1) [1]Eine Besorgung liegt vor, wenn ein Unternehmer für Rechnung eines anderen in eigenem Namen Leistungen, die er nicht selbst schuldet, durch einen Dritten erbringen läßt. („Leistungseinkauf", „verdeckte Vermittlung"). [2]Der Besorgungsunternehmer schuldet seinem Auftraggeber nicht die besorgte Leistung; er schuldet und erfüllt nur eine Geschäftsbesorgung i. S. von § 675 BGB (vgl. BFH-Urteil vom 18. 5. 1994 – BStBl II S. 719).

Beispiel:

[1]Ein Spediteur läßt für Rechnung des Versenders in eigenem Namen Güterversendungen durch Frachtführer oder Verfrachter ausführen (vgl. § 453 HGB); es handelt sich um die Besorgung einer Beförderungsleistung. [2]Keine Besorgungsleistung, sondern eine Beförderungsleistung erbringt jedoch der Unternehmer, der zwar die Besorgung einer Beförderung übernimmt, die Beförderung aber selbst ausführt (Selbsteintritt nach § 458 HGB).

[3]Eine Besorgung liegt nicht vor, wenn ein Unternehmer für Rechnung eines anderen in eigenem Namen Leistungen an einen Dritten erbringt („Leistungsverkauf"). [4]§ 3 Abs. 11 UStG ist daher insbesondere nicht anzuwenden auf Leistungen der Zwischenvermietungsunternehmer.

(2) [1]Die für die besorgte Leistung geltenden Vorschriften sind auf die Besorgungsleistung entsprechend anzuwenden. [2]Danach sind die sachbezogenen umsatzsteuerlichen Merkmale der besorgten Leistung auch für die Besorgungsleistung maßgebend. [3]Das gilt insbesondere für den Ort der Leistung, soweit nicht für die Besorgungsleistung eine besondere Regelung besteht, z. B. für Werbungsmittler in § 3a Abs. 3 und 4 Nr. 2 UStG. [4]Entsprechendes gilt für die Frage einer Steuerbefreiung.

Beispiel 1:

[1]Der im Inland ansässige Spediteur A besorgt für den Unternehmer B den Umschlag einer Ware in Basel. [2]Die Umschlagsleistung bewirkt der im Inland ansässige Unternehmer C.

[3]Die Umschlagsleistung des C ist nach § 3b Abs. 2 UStG nicht steuerbar. [4]Das gleiche gilt für die Besorgungsleistung des A.

Beispiel 2:

[1]Der im Inland ansässige Spediteur A besorgt für den Unternehmer B die Beförderung eines Gegenstandes von Köln nach Budapest. [2]Die Beförderungsleistung bewirkt der Unternehmer C.

[3]Die grenzüberschreitende Beförderung des C ist nach § 4 Nr. 3 Buchstabe a Doppelbuchst. aa UStG steuerfrei. [4]Das gleiche gilt für die Besorgungsleistung des A.

[5]Zum Ort von Besorgungsleistungen bei innergemeinschaftlichen Güterbeförderungen und bei Leistungen, die im Zusammenhang mit innergemeinschaftlichen Güterbeförderungen stehen, vgl. Abschnitt 42h.

(3) Personenbezogene umsatzsteuerliche Merkmale der besorgten Leistung sind jedoch im Rahmen der entsprechenden Anwendung auf die Besorgungsleistung nicht übertragbar.

Beispiel:

¹Der Bauunternehmer A besorgt für den Bauherrn B die Leistung des Handwerkers C, für dessen Umsätze nach § 19 Abs. 1 UStG Umsatzsteuer nicht erhoben wird. ²Diese persönliche Begünstigung ist nicht auf den Bauunternehmer übertragbar. ³Die Besorgungsleistung unterliegt dem allgemeinen Steuersatz.

Zu § 3a UStG (§ 1 UStDV)

UStR 33. Ort der sonstigen Leistung nach § 3a Abs. 1 UStG

(1) ¹Nach der Grundregel des § 3a Abs. 1 UStG ist für die Bestimmung des Leistungsortes, wenn kein Tatbestand des § 3a Abs. 2 bis 5 UStG oder des § 3b UStG vorliegt,❶ der Ort maßgeblich, von dem aus der Unternehmer sein Unternehmen betreibt (vgl. § 21 AO). ²Ist dieser Ort bei natürlichen Personen nicht eindeutig bestimmbar, kommen als Leistungsort in Betracht: der Wohnsitz des Unternehmers (§ 8 AO) oder der Ort seines gewöhnlichen Aufenthalts (§ 9 AO). ³Bei Körperschaften, Personenvereinigungen oder Vermögensmassen ist der Ort der Geschäftsleitung (§ 10 AO) maßgeblich. ⁴Der Begriff der Betriebsstätte ergibt sich aus § 12 AO. ⁵⁻¹²...

(2) ¹Unter § 3a Abs. 1 UStG fallen z. B. die in § 25 Abs. 1 UStG bezeichneten Reiseleistungen (§ 25 Abs. 1 Satz 4 UStG) und die Reisebetreuungsleistungen von angestellten Reiseleitern (vgl. BFH-Urteil vom 23. 9. 1993 – BStBl 1994 II S. 272). ²Dies gilt auch für die Leistungen der Handelsvertreter – ausgenommen die unter § 3a Abs. 2 Nr. 1, Nr. 4 und Abs. 4 Nr. 10 UStG fallenden Vermittlungsleistungen. ³⁻⁴...

(3) ¹Außerdem gilt § 3a Abs. 1 UStG für den Ort der Leistung bei der Vermietung von Beförderungsmitteln, da die Vermietung dieser Gegenstände von der Regelung nach § 3a Abs. 3 UStG in Verbindung mit § 3a Abs. 4 Nr. 11 UStG ausgenommen ist ...

Beispiel:

¹Ein kanadischer Staatsbürger tritt eine Europareise in München an und mietet ein Kraftfahrzeug bei einer Firma in München.

²Die Vermietung des Kraftfahrzeugs durch einen im Inland ansässigen Unternehmer ist insgesamt steuerbar, und zwar auch dann, wenn das vermietete Beförderungsmittel während der Vermietung im Ausland genutzt wird.

³Als Vermietung von Beförderungsmitteln gilt auch die Überlassung von betrieblichen Kraftfahrzeugen durch Arbeitgeber an ihre Arbeitnehmer zur privaten Nutzung.

(4) ¹Wird eine Segel- oder Motoryacht ohne Besatzung verchartert, ist eine Vermietung eines Beförderungsmittels anzunehmen. ²Bei einer Vercharterung mit Besatzung ohne im Chartervertrag festgelegte Reiseroute ist ebenfalls eine Vermietung eines Beförderungsmittels anzunehmen. ³Das gilt auch, wenn die Vercharterung mit Besatzung an eine geschlossene Gruppe erfolgt, die mit dem Vercharterer vorher die Reiseroute festgelegt hat, diese Reiseroute aber im Verlauf der Reise ändern oder in anderer Weise auf den Ablauf der Reise Einfluß nehmen kann. ⁴Eine Beförderungsleistung ist dagegen anzunehmen, wenn nach dem Chartervertrag eine bestimmte Beförderung geschuldet wird und der Unternehmer diese unter eigener Verantwortung vornimmt, z. B. bei einer vom Vercharterer organisierten Rundreise mit Teilnehmern, die auf Ablauf und nähere Ausgestaltung der Reise keinen Einfluß haben.

Anm. d. Schriftl.:

❶ Auch die Bestimmung des § 3f UStG (Ort der unentgeltlichen Lieferungen und sonstigen Leistungen) geht dem § 3a Abs. 1 UStG vor. Dies wird durch eine Änderung des § 3a Abs. 1 UStG im Rahmen des Steuerbereinigungsgesetzes 1999 vom 22. 12. 1999 – BStBl 2000 I S. 13 klargestellt.

(5) ¹Als Beförderungsmittel sind Gegenstände anzusehen, deren Hauptzweck auf die Beförderung von Personen und Gütern zu Lande, zu Wasser oder in der Luft gerichtet ist und die sich auch tatsächlich fortbewegen. ²Zu den Beförderungsmitteln gehören auch Auflieger, Sattelanhänger, Fahrzeuganhänger, Elektro-Caddywagen, Transportbetonmischer, Segelboote, Ruderboote, Paddelboote, Motorboote, Sportflugzeuge, Segelflugzeuge, Wohnmobile, Wohnwagen (vgl. jedoch Abschnitt 34 Abs. 4). ³Keine Beförderungsmittel sind z. B. Bagger, Planierraupen, Bergungskräne, Schwertransportkräne, Transportbänder, Gabelstapler, Elektrokarren, Rohrleitungen, Ladekräne, Schwimmkräne, Schwimmrammen, Container, militärische Kampffahrzeuge, z. B. Kriegsschiffe – ausgenommen Versorgungsfahrzeuge –, Kampfflugzeuge, Panzer. ⁴Unabhängig hiervon kann jedoch mit diesen Gegenständen eine Beförderungsleistung ausgeführt werden.

UStR 34. Leistungen im Zusammenhang mit einem Grundstück

(1) ¹Für den Ort einer sonstigen Leistung – einschließlich Werkleistung – im Zusammenhang mit einem Grundstück ist die Lage des Grundstücks entscheidend. ²Als Grundstück im Sinne des § 3a Abs. 2 Nr. 1 UStG ist auch der Meeresboden anzusehen. ³Zu einem Grundstück gehören auch diejenigen Sachen, die durch Vornahme einer Verbindung wesentliche Bestandteile eines Grundstücks geworden sind (§ 94 BGB). ⁴Das gilt auch für wesentliche Bestandteile, die ertragsteuerlich selbständige Wirtschaftsgüter sind. ⁵Im Sinne von § 3a Abs. 2 Nr. 1 UStG stehen auch sonstige Leistungen an Scheinbestandteilen (§ 95 BGB) im Zusammenhang mit einem Grundstück. ⁶Dies gilt jedoch nicht für sonstige Leistungen am Zubehör (§ 97 BGB).

> **Beispiel:**
>
> ¹Ein Industrieunternehmer hat anderen Unternehmern übertragen: die Pflege der Grünflächen des Betriebsgrundstücks, die Gebäudereinigung, die Wartung der Heizungsanlage und die Pflege und Wartung der Aufzugsanlagen.
>
> ²Es handelt sich in allen Fällen um sonstige Leistungen, die im Zusammenhang mit einem Grundstück stehen.

(2) ...

(3) ¹Zu den sonstigen Leistungen, die in § 4 Nr. 12 UStG der Art nach bezeichnet sind (§ 3a Abs. 2 Nr. 1 Satz 2 Buchstabe a UStG), gehört die Vermietung und die Verpachtung von Grundstücken. ²Die Begriffe Vermietung und Verpachtung sind grundsätzlich nach bürgerlichem Recht zu beurteilen. ³Es kommt nicht darauf an, ob die Vermietungs- oder Verpachtungsleistung nach § 4 Nr. 12 UStG steuerbefreit ist. ⁴Auch die Vermietung von Wohn- und Schlafräumen, die ein Unternehmer bereithält, um kurzfristig Fremde zu beherbergen, die Vermietung von Plätzen, um Fahrzeuge abzustellen, die Überlassung von Wasser- und Bootsliegeplätzen für Sportboote (vgl. BFH-Urteil vom 8. 10. 1991 – BStBl 1992 II S. 368) und die kurzfristige Vermietung auf Campingplätzen und die entgeltliche Unterbringung auf einem Schiff, das für längere Zeit auf einem Liegeplatz befestigt ist (vgl. BFH-Urteil vom 7. 3. 1996 – BStBl II S. 341) fallen unter § 3a Abs. 2 Nr. 1 Satz 2 Buchstabe a UStG. ⁵Das gilt auch für die Vermietung und Verpachtung von Maschinen und Vorrichtungen aller Art, die zu einer Betriebsanlage gehören, wenn sie wesentliche Bestandteile oder Scheinbestandteile eines Grundstücks sind.

(4) ¹Die Überlassung von Camping-, Park- und Bootsliegeplätzen steht auch dann im Zusammenhang mit einem Grundstück, wenn sie nach den Grundsätzen des BFH-Urteils vom 4. 12. 1980 – BStBl 1981 II S. 231 bürgerlich-rechtlich nicht auf einem Mietvertrag beruht. ²Vermieten Unternehmer Wohnwagen, die auf Campingplätzen aufgestellt sind und ausschließlich zum stationären Gebrauch als Wohnung überlassen werden, ist die Vermietung als sonstige Leistung im Zusammenhang mit einem Grundstück anzusehen (§ 3a Abs. 2 Nr. 1 UStG). ³Dies gilt auch in den Fällen, in denen die Wohnwagen nicht fest mit dem Grund und Boden verbunden sind und deshalb auch als Beförderungsmittel verwendet werden könnten. ⁴Maßgebend ist nicht die abstrakte Eignung eines Gegenstandes als Beförderungsmittel. ⁵Entscheidend ist, daß die Wohnwagen nach dem Inhalt der abgeschlossenen Mietverträge nicht als Beförderungsmittel, sondern

zum stationären Gebrauch als Wohnungen überlassen werden. ⁶Das gilt ferner in den Fällen, in denen die Vermietung der Wohnwagen nicht die Überlassung des jeweiligen Standplatzes umfaßt und die Mieter deshalb über die Standplätze besondere Verträge mit den Inhabern der Campingplätze abschließen müssen.

(5) ...

(6) ¹Zu den sonstigen Leistungen im Zusammenhang mit der Veräußerung oder dem Erwerb von Grundstücken (§ 3a Abs. 2 Nr. 1 Satz 2 Buchstabe b UStG) gehören die sonstigen Leistungen der Grundstücksmakler und Grundstückssachverständigen sowie der Notare bei der Beurkundung von Grundstückskaufverträgen. ² ...

(7) ¹Zu den sonstigen Leistungen, die der Erschließung von Grundstücken oder der Vorbereitung oder der Ausführung von Bauleistungen dienen (§ 3a Abs. 2 Nr. 1 Satz 2 Buchstabe c UStG), gehören z. B. die Leistungen der Architekten, Bauingenieure, Vermessungsingenieure, Bauträgergesellschaften, Sanierungsträger sowie der Unternehmer, die Abbruch- und Erdarbeiten ausführen. ²Dazu gehören ferner Leistungen zum Aufsuchen oder Gewinnen von Bodenschätzen. ³In Betracht kommen Leistungen aller Art, die sonstige Leistungen sind. ⁴Die Vorschrift erfaßt auch die Begutachtung von Grundstücken.

(8) u. (9) ...

UStR 34a. Ort der sonstigen Leistungen bei Messen und Ausstellungen

Sonstige Leistungen der Veranstalter von Messen und Ausstellungen an die Aussteller

(1) ¹Bei der Überlassung von Standflächen auf Messen und Ausstellungen durch die Veranstalter an die Aussteller handelt es sich um sonstige Leistungen im Zusammenhang mit einem Grundstück. ²Diese Leistungen werden im Rahmen eines Vertrages besonderer Art ... dort ausgeführt, wo die Standflächen liegen (§ 3a Abs. 2 Nr. 1 UStG). ³Die vorstehenden Ausführungen gelten entsprechend für folgende Leistungen der Veranstalter an die Aussteller:

1. Überlassung von Räumen und ihren Einrichtungen auf dem Messegelände für Informationsveranstaltungen einschließlich der üblichen Nebenleistungen;
2. Überlassung von Parkplätzen auf dem Messegelände.

⁴Als Messegelände sind auch örtlich getrennte Kongreßzentren anzusehen. ⁵Übliche Nebenleistungen sind z. B. die Überlassung von Mikrofonanlagen und Simultandolmetscheranlagen sowie Bestuhlungsdienste, Garderobendienste und Hinweisdienste.

(2) ¹Bei sonstigen Leistungen, die der Werbung oder der Öffentlichkeitsarbeit dienen, gilt zwar eine Sonderregelung (§ 3a Abs. 3 und 4 Nr. 2 UStG). ²Diese ist jedoch auf Leistungen im Zusammenhang mit einem Grundstück nicht anzuwenden (§ 3a Abs. 3 Satz 4 UStG).

(3) ¹In der Regel erbringen die Veranstalter neben der Überlassung von Standflächen usw. (Absatz 1) eine Reihe weiterer Leistungen an die Aussteller. ²Auch diese Leistungen sind entweder als Leistungen im Zusammenhang mit einem Grundstück anzusehen oder können aus Vereinfachungsgründen als solche behandelt werden. ³Es kann sich insbesondere um folgende sonstige Leistungen der Veranstalter handeln:

1. ¹Technische Versorgung der überlassenen Stände. ³Hierzu gehören z. B.:
   a) Herstellung der Anschlüsse für Strom, Gas, Wasser, Wärme, Druckluft, Telefon, Telex, Internet-Anschluß und Lautsprecheranlagen,

b) die Abgabe von Energie, z. B. Strom, Gas, Wasser und Druckluft, wenn diese Leistungen umsatzsteuerrechtlich Nebenleistungen zur Hauptleistung der Überlassung der Standflächen darstellen;

2. ¹Planung, Gestaltung sowie Aufbau, Umbau und Abbau von Ständen. ²Unter die „Planung" fallen insbesondere Architektenleistungen, z. B. Anfertigung des Entwurfs für einen Stand. ³Zur „Gestaltung" zählt z. B. die Leistung eines Gartengestalters oder eines Beleuchtungsfachmannes;
3. Überlassung von Standbauteilen und Einrichtungsgegenständen, einschließlich Miet-System-Ständen;
4. Standbetreuung und Standbewachung;
5. Reinigung von Ständen;
6. Überlassung von Garderoben und Schließfächern auf dem Messegelände;
7. Überlassung von Eintrittsausweisen einschließlich Eintrittskarten;
8. Überlassung von Fernsprechstellen und sonstigen Kommunikationsmitteln zur Nutzung durch die Aussteller und die Leistungen des Veranstalters im Fernschreibdienst;
9. Überlassung von Informationssystemen, z. B. von Bildschirmgeräten oder Lautsprecheranlagen, mit deren Hilfe die Besucher der Messen und Ausstellungen unterrichtet werden sollen;
10. Schreibdienste und ähnliche sonstige Leistungen auf dem Messegelände;
11. Beförderung und Lagerung von Ausstellungsgegenständen wie Exponaten und Standausrüstungen;
12. Übersetzungsdienste;
13. Eintragungen in Messekatalogen, Aufnahme von Werbeanzeigen usw. in Messekatalogen, Zeitungen, Zeitschriften usw., Anbringen von Werbeplakaten, Verteilung von Werbeprospekten und ähnliche Werbemaßnahmen.

...

(4)–(8) ...

UStR 36. Ort der Tätigkeit

(1) ¹Die Regelung des § 3a Abs. 2 Nr. 3 UStG gilt nur für sonstige Leistungen, die in einem positiven Tun bestehen. ²Bei diesen Leistungen bestimmt die Tätigkeit selbst den Leistungsort. ³Der Ort, an dem der Erfolg eintritt oder die sonstige Leistung sich auswirkt, ist ohne Bedeutung (BFH-Urteil vom 4. 4. 1974 – BStBl II S. 532). ⁴Maßgebend ist nach der Rechtsprechung, wo die entscheidenden Bedingungen zum Erfolg gesetzt werden (BFH-Urteil vom 26. 11. 1953 – BStBl 1954 III S. 63). ⁵Durch das Wort „jeweils" wird klargestellt, daß es nicht entscheidend darauf ankommt, wo der Unternehmer, z. B. Künstler, im Rahmen seiner Gesamttätigkeit überwiegend tätig wird, sondern daß der einzelne Umsatz zu betrachten ist. ⁶Es ist nicht erforderlich, daß der Unternehmer im Rahmen einer Veranstaltung tätig wird.

(2) Tontechnische Leistungen, die im Zusammenhang mit künstlerischen oder unterhaltenden Leistungen im Sinne des § 3a Abs. 2 Nr. 3 Buchstabe a UStG unerläßlich sind, werden an dem Ort erbracht, an dem diese Leistungen tatsächlich bewirkt werden (EuGH-Urteil vom 26. 9. 1996 – BStBl 1998 II S. 313).

(3) Bei den Leistungen nach § 3a Abs. 2 Nr. 3 Buchstabe a UStG – insbesondere den künstlerischen und wissenschaftlichen Leistungen – ist zu beachten, daß sich im Falle der Übertragung von Nutzungsrechten an Urheberrechten und ähnlichen Rechten der Leistungsort nach § 3a Abs. 3 und 4 Nr. 1 UStG bestimmt ...

Beispiel:

¹Ein Sänger gibt aufgrund eines Vertrages mit einer Konzertagentur ein Konzert im Inland. ²Aufgrund eines anderen Vertrages mit dem Sänger zeichnet eine ausländische Schallplattengesellschaft das Konzert auf. ³Der Ort der Leistung für das Konzert befindet sich nach § 3a Abs. 2 Nr. 3 Buchstabe a UStG im Inland, da es sich um eine künstlerische Leistung handelt. ⁴Mit der Aufzeichnung des Konzerts für eine Schallplattenproduktion überträgt der Sänger Nutzungsrechte an seinem Urheberrecht im Sinne des § 3a Abs. 4 Nr. 1 UStG (vgl. BFH-Urteil vom 22. 3. 1979 – BStBl II S. 598). ⁵Für den Ort dieser Leistung ist § 3a Abs. 3 UStG maßgeblich.

⁶...

(4)–(6) ...

UStR 38. Ort des Leistungsempfängers

(1) ¹Nach § 3a Abs. 3 UStG ist in bestimmten Fällen für den Ort der sonstigen Leistung maßgebend, wo der Empfänger der Leistung ansässig ist. ²Die hierfür in Betracht kommenden sonstigen Leistungen sind in § 3a Abs. 4 UStG aufgeführt. ■ ³Hängt die Bestimmung des Leistungsorts davon ab, daß der Leistungsempfänger Unternehmer ist, kommt es darauf an, daß die Leistung für das Unternehmen des Leistungsempfängers bestimmt ist. ⁴Es sind folgende Fälle zu unterscheiden:

1. Ist der Empfänger der sonstigen Leistung ein Unternehmer, wird die sonstige Leistung dort ausgeführt, wo der Empfänger sein Unternehmen betreibt.

2. Ist der Empfänger der sonstigen Leistungen kein Unternehmer und hat er seinen Wohnsitz oder Sitz außerhalb der EG (vgl. Abschnitt 13a Abs. 1), wird die sonstige Leistung dort ausgeführt, wo der Empfänger seinen Wohnsitz oder Sitz hat.

3. ¹Ist der Empfänger der sonstigen Leistung kein Unternehmer und hat er seinen Wohnsitz oder Sitz innerhalb der EG (vgl. Abschnitt 13a Abs. 1), wird die sonstige Leistung dort ausgeführt, wo der leistende Unternehmer sein Unternehmen betreibt. ²Insoweit verbleibt es bei der Regelung des § 3a Abs. 1 UStG (vgl. jedoch § 1 UStDV, ...).

(2) ¹Die sonstige Leistung kann auch an die Betriebsstätte eines Unternehmers ausgeführt werden. ²Dies ist der Fall, wenn die Leistung ausschließlich oder überwiegend für die Betriebsstätte bestimmt ist. ³Die Regelung hat zur Folge, daß die sonstige Leistung nicht der Umsatzsteuer unterliegt, wenn sich der Ort der Betriebsstätte im Ausland befindet. ⁴Es ist nicht erforderlich, daß die Betriebsstätte den Auftrag an einen Unternehmer, der die sonstige Leistung durchführt, z. B. Verleger, Werbeagentur, Werbungsmittler, erteilt. ⁵Ferner ist es unerheblich, ob das Entgelt für die Leistung von der Betriebsstätte oder von dem Unternehmer bezahlt wird.

Beispiel:

¹Eine Bank mit Sitz im Inland unterhält im Ausland Zweigniederlassungen. ²Durch Aufnahme von Werbeanzeigen in ausländischen Zeitungen und Zeitschriften wird für die Zweigniederlassungen geworben. ³Die Erteilung der Anzeigenaufträge an die ausländischen Verleger erfolgt durch eine inländische Werbeagentur.

⁴Die ausländischen Verleger und die inländische Werbeagentur unterliegen mit ihren Leistungen für die im Ausland befindlichen Zweigniederlassungen nicht der deutschen Umsatzsteuer.

. (3)–(5) ...

Anm. d. Schriftl.:

■ Zu den sonstigen Leistungen auf dem Gebiet der Telekommunikation i. S. des § 3a Abs. 4 Nr. 12 UStG (Änderung durch das USt-Änderungsgesetz 1997) siehe auch BMF-Schreiben vom 29. 4. 1997 – BStBl 1997 I S. 410, und vom 18. 11. 1997 – BStBl 1997 I S. 960.

Zu § 3b UStG (§§ 2 bis 7 UStDV)

UStR 42a. Ort einer Personenbeförderung und Ort einer Güterbeförderung, die keine innergemeinschaftliche Güterbeförderung ist

(1) ¹Der Ort einer Personenbeförderung und der Ort einer Güterbeförderung, die keine innergemeinschaftliche Güterbeförderung im Sinne des § 3b Abs. 3 UStG ist, liegen dort, wo die Beförderung tatsächlich bewirkt wird (§ 3b Abs. 1 Satz 1 UStG). ²Hieraus folgt für diejenigen Beförderungsfälle, in denen der mit der Beförderung beauftragte Unternehmer (Hauptunternehmer) die Beförderung durch einen anderen Unternehmer (Subunternehmer) ausführen läßt, daß sowohl die Beförderungsleistung des Hauptunternehmers als auch diejenige des Subunternehmers dort ausgeführt werden, wo der Subunternehmer die Beförderung bewirkt. ³Die Sonderregelung über die Besteuerung von Reiseleistungen (§ 25 Abs. 1 UStG) bleibt jedoch unberührt.

> **Beispiel:**
> ¹Der Reiseveranstalter A veranstaltet im eigenen Namen und für eigene Rechnung einen Tagesausflug. ²Er befördert die teilnehmenden Reisenden jedoch nicht selbst, sondern bedient sich zur Ausführung der Beförderung des Omnibusunternehmers B. ³Dieser bewirkt an A eine Beförderungsleistung, indem er die Beförderung im eigenen Namen, unter eigener Verantwortung und für eigene Rechnung durchführt. ⁴Der Ort der Beförderungsleistung des B liegt dort, wo dieser die Beförderung bewirkt. ⁵Für A stellt die Beförderungsleistung des B eine Reisevorleistung dar. ⁶A führt deshalb umsatzsteuerlich keine Beförderungsleistung, sondern eine sonstige Leistung im Sinne des § 25 Abs. 1 UStG aus. ⁷Diese sonstige Leistung wird dort ausgeführt, von wo aus A sein Unternehmen betreibt (§ 3a Abs. 1 UStG).

(2) Im Falle der Besorgung einer Beförderungsleistung, z. B. durch einen Spediteur, liegt aufgrund des § 3 Abs. 11 UStG der Ort der Besorgungsleistung dort, wo die besorgte Beförderung, z. B. von dem beauftragten Frachtführer, bewirkt wird.

Grenzüberschreitende Beförderungen

(3) ¹Grenzüberschreitende Beförderungen sind in einen steuerbaren und einen nicht steuerbaren Leistungsteil aufzuteilen (§ 3b Abs. 1 Satz 2 UStG). ²Dies gilt aufgrund des § 3 Abs. 11 UStG auch für Besorgungsleistungen, wenn Beförderungen im vorbezeichneten Sinne besorgt werden. ³Die Aufteilung unterbleibt jedoch bei grenzüberschreitenden Beförderungen mit kurzen in- oder ausländischen Beförderungsstrecken, wenn diese Beförderungen entweder insgesamt als steuerbar oder insgesamt als nicht steuerbar zu behandeln sind . . . . ⁴. . .

(4) ¹Bei einer Beförderungsleistung, bei der nur ein Teil der Leistung steuerbar ist und bei der die Umsatzsteuer für diesen Teil auch erhoben wird, ist Bemessungsgrundlage das Entgelt, das auf diesen Teil entfällt. ²Bei Personenbeförderungen im Gelegenheitsverkehr mit Kraftomnibussen, die nicht im Inland zugelassen sind und die bei der Ein- oder Ausreise von einem Drittland überqueren, ist ein Durchschnittsbeförderungsentgelt für den Streckenanteil im Inland maßgebend . . . ³In allen übrigen Fällen ist das auf den steuerbaren Leistungsteil entfallende tatsächlich vereinbarte oder vereinnahmte Entgelt zu ermitteln (vgl. hierzu Absatz 5). ⁴Das Finanzamt kann jedoch Unternehmer, die nach § 4 Nr. 3 UStG steuerfreie Umsätze bewirken, von der Verpflichtung befreien, die Entgelte für die vorbezeichneten steuerfreien Umsätze und die Entgelte für nicht steuerbare Beförderungen getrennt aufzuzeichnen . . .

(5) ¹Wird bei einer Beförderungsleistung, die sich nicht nur auf das Inland erstreckt und bei der kein Durchschnittsbeförderungsentgelt maßgebend ist, ein Gesamtpreis vereinbart oder vereinnahmt, so ist der auf den inländischen Streckenanteil entfallende Entgeltsanteil anhand dieses Gesamtpreises zu ermitteln. ²Hierzu gilt folgendes:

1. ¹Grundsätzlich ist vom vereinbarten oder vereinnahmten Nettobeförderungspreis auszugehen.
    ²Zum Nettobeförderungspreis gehören nicht die Umsatzsteuer für die Beförderungsleistung

im Inland und die für den nicht steuerbaren Leistungsanteil in anderen Staaten zu zahlende Umsatzsteuer oder ähnliche Steuer. ³Sofern nicht besondere Umstände (wie z. B. tarifliche Vereinbarungen im internationalen Eisenbahnverkehr) eine andere Aufteilung rechtfertigen, ist der Nettobeförderungspreis für jede einzelne Beförderungsleistung im Verhältnis der Längen der inländischen und ausländischen Streckenanteile – einschließlich sogenannter Leerkilometer – aufzuteilen (vgl. BFH-Urteil vom 12. 3. 1998 – BStBl II S. 523). ⁴Das auf den inländischen Streckenanteil entfallende Entgelt kann nach folgender Formel ermittelt werden:

$$\text{Entgelt für den inländischen Streckenanteil} = \frac{\text{Nettobeförderungspreis für die Gesamtstrecke} \times \text{Anzahl der km des inländischen Streckenanteils}}{\text{Anzahl der km der Gesamtstrecke}}$$

2. ¹Bei Personenbeförderungen ist es nicht zu beanstanden, wenn zur Ermittlung des auf den inländischen Streckenanteil entfallenden Entgelts nicht vom Nettobeförderungspreis ausgegangen wird, sondern von dem für die Gesamtstrecke vereinbarten oder vereinnahmten Bruttobeförderungspreis, z. B. Gesamtpreis einschließlich der im Inland und im Ausland erhobenen Umsatzsteuer oder ähnlichen Steuer. ²Für die Entgeltsermittlung kann in diesem Falle die folgende geänderte Berechnungsformel dienen:

$$\text{Bruttoentgelt (Entgelt zuzüglich Umsatzsteuer) für den inländischen Streckenanteil} = \frac{\text{Bruttobeförderungspreis für die Gesamtstrecke} \times \text{Anzahl der km des inländischen Streckenanteils}}{\text{Anzahl der km der Gesamtstrecke}}$$

³Innerhalb eines Besteuerungszeitraumes muß bei allen Beförderungen einer Verkehrsart, z. B. bei Personenbeförderungen im Gelegenheitsverkehr mit Kraftfahrzeugen, nach ein und derselben Methode verfahren werden.

...

(6)–(17) ...

UStR 42c. Begriff des Leistungsempfängers im Sinne des § 3b Abs. 3 bis 6 UStG

(1) ¹Als Leistungsempfänger im umsatzsteuerlichen Sinn ist grundsätzlich derjenige zu behandeln, in dessen Auftrag die Leistung ausgeführt wird (vgl. Abschnitt 192 Abs. 13). ²Aus Vereinfachungsgründen ist bei Leistungen im Sinne des § 3b Abs. 3 bis 6 UStG der Rechnungsempfänger als Leistungsempfänger anzusehen (vgl. Beispiel). ³Hierdurch wird erreicht, daß durch die Maßgeblichkeit der USt-IdNr. des Rechnungsempfängers die Leistung in dem Staat besteuert wird, in dem der Rechnungsempfänger steuerlich geführt wird. ⁴Somit wird das Mehrwertsteuer-Erstattungsverfahren nach der 8. EG-Richtlinie in einem EG-Mitgliedstaat vermieden.

Beispiel:
¹Der in Deutschland ansässige Unternehmer U versendet Güter per Frachtnachnahme an den Empfänger A in Dänemark. ²Bei Frachtnachnahmen wird regelmäßig vereinbart, daß der Beförderungsunternehmer die Beförderungskosten dem Empfänger der Sendung in Rechnung stellt und dieser die Beförderungskosten zahlt. ³Der Rechnungsempfänger A der innergemeinschaftlichen Güterbeförderung ist als Empfänger der Beförderungsleistung (Leistungsempfänger) im Sinne des § 3b Abs. 3 Satz 2 UStG anzusehen, auch wenn er den Transportauftrag nicht unmittelbar erteilt hat.

(2) ¹Der Leistungsempfänger kann bei einer innergemeinschaftlichen Güterbeförderung oder einer damit zusammenhängenden sonstigen Leistung eine ihm erteilte USt-IdNr. gegenüber dem leistenden Unternehmer verwenden. ²Der leistende Unternehmer hat eine ihm vorgelegte USt-IdNr., die von einem anderen EG-Mitgliedstaat erteilt wurde, im Hinblick auf die Gewährleistung

Zu § 3b UStG

einer zutreffenden Besteuerung nach § 90 Abs. 2 AO zu prüfen. ³§ 18e UStG gibt dem Unternehmer die Möglichkeit, sich die Gültigkeit einer USt-IdNr. eines anderen EG-Mitgliedstaates sowie den Namen und die Anschrift der Person, der diese Nummer erteilt wurde, durch das Bundesamt für Finanzen bestätigen zu lassen.

(3) ¹Die Verwendung einer USt-IdNr. soll grundsätzlich vor Ausführung der Leistung vereinbart und in dem Dokument, das im jeweiligen Fall im Beförderungs- und Speditionsgewerbe üblicherweise verwendet wird (z. B. schriftlicher Speditionsauftrag), schriftlich festgehalten werden. ²Unschädlich ist es im Einzelfall, eine USt-IdNr. nachträglich zu verwenden oder durch eine andere zu ersetzen. ³In diesem Fall muß ggf. die Besteuerung in dem einen EG-Mitgliedstaat rückgängig gemacht und in dem anderen EG-Mitgliedstaat nachgeholt werden. ⁴In einer bereits erteilten Rechnung sind die USt-IdNr. des Leistungsempfängers (vgl. § 14a Abs. 2 UStG) und ggf. ein gesonderter Steuerausweis (vgl. § 14 Abs. 1 und 2 UStG) zu berichtigen. ⁵Die nachträgliche Angabe oder Änderung einer USt-IdNr. ist der Umsatzsteuerfestsetzung nur zugrunde zu legen, wenn die Steuerfestsetzung in der Bundesrepublik Deutschland noch änderbar ist.

UStR   **42d. Ort der innergemeinschaftlichen Güterbeförderung**

(1) ¹Eine innergemeinschaftliche Beförderung eines Gegenstandes (innergemeinschaftliche Güterbeförderung) liegt nach § 3b Abs. 3 Satz 1 UStG vor, wenn sie in dem Gebiet von zwei verschiedenen EG-Mitgliedstaaten beginnt (Abgangsort) und endet (Ankunftsort). ²Eine Anfahrt des Beförderungsunternehmers zum Abgangsort ist unmaßgeblich. ³Entsprechendes gilt für den Ankunftsort. ⁴Die Voraussetzungen einer innergemeinschaftlichen Güterbeförderung sind für jeden Beförderungsauftrag gesondert zu prüfen; sie müssen sich aus den im Beförderungs- und Speditionsgewerbe üblicherweise verwendeten Unterlagen (z. B. schriftlicher Speditionsauftrag oder Frachtbrief) ergeben. ⁵Für die Annahme einer innergemeinschaftlichen Güterbeförderung ist es unerheblich, ob die Beförderungsstrecke ausschließlich über Gemeinschaftsgebiet oder auch über Drittlandsgebiet führt (vgl. Absatz 4 Beispiele 2 und 3).

(2) ¹Bei einer innergemeinschaftlichen Güterbeförderung bestimmt sich der Ort der Leistung nach dem Abgangsort (§ 3b Abs. 3 Satz 1 UStG). ²Verwendet jedoch der Leistungsempfänger gegenüber dem Beförderungsunternehmer eine USt-IdNr. eines EG-Mitgliedstaates, der nicht der EG-Mitgliedstaat ist, in dem der Abgangsort liegt, gilt die Beförderungsleistung als in dem Gebiet des anderen EG-Mitgliedstaates ausgeführt (§ 3b Abs. 3 Satz 2 UStG).

(3) ¹Die deutschen Freihäfen gehören gemeinschaftsrechtlich zum Gebiet der Bundesrepublik Deutschland (Artikel 3 Abs. 1 bis 3 der 6. EG-Richtlinie). ²Deshalb ist eine innergemeinschaftliche Güterbeförderung auch dann gegeben, wenn die Beförderung in einem deutschen Freihafen beginnt und in einem anderen EG-Mitgliedstaat endet oder umgekehrt. ³Weil die Freihäfen aber nicht zum umsatzsteuerlichen Inland gehören (§ 1 Abs. 2 Satz 1 UStG), ist eine innergemeinschaftliche Güterbeförderung, die in einem deutschen Freihafen beginnt und für das Unternehmen des Auftraggebers ausgeführt wird, nicht steuerbar (§ 3b Abs. 3 Satz 1 UStG i. V. m. § 1 Abs. 3 Nr. 2 UStG).

(4) Beispielsfälle für innergemeinschaftliche Güterbeförderungen:

Beispiel 1:

¹Die Privatperson P aus Deutschland beauftragt den deutschen Frachtführer F, Güter von Spanien nach Deutschland zu befördern.

²Der Ort der Beförderungsleistung liegt in Spanien, da die Beförderung der Güter in Spanien beginnt (§ 3b Abs. 3 Satz 1 UStG) und P keine USt-IdNr. verwendet. ³F ist Steuerschuldner in Spanien (Artikel 21 Nr. 1 Buchstabe a der 6. EG-Richtlinie, . . .). ⁴Die Abrechnung richtet sich nach den Regelungen des spanischen Umsatzsteuerrechts.

Beispiel 2:
¹Die Privatperson P aus Italien beauftragt den in der Schweiz ansässigen Frachtführer F, Güter von Deutschland über die Schweiz nach Italien zu befördern. ²Bei der Beförderungsleistung des F handelt es sich um eine innergemeinschaftliche Güterbeförderung, weil der Transport in zwei verschiedenen EG-Mitgliedstaaten beginnt und endet. ³Der Ort dieser Leistung bestimmt sich nach dem inländischen Abgangsort (§ 3b Abs. 3 Satz 1 UStG). ⁴Die Leistung ist in Deutschland steuerbar und steuerpflichtig. ⁵Unbeachtlich ist dabei, daß ein Teil der Beförderungsstrecke auf das Drittland Schweiz entfällt (vgl. Absatz 1 Satz 5). ⁶Der leistende Unternehmer F ist Steuerschuldner (§ 13 Abs. 2 Nr. 1 UStG) und hat den Umsatz im Rahmen des allgemeinen Besteuerungsverfahrens (§ 18 Abs. 1 bis 4 UStG) zu versteuern ...

Beispiel 3:
¹Der in der Schweiz ansässige Unternehmer U beauftragt den in Deutschland ansässigen Frachtführer F, Güter von Italien über die Schweiz nach Deutschland zu befördern. ²U hat keine USt-IdNr. ³Bei der Beförderungsleistung des F handelt es sich um eine innergemeinschaftliche Güterbeförderung (vgl. Absatz 1 Satz 5), deren Ort sich nach dem italienischen Abgangsort bestimmt (§ 3b Abs. 3 Satz 1 UStG). ⁴Die Regelung nach § 3b Abs. 3 Satz 2 UStG ist nicht anzuwenden, da U keine USt-IdNr. eines anderen EG-Mitgliedstaates verwendet. ⁵F ist Steuerschuldner in Italien (Artikel 21 Nr. 1 Buchstabe a der 6. EG-Richtlinie, ...). ⁶Die Abrechnung richtet sich nach den Regelungen des italienischen Umsatzsteuerrechts.

Beispiel 4:
¹Der in Deutschland ansässige Unternehmer U beauftragt den in Belgien ansässigen Frachtführer F, Güter von Deutschland nach Frankreich zu befördern. ²U verwendet gegenüber F seine deutsche USt-IdNr. ³Die Beförderungsleistung ist in Deutschland steuerbar und steuerpflichtig, da sich der Ort der Leistung nach dem inländischen Abgangsort bestimmt (§ 3b Abs. 3 Satz 1 UStG). ⁴Die Regelung nach § 3b Abs. 3 Satz 2 UStG ist nicht anzuwenden, da U nicht die USt-IdNr. eines anderen EG-Mitgliedstaates verwendet. ⁵U hat als Leistungsempfänger das Abzugsverfahren nach §§ 51 ff. UStDV durchzuführen; ggf. können U und F von der Null-Regelung nach § 52 Abs. 2 UStDV Gebrauch machen ...

Beispiel 5:
¹Der in Deutschland ansässige Unternehmer U hat in Portugal eine Ware gekauft. ²Er beauftragt den in Portugal ansässigen Frachtführer F, die Beförderung von Portugal nach Deutschland zu übernehmen. ³U verwendet gegenüber F seine deutsche USt-IdNr. ⁴Da U gegenüber F seine deutsche USt-IdNr. verwendet, verlagert sich der Ort der Beförderungsleistung vom Abgangsort in Portugal nach Deutschland (§ 3b Abs. 3 Satz 2 UStG). ⁵U hat als Leistungsempfänger das Abzugsverfahren nach §§ 51 ff. UStDV durchzuführen; ggf. können U und F von der Null-Regelung nach § 52 Abs. 2 UStDV Gebrauch machen ...

Beispiel 6:
¹Der in Luxemburg ansässige Unternehmer U beauftragt den in Deutschland ansässigen Frachtführer F, Güter von Deutschland nach Luxemburg zu befördern. ²U verwendet gegenüber F seine luxemburgische USt-IdNr. ³Da U gegenüber F seine luxemburgische USt-IdNr. verwendet, verlagert sich der Ort der Beförderungsleistung vom Abgangsort Deutschland nach Luxemburg (§ 3b Abs. 3 Satz 2 UStG). ⁴Steuerschuldner der luxemburgischen Umsatzsteuer ist grundsätzlich der Leistungsempfänger U (vgl. Artikel 21 Nr. 1 Buchstabe b der 6. EG-Richtlinie, ...). ⁵In der Rechnung an U darf keine luxemburgische Umsatzsteuer enthalten sein ...

Beispiel 7:
¹Der in Deutschland ansässige Unternehmer U beauftragt den in Belgien ansässigen Frachtführer F, Güter von Deutschland nach Frankreich zu befördern. ²Die Beförderungskosten sollen dem Empfänger A in Frankreich in Rechnung gestellt werden (Frachtnachnahme). ³Dabei wird bei Auftragserteilung angegeben, daß A gegenüber F seine französische USt-IdNr. verwendet. ⁴Der Rechnungsempfänger A ist als Leistungsempfänger der Beförderungsleistung anzusehen (vgl. Abschnitt 42c Abs. 1). ⁵Da A gegenüber F seine französische USt-IdNr. verwendet, verlagert sich der Ort der Beförderungsleistung vom Abgangsort in Deutschland nach Frankreich (§ 3b Abs. 3 Satz 2 UStG). ⁶Steu-

erschuldner der französischen Umsatzsteuer ist grundsätzlich der Empfänger A (vgl. Artikel 21 Nr. 1 Buchstabe b der 6. EG-Richtlinie, . . .). [7]In der Rechnung an A darf keine französische Umsatzsteuer enthalten sein . . .

Beispiel 8:
[1]Der in Deutschland ansässige Unternehmer U beauftragt den in Deutschland ansässigen Frachtführer F, Güter von Freiburg/Breisgau nach Saarbrücken zu befördern. [2]Dabei entfällt ein großer Teil der Beförderungsstrecke auf Frankreich.
[3]Da die Güterbeförderung in Deutschland beginnt und endet, handelt es sich nicht um eine innergemeinschaftliche Güterbeförderung im Sinne des § 3b Abs. 3 UStG. [4]Der inländische Streckenanteil ist in Deutschland steuerbar (§ 3b Abs. 1 Satz 2 UStG). [5]Die Sonderregelung des § 3b Abs. 1 Satz 3 Nr. 1 UStG in Verbindung mit § 3 UStDV ist nicht anzuwenden, da der ausländische Streckenanteil länger als 10 Kilometer ist. [6]Der inländische Streckenanteil ist steuerpflichtig. [7]Da Abgangs- und Bestimmungsort im Inland liegen und das Ausland nur durchfahren wird, kommt die Steuerbefreiung nach § 4 Nr. 3 UStG nicht in Betracht. [8]Der französische Streckenanteil ist in Frankreich steuerbar. [9]F ist dort Steuerschuldner (vgl. Artikel 21 Nr. 1 Buchstabe a der 6. EG-Richtlinie, . . .). [10]Die Abrechnung richtet sich insoweit nach den Regelungen des französischen Umsatzsteuerrechts. [11]Das Finanzamt des F kann den Sachverhalt den französischen Steuerbehörden nach § 2 Abs. 2 des EG-Amtshilfe-Gesetzes mitteilen.

Beispiel 9:
[1]Der in Belgien ansässige Unternehmer U beauftragt den in Deutschland ansässigen Frachtführer F, Güter von Brüssel nach Magdeburg an den Empfänger A zu befördern. [2]Dabei wird als Frankatur (Abrechnungsmodalität) „Frei belgisch-deutsche Grenze" vereinbart. [3]Bei Auftragserteilung wird angegeben, daß U gegenüber F seine belgische und A gegenüber F seine deutsche USt-IdNr. verwendet.
[4]Bei der Frankatur „Frei belgisch-deutsche Grenze" stellt der leistende Unternehmer die Beförderung bis zur deutschen Grenze dem Auftraggeber und die Beförderung ab der deutschen Grenze dem Empfänger in Rechnung, so daß zwei Rechnungen erteilt werden. [5]Die beiden Rechnungsempfänger sind als Leistungsempfänger anzusehen (vgl. Abschnitt 42c Abs. 1), so daß von F zwei Leistungen erbracht werden.
[6]Der Ort der Beförderungsleistung des F an seinen Auftraggeber U liegt in Belgien, da die Beförderung eine innergemeinschaftliche Beförderung ist und die Beförderung in Belgien beginnt (§ 3b Abs. 3 Satz 1 UStG). [7]Die Regelung nach § 3b Abs. 3 Satz 2 UStG ist nicht anzuwenden, da U nicht die USt-IdNr. eines anderen EG-Mitgliedstaates verwendet. [8]Steuerschuldner der belgischen Umsatzsteuer ist grundsätzlich der Leistungsempfänger U, da der leistende Unternehmer F nicht in Belgien ansässig ist (vgl. Artikel 21 Nr. 1 Buchstabe b der 6. EG-Richtlinie, . . .). [9]In der Rechnung an U darf keine belgische Umsatzsteuer enthalten sein . . .
[10]Der Ort der Beförderungsleistung des F an den Rechnungs- und Leistungsempfänger A liegt in Deutschland, da die Beförderung eine innergemeinschaftliche Beförderung ist und A seine deutsche USt-IdNr. verwendet hat (§ 3b Abs. 3 Satz 2 UStG). [11]Steuerschuldner in Deutschland ist der leistende Unternehmer F (§ 13 Abs. 2 Nr. 1 UStG, . . .). [12]F muß in der Rechnung an A die deutsche Umsatzsteuer gesondert ausweisen (§ 14a Abs. 1 Satz 2 UStG).

UStR 42e. Ort der gebrochenen innergemeinschaftlichen Güterbeförderung[1]

(1) [1]Eine gebrochene Güterbeförderung liegt vor, wenn einem Beförderungsunternehmer für eine Güterbeförderung über die gesamte Beförderungsstrecke ein Auftrag erteilt wird, jedoch bei der Durchführung der Beförderung mehrere Beförderungsunternehmer nacheinander mitwirken. [2]Liegen Beginn und Ende der gesamten Beförderung in den Gebieten verschiedener EG-Mitgliedstaaten, ist eine gebrochene innergemeinschaftliche Güterbeförderung gegeben. [3]Dabei ist jede Beförderung für sich zu beurteilen. [4]Bei einer gebrochenen innergemeinschaftlichen Güterbeförderung sind nicht nur Beförderungen als innergemeinschaftliche Güterbeförderungen anzusehen, bei denen Abgangsort und Ankunftsort in zwei verschiedenen EG-Mitgliedstaaten liegen.

Anm. d. Schriftl.:
[1] Siehe auch BMF-Schreiben vom 10. 5. 1996 – BStBl 1996 I S. 634.

⁵Auch Beförderungen, die einer innergemeinschaftlichen Güterbeförderung vorangehen (Vorläufe) oder sich daran anschließen (Nachläufe) und sich auf einen EG-Mitgliedstaat beschränken, sind wie die innergemeinschaftliche Güterbeförderung zu behandeln (§ 3b Abs. 3 Satz 3 UStG). ⁶Dies gilt auch für alle einem Vorlauf vorangehenden oder sich einem Nachlauf anschließenden auf einen EG-Mitgliedstaat beschränkten Güterbeförderungen, wenn die Beförderungsstrecken von dem Auftrag für die gesamte Beförderung erfaßt sind. ⁷Eine derartige innergemeinschaftliche Güterbeförderung liegt auch dann vor, wenn zwischen den Vor- und Nachläufen und der eigentlichen innergemeinschaftlichen Güterbeförderung Unterbrechungszeiten liegen. ⁸Sie können unvorhergesehen eintreten oder im Beförderungsauftrag vereinbart sein. ⁹Der unmittelbare Zusammenhang einer gebrochenen innergemeinschaftlichen Güterbeförderung geht auch nicht verloren, wenn zwischen der innergemeinschaftlichen Güterbeförderung und dem Vor- oder Nachlauf eine sonstige Leistung der unter § 3b Abs. 2 UStG fallenden Art (z. B. Zwischenlagerung) ausgeführt wird.

(2) – (3) ...

UStR 42h. Ort der Besorgung einer innergemeinschaftlichen Güterbeförderung und einer Leistung, die im Zusammenhang mit einer innergemeinschaftlichen Güterbeförderung steht

(1) ¹Eine Besorgungsleistung liegt vor, wenn ein Unternehmer für Rechnung eines anderen im eigenen Namen eine sonstige Leistung bei einem Dritten in Auftrag gibt (vgl. hierzu auch Abschnitt 32). ²Der Dritte erbringt diese sonstige Leistung an den besorgenden Unternehmer.

(2) ¹Bei den Unternehmern, die Güterbeförderungen besorgen, handelt es sich insbesondere um Spediteure (vgl. §§ 453 ff. HGB). ²Die Besorgungsleistung des Unternehmers wird umsatzsteuerrechtlich so angesehen wie die besorgte Leistung selbst (§ 3 Abs. 11 UStG). ³Die Speditionsleistung wird also wie eine Güterbeförderung behandelt. ⁴Besorgt der Unternehmer eine innergemeinschaftliche Güterbeförderung oder damit zusammenhängende Vor- und Nachläufe (vgl. Abschnitt 42e Abs. 1), richtet sich der Ort der Besorgungsleistung infolgedessen nach § 3b Abs. 3 UStG.

Beispiel 1:
¹Der in Frankreich ansässige Unternehmer U beauftragt den deutschen Spediteur S, die Beförderung eines Gegenstandes im eigenen Namen und für Rechnung des U von Brüssel nach Paris zu besorgen. ²Die Beförderung wird durch den belgischen Frachtführer F ausgeführt. ³U verwendet gegenüber S seine französische und S gegenüber F seine deutsche USt-IdNr.
⁴Der Ort der Beförderungsleistung des F von Brüssel nach Paris an seinen Auftraggeber S liegt in Deutschland, da der Leistungsempfänger S seine deutsche USt-IdNr. verwendet (§ 3b Abs. 3 Satz 2 UStG). ⁵S hat als Leistungsempfänger das Abzugsverfahren nach §§ 51 ff. UStDV durchzuführen; ggf. können F und S von der Null-Regelung nach § 52 Abs. 2 UStDV Gebrauch machen ...
⁶Der Ort der Besorgungsleistung des S an seinen Auftraggeber U wäre grundsätzlich nach dem Abgangsort der innergemeinschaftlichen Güterbeförderung (Brüssel), zu bestimmen. ⁷Da der Auftraggeber U jedoch seine französische USt-IdNr. verwendet, liegt der Leistungsort in Frankreich (§ 3 Abs. 11 UStG i. V. m. § 3b Abs. 3 Satz 2 UStG). ⁸Steuerschuldner der französischen Umsatzsteuer ist grundsätzlich der Leistungsempfänger U (vgl. Artikel 21 Nr. 1 Buchstabe b der 6. EG-Richtlinie, ...). ⁹In der Rechnung an U darf keine französische Umsatzsteuer enthalten sein ...

Beispiel 2:
¹Die Privatperson P aus Deutschland beauftragt den deutschen Spediteur S, die Beförderung eines Gegenstandes im eigenen Namen und für Rechnung des P von Brüssel nach Paris zu besorgen. ²Die Beförderung wird durch den Frachtführer F ausgeführt.
³Der Ort der Besorgungsleistung des S an seinen Auftraggeber P bestimmt sich nach dem Abgangsort Brüssel (§ 3 Abs. 11 UStG i. V. m. § 3b Abs. 3 Satz 1 UStG). ⁴Der deutsche Spediteur S ist Steuerschuldner

Zu § 3c UStG

in Belgien (vgl. Artikel 21 Nr. 1 Buchstabe a der 6. EG-Richtlinie, . . .). [5]Die Abrechnung richtet sich nach den Regelungen des belgischen Umsatzsteuerrechts.

(3) Wird eine Leistung besorgt, die mit einer innergemeinschaftlichen Güterbeförderung oder mit deren Vor- und Nachläufen ... im Zusammenhang steht, richtet sich der Ort der Besorgungsleistung aufgrund des § 3 Abs. 11 UStG nach § 3b Abs. 2 oder 4 UStG.

Beispiel:
[1]Der in Deutschland ansässige Unternehmer U beauftragt den französischen Unternehmer B, das Umladen eines Gegenstandes, der von Paris nach Erfurt befördert werden soll, in Brüssel im eigenen Namen und für Rechnung des U zu besorgen. [2]U verwendet gegenüber B seine deutsche USt-IdNr. [3]Grundsätzlich wäre der Ort der Besorgungsleistung des B nach dem Umladeort Brüssel zu bestimmen (§ 3 Abs. 11 UStG i. V. m. § 3b Abs. 2 UStG). [4]Da jedoch U gegenüber B seine deutsche USt-IdNr. verwendet, liegt der Leistungsort in Deutschland (§ 3 Abs. 11 UStG i. V. m. § 3b Abs. 4 UStG). [5]U hat als Leistungsempfänger das Abzugsverfahren nach §§ 51 ff. UStDV durchzuführen; ggf. können B und U von der Null-Regelung nach § 52 Abs. 2 UStDV Gebrauch machen ...

Zu § 3c UStG

UStR **42j. Ort der Lieferung bei innergemeinschaftlichen Beförderungs- und Versendungslieferungen an bestimmte Abnehmer (§ 3c UStG)**

(1) [1]§ 3c UStG regelt den Lieferungsort für die Fälle, in denen der Lieferer Gegenstände – ausgenommen neue Fahrzeuge im Sinne von § 1b Abs. 2 und 3 UStG – in einen anderen EG-Mitgliedstaat befördert oder versendet und der Abnehmer einen innergemeinschaftlichen Erwerb nicht zu versteuern hat. [2]Abweichend von § 3 Abs. 6 bis 8 UStG ist die Lieferung danach in dem EG-Mitgliedstaat als ausgeführt zu behandeln, in dem die Beförderung oder Versendung des Gegenstandes endet, wenn der Lieferer die maßgebende Lieferschwelle überschreitet❶ oder auf deren Anwendung verzichtet. [3]Maßgeblich ist, daß der liefernde Unternehmer die Beförderung oder Versendung veranlaßt haben muß.

(2) [1]Zu dem in § 3c Abs. 2 Nr. 1 UStG genannten Abnehmerkreis gehören insbesondere Privatpersonen. [2]Die in § 3c Abs. 2 Nr. 2 UStG bezeichneten Abnehmer sind im Inland mit dem Erwerberkreis identisch, der nach § 1a Abs. 3 UStG die tatbestandsmäßigen Voraussetzungen des innergemeinschaftlichen Erwerbs nicht erfüllt und nicht für die Erwerbsbesteuerung optiert hat (vgl. Abschnitt 15a Abs. 2). [3]Bei Beförderungs- oder Versendungslieferungen in das übrige Gemeinschaftsgebiet ist der Abnehmerkreis – unter Berücksichtigung der von dem jeweiligen EG-Mitgliedstaat festgesetzten Erwerbsschwelle – entsprechend abzugrenzen. [4]Die Erwerbsschwellen in den anderen EG-Mitgliedstaaten betragen:

Belgien:	450 000 BEF
Dänemark:	80 000 DKK

Anm. d. Schriftl.:

❶ Durch eine Änderung des § 3c Abs. 3 Satz 1 UStG im Rahmen des Steuerbereinigungsgesetzes 1999 vom 22. 12. 1999 – BStBl 2000 I S. 13 wird hinsichtlich des Überschreitens der Lieferschwelle auf den tatsächlichen Gesamtbetrag der Entgelte im laufenden Jahr und nicht mehr auf den voraussichtlichen Gesamtbetrag der Entgelte abgestellt. Aufgrund der Neuregelung kann es zu einer Verschiebung des Lieferortes innerhalb des Kalenderjahrs kommen.

Finnland:	50 000 FIM
Frankreich:	70 000 FRF
Griechenland:	2 500 000 GRO
Irland:	32 000 IEP
Italien:	16 000 000 ITL
Luxemburg:	400 000 LUF
Niederlande:	23 000 NLG
Österreich:	150 000 ATS
Portugal:	1 800 000 PTE
Schweden:	90 000 SEK
Spanien:	1 300 000 ESP
Vereinigtes Königreich:	50 000 GBP

(3) ¹Für die Ermittlung der jeweiligen Lieferschwelle ist von dem Gesamtbetrag der Entgelte, der den Lieferungen im Sinne von § 3c UStG in einen EG-Mitgliedstaat zuzurechnen ist, auszugehen. ²Die maßgebenden Lieferschwellen in den anderen EG-Mitgliedstaaten betragen:

Belgien:	1 500 000 BEF
Dänemark:	280 000 DKK
Finnland:	200 000 FIM
Frankreich:	700 000 FRF
Griechenland:	8 200 000 GRD
Irland:	27 000 IEP
Italien:	54 000 000 ITL
Luxemburg:	4 200 000 LUF
Niederlande:	230 000 NLG
Österreich:	1 400 000 ATS
Portugal:	6 300 000 PTE
Schweden:	320 000 SEK
Spanien:	4 550 000 ESP
Vereinigtes Königreich:	70 000 GBP

³Die Lieferung verbrauchsteuerpflichtiger Waren bleibt bei der Ermittlung der Lieferschwelle unberücksichtigt. ⁴Befördert oder versendet der Lieferer verbrauchsteuerpflichtige Waren in einen anderen EG-Mitgliedstaat an Privatpersonen, verlagert sich der Ort der Lieferung unabhängig von einer Lieferschwelle stets in den Bestimmungsmitgliedstaat.

Zu § 4 UStG

UStR 57. Gewährung und Vermittlung von Krediten

(1) ¹Gewährt ein Unternehmer im Zusammenhang mit einer Lieferung oder sonstigen Leistung einen Kredit, ist diese Kreditgewährung nach § 4 Nr. 8 Buchstabe a UStG steuerfrei, wenn sie als selbständige Leistung anzusehen ist. ²Entgelte für steuerfreie Kreditleistungen können Stundungszinsen, Zielzinsen und Kontokorrentzinsen sein (vgl. Abschnitt 29a Abs. 3 und 4). ³Als Kreditgewährung ist auch die Kreditbereitschaft anzusehen, zu der sich ein Unternehmer vertraglich bis zur Auszahlung des Darlehens verpflichtet hat.

(2) ¹Werden bei der Gewährung von Krediten Sicherheiten verlangt, müssen zur Ermittlung der Beleihungsgrenzen der Sicherungsobjekte, z. B. Grundstücke, bewegliche Sachen, Warenlager, deren Werte festgestellt werden. ²Die dem Kreditgeber hierdurch entstehenden Kosten, insbesondere Schätzungsgebühren und Fahrtkosten, werden dem Kreditnehmer bei der Kreditgewährung in Rechnung gestellt. ³Mit der Ermittlung der Beleihungsgrenzen der Sicherungsobjekte werden keine selbständigen wirtschaftlichen Zwecke verfolgt. ⁴Diese Tätigkeit dient vielmehr lediglich dazu, die Kreditgewährung zu ermöglichen. ⁵Dieser unmittelbare, auf wirtschaftlichen Gegebenheiten beruhende Zusammenhang rechtfertigt es, in der Ermittlung des Wertes der Sicherungsobjekte eine Nebenleistung zur Kreditgewährung zu sehen und sie damit als steuerfrei nach § 4 Nr. 8 Buchstabe a UStG zu behandeln (BFH-Urteil vom 9. 7. 1970 – BStBl II S. 645).

(3)–(9) ...

UStR   71. Umsätze, die unter das Grunderwerbsteuergesetz fallen

(1) ¹Zu den Umsätzen, die unter das Grunderwerbsteuergesetz fallen (grunderwerbsteuerbare Umsätze), gehören insbesondere die Umsätze von unbebauten und bebauten Grundstücken. ²Für die Grunderwerbsteuer können mehrere von dem Grundstückserwerber mit verschiedenen Personen – z. B. Grundstückseigentümer, Bauunternehmer, Bauhandwerker – abgeschlossene Verträge als ein einheitliches, auf den Erwerb von fertigem Wohnraum gerichtetes Vertragswerk anzusehen sein (BFH-Urteil vom 27. 10. 1982 – BStBl 1983 II S. 55). ³Dieser dem Grunderwerbsteuergesetz unterliegende Vorgang wird jedoch nicht zwischen dem Grundstückserwerber und den einzelnen Bauunternehmern bzw. Bauhandwerkern verwirklicht (BFH-Urteile vom 7. 2. 1991 – BStBl II S. 737, vom 29. 8. 1991 – BStBl 1992 II S. 206 und vom 10. 9. 1992 – BStBl 1993 II S. 316). ⁴Die Leistungen der Architekten, der einzelnen Bauunternehmer und der Bauhandwerker sind mit dem der Grunderwerbsteuer unterliegenden Erwerbsvorgang nicht identisch und fallen daher auch nicht unter die Umsatzsteuerbefreiung nach § 4 Nr. 9 Buchstabe a UStG (vgl. auch BFH-Beschluß vom 30. 10. 1986 – BStBl 1987 II S. 145).

(2) Unter die Steuerbefreiung nach § 4 Nr. 9 Buchstabe a UStG fallen z. B. auch:
1. die Bestellung von Erbbaurechten (BFH-Urteile vom 28. 11. 1967 – BStBl 1968 II S. 222 und 223) und die Übertragung von Erbbaurechten (BFH-Urteil vom 5. 12. 1979 – BStBl 1980 II S. 136),
2. die Entnahme von Grundstücken für Zwecke, die außerhalb des Unternehmens liegen (BFH-Urteile vom 2. 10. 1986 – BStBl 1987 II S. 44, vom 25. 6. 1987 – BStBl II S. 655 und vom 16. 9. 1987 – BStBl 1988 II S. 205),
3. die Übertragung von Miteigentumsanteilen an einem Grundstück,
4. die Lieferung von auf fremdem Boden errichteten Gebäuden nach Ablauf der Miet- oder Pachtzeit (vgl. Abschnitt F II des BMF-Schreibens vom 23. 7. 1986 – BStBl I S. 432),
5. die Übertragung eines Betriebsgrundstückes zur Vermeidung einer drohenden Enteignung (BFH-Urteil vom 24. 6. 1992 – BStBl II S. 986) und
6. die Umsätze von Grundstücken und von Gebäuden nach dem Sachenrechtsbereinigungsgesetz.

UStR   76. Vermietung und Verpachtung von Grundstücken

(1) ¹Der Begriff des Grundstücks in § 4 Nr. 12 UStG stimmt mit dem Grundstücksbegriff des BGB überein (BFH-Urteil vom 15. 12. 1966 – BStBl 1967 III S. 209). ²Die Frage, ob eine Vermietung oder Verpachtung eines Grundstücks im Sinne des § 4 Nr. 12 Buchstabe a UStG vorliegt, ist grundsätzlich nach bürgerlichem Recht zu beurteilen (BFH-Urteile vom 25. 3. 1971 – BStBl II S. 473 und 4. 12. 1980 – BStBl 1981 II S. 231). ³Es kommt nicht darauf an, ob in einem Vertrag die Bezeichnungen „Miete" oder „Pacht" gebraucht werden. ⁴Entscheidend ist vielmehr, ob der Vertrag inhaltlich als Mietvertrag oder Pachtvertrag anzusehen ist. ⁵Der Vermietung eines Grund-

stücks gleichzusetzen ist der Verzicht auf Rechte aus dem Mietvertrag gegen eine Abstandszahlung (vgl. EuGH-Urteil vom 15. 12. 1993 – BStBl 1995 II S. 480).

(2) ¹Eine Grundstücksvermietung liegt vor, wenn dem Mieter zeitweise der Gebrauch eines Grundstücks gewährt wird (§ 535 BGB). ²Dies setzt voraus, daß dem Mieter eine bestimmte, nur ihm zur Verfügung stehende Grundstücksfläche unter Ausschluß anderer zum Gebrauch überlassen wird. ³Es ist aber nicht erforderlich, daß die vermietete Grundstücksfläche bereits im Zeitpunkt des Abschlusses des Mietvertrages bestimmt ist. ⁴Der Mietvertrag kann auch über eine zunächst unbestimmte, aber bestimmbare Grundstücksfläche (z. B. Fahrzeugabstellplatz) geschlossen werden. ⁵Die spätere Konkretisierung der Grundstücksfläche kann durch den Vermieter oder den Mieter erfolgen. ⁶Die Dauer des Vertragsverhältnisses ist ohne Bedeutung. ⁷Auch die kurzfristige Gebrauchsüberlassung eines Grundstücks kann daher die Voraussetzungen einer Vermietung erfüllen. ⁸Eine Grundstücksverpachtung ist gegeben, wenn dem Pächter das Grundstück nicht nur zum Gebrauch überlassen, sondern ihm auch der Fruchtgenuß gewährt wird (§ 581 BGB).

(3) ¹Die Steuerbefreiung nach § 4 Nr. 12 Buchstabe a UStG gilt nicht nur für die Vermietung und die Verpachtung von ganzen Grundstücken, sondern auch für die Vermietung und die Verpachtung von Grundstücksteilen. ²Hierzu gehören insbesondere Gebäude und Gebäudeteile wie Stockwerke, Wohnungen und einzelne Räume (vgl. BFH-Urteil vom 8. 10. 1991 – BStBl 1992 II S. 108). ³. . . ⁴Steuerfrei ist auch die Überlassung von Werkdienstwohnungen durch Arbeitgeber an Arbeitnehmer (BFH-Urteile vom 30. 7. 1986 – BStBl II S. 877 und vom 7. 10. 1987 – BStBl 1988 II S. 88). ⁵. . .

(4) ¹Eine Grundstücksvermietung liegt nicht vor bei der Vermietung von Baulichkeiten, die nur zu einem vorübergehenden Zweck mit dem Grund und Boden verbunden und daher keine Bestandteile des Grundstücks sind (BFH-Urteil vom 15. 12. 1966 – BStBl 1967 III S. 209). ²Steuerpflichtig kann hiernach insbesondere die Vermietung von Büro- und Wohncontainern, Baubuden, Kiosken, Tribünen und ähnlichen Einrichtungen sein.

(5) ¹Zu den nach § 4 Nr. 12 UStG steuerfreien Leistungen der Vermietung und Verpachtung von Grundstücken gehören auch die damit in unmittelbarem wirtschaftlichen Zusammenhang stehenden üblichen Nebenleistungen (RFH-Urteil vom 17. 3. 1933 – RStBl S. 1326 und BFH-Urteil vom 9. 12. 1971 – BStBl 1972 II S. 203). ²Dies sind Leistungen, die im Vergleich zur Grundstücksvermietung bzw. -verpachtung nebensächlich sind, mit ihr eng zusammenhängen und in ihrem Gefolge üblicherweise vorkommen. ³Als Nebenleistungen anzusehen sind die Lieferung von Wärme, die Versorgung mit Wasser, auch mit Warmwasser, die Überlassung von Waschmaschinen, die Flur- und Treppenreinigung und die Treppenbeleuchtung. ⁴Eine Nebenleistung zur Wohnungsvermietung ist ferner die von dem Vermieter einer Wohnanlage vertraglich übernommene Balkonbepflanzung (BFH-Urteil vom 9. 12. 1971 – BStBl 1972 II S. 203).

(6) ¹Keine Nebenleistungen sind die Lieferungen von elektrischem Strom (RFH-Urteil vom 21. 11. 1930 – RStBl 1931 S. 166) und von Heizgas und Heizöl. ²Die Umsatzsteuerfreiheit erstreckt sich ebenfalls nicht auf mitvermietete Einrichtungsgegenstände, z. B. auf das Büromobiliar (RFH-Urteile vom 5. 5. 1939 – RStBl S. 806 und vom 23. 2. 1940 – RStBl S. 448). ³Keine Nebenleistung ist ferner die mit der Vermietung von Büroräumen verbundene Berechtigung zur Benutzung der zentralen Fernsprech- und Fernschreibanlage eines Bürohauses (BFH-Urteil vom 14. 7. 1977 – BStBl II S. 881).

UStR 88. Tätigkeit als Arzt[1]

(1) ¹Steuerfrei sind die Umsätze aus der Tätigkeit als Arzt, soweit es sich dabei um eine freiberufliche Tätigkeit im Sinne des § 18 Abs. 1 Nr. 1 EStG handelt (BFH-Urteil vom 26. 5. 1977 – BStBl II S. 879). ²Hilfsgeschäfte der Ärzte sind nicht nach § 4 Nr. 14 UStG befreit. ³Es kann jedoch die Steuerbefreiung nach § 4 Nr. 28 UStG in Betracht kommen (vgl. Abschnitt 122). ⁴Auch die ärztliche Tätigkeit sonstiger Unternehmer, z. B. von gewerblichen Instituten und Privatkrankenhäusern sowie von Kurverwaltungen und ähnlichen Unternehmern, fällt nicht unter die Befreiungsvorschrift.[1] ⁵Unter bestimmten Voraussetzungen kann jedoch die Steuerbefreiung nach § 4 Nr. 16 UStG zur Anwendung kommen.

(2) ...

(3) Nach den in Absatz 2 bezeichneten Grundsätzen fallen z. B. auch folgende Leistungen unter die Tätigkeit als Arzt im Sinne des § 4 Nr. 14 UStG:

1. ¹die Erstellung eines ärztlichen Gutachtens – auch lediglich auf der Grundlage der Akten – über den Gesundheitszustand eines Menschen oder über den Kausalzusammenhang zwischen einem rechtserheblichen Tatbestand und einer Gesundheitsstörung oder zwischen einer früheren Erkrankung und dem jetzigen körperlichen oder seelischen Zustand sowie über die Tatsache oder Ursache des Todes. ²Hierzu gehören z. B. auch Alkohol-Gutachten, Gutachten über den Gesundheitszustand als Grundlage für Versicherungsabschlüsse, über die Berufstauglichkeit, über die Minderung der Erwerbsfähigkeit in Sozialversicherungsangelegenheiten, in Angelegenheiten der Kriegsopferversorgung und in Schadensersatzprozessen, sowie Zeugnisse oder Gutachten über das Sehvermögen.
³Nicht dazu gehören z. B. Blutgruppenuntersuchungen im Rahmen der Vaterschaftsfeststellung, anthropologisch-erbbiologische Gutachten sowie psychologische Tauglichkeitstests, die sich ausschließlich auf die Berufsfindung erstrecken;

2. ¹die Erstellung ärztlicher Gutachten über die Freiheit des Trinkwassers von Krankheitserregern.
²Nicht unter die Befreiung fällt die Erstellung eines Gutachtens über die chemische Zusammensetzung des Wassers;

3. ¹die Untersuchung von Körperflüssigkeiten oder menschlichem Gewebe sowie diagnostische Tierversuche, z. B. auf dem Gebiet der übertragbaren Krankheiten, bei Tuberkulose oder Schwangerschaftstests, soweit sie im Rahmen der Ausübung der Heilkunde vorgenommen werden.
²Nicht unter die Befreiung fallen experimentelle Untersuchungen bei Tieren im Rahmen der wissenschaftlichen Forschung;

4. die ärztliche Untersuchung über die pharmakologische Wirkung eines Medikaments beim Menschen und die dermatologische Untersuchung von kosmetischen Stoffen;

5. im Rahmen der vorbeugenden Gesundheitspflege und der Sozialhygiene jede Maßnahme, die ärztliche Kenntnisse voraussetzt, wie z. B. die ärztlichen Untersuchungen nach dem Jugendarbeitsschutzgesetz, die prophylaktischen Impfungen von Bevölkerungsgruppen und Reihenuntersuchungen auf den Gesundheitszustand;

6. die Anpassung von Kontaktlinsen durch Augenärzte;

7. die Anpassung von Hörgeräten durch Hals-, Nasen- und Ohrenärzte.

Anm. d. Schriftl.:

[1] Nach dem Beschluß des BVerfG vom 10. 11. 1999 – BStBl 2000 II S. 160, verbietet das Gleichbehandlungsgebot des Art. 3 Abs. 1 GG eine allein nach der Rechtsform eines Unternehmers unterscheidende Umsatzsteuerbefreiung. Diese Auffassung ist vom BMF im Schreiben vom 28. 2. 2000 – BStBl 2000 I S. 433 übernommen worden. Abschn. 88 Abs. 1 Satz 4 UStR ist insoweit nicht mehr anzuwenden.

(4) Nicht zur Tätigkeit als Arzt im Sinne des § 4 Nr. 14 UStG gehören z. B. die folgenden Tätigkeiten, die nicht Ausübung der Heilkunde sind:

1. die schriftstellerische Tätigkeit, auch soweit es sich dabei um Berichte in einer ärztlichen Fachzeitschrift handelt;
2. die Vortragstätigkeit, auch wenn der Vortrag vor Ärzten im Rahmen der Fortbildung gehalten wird;
3. die Lehrtätigkeit;
4. die Lieferungen von Hilfsmitteln, z. B. Kontaktlinsen, Schuheinlagen;
5. der Verkauf von Medikamenten aus einer ärztlichen Abgabestelle für Arzneien (BFH-Urteil vom 26. 5. 1977 – BStBl II S. 879);
6. die entgeltliche Nutzungsüberlassung von medizinischen Großgeräten.

(5) [1]Betreibt ein Arzt ein Krankenhaus, liegt eine freiberufliche Tätigkeit im Sinne des § 18 Abs. 1 Nr. 1 EStG vor, wenn der Betrieb des Krankenhauses ein notwendiges Hilfsmittel für die ärztliche Tätigkeit darstellt und aus dem Krankenhausbetrieb ein besonderer Gewinn nicht angestrebt wird. [2-3]...

(6) ...

UStR 89. Tätigkeit als Zahnarzt

(1) [1]Steuerfrei sind die Umsätze aus der Tätigkeit als Zahnarzt, soweit es sich dabei um eine freiberufliche Tätigkeit im Sinne des § 18 Abs. 1 Nr. 1 EStG handelt. [2]Tätigkeit als Zahnarzt ist die Ausübung der Zahnheilkunde unter der Berufsbezeichnung „Zahnarzt" oder „Zahnärztin" (vgl. auch Abschnitt 88). [3]Als Ausübung der Zahnheilkunde ist die berufsmäßige, auf zahnärztlich wissenschaftliche Kenntnisse gegründete Feststellung und Behandlung von Zahn-, Mund- und Kieferkrankheiten anzusehen. [4]Ausübung der Zahnheilkunde ist auch der Einsatz einer intraoralen Videokamera eines CEREC-Gerätes für diagnostische Zwecke.

(2) [1]Die Lieferung oder Wiederherstellung von Zahnprothesen, anderen Waren der Zahnprothetik sowie kieferorthopädischen Apparaten und Vorrichtungen ist von der Steuerbefreiung ausgeschlossen, soweit die bezeichneten Gegenstände im Unternehmen des Zahnarztes hergestellt oder wiederhergestellt werden. [2]Dabei ist es unerheblich, ob die Arbeiten vom Zahnarzt selbst oder von angestellten Personen durchgeführt werden.

(3) [1]Füllungen (Inlays), Dreiviertelkronen (Onlays) und Verblendschalen für die Frontflächen der Zähne (Veneers) aus Keramik sind Zahnprothesen i. S. der Unterposition 9021.29 des Zolltarifs, auch wenn sie vom Zahnarzt computergesteuert im sog. CEREC-Verfahren hergestellt werden (vgl. BFH-Urteil vom 28. 11. 1996 – BStBl 1999 II S. 251). [2]Zur Herstellung von Zahnprothesen und kieferorthopädischen Apparaten gehört auch die Herstellung von Modellen, Bißschablonen, Bißwällen und Funktionslöffeln. [3]Hat der Zahnarzt diese Leistungen in seinem Unternehmen erbracht, besteht insoweit auch dann Steuerpflicht, wenn die übrigen Herstellungsarbeiten von anderen Unternehmern durchgeführt werden.

(4) [1]Lassen Zahnärzte Zahnprothesen und andere Waren der Zahnprothetik außerhalb ihres Unternehmens fertigen, stellen sie aber Material, z. B. Gold und Zähne, bei, ist die Beistellung einer Herstellung gleichzusetzen. [2]Die Lieferung der Zahnprothesen durch den Zahnarzt ist daher hinsichtlich des beigestellten Materials steuerpflichtig.

(5) [1]Die Zahnärzte sind berechtigt, Pauschbeträge oder die tatsächlich entstandenen Kosten gesondert zu berechnen für

1. Abformmaterial zur Herstellung von Kieferabdrücken,
2. Hülsen zum Schutz beschliffener Zähne für die Zeit von der Präparierung der Zähne bis zur Eingliederung der Kronen.

3. nicht individuell hergestellte provisorische Kronen,
4. Material für direkte Unterfütterungen von Zahnprothesen und
5. Versandkosten für die Übersendung von Abdrücken usw. an das zahntechnische Labor.

²...

(6)–(9) ...

UStR   122. Lieferung bestimmter Gegenstände

(1) ¹Nach § 4 Nr. 28 UStG ist die Lieferung von Gegenständen befreit, die der Unternehmer ausschließlich für Tätigkeiten verwendet, die nach § 4 Nr. 8 bis 27 UStG steuerfrei sind. ²Diese Voraussetzungen müssen während des gesamten Verwendungszeitraumes vorgelegen haben.

> **Beispiel:**
> Ein Arzt veräußert Einrichtungsgegenstände, die ausschließlich seiner nach § 4 Nr. 14 UStG steuerfreien Tätigkeit gedient haben.

³§ 4 Nr. 28 UStG ist weder unmittelbar noch entsprechend auf sonstige Leistungen anwendbar (vgl. BFH-Urteil vom 26. 4. 1995 – BStBl II S. 746).

(2) ¹Aus Vereinfachungsgründen kann die Steuerbefreiung nach § 4 Nr. 28 UStG auch in den Fällen in Anspruch genommen werden, in denen der Unternehmer die Gegenstände in geringfügigem Umfang (höchstens 5 v. H.) für Tätigkeiten verwendet hat, die nicht nach § 4 Nr. 8 bis 27 UStG befreit sind. ²Voraussetzung hierfür ist jedoch, daß der Unternehmer für diese Gegenstände darauf verzichtet, einen anteiligen Vorsteuerabzug vorzunehmen.

(3) ¹Nach § 4 Nr. 28 UStG ist auch die Lieferung von Gegenständen befreit, für die der Vorsteuerabzug nach § 15 Abs. 1a Nr. 1 UStG ausgeschlossen ist. ²Die Steuerbefreiung kommt hiernach nur in Betracht, wenn im Zeitpunkt der Lieferung die Vorsteuer für die gesamten Anschaffungs- oder Herstellungskosten einschließlich der Nebenkosten und der nachträglichen Anschaffungs- oder Herstellungskosten nicht abgezogen werden konnte.

> **Beispiel:**
> ¹Ein Unternehmer veräußert im Jahre 02 Einrichtungen seines Gästehauses. ²Ein Vorsteuerabzug aus den Anschaffungs- und Herstellungskosten, die auf die Einrichtungen entfallen, war im Jahr 01 nach § 15 Abs. 1a Nr. 1 UStG ausgeschlossen. ³Die Lieferung der Einrichtungsgegenstände im Jahre 02 ist hiernach steuerfrei.

(4) ¹Die Lieferung von Gegenständen ist auch dann nach § 4 Nr. 28 UStG befreit, wenn die anteiligen Anschaffungs- oder Herstellungskosten in der Zeit bis zum 31. 3. 1999 als Repräsentationsaufwendungen der Besteuerung des Eigenverbrauchs unterworfen waren oder für die Zeit nach dem 31. 3. 1999 eine Vorsteuerberichtigung nach § 17 Abs. 1 in Verbindung mit Abs. 2 Nr. 5 UStG vorgenommen wurde. ²Die Steuerbefreiung kommt hiernach nur in Betracht, wenn im Zeitpunkt der Lieferung der Vorsteuerabzug aus der Anschaffung, Herstellung oder Einfuhr des Gegenstandes im Ergebnis durch die Besteuerung als Eigenverbrauch oder durch die Vorsteuerberichtigung nach § 17 UStG vollständig ausgeglichen worden ist. ³Dies bedeutet, daß die Steuer für den Eigenverbrauch und die Vorsteuerberichtigung angemeldet und entrichtet sein muß.

> **Beispiel:**
> ¹Der Unternehmer U hat ein Segelschiff für 100 000 DM zuzüglich Umsatzsteuer erworben. ²Er verkauft es im Kalenderjahr 2000. ³Bis zum 31. 3. 1999 hat er die Aufwendungen für das Schiff als Repräsentationsaufwendungen der Eigenverbrauchsbesteuerung nach § 1 Abs. 1 Nr. 2 Buchstabe c UStG unterworfen. ⁴Für die Zeit nach dem 31. 3. 1999 bis zum 31. 12. 1999 nimmt er eine Vorsteuerberichtigung nach § 17 Abs. 1 in Verbindung mit Abs. 2 Nr. 5 UStG vor. ⁵Die Steuer für den Aufwendungseigenverbrauch und die Vorsteuerberichtigung nach § 17 UStG ist vollständig entrichtet worden. ⁶Das Schiff ist mit Ablauf des 31. 12. 1999 vollständig abgeschrieben.
>
> ⁷Der Verkauf im Kalenderjahr 2000 ist nach § 4 Nr. 28 UStG steuerfrei.

(5) Absatz 4 gilt entsprechend für die Lieferungen im Sinne des § 3 Abs. 1b Nr. 1 UStG.

Einfügung d. Schriftl.:
Wirkung von Steuerbefreiungen im System des UStG

	Netto-preis DM	Vorsteuer/ Umsatzsteuer DM	Bruttopreis DM	USt-Zahllast DM
1. Stufe:				
Fabrikant A				
Einkauf	1 000	160	1 160	–
+ Wertschöpfung	1 000	–	–	–
Verkauf an B	2 000	320	2 320	160
2. Stufe mit steuerfreien Umsätzen nach § 4 Nr. 19a UStG:				
Zwischenhändler B	2 000	320	2 320	
+ Vorsteuer	320			
+ Wertschöpfung	500	–	–	–
Verkauf an C	2 820	–	2 820	–
3. Stufe:				
Einzelhändler C	2 820	–	2 820	–
+ Wertschöpfung	1 000	–	–	–
Verkauf an Endabnehmer	3 820	611,20	4 431,20	611,20
–	–	–	Zahllast	771,20

Ergebnis: Die Steuerbefreiung bei einem Zwischenhändler führt insgesamt zu einer höheren Umsatzsteuer (Kumulation), da der Abnehmer nicht zum Vorsteuerabzug berechtigt ist.

Jedoch: Die Steuerbefreiung führt in folgenden Fällen zu einer niedrigeren Umsatzsteuer:
a) bei Leistungen an Endverbraucher
b) bei Steuerbefreiungen nach § 4 Nr. 1–7 UStG, da hier der Vorsteuerabzug erhalten bleibt.
...

Zu § 6 UStG (§§ 8 bis 17 UStDV)

UStR 128. Ausfuhrlieferungen

(1) [1]Hat der Unternehmer den Gegenstand der Lieferung in das Drittlandsgebiet außerhalb der in § 1 Abs. 3 UStG bezeichneten Gebiete befördert oder versendet, braucht der Abnehmer kein ausländischer Abnehmer zu sein (§ 6 Abs. 1 Satz 1 Nr. 1 UStG). [2]Die Steuerbefreiung kann deshalb in diesen Ausfuhrfällen z. B. auch für die Lieferungen an Abnehmer in Anspruch genommen werden, die ihren Wohnort oder Sitz im Inland oder in den in § 1 Abs. 3 UStG bezeichneten Gebieten haben. [3]Das gilt auch für Lieferungen, bei denen der Unternehmer den Gegenstand auf die Insel Helgoland oder in das Gebiet von Büsingen befördert oder versendet hat, weil diese Gebiete umsatzsteuerrechtlich nicht zum Inland im Sinne des § 1 Abs. 2 Satz 1 UStG gehören und auch nicht zu den in § 1 Abs. 3 UStG bezeichneten Gebieten zählen.

(2) [1]Hat der Abnehmer den Gegenstand der Lieferung in das Drittlandsgebiet – außerhalb der in § 1 Abs. 3 UStG bezeichneten Gebiete – befördert oder versendet (Abholfall), muß er ein ausländischer Abnehmer sein (§ 6 Abs. 1 Satz 1 Nr. 2 UStG). [2]Zum Begriff des ausländischen Abnehmers wird auf Abschnitt 129 hingewiesen.

Zu § 6 UStG

(3) ¹Haben der Unternehmer oder der Abnehmer den Gegenstand der Lieferung in die in § 1 Abs. 3 UStG bezeichneten Gebiete, d. h. in einen Freihafen oder in die Gewässer oder Watten zwischen der Hoheitsgrenze und der jeweiligen Strandlinie befördert oder versendet, kommt die Steuerbefreiung (§ 6 Abs. 1 Satz 1 Nr. 3 UStG) in Betracht, wenn der Abnehmer ein Unternehmer ist, der den Gegenstand für Zwecke seines Unternehmens erworben hat (vgl. Abschnitt 192 Abs. 18). ²Bei der Lieferung eines einheitlichen Gegenstandes, z. B. eines Kraftfahrzeuges, ist im allgemeinen davon auszugehen, daß der Abnehmer den Gegenstand dann für Zwecke seines Unternehmens erwirbt, wenn der unternehmerische Verwendungszweck zum Zeitpunkt des Erwerbs überwiegt. ³Bei der Lieferung von vertretbaren Sachen, die der Abnehmer sowohl für unternehmerische als auch für nichtunternehmerische Zwecke erworben hat, ist der Anteil, der auf den unternehmerischen Erwerbszweck entfällt, durch eine Aufteilung entsprechend den Erwerbszwecken zu ermitteln. ⁴Bei ausländischen Abnehmern, die keine Unternehmer sind, muß der Gegenstand in das übrige Drittlandsgebiet gelangen.

(4) Liegt ein Reihengeschäft❶ vor, kann nur die Beförderungs- oder Versendungslieferung (vgl. Abschnitt 31a Abs. 14) unter den Voraussetzungen des § 6 UStG als Ausfuhrlieferung steuerfrei sein.

(5) u. (6) . . .

UStR   129. Ausländischer Abnehmer

(1) Ausländische Abnehmer sind Personen mit Wohnort oder Sitz im Ausland (§ 1 Abs. 2 Satz 2 UStG) – also auch auf Helgoland oder in der Gemeinde Büsingen – mit Ausnahme der in § 1 Abs. 3 UStG bezeichneten Gebiete (z. B. in den Freihäfen).

(2) ¹Wer ausländischer Abnehmer ist, bestimmt sich bei einer natürlichen Person nach ihrem Wohnort. ²Es ist unbeachtlich, welche Staatsangehörigkeit der Abnehmer hat. ³Wohnort ist der Ort, an dem der Abnehmer für längere Zeit Wohnung genommen hat und der nicht nur aufgrund subjektiver Willensentscheidung, sondern auch bei objektiver Betrachtung als der örtliche Mittelpunkt seines Lebens anzusehen ist (BFH-Urteil vom 31. 7. 1975 – BStBl 1976 II S. 80). ⁴Der Begriff des Wohnorts ist nicht mit den in §§ 8 und 9 AO verwendeten Begriffen des Wohnsitzes und des gewöhnlichen Aufenthalts inhaltsgleich. ⁵Eine Wohnsitzbegründung im Inland und im Ausland ist gleichzeitig möglich; dagegen kann ein Abnehmer jeweils nur einen Wohnort im Sinne des § 6 Abs. 2 Satz 1 Nr. 1 UStG haben. ⁶Die zeitliche Dauer eines Aufenthaltes ist zwar wichtiges, aber nicht allein entscheidendes Kriterium für die Bestimmung des Wohnortes. ⁷Daneben müssen die sonstigen Umstände des Aufenthaltes, insbesondere sein Zweck, in Betracht gezogen werden. ⁸Arbeitnehmer eines ausländischen Unternehmers, die lediglich zur Durchführung eines bestimmten, zeitlich begrenzten Auftrags in das Inland kommen, ohne hier objektiv erkennbar den örtlichen Mittelpunkt ihres Lebens zu begründen, bleiben daher ausländische Abnehmer, auch wenn ihr Aufenthalt im Inland von längerer Dauer ist (BFH-Urteil vom 31. 7. 1975 a. a. O.). ⁹Personen, die ihren Wohnort vom Inland in das Ausland mit Ausnahme der in § 1 Abs. 3 UStG bezeichneten Gebiete verlegen oder zurückverlegen, sind bis zu ihrer tatsächlichen Ausreise (Grenzübergang) keine ausländischen Abnehmer (BFH-Urteil vom 14. 12. 1994 – BStBl 1995 II S. 515). ¹⁰Eine nach § 6 Abs. 1 Satz 1 Nr. 2 oder Nr. 3 Buchstabe b UStG steuerfreie Ausfuhrlieferung kann an sie nur nach diesem Zeitpunkt erbracht werden.

Anm. d. Schriftl.:

❶ Die Regelungen über die Behandlung von Reihengeschäften wurden durch das USt-Änderungsgesetz 1997 vom 12. 12. 1996 an die gemeinschaftsrechtlichen Vorschriften angepaßt. Zu der Behandlung von Reihengeschäften und innergemeinschaftlichen Dreiecksgeschäften ab 1. 1. 1997 hat das BMF mit Schreiben vom 18. 4. 1997 – BStBl 1997 I S. 529 Stellung genommen. Auf Abschn. 31a UStR wird hingewiesen.

[11]Maßgebend für den Zeitpunkt der Lieferung ist das Erfüllungsgeschäft und nicht das Verpflichtungsgeschäft. [12]...

(3) ...

UStR   131. Ausfuhrnachweis (Allgemeines) ❶

(1) [1]Der Ausfuhrnachweis ist eine materiell-rechtliche Voraussetzung für die Steuerbefreiung (BFH-Urteil vom 28. 2. 1980 – BStBl II S. 415). [2]Die Vorlage der Belege reicht jedoch für die Annahme einer Ausfuhrlieferung nicht in jedem Fall aus. [3]Die geforderten Unterlagen bilden nur die Grundlage einer sachlichen Prüfung auf die inhaltliche Richtigkeit der Angaben (BFH-Urteil vom 14. 12. 1994 – BStBl 1995 II S. 515). [4]Für die Führung des Ausfuhrnachweises hat der Unternehmer in jedem Falle die Grundsätze des § 8 UStDV zu beachten (Mußvorschrift). [5]Für die Form und den Inhalt des Ausfuhrnachweises enthalten die §§ 9 bis 11 UStDV Sollvorschriften. [6]Der Unternehmer kann den Ausfuhrnachweis auch abweichend von den Sollvorschriften führen.

(2) [1]Die Angaben in den Belegen für den Ausfuhrnachweis müssen im Geltungsbereich der UStDV nachprüfbar sein. [2]Es genügt, wenn der Aussteller der Belege die Geschäftsunterlagen, auf denen die Angaben in den Belegen beruhen, dem Finanzamt auf Verlangen im Geltungsbereich der UStDV vorlegt. [3]Die Regelung in § 10 Abs. 1 Nr. 2 Buchstabe f UStDV bleibt unberührt. [4]Die Ausfuhrbelege müssen sich im Besitz des Unternehmers befinden. [5]Sie sind nach § 147 Abs. 3 Satz 1 AO zehn Jahre aufzubewahren. [6]Diese Aufbewahrungsfrist kann sich nach § 147 Abs. 3 Satz 3 AO verlängern.

(3) [1]Der Ausfuhrnachweis kann als Bestandteil des buchmäßigen Nachweises noch bis zur letzten mündlichen Verhandlung vor dem Finanzgericht über eine Klage gegen die erstmalige endgültige Steuerfestsetzung oder den Berichtigungsbescheid geführt werden (BFH-Urteil vom 28. 2. 1980 – BStBl II S. 415). [2]Das gilt nicht, wenn das Finanzgericht für die Vorlage des Ausfuhrnachweises eine Ausschlußfrist gesetzt hat.

(4) [1]Ausfuhrbelege können nach § 147 Abs. 2 AO auch auf solchen Datenträgern aufbewahrt werden, bei denen das Verfahren den Grundsätzen ordnungsmäßiger Buchführung entspricht und sichergestellt ist, daß bei der Lesbarmachung die Wiedergabe mit den empfangenen Ausfuhrbelegen bildlich übereinstimmt. [2]Als solche bildlich wiedergabefähige Datenträger kommen neben Bildträgern (z. B. Mikrofilm oder Mikrokopie) noch elektro-optische Speicherplatten in Betracht, soweit auf diesen eine Veränderung bzw. Verfälschung nicht möglich ist (vgl. BMF-Schreiben vom 1. 2. 1984 – BStBl I S. 155 und vom 7. 11. 1995 – BStBl I S. 738). [3]Unternehmer, die ihre Geschäftspapiere unter Beachtung der in den vorbezeichneten BMF-Schreiben festgelegten Verfahren aufbewahren, können mit Hilfe der gespeicherten Daten oder mikroverfilmten Unterlagen den Ausfuhrnachweis erbringen. [4]Wird kein zugelassenes Verfahren angewendet, gelten Ausdrucke oder Fotokopien für sich allein nicht als ausreichender Ausfuhrnachweis. [5]Sie können nur in Verbindung mit anderen Belegen als Ausfuhrnachweis anerkannt werden, wenn sich aus der Gesamtheit der Belege die Ausfuhr des Gegenstandes zweifelsfrei ergibt.

(5) Die Bescheide des Hauptzollamts Hamburg-Jonas über die Ausfuhrerstattung werden als Belege für den Ausfuhrnachweis anerkannt.

Anm. d. Schriftl.:

❶ Hinsichtlich der beleg- und buchmäßigen Nachweise der innergemeinschaftlichen Lieferungen wird auf die §§ 17a – 17c UStDV verwiesen. Vordruckmuster bezüglich der Umsatzsteuerbefreiung für Ausfuhrlieferungen und innergemeinschaftliche Lieferungen enthält das BMF-Schreiben vom 17. 1. 2000 – BStBl 2000 I S. 179.

UStR 136. Buchmäßiger Nachweis

(1) ¹Der buchmäßige Nachweis ist – ebenso wie der Ausfuhrnachweis (vgl. Abschnitt 131 Abs. 1) – eine materiell-rechtliche Voraussetzung für die Steuerbefreiung (BFH-Urteil vom 28. 2. 1980 – BStBl II S. 415). ²Ist er nicht geführt, kann die Steuerbefreiung auch bei zweifelsfreier Erfüllung aller übrigen Voraussetzungen nicht gewährt werden.

(2) ¹Der buchmäßige Nachweis muß grundsätzlich im Geltungsbereich der UStDV geführt werden. ²Steuerlich zuverlässigen Unternehmern kann jedoch gestattet werden, die Aufzeichnungen über den buchmäßigen Nachweis im Ausland vorzunehmen und dort aufzubewahren. ³Voraussetzung ist hierfür, daß andernfalls der buchmäßige Nachweis in unverhältnismäßiger Weise erschwert würde und daß die erforderlichen Unterlagen den deutschen Finanzbehörden jederzeit auf Verlangen im Geltungsbereich der UStDV vorgelegt werden. ⁴Der Bewilligungsbescheid ist unter einer entsprechenden Auflage und unter dem Vorbehalt jederzeitigen Widerrufs zu erteilen.

(3) ¹Aus dem Grundsatz, daß die buchmäßig nachzuweisenden Voraussetzungen eindeutig und leicht nachprüfbar aus der Buchführung zu ersehen sein müssen (§ 13 Abs. 1 UStDV), ergibt sich, daß die erforderlichen Aufzeichnungen laufend und unmittelbar nach Ausführung des jeweiligen Umsatzes vorgenommen werden müssen. ²Der buchmäßige Nachweis darf lediglich um den gegebenenfalls später eingegangenen Ausfuhrnachweis (vgl. Abschnitt 131 Abs. 3) vervollständigt werden (BFH-Urteil vom 28. 2. 1980 – BStBl II S. 415).

(4) ¹Der Inhalt und der Umfang des buchmäßigen Nachweises sind in Form von Sollvorschriften geregelt (§ 13 Abs. 2 bis 6 UStDV). ²Der Unternehmer kann den Nachweis auch in anderer Weise führen. ³Er muß jedoch in jedem Fall die Grundsätze des § 13 Abs. 1 UStDV beachten.

(5) ¹Bei der Aufzeichnung der Menge und der handelsüblichen Bezeichnung des Gegenstandes der Lieferung sind Sammelbezeichnungen, z. B. Lebensmittel oder Textilien, in der Regel nicht ausreichend (vgl. Abschnitt 185 Abs. 1). ²Aus der Aufzeichnung der Art und des Umfangs einer etwaigen Bearbeitung oder Verarbeitung vor der Ausfuhr . . . sollen auch der Name und die Anschrift des mit der Bearbeitung oder Verarbeitung Beauftragten, die Bezeichnung des betreffenden Auftrags sowie die Menge und handelsübliche Bezeichnung des ausgeführten Gegenstandes hervorgehen. ³Als Grundlage dieser Aufzeichnungen können die Belege dienen, die der Unternehmer über die Bearbeitung oder Verarbeitung erhalten hat . . .

(6) ¹Befördert oder versendet der Unternehmer oder der Abnehmer den Gegenstand der Lieferung in die in § 1 Abs. 3 UStG bezeichneten Gebiete, soll sich aus der Angabe des Berufs oder des Gewerbezweigs des Abnehmers dessen Unternehmereigenschaft sowie aus der Angabe des Erwerbszwecks des Abnehmers dessen Absicht, den Gegenstand für sein Unternehmen zu verwenden, ergeben. ²Bei Lieferungen, deren Gegenstände nach Art und/oder Menge nur zur Verwendung in dem Unternehmen des Abnehmers bestimmt sein können, genügt neben der Aufzeichnung des Berufs oder Gewerbezweigs des Abnehmers die Angabe der Art und Menge der gelieferten Gegenstände. ³In Zweifelsfällen kann der Erwerbszweck durch eine Bestätigung des Abnehmers nachgewiesen werden. ⁴Bei Lieferungen an juristische Personen des öffentlichen Rechts ist davon auszugehen, daß die Lieferungen für deren hoheitlichen und nicht für deren unternehmerischen Bereich ausgeführt worden sind, sofern nicht der Unternehmer anhand von Aufzeichnungen und Belegen, z. B. durch eine Bescheinigung des Abnehmers, das Gegenteil nachweist. ⁵Wenn der Abnehmer kein Unternehmer ist, soll sich aus den Aufzeichnungen der Bestimmungsort im übrigen Drittlandsgebiet ergeben.

(7) Bei den in § 6 Abs. 3 UStG bezeichneten Lieferungen von Gegenständen, die zur Ausrüstung oder Versorgung eines Beförderungsmittels bestimmt sind . . ., soll der Unternehmer zusätzlich zu den in § 13 Abs. 2 UStDV bezeichneten Angaben folgendes aufzeichnen (§ 13 Abs. 5 UStDV):

1. den Gewerbezweig oder Beruf des ausländischen Abnehmers zum Nachweis der Unternehmereigenschaft des Abnehmers und

2. ¹den Zweck, dem das ausgerüstete oder versorgte Beförderungsmittel dient, zum Nachweis des unternehmerischen Verwendungszwecks. ²Es genügt die Angabe der Art des Beförderungsmittels, wenn es seiner Art nach nur unternehmerischen Zwecken dienen kann, z. B. Lastkraftwagen, Reiseomnibus, Frachtschiff. ³Bei anderen Beförderungsmitteln, z. B. Personenkraftwagen, Krafträdern, Sport- und Vergnügungsbooten oder Sportflugzeugen, ist davon auszugehen, daß sie nichtunternehmerischen Zwecken dienen, es sei denn, daß nach der Gesamtheit der bei dem Unternehmer befindlichen Unterlagen kein ernstlicher Zweifel daran besteht, daß das Beförderungsmittel den Zwecken des Unternehmens des Abnehmers dient. ⁴Eine Bescheinigung des Abnehmers über den Verwendungszweck des Beförderungsmittels reicht wegen der fehlenden Nachprüfungsmöglichkeit in der Regel nicht aus.

(8) ...

Zu § 9 UStG

UStR   148. Verzicht auf Steuerbefreiungen (§ 9 Abs. 1 UStG)

(1) ¹Ein Verzicht auf Steuerbefreiungen (Option) ist nur in den Fällen des § 4 Nr. 8 Buchstabe a bis g,❶ Nr. 9 Buchstabe a, Nr. 12, 13 oder 19 UStG zulässig. ²Der Unternehmer hat bei diesen Steuerbefreiungen die Möglichkeit, seine Entscheidung für die Steuerpflicht bei jedem Umsatz einzeln zu treffen. ³...

(2) ¹Der Verzicht auf die Steuerbefreiung ist in den Fällen des § 19 Abs. 1 Satz 1 UStG nicht zulässig. ²Für Unternehmer, die ihre Umsätze aus land- und forstwirtschaftlichen Betrieben nach den Vorschriften des § 24 UStG versteuern, findet § 9 UStG keine Anwendung (§ 24 Abs. 1 Satz 2 UStG). ³Ferner ist § 9 UStG in den Fällen der unentgeltlichen Wertabgabe nicht anzuwenden.

(3) ¹Die Ausübung des Verzichts auf Steuerbefreiungen ist an keine besondere Form und Frist gebunden. ²Die Option erfolgt, indem der leistende Unternehmer den Umsatz als steuerpflichtig behandelt. ³Dies geschieht regelmäßig, wenn er gegenüber dem Leistungsempfänger mit gesondertem Ausweis der Umsatzsteuer abrechnet. ⁴Der Verzicht kann auch in anderer Weise (durch schlüssiges Verhalten) erklärt werden, soweit aus den Erklärungen oder sonstigen Verlautbarungen, in die das gesamte Verhalten einzubeziehen ist, der Wille zum Verzicht eindeutig hervorgeht (BFH-Urteil vom 16. 7. 1997 – BStBl II S. 670). ⁵Er ist solange möglich, wie die Steuerfestsetzung für diese Leistung noch vorgenommen oder geändert werden kann. ⁶Der Verzicht ist somit auch noch möglich, wenn die Steuerfestsetzung aufgehoben oder geändert wird. ⁷Ein wirksamer Verzicht liegt aber nicht vor, wenn ein Unternehmer eine Grundstückslieferung als steuerpflichtig behandelt, nachdem die Steuerfestsetzung für den Besteuerungszeitraum unabänderbar geworden ist (vgl. BFH-Urteil vom 2. 4. 1998 – BStBl II S. 695).

(4) ¹Unter den in Absatz 3 genannten Voraussetzungen kann der Verzicht auch wieder rückgängig gemacht werden. ²Sind für diese Umsätze Rechnungen oder Gutschriften mit gesondertem Steuerausweis erteilt worden, entfällt die Steuerschuld nur, wenn die Rechnungen oder Gutschriften berichtigt werden. ³Einer Zustimmung des Leistungsempfängers zur Rückgängigmachung des Verzichts bedarf es nicht (vgl. BFH-Urteil vom 25. 2. 1993 – BStBl II S. 777).

Anm. d. Schriftl.:

❶ Durch das Steuerbereinigungsgesetz 1999 vom 22. 12. 1999 – BStBl 2000 I S. 13 wurde in der Auflistung des § 9 Abs. 1 UStG der § 4 Nr. 8 Buchstabe k UStG gestrichen. Die Besteuerung von Umsätzen mit Anlagegold wird nunmehr insgesamt durch § 25c UStG geregelt. § 25c UStG enthält u. a. auch eine Regelung zur Option. Zur Einführung des § 25c UStG hat das BMF mit Schreiben vom 16. 3. 2000 – BStBl 2000 I S. 456 Stellung genommen.

(5) ¹Voraussetzung für einen Verzicht auf die Steuerbefreiungen der in § 9 Abs. 1 UStG genannten Umsätze ist, daß tatsächlich steuerbare Umsätze von einem Unternehmer im Rahmen seines Unternehmens an einen Unternehmer für dessen Unternehmen ausgeführt werden. ²Werden steuerfreie optionsfähige Umsätze beabsichtigt, tatsächlich aber nicht ausgeführt, ist ein Verzicht auf die Steuerbefreiung nicht zulässig (vgl. aber Abschnitt 203 Abs. 3). ³Eine Option ist ferner nicht zulässig, soweit der leistende Unternehmer den Gegenstand der Leistung oder der Leistungsempfänger die erhaltene Leistung zulässigerweise anteilig nicht seinem Unternehmen zugeordnet hat oder zuordnen konnte (vgl. BFH-Urteile vom 20. 7. 1988 – BStBl II S. 915 und vom 28. 2. 1996 – BStBl II S. 459). ⁴Wegen der Grundsätze für die Zuordnung einer Leistung zum Unternehmen wird auf Abschnitt 192 Abs. 18 verwiesen.

(6) ¹Der Verzicht auf die Steuerbefreiung kann bei der Lieferung vertretbarer Sachen sowie bei aufteilbaren sonstigen Leistungen auf deren Teile begrenzt werden (Teiloption). ²Eine Teiloption kommt z. B. bei der Gebäudelieferung, insbesondere bei unterschiedlichen Nutzungsarten der Gebäudeteile, in Betracht. ³Unter Zugrundelegung unterschiedlicher wirtschaftlicher Funktionen ist auch eine Aufteilung nach räumlichen Gesichtspunkten (nicht dagegen eine bloße quotale Aufteilung) möglich (vgl. BFH-Urteil vom 26. 6. 1996 – BStBl 1997 II S. 98). ⁴Die gesetzliche Einschränkung des Optionsrechts nach § 9 Abs. 2 UStG bleibt hiervon unberührt.

UStR 148a. Einschränkung des Verzichts auf Steuerbefreiungen (§ 9 Abs. 2 UStG)[1]

(1) ¹Der Verzicht auf die in § 9 Abs. 2 UStG genannten Umsatzsteuerbefreiungen ist nur zulässig, soweit der Leistungsempfänger das Grundstück ausschließlich für Umsätze verwendet oder zu verwenden beabsichtigt, die den Vorsteuerabzug nicht ausschließen. ². . . ³Soweit der Leistungsempfänger das Grundstück oder einzelne Grundstücksteile ausschließlich für Umsätze verwendet, die zum Vorsteuerabzug berechtigen, kann auf die Steuerbefreiung des einzelnen Umsatzes weiterhin verzichtet werden. ⁴Werden mehrere Grundstücksteile räumlich oder zeitlich unterschiedlich genutzt, ist die Frage der Option bei jedem Grundstücksteil gesondert zu beurteilen. ⁵Dabei ist es unschädlich, wenn die Verwendung der Grundstücksteile zivilrechtlich in einem einheitlichen Vertrag geregelt ist. ⁶Ein vereinbartes Gesamtentgelt ist, ggf. im Schätzungswege, aufzuteilen.

Beispiel 1:

¹V 1 errichtet ein Gebäude mit mehreren Wohnungen und vermietet es insgesamt an V 2. ²Dieser vermietet die Wohnungen an Privatpersonen weiter.

³Die Vermietung des Gebäudes durch V 1 an V 2 und die Vermietung der Wohnungen durch V 2 an die Privatpersonen sind nach § 4 Nr. 12 Buchstabe a UStG steuerfrei. ⁴V 2 kann auf die Steuerbefreiung nicht verzichten, weil er nicht an Unternehmer vermietet (§ 9 Abs. 1 UStG). ⁵V 1 kann auf die Steuerbefreiung nicht verzichten, weil sein Mieter das Gebäude für steuerfreie Umsätze verwendet, die den Vorsteuerabzug ausschließen (§ 9 Abs. 2 UStG).

Beispiel 2:

. . .

Beispiel 3:

¹V 1 errichtet ein gewerblich zu nutzendes Gebäude mit Einliegerwohnung und vermietet es insgesamt an V 2. ²Dieser betreibt in den gewerblichen Räumen einen Supermarkt. ³Die Einliegerwohnung vermietet V 2 an seinen angestellten Hausmeister.

Anm. d. Schriftl:

[1] Zur Prüfung des Vorsteuerabzugs aus Baumaßnahmen und Grundstückserwerben sind von der Finanzverwaltung 3 Vordruckmuster eingeführt worden. Diese sind dem BMF-Schreiben v. 2. 2. 1998, BStBl 1998 I S. 148, als Anlagen beigefügt.

[4]Die Vermietung des Gebäudes durch V 1 an V 2 und die Vermietung der Wohnung durch V 2 an den Hausmeister sind nach § 4 Nr. 12 Buchstabe a UStG steuerfrei. [5]V 2 kann bei der Vermietung der Einliegerwohnung nicht auf die Steuerbefreiung verzichten, weil der Hausmeister kein Unternehmer ist (§ 9 Abs. 1 UStG). [6]V 1 kann bei der Vermietung der gewerblichen Räume auf die Steuerbefreiung verzichten, weil V 2 diese Räume ausschließlich für Umsätze verwendet, die zum Vorsteuerabzug berechtigen (§ 9 Abs. 2 UStG). [7]Bei der Vermietung der Einliegerwohnung kann V 1 auf die Steuerbefreiung nicht verzichten, weil V 2 die Wohnung für steuerfreie Umsätze verwendet, die den Vorsteuerabzug ausschließen (§ 9 Abs. 2 UStG).

Beispiel 4:
[1]V errichtet ein mehrgeschossiges Gebäude und vermietet es wie folgt:
- die Räume des Erdgeschosses an eine Bank,
- die Räume im 1. Obergeschoß an einen Arzt,
- die Räume im 2. Obergeschoß an einen Rechtsanwalt,
- die Räume im 3. Obergeschoß an das städtische Schulamt.

[2]Die Vermietungsumsätze des V sind von der Umsatzsteuer befreit (§ 4 Nr. 12 Buchstabe a UStG). [3]Die Geschosse des Gebäudes sind selbständig nutzbare Grundstücksteile. [4]Die Frage der Option ist für jeden Grundstücksteil gesondert zu prüfen.
- Erdgeschoß

    [5]V kann auf die Steuerbefreiung nicht verzichten, weil die Bank die Räume für steuerfreie Umsätze (§ 4 Nr. 8 UStG) verwendet, die den Vorsteuerabzug ausschließen (§ 9 Abs. 2 UStG).
- 1. Obergeschoß

    [6]V kann auf die Steuerbefreiung nicht verzichten, weil der Arzt die Räume für steuerfreie Umsätze (§ 4 Nr. 14 UStG) verwendet, die den Vorsteuerabzug ausschließen (§ 9 Abs. 2 UStG).
- 2. Obergeschoß

    [7]V kann auf die Steuerbefreiung verzichten, weil der Rechtsanwalt die Räume ausschließlich für Umsätze verwendet, die zum Vorsteuerabzug berechtigen (§ 9 Abs. 2 UStG).
- 3. Obergeschoß

    [8]V kann auf die Steuerbefreiung nicht verzichten, weil die Stadt die Räume nicht unternehmerisch nutzt (§ 9 Abs. 1 UStG).

Beispiel 5:
[1]V 1 errichtet ein mehrgeschossiges Gebäude und vermietet es an V 2. [2]Dieser vermietet das Gebäude wie im Beispiel 4 weiter.
[3]Die Vermietung des Gebäudes durch V 1 an V 2 und die Weitervermietung durch V 2 sind nach § 4 Nr. 12 Buchstabe a UStG steuerfrei. [4]V 2 kann, wie in Beispiel 4 dargestellt, nur bei der Vermietung des 2. Obergeschosses an den Rechtsanwalt auf die Steuerbefreiung verzichten (§ 9 Abs. 2 UStG). [5]Auch V 1 kann bei der Vermietung des 2. Obergeschosses auf die Steuerbefreiung verzichten, wenn V 2 von seiner Optionsmöglichkeit Gebrauch macht. [6]V 2 verwendet das 2. Obergeschoß in diesem Fall für steuerpflichtige Umsätze. [7]Bei der Vermietung der übrigen Geschosse kann V 1 auf die Steuerbefreiung nicht verzichten, weil V 2 diese Geschosse für steuerfreie Umsätze verwendet, die den Vorsteuerabzug ausschließen (§ 9 Abs. 2 UStG).

Beispiel 6:
[1]V errichtet ein zweistöckiges Gebäude und vermietet es an den Zahnarzt Z. [2]Dieser nutzt das Obergeschoß als Wohnung und betreibt im Erdgeschoß seine Praxis. [3]Einen Raum im Erdgeschoß nutzt Z ausschließlich für die Anfertigung und Wiederherstellung von Zahnprothesen.
[4]Die Vermietung des Gebäudes durch V an Z ist von der Umsatzsteuer befreit (§ 4 Nr. 12 Buchstabe a UStG). [5]Die Geschosse des Gebäudes und auch die Räume im Erdgeschoß sind selbständig nutzbare Grundstücksteile. [6]Die Frage der Option ist für jeden Grundstücksteil gesondert zu prüfen.
- Obergeschoß

    [7]V kann auf die Steuerbefreiung nicht verzichten, weil Z die Räume nicht unternehmerisch nutzt (§ 9 Abs. 1 UStG).
- Erdgeschoß

[8]V kann auf die Steuerbefreiung insoweit nicht verzichten, als Z die Räume für seine steuerfreie zahnärztliche Tätigkeit (§ 4 Nr. 14 Satz 1 UStG) verwendet, die den Vorsteuerabzug ausschließt (§ 9 Abs. 2 UStG). [9]Dagegen kann V auf die Steuerbefreiung insoweit verzichten, als Z einen Raum zur Anfertigung und Wiederherstellung von Zahnprothesen, also ausschließlich zur Erbringung von steuerpflichtigen und damit den Vorsteuerabzug nicht ausschließenden Umsätzen verwendet (§ 4 Nr. 14 Satz 4 UStG).

(2) ...

(3) [1]Verwendet der Leistungsempfänger das Grundstück bzw. einzelne Grundstücksteile nur in sehr geringem Umfang für Umsätze, die den Vorsteuerabzug ausschließen (Ausschlußumsätze), ist der Verzicht auf Steuerbefreiung zur Vermeidung von Härten weiterhin zulässig. [2]Eine geringfügige Verwendung für Ausschlußumsätze kann angenommen werden, wenn im Falle der steuerpflichtigen Vermietung die auf den Mietzins für das Grundstück bzw. für den Grundstücksteil entfallende Umsatzsteuer im Besteuerungszeitraum (Kalenderjahr, § 16 Abs. 1 Satz 2 UStG) höchstens zu 5 v. H. vom Vorsteuerabzug ausgeschlossen wäre (Bagatellgrenze). [3]Für die Vorsteueraufteilung durch den Leistungsempfänger (Mieter) gelten die allgemeinen Grundsätze (vgl. Abschnitte 207 bis 210).

Beispiel 1:

[1]V vermietet das Erdgeschoß eines Gebäudes an den Zeitschriftenhändler E. [2]Neben den steuerpflichtigen Verkäufen von Zeitungen und Zeitschriften bewirkt E auch steuerfreie Verkäufe von Briefmarken (§ 4 Nr. 8 Buchstabe i UStG). [3]Die Aufteilung der sowohl mit den steuerpflichtigen als auch den steuerfreien Umsätzen in wirtschaftlichem Zusammenhang stehenden Vorsteuerbeträge nach ihrer wirtschaftlichen Zuordnung führt im Besteuerungszeitraum zu einem Vorsteuerausschluß von 3 v. H.

[4]Die Vermietung des Erdgeschosses ist nach § 4 Nr. 12 Buchstabe a UStG steuerfrei. [5]V kann auf die Steuerbefreiung verzichten, weil E das Erdgeschoß nur in geringfügigem Umfang für Umsätze verwendet, die den Vorsteuerabzug ausschließen.

Beispiel 2:

...

(4) [1]Der Unternehmer hat die Voraussetzungen für den Verzicht auf die Steuerbefreiungen nachzuweisen. [2]Der Nachweis ist an keine besondere Form gebunden. [3]Er kann sich aus einer Bestätigung des Mieters, aus Bestimmungen des Mietvertrages oder aus anderen Unterlagen ergeben. [4]Ständig wiederholte Bestätigungen des Mieters über die Verwendung des Grundstücks bzw. Grundstücksteils sind nicht erforderlich, solange beim Mieter keine Änderungen bei der Verwendung des Grundstücks zu erwarten sind. [5]Im Einzelfall kann es aber erforderlich sein, vom Mieter zumindest eine jährliche Bestätigung einzuholen.

(5)–(7) ...

Zu § 10 UStG (§ 25 UStDV)

UStR 149. Entgelt

(1) [1]Der Begriff des Entgelts in § 10 Abs. 1 UStG gilt sowohl für die Besteuerung nach vereinbarten Entgelten (§ 16 Abs. 1 UStG) als auch für die Besteuerung nach vereinnahmten Entgelten (§ 20 UStG). [2]Zwischen den beiden Besteuerungsarten besteht insoweit kein Unterschied, als auch bei der Besteuerung nach vereinbarten Entgelten grundsätzlich nur das zu versteuern ist, was für die Lieferung oder sonstige Leistung tatsächlich vereinnahmt wird (vgl. BFH-Urteile vom 2. 4. 1981 – BStBl II S. 627 und vom 10. 11. 1983 – BStBl 1984 II S. 120). [3]Wegen der Änderung der Bemessungsgrundlage vgl. Abschnitt 223.

(2) [1]Das Entgelt ist auch dann Bemessungsgrundlage, wenn es dem objektiven Wert der bewirkten Leistung nicht entspricht. [2]Eine Ausnahme besteht für unentgeltliche oder verbilligte Lei-

stungen durch Unternehmer an ihr Personal, von Vereinigungen an ihre Mitglieder und von Einzelunternehmern an ihnen nahestehende Personen; ... ³Liefert eine Kapitalgesellschaft einer Tochtergesellschaft einen Gegenstand zu einem überhöhten Preis, so bildet dieser grundsätzlich selbst dann das Entgelt im Sinne des § 10 Abs. 1 UStG, wenn ein Teil der Gegenleistung ertragsteuerrechtlich als verdeckte Gewinnausschüttung zu beurteilen ist (BFH-Urteil vom 25. 11. 1987 – BStBl 1988 II S. 210).

(3) ¹Der Umfang des Entgelts beschränkt sich nicht auf die bürgerlich-rechtlich bestimmte oder bestimmbare Gegenleistung für eine Leistung, sondern erstreckt sich auf alles, was der Leistungsempfänger tatsächlich für die an ihn bewirkte Leistung aufwendet.❶ ²Vereinbaren die Beteiligten rechtsirrtümlich die Gegenleistung ohne Umsatzsteuer, ist der ursprünglich vereinbarte Betrag in Entgelt und darauf entfallende Umsatzsteuer aufzuteilen (vgl. BFH-Urteil vom 20. 1. 1997 – BStBl II S. 716). ³Neben dem vereinbarten Preis einer Leistung können auch zusätzliche Aufwendungen des Leistungsempfängers Leistungsentgelt sein, wenn der Leistungsempfänger sie zugunsten des Leistenden für die Leistung erbringt (vgl. BFH-Urteil vom 13. 12. 1995 – BStBl 1996 II S. 208). ⁴Es kommt nicht darauf an, ob der Leistungsempfänger gewillt ist, die vom Leistenden zu erbringende oder erbrachte Leistung anzunehmen, und ob er auf sie Wert legt oder nicht (vgl. BFH-Urteil vom 28. 1. 1988 – BStBl II S. 473). ⁵Vertragsstrafen, die wegen Nichterfüllung oder wegen nicht gehöriger Erfüllung geleistet werden, haben Schadensersatzcharakter (vgl. Abschnitt 3 Abs. 2). ⁶Auch Verzugszinsen, Fälligkeitszinsen, Prozeßzinsen und Nutzungszinsen sind nicht Teil des Entgelts, sondern Schadensersatz (vgl. Abschnitt 3 Abs. 3). ⁷Wegen der Behandlung der Teilzahlungszuschläge vgl. Abschnitt 29a. ⁸Das erhöhte Beförderungsentgelt, das Personenbeförderungsunternehmer von sogenannten Schwarzfahrern erheben, ist regelmäßig kein Entgelt für die Beförderungsleistung oder eine andere steuerbare Leistung des Beförderungsunternehmers (BFH-Urteil vom 25. 11. 1986 – BStBl 1987 II S. 228). ⁹Als Entgelt für die Lieferung sind auch die dem Abnehmer vom Lieferer berechneten Beförderungskosten anzusehen. ¹⁰Bei einer unfreien Versendung im Sinne des § 40 UStDV gehören jedoch die Kosten für die Beförderung oder deren Besorgung nicht zum Entgelt für die vom Absender ausgeführte Lieferung. ¹¹Im Nachnahmeverkehr der Post und anderer Versender ist als Entgelt für die gelieferte Ware der vom Empfänger entrichtete Nachnahmebetrag – ohne Umsatzsteuer – anzusehen, der auch die Zahlkarten- oder Überweisungsgebühr einschließt (vgl. BFH-Urteil vom 13. 12. 1973 – BStBl 1974 II S. 191). ¹²Beim Pfandleihgeschäft sind die notwendigen Kosten der Verwertung, die der Pfandleiher einbehalten darf, nicht Entgelt innerhalb eines Leistungsaustausches (vgl. BFH-Urteil vom 9. 7. 1970 – BStBl II S. 645). ¹³Zahlungen im Rahmen einer sogenannten Erlöspoolung, die nicht leistungsbezogen sind, fehlt der Entgeltcharakter (BFH-Urteil vom 28. 2. 1974 – BStBl II S. 345). ¹⁴Auch die Übernahme von Schulden kann Entgelt sein (vgl. Abschnitt 6 Abs. 2).

(4) ¹Die Gegenleistung des Leistungsempfängers entspricht im Regelfall dem Entgelt, das der Unternehmer tatsächlich erhält. ²Weicht der vom Leistungsempfänger aufgewendete Betrag im Einzelfall von dem vom Unternehmer vereinnahmten Betrag ab, so ist von den Aufwendungen des Abnehmers für die Lieferung oder sonstige Leistung auszugehen. ³Bei der Abtretung einer Forderung unter dem Nennwert bestimmt sich deshalb das Entgelt nach den tatsächlichen Aufwendungen des Leistungsempfängers (vgl. BFH-Urteil vom 27. 5. 1987 – BStBl II S. 739). ⁴Wegen der Steuer- und Vorsteuerberichtigung in diesen Fällen wird auf Abschnitt 223 Abs. 6 verwiesen.

(5) ¹Zum Entgelt gehören auch freiwillig an den Unternehmer gezahlte Beträge, z. B. Trinkgelder, wenn zwischen der Zahlung und der Leistung des Unternehmers eine innere Verknüpfung

---

Anm. d. Schriftl.:

❶ Gebühren, die eine Fluggesellschaft im Falle der Umbuchung eines Fluges von den Flugreisenden erhebt (Umbuchungsgebühren) gehören nach dem BFH-Urteil vom 16. 3. 2000 – BStBl 2000 II S. 360 zum Entgelt der Beförderungsleistung.

besteht (vgl. BFH-Urteil vom 17. 2. 1972 – BStBl II S. 405). ²Der im Gaststätten- und Beherbergungsgewerbe erhobene Bedienungszuschlag ist Teil des vom Unternehmer vereinnahmten Entgelts, auch wenn das Bedienungspersonal den Zuschlag nicht abführt, sondern vereinbarungsgemäß als Entlohnung für seine Dienste zurückbehält (vgl. BFH-Urteil vom 19. 8. 1971 – BStBl 1972 II S. 24). ³Dagegen rechnen die an das Bedienungspersonal gezahlten freiwilligen Trinkgelder nicht zum Entgelt für die Leistungen des Unternehmers.

(6) ¹Geschäftskosten dürfen das Entgelt nicht mindern. ²Dies gilt auch für Provisionen, die der Unternehmer an seinen Handelsvertreter oder Makler für die Vermittlung des Geschäfts zu zahlen hat. ³Mit Ausnahme der auf den Umsatz entfallenden Umsatzsteuer rechnen zum Entgelt auch die vom Unternehmer geschuldeten Steuern (Verbrauch- und Verkehrsteuern), öffentlichen Gebühren und Abgaben, auch wenn diese Beträge offen auf den Leistungsempfänger überwälzt werden. ⁴Diese Abgaben können auch nicht als durchlaufende Posten im Sinne des § 10 Abs. 1 Satz 5 UStG behandelt werden (vgl. BFH-Urteil vom 4. 6. 1970 – BStBl II S. 648 sowie Abschnitt 152).

(7) ¹Als Entgelt im Sinne des § 10 Abs. 1 Satz 2 UStG kommen auch Zahlungen des Leistungsempfängers an Dritte in Betracht, sofern sie für Rechnung des leistenden Unternehmers entrichtet werden und im Zusammenhang mit der Leistung stehen. ²Dies gilt jedoch nicht für diejenigen Beträge, die der Leistungsempfänger im Rahmen eines eigenen Schuldverhältnisses mit einem Dritten aufwenden muß, damit der Unternehmer seine Leistung erbringen kann (vgl. BFH-Urteil vom 22. 2. 1968 – BStBl II S. 463). ³Erfüllt der Leistungsempfänger durch seine Zahlungen an einen Dritten sowohl eine eigene Verbindlichkeit als auch eine Schuld des leistenden Unternehmers, weil beide im Verhältnis zu dem Dritten Gesamtschuldner sind, rechnen die Zahlungen nur insoweit zum Entgelt, wie die Schuldbefreiung des leistenden Unternehmers für diesen von wirtschaftlichem Interesse ist und damit für ihn einen Wert darstellt. ⁴Bei einer Grundstücksveräußerung rechnet nur die Hälfte der Grunderwerbsteuer zum Entgelt für die Grundstücksveräußerung, wenn die Parteien des Grundstückskaufvertrages vereinbaren, daß der Erwerber die Grunderwerbsteuer allein zu tragen hat (vgl. BFH-Urteil vom 10. 7. 1980 – BStBl II S. 620). ⁵Zur Bemessung der Umsatzsteuer für steuerpflichtige Grundstücksverkäufe ist die Hälfte der Grunderwerbsteuer nur insoweit heranzuziehen, als sie in ihrer Höhe noch nicht durch die Umsatzsteuer beeinflußt ist.

Beispiel:

Netto-Entgelt für Grundstück	100 000 DM
+ halbe Grunderwerbsteuer (Steuersatz 3,5 v. H.)	1 750 DM
Bemessungsgrundlage	101 750 DM.

(8) ¹Wird das Pfandgeld für Warenumschließungen dem Abnehmer bei jeder Lieferung berechnet, so ist es Teil des Entgelts für die Lieferung. ²Bei Rücknahme des Leerguts und Rückzahlung des Pfandbetrags liegt eine Entgeltsminderung vor. ³. . .

UStR 150. Zuschüsse

Allgemeines

(1) ¹Zahlungen unter den Bezeichnungen „Zuschuß, Zuwendung, Beihilfe, Prämie, Ausgleichsbetrag u. ä." (Zuschüsse) können entweder

1. Entgelt für eine Leistung an den Zuschußgeber (Zahlenden),
2. (zusätzliches) Entgelt eines Dritten oder
3. echter, nicht steuerbarer Zuschuß

sein. ²Der Zahlende ist Leistungsempfänger, wenn er für seine Zahlung eine Leistung vom Zahlungsempfänger erhält. ³Der Zahlende kann ein Dritter sein (§ 10 Abs. 1 Satz 3 UStG), der selbst nicht Leistungsempfänger ist.

Zuschüsse als Entgelt für Leistungen an den Zahlenden

(2) ¹Zuschüsse sind Entgelt für eine Leistung an den Zahlenden,
1. wenn ein Leistungsaustauschverhältnis zwischen dem leistenden Unternehmer (Zahlungsempfänger) und dem Zahlenden besteht (vgl. dazu Abschnitte 1 bis 6);
2. wenn ein unmittelbarer Zusammenhang zwischen der erbrachten Leistung und dem Zuschuß besteht, d. h. wenn der Zahlungsempfänger seine Leistung – insbesondere bei gegenseitigen Verträgen – erkennbar um der Gegenleistung willen erbringt;
3. wenn der Zahlende einen Gegenstand oder einen sonstigen Vorteil erhält, aufgrund dessen er als Empfänger einer Lieferung oder sonstigen Leistung angesehen werden kann;
4. wenn (beim Zahlenden oder am Ende der Verbraucherkette) ein Verbrauch im Sinne des gemeinsamen Mehrwertsteuerrechts vorliegt.

²Ob die Leistung des Zahlungsempfängers derart mit der Zahlung verknüpft ist, daß sie sich auf den Erhalt einer Gegenleistung (Zahlung) richtet, ergibt sich aus den Vereinbarungen des Zahlungsempfängers mit dem Zahlenden, z. B. den zugrundeliegenden Verträgen oder den Vergaberichtlinien (vgl. BFH-Urteil vom 13. 11. 1997 – BStBl 1998 II S. 169). ³Die Zwecke, die der Zahlende mit den Zahlungen verfolgt, können allenfalls Aufschlüsse darüber geben, ob die erforderliche innere Verknüpfung zwischen Leistung und Zahlung vorliegt. ⁴Die Annahme eines Leistungsaustausches setzt weder auf der Seite des Zahlenden noch auf der Seite des Zahlungsempfängers rechtlich durchsetzbare Ansprüche voraus (vgl. BFH-Urteil vom 23. 2. 1989 – BStBl II S. 683). ⁵Besteht danach eine innere Verknüpfung zwischen der Leistung des Zahlungsempfängers und der Zahlung, ist die Zahlung Entgelt für die Leistung des Zahlungsempfängers.

> **Beispiel 1:**
> Zuschüsse einer Gemeinde an einen eingetragenen Verein, z. B. eine Werbegemeinschaft zur vertragsgemäßen Durchführung einer Werbeveranstaltung in der Vorweihnachtszeit.
>
> **Beispiel 2:**
> ¹Ein Bauherr errichtet ein Geschäftshaus mit einer Tiefgarage und verpflichtet sich gegenüber der Stadt, einen Teil der Stellplätze der Allgemeinheit zur Verfügung zu stellen. ²Er erhält dafür ein Entgelt von der Stadt (vgl. BFH-Urteil vom 13. 11. 1997 a. a. O.).
>
> **Beispiel 3:**
> Anfertigung von Auftragsgutachten gegen Entgelt, wenn der öffentliche Auftraggeber das Honorar für das Gutachten und nicht dafür leistet, die Tätigkeit des Zahlungsempfängers zu ermöglichen oder allgemein zu fördern; zum Leistungsaustausch bei der Durchführung von Forschungsvorhaben, zu der die öffentliche Hand Zuwendungen bewilligt hat, vgl. BFH-Urteil vom 23. 2. 1989 a. a. O.

Zuschüsse als zusätzliches Entgelt eines Dritten

(3) ¹Zusätzliches Entgelt im Sinne des § 10 Abs. 1 Satz 3 UStG sind solche Zahlungen, die von einem anderen als dem Leistungsempfänger für die Lieferung oder sonstige Leistung des leistenden Unternehmers (Zahlungsempfängers) gewährt werden. ²Ein zusätzliches Entgelt kommt in der Regel nur dann in Betracht, wenn ein unmittelbarer Leistungsaustausch zwischen dem Zahlungsempfänger und dem zahlenden Dritten zu verneinen ist (vgl. BFH-Urteil vom 20. 2. 1992 – BStBl II S. 705). ³Der Dritte ist in diesen Fällen nicht Leistungsempfänger. ⁴Ein zusätzliches Entgelt liegt vor, wenn der Leistungsempfänger einen Rechtsanspruch auf die Zahlung hat, die Zahlung in Erfüllung einer öffentlich-rechtlichen Verpflichtung gegenüber dem Leistungsempfänger oder zumindest im Interesse des Leistungsempfängers gewährt wird (vgl. BFH-Urteil vom 25. 11. 1986 – BStBl 1987 II S. 228).

> **Beispiel 1:**
> ¹Die Bundesanstalt für Arbeit gewährt einer Werkstatt für Behinderte pauschale Zuwendungen zu den Sach-, Personal- und Beförderungskosten, die für die Betreuung und Ausbildung der Behinderten entstehen.

²Die Zahlungen sind Entgelt von dritter Seite für die Leistungen der Behindertenwerkstatt (Zahlungsempfänger) an die Behinderten, da der einzelne Behinderte auf diese Zahlungen einen Anspruch hat.

Beispiel 2:

¹Ein Bundesland gewährt einem Studentenwerk einen Zuschuß zum Bau eines Studentenwohnheims. ²Der Zuschuß wird unmittelbar dem Bauunternehmer ausgezahlt. ³Es liegt ein steuerbares Entgelt von dritter Seite für die Leistung des Bauunternehmers an das Studentenwerk vor.

(4) ¹Nicht zum zusätzlichen Entgelt gehören hingegen Zahlungen eines Dritten dann, wenn sie dem leistenden Unternehmer (Zahlungsempfänger) zu dessen Förderung und nicht überwiegend im Interesse des Leistungsempfängers gewährt werden. ²Die Abgrenzung von zusätzlichem Entgelt und echtem Zuschuß wird somit nach der Person des Bedachten und nach dem Förderungsziel vorgenommen (BFH-Urteil vom 8. 3. 1990 – BStBl II S. 708). ³Ist die Zahlung des Dritten an den Zahlungsempfänger ein echter Zuschuß, weil sie zur Förderung des Zahlungsempfängers gewährt wird, ist es unbeachtlich, daß der Zuschuß auch dem Leistungsempfänger zugute kommt, weil er nicht das Entgelt aufzubringen hat, das der Zahlungsempfänger – ohne den Zuschuß – verlangen müßte (vgl. BFH-Urteil vom 9. 10. 1975 – BStBl 1976 II S. 105).

(5) u. (6) ...

Nicht steuerbare Zuschüsse (echte Zuschüsse)

(7) ¹Nicht steuerbare echte Zuschüsse liegen vor, wenn die Zahlungen nicht aufgrund eines Leistungsaustauschverhältnisses erbracht werden (vgl. BFH-Urteile vom 28. 7. 1994 – BStBl II 1995 S. 86 und vom 13. 11. 1997 – BStBl 1998 II S. 169). ²Das ist der Fall, wenn die Zahlungen nicht an bestimmte Umsätze anknüpfen, sondern unabhängig von einer bestimmten Leistung gewährt werden, weil z. B. der leistende Unternehmer (Zahlungsempfänger) einen Anspruch auf die Zahlung hat oder weil in Erfüllung einer öffentlich-rechtlichen Verpflichtung bzw. im überwiegenden öffentlich-rechtlichen Interesse an ihn gezahlt wird (vgl. BFH-Urteile vom 24. 8. 1967 – BStBl III S. 717 und vom 25. 11. 1986 – BStBl 1987 II S. 228). ³Echte Zuschüsse liegen auch vor, wenn der Zahlungsempfänger die Zahlungen lediglich erhält, um ganz allgemein in die Lage versetzt zu werden, überhaupt tätig zu werden oder seine nach dem Gesellschaftszweck obliegenden Aufgaben erfüllen zu können. ⁴So sind Zahlungen echte Zuschüsse, die vorrangig dem leistenden Zahlungsempfänger zu seiner Förderung aus strukturpolitischen, volkswirtschaftlichen oder allgemeinpolitischen Gründen gewährt werden (BFH-Urteil vom 13. 11. 1997 a. a. O.). ⁵Dies gilt auch für Beihilfen in der Landwirtschaft, durch die Strukturveränderungen oder Verhaltensänderungen z. B. aufgrund von EG-Marktordnungen gefördert werden sollen. ⁶Vorteile in Form von Subventionen, Beihilfen, Förderprämien, Geldpreisen und dergleichen, die ein Unternehmer als Anerkennung oder zur Förderung seiner im allgemeinen Interesse liegenden Tätigkeiten ohne Bindung an bestimmte Umsätze erhält, sind kein Entgelt (vgl. BFH-Urteil vom 6. 8. 1970 – BStBl II S. 730). ⁷Die bloße technische Anknüpfung von Förderungsmaßnahmen an eine Leistung des Zahlungsempfängers führt nicht dazu, daß die Förderung als zusätzliches Entgelt für die Leistung zu beurteilen ist, wenn das Förderungsziel nicht die Subvention der Preise zugunsten der Abnehmer (Leistungsempfänger), sondern die Subvention des Zahlungsempfängers ist (vgl. BFH-Urteil vom 8. 3. 1990 – BStBl II S. 708).

Beispiel:

¹Zuschüsse, die die Bundesanstalt für Arbeit bestimmten Unternehmern zu den Löhnen und Ausbildungsvergütungen oder zu den Kosten für Arbeitserprobung und Probebeschäftigung gewährt.

²Damit erbringt die Bundesanstalt für Arbeit weder als Dritter zusätzliche Entgelte zugunsten der Vertragspartner des leistenden Unternehmers, noch erfüllt sie als dessen Leistungsempfänger eigene Entgeltsverpflichtungen.

(8) ...

UStR 151. Entgeltsminderungen

(1) [1]Entgeltsminderungen liegen vor, wenn der Leistungsempfänger bei der Zahlung Beträge abzieht, z. B. Skonti, Rabatte, Preisnachlässe usw., oder wenn dem Leistungsempfänger bereits gezahlte Beträge zurückgewährt werden, ohne daß er dafür eine Leistung zu erbringen hat. [2]Auf die Gründe, die für die Ermäßigung des Entgelts maßgebend waren, kommt es nicht an (vgl. BFH-Urteil vom 21. 3. 1968 – BStBl II S. 466). [3]Die Pflicht des Unternehmers, bei nachträglichen Änderungen des Entgelts die Steuer bzw. den Vorsteuerabzug zu berichtigen, ergibt sich aus § 17 UStG. [4]Auf Abschnitt 223 wird hingewiesen.

(2) [1]Eine Entgeltsminderung setzt voraus, daß der Unternehmer das Entgelt an denjenigen herausgibt, der es gezahlt hat (vgl. BFH-Urteil vom 20. 7. 1967 – BStBl III S. 687). [2]Eine Vergütung des Herstellers, die nicht an seinen Leistungsempfänger, sondern an einen anderen in der Abnehmerkette gewährt wird, ist beim Hersteller keine Entgeltsminderung. [3]Bei aufeinanderfolgenden Umsätzen einer Lieferkette Hersteller – Händler – Kunde ist die Bemessungsgrundlage nach den Umsätzen der jeweiligen Leistungsbeziehung (Hersteller – Händler / Händler – Kunde) und dem jeweils dafür aufgewendeten Entgelt zu beurteilen. [4]Umstände außerhalb der einzelnen Leistungsbeziehung sind nicht zu berücksichtigen, insbesondere ist unbeachtlich, welchen Betrag der letzte Abnehmer (Kunde) für die Ware eines Herstellers wirtschaftlich aufwendet.

Beispiel 1:
Vergütung (z. B. Barscheck) des Herstellers an den Kunden
[1]Der Hersteller verkauft seine Ware zum Herstellerpreis von 50 DM + 8 DM USt an den Händler. [2]Der Kunde entrichtet beim Kauf der Ware den Händlerpreis von 100 DM + 16 DM USt. [3]Der Kunde erhält im Rahmen einer Werbeaktion von dem Hersteller für den Kauf der Ware einen Barscheck in Höhe von 10 DM.
[4]Die Bemessungsgrundlage für die Lieferung Händler – Kunde beläuft sich auf 100 DM, die Bemessungsgrundlage für die Lieferung Hersteller – Händler auf 50 DM. [5]Der Hersteller hat Umsatzsteuer in Höhe von 8 DM in Rechnung gestellt, der Händler hat Vorsteuer in Höhe von 8 DM geltend gemacht. [6]Die Gutschrift von 10 DM ist kein Entgelt von dritter Seite i. S. von § 10 Abs. 1 Satz 3 UStG, weil die Gutschrift des Herstellers nicht dem Händler für die Lieferung Händler – Kunde gewährt wird. [7]Der Hersteller kann aufgrund des Barschecks seine Umsatzsteuerschuld für die Lieferung Hersteller – Händler nicht mindern, weil sich die Bemessungsgrundlage für seine Lieferung an den Händler nicht geändert hat. [8]Die Vergütung des Herstellers an den Kunden betrifft nicht das Verhältnis Hersteller – Händler; sie ist umsatzsteuerrechtlich unbeachtlicher Werbeaufwand des Herstellers.

Beispiel 2:
Preiserstattungsgutscheine des Herstellers an den Kunden
[1]Der Hersteller verkauft seine Ware zum Herstellerpreis von 50 DM + 8 DM USt an den Händler. [2]Der Kunde entrichtet beim Kauf der Ware den Händlerpreis von 100 DM + 16 DM USt. [3]Der Hersteller hat im Rahmen einer Werbeaktion die Verpackungen seiner Waren mit Gutscheinen versehen. [4]Bei der Einsendung einer bestimmten Anzahl dieser Gutscheine an den Hersteller erhält der Kunde von diesem eine Bargelderstattung von 10 DM.
[5]Die Bemessungsgrundlage für die Lieferung Händler – Kunde beläuft sich auf 100 DM, die Bemessungsgrundlage für die Lieferung Hersteller – Händler auf 50 DM. [6]Der Hersteller hat 8 DM USt in Rechnung gestellt, der Händler hat 8 DM Vorsteuer geltend gemacht. [7]Wie im Beispiel 1 liegt hier kein Entgelt von dritter Seite i. S. von § 10 Abs. 1 Satz 3 UStG vor, weil die Bargeldauszahlung vom Hersteller nicht dem Händler, sondern dem Kunden gewährt wird. [8]Auch hier kann der Hersteller seine Umsatzsteuerschuld für die Lieferung Hersteller – Händler nicht mindern.

Beispiel 3:
Preisnachlaßgutscheine des Herstellers an den Kunden
[1]Der Hersteller verkauft seine Ware zum Herstellerpreis von 50 DM + 8 DM USt an den Händler. [2]Der Händlerverkaufspreis beträgt 100 DM + 16 DM USt. [3]Im Rahmen einer Werbeaktion hat der Hersteller Preisnachlaßgutscheine im Wert von 10 DM ausgegeben, die der Kunde beim Händler einlösen kann. [4]Der Kunde bezahlt beim Kauf der Ware dem Händler 106 DM bar und 10 DM in Form des Gutscheins. [5]Der Händler reicht den Gutschein beim Hersteller ein und erhält 10 DM vom Hersteller erstattet.

⁶Der Hersteller hat 8 DM USt in Rechnung gestellt, der Händler hat 8 DM Vorsteuer geltend gemacht. ⁷Nach Absprache zwischen Hersteller und Händler und der tatsächlichen Durchführung ist die Entgegennahme des Gutscheins eine Entgeltsminderung i. S. von § 17 UStG sowohl für die Lieferung Händler – Kunde als auch für die Lieferung Hersteller – Händler. ⁸Die Bemessungsgrundlage für die Lieferung Händler – Kunde beläuft sich auf 91,38 DM (= um 10 DM reduzierter Händlerpreis von 116 DM abzüglich der USt). ⁹Da der Händler den Gutschein bei dem Hersteller einreicht und dieser dem Händler hierfür 10 DM erstattet, mindert sich die Bemessungsgrundlage der Lieferung Hersteller – Händler auf 41,38 DM (= um 10 DM reduzierter Herstellerpreis von 58 DM abzüglich der USt). ¹⁰Der Hersteller hat den für die ursprüngliche Lieferung Hersteller – Händler geschuldeten Steuerbetrag, der Händler den dafür in Anspruch genommenen Vorsteuerabzug zu berichtigen.

(3) ¹Eine Entgeltsminderung kann vorliegen, wenn der Erwerber einer Ware Mängel von sich aus beseitigt und dem Lieferer die entstandenen Kosten berechnet. ²Zur Frage, ob in derartigen Fällen ein Schadensersatz vorliegt, vgl. Abschnitt 3 Abs. 1. ³Wird jedoch von den Vertragspartnern von vornherein ein pauschaler Abzug vom Kaufpreis vereinbart und dafür vom Erwerber global auf alle Ansprüche aus der Sachmängelhaftung des Lieferers verzichtet, so erbringt der Käufer eine entgeltliche sonstige Leistung (vgl. BFH-Urteil vom 15. 12. 1966 – BStBl 1967 III S. 234). ⁴Zuwendungen, die ein Lieferant seinem Abnehmer für die Durchführung von Werbemaßnahmen gewährt, sind regelmäßig als Preisnachlaß zu behandeln, wenn und soweit keine Verpflichtung zur Werbung besteht, der Werber die Werbung im eigenen Interesse am Erfolg der Werbemaßnahme ausführt und die Gewährung des Zuschusses nicht losgelöst von der Warenlieferung, sondern mit dieser eng verknüpft ist (vgl. BFH-Urteil vom 5. 8. 1965 – BStBl III S. 630). ⁵Werbeprämien, die den Abnehmern für die Werbung eines neuen Kunden gewährt werden, mindern daher nicht das Entgelt (vgl. BFH-Urteil vom 7. 3. 1995 – BStBl II S. 518). ⁶Entsprechendes gilt bei der Überlassung von Prämienbüchern durch eine Buchgemeinschaft an ihre Mitglieder für die Werbung neuer Mitglieder (vgl. BFH-Urteil vom 17. 12. 1959 – BStBl 1960 III S. 97). ⁷Soweit einem Altabonnenten eine Prämie als Belohnung für die Verlängerung seines eigenen Belieferungsverhältnisses gewährt wird, liegt eine Entgeltsminderung vor (vgl. BFH-Urteil vom 7. 3. 1995 a. a. O.). ⁸Die Teilnahme eines Händlers an einem Verkaufswettbewerb seines Lieferanten, dessen Gegenstände die vertriebenen Produkte sind, begründet regelmäßig keinen besonderen Leistungsaustausch, die Zuwendung des Preises kann jedoch als Preisnachlaß durch den Lieferanten zu behandeln sein (BFH-Urteil vom 9. 11. 1994 – BStBl 1995 II S. 277). ⁹Gleiches gilt für die Zuwendung eines Lieferanten an einen Abnehmer als Belohnung für Warenbezüge in einer bestimmten Größenordnung (vgl. BFH-Urteil vom 28. 6. 1995 – BStBl II S. 850). ¹⁰Hat der leistende Unternehmer eine Vertragsstrafe wegen nicht gehöriger Erfüllung an den Leistungsempfänger zu zahlen, so liegt darin keine Entgeltsminderung (vgl. Abschnitt 3 Abs. 2). ¹¹Die nach der Milch-Garantiemengen-Verordnung erhobene Abgabe mindert nicht das Entgelt für die Milchlieferungen des Erzeugers.

(4) Preisnachlässe, die von Verkaufsagenten eingeräumt werden, sind wie folgt zu behandeln:

Beispiel 1:

¹Der Agent räumt den Abnehmern mit Zustimmung der Lieferfirma einen Preisnachlaß vom Listenpreis zu Lasten seiner Provision ein. ²Der Lieferer erteilt dem Abnehmer eine Rechnung über den geminderten Preis. ³Dem Agenten wird auf Grund der vereinbarten „Provisionsklausel" nur die um den Preisnachlaß gekürzte Provision gutgeschrieben. ⁴In diesem Fall hat der Lieferer nur den vom Abnehmer aufgewendeten Betrag zu versteuern. ⁵Der vom Agenten eingeräumte Preisnachlaß ist ihm nicht in Form eines Provisionsverzichts des Agenten als Entgelt von dritter Seite zugeflossen. ⁶Das Entgelt für die Leistung des Agenten besteht in der ihm gutgeschriebenen, gekürzten Provision.

Beispiel 2:

¹Der Agent räumt den Preisnachlaß ohne Beteiligung der Lieferfirma zu Lasten seiner Provision ein. ²Der Lieferer erteilt dem Abnehmer eine Rechnung über den vollen Listenpreis und schreibt dem Agenten die volle Provision nach dem Listenpreis gut. ³Der Agent gewährt dem Abnehmer den zugesagten Preisnachlaß in bar, durch Gutschrift oder durch Sachleistungen, z. B. kostenlose Lieferung von Zubehör o. ä.

⁴In diesem Fall mindert der vom Agenten eingeräumte Preisnachlaß weder das Entgelt der Lieferfirma noch die Provision des Agenten. ⁵Der Agent ist nicht berechtigt, dem Abnehmer eine Gutschrift über den Preisnachlaß mit Ausweis der Umsatzsteuer zu erteilen und einen entsprechenden Vorsteuerabzug vorzunehmen, weil zwischen ihm und dem Abnehmer kein Leistungsaustausch stattfindet (vgl. BFH-Beschluß vom 14. 4. 1983 – BStBl II S. 393).

(5) ¹Wechselvorzinsen (Wechseldiskont), die dem Unternehmer bei der Weitergabe (Diskontierung) eines für seine Lieferung oder sonstige Leistung in Zahlung genommenen Wechsels abgezogen werden, mindern das Entgelt für seinen Umsatz (vgl. BFH-Urteil vom 27. 10. 1967 – BStBl 1968 II S. 128). ²Dies gilt auch für die bei Prolongation eines Wechsels berechneten Wechselvorzinsen. ³Dagegen sind die Wechselumlaufspesen (Diskontspesen) Kosten des Zahlungseinzugs, die das Entgelt nicht mindern (vgl. BFH-Urteil vom 29. 11. 1955 – BStBl 1956 III S. 53). ⁴Hat der Unternehmer für seine steuerpflichtige Leistung eine Rechnung mit gesondertem Steuerausweis im Sinne des § 14 Abs. 1 UStG erteilt und unterläßt er es, seinem Abnehmer die Entgeltsminderung und die darauf entfallende Steuer mitzuteilen, so schuldet er die auf den Wechseldiskont entfallende Steuer nach § 14 Abs. 2 UStG. ⁵Gewährt der Unternehmer im Zusammenhang mit einer Lieferung oder sonstigen Leistung einen Kredit, der als gesonderte Leistung anzusehen ist (vgl. Abschnitt 29a Abs. 1 und 2), und hat er über die zu leistenden Zahlungen Wechsel ausgestellt, die vom Leistungsempfänger akzeptiert werden, so mindern die bei der Weitergabe der Wechsel berechneten Wechselvorzinsen nicht das Entgelt für die Lieferung oder sonstige Leistung.

UStR 152. Durchlaufende Posten

(1) ¹Durchlaufende Posten gehören nicht zum Entgelt (§ 10 Abs. 1 letzter Satz UStG). ²Sie liegen vor, wenn der Unternehmer, der die Beträge vereinnahmt und verauslagt, im Zahlungsverkehr lediglich die Funktion einer Mittelsperson ausübt, ohne selbst einen Anspruch auf den Betrag gegen den Leistenden zu haben und auch nicht zur Zahlung an den Empfänger verpflichtet zu sein.❶ ³Ob der Unternehmer Beträge im Namen und für Rechnung eines anderen vereinnahmt und verauslagt, kann nicht nach der wirtschaftlichen Betrachtungsweise entschieden werden. ⁴Es ist vielmehr erforderlich, daß zwischen dem Zahlungsverpflichteten und dem, der Anspruch auf die Zahlung hat (Zahlungsempfänger), unmittelbare Rechtsbeziehungen bestehen (vgl. BFH-Urteil vom 24. 2. 1966 – BStBl III S. 263). ⁵Liegen solche unmittelbaren Rechtsbeziehungen mit dem Unternehmer vor, so sind Rechtsbeziehungen ohne Bedeutung, die zwischen dem Zahlungsempfänger und der Person bestehen, die an den Unternehmer leistet oder zu leisten verpflichtet ist (vgl. BFH-Urteil vom 2. 3. 1967 – BStBl III S. 377).

(2) ¹Unmittelbare Rechtsbeziehungen setzen voraus, daß der Zahlungsverpflichtete und der Zahlungsempfänger jeweils den Namen des anderen und die Höhe des gezahlten Betrags erfahren (vgl. BFH-Urteil vom 4. 12. 1969 – BStBl 1970 II S. 191). ²Dieser Grundsatz findet jedoch regelmäßig auf Abgaben und Beiträge keine Anwendung. ³Solche Beträge können auch dann durchlaufende Posten sein, wenn die Mittelsperson dem Zahlungsempfänger die Namen der Zahlungsverpflichteten und die jeweilige Höhe der Beträge nicht mitteilt (vgl. BFH-Urteil vom 11. 8. 1966 – BStBl III S. 647). ⁴Kosten (Gebühren und Auslagen), die Rechtsanwälte, Notare und Angehörige verwandter Berufe bei Behörden und ähnlichen Stellen für ihre Auftraggeber auslegen, können als durchlaufende Posten auch dann anerkannt werden, wenn dem Zahlungsempfänger Namen und Anschriften der Auftraggeber nicht mitgeteilt werden. ⁵Voraussetzung ist, daß die

---

Anm. d. Schriftl.:

❶ Nach dem Urteil des BFH vom 11. 2. 1999 – BStBl 2000 II S. 100 können Deponiegebühren durchlaufende Posten sein. Das BMF hat zu dieser Problematik mit Schreiben vom 11. 2. 2000 – BStBl 2000 I S. 360 Stellung genommen.

Kosten nach Kosten-(Gebühren)ordnungen berechnet werden, die den Auftraggeber als Kosten-(Gebühren-)schuldner bestimmen (vgl. BFH-Urteil vom 24. 8. 1967 – BStBl III S. 719).

(3) Steuern, öffentliche Gebühren und Abgaben, die vom Unternehmer geschuldet werden, sind bei ihm keine durchlaufenden Posten, auch wenn sie dem Leistungsempfänger gesondert berechnet werden (vgl. BFH-Urteil vom 4. 6. 1970 – BStBl II S. 648 und Abschnitt 149 Abs. 6).

UStR **153. Bemessungsgrundlage beim Tausch und bei tauschähnlichen Umsätzen**

(1) [1]Beim Tausch und bei tauschähnlichen Umsätzen gilt der gemeine Wert (§ 9 BewG) jedes Umsatzes als Entgelt für den anderen Umsatz. [2]Das bedeutet, daß als Entgelt für eine Leistung der übliche Preis der vom Leistungsempfänger erhaltenen Gegenleistung anzusetzen ist; die Umsatzsteuer ist stets herauszurechnen. [3]Soweit der Wert des Entgelts nicht ermittelt werden kann, ist er zu schätzen. [4]Anhaltspunkt für die Bewertung der Gegenleistung können die Aufwendungen sein, die dem leistenden Unternehmer für die Leistung entstanden sind (vgl. BFH-Urteil vom 10. 7. 1997 – BStBl II S. 668). [5]Wird ein Geldbetrag zugezahlt, so handelt es sich um einen Tausch oder tauschähnlichen Umsatz mit Baraufgabe. [6]In diesen Fällen ist der Wert der Sachleistung um diesen Betrag zu mindern. [7]Wird im Rahmen eines tauschähnlichen Umsatzes Kapital zinslos oder verbilligt zur Nutzung überlassen, richtet sich der gemeine Wert dieses Vorteils nach den allgemeinen Vorschriften des Bewertungsgesetzes (§§ 13 bis 16 BewG). [8]Danach ist ein einjähriger Betrag der Nutzung mit 5,5 v. H. des Darlehens zu ermitteln (vgl. BFH-Urteil vom 28. 2. 1991 – BStBl II S. 649).

(2) [1]Zum Entgelt für eine Werkleistung kann neben der vereinbarten Barvergütung auch der bei der Werkleistung anfallende Materialabfall gehören, den der Leistungsempfänger dem leistenden Unternehmer überläßt. [2]Das gilt insbesondere, wenn Leistungsempfänger und leistender Unternehmer sich darüber einig sind, daß die Barvergütung kein hinreichender Gegenwert für die Werkleistung ist. [3]Der Wert des Materialabfalls kann auch dann anteilige Gegenleistung für die Werkleistung sein, wenn über den Verbleib des Materialabfalls keine besondere Vereinbarung getroffen worden ist. [4]Die Vermutung, daß in diesem Fall die Höhe der vereinbarten Barvergütung durch den überlassenen Materialabfall beeinflußt worden ist, besteht insbesondere, wenn es sich um wertvollen Materialabfall handelt (vgl. BFH-Urteil vom 15. 12. 1988 – BStBl 1989 II S. 252). [5]Zum Wert der Gegenleistung bei Übernahme einer Baulast gegen ein Darlehen zu marktunüblich niedrigen Zinsen vgl. BFH-Urteil vom 12. 11. 1987 – BStBl 1988 II S. 156, zum Wert der Gegenleistung bei Nießbrauchseinräumung gegen Gewährung eines unverzinslichen Darlehens vgl. BFH-Urteil vom 28. 2. 1991 – BStBl II S. 649.

(3) [1]Die Umsätze beim Austauschverfahren in der Kraftfahrzeugwirtschaft sind in der Regel Tauschlieferungen mit Baraufgabe (vgl. BFH-Urteil vom 3. 5. 1962 – BStBl III S. 265). [2]Der Lieferung eines aufbereiteten funktionsfähigen Austauschteils (z. B. Motor, Aggregat, Achse, Benzinpumpe, Kurbelwelle, Vergaser) durch den Unternehmer der Kraftfahrzeugwirtschaft stehen eine Geldzahlung und eine Lieferung des reparaturbedürftigen Kraftfahrzeugteils (Altteils) durch den Kunden gegenüber. [3]Als Entgelt für die Lieferung des Austauschteils sind demnach die vereinbarte Geldzahlung und der gemeine Wert des Altteils anzusetzen. [4]Dabei können die Altteile mit einem Durchschnittswert von 10 v. H. des sogenannten Bruttoaustauschentgelts bewertet werden. [5]Als Bruttoaustauschentgelt ist der Betrag anzusehen, den der Endabnehmer für den Erwerb eines dem zurückgegebenen Altteil entsprechenden Austauschteils abzüglich Umsatzsteuer, jedoch ohne Abzug eines Rabatts zu zahlen hat. [6]Der Durchschnittswert ist danach auf allen Wirtschaftsstufen gleich. [7]Er kann beim Austauschverfahren sowohl für Personenkraftwagen als auch für andere Kraftfahrzeuge, insbesondere auch Traktoren, Mähdrescher und andere selbstfahrende Arbeitsmaschinen im Sinne des § 18 Abs. 2 Nr. 1 StVZO, angewandt werden. [8]Setzt ein Unternehmer bei der Abrechnung an Stelle des Durchschnittswerts andere Werte an, so

sind die tatsächlichen Werte der Umsatzsteuer zu unterwerfen. ⁹Zur Vereinfachung der Abrechnung (§ 14 UStG) und zur Erleichterung der Aufzeichnungspflichten (§ 22 UStG) kann wie folgt verfahren werden:

1. ¹Die Lieferungen von Altteilen durch die am Kraftfahrzeug-Austauschverfahren beteiligten Unternehmer werden nicht zur Umsatzsteuer herangezogen. ²Soweit der Endabnehmer des Austauschteils ein Land- und Forstwirt ist und seine Umsätze nach § 24 UStG nach Durchschnittssätzen versteuert, ist der Lieferer des Austauschteils, z. B. Reparaturwerkstatt, verpflichtet, über die an ihn ausgeführte Lieferung des Altteils auf Verlangen eine Gutschrift nach § 14 Abs. 5 UStG zu erteilen (vgl. Nummer 2 Buchstabe a Beispiel 2).

2. ¹Bei der Lieferung des Austauschteils wird der Wert des zurückgegebenen Altteils in allen Fällen von den Lieferern – Hersteller, Großhändler, Reparaturwerkstatt – als Teil der Bemessungsgrundlage berücksichtigt. ²Dabei ist folgendes zu beachten:

   a) ¹In der Rechnung über die Lieferung des Austauschteils braucht der Wert des Altteils nicht in den Rechnungsbetrag einbezogen zu werden. ²Es genügt, daß der Unternehmer den auf den Wert des Altteils entfallenden Steuerbetrag angibt.

   Beispiel 1:

1 Austauschmotor	1 000,– DM
+ Umsatzsteuer (16 v. H.)	160,– DM
+ Umsatzsteuer (16 v. H.) auf den Wert des Altteils von 100 DM (10 v. H. von 1 000 DM)	16,– DM
	1 176,– DM

   Beispiel 2:

   (Lieferung eines Austauschteils an einen Landwirt, der § 24 UStG anwendet)

1 Austauschmotor	1 000,– DM
+ Umsatzsteuer (16 v. H.)	160,– DM
+ Umsatzsteuer (16 v. H.) auf den Wert des Altteils von 100 DM (10 v. H. von 1 000 DM)	16,– DM
	1 176,– DM
./. Gutschrift 9 v. H. Umsatzsteuer auf den Wert des Altteils (100 DM)	9,– DM
	1 167,– DM

   b) ¹Der Lieferer der Austauschteile – Hersteller, Großhändler, Reparaturwerkstatt – hat die auf die Werte der Altteile entfallenden Steuerbeträge gesondert aufzuzeichnen. ²Am Schluß des Voranmeldungs- und des Besteuerungszeitraums ist aus der Summe dieser Steuerbeträge die Summe der betreffenden Entgeltsteile zu errechnen.

   c) Der Lieferungsempfänger muß, sofern er auf der Eingangsseite die Entgelte für empfangene steuerpflichtige Lieferungen und sonstige Leistungen und die darauf entfallenden Steuerbeträge nicht getrennt voneinander, sondern nach § 63 Abs. 5 UStDV in einer Summe aufzeichnet, die um die Steuer auf die Werte der Altteile verminderten Bruttorechnungsbeträge (nach den vorstehenden Beispielen 1 160,– DM) und die auf die Werte der Altteile entfallenden Steuerbeträge getrennt voneinander aufzeichnen.

(4) ¹Nimmt ein Kraftfahrzeughändler beim Verkauf eines Neuwagens einen Gebrauchtwagen in Zahlung und leistet der Käufer in Höhe des Differenzbetrages eine Zuzahlung, so liegt ein Tausch mit Baraufgabe vor. ²Zum Entgelt des Händlers gehört neben der Zuzahlung auch der gemeine Wert des in Zahlung genommenen gebrauchten Fahrzeuges. ³Wird der Gebrauchtwagen zu einem höheren Preis als dem gemeinen Wert in Zahlung genommen, liegt ein verdeckter Preisnachlaß vor, der das Entgelt für die Lieferung des Neuwagens mindert.

Zu § 10 UStG   **Umsatzsteuer**   **656**

Beispiel 1:

[1]Der Verkaufspreis eines neuen Kraftwagens beträgt 17 400 DM. [2]Der Kraftfahrzeughändler nimmt bei der Lieferung des Neuwagens ein gebrauchtes Fahrzeug, dessen gemeiner Wert 8 000 DM beträgt, mit 8 500 DM in Zahlung. [3]Der Kunde zahlt 8 900 DM in bar.

[4]Der Kraftfahrzeughändler gewährt einen verdeckten Preisnachlaß von 500 DM. [5]Das Entgelt für die Lieferung des Neuwagens berechnet sich wie folgt:

Barzahlung	8 900,– DM
+ gemeiner Wert	8 000,– DM
	16 900,– DM
·/. darin enthaltene 13,79 v. H. Umsatzsteuer (Steuersatz 16 v. H.)	2 331,– DM
= Entgelt	14 569,– DM

[4]Ein verdeckter Preisnachlaß kann mit steuerlicher Wirkung nur anerkannt werden, wenn die Höhe der Entgeltsminderung nachgewiesen wird. [5]Der Kraftfahrzeughändler kann den gemeinen Wert des in Zahlung genommenen Gebrauchtwagens wie folgt ermitteln:

1. Wenn im Zeitpunkt der Übernahme des Gebrauchtwagens ein Schätzpreis eines amtlich bestellten Kraftfahrzeugsachverständigen festgestellt worden ist, kann dieser als gemeiner Wert anerkannt werden.

2. [1]Bei Fahrzeugen, die innerhalb einer Frist von 3 Monaten seit Übernahme weitergeliefert werden, kann als gemeiner Wert der Verkaufserlös abzüglich etwaiger Reparaturkosten, soweit die Reparaturen nicht nach der Übernahme durch den Kraftfahrzeughändler von diesem verursacht worden sind, und abzüglich eines Pauschalabschlags bis zu 15 v. H. für Verkaufskosten anerkannt werden. [2]Ein höherer Abschlagssatz ist nur anzuerkennen, wenn der Unternehmer entsprechende stichhaltige Kalkulationen vorlegt. [3]Reparaturen sind nur mit den Selbstkosten, also ohne Gewinnzuschlag, zu berücksichtigen. [4]Zu den Reparaturen in diesem Sinne rechnet nicht das Verkaufsfertigmachen. [5]Die Kosten hierfür sind durch den Pauschalabschlag abgegolten.

3. [1]Bei Fahrzeugen, die nicht innerhalb einer Frist von 3 Monaten seit Übernahme, sondern erst später weitergeliefert werden, kann der Verkaufserlös abzüglich etwaiger Reparaturkosten wie bei Nummer 2, aber ohne Pauschalabschlag als gemeiner Wert anerkannt werden. [2]Bei der Ermittlung des gemeinen Werts in den Fällen 2 und 3 ist vom Brutto-Verkaufserlös (einschl. Umsatzsteuer) auszugehen. [3]Der daraus ermittelte gemeine Wert ist ebenfalls der Bruttowert (einschl. Umsatzsteuer).

Beispiel 2:

Verkaufspreis des Neufahrzeugs	
(15 000 DM + 2 400 DM Umsatzsteuer)	17 400,– DM
Barzahlung	8 900,– DM
Anrechnung Gebrauchtfahrzeug	8 500,– DM
Ermittlung des gemeinen Werts	
Verkaufserlös	10 000,– DM
·/. Reparaturkosten	500,– DM
·/. Verkaufskosten (15 v. H. von 10 000 DM)	1 500,– DM
= Gemeiner Wert	8 000,– DM
Verdeckter Preisnachlaß	500,– DM
Ermittlung des Entgelts	
Barzahlung	8 900,– DM
+ Gemeiner Wert des Gebrauchtfahrzeugs	8 000,– DM
	16 900,– DM
·/. darin enthaltene 13,79 v. H. Umsatzsteuer (Steuersatz 16 v. H.)	2 331,– DM

Die Umsatzsteuer vermindert sich um (2 400 DM ./. 2 331 DM) = 69,– DM

⁶Ist der festgestellte gemeine Wert des in Zahlung genommenen Gebrauchtwagens höher als der Inzahlungnahmepreis, hat der Kraftfahrzeughändler außer der Zuzahlung den höheren gemeinen Wert zu versteuern. ⁷Die Regelung zur Ermittlung des gemeinen Wertes kann auch angewendet werden, wenn das in Zahlung genommene Fahrzeug nicht weiterverkauft, sondern verschrottet wird. ⁸In diesem Fall kann der gemeine Wert des Fahrzeugs mit 0 DM bzw. mit dem Schrotterlös angesetzt werden, und zwar ohne Rücksicht darauf, ob es innerhalb von 3 Monaten oder später verschrottet wird. ⁹Voraussetzung hierfür ist jedoch, daß die Verschrottung des Fahrzeugs vom Händler in geeigneter Weise, mindestens durch Vorlage des entwerteten Kfz-Briefs, nachgewiesen wird.

(5) ¹In den Fällen, in denen bei der Lieferung eines Neuwagens und der Inzahlungnahme eines Gebrauchtwagens ein verdeckter Preisnachlaß gewährt wird, ist ggf. § 14 Abs. 2 UStG anzuwenden. ²Der Kraftfahrzeughändler, der in einem derartigen Fall eine Rechnung erteilt, in der die Umsatzsteuer gesondert ausgewiesen und der angegebene Steuerbetrag von dem nicht um den verdeckten Preisnachlaß geminderten Entgelt berechnet worden ist, schuldet den Steuermehrbetrag nach § 14 Abs. 2 Satz 1 UStG. ³Eine Berichtigung der geschuldeten Umsatzsteuer nach § 17 Abs. 1 Nr. 1 UStG erfordert nach § 14 Abs. 2 Satz 2 UStG, daß der in der Rechnung ausgewiesene Steuerbetrag gegenüber dem Abnehmer berichtigt wird. ⁴In diesem Fall ist der Abnehmer nach § 17 Abs. 1 Nr. 2 UStG verpflichtet, den in Anspruch genommenen Vorsteuerabzug entsprechend zu berichtigen.

UStR · 155. Bemessungsgrundlage bei unentgeltlichen Wertabgaben

(1) ¹Bei den einer Lieferung gleichgestellten Wertabgaben im Sinne des § 3 Abs. 1b UStG (vgl. Abschnitt 24b) ist bei der Ermittlung der Bemessungsgrundlage grundsätzlich vom Einkaufspreis zuzüglich der Nebenkosten für den Gegenstand oder für einen gleichartigen Gegenstand im Zeitpunkt der Entnahme oder Zuwendung auszugehen (§ 10 Abs. 4 Nr. 1 UStG). ²Der Einkaufspreis entspricht in der Regel dem Wiederbeschaffungspreis. ³Kann ein Einkaufspreis nicht ermittelt werden, so sind als Bemessungsgrundlage die Selbstkosten anzusetzen. ⁴Diese umfassen alle durch den betrieblichen Leistungsprozeß bis zum Zeitpunkt der Entnahme oder Zuwendung entstandenen Kosten. ⁵Die auf die Wertabgabe entfallende Umsatzsteuer gehört nicht zur Bemessungsgrundlage.

(2) ¹Bei den einer sonstigen Leistung gleichgestellten Wertabgaben im Sinne des § 3 Abs. 9a UStG (vgl. Abschnitt 24c) bilden die bei der Ausführung der Leistung entstandenen Kosten die Bemessungsgrundlage (§ 10 Abs. 4 Nr. 2 und 3 UStG). ²Dabei ist grundsätzlich von den bei der Einkommensteuer zugrunde gelegten Kosten auszugehen, die den anteiligen Unternehmerlohn nicht mit einschließen. ³In diese Kosten sind – unabhängig von der Einkunftsermittlungsart – die nach § 15 UStG abziehbaren Vorsteuerbeträge einzubeziehen. ⁴Besteht die Wertabgabe in der Verwendung eines Gegenstands (§ 3 Abs. 9a Satz 1 Nr. 1 UStG), sind nach § 10 Abs. 4 Nr. 2 UStG aus der Bemessungsgrundlage solche Kosten auszuscheiden, die nicht zum vollen oder teilweisen Vorsteuerabzug berechtigt haben. ⁵Dabei ist es unerheblich, ob das Fehlen des Abzugsrechts darauf zurückzuführen ist, daß

a) für die Leistung an den Unternehmer keine Umsatzsteuer geschuldet wird oder

b) die Umsatzsteuer für die empfangene Leistung beim Unternehmer nach § 15 Abs. 1a oder 2 UStG vom Vorsteuerabzug ausgeschlossen ist oder

c) die Aufwendungen in öffentlichen Abgaben (Steuern, Gebühren oder Beiträgen) bestehen.

(3) Zur Bemessungsgrundlage bei unentgeltlichen oder verbilligten Leistungen an das Personal vgl. Abschnitt 12.

Zu § 10 UStG **Umsatzsteuer**

Einfügung d. Schriftl. zu den Abschn. 149 bis 155 UStR:

Die Bemessungsgrundlage für die Umsatzsteuer

Umsätze nach § 1 UStG	Bemessungsgrundlage	UStG
Lieferungen und sonstige Leistungen nach § 1 Abs. 1 Nr. 1	Entgelt	§ 10 Abs. 1
Unentgeltliche Wertabgaben nach § 3 Abs. 1b	Einkaufspreis (+ evtl. Nebenkosten) bzw. Selbstkosten	§ 10 Abs. 4 Nr. 1
Unentgeltliche Wertabgaben nach § 3 Abs. 9a Nr. 1	Kosten mit Vorsteuerabzug	§ 10 Abs. 4 Nr. 2
Unentgeltliche Wertabgaben nach § 3 Abs. 9a Nr. 2	Kosten	§ 10 Abs. 4 Nr. 3
Einfuhr nach § 1 Abs. 1 Nr. 4	Zollwert	§ 11
Innergemeinschaftlicher Erwerb nach § 1 Abs. 1 Nr. 5	Entgelt	§ 10 Abs. 1

UStR 158. Mindestbemessungsgrundlage (§ 10 Abs. 5 UStG)

(1) ¹Die Mindestbemessungsgrundlage gilt nur für folgende Umsätze:

1. Umsätze der in § 10 Abs. 5 Nr. 1 UStG genannten Vereinigungen an ihre Anteilseigner, Gesellschafter, Mitglieder und Teilhaber oder diesen nahestehende Personen ...;
2. Umsätze von Einzelunternehmern an ihnen nahestehende Personen;
3. Umsätze von Unternehmern an ihr Personal oder dessen Angehörige aufgrund des Dienstverhältnisses (vgl. Abschnitt 12).

²Als „nahestehende Person" sind Angehörige im Sinne des § 15 AO sowie andere Personen und Gesellschaften anzusehen, zu denen ein Anteilseigner, Gesellschafter usw. eine enge rechtliche, wirtschaftliche oder persönliche Beziehung hat. ³Ist das für die genannten Umsätze entrichtete Entgelt niedriger als die nach § 10 Abs. 4 UStG in Betracht kommenden Werte oder Kosten für gleichartige unentgeltliche Leistungen, sind als Bemessungsgrundlage die Werte oder Kosten nach § 10 Abs. 4 UStG anzusetzen. ⁴Dies gilt nicht, wenn das vereinbarte niedrigere Entgelt marktüblich ist (vgl. EuGH-Urteil vom 29. 5. 1997 – BStBl II S. 841 und BFH-Urteil vom 8. 10. 1997 – BStBl II S. 840).

Beispiel 1:

¹Eine KG überläßt einem ihrer Gesellschafter einen firmeneigenen Personenkraftwagen zur privaten Nutzung. ²Sie belastet in der allgemeinen kaufmännischen Buchführung das Privatkonto des Gesellschafters im Kalenderjahr mit 2 400 DM. ³Der auf die private Nutzung des Pkw entfallende Anteil an den zum Vorsteuerabzug berechtigenden Kosten (z. B. AfA, Kraftstoff, Öl, Reparaturen) beträgt jedoch 3 600 DM. ⁴Nach § 10 Abs. 4 Nr. 2 UStG wäre als Bemessungsgrundlage der auf die Privatnutzung entfallende Kostenanteil von 3 600 DM zugrunde zu legen. ⁵Das vom Gesellschafter durch Belastung seines Privatkontos entrichtete Entgelt ist niedriger als die Bemessungsgrundlage nach § 10 Abs. 4 Nr. 2 UStG. ⁶Nach § 10 Abs. 5 Nr. 1 UStG ist deshalb die Pkw-Überlassung mit 3 600 DM zu versteuern.

Beispiel 2:

¹Ein Verein gestattet seinen Mitgliedern und auch Dritten die Benutzung seiner Vereinseinrichtungen gegen Entgelt. ²Das von den Mitgliedern zu entrichtende Entgelt ist niedriger als das von Dritten zu zahlende Entgelt.

a) ¹Der Verein ist nicht als gemeinnützig anerkannt
²Es ist zu prüfen, ob die bei der Überlassung der Vereinseinrichtungen entstandenen Kosten das vom Mitglied gezahlte Entgelt übersteigen. ³Ist dies der Fall, sind nach § 10 Abs. 5 Nr. 1 UStG die Kosten als Bemessungsgrundlage anzusetzen. ⁴Deshalb erübrigt sich die Prüfung, ob ein Teil der Mitgliederbeiträge als Entgelt für Sonderleistungen anzusehen ist.

b) ¹Der Verein ist als gemeinnützig anerkannt
²Mitglieder gemeinnütziger Vereine dürfen im Gegensatz zu Mitgliedern anderer Vereine nach § 55 Abs. 1 Nr. 1 AO keine Gewinnanteile und in ihrer Eigenschaft als Mitglieder auch keine sonstigen Zuwendungen aus Mitteln des Vereins erhalten. ³Erbringt der Verein an seine Mitglieder Sonderleistungen gegen Entgelt, braucht aus Vereinfachungsgründen eine Ermittlung der Kosten erst dann vorgenommen zu werden, wenn die Entgelte offensichtlich nicht kostendeckend sind.

(2) ...

(3) ¹Bei der Vermietung und Verpachtung von Gebäuden oder selbständig nutzbaren Grundstücksteilen – einschließlich der vermieteten Betriebsvorrichtungen – gehören zu den nach § 10 Abs. 5 Nr. 1, § 10 Abs. 4 Nr. 2 UStG anzusetzenden Kosten auch die – anteiligen – Absetzungen für Abnutzung (AfA), erhöhte Absetzungen und Sonderabschreibungen. ²Bei Inanspruchnahme von degressiver AfA, von erhöhten Absetzungen oder von Sonderabschreibungen ist es nicht zu beanstanden, wenn bei der Ermittlung der Kosten abweichend von der ertragsteuerlichen Behandlung nur die AfA in gleichen Jahresbeträgen (§ 7 Abs. 1 Satz 1 und Abs. 4 EStG) zugrunde gelegt werden (vgl. BFH-Urteil vom 18. 12. 1996 – BStBl 1997 II S. 374). ³Dabei darf die AfA-Bemessungsgrundlage jedoch nicht um ertragsteuerrechtlich zulässige Abzüge, z. B. den Abzug nach § 6b EStG, gekürzt werden. ⁴Bei Gebäuden, die mit Zuschüssen aus öffentlichen oder privaten Mitteln angeschafft oder hergestellt worden sind, ist die AfA-Bemessungsgrundlage nicht um diese Zuschüsse zu mindern. ⁵Will der Unternehmer bei der Ermittlung der umsatzsteuerlichen Bemessungsgrundlage nur die AfA in gleichen Jahresbeträgen als Teil der Kosten behandeln, bleibt er daran für die Dauer der Vermietung oder Verpachtung gebunden. ⁶Aus seinen Aufzeichnungen muß hervorgehen, wie er die von der ertragsteuerlichen Behandlung abweichende Berechnung der AfA vorgenommen hat.

(4) ...

Zu § 12 UStG

UStR 160. Steuersätze

(1) ¹Nach § 12 UStG bestehen für die Besteuerung nach den allgemeinen Vorschriften des Umsatzsteuergesetzes zwei Steuersätze:

	allgemeiner Steuersatz	ermäßigter Steuersatz[1]
vom 1. 1. 1968 bis 30. 6. 1968	10 v. H.	5 v. H.
vom 1. 7. 1968 bis 31. 12. 1977	11 v. H.	5,5 v. H.
vom 1. 1. 1978 bis 30. 6. 1979	12 v. H.	6 v. H.
vom 1. 7. 1979 bis 30. 6. 1983	13 v. H.	6,5 v. H.
vom 1. 7. 1983 bis 31. 12. 1992	14 v. H.	7 v. H.
vom 1. 1. 1993 bis 31. 3. 1998	15 v. H.	7 v. H.
ab 1. 4. 1998	16 v. H.	7 v. H.

2–3 ...

(2)–(4) ...

Zu § 13 UStG

UStR **177. Entstehung der Steuer bei der Besteuerung nach vereinbarten Entgelten**

(1) [1]Bei der Besteuerung nach vereinbarten Entgelten (Sollversteuerung) entsteht die Steuer grundsätzlich mit Ablauf des Voranmeldungszeitraums, in dem die Lieferung oder sonstige Leistung ausgeführt worden ist. [2]Das gilt auch für unentgeltliche Wertabgaben im Sinne des § 3 Abs. 1b und 9a UStG. [3]Die Steuer entsteht in der gesetzlichen Höhe unabhängig davon, ob die am Leistungsaustausch beteiligten Unternehmer von den ihnen vom Gesetz gebotenen Möglichkeiten der Rechnungserteilung mit gesondertem Steuerausweis und des Vorsteuerabzugs Gebrauch machen oder nicht. [4]Für Umsätze, die ein Unternehmer in seinen Voranmeldungen nicht angibt (auch bei Rechtsirrtum über deren Steuerbarkeit), entsteht die Umsatzsteuer ebenso wie bei ordnungsgemäß erklärten Umsätzen (vgl. BFH-Urteil vom 20. 1. 1997 – BStBl II S. 716). [5]Der Zeitpunkt der Leistung ist allein entscheidend, für welchen Voranmeldungszeitraum ein Umsatz zu berücksichtigen ist (vgl. BFH-Urteil vom 13. 10. 1960 – BStBl III S. 478). [6]Eine Ausnahme von diesem Grundsatz bildet die Istversteuerung von Anzahlungen (vgl. Abschnitt 181).

(2) [1]Lieferungen – einschließlich Werklieferungen – sind ausgeführt, wenn der Leistungsempfänger die Verfügungsmacht über den zu liefernden Gegenstand erlangt. [2]Bei Sukzessivlieferungsverträgen ist der Zeitpunkt jeder einzelnen Lieferung maßgebend. [3]Lieferungen von elektrischem Strom, Gas, Wärme und Wasser sind jedoch erst mit Ablauf des jeweiligen Ablesezeitraums als ausgeführt zu behandeln. [4]Die während des Ablesezeitraums geleisteten Abschlagszahlungen der Tarifabnehmer sind nicht als Entgelt für Teilleistungen (vgl. Abschnitt 180) anzusehen; sie führen jedoch nach § 13 Abs. 1 Nr. 1 Buchstabe a Satz 4 UStG zu einer früheren Entstehung der Steuer (vgl. Abschnitt 181).

(3) [1]Sonstige Leistungen, insbesondere Werkleistungen, sind grundsätzlich im Zeitpunkt ihrer Vollendung ausgeführt. [2]Bei zeitlich begrenzten Dauerleistungen, z. B. Duldungs- oder Unterlassungsleistungen (vgl. Abschnitt 24 Abs. 3) ist die Leistung mit Beendigung des entsprechenden Rechtsverhältnisses ausgeführt, es sei denn, die Beteiligten hatten Teilleistungen (vgl. Abschnitt

Anm. d. Schriftl.:

[1] Bestehen Zweifel, ob die Lieferung oder der innergemeinschaftliche Erwerb eines bestimmten Gegenstandes unter die Steuerermäßigung fällt, haben die Lieferer bzw. die Abnehmer bzw. die innergemeinschaftlichen Erwerber die Möglichkeit bei der zuständigen zolltechnischen Prüfungs- und Lehranstalt eine unverbindliche Zolltarifauskunft für Umsatzsteuerzwecke einzuholen. Regelungen zur Zuständigkeit und ein Antragsmuster enthält das BMF-Schreiben vom 12. 7. 2000 – BStBl 2000 I S. 1209.

180) vereinbart. ³Anzahlungen sind stets im Zeitpunkt der Vereinnahmung zu versteuern (vgl. Abschnitt 181).

(4) – (6) ...

UStR 178. Sollversteuerung in der Bauwirtschaft

¹Die Bauwirtschaft führt Werklieferungen und Werkleistungen auf dem Grund und Boden der Auftraggeber im allgemeinen nicht in Teilleistungen (vgl. Abschnitt 180), sondern als einheitliche Leistungen aus. ²Diese Leistungen sind ausgeführt:

1. ¹Werklieferungen, wenn dem Auftraggeber die Verfügungsmacht verschafft wird. ²Das gilt auch dann, wenn das Eigentum an den verwendeten Baustoffen gem. §§ 946, 93, 94 BGB zur Zeit der Verbindung mit dem Grundstück auf den Auftraggeber übergeht. ³Der Werklieferungsvertrag wird mit der Übergabe und Abnahme des fertiggestellten Werks erfüllt; der Auftraggeber erhält die Verfügungsmacht mit der Übergabe des fertiggestellten Werks (vgl. BFH-Urteil vom 26. 2. 1976 – BStBl II S. 309). ⁴Auf die Form der Abnahme kommt es dabei nicht an. ⁵Insbesondere ist eine Verschaffung der Verfügungsmacht bereits dann anzunehmen, wenn der Auftraggeber das Werk durch schlüssiges Verhalten, z. B. durch Benutzung, abgenommen hat und eine förmliche Abnahme entweder gar nicht oder erst später erfolgen soll. ⁶Wird das vertraglich vereinbarte Werk nicht fertiggestellt und ist eine Vollendung des Werkes durch den Werkunternehmer nicht mehr vorgesehen, entsteht ein neuer Leistungsgegenstand. ⁷Dieser bestimmt sich im Falle eines Insolvenzverfahrens unter Ablehnung weiterer Erfüllung des Vertrages seitens des Insolvenzverwalters gemäß § 103 InsO nach Maßgabe des bei Eröffnung des Insolvenzverfahrens tatsächlich Geleisteten (vgl. BFH-Urteil vom 2. 2. 1978 – BStBl II S. 483 für den Werkunternehmerkonkurs und BFH-Beschluß vom 24. 4. 1980 – BStBl II S. 541 für den Bestellerkonkurs; ...). ⁸In diesen Fällen ist die Lieferung im Zeitpunkt der Insolvenzeröffnung bewirkt. ⁹Gleiches gilt im Falle der Kündigung des Werkvertrages mit der Maßgabe, daß hier der Tag des Zugangs der Kündigung maßgebend ist. ¹⁰Stellt der Werkunternehmer die Arbeiten an dem vereinbarten Werk vorzeitig ein, weil der Besteller – ohne eine eindeutige Erklärung abzugeben – nicht willens und in der Lage ist, seinerseits den Vertrag zu erfüllen, so wird das bis dahin errichtete halbfertige Werk zum Gegenstand der Werklieferung; es wird in dem Zeitpunkt geliefert, in dem für den Werkunternehmer nach den gegebenen objektiven Umständen feststeht, daß er wegen fehlender Aussicht auf die Erlangung weiteren Werklohns nicht mehr leisten werde (vgl. BFH-Urteil vom 28. 2. 1980 – BStBl II S. 535).

2. ¹Sonstige Leistungen, insbesondere Werkleistungen, grundsätzlich im Zeitpunkt ihrer Vollendung. ²Der Zeitpunkt der Vollendung wird häufig mit dem Zeitpunkt der Abnahme zusammenfallen.

³Die in der Bauwirtschaft regelmäßig vor Ausführung der Leistung vereinnahmten Vorauszahlungen, Abschlagszahlungen usw. führen jedoch nach § 13 Abs. 1 Nr. 1 Buchstabe a Satz 4 UStG (vgl. Abschnitt 181) zu einer früheren Entstehung der Steuer. ⁴Wird über die bereits erbrachten Bauleistungen erst einige Zeit nach Ausführung der Leistungen abgerechnet, so ist das Entgelt – sofern es noch nicht feststeht – sachgerecht zu schätzen, z. B. anhand des Angebots (vgl. auch BMF-Schreiben vom 13. 11. 1998 – BStBl I S. 1472).

UStR 180. Teilleistungen

(1) ¹Teilleistungen setzen voraus, daß eine Leistung nach wirtschaftlicher Betrachtungsweise überhaupt teilbar ist. ²Ferner ist Voraussetzung, daß sie nicht als Ganzes, sondern in Teilen geschuldet und bewirkt wird. ³Eine Leistung ist in Teilen geschuldet, wenn für bestimmte Teile das Entgelt gesondert vereinbart wird (§ 13 Abs. 1 Nr. 1 Buchstabe a Satz 3 UStG). ⁴Vereinbarungen dieser Art werden im allgemeinen anzunehmen sein, wenn für einzelne Leistungsteile gesonderte Entgeltsabrechnungen durchgeführt werden. ⁵Das Entgelt ist auch in diesen Fällen

nach den Grundsätzen des § 10 Abs. 1 UStG zu ermitteln. [6]Deshalb gehören Vorauszahlungen auf spätere Teilleistungen zum Entgelt für diese Teilleistungen (vgl. BFH-Urteil vom 19. 5. 1988 – BStBl II S. 848). [7]Die Vorauszahlungen führen jedoch nach § 13 Abs. 1 Nr. 1 Buchstabe a Satz 4 UStG zu einer früheren Entstehung der Steuer (vgl. Abschnitt 181).

Beispiel 1:
In einem Mietvertrag über 2 Jahre ist eine monatliche Mietzahlung vereinbart.

Beispiel 2:
[1]Ein Bauunternehmer hat sich verpflichtet, zu Einheitspreisen (§ 5 Nr. 1a der Verdingungsordnung für Bauleistungen A – VOB/A) die Maurer- und Betonarbeiten sowie den Innen- und Außenputz an einem Bauwerk auszuführen. [2]Die Maurer- und Betonarbeiten werden gesondert abgenommen und abgerechnet. [3]Der Innen- und der Außenputz werden später ausgeführt, gesondert abgenommen und abgerechnet.

[8]In den Beispielen 1 und 2 werden Leistungen in Teilen geschuldet und bewirkt.

Beispiel 3:
[1]Eine Fahrschule schließt mit ihren Fahrschülern Verträge über die praktische und theoretische Ausbildung zur Erlangung des Führerscheins ab und weist darin die Grundgebühr, den Preis je Fahrstunde und die Gebühr für die Vorstellung zur Prüfung gesondert aus. [2]Entsprechend werden die Abrechnungen durchgeführt. [3]Die einzelnen Fahrstunden und die Vorstellung zur Prüfung sind als Teilleistungen zu behandeln, weil für diese Teile das Entgelt gesondert vereinbart worden ist. [4]Die durch die Grundgebühr abgegoltenen Ausbildungsleistungen können mangels eines gesondert vereinbarten Entgelts nicht in weitere Teilleistungen zerlegt werden (vgl. BFH-Urteil vom 21. 4. 1994 – UR 1995 S. 306).

Beispiel 4:
[1]Ein Unternehmer wird beauftragt, in einem Wohnhaus Parkettfußböden zu legen. [2]In der Auftragsbestätigung sind die Materialkosten getrennt ausgewiesen. [3]Der Unternehmer versendet die Materialien zum Bestimmungsort und führt dort die Arbeiten aus.

[4]Gegenstand der vom Auftragnehmer auszuführenden Werklieferung ist der fertige Parkettfußboden. [5]Die Werklieferung bildet eine Einheit, die nicht in eine Materiallieferung und in eine Werkleistung zerlegt werden kann (vgl. Abschnitt 27).

Beispiel 5:
[1]Eine Gebietskörperschaft überträgt einem Bauunternehmer nach Maßgabe der VOB als Gesamtleistung die Maurer- und Betonarbeiten an einem Hausbau. [2]Sie gewährt dem Bauunternehmer auf Antrag nach Maßgabe des § 16 Nr. 1 VOB/B „in Höhe der jeweils nachgewiesenen vertragsgemäßen Leistungen" Abschlagszahlungen.

[3]Die Abschlagszahlungen sind ohne Einfluß auf die Haftung und gelten nicht als Abnahme von Teilleistungen. [4]Der Bauunternehmer erteilt die Schlußrechnung erst, wenn die Gesamtleistung ausgeführt ist. [5]Die Abschlagszahlungen unterliegen der Istversteuerung (vgl. Abschnitt 181). [6]Soweit das Entgelt laut Schlußrechnung die geleisteten Abschlagszahlungen übersteigt, entsteht die Steuer mit Ablauf des Voranmeldungszeitraums, in dem der Bauunternehmer die gesamte, vertraglich geschuldete Werklieferung bewirkt hat.

(2) ...

UStR 181. Istversteuerung von Anzahlungen

(1) [1]Nach § 13 Abs. 1 Nr. 1 Buchstabe a Satz 4 UStG entsteht die Steuer in den Fällen, in denen das Entgelt oder ein Teil des Entgelts (z. B. Anzahlungen, Abschlagszahlungen, Vorauszahlungen) vor Ausführung der Leistung oder Teilleistung gezahlt wird, bereits mit Ablauf des Voranmeldungszeitraums, in dem das Entgelt oder Teilentgelt vereinnahmt worden ist. [2]Zum Zeitpunkt der Vereinnahmung vgl. Abschnitt 182 Abs. 1.

(2) Anzahlungen usw. können außer in Barzahlungen auch in Lieferungen oder sonstigen Leistungen bestehen, die im Rahmen eines Tausches oder tauschähnlichen Umsatzes als Entgelt oder Teilentgelt hingegeben werden.

(3) ¹Anzahlungen führen zur Entstehung der Steuer, wenn sie für eine bestimmte Lieferung oder sonstige Leistung entrichtet werden. ²Bezieht sich eine Anzahlung auf mehrere Lieferungen oder sonstige Leistungen, so ist sie entsprechend aufzuteilen. ³Was Gegenstand der Lieferung oder sonstigen Leistung ist, muß nach den Gegebenheiten des Einzelfalls beurteilt werden. ⁴Wird eine Leistung in Teilen geschuldet und bewirkt (Teilleistung), so sind Anzahlungen der jeweiligen Teilleistung zuzurechnen, für die sie geleistet werden (vgl. BFH-Urteil vom 19. 5. 1988 – BStBl II S. 848). ⁵Fehlt es bei der Vereinnahmung der Zahlung noch an einer konkreten Leistungsvereinbarung, so ist zu prüfen, ob die Zahlung als bloße Kreditgewährung zu betrachten ist; aus den Umständen des Einzelfalles, z. B. bei dauernder Geschäftsverbindung mit regelmäßig sich wiederholenden Aufträgen, kann sich ergeben, daß es sich dennoch um eine Anzahlung auf eine künftige Leistung handelt, die zur Entstehung der Steuer führt.

(4) ¹Wird eine Anzahlung für eine Leistung vereinnahmt, die voraussichtlich unter eine Befreiungsvorschrift des § 4 UStG fällt, so braucht auch die Anzahlung nicht der Steuer unterworfen zu werden. ²Dagegen ist die Anzahlung zu versteuern, wenn bei ihrer Vereinnahmung noch nicht abzusehen ist, ob die Voraussetzungen für die Steuerfreiheit der Leistung erfüllt werden.

(5) ...

(6) Wegen der Rechnungserteilung bei der Istversteuerung von Anzahlungen siehe Abschnitt 187, wegen der Berechtigung zum Abzug der auf die Anzahlungen entfallenden Vorsteuern siehe Abschnitt 193.

(7) Werden Anzahlungen in fremder Währung geleistet, so ist die einzelne Anzahlung nach dem im Monat der Vereinnahmung geltenden Durchschnittskurs umzurechnen (§ 16 Abs. 6 UStG); bei dieser Umrechnung verbleibt es, auch wenn im Zeitpunkt der Leistungsausführung ein anderer Durchschnittskurs gilt.

UStR 182. Entstehung der Steuer bei der Besteuerung nach vereinnahmten Entgelten

(1) ¹Bei der Besteuerung nach vereinnahmten Entgelten ... entsteht die Steuer für Lieferungen und sonstige Leistungen mit Ablauf des Voranmeldungszeitraums, in dem die Entgelte vereinnahmt worden sind. ²Anzahlungen (vgl. Abschnitt 181) sind stets im Voranmeldungszeitraum ihrer Vereinnahmung zu versteuern. ³Als Zeitpunkt der Vereinnahmung gilt bei Überweisungen auf ein Bankkonto grundsätzlich der Zeitpunkt der Gutschrift. ⁴Zur Frage der Vereinnahmung bei Einzahlung auf ein gesperrtes Konto vgl. BFH-Urteile vom 27. 11. 1958 – BStBl 1959 III S. 64 und vom 23. 4. 1980 – BStBl II S. 643. ⁵Vereinnahmt sind auch Beträge, die der Schuldner dem Gläubiger am Fälligkeitstag gutschreibt, wenn die Beträge dem Berechtigten von nun an zur Verwendung zur Verfügung stehen (vgl. BFH-Urteil vom 24. 3. 1993 – BStBl II S. 499). ⁶Dies gilt jedoch nicht, wenn die Beträge im Zeitpunkt der Gutschrift nicht fällig waren und das Guthaben nicht verzinst wird (vgl. BFH-Urteil vom 12. 11. 1997 – BStBl 1998 II S. 252). ⁷Beim Kontokorrentverkehr ist das Entgelt mit der Anerkennung des Saldos am Ende eines Abrechnungszeitraums vereinnahmt. ⁸Wird für eine Leistung ein Wechsel in Zahlung genommen, gilt das Entgelt erst mit dem Tag der Einlösung oder – bei Weitergabe – mit dem Tag der Gutschrift oder Wertstellung als vereinnahmt. ⁹Ein Scheckbetrag ist grundsätzlich nicht erst mit Einlösung des Schecks, sondern bereits mit dessen Hingabe zugeflossen, wenn der sofortigen Vorlage des Schecks keine zivilrechtlichen Abreden entgegenstehen und wenn davon ausgegangen werden kann, daß die bezogene Bank im Falle der sofortigen Vorlage des Schecks den Scheckbetrag auszahlen oder gutschreiben wird. ¹⁰Die Abtretung einer Forderung an Zahlungs statt (§ 364 Abs. 1 BGB) führt im Zeitpunkt der Abtretung in Höhe des wirtschaftlichen Wertes, der der Forderung im Abtretungszeitpunkt zukommt, zu einem Zufluß. ¹¹Das gleiche gilt bei einer zahlungshalber erfolgten Zahlungsabtretung (§ 364 Abs. 2 BGB), wenn eine fällige, unbestrittene und einziehbare Forderung vorliegt (vgl. BFH-Urteil vom 30. 10. 1980 – BStBl 1981 II S. 305).

¹²Eine Aufrechnung ist im Zeitpunkt der Aufrechnungserklärung einer Zahlung gleichzusetzen (vgl. BFH-Urteil vom 19. 4. 1977 – BStBl II S. 601).

(2) Führen Unternehmer, denen die Besteuerung nach vereinnahmten Entgelten gestattet worden ist, Leistungen an ihr Personal aus, für die kein besonderes Entgelt berechnet wird, so entsteht die Steuer insoweit mit Ablauf des Voranmeldungszeitraums, in dem diese Leistungen ausgeführt worden sind.

Zu § 14 UStG (§§ 31 bis 34 UStDV)

UStR   183. Zum Begriff der Rechnung[1]

(1) ¹Rechnungen im Sinne des § 14 UStG brauchen nicht ausdrücklich als solche bezeichnet zu werden. ²Es reicht aus, wenn sich aus dem Inhalt der Urkunde ergibt, daß es sich um eine Abrechnung des Unternehmers über eine Leistung handelt. ³Schriftstücke, mit denen nicht über eine Leistung abgerechnet wird, die sich vielmehr ausschließlich auf den Zahlungsverkehr beziehen, wie z. B. Mahnungen oder Kontoauszüge, sind keine Rechnungen, auch wenn sie alle in § 14 Abs. 1 Satz 2 UStG geforderten Angaben enthalten.

(2) ¹Als Rechnung ist auch ein Vertrag anzusehen, der die in § 14 Abs. 1 Satz 2 UStG geforderten Angaben enthält. ²Im Vertrag fehlende Angaben müssen in anderen Unterlagen enthalten sein, auf die im Vertrag hinzuweisen ist (§ 31 Abs. 1 UStDV). ³Ist in einem Vertrag – z. B. in einem Miet- oder Pachtvertrag, Wartungsvertrag oder Pauschalvertrag mit einem Steuerberater – der Zeitraum, über den sich die jeweilige Leistung oder Teilleistung erstreckt, nicht angegeben, so reicht es aus, wenn sich dieser aus den einzelnen Zahlungsbelegen, z. B. aus den Ausfertigungen der Überweisungsaufträge, ergibt (vgl. auch BFH-Beschluß vom 7. 7. 1988 – BStBl II S. 913). ⁴Die in einem Vertrag enthaltene gesonderte Inrechnungstellung der Steuer muß jedoch wie bei jeder anderen Abrechnungsform eindeutig, klar und unbedingt sein. ⁵Das ist nicht der Fall, wenn z. B. die in einem Vertrag enthaltene Abrechnung offenläßt, ob der leistende Unternehmer den Umsatz versteuern oder als steuerfrei behandeln will, und demnach die Abrechnungsvereinbarung für jeden der beiden Fälle eine wahlweise Ausgestaltung enthält (vgl. BFH-Urteil vom 4. 3. 1982 – BStBl II S. 317).

(3) ¹Sogenannte Innenumsätze, z. B. zwischen Betriebsabteilungen desselben Unternehmens oder innerhalb eines Organkreises, sind innerbetriebliche Vorgänge. ²Werden für sie Belege mit gesondertem Steuerausweis ausgestellt, so handelt es sich umsatzsteuerrechtlich nicht um Rechnungen, sondern um unternehmensinterne Buchungsbelege. ³Die darin ausgewiesene Steuer wird nicht nach § 14 Abs. 3 UStG geschuldet.

(4) ¹Der Anspruch nach § 14 Abs. 1 UStG auf Erteilung einer Rechnung mit gesondert ausgewiesener Steuer steht dem umsatzsteuerlichen Leistungsempfänger zu. ²Hierbei handelt es sich um einen zivilrechtlichen Anspruch, der vor den ordentlichen Gerichten geltend zu machen ist (BGH-Urteil vom 11. 12. 1974 – NJW 1975 S. 310). ³Die Verjährung tritt nach Ablauf von 30 Jahren ein (BGH-Urteil vom 2. 12. 1992 – UR 1993 S. 84). ⁴Dieser Anspruch (Erfüllung einer Nebenpflicht aus dem zugrundeliegenden Schuldverhältnis) setzt voraus, daß der leistende Unternehmer zur Rechnungsausstellung mit gesondertem Steuerausweis berechtigt ist und ihn zivilrechtlich die Abrechnungslast trifft (vgl. BFH-Urteil vom 4. 3. 1982 – BStBl II S. 309). ⁵Ist es ernstlich zweifelhaft, ob eine Leistung der Umsatzsteuer unterliegt, so kann der Leistungsemp-

---

Anm. d. Schriftl.:

[1] Durch Erweiterung des § 14 Abs. 4 UStG im Rahmen des Steuersenkungsgesetzes vom 23. 10. 2000 – BGBl 2000 I S. 1433 wird als Rechnung auch eine mit einer digitalen Signatur nach dem Signaturgesetz versehene elektronische Abrechnung angesehen. Diese Erweiterung gilt ab dem 1. 1. 2002.

fänger die Erteilung einer Rechnung mit gesondert ausgewiesener Steuer nur verlangen, wenn der Vorgang bestandskräftig der Umsatzsteuer unterworfen wurde (vgl. BGH-Urteile vom 24. 2. 1988 – UR 1988 S. 183 und vom 10. 11. 1988 – UR 1989 S. 121). [6]Zu der Möglichkeit des Leistungsempfängers, die Steuerpflicht des Vorgangs auch durch eine Feststellungsklage nach § 41 FGO klären zu lassen, vgl. BFH-Urteil vom 10. 7. 1997 – BStBl II S. 707. [7]Nach Eröffnung des Insolvenzverfahrens ist der Anspruch auf Ausstellung einer Rechnung nach § 14 Abs. 1 UStG vom Insolvenzverwalter auch dann zu erfüllen, wenn die Leistung vor Eröffnung des Insolvenzverfahrens bewirkt wurde (vgl. BGH-Urteil vom 6. 5. 1981 – UR 1982 S. 55, DB 1981 S. 1770 zum Konkursverfahren).

(5) ...

UStR 184. Gutschriften als Rechnungen

(1) [1]Eine Gutschrift (§ 14 Abs. 5 UStG) unterscheidet sich von einer Rechnung im Sinne des § 14 Abs. 4 UStG dadurch, daß nicht der Leistende, sondern der Leistungsempfänger über die Leistung abrechnet. [2]Die Abgrenzung zwischen Gutschrift und Rechnung beurteilt sich danach, wen von den beiden am Leistungsaustausch Beteiligten nach zivilrechtlichen Grundsätzen die Abrechnungslast trifft. [3]Diese ist anhand des schuldrechtlichen Verhältnisses oder einer den tatsächlichen Gegebenheiten und ihrer schuldrechtlichen Einordnung entsprechenden vertraglichen Verpflichtung zu bestimmen. [4]Die wahlweise Abrechnung durch Rechnung oder Gutschrift ist zulässig, wenn keine anderweitige gesetzliche Regelung zur Abrechnungsverpflichtung besteht und jeder der beiden Vertragspartner auf der Grundlage seiner eigenen Geschäftsunterlagen abrechnen kann. [5]Eine vom Zivilrecht abweichende Gestaltung und Bezeichnung des Abrechnungspapiers ist ohne umsatzsteuerrechtliche Bedeutung (vgl. BFH-Urteil vom 4. 3. 1982 – BStBl II S. 309). [6]So kann z. B. eine Abrechnung des Leistungsempfängers nicht als Abrechnung des Leistenden durch einen von ihm beauftragten Dritten angesehen werden. [7]Es handelt sich um eine Gutschrift, selbst wenn sie als Rechnung bezeichnet wird. [8]Sie wird auch nicht dadurch zu einer Rechnung im Sinne des § 14 Abs. 4 UStG, daß sie vom Leistenden unterschrieben wird (vgl. BFH-Urteil vom 27. 9. 1979 – BStBl 1980 II S. 228).

(2) [1]Bei der Verwendung von Vertragsformularen und allgemeinen Geschäftsbedingungen, die eine Abrechnung oder Rechnung mit gesondertem Steuerausweis enthalten, kommt es für die Bestimmung des Ausstellers maßgeblich darauf an, von wem diese vorformulierten Erklärungen stammen. [2]Wird die Abrechnung mit gesondertem Steuerausweis in einen gegenseitigen Vertrag aufgenommen, der unter Verwendung eines vom Leistungsempfänger gestellten Vertragsmusters abgeschlossen wird, ist nicht der Leistende, sondern der Leistungsempfänger Aussteller der Abrechnung. [3]Es liegt deshalb eine Gutschrift vor (vgl. BFH-Urteil vom 18. 3. 1982 – BStBl II S. 312).

(3) [1]Werden Glücksspiel- und Unterhaltungsautomaten in Gastwirtschaften mit Gewinnbeteiligung der Gastwirte aufgestellt, so trifft die Automatenaufsteller die Last, über die Gewinnbeteiligung der Gastwirte abzurechnen. [2]Die Abrechnungen sind daher Gutschriften der Automatenaufsteller (vgl. BFH-Urteil vom 18. 3. 1982 – BStBl II S. 525).

(4) [1]Eine Gutschrift gilt nur dann als Rechnung, wenn der leistende Unternehmer (Gutschriftempfänger) zum gesonderten Ausweis der Steuer in einer Rechnung nach § 14 Abs. 1 UStG berechtigt ist (§ 14 Abs. 5 Nr. 1 UStG). [2]Fehlt die Berechtigung zum gesonderten Steuerausweis, so hat die Abrechnung auch bei gegenteiliger Versicherung des Leistenden nicht die Wirkung einer Rechnung (vgl. BFH-Beschluß vom 27. 3. 1981 – BStBl II S. 543).

(5) [1]Das Einverständnis zur Abrechnung mit Gutschriften (§ 14 Abs. 5 Nr. 2 UStG) braucht nicht in einer bestimmten Form erklärt zu werden. [2]Die Vereinbarung kann sich aus Verträgen oder sonstigen Geschäftsunterlagen ergeben, z. B. aus einem Lizenzvertrag, Handelsvertretervertrag, Milchablieferungsvertrag oder einer Verbandssatzung. [3]Sie kann auch mündlich getroffen werden.

(6) ¹Der leistende Unternehmer (Gutschriftempfänger) kann dem Steuerausweis in der Gutschrift widersprechen. ²Der Widerspruch wirkt – auch für den Vorsteuerabzug des Gutschriftausstellers – erst in dem Besteuerungszeitraum, in dem er erklärt wird (vgl. BFH-Urteil vom 19. 5. 1993 – BStBl II S. 779 und Abschnitt 192 Abs. 9).

UStR 185. Angaben in der Rechnung

(1) ¹Handelsüblich (§ 14 Abs. 1 Satz 2 Nr. 3 UStG) ist jede im Geschäftsverkehr für einen Gegenstand allgemein verwendete Bezeichnung, z. B. auch Markenartikelbezeichnungen. ²Handelsübliche Sammelbezeichnungen sind ausreichend, wenn sie die Bestimmung des anzuwendenden Steuersatzes eindeutig ermöglichen, z. B. Baubeschläge, Büromöbel, Kurzwaren, Schnittblumen, Spirituosen, Tabakwaren, Waschmittel. ³Bezeichnungen allgemeiner Art, die Gruppen verschiedenartiger Gegenstände umfassen, z. B. Geschenkartikel, reichen nicht aus.

(2) ¹Die Regelung des § 32 UStDV für Rechnungen über Umsätze, die verschiedenen Steuersätzen unterliegen, gilt entsprechend, wenn in einer Rechnung neben steuerpflichtigen Umsätzen auch nicht steuerbare oder steuerfreie Umsätze aufgeführt werden. ²Kosten für Nebenleistungen, z. B. für Beförderung, Verpackung, Versicherung, sind, soweit sie besonders berechnet werden, den unterschiedlich besteuerten Hauptleistungen entsprechend zuzuordnen. ³Die Aufteilung ist nach geeigneten Merkmalen, z. B. nach dem Verhältnis der Werte oder Gewichte, vorzunehmen.

(3) In Rechnungen für Umsätze, auf die die Durchschnittsätze des § 24 Abs. 1 UStG anzuwenden sind, ist außer dem Steuerbetrag der für den Umsatz maßgebliche Durchschnittsatz anzugeben (§ 24 Abs. 1 Satz 5 UStG).

(4) ¹Ergänzungen und Berichtigungen von Rechnungsangaben können grundsätzlich nur von demjenigen vorgenommen werden, der die Abrechnung erteilt hat (vgl. BFH-Urteil vom 27. 9. 1979 – BStBl 1980 II S. 228). ²Der Abrechnungsempfänger kann von sich aus den Inhalt der ihm erteilten Abrechnung nicht mit rechtlicher Wirkung verändern. ³Insbesondere kann der gesonderte Ausweis der Steuer nur vom Abrechnenden vorgenommen werden. ⁴Der Leistungsempfänger kann den in einer ihm erteilten Rechnung enthaltenen Gesamtkaufpreis selbst dann nicht mit rechtlicher Wirkung in Entgelt und darauf entfallende Steuer aufteilen, wenn diese Änderung der Rechnung im Beisein des leistenden Unternehmers vorgenommen wird. ⁵Eine Berichtigung oder Ergänzung des Abrechnungspapiers durch den Abrechnungsempfänger ist jedoch anzuerkennen, wenn sich der Abrechnende die Änderung zu eigen macht und dies aus dem Abrechnungspapier oder anderen Unterlagen hervorgeht, auf die im Abrechnungspapier hingewiesen ist (vgl. BFH-Beschluß vom 17. 4. 1980 – BStBl II S. 540). ⁶Zu der Möglichkeit des Rechnungsempfängers, in § 14 Abs. 1 Satz 2 Nr. 3 und 4 UStG bezeichnete Angaben für Zwecke des Vorsteuerabzugs selbst zu ergänzen, vgl. Abschnitt 202 Abs. 3.

(5) Wegen der inhaltlichen Anforderungen an Rechnungen für Zwecke des Vorsteuerabzugs vgl. Abschnitt 192 Abs. 4 und 15.

UStR 186. Fahrausweise

(1) ¹Fahrausweise (§ 34 UStDV) sind Urkunden, die einen Anspruch auf Beförderung von Personen gewähren. ²Dazu gehören auch Zuschlagkarten für zuschlagspflichtige Züge, Platzkarten, Bettkarten und Liegekarten. ³Mit Fahrscheindruckern ausgestellte Fahrscheine sind auch dann Fahrausweise im Sinne des § 34 UStDV, wenn auf ihnen der Steuersatz in Verbindung mit einem Symbol angegeben ist (z. B. „V" mit dem zusätzlichen Vermerk „V = 16 v. H. USt"). ⁴Keine Fahrausweise sind Rechnungen über die Benutzung eines Taxis oder Mietwagens.

(2) ¹Zeitfahrausweise (Zeitkarten) werden von den Verkehrsunternehmen in folgenden Formen ausgegeben:

1. Die Zeitkarte wird für jeden Gültigkeitszeitraum insgesamt neu ausgestellt;

2. ¹die Zeitkarte ist zweigeteilt in eine Stammkarte und eine Wertkarte oder Wertmarke. ²Hierbei gilt die Stammkarte, die lediglich der Identitätskontrolle dient, für einen längeren Zeitraum als die jeweilige Wertkarte oder Wertmarke.

²Beide Formen der Zeitkarten sind als Fahrausweise anzuerkennen, wenn sie die in § 34 Abs. 1 UStDV bezeichneten Angaben enthalten. ³Sind diese Angaben bei den unter Nummer 2 aufgeführten Zeitkarten insgesamt auf der Wertkarte oder der Wertmarke vermerkt, so sind diese Belege für sich allein als Fahrausweise anzusehen.

UStR 187. Rechnungserteilung bei der Istversteuerung von Anzahlungen

(1) ¹Aus Rechnungen über Zahlungen vor Ausführung der Leistung muß hervorgehen, daß damit Voraus- oder Anzahlungen abgerechnet werden, z. B. durch Angabe des voraussichtlichen Zeitpunkts der Leistung. ²Unerheblich ist, ob vor Ausführung der Leistung über das gesamte Entgelt oder nur einen Teil des Entgelts abgerechnet wird. ³Die Regelung gilt auch für die Unternehmer, die die Steuer gemäß § 20 UStG nach vereinnahmten Entgelten berechnen.

(2) ¹Sofern die berechneten Voraus- oder Anzahlungen nicht geleistet werden, tritt eine Besteuerung nach § 14 Abs. 3 UStG nicht ein. ²Das gilt auch dann, wenn der Unternehmer die Leistung nicht ausführt, es sei denn, die Leistung war von vornherein nicht beabsichtigt (vgl. BFH-Urteil vom 21. 2. 1980 – BStBl II S. 283).

(3) ¹Über Voraus- und Anzahlungen kann auch mit Gutschriften abgerechnet werden. ²In diesen Fällen gilt § 14 Abs. 5 UStG sinngemäß (vgl. Abschnitt 184).

(4)–(6) ...

(7) ¹In einer Endrechnung, mit der ein Unternehmer über die ausgeführte Leistung insgesamt abrechnet, sind die vor der Ausführung der Leistung vereinnahmten Entgelte oder Teilentgelte sowie die hierauf entfallenden Steuerbeträge abzusetzen, wenn über diese Entgelte oder Teilentgelte Rechnungen mit gesondertem Steuerausweis erteilt worden sind (§ 14 Abs. 1 letzter Satz UStG). ²⁻⁴ ...

Beispiel 1:
Absetzung der einzelnen im voraus vereinnahmten Teilentgelte und der auf sie entfallenden Steuerbeträge
Endrechnung
Errichtung einer Lagerhalle
Ablieferung und Abnahme: 10. 10. 01

	Summe DM	Preis DM	Entgelt DM	Umsatzsteuer DM
		6 960 000	6 000 000	960 000
./. Abschlagszahlungen				
5. 3. 01	1 160 000		1 000 000	160 000
2. 4. 01	1 160 000		1 000 000	160 000
4. 6. 01	1 160 000		1 000 000	160 000
3. 9. 01	2 320 000	5 800 000	2 000 000	320 000
Verbleibende Restzahlung		1 160 000	1 000 000	160 000

Beispiel 2:
Absetzung des Gesamtbetrags der vorausgezahlten Teilentgelte und der Summe der darauf entfallenden Steuerbeträge
Endrechnung
Lieferung und Einbau eines Fahrstuhls
Ablieferung und Abnahme: 10. 9. 01

	Preis	Entgelt	Umsatzsteuer
	DM	DM	DM
	1 392 000	1 200 000	192 000
./. Abschlagszahlungen am 2. 4. und 4. 6. 01	1 160 000	1 000 000	160 000
Verbleibende Restzahlung	232 000	200 000	32 000

Beispiel 3:

Absetzung des Gesamtbetrags der Abschlagszahlungen (Vorauszahlungen)

Endrechnung

Lieferung und Montage einer Heizungsanlage

Ablieferung und Abnahme: 10. 7. 01

Entgelt insgesamt	DM 1 500 000
+ Umsatzsteuer	DM 240 000
Gesamtpreis	DM 1 740 000
./. Abschlagszahlungen am 1. 2. und 7. 5. 01	DM 1 392 000
Verbleibende Restzahlung	DM 348 000
Darin enthaltene Umsatzsteuer	DM 48 000
In den Abschlagszahlungen enthaltene Umsatzsteuer	DM 192 000

Beispiel 4:

Verzicht auf die Angabe des auf das restliche Entgelt entfallenden Steuerbetrags

Endrechnung

Lieferung eines Baukrans am 20. 8. 01

1 Baukran	Entgelt	DM 1 600 000
	+ Umsatzsteuer	DM 256 000
	Preis	DM 1 856 000

./. Abschlagszahlungen, geleistet am 12. 3., 14. 5. und 10. 7. 01:

Entgelt	DM 1 300 000	
+ Umsatzsteuer	DM 208 000	DM 1 508 000
Verbleibende Restzahlung		DM 348 000

(8) Für die Erteilung der Endrechnung gelten folgende Vereinfachungen:

1. [1]Die vor der Ausführung der Leistung vereinnahmten Teilentgelte und die darauf entfallenden Steuerbeträge werden nicht vom Rechnungsbetrag abgesetzt, sondern auf der Endrechnung zusätzlich angegeben. [2]Auch hierbei können mehrere Voraus- oder Anzahlungen zusammengefaßt werden.

Beispiel 1:

Angabe der einzelnen Anzahlungen

Endrechnung

Lieferung einer Entlüftungsanlage am 23. 7. 01

Entgelt	DM 800 000
+ Umsatzsteuer	DM 128 000
Preis	DM 928 000

Geleistete Anzahlungen:

	Gesamtbetrag DM	Entgelt DM	Umsatzsteuer DM
1. 2. 01:	232 000	200 000	32 000
5. 3. 01:	232 000	200 000	32 000
7. 5. 01:	232 000	200 000	32 000
	696 000	600 000	96 000

Beispiel 2:
Angabe der Gesamt-Anzahlungen
Endrechnung
Lieferung eines Baggers am 18. 6. 01

	Preis DM	Entgelt DM	Umsatzsteuer DM
1 Bagger	522 000	450 000	72 000

Geleistete Anzahlungen am 13. 3. und 21. 5. 01:

Entgelt	DM 350 000
Umsatzsteuer	DM 56 000
Gesamtbetrag	DM 406 000

2. ¹Die vor der Ausführung der Leistung vereinnahmten Teilentgelte und die darauf entfallenden Steuerbeträge werden in einem Anhang der Endrechnung aufgeführt. ²Auf diesen Anhang ist in der Endrechnung ausdrücklich hinzuweisen.

Beispiel:
Angabe der einzelnen Anzahlungen in einem Anhang zur Endrechnung

Endrechnung Nr. . . . . , 19. 11. 01
Errichtung einer Montagehalle
Ablieferung und Abnahme: 12. 11. 01

Montagehalle	
Gesamtentgelt	DM 6 500 000
+ Umsatzsteuer	DM 1 040 000
Gesamtpreis	DM 7 540 000

Die geleisteten Anzahlungen sind in der angefügten Zahlungsübersicht zusammengestellt.
Anhang der Rechnung Nr. . . . . . . vom 19. 11. 01
Zahlungsübersicht

	Gesamtbetrag DM	Entgelt DM	Umsatzsteuer DM
Anzahlung am 1. 2. 01	2 320 000	2 000 000	320 000
Anzahlung am 2. 4. 01	1 160 000	1 000 000	160 000
Anzahlung am 4. 6. 01	1 160 000	1 000 000	160 000
Anzahlung am 1. 8. 01	1 160 000	1 000 000	160 000
	5 800 000	5 000 000	800 000

3. ¹Der Leistungsempfänger erhält außer der Endrechnung eine besondere Zusammenstellung der Anzahlungen, über die Rechnungen mit gesondertem Steuerausweis erteilt worden sind. ²In der Endrechnung muß ausdrücklich auf die Zusammenstellung der Anzahlungen hingewiesen werden. ³Die Zusammenstellung muß einen entsprechenden Hinweis auf die Endrechnung enthalten.

(9) . . .

Zu § 14 UStG   **Umsatzsteuer** 670

(10) ¹Werden – entgegen der Verpflichtung nach § 14 Abs. 1 letzter Satz UStG – in einer Endrechnung oder der zugehörigen Zusammenstellung die vor der Leistung vereinnahmten Teilentgelte und die auf sie entfallenden Steuerbeträge nicht abgesetzt oder angegeben, so hat der Unternehmer den in dieser Rechnung ausgewiesenen gesamten Steuerbetrag an das Finanzamt abzuführen. ²Entsprechendes gilt, wenn in der Endrechnung oder der zugehörigen Zusammenstellung nur ein Teil der im voraus vereinnahmten Teilentgelte und der auf sie entfallenden Steuerbeträge abgesetzt wird. ³Der Teil der in der Endrechnung ausgewiesenen Steuer, der auf die vor der Leistung vereinnahmten Teilentgelte entfällt, wird in diesen Fällen zusätzlich nach § 14 Abs. 2 UStG geschuldet. ⁴Der Leistungsempfänger kann jedoch nur den Teil des in der Endrechnung ausgewiesenen Steuerbetrags als Vorsteuer abziehen, der auf das nach der Ausführung der Leistung zu entrichtende restliche Entgelt entfällt. ⁵Erteilt der Unternehmer dem Leistungsempfänger nachträglich eine berichtigte Endrechnung, die den Anforderungen des § 14 Abs. 1 letzter Satz UStG genügt, so kann er die von ihm geschuldete Steuer in entsprechender Anwendung des § 17 Abs. 1 UStG berichtigen.

(11) ¹Statt einer Endrechnung kann der Unternehmer über das restliche Entgelt oder den verbliebenen Restpreis eine Rechnung erteilen (Restrechnung). ²In ihr sind die im voraus vereinnahmten Teilentgelte und die darauf entfallenden Steuerbeträge nicht anzugeben. ³Es ist jedoch nicht zu beanstanden, wenn zusätzlich das Gesamtentgelt (ohne Steuer) angegeben wird und davon die im voraus vereinnahmten Teilentgelte (ohne Steuer) abgesetzt werden.

UStR   187a. Rechnungserteilung bei verbilligten Leistungen (§ 10 Abs. 5 UStG)

(1) ¹Grundsätzlich können in einer Rechnung nur das Entgelt und der darauf entfallende Umsatzsteuerbetrag ausgewiesen werden. ²Hiervon abweichend sind Unternehmer berechtigt und auf Verlangen des unternehmerischen Leistungsempfängers verpflichtet, in den folgenden Fällen die Mindestbemessungsgrundlage des § 10 Abs. 5 in Verbindung mit § 10 Abs. 4 UStG sowie den darauf entfallenden Steuerbetrag in einer Rechnung auszuweisen:

1. ...
2. Einzelunternehmer führen verbilligte Leistungen an ihnen nahestehende Personen aus (§ 10 Abs. 5 Nr. 1 UStG).
3. Unternehmer führen verbilligte Leistungen an ihr Personal oder dessen Angehörige auf Grund des Dienstverhältnisses aus (§ 10 Abs. 5 Nr. 2 UStG).

Beispiel:
¹Eine Gesellschaft liefert an ihren unternehmerisch tätigen Gesellschafter eine gebrauchte Maschine, deren Wiederbeschaffungskosten netto 50 000 DM betragen, zu einem Kaufpreis von 30 000 DM.
²In diesem Fall muß die Rechnung neben den übrigen erforderlichen Angaben enthalten:

Mindestbemessungsgrundlage	50 000 DM
16 v. H. Umsatzsteuer	8 000 DM

³Der die Maschine erwerbende Gesellschafter kann unter den weiteren Voraussetzungen des § 15 UStG 8 000 DM als Vorsteuer abziehen.

(2) Für Land- und Forstwirte, die nach den Durchschnittsätzen des § 24 Abs. 1 bis 3 UStG besteuert werden, gilt die Regelung nicht.

UStR   189. Unrichtiger Steuerausweis

Zu hoher Steuerausweis (§ 14 Abs. 2 Satz 1 UStG)

(1) ¹Die Vorschrift des § 14 Abs. 2 UStG gilt für Unternehmer, die persönlich zum gesonderten Steuerausweis berechtigt sind und für eine Lieferung oder sonstige Leistung einen Steuerbetrag

Umsatzsteuer — Zu § 14 UStG

in der Rechnung gesondert ausgewiesen haben, obwohl sie für diesen Umsatz keine oder eine niedrigere Steuer schulden. ²Hiernach werden von § 14 Abs. 2 UStG Rechnungen mit gesondertem Steuerausweis erfaßt (vgl. BFH-Urteil vom 7. 5. 1981 – BStBl II S. 547):

1. für steuerpflichtige Leistungen, wenn eine höhere als die dafür geschuldete Steuer ausgewiesen wurde,
2. für steuerfreie Leistungen,
3. für nicht steuerbare Leistungen (unentgeltliche Leistungen, Leistungen im Ausland und Geschäftsveräußerungen im Sinne des § 1 Abs. 1a UStG) und außerdem
4. für nicht versteuerte steuerpflichtige Leistungen, wenn die Steuer für die Leistung wegen des Ablaufs der Festsetzungsfrist (§§ 169 bis 171 AO) nicht mehr erhoben werden kann (vgl. BMF-Schreiben vom 2. 1. 1989 – USt-Kartei § 14 S 7280 Karte 18).

³Die zu hoch ausgewiesene Steuer wird vom Unternehmer geschuldet, obwohl der Leistungsempfänger diese Steuer nicht als Vorsteuer abziehen kann.

(2)–(4) . . .

Berichtigung eines zu hohen Steuerausweises (§ 14 Abs. 2 Satz 2 UStG)

(5) ¹In den Fällen des § 14 Abs. 2 Satz 1 UStG kann der Rechnungsaussteller die zu hoch ausgewiesene Steuer gegenüber dem Leistungsempfänger berichtigen (§ 14 Abs. 2 Satz 2 UStG). ²Hierbei ist § 17 Abs. 1 UStG entsprechend anzuwenden. ³Die Berichtigung des Steuerbetrags muß gegenüber dem Rechnungsempfänger schriftlich erklärt werden. ⁴Zur zeitlichen Wirkung der Rechnungsberichtigung vgl. Abschnitt 223 Abs. 8.

Beispiel:

¹Ein Unternehmer berechnet für eine Lieferung die Umsatzsteuer mit 16 v. H., obwohl hierfür nach § 12 Abs. 2 UStG nur 7 v. H. geschuldet werden.

Entgelt	1 000,– DM
+ 16 v. H. Umsatzsteuer	160,– DM
Rechnungsbetrag	1 160,– DM

²Wird der Rechnungsbetrag um die zu hoch ausgewiesene Steuer herabgesetzt, so ergibt sich folgende berichtigte Rechnung:

Entgelt	1 000,– DM
+ 7 v. H. Umsatzsteuer	70,– DM
Rechnungsbetrag	1 070,– DM

³Bleibt der Rechnungsbetrag in der berichtigten Rechnung unverändert, so ergibt sich die richtige Steuer durch Herausrechnen aus dem bisherigen Rechnungsbetrag:

Rechnungsbetrag mit Steuer	1 160,– DM
darin enthaltene Steuer auf der Grundlage des ermäßigten Steuersatzes von 7 v. H. = $7/107$	75,89 DM
Rechnungsbetrag ohne Steuer	1 084,11 DM

Berichtigte Rechnung:

Entgelt	1 084,11 DM
+ 7 v. H. Umsatzsteuer	75,89 DM
Rechnungsbetrag	1 160,– DM

(6) . . .

Zu § 14 UStG **Umsatzsteuer**

Zu niedriger Steuerausweis

(7) ¹Bei zu niedrigem Steuerausweis schuldet der Unternehmer die gesetzlich vorgeschriebene Steuer. ²Der Unternehmer hat in diesem Fall die Steuer unter Zugrundelegung des maßgeblichen Steuersatzes aus dem Gesamtrechnungsbetrag herauszurechnen.

Beispiel:
¹Ein Unternehmer berechnet für eine Lieferung die Steuer mit 7 v. H., obwohl hierfür nach § 12 Abs. 1 UStG eine Steuer von 16 v. H. geschuldet wird.

Berechnetes Entgelt	400,– DM
+ 7 v. H. Umsatzsteuer	28,– DM
Gesamtrechnungsbetrag	428,– DM
Herausrechnung der Steuer mit $16/116$ ./.	59,03 DM
Entgelt	368,97 DM

Vom Unternehmer gesetzlich geschuldete Steuer:
16 v. H. von 368,97 DM = 59,03 DM

²Der Leistungsempfänger darf als Vorsteuer nur den in der Rechnung ausgewiesenen Steuerbetrag abziehen. ³Es bleibt aber dem leistenden Unternehmer unbenommen, den zu niedrig ausgewiesenen Steuerbetrag zu berichtigen.

UStR 190. Unberechtigter Steuerausweis (§ 14 Abs. 3 UStG)

(1) ¹Die Vorschrift des § 14 Abs. 3 UStG gilt für Unternehmer und Nichtunternehmer (vgl. auch BFH-Urteil vom 8. 12. 1988 – BStBl 1989 II S. 250). ²Die Rechtsfolgen des § 14 Abs. 3 UStG treten auch ein, wenn die Rechnung nicht alle in § 14 Abs. 1 UStG aufgeführten Angaben enthält. ³Es reicht aus, wenn die Abrechnung geeignet ist, zur Geltendmachung von Vorsteuerbeträgen verwendet zu werden (vgl. BFH-Urteil vom 4. 5. 1995 – BStBl II S. 747). ⁴Die Angabe des Entgelts als Grundlage des gesondert ausgewiesenen Steuerbetrags ist jedoch unverzichtbar (vgl. BFH-Urteil vom 27. 1. 1994 – BStBl II S. 342). ⁵Bei Kleinbetragsrechnungen (§ 33 UStDV) hat der angegebene Steuersatz die Wirkung des gesonderten Ausweises einer Steuer. ⁶Entsprechendes gilt für Fahrausweise (§ 34 UStDV).

(2) ¹Von § 14 Abs. 3 UStG werden die folgenden Fälle erfaßt:

1. ¹Ein Unternehmer weist in der Rechnung einen Steuerbetrag aus, obwohl er nach § 19 Abs. 1 UStG dazu nicht berechtigt ist (§ 14 Abs. 3 Satz 1 UStG). ²Ein gesonderter Steuerausweis liegt auch vor, wenn der Rechnungsaussteller in einer Umlagenabrechnung über eine (Neben-)Leistung, z. B. Heizkostenabrechnung, den auf den jeweiligen Leistungsempfänger entfallenden Anteil am Gesamtbetrag der Kosten nicht ausschließlich als Bruttobetrag darstellt, sondern auch die anteilige Umsatzsteuer aufführt (vgl. BFH-Urteil vom 18. 5. 1988 – BStBl II S. 752).

2. ¹Ein Unternehmer erteilt eine Rechnung mit gesondertem Steuerausweis, obwohl er eine Leistung nicht ausführt, z. B. eine Schein- oder Gefälligkeitsrechnung oder in den Fällen des Schadensersatzes. ²Hierunter fallen nicht Rechnungen, die vor Ausführung der Leistung erteilt werden und die ihrer Aufmachung – z. B. durch die Bezeichnung – oder ihrem Inhalt nach – z. B. durch Hinweis auf einen erst in der Zukunft liegenden Zeitpunkt der Leistung – eindeutig als Vorausrechnungen erkennbar sind (vgl. BFH-Urteil vom 20. 3. 1980 – BStBl II S. 287). ³Steht der Leistungszeitpunkt noch nicht fest, so muß dies aus der Rechnung oder aus anderen Unterlagen, auf die in der Rechnung hingewiesen wird, hervorgehen. ⁴Unterbleibt nach Erteilung einer Vorausrechnung mit Steuerausweis die zunächst beabsichtigte Leistung, z. B. bei Rückgängigmachung eines Kaufvertrags, ist § 14 Abs. 3 UStG nicht anzuwenden (vgl. BFH-Urteil vom 21. 2. 1980 – BStBl II S. 283). ⁵Das gilt unabhängig davon, ob die angeforderten Voraus- oder Anzahlungen geleistet werden (vgl. Abschnitt 187 Abs. 2). ⁶Wer

dagegen eine Vorausrechnung mit gesondertem Steuerausweis erteilt, obwohl bereits feststeht, daß er die darin aufgeführte Leistung nicht mehr ausführen wird, schuldet diese Steuer nach § 14 Abs. 3 UStG (vgl. BFH-Urteil vom 5. 2. 1998 – BStBl II S. 415).

3. ¹Ein Unternehmer erteilt eine Rechnung mit gesondertem Steuerausweis, in der er statt des tatsächlich gelieferten Gegenstandes einen anderen, von ihm nicht gelieferten Gegenstand aufführt, oder statt der tatsächlich ausgeführten sonstigen Leistung eine andere, von ihm nicht erbrachte Leistung angibt (unrichtige Leistungsbezeichnung). ²Der leistende Unternehmer schuldet die gesondert ausgewiesene Steuer nach § 14 Abs. 3 UStG neben der Steuer für die tatsächlich ausgeführte Leistung (vgl. BFH-Urteil vom 8. 9. 1994 – BStBl 1995 II S. 32).

Beispiele:
a) Es wird eine Büromaschine aufgeführt, während tatsächlich ein Fernsehgerät geliefert worden ist.
b) Es werden Antriebsmotoren angegeben, während tatsächlich der Schrott solcher Motoren geliefert worden ist (vgl. BFH-Beschluß vom 21. 5. 1987 – BStBl II S. 652).
c) Es wird hergestelltes Mauerwerk abgerechnet, während tatsächlich ein Kranführer überlassen worden ist (vgl. BFH-Beschluß vom 9. 12. 1987 – BStBl 1988 II S. 700).
d) Es werden „Malerarbeiten in Büroräumen" in Rechnung gestellt, während die Malerarbeiten tatsächlich in der Wohnung des Leistungsempfängers ausgeführt worden sind.

³Die in Rechnungen mit ungenauer Angabe der Leistungsbezeichnung gesondert ausgewiesenen Steuerbeträge werden dagegen nicht nach § 14 Abs. 3 UStG geschuldet. ⁴Ungenaue Angaben liegen vor, wenn die Rechnungsangaben nicht so eingehend und eindeutig sind, daß sie ohne weiteres völlige Gewißheit über Art und Umfang des Leistungsgegenstandes verschaffen.

Beispiel:
Es werden ausgeführte Bauarbeiten lediglich durch Angabe einer Baustelle und „Arbeiten wie gesehen und besichtigt" beschrieben (vgl. BFH-Beschluß vom 4. 12. 1987 – BStBl 1988 II S. 702).

4. Ein Unternehmer erteilt eine Rechnung mit gesondertem Steuerausweis für eine Leistung, die er nicht im Rahmen seines Unternehmens ausführt – z. B. Verkauf eines Gegenstandes aus dem Privatbereich –.

5. ¹Ein Nichtunternehmer, z. B. eine Privatperson oder ein Hoheitsbetrieb einer juristischen Person des öffentlichen Rechts, weist in einer Urkunde einen Steuerbetrag gesondert aus. ²Das gilt auch für denjenigen, der Abrechnungen dadurch in den Verkehr bringt, daß er sie einem anderen zur beliebigen Verwendung überläßt oder ein blanko unterschriebenes Papier zum Ausfüllen als Kaufvertrag aushändigt, ohne ausdrücklich den gesonderten Steuerausweis zu untersagen (vgl. auch BFH-Urteil vom 5. 8. 1988 – BStBl II S. 1019). ³Der Nichtunternehmer schuldet den Steuerbetrag, gleichgültig ob er eine Leistung ausführt oder nicht. ⁴Hat ein Nichtunternehmer über seine Leistung abgerechnet, schuldet er den gesondert ausgewiesenen Steuerbetrag auch dann nach § 14 Abs. 3 UStG, wenn im zwischenunternehmerischen Abrechnungsverkehr nach den Grundsätzen über die Verteilung der Abrechnungsbefugnis mit einer Gutschrift des Leistungsempfängers statt mit einer Rechnung des leistenden Unternehmers abzurechnen gewesen wäre (vgl. BFH-Beschluß vom 13. 9. 1984 – BStBl 1985 II S. 20).

²Auf Gutschriften (§ 14 Abs. 5 UStG) und auf Abrechnungspapiere des Leistungsempfängers, die die Voraussetzungen des § 14 Abs. 5 UStG für Gutschriften nicht erfüllen, ist § 14 Abs. 3 UStG nicht anzuwenden.

(3) ¹Im Gegensatz zu § 14 Abs. 2 UStG sieht § 14 Abs. 3 UStG die Möglichkeit einer Rechnungsberichtigung nicht vor. ²Führt jedoch die Erhebung der zu Unrecht ausgewiesenen Steuer zu einer sachlichen Härte, so wird aus Billigkeitsgründen zugelassen, daß der Aussteller die Rechnung in entsprechender Anwendung des § 14 Abs. 2 UStG berichtigt (vgl. BFH-Urteil vom 21. 2. 1980 – BStBl II S. 283). ³Eine sachliche Härte ist z. B. anzunehmen, wenn die Leistung, über die in der Rechnung abgerechnet wird, vom Aussteller ausgeführt worden ist und glaubhaft

gemacht wird, daß nur irrtümlich ein unzutreffender Leistungsempfänger oder eine unrichtige Leistungsbezeichnung angegeben wurde.

Beispiel 1:

Ein Bauhandwerker erteilt eine Rechnung mit gesondert ausgewiesener Steuer auf den Namen der Bauherrengemeinschaft anstatt auf den Namen des Bauherrn, obwohl dieser im konkreten Fall den Auftrag erteilt hat und damit umsatzsteuerlich Leistungsempfänger ist.

Beispiel 2:

Ein Lieferant erteilt eine Rechnung auf den Namen des in dem Unternehmen der Ehefrau mitarbeitenden Ehemannes.

[4]Für eine aus § 14 Abs. 3 UStG folgende Steuerschuld kann in Einzelfällen auch ein Erlaß nach § 227 AO in Betracht kommen (vgl. BGH-Urteil vom 23. 11. 1995 – UR 1996 S. 190, HFR 1996 S. 434).

(4) Hat ein Kleinunternehmer eine Erklärung nach § 19 Abs. 2 Satz 1 UStG abgegeben, aber vor Eintritt der Unanfechtbarkeit der Steuerfestsetzung (vgl. Abschnitt 247 Abs. 6) zurückgenommen, kann er die in der Zwischenzeit erteilten Rechnungen mit gesondertem Steuerausweis unter den in Abschnitt 189 Abs. 6 bezeichneten Voraussetzungen in entsprechender Anwendung des § 14 Abs. 2 UStG berichtigen.

(5) [1]Steuerschuldner nach § 14 Abs. 3 UStG ist der Aussteller der Rechnung (§ 13 Abs. 2 UStG). [2]Eine GmbH schuldet die Steuer nach § 14 Abs. 3 UStG, wenn ein nur zur Gesamtvertretung berechtigter Geschäftsführer ohne Mitwirkung des anderen Geschäftsführers das Abrechnungspapier mit unberechtigtem Steuerausweis erstellt, ohne den allgemeinen Rahmen des ihm übertragenen Geschäftskreises zu überschreiten (vgl. BFH-Urteil vom 28. 1. 1993 – BStBl II S. 357). [3]Wirkt dagegen der in der Rechnung als Aussteller Bezeichnete in keiner Weise bei der Erstellung der Urkunde mit, kommt eine Inanspruchnahme nach § 14 Abs. 3 UStG nicht in Betracht (vgl. BFH-Urteil vom 16. 3. 1993 – BStBl II S. 531). [4]Zur Frage, wem die Rechnung zuzurechnen ist, die ein Vermittler auf den Namen seines Auftraggebers ausgestellt hat, vgl. BFH-Urteil vom 4. 3. 1982 – BStBl II S. 315.

(6) [1]Der Steueranspruch aus § 14 Abs. 3 UStG besteht unabhängig davon, ob der Rechnungsempfänger die gesondert ausgewiesene Umsatzsteuer unberechtigt als Vorsteuer abgezogen hat oder nicht.

Zu § 14a UStG

UStR 190a. Ausstellung von Rechnungen in besonderen Fällen

(1) [1]Der Rechnungsbegriff des § 14a UStG richtet sich nach § 14 Abs. 4 UStG. [2]Entsprechend § 14 Abs. 5 UStG kann auch mit Gutschrift abgerechnet werden.

(2) [1]Abweichend von § 14 Abs. 1 Satz 1 UStG ist der Unternehmer, der steuerfreie innergemeinschaftliche Lieferungen im Sinne des § 4 Nr. 1 Buchst. b und des § 6a UStG ausführt, zur Ausstellung von Rechnungen verpflichtet, in denen er auf die Steuerfreiheit hinweist und seine USt-IdNr. und die des Abnehmers angibt. [2-3]...

(3)–(8) ...

Zu § 15 UStG (§§ 35 bis 43 UStDV)

UStR   191. Zum Vorsteuerabzug berechtigter Personenkreis

(1) ¹Zum Vorsteuerabzug sind ausschließlich Unternehmer im Sinne der §§ 2 und 2a UStG im Rahmen ihrer unternehmerischen Tätigkeit berechtigt. ²Abziehbar sind hierbei auch Vorsteuerbeträge, die vor der Ausführung von Umsätzen (vgl. BFH-Urteile vom 6. 5. 1993 – BStBl II S. 564 und vom 16. 12. 1993 – BStBl 1994 II S. 278) oder die nach Aufgabe des Unternehmens anfallen, sofern sie der unternehmerischen Tätigkeit zuzurechnen sind. ³Zum Beginn und Ende der Unternehmereigenschaft vgl. Abschnitt 19.

(2) ¹Im Ausland ansässige Unternehmer können den Vorsteuerabzug grundsätzlich auch dann beanspruchen, wenn sie im Inland keine Lieferungen oder sonstige Leistungen ausgeführt haben . . . . ²Auch ihnen steht der Vorsteuerabzug nur insoweit zu, als die Vorsteuerbeträge ihrer unternehmerischen Tätigkeit zuzurechnen sind. ³Das gilt auch für die Vorsteuern, die im Zusammenhang mit den im Ausland bewirkten Umsätzen stehen. ⁴. . .

. . .

(3) u. (4) . . .

(5) ¹Unternehmer, die von der Besteuerung nach § 19 Abs. 1, §§ 23, 23a oder 24 UStG zur allgemeinen Besteuerung des UStG übergegangen sind, können den Vorsteuerabzug nach § 15 UStG für folgende Beträge vornehmen:

1. gesondert in Rechnung gestellte Steuerbeträge für Lieferungen und sonstige Leistungen, die nach dem Zeitpunkt an sie ausgeführt worden sind, zu dem sie zur allgemeinen Besteuerung übergingen;

2. Einfuhrumsatzsteuer für Gegenstände, die nach dem Zeitpunkt, zu dem sie zur allgemeinen Besteuerung übergingen, für ihr Unternehmen eingeführt worden sind oder in den Fällen des § 1 Abs. 3 UStG nach diesem Zeitpunkt in den freien Verkehr gelangt sind;

3. die Steuer für den innergemeinschaftlichen Erwerb von Gegenständen, die nach dem Zeitpunkt für ihr Unternehmen erworben wurden, zu dem sie zur allgemeinen Besteuerung übergingen.

²Vom Vorsteuerabzug ausgeschlossen sind die Steuerbeträge für Umsätze, die vor dem Zeitpunkt des Übergangs zur allgemeinen Besteuerung ausgeführt worden sind. ³Das gilt auch für Bezüge, die erstmalig nach dem Übergang zur allgemeinen Besteuerung verwendet werden. ⁴Auf den Zeitpunkt des Eingangs der Rechnung oder der Entrichtung der Einfuhrumsatzsteuer kommt es nicht an (vgl. BFH-Urteile vom 6. 12. 1979 – BStBl 1980 II S. 279 und vom 17. 9. 1981 – BStBl 1982 II S. 198). ⁵Wegen des Vorsteuerabzugs bei Zahlungen vor Ausführung des Umsatzes vgl. Abschnitt 193.

(6) ¹Bei einem Übergang von der allgemeinen Besteuerung zur Besteuerung nach § 19 Abs. 1, §§ 23, 23a oder 24 UStG sind umgekehrt die in Absatz 5 bezeichneten Vorsteuerbeträge nicht nach § 15 UStG abziehbar. ²Bei Anwendung des § 23 UStG gilt dies jedoch nur für die Vorsteuerbeträge, auf die sich die Durchschnittsätze nach § 70 UStDV erstrecken.

(7) Zum Verfahren bei der Geltendmachung von Vorsteuerbeträgen aus der Beteiligung an Gesamtobjekten vgl. BMF-Schreiben vom 24. 4. 1992 – BStBl I S. 291.

UStR 192. Abzug der gesondert in Rechnung gestellten Steuerbeträge als Vorsteuer

Allgemeines

(1) ¹Abziehbar sind nur die Steuerbeträge, die nach dem deutschen Umsatzsteuergesetz geschuldet werden. ²Unternehmer, die mit ausländischen Vorsteuerbeträgen belastet wurden, haben sich wegen eines eventuellen Abzugs an den Staat zu wenden, der die Steuer erhoben hat. ³Die EG-Mitgliedstaaten vergüten nach Maßgabe der 8. Richtlinie 79/1072/EWG zur Harmonisierung der Umsatzsteuern vom 6. 12. 1979 den in einem anderen Mitgliedstaat ansässigen Unternehmern die Vorsteuern in einem besonderen Verfahren und haben hierfür zentrale Erstattungsbehörden bestimmt.

(2) ¹Die Berechtigung zum Vorsteuerabzug aus Lieferungen und sonstigen Leistungen ist unter folgenden Voraussetzungen gegeben:

1. Die Steuer muß für eine Lieferung oder sonstige Leistung gesondert in Rechnung gestellt worden sein (vgl. Absätze 4 bis 11);
2. die Lieferung oder sonstige Leistung muß von einem Unternehmer ausgeführt worden sein (vgl. Absatz 12);
3. der Leistungsempfänger muß Unternehmer sein, und die Lieferung oder sonstige Leistung muß für sein Unternehmen ausgeführt worden sein (vgl. Absätze 13 bis 17).

²Diese Voraussetzungen müssen insgesamt erfüllt werden. ³Das gilt auch für Leistungsempfänger, die die Steuer für ihre Umsätze nach vereinnahmten Entgelten berechnen (§ 20 UStG). ⁴Fallen Empfang der Leistung und Empfang der Rechnung zeitlich auseinander, so ist der Vorsteuerabzug für den Besteuerungszeitraum zulässig, in dem erstmalig beide Voraussetzungen erfüllt sind. ⁵Bei Zahlungen vor Empfang der Leistung vgl. aber Abschnitt 193. ⁶Bezieht ein Unternehmer Teilleistungen (z. B. Mietleistungen) für sein Unternehmen, ist sowohl für den Leistungsbezug (§ 15 Abs. 1 Nr. 1 UStG) als auch für die Frage der Verwendung dieser Leistungen (§ 15 Abs. 2 UStG, vgl. Abschnitt 203) auf die monatlichen (Teil-) Leistungsabschnitte abzustellen (BFH-Urteil vom 9. 9. 1993 – BStBl 1994 II S. 269).

(3) Folgende Sonderregelungen für den Vorsteuerabzug sind zu beachten:

1. Nach § 15 Abs. 1a UStG sind nicht abziehbar Vorsteuerbeträge, die auf
   a) Aufwendungen, für die das Abzugsverbot des § 4 Abs. 5 Satz 1 Nr. 1 bis 4, 7, Abs. 7 oder des § 12 Nr. 1 des Einkommensteuergesetzes gilt,
   b) Reisekosten des Unternehmers und seines Personals, soweit es sich um Verpflegungskosten, Übernachtungskosten oder um Fahrtkosten für Fahrzeuge des Personals handelt, **❶** oder
   c) Umzugskosten für einen Wohnungswechsel

   entfallen.

2. ¹Nur zu 50 vom Hundert abziehbar sind Vorsteuerbeträge, die auf die Anschaffung oder Herstellung, die Einfuhr, den innergemeinschaftlichen Erwerb, die Miete oder den Betrieb von Fahrzeugen im Sinne des § 1b Abs. 2 UStG entfallen, die auch für den privaten Bedarf des Unternehmers oder für andere unternehmensfremde Zwecke verwendet werden (§ 15 Abs. 1b

Anm. d. Schriftl.:

❶ Das FG Hamburg hat durch Urteil vom 19. 7. 2000 (EFG 2000 S. 1150) entschieden, daß der Vorsteuerausschluß nach § 15 Abs. 1a Nr. 2 UStG gegen Art. 17 Abs. 2 und 6 der 6. EG-Richtlinie verstößt. Nach dem BMF-Schreiben vom 6. 11. 2000 – BStBl I S. 1505 können die Einspruchsverfahren ruhen und es kann AdV gewährt werden.

UStG). ²Dies gilt jedoch nur für solche Fahrzeuge, die nach dem 31. 3. 1999 angeschafft oder hergestellt, eingeführt, innergemeinschaftlich erworben oder gemietet werden (vgl. im einzelnen BMF-Schreiben vom 8. 6. 1999 – BStBl I S. 581).

3. Ermitteln Unternehmer ihre abziehbaren Vorsteuern nach den Durchschnittsätzen der §§ 23 oder 23a UStG, ist insoweit ein weiterer Vorsteuerabzug ausgeschlossen (§ 70 Abs. 1 UStDV, § 23a Abs. 1 UStG).

4. Bewirkt der Unternehmer Reiseleistungen im Sinne des § 25 Abs. 1 UStG, so ist er nicht berechtigt, die ihm in diesen Fällen für die Reisevorleistungen gesondert in Rechnung gestellten Steuerbeträge als Vorsteuern abzuziehen (§ 25 Abs. 4 UStG, . . .).

5. Ein Wiederverkäufer, der für die Lieferung beweglicher körperlicher Gegenstände die Differenzbesteuerung des § 25a Abs. 2 UStG anwendet, kann die entrichtete Einfuhrumsatzsteuer sowie die Steuer für die an ihn ausgeführte Lieferung nicht als Vorsteuer abziehen (§ 25a Abs. 5 UStG).

Einfügung d. Schriftl.:
Das BMF-Schreiben vom 29. 5. 2000, BStBl 2000 I S. 819, daß das Schreiben vom 8. 6. 1999, BStBl 1999 I S. 581, ersetzt, hat folgenden Wortlaut:
Vorsteuerabzug und Umsatzbesteuerung bei unternehmerisch genutzten Fahrzeugen ab dem 1. April 1999
Artikel 7 des Steuerentlastungsgesetzes 1999/2000/2002 vom 24. März 1999 (BGBl. I S. 402, BStBl I S. 304) enthält Einschränkungen des Vorsteuerabzugs und Neuregelungen zur Umsatzbesteuerung unternehmerisch genutzter Fahrzeuge, die zum 1. April 1999 in Kraft getreten sind. Der Rat der Europäischen Union hat mit der Entscheidung vom 28. 2. 2000 (ABl. EG 2000 Nr. L 59 S. 12 f.) die Bundesrepublik Deutschland ermächtigt, von den Artikeln 6 und 17 der 6. EG-Richtlinie abweichende Maßnahmen (Einschränkung des Rechts auf Vorsteuerabzug) einzuführen. Durch die Ermächtigung sind sowohl die 10 %-Grenze in § 15 Abs. 1 Satz 2 UStG als auch die Einschränkung des Vorsteuerabzugs bei Fahrzeugen nach § 15 Abs. 1b UStG ab 1. 4. 1999 EG-rechtlich abgesichert. Im Einvernehmen mit den obersten Finanzbehörden der Länder gilt folgendes:

Inhaltsübersicht

		Randzahlen
1.	Zeitpunkt des Erwerbs, Beginn des Mietverhältnisses	1
2.	**Nach dem 31. März 1999 erworbene Fahrzeuge**	2–14
2.1	Erwerb mit Vorsteuerabzugsrecht	2–12
2.1.1	Zuordnung zum Unternehmen	2
2.1.2	Vorsteuerabzug aus den Anschaffungs- und Unterhaltskosten	3–6
2.1.3	Veräußerung oder Entnahme	7–8
2.1.4	Nutzungsänderungen	9–12
2.2	Erwerb ohne Vorsteuerabzugsrecht	13–14
2.2.1	Zuordnung zum Unternehmen und Vorsteuerabzug aus den Fahrzeugkosten	13
2.2.2	Veräußerung oder Entnahme	14
3.	**Vor dem 1. April 1999 erworbene Fahrzeuge**	15–22
3.1	Erwerb mit Vorsteuerabzugsrecht	15
3.1.1	Bemessungsgrundlage für die Besteuerung der nichtunternehmerischen Nutzung	16
3.1.1.1	1 %-Regelung	17
3.1.1.2	Fahrtenbuchregelung	18
3.1.1.3	Schätzung des nichtunternehmerischen Nutzungsanteils	19
3.2	Erwerb ohne Vorsteuerabzugsrecht	20–21
3.3	Fahrten des Unternehmers zwischen Wohnung und Betriebsstätte	22
4.	**Überlassung von erworbenen Fahrzeugen an das Personal**	23–32
4.1	Vorsteuerabzug aus den Fahrzeugkosten	23
4.2	Besteuerung der Fahrzeugüberlassung an das Personal	24–32

4.2.1	Entgeltliche Fahrzeugüberlassung	24–29
4.2.1.1	Merkmale für Entgeltlichkeit	24
4.2.1.2	Besteuerung auf der Grundlage einer Kostenschätzung	25
4.2.1.3	Besteuerung auf der Grundlage der sog. 1 %-Regelung	26–27
4.2.1.4	Besteuerung auf der Grundlage der sog. Fahrtenbuchregelung	28–29
4.2.2	Unentgeltliche Fahrzeugüberlassung	30–32
4.2.2.1	Merkmale für Unentgeltlichkeit	30
4.2.2.2	Besteuerung auf der Grundlage einer Kostenschätzung	31
4.2.2.3	Besteuerung auf der Grundlage von lohnsteuerlichen Werten	32
5.	**Miete oder Leasing von Fahrzeugen**	**33–35**
5.1	Fahrzeugübernahme vor dem 1. April 1999	33
5.2	Fahrzeugübernahme nach dem 31. März 1999	34–35

1. Zeitpunkt des Erwerbs, Beginn des Mietverhältnisses

1 Für Zwecke des Vorsteuerabzugs aus den Anschaffungs- oder Herstellungskosten, dem innergemeinschaftlichen Erwerb bzw. aus der Einfuhr eines Fahrzeugs und aus seinen Unterhaltskosten und für die Besteuerung seiner nichtunternehmerischen Nutzung ist es bedeutsam, ob das Fahrzeug vor dem 1. April 1999 oder nach dem 31. März 1999 angeschafft, hergestellt, innergemeinschaftlich erworben, eingeführt oder gemietet worden ist. § 15 Abs. 1b UStG und § 3 Abs. 9a Satz 2 UStG gelten nur für Fahrzeuge, die nach dem 31. März 1999 angeschafft, hergestellt, innergemeinschaftlich erworben, eingeführt oder gemietet werden. Maßgebend für den Zeitpunkt der Anschaffung ist die Verschaffung der Verfügungsmacht. Dies ist in der Regel die tatsächliche Übergabe des Fahrzeugs an den Unternehmer. Bei der Anmietung ist auf den Zeitpunkt der Übergabe des Fahrzeugs am Beginn des Mietverhältnisses abzustellen.

2. Nach dem 31. März 1999 erworbene Fahrzeuge

2.1 Erwerb mit Vorsteuerabzugsrecht

2.1.1 Zuordnung zum Unternehmen

2 Ein nach dem 31. März 1999 angeschafftes, eingeführtes oder innergemeinschaftlich erworbenes Fahrzeug, welches vom Unternehmer (insbesondere von einem Einzelunternehmer oder einem Personengesellschafter) sowohl unternehmerisch als auch für nichtunternehmerische (private) Zwecke genutzt wird (sog. gemischt genutztes Fahrzeug), kann – unabhängig von der ertragsteuerlichen Behandlung als Betriebs- oder Privatvermögen – dem Unternehmen zugeordnet werden. Voraussetzung für die Zuordnung zum Unternehmen ist, daß das Fahrzeug zu mindestens 10 % für das Unternehmen genutzt wird (§ 15 Abs. 1 Satz 2 UStG). Maßgebend ist bei Pkw das Verhältnis der Kilometer unternehmerischer Fahrten zu den Jahreskilometern des Fahrzeugs. Wenn danach die 10 %ige Mindestnutzung für unternehmerische Zwecke nicht erreicht wird, kann das Fahrzeug nicht dem Unternehmen zugeordnet werden. In Zweifelsfällen muß der Unternehmer gegenüber dem Finanzamt die mindestens 10 %ige unternehmerische Nutzung glaubhaft machen, z. B. durch Aufzeichnung der Jahreskilometer des betreffenden Fahrzeugs und der unternehmerischen Fahrten (mit Fahrtziel und gefahrenen Kilometern). Bei sog. Zweit- oder Drittfahrzeugen von Einzelunternehmen oder sog. Alleinfahrzeugen bei einer nebenberuflichen Unternehmertätigkeit ist regelmäßig davon auszugehen, daß diese Fahrzeuge zu weniger als 10 % unternehmerisch genutzt werden. Das gleiche gilt bei Personengesellschaften, wenn ein Gesellschafter mehr als ein Fahrzeug privat nutzt, für die weiteren privat genutzten Fahrzeuge.

Die Umsatzsteuer auf Kfz-Kosten für Fahrzeuge, die der Unternehmer wegen Unterschreitens der 10 %-Grenze in § 15 Abs. 1 Satz 2 UStG nicht dem Unternehmen zuordnen kann, ist grundsätzlich – mangels „Bezugs für das Unternehmen" – nicht als Vorsteuer abziehbar (§ 15 Abs. 1 Nr. 1 UStG). Es können jedoch ausnahmsweise solche Vorsteuerbeträge in voller Höhe abgezogen werden, die unmittelbar und ausschließlich auf die unternehmerische Verwendung des Fahrzeugs entfallen, z. B. Vorsteuerbeträge aus Reparaturaufwendungen für einen Unfall während einer unternehmerischen Fahrt oder aus – von den übrigen Benzinkosten abgrenzbaren – Benzinkosten für eine längere Geschäftsreise (vgl. Abschnitt 192 Abs. 18 Nr. 2 Buchst. a Satz 6 UStR). Da wegen der Streichung der §§ 36 bis 39 UStDV ab dem 1. April 1999 eine pauschale Vorsteuerermittlung aus Fahrzeugkosten nicht mehr zulässig ist, müssen die unmittelbar und ausschließlich auf die unternehmerischen Fahrten entfallenden Vorsteuerbeträge ab diesem Zeitpunkt anhand von Rechnungen mit gesondert ausgewiesenem Umsatzsteuer oder sog. Kleinbetragsrechnungen (z. B. Tankquittungen) ermittelt werden. Deshalb kommt für Unternehmer, die die Aufwendungen für ihre unternehmerischen Fahrten lediglich anhand des ertragsteuerlichen Pauschalwerts von 0,52 DM/km ermitteln, ein Vorsteuerabzug aus den Fahrzeugkosten nicht in Betracht.

2.1.2 Vorsteuerabzug aus den Anschaffungs- und Unterhaltskosten

Hat der Unternehmer ein erworbenes Fahrzeug, welches sowohl für unternehmerische als auch für nichtunternehmerische Zwecke genutzt wird, zulässigerweise insgesamt seinem Unternehmen zugeordnet, kann er 50 % der Vorsteuerbeträge abziehen, die auf die Anschaffungskosten und die Unterhaltskosten dieses Fahrzeugs entfallen (§ 15 Abs. 1b UStG). In diesem Fall entfällt die Besteuerung der nichtunternehmerischen Nutzung dieses Fahrzeugs (§ 3 Abs. 9a Satz 2 UStG). Durch die Inanspruchnahme des 50 %igen Vorsteuerabzugs trifft der Unternehmer gleichzeitig die Entscheidung, dieses Fahrzeug **insgesamt** dem Unternehmen zuzuordnen. Wenn ein Unternehmer ein gemischt genutztes Fahrzeug ausnahmsweise nur teilweise (z. B. zu 60 %) dem Unternehmen zuordnet (vgl. Abschnitt 192 Abs. 18 Nr. 2 Buchst. c UStR), mindert sich der Vorsteuerabzug entsprechend (hier: 50 % der auf den zugeordneten Teil entfallenden Umsatzsteuer = 30 % der in Rechnung gestellten Umsatzsteuer). Die gleiche Berechnungsmethode gilt für Unternehmer, die auch Umsätze ausführen, die zum Ausschluß vom Vorsteuerabzug nach § 15 Abs. 2 UStG führen, bei der Aufteilung der Vorsteuerbeträge nach § 15 Abs. 4 UStG.

Beispiel 1:

Ein Unternehmer erwirbt nach dem 31. März 1999 einen Pkw für 70 000 DM zuzüglich 11 200 DM Umsatzsteuer. Er nutzt das Fahrzeug wie folgt:
- zu Privatfahrten: 30 %
- zur Ausführung steuerpflichtiger Umsätze: 40 %
- zur Ausführung sog. Ausschlußumsätze im Sinne des § 15 Abs. 2 UStG: 30 %

a) Wegen der Privatnutzung des Pkw ist der Vorsteuerabzug aus den Anschaffungskosten nach § 15 Abs. 1b UStG zu reduzieren:
50 % von 11 200 DM =   5 600 DM

b) Wegen der Ausführung sog. Ausschlußumsätze im Sinne des § 15 Abs. 2 UStG mindert sich der Vorsteuerabzug nochmals:
$^{30}/_{70}$ von 5 600 DM =   2 400 DM

Der Unternehmer kann aus den Anschaffungskosten des Pkw einen Vorsteuerabzug von $^{40}/_{70}$ von 5 600 DM = 3 200 DM in Anspruch nehmen. Macht er hiervon Gebrauch, hat er den Pkw insgesamt dem Unternehmen zugeordnet.

Bei Fahrzeugen, die ausschließlich für unternehmerische Zwecke genutzt werden, kann der Vorsteuerabzug sowohl aus den Anschaffungskosten als auch aus den Unterhaltskosten in voller Höhe in Anspruch genommen werden. Aus Vereinfachungsgründen kann bei einer geringfügigen nichtunternehmerischen Nutzung eines Fahrzeugs (höchstens 5 %) ein voller Vorsteuerabzug vorgenommen werden. Die nichtunternehmerische Nutzung unterliegt nach § 3 Abs. 9a Satz 1 Nr. 1 UStG als fiktive entgeltliche Leistung der Umsatzbesteuerung.

Zu den ausschließlich unternehmerisch genutzten Fahrzeugen gehören regelmäßig Fahrzeuge des Umlaufvermögens (z. B. im Kfz-Handel), Lkw und andere in erster Linie für den Transport von Gegenständen eingerichtete Fahrzeuge, Fahrzeuge der Autovermieter und Leasingunternehmen, die ausschließlich vermietet oder verleast werden, sowie die sog. Dienst- oder Firmenwagen (vgl. hierzu Tz. 4). Bei den übrigen Fahrzeugen (insbesondere Pkw) ist zu unterstellen, daß sie zu mehr als 5 % für nichtunternehmerische Zwecke verwendet werden. Unternehmer, die gleichwohl den vollen Vorsteuerabzug in Anspruch nehmen wollen, müssen dem Finanzamt grundsätzlich anhand eines Fahrtenbuchs (vgl. hierzu Randzahlen 15 ff. des BMF-Schreibens vom 12. Mai 1997, BStBl I S. 562) nachweisen, daß das Fahrzeug zu mindestens 95 % unternehmerisch genutzt wird.

Es bestehen jedoch keine Bedenken, wenn unter Berücksichtigung der tatsächlichen Verhältnisse im Einzelfall (z. B. wenn ein alleinstehender Einzelunternehmer mehrere Fahrzeuge für die Ausübung seiner unternehmerischen Tätigkeit hat) nach vorheriger Abstimmung mit dem zuständigen Finanzamt eine mindestens 95 %ige unternehmerische Nutzung eines zweiten Fahrzeugs oder weiterer Fahrzeuge auch auf andere Art und Weise als durch Führung eines Fahrtenbuches nachgewiesen oder glaubhaft gemacht wird.

2.1.3 Veräußerung oder Entnahme

Die Veräußerung bzw. die Entnahme eines Fahrzeugs, bei dessen Erwerb der Unternehmer den 50 %igen Vorsteuerabzug nach § 15 Abs. 1b UStG in Anspruch genommen hat, unterliegt insgesamt – nicht nur zu 50 % – der Umsatzsteuer. Wird das Fahrzeug innerhalb des 5jährigen Berichtigungszeitraums des § 15a UStG veräußert bzw. entnommen, erhält der Unternehmer einen nachträglichen anteiligen Vorsteuerabzug (§ 15a Abs. 4 Satz 2 UStG). Zur Ermittlung des Vorsteuerberichtigungsbetrages wird das Fahrzeug wegen der Steuerpflicht der Veräußerung bzw. Entnahme so behandelt, als wäre es ab dem Zeitpunkt der Veräußerung bzw. der Entnahme bis zum Ablauf des Berichtigungszeitraums ausschließlich unternehmerisch und zur Ausführung von zum Vorsteuerabzug berechtigenden Umsätzen genutzt worden. Der Vorsteuerberichtigungsbetrag zugunsten des Unternehmers ist in der Umsatzsteuer-Voranmeldung anzusetzen, in der auch die Veräußerung bzw. die Entnahme als Umsatz anzugeben ist (§ 44 Abs. 4 Satz 3 UStDV). Ein sog. Totalschaden, bei dem der Unternehmer keinen Verwertungserlös erzielt, bzw. ein Diebstahl eines Fahrzeugs während des 5jährigen Berichtigungszeitraums des § 15a UStG stellt keine Änderung der für den Vorsteuerabzug maßgebenden Verhältnisse dar und führt somit nicht zu einer Vorsteuerberichtigung nach § 15a UStG.

8 **Beispiel 2:**
Ein Einzelhändler erwirbt am 12. April 1999 einen Pkw für 31 250 DM zuzüglich 5 000 DM Umsatzsteuer, den er sowohl für unternehmerische als auch für private Zwecke nutzt. Er verkauft dieses Fahrzeug am 2. April 2002.

Der Einzelhändler kann im April 1999 aus den Anschaffungskosten des Pkw einen Vorsteuerabzug von 50 % = 2 500 DM in Anspruch nehmen (§ 15 Abs. 1b UStG). Die Veräußerung im April 2002 unterliegt in diesem Fall als sog. Hilfsgeschäft in vollem Umfang der Umsatzsteuer zum allgemeinen Steuersatz.

Aufgrund der steuerpflichtigen Veräußerung des Pkw erhält der Einzelhändler vom Zeitpunkt der Veräußerung bis zum Ablauf des 5jährigen Berichtigungszeitraums (= 24 Monate) einen nachträglichen Vorsteuerabzug nach § 15a Abs. 4 Satz 2 UStG von 1 000 DM, den er in der Umsatzsteuer-Voranmeldung für den Monat April 2002 bzw. für das II. Vierteljahr 2002 geltend machen kann:

5 000 DM × 50 % × $24/60$ =   1 000 DM

2.1.4 Nutzungsänderungen

9 Wird ein zunächst auch nichtunternehmerisch genutztes Fahrzeug, bei dessen Erwerb der Unternehmer den 50 %igen Vorsteuerabzug nach § 15 Abs. 1b UStG in Anspruch genommen hat, später ausschließlich für unternehmerische Zwecke verwendet, ist ab dem Zeitpunkt der Nutzungsänderung der Vorsteuerabzug aus den Unterhaltskosten des Fahrzeugs in voller Höhe zulässig. Ändert sich die Nutzung des Fahrzeugs im 5jährigen Berichtigungszeitraums des § 15a UStG, können die auf die Anschaffungskosten entfallenden Vorsteuerbeträge zugunsten des Unternehmers berichtigt werden (§ 15a Abs. 3 Nr. 2 Buchst. b UStG).

10 **Beispiel 3:**
Ein Einzelhändler erwirbt am 12. April 1999 einen Pkw für 40 000 DM zuzüglich 6 400 DM Umsatzsteuer, den er zunächst sowohl für unternehmerische, als auch für private Zwecke nutzt. Ab dem 2. April 2002 überläßt er den Pkw als sog. Dienst- oder Firmenwagen entgeltlich einem Arbeitnehmer.

Der Einzelhändler kann im April 1999 aus den Anschaffungskosten des Pkw einen Vorsteuerabzug von 50 % von 6 400 DM = 3 200 DM in Anspruch nehmen (§ 15 Abs. 1b UStG). Durch die spätere steuerpflichtige Überlassung des Fahrzeugs an den Arbeitnehmer (vgl. Tz. 4) verwendet er das Fahrzeug ausschließlich für unternehmerische Zwecke, die zum vollen Vorsteuerabzug berechtigen.

Aufgrund der Nutzungsänderung des Fahrzeugs ab April 2002 steht dem Einzelhändler vom Zeitpunkt der Überlassung des Fahrzeugs an den Arbeitnehmer bis zum Ablauf des 5jährigen Berichtigungszeitraums (= 24 Monate) ein nachträglicher Vorsteuerabzug nach § 15a Abs. 3 Nr. 2 Buchst. b UStG von insgesamt 1 280 DM zu, der im Rahmen der Steuerfestsetzungen für die Jahre 2002, 2003 und 2004 wie folgt zu berücksichtigen ist:

Jahr 2002 (9 Monate):
6 400 DM × 50 % × $9/60$ =   480 DM

Jahr 2003 (12 Monate):
6 400 DM × 50 % × $12/60$ =   640 DM

Jahr 2004 (3 Monate):
6 400 DM × 50 % × $3/60$ =   160 DM

insgesamt (24 Monate):
6 400 DM × 50 % × $24/60$ =   1 280 DM

11 Wird ein zunächst ausschließlich unternehmerisch genutztes Fahrzeug, bei dessen Erwerb der Unternehmer den Vorsteuerabzug zulässigerweise in voller Höhe in Anspruch genommen hat, später auch für nichtunternehmerische Zwecke verwendet, ist ab dem Zeitpunkt der Nutzungsänderung der Vorsteuerabzug aus den Unterhaltskosten des Fahrzeugs nur noch zu 50 % zulässig. Ändert sich die Nutzung des Fahrzeugs im 5jährigen Berichtigungszeitraum des § 15a UStG, müssen die auf die Anschaffungskosten entfallenden Vorsteuerbeträge zu Ungunsten des Unternehmers berichtigt werden (§ 15a Abs. 3 Nr. 2 Buchst. a UStG). Eine Besteuerung der nichtunternehmerischen Nutzung des Fahrzeugs entfällt (§ 3 Abs. 9a Satz 2 UStG).

Beispiel 4:
Ein Einzelhändler erwirbt am 12. April 1999 einen Pkw für 40 000 DM zuzüglich 6 400 DM Umsatzsteuer, den er zunächst ausschließlich für unternehmerische Zwecke nutzt. Ab dem 10. Juli 2000 nutzt er diesen Pkw auch privat.

Der Einzelhändler kann im April 1999 aus den Anschaffungskosten des Pkw den vollen Vorsteuerabzug von 6 400 DM in Anspruch nehmen. Ab dem Zeitpunkt der Nutzung des Pkw sowohl für unternehmerische als auch für nichtunternehmerische Zwecke (10. Juli 2000) darf der Vorsteuerabzug aus den Unterhaltskosten des Fahrzeugs nur noch zu 50 % vorgenommen werden (§ 15 Abs. 1b UStG). Die Besteuerung der Privatnutzung entfällt (§ 3 Abs. 9a Satz 2 UStG).

Aufgrund der Nutzungsänderung des Fahrzeugs ab Juli 2000 ist der Vorsteuerabzug aus den Anschaffungskosten zu Ungunsten des Unternehmers zu berichtigen (§ 15a Abs. 3 Nr. 2 Buchst. a UStG). Die an das Finanzamt zurückzuzahlenden Vorsteuerbeträge sind im Rahmen der Steuerfestsetzungen für die Jahre 2000 bis 2004 wie folgt zu berücksichtigen:

Jahr 2000 (6 Monate): 6 400 DM × 50 % × $6/60$ =	320 DM
Jahr 2001 (12 Monate): 6 400 DM × 50 % × $12/60$ =	640 DM
Jahr 2002 (12 Monate): 6 400 DM × 50 % × $12/60$ =	640 DM
Jahr 2003 (12 Monate): 6 400 DM × 50 % × $12/60$ =	640 DM
Jahr 2004 (3 Monate): 6 400 DM × 50 % × $3/60$ =	160 DM
insgesamt (45 Monate): 6 400 DM × 50 % × $45/60$ =	2 400 DM

2.2 Erwerb ohne Vorsteuerabzugsrecht

2.2.1 Zuordnung zum Unternehmen und Vorsteuerabzug aus den Fahrzeugkosten

Erwirbt ein Unternehmer nach dem 31. März 1999 ein Fahrzeug, welches er sowohl zu mindestens 10 % für unternehmerische als auch für nichtunternehmerische Zwecke verwendet, ohne Vorsteuerabzugsrecht (z. B. beim Kauf von Privat), so ordnet er dieses Fahrzeug insgesamt dem Unternehmen zu, wenn er den 50 %igen Vorsteuerabzug nach § 15 Abs. 1b UStG aus den Unterhaltskosten des Fahrzeugs in Anspruch nimmt. Die Besteuerung der nichtunternehmerischen Nutzung dieses Fahrzeugs entfällt (§ 3 Abs. 9a Satz 2 UStG). Verzichtet der Unternehmer dagegen auf die Inanspruchnahme des 50 %igen Vorsteuerabzugs, ordnet er das Fahrzeug dem nichtunternehmerischen Bereich zu.

2.2.2 Veräußerung oder Entnahme

Die Veräußerung eines ohne Vorsteuerabzugsrecht erworbenen, jedoch dem Unternehmen zugeordneten Fahrzeugs, unterliegt insgesamt der Umsatzsteuer. Die Besteuerung der Entnahme eines solchen Fahrzeugs entfällt grundsätzlich (§ 3 Abs. 1b Satz 2 UStG). Lediglich für den Fall, daß Bestandteile unter Inanspruchnahme des 50 %igen Vorsteuerabzugs in das Fahrzeug eingegangen sind, unterliegt die Entnahme des Fahrzeugs insgesamt der Umsatzsteuer (§ 3 Abs. 1b Satz 1 Nr. 1 UStG). Für eine Berichtigung des Vorsteuerabzugs nach § 15a UStG aus den Anschaffungskosten von Bestandteilen sind die Vereinfachungsregelungen des § 44 UStDV zu beachten.

3. Vor dem 1. April 1999 erworbene Fahrzeuge

3.1 Erwerb mit Vorsteuerabzugsrecht

Für ein vor dem 1. April 1999 unter Inanspruchnahme des Vorsteuerabzugs angeschafftes, eingeführtes oder innergemeinschaftlich erworbenes Fahrzeug, welches von dem Unternehmer (insbesondere von einem Einzelunternehmer oder einem Personengesellschafter) sowohl unternehmerisch als auch für nichtunternehmerische Zwecke genutzt wird, gelten die Einschränkungen des Vorsteuerabzugs durch § 15 Abs. 1b UStG nicht (§ 27 Abs. 3 UStG). Der Vorsteuerabzug aus den Unterhaltskosten eines solchen Fahrzeugs ist bis zum Ausscheiden des Fahrzeugs aus dem Unternehmen weiterhin in voller Höhe zulässig. Die nichtunternehmerische Nutzung des Fahrzeugs wird ab 1. April 1999 nach § 3 Abs. 9a Satz 1 Nr. 1 UStG besteuert. Die Veräußerung und die Entnahme des Fahrzeugs unterliegen insgesamt der Umsatzsteuer.

Zu § 15 UStG

3.1.1 Bemessungsgrundlage für die Besteuerung der nichtunternehmerischen Nutzung

16 Als Bemessungsgrundlage für die Besteuerung der nichtunternehmerischen Nutzung eines Fahrzeugs sind die auf die unternehmensfremde Nutzung entfallenden Kosten anzusetzen, soweit sie zum vollen oder teilweisen Vorsteuerabzug berechtigt haben (§ 10 Abs. 4 Satz 1 Nr. 2 UStG). Als Grundlage zur Ermittlung dieser Kosten hat der Unternehmer die Wahl zwischen drei Methoden:

3.1.1.1 1 %-Regelung

17 Ermittelt der Unternehmer für Ertragsteuerzwecke den Wert der Nutzungsentnahme nach der sog. 1 %-Regelung des § 6 Abs. 1 Nr. 4 Satz 2 EStG, so kann er von diesem Wert aus Vereinfachungsgründen bei der Bemessungsgrundlage für die Besteuerung der nichtunternehmerischen Nutzung ausgehen. Für die nicht mit Vorsteuern belasteten Kosten kann er einen pauschalen Abschlag von 20 % vornehmen. Der so ermittelte Betrag ist ein sog. Nettowert, auf den die Umsatzsteuer mit dem allgemeinen Steuersatz aufzuschlagen ist.

3.1.1.2 Fahrtenbuchregelung

18 Setzt der Unternehmer für Ertragsteuerzwecke die private Nutzung mit den auf die Privatfahrten entfallenden Aufwendungen an, indem er die für das Fahrzeug insgesamt entstehenden Aufwendungen durch Belege und das Verhältnis der privaten zu den übrigen Fahrten durch ein ordnungsgemäßes Fahrtenbuch nachweist (§ 6 Abs. 1 Nr. 4 Satz 3 EStG), ist von diesem Wert auch bei der Bemessungsgrundlage für die Besteuerung der nichtunternehmerischen Nutzung auszugehen. Aus dem Gesamtaufwendungen sind für Umsatzsteuerzwecke die nicht mit Vorsteuern belasteten Kosten in der belegmäßig nachgewiesenen Höhe auszuscheiden.

3.1.1.3 Schätzung des nichtunternehmerischen Nutzungsanteils

19 Macht der Unternehmer von der Vereinfachungsregelung in Tz. 3.1.1.1 keinen Gebrauch oder werden die pauschalen Wertansätze durch die sog. Kostendeckelung auf die nachgewiesenen tatsächlichen Kosten begrenzt (vgl. Randzahl 13 des BMF-Schreibens vom 12. Mai 1997, BStBl I S. 562) und liegen die Voraussetzungen der Tz. 3.1.1.2 nicht vor (z. B. weil kein ordnungsgemäßes Fahrtenbuch geführt wird), ist der private Nutzungsanteil für Umsatzsteuerzwecke anhand geeigneter Unterlagen im Wege einer sachgerechten Schätzung zu ermitteln. Liegen geeignete Unterlagen für eine Schätzung nicht vor, ist der private Nutzungsanteil mit mindestens 50 % zu schätzen, soweit sich aus den besonderen Verhältnissen des Einzelfalls nichts Gegenteiliges ergibt. Aus den Gesamtaufwendungen sind die nicht mit Vorsteuern belasteten Kosten in der belegmäßig nachgewiesenen Höhe auszuscheiden.

3.2 Erwerb ohne Vorsteuerabzugsrecht

20 Ein vor dem 1. April 1999 ohne Vorsteuerabzugsrecht erworbenes Fahrzeug, welches der Unternehmer sowohl unternehmerisch als auch für nichtunternehmerische Zwecke verwendet, wird insgesamt dem Unternehmen zugeordnet, wenn der Unternehmer den Vorsteuerabzug aus den Unterhaltskosten des Fahrzeugs in Anspruch genommen hat. Die Vorsteuerbeträge aus den Unterhaltskosten sind grundsätzlich nach dem Verhältnis von unternehmerischer und nichtunternehmerischer Nutzung des Fahrzeugs in einen abziehbaren und einen nichtabziehbaren Anteil aufzuteilen. In diesem Fall entfällt eine Besteuerung der nichtunternehmerischen Nutzung. Aus Vereinfachungsgründen kann der Unternehmer jedoch auch den Vorsteuerabzug aus den Unterhaltskosten in voller Höhe vornehmen und die nichtunternehmerische Nutzung nach den Regelungen in Tz. 3.1.1 besteuern.

21 Die Veräußerung eines dem Unternehmen zugeordneten Fahrzeugs unterliegt insgesamt der Umsatzsteuer. Die Besteuerung der Entnahme eines solchen Fahrzeugs entfällt grundsätzlich (§ 3 Abs. 1b Satz 2 UStG). Lediglich für den Fall, daß Bestandteile unter Inanspruchnahme des Vorsteuerabzugs in das Fahrzeug eingegangen sind, unterliegt die Entnahme des Fahrzeugs insgesamt der Umsatzsteuer (§ 3 Abs. 1b Satz 1 Nr. 1 UStG). Für eine Berichtigung des Vorsteuerabzugs nach § 15a UStG aus den Anschaffungskosten von Bestandteilen sind die Vereinfachungsregelungen des § 44 UStDV zu beachten.

3.3 Fahrten des Unternehmers zwischen Wohnung und Betriebsstätte

22 Die Fahrten des Unternehmers zwischen Wohnung und Betriebsstätte sowie Familienheimfahrten wegen einer aus betrieblichem Anlaß begründeten doppelten Haushaltsführung sind der unternehmerischen Nutzung des Fahrzeugs zuzurechnen. Die Besteuerung der nichtabziehbaren Betriebsausgaben als Aufwendungseigenverbrauch (vgl. Abschnitt II des BMF-Schreibens vom 11. März 1997, BStBl I S. 324, und Abschnitt I des BMF-Schreibens vom 16. Februar 1999, BStBl I S. 224) entfällt ab dem 1. April 1999 für alle Fahrzeuge. Es ist auch keine Vorsteuerkürzung nach § 15 Abs. 1a UStG vorzunehmen.

4. Überlassung von erworbenen Fahrzeugen an das Personal

4.1 Vorsteuerabzug aus den Fahrzeugkosten

Überläßt ein Unternehmer (Arbeitgeber) seinem Personal (Arbeitnehmer) ein erworbenes Kraftfahrzeug auch zur privaten Nutzung (Privatfahrten, Fahrten zwischen Wohnung und Arbeitsstätte sowie Familienheimfahrten aus Anlaß einer doppelten Haushaltsführung), ist dies regelmäßig als entgeltliche Leistung im Sinne des § 1 Abs. 1 Nr. 1 Satz 1 UStG (vgl. Tz. 4.2.1.1) und in Ausnahmefällen als unentgeltliche Überlassung im Sinne des § 3 Abs. 9a Satz 1 Nr. 1 UStG (vgl. Tz. 4.2.2.1) anzusehen. Derartige Fahrzeuge werden, wenn sie nicht ausnahmsweise zusätzlich vom Unternehmer zu mehr als 5 % nichtunternehmerisch verwendet werden, durch die umsatzsteuerpflichtige Überlassung an das Personal ausschließlich unternehmerisch genutzt. Somit kann der Vorsteuerabzug sowohl aus den Anschaffungskosten als auch aus den Unterhaltskosten der sog. Dienst- oder Firmenwagen in voller Höhe in Anspruch genommen werden. Dies gilt auch für die Überlassung von Fahrzeugen an Gesellschafter-Geschäftsführer von Kapitalgesellschaften (z. B. GmbH), wenn sie umsatzsteuerlich dem Personal zugeordnet werden. Die spätere Veräußerung und die Entnahme derartiger Fahrzeuge unterliegen insgesamt der Umsatzsteuer.

4.2 Besteuerung der Fahrzeugüberlassung an das Personal

4.2.1 Entgeltliche Fahrzeugüberlassung

4.2.1.1 Merkmale für Entgeltlichkeit

Die Gegenleistung des Arbeitnehmers für die Fahrzeugüberlassung besteht regelmäßig in der anteiligen Arbeitsleistung, die er für die Privatnutzung des gestellten Kraftfahrzeugs erbringt. Die Überlassung des Kraftfahrzeugs ist als Vergütung für geleistete Dienste und damit als entgeltlich anzusehen, wenn sie im Arbeitsvertrag geregelt ist oder auf mündliche Abreden oder sonstigen Umständen des Arbeitsverhältnisses (z. B. der faktischen betrieblichen Übung) beruht. Von Entgeltlichkeit ist stets auszugehen, wenn das Kraftfahrzeug dem Arbeitnehmer **für eine gewisse Dauer** und nicht nur gelegentlich zur Privatnutzung überlassen wird.

4.2.1.2 Besteuerung auf der Grundlage einer Kostenschätzung

Bei einer **entgeltlichen** Fahrzeugüberlassung zu Privatzwecken des Personals liegt ein tauschähnlicher Umsatz (§ 3 Abs. 12 Satz 2 UStG) vor. Die Bemessungsgrundlage ist nach § 10 Abs. 2 Satz 2 i. V. m. § 10 Abs. 1 Satz 1 UStG der Wert der nicht durch den Barlohn abgegoltenen Arbeitsleistung. Es bestehen keine Bedenken, den Wert anhand der Gesamtkosten des Arbeitgebers für die Überlassung des Fahrzeugs zu schätzen. Aus den Gesamtkosten dürfen allerdings keine Kosten ausgeschieden werden, bei denen ein Vorsteuerabzug nicht möglich ist, weil entgeltliche sonstige Leistungen nicht unter Artikel 6 Abs. 2 Buchstabe a, sondern unter Artikel 6 Abs. 1 der 6. EG-Richtlinie fallen. Der so ermittelte Wert ist ein sog. Nettowert, auf den die Umsatzsteuer mit dem allgemeinen Steuersatz aufzuschlagen ist. Treffen die Parteien Aussagen zum Wert der Arbeitsleistungen, so ist dieser Wert als Bemessungsgrundlage für die Überlassung der Fahrzeuge zugrunde zu legen, wenn er die Kosten für die Fahrzeugüberlassung übersteigt.

4.2.1.3 Besteuerung auf der Grundlage der sog. 1 %-Regelung

Aus Vereinfachungsgründen wird es nicht beanstandet, wenn für die umsatzsteuerliche Bemessungsgrundlage anstelle der Kosten von den lohnsteuerlichen Werten ausgegangen wird. Diese Werte sind dann als Bruttowerte anzusehen, aus denen die Umsatzsteuer herauszurechnen ist (vgl. Abschnitt 12 Abs. 8 UStR). Wird danach der lohnsteuerliche Wert der entgeltlichen Fahrzeugüberlassung für Privatfahrten und für Fahrten zwischen Wohnung und Arbeitsstätte nach § 8 Abs. 2 Satz 2 und 3 in Verbindung mit § 6 Abs. 1 Nr. 4 Satz 2 EStG mit dem vom Listenpreis abgeleiteten Pauschalwert angesetzt (vgl. R 31 Abs. 9 Nr. 1 LStR 2000), kann dieser Wert auch bei der Umsatzbesteuerung ausgegangen werden. Der umsatzsteuerliche Wert für Familienheimfahrten kann aus Vereinfachungsgründen für jede Fahrt mit 0,002 % des Listenpreises im Sinne des § 6 Abs. 1 Nr. 4 Satz 2 EStG für jeden Kilometer der Entfernung zwischen dem Ort des eigenen Hausstands und dem Beschäftigungsort angesetzt werden. Der Umsatzsteuer unterliegen die auf die Familienheimfahrten entfallenden Kosten auch dann, wenn ein lohnsteuerlicher Wert nach § 8 Abs. 2 Satz 5 EStG nicht anzusetzen ist. Aus dem so ermittelten Betrag ist die Umsatzsteuer herauszurechnen. Ein pauschaler Abschlag von 20 % für nicht mit Vorsteuern belastete Kosten (vgl. Tz. 3.1.1.1) ist in diesen Fällen unzulässig.

Beispiel 5

Ein Arbeitnehmer mit einer am 1. Januar 1998 begründeten doppelten Haushaltsführung nutzt einen sog. Firmenwagen mit einem Listenpreis einschließlich USt von 60 000 DM im gesamten Kalenderjahr 1999 zu Privatfahrten, zu Fahrten zur 10 km entfernten Arbeitsstätte und zu 20 Familienheimfahrten zum 150 km entfernten Wohnsitz der Familie.

Die Umsatzsteuer für die Firmenwagenüberlassung ist wie folgt zu ermitteln:

a) für die allgemeine Privatnutzung
1 % von 60 000 DM × 12 Monate =   7 200 DM

b) für Fahrten zwischen Wohnung und Arbeitsstätte
0,03 % von 60 000 DM × 10 km × 12 Monate =   2 160 DM
lohnsteuerlicher geldwerter Vorteil =   9 360 DM

c) für Familienheimfahrten
0,002 % von 60 000 DM × 150 km × 20 Fahrten =   3 600 DM

Bruttowert der sonstigen Leistung an den Arbeitnehmer =   12 960 DM
Die darin enthaltene USt beträgt 16/116 von 12 960 DM =   1 787,59 DM

4.2.1.4 Besteuerung auf der Grundlage der sog. Fahrtenbuchregelung

28 Wird bei einer entgeltlichen Fahrzeugüberlassung der private Nutzungswert mit Hilfe eines ordnungsgemäßen Fahrtenbuchs anhand der durch Belege nachgewiesenen Gesamtkosten ermittelt (vgl. R 31 Abs. 9 Nr. 2 LStR 2000), ist das aufgrund des Fahrtenbuchs ermittelte Nutzungsverhältnis auch bei der Umsatzsteuer zugrunde zu legen. Die Fahrten zwischen Wohnung und Arbeitsstätte sowie die Familienheimfahrten aus Anlaß einer doppelten Haushaltsführung werden umsatzsteuerlich den Privatfahrten des Arbeitnehmers zugerechnet. Aus den Gesamtkosten dürfen keine Kosten ausgeschieden werden, bei denen ein Vorsteuerabzug nicht möglich ist.

29 **Beispiel 6**

Ein sog. Firmenwagen mit einer Jahresfahrleistung von 20 000 km wird von einem Arbeitnehmer lt. ordnungsgemäß geführten Fahrtenbuch an 180 Tagen jährlich für Fahrten zur 10 km entfernten Arbeitsstätte benutzt. Die übrigen Privatfahrten des Arbeitnehmers belaufen sich auf insgesamt 3 400 km. Die gesamten Kraftfahrzeugkosten (Nettoaufwendungen einschließlich AfA) betragen 18 000 DM.

Von den Privatfahrten des Arbeitnehmers entfallen 3 600 km auf Fahrten zwischen Wohnung und Arbeitsstätte (180 Tage × 20 km) und 3 400 km auf sonstige Fahrten. Dies entspricht einer Privatnutzung von insgesamt 35 % (7 000 km von 20 000 km). Für die umsatzsteuerliche Bemessungsgrundlage ist von einem Betrag von 35 % von 18 000 DM = 6 300 DM auszugehen. Die Umsatzsteuer beträgt 16 % von 6 300 DM = 1 008 DM.

4.2.2 Unentgeltliche Fahrzeugüberlassung

4.2.2.1 Merkmale für Unentgeltlichkeit

30 Von einer **unentgeltlichen** Überlassung von Kraftfahrzeugen an das Personal im Sinne des § 3 Abs. 9a Satz 1 Nr. 1 UStG (vgl. Abschnitt 12 Abs. 2 UStR) kann ausnahmsweise ausgegangen werden, wenn die vereinbarte private Nutzung des Fahrzeugs derart gering ist, daß sie für die Gehaltsbemessung keine wirtschaftliche Rolle spielt und nach den objektiven Gegebenheiten eine weitergehende private Nutzungsmöglichkeit ausscheidet (vgl. BFH-Urteil vom 4. Oktober 1984, BStBl II S. 808). Danach kann Unentgeltlichkeit nur angenommen werden, wenn dem Arbeitnehmer das Fahrzeug aus besonderem Anlaß oder zu einem besonderen Zweck nur **gelegentlich** (von Fall zu Fall) an nicht mehr als fünf Kalendertagen im Kalendermonat für private Zwecke überlassen wird (vgl. Abschnitt I Nr. 3 Buchst. b des BMF-Schreibens vom 28. Mai 1996, BStBl I S. 654).

4.2.2.2 Besteuerung auf der Grundlage einer Kostenschätzung

31 Bemessungsgrundlage für die **unentgeltliche** Fahrzeugüberlassung für den privaten Bedarf des Personals sind die Kosten, soweit sie zum vollen oder teilweisen Vorsteuerabzug berechtigt haben (§ 10 Abs. 4 Satz 1 Nr. 2 UStG). Aus der Bemessungsgrundlage sind somit die nicht mit Vorsteuern belasteten Kosten auszuscheiden. Der so ermittelte Wert ist ein sog. Nettowert, auf den die Umsatzsteuer mit dem allgemeinen Steuersatz aufzuschlagen ist.

4.2.2.3 Besteuerung auf der Grundlage von lohnsteuerlichen Werten

32 Aus Vereinfachungsgründen wird es nicht beanstandet, wenn für die umsatzsteuerliche Bemessungsgrundlage von den lohnsteuerlichen Werten ausgegangen wird. Diese Werte sind dann als Bruttowerte anzusehen, aus denen die Umsatzsteuer herauszurechnen ist (vgl. Abschnitt 12 Abs. 8 UStR). Falls in diesen Fällen die Nutzung des Fahrzeugs zu Privatfahrten und zu Fahrten zwischen Wohnung und Arbeitsstätte je Fahrtkilometer mit 0,001 % des inländischen Listenpreises des Kraftfahrzeugs bewertet wird (vgl. Abschnitt I Nr. 3 Buchst. b des BMF-Schreibens vom 28. Mai 1996, BStBl I S. 654), kann für die nicht mit Vorsteuern belasteten Kosten ein Abschlag von 20 % vorgenommen werden.

5. Miete oder Leasing von Fahrzeugen

5.1 Fahrzeugübernahme vor dem 1. April 1999

Die auf die Miete, Mietsonderzahlung, Leasingraten und Unterhaltskosten eines vor dem 1. April 1999 angemieteten oder geleasten Fahrzeugs (vgl. Tz. 1) entfallenden Vorsteuern, welches der Unternehmer sowohl unternehmerisch als auch für nichtunternehmerische Zwecke verwendet, sind grundsätzlich nach dem Verhältnis von unternehmerischer und nichtunternehmerischer Nutzung in einen abziehbaren und einen nichtabziehbaren Anteil aufzuteilen. In diesem Fall entfällt eine Besteuerung der nichtunternehmerischen Nutzung. Aus Vereinfachungsgründen kann der Unternehmer jedoch auch den Vorsteuerabzug aus der Miete bzw. den Leasingraten und den Unterhaltskosten in voller Höhe vornehmen und die nichtunternehmerische Nutzung nach den Regelungen in Tz. 3.1.1 besteuern. **33**

5.2 Fahrzeugübernahme nach dem 31. März 1999

Die auf die Miete, Mietsonderzahlung, Leasingraten und Unterhaltskosten eines nach dem 31. März 1999 angemieteten oder geleasten Fahrzeugs (vgl. Tz. 1) entfallenden Vorsteuern, welches der Unternehmer sowohl unternehmerisch als auch für nichtunternehmerische Zwecke verwendet, sind zu 50 % abziehbar (§ 15 Abs. 1b, § 27 Abs. 3 UStG). Die Besteuerung der nichtunternehmerischen Nutzung entfällt. **34**

Wird das angemietete oder geleaste Fahrzeug ausschließlich unternehmerisch verwendet (z. B. durch Überlassung an das Personal zu dessen privater Nutzung) ist der Vorsteuerabzug in voller Höhe zulässig. Für die Besteuerung der Überlassung dieser Fahrzeuge an das Personal zu dessen privater Nutzung sind die Regelungen in Tz. 4.2 anzuwenden. **35**

Dieses Schreiben tritt an die Stelle des BMF-Schreibens vom 8. Juni 1999 (BStBl I S. 581). Es steht ab sofort für eine Übergangszeit auf den Internetseiten des Bundesministeriums der Finanzen (http://www.bundesfinanzministerium.de) unter der Rubrik Fachabteilungen/Infos – Besitz- und Verkehrsteuern – als Download-Angebot zum Abruf als WORD- und Textdatei (RTF) bereit.

Rechnung mit gesondertem Steuerausweis

(4) ¹Nach § 15 Abs. 1 Nr. 1 UStG muß die Steuer in einer Rechnung im Sinne des § 14 UStG gesondert ausgewiesen sein. ²Der Begriff der Rechnung ergibt sich aus § 14 Abs. 4 UStG (vgl. auch Abschnitt 183). ³Für den Vorsteuerabzug muß eine Rechnung das Entgelt und den Steuerbetrag getrennt ausweisen; die Angabe des Entgelts als Grundlage des gesondert ausgewiesenen Steuerbetrags ist damit zwingend erforderlich (vgl. BFH-Urteil vom 27. 1. 1994 – BStBl II S. 342 und Abschnitt 202 Abs. 4). ⁴Eine Gutschrift gilt unter den Voraussetzungen des § 14 Abs. 5 UStG als Rechnung. ⁵Ein gesonderter Steuerausweis liegt nicht vor, wenn die in einem Vertrag enthaltene Abrechnung offen läßt, ob der leistende Unternehmer den Umsatz steuerfrei oder steuerpflichtig (§ 9 UStG) behandeln will (vgl. Abschnitt 183 Abs. 2 Satz 5), oder in der Urkunde nicht durch Angaben tatsächlicher Art zum Ausdruck kommt, daß die gesondert ausgewiesene Steuer auf Lieferungen oder sonstigen Leistungen des Rechnungsausstellers an den Leistungsempfänger beruht (BFH-Urteil vom 12. 6. 1986 – BStBl II S. 721). ⁶Eine Rechnung im Sinne des § 14 UStG ist auch bei der Abrechnung der Leistung des Insolvenzverwalters an den Gemeinschuldner erforderlich. ⁷Der Beschluß des Insolvenzgerichts über die Festsetzung der Vergütung ist für den Vorsteuerabzug nicht ausreichend (vgl. BFH-Urteil vom 20. 2. 1986 – BStBl II S. 579).

(5) ¹Entsprechend dem Sinn und Zweck des § 15 UStG umfaßt der Vorsteuerabzug grundsätzlich nur die Vorsteuerbeträge, die für im Inland bewirkte Lieferungen oder sonstige Leistungen gesondert ausgewiesen wurden. ²Abziehbar ist auch die Steuer für die Lieferungen und sonstigen Leistungen, die nach § 1 Abs. 3 UStG wie Umsätze im Inland zu behandeln sind.

(6) ¹Der Vorsteuerabzug nach § 15 Abs. 1 Nr. 1 Satz 1 UStG setzt voraus, daß die in Rechnung gestellte Steuer für den berechneten Umsatz geschuldet wird (vgl. BFH-Urteil vom 2. 4. 1998 – BStBl II S. 695). ²Ein Vorsteuerabzug ist damit nicht zulässig, soweit der die Rechnung ausstellende Unternehmer die Steuer nach § 14 Abs. 2 und 3 UStG schuldet.

(7) ¹Hat der Rechnungsaussteller die Steuer unzutreffend berechnet, bleibt es dem Rechnungsempfänger überlassen, eine berichtigte Rechnung anzufordern. ²In den Fällen eines Entgelts von

dritter Seite (§ 10 Abs. 1 Satz 3 UStG) ist nicht der Dritte, sondern nur der Leistungsempfänger zum Vorsteuerabzug berechtigt . . .

(8) ¹Wird über die Lieferung oder sonstige Leistung mit einer Gutschrift abgerechnet, so kommt – wie bei der Erteilung einer Rechnung (vgl. Absatz 6) – der Vorsteuerabzug für den Leistungsempfänger nur in Betracht, wenn der leistende Unternehmer zum gesonderten Ausweis der Steuer in einer Rechnung berechtigt ist (§ 14 Abs. 5 Satz 2 Nr. 1 UStG). ²Daher kann auch in diesen Fällen der Vorsteuerabzug nicht in Anspruch genommen werden, wenn der leistende Unternehmer § 19 Abs. 1 UStG anwendet.

(9) ¹Der Vorsteuerabzug aus einer Gutschrift entfällt auch, wenn die Lieferung oder sonstige Leistung nicht steuerpflichtig ist (vgl. auch BFH-Urteil vom 31. 1. 1980 – BStBl II S. 369). ²⁻⁵ . . .

(10) ¹Bei Anwendung des Abzugsverfahrens (§ 18 Abs. 8 UStG) ist der Abzug eines in einer Gutschrift gesondert ausgewiesenen Steuerbetrages auch dann zulässig, wenn der leistende Unternehmer nicht zum gesonderten Ausweis der Steuer in einer Rechnung berechtigt ist (vgl. § 53 Abs. 4 Satz 2 UStDV). ²Diese Erweiterung setzt voraus, daß der leistende Unternehmer dem gesonderten Steuerausweis nicht widerspricht und der Leistungsempfänger den Steuerbetrag einbehält und an das Finanzamt abführt. ³Zum Vorsteuerabzug bei Anwendung des Abzugsverfahrens vgl. im übrigen Abschnitt 192a.

(11) ¹Steuerbeträge, die für einen Innenumsatz, z. B. zwischen Betriebsabteilungen desselben Unternehmers oder innerhalb eines Organkreises, gesondert ausgewiesen werden, berechtigen nicht zum Vorsteuerabzug. ²Bei Sacheinlagen aus der Privatsphäre oder dem Hoheitsbereich des Unternehmers ist ein Vorsteuerabzug ebenfalls nicht zulässig (vgl. auch Abschnitt 183 Abs. 3).

Leistung eines Unternehmers

(12) ¹Die Rechnung muß grundsätzlich vom leistenden Unternehmer ausgestellt sein. ²Ein Vorsteuerabzug ist deshalb nicht zulässig, wenn ein anderer im Namen des Leistenden eine Rechnung mit gesondertem Steuerausweis erteilt, ohne vom Leistenden dazu beauftragt zu sein. ³Zur Abrechnung durch den Vermittler vgl. BFH-Urteil vom 4. 3. 1982 – BStBl II S. 315. ⁴Der Abzug der in der Rechnung ausgewiesenen Steuer ist nur möglich, wenn der in der Rechnung angegebene Sitz einer GmbH bei Ausführung der Leistung und bei Rechnungstellung tatsächlich bestanden hat (vgl. BFH-Urteil vom 27. 6. 1996 – BStBl II S. 620). ⁵Der Unternehmer, der die Lieferung oder sonstige Leistung ausgeführt hat, muß in der Rechnung (Abrechnungspapier) grundsätzlich mit seinem wirklichen Namen bzw. mit der wirklichen Firma angegeben sein (vgl. auch § 31 Abs. 2 UStDV). ⁶Bei der Verwendung eines unzutreffenden und ungenauen Namens, z. B. Scheinname oder Scheinfirma, kann der Vorsteuerabzug ausnahmsweise zugelassen werden, wenn der tatsächlich leistende Unternehmer eindeutig und leicht nachprüfbar aus dem Abrechnungspapier ersichtlich ist (vgl. BFH-Urteil vom 7. 10. 1987 – BStBl 1988 II S. 34). ⁷⁻⁹ . . .

Leistung für das Unternehmen

(13) ¹Eine Lieferung oder sonstige Leistung wird grundsätzlich an diejenige Person ausgeführt, die aus dem schuldrechtlichen Vertragsverhältnis, das dem Leistungsaustausch zugrunde liegt, berechtigt oder verpflichtet ist (BFH-Beschluß vom 13. 9. 1984 – BStBl 1985 II S. 21). ²Leistungsempfänger ist somit regelmäßig der Auftraggeber oder Besteller einer Leistung. ³Wird auf einem Grundstück, an dem die Ehegatten gemeinschaftlich Miteigentümer sind, ein Bauwerk errichtet, kann statt der Ehegattengemeinschaft auch einer der Ehegatten allein Leistungsempfänger sein. ⁴In derartigen Fällen muß sich schon aus der Auftragserteilung klar ergeben, wer Auftraggeber und damit Leistungsempfänger ist. ⁵Die tatsächliche Durchführung muß den getroffenen Vereinbarungen entsprechen (vgl. BFH-Urteil vom 11. 12. 1986 – BStBl 1987 II S. 233 und vom 26. 11. 1987 – BStBl 1988 II S. 158 und vom 5. 10. 1995 – BStBl 1996 II S. 111). ⁶Wird unter Mißachtung des sich aus dem schuldrechtlichen Vertragsverhältnis ergebenden Anspruchs

die Leistung tatsächlich an einen Dritten erbracht, so kann der Dritte unabhängig von den zugrundeliegenden Rechtsbeziehungen Leistungsempfänger sein (BFH-Urteil vom 1. 6. 1989 – BStBl II S. 677). [7]...

(14) [1]Die Leistung muß in die unternehmerische Sphäre des Unternehmers eingehen (vgl. BFH-Urteile vom 20. 12. 1984 – BStBl 1985 II S. 176, vom 4. 7. 1985 – BStBl II S. 538 und vom 18. 12. 1986 – BStBl 1987 II S. 350). [2]Ob dies zutrifft, ist nach dem Innenverhältnis zu beurteilen. [3]Danach muß die Verwendung der bezogenen Leistung in der unternehmerischen Sphäre objektiv möglich und auch durchgeführt sein (vgl. auch Absatz 18). **1** [4]Für die Frage, ob eine Leistung für das Unternehmen vorliegt, sind grundsätzlich die Verhältnisse im Zeitpunkt des Umsatzes an den Unternehmer maßgebend (vgl. BFH-Urteil vom 6. 5. 1993 – BStBl II S. 564). [5]Eine erstmalige vorübergehende nichtunternehmerische Verwendung steht dem Leistungsbezug für das Unternehmen nicht entgegen, wenn der erworbene Gegenstand anschließend bestimmungsgemäß unternehmerisch genutzt wird (vgl. BFH-Urteil vom 20. 7. 1988 – BStBl II S. 1012 und BFH-Beschluß vom 21. 6. 1990 – BStBl II S. 801). Bei der Anschaffung von sogenannten Freizeitgegenständen, z. B. von Segelbooten, Segelflugzeugen und Wohnwagen, ist davon auszugehen, daß diese Gegenstände dem nichtunternehmerischen Bereich zuzuordnen sind (vgl. Abschnitt 19 Abs. 4). [7]Zum Vorsteuerabzug aus dem Erwerb eines Flugzeugs durch die Ehefrau, das weitaus überwiegend vom Ehemann genutzt wird, vgl. BFH-Urteil vom 19. 5. 1988 – BStBl II S. 916. [8]Liefert ein Unternehmer unter der Anschrift und Bezeichnung, unter der er seine Umsatztätigkeit ausführt, einen ihm gelieferten für sein Unternehmen objektiv nützlichen Gegenstand sogleich weiter und rechnet darüber mit gesondertem Steuerausweis ab, behandelt er den Gegenstand als für sein Unternehmen bezogen (vgl. BFH-Urteil vom 27. 7. 1995 – BStBl II S. 853).

(15) [1]Als Nachweis dafür, daß die Leistung für das Unternehmen bezogen wurde, sind zutreffende Angaben des leistenden Unternehmers über Art und Umfang der von ihm ausgeführten Leistung in der Rechnung oder in den in § 31 UStDV bezeichneten Unterlagen erforderlich. [2]Bei Lieferungen bestehen die erforderlichen Angaben tatsächlicher Art grundsätzlich in der zutreffenden handelsüblichen Bezeichnung der einzelnen Liefergegenstände. [3]In besonderen Einzelfällen, z. B. wenn bei der Lieferung von ausschließlich gewerblich nutzbaren Erzeugnissen hinsichtlich des Bezugs für das Unternehmen keine Zweifel bestehen, können die gelieferten Gegenstände in Warengruppen zusammengefaßt werden (vgl. BFH-Urteil vom 24. 4. 1986 – BStBl II S. 581). [4]Bei den übrigen Leistungen hat der leistende Unternehmer in der Rechnung grundsätzlich tatsächliche Angaben über seine Leistungshandlung zu machen. [5]Es bestehen jedoch insbesondere bei der Ausführung sonstiger Leistungen keine Bedenken, wenn der Rechnungsaussteller statt seiner Leistungshandlung den beim Leistungsempfänger eintretenden Erfolg seiner Leistungshandlung bezeichnet. [6-8]...

(16) [1]Der Vorsteuerabzug kann nur aufgrund einer Rechnung geltend gemacht werden, die eine eindeutige und leicht nachprüfbare Feststellung der Leistung ermöglicht, über die abgerechnet worden ist (BFH-Urteil vom 10. 11. 1994 – BStBl 1995 II S. 395). [2]Eine für die Gewährung des Vorsteuerabzugs ausreichende Leistungsbezeichnung ist dann nicht gegeben, wenn die Angaben tatsächlicher Art im Abrechnungspapier unrichtig oder so ungenau sind, daß sie eine Identifizierung des Leistungsgegenstandes nicht ermöglichen. [3]Den Vorsteuerabzug ausschließende

1. unrichtige Angaben liegen vor, wenn eine in der Rechnung aufgeführte Leistung tatsächlich nicht erbracht ist und auch nicht erbracht werden soll, z. B. bei Gefälligkeitsrechnungen, oder zwar eine Leistung ausgeführt ist oder ausgeführt werden soll, jedoch in der Rechnung nicht

---

Anm. d. Schriftl.:

1 Ein Gegenstand kann ab dem 1. 4. 1999 nur noch dann dem Unternehmen zugerechnet werden, wenn seine unternehmerische Nutzung mindestens 10 % beträgt.

auf die tatsächliche Leistung, sondern auf eine andere hingewiesen wird (vgl. Beispielsfälle in Abschnitt 190 Abs. 2 Nr. 3);

2. ¹ungenaue Angaben liegen vor, wenn die Rechnungsangaben zwar nicht unrichtig, aber nicht so eingehend und präzise sind, daß sie ohne weiteres völlige Gewißheit über Art und Umfang des Leistungsgegenstandes verschaffen. ²Dies ist regelmäßig der Fall, wenn sich anhand der Rechnung nachträglich nicht genau feststellen läßt, auf welchen gelieferten Gegenstand bzw. auf welchen beim Leistungsempfänger eingetretenen Erfolg einer sonstigen Leistung sich die gesondert ausgewiesene Steuer beziehen soll (vgl. Beispielsfall in Abschnitt 190 Abs. 2 Nr. 3). ³Die erforderlichen Angaben müssen entweder aus der vom leistenden Unternehmer erstellten Rechnung oder aus solchen Unterlagen hervorgehen, auf die in der Rechnung verwiesen wird. ⁴Andere Unterlagen oder Nachweise sowie Rechnungsergänzungen durch den Leistungsempfänger können nicht berücksichtigt werden (vgl. BFH-Beschlüsse vom 4. 12. 1987 – BStBl 1988 II S. 702 und vom 9. 12. 1987 – BStBl 1988 II S. 700).

(17) ¹Der Vorsteuerabzug setzt grundsätzlich eine auf den Namen des umsatzsteuerlichen Leistungsempfängers lautende Rechnung mit gesondert ausgewiesener Steuer voraus. ²Es ist jede Bezeichnung des Leistungsempfängers ausreichend, die eine eindeutige und leicht nachprüfbare Feststellung seines Namens und seiner Anschrift ermöglicht (vgl. BFH-Urteil vom 2. 4. 1997 – BStBl II S. 443). ³Eine andere Rechnungsadresse ist nicht zu beanstanden, wenn aus dem übrigen Inhalt der Rechnung oder aus anderen Unterlagen, auf die in der Rechnung hingewiesen wird (§ 31 Abs. 1 UStDV), Name und Anschrift des umsatzsteuerlichen Leistungsempfängers eindeutig hervorgehen, z. B. bei einer Rechnungsausstellung auf den Namen eines Gesellschafters für Leistungen an die Gesellschaft. ⁴Eine Gesellschaft kann jedoch aus einer Rechnung, die nur auf einen Gesellschafter ausgestellt ist, keinen Vorsteuerabzug vornehmen, wenn die Rechnung keinen Hinweis auf die Gesellschaft als Leistungsempfänger enthält (vgl. BFH-Urteil vom 5. 10. 1995 – BStBl 1996 II S. 111). ⁵⁻⁶...

Leistung für den unternehmerischen und den nichtunternehmerischen Bereich

(18) Wird ein Umsatz sowohl für das Unternehmen als auch für Zwecke ausgeführt, die außerhalb des Unternehmens liegen, ist hinsichtlich des Vorsteuerabzugs wie folgt zu verfahren:

1. ¹Bei der Lieferung vertretbarer Sachen sowie bei sonstigen Leistungen ist, abgesehen von den unter Nummer 2 bezeichneten Fällen, die darauf entfallende Steuer entsprechend dem Verwendungszweck in einen abziehbaren und einen nicht abziehbaren Anteil aufzuteilen. ²Telefondienstleistungen bezieht ein Unternehmer nur insoweit für sein Unternehmen, als er das Telefon unternehmerisch nutzt.

2. ¹Bei einem einheitlichen Gegenstand hat der Unternehmer ein Wahlrecht. ²Er kann z. B. einerseits ein Gebäude mit dem dazugehörenden Grund und Boden insgesamt dem nichtunternehmerischen Bereich zuordnen, auch wenn das Gebäude teilweise unternehmerisch genutzt wird. ³Andererseits kann er ein Gebäude auch insgesamt seinem Unternehmen zuordnen, wenn die unternehmerische Nutzung mindestens 10 v. H. beträgt (§ 15 Abs. 1 letzter Satz UStG). ⁴Nach dem EuGH-Urteil vom 4. 10. 1995 – BStBl 1996 II S. 392 – kann der Unternehmer einen nichtunternehmerisch (privat) genutzten Gebäudeteil (z. B. eine eigengenutzte Wohnung) auch von vornherein ganz oder teilweise seinem nichtunternehmerischen Bereich zuordnen.

   a) ¹Umsatzsteuerbeträge, die durch den Erwerb, die Herstellung sowie die Verwendung oder Nutzung eines solchen Gegenstandes anfallen, z. B. durch den Kauf oder die Miete sowie den laufenden Unterhalt eines Computers, können in vollem Umfang abgezogen werden, wenn der Gegenstand dem Unternehmen insgesamt zugeordnet wird. ²Zum Ausgleich dafür unterliegt die Verwendung des Gegenstandes für unternehmensfremde Zwecke nach § 3 Abs. 9a Satz 1 Nr. 1 UStG der Umsatzsteuer. ³Die Entscheidung über die Zuordnung zum Unternehmen hat der Unternehmer zu treffen (BFH-Urteile vom 25. 3. 1988 – BStBl

II S. 649 und vom 27. 10. 1993 – BStBl 1994 II S. 274). [4]Hierbei reicht es aus, daß der Gegenstand im Umfang des vorgesehenen Einsatzes für unternehmerische Zwecke in einem objektiven und erkennbaren wirtschaftlichen Zusammenhang mit der gewerblichen oder beruflichen Tätigkeit steht und diese fördern soll (BFH-Urteil vom 12. 12. 1985 – BStBl 1986 II S. 216). [5]Der Zuordnungsentscheidung gibt der Unternehmer im Regelfall mit der Inanspruchnahme des Vorsteuerabzugs Ausdruck (vgl. BFH-Urteil vom 20. 12. 1984 – BStBl 1985 II S. 176). [6]Wird ein nicht zum Unternehmen gehörender Gegenstand gelegentlich dem Unternehmen überlassen, können nur die Vorsteuern abgezogen werden, die unmittelbar durch die unternehmerische Verwendung anfallen, z. B. die Steuer für den Bezug von Kraftstoff anläßlich einer betrieblichen Fahrt mit einem privaten Kraftfahrzeug.

b) [1]Will der Unternehmer von der Möglichkeit der Zuordnung von nichtunternehmerisch verwendeten Gebäudeteilen zum nichtunternehmerischen Bereich Gebrauch machen, so muß er dies dem Finanzamt spätestens bis zur Abgabe der Umsatzsteuererklärung des Jahres schriftlich mitteilen, in dem das Gebäude erstmals verwendet wird. [2]Ansonsten ist davon auszugehen, daß der Unternehmer das Gebäude insgesamt seinem unternehmerischen Bereich zugeordnet hat. [3]Im Fall der Zuordnung des nichtunternehmerisch genutzten Teils zum nichtunternehmerischen Bereich wird der nichtunternehmerisch genutzte Teil als separater Gegenstand angesehen, der nicht „für das Unternehmen" im Sinne des § 15 Abs. 1 Nr. 1 UStG bezogen wird. [4]Somit entfällt der Vorsteuerabzug aus den Kosten, die auf diesen Gegenstand entfallen. [5]Wird dieser Gegenstand später unternehmerisch genutzt (z. B. durch Umwandlung von Wohnräumen in Büroräume), ist eine Vorsteuerberichtigung zugunsten des Unternehmers nach § 15a UStG nicht zulässig (vgl. Abschnitt 214 Abs. 7). [6]Bei einer späteren Veräußerung des bebauten Grundstücks kann der Unternehmer unter den Voraussetzungen des § 9 UStG lediglich auf die Steuerbefreiung des § 4 Nr. 9 Buchstabe a UStG für die Lieferung des zu diesem Zeitpunkt unternehmerisch genutzten Teils verzichten. [7]Die Lieferung des zu diesem Zeitpunkt nichtunternehmerisch genutzten Teils erfolgt nicht im Rahmen des Unternehmens und ist somit nicht steuerbar. [8]Ein Gesamtkaufpreis ist entsprechend aufzuteilen. [9]Weist der Unternehmer für die Lieferung des nichtunternehmerisch genutzten Teils dennoch in der Rechnung Umsatzsteuer aus, so schuldet er diese nach § 14 Abs. 3 UStG.

c) [1]Das EuGH-Urteil vom 4. 10. 1995 – BStBl 1996 II S. 390 – zur Aufteilbarkeit bei einheitlichen Gegenständen kann nicht nur auf Grundstücke, sondern grundsätzlich auch auf gemischt genutzte bewegliche Wirtschaftsgüter (z. B. sowohl unternehmerisch als auch nichtunternehmerisch genutzter Computer) angewendet werden. [2]Es ist jedoch regelmäßig davon auszugehen, daß der Unternehmer ein bewegliches Wirtschaftsgut insgesamt dem Unternehmen zuordnet. [3]In diesem Fall kann der Unternehmer die Vorsteuer (sowohl aus den Anschaffungskosten als auch aus den laufenden Unterhaltskosten) in voller Höhe abziehen. [4]Die nichtunternehmerische Nutzung wird nach § 3 Abs. 9a Satz 1 Nr. 1 UStG erfaßt. [5]Bei Fahrzeugen, bei deren Anschaffung oder Herstellung, Einfuhr oder innergemeinschaftlichen Erwerb Vorsteuerbeträge nach § 15 Abs. 1b UStG nur zu 50 v. H. abziehbar waren, oder bei denen § 15a Abs. 3 Nr. 2 Buchstabe a UStG anzuwenden ist, entfällt die Besteuerung der nichtunternehmerischen Verwendung (§ 3 Abs. 9a Satz 2 UStG). [6]Will der Unternehmer ein bewegliches Wirtschaftsgut ausnahmsweise lediglich hinsichtlich des unternehmerisch genutzten Teils dem Unternehmen zuordnen, so darf er nur die auf diesen Teil entfallende – ggf. auf 50 v. H. reduzierte – Vorsteuer (sowohl aus den Anschaffungskosten als auch aus den laufenden Unterhaltskosten) abziehen. [7]Eine Besteuerung nach § 3 Abs. 9a Satz 1 Nr. 1 UStG entfällt insoweit.

Regelungen in Einzelfällen

(19) ...

(20) ¹Erwachsen dem Unternehmer Aufwendungen durch Beköstigung des im Unternehmen beschäftigten Personals in seinem Haushalt, so gilt folgende Vereinfachungsregelung: Für die auf diese Aufwendungen entfallenden Vorsteuern kann ohne Einzelnachweis ein Betrag abgezogen werden, der sich unter Anwendung eines durchschnittlichen Steuersatzes von 7,9 v. H. auf den Wert errechnet, der bei der Einkommensteuer für die außerbetrieblichen Zukäufe als Betriebsausgabe anerkannt wird. ²Dementsprechend kann in diesen Fällen die abziehbare Vorsteuer von 7,32 v. H. dieses Werts (Bruttobetrag) errechnet werden.

UStR 192a. Vorsteuerabzug ohne gesonderten Steuerausweis in einer Rechnung

Abzug der Steuer für den innergemeinschaftlichen Erwerb von Gegenständen

(1) Der Erwerber kann die für den innergemeinschaftlichen Erwerb geschuldete Umsatzsteuer als Vorsteuer abziehen, wenn er den Gegenstand für sein Unternehmen bezieht und zur Ausführung von Umsätzen verwendet, die den Vorsteuerabzug nicht ausschließen. ²Bei Land- und Forstwirten, die der Durchschnittsatzbesteuerung unterliegen und die auf die Anwendung von § 1a Abs. 3 UStG verzichtet haben, ist der Abzug der Steuer für den innergemeinschaftlichen Erwerb als Vorsteuer durch die Pauschalierung abgegolten (vgl. BFH-Urteil vom 24. 9. 1998 – BStBl 1999 II S. 39).

(2) ¹Das Recht auf Vorsteuerabzug der Erwerbsteuer entsteht in dem Zeitpunkt, in dem die Erwerbsteuer entsteht (§ 13 Abs. 1 Nr. 6 UStG). ²Der Unternehmer kann damit den Vorsteuerabzug in der Umsatzsteuer-Voranmeldung oder -erklärung geltend machen, in der er den innergemeinschaftlichen Erwerb zu versteuern hat.

Vorsteuerabzug bei Anwendung des Abzugsverfahrens

(3) ¹Weist der im Ausland ansässige Unternehmer in einer Rechnung gesondert Steuer aus, ist der Leistungsempfänger unter den Voraussetzungen des § 15 Abs. 1 bis 4 UStG zum Vorsteuerabzug berechtigt. ²Zum Vorsteuerabzug des Leistungsempfängers bei Abrechnung mittels Gutschrift mit gesondert ausgewiesener Steuer vgl. Abschnitt 192 Abs. 10.

(4) ¹Auf den gesonderten Ausweis der Steuer in der Rechnung eines im Ausland ansässigen Unternehmers kann jedoch nach § 39a UStDV verzichtet werden, wenn

1. die Steuer im Abzugsverfahren entrichtet worden ist und
2. der Leistungsempfänger auf der Rechnung vermerkt hat, welchen Steuerbetrag er errechnet und abgeführt hat.

²Der Vorsteuerabzug aus der entrichteten Steuer ist unter den genannten Voraussetzungen auch zulässig, wenn der leistende Unternehmer die Umsatzsteuer zu niedrig ausgewiesen hat.

(5) Der Leistungsempfänger kann bei Anwendung des Abzugsverfahrens den Vorsteuerabzug aus Vereinfachungsgründen bereits in der Umsatzsteuer-Voranmeldung für den Voranmeldungszeitraum geltend machen, in der er die einbehaltene Umsatzsteuer erklärt.

Vorsteuerabzug im Rahmen eines innergemeinschaftlichen Dreiecksgeschäfts

(6) ¹Im Rahmen eines innergemeinschaftlichen Dreiecksgeschäfts wird die Steuer für die Lieferung des ersten Abnehmers an den letzten Abnehmer von diesem geschuldet (§ 25b Abs. 2 UStG, vgl. Abschnitt 276b Abs. 6 und 7). ²Der letzte Abnehmer kann diese Steuer als Vorsteuer abziehen, wenn er den Gegenstand für sein Unternehmen bezieht und soweit er ihn zur Ausführung von Umsätzen verwendet, die den Vorsteuerabzug nicht ausschließen (§ 25b Abs. 5 UStG).

UStR 193. Vorsteuerabzug bei Zahlungen vor Empfang der Leistung

(1) ¹Der vorgezogene Vorsteuerabzug setzt bei Zahlungen vor Empfang der Leistung (§ 15 Abs. 1 Nr. 1 Satz 2 UStG) voraus, daß
1. eine Rechnung oder Gutschrift mit gesondertem Ausweis der Steuer vorliegt und
2. die Zahlung geleistet worden ist.

²Sind diese Voraussetzungen nicht gleichzeitig gegeben, kommt der Vorsteuerabzug für den Voranmeldungs- bzw. Besteuerungszeitraum in Betracht, in dem erstmalig beide Voraussetzungen erfüllt sind.

(2) Hat ein Kleinunternehmer, der von der Sonderregelung des § 19 Abs. 1 UStG zur allgemeinen Besteuerung übergegangen ist, bereits vor dem Übergang Zahlungen für einen nach dem Übergang an ihn bewirkten Umsatz geleistet, so kann er den vorgezogenen Vorsteuerabzug in der Voranmeldung für den ersten Voranmeldungszeitraum nach dem Übergang zur allgemeinen Besteuerung geltend machen.

(3) Für den vorgezogenen Vorsteuerabzug ist es ohne Bedeutung, ob die vor Ausführung des Umsatzes geleistete Zahlung das volle Entgelt oder nur einen Teil des Entgelts einschließt.

(4) ¹Ist der gesondert ausgewiesene Steuerbetrag höher als die Steuer, die auf die Zahlung vor der Umsatzausführung entfällt, so kann vorweg nur der Steuerbetrag abgezogen werden, der in der im voraus geleisteten Zahlung enthalten ist. ²Das gilt auch, wenn vor der Ausführung des Umsatzes über die gesamte Leistung abgerechnet wird, die Gegenleistung aber in Teilbeträgen gezahlt wird. ³In diesen Fällen hat daher der Unternehmer den insgesamt ausgewiesenen Steuerbetrag auf die einzelnen Teilbeträge aufzuteilen.

Beispiel:
¹Der Unternehmer hat bereits im Januar eine Gesamtrechnung für einen im Juli zu liefernden Gegenstand über 100 000 DM zuzüglich gesondert ausgewiesener Umsatzsteuer von 16 000 DM insgesamt = 116 000 DM erhalten. ²Er leistet in den Monaten März, April und Mai Anzahlungen von jeweils 23 200 DM. ³Die Restzahlung in Höhe von 46 400 DM überweist er einen Monat nach Empfang der Leistung. ⁴Der Unternehmer kann für die Voranmeldungszeiträume März, April und Mai den in der jeweiligen Anzahlung enthaltenen Steuerbetrag von 3 200 DM als Vorsteuer abziehen. ⁵Die in der Restzahlung von 46 400 DM enthaltene Vorsteuer von 6 400 DM kann für den Voranmeldungszeitraum Juli (zum Zeitpunkt der Umsatzausführung) abgezogen werden.

(5) ¹Aus einer Endrechnung (§ 14 Abs. 1 letzter Satz UStG) kann der Leistungsempfänger nur den Steuerbetrag als Vorsteuer abziehen, der auf die verbliebene Restzahlung entfällt. ²Das gleiche gilt bei der Abrechnung mit Gutschriften. ³Ein höherer Vorsteuerabzug ist auch dann nicht zulässig, wenn in der Endrechnung die im voraus gezahlten Teilentgelte und die darauf entfallenden Steuerbeträge nicht oder nicht vollständig abgesetzt wurden (vgl. Abschnitt 187 Abs. 10). ⁴Sind die Rechnungen oder Gutschriften für die im voraus geleisteten Zahlungen im Zusammenhang mit der Erteilung der Endrechnung widerrufen oder zurückgenommen worden, so ist aus der Endrechnung ebenfalls nur der auf die Restzahlung entfallende Steuerbetrag als Vorsteuer abziehbar.

UStR 194. Vorsteuerabzug bei Rechnungen über Kleinbeträge

(1) Für die Berechnung des Steuerbetrages aus Rechnungen bis zu einem Gesamtbetrag von 200 DM (vgl. § 35 Abs. 1 UStDV) können die auf einen Voranmeldungszeitraum entfallenden Rechnungen zusammengefaßt werden, soweit derselbe Steuersatz anzuwenden ist.

(2) Die Vorsteuer kann aus dem Rechnungsbetrag durch Anwendung der folgenden Formel ermittelt werden:

$$\frac{\text{Rechnungspreis} \times \text{Steuersatz}}{(100 + \text{Steuersatz})}$$

Zu § 15 UStG   **Umsatzsteuer**

Beispiel:
Rechnungspreis 174,– DM, Steuersatz 16 v. H.

$$\frac{174{,}- \times 16}{(100 + 16)} = 24{,}- \text{ DM Vorsteuer}$$

(3) Der auf die Rechnung entfallende Steuerbetrag kann auch mittels eines Faktors oder eines Divisors ermittelt werden.

1. Bei Verwendung eines Faktors ist folgende Formel anzuwenden:

$$\frac{\text{Rechnungspreis} \times \text{Faktor}}{100}$$

Der Faktor beträgt bei einem Steuersatz von

5	v. H. =	4,76	(4,7619)
6,5	v. H. =	6,10	(6,1033)
7	v. H. =	6,54	(6,5421)
7,5	v. H. =	6,98	(6,9767)
8	v. H. =	7,41	(7,4074)
8,5	v. H. =	7,83	(7,8341)
9	v. H. =	8,25	(8,2569)
11	v. H. =	9,91	(9,9099)
13	v. H. =	11,50	(11,5044)
14	v. H. =	12,28	(12,2807)
15	v. H. =	13,04	(13,0435)
16	v. H. =	13,79	(13,7931)

Beispiel:
Rechnungspreis 174,– DM, Steuersatz 16 v. H.

$$\frac{174{,}- \times 13{,}79}{100} = 24{,}- \text{ DM Vorsteuer}$$

2. ¹Mit einem Divisor kann zunächst das auf den Rechnungspreis entfallende Entgelt berechnet und sodann der abziehbare Vorsteuerbetrag durch Abzug des Entgelts vom Rechnungspreis ermittelt werden. ²Das Entgelt wird nach folgender Formel berechnet:

$$\frac{\text{Rechnungspreis}}{\text{Divisor}}$$

³Der Divisor beträgt bei einem in der Rechnung angegebenen Steuersatz von

5   v. H. = 1,05
6,5 v. H. = 1,065
7   v. H. = 1,07
7,5 v. H. = 1,075
8   v. H. = 1,08
8,5 v. H. = 1,085
9   v. H. = 1,09
11 v. H. = 1,11
13 v. H. = 1,13
14 v. H. = 1,14
15 v. H. = 1,15
16 v. H. = 1,16

Beispiel:
Rechnungspreis 174,– DM, Steuersatz 16 v. H.

$$\frac{174,-}{1,16} = 150,- \text{ DM Entgelt}$$

174,– DM ./. 150,– DM = 24,– DM Vorsteuern.

UStR 195. Vorsteuerabzug bei Fahrausweisen

(1) [1]Fahrausweise und Belege im Sinne des § 34 UStDV, die für die Beförderung im Personenverkehr und im Reisegepäckverkehr ausgegeben werden, berechtigen nach § 35 Abs. 2 UStDV zum Vorsteuerabzug, soweit sie auf das Inland entfallende Beförderungsleistungen für das Unternehmen betreffen. [2]Stellt der Unternehmer seinen Arbeitnehmern Fahrausweise für die Fahrten zwischen Wohnung und regelmäßiger Arbeitsstätte zur Verfügung, sind die von den Arbeitnehmern in Anspruch genommenen Beförderungsleistungen nicht als Umsätze für das Unternehmen anzusehen. [3]Die dafür vom Unternehmer beschafften Fahrausweise berechtigen ihn daher nicht zur Vornahme des Vorsteuerabzugs.

(2)–(8) ...

UStR 198. Vorsteuerabzug bei unfreien Versendungen und innergemeinschaftlichen Güterbeförderungen

Unfreie Versendungen

(1) [1]Nach § 40 UStDV wird die Berechtigung zum Vorsteuerabzug vom Absender der Frachtsendung auf den Empfänger übertragen. [2]Die Regelung läßt keine Wahlmöglichkeit zu. [3]Liegt frachtrechtlich eine unfreie Versendung vor, ist deshalb der Absender als der eigentliche Leistungsempfänger vom Vorsteuerabzug allgemein ausgeschlossen. [4]§ 40 UStDV gilt außer bei Frachtsendungen im Rahmen von Lieferungen auch bei Versendungsaufträgen im Zusammenhang mit Materialgestellungen und Materialbeistellungen.

(2) Wird bei unfreien Versendungen das Frachtgut von dem beauftragten Spediteur nicht unmittelbar, sondern über einen Empfangsspediteur an den endgültigen Frachtempfänger versendet, so gilt folgendes:

1. [1]Zieht der Empfangsspediteur die ihm berechneten Frachtkosten (Vorkosten) in eigenem Namen ein, ist er als Empfänger der diesen Kosten zugrundeliegenden Frachtleistungen anzusehen. [2]Er kann daher die ihm dafür gesondert in Rechnung gestellte Steuer nach § 40 Abs. 1 UStDV als Vorsteuer abziehen. [3]Der Inanspruchnahme des Vorsteuerabzugs steht nicht entgegen, daß der Empfangsspediteur die Vorkosten weiterberechnet. [4]§ 40 Abs. 1 Nr. 2 UStDV setzt nur voraus, daß der Frachtempfänger die Entrichtung der Frachtkosten an den Versandspediteur oder Frachtführer übernommen hat, nicht aber, daß er diese Kosten auch wirtschaftlich trägt. [5]Bei dieser Gestaltung sind die verauslagten Frachtkosten beim Empfangsspediteur Teil der Bemessungsgrundlage für seine Leistung. [6]Der endgültige Frachtempfänger ist zum Abzug der Steuer auf die gesamte Bemessungsgrundlage beim Vorliegen der Voraussetzungen des § 15 Abs. 1 UStG berechtigt.

2. [1]Tritt der Empfangsspediteur als Vermittler auf und behandelt er dementsprechend die Vorkosten als durchlaufende Posten, werden die diesen Kosten zugrundeliegenden Frachtleistungen an den endgültigen Frachtempfänger erbracht. [2]In diesen Fällen ist § 40 Abs. 1 UStDV auf den Empfangsspediteur nicht anwendbar. [3]Der Vorsteuerabzug steht allein dem endgültigen Frachtempfänger zu.

Zu § 15 UStG

Innergemeinschaftliche Güterbeförderungen

(3) ¹Als Leistungsempfänger im umsatzsteuerlichen Sinn ist grundsätzlich derjenige zu behandeln, in dessen Auftrag die Leistung ausgeführt wird (vgl. Abschnitt 192 Abs. 13). ²Aus Vereinfachungsgründen ist bei Leistungen im Sinne des § 3b Abs. 3 bis 6 UStG der Rechnungsempfänger als ggf. zum Vorsteuerabzug berechtigter Leistungsempfänger anzusehen.

Beispiel:

¹Der in Frankreich ansässige Unternehmer U versendet Güter per Frachtnachnahme an den Unternehmer A in Deutschland. ²Bei Frachtnachnahmen wird regelmäßig vereinbart, daß der Beförderungsunternehmer dem Empfänger der Sendung die Beförderungskosten in Rechnung stellt und dieser die Beförderungskosten zahlt. ³Der Rechnungsempfänger A der innergemeinschaftlichen Güterbeförderung ist als Empfänger der Beförderungsleistung (Leistungsempfänger) im Sinne des § 3b Abs. 3 Satz 2 UStG anzusehen. ⁴A ist ggf. zum Vorsteuerabzug berechtigt.

UStR 199. Abzug der Einfuhrumsatzsteuer bei Einfuhr in das Inland

(1) ¹Die Einfuhrumsatzsteuer kann vom Unternehmer als Vorsteuer abgezogen werden, wenn sie tatsächlich entrichtet wird und die Gegenstände für sein Unternehmen in das Inland eingeführt worden sind. ²Die Entrichtung ist durch einen zollamtlichen Beleg nachzuweisen. ³. . . ⁴Ein Beleg, in dem die gesamten Eingangsabgaben nach einem pauschalierten Satz in einer Summe angegeben sind, reicht für die Vornahme des Vorsteuerabzugs nicht aus. ⁵Wird die Einfuhrumsatzsteuer bei Fälligkeit nicht entrichtet, so ist ein bereits vorgenommener Vorsteuerabzug (§ 16 Abs. 2 Satz 4 UStG) zu berichtigen.

(2) ¹Für den Vorsteuerabzug kommt es auf das Gelangen des Gegenstandes in das umsatzsteuerliche Inland (vgl. § 1 Abs. 2 UStG) an. ²Die Regelung ist vor allem für die Einfuhren von Bedeutung, die über einen Abfertigungsplatz im Ausland bewirkt werden. ³In diesen Fällen ist der Tatbestand der Einfuhr im Sinne des § 15 Abs. 1 Nr. 2 UStG nicht schon beim Eintreffen des Einfuhrgegenstandes auf dem Abfertigungsplatz – z. B. einem im Ausland befindlichen Grenzbahnhof mit einer deutschen Zollabfertigung –, sondern erst beim Übergang in das umsatzsteuerliche Inland verwirklicht. ⁴Das gilt auch dann, wenn der Gegenstand bereits auf dem Abfertigungsplatz einfuhrumsatzsteuerrechtlich abgefertigt wurde.

(3) ¹Bei Einfuhren über die in § 1 Abs. 3 UStG bezeichneten Gebiete ist der Gegenstand ebenfalls erst beim Übergang in das umsatzsteuerliche Inland eingeführt. ²In diesen Fällen ist jedoch die Einfuhr in das Inland für den Abzug der Einfuhrumsatzsteuer nur dann bedeutsam, wenn der eingeführte Gegenstand nicht zur Ausführung der in § 1 Abs. 3 UStG bezeichneten Umsätze verwendet wird . . . ³Im allgemeinen kommt es daher hierbei nur dann auf den Übergang des Gegenstandes in das umsatzsteuerliche Inland an, wenn der eingeführte Gegenstand nicht schon in den in § 1 Abs. 3 UStG bezeichneten Gebieten, insbesondere im Freihafen, sondern erst im Inland einfuhrumsatzsteuerrechtlich abgefertigt wird.

(4) ¹Eine Einfuhr für das Unternehmen ist gegeben, wenn der Unternehmer den eingeführten Gegenstand in seinen im Inland belegenen Unternehmensbereich eingliedert, um ihn hier im Rahmen seiner unternehmerischen Tätigkeit zur Ausführung von Umsätzen einzusetzen. ²Diese Voraussetzung ist bei dem Unternehmer gegeben, der im Zeitpunkt der Einfuhr die Verfügungsmacht über den Gegenstand besitzt (vgl. auch BFH-Urteil vom 24. 4. 1980 – BStBl II S. 615). ³Nicht entscheidend ist, wer Schuldner der entrichteten Einfuhrumsatzsteuer war, wer diese entrichtet hat und wer den für den vorsteuerabzugsberechtigten Unternehmer eingeführten Gegenstand tatsächlich über die Grenze gebracht hat. ⁴Überläßt ein ausländischer Unternehmer einem inländischen Unternehmer einen Gegenstand zur Nutzung, ohne ihm die Verfügungsmacht an dem Gegenstand zu verschaffen, ist daher nicht der inländische Unternehmer zum Abzug der Einfuhrumsatzsteuer als Vorsteuer berechtigt (vgl. BFH-Urteil vom 16. 3. 1993 – BStBl II S. 473).

(5) ¹Der Abzug der Einfuhrumsatzsteuer steht auch dann nur dem Lieferer zu, wenn er den Gegenstand zur eigenen Verfügung in das Inland verbringt und ihn erst hier an seinen Abnehmer liefert. ²Hingegen kann nur der Abnehmer von der Abzugsberechtigung Gebrauch machen, wenn die Lieferung an ihn im Ausland ausgeführt wird, z. B. wenn die Beförderung oder Versendung durch den Lieferer oder den Abnehmer im Ausland beginnt und der Lieferer nicht Schuldner der Einfuhrumsatzsteuer (§ 3 Abs. 8 UStG) ist. ³Personen, die lediglich an der Einfuhr mitgewirkt haben, ohne über den Gegenstand verfügen zu können, z. B. Spediteure, Frachtführer, Handelsvertreter, sind auch dann nicht abzugsberechtigt, wenn sie den eingeführten Gegenstand vorübergehend entsprechend den Weisungen ihres Auftraggebers auf Lager nehmen. ⁴...

(6) ¹In den Fällen des § 3 Abs. 8 UStG ist davon auszugehen, daß dem Abnehmer die Verfügungsmacht an dem Gegenstand erst im Inland verschafft wird. ²Dementsprechend ist in diesen Fällen der Lieferer zum Abzug der Einfuhrumsatzsteuer berechtigt. ³Beim Reihengeschäft gilt dies für den Lieferer in der Reihe, der die Einfuhrumsatzsteuer entrichtet.

(7) ¹Nicht erforderlich ist, daß der Unternehmer die Einfuhrumsatzsteuer selbst entrichtet hat. ²Er kann sie als Vorsteuer auch dann abziehen, wenn sein Beauftragter, z. B. der Spediteur, der Frachtführer oder der Handelsvertreter Schuldner der Einfuhrumsatzsteuer ist. ³In diesen Fällen ist der Abzug davon abhängig, daß sich der Unternehmer den betreffenden zollamtlichen Beleg oder einen zollamtlich bescheinigten Ersatzbeleg für den Vorsteuerabzug aushändigen läßt.

(8)–(13) ...

UStR 202. Nachweis der Voraussetzungen für den Vorsteuerabzug

Aufzeichnungen und Belege

(1) ¹Die Voraussetzungen für den Vorsteuerabzug hat der Unternehmer aufzuzeichnen und durch Belege nachzuweisen. ²Als ausreichender Beleg ist anzusehen:

1. für die von einem anderen Unternehmer gesondert in Rechnung gestellten Steuern eine Rechnung im Sinne des § 14 UStG in Verbindung mit §§ 31 bis 34 UStDV;
2. für die Einfuhrumsatzsteuer ein zollamtlicher Beleg – z. B. der Abgabenbescheid – oder ein vom zuständigen Zollamt bescheinigter Ersatzbeleg, z. B. eine Abschrift der Zollquittung oder ein Ersatzbeleg für den Vorsteuerabzug nach amtlich vorgeschriebenem Muster.

³Geht die Originalrechnung verloren, so kann der Unternehmer den Nachweis darüber, daß ihm ein anderer Unternehmer Steuer für Lieferungen oder sonstige Leistungen gesondert in Rechnung gestellt hat, nicht allein durch Vorlage der Originalrechnung, sondern mit allen verfahrensrechtlich zulässigen Mitteln führen (BFH-Urteile vom 5. 8. 1988 – BStBl 1989 II S. 120 und vom 16. 4. 1997 – BStBl II S. 582). ⁴In Einzelfällen ist auch die Zweitschrift einer Rechnung oder eines Einfuhrbelegs ausreichend (vgl. BFH-Urteile vom 20. 8. 1998 – BStBl 1999 II S. 324 und vom 19. 11. 1998 – BStBl 1999 II S. 255 ...).

(2) Der Umfang der Aufzeichnungspflichten, die für den Unternehmer zum Vorsteuerabzug und zur Aufteilung der Vorsteuerbeträge bestehen, ergibt sich aus § 22 UStG und den §§ 63 bis 67 UStDV.

Mängel

(3) ¹Mängel im Nachweis über das Vorliegen der Voraussetzungen für den Vorsteuerabzug hat grundsätzlich der Unternehmer zu vertreten. ²Rechnungen, die die in § 14 Abs. 1 Satz 2 Nr. 1 bis 6 UStG bezeichneten Angaben nicht vollständig enthalten, berechtigen den Unternehmer in aller Regel nicht zum Vorsteuerabzug, es sei denn, die Rechnungen werden vom Rechnungsaussteller nachträglich vervollständigt. ³Enthält die Rechnung ungenaue oder unzutreffende Angaben über den leistenden Unternehmer (vgl. § 14 Abs. 1 Satz 2 Nr. 1 UStG), ist nach Abschnitt 192 Abs. 12

zu verfahren. ⁴Bei fehlerhafter Rechnungsadresse (vgl. § 14 Abs. 1 Satz 2 Nr. 2 UStG) gelten die Ausführungen in Abschnitt 192 Abs. 17. ⁵Sind die Angaben über den Liefergegenstand oder über Art und Umfang der ausgeführten sonstigen Leistung in einer Rechnung (§ 14 Abs. 1 Satz 2 Nr. 3 UStG) unrichtig oder ungenau, so ist der Vorsteuerabzug grundsätzlich ausgeschlossen (vgl. wegen der Einzelheiten Abschnitt 192 Abs. 15 und 16). ⁶Beim Fehlen der in § 14 Abs. 1 Satz 2 Nr. 3 und 4 UStG bezeichneten Angaben über die Menge der gelieferten Gegenstände oder den Zeitpunkt des Umsatzes bestehen keine Bedenken, wenn der Unternehmer diese Merkmale anhand der sonstigen Geschäftsunterlagen, z. B. des Lieferscheins, ergänzt oder nachweist. ⁷Die Erleichterungen nach §§ 31 bis 34 UStDV bleiben unberührt.

(4) ¹Der Vorsteuerabzug setzt die Angabe des Entgelts als Grundlage des gesondert ausgewiesenen Steuerbetrages voraus (vgl. BFH-Urteil vom 27. 1. 1994 – BStBl II S. 342). ²Ist jedoch in einer Rechnung anstelle des Entgelts für die Lieferung oder sonstige Leistung (§ 14 Abs. 1 Satz 2 Nr. 5 UStG) Entgelt und Steuerbetrag in einer Summe angegeben (Rechnungspreis), kann der Vorsteuerabzug auch vorgenommen werden, wenn der Rechnungsaussteller in der Rechnung außerdem den Steuerbetrag vermerkt, z. B. „Rechnungspreis = 1 160 DM, darin ist die Umsatzsteuer mit 160 DM enthalten". ³Aus Rechnungen über Kleinbeträge (§ 33 UStDV) kann der Vorsteuerabzug vorgenommen werden, wenn der Rechnungsempfänger den Rechnungsbetrag unter Berücksichtigung des in der Rechnung angegebenen Steuersatzes selbst in Entgelt und Steuerbetrag aufteilt (§ 35 UStDV).

Schätzung und Billigkeitsmaßnahmen

(5) ¹Sind die Unterlagen für den Vorsteuerabzug (Rechnungen, EUSt-Belege) unvollständig oder nicht vorhanden, kann zwar der Unternehmer den Vorsteuerabzug nicht vornehmen. ²Gleichwohl kann das Finanzamt den Vorsteuerabzug unter bestimmten Voraussetzungen schätzen (vgl. Absatz 6) oder aus Billigkeitsgründen anerkennen (vgl. Absatz 7), sofern im übrigen die Voraussetzungen für den Vorsteuerabzug vorliegen. ³Ist jedoch zu vermuten, daß der maßgebliche Umsatz an den Unternehmer nicht steuerpflichtig gewesen oder von einem unter § 19 Abs. 1 UStG fallenden Unternehmer ausgeführt worden ist, ist ein Vorsteuerabzug zu versagen.

(6) ¹Der Vorsteuerabzug ist materiell eine Steuervergütung. ²Auf ihn sind daher die für die Steuerfestsetzung geltenden Vorschriften sinngemäß anzuwenden. ³Die abziehbaren Vorsteuern sind eine Besteuerungsgrundlage im Sinne von § 199 Abs. 1, § 157 Abs. 2 und § 162 Abs. 1 AO. ⁴Dem Grunde nach bestehen somit gegen eine Schätzung keine Bedenken (vgl. auch BFH-Urteil vom 12. 6. 1986 – BStBl II S. 721). ⁵Sie ist jedoch nur insoweit zulässig, als davon ausgegangen werden kann, daß vollständige Unterlagen für den Vorsteuerabzug vorhanden waren.

(7) ¹Soweit Unterlagen für den Vorsteuerabzug nicht vorhanden sind und auch nicht vorhanden waren oder soweit die Unterlagen unvollständig sind, kommt eine Anerkennung des Vorsteuerabzugs nur aus Billigkeitsgründen in Betracht (§ 163 AO). ²Dabei sind folgende Grundsätze zu beachten:

1. ¹Die Gewährung von Billigkeitsmaßnahmen wegen sachlicher Härte setzt voraus, daß die Versagung des Vorsteuerabzugs im Einzelfall mit dem Sinn und Zweck des Umsatzsteuergesetzes nicht vereinbar wäre. ²Eine Billigkeitsmaßnahme ist daher zu gewähren, wenn die Versagung des Vorsteuerabzugs in diesen Fällen einen Überhang des gesetzlichen Tatbestandes über die Wertungen des Gesetzgebers bei der Festlegung der Voraussetzungen für den Vorsteuerabzug darstellen würde (vgl. auch BFH-Urteile vom 25. 7. 1972 – BStBl II S. 918, vom 26. 10. 1972 – BStBl 1973 II S. 271, vom 15. 2. 1973 – BStBl II S. 466 und vom 19. 10. 1978 – BStBl 1979 II S. 345). ³Die Nichtgewährung eines Vorsteuerabzugs kann auch sachlich unbillig sein, wenn dies den Geboten der Gleichheit und des Vertrauensschutzes, den Grundsätzen von Treu und Glauben oder dem Erfordernis der Zumutbarkeit widerspricht (vgl. BFH-Urteil vom 26. 4. 1995 – BStBl II S. 754). ⁴Dem Unternehmer ist grundsätzlich zuzumuten, von sich aus alles zu tun, um die Mangelhaftigkeit der Unterlagen zu beseitigen. ⁵An

die Zumutbarkeit ist ein strenger Maßstab anzulegen. ⁶Eine Billigkeitsmaßnahme ist daher erst in Betracht zu ziehen, wenn eine Vervollständigung oder nachträgliche Beschaffung der Unterlagen nicht möglich ist oder für den Unternehmer mit unzumutbaren Schwierigkeiten verbunden wäre. ⁷Aber auch in einem solchen Fall ist der Unternehmer verpflichtet, an einer möglichst vollständigen Sachaufklärung mitzuwirken. ⁸Unsicherheiten bei der Feststellung des Sachverhalts gehen zu seinen Lasten. ⁹Die Voraussetzungen für eine Billigkeitsmaßnahme liegen nicht vor, wenn der Unternehmer über die empfangene Leistung keine ordnungsgemäße Rechnung erhalten hat (vgl. BFH-Urteil vom 12. 6. 1986 – BStBl II S. 721).

2. ¹Im Rahmen einer Billigkeitsmaßnahme kann die Höhe des anzuerkennenden Vorsteuerabzugs durch Schätzung ermittelt werden. ²Sind ungerechtfertigte Steuervorteile nicht auszuschließen, ist ein ausreichender Sicherheitsabschlag zu machen.

UStR 203. Allgemeines zum Ausschluß vom Vorsteuerabzug

Allgemeines

(1) ¹Der allgemeine Grundsatz, daß die in § 15 Abs. 1 Nr. 1 bis 3 UStG bezeichneten Vorsteuern abgezogen werden können, gilt nicht, wenn der Unternehmer bestimmte steuerfreie oder bestimmte nicht steuerbare Umsätze ausführt. ²Zu diesen Umsätzen gehören auch die entsprechenden unentgeltlichen Wertabgaben nach § 3 Abs. 1b und Abs. 9a UStG. ³Der Ausschluß vom Vorsteuerabzug erstreckt sich nach § 15 Abs. 2 und 3 UStG auf die Steuer für die Lieferungen, die Einfuhr und den innergemeinschaftlichen Erwerb von Gegenständen, die der Unternehmer zur Ausführung der dort bezeichneten Umsätze verwendet, sowie auf die Steuer für sonstige Leistungen, die er für diese Umsätze in Anspruch nimmt. ⁴Unter Verwendung oder Inanspruchnahme der bezogenen Leistung ist allgemein die erstmalige tatsächliche Verwendung der Leistung zu verstehen (vgl. BFH-Urteile vom 25. 1. 1979 – BStBl II S. 394 und vom 26. 2. 1987 – BStBl II S. 521). ⁵Verwendung oder Inanspruchnahme in diesem Sinn ist nur durch entgeltliche Leistungen und unentgeltliche Wertabgaben möglich. ⁶Maßgeblich für die Beurteilung im Rahmen des § 15 Abs. 2 und 3 UStG ist somit die erste Leistung oder die erste unentgeltliche Wertabgabe, in die die bezogene Leistung Eingang findet (vgl. BFH-Urteile vom 31. 7. 1987 – BStBl II S. 754 und vom 25. 1. 1996 – BStBl II S. 338). ⁷Bei der Zurechnung sind grundsätzlich nur Umsätze zu berücksichtigen, die nach Inanspruchnahme der vorsteuerbelasteten Leistungen ausgeführt werden (vgl. BFH-Urteil vom 10. 4. 1997 – BStBl II S. 552). ⁸Vom Abzug ausgeschlossen sind nicht nur die Vorsteuerbeträge, bei denen ein unmittelbarer wirtschaftlicher Zusammenhang mit den zum Ausschluß vom Vorsteuerabzug führenden Umsätzen des Unternehmers besteht. ⁹Der Ausschluß umfaßt auch die Vorsteuerbeträge, die in einer mittelbaren wirtschaftlichen Verbindung zu diesen Umsätzen stehen.

Beispiel 1:
Bezieht eine Bank Werbeartikel bis 75 DM je Gegenstand, für die ihr Umsatzsteuer in Rechnung gestellt wird, so sind diese Vorsteuerbeträge insoweit vom Abzug ausgeschlossen, als sie den nach § 4 Nr. 8 UStG steuerfreien Umsätzen zuzuordnen sind (vgl. BFH-Urteile vom 26. 7. 1988 – BStBl II S. 1015 und vom 4. 3. 1993 – BStBl II S. 527).

Beispiel 2:
¹Hat sich der Veräußerer eines unternehmerisch genutzten Grundstücks dem Erwerber gegenüber zur Demontage und zum Abtransport betrieblicher Einrichtungen verpflichtet, werden die für die Demontage bezogenen Leistungen zur Ausführung des steuerfreien Grundstücksumsatzes verwendet. ²Die für die Transportleistungen in Rechnung gestellte Steuer ist nur mit dem gegebenenfalls geschätzten Betrag vom Vorsteuerabzug ausgeschlossen, der durch die bloße Räumung verursacht ist (vgl. BFH-Urteil vom 27. 7. 1988 – BStBl 1989 II S. 65).

Beispiel 3:
Wurde ein Grundstück, das mit dem Ziel der Bebauung und anschließenden teils steuerpflichtigen und teils steuerfreien Vermietung erworben worden war, später steuerfrei veräußert, weil die Bebauung nicht rea-

lisiert werden konnte, sind die im Zusammenhang mit dem Erwerb, der Bauplanung und dgl. angefallenen Vorsteuern wirtschaftlich der nach § 4 Nr. 9 Buchstabe a UStG steuerfreien Veräußerung zuzuordnen und dementsprechend nicht abziehbar (vgl. BFH-Urteile vom 21. 7. 1988 – BStBl 1989 II S. 60 und vom 30. 11. 1989 – BStBl 1990 II S. 345).

Beispiel 4:

Stellt eine Bank ihren Kunden und – um weitere Kunden zu gewinnen – anderen Autofahrern unentgeltlich Stellplätze zum Parken zur Verfügung, sind die Umsatzsteuern, die ihr für die Leistungen zur Errichtung und den Unterhalt des Parkhauses in Rechnung gestellt worden sind, im Verhältnis ihrer steuerfreien Umsätze an den gesamten Umsätzen im Sinne des § 1 Abs. 1 Nr. 1 UStG vom Vorsteuerabzug ausgeschlossen (BFH-Urteil vom 4. 3. 1993 – BStBl II S. 525).

[10]Im Einzelfall können Vorsteuerbeträge mehreren gleichwertig nebeneinanderstehenden Ausgangsumsätzen wirtschaftlich zugeordnet werden.

Beispiel 5:

Vermietet ein Bauunternehmer ein Haus an einen privaten Mieter unter dem Vorbehalt, zur Förderung eigener steuerpflichtiger Umsätze das Haus bei Bedarf zu Besichtigungszwecken (als sog. Musterhaus) zu nutzen, tritt neben die Verwendung zur Ausführung steuerfreier Vermietungsumsätze die Verwendung zur Ausführung steuerpflichtiger (Bau-)Umsätze (sog. gemischte Verwendung im Sinne des § 15 Abs. 4 UStG, BFH-Urteil vom 9. 9. 1993 – BStBl 1994 II S. 269).

Beispiel 6:

Veräußert ein Unternehmer mit seinem Namen versehene Werbeartikel an seine selbständigen Handelsvertreter zu einem Entgelt weiter, das die Anschaffungskosten erheblich unterschreitet, sind die Werbeartikel nicht ausschließlich den Ausgangslieferungen zuzuordnen, in die sie gegenständlich eingehen, sondern auch den übrigen Umsätzen des Unternehmers, für die geworben wird (BFH-Urteil vom 16. 9. 1993 – BStBl 1994 II S. 271).

(2) Umsätze, die dem Unternehmer zur Vornahme einer Einfuhr dienen, sind für die Frage des Vorsteuerabzugs den Umsätzen zuzurechnen, für die der eingeführte Gegenstand verwendet wird.

Beispiel 1:

[1]Ein Arzt nimmt wegen rechtlicher Schwierigkeiten, die bei der Einfuhr eines medizinischen Geräts eingetreten sind, einen Rechtsanwalt in Anspruch. [2]Obwohl die Einfuhr der Einfuhrumsatzsteuer unterlegen hat, kann der Arzt die ihm vom Rechtsanwalt in Rechnung gestellte Steuer nicht als Vorsteuer abziehen. [3]Die Rechtsberatung ist ebenso wie das eingeführte medizinische Gerät der steuerfreien ärztlichen Tätigkeit zuzurechnen.

Beispiel 2:

[1]Eine Arzneimittelfabrik, die ausschließlich steuerpflichtige Umsätze bewirkt, führt mit einem eigenen Fahrzeug Blutkonserven ein, die sie für Forschungszwecke benötigt. [2]Die mit dem Transport zusammenhängenden Vorsteuern sind trotz der steuerfreien Einfuhr abziehbar. [3]Sie stehen in wirtschaftlichem Zusammenhang mit den steuerpflichtigen Umsätzen.

Spätere erstmalige Verwendung

(3) [1]Der Ausschluß vom Vorsteuerabzug tritt auch dann ein, wenn die maßgeblichen Umsätze des Unternehmers erst in einem späteren Besteuerungszeitraum bewirkt werden (vgl. BFH-Urteil vom 25. 11. 1976 – BStBl 1977 II S. 448). [2]Stehen in diesen Fällen die Vorsteuerbeträge im Zusammenhang mit Umsätzen, zu denen der Unternehmer dem Finanzamt darlegt, daß er bei ihrer Ausführung auf die Steuerbefreiung nach § 9 UStG verzichten wird, so bleibt es nur dann beim Vorsteuerabzug, wenn der Verzicht tatsächlich durchgeführt wird (vgl. auch BFH-Urteil vom 25. 1. 1979 – BStBl II S. 394). [3]Werden Vermietungsumsätze beabsichtigt, tatsächlich aber nicht ausgeführt, ist ein Verzicht auf die Steuerbefreiung nicht zulässig und damit der Vorsteuerabzug ausgeschlossen.

(4) [1]Hat der Unternehmer für sein Unternehmen gelieferte oder eingeführte Gegenstände oder in Anspruch genommene sonstige Leistungen für zum Vorsteuerabzug berechtigende Umsätze vorgesehen, sie aber erstmals in einem späteren Besteuerungszeitraum für Umsätze verwendet, die

den Vorsteuerabzug ausschließen, so ist ein zunächst vorgenommener Vorsteuerabzug durch Änderung der ursprünglichen Steuerfestsetzung, z. B. nach § 164 Abs. 2, § 165 Abs. 2 AO, rückgängig zu machen. ²Eine vorbehaltlose und endgültige Steuerfestsetzung kann unter diesen Voraussetzungen nach § 175 Abs. 1 Satz 1 Nr. 2 AO geändert werden (vgl. BFH-Urteil vom 26. 2. 1987 – BStBl II S. 521). ³Wird über den Verwendungszweck erst später entschieden und ist daher zunächst ungewiß, ob oder inwieweit der Vorsteuerabzug gegeben ist, so ist die Steuerfestsetzung ggf. auszusetzen, unter dem Vorbehalt der Nachprüfung (§ 164 Abs. 1 AO), oder vorläufig durchzuführen (§ 165 Abs. 1 AO). ⁴Sind Gegenstände oder in Anspruch genommene sonstige Leistungen nicht verwendet worden, aber für Umsätze des Unternehmers bestimmt gewesen, die den Vorsteuerabzug ausschließen, ist die Vorsteuer ebenfalls nicht abziehbar, z. B. bei Unbrauchbarkeit oder Untergang der Gegenstände. ⁵Leistungsbezüge, die – z. B. wegen Verlusts, Beschädigung oder Projektaufgabe – in keine Ausgangsumsätze gegenständlich eingehen (sog. Fehlmaßnahmen), müssen denjenigen Ausgangsumsätzen zugerechnet werden, zu denen sie nach Kostenzurechnungsgesichtspunkten gehören (vgl. BFH-Urteil vom 15. 9. 1994 – BStBl 1995 II S. 88).

UStR   204. Ausschluß des Vorsteuerabzugs bei steuerfreien Umsätzen

(1) ¹Vorsteuerbeträge für steuerfreie Umsätze sind nach § 15 Abs. 2 Nr. 1 UStG grundsätzlich vom Abzug ausgeschlossen. ²Der Ausschluß erstreckt sich jedoch nicht auf die Vorsteuerbeträge, die den in § 15 Abs. 3 Nr. 1 Buchstaben a und b UStG bezeichneten steuerfreien Umsätzen zuzurechnen sind.

(2) ¹Unter Buchstabe a des § 15 Abs. 3 Nr. 1 UStG fallen insbesondere die Ausfuhrlieferungen (§ 4 Nr. 1 Buchstabe a, § 6 UStG), die innergemeinschaftlichen Lieferungen (§ 4 Nr. 1 Buchstabe b, § 6a UStG), die Lohnveredelungen an Gegenständen der Ausfuhr (§ 4 Nr. 1 Buchstabe a, § 7 UStG), die Umsätze für die Seeschiffahrt und für die Luftfahrt (§ 4 Nr. 2, § 8 UStG), die sonstigen Leistungen im Zusammenhang mit der Einfuhr, Ausfuhr und Durchfuhr (§ 4 Nr. 3 und 5 UStG), die Goldlieferungen an die Zentralbanken (§ 4 Nr. 4 UStG), bestimmte Umsätze der Eisenbahnen des Bundes (§ 4 Nr. 6 UStG), bestimmte Umsätze an im Gebiet eines anderen Mitgliedstaates ansässige NATO-Streitkräfte, ständige diplomatische Missionen und berufskonsularische Vertretungen sowie zwischenstaatliche Einrichtungen (§ 4 Nr. 7 UStG), die steuerfreien Reiseleistungen (§ 25 Abs. 2 UStG) sowie die Umsätze, die nach den in § 26 Abs. 5 UStG bezeichneten Vorschriften steuerfrei sind. ² . . .

(3) ¹Buchstabe b des § 15 Abs. 3 Nr. 1 UStG betrifft die Umsätze, die nach § 4 Nr. 8 Buchstaben a bis g oder Nr. 10 Buchstabe a UStG steuerfrei sind. ²Für diese Finanz- und Versicherungsumsätze tritt der Ausschluß vom Vorsteuerabzug jedoch nur dann nicht ein, wenn sie sich unmittelbar auf Gegenstände beziehen, die in das Drittlandsgebiet ausgeführt werden. ³Die Voraussetzung „unmittelbar" bedeutet, daß die vorbezeichneten Umsätze in direktem Zusammenhang mit dem Gegenstand der Ausfuhr stehen müssen. ⁴Nicht ausreichend ist es, wenn diese Umsätze in Verbindung mit solchen betrieblichen Vorgängen des Unternehmers stehen, die ihrerseits erst dazu dienen, die Ausfuhr zu bewirken.

Beispiel 1:

¹Der Unternehmer läßt einen Gegenstand, den er in das Drittlandsgebiet ausführt, gegen Transportschäden versichern.

²Der unmittelbare Zusammenhang mit dem Gegenstand der Ausfuhr ist gegeben. ³Die nach § 4 Nr. 10 Buchstabe a UStG steuerfreie Leistung des Versicherungsunternehmers schließt daher den Vorsteuerabzug nicht aus.

Beispiel 2:

¹Der Unternehmer nimmt einen Kredit zur Anschaffung einer Maschine in Anspruch, die er ausschließlich zur Herstellung von Exportgütern einsetzt.

²Der unmittelbare Zusammenhang mit dem Gegenstand der Ausfuhr ist nicht gegeben. ³Das Kreditinstitut kann deshalb die Vorsteuerbeträge, die der nach § 4 Nr. 8 Buchstabe a UStG steuerfreien Kreditgewährung zuzurechnen sind, nicht abziehen.

⁵Eine Ausfuhr im Sinne des § 15 Abs. 3 Nr. 1 Buchstabe b UStG ist anzunehmen, wenn der Gegenstand endgültig in das Drittlandsgebiet gelangt. ⁶Es braucht keine Ausfuhrlieferung nach § 6 UStG vorzuliegen. ⁷Außerdem kann der Gegenstand vor der Ausfuhr bearbeitet oder verarbeitet werden. ⁸Die Ausflaggung eines Seeschiffes ist keine Ausfuhr, gleichgültig in welcher Form sich dieser Vorgang vollzieht.

(4) ¹Fällt ein Umsatz sowohl unter eine der in § 15 Abs. 3 Nr. 1 UStG bezeichneten Befreiungsvorschriften als auch unter eine Befreiungsvorschrift, die den Vorsteuerabzug ausschließt, z. B. die Ausfuhrlieferung von Blutkonserven, geht die in § 15 Abs. 3 Nr. 1 UStG aufgeführte Befreiungsvorschrift der anderen vor. ²Daher kann auch für diese Umsätze der Vorsteuerabzug beansprucht werden.

(5) Zum Ausschluß des Vorsteuerabzugs bei Krediten, die im Zusammenhang mit anderen Umsätzen eingeräumt werden, vgl. Abschnitt 29a.

UStR 207. Grundsätze zur Aufteilung der Vorsteuerbeträge

(1) ¹Verwendet der Unternehmer die für sein Unternehmen gelieferten oder eingeführten Gegenstände und die in Anspruch genommenen sonstigen Leistungen sowohl für Umsätze, die zum Vorsteuerabzug berechtigen, als auch für Umsätze, die den Vorsteuerabzug nach § 15 Abs. 2 und 3 UStG ausschließen, hat er die angefallenen Vorsteuerbeträge in einen abziehbaren und einen nicht abziehbaren Teil aufzuteilen. ²Das gilt auch dann, wenn die maßgeblichen Umsätze in einem späteren Besteuerungszeitraum bewirkt werden (vgl. hierzu auch Abschnitt 203 Abs. 3 und 4). ³Die Aufteilung richtet sich allein nach der tatsächlichen Verwendung des bezogenen Gegenstandes oder der in Anspruch genommenen sonstigen Leistung, nicht aber nach dem Anlaß, aus dem der Unternehmer den Gegenstand oder die sonstige Leistung bezogen hat (BFH-Urteile vom 18. 12. 1986 – BStBl 1987 II S. 280 und vom 10. 4. 1997 – BStBl II S. 552), und auch nicht nach der beabsichtigten Verwendung des bezogenen Gegenstandes oder der in Anspruch genommenen sonstigen Leistung (vgl. BFH-Urteile vom 26. 2. 1987 – BStBl II S. 521 und vom 20. 7. 1988 – BStBl II S. 1012). ⁴Von der Aufteilung in einen abziehbaren und einen nicht abziehbaren Teil sind die Vorsteuerbeträge ausgenommen, die zwar der Verwendung nach für eine Aufteilung in Frage kämen, bei denen jedoch die sonstigen Voraussetzungen des § 15 UStG für den Abzug nicht vorliegen, z. B. bei fehlendem Steuerausweis in der Rechnung. ⁵Außerdem scheiden die Steuerbeträge für eine Aufteilung aus, die dem Unternehmer für in Anspruch genommene Reisevorleistungen gesondert in Rechnung gestellt wurden (vgl. auch Abschnitt 192 Abs. 3). ⁶Diese Vorsteuerbeträge bleiben insgesamt vom Abzug ausgeschlossen.

(2) ¹Die Aufteilung der Vorsteuern ist nach § 15 Abs. 4 UStG vorzunehmen. ²Dies bedeutet, daß die Vorsteuern ausschließlich nach ihrer wirtschaftlichen Zuordnung aufzuteilen sind (vgl. Abschnitt 208). ³Die Aufteilung schließt an die Grundsätze an, die sich aus § 15 Abs. 2 und 3 UStG für die Zuordnung der Vorsteuern zu den einzelnen Umsätzen des Unternehmers herleiten. ⁴Dementsprechend erstreckt sich § 15 Abs. 4 UStG nicht auf die Vorsteuerbeträge, die entweder allein den zum Abzug berechtigenden Umsätzen oder allein den zum Ausschluß des Vorsteuerabzugs führenden Umsätzen zuzurechnen sind. ⁵Die Abziehbarkeit der einer Umsatzart ausschließlich zurechenbaren Vorsteuerbeträge beurteilt sich daher stets nach den Vorschriften des § 15 Abs. 1 bis 3 UStG. ⁶Die Aufteilung nach § 15 Abs. 4 UStG betrifft somit nur die Vorsteuerbeträge, die teils der einen und teils der anderen Umsatzart zuzuordnen sind (vgl. BFH-Urteil vom 16. 9. 1993 – BStBl 1994 II S. 271).

(3) ¹Bei einem Wirtschaftsgut des Anlagevermögens ist für die Vornahme des Vorsteuerabzugs von den Verhältnissen in dem Besteuerungszeitraum auszugehen, in dem das Wirtschaftsgut erstmalig zur Ausführung von Umsätzen verwendet wird. ²Maßgebend ist die Verwendung während

des gesamten Besteuerungszeitraums. ³Das gilt sowohl bei einer gleichzeitigen Verwendung des Wirtschaftsgutes für zum Vorsteuerabzug berechtigende und nicht berechtigende Umsätze als auch bei einer späteren, aber noch innerhalb des Besteuerungszeitraums der erstmaligen Verwendung liegenden Änderung des Verwendungszwecks. ⁴Wird ein insgesamt für ein Unternehmen angeschafftes Gebäude nach der Fertigstellung nur teilweise vermietet, während es im übrigen leersteht, liegen nur hinsichtlich der vermieteten Räume bzw. Flächen Verwendungsumsätze vor; im Fall eines anschließenden Verkaufs dieses Gebäudes ist die Veräußerung die erstmalige tatsächliche Verwendungsleistung bezüglich des bis dahin leerstehenden Gebäudeteils (BFH-Urteil vom 12. 11. 1987 – BStBl 1988 II S. 468). ⁵Über die Abziehbarkeit der Vorsteuerbeträge aus der Herstellung eines solchen Gebäudes kann erst nach der erstmaligen tatsächlichen Verwendung sämtlicher Räume materiell abschließend entschieden werden (BFH-Urteil vom 31. 7. 1987 – BStBl II S. 754).

(4) Ändern sich bei einem Wirtschaftsgut des Anlagevermögens in einem späteren Besteuerungszeitraum die Verhältnisse, die für den Vorsteuerabzug im Besteuerungszeitraum der erstmaligen Verwendung maßgebend waren, so ist für die Berichtigung des Vorsteuerabzugs § 15a UStG maßgebend (vgl. Abschnitt 215).

(5) Im Voranmeldungsverfahren kann der Unternehmer die Aufteilung aus Vereinfachungsgründen statt nach den Verhältnissen des betreffenden Voranmeldungszeitraums nach den Verhältnissen eines vorangegangenen Besteuerungszeitraums oder nach den voraussichtlichen Verhältnissen des laufenden Besteuerungszeitraums vornehmen.

UStR 208. Aufteilung der Vorsteuerbeträge nach § 15 Abs. 4 UStG

(1) ¹Eine Aufteilung der Vorsteuerbeträge nach der in § 15 Abs. 4 UStG bezeichneten Methode bezweckt eine genaue Zuordnung der Vorsteuerbeträge zu den Umsätzen, denen sie wirtschaftlich zuzurechnen sind. ²Folgende drei Gruppen von Vorsteuerbeträgen sind zu unterscheiden:

1. ¹Vorsteuerbeträge, die in voller Höhe abziehbar sind, weil sie ausschließlich Umsätzen zuzurechnen sind, die zum Vorsteuerabzug berechtigen. ²Das sind z. B. in einem Fertigungsbetrieb die Vorsteuerbeträge, die bei der Anschaffung von Material oder Anlagegütern anfallen. ³Bei einem Handelsbetrieb kommen vor allem die Vorsteuerbeträge aus Warenbezügen in Betracht.

2. ¹Vorsteuerbeträge, die in voller Höhe vom Abzug ausgeschlossen sind, weil sie ausschließlich Umsätzen zuzurechnen sind, die nicht zum Vorsteuerabzug berechtigen. ²Hierzu gehören z. B. bei steuerfreien Grundstücksverkäufen die Vorsteuerbeträge für die Leistungen des Maklers und des Notars sowie für Inserate. ³Bei steuerfreien Vermietungen und Verpachtungen kommen vor allem die Vorsteuerbeträge in Betracht, die bei der Anschaffung oder Herstellung eines Wohngebäudes, beim Herstellungs- und Erhaltungsaufwand, bei Rechtsberatungen und der Grundstücksverwaltung anfallen.

3. ¹Übrige Vorsteuerbeträge. ²In diese Gruppe fallen alle Vorsteuerbeträge, die sowohl mit Umsätzen, die zum Vorsteuerabzug berechtigen, als auch mit Umsätzen, die den Vorsteuerabzug ausschließen, in wirtschaftlichem Zusammenhang stehen. ³Hierzu gehören z. B. die Vorsteuerbeträge, die mit dem Bau, der Einrichtung und der Unterhaltung eines Verwaltungsgebäudes in Verbindung stehen, das auch der Ausführung steuerfreier Umsätze im Sinne des § 4 Nr. 12 UStG dient. ⁴...

(2) ¹Für eine Aufteilung kommen nur die in Absatz 1 Nr. 3 bezeichneten Vorsteuerbeträge in Betracht. ²Die Aufteilung dieser Vorsteuern ist nach dem Prinzip der wirtschaftlichen Zurechnung durch die sog. gegenständliche Zuordnung oder nach Kostenzurechnungsgesichtspunkten vorzunehmen (vgl. BFH-Urteile vom 16. 9. 1993 – BStBl 1994 II S. 271 und vom 10. 4. 1997 – BStBl II S. 552). ³Hierbei ist die betriebliche Kostenrechnung (Betriebsabrechnungsbogen, Kostenträgerrechnung) oder die Aufwands- und Ertragsrechnung in der Regel als geeigneter Anhaltspunkt heranzuziehen. ⁴Zu beachten ist jedoch, daß die verrechneten Kosten und der verrechnete Auf-

wand nicht mit den Werten (Vorumsätzen) übereinstimmen, über deren Vorsteuern zu entscheiden ist. ⁵Denn die Kostenrechnung erfaßt nur die für die Erstellung einer Leistung notwendigen Kosten und die Aufwands- und Ertragsrechnung nur den in einer Abrechnungsperiode entstandenen Aufwand. ⁶Das betrifft insbesondere die Wirtschaftsgüter des Anlagevermögens, die in der Kostenrechnung wie in der Aufwands- und Ertragsrechnung nur mit den Abschreibungen angesetzt werden. ⁷Der Unternehmer kann diese Unterlagen daher nur als Hilfsmittel verwenden. ⁸Bei Gebäuden ist die Vorsteuer in der Regel nach dem Verhältnis der tatsächlichen Nutzflächen aufzuteilen (vgl. BFH-Urteil vom 12. 3. 1992 – BStBl II S. 755). ⁹Weicht jedoch die Ausstattung der unterschiedlich genutzten Räume erheblich voneinander ab, so ist es erforderlich, den Bauaufwand den einzelnen Verwendungsumsätzen zuzuordnen (vgl. BFH-Urteil vom 20. 7. 1988 – BStBl II S. 1012). ¹⁰Entsprechendes gilt zum Beispiel bei Abweichungen in der Geschoßhöhe. ¹¹Beim Erwerb, nicht jedoch bei der Herstellung von Gebäuden kommt auch eine Vorsteueraufteilung nach dem Verhältnis der Ertragswerte zur Verkehrswertermittlung in Betracht (vgl. BFH-Urteile vom 5. 2. 1998 – BStBl II S. 492 und vom 12. 3. 1998 – BStBl II S. 525).

(3) ¹Bei der nach § 15 Abs. 4 letzter Satz UStG zugelassenen Schätzung ist auf die im Einzelfall bestehenden wirtschaftlichen Verhältnisse abzustellen. ²Hierbei ist es erforderlich, daß der angewandte Maßstab systematisch von der Aufteilung nach der wirtschaftlichen Zuordnung ausgeht. ³Eine Aufteilung, die allein auf die Höhe der Umsätze des Unternehmers abstellt, ist in der Regel nicht als sachgerechte Schätzung anzusehen (vgl. auch BFH-Urteil vom 14. 2. 1980 – BStBl II S. 533). ⁴Ist kein anderer sachgerechter Aufteilungsmaßstab vorhanden, kann der nicht abziehbare Teil der einer Umsatzgruppe nicht ausschließlich zurechenbaren Vorsteuerbeträge (vgl. Absatz 1 Nr. 3) einheitlich nach dem Verhältnis der Umsätze, denen der Vorsteuerabzug ausschließen, zu den anderen Umsätzen ermittelt werden. ⁵Einfuhren und innergemeinschaftliche Erwerbe sind keine Umsätze in diesem Sinne und daher nicht in den Umsatzschlüssel einzubeziehen.

(4) ¹Kann der Unternehmer darlegen, daß die für die Aufteilung dieser Vorsteuerbeträge maßgebenden Voraussetzungen nicht oder nur unwesentlich schwanken, kann ihm die Aufteilung nach der betrieblichen Erfahrung oder der voraussichtlichen Entwicklung gestattet werden. ²Eine Berichtigung des Vorsteuerabzugs findet bei der Steuerfestsetzung nicht mehr statt.

Beispiel:
¹Ein Grundstück wird zum Teil an Unternehmer, zum Teil an Nichtunternehmer vermietet. ²Auf die Steuerbefreiung der Umsätze an andere Unternehmer ist nach § 9 UStG verzichtet worden. ³Ein Teil der Aufwendungen für das Grundstück kann dem steuerpflichtigen oder dem steuerfreien Bereich ausschließlich zugerechnet werden, z. B. die Renovierung eines Geschäftsraumes. ⁴Die übrigen Aufwendungen, z. B. für Außenanstrich, Dacharbeiten oder Einbau eines Fahrstuhls, kann der Unternehmer nach einem geeigneten Schlüssel sofort aufteilen. ⁵Ein solcher kann nach der Fläche, nach dem umbauten Raum oder anderen Merkmalen gefunden werden.

Zu § 15a UStG (§§ 44 und 45 UStDV)

UStR 214. Anwendungsgrundsätze

(1) ¹Nach § 15 UStG sind für den Vorsteuerabzug die Verhältnisse im Kalenderjahr der erstmaligen Verwendung (Erstjahr) maßgebend, auch wenn die Vorsteuern in einem anderen Besteuerungszeitraum zu berücksichtigen sind (Abzugsjahr). ²Bei Wirtschaftsgütern, die der Unternehmer über das Kalenderjahr der erstmaligen Verwendung hinaus zur Ausführung von Umsätzen verwendet, ist der Vorsteuerabzug zu berichtigen, wenn sich die Verhältnisse in den folgenden Kalenderjahren (Folgejahren) ändern. ³Durch § 15a UStG wird der Vorsteuerabzug so ausgeglichen, daß er den Verhältnissen entspricht, die sich für den gesamten, im Einzelfall maßgeblichen Berichtigungszeitraum (vgl. Abschnitt 216) ergeben. ⁴Der Ausgleich des Vorsteuerabzugs ist

grundsätzlich bei der Steuerfestsetzung für die Kalenderjahre vorzunehmen, in denen sich die Verhältnisse gegenüber dem Kalenderjahr der erstmaligen Verwendung geändert haben ...

(2) [1]§ 15a UStG umfaßt grundsätzlich alle Wirtschaftsgüter, die nicht nur einmalig, wie z. B. die zum Verkauf oder zur Verarbeitung bestimmten Gegenstände, vom Unternehmer zur Ausführung von Umsätzen verwendet werden. [2]Das sind insbesondere die Wirtschaftsgüter, die einkommensteuerrechtlich Anlagevermögen darstellen oder – sofern sie nicht zu einem Betriebsvermögen gehören – als entsprechende Wirtschaftsgüter anzusehen sind.

(3) [1]Der Begriff der nachträglichen Anschaffungs- oder Herstellungskosten (vgl. § 15a Abs. 3 UStG) ist nach den für das Einkommensteuerrecht geltenden Grundsätzen abzugrenzen. [2]Voraussetzung ist, daß die nachträglichen Aufwendungen für Wirtschaftsgüter angefallen sind, die nach ihrer Art von § 15a UStG erfaßt werden. [3]Aufwendungen, die nach den einkommensteuerrechtlichen Vorschriften Erhaltungsaufwand sind, bleiben auch dann unberücksichtigt, wenn sich die jeweiligen Erhaltungsmaßnahmen über das betreffende Kalenderjahr hinaus auswirken.

(4) [1]Bei der Berichtigung des Vorsteuerabzugs ist von den gesamten Vorsteuerbeträgen auszugehen, die auf die Anschaffung oder Herstellung des Wirtschaftsguts entfallen. [2]Das gleiche gilt für die Vorsteuerbeträge, die den nachträglichen Anschaffungen oder Herstellungsarbeiten für ein Wirtschaftsgut zuzurechnen sind; diese Vorsteuerbeträge sind jeweils Gegenstand eines gesonderten Berichtigungsvorgangs.

(5) [1]Für die Berichtigung ist es ohne Bedeutung, wie die Anschaffungs- oder Herstellungskosten einkommensteuerrechtlich anzusetzen sind. [2]Deshalb sind auch solche Vorsteuerbeträge in die Berichtigung einzubeziehen, die auf Kosten entfallen, für die einkommensteuerrechtlich bezüglich der Aktivierung, Bilanzierung oder Abschreibung besondere Regelungen gelten, z. B. sofort absetzbare Beträge; Zuschüsse, die der Unternehmer erfolgsneutral behandelt; AfA, die auf die Zeit bis zur tatsächlichen Ingebrauchnahme entfällt.

(6) [1]Führt die Berichtigung nach § 15a UStG in einem späteren Kalenderjahr zu einem erstmaligen Vorsteuerabzug, weil der Vorsteuerabzug im Erstjahr nach § 15 Abs. 2 und 3 UStG ausgeschlossen war, dürfen nur die Vorsteuerbeträge angesetzt werden, für die die allgemeinen Voraussetzungen des § 15 Abs. 1 UStG vorliegen. [2]Daher sind in diesen Fällen Vorsteuerbeträge, für die der Abzug zu versagen ist, weil keine ordnungsgemäße Rechnung oder kein zollamtlicher Einfuhrbeleg vorliegt, von der Berichtigung ausgenommen. [3]Zur Frage, wie zu verfahren ist, wenn die Voraussetzungen für den Vorsteuerabzug nach § 15 UStG erst nachträglich eintreten oder sich nachträglich ändern, vgl. Abschnitt 217 Abs. 2.

(7) § 15a UStG ist nicht anzuwenden, wenn Wirtschaftsgüter von einem Nichtunternehmer erworben oder von einem Unternehmer im Zeitpunkt der Anschaffung oder Herstellung seinem nichtunternehmerischen Bereich zugeordnet wurden (vgl. Abschnitt 192 Abs. 18 Nr. 2), auch wenn diese Wirtschaftsgüter später für unternehmerische Zwecke verwendet werden (vgl. EuGH-Urteil vom 11. 7. 1991 – HFR 1991 S. 730). [2]Dies gilt auch, wenn nichtunternehmerisch genutzte Gebäudeteile als separater Gegenstand im Erstjahr dem nichtunternehmerischen Bereich zugeordnet und in einem Folgejahr unternehmerisch genutzt werden (z. B. bei Umwandlung bisheriger Wohnräume in Büroräume).

UStR 215. Änderung der Verhältnisse[1]

(1) ¹§ 15a UStG setzt voraus, daß das betreffende Wirtschaftsgut über das Kalenderjahr der erstmaligen Verwendung hinaus für das Unternehmen verwendet wird. ²Verwendung ist der Gebrauch des Wirtschaftsguts für Zwecke des Unternehmens (vgl. auch Abschnitt 203 Abs. 1). ³Als Verwendung sind auch die Veräußerung und die Entnahme (§ 3 Abs. 1b Satz 1 Nr. 1 UStG) anzusehen (vgl. BFH-Urteil vom 2. 10. 1986 – BStBl 1987 II S. 44). ⁴Das gilt auch, wenn diese Umsätze im Kalenderjahr der erstmaligen Verwendung des Wirtschaftsguts bewirkt werden (§ 15a Abs. 4 und 5 UStG). ⁵Voraussetzung ist jedoch, daß das Wirtschaftsgut im Zeitpunkt dieser Umsätze objektiv noch verwendungsfähig ist. ⁶Veräußerung und Entnahme sind hierbei so anzusehen, als ob das Wirtschaftsgut bis zum Ablauf des maßgeblichen Berichtigungszeitraums (vgl. Abschnitt 216) entsprechend der umsatzsteuerlichen Behandlung dieser Umsätze weiterhin innerhalb des Unternehmens verwendet worden wäre.

> **Beispiel:**
> ¹Ein Betriebsgrundstück, das vom 1. 1. 01 bis zum 31. 10. 01 innerhalb des Unternehmens zur Ausführung steuerpflichtiger Umsätze verwendet worden ist, wird am 1. 11. 01 nach § 4 Nr. 9 Buchstabe a UStG steuerfrei veräußert.
>
> ²Für die Berichtigung ist die Veräußerung so anzusehen, als ob das Grundstück ab dem Zeitpunkt der Veräußerung bis zum Ablauf des Berichtigungszeitraums nur noch zur Ausführung von Umsätzen verwendet würde, die den Vorsteuerabzug ausschließen. ³Entsprechendes gilt bei einer steuerfreien Entnahme.

(2) ¹Unter Veräußerung ist sowohl die Lieferung im Sinne des § 3 Abs. 1 UStG – z. B. auch die Verwertung in der Zwangsvollstreckung – als auch die Übertragung immaterieller Wirtschaftsgüter zu verstehen. ²Bei einer Geschäftsveräußerung im Sinne des § 1 Abs. 1a UStG tritt der erwerbende Unternehmer an die Stelle des Veräußerers (§ 1 Abs. 1a Satz 3 UStG). ³In diesem Fall wird der für das Wirtschaftsgut maßgebliche Berichtigungszeitraum nicht unterbrochen (§ 15a Abs. 6a Satz 1 UStG). ⁴Liegt bei einer Gesamtrechtsnachfolge keine Geschäftsveräußerung im Sinne des § 1 Abs. 1a UStG vor, z. B. bei einem Erbfall, ist davon auszugehen, daß der Rechtsnachfolger in die gesamte Rechtsstellung des Rechtsvorgängers eintritt. ⁵Daher sind die Verhältnisse beim Rechtsvorgänger auch für den Rechtsnachfolger uneingeschränkt maßgebend. ⁶Das gleiche gilt, wenn die Voraussetzungen für die Annahme eines Organschaftsverhältnisses eintreten oder wegfallen, ohne daß das Wirtschaftsgut selbst auf eine andere Rechtsperson übertragen wird, oder eine zweigliedrige Personengesellschaft durch Ausscheiden eines Gesellschafters zu einem Einzelunternehmen wird.

(3) ¹Eine Änderung der Verhältnisse im Sinne des § 15a UStG liegt nur vor, wenn sich in den Folgejahren nach § 15 Abs. 2 und 3 UStG ein höherer oder niedriger Vorsteuerabzug ergäbe, als er nach den Verhältnissen des Erstjahres zulässig war. ²Hierbei sind die Verhältnisse in den einzelnen Kalenderjahren für sich zu beurteilen.

(4) ¹Bei Änderungen im Laufe eines Kalenderjahres ist maßgebend, wie das Wirtschaftsgut während des gesamten Kalenderjahres verwendet wurde (vgl. Abschnitt 207 Abs. 3). ²Das gilt auch bei einer Änderung der Verhältnisse in den einzelnen Folgejahren.

> **Beispiel:**
> ¹Ein Unternehmer, der seine Vorsteuer nach § 15 Abs. 4 UStG aufteilt, nimmt am 1. 3. 01 eine neue Maschine in Gebrauch. ²Er verwendet sie bis zum 30. 6. 01 nur zur Ausführung steuerpflichtiger Umsätze und ab 1. 7. 01 ausschließlich zur Ausführung von Umsätzen, die nach § 15 Abs. 2 und 3 UStG den Vorsteuerabzug ausschließen. ³Am 1. 10. 03 veräußert der Unternehmer die Maschine steuerpflichtig.

Anm. d. Schriftl.:

[1] Eine Änderung der maßgebenden Verhältnisse liegt auch dann vor, wenn in einem Folgejahr die rechtliche Beurteilung der Verwendungsumsätze im Erstjahr als unzutreffend erkannt wird, die Steuerfestsetzung des Erstjahres jedoch nicht mehr änderbar ist (vgl. BFH-Urt. vom 19. 2. 1997 – BStBl 1997 II S. 370). Siehe auch BFH-Urteile v. 13. 11. 1997 – BStBl 1998 II S. 36 und vom 5. 2. 1998 – BStBl 1998 II S. 361.

[4]Im Kalenderjahr 01 wurde die Maschine 4 Monate, d. h. zu 40 v. H. für zum Vorsteuerabzug berechtigende und 6 Monate, d. h. zu 60 v. H. für Umsätze verwendet, die den Vorsteuerabzug ausschließen. [5]Daher sind 60 v. H. der auf die Anschaffung der Maschine entfallenden Vorsteuern vom Abzug ausgeschlossen.
[6]Für das Kalenderjahr 02 liegt eine Änderung der Verhältnisse um 40 Prozentpunkte vor, weil die Maschine in diesem Kalenderjahr nur zum Vorsteuerabzug berechtigende Umsätze verwendet wurde.
[7]Im Kalenderjahr 03 ist die Veräußerung so zu behandeln, als ob die Maschine vom 1. 10. bis 31. 12. für zum Vorsteuerabzug berechtigende Umsätze verwendet worden wäre. [8]Auf das ganze Kalenderjahr bezogen, sind also 75 v. H. der Vorsteuern vom Abzug ausgeschlossen. [9]Gegenüber dem Kalenderjahr der erstmaligen Verwendung (Erstjahr 01) haben sich somit die Verhältnisse um 15 Prozentpunkte geändert.
[10]Für die restlichen Kalenderjahre des Berichtigungszeitraums ist die Veräußerung ebenfalls wie eine Verwendung für zum Vorsteuerabzug berechtigende Umsätze anzusehen. [11]Die Änderung der Verhältnisse gegenüber dem Erstjahr 01 beträgt somit für diese Kalenderjahre jeweils 60 Prozentpunkte ...

(5) Endet der maßgebliche Berichtigungszeitraum (vgl. Abschnitt 216) während des Kalenderjahres, so sind nur die Verhältnisse zu berücksichtigen, die bis zum Ablauf dieses Zeitraums eingetreten sind.

Beispiel:
[1]Der Berichtigungszeitraum für ein Wirtschaftsgut endet am 31. 8. 01. [2]In diesem Kalenderjahr hat der Unternehmer das Wirtschaftsgut bis zum 30. 6. nur zur Ausführung steuerpflichtiger Umsätze und ab 1. 7. ausschließlich zur Ausführung nicht zum Vorsteuerabzug berechtigender steuerfreier Umsätze verwendet.
[3]Am 10. 10. 01 veräußert er das Wirtschaftsgut steuerpflichtig.
[4]Bei der Berichtigung des Vorsteuerabzugs für das Jahr 01 sind nur die Verhältnisse bis zum 31. 8. zu berücksichtigen. [5]Da das Wirtschaftsgut in diesem Zeitraum 6 Monate für steuerpflichtige und 2 Monate für steuerfreie Umsätze verwendet wurde, sind 25 v. H. des auf das Jahr 01 entfallenden Vorsteueranteils (vgl. Abschnitt 217 Abs. 1) nicht abziehbar.
[6]Die auf die Zeit ab 1. 9. 01 entfallende Verwendung und die Veräußerung liegen außerhalb des Berichtigungszeitraums und bleiben deshalb bei der Prüfung, inwieweit eine Änderung der Verhältnisse gegenüber dem Erstjahr vorliegt, außer Betracht.

(6)–(10) ...

(11) Nach § 15a Abs. 3 Nr. 2 UStG sind Vorsteuerbeträge zu berichtigen, die auf Anschaffungs- oder Herstellungskosten für nach dem 31. 3. 1999 angeschaffte Fahrzeuge im Sinne des § 1b Abs. 2 UStG entfallen, die

1. zunächst ausschließlich für unternehmerische Zwecke, später jedoch auch für den privaten Bedarf des Unternehmers oder für andere unternehmensfremde Zwecke verwendet werden, oder

2. zunächst auch für den privaten Bedarf des Unternehmers oder für andere unternehmensfremde Zwecke, später jedoch ausschließlich für unternehmerische Zwecke verwendet werden (vgl. im einzelnen Tz. 2.1.4 des BMF-Schreibens vom 8. 6. 1999 – BStBl I S. 581).

(12) Nach § 15a Abs. 4 Satz 2 UStG führt die Veräußerung oder Entnahme von Fahrzeugen, bei deren Anschaffung oder Herstellung, Einfuhr oder innergemeinschaftlichem Erwerb Vorsteuerbeträge nach § 15 Abs. 1b UStG nur zu 50 vom Hundert abziehbar waren, zu einer Änderung der Verhältnisse (vgl. im einzelnen Tz. 2.1.3 des BMF-Schreibens vom 8. 6. 1999 – BStBl I S. 581).

UStR 216. Maßgeblicher Berichtigungszeitraum

(1) [1]Der Zeitraum, für den eine Berichtigung des Vorsteuerabzugs durchzuführen ist, beträgt grundsätzlich volle fünf Jahre ab dem Beginn der Verwendung. [2]Er verlängert sich für die in § 15a Abs. 1 Satz 2 UStG bezeichneten Wirtschaftsgüter auf volle zehn Jahre. [3]Bei Wirtschaftsgütern mit einer kürzeren Verwendungsdauer ist der entsprechend kürzere Berichtigungszeitraum anzusetzen (§ 15a Abs. 2 Sätze 2 und 3 UStG). [4]Ob von einer kürzeren Verwendungsdauer auszugehen ist, beurteilt sich nach der betriebsgewöhnlichen Nutzungsdauer, die nach einkommensteuerrechtlichen Grundsätzen für das Wirtschaftsgut anzusetzen ist.

Zu § 15a UStG

(2)–(5) ...

UStR   217. Berichtigungsverfahren

(1) ¹Die Berichtigung des Vorsteuerabzugs ist jeweils für das Kalenderjahr vorzunehmen, in dem sich die für den Vorsteuerabzug maßgebenden Verhältnisse im Vergleich zum Erstjahr geändert haben (vgl. Abschnitt 215). ²Eine Änderung der Steuerfestsetzung für das Kalenderjahr der erstmaligen Verwendung kommt nicht in Betracht (vgl. BFH-Urteil vom 24. 2. 1988 – BStBl II S. 622). ³Die Berichtigung ist nach Maßgabe des § 44 UStDV❶ vorzunehmen. ⁴Dabei ist für jedes Folgejahr von den in § 15a Abs. 2 UStG bezeichneten Anteilen der Vorsteuerbeträge auszugehen. ⁵Endet der Berichtigungszeitraum innerhalb eines Kalenderjahres, ist für das letzte Kalenderjahr nicht der volle Jahresanteil der Vorsteuerbeträge, sondern nur der Anteil anzusetzen, der den jeweiligen Kalendermonaten entspricht.

> **Beispiel:**
> ¹Auf ein Wirtschaftsgut mit einem Berichtigungszeitraum von fünf Jahren entfällt eine Vorsteuer von insgesamt 10 000 DM. ²Der Berichtigungszeitraum beginnt am 1. 4. 01 und endet am 31. 3. 06. ³Bei der Berichtigung ist für die einzelnen Folgejahre jeweils von einem Fünftel der gesamten Vorsteuer = 2 000 DM auszugehen. ⁴Der Berichtigung für das Kalenderjahr 06 sind jedoch nur 3 Zwölftel dieses Betrages = 500 DM zugrunde zu legen.

(2) ...

(3) ¹War die Entscheidung über den Vorsteuerabzug im Abzugsjahr aus der Sicht des § 15 Abs. 2 und 3 UStG sachlich unrichtig, weil der Vorsteuerabzug ganz oder teilweise zu Unrecht vorgenommen wurde oder unterblieben ist, so ist die unrichtige Steuerfestsetzung nach den Vorschriften der Abgabenordnung zu ändern. ²Ist eine Änderung der unrichtigen Steuerfestsetzung hiernach nicht mehr zulässig, bleibt die ihr zugrundeliegende unzutreffende Beurteilung des Vorsteuerabzugs maßgebend. ³Zur Unabänderbarkeit von Steuerfestsetzungen der Abzugsjahre bei der Errichtung von Gebäuden vgl. BFH-Urteil vom 5. 2. 1998 – BStBl II S. 361. ⁴Führt die rechtlich richtige Würdigung des Verwendungsumsatzes in einem noch nicht bestandskräftigen Folgejahr – gemessen an der tatsächlichen und nicht mehr änderbaren Beurteilung für das Erstjahr – zu einer anderen Beurteilung des Vorsteuerabzugs, liegt eine Änderung der Verhältnisse vor (vgl. BFH-Urteile vom 12. 6. 1997 – BStBl II S. 589, vom 13. 11. 1997 – BStBl 1998 II S. 36 und vom 5. 2. 1998 – BStBl II S. 361). ⁵Der Vorsteuerabzug kann in allen noch änderbaren Steuerfestsetzungen der Folgejahre sowohl zugunsten als auch zuungunsten des Unternehmers nach § 15a UStG berichtigt werden.

> **Beispiel:**
> ¹Im Jahr 01 ist der Vorsteuerabzug für ein gemischt genutztes Gebäude in vollem Umfang (= 100 000 DM) gewährt worden, obwohl das Gebäude in diesem Jahr und den folgenden Jahren des Berichtigungszeitraums zu 50 v. H. zur Ausführung von nach § 4 Nr. 12 UStG steuerfreien Vermietungsumsätzen verwendet wird und somit nur ein anteiliger Vorsteuerabzug von 50 000 DM hätte gewährt werden dürfen. ²Die Steuerfestsetzung für das Jahr 01 ist abgabenrechtlich nicht mehr änderbar. ³Dagegen stehen die Steuerfestsetzungen ab dem Jahr 02 unter dem Vorbehalt der Nachprüfung (§ 164 AO).
> ⁴Obwohl sich die Gebäudenutzung gegenüber dem Erstjahr nicht geändert hat, kann das Finanzamt ab dem Jahr 02 jeweils 1/10 des zu Unrecht gewährten Vorsteuerabzugs von 50 000 DM (= jährlich 5 000 DM) zurückfordern.

(4) ...

Anm. d. Schriftl.:

❶ § 44 Abs. 4 UStDV ist im Rahmen des Steuerbereinigungsgesetzes 1999 vom 22. 12. 1999 – BStBl 2000 I S. 13 geändert worden. Übersteigt der hochgerechnete Jahresberichtigungsbetrag die Grenze von 12 000 DM, so sind die Folgen des § 15a UStG bereits im Voranmeldungsverfahren zu ziehen. Aufgrund der Höhe des Betrages wird sich die Neuregelung vorwiegend im Bereich der Grundstücksumsätze auswirken.

Zu § 16 UStG

UStR 220. Steuerberechnung

(1) ¹Nach dem Grundsatz der Einheit des Unternehmens sind die in allen Betrieben eines Unternehmers ausgeführten Umsätze zusammenzurechnen. ². . .

(2) ¹Die Regelung in § 16 Abs. 2 Satz 4 UStG in Verbindung mit § 18 Abs. 1 Satz 2 UStG ermöglicht es, die bereits im abgelaufenen Monat entstandene, aber erst am 16. Tage nach Ablauf des Monats fällige Einfuhrumsatzsteuer zum gleichen Zeitpunkt von der Steuer des abgelaufenen Monats als Vorsteuer abzuziehen. ²Die Regelung ist von Bedeutung bei einem nach den Vorschriften des Zollkodex gewährten Zahlungsaufschub.

> **Beispiel:**
> ¹Entstehung der Einfuhrumsatzsteuer (Einfuhr) im Januar, Fälligkeit aufgrund eines Zahlungsaufschubs am 16. Februar.
> ²Die Einfuhrumsatzsteuer kann bereits als Vorsteuer in der Voranmeldung für Januar abgezogen werden.

UStR 222. Umrechnung von Werten in fremder Währung

(1) ¹Die Umrechnung der Werte in fremder Währung (§ 16 Abs. 6 UStG) dient der Berechnung der Umsatzsteuer und der abziehbaren Vorsteuerbeträge. ²Kursänderungen zwischen der Ausführung der Leistung und der Vereinnahmung des Entgelts bleiben unberücksichtigt.

(2) ¹Bei der Umrechnung nach dem Tageskurs ist der Nachweis durch Bankmitteilung oder Kurszettel zu führen, weil die Bankabrechnung im Zeitpunkt der Leistung noch nicht vorliegt. ²Aus Vereinfachungsgründen kann das Finanzamt gestatten, daß die Umrechnung regelmäßig nach den Durchschnittskursen vorgenommen wird, die das Bundesministerium der Finanzen für den Monat bekanntgegeben hat, der dem Monat vorangeht, in dem die Leistung ausgeführt oder das Entgelt vereinnahmt wird.❶

Zu § 17 UStG

UStR 223. Steuer- und Vorsteuerberichtigung bei Änderung der Bemessungsgrundlage

(1) ¹Die Frage, ob sich die Bemessungsgrundlage für einen steuerpflichtigen Umsatz geändert hat, beurteilt sich nach § 10 Abs. 1 bis 5 UStG. ²Auf die Abschnitte 149 bis 158 wird verwiesen. ³Zur Steuer- und Vorsteuerberichtigung bei Entgeltsminderungen durch Gewährung von verdeckten Preisnachlässen vgl. Abschnitt 153 Abs. 4.

(2) ¹Die erforderlichen Berichtigungen sind für den Besteuerungszeitraum vorzunehmen, in dem die Änderung der Bemessungsgrundlage eingetreten ist. ²Die Berichtigungspflicht ist bereits bei der Berechnung der Vorauszahlungen zu beachten (§ 18 Abs. 1 Satz 2 UStG). ³Erlischt die Forderung auf eine Gegenleistung aufgrund einer späteren Vertragsänderung teilweise, mindert sich das Entgelt bereits im Zeitpunkt der Vertragsänderung (vgl. BFH-Urteil vom 30. 11. 1995 – BStBl 1996 II S. 206). ⁴Mindert sich der Kaufpreis aufgrund einer Mängelrüge, ändert sich die Bemessungsgrundlage bereits in dem Zeitpunkt, in dem sich der Verkäufer mit der Minderung – z. B.

Anm. d. Schriftl.:

❶ Eine Gesamtübersicht der Umsatzsteuer-Umrechnungskurse für das Jahr 1999 enthält das BMF-Schreiben vom 28. 1. 2000 – BStBl 2000 I S. 356.

durch Erteilung einer Kaufpreis-Gutschrift – einverstanden erklärt (vgl. BFH-Urteil vom 13. 12. 1995 – BStBl 1996 II S. 208).

(3) [1]Die Berichtigungspflicht besteht auch dann, wenn sich die Berichtigung der Steuer und die Berichtigung des Vorsteuerabzugs im Ergebnis ausgleichen. [2]Berechnet der Leistungsempfänger z. B. Lieferantenskonti nicht vom Gesamtpreis einschließlich Umsatzsteuer, sondern nur vom Entgelt (ohne Umsatzsteuer), so hat er unabhängig von der Behandlung der Skontobeträge durch den Lieferanten den in Anspruch genommenen Vorsteuerabzug nach § 17 Abs. 1 Nr. 2 UStG zu berichtigen. [3]Die Berichtigungspflicht ist bei einer Änderung der Bemessungsgrundlage nicht von einer Änderung des Steuerbetrages in der ursprünglichen Rechnung abhängig (vgl. BFH-Urteil vom 30. 11. 1995 – BStBl 1996 II S. 206). [4]Ein Belegaustausch ist nur für die in § 17 Abs. 4 UStG bezeichneten Fälle vorgeschrieben.

(4) Die Berichtigung des Vorsteuerabzugs kann unterbleiben, soweit der auf die Entgeltsminderung entfallende Steuerbetrag von einem dritten Unternehmer entrichtet wird (§ 17 Abs. 1 Satz 2 UStG).

Beispiel:
[1]Die Einkaufsgenossenschaft E (Zentralregulierer) vermittelt eine Warenlieferung von A an B. [2]E wird auch in den Abrechnungsverkehr eingeschaltet. [3]Sie zahlt für B den Kaufpreis an A unter Inanspruchnahme von Skonto. [4]B zahlt an E den Kaufpreis ohne Inanspruchnahme von Skonto.
[5]Nach § 17 Abs. 1 Nr. 1 UStG hat A seine Steuer zu berichtigen. [6]B braucht nach § 17 Abs. 1 Satz 2 UStG seinen Vorsteuerabzug nicht zu berichtigen, soweit E die auf den Skontoabzug entfallende Steuer an das Finanzamt entrichtet.

(5) [1]Die Pflicht zur Berichtigung der Steuer und des Vorsteuerabzugs nach § 17 Abs. 1 UStG besteht auch dann, wenn das Entgelt für eine steuerpflichtige Lieferung oder sonstige Leistung uneinbringlich geworden ist (§ 17 Abs. 2 Nr. 1 UStG). [2]Uneinbringlichkeit im Sinne des § 17 Abs. 2 UStG liegt insbesondere vor, wenn der Schuldner zahlungsunfähig ist oder den Forderungen die Einrede des Einforderungsverzichts entgegengehalten werden kann (vgl. BFH-Beschluß vom 10. 3. 1983 – BStBl II S. 389). [3]Wird über das Vermögen eines Unternehmers das Insolvenzverfahren eröffnet, werden die gegen ihn gerichteten Forderungen spätestens in diesem Zeitpunkt unbeschadet einer möglichen Insolvenzquote in voller Höhe uneinbringlich im Sinne des § 17 Abs. 2 Satz 1 UStG (vgl. BFH-Urteil vom 13. 11. 1986 – BStBl 1987 II S. 226 zum Konkursverfahren). [4]Zur Frage der Uneinbringlichkeit beim sog. Akzeptantenwechselgeschäft vgl. BFH-Urteil vom 8. 12. 1993 – BStBl 1994 II S. 338. [5]Ertragsteuerrechtlich zulässige pauschale Wertberichtigungen führen nicht zu einer Berichtigung nach § 17 Abs. 2 UStG. [6]Der Gläubiger, der eine Forderung als uneinbringlich behandelt, ist nicht verpflichtet, dem Schuldner hiervon Mitteilung zu machen. [7]Das Finanzamt des Gläubigers ist jedoch berechtigt, das Finanzamt des Schuldners auf die Ausbuchung der Forderung hinzuweisen. [8]Der Vorsteuerrückzahlungsanspruch dieses Finanzamtes entsteht mit Ablauf des Voranmeldungszeitraums, in dem die Uneinbringlichkeit eingetreten ist (vgl. BFH-Urteil vom 8. 10. 1997 – BStBl 1998 II S. 69). [9]Der Schuldner hat nach § 17 Abs. 2 Nr. 1 in Verbindung mit § 17 Abs. 1 Nr. 2 UStG seinen Vorsteuerabzug bereits dann entsprechend zu berichtigen, wenn sich aus den Gesamtumständen, insbesondere aus einem längeren Zeitablauf nach Eingehung der Verbindlichkeit ergibt, daß er seiner Zahlungsverpflichtung gegenüber seinem Gläubiger nicht mehr nachkommen wird. [10]Wird der Anspruch des Gläubigers später ganz oder teilweise befriedigt, ist § 17 Abs. 2 Nr. 1 Satz 2 UStG anzuwenden.

(6) Bei der Abtretung einer Forderung unter dem Nennwert bestimmt sich das Entgelt nach den tatsächlichen Aufwendungen des Leistungsempfängers (vgl. Abschnitt 149 Abs. 4).

Beispiel:
[1]Ein Unternehmer hat aufgrund einer Lieferung eine Forderung in Höhe von 11 600 DM gegen seinen zum Vorsteuerabzug berechtigten Abnehmer. [2]Er tritt diese Forderung zum Festpreis von 5 750 DM an ein Inkassobüro ab. [3]Das Inkassobüro kann noch 8 700 DM einziehen.

⁴Die Steuer des Lieferers richtet sich zunächst nach dem für die Lieferung vereinbarten Entgelt von 10 000 DM (Steuer bei einem Steuersatz von 16 v. H. = 1 600 DM). ⁵Die endgültige Steuer des Lieferers beträgt allerdings nur 1 200 DM, da der Abnehmer nur 8 700 DM aufgewandt hat (§ 10 Abs. 1 Satz 2 UStG), während der Lieferer die restlichen 2 900 DM uneinbringlich sind. ⁶Eine entsprechende Minderung der Steuer nach § 17 Abs. 2 Nr. 1 in Verbindung mit § 17 Abs. 1 Nr. 1 UStG von 1 600 DM auf 1 200 DM setzt jedoch voraus, daß der Lieferer die teilweise Uneinbringlichkeit der Forderung nachweist. ⁷Er muß sich also Kenntnis davon verschaffen, welchen Betrag das Inkassobüro tatsächlich noch einziehen konnte. ⁸Der Abnehmer hat zunächst aufgrund der ihm vom Lieferer erteilten Rechnung den Vorsteuerabzug in voller Höhe. ⁹Er muß ihn jedoch von sich aus nach § 17 Abs. 2 Nr. 1 in Verbindung mit § 17 Abs. 1 Nr. 2 UStG auf der Grundlage seiner tatsächlichen Zahlung an das Inkassobüro (im Beispielsfall auf 1 200 DM) berichtigen, da er die teilweise Uneinbringlichkeit der Forderung kennt. ¹⁰Dies gilt entsprechend, wenn der Abnehmer weniger an das Inkassobüro zahlt, als der Lieferer für die Forderung erhalten hat. ¹¹Zahlt der Abnehmer den vollen Rechnungsbetrag an das Inkassobüro, bleiben die Steuer des Lieferers und der Vorsteuerabzug des Abnehmers in voller Höhe bestehen.

(7) ¹Steuer- und Vorsteuerberichtigungen sind auch erforderlich, wenn für eine Leistung ein Entgelt entrichtet, die Leistung jedoch nicht ausgeführt worden ist (§ 17 Abs. 2 Nr. 2 UStG). ²Diese Regelung steht im Zusammenhang mit der in § 13 Abs. 1 Nr. 1 Buchstabe a Satz 4 UStG vorgeschriebenen Besteuerung von Zahlungen vor Ausführung der Leistungen.

Beispiel:
¹Über das Vermögen eines Unternehmers, der Anzahlungen erhalten und versteuert hat, wird das Insolvenzverfahren eröffnet, bevor er eine Leistung erbracht hat. ²Der Insolvenzverwalter lehnt die Erfüllung des Vertrages ab. ³Der Unternehmer, der die vertraglich geschuldete Leistung nicht erbracht hat, hat die Steuer auf die Anzahlung zu berichtigen. ⁴Unabhängig davon hat der Unternehmer, an den die vertraglich geschuldete Leistung erbracht werden sollte, den Vorsteuerabzug in sinngemäßer Anwendung des § 17 Abs. 1 Nr. 2 UStG zu berichtigen.

(8) ¹Die Vorschrift des § 17 Abs. 1 UStG ist entsprechend anzuwenden, wenn in einer Rechnung der Steuerbetrag nach § 14 Abs. 2 UStG berichtigt wird. ²Die erforderlichen Berichtigungen sind in dem Besteuerungszeitraum vorzunehmen, in dem der Rechnungsaussteller eine Rechnung mit geändertem Steuerausweis erteilt. ³Der Widerspruch gegen den in einer Gutschrift enthaltenen Steuerausweis wirkt deshalb erst in dem Besteuerungszeitraum, in dem er erklärt wird (vgl. BFH-Urteil vom 19. 5. 1993 – BStBl II S. 779).

Zu § 18 UStG (§§ 46 bis 62 UStDV)

UStR 225a. Voranmeldungszeitraum

(1) ¹Der Voranmeldungszeitraum des laufenden Kalenderjahres bestimmt sich regelmäßig aufgrund der Steuer des Vorjahres. ²Er umfaßt grundsätzlich das Kalendervierteljahr. ³Abweichend hiervon ist Voranmeldungszeitraum der Kalendermonat, wenn die Steuer für das vorangegangene Kalenderjahr mehr als 12 000 DM betragen hat. ⁴Der Unternehmer kann den Kalendermonat als Voranmeldungszeitraum wählen, wenn sich im vorangegangenen Kalenderjahr ein Überschuß zu seinen Gunsten von mehr als 12 000 DM ergeben hat. ⁵Die Frist zur Ausübung des Wahlrechts nach § 18 Abs. 2a Satz 2 UStG ist nicht verlängerbar. ⁶Die Vorschriften der Abgabenordnung über die Wiedereinsetzung in den vorigen Stand nach § 110 AO sind anzuwenden. ⁷Aus Vereinfachungsgründen ist es für die Frist zur Ausübung des Wahlrechts jedoch nicht zu beanstanden, wenn der Unternehmer die Voranmeldung innerhalb der fünftägigen Abgabe-Schonfrist abgibt. ⁸Bei gewährter Dauerfristverlängerung gilt dies entsprechend.

(2) ¹Der Unternehmer kann von der Verpflichtung zur Abgabe von Voranmeldungen befreit werden, wenn die Steuer für das vorangegangene Kalenderjahr nicht mehr als 1 000 DM betragen hat. ²Hat sich im Vorjahr kein Überschuß zugunsten des Unternehmers ergeben, ist die Befreiung grundsätzlich von Amts wegen zu erteilen. ³Sie unterbleibt in diesen Fällen nur auf Antrag des Unternehmers in begründeten Einzelfällen (z. B. nachhaltige Veränderung in der betrieblichen

Struktur). ⁴Hat das vorangegangene Kalenderjahr einen Überschuß zugunsten des Unternehmers ergeben, verbleibt es von Amts wegen bei dem Kalendervierteljahr als Voranmeldungszeitraum. ⁵Anträgen der Unternehmer auf Befreiung von der Verpflichtung zur Abgabe ist in diesen Fällen jedoch regelmäßig stattzugeben.

(3) ¹Die Einordnung der Unternehmer in die verschiedenen Abgabgruppen wird von Amts wegen spätestens bis Ende Februar jedes Kalenderjahres anhand der Vorjahreswerte vorgenommen, die ggf. hochgerechnet werden. ²Eine Änderung der Steuer des vorangegangenen Kalenderjahres ist bei der Einordnung im laufenden Kalenderjahr zu berücksichtigen, soweit sich die Änderung für dieses Kalenderjahr noch auswirkt. ³Ergibt sich für das Vorjahr nachträglich ein Überschuß zugunsten des Unternehmers von mehr als 12 000 DM, ist eine monatliche Abgabe der Voranmeldungen im laufenden Kalenderjahr nur möglich, wenn die Antragsfrist nach § 18 Abs. 2a Satz 2 UStG eingehalten wurde.

(4) ¹Hat der Unternehmer seine gewerbliche oder berufliche Tätigkeit nur in einem Teil des vorangegangenen Kalenderjahres ausgeübt (z. B. erst im Laufe des vorangegangenen Kalenderjahres aufgenommen), ist die tatsächliche Steuer für die Einordnung im laufenden Kalenderjahr in eine Jahressteuer umzurechnen. ²Die Beurteilung des Jahres, in dem die Tätigkeit aufgenommen worden ist, richtet sich nach der zu erwartenden Steuer. ³Will der Unternehmer, der einen Überschuß von mehr als 12 000 DM erwartet, seine Voranmeldungen monatlich abgeben, ist § 18 Abs. 2a Satz 2 UStG sinngemäß anzuwenden.

Beispiel:
¹U beginnt seine unternehmerische Tätigkeit am 1. 3. 02. ²Für das Jahr 02 ist ein Überschuß zugunsten des U von 15 000 DM zu erwarten. ³U muß bis zum 10. 4. 02 (bei gewährter Dauerfristverlängerung bis zum 10. 5. 02) eine Voranmeldung für März 02 abgeben, um die Frist in entsprechender Anwendung des § 18 Abs. 2a Satz 2 UStG zu wahren.

(5) ¹Für Unternehmer und juristische Personen, die ausschließlich Steuer für innergemeinschaftliche Erwerbe zu entrichten haben, sowie für Fahrzeuglieferer nach § 2a UStG gelten die Ausführungen in den Absätzen 1 bis 4 entsprechend. ²Ein Wahlrecht zur monatlichen Abgabe von Voranmeldungen (Absatz 1 Satz 4) besteht jedoch nicht.

UStR 228. Dauerfristverlängerung

(1) ¹Für die Gewährung der Dauerfristverlängerung ist ein schriftlicher Bescheid nicht erforderlich. ²Der Unternehmer kann deshalb die beantragte Dauerfristverlängerung in Anspruch nehmen, solange das Finanzamt den Antrag nicht ablehnt oder die Fristverlängerung nicht widerruft. ³Das Finanzamt hat den Antrag abzulehnen, wenn der Steueranspruch gefährdet erscheint, z. B. wenn der Unternehmer seine Voranmeldungen nicht oder nicht rechtzeitig abgibt. ⁴⁻⁶...

(2) Auf die Sondervorauszahlung finden die für die Steuern geltenden Vorschriften der Abgabenordnung Anwendung, z. B. die Vorschriften über die Festsetzung von Verspätungszuschlägen nach § 152 AO und über die Verwirkung von Säumniszuschlägen nach § 240 AO.

(3) Der Unternehmer hat für den Antrag auf Dauerfristverlängerung und für die Anmeldung der Sondervorauszahlungen den amtlich bestimmten, bundeseinheitlichen Vordruck zu verwenden.❶

(4) ¹Der Antrag auf Dauerfristverlängerung braucht nicht jährlich wiederholt zu werden, da die Dauerfristverlängerung so lange als gewährt gilt, bis der Unternehmer seinen Antrag zurücknimmt oder das Finanzamt die Fristverlängerung widerruft. ²Die Sondervorauszahlung muß dagegen von den Unternehmern, die ihre Voranmeldungen monatlich abzugeben haben, für jedes Kalenderjahr, für das die Dauerfristverlängerung gilt, bis zum 10. Februar – zuzüglich Schonfrist – berechnet, angemeldet und entrichtet werden.

Anm. d. Schriftl.:
❶ Ein Vordruckmuster ist dem BMF-Schreiben vom 21. 9. 2000 – BStBl 2000 I S. 1348 beigefügt.

(5) ¹Führt die fristgerechte Entrichtung der Sondervorauszahlung im Einzelfall zu einer erheblichen Härte, kann das Finanzamt die Sondervorauszahlung den jeweiligen Verhältnissen entsprechend ganz oder teilweise stunden. ²Ferner kann das Finanzamt die Sondervorauszahlung im Einzelfall abweichend von § 47 UStDV niedriger festsetzen, wenn

1. infolge Rechtsänderungen die vorgeschriebene Berechnung zu einem offensichtlich unzutreffenden Ergebnis führt oder
2. die Vorauszahlungen des Vorjahres durch außergewöhnliche Umsätze beeinflußt worden sind, mit deren Wiederholung nicht zu rechnen ist.

(6) ¹Die festgesetzte Sondervorauszahlung ist in der Regel bei der Festsetzung der Umsatzsteuervorauszahlung für den Monat Dezember anzurechnen. ²In den amtlich vorgeschriebenen Voranmeldungsvordrucken ist hierfür eine besondere Zeile vorgesehen. ³Erklärt der Unternehmer nicht gleichzeitig gegenüber dem Finanzamt, daß er die Fristverlängerung nicht mehr in Anspruch nehmen will, ist eine Sondervorauszahlung bis zum 10. Februar des folgenden Kalenderjahres erneut zu berechnen, anzumelden und zu entrichten. ⁴Hat der Unternehmer seine gewerbliche oder berufliche Tätigkeit im Laufe eines Kalenderjahres eingestellt, hat er die Anrechnung bereits in der Voranmeldung für den Voranmeldungszeitraum vorzunehmen, in dem der Betrieb eingestellt oder der Beruf aufgegeben worden ist.

(7) ¹Will der Unternehmer im Laufe des Kalenderjahres auf die Dauerfristverlängerung verzichten, hat er die Anrechnung der Sondervorauszahlung in der letzten Voranmeldung vorzunehmen, für die Fristverlängerung in Anspruch genommen wird. ²Danach sind die Voranmeldungen jeweils zum gesetzlichen Zeitpunkt abzugeben.

Zu § 18a UStG

UStR   245a. Verpflichtung zur Abgabe der Zusammenfassenden Meldung❶

(1) ¹Mit der Schaffung des Binnenmarktes zum 1. 1. 1993 und dem Wegfall der Erhebung der EUSt sowie der Warenkontrollen an den Binnengrenzen der EG wurde zur Überwachung der Besteuerung des innergemeinschaftlichen Handels das Mehrwertsteuer-Informationsaustausch-System (MIAS) in der EG geschaffen. ²Das MIAS basiert auf den ZM, die ein Unternehmer, der innergemeinschaftlich liefert, in jedem EG-Mitgliedstaat abzugeben hat (Artikel 22 Absatz 6 Buchstabe b der 6. EG-Richtlinie). ³Die Daten in den ZM ermöglichen es den EG-Mitgliedstaaten, die ordnungsgemäße Umsatzbesteuerung zu kontrollieren. ⁴Die Einzelheiten des MIAS enthält die Zusammenarbeits-VO.

(2) ¹Eine ZM muß jeder Unternehmer abgeben, der während eines Meldezeitraums innergemeinschaftliche Warenlieferungen und/oder Lieferungen im Sinne des § 25b Abs. 2 UStG ... ausgeführt hat. ²Für Meldezeiträume, in denen keine solchen Lieferungen ausgeführt wurden, sind keine ZM abzugeben.

(3) ...

(4) Kleinunternehmer im Sinne von § 19 Abs. 1 UStG müssen keine ZM abgeben.

(5) ...

Anm. d. Schriftl.:
❶ Vordruck und Anleitung siehe BMF-Schreiben vom 10. 5. 2000 – BStBl 2000 I S. 616.

Zu § 18e UStG

UStR   245b. Abgabefrist

[1]ZM sind bis zum 10. Tag nach Ablauf des Meldezeitraums (Kalendervierteljahr oder unter den Voraussetzungen des § 18a Abs. 6 UStG das Kalenderjahr) beim Bundesamt für Finanzen abzugeben. [2]Ist dem Unternehmer vom Finanzamt die einmonatige Dauerfristverlängerung für die Abgabe der Voranmeldung (vgl. hierzu Abschnitt 228) gewährt worden, gilt diese Dauerfristverlängerung für die Abgabe der ZM entsprechend. [3]Die Landesfinanzbehörden teilen dem Bundesamt für Finanzen mit, welchen Unternehmen Dauerfristverlängerungen gewährt wurden. [4]Ein Antrag auf Dauerfristverlängerung nur für die Abgabe der ZM ist unzulässig.

Zu § 18e UStG

UStR   245i. Bestätigung der USt-IdNr.

(1) Der Unternehmer kann Bestätigungsanfragen schriftlich, telefonisch oder per Telekopie an das Bundesamt für Finanzen – Außenstelle –, Postanschrift: 66738 Saarlouis, stellen.

(2) [1]Die Anfrage (einfache Bestätigungsanfrage) muß folgende Angaben enthalten:
– die USt-IdNr. des anfragenden Unternehmers (oder ggf. die Steuernummer, unter der er umsatzsteuerlich geführt wird),
– die USt-IdNr. des Empfängers der innergemeinschaftlichen Lieferung, die von einem anderen EG-Mitgliedstaat erteilt wurde.

[2]Einfache Bestätigungsanfragen können auch über Internet gestellt werden.

(3) [1]Der anfragende Unternehmer kann zusätzlich zu der zu überprüfenden USt-IdNr. auch den Namen und die Anschrift des Inhabers der ausländischen USt-IdNr. überprüfen lassen (qualifizierte Bestätigungsanfrage). [2]Das Bundesamt für Finanzen teilt in diesem Fall detailliert mit, inwieweit die angefragten Angaben von dem EG-Mitgliedstaat, der die USt-IdNr. erteilt hat, als zutreffend gemeldet werden. [3]Die Informationen beziehen sich jeweils auf USt-IdNr./Name/Ort/Postleitzahl/Straße des ausländischen Kunden. [4]Anfragen nach Bestätigung von mehreren USt-IdNrn. sind schriftlich zu stellen. [5]Das Bundesamt für Finanzen teilt das Ergebnis der Bestätigungsanfrage in jedem Fall schriftlich mit.

(4) [1]Das Finanzamt kann Bestätigungsanfragen telefonisch stellen. [2]Das gilt auch für zusätzliche Anfragen nach Namen und Anschrift des Inhabers der ausländischen USt-IdNr.

UStR   245j. Übersicht über Bezeichnung und Aufbau der USt-IdNrn. der EG-Mitgliedstaaten

Mitgliedstaat	Aufbau	Ländercode	Format
Österreich	ATU99999999	AT	1 Block mit 9 Zeichen
Belgien	BE999 999 999	BE	3 Blöcke mit je 3 Ziffern
Dänemark	DK99 99 99 99	DK	4 Blöcke mit je 2 Ziffern
Deutschland	DE999999999	DE	1 Block mit 9 Ziffern
Griechenland	EL999999999	EL	1 Block mit 9 Ziffern
Spanien	ESX9999999X	ES	1 Block mit 9 Zeichen
Finnland	FI99999999	FI	1 Block mit 8 Ziffern

Mitgliedstaat	Aufbau	Ländercode	Format
Frankreich	FRXX 999999999	FR	1 Block mit 2 Zeichen, 1 Block mit 9 Ziffern
Vereinigtes Königreich	GB999 9999 99 oder GB 999 9999 99 999 oder GBGD999 oder GBHA999	GB	1 Block mit 3 Ziffern, 1 Block mit 4 Ziffern und 1 Block mit 2 Ziffern; oder wie vor ergänzt durch einen Block von 3 Ziffern; oder 1 Block mit 5 Zeichen
Irland	IE9S99999L	IE	1 Block mit 8 Zeichen
Italien	IT99999999999	IT	1 Block mit 11 Ziffern
Luxemburg	LU99999999	LU	1 Block mit 8 Ziffern
Niederlande	NL999999999B99	NL	1 Block mit 12 Zeichen
Portugal	PT999999999	PT	1 Block mit 9 Ziffern
Schweden	SE999999999999	SE	1 Block mit 12 Ziffern

...

Zu § 19 UStG

UStR 246. Nichterhebung der Steuer

(1) ¹Nach § 19 Abs. 1 UStG ist die Steuer, die ein im Inland oder in den in § 1 Abs. 3 UStG genannten Gebieten ansässiger Kleinunternehmer für seine steuerpflichtigen Umsätze schuldet, unter bestimmten Voraussetzungen nicht zu erheben. ²Die Regelung bezieht sich auf die Steuer für die in § 1 Abs. 1 Nr. 1 UStG bezeichneten Lieferungen und sonstigen Leistungen (einschließlich unentgeltliche Wertabgaben – vgl. Abschnitte 24a bis 24c). ³Die Steuer für die Einfuhr von Gegenständen (§ 1 Abs. 1 Nr. 4 UStG), für den innergemeinschaftlichen Erwerb (§ 1 Abs. 1 Nr. 5 UStG, vgl. auch Abschnitt 15a Abs. 2) und die Steuer, die vom letzten Abnehmer in einem innergemeinschaftlichen Dreiecksgeschäft (§ 25b Abs. 2 UStG) geschuldet wird, hat der Kleinunternehmer hingegen abzuführen. ⁴Das gilt auch für die Steuer, die nach § 16 Abs. 5 UStG von der zuständigen Zolldienststelle im Wege der Beförderungseinzelbesteuerung erhoben wird ...

(2) ¹Bei der Ermittlung der in § 19 Abs. 1 UStG bezeichneten Grenzen von 32 500 DM und 100 000 DM ist jeweils von dem Gesamtumsatz im Sinne des § 19 Abs. 3 UStG auszugehen ... ²Der Gesamtumsatz ist hier jedoch stets nach vereinnahmten Entgelten zu berechnen. ³Außerdem ist bei der Steuerermittlung nicht auf die Bemessungsgrundlagen im Sinne des § 10 UStG abzustellen, sondern auf die vom Unternehmer vereinnahmten Bruttobeträge. ⁴In den Fällen des § 10 Abs. 4 und 5 UStG ist der jeweils in Betracht kommenden Bemessungsgrundlage ggf. die darauf entfallende Umsatzsteuer hinzuzurechnen.

(3) ¹Bei der Grenze von 100 000 DM kommt es darauf an, ob der Unternehmer diese Bemessungsgröße voraussichtlich nicht überschreiten wird. ²Maßgebend ist die zu Beginn eines Jahres vorzunehmende Beurteilung der Verhältnisse für das laufende Kalenderjahr. ³Dies gilt auch, wenn der Unternehmer in diesem Jahr sein Unternehmen erweitert (vgl. BFH-Urteil vom 7. 3. 1995 – BStBl II S. 562). ⁴Ist danach ein voraussichtlicher Umsatz zuzüglich der Steuer von nicht mehr als 100 000 DM zu erwarten, ist dieser Betrag auch dann maßgebend, wenn der tatsächliche

Umsatz zuzüglich der Steuer im Laufe des Kalenderjahres die Grenze von 100 000 DM überschreitet (vgl. auch Absatz 4). [5]... [6]Der Unternehmer hat dem Finanzamt auf Verlangen die Verhältnisse darzulegen, aus denen sich ergibt, wie hoch der Umsatz des laufenden Kalenderjahres voraussichtlich sein wird.

(4) [1]Nimmt der Unternehmer seine gewerbliche oder berufliche Tätigkeit im Laufe eines Kalenderjahres neu auf, ist in diesen Fällen allein auf den voraussichtlichen Umsatz (vgl. Absatz 3) des laufenden Kalenderjahres abzustellen (vgl. auch BFH-Urteil vom 19. 2. 1976 – BStBl II S. 400). [2]Entsprechend der Zweckbestimmung des § 19 Abs. 1 UStG ist hierbei die Grenze von 32 500 DM und nicht die Grenze von 100 000 DM maßgebend. [3]Es kommt somit nur darauf an, ob der Unternehmer nach den Verhältnissen des laufenden Kalenderjahres voraussichtlich die Grenze von 32 500 DM nicht überschreitet (BFH-Urteil vom 22. 11. 1984 – BStBl 1985 II S. 142).

(5) ...

(6) [1]Bei der Ermittlung der maßgeblichen Grenzen von 32 500 DM und 100 000 DM bleiben die Umsätze von Wirtschaftsgütern des Anlagevermögens unberücksichtigt. [2]Das gilt sowohl bei einer Veräußerung als auch bei einer Entnahme für nichtunternehmerische Zwecke. [3]Ob ein Wirtschaftsgut des Anlagevermögens vorliegt, ist nach den für das Einkommensteuerrecht maßgebenden Grundsätzen zu beurteilen. [4]Die Ausnahme erstreckt sich auch auf entsprechende Wirtschaftsgüter, die einkommensteuerrechtlich nicht zu einem Betriebsvermögen gehören, z. B. bei der Veräußerung von Einrichtungsgegenständen durch einen nichtgewerblichen Vermieter von Ferienwohnungen.

UStR 247. Verzicht auf die Anwendung des § 19 Abs. 1 UStG[1]

(1) [1]Der Unternehmer kann dem Finanzamt erklären, daß er auf die Anwendung des § 19 Abs. 1 UStG verzichtet. [2]Er unterliegt damit der Besteuerung nach den allgemeinen Vorschriften des Gesetzes. [3]Die Erklärung nach § 19 Abs. 2 Satz 1 UStG kann der Unternehmer bis zur Unanfechtbarkeit der Steuerfestsetzung abgeben. [4]Im einzelnen gilt hierzu folgendes:

1. [1]Die Erklärung gilt vom Beginn des Kalenderjahres an, für das der Unternehmer sie abgegeben hat. [2]Beginnt der Unternehmer seine gewerbliche oder berufliche Tätigkeit während des Kalenderjahres, gilt die Erklärung vom Beginn dieser Tätigkeit an.

Anm. d. Schriftl.:

[1] **Übersicht:**
   Besteuerung der Kleinunternehmer (§ 19 UStG)
   I. Tatbestand
   • Unternehmer im Inland oder in Gebieten gem. § 1 Abs. 3 UStG
   • Vorjahresumsatz zuzüglich USt weniger als   32 500 DM
   • Umsatz im lfd. Kj. zuzüglich USt – voraussichtlich – weniger als   100 000 DM
   • keine Option gem. § 19 Abs. 2 UStG
   II. Rechtsfolgen
   • keine USt im lfd. Kj.
   • keine Steuerbefreiung i. g. Lieferungen (§ 4 Nr. 1b i. V. m. § 6a UStG)
   • kein Verzicht auf Steuerbefreiung (§ 9 UStG)
   • kein gesonderter Ausweis der Steuer in einer Rechnung (§ 14 Abs. 1 UStG)
   • kein Vorsteuerabzug (§ 15 UStG)
   • Anwendung des § 15a UStG nur im Falle des § 19 Abs. 1 Satz 5 UStG
   III. Ausnahmeregelungen
   • USt für i. g. Lieferungen neuer Fahrzeuge (§ 19 Abs. 4 UStG)
   • unberechtigter Steuerausweis (§ 14 Abs. 3 UStG)

2. ¹Für die Erklärung ist keine bestimmte Form vorgeschrieben. ²Berechnet der Unternehmer in den Voranmeldungen oder in der Steuererklärung für das Kalenderjahr die Steuer nach den allgemeinen Vorschriften des Umsatzsteuergesetzes, ist darin grundsätzlich eine Erklärung im Sinne des § 19 Abs. 2 Satz 1 UStG zu erblicken (vgl. auch BFH-Urteile vom 19. 12. 1985 – BStBl 1986 II S. 420 und vom 11. 12. 1997 – BStBl 1998 II S. 420). ³In Zweifelsfällen ist der Unternehmer zu fragen, welcher Besteuerungsform er seine Umsätze unterwerfen will.

(2)–(6) . . .

Zu § 25a UStG

UStR 276a. Differenzbesteuerung

Anwendungsbereich

(1) ¹§ 25a UStG enthält eine Sonderregelung für die Besteuerung der Lieferungen nach § 1 Abs. 1 Nr. 1 UStG von beweglichen körperlichen Gegenständen einschließlich Kunstgegenständen, Sammlungsstücken und Antiquitäten, sofern für diese Gegenstände kein Recht zum Vorsteuerabzug bestand. ²Da es sich bei den Gegenständen in aller Regel um solche handelt, die bereits einmal nach der allgemeinen Verkehrsauffassung „gebraucht" worden sind, werden sie nachfolgend als Gebrauchtgegenstände bezeichnet. ³Edelsteine und Edelmetalle sind nach § 25a Abs. 1 Nr. 3 UStG von der Differenzbesteuerung ausgenommen. ⁴. . . ⁵Synthetische und rekonstituierte Steine rechnen nicht dazu. ⁶Edelmetalle im Sinne der Vorschrift sind Silber, Gold und Platin – einschließlich Iridium, Osmium, Palladium, Rhodium und Ruthenium – (aus Positionen 71.06, 71.08, 71.10 und 71.12 des Zolltarifs). ⁷Edelmetallegierungen und -plattierungen gehören grundsätzlich nicht dazu. ⁸Aus Edelsteinen oder Edelmetallen hergestellte Gegenstände (z. B. Schmuckwaren, Gold- und Silberschmiedewaren) fallen nicht unter die Ausnahmeregelung.

(2) ¹Der Anwendungsbereich der Differenzbesteuerung ist auf Wiederverkäufer beschränkt. ²Als Wiederverkäufer gelten Unternehmer, die im Rahmen ihrer gewerblichen Tätigkeit üblicherweise Gebrauchtgegenstände erwerben und sie anschließend, gegebenenfalls nach Instandsetzung, im eigenen Namen wieder verkaufen (gewerbsmäßige Händler), und die Veranstalter öffentlicher Versteigerungen, die Gebrauchtgegenstände im eigenen Namen und auf eigene oder fremde Rechnung versteigern. ³Der An- und Verkauf der Gebrauchtgegenstände kann auf einen Teil- oder Nebenbereich des Unternehmens beschränkt sein.

> **Beispiel:**
> ¹Ein Kreditinstitut veräußert die von Privatpersonen sicherungsübereigneten Gebrauchtgegenstände. ²Der Verkauf der Gegenstände unterliegt der Differenzbesteuerung. ³Das Kreditinstitut ist insoweit als Wiederverkäufer anzusehen.

(3) ¹Der Ort der Lieferung der Gegenstände an den Wiederverkäufer muß im Inland oder im übrigen Gemeinschaftsgebiet liegen. ²Wird ein Gegenstand im Drittlandsgebiet erworben und in das Inland eingeführt, unterliegt die anschließende Lieferung des Gegenstandes nur unter den Voraussetzungen des § 25a Abs. 2 UStG der Differenzbesteuerung.

(4) ¹Der Unternehmer muß die Gegenstände für sein Unternehmen erworben haben. ²Diese Voraussetzung ist nicht erfüllt, wenn der Wiederverkäufer Gegenstände aus seinem Privatvermögen in das Unternehmen eingelegt hat. ³Der Wiederverkäufer kann die Differenzbesteuerung auch bei der Veräußerung von Gegenständen des Anlagevermögens anwenden, unabhängig davon, ob er mit diesen Gegenständen gewerbsmäßig handelt. ⁴Wird aus mehreren Einzelgegenständen, die jeweils für sich die Voraussetzungen der Differenzbesteuerung erfüllen, ein einheitlicher Gegenstand hergestellt oder zusammengestellt, unterliegt die anschließende Lieferung dieses „neuen"

Gegenstandes nicht der Differenzbesteuerung. ⁵Das gilt auch, wenn von einem erworbenen Gebrauchtgegenstand anschließend lediglich einzelne Teile geliefert werden (z. B. beim Ausschlachten eines Pkw).

(5) ¹Die Differenzbesteuerung setzt nach § 25a Abs. 1 Nr. 2 UStG ferner voraus, daß für die Lieferung des Gegenstandes an den Wiederverkäufer Umsatzsteuer im Gemeinschaftsgebiet nicht geschuldet oder nach § 19 Abs. 1 UStG nicht erhoben oder die Differenzbesteuerung im Gemeinschaftsgebiet vorgenommen wurde. ²Der Wiederverkäufer kann die Regelung danach anwenden, wenn er den Gegenstand im Inland oder im übrigen Gemeinschaftsgebiet erworben hat von

1. einer Privatperson oder einer juristischen Person des öffentlichen Rechts, die nicht Unternehmer ist,
2. einem Unternehmer aus dessen nichtunternehmerischen Bereich,
3. einem Unternehmer, der mit seiner Lieferung des Gegenstandes unter eine Steuerbefreiung fällt, die zum Ausschluß vom Vorsteuerabzug führt,
4. einem Kleinunternehmer, der nach dem Recht des für die Besteuerung zuständigen Mitgliedstaates von der Steuer befreit oder auf andere Weise von der Besteuerung ausgenommen ist, oder
5. ¹einem anderen Wiederverkäufer, der auf die Lieferung ebenfalls die Differenzbesteuerung angewendet hat. ²Die Differenzbesteuerung ist hiernach auch bei Verkäufen von Händler an Händler möglich.

³Der Erwerb eines Gegenstandes von einem Land- und Forstwirt, der auf die Umsätze aus seinem land- und forstwirtschaftlichen Betrieb die Durchschnittsatzbesteuerung des § 24 UStG anwendet, erfüllt nicht die Voraussetzung des § 25a Abs. 1 Nr. 2 Buchstabe a UStG. ⁴Von der Differenzbesteuerung sind Gebrauchtgegenstände ausgenommen, die im übrigen Gemeinschaftsgebiet erworben worden sind, sofern der Lieferer dort die Steuerbefreiung für innergemeinschaftliche Lieferungen angewendet hat (§ 25a Abs. 7 Nr. 1 Buchstabe a UStG).

(6) ¹Der Wiederverkäufer kann mit Beginn des Kalenderjahres, in dem er eine entsprechende Erklärung abgibt, die Differenzbesteuerung auch anwenden, wenn er

1. Kunstgegenstände, Sammlungsstücke oder Antiquitäten selbst eingeführt hat oder
2. Kunstgegenstände vom Künstler selbst oder von einem anderen Unternehmer, der kein Wiederverkäufer ist, erworben hat und dafür Umsatzsteuer geschuldet wurde.

²Dabei kann die Differenzbesteuerung auf einzelne Gruppen dieser Gegenstände („Kunstgegenstände" oder „Sammlungsstücke" oder „Antiquitäten") beschränkt werden. ³Die Begriffe Kunstgegenstände und Sammlungsstücke sind nach den gleichen Merkmalen wie für Zwecke der Steuerermäßigung nach § 12 Abs. 2 Nr. 1 und 2 UStG abzugrenzen (vgl. Nummern 53 und 54 sowie Nummer 49 Buchstabe f der Anlage zu § 12 Abs. 2 Nr. 1 und 2 UStG). ⁴Antiquitäten sind andere Gegenstände als Kunstgegenstände und Sammlungsstücke, die mehr als 100 Jahre alt sind (Position 97.06 des Zolltarifs).

(7) ¹Die Differenzbesteuerung für die in Absatz 6 bezeichneten Gegenstände ist von einer formlosen Erklärung abhängig, die spätestens bei Abgabe der ersten Voranmeldung des Kalenderjahres beim Finanzamt einzureichen ist. ²In der Erklärung müssen die Gegenstände bezeichnet werden, auf die sich die Differenzbesteuerung erstreckt. ³An die Erklärung ist der Wiederverkäufer für mindestens zwei Kalenderjahre gebunden. ⁴Soweit der Wiederverkäufer die Differenzbesteuerung anwendet, ist er abweichend von § 15 Abs. 1 UStG nicht berechtigt, die entrichtete Einfuhrumsatzsteuer oder die gesondert ausgewiesene Steuer für die an ihn ausgeführte Lieferung als Vorsteuer abzuziehen.

Bemessungsgrundlage

(8) ¹Wird ein Gebrauchtgegenstand durch den Wiederverkäufer nach § 1 Abs. 1 Nr. 1 Satz 1 UStG geliefert, ist als Bemessungsgrundlage der Betrag anzusetzen, um den der Verkaufspreis den Einkaufspreis für den Gegenstand übersteigt; die in dem Unterschiedsbetrag enthaltene Umsatzsteuer ist herauszurechnen. ²Nebenkosten, die nach dem Erwerb des Gegenstandes angefallen, also nicht im Einkaufspreis enthalten sind, z. B. Reparaturkosten, mindern nicht die Bemessungsgrundlage. ³Soweit selbst eingeführte Kunstgegenstände, Sammlungsstücke oder Antiquitäten nach § 25a Abs. 2 Nr. 1 UStG in die Differenzbesteuerung einbezogen werden, gilt als Einkaufspreis der nach den Vorschriften über den Zollwert ermittelte Wert des eingeführten Gegenstandes zuzüglich der Einfuhrumsatzsteuer. ⁴Im Fall des § 25a Abs. 2 Nr. 2 UStG schließt der Einkaufspreis die vom Lieferer in Rechnung gestellte Umsatzsteuer ein.

(9) ¹Lieferungen, für die die Mindestbemessungsgrundlage (§ 10 Abs. 5 UStG) anzusetzen ist, und Lieferungen im Sinne des § 3 Abs. 1b UStG werden nach dem Unterschied zwischen dem tatsächlichen Einkaufspreis und dem Einkaufspreis zuzüglich der Nebenkosten für den Gegenstand zum Zeitpunkt des Umsatzes (§ 10 Abs. 4 Nr. 1 UStG) – abzüglich Umsatzsteuer – bemessen. ²Bei den vorbezeichneten Lieferungen kommt eine Differenzbesteuerung im Normalfall allerdings im Hinblick auf § 3 Abs. 1b Satz 2 UStG nicht in Betracht, weil diese Vorschrift die Berechtigung zum vollen oder teilweisen Vorsteuerabzug voraussetzt.

(10) ¹Nimmt ein Wiederverkäufer beim Verkauf eines Neugegenstandes einen Gebrauchtgegenstand in Zahlung und leistet der Käufer in Höhe der Differenz eine Zuzahlung, ist im Rahmen der Differenzbesteuerung als Einkaufspreis nach § 25a Abs. 3 UStG der tatsächliche Wert des Gebrauchtgegenstandes anzusetzen. ²Dies ist der Wert, der bei der Ermittlung des Entgelts für den Kauf des neuen Gegenstandes tatsächlich zugrunde gelegt wird. ³Bei der Inzahlungnahme von Gebrauchtfahrzeugen in der Kraftfahrzeugwirtschaft ist grundsätzlich nach Abschnitt 153 Abs. 4 zu verfahren. ⁴Wenn jedoch die Höhe der Entgeltsminderung nicht nachgewiesen wird und das Neuwagenentgelt sich nicht um einen „verdeckten Preisnachlaß" gemindert wird, kann im Rahmen der Differenzbesteuerung der Betrag als Einkaufspreis für das Gebrauchtfahrzeug angesetzt werden, mit dem dieses in Zahlung genommen, d. h. auf den Neuwagenpreis angerechnet wird.

Beispiel:

¹Der Verkaufspreis eines fabrikneuen Kraftwagens beträgt 17 400 DM (15 000 DM + 2 400 DM Umsatzsteuer). ²Im Kaufvertrag zwischen dem Kraftfahrzeughändler und dem Kunden (Nichtunternehmer) wird vereinbart, daß

– der Händler ein Gebrauchtfahrzeug des Kunden mit 8 500 DM in Zahlung nimmt und

– der Kunde den Restbetrag von 8 900 DM in bar bezahlt.

³Der Kraftfahrzeughändler verkauft das Gebrauchtfahrzeug nach einem Monat für 10 000 DM an einen Nichtunternehmer im Inland.

1. Berücksichtigung des verdeckten Preisnachlasses

    a) Ermittlung des tatsächlichen Wertes des Gebrauchtfahrzeugs nach Abschnitt 153 Abs. 4:

Verkaufserlös für das Gebrauchtfahrzeug	10 000,– DM
./. Reparaturkosten	500,– DM
./. Verkaufskosten (pauschal 15 v. H. von 10 000 DM)	1 500,– DM
tatsächlicher Wert des Gebrauchtfahrzeugs	8 000,– DM
verdeckter Preisnachlaß	500,– DM

b) Bemessungsgrundlage für den Verkauf des Neufahrzeugs:

Barzahlung des Kunden	8 900,– DM
+ tatsächlicher Wert des Gebrauchtfahrzeugs	8 000,– DM
	16 900,– DM
./. darin enthaltene Umsatzsteuer (Steuersatz 16 v. H.)	2 331,– DM
Bemessungsgrundlage	14 569,– DM

c) Bemessungsgrundlage für den Verkauf des Gebrauchtfahrzeugs nach § 25a Abs. 3 Nr. 1 UStG:

Verkaufspreis	10 000,– DM
./. tatsächlicher Wert des Gebrauchtfahrzeugs (= Einkaufspreis i. S. d. § 25a Abs. 3 UStG)	8 000,– DM
Differenz	2 000,– DM
./. darin enthaltene Umsatzsteuer (Steuersatz 16 v. H.)	275,90 DM
Bemessungsgrundlage für die Differenzbesteuerung	1 724,10 DM

2. Nichtberücksichtigung des verdeckten Preisnachlasses

a) Bemessungsgrundlage für den Verkauf des Neufahrzeugs:

Barzahlung des Kunden	8 900,– DM
+ Anrechnungswert des Gebrauchtfahrzeugs	8 500,– DM
	17 400,– DM
./. darin enthaltene Umsatzsteuer (Steuersatz 16 v. H.)	2 400,– DM
Bemessungsgrundlage	15 000,– DM

b) Bemessungsgrundlage für den Verkauf des Gebrauchtfahrzeugs nach § 25a Abs. 3 Nr. 1 UStG:

Verkaufspreis	10 000,– DM
./. Anrechnungswert des Gebrauchtfahrzeugs	8 500,– DM
Differenz	1 500,– DM
./. darin enthaltene Umsatzsteuer (Steuersatz 16 v. H.)	206,90 DM
Bemessungsgrundlage für die Differenzbesteuerung	1 293,10 DM

[4]Die Summe der Bemessungsgrundlagen beträgt in beiden Fällen 16 293,10 DM.

(11) [1]Die Bemessungsgrundlage ist vorbehaltlich des Absatzes 12 für jeden Gegenstand einzeln zu ermitteln (Einzeldifferenz). [2]Ein positiver Unterschiedsbetrag zwischen dem Verkaufspreis – oder dem an seine Stelle tretenden Wert – und dem Einkaufspreis eines Gegenstandes kann für die Berechnung der zu entrichtenden Steuer nicht mit einer negativen Einzeldifferenz aus dem Umsatz eines anderen Gegenstandes oder einer negativen Gesamtdifferenz (vgl. Absatz 12) verrechnet werden. [3]Bei einem negativen Unterschiedsbetrag beträgt die Bemessungsgrundlage 0 DM; dieser Unterschiedsbetrag kann auch in späteren Besteuerungszeiträumen nicht berücksichtigt werden. [4]Wird ein Gegenstand nicht im Jahr der Anschaffung veräußert, entnommen oder zugewendet, ist der noch nicht berücksichtigte Einkaufspreis im Jahr der tatsächlichen Veräußerung, Entnahme oder Zuwendung in die Berechnung der Einzeldifferenz einzubeziehen.

(12) [1]Bei Gegenständen, deren Einkaufspreis den Betrag von 1 000 DM nicht übersteigt, kann die Bemessungsgrundlage anstatt nach der Einzeldifferenz nach der Gesamtdifferenz ermittelt werden. [2]Die Gesamtdifferenz ist der Betrag, um den die Summe der Verkaufspreise und der Werte nach § 10 Abs. 4 Nr. 1 UStG die Summe der Einkaufspreise – jeweils bezogen auf den Besteuerungszeitraum – übersteigt; die in dem Unterschiedsbetrag enthaltene Umsatzsteuer ist herauszurechnen. [3]Für die Ermittlung der Verkaufs- und Einkaufspreise sind die Absätze 8 bis 10 entsprechend anzuwenden. [4]Kann ein Gegenstand endgültig nicht mehr veräußert, entnommen oder zugewendet werden (z. B. wegen Diebstahl oder Untergang), so ist die Summe der Einkaufspreise entsprechend zu mindern. [5]Die Voraussetzungen für die Ermittlung der Bemessungsgrundlage nach der Gesamtdifferenz müssen grundsätzlich für jeden einzelnen Gegenstand erfüllt sein. [6]Wendet der Wiederverkäufer für eine Mehrheit von Gegenständen oder für Sachgesamt-

heiten einen Gesamteinkaufspreis auf (z. B. beim Kauf von Sammlungen oder Nachlässen) und werden die Gegenstände üblicherweise später einzeln verkauft, so kann wie folgt verfahren werden:

1. Beträgt der Gesamteinkaufspreis bis zu 1 000 DM, kann aus Vereinfachungsgründen von der Ermittlung der auf die einzelnen Gegenstände entfallenden Einkaufspreise abgesehen werden.
2. ¹Übersteigt der Gesamteinkaufspreis den Betrag von 1 000 DM, ist der auf die einzelnen Gegenstände entfallende Einkaufspreis grundsätzlich im Wege sachgerechter Schätzung zu ermitteln. ²Die Schätzung kann auf wertbestimmende Einzelgegenstände so lange beschränkt werden, bis der Gesamtbetrag für die restlichen Gegenstände 1 000 DM oder weniger beträgt.

Beispiel:
¹Der Antiquitätenhändler A kauft eine Wohnungseinrichtung für 6 000 DM. ²Dabei ist er insbesondere an einer antiken Truhe (geschätzter anteiliger Einkaufspreis 3 000 DM) und einem Weichholzschrank (Schätzpreis 1 600 DM) interessiert. ³Die restlichen Einrichtungsgegenstände, zu denen ein Fernsehgerät (Schätzpreis 500 DM) gehört, will er an einen Trödelhändler verkaufen.

⁴A muß beim Weiterverkauf der Truhe und des Weichholzschranks die Bemessungsgrundlage nach der Einzeldifferenz ermitteln. ⁵Das Fernsehgerät hat er den Gegenständen zuzuordnen, für die die Bemessungsgrundlage nach der Gesamtdifferenz ermittelt wird. ⁶Das gleiche gilt für die restlichen Einrichtungsgegenstände. ⁷Da ihr Anteil am Gesamtpreis 900 DM beträgt, kann von einer Ermittlung der auf die einzelnen Gegenstände entfallenden Einkaufspreise abgesehen werden.

(13) ¹Die Gesamtdifferenz kann nur einheitlich für die gesamten innerhalb eines Besteuerungszeitraums ausgeführten Umsätze ermittelt werden, die sich auf Gegenstände mit Einkaufspreisen bis zu 1 000 DM beziehen. ²Es ist nicht zulässig, die Gesamtdifferenz innerhalb dieser Preisgruppe auf bestimmte Arten von Gegenständen zu beschränken. ³Für Gegenstände, deren Einkaufspreis 1 000 DM übersteigt, ist daneben die Ermittlung nach der Einzeldifferenz vorzunehmen. ⁴Die positive Gesamtdifferenz eines Besteuerungszeitraums kann nicht mit einer negativen Einzeldifferenz verrechnet werden. ⁵Ist die Gesamtdifferenz eines Besteuerungszeitraums negativ, beträgt die Bemessungsgrundlage 0 DM; der negative Betrag kann nicht in späteren Besteuerungszeiträumen berücksichtigt werden. ⁶Bei der Berechnung der Besteuerungsgrundlagen für die einzelnen Voranmeldungszeiträume ist entsprechend zu verfahren. ⁷Allerdings können innerhalb desselben Besteuerungszeitraums negative mit positiven Gesamtdifferenzen einzelner Voranmeldungszeiträume verrechnet werden.

(14) Ein Wechsel von der Ermittlung nach der Einzeldifferenz zur Ermittlung nach der Gesamtdifferenz und umgekehrt ist nur zu Beginn eines Kalenderjahres zulässig.

Steuersatz, Steuerbefreiungen

(15) ¹Bei der Differenzbesteuerung ist die Steuer stets mit dem allgemeinen Steuersatz zu berechnen. ²Dies gilt auch für solche Gegenstände, für die bei der Besteuerung nach den allgemeinen Vorschriften der ermäßigte Steuersatz in Betracht käme (z. B. Kunstgegenstände und Sammlungsstücke). ³Wird auf eine Lieferung in das übrige Gemeinschaftsgebiet die Differenzbesteuerung angewendet, ist die Steuerbefreiung für innergemeinschaftliche Lieferungen ausgeschlossen. ⁴Die übrigen Steuerbefreiungen des § 4 UStG bleiben unberührt.

Verbot des offenen Steuerausweises, Aufzeichnungspflichten

(16) ¹Das Verbot des gesonderten Ausweises der Steuer in einer Rechnung gilt auch dann, wenn der Wiederverkäufer einen Gebrauchtgegenstand an einen anderen Unternehmer liefert, der eine gesondert ausgewiesene Steuer aus dem Erwerb dieses Gegenstandes als Vorsteuer abziehen könnte. ²Liegen die Voraussetzungen für die Differenzbesteuerung vor und weist ein Wiederverkäufer für die Lieferung eines Gebrauchtgegenstandes – entgegen der Regelung in § 25a Abs. 6 Satz 1 UStG – die auf die Differenz entfallende Steuer gesondert aus, schuldet er die gesondert

ausgewiesene Steuer nach § 14 Abs. 3 UStG. **❶** ³Zusätzlich zu dieser Steuer schuldet er für die Lieferung des Gegenstandes die Steuer nach § 25a UStG.

(17) ¹Der Wiederverkäufer, der Umsätze von Gebrauchtgegenständen nach § 25a UStG versteuert, hat für jeden Gegenstand getrennt den Verkaufspreis oder den Wert nach § 10 Abs. 4 Nr. 1 UStG, den Einkaufspreis und die Bemessungsgrundlage aufzuzeichnen (§ 25a Abs. 6 Satz 2 UStG). ²Aus Vereinfachungsgründen kann er in den Fällen, in denen lediglich ein Gesamteinkaufspreis für mehrere Gegenstände vorliegt, den Gesamteinkaufspreis aufzeichnen,

1. wenn dieser den Betrag von 1 000 DM insgesamt nicht übersteigt oder
2. soweit er nach Abzug der Einkaufspreise einzelner Gegenstände den Betrag von 1 000 DM nicht übersteigt.

³Die besonderen Aufzeichnungspflichten gelten als erfüllt, wenn sich die aufzeichnungspflichtigen Angaben aus den Buchführungsunterlagen entnehmen lassen. ⁴Der Wiederverkäufer hat die Aufzeichnungen für die Differenzbesteuerung getrennt von den übrigen Aufzeichnungen zu führen.

Besonderheiten im innergemeinschaftlichen Warenverkehr

(18) ¹Die Differenzbesteuerung kann vorbehaltlich des Absatzes 19 auch auf Lieferungen vom Inland in das übrige Gemeinschaftsgebiet angewendet werden. ²Sie ist in diesem Fall stets im Inland vorzunehmen; die Regelung des § 3c UStG und die Steuerbefreiung für innergemeinschaftliche Lieferungen im Sinne von § 4 Nr. 1 Buchstabe b i. V. m. § 6a UStG finden keine Anwendung.

(19) ¹Die Differenzbesteuerung ist ausgeschlossen, wenn der Wiederverkäufer ein neues Fahrzeug im Sinne von § 1b Abs. 2 und 3 UStG in das übrige Gemeinschaftsgebiet liefert. ²Die Lieferung ist im Inland unter den Voraussetzungen des § 4 Nr. 1 Buchstabe b i. V. m. § 6a UStG als innergemeinschaftliche Lieferung steuerfrei. ³Der Erwerber des neuen Fahrzeugs hat im übrigen Gemeinschaftsgebiet einen innergemeinschaftlichen Erwerb zu besteuern.

(20) Wird bei der Lieferung eines Gegenstandes vom übrigen Gemeinschaftsgebiet in das Inland die Differenzbesteuerung im übrigen Gemeinschaftsgebiet angewendet, entfällt eine Erwerbsbesteuerung im Inland.

Verzicht auf die Differenzbesteuerung

(21) ¹Ein Verzicht auf die Anwendung der Differenzbesteuerung ist bei jeder einzelnen Lieferung eines Gebrauchtgegenstandes möglich. ²Abschnitt 148 Abs. 3 und 4 ist sinngemäß anzuwenden. ³Im Fall der Besteuerung nach der Gesamtdifferenz ist ein Verzicht ausgeschlossen. ⁴Der Verzicht ist auch für solche Gegenstände möglich, für die der Wiederverkäufer nach § 25a Abs. 2 UStG die Anwendung der Differenzbesteuerung erklärt hat. ⁵In diesem Fall kann er die entrichtete Einfuhrumsatzsteuer und die ihm berechnete Umsatzsteuer frühestens in der Voranmeldung als Vorsteuer geltend machen, in der er auch die Steuer für die Lieferung anmeldet. ⁶Der Verzicht auf die Differenzbesteuerung nach § 25a Abs. 8 UStG hat zur Folge, daß auf die Lieferung die allgemeinen Vorschriften des Umsatzsteuergesetzes anzuwenden sind.

Anm. d. Schriftl.:

❶ Zur Anwendung des § 14 Abs. 3 UStG im Rahmen der Differenzbesteuerung nach § 25a UStG siehe auch BMF-Schreiben vom 11. 8. 1997 – BStBl 1997 I S. 806.

Zu § 25b UStG

UStR 276b. Innergemeinschaftliche Dreiecksgeschäfte

Allgemeines

(1) ¹§ 25b UStG enthält eine Vereinfachungsregelung für die Besteuerung von innergemeinschaftlichen Dreiecksgeschäften mit drei beteiligten Unternehmern. ²Die Vereinfachung besteht darin, daß eine steuerliche Registrierung des mittleren Unternehmers im Bestimmungsland vermieden wird. ³Ein innergemeinschaftliches Dreiecksgeschäft liegt vor, wenn die in § 25b Abs. 1 UStG genannten Voraussetzungen (vgl. Absätze 2 bis 5) sämtlich erfüllt sind. ⁴Bei einem innergemeinschaftlichen Dreiecksgeschäft werden unter Berücksichtigung der allgemeinen Regelungen für Reihengeschäfte (vgl. Abschnitt 31a Abs. 1 bis 11) grundsätzlich folgende Umsätze ausgeführt:

1. eine innergemeinschaftliche Lieferung des ersten Unternehmers in der Reihe (erster Lieferer) in dem Mitgliedstaat, in dem die Beförderung oder Versendung des Gegenstandes beginnt (§ 3 Abs. 6 Satz 1 UStG),
2. ein innergemeinschaftlicher Erwerb des mittleren Unternehmers in der Reihe (erster Abnehmer) in dem Mitgliedstaat, in dem die Beförderung oder Versendung des Gegenstandes endet (§ 3d Satz 1 UStG),
3. ein innergemeinschaftlicher Erwerb des ersten Abnehmers in dem Mitgliedstaat, der dem ersten Abnehmer die von ihm verwendete USt-IdNr. erteilt hat (§ 3d Satz 2 UStG) und
4. eine (Inlands-)Lieferung des ersten Abnehmers in dem Mitgliedstaat, in dem die Beförderung oder Versendung des Gegenstandes endet (§ 3 Abs. 7 Satz 2 Nr. 2 UStG).

⁵Liegt ein innergemeinschaftliches Dreiecksgeschäft vor, wird die Steuerschuld für die (Inlands-)Lieferung unter den Voraussetzungen des § 25b Abs. 2 UStG von dem ersten Abnehmer auf den letzten Abnehmer übertragen. ⁶Im Fall der Übertragung der Steuerschuld gilt zugleich auch der innergemeinschaftliche Erwerb des ersten Abnehmers als besteuert (§ 25b Abs. 3 UStG).

Begriff (§ 25b Abs. 1 UStG)

(2) ¹Ein innergemeinschaftliches Dreiecksgeschäft setzt voraus, daß drei Unternehmer (erster Lieferer, erster Abnehmer und letzter Abnehmer) beteiligt sind, die über denselben Gegenstand Umsatzgeschäfte abschließen, und dieser Gegenstand unmittelbar vom Ort der Lieferung des ersten Lieferers an den letzten Abnehmer gelangt (§ 25b Abs. 1 Satz 1 Nr. 1 UStG). ²⁻⁶...

(3) ¹Weitere Voraussetzung für das Vorliegen eines innergemeinschaftlichen Dreiecksgeschäfts ist, daß die beteiligten Unternehmer in jeweils verschiedenen Mitgliedstaaten für Zwecke der Umsatzsteuer erfaßt sind (§ 25b Abs. 1 Satz 1 Nr. 2 UStG). ²Hierfür reicht die tatsächliche Registrierung für Umsatzsteuerzwecke (Erteilung einer USt-IdNr.) aus. ³Die Ansässigkeit in einem dieser Mitgliedstaaten ist nicht erforderlich. ⁴Sind mehrere der beteiligten Unternehmer in demselben Mitgliedstaat registriert, liegt kein innergemeinschaftliches Dreiecksgeschäft vor.

> **Beispiel:**
>
> ¹Der in Frankfurt ansässige und umsatzsteuerlich registrierte Unternehmer D bestellt eine dort nicht vorrätige Ware bei dem in Belgien ansässigen Unternehmer B 1. ²B 1 gibt die Bestellung weiter an den ebenfalls in Belgien ansässigen Großhändler B 2, der die Ware mit eigenem Lkw unmittelbar nach Frankfurt befördert und sie dort an D übergibt. ³D und B 2 treten jeweils unter der USt-IdNr. ihres Landes auf. ⁴B 1 tritt nicht unter seiner belgischen USt-IdNr., sondern unter seiner niederländischen USt-IdNr. auf.

Zu § 25b UStG   **Umsatzsteuer**

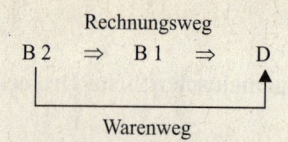

```
                    Rechnungsweg
           B 2   ⇒   B 1   ⇒   D
                 └───────────────┘
                    Warenweg
```

[5]Die Voraussetzung des § 25b Abs. 1 Satz 1 Nr. 2 UStG für das Vorliegen eines innergemeinschaftlichen Dreiecksgeschäfts ist erfüllt, da die drei beteiligten Unternehmer in jeweils verschiedenen Mitgliedstaaten (Deutschland, Belgien, Niederlande) für Zwecke der Umsatzsteuer erfaßt sind und mit USt-IdNrn. aus verschiedenen Mitgliedstaaten auftreten. [6]Auf die Ansässigkeit von B 1 und B 2 in demselben Mitgliedstaat kommt es bei der Beurteilung nicht an.

(4) [1]Weitere Voraussetzung ist das tatsächliche Gelangen des Gegenstandes der Lieferungen von einem Mitgliedstaat in einen anderen Mitgliedstaat (§ 25b Abs. 1 Satz 1 Nr. 3 UStG). [2–6]...

(5) [1]Ein innergemeinschaftliches Dreiecksgeschäft setzt weiterhin voraus, daß der Gegenstand durch den ersten Lieferer oder den ersten Abnehmer (mittlerer Unternehmer) befördert oder versendet wird (§ 25b Abs. 1 Satz 1 Nr. 4 UStG). [2–4]...

Beispiel:

[1]Der belgische Unternehmer B bestellt bei dem deutschen Unternehmer D eine Baumaschine. [2]D hat die Maschine nicht vorrätig und gibt die Bestellung weiter an den spanischen Hersteller SP. [3]Alle Beteiligten treten unter der USt-IdNr. ihres Landes auf.

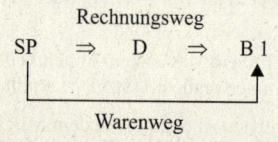

```
                    Rechnungsweg
           SP   ⇒   D   ⇒   B 1
                └───────────────┘
                    Warenweg
```

a) [1]SP befördert die Baumaschine mit eigenem Lkw nach Belgien und übergibt sie dort an B.
[2]Es liegt ein innergemeinschaftliches Dreiecksgeschäft im Sinne des § 25b Abs. 1 UStG vor, weil der erste Lieferer den Gegenstand der Lieferungen befördert. [3]Die Beförderung ist der ersten Lieferung (SP an D) zuzuordnen. [4]Ort der Lieferung ist nach § 3 Abs. 6 Satz 5 in Verbindung mt Satz 1 Spanien (Beginn der Beförderung). [5]Die Lieferung ist als innergemeinschaftliche Lieferung in Spanien steuerfrei. [6]Der Erwerb des Gegenstandes unterliegt bei D grundsätzlich der Besteuerung des innergemeinschaftlichen Erwerbs in Belgien, da die Beförderung dort endet (§ 3d Satz 1 UStG), und in Deutschland, da D seine deutsche USt-IdNr. verwendet (§ 3d Satz 2 UStG). [7]Die zweite Lieferung (D an B) ist eine ruhende Lieferung. [8]Lieferort ist nach § 3 Abs. 7 Satz 2 Nr. 2 UStG Belgien, da sie der Beförderungslieferung nachfolgt. [9]Die Lieferung des D ist nach belgischem Recht zu beurteilen. [10]Zur weiteren Beurteilung siehe auch Beispiel 3.

b) [1]B läßt die Baumaschine durch einen von ihm beauftragten Spediteur bei SP in Spanien abholen und unmittelbar nach Belgien versenden.
[2]Es liegt kein innergemeinschaftliches Dreiecksgeschäft im Sinne des § 25b Abs. 1 UStG vor, weil der letzte Abnehmer den Gegenstand der Lieferungen versendet. [3]Die Versendung ist der zweiten Lieferung (D an B) zuzuordnen. [4]Ort der Lieferung ist nach § 3 Abs. 6 Satz 5 in Verbindung mit Satz 1 Spanien (Beginn der Versendung). [5]Die Lieferung ist als innergemeinschaftliche Lieferung in Spanien steuerfrei. [6]Der Erwerb des Gegenstandes unterliegt bei B grundsätzlich der Besteuerung des innergemeinschaftlichen Erwerbs in Belgien, da die Versendung dort endet (§ 3d Satz 1 UStG). [7]Die erste Lieferung (SP an D) ist eine ruhende Lieferung. [8]Lieferort ist nach § 3 Abs. 7 Satz 2 Nr. 1 UStG ebenfalls Spanien, da sie der Versendungslieferung vorangeht. [9]Die Lieferung ist nach spanischem Recht zu beurteilen. [10]D muß sich demnach in Spanien steuerlich registrieren lassen.

Übertragung der Steuerschuld auf den letzten Abnehmer (§ 25b Abs. 2 UStG)

(6) [1]Im Fall eines innergemeinschaftlichen Dreiecksgeschäfts im Sinne des § 25b Abs. 1 UStG wird die Steuer für die (Inlands-)Lieferung des ersten Abnehmers an den letzten Abnehmer von dem letzten Abnehmer geschuldet, wenn die in § 25b Abs. 2 Nr. 1 bis 4 UStG genannten Vor-

aussetzungen sämtlich erfüllt sind. ²Die Übertragung der Steuerschuld auf den letzten Abnehmer ist bei Vorliegen der Voraussetzungen zwingend vorgeschrieben. ³Durch die Übertragung der Steuerschuld wird der letzte Abnehmer Steuerschuldner für die vom ersten Abnehmer an ihn ausgeführte Lieferung (§ 13 Abs. 2 Nr. 5 UStG).

(7) Unter folgenden Voraussetzungen wird die Steuerschuld für die Lieferung an den letzten Abnehmer auf diesen übertragen:
1. Der Lieferung ist ein innergemeinschaftlicher Erwerb beim ersten Abnehmer vorausgegangen.
2. Der erste Abnehmer ist nicht in dem Mitgliedstaat ansässig, in dem die Beförderung oder Versendung endet.
3. ¹Der erste Abnehmer verwendet gegenüber dem ersten Lieferer und dem letzten Abnehmer dieselbe USt-IdNr. ²Diese USt-IdNr. darf ihm nicht von einem der Mitgliedstaaten erteilt worden sein, in dem die Beförderung oder Versendung beginnt oder endet.
4. Der erste Abnehmer muß dem letzten Abnehmer eine Rechnung im Sinne des § 14a Abs. 1a und Abs. 2 UStG erteilen (vgl. Absatz 9), in der die Steuer nicht gesondert ausgewiesen ist.
5. Der letzte Abnehmer muß eine USt-IdNr. des Mitgliedstaates verwenden, in dem die Beförderung oder Versendung endet.

Innergemeinschaftlicher Erwerb des ersten Abnehmers (§ 25b Abs. 3 UStG)

(8) ¹Wird die Steuerschuld wirksam auf den letzten Abnehmer übertragen, gilt der innergemeinschaftliche Erwerb des ersten Abnehmers nach § 25b Abs. 3 UStG als besteuert. ²Diese fiktive Besteuerung des innergemeinschaftlichen Erwerbs beim ersten Abnehmer gilt für die Erwerbsbesteuerung in dem Mitgliedstaat, in dem die Beförderung oder Versendung endet (vgl. § 3d Satz 1 UStG) und zugleich auch für die Beurteilung einer Erwerbsbesteuerung in dem Mitgliedstaat, unter dessen USt-IdNr. der erste Abnehmer auftritt (vgl. § 3d Satz 2 UStG).

Beispiel:
¹Der belgische Unternehmer B bestellt bei dem deutschen Unternehmer D eine Baumaschine. ²D hat die Maschine nicht vorrätig und gibt die Bestellung weiter an den spanischen Hersteller SP. ³SP befördert die Baumaschine mit eigenem Lkw nach Belgien und übergibt sie dort an B. ⁴Alle Beteiligten treten unter der USt-IdNr. ihres Landes auf. ⁵D erteilt dem B eine Rechnung im Sinne des § 14a Abs. 1a und Abs. 2 UStG.

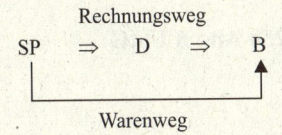

Rechnungsweg

SP ⇒ D ⇒ B

Warenweg

⁶Es liegt ein innergemeinschaftliches Dreiecksgeschäft im Sinne des § 25b Abs. 1 UStG vor. ⁷Die Beförderung ist der ersten Lieferung (SP an D) zuzuordnen. ⁸Ort der Lieferung ist nach § 3 Abs. 6 Satz 5 in Verbindung mit Satz 1 UStG Spanien (Beginn der Beförderung). ⁹Die Lieferung ist als innergemeinschaftliche Lieferung in Spanien steuerfrei. ¹⁰Der Erwerb des Gegenstandes unterliegt bei D grundsätzlich der Besteuerung des innergemeinschaftlichen Erwerbs in Belgien, da die Beförderung dort endet (§ 3d Satz 1 UStG), und in Deutschland, da D seine deutsche USt-IdNr. verwendet (§ 3d Satz 2 UStG). ¹¹Die zweite Lieferung (D an B) ist eine ruhende Lieferung. ¹²Lieferort ist nach § 3 Abs. 7 Satz 2 Nr. 2 UStG Belgien, da sie der Beförderungslieferung nachfolgt. ¹³D führt demnach eine steuerbare und steuerpflichtige Lieferung in Belgien aus. ¹⁴Da die Voraussetzungen des § 25b Abs. 2 UStG erfüllt sind, wird die Steuerschuld für die belgische (Inlands-)Lieferung des D auf B übertragen: der Lieferung ist ein innergemeinschaftlicher Erwerb durch D vorausgegangen; D ist nicht in Belgien ansässig; D tritt gegenüber dem ersten Lieferer und dem letzten Abnehmer mit seiner deutschen USt-IdNr. auf; D hat dem B eine Rechnung im Sinne des § 14a Abs. 1a und Abs. 2 UStG erteilt; B verwendet als letzter Abnehmer eine USt-IdNr. (belgische) des Mitgliedstaates, in dem die Beförderung endet. ¹⁵B wird Steuerschuldner für diese Lieferung des D und muß die Steuer im Rahmen seiner belgischen Steuererklärungspflichten anmelden. ¹⁶D hat im Hinblick auf seine in Belgien ausgeführte Lieferung keinen umsatzsteuerlichen Verpflichtungen in Belgien nachzukommen.

[17]Mit der wirksamen Übertragung der Steuerschuld auf B gilt auch der innergemeinschaftliche Erwerb des D in Belgien als besteuert (§ 25b Abs. 3 UStG) mit der Folge, daß D auch hierfür keinen umsatzsteuerlichen Verpflichtungen in Belgien nachkommen muß. [18]Mit der fiktiven Erwerbsbesteuerung in Belgien entfällt auch eine Besteuerung des innergemeinschaftlichen Erwerbs in D über § 3d Satz 2 UStG, sofern D seiner Erklärungspflicht nach § 18a Abs. 4 Satz 1 Nr. 3 UStG (für die Zusammenfassende Meldung) nachkommt. [19]Durch die Anwendung der Vereinfachungsregelung des § 25b UStG wird vermieden, daß sich D in Belgien aufgrund dieses innergemeinschaftlichen Dreiecksgeschäfts registrieren lassen und dort Steuererklärungen abgeben muß. [20]D muß in Deutschland die Erklärungspflichten nach § 18b Satz 1 UStG für die Voranmeldung und die Steuererklärung für das Kalenderjahr beachten.

Besonderheiten bei der Rechnungserteilung

(9) [1]Nach § 25b Abs. 2 Nr. 3 UStG ist materielle Voraussetzung für die Übertragung der Steuerschuld, daß der erste Abnehmer dem letzten Abnehmer eine Rechnung im Sinne des § 14a Abs. 1a und Abs. 2 UStG erteilt, in der die Steuer nicht gesondert ausgewiesen ist. [2]Neben den Angaben nach § 14 Abs. 1 UStG sind in der Rechnung des ersten Abnehmers danach folgende zusätzliche Angaben erforderlich:

1. ein Hinweis auf das Vorliegen eines innergemeinschaftlichen Dreiecksgeschäfts, z. B. „Innergemeinschaftliches Dreiecksgeschäft nach § 25b UStG" oder „Vereinfachungsregelung nach Artikel 28c Teil E der 6. EG-Richtlinie",
2. ein Hinweis auf die Steuerschuld des letzten Abnehmers,
3. die Angabe der USt-IdNr. des ersten Abnehmers und
4. die Angabe der USt-IdNr. des letzten Abnehmers.

[3]Der letzte Abnehmer soll durch die Hinweise in der Rechnung eindeutig und leicht erkennen können, daß er letzter Abnehmer in einem innergemeinschaftlichen Dreiecksgeschäft ist und die Steuerschuld auf ihn übertragen wird.

Bemessungsgrundlage (§ 25b Abs. 4 UStG)

(10) [1]Im Fall der Übertragung der Steuerschuld nach § 25b Abs. 2 UStG auf den letzten Abnehmer gilt für die Berechnung der geschuldeten Steuer abweichend von § 10 Abs. 1 UStG die Gegenleistung als Entgelt (Nettobetrag ohne Umsatzsteuer). [2]Die Umsatzsteuer ist auf diesen Betrag aufzuschlagen.

Aufzeichnungspflichten (§ 25b Abs. 6 UStG)

(11) ...

Stichwortverzeichnis

Die den Ziffern vorangestellten Buchstaben verweisen auf den Anwendungserlaß, die Richtlinien bzw. die Bearbeitungshinweise:

A = Anwendungserlaß zur Abgabenordnung,
E = Einkommensteuer-Richtlinien, H = Bearbeitungshinweise,
L = Lohnsteuer-Richtlinien, H = Bearbeitungshinweise,
K = Körperschaftsteuer-Richtlinien,
G = Gewerbesteuer-Richtlinien,
U = Umsatzsteuer-Richtlinien;

die Ziffern bezeichnen beim Anwendungserlaß die Paragraphenzuordnung bzw. bei den übrigen Richtlinien/Bearbeitungshinweisen die Abschnitte, in Klammern gesetzt die Absätze der Abschnitte.

Beispiele: A 30 = AEAO zu § 30 AO
E 26 = R 26 der EStR
E 44 — H 44 = Hinweis in R 44 der EStR

Abbruchkosten E 33a — H 33a
Abfindungen L 9
Abfindungszahlung L 9
Abgabe-Schonfrist A 152
Ablaufhemmung A 171
Ablöseentschädigungen, Fußballspieler
  U 1 (4)
Abnutzbare Wirtschaftsgüter E 42
Abrechnungsbescheid A 218
Abschlagszahlungen L 118 — H 118
Absetzung für Abnutzung, allgemeines
  E 42 (1)
– bei nachträglichen AK oder HK
  E 44 (11)
– Bemessungsgrundlage E 43
– degressive AfA E 44 — H 44
– für bewegliche Wirtschaftsgüter
  E 42 (2)
– für Gebäude E 42 (5), E 42a
– Höhe der E 44
– lineare AfA E 44 — H 44
– nach Entnahme/Einlage E 43 (6)
– überhöhte E 44 (10)
– unterlassene E 44 (10)
– Wechsel der AfA-Methode E 44 (8)
Absetzung für Substanzverringerung
  E 44a
Abwälzung der pauschalen Lohnsteuer
  L 127 — H 127, L 128 — H 128
Abzahlungsgeschäfte U 29 a
Abziehbare Steuern E 20
Abzugsverbot für Sanktionen E 24
Adoption A 15

– außergewöhnliche Belastung
  E 186 — H 186—189
Änderung der Bemessungsgrundlage
  U 223
Änderung der Verhältnisse U 215
Änderung eingetragener Freibeträge
  L 111 (9), L 111 — H 111
Änderung von Steuerbescheiden A 172
Änderungsrahmen A 177
Änderungssperre A 173
Ärzte U 88
– Hilfsgeschäfte der U 88, U 122
– Krankenanstalten U 17 (3)
– unternehmensfremde Verwendung von
  Gegenständen U 122
AfA siehe Absetzung für Abnutzung
Agenturgeschäfte U 26, U 153
Altersentlastungsbetrag E 3, E 171a
Altteile, Kfz-Wirtschaft U 153
Amtssprache A 87
Amtsträger A 30
Angehörige A 15
– bei Vermietung u. Verpachtung E 162a
– Rechtsverhältnisse zwischen E 19
Angemessenheit von Aufwendungen
  E 21 (12)
Anhörung Beteiligter A 91
Anlagegüter, abnutzbare E 16 (3)
– nicht abnutzbare E 16 (3)
Anlaufhemmung A 170
Anlaufverluste E 134b — H 134b
Annehmlichkeiten U 12
Anrechnungsverfügung A 218
Anrufungsauskunft L 147

Stichwortverzeichnis

Anschaffungskosten, allgemein
  E 32a — H 32a
– Aufteilung der E 13 (6)
– Gebäude E 43 — H 43
– Rabatt E 32a — H 32a
– Skonto E 32a — H 32a
– Ware E 32a — H 32a
Anschaffungsnaher Herstellungsaufwand
  E 157 (4)
Ansparabschreibungen E 82a — H 82a
Ansparleistungen L 33 (4)
Antragsgrenze L 111
Antrittsprämien L 9 — H 9
Anwendung einkommensteuerrechtlicher
  Vorschriften K 27
Anzahlungen U 181
Arbeitgebererstattung L 38 (4)
Arbeitnehmer L 67 — H 67
– Sachzuwendungen, sonstige
  Leistungen U 12
Arbeitnehmerbeförderung U 12 (14)
Arbeitnehmerjubiläum L 70
Arbeitslohn L 70
– an Erben L 76
Arbeitslohnbegriff L 70 — H 70
Arbeitsmittel L 44, L 44 — H 44
Arbeitsverhältnisse, Aushilfstätigkeit der
  Kinder E 19 (3)
– zwischen Ehegatten E 19 (1)
– zwischen Eltern und Kindern E 19 (3)
Arbeitszimmer L 45 — H 45
– Ausschmückung (Kunstwerke)
  E 117 — H 117
Arzttätigkeit U 88
Atypisch stille Unterbeteiligung A 179
Aufbau der Identifikationsnummer
  U 245j
Aufbewahrungsfristen, Bücher, Aufzeichnungen, Abschlüsse E 29 — H 29
– Unterlagen E 29
Aufgabegewinn G 38 (3)
Aufhebung der Vollziehung A 361
Aufhebung von Steuerbescheiden A 172
Auflösung des Dienstverhältnisses L 9
Aufmerksamkeiten L 70, L 73, U 12 (1)
– als Betriebsausgaben E 21 (4)
Aufspaltung G 68 (3)
Aufwandsentschädigung L 17
Aufwendungen für die Aus- und
  Fortbildung L 34
Aufzeichnungspflichten A 140

Aus- und Fortbildung L 34
Ausbildungsdienstverhältnis L 34 — H 34
Ausbildungsdienstverhältnisse
  E 103 — H 103
Ausbildungsfreibeträge E 191
Ausbildungskosten, für Kinder
  E 19 — H 19
Ausfuhrlieferungen U 128
– Ausfuhrnachweis U 131
– ausländischer Abnehmer U 129
Ausgleichszahlung, Handelsvertreter
  U 3 (4)
Ausgliederung G 68 (4)
Aushilfstätigkeit, der Kinder E 19 (3)
– des Ehegatten E 19 (1)
Auskunftsverweigerungsrecht A 101
Ausländischer Abnehmer U 129
Auslagenersatz L 22
Ausland U 13
Ausschüttungsbelastung K 77
Außenanlagen, Grundstück
  E 33a — H 33a
Außergerichtliches
  Rechtsbehelfsverfahren Vor A 347
Außergewöhnliche Belastung, Adoption
  E 186 — H 186 – 189
– Allgemeines E 186
– Aussteuer E 186 — H 186 – 189
– Ehescheidung E 186 — H 186 – 189
– Gegenwerttheorie
  E 186 — H 186 – 189
– Hausrat, Kleidung
  (Wiederbeschaffung) E 187
– Krankheit E 189 — H 186 – 189
– Opfergrenze E 190 (4)
– Pflegeaufwendungen E 188
– Prozeßkosten E 186 — H 186 – 189
– Schadensersatz E 186 — H 186 – 189
– Tod E 186 — H 186 – 189
– Unwetter E 187
Außerordentliche Einkünfte
  E 199 — H 199
Aussetzung der Vollziehung A 361
Aussetzung des Verfahrens A 363
Aussetzungszinsen A 237
Ausstattung des Arbeitszimmers
  L 45 — H 45
Aussteuerversicherung siehe Versicherungsbeiträge
Austauschmotor L 42 — H 42
Austauschverfahren U 153 (3)

Stichwortverzeichnis

Auswärtige Unterbringung E 191 (2)

Bagatellgrenze L 31 (3)
Barunterhaltsverpflichtung E 181a (1)
Bauantrag E 42a (4)
Bauwirtschaft, Sollversteuerung U 178
Beerdigungskosten E 189 — H 186 – 189
Beförderung von Arbeitnehmern L 21
Beförderungsleistungen, Ort
  U 42a — U 42h
Beförderungslieferung U 30 (2)
Beförderungsmittel, Begriff U 33 (5)
– Vermietung U 33 (3)
Beginn der Buchführungspflicht A 141
Beginn der Festsetzungsfrist A 170
Beginn der Steuerpflicht G 18
Beginn der Verjährung A 229
Beginn des Zinslaufs A 234
Begrenzung des Verlustrücktrags
  E 115 (4)
Begründung des Verwaltungsaktes A 121
Beherbergung von Fremden E 135 (12)
Beherrschender Gesellschafter K 31 (6)
Behinderte, außergewöhnliche Belastung
  E 189
– Fahrten zum Betrieb E 23 — H 23
– Pauschbeträge für E 194
Behinderte Kinder E 180 (4), E 180d
Beihilfen L 11
Bekanntgabe A 122
Bekanntgabewille A 124
Bekanntgabezeitpunkt A 122
Beköstigung, Arbeitnehmer U 192 (20)
Bemessungsgrundlage, Änderung U 223
– Arbeitnehmer U 12
– Entgelt U 149
– Tausch, tauschähnliche Umsätze U 153
Bemessungsgrundlage für die AfA E 43
Benennung von Gläubigern und
  Zahlungsempfängern A 160
Berechnung des durchschnittlichen
  Steuersatzes L 126 (3),
  L 126 — H 126
Berechnung des ermäßigten Steuersatzes
  E 198
Bereitschaftsdienste L 30 — H 30
Berichtigung von materiellen Fehlern
  A 177
Berichtigungsverfahren U 217
Berücksichtigung von Kindern E 178

Berufliche Veranlassung L 33,
  L 33 — H 33
Berufsausbildung, Abzug der Kosten als
  Sonderausgaben E 103
– Arbeitsmittel E 103 — H 103
– doppelte Haushaltsführung
  E 103 — H 103
– Einzelfälle der E 103 — H 103
– Fachliteratur E 103 — H 103
– Fahrten zwischen Wohnung und
  Ausbildungsort E 103 — H 103
Berufskleidung L 20
– typische E 117 — H 117
Berufsunfähigkeit, Rente wegen
  E 167 (7)
Berufsverbände L 36
Beschwer A 350
Besitzkonstitut U 30 (5)
Besondere Veranlagung, von Ehegatten
  E 174 (4)
Besorgungsleistungen, Begriff U 32 (1)
– besorgte Leistung U 32 (2)
Bestätigungsverfahren U 245i
Bestandsaufnahme E 30
Bestandskraft Vor A 172 bis 177
Bestandsverzeichnis, Anlagevermögen
  E 31
– Festwerte E 31 (4)
Besteuerung des Nettolohns L 122
Besteuerung von Leibrenten E 167
Besteuerungsgrundlagen A 179
Besteuerungsgrundsätze A 85
Betreten von Grundstücken und Räumen
  A 99
Betreuung von Kindern L 21a
Betriebe der gleichen Art G 16 (2)
Betriebe verschiedener Art G 16 (1)
Betriebsausgabenpauschale
  E 143 — H 143
Betriebsbedingte Anpassungen G 67
Betriebseinnahmen/-ausgaben E 18
– Angemessenheit von Betriebsausgaben
  E 21 (12)
– besondere Aufzeichnungspflichten
  E 22
Betriebsnahe Veranlagungen A 85
Betriebsstätte U 33 (1)
Betriebsveranstaltungen L 72
Betriebsvermögen E 143 — H 143
– Darlehensschulden E 13 (15)
– gewillkürtes E 13

Stichwortverzeichnis 728

- notwendiges E 13
- Sonderbetriebsvermögen E 13 (2)
- Verbindlichkeiten E 13 (15)

Betriebsvermögensvergleich E 12, E 28
- Wechsel der Gewinnermittlungsart E 17

Betriebsvorrichtungen E 13 (3)
- ABC der E 42 — H 42
- Abgrenzung zum Gebäude E 42 — H 42

Beweislast bei der verdeckten Gewinnausschüttung K 31 (8a)

Bewertung, Rückstellungen E 38
- Verbindlichkeiten E 37 — H 37
- Vorratsvermögen E 36, E 36a

Bewertung der Sachbezüge L 31

Bewertungsfreiheit für geringwertige Güter E 40

Bewertungsstetigkeit E 36a—H 36a

Bewirtungskosten E 21 (5), L 33 — H 33
- Angemessenheit E 21 (12)
- Arbeitsessen E 117 — H 117
- Aufzeichnungspflichten E 22
- Lebenshaltung E 117 — H 117
- Nachweis der E 21 (8)

Bezug von Dienstleistungen L 32
Bezug von Waren L 32

Bilanzänderung E 15 (2)
Bilanzberichtigung E 15 (1)
Bilanzenzusammenhang G 38

Bildungsmaßnahmen L 74
Billigkeitsmaßnahmen A 233a

Bindungswirkung anderer Verwaltungsakte A 351
Bindungswirkung der Anrufungsauskunft L 147 — H 147

Bootsliegeplätze U 34 (4)
Botschaften U 13 (1)
Briefkastenfirma A 160
Briefmarkensammler U 18 (2)

Buchführung, auf Datenträger E 29 — H 29
- Mängel E 29 (2)
- Ordnungsmäßigkeit E 29
- Pflicht zur E 12 (2), E 142 — H 142

Buchführungspflicht bestimmter Steuerpflichtiger A 141
Buchführungspflichten A 140
Buchnachweis U 136
Buchungsbelege U 183 (3)
Buchwert E 41a (3)

Bücher, Lebensführung E 117 — H 117
Bürgerlich-rechtlicher Wohnsitz A 8
Bürgschaftsaufwendungen E 143 — H 143

Campingplätze, Ort der Leistung U 34 (4)
Chefzimmer, Angemessenheit von Aufwendungen für E 21 (12)
Chorleiter L 17 (1)
Computer, Abzugsverbot E 117 — H 117
Computerprogramm E 31a — H 31a

Damnum G 46 (1)
- Abfluß E 116 — H 116
Darlehensschuld, als Betriebsvermögen E 13 (15)
Dauerfristverlängerung U 228
Dauernde Lasten, Abzug als Sonderausgaben E 87
Dauerschuldcharakter G 45 (6)
Dauerschulden G 45
Degressive Abschreibung siehe Teilwert
Deputate U 12 (13)
Dienstreise L 37 (1, 3), L 38 — H 38
Differenzbesteuerung U 276a
Direktversicherung E 26
- für den Arbeitnehmer-Ehegatten E 26 — H 26
Domizilgesellschaft A 160
Doppelbesteuerungsabkommen A 165, E 1 — H 1
Doppelte Haushaltsführung E 23 (3), L 43
Dreiecksgeschäfte U 276b
Dreimonatsfrist L 37, L 37 — H 37
Drittlandsgebiet U 13a
Drohverlust E 31c (10)
Durchlaufende Gelder L 22
Durchlaufende Posten U 152
Durchlaufender Kredit G 45 (2)
Durchlaufspende E 111 (3)

Ehegatten, Arbeitsverhältnisse E 19
Ehescheidung E 186 — H 186 – 189
Ehrenamtliche Tätigkeit L 36 — H 36
Eidesverweigerungsrecht A 101
Eigenaufwand E 13 — H 13 (7)
Eigener Hausstand L 43, L 43 — H 43

Eigengenutzte Wohnung
  E 115a — H 115a
Eigenhandel   U 26
Eigenheimzulage   E 115a — H 115a
Eigenkapital   K 79
Eilverfahren   A 361
Einbaumöbel, Herstellungskosten für
  E 33a — H 33a
Einbehaltung der Lohnsteuer   L 118,
  L 119
Einbürgerung   L 33 — H 33
Einfamilienhaus, als Betriebsvermögen
  E 13 (7) — H 13 (7)
Einfriedung, Grundstücke   E 33a —
  H 33a
Einfuhrumsatzsteuer, Vorsteuerabzug
  U 199
Einheitlicher Aufenthalt   A 9
Einheitlicher Gewerbebetrieb   G 16 (3)
Einheitlichkeit der Leistung   U 29
Einkommen   E 3
– Ermittlung des   E 3
Einkommensteuer, Festsetzung   E 4
– Schema   E 4
Einkünfteerzielungsabsicht
  E 161 — H 161
Einlagen   E 14 (1)
– AfA-Berechnung nach   E 43 (6)
– Bewertung der   E 39
Einlegung bei unzuständiger Behörde
  A 357
Einlegung des Einspruchs   A 357
Einnahmen-Überschußrechnung   E 16
– siehe auch Überschußrechnung
– Zufluß/Abfluß   E 16 (2)
Einsatzwechseltätigkeit   L 37,
  L 37 — H 37, L 38 — H 38
Einspruch   Vor A 347
Einspruchsfrist   A 355
Einstellung des Betriebes   G 19
Einzelbewertung   E 36 (3), L 31 (2)
Einzeldifferenz   U 276a (11)
Einzugsermächtigung   A 224
Empfängersitzprinzip   U 38
Ende des Zinslaufs   A 234
Endgültigkeitserklärung   A 165
Endrechnung   A 187
Entgelt, Bemessungsgrundlage   U 149
– durchlaufende Posten   U 152
– freiwillige Zahlungen   U 149 (5)
– Geschäftskosten   U 149 (6)

– Grundstücksveräußerung   U 149 (7)
– Minderungen   U 151
– Pfandgeld   U 149 (8)
– vereinbartes   U 177
– Zahlungen an Dritte   U 149 (7)
– Zuschüsse   U 150
Entgelte für Dauerschulden   G 46
Entnahmehandlung   E 14 (3)
Entnahmen   E 14, U 24b
– AfA-Berechnung nach   E 43 (6)
– Bewertung der   E 39
– Entnahmegewinn
  E 14 — H 14 (2 — 4)
– Grund und Boden
  E 14 — H 14 (2 — 4)
– Nutzungsentnahme   E 18 (1)
Entschädigung im Sinne des § 24 Nr. 1
  EStG   E 170 — H 170
Entstehung der Säumniszuschläge   A 240
Entstehung der Steuer, vereinbarte
  Entgelte   U 177
Erbbaurecht   G 59
Erfindungen   E 31a — H 31a
Erfüllungsrückstand   E 31c (9)
Ergänzungsbescheid   A 179
Ergänzungspfleger   E 19 (3)
Erhaltungsaufwand   E 157 — H 157
Erhebungsgebiet   U 13
Erhöhung der Rente   E 167 (3)
Erholungsbeihilfen   L 11
Erklärungspflicht   A 181
Erlaß von Säumniszuschlägen   A 240
Erlöschen der Steuerpflicht   G 19
Ermittlung des Gewerbeertrags   G 38
Ernstliche Zweifel   A 361
Ersatzbeschaffung,
  Gewinnverwirklichung   E 35
– Rücklage für   E 35 (4)
Ersatzzuständigkeit   A 24
Erschließungskosten, Grundstück
  E 33a — H 33a, U 34 (7)
Erstattungszinsen   A 236
Erwerb neuer Fahrzeuge   U 15c
Erwerbsschwelle   U 42j (2)
Erwerbsunfähigkeit, Renten wegen
  E 167 (7)
Essensmarken   L 31 (7), L 31 — H 31 (7)

Stichwortverzeichnis

Fachbücher L 44 — H 44
Fachkongresse E 117a
Factoring U 18 (4)
Fälle von geringer Bedeutung A 180
Fälligkeitszinsen U 3 (3)
Fahrausweise U 186
– Vorsteuerabzug U 195
Fahrergestellung L 31 (10)
Fahrgemeinschaften L 42, L 42 — H 42
Fahrstuhl E 13 — H 13 (5)
Fahrtätigkeit L 37, L 37 — H 37
Fahrten zwischen Wohnung und Arbeitsstätte L 42
Fahrten zwischen Wohnung und Betrieb E 23
Fahrtenbuch L 31
Fahrtkosten L 38, L 42 — H 42
– Fahrten zwischen Wohnung und Betrieb E 23
Fahrtkostenzuschüsse L 21b
Fehlerhafte Bestandsaufnahme E 30 (4)
Fehlmaßnahme E 35a — H 35a
Feiertagsarbeit L 30
Ferienwohnung E 137 — H 137 (2)
Fertigerzeugnisse siehe Vorratsvermögen
Fertigungsgemeinkosten E 33
Fester Pauschsteuersatz L 127
Festsetzungsfrist A 169
Festsetzungsverjährung Vor A 169 bis 171
Feststellung des Verlustvortrags E 115 (11)
Feststellung von Besteuerungsgrundlagen A 179
Feststellungsfrist A 181
Festwerte E 31 (4)
– für Vorratsvermögen E 36 (4)
Festzusetzende Einkommensteuer E 4
Festzusetzende Körperschaftsteuer K 25
Firmenwert E 32 — H 32
Formelle Bestandskraft Vor A 172 bis 177
Fortbildungskosten L 34 — H 34
– für Kinder E 19 — H 19
Fortbildungsleistungen L 74
Freiberufliche Tätigkeit siehe selbständige Arbeit
Freibetrag auf Lohnsteuerkarte L 111
Freie Kost und Wohnung U 12 (5, 9)
Freifahrten, Arbeitnehmer U 12 (14)
Freihafen U 13

Freistellungsbescheinigung L 113a
Fremdsprachenunterricht L 33 — H 33
Fristen A 108
Führerschein E 103 — H 103
Fußballspieler U 1 (5)

Gästehäuser E 21 (10)
– besondere Aufzeichnungspflichten E 22
Garage E 13 — H 13 (5)
Garantierückstellung E 31c (4) — H 31c (4)
Garantieversicherung U 26
Gebäudeteile, als selbständige Wirtschaftsgüter E 13 (3)
– unselbständige E 13 — H 13 (5)
Gebrauchtwagenhandel U 26
Gebrochene Güterbeförderung U 42e
Geburtsbeihilfen L 15
Gegenstand, Begriff U 24 (1)
Gegenstand der Verjährung A 228
Gehaltsumwandlung L 129 (5)
Geldbußen, Geldstrafen E 24, E 120 — H 120
Geldwäsche A 30
Geltungsbereich U 13
Gemeinkosten E 32a — H 32a
Gemeinschaftsgebiet U 13a
Gemischte Tätigkeit E 136 — H 136
Geringfügige Beschäftigungsverhältnisse L 21d, L 113a
Geringwertige Wirtschaftsgüter E 40
– ABC der E 40 — H 40
Gesamtanlage E 31 (2)
Gesamtbetrag der Einkünfte E 3
Gesamtdifferenz U 276a (12)
Gesandtschaften U 13 (1)
Geschäftskosten U 149 (6)
Geschäftsveräußerung U 5
Geschäftswert E 32 — H 32
Geschenke E 21 (2), L 33 — H 33
– besondere Aufzeichnungspflichten E 22
Gesellschaften, Leistungsaustausch U 6
Gesellschafterwechsel G 66 (4)
Gesellschaftliche Veranstaltungen E 117 — H 117
Gesonderte Feststellung A 18, A 179
– von Besteuerungsgrundlagen A 180
Gestellung von Kraftfahrzeugen L 31 (9)

Getrennte Veranlagung, von Ehegatten E 174a
Gewährleistung, Rückstellung für E 31c (1)
Gewährleistungen, Schadensersatz U 3
Gewerbesteuer, Rückstellung E 20 (2)
Gewerbesteuermeßbescheid G 59 (5)
Gewerbeverlust G 66
Gewerbliche Einkünfte
- Abgrenzung zur selbständigen Arbeit E 136 — H 136
- Begriff E 134, E 134a, E 134b, E 134c — H 134 — 134c
Gewerbliche oder berufliche Tätigkeit U 18
Gewillkürtes Betriebsvermögen E 13
Gewinnerzielungsabsicht E 134b — H 134b
Gewinnkorrekturen, Wechsel der Gewinnermittlung E 17
Gewinnverteilungsbeschluß K 77 (2)
Gewinnzuschlag E 41b (5)
Gewöhnlicher Aufenthalt A 9, E 1 — H 1
Gliederung des verwendbaren Eigenkapitals K 80, K 82
Gnadensplitting E 184b — H 184b
Grenzüberschreitende Beförderungen U 42a (3—5)
Grobes Verschulden A 173
Grundlagenbescheid A 175
Grundlohn L 30
Grundsätze ordnungsmäßiger Buchführung E 29 — H 29
Grundstück, als gewillkürtes Betriebsvermögen E 13 (9)
- als notwendiges Betriebsvermögen E 13 (7)
- Bilanzierung E 13 — H 13 (10)
- Teile von untergeordnetem Wert E 13 (8)
Grundstücke, Ort der Leistung U 34
Grundstücksmakler U 34 (6)
Grundstückssachverständiger U 34 (6)
Grundstücksumsätze U 71
Grundwehrdienst, Kinderfreibetrag E 180a
Gruppenbewertung E 36 (4)
Güterbeförderung U 42a

Gutschriften, Rechnungen U 184
- Vorsteuerabzug U 192 (8)

Habilitation E 103 — H 103
Härteausgleich E 3
Häusliches Arbeitszimmer L 45 — H 45
Halbfertige Arbeiten E 33 — H 33
Handelsregister E 28 — H 28
Handelsvertreter, Ausgleichsanspruch E 31c — H 31c (4)
- Ausgleichszahlung U 3 (4)
Haushaltsfreibetrag E 3, E 182 — H 182
- Zuordnung von Kindern E 182 — H 182
Haushaltshilfe E 192
Hausrat, Wiederbeschaffung E 187
Hausratversicherung siehe Versicherungsbeiträge
Hauswirtschaftliches Beschäftigungsverhältnis E 103a
Heiratsbeihilfen L 15
Herabsetzung der Rente E 167 (4)
Herstellungskosten, Abbruchkosten E 33a — H 33a
- allgemein E 33
- Außenanlagen E 33a — H 33a
- Einbaumöbel E 33a — H 33a
- eines Gebäudes E 33a — H 33a
- Einfriedungen E 33a — H 33a
- Erschließungskosten E 33a — H 33a
- nachträgliche E 43 (5), E 157
- Straßenanliegerkosten E 33a — H 33a
Hilfsbedürftigkeit L 11
Hilfsgeschäft U 20 (2)
Hinterbliebene, Pauschbeträge für E 194
Höhe der AfA E 44
Höhe der Umzugskosten L 41 (2), L 41 — H 41
Höhe und Berechnung der Zinsen A 238

Identitätsprüfung A 30a
Immaterielle Wirtschaftsgüter E 31a
Incentive-Reise L 74 — H 74
Inland U 13
Innenumsatz U 20, U 183 (3), U 192 (11)
Innergemeinschaftliche Dreiecksgeschäfte U 276b
Innergemeinschaftliche Güterbeförderung U 42d

Stichwortverzeichnis

Innergemeinschaftlicher Erwerb U 15a
Innergemeinschaftliches Verbringen
  U 15b
Instandhaltung, Rückstellung für
  E 31c (11)
Inventarverzeichnis, Aufbewahrungsfrist
  E 29 — H 29
Inventur E 30
– fehlerhafte E 30 (4)
– permanente E 30 — H 30
Istversteuerung, Mindest-Ist U 181

Jahresabschlußkosten, Bewertung der
  Rückstellung E 38 — H 38
Job-Ticket L 42 (3)

Kantinenbetrieb U 12 (10—12)
Kantinenmahlzeiten L 31 (7)
Kapitalvermögen, Einnahmen aus E 154
– Stückzinsen E 154 — H 154
Kaufkraftausgleich L 26
Kfz-Haftpflichtversicherung E 88 (2)
Kilometer-Pauschbetrag E 23
Kilometersätze L 38 — H 38
Kinderfreibetrag E 3
– Adoption E 176 — H 176
– behinderte Kinder E 180d, E 180 (4)
– Berufsausbildung E 180
– fehlender Ausbildungsplatz E 180b
– Grundwehrdienst E 180a
– Höhe des E 181
– Kindschaftsverhältnis E 176 — H 176
– Kostkinder E 177
– Pflegekind E 177
– Übertragung des E 181a
– Zivildienst E 180a
Kindergarten L 21a
Kirchensteuern E 101
Klassenfahrt E 117a — H 117a
Klavier/Konzertflügel E 117 — H 117
Kleidung, bürgerliche E 117 — H 117
Kleinbeträge, Vorsteuerausweis U 194
Kleinunternehmer, Nichterhebung der
  Steuer U 246
– Vorsteuerabzug U 191 (6)
Know-how U 25 (2)
Körperschaftsteuerpflicht K 2
Kommissionsgeschäft U 24 (2)
Kongresse, Teilnahme E 117a — H 117a
Konnossement U 30

Kontoführungsgebühren L 33 — H 33
– pauschal abziehbar E 117 — H 117
Kontokorrentschulden G 45 (7)
– Abgrenzung privat/betrieblich
  E 13 (15)
Kontokorrentzinsen U 29a (4)
Kosmetika, Lebenshaltung
  E 117 — H 117
Kosten der gärtnerischen Gestaltung
  E 157 (5)
Kosten der Lebensführung E 117
Kraftfahrzeugkosten, Angemessenheit
  E 21 (12) — H 21 (12)
Kraftfahrzeugnutzung, Vermittlung U 26
Krankentagegeldversicherung siehe Versicherungsbeiträge
Krankheitskosten E 189 — H 186 – 189
Kredite, Gewährung, Vermittlung
  U 29a, U 57
Kreditgewährung U 57
Kreditvermittlung U 57
Künstliche Befruchtung
  E 186 — 189 — H 186 — 189
Kürzung beim Gewerbeertrag G 59
Kürzung für Grundbesitz G 59
Kulanzleistungen, Rückstellung für
  E 31c (12)
Kundenstamm E 31a — H 31a
Kunstwerke, im Arbeitszimmer
  E 117 — H 117
Kur E 189 (3)

Ladeneinbauten E 13 (3)
Ländergruppeneinteilung E 190 — H 190
Land- und forstwirtschaftliche Einkünfte,
  Begriff E 135
– Gewinnermittlung E 12 (1)
Leasing, Lieferung U 25 (4)
– Sonderzahlung E 116 — H 116
Leasinggeschäft G 45 (6)
Lebenshaltung, Aufteilungsverbot
  E 117 — H 117
– Bücher E 117 — H 117
– Computer E 117 — H 117
– Kinderbetreuungskosten
  E 117 — H 117
– Klavier E 117 — H 117
– Kleidung/Schuhe E 117 — H 117
– Kosmetika E 117 — H 117
– Kosten der E 117

- Kunstwerke im Arbeitszimmer
  E 117 — H 117
- Lexikon   E 117 — H 117
- Nachschlagewerke   E 117 — H 117
- Tageszeitung   E 117 — H 117
- Telefonkosten   E 117 — H 117

Lebenshaltungskosten   E 21, E 117
- Abgrenzung zu den Betriebsausgaben
  E 21, E 117
- Aufzeichnungspflichten   E 22
- Bewirtung   E 21 (5)
- Gästehäuser   E 21 (10)
- Geschenke   E 21 (2 — 4)

Lebensversicherung, Abtretung, Beleihung   E 13 — H 13 (1)
- Allgemeines   E 88 — H 88

Leerfahrten   L 42 — H 42
Leergut   U 149 (8)
Legalitätsprinzip   A 85
Leibrente, Einnahmen   E 167
- Ertragsanteil   E 167 — H 167
- Erwerb von Anlagegütern gegen E 16 (4)

Leistung, Einheitlichkeit   U 29
Leistungen im Sinne des § 22 Nr. 3 EStG
  E 168a — H 168a
Leistungsaustausch, Begriff   U 1 (1)
Leistungseinkünfte   E 168a — H 168a
Leistungsempfänger, Begriff   U 42c
Leistungsort   A 224, U 30 ff.
Leistungsverkauf   U 32
Lexika siehe Lebenshaltung
Liebhaberei   E 134b — H 134b
Lieferschwelle   U 42j (3)
Lieferungen, Begriff   U 24 (1, 2)
- Ort   U 30 — U 32
- sonstige Leistungen   U 25
Lieferungsort in besonderen Fällen   U 31
Listenpreis   L 31 (9)
Lizenzen   E 31a — H 31a
Lizenzspieler   U 1 (4)
Lohnsteuerhilfeverein   E 102 — H 102
Lohnsteuerkarte   L 111
Lombardkredite   G 45 (4)

Mängel der Buchführung   E 29 (2)
Margenbesteuerung   U 276a
Maschinen siehe Anlagevermögen
Maßgebender Einheitswert   G 59 (4)

Maßgeblicher Berichtigungszeitraum
  U 216
Materialbeistellung   U 27
Materialgemeinkosten   E 33
Materielle Bestandskraft   Vor A 172 bis 177
Mehrere Dienstverhältnisse   L 42 (6)
Mehrfacher Wohnsitz   A 19
Mehrheit von Betrieben   G 16
Mehrlingsgeburten   L 15
Messeumsätze   U 34a
Mietausfallentschädigung   L 41 — H 41
Mietereinbauten   E 31a — H 31a
Mieterzuschüsse   E 163
Mietvorauszahlungen   E 31b — H 31b
Mietwert   L 31 (6)
Mindestbemessungsgrundlage   U 158
Mindest-Istversteuerung   U 181
- Rechnungserteilung   U 187
Mindestkredit   G 45 (6)
Minusgeschäft, Kfz-Vermittlung   U 26 (2)
Mitgliedsbeitrag   E 112, L 36 — H 36
Mittagsheimfahrten   L 33 — H 33
Mitteilung der Besteuerungsgrundlagen
  A 364
Mitteilungsverordnung   A 85
Münzsammler   U 18

Nachhaltigkeit   E 134a — H 134a
Nachschlagewerke   E 117 — H 117
Nachtarbeit   L 30
Nachträgliche Herstellungskosten
  E 43 (5)
Nachträgliches Bekanntwerden   A 173
Nachversteuerung, Versicherungsbeiträge
  E 89
Nachzahlungen   L 118
Nahestehende Person   K 31 (7), U 158 (1)
Nebenberufliche Tätigkeit   L 17
Nebenleistungen   U 29 (3)
Neue Beweismittel   A 173
Neue Tatsachen   A 173
Nichteheliche Lebensgemeinschaften
  E 19 — H 19
Nichterhebung, Steuer, Kleinunternehmer
  U 246
- Verzicht   U 247
Nichtigkeit   A 125
Nießbrauch   E 18 — H 18
Notwendiges Betriebsvermögen   E 13

Stichwortverzeichnis 734

Nutzungsentnahme E 18 (1)
Nutzungsrechte E 13 — H 13 (1)

Obligatorischer Vertrag E 42a (6)
Öffentliches Interesse A 131
Offenbare Unrichtigkeit A 129
Offenbarung geschützter Verhältnisse A 30
Offene Gewinnausschüttung K 78
Opfergrenze E 190 (4)
Option U 148, 148a, 247
Ordnungsgelder E 24 (4)
Ordnungsgemäße Buchführung E 29
Ort der Lieferung U 30, U 31
Ort der sonstigen Leistung, Beförderungsleistung U 42a ff.
– Grundregelung U 33
– Grundstücke U 34
– Tätigkeit U 36
Ort des Leistungsempfängers U 38

Pachterneuerungsanspruch E 13 — H 13 (1)
Parkplätze, Ort der Leistung U 34 (4)
Patente E 31a — H 31a
Pauschaler Auslagenersatz L 22, L 22 — H 22
Pauschalierung für Teilzeitbeschäftigte L 128
Pauschbeträge für Werbungskosten E 85
Pauschsteuersätze L 126
Personalgestellung U 1 (6)
Personalrabatt U 12 (1)
Personenbeförderung U 42a
Personenkraftwagen U 12 (17)
Pfandgeld, Warenumschließungen U 149 (8)
Pflegeaufwendungen E 188
Pflegebedürftigkeit E 188
Pflegekinder E 177
Pflegepersonen, Pauschbeträge für E 194
Praxiswert E 32 — H 32
Preisausschreiben U 24b (8)
Preisnachlaß U 1 (1), U 151
Private Veräußerungsgeschäfte E 169
Privatfahrten, Pkw U 12 (17)
Privatnutzung Pkw U 24c (3)
Privatschulbesuch E 189 (2)
Promotionskosten E 103 — H 103
Prozeßkosten E 186 — H 186 – 189

Prozeßzinsen A 236, U 3 (2)

Rabatt, Anschaffungskosten E 32a — H 32a
Rabatte U 151
Rabatt-Freibetrag L 32, L 32 — H 32
Raten E 16 (5)
Ratenzahlungen A 234
Rechnungen, Angaben U 185
– Begriff U 183
– Gutschriften U 184
– Kleinbeträge, Vorsteuerabzug U 194
– Mindest-Istversteuerung U 187
– Steuerausweis, unrichtig U 189
– Vorsteuerabzug U 191 ff.
Rechnungsabgrenzung, antizipativ E 31b (3)
– transitorisch E 31b (1)
Rechnungsausstellung in besonderen Fällen U 190a
Rechnungsberichtigung U 190 (3)
Rechnungserteilung bei verbilligten Leistungen U 187a
Recht auf Akteneinsicht A 91
Rechtmäßiger Verwaltungsakt A 131
Rechtsschutzbedürfnis A 350
Rechtsschutzversicherung siehe Versicherungsbeiträge
Rechtsverhältnisse zwischen Angehörigen E 19
Rechtswidriger Verwaltungsakt A 130
Rechtswidrigkeit A 125
Regelmäßige Arbeitsstätte L 37, L 37 — H 37
Reihengeschäft U 31a
Reisegepäckversicherung L 40a — H 40a
Reisekosten L 37
Reisekostenabrechnung L 31 — H 31(8)
Reisenebenkosten L 40a
Reiseverkehr, Ausfuhr, Einfuhr U 128 ff.
Renten E 167
– Abzug als Sonderausgaben E 87
Reparatur, Kfz U 153
Restaurationsumsätze U 25a
Restrechnung U 187 (11)
Richtigstellungsbescheid A 182
Rohbauunternehmer U 24b (5)
Rolltreppe E 13 — H 13 (5)
Rückgabe, kein Leistungsaustausch U 1 (4)

Rücklage, für Ersatzbeschaffung E 35 (4)
Rücknahme Vor A 130, 131
− des Einspruchs A 362
Rückstellungen E 31 c
− Bewertung der E 38
− Gewährleistung E 31c
− Gewerbesteuer E 20 (2)
− Hauptversammlung E 31c — H 31c (3)
− Instandhaltung E 31c (11)
− Jahresabschluß E 31c — H 31c (3)
− Kulanzleistungen E 31c (12)
− schwebende Geschäfte E 31c (8)
− unterlassene Instandhaltung E 31c (11)
Rücktrittsrecht E 13 — H 13 (1)
Rückwirkende Fristverlängerung A 110
Rückwirkende Vereinbarungen K 31 (5)
Rückwirkendes Ereignis A 175
Ruhen des Betriebs G 19
Ruhen des Verfahrens A 363
Rundfunkermittler L 67 — H 67

Sachbezüge L 31
Sachbezugswerte L 31
Sachgesamtheit U 24 (1)
Sachliche Zuständigkeit A 16
Sachspenden an Vereine U 24b (8)
Sachverständige A 30
Sachzuwendungen an das Personal U 12
− Absetzbarkeit E 121 — H 121
Säumnis A 240
Säumniszuschläge A 240
Saldierungsverbot A 177
Sammelauskunftsersuchen A 30a
Sammelbeförderung U 12 (14)
Sammelbeförderung von Arbeitnehmern L 21
Sammeldepot E 169 — H 169
Schadensersatz E 186 — H 186 — 189, U 3
Schätzung A 162
Schaufensteranlagen E 13 (3)
Scheckzahlung, Zufluß/Abfluß E 116 — H 116
Scheinrechnung U 190 (2)
Schuldzinsen, Kontokorrentkredite E 13 (15) — H 13 (15)
− Umwidmung der Verbindlichkeit E 13 (15)

− Zuordnung Betriebsausgaben, Werbungskosten, private Lebenshaltung E 13 (15)
Schulgeld, Abzug als Sonderausgaben E 104
Schutz von Bankkunden A 30a
Sechsjahresfrist E 41c
Selbständig nutzungsfähige Wirtschaftsgüter E 40 — H 40
Selbständige Arbeit, ähnliche Berufe E 136 — H 136
− Betriebsvermögen E 143 — H 143
− Einkünfte/Begriff E 134 — E 134c
− Einzelheiten E 136 — H 136
Selbständigkeit L 67 — H 67, U 17
Selbstkontrahierungsverbot K 31 (6a)
Sicherheitsgeschützte Fahrzeuge L 31 — H 31 (9 — 10)
Sicherheitsleistung A 361
Sicherungsübereignung U 2 (1)
Skonto U 29a (5), U 151
− Anschaffungskosten E 32a — H 32a
Software U 25 (2)
Sollversteuerung, Bauwirtschaft U 178
− Entstehung der Steuer U 177
− Mindest-Istversteuerung U 181
− Teilleistungen U 180
Sollverzinsung A 234
Sonderabschreibungen E 83
Sonderausgaben, Allgemeines E 86a
− Berufsausbildung E 103
− dauernde Lasten E 87
− Kirchensteuer E 101
− Renten E 87
− Schulgeld E 104
− Spenden E 111
− Steuerberatungskosten E 102
− Unterhaltsleistungen E 86b
− Versicherungsbeiträge E 88
Sonderbetriebsvermögen E 13 (2)
Sonderfälle von Einnahmen und Werbungskosten E 161
Sondervorauszahlung U 228
Sonntagsarbeit L 30
Sonstige Bezüge L 119
Sonstige Einkünfte, aus Leistungen E 168a — H 168a
− Rentenbezüge E 167
− wiederkehrende Bezüge E 165, E 166
Sonstige Leistungen, an das Personal U 12

Stichwortverzeichnis

– Begriff U 24 (3)
– Lieferungen U 25
– Ort der — U 33 ff.
Sozialversicherungspflicht E 134 (3)
Spareinlagen G 45 (12)
Sparer-Freibetrag E 156
Spende an politische Parteien E 112
Spendenabzug E 111
– Durchlaufspenden E 111 (3)
Spendenbestätigung E 111 — H 111
Splittingtarif, Gnadensplitting
    E 184b — H 184b
– Witwensplitting E 184a — H 184a
Sporttrainer L 17 (1)
Sportveranstaltungen U 16 (4)
Sprachkurse E 103 — H 103
Standard-Software U 25 (2)
Statthaftigkeit des Einspruchs A 347
Sterbegeld L 75
Sterbekasse siehe Versicherungsbeiträge
Steueranmeldung A 167
Steuerausweis, gesonderter U 183
– unberechtigter U 190
– zu hoher U 189
– zu niedriger U 189 (7)
Steuerbefreiungen, Verzicht auf U 148
Steuerbegünstigte Einkünfte E 197
Steuerberaterprüfung L 34 — H 34
Steuerberatungskosten E 102
Steuerberechnung U 220
Steuerermäßigung nach § 34f EStG
    E 213a
Steuergeheimnis A 30
Steuern vom Einkommen natürlicher
    Personen A 19
Steuern vom Vermögen natürlicher
    Personen A 19
Steuerpause E 25 — H 25
Steuerpflicht E 1
– Doppelbesteuerung E 1 — H 1
Steuerpflichtiger A 33
Steuersatz, allgemein U 160
Steuerschulden G 45
Stille Gesellschaft, Zufluß von
    Gewinnanteilen E 116 — H 116
Stillhalteschulden G 45 (10)
Straßenanliegerkosten E 33a — H 33a
Strohmann U 16
Strukturwandel E 135 (2)
Studienreisen E 117a — H 117a, L 35
Stückzinsen E 154 — H 154

Stundungszinsen A 234
Substanzverringerung E 44a
Summe der Einkünfte E 3 (2)
Swap-Geschäfte G 45 (1)

Tag der Zahlung A 224
Tagesmütter L 21a (2)
Tageszeitung, Lebenshaltung
    E 117 — H 117
Tarif, Splittingtarif E 184a — H 184a
Tarifermäßigung E 198
Tausch U 153
Tauschähnliche Umsätze U 153
Teilleistungen, Vorsteuerabzug U 180
Teilwert E 35a
Teilwertermittlung E 35a — H 35a
– Vorratsvermögen E 36 (2)
Teilzeitbeschäftigte L 128
Telefonanschluß, in der Wohnung
    E 117 — H 117
Telefonkosten L 33 — H 33
Termine A 108
Theaterkarten L 72 — H 72
Tontechniker U 36 (2)
Totalgewinn E 134b — H 134b
Traditionspapier U 30
Treu und Glauben A 173
Trinkgelder U 149 (5)
Typische Berufskleidung L 20

Überlassung Berufskleidung L 20
Überlassung eines Pkw L 31 (9)
Übernachtungskosten L 40, L 40 — H 40
– Angemessenheit E 21 (12)
Überschußrechnung E 16
– Abschlagzahlungen E 16 (2)
– Behandlung der Umsatzsteuer E 86
– Betriebsveräußerung oder -aufgabe
    E 16 (7)
– Erwerb gegen Leibrente E 16 (4)
– Teilzahlungen E 16 (2)
– Vorschüsse E 16 (2)
– Zufluß/Abfluß E 16 (2)
Übersetzungen A 87
Übertragung des Kinderfreibetrags
    E 181a
Übertragung stiller Reserven E 35
Überweisung, Zufluß/Abfluß
    E 116 — H 116
Übliche Zuwendungen L 72 (4)

Stichwortverzeichnis

Üblichkeit der Betriebsveranstaltung
　L 72 (4)
Umfang des Entgelts　U 149
Umrechnung　U 222
Umsatzsteuer　U 1 ff.
– Auswirkungen auf die ESt　E 86
Umsatzsteuer-Voranmeldung,
　Dauerfristverlängerung　U 228
Umstellung des Wirtschaftsjahrs　E 25
Umzäunung　E 13 — H 13 (5)
Umzug, außergewöhnliche Belastung
　E 186 — H 186 – 189
Umzugskosten　L 41, L 41 — H 41
Unberechtigter Steuerausweis　U 190
Unbeschränkte Steuerpflicht　E 1
Unbillige Härte　A 361
Uneinbringlichkeit　U 223 (5)
Unentgeltliche sonstige Leistungen　U 24c
Unentgeltliche Wertabgaben　U 24a
– Bemessungsgrundlage　U 155
Unentgeltliche Zuwendung　U 24b
Unfallkosten　L 42 — H 42
Unfallversicherung　L 40a — H 40a
Unfreie Versendungen　U 198
Ungewisse Verbindlichkeiten　E 31c
Unrichtiger Steuerausweis　U 189
Unterbrechung der Verjährung　A 231
Unterbringung von Kindern　L 21a
Unterhaltsberechtigte Person　E 190
Unterhaltsleistungen, außergewöhnliche
　Belastung　E 190 — H 190
– freiwillige　E 123 — H 123
– Ländergruppeneinteilung
　E 190 — H 190
– Sonderausgaben　E 86b
Unterlassene AfA　E 44 (10),
　E 16 — H 16 (3)
Unternehmen, Umfang　U 20
Unternehmensidentität　G 67
Unternehmer, Beginn und Ende der
　-eigenschaft　U 19
– Begriff　U 16 (1)
Unternehmeridentität　G 68
Unternehmerwechsel　G 68
Unterstützungen　L 11
Untersuchungsgrundsatz　A 88

Veräußerungsgewinn　G 38 (3)
Veranlagung, besondere　E 174 (4)
– getrennte　E 174

– von Ehegatten　E 174
– Zusammen-　E 174
Veranlagungswahlrecht　E 174
Veranstaltung von Messen　U 34a
Verbandsmäßige Zuständigkeit　A 16
Verbilligt überlassene Wohnung　E 162
Verbindlichkeiten, als Betriebsvermögen
　E 13 (15)
– Bewertung der　E 37 — H 37
– Rentenverpflichtung　E 16 (4)
– Umwidmung　E 13 (15)
Verbleibende Körperschaftsteuer　K 25
Verbrechen　A 30
Verbringen　U 15b
Vercharterung　U 33 (4)
Verdeckte Einlage　K 36a
Verdeckte Gewinnausschüttung　K 31
Verdeckter Preisnachlaß　U 153 (4)
Veredelungsverkehr siehe Freihafen
Vereinfachter Spendennachweis　E 111 (6)
Vereinnahmte Entgelte　U 182
Vereinnahmung/Verausgabung
　E 116 — H 116
– Gewinnermittlung　E 16 (2)
Verfahrenskosten　E 24 — H 24
Vergütung für mehrjährige Tätigkeit
　E 200
Verhältnismäßigkeit　A 88
Verjährungsfrist　A 228
Verlosungen　U 24b (8)
Verlosungsgewinne　L 72 — H 72
Verlustabzug　E 115, G 66
Verlustprodukte　E 35a — H 35a
Verlustrücktrag/-vortrag siehe Verlustabzug
Verlustzuweisungsgesellschaft
　E 134b — H 134b
Vermietung, Ort der Leistung　U 34 (3)
Vermietung und Verpachtung, Einnahmen
　E 161 — H 161
– Erhaltungsaufwand　E 157
– Fahrtkosten　E 84
– Herstellungsaufwand　E 157
– Mieterzuschüsse　E 163
– Vermietung an Angehörige　E 162a
– Werbungskosten　E 161 – H 161
Vermietungsumsätze　U 76
Vermittlung von Gebrauchtwagen　U 26
Vermittlungsgeschäfte　U 26
Vermittlungsprovisionen　L 71
Vermögensübertragung　E 165 — H 165

Stichwortverzeichnis 738

Vermögensverwaltung, Abgrenzung zum
 Gewerbebetrieb E 137
Verpflegung L 31
Verpflegungsmehraufwendungen L 39
Versandhandelslieferung U 42j
Verschaffung der Verfügungsmacht
 U 24 (1, 2)
Verschmelzung G 68 (3)
Versendungslieferung U 30 (3)
Versicherung an Eides Statt A 95
Versicherungsbeiträge, Abzug als
 Sonderausgaben E 88
− Hausratversicherung E 88 — H 88
− Kaskoversicherung E 88 — H 88
− Krankentagegeldversicherung
 E 88 — H 88
− Lebensversicherung E 88 — H 88
− Nachversteuerung E 89
− Rechtsschutzversicherung
 E 88 — H 88
Versorgungsbezüge L 75
− absetzbar E 123 — H 123
Verspätungszuschlag A 152, E 121
Verstärkung des Betriebskapitals G 45
Verteilung des Erhaltungsaufwands
 E 157 — H 157
Vertrauensschutz A 176
Verwaltung der Gewerbesteuer G 3
Verwandtschaft E 176 — H 176
Verwertung geschützter Verhältnisse
 A 30
Verwertung von Sachen U 2
Verwertungsverbot A 101
Verwirklichung von Ansprüchen aus dem
 Steuerschuldverhältnis A 218
Verzehr an Ort und Stelle U 25a
Verzehrvorrichtungen U 25a (3)
Verzicht auf Steuerbefreiungen U 148
Verzicht auf Stundungszinsen A 234
Verzugszinsen U 3 (3)
Vollverzinsung A 233a
Vollziehbarer Verwaltungsakt A 361
Vorabausschüttungen K 78a
Voranmeldungszeitraum U 225a
Vorausrechnung U 187
Vorauszahlungen L 118
− Zufluß/Abfluß E 116 — H 116
Vorbehalt der Nachprüfung A 164
Vorbereitungshandlungen G 18, U 19
Vorführwagen E 32 — H 32
Vorgesellschaft K 2 (3)

Vorgründungsgesellschaft K 2 (4)
Vorkostenabzug E 115a — H 115a
Vorläufe U 42e
Vorläufigkeit A 165
Vorlage von Urkunden A 104
Vorratsvermögen, Bewertung des E 36
− Lifo-Methode E 36a
Vorruhestandsleistungen L 9 — H 9
Vorschaltmodelle U 148a
Vorsorgeaufwendungen,
 Vorsorgepauschale E 114
Vorsorgepauschale E 114
− Berechnung der E 114 — H 114
− gekürzt/ungekürzt E 114 (2)
− in Mischfällen E 114 (3)
Vorstellungsbesuch L 37 (1)
Vorsteuer auf Reisekosten U 192 (3)
Vorsteuer aus Umzugskosten U 192 (3)
Vorsteuer bei Fahrzeugen U 192 (3)
Vorsteuerabzug, Abzugsverfahren U 214
− Anwendungsgrundsätze U 214
− Aufteilung U 207 — U 208
− Ausschluß U 203 — U 204
− berechtigter Personenkreis U 191
− Berichtigung, Änderung der
 Bemessungsgrundlage U 223
− Billigkeitsgründe U 202 (7)
− Einfuhrumsatzsteuer U 199
− Fahrausweise U 195
− gesonderte Inrechnungstellung U 192
− Gutschriften U 192 (8, 9)
− Kleinbeträge U 194
− Nachweis U 202
− Schätzung U 202 (6)
− Verfahren U 217
− Zahlungen vor Leistungsempfang
 U 193
− Zeitraum U 216
Vorsteuerabzug ohne Steuerausweis
 U 192a
Vorsteuerberichtigung U 214
Vorsteuereinteilung U 208 (1)
Vorweggenommene Werbungskosten
 L 33 — H 33

Wahl der AfA-Methode E 44 (5)
Wahl der Gewinnermittlungsart
 E 16 — H 16 (1)
Waren siehe Vorratsvermögen
Warenautomaten U 26 (4)

Warengutscheine U 151 (2)
Warenschulden G 45 (4)
Wechsel, Zufluß/Abfluß E 116 — H 116
Wechsel der Gewinnermittlungsart E 17
Wechsel der Steuerschuldnerschaft
  U 276b (6—7)
Wechsel des Gesellschafterbestandes
  G 68 (3)
Wechselnde Tätigkeitsstätten L 21
Wechsel-Scheck-Verfahren G 45 (8)
Wechselschulden G 45 (8)
Wechselvorzinsen U 151 (5)
Weisungsgebundenheit L 67 — H 67
Weiterbildung, im nicht ausgeübten
  Beruf E 103
Weiterbildungsleistungen L 74
Werbegeschenke L 33 — H 33
Werbungskosten L 33
– Abschlußgebühr für Bausparvertrag
  E 153 — H 153
– Fahrtkosten bei V u. V E 84
– Kapitalvermögen E 153
– Pauschbeträge für E 85
– Schuldzinsen bei Kapitalvermögen
  E 153 — H 153
– Vermietung u. Verpachtung E 161
Werbungskosten für nebenberufliche
  Tätigkeit L 17
Werkleistung U 27, U 36, U 153 (2)
Werklieferung U 27
Werkzeuggeld L 19
Wert der verdeckten Gewinnausschüttung
  K 31 (10)
Wertpapiere, als Betriebsvermögen
  E 13 — H 13 (1)
– Anschaffungskosten E 153 — H 153
– Veräußerungskosten E 153 — H 153
Wettbewerbsverbot K 31 (8)
Widerruf Vor A 130, 131
Widerstreitende Steuerfestsetzungen
  A 174
Wiedereinsetzung in den vorigen Stand
  A 110
Wiederholungsabsicht E 134a — H 134a
Wiederkehrende Bezüge E 165, E 166
Wiederkehrende Leistungen E 123
Wiederverkäufer U 276a
Wirksamkeit A 124
Wirkung der gesonderten Feststellung
  A 182
Wirkung einer Steueranmeldung A 168

Wirtschaftliche Einheit G 16
Wirtschaftsgut E 13 — H 13 (1)
Wirtschaftsjahr, abweichendes E 25
– Umstellung des E 25
Wirtschaftsstraftat A 30
Witwenrente E 167 (8, 9)
Witwensplitting E 184a — H 184a
Wohnort U 129 (2)
Wohnraumförderung E 115a
Wohnsitz A 8, E 1 – H 1
Wohnung A 8, L 31
Wohnungswechsel L 41

Zahnärzte U 89
– unternehmensfremde Verwendung von
  Gegenständen U 122
Zeitanteilige Ermäßigung nach § 33a
  Abs. 4 EStG E 192a
Zeitkarten U 186 (2)
Zeitverschobene Inventur E 30 (2)
Zerstörung eines Gegenstandes U 24b (4)
Zinsberechnung A 233a
Zinsen, Kapitalvermögen E 154
– Stückzinsen E 154 — H 154
– Zufluß/Abfluß E 116
Zinsersparnisse L 31 (11)
Zinslauf A 233a
Zinsschuldner A 233a
Zinszahlung E 31c — H 31c (4)
Zinszahlungen für Steuerrückstände
  E 121 — H 121
Zivildienst, Kinderfreibetrag E 180a
Zu versteuerndes Einkommen E 3, K 24
Zufluß-/Abflußprinzip E 16 (2),
  E 116 — H 116
– Betriebseinnahmen/-ausgaben E 16 (2)
– Damnum E 116 — H 116
– Scheck E 116 — H 116
– Überweisung E 116 — H 116
– Vorauszahlungen E 116 — H 116
– Zinsen E 116 — H 116
Zukauf fremder Erzeugnisse E 135 (5)
Zukunftssicherungsleistungen
  E 86a — H 86a, L 24, L 129
Zuordnungswahlrecht U 192 (18)
Zusätzliche Arbeitgeberleistungen L 21c
Zusammenballung von Einkünften
  E 199 — H 199
Zusammenfassende Meldung U 245a,
  U 245b

Stichwortverzeichnis

Zusammenveranlagung, von Ehegatten
  E 174b
Zuschüsse, AfA-Berechnung E 43 (4)
– echte U 150 (7)
– Entgelt U 150 (2 – 4)
– für Anlagegüter E 34
Zustimmung A 168
Zu versteuerndes Einkommen E 3, K 24

Zwangsvollstreckung U 2 (2)
Zweitstudium L 34 — H 34
Zweitwohnung L 43, L 43 — H 43
Zwingendes öffentliches Interesse A 30
Zwischenkredit G 45
Zwischenstaatliche Vereinbarungen
  Vor A 8, 9